"十三五"江苏省重点出版物出版规划项目

清朝涉外战争史

徐圣言　编著

江苏大学出版社

JIANGSU UNIVERSITY PRESS

镇江

图书在版编目(CIP)数据

清朝涉外战争史 / 徐圣言编著. —镇江：江苏大
学出版社,2018.8
ISBN 978-7-5684-0494-5

Ⅰ.①清… Ⅱ.①徐… Ⅲ.①战争史－中国－清代
Ⅳ.①E294.9

中国版本图书馆 CIP 数据核字(2018)第 184604 号

清朝涉外战争史

Qingchao Shewai Zhanzheng Shi

编　　著/徐圣言
责任编辑/董国军
出版发行/江苏大学出版社
地　　址/江苏省镇江市梦溪园巷 30 号(邮编：212003)
电　　话/0511-84446464(传真)
网　　址/http：//press. ujs. edu. cn
排　　版/镇江文苑制版印刷有限责任公司
印　　刷/南京艺中印务有限公司
开　　本/787 mm×1 092 mm　1/16
印　　张/45
字　　数/1080 千字
版　　次/2018 年 8 月第 1 版　2018 年 8 月第 1 次印刷
书　　号/ISBN 978-7-5684-0494-5
定　　价/198.00 元

如有印装质量问题请与本社营销部联系(电话：0511-84440882)

序言

看到徐圣言的这部书稿,既惊讶又欣喜。和他相识、交往了二十多年,知道这位农业工程学的教授喜欢史学,爱读史书,但从未想象过他在退休后会将史学作为自己的第二专业,并写出一本 80 多万字的史学专著。

本书题目《清朝涉外战争史》颇有新意。作者将清朝期间发生的十二场最重要的涉外战争集中在一起予以介绍,并试图解读这些战争,使读者对有关问题有一个清晰的概念和比较全面的了解。

实际上,本书记述了不止十二场战争。康熙朝的雅克萨之战打了两次,乾隆朝的廓尔喀之战也打了两次,中英藏地之战则包括 1888 年和 1904 年的两次战争,第五章《西北边陲之战》则记述了新疆地区自 1820 年至 1881 年发生的一系列涉外战争,加上前言中对有关战争的介绍,本书对清朝发生的涉外战争进行了相当全面的梳理,并对最重要的一系列涉外战争做了简明扼要的记述。

本书介绍的最重要的五次战争,即第一次鸦片战争、第二次鸦片战争、中法甲申之战、中日甲午之战、八国联军侵华之战,目前社会上已有很多专著。雅克萨之战也已有专著,而有关其他几场战争的专著则相对较少。

作者在本书第五章全方位地介绍了自 1820 年至 1881 年发生在新疆地区的一系列涉外战争:包括张格尔之乱、浩罕入侵、七和卓之乱、倭里汗之乱、阿古柏之乱、沙俄入侵伊犁、左宗棠西征、收交伊犁谈判等。这一章的内容很丰富,发生年代跨越了六十多年,其中张格尔之乱与浩罕入侵发生在 1841 年以前。因此,在其他史书中,这些内容多散见于不同章节,以至于非文史工作者往往对这一段史实缺乏全面的了解。作者将这些内容集中在一起予以介绍,是一个很有意义的创新,使读者对这一时期新疆地区涉外斗争的长期性、复杂性、特殊性有了比较全面的认识。

作者将中日甲戌之战列为一章,把它与帝国主义发动的五次侵华大战置于同等地位,并予以较详细的介绍。作者强调甲戌之战、甲午之战、抗日战争是一脉相连的三场战争,强调了甲戌之战在中国近代史上的特殊地位。作者用甲戌之战的史实证明:日本自明治维新以来,一直大力推行"大陆政策",以侵略中国、掠夺中国领土为其基本国策。本章中作者尽可能地全面收集资料,对这场战争的基本情况做了介绍,并对《北京专约》的谈判过程及专约文本的字句斟酌、辩论过程,进行了相当详细的介绍。作者对甲戌之战的认识有独到之处,在写作处理上也是成功的。

　　作者在本书中,把条约的谈判过程作为重点之一。这是本书的一个特点,不失为一次有意义的尝试。

　　本书花费了作者七八年的心血,他的辛勤劳动是值得的,本书的内容是丰富的。全书八十多万字,并配有二十多幅地图,引用了大量的专业参考书,共有三千多条注释,表明了作者严谨的科学精神和对读者负责的态度。我认为这是一部值得史学工作者参考和一般读者阅读的著作。

中央民族大学教授、博士生导师

中 国 民 族 学 学 会 副 会 长　　杨圣敏

2015 年 8 月 13 日

前言

我是一名农业工程专业的科技工作者,2006 年退休以后,终于可以"做一些自己想做的事情"了,主要是看一些历史、地理、宗教和少数民族方面的书籍。这样无的放矢地看了近两年,觉得书海茫茫,无所适从。于是想缩小些范围,选某个朝代,围绕一两个主要问题,进行一些比较深入的学习。不久,又有了"梦想":能否写一本普及型、知识型的历史书,作为非文史专业退休老同志的休闲读物及大学生、中学生接受爱国主义教育的阅读材料。我一直喜欢看战争史及有关战争的小说,所以首先确定以"战争史"为阅读和写作的方向。在泛读了各朝代的战争史后,我把年代选定为"清朝"。清朝战争史著作非常多,要写一本有点特色的清朝战争史并非易事,又经过近一年的阅读和探索,终于找到了"涉外"这个内容。前后用了近两年时间,唯一的成果是选定了本书的题目。

初拟的书名是《清朝的涉外战争与有关条约》。因为与国内战争相比,涉外战争的一个显著特点是:双方谈不拢就可能开打,战争过程中打打谈谈,甚至边打边谈,绝大多数情况下,最后是以签订条约的方式结束战争的。所以就涉外战争而言,主张谈判不是投降,签订条约未必卖国,关键要看条约的内容是否出卖了国家利益。所以,想在本书中尽可能地把有关条约的全文及谈判过程介绍给读者,由读者自己判断该条约是否卖国,卖到什么程度。后来考虑改为《清朝涉外战争简史》,主要是考虑书名应尽可能简短、精炼,突出主题、一目了然;题目中加入一个"史"字,想强调本书是本史学专著,而不是一本故事书。最初设想全书写四五十万字,后来收集的材料越来越多,又觉得对各次战争可以写得略为详细些,最终全书实际字数八十多万字,于是就把题目中的简字取消了。其实从每一章的内容来看,仍然是一部简史。

选择这个题目主要是基于以下考虑:第一,对这些历史问题有一定的了解,即对这方面的问题有一定的历史知识基础。第二,参考资料非常丰富。第三,这个题目避开了中国近代史中一系列重大问题,如太平天国、洋务运动、戊戌变法、辛亥革命等,也避开了一系列国内战争,如清初一系列统一疆域之战、平定三藩之战、太平军、捻军、白莲教、西北与云南的回民起义等,从而便于集中篇幅描述涉外战争。第四,本书的题材有所突破,即把清朝发生的主要涉外战争集中介绍给读者,并试图从"涉外战争"这个角度来解读这些战争。

本书介绍了清朝发生的十二次最主要的涉外战争:雅克萨之战、缅甸之战、安南之战、廓尔喀之战、第一次鸦片战争、第二次鸦片战争、西北边陲之战、甲戌之战、甲申之战、甲午之战、八国联军侵华之战、中英藏地之战。

我在写作中努力遵循以下原则：

1. 对清朝发生的十二次最重要涉外战争做比较全面的介绍，希望能突出重点，把重要事件介绍得仔细些。

2. 本书篇幅不大，但力求写成一部信史。对一些有争议的历史事实，只记录目前的主流观点，对主流观点不统一的采取诸说并存的方式。

3. 主要介绍各次战争的过程，即只写"史"，不写"论"。本书对战争胜负的原因、战争结果对中国社会发展的影响等问题一般不探讨。甚至对有些具体的事件，也只做介绍，不予评说，请读者自己去评价。

4. 涉外战争史中有个现象是：官方资料中对中国的胜仗的描述得很详细，对中国败仗的描述往往寥寥数语。本书根据外国人写的资料适当做了些补充。

5. 对于战争过程的描述，本书大量摘引自军机处谕旨、中方主将的奏章及外方参战人员的回忆录等。但涉外战争中，中外双方对战争的描述会有差别，甚至有重大差别，想考证谁的描述是"客观的""符合历史原貌的"，有相当难度。本书尽可能把双方不同的记述都介绍给读者，或注明双方记述出入很大。

6. 就涉外战争而言，不宜采用脸谱化的处理方式，将政府高官划分为主战派和主和派；更不能简单下结论——主战派爱国，主和派卖国。但为了行文的方便，本书中有时还是沿用了此类提法。

7. 战争是政治用暴力方式的延续。要全面描述一场战争，除战争本身外，还必须从政治、经济、历史、文化、外交、后勤保障等方面进行描述。考虑到本书只是一本普及性史书，限于篇幅，更限于作者的能力，只能主要介绍战争的过程及条约的谈判过程。战争发生的历史背景等问题，则通过概述一节做简要介绍。

本书从 1644 年顺治入关写起，到 1911 年清朝灭亡为止，这样皇太极发动的对朝鲜战争就不在本书的范围内了。

中俄《布连斯奇界约》和中俄《恰克图条约》放在第一章，是考虑到这两个条约确定了中俄中段边界线。而雅克萨之战与《尼布楚条约》确定了中俄东段边界线。这些内容放在一章里，可以使读者对早期中俄边界线的形成有个全面的了解，而有关的战争与条约也确实有相当的关系。

1661 年郑成功收复台湾之战，对方是荷兰军队，当然是一场涉外战争，但作战的一方是郑成功的军队，而不是清朝政府军，所以对这场战争本书不予介绍。

1717 年，沙皇派遣布赫戈利茨中校率三千兵马侵入准噶尔亚梅什湖地区，企图探寻金矿，并在那里建筑要塞，侵占中国领土。准噶尔首领策旺阿拉布闻讯后，派大策凌敦多布率领军民一万余人前往迎战。俄军遭到毁灭性打击，仅七百余人突围逃走。这场战争当然是涉外战争，但战争的一方是准噶尔部，当时是个地方割据势力，并不受清朝中央政府控制，所以对这场战争本书正文中不予介绍。

将《钦定西藏善后章程》作为附录放在第二章，主要是考虑此章程在中国近代史上地位极其重要，它规定了此后一百多年间中央政府在西藏的执政权力，以及西藏的军事、财政、宗教、涉外事务等各方面的制度。它是"西藏是我国的领土"的强有力的法律依据。

且此章程与廓尔喀之战有直接联系。

1847 年 4 月 1 日,英国少将率 900 名英军进攻广州,在 36 小时中,攻占了虎门和珠江的主要炮台。战争的后果是,清政府同意两年后,即 1849 年 4 月 6 日后,英国商民可进入广州。1854 年 4 月 4 日,英美挑起了"泥城之战",出动 380 名士兵,在上海泥城浜(今西藏路)地区向清军发起攻击,击败近万清军,并烧毁三座营盘。此次战争规模很小,但它的影响却不小。它的直接后果是:此后先是上海海关,然后是中国海关的主权被外国人夺取。鉴于上述两次战争规模都很小,难以单独列为一章或一节,故把它们放在第二次鸦片战争的概述里予以介绍。

1855 年廓尔喀商人与察木多藏商索债起衅,聚众械斗,互有杀伤。驻藏大臣穆腾额照例分别罚款完案。廓尔喀借口西藏地方官吏多收税米,阻挡商民往来,四月间派兵向边境进攻,西藏军队屡战不胜,宗喀(吉隆)、济咙(吉隆东南)、聂拉木等处相继失陷。驻藏大臣赫特贺驰往后藏督办防剿事宜,命成都将军乐斌统率汉土官兵继进。廓尔喀闻清大军将至始惧,派使来西藏上表求和,清政府当时正与太平军大战,无力开辟新战场,遂允罢兵。次年,西藏与廓尔喀和约议成,签订了《藏尼条约》,这无疑是一场涉外战争。当时英国已控制了印度,其战略是,先控制尼泊尔、哲孟雄(锡金)、不丹,然后再进犯西藏。到 1855 年,尼泊尔已在英国的掌控之中,所以在尼泊尔侵犯西藏的战争中可以看到英国的影子,因此本书把这场战争放在"中英藏地之战"的概述中予以介绍。

1864 年 10 月 7 日《中俄勘分西北界约记》签订时,第二次鸦片战争已结束了四年,又与英法两国无关,不宜把它看为第二次鸦片战争本身的内容。但这个条约是中俄《北京条约》的直接产物,所以把它作为附录放在第四章里予以介绍。

1874 年发生的马嘉理事件:英国 200 多名军人,临时脱下军装组成"武装探险队",进入云南后被当地的民间武装打死了 6 个人,其中包括英国驻华使馆翻译马嘉理,其余人被赶出云南。虽然这些人是穿着便衣的军人,而且是由陆军上校柏郎指挥,事后又签订了中英《烟台条约》,对中国近代史的影响相当大,但它毕竟不能称为一场战争,所以本书正文中不予介绍。

"西北边陲之战"前后持续了六十多年。它包括三个阶段:第一阶段自 1820 年至 1828 年的张格尔之乱;第二阶段有三次小的战争:1830 年浩罕入侵,1847 年七和卓之乱,1857 年倭里汗之乱;第三阶段自 1864 年至 1881 年,含阿古柏入侵与左宗棠西征,中间又穿插沙俄武装侵占伊犁及中俄关于收回伊犁的谈判。张格尔是大和卓波罗尼之孙。1759 年乾隆皇帝平定大小和卓之战是清朝中央政府平定地方封建宗教割据势力的战争,当然不是涉外战争。张格尔虽然是维吾尔族人,战事又发生在我国新疆地区,但张格尔势力是以浩罕汗国为依托,从境外进入新疆,企图割据新疆的外来势力。第二仗是浩罕汗国直接入侵新疆。所以清政府平定张格尔之战和对浩罕汗国入侵者之战应被视为涉外战争。1847 年张格尔的子侄们又从浩罕带领 1000 多人到南疆地区,挑动群众,发动七和卓之乱。1857 年,张格尔的侄儿倭里汗再次从浩罕侵入南疆,发动了倭里罕之乱。1864 年阿古柏入侵新疆时又是受浩罕汗国的派遣,护送张格尔之子布素鲁克到新疆从事分裂活动。后来浩罕汗国被俄罗斯灭掉,阿古柏投靠沙俄,联络英国,割据称霸,危害地方。左宗棠西征收复新疆,驱逐阿古柏势力,当然是涉外战争。前后的战事虽然跨越了六十多年,但互相间有密切的联系。我考虑再三觉得还是把它们放在同一章内较为妥当,更能体现出新疆地区涉外斗争的长期性和复杂性。

1874 年的甲戌之战是日军第一次侵华战争,是一次挑战中国在台主权并有深远影响的战争,本书把它单独列为一章,予以比较详细的介绍。甲戌之战、甲午战争、抗日战争,三场中日之战一脉相连,彰显出甲戌之战在中国近代史上的特殊地位。日本在进行了长期的、充分的准备后,先后派遣了 3658 名正规军,由陆军中将西乡从道率领,进攻中国领土台湾,被当地民间武装击败。清军也进行了充分的备战,但在李鸿章妥协避战方针指导下,清军并未参战。最后两国政府谈判,订立中日《北京专约》,由清政府赔款五十万两白银,日军全部撤出台湾。因此,可以认为甲戌之战是第一次中日战争。

把 1879 年 3 月 8 日本吞并琉球国作为附录放在甲戌之战一章,是考虑到日本进攻台湾是其大陆政策的一部分,吞并琉球也是其大陆政策的一部分,其根本目的是要侵略中国。把朝鲜半岛、日本列岛、琉球群岛、台澎列岛联系起来,不就是一条“岛链”吗?把 1874 年日军侵台事件、1875 年日本军舰“云扬号”占领朝鲜江华岛炮台事件、1879 年日本吞并琉球国事件联系起来,日本明治维新后大陆政策的侵略性就可以一目了然了。

1875 年清军深入越南镇压黄崇英之战。同治六年(1856 年)广西农民军被清军镇压,残部逃入越南境,越南国王向清朝请兵援剿,清政府派冯子材率三十营进剿,击败农民军残部,农民军余部由梁天锡率领投奔黄崇英。冯子材班师后,黄崇英再次兴兵,越王复请出兵,冯子材再次督军出关,至同治十一年(1861 年)调回。同治十二年(1862 年),法军攻陷河内,黄崇英乘机袭太原,潜与法人勾结,越南又向清求援,同治十三年(1863 年)清军再次进军。光绪元年(1875 年)七月,清军大败黄崇英,不久黄崇英被捕获。光绪二年(1876 年)春,清军撤回关内。这场战争持续了九年,动用的兵力不少,战场在越南。但这场战争的双方是清政府军与广西农民军残部,至于中越两国政府则始终保持着友好关系。所以说,这场“涉外”的战争,和本书介绍的涉外战争有根本的区别,本书正文中对这场战争不予介绍。

1898 年广东湛江、遂溪人民抗法斗争,是反抗世界列强瓜分中国的英勇战斗。1897年,法国取得了对海南岛和雷州半岛的控制权,并进而要用武力控制湛江湾。1898 年 3月 11 日,法国向清政府提出四项要求,双方谈判,清政府准备接受法方要求。6 月 19 日,遂溪人民第一次攻打海头法军兵营;7 月 12 日,第二次攻打法军兵营。8 月 16 日,法军攻打东海岛炮台,击败清军,占领东海岛。10 月 21 日,南柳村群众与法军在沙沟激战;24日,法军攻陷南柳。1899 年 10 月 9 日,新埠之战,歼灭法军 41 人。11 月 5 日,东菊之战,毙伤法军 60 多人。两战均以团练为主力。11 月 16 日,中法签订《广州湾租借条约》。1900 年 2 月 22 日,清政府批准该条约。考虑到此战是法国侵略军和团练、民众的战争,在中国近代史上的影响并不大,所以本书正文中不再介绍。

1910 年 12 月 6 日,英人以武力占据云南片马,设炮台于高黎贡山,兵力逾万人,军官为英人,士兵为廓尔喀人。经过外交谈判交涉,1911 年英兵退去,但测量了腾越七土司及各关隘要地。英方投入的兵力很多,但没有发生战争,所以本书正文中也不予介绍。

本书中仅《尼布楚条约》引用了全文,其他几个条约仅引用了正文的全文,即每个条约开头部分,主要描述双方代表姓名、职务的文字不予引用,以省篇幅。有些条约篇幅太长,只能介绍其主要内容。

值此抗日战争胜利 70 周年之际,我们回忆清朝发生的涉外战争仍有明显的现实意义。我们回忆当年的战争,目的是牢记历史的教训,珍爱今天的和平。

俗话说"隔行如隔山",我从事的农业工程行业和史学不知道隔了多少重山,但是我又想,不是还有一说嘛:"红军不怕远征难,万水千山只等闲。"只要努力学习,刻苦认真,还是有可能为广大读者献上一本普及型的史书的。"路漫漫其修远兮,吾将上下而求索",希望我这样一个年逾古稀的史学界新兵,七八年的努力没有白费。

本人不是史学专业工作者,只是史学爱好者。因此,书中必然有不少的纰漏与错误,敬请史学专家们及广大读者批评指正。

本书写作过程中参考了大量资料,在此向有关的作者表示衷心的感谢。写作过程中得到江苏大学出版社、江苏大学图书馆、南京大学图书馆、宁夏图书馆、南京图书馆等的大力支持,特此感谢。

徐圣言

2015 年 6 月于江苏大学

目录

第十章

中英藏地之战

第一章 中俄雅克萨之战

　　进入十七世纪后，随着俄国势力的迅速东扩，俄国军人不断入侵我国黑龙江地区。康熙帝在平定三藩之乱后，立即着手整顿边务，于 1685 年、1686 年两次发动雅克萨之战，彻底打垮了入侵之敌，并于 1689 年签订了《中俄尼布楚条约》。

一、概　述

黑龙江古称为弱水、黑水、望建河、石里罕河,黑龙江之名始见于辽史,并沿用至今。蒙古语称哈拉穆河,俄语称阿穆尔河,黑龙江全长4400公里。先秦古籍中记载的肃慎人,就是东北地区远古居民之一。公元前11世纪,肃慎人即臣服于周。汉代曾设"护乌桓校尉",管辖辽宁、吉林西部的乌桓和鲜卑族。722年,唐玄宗任命黑水靺鞨酋长倪属利稽为勃利州刺史,勃利即今之伯力。

清代居住在黑龙江下游的我国少数民族,则称黑龙江为"马木""满古""满库"。俄国人侵入黑龙江流域以后,沿用当地居民的称呼,但由于俄语发音畸变而称之为"阿穆尔"。清朝兴起后所辖治的地区,早在元朝已归入中国版图,经过明朝的都司卫所统治,早成了中国不可分割的一部分。努尔哈赤在建立后金以前,对黑龙江下游和乌苏里江以东滨海地区进行征剿和招抚。皇太极在此基础上继续扩大对黑龙江中上游及以远地区的经营,统一了东北全境。崇德七年(1642年),皇太极踌躇满志地宣称:"予缵承皇考太祖皇帝之业,嗣位以来,蒙天眷佑,自东北海滨(鄂霍次克海),迄西北海滨(贝加尔湖),其间使犬使鹿之邦,及产黑狐黑貂之地,不事耕作,渔猎为生之俗,厄鲁特部落以至斡难河源远迩诸国,在在臣服,蒙古大元及朝鲜国悉入版图。"[①]

清初的东北地区,即山海关外,北越外兴安岭,东至日本海,包括库页岛在内的广大地区,是满族兴起的故地。"清太祖及清太宗所收的东北部落如下:窝集部、穆棱、齐雅、赫哲、费雅喀、奇勒尔、库页、瓦尔喀,以上皆东境的部落;索伦、达斡尔、鄂伦春、巴尔乎,以上皆北境的部落。"[②]当时在东北地区居住的主要是人数不多的各少数民族,分布在山林江河之间。黑龙江中上游石勒喀河到精奇里江(结雅河)一带,两岸有索伦、达斡尔、鄂伦春等族,清朝统称他们为索伦部。松花江下游乌苏里江两岸有赫哲族。黑龙江下游两岸和库页岛上有费雅喀人、奇勒尔人和库页人,滨海有恰克拉人。这些少数民族多从事狩猎。只有达斡尔人经营农业和饲养家畜,在东北诸民族中经济、文化水准最高。清朝入关前,索伦部设置牛录章京统领,其他各族则依原有氏族部落组织进行管理。清朝入关以后,东北地区初由宁古塔(宁安)章京管理,1653年改为宁古塔昂邦章京,1662年又改为"镇守宁古塔等处将军"。

沙皇俄国原本是个欧洲国家,直到明末中俄两国才有直接接触,那时中国人将其直译为"罗刹",并沿用至清初。康熙朝以后,称为俄罗斯,并沿用至今。明末清初,乘中国内乱,俄军侵入黑龙江上游。中俄在我国东北地区的领土争端可以从俄罗斯的东扩说起。

13世纪上半期,蒙古入侵欧洲,在伏尔加河上建立起金帐汗国,各小邦都臣服于蒙古人。莫斯科公国是许多小邦中的一个。14到15世纪,莫斯科公国逐渐强大,逐步摆脱了金帐汗国的羁绊,至15世纪末、16世纪初,建立起封建主义中央集权的俄罗斯统一帝国。16世纪初,俄罗斯的面积为280万平方公里,北达北海,南至奥卡河,西至德聂伯河上游,

---

① 《清实录·清太宗实录》卷61,第3页。
② 蒋廷黻:《中国近代史大纲》,第103页。

东抵北乌拉尔山的支脉。① 与俄罗斯东部接壤的是克里米亚汗国和喀山汗国,往东是阿斯特拉罕汗国,再往东边是西伯利亚汗国。"至于西伯利亚汗国以东的亚洲北部各民族,与俄罗斯从来没有任何联系。"②

沙皇一词原是俄罗斯人对拜占庭皇帝及金帐汗的称呼。伊凡四世(1533—1584 年在位)在夺回了君主权力后,于 1547 年加冕为沙皇,时年 16 岁。他掌权后推行了一系列改革与新政,于 1550 年通过了《俄罗斯法典》,1556 年颁布了关于贵族服兵役的一系列法规。法规明确规定,如果不向沙皇服役,就不可能拥有土地。1550 年前后伊凡四世着手军队改革,改革的重点是炮兵、军事工程和南部防线的建设,第一批常设的正规兵团被编入俄国军队。16 世纪 50 年代开始,莫斯科公国卷入了一系列战争,领土逐步向外扩张。

1552 年对喀山汗国的侵占,是沙俄东扩的开始,1556 年又占领了阿斯特拉汗国,至此整个伏尔加流域落入俄罗斯手中。1558 年,伊凡四世仿效西班牙经营美洲殖民地的办法,把夺取西伯利亚的任务委托给斯特罗冈诺夫家族。西伯利亚汗国的疆域,东起鄂毕河中游左岸,西至乌拉尔山东麓,北自图勒河上游伸展到额尔齐斯河下游,南至托博尔河和伊施姆河中游的草原,纳税居民约 3 万人。这就是本来意义上的西伯利亚。从乌拉尔山到太平洋沿岸这一辽阔的北亚地区,主要有通古斯蒙古人在此生活,人口很少,社会形态相当原始,没有国家,甚至没有具体的地域名称。

斯特罗冈诺夫招募了顿河草原上的哥萨克人,组成军队,并以在伏尔加河上横行不法、被通缉而预判死刑的强盗头子叶尔马克为头目。1578 年 9 月,这支残暴的军队开始了他们的侵略行动。1582 年他们又越过乌拉尔山,发动了一场针对西伯利亚汗国的远征。远征军由 1650 名哥萨克和其他志愿者组成,经过多次交战与反复,终于攻克西伯利亚汗国的首都西伯尔,征服了西伯利亚汗国。西伯利亚汗国的库程汗在放弃首都后,率领民众南撤,继续组织抵抗。1584 年 8 月 14 日,库程汗成功地组织了一次夜袭,把叶尔马克的主力歼灭于额尔齐斯河畔,匪首叶尔马克被河水淹死。他们不断地袭击沙俄军队,阻止了沙俄向托博尔河上游和巴拉巴草原的推进。

后来沙俄在吞并西伯利亚汗国后,继续向东扩张,把它在亚洲北部的一切征服地统称为"西伯利亚"。1586 年 7 月,沙俄在西伯利亚汗国已被废弃的古都建立了一个名为秋明的城堡;1587 年在托博尔河畔建立了托博尔斯克城堡。俄国人吞并了西伯利亚汗国,意味着鄂毕河中游完全落入俄国人手中。沙皇政府实行暴虐的统治,向当地人民搜刮皮毛,"1586 年便从西伯利亚掠夺了 20 万张黑貂皮、1 万张黑狐皮、50 万张栗鼠皮"。③ 由于欧洲市场上皮毛价格迅速上涨,西伯利亚的皮毛遂成为沙皇政府出口收入的主要来源之一。这又驱使沙俄政府不断地对西伯利亚进行扩张,不断增建新城堡:1593 年建别廖佐夫;1594 年建苏尔古特和塔拉;1596 年建纳雷姆,并公然实行武装占领。仅 1610 年后的几十年时间内,俄国的军事防线和殖民先锋就又向东推进了 3000 英里,从鄂毕河来到了太平洋。在上述征服中,沙俄一路建造军事城堡,进行经济掠夺,同时注意开发,向宜农地区迁

① 中国社会科学院近代史研究所:《沙俄侵华史》第一卷,第 73 页。
② 中国社会科学院近代史研究所:《沙俄侵华史》第一卷,第 74 页。
③ 复旦大学《沙俄侵华史》编写组:《沙俄侵华史》,第 3 页。

移入口,创办殖民点。1619 年,在叶尼塞河中游建立叶尼塞斯克;1628 年,建立克拉斯诺雅尔斯克;1632 年,在勒拿河上建立了雅库茨克;1639 年,到达鄂霍茨克海沿岸,抵达太平洋西岸。

直到 17 世纪初,中俄两大帝国才逐步开始有了些接触。"1610 年,俄国使者托密尔柯·彼得洛夫到达厄鲁特蒙古,遇到明朝政府派来这里收税的官员,彼得洛夫向这位中国官员询问了有关中国的土地、人口和宗教等问题。"① "1616 年,俄国托波尔斯克地方当局派秋曼尼茨和彼得洛夫为使节,到阿尔泰汗地区进行活动,获得不少关于明朝的情报。"② 1618 年,沙皇米哈伊尔·费奥多罗维奇派菲特林出使北京。5 月中旬使团出发,经喀尔喀蒙古、呼和浩特、张家口、宣化等地,于同年 9 月到达北京。万历帝给予国书,建议两国平等往来。1619 年春,菲特林等回到俄国。

当时俄国对中国仍不熟悉,对黑龙江更是一无所知。当时俄国人错误地认为从贝加尔湖到大海有一高大石山"阻挡着去路",尚不知是条大河,更不知道黑龙江的名称。17 世纪 30 年代后,俄国人"益闻通古斯人言黑龙江部落繁衍,适于耕牧,且富矿产。至是俄人始知黑龙江一带之情形,欲解决其粮食问题,益锐意南下"。③ 后来,俄国殖民者在东扩的过程中逐渐得到一些关于黑龙江的信息,汇报给雅库茨克督军戈洛文,戈洛文屡次派人侦探,遂对黑龙江流域的情况逐步有所了解。

沙俄政府所组织的侵略武装,于 1643 年开始由雅库茨克出发对中国进行侵犯,直到 1689 年签订《尼布楚条约》,其侵略活动才受到遏制。沙俄这 46 年的侵略活动,可分为两个阶段。1643 年至 1665 年为第一阶段:沙俄利用清兵入关取代明朝统治,无暇注意边防的时机,对中国黑龙江流域进行骚扰,被中国军民击退,其侵略军的基地为雅库茨克。1666 年至 1689 年为第二阶段:1666 年俄国人建立了色楞格斯克堡,以缩短俄军的后勤补给的距离。俄军利用中国"三藩之乱"对清朝政府的掣肘,扩大对华侵略。

清军和当地各族人民对沙俄入侵者进行了英勇抵抗,"顺治九年驻防宁古塔章京海色率所部击之,战于乌拉村,稍失利。十二年尚书都统明安达礼自京师往讨,进抵呼马尔诸处,攻其城,颇有斩获,旋以饷匮班师。十四年镇守宁古塔昂邦章京沙尔虎达败之尚坚乌黑。十五年复败之松花、库尔瀚两江之间。……十七年巴海大败之古法坛村。然皆中道而返,未获剪除,以致罗刹仍出没不时"。④

当时俄兵虽数次与清兵相冲突,然未知中国之国力。顺治十二三年间,两次遣使,上书以请互市为名,至北京窥探虚实。而清朝时亦偭然自大,不识俄罗斯为何物,视之与邻近朝贡诸国等同。清廷与俄帝书,措辞绝倨,而俄人不解汉文,无由知其所云也。

此后,俄国势力仍不断向中国侵入,尤其在康熙帝忙于平定三藩之乱时,加大了侵略力度,建立了结雅斯克堡(1678 年)、西林穆宾斯克和多伦斯克堡(1679 年)、额尔古纳堡(1681 年)。康熙帝对于沙俄的侵略极为重视,在平定三藩之乱的第二年(1682 年)即着

① 马汝珩:《清代西部历史论衡》,第 3 页。
② 马汝珩:《清代西部历史论衡》,第 8 页。
③ 萧一山:《清代通史》一册,第 748 页。
④ [清]佚名:《平定罗刹方略》卷 1,第 1 页。

手加强黑龙江流域防务,其基本方针是军事斗争、外交谈判、充实边防三者并重。康熙帝亲自决策、调度,准备在雅克萨地区与俄军决战。康熙二十二年(1683 年)九月,清军首先发起雅克萨外围之战,派人勒令雅克萨等地的俄军迅速撤离。俄军头目不予理睬,反而派人窜至瑷珲抢掠。清将萨布素将其击败,并将除雅克萨和尼布楚以外的黑龙江中下游沙俄侵略军建立的据点全部拔除,使雅克萨成为一座孤城。再于康熙二十四年(1685 年)、康熙二十五年(1686 年),两次发动雅克萨战争。取得战争的胜利后,康熙帝为了集中精力打击噶尔丹叛乱,向俄国让出了包括尼布楚在内的部分领土。由于当时沙俄要忙于西方的征战,也希望及早结束对华战争,所以双方于 1689 年通过谈判签订了中俄《尼布楚条约》,划定了中俄东部边界。

《尼布楚条约》签订后,两国贸易迅速发展,另一方面俄国继续入侵中国蒙古地区。雍正年间,又与俄国签订了《布连斯奇界约》和《恰克图条约》,划定了中俄中部边界,即位于清朝外蒙古地区的中俄边界。订约谈判中,清政府做出了巨大的让步,三个条约共向俄国割让了一百多万平方公里领土。另一方面也应看到,它是以条约签订时双方的实际控制线作为划界的基础,因此不能称它为不平等条约。条约的签订使此后一百多年间两国的边境保持稳定。

二、沙俄入侵东北

明崇祯十六年(1643 年),戈洛文派出由书记员波雅科夫率领的一支窥探队伍,"队员有哥萨克 112 名、猎夫 15 名、书记 2 人、向导 1 人。军械带有大炮 1 尊,枪每人 1 杆"。[①] 1643 年 7 月 25 日,波雅科夫从雅库茨克出发,到达阿尔当河已届冰冻时期,不得不留下 43 人看管粮食、辎重与船只,建立越冬站。而波雅科夫则率领其余人员,越过外兴安岭,于 11 月底到达结雅河的支流布连塔河;12 月 23 日扎营于结雅河的另一支流昂勒喀河,一面了解当地的地理、物产等基本情况,一面派人搜刮粮食。他派出一支 70 多人的武装哥萨克队伍对邻近的达斡尔族村庄进行抢劫,激起了达斡尔人的愤怒反击。"他们从村寨中冲出,其中有几个是骑马的,向俄国人勇敢地进攻,有 10 个俄国人重伤被俘,剩余的被迫退到森林中。其中许多人也受了伤,而达斡尔人随即将他们包围起来。"[②] 4 天后,在达斡尔人警惕放松时,侵略者才得以逃脱。1644 年春天,留在阿尔当河的 43 个哥萨克回归波雅科夫队伍,带来了粮食给养,使俄军势力有所加强。但在当地各族人民的反击下,俄军在黑龙江流域的行进非常缓慢。1644 年冬天,波雅科夫支队是在黑龙江口度过的,并曾在费雅喀族聚居的地区,以卑鄙的手段绑架三个费雅喀头人作人质,借此勒索到 1100 张貂皮和一批食物。来年开春江面解冻时,他们向北继续流窜,沿鄂霍次克海岸至乌利雅河口,在那里度过了 1645 年的冬天。1646 年春季,他们才经阿尔当河转入内陆,于 1646 年 7 月 2 日返回雅库茨克。三年中,许多俄军被打死或饿死,全队仅 53 人生还。回到雅库茨克后,波雅科夫给新任统领普什金上交了一张他绘制的入侵黑龙江地区的线路图,并详细

---

① 蒋廷黻:《中国近代史大纲》,第 104 页。
② 复旦大学历史系《沙俄侵华史》编写组:《沙俄侵华史》,第 25 页。

报告了入侵黑龙江的经过与当地的地理、民族、物产等情况,极力宣扬这个地区的富饶和侵占的必要性。

1649 年春,西伯利亚富商哈巴罗夫向雅库茨克新任统领弗兰茨别科夫呈文,提出他的"征服黑龙江"计划。呈文中说,他知道一条到黑龙江的近路,请求让他招募 150 名志愿人员组成远征队,去征服大山那边尚未纳贡的人。因无需政府出资,故哈巴罗夫的计划马上得到批准。在弗兰茨别科夫的直接支持下,哈巴罗夫的远征队在提出申请后不到一个月就出发了。

1649 年 3 月 16 日,哈巴罗夫自费招募了 150 名武装哥萨克,承担窥探黑龙江流域的任务,并设法使当地居民向沙俄交纳贡赋。4 月,哈巴罗夫率领哥萨克人越过外兴安岭侵入我国雅克萨以西达斡尔族地区。在乌尔喀河口往下的黑龙江沿岸,有 5 座达斡尔城寨,属达斡尔头人拉夫凯管辖。当地居民事先得知俄国人即将到来,全部疏散他方。哈巴罗夫接连搜索了三个村庄都空无一人,只见到带人回来侦察敌情的达斡尔人首领拉夫凯。哈巴罗夫用尽欺骗和威胁手段,说自己是来进行贸易的商人,又武力威胁拉夫凯等,要求达斡尔人向俄国纳税,接受沙皇的"保护"。拉夫凯断然拒绝了哈巴罗夫的侵略要求并揭露了他们的强盗嘴脸,表示达斡尔人决不屈服,决心把侵略者赶出家园。哈巴罗夫见当地人民已有准备,自己力量单薄,在放火烧毁村庄后,在拉夫凯城留下 50 个人,交斯捷潘诺夫指挥,自己无可奈何地于 1650 年 6 月 6 日返回雅库茨克。

1650 年 7 月 19 日,哈巴罗夫招募队伍第二次前往黑龙江,他带着"招到的 117 名侵略者,加上(雅库茨克督军)弗兰茨别科夫拨给的 21 名军役人员和三门大炮"。[①] 同年底,俄军进攻雅克萨城。雅克萨原是奴尔干都司所属卜鲁丹河卫的辖地,在此居住的是达斡尔王公阿尔巴西。达斡尔人手无寸铁,他们的武器不过是用兽骨鹿角制造的弓箭。他们从中午坚持到黄昏,因伤亡太大,被迫转移。俄军占领雅克萨后,加强了该城工事,作为沙俄在黑龙江的主要侵略据点,并取名为阿尔巴津。在盘踞雅克萨期间,哈巴罗夫不断派人四处袭击达斡尔居民,捕杀人质,掳掠妇女,以肆无忌惮的残酷手段对待被战胜者。

1651 年年初,哈巴罗夫再次率领一百多名侵略者侵入黑龙江流域。他们以雅克萨城作为据点,于同年 6 月 12 日,从雅克萨出发向黑龙江中下游进犯。6 月 15 日,在古伊古达村进行了骇人听闻的大屠杀。古伊古达村是个有千余人的达斡尔村庄。村民为抗击沙俄的侵略,事先做了周密的准备,修筑了三个防区,四周围以土墙,土墙外有两道深沟环绕。哈巴罗夫要求达斡尔人"不战而降",遭到拒绝后,俄军开始攻城。达斡尔人万箭齐发,拼死抵抗,战斗彻夜进行。俄军用大炮轰击一夜,才于 6 月 16 日凌晨在墙上打开一个缺口,冲入第一防区。村民退入第二防区,在俄军枪炮轰击下,有 214 位村民惨遭杀害,最后退入第三防区。俄军冲入第三防区后,达斡尔人用梭镖抗击敌人。沙俄侵略者兽性大发,"把俘虏来的达斡尔人全部砍头","杀死大人和小孩共 661 人,抢走妇女 243 人,儿童 118 人,合计 1022 人,全城寨只有 15 人幸免"。[②] 哈巴罗夫在古伊古达村盘踞了六七个星期,派遣哥萨克武装向周围地区勒索贡赋,凡遇到反抗,便以焚烧、杀戮作为发泄。

---

①   中国社会科学院近代史研究所:《沙俄侵华史》第一卷,第 102 页。
②   中国社会科学院近代史研究所:《沙俄侵华史》第一卷,第 109 页。

然后哈巴罗夫又将侵略魔爪伸向精奇里江口的多伦禅屯。多伦禅屯是当地最富庶的村庄,屯长多伦禅是清朝额附巴尔达齐的女婿。哈巴罗夫吸取了上次的教训,对多伦禅村进行偷袭。8月的一个傍晚,俄国强盗突然冲入屯中。村民们在多伦禅的带领下赤手空拳地与强盗们进行搏斗,终因强弱悬殊,不敌强寇,许多村民被杀,多伦禅与其弟托英奇等270多人被俘。哈巴罗夫逼他们臣服于沙皇,向他们勒索貂皮,并将他们圈禁在村子里。多伦禅与其弟托英奇则被单独关押作为人质。村民们并未被侵略者的气势所吓倒,9月13日凌晨,侵略者尚在梦中,全体村民逃出了虎口。恼羞成怒的哈巴罗夫对多伦禅与其弟托英奇严刑拷打,逼问村民去向,多伦禅与其弟托英奇毫不畏惧。最后托英奇拔刀自尽,多伦禅被侵略者绑走。

哈巴罗夫继续沿黑龙江深入,于当年9月底到达乌扎拉村,并在此休整过冬。乌扎拉村是赫哲族人聚居地区。10月15日,哈巴罗夫派一百多人外出抢鱼,冬营里只留下106人。赫哲人抓住这一时机,于10月18日夜里,组织周围近千个赫哲族人和虎尔哈族人向俄军冬营发动进攻。居民以简陋的武器打击俄国侵略者,俄军凭借有利地形和优势火力进行顽抗。中国居民在战斗中失利,居民向驻守宁古塔的清军报警。顺治九年(1652年)春,清宁古塔章京海色率600名清军前往乌扎拉村,赶来助战的还有黑龙江流域各族人民千余人。4月3日黎明,中国军民逼近乌扎拉村。此时侵略者尚沉睡未醒,但清军主将海色狂傲自大,对敌情估计不足,不是采取掩袭之法,而是老远就放炮鸣枪,将敌人从梦中惊醒。清朝军民英勇作战,冲入敌营,200余名沙俄军被压缩成一团,俄军"被清军打死10名,打伤78名"。然而,由于海色下令,"不许放火烧城,不许杀哥萨克,要抓活的",束缚了自身手脚,因此给敌人以可乘之机。哈巴罗夫下令拉来大炮,向正在冲入堡寨的密集的清军猛轰,致使清军遭到重大伤亡,被迫撤出。"[1]事后清政府追究责任,"以驻防宁古塔章京海色等,率兵往黑龙江,与罗刹战,败绩。海色伏诛"。[2] 初战尽管失利,但仍给了侵略者沉重打击。哈巴罗夫不敢继续深入,"此战以后,哥萨克一听见某处有中国兵就戒严不敢前进"。[3] 5月2日,哈巴罗夫率部乘6条木船向黑龙江上游撤退,途中受到清军及沿江各族人民的袭击。"8月,在精奇里河口附近,队员内讧致分为二队,一队212人仍服从哈氏,另一队136人则自树一旗。"[4]他们带走3只船窜往黑龙江下游。哈巴罗夫率众追赶,攻克并平毁了哗变者的冬营。俄军哗变使士气低落,陷入进退维谷境地。

1653年夏天,莫斯科派遣西莫维也夫携带物资前来增援,但与哈巴罗夫发生矛盾。西蒙维也夫解除了哈巴罗夫的职务,临回时将其解押回国"受审",下令指派斯捷潘诺夫接替。哈巴罗夫于1655年抵莫斯科,不但被"宣告无罪",为嘉奖他对中国侵略扩张之功,沙皇还特赐其贵族称号及大批土地,并称之为"开发新土地"的英雄。

"先是哈巴罗夫占据江右,遣使往莫斯科乞援,使者沿途散布流言,谓'黑龙江一带,金银矿产,遍地皆是,牛马羊貂,逐处成群,土地膏腴,居民丰裕,衣服宫室具缕黄金,真人

① 中国社会科学院近代史研究所:《沙俄侵华史》第一卷,第113页。
② 《清实录·清世祖实录》卷68,第16页。
③ 蒋廷黻:《中国近代史大纲》,第108页。
④ 蒋廷黻:《中国近代史大纲》,第108页。

间之宝库,世界之乐国也.'于是俄人梦想奇利,结队东来,沿途抢掠,残害人民。"①在哈巴罗夫对我国黑龙江流域入侵之后,黑龙江流域的富饶引起了俄国殖民者歇斯底里式的激动。西伯利亚各个地方的兵痞流氓纷纷奔向黑龙江,争先恐后地寻找发财的机会。1653年1月底,沙皇正式谕令罗斯托夫斯基公爵率3000名远征军征服黑龙江流域。但因当时沙俄的国际环境日益恶化,无暇东顾,同时无法在西伯利亚解决大军的口粮问题,因而不久后又不得不收回上述谕令。

1654年2月,沙皇政府在给雅库茨克行政长官的训令中,重申了对于掠夺新的领土和奴役别国居民的方针。训令说:"要是新土地上的任何居民变得难以驾驭,不可能用文雅的手段将他们置于崇高的统治之下的话,就应该用武力加以镇压,使他们居住的地方变为废墟;……一旦他们被置于沙皇崇高的统治之下,就应该在这些归属的人中,挑出一定数量的次要王公和头面人物,把他们轮流扣押在勒拿哨所作为人质。通过这些人质的扣押,可以保证从新征服的土地上的居民中及其他臣服的居民中征集皇家的贡赋。"②俄军于1654年在尼布楚城址兴建了涅尔琴斯克,并以此为据点扩大侵略。

哈巴罗夫回国后,斯捷潘诺夫继续率军在黑龙江流域进行骚扰。顺治十年(1653年),清政府任命沙尔虎达为第一任宁古塔昂邦章京,负责抗击沙俄侵略,保证边境安宁。顺治十一年(1654年)春天,沙尔虎达率满洲兵300名、虎尔哈兵300名、朝鲜兵100名前往松花江口,抗击沙俄侵略者。其时斯捷潘诺夫又补充了50名武装哥萨克,总兵力为370余名哥萨克,也活动于该地。6月16日,两军相遇,俄军倚仗船大枪多,向清军挑衅。清军占据有利地形,设置埋伏,诱敌登陆,然后伏兵出击,"一场激烈的战斗发生,哥萨克失败了,被迫退却。斯捷潘诺夫向政府报告说:'许多军役人员受了伤,他们已经不能同博克多人(中国人)作战了'"。③俄军大败,退出松花江,向黑龙江上游狼狈逃窜,许多哥萨克兵被打死打伤,士气大落。为了有一个安全的过冬营地,俄军选定了呼玛河口的高山峭壁,建立了城堡,取名呼玛尔斯克。堡寨外面筑两道木墙,中间填土,墙角修护壁,墙外挖了一条两俄丈宽、一俄丈深的壕沟。沟外打上木桩,沟旁地上布满了铁蒺藜。堡寨中筑了几个土台,上置大炮,可以居高临下向四面射击。

1655年2月,清政府复命尚书都统明安达礼自京师率军前往黑龙江征剿沙俄侵略军。其时斯捷潘诺夫及其部下正在呼玛尔城中加紧修筑工事,准备迎接战斗。3月23日,明安达礼所部到达呼玛尔,先将在寨外造船的20名俄兵全部消灭。斯捷潘诺夫派出87人出寨寻衅,又被全部打死。清军将敌寨四面包围,一箭附书射入城内,勒令投降。俄军不懂华文,置之不理。明安达礼下令在附近小丘上安置大炮,轰击敌寨。俄军凭借坚固工事和精良武器进行顽抗。双方激战十天,至4月3日午夜,清军运去云梯、钩竿、火药包等攻城器械,从午夜一直打到天明,仍未能攻破呼玛尔城。明安达礼令所部后退一里半,安营扎寨,截断敌人水源,日夜猛轰敌人城堡。当时俄军即将弹尽粮绝,面临全面崩溃。但在这关键时刻,明安达礼强调清军粮饷不足,下令撤军,致使此战虽颇有斩获,但还是功

---

① 萧一山:《清代通史》第一册,第750页。

② 复旦大学《沙俄侵华史》编写组:《沙俄侵华史》,第32页。

③ 北京师范大学清史研究小组:《一六八九年的中俄尼布楚条约》,第86页。

亏一篑。清军的后方远在几千里外的宁古塔,将士自己携带粮食、物资,数量有限,难以持久也是实际情况。此战显示,清军"长途奔袭"的战术存在致命弱点。

从乌扎拉战斗和呼玛尔战斗中可以看到,中俄双方采用了不同的战略。俄国方面是兵力少而武器精,平时远处剽窃,行踪飘忽,受到攻击时则龟缩在城堡里,凭借武器和工事的优势进行顽抗。清军方面采用了我国古代在边塞用兵的传统战略,长途奔趋,裹粮而行。但清军在黑龙江面对的是性格剽悍、嗜杀成性、工事坚固、火力强大的俄国哥萨克,因此千里跋涉的结果,只是兵临坚城之下,劳师糜饷,无功而返。

呼玛尔战斗以后,清军改变了战略战术。他们把作战的基地前移到乌喇(今吉林)、卜魁(今齐齐哈尔)及黑龙江城(今瑷珲),首先在乌喇旧有船厂的基础上,加以恢复、修建船只,同时协助各族人民迁离沙俄入侵者经常出没的地方,定居于后方。

在这段时间里,沙俄冒险家和各路匪徒纷纷来到黑龙江流域。"据俄国历史学家斯洛夫佐夫说:十年期间,到阿穆尔河去的不下1500人……一支俄国匪帮,共三百多人,以索罗金兄弟三人为首,原来在西伯利亚德勒纳河上以抢劫为生。1655年窜入中国,索罗金匪帮在松花江口和我国朱舍里人发生了战斗,三百人被全部消灭……另一支由洛吉诺夫率领的三十个哥萨克,沿鄂霍次克海海滨侵入黑龙江下游,我国费雅喀人奋起抗击,全部消灭了入侵者。"[1]

1655年,巴什科夫被任命为阿穆尔督军,准备去黑龙江。由于1654年乌克兰合并于俄罗斯而爆发的俄波之战已告停息,俄波两国订约议和,沙皇政府初步控制了乌克兰地区,所以俄罗斯向远东持续增兵。于是贝加尔湖以东地区的形势发生变化,俄国势力从巩固和防守转入进攻和扩张。1656年以后,俄国在贝加尔湖以东已稍稍站稳了脚跟。

1658年7月,斯捷潘诺夫又带领哥萨克侵略者500余名窜到松花江流域进行骚扰。他们抢劫粮食、貂皮,杀人放火。7月10日,宁古塔昂邦章京沙尔虎达率领1400名清军,分乘47只小船,在松花江与牡丹江汇流处(今依兰)以逸待劳,朝鲜国也派兵来助战。当斯捷潘诺夫率部到来后,清军在朝鲜兵的协助下,将俄国侵略者团团包围。面对清军的有力攻击,俄军大乱,180多名士兵脱离大队四处逃窜,斯捷潘诺夫等300余人被围核心,无法脱身。经过一场激战,清军大获全胜,打死打伤及俘虏俄军270余名,47人漏网,击毙敌酋斯捷潘诺夫,缴获敌人掠来的貂皮3080张,俄军在雅克萨非法所建的城堡,也被清军平毁。"镇守宁古塔昂邦章京沙尔虎达等疏报:击败罗刹兵,获其人口、甲杖等物。命兵部察叙。以所俘获,分赐有功将士。"[2]顺治十六年(1659年)沙尔虎达去世,其子巴海继承宁古塔昂邦章京。顺治十七年(1660年),巴海率领清军继续对俄军进行围剿,最终肃清了在黑龙江中下游地区的沙俄侵略者残部。"1664年初,尼布楚的俄军又逃亡了66人。这一年底,在尼布楚及其附近居留的俄国人仅有124人。"[3]

可惜当时清政府对形势的严重性估计不足,在歼灭斯捷潘诺夫后放松警惕,从沿江一带撤退军队,因而使沙俄侵略者重新得到可乘之机。斯捷潘诺夫部队被消灭后,俄国政府

① 北京师范大学清史研究小组:《一六八九年的中俄尼布楚条约》,第96页。
② 《清实录·清世祖实录》卷119,第3页。
③ 复旦大学《沙俄侵华史》编写组:《沙俄侵华史》,第36页。

认识到,从北方雅库茨克进入黑龙江流域,不是一条安全适宜的侵入路线。此线长达几千里,中间是崇山峻岭,增援和给养没有保证。要侵占黑龙江地区必须开辟新路线、建立新基地,即"从西方的叶尼塞斯克进入贝加尔湖以东,巩固对贝加尔湖以东地区占领。这条路线有许多条相互衔接的河流可以通航。贝加尔湖以东广大的肥沃地带可以作为入侵黑龙江的跳板"。①

顺治末年至康熙初年,沙俄利用清廷忙于国家统一和平定三藩之乱,再一次侵占了中国领土尼布楚和雅克萨等地。由于黑龙江上的俄国殖民军已被消灭,沙俄政府撤消了阿穆尔督军,另设尼布楚总管,派遣托尔布津接替巴什科夫任尼布楚总管。十七世纪六十年代后,俄军采取建立城堡、逐步推进的战术。在我国边境构筑城堡,设置工事,开辟道路,使据点与后方的联络保持畅通,并以城堡为据点,派出兵力,开辟新的据点。不断对黑龙江中下游地区进行骚扰和掠夺,到处建村设点,设置殖民机构,移民垦殖,勒索贡税,绑架人质,修建教堂,并极力拉拢当地上层分子,加紧镇压人民的反抗。十七世纪六十年代以后,沙俄侵略者逐步在从贝加尔湖到黑龙江流域的广大地区建立了殖民统治。其中,尼布楚、雅克萨、楚库柏兴是最重要的侵略据点。

1660年,宁古塔总管巴海"率兵至萨哈连、松噶里两江汇合处,侦知罗刹兵在费雅塔部落西界,即同副都统尼哈力、海塔等进至使犬地方,伏兵船于两岸,待敌船至,发兵击之,罗刹兵败退,清军追击,罗刹兵弃船登岸逃走。此役共斩首60余级,淹死者甚多,招抚费雅塔部落15村,120余户"。②

1662年四月初五日,俄国新任尼布楚总管托尔布津到任。"他管辖尼布楚境内三个堡寨:涅尔琴斯克堡、伊尔根斯克堡、车勒姆宾斯克堡,率114名哥萨克。由于感到自身处境维艰,托尔布津接连向莫斯科呈文,请求援助和供应粮食,亦写呈文至叶尼塞斯克及雅库斯克。"③同年,"清廷为加强边境地区的防御,升宁古塔昂邦京章为镇守宁古塔等处将军"。④

车尔尼哥夫斯基事件给俄国人带来了机会。沙俄的一个杀人犯车尔尼哥夫斯基因犯罪充军到雅尼塞斯克,1665年他与统领奥布霍夫发生冲突,纠集同伙杀死奥布霍夫,抢劫了财物,然后纠集了84名暴徒逃窜到中国黑龙江地区。这伙暴徒在鄂温克族居住地区奸淫掳掠,无恶不作,曾受到宁古塔将军巴海的痛击,随后又逃窜至雅克萨,在被清军所摧毁的城堡废墟上重建一个城堡(城堡长18俄丈,宽13俄丈,四周围以木墙,墙外有壕沟,深2俄丈),并在城堡外围进行垦殖。这样,很快吸引了当时在附近地区流窜的沙俄亡命之徒300余人,从此他们在中国领土上骚扰为害达20余年。他们不仅骚扰、掠夺中国居民,还煽动根特木尔(罕帖木儿)等少数民族头领投靠俄国。这伙匪徒很快就和驻尼布楚的俄军联合起来,互相呼应,侵占黑龙江流域的中国领土。由于他们的特殊贡献,沙俄政府决定赦免车尔尼哥夫斯基,但对他戕杀长官、抢劫国库的罪行又要惩处。于是沙俄政府玩弄

① 北京师范大学清史研究小组:《一六八九年的中俄尼布楚条约》,第102页。
② 章开沅:《清通鉴》第1册,第472页。
③ 章开沅:《清通鉴》第1册,第521页。
④ 章开沅:《清通鉴》第1册,第521页。

手法,于 1672 年 3 月 25 日,判处车尔尼哥夫斯基死刑,再于 3 月 27 日,在庆贺沙皇生日的名义下,颁发谕旨,对他们的罪行宣布特赦,并任命车尔尼哥夫斯基为阿尔巴津管事,他的部众得到 2000 卢布饷金。

康熙九年(1670 年)五月十三日,康熙帝为索还逋逃根特木尔事,致书俄国沙皇:"愿求永远和好,则应还我逋逃根特木尔,嗣后勿起边衅,以求安宁。"① 信中还谴责沙俄对雅克萨的侵占,要他们迅速撤退。根特木尔原是居住于石勒喀河流域的达斡尔族酋长,担任过清朝的四品佐领官职。"顺治十年,俄军占据什尔喀河流域时,土酋罕帖木儿知俄志在攻略,乃率其部众内徙,求保护;中国有司遇之薄,罕帖木儿心弗善也。康熙六年(1667 年)复越额尔古纳河入俄境。"② 清朝官员对根特木尔的轻视可能与他的表现不良有关:"顺治十二年(1655 年)呼马尔之役,他率部助清,但曾临阵不前。"③ 根特木尔投靠沙俄后长期危害边境,清政府为此向沙俄提出交涉。俄方拒绝了中方要求,此后这个问题成了两国间长期得不到解决的一个争端。

宁古塔将军巴海奉清政府命令向盘踞在尼布楚的阿尔辛斯基将军递交信件。阿尔辛斯基一面把清政府的信件转送莫斯科,一面以沙皇名义派人前往中国,妄图要中国皇帝臣服于俄国沙皇,"彼中国皇帝可独得归依大君主陛下,处于俄皇陛下最高统治之下,永久不渝,并向大君主纳入贡赋"。④ 沙俄使节到北京两个星期后,即在中国官员的伴送下返回尼布楚。

1675 年,沙皇派遣尼古拉·斯帕法里前往北京。斯帕法里使团共 150 余人,取道尼布楚,康熙十五年(1676 年)五月初五日到达北京。初八日,尼古拉向清廷提出 11 项要求,主要有:请大皇帝派遣使臣与我使臣一同前来;请准两国互市,通路开放不绝;请给还被尔方所掳或私逃贵国之俄罗斯人。尔方人员,亦照此例给还;请每年拨派四万斤左右银子,及价值数万两之生丝、熟丝。若大皇帝欲用何物,则以与该银、丝等价之物品相送;请大皇帝将库存宝石等珍物送来。若大皇帝欲用我何物,则予回敬;请准我使臣销售随带之货物,并购买尔处货物。此等交易,若须纳税,则请大皇帝定夺;请大皇帝指定河海之路或某路为来往通路。若定何路,则请降旨令沿途各地勿行掠夺。⑤ 清政府的回答是:要建立两国间的任何关系,"可俟俄罗斯察罕汗详明回复我逃人根特木尔一事后再议"。⑥ 八月初一日,清廷照会尼古拉,鉴于俄国使臣执拗无理,且不遣返根特木尔,故不给予国书。八月初四日,尼古拉·斯帕法里等离北京回国。

沙俄对清政府的要求置若罔闻,并继续在黑龙江流域扩张,建立了一系列据点:于1676 年在精奇里江上游建立结雅斯克堡,于 1679 年建立西林穆宾斯克和多伦禅两个寨堡,于 1680 年单独成立尼布楚督军区。1682 年,因原来的结雅斯克寨堡被大水冲毁,所以又在不良达河口以下重建新结雅斯克。1681 年,在额尔古纳河东岸建立了额尔古纳堡,

① 中国第一历史档案馆:《清代中俄关系档案史料选编》第一编,第 22 页。
② 萧一山:《清代通史》一册,第 751 页。
③ 蒋廷黻:《中国近代史大纲》,第 114 页。
④ 北京师范大学清史研究组:《一六八九年的中俄尼布楚条约》,第 133 页。
⑤ 中国第一历史档案馆:《清代中俄关系档案史料选编》第一编,第 27 页。
⑥ 中国第一历史档案馆:《清代中俄关系档案史料选编》第一编,第 29 页。

并在离该堡10俄里的地方找到一个银矿。1682年,在鄂霍次克海和黑龙江下游建立了乌第斯克、图古尔斯克、聂米伦斯克等侵略据点。

清政府也对战争进行了必要的准备。1676年,将宁古塔将军治所移到乌拉(吉林市),"建木为城,倚江而居。所统新旧满洲兵2000名,并徙直隶各省流人数千户居此,修造战舰40余艘,双帆楼橹,与京口战船相类,又有江船数十,亦具帆樯,日习水战,以备老羌(沙俄)"。①

"康熙二十年(1681年)五月十一日,命遣大臣,宣谕罗刹退还我地,探彼情形。"②要求盘踞雅克萨的俄军撤走,被俄方拒绝。但侦察到,俄军"居我多伦禅所居之地,观其城,树木为之,广十五余丈,长二十余丈,有四层施放鸟枪孔,城外留四丈余地,将一丈地钉木桩,外作两层栏,城中人有三百余名"。③康熙二十二年(1683年)九月初九日,理藩院照会俄方,要求"将根特木尔等逃人送来,则两相无事。倘犹执迷不悟,留我边疆,彼时必致天讨,难免诛罚"。④康熙二十四年(1685年)三月十七日,康熙致书沙皇:"倘尔怜悯边民,使之免遭涂炭流离之苦,不至兴起兵革之事,即当迅速撤回雅克萨之罗刹,以雅库等某地为界,勿入我界滋事。若遵朕谕旨而行,即令我征讨大军停止前进,撤至边界地方。"⑤由于俄方的既定国策是要侵占黑龙江流域,所以这些照会均被俄方拒绝。

和平交涉已告无效,沙俄骚扰又日甚一日,而东北地区是满族发祥之地,清政府决不会轻易放弃。在这样的背景下,谈判不可能取得任何结果,清政府决心对盘踞中国领土雅克萨等地的沙俄侵略者进行武力征讨,中俄两国间的战争已是不可避免。

三、中俄雅克萨之战

康熙十三年(1674年),爆发了三藩之乱,清政府从各地调兵去南方,东北边疆"因吴三桂造逆,调兵一空",这样就没有力量去驱逐窜入国境的俄国侵略者了。但康熙对东北边疆一直极为重视,"罗刹扰我黑龙江、松花江一带三十余年。其所窃据,距我朝发祥之地甚近,不速加剪除,恐边徼之民,不获安息。朕亲政以来,即留意于此,细访其土地形胜、道路远近及人物性情。以故酌定天时、地利,运饷进兵机宜,不徇众见,决意命将出师"。⑥因当时西北边疆的噶尔丹逐步强大,对国家的统一和清王朝的统治形成严重威胁,所以康熙帝尽力争取以谈判的方式,解决与俄国的边境纠纷。当时的清王朝并不是一个怯懦、腐朽的没落王朝,有保卫自己的力量。对于沙俄的侵略行径,康熙多次派遣使臣进行交涉、警告,均未奏效。而俄方为了使这种侵略合法和持久,公然于1680年将尼布楚变为西伯利亚一个单独督军区,三年后又成立雅克萨督军区,加固其工事,招募哥萨克为军,设立农

---

① 中国社会科学院近代史研究所:《沙俄侵华史》第一卷,第159页。
② 中国第一历史档案馆:《清代中俄关系档案史料选编》第一编,第48页。
③ 中国第一历史档案馆:《清代中俄关系档案史料选编》第一编,第48页。
④ 中国第一历史档案馆:《清代中俄关系档案史料选编》第一编,第50页。
⑤ 中国第一历史档案馆:《清代中俄关系档案史料选编》第一编,第51页。
⑥ 《清实录·清圣祖实录》卷121,第11页。

庄,"筑室散居,耕田自给……屡令撤还,迁延不去"。① 这使康熙认识到,只有使用武力,才能驱逐沙俄侵略军。

(一)雅克萨城外围之战及双方战备

先是,俄罗斯连年向东殖民扩张,侵扰黑龙江一带,筑室盘据,杀略当地中国居民,强征实物税。中国虽遣员前往交涉,要求其撤回本国,但俄方置若罔闻,继续向黑龙江下游进犯,东北防务急待加强。平定三藩之乱的第二年,即康熙二十一年(1682年)正月,"帝以三藩平定,欲展谒祖陵,祭告成功。正月十一日,又谕知吉林乌喇将军巴海等,将于谒陵之暇'省观乌喇地方',令其会同盛京将军备办需用诸物。吉林乌喇与大乌喇及其间沿松花江七十里水域,系东北修造战船、训练水兵之重要战备基地。帝欲巡行乌喇,意在加强东北防务"。②

康熙帝赴关东巡视,了解黑龙江流域的情况。他采取的方针是:军事斗争、外交谈判、充实边防三者并举。为了准备驱逐沙俄侵略者,康熙帝采取了几条措施:一、派得力官员加强侦察敌情,又派当地达斡尔、索伦族头人随时监视敌情变化。二、令蒙古车臣汗断绝与沙俄军的贸易。三、令萨布素率部在瑷珲(今黑河)筑城永戍,并和家属一同进行屯垦。四、增派军队开赴前线,前后派遣四批共3000人赴前线作战。后又派出三批共1600人,代替黑龙江官兵守城种地,设立临时驿站,传递军情文报等。五、加强道路建设开辟驿路。六、征储粮食,并在当地屯田。七、加紧造船并组织运输系统,保证军粮由黑龙江、松花江及时运抵前线。

康熙"二十年(1681年)八月遣副都统郎坦、都统彭春以捕鹿为名,率兵往达呼尔索伦,觇视情形。谕曰:"罗刹犯我黑龙江一带,侵扰民人,昔发兵进讨,未获剪除,近闻蔓延益甚,过钮满、恒滚诸处,至赫哲、费雅喀处人住所,侵掠不已。尔等此行,可声言捕鹿,至达斡尔、索伦,一面遣人赴尼布楚,谕以捕鹿之故;一面详视陆路远近,沿黑龙江行围,径薄雅克萨城下,勘其情形度罗刹断不敢出战。尔等还时其详自黑龙江至额苏里水程,并访自额苏里至宁古塔道路。"③并明确指示:"度罗刹断不敢出战,万一出战,勿交锋,但率众引还,朕别有区画。"④

康熙二十一年(1682年)八月二十七日,朗坦等返京,以侦察所得具奏:"臣等从达斡尔、墨尔根诸边,围猎而行凡十六日,至罗刹雅克萨城。从黑龙江顺流回凡十五日,至瑷珲城观水势。从瑷珲至雅克萨舟楫可通,无险阻之患,两岸俱可牵缆而行。从瑷珲至黑龙江混同江会合处,马行可半月程。从两江会合口至雅克萨城马行可一月程;舟行逆流可三月程。攻取罗刹甚易,发兵三千足矣。"⑤康熙否定了朗坦等的建议,强调雅克萨之战须经充分准备。上谕:"据郎坦等回奏,攻取罗刹甚易,发兵三千足矣,朕亦以为然。第兵非善事,宜暂停攻取,调乌喇宁古塔兵一千五百,并置造船舰,发红衣袍、鸟枪及教之演习之人,

---

① 《清实录·清圣祖实录》卷115,第20页。
② 章开沅:《清通鉴》第1册,第812页。
③ 曹廷杰:《东北边防辑要》,第247页。
④ [清]佚名:《平定罗刹方略》卷1,第2页。
⑤ 曹廷杰:《东北边防辑要》,第248页。

于瑷珲、呼玛尔二处建立木城,与之对垒,相机举行。所需军粮,取诸科尔沁十旗及锡伯乌拉之官屯,约得一万二千石,可支三年。且我兵一至,即行耕种,不致匮乏。"①康熙二十二年(1683年)三月命造船运粮松花江,上谕:"馈运乌拉军糈自辽河溯流运至等色屯,随用蒙古之力陆路运至伊屯门,自伊屯门船载顺流运至松花江。"②"于巨流河口等色屯筑仓收储,伊屯门诸地筑仓储米。"③

俄国方面对这场战争也做了充分的准备。1680年俄国政府把尼布楚地区升级为督军区。第一任督军沃依科夫到任后,首先是改建和加固雅克萨的城堡工事,拼命扩大军力,增设哥萨克骑兵部队,千方百计地企图解决粮食和各种军需品的供应。"据俄国西伯利亚事务部门于1683年编制的报告中说:整个达斡利亚地区(包括贝加尔湖以东及尼布楚、雅克萨等地)共有俄国军职人员约2000人,还有许多大炮、枪支、火药、铅弹,其军事力量占整个西伯利亚地区的一半。"④

康熙二十一年(1682年)四月,"盘踞雅克萨之哥萨克一行61人,在其头目弗罗洛夫率领下,往黑龙江下游的牛满江、恒棍河盘踞征税"。⑤"本年,另一支哥萨克往鄂霍次克沿海及黑龙江下游建立据点,并与前一支汇合一起,抢劫中国边境赫哲布、费雅喀部人。年底,俄所建侵略据点遍布黑龙江下游直至海边。"⑥

1683年,中国军队1000人开抵瑷珲,筑城驻守。对此,沙皇政府急忙调兵遣将。1683年任命谢尔巴托夫公爵为叶尼塞斯克督军。1683年4月20日,沙皇命令在托博尔斯克地区立即招募1000名哥萨克,编组军队,由普鲁士军官拜顿率领向雅克萨增援。沙皇政府对黑龙江地区的殖民占领体系也做了大调整。雅克萨从尼布楚督军区划分出来,新成立雅克萨督军区,任命托尔布津为雅克萨督军。其父曾在1662至1667年任尼布楚俄军总管,他本人曾任雅克萨俄军的头目和尼布楚总管。俄军拼命扩大军力,修筑工事,贮备粮食及其他军需,整个西伯利亚在狂热地进行侵略战争的准备。这样,中俄双方都在动员人力、物力,进行了充分备战,战争已迫在眉睫了。

康熙二十二年(1683年)闰六月十四日,一支由60多名哥萨克组成的队伍,在密尔尼科夫带领下从雅克萨出发,企图增援阿姆贡河上的陆军据点,在结雅河上受到萨布素指挥的中国军队狙击,密尔尼科夫被俘,部下纷纷投降,只有少数逃回雅克萨。清军乘胜出击,沿结雅河而上,生俘盘踞在新结雅斯克堡的全部俄军。多伦斯科伊和谢列宾斯克堡寨的沙俄哥萨克早已逃遁一空,至1683年年底,黑龙江中下游和各支流上的沙俄侵略据点几乎全被清除,只剩下一个雅克萨。

康熙二十二年(1683年),为充实边防,上谕:"兵丁频事更番,必致困苦,非长久之策。其在瑷珲建城永戍,预备炮具、船舰,令设斥堠于呼玛尔。自黑龙江至乌喇置十驿,驿

---

① 《清实录·清圣祖实录》卷106,第23页。
② [清]佚名:《平定罗刹方略》卷1,第4页。
③ [清]佚名:《平定罗刹方略》卷1,第5页。
④ 北京师范大学清史研究小组:《一六八九年的中俄尼布楚条约》,第175页。
⑤ 章开沅:《清通鉴》第1册,第821页。
⑥ 章开沅:《清通鉴》第1册,第822页。

夫五十人。由水路运粮,积贮黑龙江。……如罗刹船由黑龙江下,我舟师尾击甚易。"①巴海等奏言:"瑷珲、呼马尔距雅克萨辽远,若驻兵及此则势分道阻,难于防御。且过雅克萨有尼布楚等城,罗刹倘水路运粮增兵救援,更难为计,宜乘其积储未备,速行征剿。"并提出"七月初旬能抵雅克萨,即亲统大兵直薄城下"。康熙帝否定了巴海的提议,上谕:"乌拉、宁古塔兵未经征战,不谙行阵纪律,将军巴海及副都统官兵又彼此不合。……至所议七月。兵到即行攻战,亦属未可。"②九月丁丑(初九日),副都统萨布素等奏:"冬时进征,炮具、军粮运输维艰,倘遇大雪,亦未便用兵。今冬可暂驻额苏理,俟来年四月解冰,即往攻雅克萨城。"③十月二十五日,康熙命萨布素为黑龙江将军,镇守瑷珲等处,负责黑龙江上、中游防务。此为黑龙江将军设置之始。

康熙二十三年(1684 年)三月,副都统穆泰率盛京兵 600 人,抵黑龙江协助萨布索将军等修筑黑龙江城。黑龙江将军辖区从宁古塔将军辖区范围内划出。从此在东北地区,盛京、宁古塔、黑龙江三将军鼎足而立。黑龙江将军署所先设在瑷珲,不久移至墨尔根(嫩江),1690 年移至卜奎(齐齐哈尔)。此后,直至清末中东铁路修筑,齐齐哈尔一直是黑龙江地区的中心。

康熙二十三年(1684 年)五月,沙皇政府给雅克萨俄军派来一个新头目,名叫阿列克塞·多尔布辛,又"派遣一支由五百人组建之哥萨克骑兵团,往援远东俄军。继而令于托博尔斯克募集百人步枪连队,扩大援军规模",④并加紧巩固雅克萨城防。

自 1682 年康熙帝东巡时,清政府已自京师至吉林乌拉修驿站,长约 2870 华里。康熙二十三年(1684 年)又增修吉林、黑龙江一带驿站。"帝谕示曰:此乃吉林、黑龙江两地之间创立驿站之始,关系紧要,应会同彼处将军、副都统等确议安设。驿站所需之物及粮食,须计及明年,多为贮备,以使其久远可行。"⑤"先是郎中包奇等奏,自乌拉吉林至瑷珲,计丈量共一千一百九十五里,应设十四驿。上谕驿递关系紧要,凡丈量当以五尺为度,今程途太远,令包奇等再驰驿前往详加丈量。至是包奇等奏,自乌拉吉林城至瑷珲城,以五尺细丈,共一千三百四十里,应设十九译。"⑥"每驿设五丁,并拨什库三十名,马二十匹,牛三十头。"⑦

"(1684 年)五月,马喇等奏:臣至索伦,屡密询罗刹情形,皆云现在雅克萨、尼布潮(楚)二城,各止五六百人。……七月辛巳(十七日),马喇等侦探罗刹情形奏:据生获罗刹之费要多罗云,大兵未来之先雅克萨城已加修造。昨闻大兵进发城外,复增木栏,所在农人尽调入城内,打猎、收貂亦皆罢止,田禾未熟,即行割获。因今春不见兵至,遂于旁卧一带仍旧遣人耕种,昂古墨阿山顶设五人更番瞭望。今夏自尼布潮增发四百人,计在雅克萨者约九百人,在尼布潮者不知其数。"⑧上谕:"据马喇等奏,取罗刹田禾当不久自

①　《清实录·清圣祖实录》卷 112,第 7 页。
②　[清]佚名:《平定罗刹方略》卷 1,第 7 页。
③　[清]佚名:《平定罗刹方略》卷 1,第 10 页。
④　章开沅:《清通鉴》第 1 册,第 845 页。
⑤　章开沅:《清通鉴》第 1 册,第 845 页。
⑥　[清]佚名:《平定罗刹方略》卷 2,第 17 页。
⑦　[清]佚名:《平定罗刹方略》卷 2,第 17 页。
⑧　曹廷杰:《东北边防辑要》,第 257 页。

困。……又萨布素等亦以为然,则罗刹盘踞雅克萨、尼布楚惟赖耕种,若田禾为我所取,诚难久存。令萨布素等酌议,或由陆路进,或有水陆并进,尽割其田禾,不令收获。"①七月萨布素等奏:"请暂停今岁兴师,俟来年四月增兵,进取雅克萨城"。上谕:"前马喇等请取罗刹田禾,朕令或由陆路,或有水陆并进,相机举行。……萨布素等不取田禾,坐失事机。今仍遵前旨,来年乘罗刹田禾时进兵。"②"九月,又以进取雅克萨事关重大,帝令都统瓦山、侍郎郭丕前往黑龙江,会同该将军,详议制敌之策具奏。十二月,命都统瓦山统辖黑龙江驻军,护军统领佟定、佛可托为参赞,侍郎萨海前往监督屯垦。"③十二月,命选择藤牌官兵征剿罗刹。谕:"闻福建有双层坚好藤牌,移文提督施琅,选取四百并刀片,速送至京,毋误军机。二十四年正月癸未(二十三日)命都统公彭春、都统何祐等率福建藤牌兵五百人代黑龙江兵守城种地。……五月,都统公彭春等率师抵雅克萨城下。"④又谕:"……若不如此周详区划,今虽取雅克萨,我兵进,则俄罗斯退;我兵还,则俄罗斯又进。用兵无止息之日,而生民亦不获安也"。⑤ 可见,康熙帝决心用武力彻底解决中俄边境纠纷。

(二)第一次雅克萨之战

康熙二十四年(1685 年)正月,"命都统公瓦山等与萨布素等详议应否攻取雅克萨城。至是会奏:'我兵于四月水陆并进,抵雅克萨城招抚,不纳款则攻其城。倘万难攻取,即遵前旨,毁其田禾以归。'议从之。又谕王大臣等,'兵非善事,不得已而用之。向者罗刹无故犯边,收我捕逃,后渐越界而来,扰害索伦、赫哲、费雅喀、奇勒尔诸地,剽窃人口,抢虏村庄,攘夺貂皮,肆恶多端。是以屡遣人宣谕,复移文来使,罗刹竟不报命,反扰害益甚。爰发黑龙江兵扼其往来之路,罗刹又窃据如故,不送还捕逃,应即剪灭。今大将军逼近雅克萨城,姑再以朕谕旨,宣布罗刹,倘仍抗拒,则大兵相机而行'。"⑥康熙在出兵征讨前再作指示,要大军在逼近雅克萨城时,作最后一次晓谕,劝其退回雅库茨克,各居疆土,彼此于边界进行贸易。二月间,为了加强对战争的指挥领导,康熙命令都统彭春掌黑龙江将军印,又任命副都统班达尔善、护军统领佟宝、副都统马喇等参赞军务,组成新的指挥班子。二月十日,清军派出以倍勒儿为首的 30 多人的侦察队,深入敌巢。倍勒儿等潜回雅克萨,在当地活动了一个月,俘获了 7 个俄兵,为清军收复雅克萨取得了重要情报。三月,清军侦察分队了解到,俄军正四出求援,并已有援兵千人赶来。清军的兵力也得到加强。四月二十八日(5 月 30 日),彭春率清军 3000 人,其中京营八旗兵约 600 人、福建籍藤牌兵 420人、瑷珲驻军 2000 人,携野战炮 150 门、攻城炮 50 门等兵器,从瑷珲出发,分水陆两路向雅克萨开进。五月二十二日抵达雅克萨城下,随即向俄军头目托尔布津发出分别用满、蒙、俄三种文字书写的通牒,警告他们:"前屡经遣人移文,命尔等撤回人众,以捕逃归我,数年不报。反深入内地,纵掠民间子女,构乱不休。乃发兵截尔等路,招抚恒滚诸地罗刹,

① [清]佚名:《平定罗刹方略》卷 2,第 3 页。
② [清]佚名:《平定罗刹方略》卷 2,第 6 页。
③ 章开沅:《清通鉴》第 1 册,第 846 页。
④ 曹廷杰:《东北边防辑要》,第 259 页。
⑤ 许同莘,等:《康熙雍正乾隆条约·康熙条约》,第 2 页。
⑥ 蒋良骐:《东华录》,第 191 页。

赦而不诛。因尔等仍不去雅克萨,特遣劲旅徂征,以此兵威,何难灭尔。……尔等欲相安
无事,可速回雅库,于彼为界,捕貂收赋,毋复入内地构乱,归我捕逃,我亦归尔逃来之罗
刹。果尔,则界上得以贸易,彼此晏居,兵戈不兴。倘执迷不悟,仍然拒命,大兵必攻破雅
克萨城,歼除尔众矣。"①

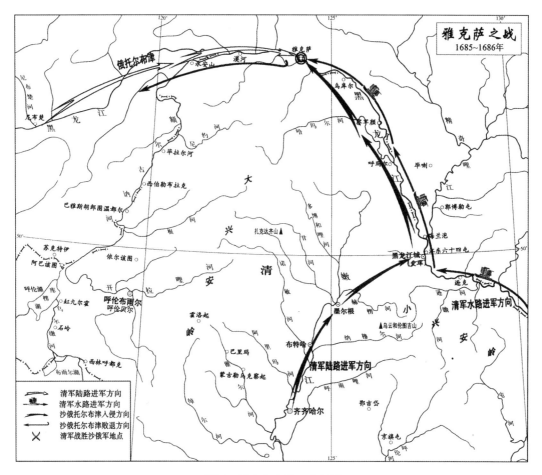

图1　雅克萨之战示意图②

托尔布津自恃城坚炮利,负隅顽抗,对通牒置若罔闻。雅克萨的城墙重新加固,城外
民房40余所全部被焚毁,周围殖民者的农庄和小据点上的哥萨克都收缩到雅克萨城内。
二十三日,清军分水陆两路发起进攻。沙俄传教士叶木根为振作士气,手执十字架,蛊惑
人心,但无济于事。"二十四日晨,自尼布楚前来增援之俄军40余人,乘木筏顺流而下,欲
冲入城中增援,被清军击杀大半,俘15人。"③当晚,彭春与副都统班达尔沙等部署攻城。
根据先期前来侦察的达斡尔人提供的关于雅克萨城防的重要情报,制订了声东击西的作
战方案。先在雅克萨城南筑起土垒,布置弓弩,佯作攻城,暗地却在城北及东西两侧,架起

---

① 《清实录·清圣祖实录》卷119,第7页。
② 中国人民革命军事博物馆:《中国战争史地图集》,第163页。
③ 章开沅:《清通鉴》第1册,第866页。

红衣大炮。二十五日晨，"清军开始攻城，副都统雅钦、营门校尉胡布诺等设立挡牌、土垒，施放弓弩，从城南佯攻；副都统温岱、护军参领瓦哈纳、汉军提督刘兆奇等于城北架设红衣大炮，向城里轰击；护军参领博里秋、营门校尉乌纱、绿营左都督何佑等以神威将军炮从两侧夹攻；副都统雅齐纳、镇守达斡尔提督白克等率水师屯于城东南水面，防止俄军从水上逃遁。清军飞矢如雨，火炮齐发。城内塔楼、教堂、仓库、钟楼均被摧毁。清军执盾牌、藤牌进攻，阵亡150余人，俄军伤亡百余人。中午，因城未能攻下，清军遂于城下三面堆起柴薪，准备焚烧木城"。① 俄军头目托尔布津见所部伤亡甚重，势不能支，和城中的传教士商量后决定请降，保证永不来雅克萨侵扰，并要求在允其保留武装（大炮除外）的条件下撤离雅克萨。彭春等会商准其投降，在与沙俄军举行投降仪式后，派官兵将投降沙俄军及其少量家属共700余人送到额尔古纳河口，令其自行归国。"其副头目巴什里等四十五人，不愿归去，因留之。"② "巴什里等安插盛京。其被掳之索伦、达斡尔人众，仍各发回原地。"③第一次雅克萨之战遂告结束，被沙俄窃据了20多年的雅克萨城遂告收复。随即，清军焚毁雅克萨城，撤还瑷珲。

托尔布津曾指望得到增援，"当时尼布楚的俄军仅330余人，由于局势紧张，已经派出118人去增援附近各据点，等到清军到达雅克萨，又勉强从余下的200余人中抽调100余人去增援雅克萨。但第一次雅克萨战争结束得很快，这一百人走到半路上，雅克萨的俄军已经战败投降了"。④ 雅克萨俄军把最大的希望寄托在普鲁士军官拜顿召募编练的1000名哥萨克身上，但这支援军也未能及时赶到雅克萨。

第一次雅克萨战争胜利结束，比清政府的预料更为迅速和顺利。但在一片胜利的颂声中，苟安麻痹的情绪又开始抬头。战前康熙即指示："罗刹果能遵旨即回，以雅库为界，我兵即驻扎于黑龙江，设斥堠于雅克萨，令疆圉帖然。"⑤战后，康熙又曾告诫前线将领，对雅克萨的防御不能疏忽。"至雅克萨城虽已克取，防御决不可疏。应于何地永驻官兵弹压，此时当即定议。"⑥康熙帝对边境筑城永戍尤为重视，谕示不如此，则"我进则彼退，我退则彼进，用兵无已，边民不安"。⑦ 但前线的将领对此却没有引起重视，偷懒怕苦的情绪普遍滋长，将军队后撤千余里，回到瑷珲、墨尔根等地。"中国军队把雅克萨城垒及房屋全毁了，但四乡的禾苗并未割去，就全军回瑷珲。雅克萨城不但不留防，且未设卡伦；甚至从瑷珲起，全黑龙江上游恢复战前无主的状态。"⑧他们想把黑龙江将军衙门迁往墨尔根（嫩江），即大举南迁。高级将领大多回北京去了，萨布素也到了卜奎（齐齐哈尔）。

而在俄罗斯方面则是另外一种情形。在托尔布津的残兵败将到达尼布楚的第三天，尼布楚沙俄督军弗拉索夫又派兵70人到雅克萨侦察清军动情，了解到清军已退回瑷珲。侦察队恰逢"俄国所俘波兰军官皮尔顿（即拜顿）被放逐西伯利亚，闻雅克萨告急，乃召集

① 章开沅：《清通鉴》第1册，第866页。
② ［清］佚名：《平定罗刹方略》卷2，第13页。
③ ［清］佚名：《平定罗刹方略》卷2，第16页。
④ 北京师范大学清史研究小组：《一六八九年的中俄尼布楚条约》，第196页。
⑤ 《清实录·清圣祖实录》卷119，第8页。
⑥ 《清实录·清圣祖实录》卷121，第16页。
⑦ 《清实录·清圣祖实录》卷119，第7页。
⑧ 蒋廷黻：《中国近代史大纲》第1册，第112页。

哥萨克兵六百余,自组一队,赴尼布楚投效。弗拉索夫因令与托尔布津合兵而东,至雅克萨旧址筑土垒为防御计"。① 1685 年 8 月 27 日,托尔布津率兵"671 人,5 尊铜炮,3 尊铁炮,均配足火药。他们到了雅克萨,一面收割四乡的粮食,一面重新建设防具"。② 他们"依旧址筑城,其城夹木为之,中实以土,宽一丈五尺,高一丈(另一说高 6 米),木外涂之以泥"。③ 城墙上筑有炮楼,城内挖了水井、壕沟,并储存了足够两年用的粮食,做好了长期固守的准备。另一方面派 300 人沿黑龙江而下,强迫当地中国居民交纳贡赋。康熙二十四年(1685 年)十一月,"沙皇政府致书回复中国皇帝,要求中国停止冲突,并通知中国,遣使臣戈洛文等前赴雅克萨进行谈判。书中指责中国军队突入俄国疆域,要求清军将新占地方退还和割让给俄国。沙皇政府还给先行递送国书的维纽科夫发出秘密训令,令其侦探中国皇帝之战和倾向,中国在东北之军事力量及中国之幅员、人口、毗邻等情况"。④

在俄军重占雅克萨几个月后,至 1686 年年初,清政府根据边民的报告,才得知俄军再次占据雅克萨,随即派出 42 人组成的骑兵侦察队。1686 年 3 月,拜顿率领 300 人窜到呼玛河地区,遇到清军的骑兵侦察队,双方血战。清兵以寡敌众,杀死俄军 7 人,打伤 30 人,清军死 30 人,中俄再起战端。

(三)第二次雅克萨之战

1686 年 2 月,黑龙江将军萨布素奏称:"罗刹复来雅克萨,筑城盘踞。臣请于冰消时,督修船舰,亲率官兵,相机进剿。"3 月 6 日,康熙帝谕旨:"今罗刹复回雅克萨,筑城盘踞。若不速行扑剿,势必积粮坚守,图之不易。其令将军萨布素等姑停迁移家口,如前所请,速修船舰,统领乌喇、宁古塔兵,驰赴黑龙江城,至日,酌留盛京兵镇守,止率所部二千人,攻取雅克萨城。"⑤

1686 年 3 月 6 日,康熙得知沙俄军重占雅克萨的消息后,令萨布素、郎坦等速修战船,率兵二千余人,战船百五十艘,进攻雅克萨。"五月初三日,清军进抵黑龙江。越旬日,抵门第茵。至是日,水陆兵齐集于雅克萨二十里处之查克丹。并命俄俘带信人雅克萨,告谕俄军投降,归返本土,若继续顽抗,则绝不善罢甘休。然雅克萨俄军拒不撤离,并遣人潜入,于城壕边放铳炮遥击清军。六月初一日,郎谈(坦)进兵于黑龙江西岸,令水师据其上游,以阻遏尼布楚俄军增援。初四日之后,清军多次发动进攻。首先,郎谈(坦)于夜间率兵以红衣大炮攻雅克萨城北,班达尔沙等由城南率兵攻城,虽击退出城反击之俄军,直逼城下,但城坚尔不克。其后,朗谈(坦)又于夜间率军攻战城南制高点土阜,并设兵固守,于逼近城下处筑成炮垒,设伏兵以待。初十日,击退出城争夺土阜之俄军。越日,亦复如是。朗谈(坦)遂遣班达尔沙直抵城下,掘长壕,立土垒,以卡断俄军水道,俄军拼死反扑,双方鏖战四昼夜。最后,清军将壕垒修成,并予以严守。"⑥此时,雅克萨城内有俄军人 826

① 萧一山:《清代通史》第 1 册,第 755 页。
② 蒋廷黻:《中国近代史大纲》,第 113 页。
③ [清]佚名:《平定罗刹方略》卷 3,第 1 页。
④ 章开沅:《清通鉴》第 1 册,第 868 页。
⑤ 《清实录·清圣祖实录》卷 124,第 16 页。
⑥ 章开沅:《清通鉴》第 1 册,第 884 页。

名,12 门炮,有较多军火、粮食。俄军自恃武器精良、粮食充足,在顽强防御的同时,不断派出小股部队出击,使清军不能攻克城堡。清军虽有 2100 人,但除大炮外,只有 50 支火枪,杀伤力较小,不易攻坚作战。清军火器虽较弱,但官兵士气高,每次都将出城的俄军打得大败而归。萨布素见强攻虽有杀伤,但不能立即攻入,遂改用长期围困方法,于城外南、北、东"三面掘壕筑垒,壕外置木桩、鹿角,分汛防御。城西对江另设一军,复派剿御之兵于东西两岸,备江路来援之罗刹"。① 清军断绝了城中水源,在壕沟外设木桩,修筑堡垒,实行分段防御,并派战船在江面巡逻,切断守敌的外援。

七月初八日,俄军出城反扑,企图夺取城北炮台,被清军击退,二人被俘,从此不敢出战。于是,清水陆两军周城围困,俄军成为困兽。其后尼布楚俄军曾派隆沙科夫率领七十人前来增援,因见清军防守严密,无法偷袭,只得潜返尼布楚。激战至八月份,俄军陆续伤亡减员,俄军指挥官托尔布津在战斗中被炮火击中腿部毙命,由拜顿代为指挥。经 5 个月的包围,严冬已至,雅克萨城中俄军给养将更加困难。俄军困守孤城,饥寒交迫,坏血病流行,不死于战,则死于病。"至 1686 年底,俄军大部分战死,病死,只剩下 150 人。"②

期间,清政府兵部于康熙二十五年(1686 年)七月二十七日、三十日两次照会俄方,要求撤回入侵俄兵。沙俄政府见雅克萨危在旦夕,且对手强大,一时难以取胜;又因俄国的侵略重点始终在西方,当时又忙于和周边几个强敌争夺克里米亚,争夺波罗的海出海口,没有更多的人力、物力投入远东地区,因而不得不同意进行谈判。

俄政府遣信使维纽科夫、法沃科夫来华外交斡旋。康熙二十五年(1686 年)九月二十五日,二人抵达北京。清政府派大学士明珠等与之会谈。"臣等随传问俄罗斯使臣:尔为何事而来? 使臣答:为东方之事而来,情由均在奏书之内。"③ 九月二十七日,"俄罗斯使臣遂于午门前,单膝跪地,将奏书置于黄案"。④ 维纽科夫向清廷呈递国书,国书中称:"于双方遣使以前,先派我体面使臣维纽科夫、法沃科夫,速向中国皇帝呈文。中国皇帝见我文书之情由,若即撤兵,则互相可停止兵革。"⑤ 沙皇在给康熙帝的信中,百般抵赖自己的侵略罪行,反而气势汹汹地责问:"中国皇帝为何缘故,不顾祖先相互和好敦睦之谊,事先未通告原委,即行出兵?"⑥ 谈判中维纽科夫要求清政府停止围困雅克萨,中方代表对俄方的言论进行了严厉的驳斥,并提出就地停战的建议。"九月二十七日,明珠等奉旨:俄罗斯察罕汗遣使,专为雅克萨城之危来奏。今我军围困雅克萨城,虽取在旦夕,惟天时寒冷,我兵亦受劳苦。既然俄罗斯察罕汗遣使专奏,可派员并来使中选一二精干之人,持俄罗斯文书,驰驿速去雅克萨宣谕,解围遣返,于此双方均为有益。"⑦ 俄方代表又提出清军单方面从雅克萨撤回内地。清政府从促成谈判的大局考虑,一让再让,决定满足俄方的要求,实行单方面撤军,以等待俄国使团前来谈判。二十八日,奉旨:"今俄罗斯欲求和好,遣使

---

① 曹廷杰:《东北边防辑要》,第 262 页。
② 北京师范大学清史研究小组:《一六八九年的中俄尼布楚条约》,第 207 页。
③ 中国第一历史档案馆:《清代中俄关系档案史料选编》第一编,第 63 页。
④ 中国第一历史档案馆:《清代中俄关系档案史料选编》第一编,第 66 页。
⑤ 中国第一历史档案馆:《清代中俄关系档案史料选编》第一编,第 72 页。
⑥ 中国第一历史档案馆:《清代中俄关系档案史料选编》第一编,第 71 页。
⑦ 中国第一历史档案馆:《清代中俄关系档案史料选编》第一编,第 66 页。

前来。朕不忍四百人即成饿殍,既然我兵停围,我船正逢霜寒,可将我兵集驻于一处,靠近战舰立营。并遣伊等之人传谕雅克萨城俄众,留少数人守城,其余可至尼布楚往返取米,以待后来使臣。"[1]"九月二十八日维纽科夫答曰:我等遵旨,明后日派出二人,前往雅克萨。奉旨:简派由兵部派出章京一名、笔帖式一名,理藩院派出笔帖式或博硕库,准骑强悍之马驰驿前往。"[2]清政府派御前侍卫马武托等4名官员与维纽科夫派出的人一同驰往雅克萨,对双方军队下达停战命令。

康熙采取和平外交,是因为逐渐感到此次沙皇确有和谈诚意,又考虑三藩方平,疮痍未复,亦不欲劳师边徼,且当时西北准噶尔部的噶尔丹正伺机蠢动,便同意与俄方谈判,准许沙俄军残部撤往尼布楚。上谕:"俄罗斯国察罕汗以礼通好,请解雅克萨围,朕本无意屠城,欲从宽释其,令萨布素等撤回雅克萨之兵,收集一处,近战舰立营,并晓谕城内罗刹,听其出入,毋得妄行攘夺,俟俄罗斯后使至日定议。"[3]十月初六日,清理藩院官员在午门前向维纽科夫递交清朝皇帝致沙皇之国书,书中表示:"朕一面派人传谕停围雅克萨城,一面将等候来使议定边界。"[4]该书由维纽科夫等经色楞格递交该国使臣。十月初九日,俄使离京返程。"二十五日,清廷撤围谕旨传至军前,清军奉命撤围,停止攻打雅克萨,允许城内人员至黑龙江取水。但是,轻度封锁仍在持续,清军船只因被冻结河上不能撤离。"[5]

1687年1月,因城内粮食告罄,"罗刹酋长贝敦遣人来求饮食",清军立即给予救济。5月16日,清军又主动后撤20里,驻查克丹,允许城内俄军自由出入,甚至允许他们与尼布楚联系,并不干涉。8月18日,康熙帝据喀尔喀土谢图汗奏报,获悉俄使将至,8月20日立即下令清军无条件全部从雅克萨撤军,撤退到瑷珲、嫩江一带,使边境局势进一步缓和下来,为中俄边境谈判创造了有利条件。

需要说明的是,维纽科夫在北京还会见了外国传教士,传教士南怀仁建议俄方坚持用拉丁文作谈判的中介语,因为在北京,只有外国传教士能将拉丁文译成中文,清政府必须聘请传教士任译员,传教士就可以影响甚至操纵谈判的进程。后来中方代表团里有两个耶稣会传教士充当译员:一个是葡萄牙人徐日升,1672年到北京任宫廷音乐师;一个是法国人张诚,1688年初来北京,任宫廷数学教师。他们在谈判过程中,向俄方代表透露了大量信息,为俄方索取最大利益起了重要作用。

四、中俄签订《尼布楚条约》

经过两次雅克萨之战,中俄双方同意举行和谈和划界。1686年1月,俄方代表团离莫斯科前,"俄皇训令要旨三端:一、以黑龙江为两帝国境界,极端时限于结雅河。二、境界不能划定时,此等地方,须开贸易。三、中国强硬不应时,一切俟异日解决"。[6]

---

①　中国第一历史档案馆:《清代中俄关系档案史料选编》第一编,第67页。
②　中国第一历史档案馆:《清代中俄关系档案史料选编》第一编,第70页。
③　[清]佚名:《平定罗刹方略》卷3,第6页。
④　中国第一历史档案馆:《清代中俄关系档案史料选编》第一编,第77页。
⑤　章开沅:《清通鉴》第1册,第885页。
⑥　萧一山:《清代通史》一册,第758页。

戈洛文率 2000 人的军队于 1686 年 9 月 16 日到达叶尼塞斯克,便立即给雅克萨运去十门大炮和大批火药,并两次派出军队增援雅克萨。他决定先打上一仗,给中方个下马威。1686 年 10 月 8 日,使团才到达安加拉河上的雷宾斯克,寒潮袭来,河面冰冻,船只不能通航,只好留在此处过冬。由于冰雪封冻,道路泥泞,戈洛文派出的几路援军,在 1686 年年底前均未能赶到雅克萨。这时清政府已与俄方信使达成了停战协议,这才避免了中俄之间再一次发生战争。直到 1687 年 5 月 25 日,使团才离开雷宾斯克,7 月底到达贝加尔湖西岸的伊尔库茨克,9 月 21 日到达贝加尔湖东岸的乌的柏兴。

康熙二十六年(1687 年)七月下旬,"俄国沙皇收到戈洛文关于维纽科夫等出使中国及雅克萨情形的报告,知中方同意就边界问题进行谈判,遂向戈洛文下达诏旨,其中包含三个划界方案:以黑龙江为界;以牛满江、精奇里江为界;以雅克萨为界,但要在黑龙江、牛满江、精奇里江沿岸保留渔猎场。但均拒不讨论其所占领之贝加尔湖以东直至黑龙江上游领土之归属问题,且欲控制黑龙江北岸乃至其中下游北岸之清军控制区"①。

九月,戈洛文抵色楞格斯克不再继续东行;十月下旬,戈洛文派遣"柯罗文等,持与贵国和解之文书,前往京城,呈交首席大臣,并探询贵汗是否派遣大臣前来边界地方,与我议定边界以及所争议之事"。② 十月初,沙皇再次向戈洛文下达诏旨,内有 4 个谈判方案,前 3 个与上次诏旨规定基本相同;第四个方案,沙皇授权戈洛文可撤离雅克萨。训令中"重申以黑龙江为界的侵略要求,但如果清政府不同意,则提出中俄双方都不在阿尔巴金(即雅克萨)筑寨和设居民点,也不在该处驻军,现有建筑拆除,军队撤出"。③ "如果中国许可通商,那么俄国可以承认黑龙江包括雅克萨在内是中国领土,并且在目的不能达到时,不要引起战争,或发生流血事件,而要设法订立一个暂时性的协定来拖延谈判,以争取时间在远东积蓄力量,等待有利时机,求得中、俄边境问题的最后解决。"④ 沙皇政府的这一训令,是戈洛文此后遵循的行动方针。戈洛文到达色楞格斯克后派出信使前往北京,提出以色楞格斯克为两国会谈地点。

清政府于 1688 年 4 月 3 日派领侍卫内大臣索额图等率员,前往色楞格斯克谈判,随团护卫有"八旗前锋兵二百,护军四百,火器营二百"。⑤ 行前,索额图等奏言:"察俄罗斯所据尼布楚本系我茂名安部游牧之所,雅克萨系我达斡尔总管倍勒儿故墟,臣等请如前议,以尼本潮为界,此内诸地皆归我朝。"⑥ 康熙帝批准了索额图的谈判方针。并谕示:"罗刹侵我边境,交战于黑龙、松花、呼马尔诸江,据我属所居尼布潮(楚)、雅克萨地方,收纳我逃人根特木尔等。及我兵筑城爱珲(瑷珲),两次进剿雅克萨,围攻其城,此从事罗刹之原委也。其黑龙江之地最为重要,由黑龙江而下可至松花江,由松花江而下可至嫩江,南行可通库尔瀚江及乌拉宁古塔、锡伯科尔沁、索伦达呼尔诸处,若向黑龙江口可达于海。又恒滚、牛满等江,及净溪里江(精奇里江)口俱合流於黑龙江。环江左右均系我属鄂伦

① 章开沅:《清通鉴》第 1 册,第 899 页。
② 中国第一历史档案馆:《清代中俄关系档案史料选编》第一编,第 87 页。
③ 北京师范大学清史研究小组:《一六九九年的中俄尼布楚条约》,第 228 页。
④ 复旦大学《沙俄侵华史》编写组:《沙俄侵华史》,第 49 页。
⑤ [清]佚名:《平定罗刹方略》卷 4,第 1 页。
⑥ 白寿彝:《中国通史》第十七卷,第 385 页。

春、奇勒尔、毕喇尔等民人,及赫哲费雅喀所居之地,若不尽取之,边民终不获安。朕以为,尼布潮(楚)、雅克萨、黑龙江上下,又通此江之一河一溪皆我所属地,不可弃之于俄罗斯。我之逃人根特木尔等三佐领及续逃一二人悉应向彼索还,如俄罗斯遵谕而行,即归彼逃人及我大兵俘获招抚者,与之划定疆界,准其通使贸易往来。否则尔等即还,不便更与彼议和矣。"①

十七世纪末,喀尔喀蒙古地区的斗争形势非常复杂。戈洛文使团到达贝加尔湖地区,使斗争进一步激化。而这里的形势又成为影响尼布楚谈判的一个极其重要的因素。

元灭以后,蒙古地区到明朝中叶已分裂为三部:漠南蒙古(即内蒙古)、漠北喀尔喀蒙古、漠西厄鲁特蒙古。喀尔喀蒙古分三部:中部土谢图汗、东部车臣汗、西部扎萨图汗。厄鲁特蒙古即明朝时的瓦剌。瓦剌曾因在土木堡之役大败明军而名著史册。明末,瓦剌人口渐众,分为4部,互不统属。这4部是:准噶尔,游牧于巴尔喀什湖以东;和硕特,原游牧于乌鲁木齐地域,后移牧于青海一带;杜尔伯特,游牧于额尔齐斯河两岸;土尔扈特,游牧于塔尔巴哈台地区。

1687年,戈洛文到达贝加尔湖地区后,"决心在中俄谈判以前集中力量,争取时间,把蒙古人民抗俄斗争的火焰扑灭下去,加强对贝加尔湖以东地区的占领,使俄国在未来的谈判中处于有利的地位。因此,戈洛文到达乌的柏兴后,迟迟不派信使到北京去联系,却利用清政府主动实现停战,等待俄国使团前来的时机,对我国蒙古人民进行野蛮的'讨伐'战争。尼布楚谈判以前,戈洛文在贝加尔湖以东停留两年之久,一直在干着这一卑鄙勾当"。②

戈洛文得悉土谢图汗忠于清政府,坚决反对沙俄的侵略扩张,于是放弃拉拢土谢图汗的原定计划,转而加紧笼络其弟哲布尊丹巴·呼图克图,但呼图克图也不为所动。其时割据中国西部的准噶尔部首领噶尔丹正向喀尔喀进攻,戈洛文向俄政府建议,"极力主张同噶尔丹建立联盟,并与噶尔丹进行频繁的接触"。③

戈洛文污蔑蒙古人偷盗了俄军的马匹,蛮横入侵喀尔喀各部,烧杀抢掠。蒙古军民团结在土谢图汗周围,在鄂尔浑河一带集结,英勇奋斗,打得俄国侵略军丢盔弃甲,戈洛文只能率俄军龟缩在色楞格斯克城堡内。但蒙古当局遵循清朝中央政府争取早日谈判的精神,希望和平解决争端,同时他们要防备噶尔丹在西部的进攻,因此不能全力和俄军作战。

噶尔丹原是准噶尔汗僧格的弟弟,后继其兄位称汗,又赶走僧格的儿子策妄阿喇布坦,并夺了他的妻子。噶尔丹凭借铁腕侵占了天山南北和青海,横征暴敛,奴役厄鲁特蒙古的其他三部及维吾尔等各族人民。在沙俄的勾引下,噶尔丹走上了投靠沙俄、背叛祖国的罪恶道路。从康熙十三年(1674年)到康熙二十二年(1683年),噶尔丹几乎每年都派使者去俄国勾结,"企图同俄国订立军事同盟和求得俄国给予军队和枪炮的援助"。④

蒙古军民和戈洛文率领的侵略军的相持局面从1688年1月持续到4月。就在沙俄

---

① 《清实录·清圣祖实录》卷135,第14页。
② 北京师范大学清史研究小组:《一六八九年的中俄尼布楚条约》,第233页。
③ 中国社会科学院近代史研究所:《沙俄侵华史》第一卷,第174页。
④ 马汝珩:《清代西部历史论衡》,第13页。

侵略者被喀尔喀蒙古军民包围、军事上极为不利的时候,噶尔丹竟丧心病狂,率兵越过杭爱山,以突然袭击方式从背后向土谢图汗大举进攻。1688 年春,两军接战,土谢图汗的军队猝不及防,腹背受敌。尽管喀尔喀蒙古军民奋起抗击,在鄂罗会诺尔同噶尔丹"鏖战三日",但终因双方力量悬殊,在噶尔丹军的猛力进攻下被全部击溃。此时,噶尔丹又与沙俄相勾结,横行于漠北,与沙俄共同侵占了喀尔喀蒙古部分土地。

噶尔丹的这场叛乱使即将和俄国举行重要谈判的清政府十分被动。这时,索额图的使团正好行近战地,眼看道路阻塞,而此时使团随行的卫队仅 800 人,无法前进,只好就地待命。7 月 22 日,康熙"遣侍卫往追索额图等,令其退驻喀伦地方。以道阻缘由晓谕俄罗斯使臣。俄罗斯使臣答书称,已遣人由尼布楚赴京"。①索额图等随后亦回京。

1688 年 7 月,沙俄外务部秘书官罗吉诺夫向戈洛文送达沙皇于 1687 年 12 月颁发的秘密训令:如果清政府不愿在边境谈判,即授权罗吉诺夫全权,派他直接到北京订立条约。"俄方事先拟定了四个条约草案"②:草案一,以黑龙江为界;草案二,以雅克萨为界,但雅克萨仍归俄国;草案三,俄国撤出雅克萨;草案四,俄国撤出达斡尔地方。这就是说,在中俄边界谈判开始前,俄国曾考虑退出尼布楚等地,这与康熙帝的方案基本一致。

索额图返回后,戈洛文乘此机会,大肆镇压蒙古人的反抗,逼迫蒙古领主归顺俄国,扩大俄国侵占的地域。直到 1689 年 5 月,才派代表罗吉诺夫前往北京,和清政府再一次联系会谈的地点和时间,并提出改尼布楚为谈判地点。

土谢图汗和哲布尊丹巴向南败退,要求清政府保护和干预,清政府邀请达赖喇嘛协同调解。噶尔丹一面表示服从清朝中央,同时坚持要把土谢图汗和哲布尊巴丹交给他处理,这分明是拒绝调解。然后,他又乘机南下,其军队距长城的古北口仅九百里,京师为之震动。显然,清廷对噶尔丹再不能等闲视之了,一场艰巨的平叛战争已不可避免。

当时,东北有沙俄入侵,西部有噶尔丹叛乱,两者已暗中勾结,如若联兵,将为大患。康熙帝深谋远虑,为避免两线作战的不利处境,决计征讨之前,先分敌势,要求先与俄国实现和平。于是,在罗吉诺夫到达北京后,清政府很快组成第二次谈判使团,于 1689 年 6 月 13 日出发。行前,索额图向康熙帝奏言:"尼布潮(楚)、雅克萨既系我属所居地,臣等请仍如前议,以尼布潮(楚)为界。此内诸地均归于我。"但当时中国北部地区准噶尔与喀尔喀蒙古的纷争继续在扩大,康熙为了应付国内变乱,防止沙俄与噶尔丹之间的进一步勾结,希望早日与沙俄达成协议,因而认为可以通融。"上谕,今以尼布潮(楚)为界,则俄罗斯遣使贸易,无栖托之所,势难相通。尔等初议时仍当以尼布潮(楚)为界,彼使者若恳求尼布潮(楚),可即以额尔古纳河为界。"③康熙帝的谕示,与上次相比,做了巨大让步。清政府的这一重大让步,即准备让出贝加尔湖以东尼布楚一带地区,是后来双方能达成协议的关键。

双方对这次谈判都非常重视,都组成了庞大的代表团。俄国使团有御前大臣、布良斯克总督戈洛文和涅尔斯克督军、叶拉托姆斯克总督乌拉索夫,以及叶尼塞斯库秘书官柯尔

---

① ［清］佚名:《平定罗刹方略》卷 4,第 2 页。
② 中国社会科学院近代史研究所:《沙俄侵华史》第一卷,第 177 页。
③ 《清实录·清圣祖实录》卷 140,第 30 页。

尼斯基任全权大使,携带随从 2000 余人。

中国使团由领侍卫内大臣索额图、内大臣都统一等公佟国纲、黑龙江将军萨布素、护军统领玛喇、都统郎坦、都统班达尔善、理藩院侍郎温达组成,所带随员近 3000 人。

中方代表团于 7 月 31 日到达尼布楚,在石勒河南岸扎营,与尼布楚城隔河相望。俄国首席代表戈洛文仍逗留在叶拉文斯克堡,迟迟不至。索额图致函催促,戈洛文于 8 月 19 日才到达尼布楚。8 月 20 日,双方达成协议:"一、会见所设于尼布楚与什尔喀河之中央。一、会见之日,两国使节,各带随员四十人。一、两国皆出兵五百;俄则列阵于城下,清则列阵于河岸。一、两国使臣之护卫兵各以二百六十人为限,除刀剑之外,一切武器,均不许携带。"①

中俄代表团正式谈判于 1689 年 8 月 22 日至 9 月 7 日举行。16 天中,双方代表坐在一起谈判只有前两天和最后一天,其余都是会下个别商谈。谈判期间,双方使团根据各自君主的指令唇枪舌剑,激烈斗争。

8 月 22 日,谈判一开始,戈洛文首先发言,指责清军侵犯了俄国边界,又称贝加尔湖周围和黑龙江流域自古以来即为沙皇所有,应以黑龙江为边界线。索额图通过追溯沙皇对华挑衅与入侵,有力地驳斥了对方的无理指责,说明黑龙江一带沙皇从未占有过,贝加尔湖周边土地都隶属于中国皇帝,"鄂嫩河、尼布楚皆为我茂明安等部原来居住之地;雅克萨为我猎人阿尔巴西等居住之地。因实难忍受尔等偷袭侵入及掠杀抢劫,皆内迁我嫩江,于是此地才被尔国长期占据"。② 在索额图义正辞严的驳诘下,戈洛文言语支吾,矛盾百出。这时传教士徐日升说:"各位大人,我认为,翻旧账没有什么用处,只是浪费时间。"他在"既往不咎"的幌子下,建议停止"无休止的争论",立即讨论划界问题。首日谈判一直持续到夜幕降临,没有取得任何结果。

8 月 23 日谈判中,双方感到经过前一天的交锋,再谈过去无济于事,便转到划界标准上。戈洛文首先提出以黑龙江一直到海为界。中国代表团予以拒绝,并据理力争,要求以勒拿河和贝加尔湖为界,从而收回尼布楚、雅克萨等中国领土。戈洛文对此极力反对。争来争去,戈洛文看到草案一已经不可行,就退而求其次,按沙皇训令中的方案二,提出将边界划到牛满河。索额图提出应以尼布楚为界,也让了一大步。此方案把边界划在尼布楚及音果达河、库楚河、色楞格河一线。这样,贝加尔湖以东地区将归属俄国。但俄方仍不接受方案,逼迫索额图再让步。索额图坚决拒绝,谈判又陷入危机。

从 8 月 24 日到 9 月 7 日,两国使臣一直没有会见,但双方通过翻译进行了商谈。而中方的翻译,一位是葡萄牙人徐日升,一位是法国人张诚。而且戈洛文采取贿赂手段,密令他的翻译官贝洛博斯基同徐日升、张诚暗中联络,要求他们为俄方出力,"答应把大君主的恩典和赏赐给予他们",徐、张竟欣然表示愿为沙皇效劳。③

8 月 24 日,"交涉仍无进展。我代表遂提议双方签订正式会议记录,以便各返国复

① 萧一山:《清代通史》第一册,第 759 页。
② 中国第一历史档案馆:《清代中俄关系档案史料选编》第一编,第 122 页。
③ 中国社会科学院近代史研究所:《沙俄侵华史》第一卷,第 185 页。

命。这等于宣布会议破裂"。①

8月25日,戈洛文派人来声明接受中方划界提议。索额图派译员张诚、徐日升以联络员的身份至沙俄代表驻地,说明中国收回雅克萨的决心和准备再一次让步,告诉俄方:"钦差大人已奉有明白谕旨,不得俄方在这一点上让步(即撤出雅克萨),决不谈和。"②

8月26日,沙俄派人来清朝政府代表驻地,询问所提出再次让步的详细情况。索额图等在一幅地图上指出准备让步的边界线。在沙俄代表离开后,张诚和徐日升两次赴沙俄代表驻地,详细解释这个方案,戈洛文等表示基本接受。

8月27日,张、徐再次到沙俄代表驻地,探询对中国方案的答复。不料俄方突然变卦,他们在自己的地图上另划一条边界线,把雅克萨及其以西的土地尽划归俄国所有。戈洛文还以最后通牒式语言威胁:此外不再让出一寸土地。清朝代表对戈洛文的言语行动一直保持警惕,戈洛文最后通牒式的威胁迫使中方在尼布楚和雅克萨地区加强部署,以防沙俄的突然袭击。当中方代表团的武装侍从人员渡过石勒河进行戒备时,尼布楚附近地区的中国蒙古族居民六七千人准备发动武装起义返回原蒙古居住地区。沙俄侵占地区中国蒙古族居民准备起义的消息使戈洛文恐惧万分。附近的俄军兵力不足以镇压如此规模的起义,戈洛文派人对起义者实行"招抚",但被准备起义者拒绝。俄方迫于形势,不得不考虑对中方降低要价,以早日结束谈判。戈洛文连夜派代表向中方提出划界建议:以雅克萨为界,中俄双方都不在雅克萨驻军或设居民点,俄人可在雅克萨自由渔猎。此即沙皇的划界方案二。索额图立即予以拒绝,并指出:"边界一经划定,双方均不得以任何理由越境,对此也应达成协议,以免俄罗斯人借此挑起任何纠纷。"③"代表团决定按原计划进行(军队移动,包围尼布楚城),惟对俄方则说移动人马专为求水草之便。"④

8月28日,清军全抵尼布楚城下时,戈洛文表示接受中国的划界方案,并撤出雅克萨。"为打破僵局,戈洛文以放弃雅克萨为诱饵,清朝代表缺乏经验,便以最大限度让步,提出以鄂尔古纳河、格尔必奇河为界。俄方接受这一方案,从而奠定了双方达成协议的基础。"⑤

8月28日,戈洛文提出三个新要求⑥:一、中国以后致俄王的信应书俄王的全衔,并且信中不可有不平等的词句;二、两国应相互尊重公使,并许其亲递国书于元首;三、两国人民如持有政府护照应许其自由往来贸易。中方答以自由通商一节,我方以为无问题,惟买卖小事,似不必载入条约。

8月29日,俄方向中方送来条约草案,共7条。

8月31日,中方也提出了条约草案,共6条。双方的方案仍存在较大的差距。俄方就中方草案的第二条"以格尔必齐河及该河河源之高山(即外兴安岭),绵延向东,至诺斯山为两国之界"中诺斯山的位置,提出异议。

---

①　蒋廷黻:《中国近代史大纲》,第119页。
②　北京师范大学清史研究小组:《一六八九年的中俄尼布楚条约》,第305页。
③　北京师范大学清史研究小组:《一六八九年的中俄尼布楚条约》,第323页。
④　蒋廷黻:《中国近代史大纲》,第103页。
⑤　白寿彝:《中国通史》第17册,第386页。
⑥　蒋廷黻:《中国近代史大纲》,第120页。

9月1日,俄方派人来中国营地,要求中方澄清诺斯山的地理位置。其实诺斯山就是外兴安岭最东端靠海处的一个山峰。诺斯山以南有乌第河及其他河流,自古以来就属于中国。索额图表示:按照和俄国刚刚达成的协议,边界沿外兴安岭以东,应当划在诺斯山,并要求俄方停止对乌第河地区的入侵。

9月2日,俄方给中方送来一份措辞强硬的抗议书,一面拒绝以诺斯山为界,一面摆出剑拔弩张的姿态,似乎会谈即将破裂。中方代表害怕谈判破裂,只好再作让步,接受戈洛文意见,将这一地区留待以后再议。但在讨论条约行文时,俄方再一次制造事端,而中方再一次让步。最后,在《尼布楚条约》中规定的"待议"地区已不是原来的诺斯山,而是南移了一百多里的"乌第河以南。"

9月3日,戈洛文提出要清政府代表保证不在雅克萨建筑城堡。清政府并无这样的打算,但这是事关中国主权的问题,所以严词拒绝了俄方的要求。俄方甚至"暗中许给两个教士重大的贿赂,要他们在条约文本中偷偷地写进中国在雅克萨不筑城、不住人一条。可是两个教士知道这种做法责任太大,将来会承担严重的后果,没敢答应。"①

9月4日至6日,双方讨论了以下问题:书写沙皇的全衔尊号、遣返俘虏和"逃人"、互派使节、通商贸易、雅克萨地区双方自由渔猎等。

9月7日下午6时,中俄双方代表举行签字仪式。索额图和戈洛文代表两国使团宣誓,对所订条约,两国永远遵守不渝。宣誓毕,双方交换条约文本,中国使团得到俄方缮写的一个拉丁文本和一个俄文副本,俄国使团得到中方缮写的一个拉丁文本和一个满文副本。俄方使团对《尼布楚条约》的签订极为高兴,在互换条约文本后,俄国使臣上前同中国使臣热烈拥抱。这时俄方喇叭、铜鼓、风笛、长管齐鸣,乐声大作,戈洛文等用香槟酒款待中国使团,祝贺条约的订立。双方交谈约3小时,最后夜色已深,索额图等起身告辞,俄方全体使臣送中国使臣走了一段路,分手时他们又同索额图等拥抱。

9月9日,中方代表团从尼布楚动身返回北京。9月10日,戈洛文下令,拆毁阿尔巴津堡,并将该地俄军全部撤至尼布楚。在做了一系列相应安排后,戈洛文于10月下旬启程返莫斯科。

条约的谈判过程中,戈洛文用诈骗手段摸清了中国使团的底线,迫使中国使团做出了许多让步,因此占了便宜。但两国间重大问题的交涉和解决毕竟是由国际形势、两国的内部条件,以及双方的力量对比所决定的。正当中俄在尼布楚谈判的时候,当地的中国各族人民掀起了轰轰烈烈、声势浩大的抗俄斗争。这场斗争在很大程度上抑制了戈洛文无休止的阴谋骗局,促进了中俄两国的谈判进程,使两国间的第一个边界条约得以在相对平等的基础上签订下来。

《尼布楚条约》中国方面所注重的是划界,俄国方面所注重的是通商。"条约签订之后,康熙帝深感欣慰。"②当时沙俄政府对于订立《尼布楚条约》也是极为满意的。沙皇彼得一世和伊万五世曾为此下令表扬使团,赏给金质奖章,使团人员获得升迁。戈洛文更是飞黄腾达,先后"获得海军上将、陆军元帅、伯爵等一大串官爵头衔。1699 至 1707 年间,

---

① 北京师范大学清史研究小组:《一六八九年的中俄尼布楚条约》,第 344 页。
② 章开沅:《清通鉴》第 1 册,第 936 页。

戈洛文主持外交事务衙门，成为沙俄外交界的第一号人物"。①

《尼布楚条约》只划分了中俄的东段边界，额尔古纳河上游以西的中俄边界，当时由于俄方的反对而没有划定。这里为中国喀尔喀蒙古所属，当中国代表在尼布楚谈判中要求同时划分中俄中段边界时，俄方代表拒绝谈判中段边界的划分。其理由是：第一，"喀尔喀人是俄国的死敌"，所以中俄和约中不得涉及喀尔喀的问题。第二，"喀尔喀汗（土谢图汗）归顺中华帝国尽管属实"，但其土地"已在一年前被厄鲁特汗夺去"。"言下之意，喀尔喀不再是中国领土，而成了所谓'准噶尔汗国'的一部分。这些借口充分表明，沙俄不但蓄意侵略我国喀尔喀地方，还妄图将中国厄鲁特蒙古族的准噶尔部分裂出去。"② 中国代表鉴于俄方坚决反对议分中段边界，为了不妨碍对两国东段边界的划分达成协议，同意暂时把中段边界搁置起来。但中国代表严肃声明："俄国人不得在萨哈连乌喇（指黑龙江之上游石勒河）和在此河稍南一点的一道山脉之间的土地上定居，也不得向喀尔喀人的土地上推进。"③

《尼布楚条约》条约规定中俄东部以黑龙江上游的鄂尔古纳河、格尔必齐河及外兴安岭至海为界。该条约签订后，尼布楚为俄国所有，雅克萨仍为中国领土。条约签订后第二年，清政府"于议定格尔必齐河诸地立碑，以垂永久，勒满、汉字及俄罗斯、拉丁、蒙古字于上"。④ 刻碑汉文是由大学士徐元文根据《实录本》润色写定。（《实录本》指《清康熙实录》中的汉译本）条约签订时有满文本、俄文本、拉丁文本，没有汉文本。满文本只有中方签字，俄文本只有俄方签字，拉丁文本由中俄双方签字。条约的各种文本不完全相同，"拉丁文本具有充分的法律效力，各种文本的内容及规定的边界线走向是明确的且是一致的"。⑤

尼布楚条约⑥

中国大皇帝钦差分界大臣领侍卫内大臣议政大臣索额图，内大臣一等公都统舅舅佟国纲，都统朗谈（坦），都统班达尔善，镇守黑龙江等处将军萨布素，护军统领玛喇，理藩院侍郎温达；俄罗斯国统治大俄小俄白俄暨东西北各方疆土世袭独裁天祐君主约翰·阿列克歇耶维赤及彼得·阿列克歇耶维赤钦差勃凉斯克总督御前大臣费岳多·阿列克歇耶维赤柯罗文，伊拉脱穆斯克总督约翰·鄂斯塔斐耶维赤·乌拉索夫，总主教谢门·克尔尼次克，于康熙二十八年七月二十四日，两国使臣会于尼布楚城附近，为约束两国猎者越境纵猎、互杀、劫夺，滋生事端，并明定中俄两国边界，以期永久和好起见，特协定条款如左：

一、以流入黑龙江之绰尔纳河，即鞑靼语乌伦穆河，附近之格尔必齐河为两国之界。格尔必齐河发源处为石大兴安岭，此岭直达于海，亦为两国之界：凡岭南一带土地，及流入黑龙江大小诸川，应属中国管辖；其岭北一带土地及川流，应

① 中国社会科学院近代史研究所：《沙俄侵华史》第一卷，第211页。
② 中国社会科学院近代史研究所：《沙俄侵华史》第一卷，第188页。
③ 北京师范大学清史研究小组：《一六八九年的中俄尼布楚条约》，第310页。
④ ［清］佚名：《平定罗刹方略》卷4，第4页。
⑤ 王奇：《中俄国界东段学术史研究》，第104页。
⑥ 王铁崖：《中外旧约章汇编》第1册，第1页。

归俄国管辖。惟界于兴安岭与乌第河之间诸川流及土地应如何分划,今尚未决,此事须待两国使臣各归本国,详细查明之后,或遣专使,或用文牍,始能定之。又流入黑龙江之额尔古纳河亦为两国之界:河以南诸地,尽属中国,河之北诸地尽属俄国。凡在额尔古纳河南岸之墨里勒克河口诸房舍,应悉迁移于北岸。

　　一、俄人在雅克萨所建城障,应尽行除毁。俄民之居此者,应悉载其物用,尽数迁入俄境。两国猎户人等,不论因何事故,不得擅越已定边界。若有一二下贱之人,或因捕猎,或因偷窃,擅自越界者,立即械击,遣送各该国境内官吏,审知案情,当即依法处罚。若十数人越境相聚,或持械捕猎,或杀人劫掠,并须报闻两国皇帝,以罪处以死刑。既不以少数人民犯禁而备战,更不以是而至流血。

　　一、此约订立之前所有一切事情,永作罢论。自两国永好已定之日起,嗣后有逃亡者,各不收纳,并应械击遣还。

　　一、现在俄民之在中国或华民之在俄国者,悉听如旧。

　　一、自和约已定之日起,凡两国人民持有护照者,俱得过界来往,并许其贸易互市。

　　一、和好已定,两国永敦睦宜,自来边境一切争执永予废除,倘各严守约章,争端无日而起。

　　两国钦使各将缮定约文签押盖章,并各存正副二本。

　　此约将以华、俄、拉丁诸文刊之于石,而置于两国边界,以作永久界碑。

康熙二十八年七月二十四日

俄历一六八九年八月二十七日

订于尼布楚

　　《尼布楚条约》划定了中俄东段边界,它是清朝与外国签订的第一个正式条约。清朝收回了被俄国侵占的部分领土,阻止了俄国对黑龙江流域的侵略。俄国由此合法占有了尼布楚地区。其内容基本上体现了两国政府确定的原则,尤其对俄国更有利。

　　条约中有以下文字:"惟界于兴安岭与乌第河之间诸川流及土地应如何分划,今尚未决,此事须待两国使臣各归本国,详细查明之后,或遣专使,或用文牍,始能定之。"即在中俄之间划出一块地位未定区域。根据著名的明永乐十一年(1413 年)所立奴儿干永宁寺碑,以及不久后立的《重修永宁寺碑记》,还有"《明会典》的记载,1412 年(永乐十年)即在库页岛北部设置了囊哈儿卫,正统以后又在库页岛中部设置了波罗河卫。……《明会典》所载东北卫所中还有兀的河卫和兀的千户所,兀的河即条约中的乌第河。这就说明,乌第河流域早就明确是中国的领土"。[①]

　　尼布楚条约签订以后,康熙从东北地区抽身,集中力量,三次亲征噶尔丹。康熙二十九年(1690 年)先败噶尔丹先锋于乌兰布通(今内蒙古克什克腾旗),康熙三十五年(1696 年)再败其主力于昭莫多(今蒙古乌兰巴托东南),逼其退守至塔米尔河(在乌兰巴托以西约千里的鄂尔浑河上游)。最后,康熙三十六年(1697 年)在大兵压境的情况下,噶尔丹众叛亲

---

　　①　复旦大学《沙俄侵华史》编写组:《沙俄侵华史》,第 18 页。

离,"欲北赴俄罗斯,而俄罗斯拒不收"。噶尔丹走投无路,自知末日已到,于阿察阿穆塔台服毒自杀。康熙平定了叛乱,剪除了分裂国家的一条祸根,遂在狼居胥山勒石记功而还。

五、中俄《布连斯奇界约》与《恰哈图条约》

1689 年《尼布楚条约》签订以后,两国贸易迅速发展。俄国商队频繁来北京,销售大批毛皮,然后购进大批丝织品、布匹、药材等运回俄国。沙俄政府大力发展了对华贸易,沙皇规定西伯利亚地方当局不得阻扰来华从事商业活动的人,以此鼓励和推动对华贸易,并从中获得巨额税收与利润。

1689 年《尼布楚条约》签订以后不久,17 岁的彼得一世开始掌握俄国的统治权。彼得一世是个穷兵黩武、好战无厌的统治者。由于《尼布楚条约》的签订,沙俄南下黑龙江流域的企图受到遏制,因而将矛头转向西伯利亚东北堪察加和北太平洋沿岸,转向中俄未定界的其他领土。沙俄于 1697 年占领了堪察加,1713 年窥探千岛群岛,1724—1730 年组织了对白令海峡的窥探,同时积极进行分裂中国西北地区准噶尔部的罪恶活动。与此同时,俄国侵略军仍不断入侵中国外蒙古地区,掳掠人口,劫夺牛羊,在中国土地上设立侵略据点,使中俄中段边界形势日益紧张。

清政府对扩大贸易不感兴趣,但迫切要求尽早划定两国边界:一方面不断抗议俄国的侵略,一方面要求迅速划定两国中段边界,即外蒙古地区的中俄边界。但沙俄政府置若罔闻,在侵略我国东北地区的同时,对清朝外蒙古地区的侵略步伐也日益加紧。1688 年,戈洛文勾结噶尔丹,两次出兵攻打喀尔喀。《尼布楚条约》订立后,沙俄继续与噶尔丹勾结,图谋吞并喀尔喀蒙古。清政府即警告正在北京的沙俄使者吉利古里:"喀尔喀已归顺本朝,倘误信其(噶尔丹)言,是负信誓而开兵端也。"由于康熙帝决心对噶尔丹立即进行武装讨伐,沙俄才不敢轻举妄动。

在康熙帝平定噶尔丹的叛乱后,沙俄侵占外蒙古土地的策略有所改变,即由妄图一举鲸吞变为逐步蚕食。沙俄把在欧洲推行的"骑兵防哨制"搬到贝加尔湖以东地区来,不断向我国外蒙古地区派出骑兵队,建立新的岗哨,强行建立所谓的"骑兵防哨线"。针对沙俄的侵略行径,清政府多次提出抗议,俄方一概拒不回答。中方要求及早划定外蒙古地区北部边境的中俄国界,但沙俄政府无视中国对外蒙古地区的主权,一再拒绝中方的合理要求。

(一) 义杰斯使华

《尼布楚条约》对中俄贸易仅有原则规定,沙俄政府要求进一步商定具体办法,因此决定再派使节来华谈判。1692 年 2 月,沙俄派遣伊兹勃兰德·义杰斯出使中国。义杰斯此行带有沙皇国书:"特派伊兹勃兰德前往贵国,向至圣皇帝进呈本书。望接受此书并请至圣皇帝赐见,以和好之礼予以款待。至圣皇帝若有谕旨,请交付该使臣赍回。"①行前俄国政府给他的训令主要有以下几点:主要任务是收集详细的经济情报;了解清政府对两国在外蒙古边境地区划界问题的态度,但不同中国大臣作任何结论;提出在中国建造东正

---

① 中国第一历史档案馆:《清代中俄关系档案史料选编》第一编,第 150 页。

教堂的要求等。

义杰斯一行及其随带的商队共约 400 人，于 1692 年 3 月 24 日离开莫斯科，于 1693 年 11 月 12 日到达北京。索额图等奉旨："俄罗斯国君主之文书，不合外国奏书之例，故不予接受，其文书与贡物，均著退回。俄罗斯国使臣由远道携货而来，可准其照常贸易，朕将召见，仍前施恩。"[①] 11 月 24 日，康熙帝亲自接见俄国使节，并允许义杰斯提出书面的商谈事项。1694 年 2 月 28 日和 3 月 1 日，理藩院两次接见义杰斯，并函复他："究竟于何时何地会议喀尔喀分界事宜，请尔转告尔君主，并迅速作复；尔所谓俄罗斯国被俘人员，若有情愿回归者，请求遣还之处，亦毋庸议；所称俄罗斯国商人愿于中国建造教堂，此事亦毋庸议。"[②]

关于中俄贸易问题，理藩院的答复虽未提及，但清政府在 1693 年已宣布一项规定："准俄罗斯国贸易，人不得过 200 名，各三年来京一次，在路自备马驼盘费，一应货物不令纳税，犯禁之物不准交易，到京时安置俄罗斯馆，不支廪给，定限 80 日启程回国。"[③] 这项规定使《尼布楚条约》有关中俄贸易的条款更具体化。义杰斯在北京期间，其随带的商队进行了商贸活动，获利丰厚。其本人也获得重要情报。义杰斯一行于 1694 年 3 月 1 日离京回俄，1695 年 2 月返抵莫斯科。

"沙俄政府于 1698 年派出以梁古索夫和萨瓦奇耶夫为首的国家商队前来北京。从此沙俄对华贸易仍以国家商队为主，但允许私商加入。"[④] 对华贸易给俄国国库和商人带来巨大的利润。

1710 年，俄国政府任命来华商队总管胡佳科夫为"商务专员"，并授予他裁判中俄商人纠纷的"权利"，企图取得实质上的领事裁判权。此举引起清政府的极大愤慨，中国理藩院对此提出强烈抗议。中国希望通过贸易让步，争取与沙俄划定外蒙古地区的中俄边界。而沙俄坚持经济掠夺和领土侵略双管齐下的对华政策，避而不谈划界问题。清政府不得不采取相应措施。康熙五十六年（1717 年）九月，理藩院照会俄西伯利亚省总督，"此后其商人当隔几年前来一次，其间可在边界地区贸易"[⑤]，实际上暂停中俄在北京的贸易。

康熙五十八年（1719 年）四月十一日，再次发出同样内容的照会，彼得一世决定就贸易问题派遣使节同中国重开谈判。

（二）伊兹玛依洛夫使华

清康熙五十八年（1719 年），沙俄政府"特派护驾大臣伊兹玛依洛夫为使臣，持书前往，谒见博格德汗（清帝）"。[⑥] 启程前，俄国外交委员会和商业委员会分别颁发了极详尽的训令，指示他通过谈判为俄国谋取广泛的商业和政治权益，其所负使命远远超过义杰斯使团。贸易方面：要求增加商队来华次数达到每年一次；俄商在华逗留时间不受限制；俄商得在中国全境自由通商；俄商到华贸易一律免纳进出口税等。外交方面要设法获准在

① 中国第一历史档案馆：《清代中俄关系档案史料选编》第一编，第 148 页。
② 中国第一历史档案馆：《清代中俄关系档案史料选编》第一编，第 153 页。
③ 中国社会科学院近代史研究所：《沙俄侵华史》第一卷，第 240 页。
④ 中国社会科学院近代史研究所：《沙俄侵华史》第一卷，第 241 页。
⑤ 中国第一历史档案馆：《清代中俄关系档案史料选编》第一编，第 388 页。
⑥ 中国第一历史档案馆：《清代中俄关系档案史料选编》第一编，第 408 页。

北京设立领事馆,并在各省设立副领事,设法从中国取得广泛的领事裁判权。军事方面应刺探有关中国部队人数、武器和设防情况。对中俄外蒙古边境划界问题则避而不谈。

1719 年 7 月 27 日,伊兹玛依洛夫一行离开彼得堡,于 1720 年 11 月 29 日到达北京。在北京停留了 3 个多月,受到清政府的重视和礼遇,康熙先后接见了 10 多次,再三向其表明中国方面的和平意愿,希望尽快划定中俄两国中段边界,以保持边境地区的安定。伊兹玛依洛夫和中国官员进行了多次谈判,取得以下结果:清政府允许使团秘书郎克继续留在北京;俄国商队今后需持有中国官员和伊兹玛依洛夫共同盖章的证书,否则不许入境;中方表示在划分中俄外蒙古边界和交还越境边民问题获得解决之前,中国不考虑缔结中俄通商条约的问题。伊兹玛依洛夫一行于 1721 年 3 月 13 日离开北京。

伊兹玛依洛夫使团回国后,郎克在北京逗留了近 17 个月,他勾结俄国东正教驻北京布道团进行了大量间谍活动。同时,俄国还在中国西北地区从事侵略颠覆活动,企图诱使准噶尔部策反阿拉布坦叛乱势力归顺俄国。清政府闻知,遂于 1722 年 4 月驱逐库伦俄商,再次宣布停止中俄贸易;7 月,将郎克驱逐出北京;10 月,拒绝库尔齐斯基主教入境。中俄关系再度紧张。

当时沙俄与瑞典、波斯连年战争,兵力和财力消耗很大,不允许对华搞军事冒险。同时,清政府在平定噶尔丹叛乱后,加强了蒙古地区的边防,使彼得一世不敢轻举妄动,并准备派遣使节来华谈判。雍正二年(1724 年)十月十三日,总理事务和硕亲王允祥奏:"奴才等于闰四月十六日抵达楚库柏兴,俄罗斯朗克、费菲洛夫等,于二十里外迎接。""本月十二日,朗克派人来请前往会议,奴才等当即赴会。并曰:……我圣主特派本大臣等二人前来,欲按尼布楚之例,勘定喀尔喀边界并议决逃人诸事。"朗克等答称:"本当迎合大柏格德汗旨意,议定边界,然我察罕汗至今仍未令我议定边界,殊甚难议。……今我等查得,未载入我档册之尔方逃人,计喇嘛在内,共 98 人。该逃人等可以给还。""十五日,朗克来称:今我察罕汗降旨,派出一名大臣,与贵大臣等会议了结两国边界与逃人等事。……奴才等曰:本大臣可以于此处相候。朗克答称:……今正值雨季,年内未必能达,须待明春方可抵此。"①

(三)萨瓦·符拉迪斯拉维奇使华

雍正三年(1725 年),沙皇彼得一世病逝,其妻叶卡特林娜统治俄罗斯。她窥测到清政府为了杜绝沙俄插手助长准噶尔的叛乱,打算尽快划定中俄中段边界,因而暂时放弃武力占领政策,策划凭借边界谈判来取得武力所夺不到的东西。为此叶卡特林娜派萨瓦·符拉迪斯拉维奇为使华全权代表来中国进行贸易和边界谈判。

1725 年 6 月 29 日,萨瓦被任命为特遣驻华全权大使。使团阵营庞大,分工明确,"正式工作人员 120 名,卫队 1500 人,使团经费约 10 万卢布,其中 3000 卢布为贿赂中国官员的礼品费"。②

1725 年 9 月 5 日,萨瓦行前,沙皇政府外交部给他训令四十五条,商务部给他的训令二十条。"总括为四点:一、与中国缔结商约,如中国坚持要先解决边界问题,也应为了

① 中国第一历史档案馆:《清代中俄关系档案史料选编》第一编,第 420 页。
② 中国社会科学院近代史研究所:《沙俄侵华史》第一卷,第 254 页。

重要的商业利益让步；二、与中国划分界限，应以他绘制的西伯利亚地图为依据，俄国不能放弃贝加尔区、乌丁斯克、色楞格斯克以及尼布楚等地，在东部《尼布楚条约》已划定额尔古纳河为边界，在西部不能同意中国提出的让他们在额尔齐斯河上建筑一个城市，此外，还不应把矿区、特别有价值的土地和战略要点让给中国；三、私逃者及非法逃离中国的人，有的已经送回和正安排送回；四、为传教士要求在北京的居住权利。"①

俄国代表团于1725年10月23日离开彼得堡。1726年4月，萨瓦一行到达中国边境地区。随同前来的包括大批测绘技术人员、边境问题专家、东正教传教士，以及由曾在准嘎尔部活动多年的巴赫尔上校率领的1500多人的武装部队。萨瓦在前往中国途中，不停地收集中国的情报，并向沙皇政府报告，极力主张在西伯利亚靠近中国边境处修建军事要塞，在边境增加兵力，以武装力量为后盾来进行谈判。清政府也对此次会谈进行了准备，雍正四年正月上谕："隆科多深负朕恩，种种罪恶，即应照九卿议处，但伊办事之才，尚属可用。现今与策妄阿拉布坦阿尔泰山梁定为边界之事，甚为紧要。应将此事予为筹划，详审地势，明白拟定。"②

雍正四年十月初八日（1726年11月1日），萨瓦等人到北京祝贺雍正登基，并与清政府举行边界谈判。中国方面参加谈判的有吏部尚书察毕那、理藩院尚书特古忒、兵部侍郎图理琛。谈判历时半年，"会谈了30多次，先后提出的条约草案共达20个。双方进行了长时间的争论，焦点是边界问题。"③事先，萨瓦通过在京的耶稣会传教士巴多明，收买了清朝大学士马奇，大量窃取清政府和谈判代表团的内部机密，使中国方面从一开始就处于极其被动地位。北京谈判未能达成任何具体协议，但就部分问题取得基本一致。清政府因无使臣在京缔约之例，与俄方商定在布尔河继续谈判。

1727年5月4日，萨瓦一行离开北京。5月22日，萨瓦给俄国外交部写了一份详细报告："事情看来很顺利，中国皇帝宣称他热爱和平。而中国远不如一般所认为的那样强大，并且由于对喀尔木克人作战（指平定准嘎尔）而进一步削弱了。""当我离开北京以前，我同巴多明神父建立了一项密码联系，……这个神父设法使我们同可汗（指雍正）的机密顾问进行密切联系，这个大学士叫马奇，他是首席大臣。……我答应从边境上给他送去2000卢布的礼物。"④

1727年6月25日，双方代表团先后到达布尔河畔。"至七月初一日，总共会议七次。因隆科多、萨瓦彼此固执己见，故尚未定论。"⑤谈判初期，中方首席代表隆科多态度坚决，拒绝了俄方提出的无理要求。但萨瓦通过马奇等人已十分了解清政府内情，知道隆科多即将倒台，遂命巴赫尔抢占战略要地，公然以武力威胁中国。七月初三日，雍正撤销隆科多的首席代表职务，由额驸策凌、伯四格会同图理琛继续谈判。策凌上奏："……至哲得河，原虽属喀尔喀地方，然经噶尔丹之乱，我方人等再未居住，而由俄罗斯所属哈里雅特、布里雅特人居住多年，亦属事实。故可将哲得河划入俄罗斯，沿南梁为界。凡有越岭前来之俄罗斯人，议后当著其迁回。其东边之额尔古纳河，本爵虽不甚详知，然据隆科多与使臣萨瓦等议称，前内大臣索额图与俄罗斯使臣费奥多尔·阿列克谢议定时，将额尔古纳河为界。该河以北

①　白寿彝：《中国通史》第17册，第391页。
②　中国第一历史档案馆：《清代中俄关系档案史料选编》第一编，第437页。
③　中国社会科学院近代史研究所：《沙俄侵华史》第一卷，259页。
④　复旦大学《沙俄侵华史》编写组：《沙俄侵华史》，第74页。
⑤　中国第一历史档案馆：《清代中俄关系档案史料选编》第一编，第513页。

属俄罗斯,经询我喀尔喀车臣汗等属下,亦称并非伊等游牧之地。今与他国议事,显然无庸再议此地,应以额尔古纳河源沿我所设卡伦,斟酌其俄罗斯人住地之远近定界驻防为好等语。奴才等与俄罗斯使臣萨瓦等会议两次,于本月十五日,已共同议结边界事务。"①雍正帝批准了策凌的谈判方针,是年七月十五日(1727 年 9 月 1 日),中俄签订了《布连斯奇界约》,将恰克图以北大片领土让给了俄国。中俄《布连斯奇界约》不分条款,主要是阐明划分两国中段疆界的原则,有的也做了具体规定。条约规定:自鄂尔古纳河沿布尔古特山等处至博木沙鼐岭(即沙宾达巴哈)为两国边界;以恰克图为互市场所。萨瓦等喜出望外,不等边界正式划定,就迫不及待地在恰克图一带修筑边寨,布兵设防。

<h3 style="text-align:center">布连斯奇界约②</h3>

北自恰克图河流之俄国卡伦房屋,南迄鄂尔怀图山顶中国卡伦鄂博,此卡伦房屋暨鄂博适中平分,设立鄂博,作为两国通商地方。至如何划定疆界由两国各派廓米萨尔前往。由此地起往左段一面,至布尔古特依山,顺此山梁至奇兰卡伦;由奇兰卡伦起至阿鲁哈当苏,中间有齐克太、阿鲁奇都嘿二处,此四卡伦鄂博以一段楚库河为界。由阿鲁哈当苏至额波尔哈当苏卡伦鄂博,由额波尔哈当苏至察罕鄂拉蒙古卡伦鄂博而为俄国所属者,暨中国之蒙古卡伦鄂博,将此两边以及中间空地酌中均分,比照划定恰克图疆界办理,以示公允。如俄国人所占地方之附近处遇有山、或山顶、或河,亦即以此为界。凡无山、河荒野之地,两国应适中平分设分鄂博,以清疆界。自察罕鄂拉之卡伦鄂博至额尔古纳河岸蒙古卡伦鄂博之外,两国于附近一带,各派人员,前往妥商,设立鄂博,以清疆界。

恰克图、额尔怀图山之间,应即作为两国疆界。由第一鄂博起往右段一面,应经额尔怀图山、特们库朱浑、毕齐克图、胡什古、卑勒苏图山、库克奇老图、黄果尔鄂博、永霍尔山、博斯口、贡赞山、胡塔海图山、蒯梁、布尔胡图岭、额古德恩昭梁、多什图岭、克色讷克图岭、固尔毕岭、努克图岭、额尔寄克塔尔嘎克台干,托罗斯岭、柯讷满达、霍尼音岭、柯木柯木查克博木、沙毕纳依岭等处。按以上各山岭,均须择其最高之处,适中平分,以为疆界。其间如横有山、河,此等山、河两国应适中平分,各得一半。

按照以上划定疆界,由沙毕纳依岭起至额尔古纳河为止,其间在迤北一带者,归俄国,在迤南一带者,归中国。所有山、河鄂博,何者为俄属,何者为中国属,各自写明,绘成图说,由此次两国派往划界各员即互换文件,各送全权大臣查阅。疆界既定之后,如两国有无知之徒,偷入游牧,占据地方,建屋居住,一经查明,应即饬令迁回。本处两国人民,如有互相出入杂居者,一经查明,应即各自取回,以安边疆。两边乌梁海人之取五貂者,准其仍在原处居住;惟取一貂者,自划定疆界之日起,应永远禁止。

两国大臣各将以上办法认为确当,议定了结。

(注:本界约有满、蒙、俄、拉丁等文本,原约无汉文本。)

---

① 中国第一历史档案馆:《清代中俄关系档案史料选编》第一编,第 515 页。

② 王铁崖:《中外旧编章汇编》第 1 册,第 5 页。

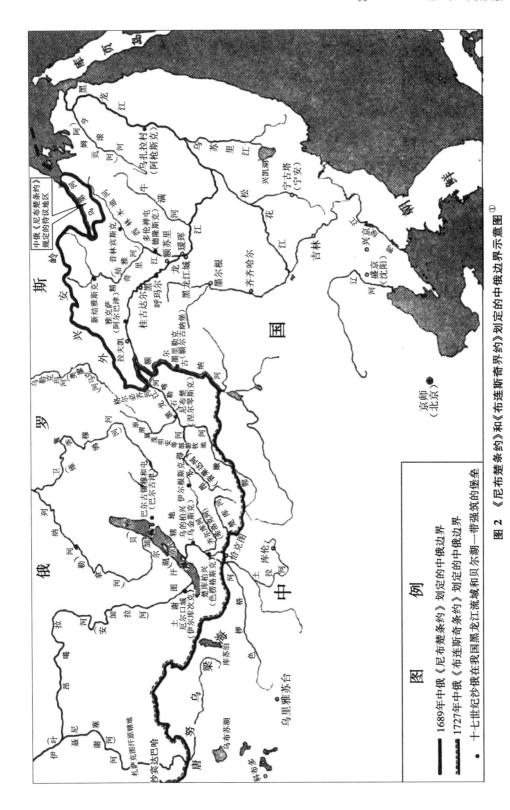

图 2 《尼布楚条约》和《布连斯奇界约》划定的中俄边界示意图 ①

图　　例

━━━　1689年中俄《尼布楚条约》划定的中俄边界
┈┈┈　1727年中俄《布连斯奇条约》划定的中俄边界
●　　十七世纪沙俄在我国黑龙江流域和贝尔湖一带强筑的堡垒

---

① 中国社会科学院近代史研究所：《沙俄侵华史》第一卷，第 7 页。

《布连斯奇界约》签订后,中俄双方立即派出界务官,分组前往恰克图迤西和迤东,划定地段,勘分国界,设立界标,订立界约。雍正五年九月初十(1727 年 10 月 24 日),双方订立了《阿巴哈依图界约》,确定从恰克图向东至额尔古纳河的边界,沿途设 63 个鄂博;九月二十四日(1727 年 11 月 8 日)订立《色楞格界约》,确定从恰克图向西至沙宾达巴哈的边境,沿途设 48 个鄂博。这两个界约是对《布连斯奇界约》的细化。

雍正五年九月初七日(1727 年 10 月 21 日),中俄双方在北京、布尔河谈判的基础上,签订了《恰克图条约》。条约经雍正帝批准后,于 1727 年 11 月 24 日从北京送到边境,但萨瓦挑剔其中个别条款与原议"不完全相符",拒绝接受。他一面立即写信指示正在北京的朗克与清政府交涉,一面继续在恰克图修筑堡垒,加强战备,向中方施压。1728 年 6 月,中方送来了新的约本,萨瓦阅后没有异议,两国全权使臣遂于 1728 年 6 月 25 日正式签字换约。[①]

《恰克图条约》有满文、拉丁文与俄文三种文本。条约共 11 款。该条约最终确认了《布连斯奇界约》,并对中俄之间在政治、经济、宗教等各方面的关系作了具体规定。主要内容如下:

(一)自议定之日起,两国各自严管所属之人;对两边逃犯双方皆应负责查拿,并送交各自边界官员。(二)本条约的第三条,确认《布连斯奇界约》规定的中俄中段边界。(三)重申"乌第河及该处其它河流既不能议,仍保留原状",双方均不得占据这一地区。(四)准两国通商,俄商每间三年进京贸易一次,人数不得超过 200。此外可以在尼布楚、恰克图通商,准免税建造房屋,但沿途需经正道。如有意绕道或赴他处贸易者,将贸易货物入官。如确有紧要事件,准其酌量抄道行走。(五)俄国可以派东正教传教士 3 人来北京,可以在北京俄罗斯馆内建立东正教堂;在京之俄馆,只准来京之俄人居住。

由 1689 年《尼布楚条约》订立起,直到 1722 年为止,沙俄来华贸易的 14 个商队,全是由官方组织的。1727 年《恰克图条约》订立后,在中国贸易的则不仅有官方商队,而且有沙俄的私人行商。到十八世纪四十年代末期,沙俄私商组织的规模和获得的利润大大超过了官方商队。1759 年恰克图的贸易额近 142 万卢布,沙俄政府的税收高达 23 万卢布。而在 1726 年,即彼得一世颁布人头税以前,沙皇政府征得的直接税也只不过 180 万卢布。

《恰克图条约》划定的中俄中段边界(即今蒙俄边界),大体上依据当时的实际控制状况,但对俄国更有利,完全满足了俄方的领土要求。贝加尔湖地区,原为蒙古土谢图汗领属的布里亚特蒙古故地,从此归于俄国。而清王朝则加强了对喀尔喀蒙古地区的统治。条约也为中俄两国的商贸、外交及文化交流等制定了法律基础。

《布连斯奇界约》和《恰哈图条约》的签订,使中国从法律上丧失了北部边境大片领土,并使沙俄获得了贸易和传教的权力。俄方以谈判的手段,以条约的形式,从法律上实现了俄国利益的最大化。划定中俄中段边界后也基本上遏制了沙俄对中国蒙古地区的进一步入侵,缓和了两国之间的紧张局势。在条约签订后的一百多年的时间里,中俄两国此段边境保持稳定,并促进了彼此的商贸发展。

---

① 中国社会科学院近代史研究所:《沙俄侵华史》第一卷,第 266 页。

乾隆朝的三次涉外战争

第二章

　　乾隆帝一生，两攻准噶尔，一攻天山南路回部，两攻金川，两攻廓尔喀，一攻台湾、安南、缅甸，自诩为"十全武功"，且自号"十全老人"。其中，对缅甸、安南、廓尔喀的三场战争为涉外战争。这三场战争，都以对方"乞降"而告终。但实际上，主力决战时都是清军失利，只因对方综合国力远不及清朝，在取得决战胜利后精锐部队消耗殆尽，无力再战，才不得不主动求和。乾隆帝审时度势，"知进知退"，随宜收局，及时停止用兵，保全了清朝的体面。战后，三国均为清朝属国，与清廷保持朝贡贸易关系，上述边境地区较长时间保持了相对的平静。

一、缅甸之战

缅甸古称朱波国,汉称之为掸国,唐称之为骠国,宋、元称之为缅。缅甸与中国的官方往来最早见于东汉和帝永元九年(97 年)。元世祖(1260—1294 年)时曾三次派兵征讨,责令他们缴纳贡赋;明初洪武二十七年(1394 年)设立宣慰司以示羁縻;清顺治十八年(1661 年),吴三桂为追杀南明桂王(即南明永历帝朱由榔)进军缅甸,直逼阿瓦城下,缅甸王执南明永历帝献于清军,以投降满清。南明将军李定国在勐腊知不能成志,忧愤而死。其部属因割据缅甸数部地,自称桂王军,缅人后呼之为桂家,清人则称之为贵家,后成为桂家土司。"后吴三桂举兵云南,倡'反清复明'口号,缅甸大惧,不敢助清亦不敢助吴,对清朝不臣不贡六十余年。"①

缅甸境内有中国云南石屏人吴尚贤,得卡瓦酋长蜂筑许可,招云南人在其境开采银矿,曰茂隆银厂,成效大著,聚众至数十万人,每有盗警,吴尚贤即亲率其银厂兄弟出战,故邻邦不敢侵犯之。吴尚贤既富可敌国,欲邀功,乃用卡瓦酋长名义,上书云南总督,请以矿税岁额 3700 两入贡,求内附为中国属国,以求保护。吴尚贤乃往游说缅甸王,使上表请贡。"乾隆十五年(1750 年)七月,葫芦茂隆厂课长吴尚贤禀称缅甸国王莽达拉情愿称臣纳贡,永作外藩,命工匠制造金银二钑,篆刻表文,又造贴金宝塔,装载黄亭毡锻、缅布土物各色、训象八只入贡。"②乾隆十六年四月,缅使抵边界,请代奏,督抚令司道会议。布政使宫使劝会按察使:"'木邦乃缅甸所辖,中外攸分,准木邦投诚,木邦即缅甸之叛逆,必至大起衅端,亦有害于国体。吴尚贤初到厂地,恃强凌弱,今率缅甸来归,实有邀功之意。且外国归顺,亦断无借一厂民为媒进之理。将来缅甸设有寇警,必另求救兵,不应,则失统御之体;应之,则苦师旅之烦,恐鞭长莫及,反难善处。'……而巡抚图尔炳阿竟据禀词,并表文入告。"③乾隆十六年(1751 年)得旨,准缅甸入贡,是年十月缅甸入京之贡使回滇,而缅甸内部则发生内乱。吴尚贤本无籍之徒,积私财捐通判职衔,屡犯杀掠重案。此次充通事,随缅使入贡,又沿途生事。总督爱必达奏请革职,于十六年九月拿审,拟大辟,旨未下,瘐死狱中。④ 于是,吴尚贤所经营之茂隆银厂由此解散。桂家则继之而兴。

缅甸与中国云南边境接壤之地横亘千余里,其间山川交错,道路丛杂,民间贸易十分繁盛,两国商贾时相往来,但也常常引起纠纷。缅甸之战自乾隆三十年(1765 年)至乾隆三十四年(1769 年),共有 4 次战役:云贵总督刘藻率 8000 多名清军败于缅军;继任云贵总督杨应琚率 14000 余名清军作战,又败于缅军;再任云贵总督,原伊犁将军明瑞率 3 万余清兵先胜后败于缅军;大学士傅恒率五六万清军,先大胜缅军,后受挫,最后僵持不下,因缅军缺乏持续作战能力,以缅方乞降而结束此战。但缅王拒绝和约,直至乾隆五十五年(1790 年),两国关系始恢复正常。

---

① 台湾三军大学:《中国历代战争史》第十七册,第 6 页。
② 昭梿:《啸亭杂录》卷 5,第 3 页。
③ 昭梿:《啸亭杂录》卷 5,第 4 页。
④ 昭梿:《啸亭杂录》卷 5,第 5 页。

（一）缅甸内乱与边境起衅

乾隆十六年(1751年)，缅甸国南部之白古都号召伊洛瓦底江上流部反叛缅甸，攻其王都阿瓦城，杀缅王莽达拉，立莽哈祖为缅甸王。木梳部长雍籍牙起兵抗之，相战二年，克阿瓦城，篡莽氏缅甸王位，自立为缅甸王。缅甸旧属诸部相率归附，独桂家与木邦两部，犹拥故国名义与之相抗。

雍籍牙既自立为新缅甸王，乃上奏清廷，请求入贡为外藩如旧王时，清廷许之。乾隆二十三年(1758年)二月，雍籍牙攻陷木邦，缅兵入据木邦。乾隆二十五年(1760年)，雍籍牙死，其子雍纪觉(后以莽氏外甥故，乃改莽姓，以收国人心。)嗣缅甸王位。缅王与桂家部长宫里雁、木邦部长罕底莽，相战仍未已。乾隆二十七年(1762年)，雍纪觉大破宫里雁与木邦部于波龙，宫里雁率桂家部残众3000余人，北逃近中国边境之孟连土司部，"乞内附，寄居孟连地方。孟连土司刀派春赴猛尹收其兵器，户索银三两，将其众安插於猛尹各迁寨"。[①] 乾隆二十七年(1762年)，宫里雁请求内附。云南总督吴达善闻宫里雁家传有七宝鞍，乃亡明重器。吴以七宝鞍为明太监王坤由北京内库窃取者，必索以为酬方可。宫里雁以祖宗传物不与，吴即令孟连土司放逐之。会永昌县石牛厂以开银矿召宫里雁往为勘查，宫里雁乃留妻子及旧部千余人于孟连土司而往。孟连土司刀派春欲求媚于云南总督吴达善，乃先分宫里雁部众于各寨，置宫里雁妻囊占及二女于孟连城中，日索宫里雁家产及妇女以献吴总督。囊占知不免时，乃手刃孟连土司家30余人，纵火焚其寨，率众转入缅甸东部，宫里雁犹不知也。永昌知府杨重壳，欲以宫里雁为功，乃佯遣人迎迓，监之送省。"布政使姚永泰曰：孟连之变，雁不与知，况其夫妻不睦避居两地，雁为缅酋所惮，奈何代敌戮仇。"[②] "吴达善以前鞍不与，切齿于雁。十月丁未(十八日)，杀宫里雁。"[③]

缅甸人闻之，知满清边疆大吏举止失措如此，皆轻视之如粪土，遂生犯边之志。宫里雁之妻囊占，闻其夫被冤杀，乃改嫁缅王之弟孟驳。吴达善传檄缅王以索之，缅人以为有意羞辱，因大恨清之官吏，遂遣人分别向各土司传扬清吏之贪赃枉法，劝各土司脱离清朝统治，归附于缅甸国，以共攻此害民之清吏。于是云南境内外各土司，多改向缅甸王纳贡，缅甸王更不时派兵向贡清之土司讨伐。1765年，雍纪觉死，其弟孟驳继位缅王。斯时囊占已为王妃，因怨孟连，更怨中国边吏，乃助孟驳以略定西南之结些、白古诸部落，然后唆使孟艮酋侵犯车里土司，并扬言将渡滚龙江(澜沧江)，以收普洱、茶山诸土司之地。

"西方史学家兴顿则称中缅冲突的原因是由于在缅甸的中国商人遭受虐待及缅甸人劫掠云南边境。缅甸遣人向萨尔温江两岸土司收税，这些土司自认为是中国的属地，就向云南当局请求保护。"[④]

孟驳是缅甸历史上的名王，在位期间，极力向外扩张，曾发兵侵占南掌(老挝)、暹罗之领土，拘捕过南掌国王。孟驳对清朝也持强硬态度，屡次派兵侵扰中国九龙江一带，掳

---

① 昭梿：《啸亭杂录》卷5，第7页。

② 昭梿：《啸亭杂录》卷5，第8页。

③ 昭梿：《啸亭杂录》卷5，第9页。

④ 庄吉发：《清高宗十全武功研究》，第284页。

掠人口,抢劫财物,并派兵至猛笼,声称普洱的"十三版纳皆为缅土,欲前往收获"。① 因此,缅甸之战对清朝来说具有自卫反击性质。另一方面,"乃边吏不察,以小愤而自撤藩篱,不惟国外经营之大业终,而数年边祸之起源,亦即肇端于斯时矣"。② 中缅边境事端日益增多。乾隆帝性格中的好大喜功,以拓边为荣,甚至可以说是黩武好战的特点也是造成这场战争的重要原因。

(二) 刘藻征缅

乾隆三十年(1765年)四月,缅兵400名分两路入侵九龙江、猛捧、勐腊等地。时吴达善已移督川陕,清以刘藻代之。"普洱镇总兵刘德成闻缅人入侵,召集土练勇前往堵御。云贵总督刘藻移师到思茅驻扎。六月中旬,缅兵退去。七月初五日,缅兵三百余名由猛捧侵入勐腊,刘藻派兵往剿,七月二十八日至勐腊时,缅人已退。缅人往往于饱掠各土司之后,自行退回。刘藻却奏报缅子闻风外遁。是年冬,缅人复大举进犯,十月二十五日,缅军数千人侵入猛捧,焚掠勐腊。十一月中旬,缅军更深入到小猛仓、补角、补龙等处,所至焚掠,土练不能抵挡。刘藻前后调集云贵各镇营兵7600余人,砂丁、土练1000余名。是时,缅甸领兵军官素领散撰、索愣散党各以象只驮载枪炮等进入橄榄坝、整控、小猛仑扎营,连营十余里。十二月初一日,缅兵至猛笼,将应袭土司召扁猛之叔召听抓走,并声称十三版纳皆为缅土,欲前往收获。初六日,刘藻以刘德成为军营统领,由橄榄坝、易比、撒袋、整哈渡分成三路,另一路道出奇木岭,期于猛腊会师。"③ "十二月十九日,总兵官刘德成率领兵练自小猛养分两路进攻,其中攻九龙江一路据报破其营寨一座,夺获渡船二十六只,缅兵受伤淹死者二百余名。十二月二十日,进攻橄榄坝,连破六座营寨,又报追杀缅兵二百余人。但在次日,参将何琼诏、游击明浩,渡过整控江,沿途束器械以行,毫不设防,至猛旺地方时,埋伏于山箐内的缅兵三路夹攻,清军只有六百名,俱被冲散,军装器械尽为缅兵所得。"④

"(何)琼诏兵猝遇贼,各仓皇避匿,刘藻遂以何琼诏阵亡入告,而何琼诏及军众等先后由威远所属之梦撒江归,刘藻复以闻,上察其诈,切责督臣。"⑤ 刘藻遂具折参奏何琼诏等贪功冒进致败,以卸己责。但乾隆帝根据刘藻所进呈普洱边境地图,按道里详为记志后,指出刘藻奏报不实。清廷将刘藻降为湖北巡抚,改派大学士杨应琚为云贵总督,负责征缅事务。"时清帝以刘藻本系书生,不知兵事,无意诛之,藻惧不免,于杨应琚未至,乘间自尽。"⑥

(三) 杨应琚征缅

乾隆三十一年(1766年)三月,杨应琚抵达云南,"所调兵已集。楚姚镇华封具报,以

---

① 章开沅:《清通鉴》第2册,第727页。
② 萧一山:《清代通史》第二册,第120页。
③ 章开沅:《清通鉴》第二册,第727页。
④ 庄吉发:《清高宗十全武功研究》,第288页。
⑤ 昭梿:《啸亭杂录》第5卷,第11页。
⑥ 萧一山:《清代通史》第2册,第121页。

召丙为向导,率兵由猛遮克猛艮,召散遁无迹。普洱镇刘德成具报,以叭先拿为向导,率兵由橄榄坝至猛弄。副将孙尔桂具报,由车里至猛笼会攻整欠,克之"。①当时瘴疠流行,缅兵渐渐撤退,清军乘机攻复车里、孟艮、整欠等地,召散逃遁。四月初三日,拿获召散姐夫召猛烈等;四月十一日,拿获召猛烈妻即召散之姐及其子;四月十五日,拿获召散胞兄召猛珍及其母,至是普洱边外悉平。"是年六月,高宗降谕称祸首召散迄未弋获,总镇大员统兵搜捕,驻扎边外,久稽时日,虚縻军饷,其事不值如此办理,应将官兵撤回内地,另筹进剿之策。但杨应琚未遵谕旨撤兵,另饬土司缮写缅文前往阿瓦索取召散。高宗认为'万里以外之事,不可遥度'。"②

四月,杨应琚"饬调文武及习熟外域情形者,至省商办。腾越副将赵宏榜等争谓木邦、蛮莫各土司愿内附,缅酋势孤易取状……杨应琚初弗听,曰:'吾官至一品,年逾七十,复何所求,而以贪功开边衅乎?'赵宏榜复怂恿之,杨信其言,于是令道镇府州官合议。迤西道陈作梅、永顺镇总兵乌尔登额、永昌知府陈大吕皆议以贼势甚大,边衅不可开。腾越知州陈廷献则锐意进取。杨应琚怒阻议者,陈大吕惧,改初议。乌尔登额阻益力,书凡七上,杨滋不悦"。③六月时,乾隆皇帝还想召回部队,但因杨应琚的坚持,七月乾隆帝"降谕云:'杨应琚久任封疆,夙称历练,筹办一切事宜,必不至于轻率喜事,其言自属可信。况缅夷虽僻处南荒,其在明季,尚入隶版图,亦非不可臣服之境……如将来办理成或可相机调发,克期奏功,不致大需兵力,自不妨乘时集事,倘必须劳师筹饷,或致举动张皇,转非慎重边徼之道。'是年九月间,杨应琚议调各镇营兵丁八千名,广南、元江两府沙练三千名,合永顺、普洱各标兵共约一万四千余名"。④杨应琚通牒于缅甸,责其犯边及越境征贡等不法事,称将起50万大军,载大炮千门,压其境以行讨伐,愿其知罪早降,可免涂炭。

实际上,乾隆帝降此谕之前战争已经开始,心热军功的云南地方文武官员未经朝廷批准,即驰檄缅甸,号称"合各国精兵十万,大炮千尊,由大树将军统领",又密布牒至各土司说降。缅甸王雍孟驳知云南只有几千兵,通牒夸张意在恫吓,故不予理会。蛮莫、木邦附近各土司皆犹豫观望。乾隆三十一年(1766年)六月,清副将赵宏榜率兵五百出铁壁关,乘蛮莫部长瑞团赴阿瓦城未归之机,袭据所属之新街。其地扼伊洛瓦底江与盈江之水口,乃缅甸与中国互市交通之要地,以是缅甸各地震惊。"瑞团自缅甸回至速帕请降,猛密所属之猛连坝头目线官猛赴新街军营请降。赵宏邦又遣人招降猛拱、猛养,九月木邦降。"⑤蛮莫(八莫)、木邦(蜡戍)等地乃真正次第归附清朝。

缅兵探知木邦等部欲降顺清廷,遂派兵攻陷木邦、景线等地,"调遣贼众数万,分道四出:一由蛮莫;一由猛密、猛育;一由木邦;一由滚龙江。于木邦之猛樟、大视罕、锡箔、宋寨等处皆驻有重兵"。⑥八月中旬,缅兵"遣头目觇军营为乞降状,赵宏榜不察,犒而遣之。时新街兵少,各路警报时至,杨应琚乃饬永顺镇都司刘天佑、腾越都司马拱垣领兵四百余,

① 昭梿:《啸亭杂录》卷5,第12页。
② 庄吉发:《清高宗十全武功研究》,第293页。
③ 昭梿:《啸亭杂录》卷5,第13页。
④ 庄吉发:《清高宗十全武功研究》,第293页。
⑤ 昭梿:《啸亭杂录》卷5,第15页。
⑥ 昭梿:《啸亭杂录》卷5,第15页。

自翁冷出关,于九月庚午(初三日)到新街。丁亥(二十日)赵宏榜方祭纛飨士卒,缅贼乘船猝至,帆樯衔接,倐忽蜂拥蚁屯者数千人,登岸攻栅。翌日,贼势益张,都司刘天佑死之,赵宏榜力战相持两日一夜,官兵被困不能御。赵宏榜收病伤各兵并军械,于草房内焚烧,乃与马拱垣等溃围,间道由野人寨退至铁壁关"。① "杨应琚遂命各路增援,因双方力量对比悬殊,清军溃不成军,缅军亦尾随入关。杨应琚得前线战报,痰疾复发,不能视事。"②

清廷调两广总督杨廷璋赴云南接办军务,又命杨应琚之子江苏按察使杨重英驰往永昌省亲,襄助一切军务。又遣侍卫傅灵安挟御医往视其病,并密察其军事。云南提督李时升急调各府兵14000人,"十一月永北镇朱仑进攻楞木,不克,退守陇川。是时东路永顺镇乌尔登额带兵至宛顶,欲进攻木邦;西路永北镇朱仑带兵驻铁壁关,欲进攻蛮莫,以复新街。云南提督李时升于十一月甲戌(初八日)自永昌起程,辛巳(十五日)至铁壁关,缅贼自新街至林冈固守,我兵四千余人于楞木山头分布七营。壬午(十六日)朱仑出铁壁关,癸未(十七日)至楞木,缅贼请于次日会战。甲申(十八日)卯刻,贼约二万众喊叫前进,我兵营栅据山之巅,向下施放枪炮,杀贼甚众。贼复绿箐盘绕,向上仰攻,我兵施放连环枪炮,杀贼数千而不退,朱仑见贼势猖獗,至丁亥相持者四日,请援甚急,提督李时升拨宛顶兵七百名赴援。是日我兵出栅下攻,贼佯败,山腰炮火起,官兵伤者二百余人,戊子(二十二日),贼张象皮挡牌,自辰至午,方放连环枪,挡牌忽撤,已立营栅一座,益逼近大营,李时升告急于杨应琚,不应。己丑(二十三日),官兵坚壁不出。庚寅(二十四日),贼诈为乞罢兵,应琚乃以楞木之捷入告"。③

朱仑既不能克复新街,而缅军先入万仞关,竟入盏达矣,蔓延遂至户撒,烧劫村寨。李时升又调楞木兵二千应援。"十一月己丑(二十三日),缅贼约二千余众由戛鸠遂犯万仞关而入,时都司张世雄领兵四百名驻盏达,赴铜壁谋与驻守之游击班第会攻贼众。众贼益近至盏达,焚掠土司城及太平街民居,壬辰(二十六日),贼抵铜壁关,班第等于翁冷立栅抵御,贼众仰攻,相持者竟日,贼旋纵火焚烧,官兵撤回关上。甲午(二十八日),贼众潜逾关,在山岭架炮于树下击,火光四起,官兵溃散,班第出关外,贼兵蹑其后,死之。张世雄间道回营,贼遂据铜壁关。时李时升驻铁壁关,闻惊。临沅镇刘德成领曲寻镇兵七百,寻沾营兵二百;游击清泰领抚标兵四百;游击郝壮猷领督标兵八百已于丙戌(二十日)出囊宋关至南甸。李时升遣游击马成龙、守备马云、沈洪等带兵九百名由户撒前攻;檄催总兵刘德成等从后夹攻。刘德成既拥兵于干崖,迁延不进,马成龙等复迟回海巴江外,不能径渡,李时升遣把总田荣督战。戊子(二十二日),马成龙等始渡江,水没腰,火药皆湿,伏贼突起冲杀,游击马成龙阵亡,守备汪纪亦于坝尾阵亡,兵丁伤亡者众,仅存未及渡者七八十人。十二月丁酉(初一日)贼渡江至户撒,李时升遣游击邵应泌、守备刘世雄等带官兵一千二百名前赴户撒救援。贼连营驻扎于平原,壬寅(初六日),李时升遣副将陈廷蛟、都司陈斌抽拨楞木官兵六百名,甲辰(初八日),李时升又遣游击刘国良,都司张璋、周印,守备程辙等带兵一千名,均赴户撒山头,树立营栅。贼众来攻,我兵遂枪炮拒敌。时刘德成尚

---

① 昭梿:《啸亭杂录》卷5,第15页。
② 章开沅:《清通鉴》第2册,第751页。
③ 昭梿:《啸亭杂录》卷5,第16页。

驻干崖,饮酒高会,掳妇女,纵兵淫虐,取富户赀以为缠头费。李时升连檄七次,刘德成拥兵不进,作跋扈语。总督杨应琚闻之,遣缅宁通判富森持令督战,不从则以军法从事。刘不得已,始于乙巳日(初九日)领兵抵盏达,贼见户撒兵渐加添,而又惧刘德成之击其后也,是夜于营外添设号火,散放马匹,仍作疑兵,贼已潜退。我兵不知,尚枪炮竟夕,至晓践入其栅,皆空垒也,始觉其遁。总督杨应琚遂以大捷奏闻。"①

"十二月己亥(初三日),缅目莽聂渺遮复至参将哈国兴营外,愿吃咒水乞罢兵。壬寅(初六日),朱仑放火烧寨撤兵;甲辰(初八日),退回铁壁关,派兵1500百名驻铁壁关外之板橙坡防守。癸卯(初七日),侦报者称有贼至,酉刻即放火焚烧粮食,火药声震山谷,乘夜仓皇疾走,村寨四处皆火起,枪炮之声不绝于耳,黎明始退抵陇川,而楞木之贼又由南库弄河、板橙坡犯铁壁关矣。于是提督李时升、总兵朱仑退至杉木笼山,而由户撒退回之贼众,尚盘踞铜壁关下。十二月壬子(十六日),刘德成抵翁冷,贼设伏诱战,德成扎营,坚壁不动。癸丑(十七日)丑刻,贼乘月落雾起,统众来攻,官兵放连环枪,贼不能进,杀贼众三百余人,贼退至铜壁关。甲寅(十八日)出关而遁,乙卯(十九日)刘德成遣守备黄化等领兵进剿,闻贼遁,乃令黄化领兵600名驻铜壁关,各关俱添兵防守。"②

"时贼犯铁壁关,入陇川乞降,杨应琚许之,复犯猛卯。户撒之东四十余里为陇川,总兵朱仑既退驻陇川,李时升恐贼众横截我军于外,乃退至杉木笼山。贼由库弄河板橙坡犯铁壁关而入,李时升调游击邵应泌户撒之兵200,檄催朱仑领兵3000赴铁壁堵剿,并令刘德成饬副将陈廷蛟带兵1000赴弄贯截贼归路。朱仑、邵应泌不遵调遣,俱回杉木笼山,刘德成复执守关之说,屯兵翁冷不进。贼众4000余由铁壁至弄贯,连营树栅,分兵4处,焚掠村寨,掳我兵10余人,据陇川扎营缅寺,又于陇川河外结营六七座。乙卯(十九日),朱仑兵至,次日午刻,贼以骑挑战,我兵分翼袭之。越二日,李时升遣游击豆福魁领兵700,会朱仑设伏,议定戊午(二十二日)卯刻前进。贼分三路迎敌,我兵奋攻,伏兵四起,贼败,我兵围之。庚申(二十四日)(1月24日)午刻,贼骑自弄贯来援,突于丛林冲出,官兵惊溃,贼营亦乘机鼓噪而出,追逐数里。时参将哈国兴,游击毛大经、刘国梁、豆福魁,都司张璋、周印,守备孙梦贵、魏嵘、程辙等俱不听朱仑统领,悉撤回营,军械、枪炮多遗失,而总督杨应琚仍以捷闻。"③

"李时升分檄刘德成由户撒出陇川,乌尔登额由户思朗出陇川,三面会攻不果。杨应琚遣副将孙尔桂赴朱仑营,……传令剿抚相机速办,盖阴示以和了局也。"而当时缅兵主力远在暹罗,无法长期与清朝抗衡,也欲以战逼和。辛酉(二十五日),"缅目莽聂渺遮在陇沙河于都司张璋营外乞和。癸亥(二十七日),求见哈国兴,贼目至陇川河西,哈国兴出营至河东,各遣通事一人,于河中土墩传说。逾一二时,贼献哆啰呢四疋、腌鱼四担;国兴犒以绸缎、银两。贼定时撤兵回巢。总兵朱仑报之应琚,遂以缅酋之弟卜坑、领兵土目莽聂渺遮诣营乞降、恳赏,给蛮莫、新街以为贸易资生之路入告。"④

---

① 昭梿:《啸亭杂录》卷5,第17页。
② 昭梿:《啸亭杂录》卷5,第18页。
③ 昭梿:《啸亭杂录》卷5,第19页。
④ 昭梿:《啸亭杂录》卷5,第20页。

贼撤至弄贯，还我兵弁 8 人，迁延不去。李时升檄朱仑侦贼，贼将赀重运至铁壁关，赴新街下船。朱仑不识兵机，复遣精骑追之。贼以为败盟，于除夕日由邦中山复犯猛卯。"三十二年（1767 年）正月丁卯（初二日），贼据猛卯城，李时升驻杉木笼山，朱仑、孙尔桂移兵弄贯。戊辰（初三日），李时升遣副将哈国兴，游击刘国梁，都司田万锁、周印，守备温廷秀、魏嵘、程辙等领兵一千三百，副将孙尔桂，游击毛大经等领兵一千，土练三百，俱赴猛卯，贼众已赴底麻渡扎筏，城虚无人。哈国兴、孙尔桂遂率兵练二千人入猛卯城。贼将济，闻我兵至，更以为败盟，悉反攻城下，我兵施放枪炮，贼攀城而上者，用沸汤注之，并杂击以石块。哈国兴登城督战，枪伤左腮，穿落牙齿十一，把总朱才进受枪破脑死。贼遂连营城下，围城七日。哈国兴遣兵间道至陇川李时升营请援。时升先已调刘德成领兵一千四百至陇川，令乌尔登额领兵二千由宛顶渡连养江击贼后。贼分据要隘，又遣素克金泰领兵八百，由虎踞一带小路前进，陈廷蛟领兵二千余由邦中山进。乌尔登额先至速养渡，沿江邀截，贼御之，战于对岸，闻我援兵至，复回迎敌。丙子（十一日）已刻，遇贼猛卯山脚，战胜之。至城下，土练三百缒城出，乘势追剿。……次日追至底麻江，游击毛大经、都司徐斌、守备高乾，陷于泥泞阵亡，贼浮江遁入木邦。杨应琚、李时升奏以猛卯边外匪众七八千欲至木邦滋扰，官兵攻杀，贼已败遁，现在追剿奏闻。"[1] "复遣总兵朱仑、乌尔登额、楚雄游击莫凛、俊德、邵应泌等领兵八千人，沙练、波龙厂练一千人前进木邦。朱仑于二月丁酉（初三日）自弄贯起营，途次迁延，越二十四日，至辛酉（二十七日）始至木邦。贼据者万余，是日午刻即与我兵迎敌，孙尔桂持令督战，杀贼甚众，贼退据江，留营九座，木邦所辖村寨俱被贼焚掳。"三月，"哈国兴率赵宏榜等领兵三千余进，庚午（初六日），抵蛮莫，贼百余人遁去。甲戌（初十日），抵新街，并无一贼。杨应琚以哈国兴禀报，以克复新街奏闻"。[2] 是时炎瘴已炽，官兵染病者相继。

广东将军杨宁接任云南提督，三月癸巳（二十九日）至木邦，命速"抵营攻贼，夺获旧寨，嗣相持久。而孟艮之贼已犯孟连，知我兵粮绝，于四月戊戌（初五日）数接战，贼情狡诈，出没无定。壬寅（初九日），至篆金塔劫运粮牛马，杀伤官兵，沿途阻隔，粮运不继。己酉（十六日），又至蛮莫，攻击甚急，我兵已 7 日无粮，不能支。提督杨宁下令撤兵，兵遂溃，游击莫淳、俊德死之，杨宁至蛮莫。壬戌（二十九日），入黑山门。"[3]

杨应琚病稍愈，屡催李时升报胜敌消息，局地小利，即向朝廷告捷。故两广总督杨廷璋至滇未久，即以时得捷音，率军回粤。杨应琚不得已乃急求与缅甸议和，以弥补前此之捷奏。奈缅甸拒之。盖其乞降乃缓兵及探听军情之计，故仍不时进袭各城，侵掠村镇，杨应琚皆不敢奏闻。

乾隆三十二年（1767 年）正月初十，云贵总督杨应琚、云南巡抚汤聘、提督李时升联署奏捷。谎报战功："计前后剿杀缅兵已几及万人，我兵惟游击马成龙阵亡。"[4] 正月二十五日又接杨应琚奏章，"请赏给蛮莫、新街照常贸易"，乾隆帝察其伪，十分不满，屡降旨责粉

① 昭梿：《啸亭杂录》卷 5，第 21 页。
② 昭梿：《啸亭杂录》卷 5，第 22、23 页。
③ 昭梿：《啸亭杂录》卷 5，第 25 页。
④ 章开沅：《清通鉴》第 2 册，第 56 页。

饰欺罔。乾隆帝"按杨应琚所绘地图核对,自新街一战即退回楞木,两次所报之地,又只称铜壁关、铁壁关外,愣木已在新街之内,两关则关退至我国境内。意识到蛮莫、新街早已弃之不守"。乾隆帝览奏,怀疑"所报剿杀克捷之处,俱未尽可信",命福灵安"就近驰往军前,详悉体察。"①福灵安查实奏报赵宏榜、朱仑实地退军等情。乃调新疆伊犁将军明瑞至云南为总督兼征缅将军。

(四)明瑞征缅

乾隆帝选调兵马征讨缅甸,为中外所共知,而遭缅兵抗拒,并两次受挫,遂成骑虎之势。乾隆三十二年(1767年)三月,清廷以伊犁将军明瑞代杨应琚为云贵总督兼征缅将军,谕曰:"总之,办理缅匪一事,朕初无欲办之心,因杨应琚以为有机可乘,故听其办理。及至缅匪侵扰内地,则必当歼渠扫穴,以申国威,岂可遽尔中止。"②三月,明瑞接办军务,"除在京师添派健锐营、火器营兵三千名外,复于邻近贵州、四川各省调拨汉、土官兵及索伦、厄鲁特、侍卫、拜唐阿等共三万余名分起前往云南。在饷银方面,河南省拨银四十万两,安徽省拨银四十万两,江苏省拨银三十三万两,两淮盐课拨银九十七万两,合计拨银二百一十万两,加上云南省原存九十万两,共银三百万两。户部又奉旨再拨银三百万两作为军需之用,另于河南、河北、广东、广西、贵州等省调拨马匹一万余匹"。③

五月,明瑞至省,即赴永昌。明瑞首发杨应琚欺罔之罪。"杨应琚以莽已灭,引为己功,误木缅另为一事。新街亦民夷交易之所,原无庐舍。其荒唐安诞之外不可胜数,以致调拨毫无意见,一闻议降,旋即撤兵,动失机宜。滇兵积久废弛无斗志,将领亦未谙战阵,遗失炮位、军器无算。"④复奏劾李时升、朱仑、刘德成及乌尔登额、赵宏榜罪。李时升、朱仑、刘德成皆伏诛,乌尔登额、赵宏榜下狱。六月,上令扬应琚自裁。

六月十三日,总督明瑞条上大举机宜,略曰:"前次办理,种种草率,动失机宜,如永昌、腾越、顺宁、威远、普洱沿边土境二千余里,迤西七关八隘,旁通侧出,绝少险要可守,若处处驻兵,二三万众亦不敷调派。臣今亲督劲兵,鼓勇进剿,贼必救护巢穴,其各土境扼要总区,如九龙江、陇川、黑山门等处,自应留营,派委妥员,慎选练练,侦探贼警,随时剿逐,知会就近土司应援。其余崎岖小路,只令各总兵驱将弁使人长川游巡备御,如此则防守之兵大减于前,而声势不分,较为得力。先于新街水路上游,量为伐木造船,使船料木片沿江流下,先声牵缀。彼知将长驱水道,必于此设备,以分其势力。"⑤

六月癸巳(初一日),召工、召教、召渊率贼众二三千人至猛甾,叭先捧与之力战经旬,景线呐赛、景海召罕彪集练助之,奈军粮绝,火药铅丸全无,夷、民困饿难支。丙午(十四日),猛甾陷,叭先捧遁入茶山之漫了寨,呐赛、召罕彪窜入内地。是时,开化镇书敏驻小猛仑,普洱镇德保驻九龙江之大渡口。召工等追蹠叭先捧遂入勐腊。七月辛卯(二十九日),缅贼300余人及附从之猛勇、整欠、孟艮摆夷约千人,贵家余党200余人至小猛仑,书

---

① 章开沅:《清通鉴》第2册,第56页。
② 《清实录·高宗纯皇帝实录》卷780,第7页。
③ 庄吉发:《清文宗十全武功研究》,第298页。
④ 昭梿:《啸亭杂录》卷5,第26页。
⑤ 昭梿:《啸亭杂录》卷5,第26页。

敏隔江施放枪炮,日既午,书敏病笃,遂回缅寺,留官兵堵御。至晚,贼从上游渡。官兵冲散,书敏奔落通之小寨,令都司那苏泰带兵200堵御蛮赖。闰七月乙未(初四日),贼自茨通至蛮莫,那苏泰死之,书敏由倚邦至旧埂病故。德保在九龙江闻风遁,率四达等徒跣九昼夜,回至思茅,住二日率将官等复赴九龙江。贼300余人至橄榄坝小猛养,焚烧掳掠,由整哈渡退猛艮盘踞。①

九月,将军兼总督明瑞议进剿。领队大臣内廷侍卫率满洲官兵俱抵永昌,四川、广东、广西解运牛马,滇省各州县征办粮马亦陆续解到。九月十三日,明瑞奏报进军计划。清军拟分兵三路:一路自宛顶出口,由木邦前进,向阿瓦城(今曼德勒)攻东路为正兵。派满兵1000余人、绿营兵7000余名,由明瑞统领。一路自铁壁关出口,此一路出新街(八莫),沿水路向猛密前进,攻缅甸之北为北路军,应派满兵900余名、绿营兵7000余名,由额尔景额统领。另一路由扎放以南,经猛古、猛浦,此路更属险隘,与猛密中路互为声援,且可直捣贼巢。但此路不能多容兵马,应酌派满兵900名、绿营兵3000余名,由领队大臣观音保统领。其余绿营兵由总兵达兴阿统领至木邦驻防。二十四日,明瑞率军自永昌出发,进攻缅甸。此时明瑞把进军计划做了调整,将三路改为南北两路,观音保一路编入明瑞之南路。南路由明瑞亲率12000大军自木邦往攻锡箔。北路由参赞大臣额尔景额带兵9000向老官屯、猛密方向前进,计划会合进攻缅甸京师阿瓦。南路军于九月二十四日出发,十一月初二日出宛町边境入缅甸境。初八日,进抵木邦,守兵弃城逃奔,清军遂不战而克木邦,获敌粮。明瑞令随后赶来的参赞大臣珠鲁讷、按察使杨重英率兵五千镇守,以通粮道。清军派兵搜索两旁山谷,缅兵采取坚壁清野之策。南路明瑞率兵架设浮桥渡大垒江,翻山穿林,破象阵,夺木寨,直抵锡箔,缅兵千余人撤走,于十一月二十九日进逼蛮结。北路清军十月底抵达腾越,十一月初出虎踞关,越六日,十一月十一日抵老官屯附近。缅兵已在江岸竖起坚固木栅,清军连日攻打,伤亡甚重,额尔景额因忧恚死。上优叙之,以其弟额尔登额为参赞大臣。

"缅素不养兵,有事则征兵于所属土司。惟阿瓦蓄胜兵万人,每战则令土司濮夷居前,胜兵督其后,又以骑兵为两翼战。既合,则两翼分绕而进,度未可胜,则急树栅自环,而发连环枪炮蔽之,比烟开,则栅已立,入而拒守。其兵法皆如此。"②

清军抵蛮结时,"缅兵九千名已于各要隘树立木寨十六座,并排列象阵。缅兵长于防守,所筑木寨是用二丈余湿木交互排列,用土筑砌,内外俱挖有深沟,沟外二三十步密立木栅,高约七、八尺,栅外又用木排挡御。明瑞等抵达蛮结后,已无险可据,即一面遣兵掩护,一面于密林内排列阵势,以防抄袭"。③十二月初二日,明瑞将全军分编为十二队,以扎尔丰阿、李全等率左哨,观音保等率右哨,自居中路,"时值大雾,各队潜入密林险峻地方,冲击木寨,缅兵齐枪枪炮,明瑞等身先行列,砍伤象只,短兵相接。扎拉丰阿首先攻破木寨一座,明瑞、观音保等各破一座。当清军冲击第二寨时,有贵州藤牌兵王连攀寨直上,飞身跃入,于百名缅兵之中,纵横砍杀十余人,终于拔开木栅,清军蜂拥而进。是夜所有埋伏及各

①　昭梿:《啸亭杂录》卷5,第29页。
②　魏源:《圣武记》上册,第265页。
③　庄吉发:《清高宗十全武功研究》,第300页。

寨缅兵俱不战自退,遂破其十六寨,是为蛮结大捷"。① 捷闻,诏封明瑞诚嘉毅勇公。

　　清军自出边深入以来,未遇大敌,是时,始与缅军正式交锋而大胜,故士气振奋。此役斩杀缅兵 2000 余人,清军也付出了巨大代价,伤亡极重,明瑞右眼受枪伤,差点死去。缅军受大创于蛮结,深所惧怕,乃采取坚壁清野政策,撤村镇,烧积贮,破坏道路,阻塞要隘,以阻清军。"领队大臣观音保、扎尔丰阿等劝乘胜退兵至木邦,整旅复进,明将军负锐气,欲直抵阿瓦。观音保曰:我兵出师时已失军装,今军器日见其少,粮饷不足,恐难深入,以受其绐。明忿然曰:'汝气馁否,非夫也。'观音保傲然曰:'若非满洲丈夫? 吾侪共将军死可也。'因进军象孔,去阿瓦只七十里,失道。而军中粮已匮。"②

　　明瑞召集诸将商议,但没有敢说退兵的,明瑞度不能至阿瓦城下,又念孟密方面之北路军,或以先入,而将军转退,则于法当死。适闻猛笼土司有粮,大军由象孔渡锡箔河,缅军毫无准备,清军于二十一日攻下猛笼,土司藏匿,得粮 2 万余石。驻兵 7 日后欲取道大山,向木邦以归。明瑞军因牛马俱尽,无可驮运,人各携数升,余皆焚之。

　　在缅甸伊洛瓦底江之东,锡箔江之北,六百里方圆之内多大山深谷,间少道路,有猛笼、孟育、大山、蛮化、波龙诸土司分居其地,其东为木邦土司,其北则为孟密土司所在。明瑞率军入其地,以路途计之,已出边二千余里。而北路孟密之军无消息,明瑞知额尔登额未能前来,乃决心转向木邦方向退军。

　　缅军在象孔见清军改道北去,乃出巡清旧营地,"获我病卒,知我军粮尽,不向阿瓦,即悉众来追。我军且战且行。每日先以一军拒敌,即以一军退至数里外成列,待军至则成列者复迎战。明瑞及观音保、哈国兴更番殿后,步步为营,每日行不过三十里。自象孔至小猛育二千余里之地,凡六十日而后至。其中又有蛮化之捷。时我军营山巅,贼即营于山半,明瑞以贼轻我甚,不可不痛创也。时贼识我军号,每晨我军吹波伦者三而起行,则贼亦起而追我。次日五鼓复吹波伦者三,我军尽出营伏箐以待,贼闻波伦声,争上山来追,万枪突出,四面霆逼,贼无走路,溃坠者趾顶相藉,坑谷皆满,杀贼四千余"。③ 自是缅人不敢追,每夜在数十里外,轰大炮数声而已。清军因得从容取蛮化土司之存粮牛马以济军食。歇军五日,然后向大山土司退军。会要路为缅军栅阻断崖所遮,赖得波龙人引走间道,乃由桂家旧银厂旧址而出。明瑞闻属下叙述吴尚贤、宫里雁故事,乃叹曰:"设使吴尚贤、宫里雁若在,岂有如此边祸?"④

　　北路军围攻老官屯将及一月,旷日持久,伤亡日众,领队大臣伊柱患伤寒病故,总兵王廷玉左腿中枪,不治身亡。"云南巡抚鄂宁奏:查此次大举,经将军明瑞商定,由猛密、木邦两路进剿,至前途会同,以壮声援。乃额勒登额、谭五格为猛密一路统领,久驻老官屯,既不能攻破贼寨,又不能绕道进取,转退回旱塔。……乃名为诱敌,实未设伏出奇,反使贼匪得以连筑木栅,致明瑞大兵深入,不能会合援应。贼匪得以要截木邦,肆其猖獗,道路阻梗,大军音信不通。臣恐他处檄调官兵,缓不济争。……飞行额勒登额等,速为援

　　① 庄吉发:《清高宗十全武功研究》,第 301 页。
　　② 昭梿:《啸亭杂录》卷 5,第 31 页。
　　③ 魏源:《圣武记》,第 266 页。
　　④ 台湾三军大学:《中国历代战争史》第十七册,第 14 页。

应。……半月来,经臣七次飞催,尚未前抵木邦。……置将军明瑞于膜外,坐失事机,实属罪不容诛。"①

乾隆三十三年(1768年)正月初八,缅军包围木邦。初九,参赞珠鲁讷出城御敌之时,随军之同知陈元震将参赞大臣印信及赏赐荷包携带潜逃。十八日,镇守木邦的5000清军被击溃,珠鲁讷自杀,杨重英被执。云南巡抚鄂宁复奏:"二月初一日,据副将王振元、孙尔桂禀称,额勒登额、谭五格因猛卯有贼冲出,将满汉官兵沙练俱撤回蛮笼驻扎。并撤虎踞、铁壁等关官兵,同至蛮笼。……查蛮笼在陇川之内,系内地土司地方,额勒登额等何以渐次退回内地。……离宛顶、木邦一路更为遥远。"②

是时,因额尔登额亦以进战不利,退军回虎牢关内,故在猛密、新街、老官屯方面作战之缅军,亦调至宛顶与小孟育之间,得向明瑞军之侧背进击。缅军乘胜自木邦迎击明瑞军,合随后尾追之兵,不下四五万人。二月七日,明瑞到达小孟育,明瑞军腹背受敌,乃命各军分七营筑垒为守,以待宛顶方面之援。数日而援军不至,而全军食罄,火药告竭。明瑞遣卒探路,曰"路旁已有贼寨矣",乃命诸将10日突围,告诸军此北去至宛顶粮台二百里,乘夜突出可以直达。命达兴阿、本进忠等率军士夜出。而身自拒贼,从者领队大臣观音保、扎尔丰阿,总兵哈国兴、长青德福、巴图鲁侍卫数十人、亲兵数百人。及晨,血战于敌万丛中,无不以一当百,扎尔丰阿中枪死,巴图鲁侍卫为贼冲散,副都统德森保降贼,观音保发数矢连毙贼,余一矢欲射,忽收,策马向草深处,以镞刺喉死。"③"缅军以压倒之优势,追杀无算。明瑞殿后,见将士尽撤退,乃遵满洲军礼,自割辫发,呈报御前,而缢于树下,家人以木叶掩尸,勿使缅人渎之。"④

缅兵以主待客,以逸待劳,熟悉道路交通,可选择险隘之地,乘清军疲惫之时进行交战,大大提高了其战斗力。清军虽风餐露宿,英勇作战,但战线越来越长,后勤供应越来越困难,士兵疲惫不堪,加之水土不服,多染疾病,非战斗减员严重。十三日,清军大部先后突围,万余人溃入宛顶。"计陆续回营弁士,所损小过十之一、二"⑤,清军多次飞檄调额勒登额赴援明瑞,该部由龙川、猛卯渡江,即可直抵木邦,而额勒登额以山路虽近,不能骑乘,转往内地。正月十九日到达遮坎,沿途未遇敌兵;二月初四日方抵宛顶。额勒登额到达宛顶后,仍有时间接应明瑞。额勒登额稍为振作,即可为明瑞打开一条通道。额勒登额与谭五格皆非将才,遂使二路进军的计划变成明瑞的孤军深入。乾隆知情后非常愤怒,命将其革职,拿解至京治罪。至于缅军竟能集结起四五万人投入一次战斗,清军统帅部根本未曾料到,以致清军入缅后各重大战役中,在兵力对比上总处于明显劣势。武器装备方面,缅军甚至优于清军。其标子、短刀皆为利器,枪炮武器中多有西洋人造火枪及地雷,均系当时新式武器,清军事先毫不知情。

计自象孔向北转战以来,战50余日,明瑞军未尝一败。明瑞以将军之身与士卒同甘苦,以故虽困惫而军中上下无怨言。退兵途中,结队徐退,离近边可生还而无危险时,一一

---

① 《清实录·高宗纯皇帝实录》卷804,第16页。
② 《清实录·高宗纯皇帝实录》卷804,第44页。
③ 昭梿:《啸亭杂录》卷5,第37页。
④ 哈威:《缅甸史》,第450页。
⑤ 章开沅:《清通鉴》第2册,第776页。

分批遣还，所部万余得以生还保全之，然后自与敌鏖战而致死，颇有古大将风。明瑞之死，乾隆皇帝震悼之情不言可喻。在明发上谕中亦指出："是朕之蔑视缅酋，未为深思远计，不得不引为己过者。"①

（五）傅恒征缅

乾隆三十三年(1768 年)二月二十八日，以大学士、忠勇公傅恒为经略，以阿里衮、阿桂为副将军，舒赫德为参赞大臣，鄂宁补授云贵总督，并调江苏巡抚明德为云南巡抚以备粮饷，重新组织征缅统帅部，再图大举南征。又以明瑞所率之旗兵久征劳苦，召回京师，另选吉林及索伦兵四千，热河健锐营木兰围场火器营一千，更合以荆州与成都驻防兵各五千，共与云贵军南征。

明瑞之死，缅人不知，故其余威犹震慑缅人。缅甸因与暹罗发生争战，不愿再与清朝构衅，因于乾隆三十三年(1768 年)四月十四日，送还俘虏 8 人，持贝叶书并携带木邦头目苗温致清朝将军书信原文，附杨重英所译汉字及杨重英满汉禀文等件。副将军阿里衮俱以奏闻，乾隆帝认为，此时缅方虽有停战之意，但态度强硬，并无悔罪乞降之意，继续声称九龙江十二土司为其属地。乾隆认为，缅夷求和款未亲遣头目，且中缅冲突之结症尚未解决，非大举无以雪忠愤，遂态度坚决地表示："一年无绪，再办一年。"

十一月，副将军阿桂至军，适有陷贼守备程辙密书至，言缅方与暹罗仇杀，可约以夹攻也。阿桂奏言："约暹罗必经缅地，若由广东往，则远隔重洋，军期难必。"诏两广总督李侍尧访察。侍尧奏言："暹罗被缅残破，国地为土酋割据。"②由是用暹罗之议遂寝。

乾隆三十四年(1769 年)二月，乾隆在太和殿授之敕印，并赐经略大学士傅恒及随征将士宴。傅恒二十一日离京，三月二十四日抵云南省城，立即开始出征准备。四月，傅恒到达永昌，调集各地满、汉、蒙等大军 6 万人，马骡 6 万余匹。诸将以南徼多烟瘴，议请稍迟出师，经略傅恒主张应乘军初至，及时用兵，师老则懈，可在七八月份进兵。"前拘泥避瘴，九月后进兵，缅匪得计期预防，此次应出其不意，先进数十日。将来师旋，不致遇次年盛瘴，更可从容展布。"傅恒计划三路进兵："今拟于上流蛮暮、戛鸠一带造船，进兵时，一由戛鸠江取道猛拱、猛养，直捣木梳；一由水路令福建水师顺流而下；别遣兵一支，在江东猛密地方，相机剿杀。"③清军选定野牛坝为造船之地，此地离蛮莫仅百余里。

七月二十日，傅恒祭器纛誓师，率 4700 百名军士自腾越启程，向戛鸠进军。副将军阿里衮、阿桂赴野牛坝督造战船。二十八日，叶相德抵达腾越，于先期到达之头起水师内挑选 100 名，由游击黄海带领前往戛鸠。二十九日，傅恒至南底坝。八月初二日至南蚌，初四日至戛鸠。此时，缅军已撤离收缩，且缅方秋成刈获，未暇集兵，遂使清军如入无人之境，所历二千余里皆不血刃而下。猛拱土司官浑觉先遁，执其小妻，招之，乃来降，派头目脱猛乌猛率众迎接，献驯象四、贝叶书一、牛百头、粮数百石，并称愿随剿缅匪。次日送来小船 10 只、竹筏 20 排及撑船摆夷数十人，送清军渡允帽江。原议傅恒一路统兵 9300 名

---

①　章开沅：《清通鉴》第 2 册，第 777 页。
②　魏源：《圣武记》，第 268 页。
③　《清实录·高宗纯皇帝实录》卷 833，第 16 页。

由大金江(伊洛瓦底江)西岸前进,阿桂沿东岸直至孟密,阿里衮由水路前进。至八月初,傅恒一路实到兵8000名,余兵仍在路途趱行。八月调四川马5800匹,驮载马骡2000匹。

九月初八日,水师游击黄海率80余人自戛鸠乘船顺流而下;十一日至宋猛,与缅军激战,无一生还。九月十四日阿桂率众四千进驻蛮暮。十六日,傅恒率军至猛养。十八日,傅恒自猛养启程,经南洞干、蚌板雅、猛拔、哈坎,未遇多大抵抗。然天气或晴或雨,道路泥泞,马骡先入泥淖及倒毙者甚众。粮帐尽失,士兵或枵腹露宿,上淋下湿,病者众多。傅恒乃放弃攻取木梳、直捣阿瓦之计划,率军回撤。十月初一日,傅恒至新街西岸,阿桂已于东岸扎营,与傅恒隔江呼应。是时两岸清军已达一万六千。缅军于江中遥对清军施放大炮,多轻视之意。初八日夜,缅军抢占江滩,左右各树木寨一座。傅恒随即准备两路夹攻。初十日,缅军先期向东岸清军大营发起进攻,水陆并进,陆军先行,旌旗蔽野,水兵继至,30余只战船溯江而上。阿桂带领海兰察等迎战,先以鸟枪轮番射击,继以弓箭猛射,再以骑兵从旁蹂躏,缅军大溃,清军杀敌500余名,击沉缅船数艘,夺取大寨3座。西岸阿里衮、伊勒图率领队大臣索诺、策凌、奎林、明亮等于芦苇丛中攻破木寨3座,歼敌500余名。哈国兴率舟师顺江而下,清兵跃入缅船,奋勇搏杀,"乘风水之势压向缅船,缅军自相撞击,船多覆,凡杀溺死者数千,江水为之赤。"[1]清军三路皆捷,克服新街,缅军退守老官屯。乾隆皇帝闻讯十分高兴,头等侍卫海兰察、鄂尼济尔噶勒俱升为副都统。有功官兵皆加议叙。但这时傅恒、阿里衮皆病虐,士兵亦多疾病,不敢深入追击,故缅兵得沿伊洛瓦底江从容退去。

此时,如缅甸遣使乞降和,傅恒或将退兵。只是缅甸没有乞和,傅恒只得继续考虑进兵事宜。傅恒集诸将议攻击目标,诸将以为向阿瓦城进军,难望快速实现战略目标。副将阿里衮提出:"老官屯有贼栅,前岁额勒登额进攻处也,距此仅一舍。不往破之,何以报命?"老官屯位于大金江东岸,北至猛拱,东连孟密,南通阿瓦,是由北往南之咽喉,若能取之,敌必知所畏而乞降。傅恒从其议,十月十八日率部进攻老官屯。缅军败退至此,沿山坡树栅。"贼栅据大坡,周二里许,自坡迤逦下插于江,栅木皆径尺,埋土甚深,遇树则横贯之以为柱,栅之外掘深壕三层,壕外又卧横木之多枝者,锐其末于外,名曰木签。我兵阻旬余不得进,先用大炮击之,栅木甚坚不折,有折者贼辄补之。哈国兴斫箐中老藤长数百丈者,系铁钩于端,募敢死士,夜往钩其栅,三千人曳藤以裂之,为贼觉,砍藤断而罢。经略又命火攻,先制挡牌御枪炮,一牌可护数十人,以两人舁而前,十数人各挟薪一束随之,百余牌同时并举,如墙而进,拔签越壕至寨下,方燃火,忽西北风起,火反烧我军,遂却回。最后遣兵穴地,至其栅底,实火药轰之,栅果突然起高丈余,贼惊扰,喊声震天。我军挺枪抽刀以待栅破而掩杀,无何,栅忽落而平,又起又落,如是者三,不复动,栅如故。盖立栅之斜坡而下,而地道乃平进,坡土厚不能迸裂也。然贼自是惧。其栅之插入江者,开水门以通舟,运粮械不绝。阿桂谓如是贼终无坐困之日也,拨战舰五十,越过其栅截之。……战舰整列,贼粮械不得入,由是益惧。"[2]

十一月初一,西岸有大股缅兵增援,猛攻西岸清兵,并以炮火轰击清兵水师,幸得300

---

① 昭梿:《啸亭杂录》卷5,第40页。
② 昭梿:《啸亭杂录》卷5,第41页。

名满洲兵殊死掩护杀敌,才使得清兵和水师来得及后撤。清军连攻二十余日,伤亡很大,加之水土不服,染病者日众,傅恒之子傅显、总兵吴士胜、副将军阿里衮、副都统永瑞、提督五福、叶相德等相继病故。统帅傅恒腹泻日甚一日,清军攻势渐缓。而缅人亦惧甚,自知终将不守,于十一月初九日先遣人立栅上递文书,请求议和。诸将以兵多瘴疬,多劝傅恒受降撤兵。傅恒不敢专断,奏报朝廷请旨。然傅恒因重病不能主持军务,阿贵集诸将议,决定与缅和谈。提督哈国兴代表清方,与缅方代表莽乜缪结梳三噶拉会商。哈国兴提出三条:一、缅方须以古礼纳表进贡;二、永不许犯我边界;三、如数放还被俘人员。十六日,缅方应允所提条件。傅恒无奈,同意停战。哈国兴提出,双方签字时应多派几名代表。十七日,清方代表12人,缅方代表14人(一说13人),一一签字画押,正式罢兵。双方议和时,缅方提出将孟养、孟拱、木邦赏还,哈国兴以该处为清朝宣慰司予以拒绝。十八日,缅方派人再诣军营,称阿瓦已备办礼物,奉王子之命前来进呈。十九日,缅兵头目及兵丁180余人,送来洋呢、洋布、洋锦、盐、鱼、菜蔬、茶、烟糖等物180石。傅恒派人接受,命将绸缎、银牌分赏缅甸头目及跟役。又命哈国兴传告缅方,将表文内官衔"管理宝石厂、金厂、飞刀、飞枪众兵马"删除,并具书"缅甸国王臣某奉表达皇帝陛下"之款名。二十日,傅恒毁船熔炮班师,二十六日返回虎踞关。

是役自乾隆三十年至三十四年(1765年至1769年),前后近5年,调兵数万人,耗银1300万两。但双方议和后,却未能执行和约。原来,缅军统帅玛哈西哈苏拉事先并未禀明缅王孟驳,被定罪为私订和约。缅王将缅甸所执一份和约撕毁,欲尽戮全军示惩,将士惧不敢归。"缅王不令诸将入觐,廷臣中敢直言谏阻者,亦谪戍如例。其妻等均被押于禁宫西门,曝诸烈日下,头戴华人所赂丝绸,示众三日。"[1]闻缅方拒绝执行协议,乾隆皇帝大怒。乾隆三十五年(1770年),傅恒还朝,不久以忧患死。云贵总督鄂宁亦卒于永昌。老官屯头目移书索木邦、蛮莫、孟拱三土司,"阿桂遣都司苏尔相赍檄往答之,复被缅人留"。[2]上以缅负险,知我兵限于天时地利,故敢倔强。乾隆三十六年(1771年),敕阿桂于秋冬酌遣偏师扰之。阿桂奏言:"蛮暮(莫)、木邦、孟密三土司外,始为缅地,距边已二千余里,偏师不可深入。若出近边,则所歼乃野人濮夷,与缅无损。不如休息数年,外约暹罗,同时大举。"[3]

而此时适逢"金川蠢动,遂罢南征议"。[4]愈四年,乾隆四十一年(1776年),清平定大小金川,缅甸惧,请入贡,愿出杨重英、苏尔相,求开关互市。明年出苏尔相,而杨重英不至。清以缅甸反复无常,乃命大学士阿桂、李侍尧赴滇勘边界,益兵备。

及乾隆四十一年,缅王孟驳已卒。嗣王赘角牙于乾隆四十四年(1779年)为孟鲁所杀,乾隆四十七年1782年,国人又杀孟鲁而立雍籍牙季子孟云。如是内乱屡作,国势渐衰。且自与中国抗争以来,国中消耗不赀,又其土产木棉、象牙、苏木、翡翠及铜、铁等,原恃云南官商采买者,皆闭关罢市。而暹罗复国寻仇,屡与战争,故加戍于东北,力战于东

① 哈威:《缅甸史》,第454页。
② 萧一山:《清代通史》第二册,第127页。
③ 魏源:《圣武记》,第271页。
④ 昭梿:《啸亭杂录》卷5,第43页。

南,其用日绌,经济恐慌,人心动摇。及暹罗朝贡中国,中国封以为王,缅甸益惧,于乾隆五十三年(1788 年),由木邦赍金叶表、金塔各一,训象八,以及宝石、番毯等款关求贡,并归杨重英等。表言:"已嗣国家,深知孟驳父子前罪,久欲进贡,因暹罗侵扰,是以稽迟。"乾隆五十五年(1790 年),以乾隆皇帝八旬万寿,缅王遣使表贺,并请赐封开市。乾隆皇帝许之,乃遣使赐敕印,封孟云为缅甸国王,定十年一贡之制。其后遂奉行不绝,两国和平相处。

中缅双方交涉达 20 年,纠纷不断。争执的主要原因是此条约由两国议和代表订约、签字、画押,但事先并未将条约文本送各自的皇帝或国王审批、签字、画押。条约内容文字略有出入,双方各作不同解释。据中国方面的记载,乾隆三十四年(1769 年)十一月十七日中缅和约共计三款:(一)缅甸遵照古礼进表进贡;(二)缅甸永远不犯天朝边境;(三)缅甸将所有留在阿瓦等处的官兵全行送出。但在缅甸方面的记载却颇有出入,可归纳为四点:(一)从缅甸逃往云南境内的所有土司,清廷必须全行遣还,并承认缅甸对所属土司的主权;(二)所有战争期间内被俘的官兵双方一律加以释放;(三)金银商道的重开,准许两国商贩的自由贸易;(四)每隔十年两国君主交换使节,互通友善书信,互致礼物。[①]

二、安南之战

安南古称交趾,今称越南,与我国广西、云南毗连。两国关系源远流长。秦设象郡,地在交趾(河内)。汉设交趾郡,又在交趾南部之占城置日南郡。三国时东吴大肆开发交州,析东汉交州为广州、交州两州,471 年南朝刘宋置越州,割原属交州的一些郡县进入,成了日后越南自主封建王朝的基本地盘。679 年,唐朝在其地设立安南都护府,从此称为"安南"。自秦汉至隋唐,安南长期为中国本土,达 1187 年之久。唐末藩镇专权,据地自雄,中国本土经历五代十国,安南也脱离中国而独立,由内郡变为藩属,总计为中国属国者共 992 年。清初时的安南,包括今越南、老挝、柬埔寨各地。

安南境内有交趾山脉为中国云岭山之一支,其东有大川曰红河,一名富良江,上游即云南省之元江。其西有会仙江在河内与红河会合,下流注入东京湾大海中,形成红河平原,亦名交趾平原,饶航运灌溉之利。交趾山脉之西有大川曰湄公河,上游即中国之澜沧江,曲折南流,经老挝西部、南部,成为安南与暹罗之交接,流入安南之南部,注入中南海,因其下游迂缓,水利甚大,而形成西贡及高棉两物产丰富之平原地区。

至明永乐年间,安南又为中国所灭,曾在该地设交趾布政使司。然当时安南国之领域,南至顺化而止;顺化以南,尚为占城王国所领。宣德三年(1428 年),安南黎利兴兵打败明军,俘交趾布政使司黄福,建立大越国,定都东京。至其孙,兼并占城,置广南州,于是南境增拓。宣德六年(1431 年),明政府承认大越国对安南的统治,黎氏接受明政府册封,两国建立密切的政治、经济、文化联系。清初,继续册封黎氏为安南王,定例三年一贡,两国关系依然和平友好。明嘉靖六年(1527 年),安南为莫登庸所篡,国王出走南方,"自是

大越分为南北朝,莫氏王于北,黎氏王于南,南北对峙者65年"。① 至其孙始破莫复国,"实其臣郑氏、阮氏之力,自是世为左右辅政。后右辅政乘阮死幼孤,兼摄左辅政以专国事,而出阮氏于顺化,号广南王。阮、郑世仇构兵"。②

至十七世纪,大越国黎氏居河内,有北越之地,广南国阮氏居顺化,有越中与越南之地。两方争为中国属国,欲借中国以自重。唯明朝正多事于北方,无力南顾。及满人入关,南明各王纷立,大越王黎氏进贡于南明永历帝,受封为大越国王。"顺治十六年,王师平定云南,安南国王黎维禔遣使至军。康熙五年(1666年)交南明桂王敕印,诏封黎维禧为安南国王。"③

安南国郑氏专权,传至郑栋,野心益大,知黎氏不能振奋,乃生篡夺之志。乾隆五年(1740年)清平定粤南诸苗后,苗之健者多有南逃安南者。安南摄政郑栋收容而安置之,势力大增,遂骎骎有篡国之志。为惧广南王之干涉,乃阴唆广南土豪阮文岳,使举兵内乱,而己为之外援。

因安南内乱,乾隆帝"兴灭继绝",于乾隆五十三(1788年)年十月派两广总督孙士毅出兵安南。清军旋出国门,三战三捷。乘清军已滋轻敌之心、疏于防备,欢度春节之际,阮文惠军发起突袭,大败清军。阮军精锐也消耗殆尽,无力再战,多次请降。清军换帅,由福康安统率清军。乾隆五十四年(1789年)四月十九日,福康安在镇南关受降。

(一) 安南内乱

乾隆年间,安南内乱,西山豪强阮文岳(阮岳)、阮文惠(阮惠)、阮文吕兄弟势力日盛,世称"新阮",以别于广南"旧阮",又称西山阮氏。乾隆三十八年(1773年),因广南阮氏政权落入权臣张福峦之手,阮文岳兄弟以讨伐张福峦为名,正式起兵,攻占归仁城,广义以南悉为西山阮氏所有。乾隆四十二年(1777年)正月,阮文岳得广南地,请求黎氏王朝允其镇守广南,遂授阮文岳为广南镇守宣慰使,于是富安、平顺等地,皆为阮文岳所有。阮文岳练兵储饷,据守险隘,其势益不可制。是年三月,阮文惠进兵嘉定,广南阮氏亡橙江;七月,阮文惠侵巴越,遂灭广南阮氏政权。乾隆四十九年(1784年)逐广南王阮福映遁入暹罗。而安南权臣郑栋,亦于其间窃据广南国之北部广平、广治、广德三州。至乾隆五十年(1785年),阮文岳三分广南国地,阮文岳自居中部平定州,称越国大帝;以广南国之南部与阮文吕,使为越南王;使阮文惠回军收复郑栋所窃据之三州,为越北王。④

是时,黎氏王朝内部政局不稳,由权臣郑栋擅权,朝纲不振,而予西山阮氏可乘之机。"阮文岳打出伐郑扶黎的旗号,由阮文惠为龙骧将军,节制水陆各军,向黎朝发起进攻。是时,国王黎维禟年届七旬,昏老多病,由郑栋操持权柄,民心离散,兵无斗志。仅过月余,阮氏即攻下黎城(河内),郑栋自杀。"⑤"郑栋于乾隆五十一年(1786年)死,其子郑宗、郑干

① 萧一山:《清代通史》第2册,第136页。
② 赵尔巽,等:《清史稿》,第14634页。
③ 中国近代史丛书编写组:《中法战争》第一册,第44页。
④ 台湾三军大学:《中国历代战争史》第十七册,第31页。
⑤ 章开沅:《清通鉴》第2册,第1105页。

争权。郑干遣其臣贡整请兵于阮文惠,使攻其兄郑宗,而己为前导。"①

　　阮文惠进兵黎城前,已遣员密奏尊扶黎王,弃其兄阮文岳所封之越北王王号,而自为安南王摄政。阮文惠入黎城次日,即进谒黎王于万寿殿。乾隆五十一年(1786 年)七月,阮文惠为表示其尊扶黎王之意,乃奏请设大朝仪。七月十六日国王黎维禟病逝,在位 47 年,享年 70 岁,由王孙黎维祁继位。

　　阮文岳初遣阮文惠攻取寿春,尚无意北向取黎城。但阮文惠乘胜攻取黎城,阮文岳据报大惊,以为仓卒深入,势难防守。而且阮文惠向来狡狠成性,得志以后,据地称雄,转难驾驭,于是率亲兵兼程北上,表面上是来接应,其实是在监视阮文惠的行动。乾隆五十一年(1786 年)七月二十九日,阮文岳驰抵黎城,黎维祁率百官出迎于南郊门外,并议割地犒师,阮文岳辞不受,与阮文惠密议南归。八月十七日夜间,密令水陆各军满载珍宝货物同时撤往归仁城,黎城遂成一座空城。② 又使贡整留镇河内都城。

　　乾隆五十二年(1787 年)四月,阮文岳于归仁自称中央皇帝,封其弟阮文惠为北平王,居富春。八月,阮文惠派兵北上进攻黎氏王朝。十一月,阮文惠命武文仕进攻清花,黎朝兵连战皆败。十二月,黎维祁命其弟黎维袖护送母后、王妃、王子等眷属出城避难,自己则随阮有整出东京北,藏匿民间。

　　武文仕入据黎城后,"自信威武足以服人,为所欲为,自铸印信,不受阮文惠约束。阮文惠命吴文楚与潘文璘为参赞入黎城,以分其权,并监视其行动。吴文楚与武文仕有隙。乾隆五十三年(1788 年)四月初六日,吴文楚密告武文仕反状,阮文惠自提亲兵驰抵黎城,计缚武文仕。……仕言其冤。惠曰:尔诚无罪,震我是罪"。③ 遂杀之。阮文惠在黎城召黎氏文武旧臣诣阙劝进,参知政事阮辉濯等拒不应召,仰药而死。阮文惠知黎城人心不附己者,系怀念旧王之故,乃大杀黎氏之宗室,并尽毁河内京都之王宫,掠取黎氏之子女财宝归还富春,治宫殿以为其东京王。留 3000 兵守河内,呼河内京都曰黎京。

　　乾隆五十三年(1788 年)五月十二日,高平府督阮辉宿扈黎维祁母妻宗族二百口,由高平登舟,远遁至博淰溪河,冒死涉水登北岸,其不及渡河者,尽为南岸追兵所杀。④ 后黎维祁眷属 62 人逃入中国境内,并请求清朝援助,清方将其眷属安置于南宁府城,并在边境增派兵力,以应付不测。

　　六月,广西巡抚孙永清具折上奏安南事变。乾隆皇帝命军机大臣传谕孙士毅、孙永清曰:"孙永清从未经历军务,恐于此事不能得有主见,孙士毅曾随赴军营,此次驻扎潮州,调度一切,亦皆妥协。……孙士毅接拿此旨,即赴驰广西龙州办理安南求救内投之事。⑤安南黎朝乃经过清廷册封之政权,竟为异姓赶下台,乾隆帝觉得有义务救援。然此时,清廷对安南情况并不了解,不能贸然行事。乾隆皇帝指示孙士毅做好以下三方面前期工作:一、了解该国臣下是否仍有能为之灭贼恢复,迎接其母子归国者;二、阮姓若仅取黎城,他处如仍归黎氏所有,尚有可图之日,我方亦不值兴师代为大办;三、若黎氏子孙尽被戕害,

　　① 台湾三军大学:《中国历代战争史》第十七册,31 页。
　　② 庄吉发:《清高宗十全武功研究》,第 340 页。
　　③ 庄吉发:《清高宗十全武功研究》,第 344 页。
　　④ 中国近代史丛书编写组:《中法战争》第一册,第 45 页。
　　⑤ 清方略馆原纂,吴丰培整理:《钦定安南纪略》卷1,第 4 页。

则应以春秋大义"兴灭继绝"为重,厚集兵力,声罪致讨。① 并令其立即驰赴广西龙州询明妥办。

孙士毅接奉谕旨后具折复奏时指出:属国面临存亡之秋,宗主国应伐暴讨罪。大学士阿桂于乾隆五十三年七月初五日遵旨缮折复奏,另有所见。阿桂认为,安南政局反复,由来已久,朝廷不值兴师大办,而且黎维祁出奔迄无信息,必俟孙士毅具奏到日再权衡轻重缓急。乾隆帝纳阿桂之言。七月初十,乾隆帝批准孙士毅奏折中提出的建议,"命军机大臣传谕孙士毅,现在安南虽被阮姓攻占黎城,而嗣孙下落尚无确信,若遽声言进讨,不免太早,止宜饬令附近之左江、高廉、并云南开化、临安二镇,以安南有事,恐贼匪乘机闯入关隘,预备截拿为词,各在本境整饬兵马器械,朝夕操练,以壮其声势,俾该国人众闻内地派兵预备,或黎维祁借此声援,纠集兵民,徐图恢复,亦一办法"。②

七月二十四日,孙士毅等复又奏言:查阮黎仇杀,由来已久。阮岳系西山小姓,并非辅政大臣,但彼此攻杀亦已历有年所,即使安南地方,此时半归阮岳,如嗣孙在山南一带有地可守,有兵可战,是黎氏国祚未绝,即我朝封爵犹存。至地土之广狭,国势之衰旺,我天朝外藩甚多,势不能为伊等尺寸计算,自不值以内地兵马钱粮代为大办。倘阮岳竟欲全据安南,不欲嗣孙得获寸土,则百几十年来朝贡之国忽为斯灭,为天朝礼制攸关,不得不调集官兵,伐暴讨罪。③

孙士毅更奏言:"臣等前后亲至各处关隘详细察看,将臣孙士毅奏调兵一千名按关地形势,分段安设,现在即日可以到齐,布置尚觉严密。……总计镇南、平而、水口三关及各处安隘绵长数百里,新旧兵丁不过千几百名,声威尚未壮盛,今臣孙士毅续奉谕旨,令于附近标营再调二三千名分布关隘,以壮声援。"④

清廷准许阮辉宿等之请求,允出兵向安南之西山党问罪。辉宿大喜过望,乃遣其陪臣黎侗、阮婷枚等分两路乔装回国,密报于其国王黎维祁。一路赴云南蒙自县出口,一路赴广东龙门渡,如此分作两路,断不至全行阻滞。八月二十四日,黎维祁令二人捧书再来中国,请清朝发兵救援,其书中云"安南未沦于贼伪之各州官民,及各未投降于贼伪之土司,已争敷贼伪之党,并准备献地以迎王师"等语。又镇南关以外各矿场安南人,接受两广总督孙士毅之传檄号召,纷纷组成义勇队数万人,皆请饷及派团练指挥,并各愿为大军之向导。

阮文惠闻知,为求迟缓清军行动计,即遣使北来"叩关请贡。以其国臣民表至,言维祁不知存亡,请立故王黎维禟之子黎维禥主国事,并迎其母妃回国。清廷知文惠以黎维禥愚懦易与,狡计缓师,令士毅严斥之"。⑤ "孙士毅一接禀报,即亲赴镇南关,督令该协(新太协王檀)站立关墙,大声呵斥,并谕以天朝已调大兵,分路进讨,令该夷官归谕阮岳,迅速悔罪自新,迎还旧主。"⑥

---

① 章开沅:《清通鉴》第2册,第1106页。
② 清方略馆原纂,吴丰培整理:《钦定安南纪略》卷2,第4页。
③ 清方略馆原纂,吴丰培整理:《钦定安南纪略》卷2,第12页。
④ 清方略馆原纂,吴丰培整理:《钦定安南纪略》卷2,第14页。
⑤ 萧一山:《清代通史》第2册,第137页。
⑥ 清方略馆原纂,吴丰培整理:《安南纪略》卷2,第19页。

黎维祁兄弟三人,系异母所生,但颇相友爱。"时维祁弟维袖、维祗皆出避难,维袖死宣光城,维祗由京北波蓬厂来投。孙士毅以维祗有才气,欲令权摄国事。上虑其兄弟日后嫌疑,不许,乃令土田州岑宜栋护维祗出口,号召义兵。"①

(二) 孙士毅出征安南

乾隆五十三年(1788 年)八月,乾隆帝决心出兵安南。八月二十七日,孙士毅奏言:"臣现在饬令谅山督镇潘启德纠约七州人马及厂民人等,速即前进。……并令潘启德速访嗣孙所在,即日引请归国。"②"潘启德本系阮惠心腹,一接檄文,即知去逆效顺。"③又命牧马土司"拣选精锐土兵一千六百名前赴谅山,会商该督镇潘启德,一同进剿,直达黎城。"④

乾隆帝谕:"现在厂民既跟随林际清(厂民首领)踊跃前驱,而潘启德率七州人马,又经孙士毅谕令继续前进,朕意此时内地似不得不稍进官兵,以壮声势。盖潘启德及厂民等皆因闻天朝声罪致讨,是以群起响应,若仍按兵不动,专用伊等之力,必致后生观望。著再传谕孙士毅,即酌察情形,遵照前旨,派令(广西提督)许世亨等带兵三千前往。"⑤

乾隆帝谕:孙士毅以各关隘官兵,与其驻扎本境,暗为黎氏靡费钱粮,并须内地兵丁护送嗣孙眷属出境,不如建竖旗鼓出关进讨,捣穴擒渠所见甚正。孙士毅既胸有成竹,力肩巨任,自请出关进剿,则此事竟交与该督一手承办。"⑥清廷既欲行其"兴灭国,继绝世"之神圣使命,出师问罪,乃于"乾隆五十三年(1788 年)秋,命两广总督孙士毅为平定安南之将军,先使之移檄安南各路,示以顺逆,令早反正"。⑦

十月十二日,孙士毅奏言,他在询问了安南来人:了解黎维祁情形后,认为:"诚如圣谕,黎维祁竟系一无能为之人,不独此时难保不为贼害,即将来恢复黎城,亦恐难以支持。……据称阮岳回至广南患病是实,阮惠现在富春,已将黎城库藏及一切物件席卷一空,现唯伪司马吴初带领贼兵数千在彼占守""据称安南连年亢旱,今年交秋以后,雨水甚大,山径道路到处冲断,江流亦复湍息,兵马势难行走。若俟至十月中下两旬,天气晴朗,大兵方可无碍。"⑧

十月十三日,乾隆帝谕:"前此内地檄调之兵仅止四千,亦未奏明出关后如何料理。现在孙士毅续调广东兵五千,又添调粤西一千,以八千兵直捣黎城,二千兵驻扎谅山,合之原调之兵,共有一万,增至一倍有余。现在该督带领出关,即日进发,声势壮盛,自无难克期蒇事。"⑨

孙士毅奏言:"自十月以来,天气晴霁,道路渐干,一切夫粮等项赶紧催趱,至本月下旬当不致缺误。唯粤东官兵五千名,其头二起据报已入粤西境,计程十月二十日外,方可

① 魏源:《圣武记》,第 276 页。
② 清方略馆原纂,吴丰培整理:《钦定安南纪略》卷3,第 2 页。
③ 清方略馆原纂,吴丰培整理:《钦定安南纪略》卷3,第 14 页。
④ 清方略馆原纂,吴丰培整理:《钦定安南纪略》卷3,第 19 页。
⑤ 清方略馆原纂,吴丰培整理:《钦定安南纪略》卷4,第 6 页。
⑥ 清方略馆原纂,吴丰培整理:《钦定安南纪略》卷4,第 27 页。
⑦ 萧一山:《清代通史》第 2 册,第 137 页。
⑧ 清方略馆原纂,吴丰培整理:《钦定安南纪略》卷5,第 6 页。
⑨ 清方略馆原纂,吴丰培整理:《钦定安南纪略》卷5,第 17 页。

陆续前来,若俟到齐进剿,已在十一月间,未免太迟。臣现定于十月二十四日自太平启程,会同提臣许世亨督率将弁,将粤西官兵队伍排列整齐,于十月二十八日卯时,祭旗开关,按队启行。"①

复奏言:"广西进剿之兵,臣原请五千名,今现到者三千八百名,臣已于十月二十八日带领出关,从谅山一路进发。其广东兵五千名内,督标兵第一起五百名,现已赶到军营,其余尚须陆续前来。……此时既有官兵四千三百名,计数已有不少,自应即日速进,以奢贼胆。"②十一月六日,广东督标兵1000名续到;十二日,总兵张朝龙又带广东兵赶上前程清军。

孙士毅出兵时,乾隆帝对此次安南之战做了设计,指出了上策与中策两套方案:"若果能捣穴擒渠,将阮惠及其余党全数擒获,永清该国后患,固属全美,但恐阮惠等自知罪在不赦,见大兵势盛,逃窜远匿,搜捕需时,而安南又有瘴气自不值以中国钱粮兵力,久驻炎荒,为属国防戍。孙士毅当则俟收复黎城,遵照谕旨,将黎维祁敕封,妥为安顿,令其加意自强振作。……孙士毅亦可撤兵回至内地,不必在安南久驻。总之,该督此次带兵前往,能将阮惠等生擒,固为上策。否则,收复黎城,俾黎维祁得复其境土,不失天朝字小存亡之体,足以蒇事,亦可为中策。"③

孙士毅为求击破安南阮氏军事之抵抗,乃决定分兵三路向安南进攻。"(乾隆五十三年)十月,孙士毅及提督许世亨率两广兵一万出广南关,拟以八千兵直捣王京,以二千兵驻谅山为声援;云南提督乌大经率八千兵取道开化厅(云南文山县)之马白关,逾咒河,入安南界,千又百里而至宣化镇,较原定之路线为稍近。"④云贵总督富纲请行,上命军机大臣传谕孙士毅、富纲、乌大经:"以剿捕安南事宜专交孙士毅督办。行军之道,事权有专属,乌大经以提督带兵,可以受孙士毅调度节制。若富纲前往,则同属总督,未便受孙士毅节制。而事权不能归一,必致彼此观望,各不相下,于军务大有关系。此事朕唯专交孙士毅一手经理。……富纲当遵照前旨,在边防一带弹压、稽查、解送粮运。"⑤

其由广东钦州出海之舟师,只千余人为支军,以策应大军海岸之安全而已。"十月末,粤师出镇南关。诏以安南乱后,劳瘁不堪供应,其运饷内地,滇、粤两路设台站七十余所。王师所过,秋毫无犯。孙士毅、许世亨由谅山分路进,总兵尚维升、副将庆成率广西兵,总兵张朝龙、李化龙率广东兵。时各地土兵义勇随行,声言大兵数十万,各守隘贼望风奔逃,唯扼三江之险以拒。"⑥大军入安南,安南人箪食壶浆以迎,兵不血刃进入谅山。依预定计划留巡抚孙永清率2000人守之,孙士毅率8000人自谅山分路南进。

孙士毅奏言:"大兵自十一月十二日起,行走道路渐觉平坦,……臣军次距球市江不远,臣察看贼屯新筑木寨,极为坚固,似欲为抵死久拒之计,及至大兵将到,贼匪即已潜逃。""贼人舍险要不顾,转坚树空栅,弃而不守,其中必有实在根由。……获伏路探信之

---

① 清方略馆原纂,吴丰培整理:《钦定安南纪略》卷6,第16页。
② 清方略馆原纂,吴丰培整理:《钦定安南纪略》卷7,第1页。
③ 清方略馆原纂,吴丰培整理:《钦定安南纪略》卷7,第17页。
④ 萧一山,《清代通史》第2册,第138页。
⑤ 清方略馆原纂,吴丰培整理:《钦定安南纪略》卷6,第29页。
⑥ 魏源:《圣武记》,第277页。

贼兵八名,询知,贼人满拟大兵只一路,是以设寨,先扎贼兵,探听大兵从何而来,即从何处截出,以阻粮运。不料大兵各路俱进,无从掩袭后路,因将贼众陆续撤回。总在寿昌、市球、富良三处江岸坚拒,使大军不得过江。"①

"十一月十三日尚维升、庆成以兵千余,五鼓抵寿昌江。贼退保南岸,我军乘之,浮桥断,皆操筏直上。贼雾中自相格杀,我军遂尽渡,大踩大搏。"②渡寿昌江后,孙士毅指挥清军一路由嘉观进剿,再分兵一支,由三异绕出柱右,与嘉观一路两面夹攻。复派张朝龙率一千五百兵由山间小路疾趋三异,相机前剿。十一月十三日,张朝龙带兵行之三异、柱右交界地方,正在扎营,瞥见对面山坡夷匪甚多,竖红、白、黑等旗,擂鼓蜂拥前来,遂率参将杨兴龙、游击明柱、都司雷桑阿等奋力痛剿,死伤无算,并生擒50名,夺获米粮、军械、旗帜等项。孙士毅"以该处山径丛杂,到处可通,贼匪败后,势必四散溃逃,先令游击刘越带兵二百名,埋伏颖继地方山坳之内。十四日黎明,果见贼匪二百余人奔窜到该处,游击带兵突出,贼匪惊慌无措,跳入溪河,……或死或逃,均未可定"。③敌军退守于富良江主流市球江之南岸拒守。

十一月十五日,清军至市球江岸,见对面山梁及两边坡领,均有贼匪屯扎,为数颇多,其沿江一带,俱竖竹木坚栅,弥望连绵不绝。贼人一见官兵即施放大炮,其势甚密,鸟枪只到半江而止,不能到岸。孙士毅与许世亨谕令官兵连拿墙子,以便相机抢渡。"官兵因贼匪搭有浮桥,向前直扑,游击于中范中炮阵亡,……幸土墙立即垒成,不致吃亏。贼人见我兵不得地利,大有自高压下之势,屡从浮桥及各驾小船冲突前来。""因江面船只俱被贼匪收在对岸,我兵扎筏缓不济急,且贼人火器甚紧,竹筏毫无障蔽,势亦难以前进。自十五日至十六日黄昏,一面排列多炮,隔江攻打,一面暗令得力备弁,在沿江一带,探知左边二十里之外,江势缭曲,为贼耳目所不及。因令义民佯于右边搬运竹木,作搭盖浮桥欲渡之象。使贼人专意于中右两处江面拒敌,而密令总兵张朝龙带兵二千名,于夜半用竹筏、小船在左边二十里之外裹带干粮,陆续暗度。……因于十七日子刻,令各营官兵饱食,丑刻或乘竹筏,或抢浮桥,奋勇直前,贼人亦复驾船拼命抵敌,不肯少退。……我兵无不以一当十,勇气倍增,将贼兵痛加剿杀。适张朝龙之兵已抄出贼营后面,该镇身先士卒,直上山梁,喊声震天,排墙而进,贼兵不知大兵从何而至,丧失魂魄,弃寨奔逃,大兵遂一面渡江,一面分路进剿。"④此时,"距富良江不及百里,过江即系黎城,该处江面宽约三里"。⑤

"十一月十九日抵富良江,见对岸贼兵蚁聚,大小船只或在江心,或在彼岸,官兵势难猝渡,贼人在江心施放大炮,连绵不绝,我兵已在岸拿墙,贼炮不能得力。察看贼兵虽多,势甚错乱,其心已不固。急觅沿村小农船数只,竹筏数片,乘载官兵一百余人,先剿江心贼匪。我兵奋勇直前,夺取贼船一只,戳翻一只,余贼退去,少间复来。是日,在江心打仗凡五六次,……我兵因船筏无多,不便追至彼岸。……臣心急如焚,因思贼情已乱,昏黑之中,未必能辨兵数多寡。遂将船筏尽数配载,只敷二百余人渡江之用,臣许世亨、总兵张朝

---

① 清方略馆原纂,吴丰培整理,《钦定安南纪略》卷8,第2页。
② 魏源:《圣武记》,第277页。
③ 清方略馆原纂,吴丰培整理,《钦定安南纪略》卷8,第5页。
④ 清方略馆原纂,吴丰培整理,《钦定安南纪略》卷8,第8-10页。
⑤ 清方略馆原纂,吴丰培整理:《钦定安南纪略》卷8,第12页。

龙等督率官兵二百余人,于二十日五鼓直冲彼岸。贼人初犹放炮抵御,及我兵次第到岸,即窘迫不知所为,有下船逃遁者,有在江岸乱窜者。……我军更番渡兵二千名过江,黎明分路杀贼,伤死无算,生擒一百八十七人。"①

黎明,清师毕济。"黎氏宗室及百姓人等俱出城跪迎,黎城不攻自破。臣(孙世毅)同许世亨只带弁数人,轻骑进城,至大街出示安抚毕,即刻出城扎营,兵丁无一人入城者。查看周围用土垒城高四尺,上植丛竹,土城内有砖城二座,不甚宽广……现已残破不堪,诸物荡然无存。"②"初,王师之出也,上虑事成后,册封往返稽时,致王师久暴于外,故先命礼部铸印,内阁撰册,邮寄军前。……黎维祁择于十一月二十二日受封,臣即于是日进城。该国王遵照一定仪制,恭具谢恩折到臣处,并吁请部署稍定,亲身赴京叩谢圣恩。臣谕以乾隆五十五年恭逢大皇帝八旬万寿,再行趋赴。"③

"闻伊(黎维祁)藏匿之处离臣不远,因贼氛甚恶,恐官兵未必能恢复黎城,不敢出头,必俟臣(孙世毅)十一月二十日将黎城克服,方于是日二鼓前来见面,其萎靡不振,实为可虑。至阮岳、阮惠贼巢,一在顺化,一在广南,彼此相近。自黎城至彼有水陆二路,大兵水陆并进,收效方捷。水程约半月可到,然经历海洋,非大船不能前进,而黎城可以放海之船均为贼人载物而逃。……又陆路计程二十五六站,其地即古占城国,期间山径极为崎岖……粮台至少约须五十余处。""若从内地运至富春、广南约需七十台,为程太远,似应即在黎城购办米粮。……黎维祁以安南连年积欠,虽今年收成略好,遭阮惠到处搜刮,现在民间积贮无几,颇有难色。看来,即使在黎城竭力购办,亦不过十日八日之粮,无济于事,南关一路,仍须照常滚运。"④

收到孙士毅上述奏折,乾隆帝立即谕旨,给予嘉奖:"孙士毅筹办一切,悉合机宜,更堪嘉奖。……孙士毅以读书之人,竟能具此见识,朕览之以手加额,庆国家得一全才好大臣,较之平定安南尤为快意。此次孙士毅带兵出关,未及一月,即能痛歼贼匪,收复黎城,实为迅速","用兵不可稍存畏怯,然知进而不知退,亦非大将计出万全之道。现在黎城已经收复,传旨将该嗣孙敕封国王,于天朝字小存亡之体统已得。兹阮惠畏惧逃窜,若仍在安南境内潜匿,自不难设法围擒,以绝后患;倘竟潜逃入海或窜匿附近他国,又不值以内地钱粮兵力为属国搜缉捕逃,穷追深入,久耽时日"。"著加恩晋封孙士毅一等谋勇公,并赏戴红宝石帽顶,许世亨封为一等子爵,用昭懋奖。"⑤

十二月十四日,乾隆帝再次谕旨:"前据该督奏称,俟筹办台站事宜就绪,即领兵前赴广南,进捣贼巢等语。计该督拜折距今已有两旬,想此时早已带兵前进,若事机大顺,竟能迅捣贼巢,将阮惠等速行擒获,该督自不肯因有此旨,于功届垂成之际,转兹疏纵,致贻后患,若此旨到时,阮惠已避匿海洋或窜入他国,自不值将天朝兵力,久驻炎荒,为之搜辑捕逃,耽误时日。孙士毅即应遵照前旨,妥为安顿,传谕该国王振作自强,……孙士毅即可撤兵回粤。倘黎维祁不能自立,仍复萎靡废弛,过三五年后,又生外患,则是该国王自贻伊

---

① 清方略馆原纂,吴丰培整理:《钦定安南纪略》卷9,第1页。
② 清方略馆原纂,吴丰培整理:《钦定安南纪略》卷9,第3页。
③ 清方略馆原纂,吴丰培整理:《钦定安南纪略》卷9,第11页。
④ 清方略馆原纂,吴丰培整理:《钦定安南纪略》卷9,第7页。
⑤ 清方略馆原纂,吴丰培整理:《钦定安南纪略》卷9,第15、17、18页。

戚,断无屡烦天朝兵力再为恢复之理。"①此谕旨表明,乾隆帝已对黎维祁的"无能为"非常反感。

十二月十六日,乾隆帝再次谕旨:"此事办理,至斯足也,撤兵完局。若此时必欲穷追深入,而贼巢险远,万一稍有阻滞,一时不能迅速擒渠,转致欲罢不能。办理大事之人,必须通盘筹划,计出万全,不可知进而不知退。孙士毅当遵前旨,酌量情形,或略进兵,巡其边界,代黎维祁划定疆域,设立卡汛,妥为安顿。……孙士毅即趁巡查边界之便,撤兵回粤,不可遽由黎城撤回,致贼知我虚实。……朕意目下孙士毅宜略为前进,乌大经亦带兵赴广南一路,遥为粤西声援,仍探听孙士毅信息,以为进止。"②在此谕旨中,乾隆帝的意见前后并不一致。前面明确表示"撤兵完局",后面又认为"宜略为前进"。乾隆帝的犹豫态度,最后造成了严重后果。

此时乌大经率领的滇兵已收复宣光、兴化。十二月二十二日,乾隆帝再次谕旨:"贼匪似此无能,则两路大兵会同夹攻,直捣贼巢,想亦易于办理,所难者自黎城至广南计程二千余里,道路又极险峻,粮道维艰,恐一时不能源源接济。……是以节经寄信,明降谕旨,令孙士毅作速撤兵。"③谕旨表明,乾隆帝认为,军事上的胜利"易于办理",只是因为"道路险峻,粮道维艰",所以作速撤兵。

孙士毅奏言:"十一月内业已……雨水盛行,士卒难以久驻,惟该国王为人桑懦,新募夷兵又毫无节制,臣拟再将防守事宜代为商酌举行,如尚需留驻一月,俟黎维祁办理渐有眉目,民心稍定,方可凯旋入关,总须于正月中旬启程,以避雨水阻碍。"④

乾隆帝回复:"其黎氏境土业经收复,已足完局。现在敌粮既无可因,设台运送,计用员十五六万名,较之官兵转多数倍,征调纷繁,尤非政体。朕思黎氏立国已久,气运渐衰,近年来构乱频繁,黎维祁怯懦无能,而其左右又无可倚恃之人,看此情形或天心已有厌弃黎氏之意。设将来黎氏又有播越内投之事,……断不必又如此发兵致讨,再为收复。是进剿广南一事,此时断不值办,竟当遵照近日所降谕旨,凯旋为是,亦不必在彼留驻一月,徒稽时日。"⑤

"乌大经奏言:臣于十二月二十五日自宣光前进,二十九日早抵白河市地方,距黎城仅百二十里。……元旦抵富良江岸,与督臣孙士毅面商一切。""臣即日仍回白河市地方,带领官兵暂驻,据孙士毅面言,尚须移营前进,察看情形,候知会到日,再定进止。"⑥收到乌大经此折,乾隆帝立即回复:"兹阅乌大经折内,有孙士毅尚须移营前进,察看情形之语。……今若移营前进,等待阮惠等投出,未免稽延时日,所需粮石又恐难以接济。着谕孙士毅即当计算现存粮石足敷官兵口食及撤回时沿途支给之用,不致稍有短缺,方为妥善。若此旨未到之前,阮惠等果有投出之信固好,不然,孙士毅仍当遵照节次谕旨,迅速撤兵。"⑦

① 清方略馆原纂,吴丰培整理:《钦定安南纪略》卷9,第23页。
② 清方略馆原纂,吴丰培整理:《钦定安南纪略》卷10,第18页。
③ 清方略馆原纂,吴丰培整理:《钦定安南纪略》卷11,第12页。
④ 清方略馆原纂,吴丰培整理:《钦定安南纪略》卷11,第28页。
⑤ 清方略馆原纂,吴丰培整理:《钦定安南纪略》卷11,第31页。
⑥ 清方略馆原纂,吴丰培整理:《钦定安南纪略》卷12,第24页。
⑦ 清方略馆原纂,吴丰培整理:《钦定安南纪略》卷12,第26页。

　　乾隆帝命孙士毅撤兵回粤,不值以内地兵力为属国捕逃,而且富春是占城故地,原非黎朝境土,自无烦天朝兵力久驻安南代为防御外侮之理。孙士毅贪功滞留安南,妄信阮文惠乞降之说,师不即班,又轻敌不设备,散遣土兵义勇,悬军黎城月余。"此时安南形势大变。黎维祁恢复王位后,未采取宽大之策,赦免降敌者,争取态度游移者,相反大加诛戮,睚眦之怨必报,宗室女有嫁敌将而孕者,命刽之,又刖其皇叔三人,投于宫市,遂至众叛亲离,在宗室中也失去支持。母后告诫无效,叹曰:"亡无日矣!"①是时,内地粮运不济,只得催促黎朝筹措,州县皆不应,军粮匮乏,人心益散。孙士毅放松对兵丁的管束,士兵有擅自离队者,有出城数十里伐薪者,有至市集贾贩者,形同散沙。阮文惠称帝于彬山,征兵8万,驻军于寿鹤,谋袭清军。为麻痹清军,阮文惠先遣人致书孙士毅,卑词乞降。孙士毅自出关以来,所向克敌,已滋轻敌之心,疏于防备。时阮文惠据顺化,一方纵间谍,侦河内虚实;一方举倾国之师,乘岁暮潜进,向黎城迂回,清军形势已非常严峻。

　　乾隆五十四年(1789年)正月初二,清军仍在欢庆春节,黎维祁抱幼子至军营,称阮文惠马上会来报复,请求孙士毅将其送往清朝内地。清军仓促应战,全面溃败。直到正月初九日,孙士毅才向乾隆帝奏言:"本年正月初二日卯刻,据该国王向臣告知,据防守夷官禀报,有敌人过江赶逐,不许伊等在彼防守,只得退回。并传称阮惠扬言,⋯⋯天朝大兵将我广南、富春人戮杀数千,此仇必报。时来拿住黎维祁母子,必要泄恨等语。黎维祁向臣哀恳,只挈母往至内地,以全性命,断断不敢再做安南国王。"②"臣遂与许世亨传众将告知,"看此光景阮惠已在途中,不久仍即占据安南,⋯⋯众人同声情愿奋勇斯杀。遂派令总兵张朝龙挑选精兵三千名,及勇敢出色将弁,即于正月初二日前进。又令许世亨带兵一千五百人,臣带兵一千二百名,共五千七百名,先后接应。初三日,张朝龙途次即遇见匪众,奋力剿杀,旋即败退,黑夜又复前来。初四一日一夜,蜂拥而至,我兵痛加诛戮,无不以一当十,杀死无算。于初五日五更,复又败去。讵黎维祁闻阮惠亲至,心胆俱裂,即手抱幼子随同伊母逃过富春江,⋯⋯百姓慌张乱窜,报至军营。阮惠亦已闻信,其势愈张。"③奏章的以下部分,孙士毅极力为战争的失败辩护,甚至谎报军情,所以本书采用其他史书的材料。"初五日五更,阮文惠驱军大进,亲自督战,以雄象百余头为前队,满山遍野直前冲来,许世亨发精锐来战,大呼进击。清军忽遇象群,马匹四散惊逸,自相践踏,阮文惠军愈杀愈众,将清军四面密围,清军急不相救,如垒自守,四布铁签。阮文惠命兵丁以禾杆捆扎成束,乱滚而前,劲兵随后推进,各垒清军同时溃走,阮文惠军乘胜掩杀,清军伤亡枕藉。"④

　　富良江南岸之清军3000名在总兵尚维升、参将王宣率领下,增援许世亨。激战之时,孙士毅见情况紧急,无心恋战,带领数百人弃城先遁,欲渡浮桥,阮文惠军三四千名来追,孙士毅急令庆成等在后掩护,施放鸟枪。孙士毅带兵先由浮桥撤回北岸,为防止阮军过河追赶,孙士毅命令士兵斩断浮桥。南岸突围清军见浮桥已断,只好返身杀回黎城,致使伤亡更加惨重。

　　①　章开沅:《清通鉴》第2册,第1108页。
　　②　清方略馆原纂,吴丰培整理:《钦定安南纪略》卷13,第1页。
　　③　清方略馆原纂,吴丰培整理:《钦定安南纪略》卷13,第2页。
　　④　庄吉发:《清高宗十全武功研究》,第378页。

正月初十日,孙士毅奏言:"臣昨在富良江北岸,见对岸贼势猖獗,而提督、镇将并未回至江边,当系已经失事,不能撤出。曾手写片纸,令夷人持过江面,交与贼目,云:此次本部堂钦奉大皇帝恩命,统兵出关,原为恢复黎城,使黎维祁袭封起见。今黎维祁又畏贼潜逃,其人萎靡不振,不值再为扶持,是以撤兵入关。倘阮惠敢将未经撤出官兵戕害一人,试思天朝肯任尔一犯再犯,将就完事否。大皇帝定即另派大臣,统领官兵数十万,四路进剿,不灭不休。若阮惠将官兵好为送出,并自陈悔罪缘由,尚属能知顺逆,或可仰邀恩宥,祸福唯尔自择。"①孙士毅给阮惠的"片纸",传递了一个重要信息:清廷可以放弃黎维祁。这为后来阮惠的请和创造了条件。

孙士毅又言:"正月初六日在市球江,将撤兵情形详悉缮折驰奏。当即带领官兵及副将庆成等一路照应,回兵探候提督消息,初九日至谅山驻扎。……臣于十一日带兵至(镇)南关,查点回兵入关者,现有三千几百余名,尚陆续前来。……再查黎维祁现又逃至内地,其人断难振作,即使将来克复安南,黎维祁似难再列藩封。至伊宗族陪臣等,……竟无一人可以为该国王任事者,看来黎氏一姓不能再兴。"②

乌大经奏言:"初四日巳刻,孙士毅发令行调滇兵,臣亦如令催趱,初五日臣驰至江岸,查探黎城,见富良江竹筏桥业已沉断,对岸火光四起,枪炮之声已息,黎城尽被贼占。臣伏思滇兵深入三十余站,后路水陆歧出,即督臣富纲在安边所带之兵,亦只八百名,离此尚远,难以孤悬驻扎,遂将官兵撤回,于初九日全抵宣光。"③乌大经所率云南之师,因安南黄文通为向导,得以全师而返,撤至宣光。

同在正月初九日,孙士毅退回谅山,并于十一日退回镇南关,尽焚弃关外粮械、火药数十万。当日,官兵退回者仅"三千几百余名";至正月三十日,退回者有"五千几百名";至三月一日,"出关兵丁13300名,总计进关兵数将及8000名"。④损失官兵约5000余名,提督许世亨,总兵张朝龙、李化龙,参将杨显龙、王宣等亦皆战亡。

乾隆帝谕旨:"……是以节经降旨,谕令孙士毅作速撤兵,该督若遵照前旨,迅即撤回,计此时早已进关,乃在彼耽搁一月有余,致阮惠乘机复发,盖由孙士毅希冀阮惠等投出,或被旁人缚送,未免意在贪功,因由此意外之变,朕与孙士毅均不能辞咎。况阮惠既经逃回,后率众前至黎城滋扰,必非旦夕所能纠集,且其中亦未必尽系贼党,自系黎城反侧之徒,见阮惠潜至,从而附和,遂至蚁聚蜂屯。孙士毅在彼何不留心侦查,予为布置,乃待贼至,始行迎堵,桥座又复中断,至损官兵。究系孙士毅成功后,不无自满之心,少存大意,由此挫折。但核其情节,与有心贻误者不同。……所有孙士毅前封公爵及所赏红宝石帽顶,俱着撤回,并着来京另用。两广总督员缺已另降旨将福康安调补。福康安未到之前,仍着孙士毅代行署理,在镇南关驻扎。"⑤

安南之役,与孙士毅关系重大。"安南之役,两广总督孙士毅,与和珅合谋,朋分军饷。士毅师入安南,报虚捷,竟得锡封公爵,乃为敌所袭,狼狈而退,仅以身免,因是夺封并褫其

①　清方略馆原纂,吴丰培整理:《钦定安南纪略》卷13,第7页。
②　清方略馆原纂,吴丰培整理:《钦定安南纪略》卷13,第12页。
③　清方略馆原纂,吴丰培整理:《钦定安南纪略》卷13,第17页。
④　清方略馆原纂,吴丰培整理:《钦定安南纪略》卷16,第1页。
⑤　清方略馆原纂,吴丰培整理:《钦定安南纪略》卷13,第21页。

职,以福康安代之。"①乾隆帝对孙士毅的宽大处理引起学者的评说:孙士毅"抗诏命留军月余,以致大败前功,损兵折将,以清朝军律,死罪有余者。而乾隆帝仅褫其职为代理,回京后又用为尚书,足可见孙士毅是明诏之外奉有暗诏者。亦证实'兴灭继绝'为假,欲开辟疆土方是其真意,故不得不使臣当失败之命,君承其失败之实"。②"士毅久任军机章京,以廉洁著称,历任疆吏重任,而此次用兵都遵旨办理,若加重治就显然是中枢指挥不当,此其一;士毅与福康安交谊深厚,故为维护,不加参劾,此其二;又与大学士和珅友善,便有内援,此其三。"③

(三)安南之战的议和完局

乾隆五十四年(1789年)正月初五日的战斗结束后,双方再没有进行新的战斗,而是不断地进行联系,磋商停战条件。

清廷方面不愿再对安南用兵,乾隆帝谕旨:"阮惠不过一安南土目,方今国家全盛,若厚集兵力,四路会剿,亦无难直捣巢穴。但该国向多瘴疠,与缅甸相同,得其地不足收,得其民不足臣,何必以中国兵马钱粮糜费于炎荒无用之地。是进剿阮惠一事,此时非不能办,揆之天时、地利、人事,俱不值办。……福康安抵镇南关后,若阮惠等闻风畏惧,到关服罪乞降,福康安当大加苛斥,不可遽行允准。俟其诚信畏罪输服,吁请再三,方可相机办理,以此完局。"④正月二十七日再次谕旨:"朕再四思维,实不值大办,莫若量宽一线,俾其畏罪输诚,不劳兵力而可以蒇事之为愈,福康安等不可不知此意也。"⑤

阮文惠于正月初六日第三次重占黎城,拥有安南北部全境。阮文惠虽击败清军,重占黎城,但其政权并不稳固,又与其兄阮文岳势不两立,广南阮映有东山再起之势,北部黎朝旧部随时可能死灰复燃,且与暹罗发生战事,恐两国乘机夹击。阮文惠深知,如欲稳固政权,号召国人,必须获得清朝承认,取得合法地位。阮文惠深恐清朝大军深入讨伐,因此急于谋求改善与清朝之关系,遂改名阮光平,派使臣奉表入关谢罪乞降,乞请册封。

孙士毅奏言:"(正月)二十二日有谅山夷目遣通事来,赍送表文,据称阮惠专差夷目数员,送至谅山,情愿投诚纳贡。恐天朝不准,是以先令通事赍至南关送看,并口称现有官兵数百在彼,俱好为养瞻,将来一并送出等语。"⑥乾隆帝立即回复,并提出议和条件:"着福康安立即檄谕阮惠……今阮惠自知罪大,差人叩关,悔罪乞降,并不将未出官兵先行送出,且伤我官兵,罪亦难恕,至提镇大员被尔戕害,其罪更重,若不将戕害提镇之人缚献军前,正法示众,岂能赦宥。阮惠如必欲乞降,须将官兵先行送出,并将戕害提镇之人缚献。如此,本部堂或可代为奏闻,恳求大皇帝恩宽一线。"⑦

孙士毅奏言:"二月初九日,阮文惠复遣阮有晭、武辉璞二员赍表呈送,……臣谕令左

---

① 邓之诚:《中华二千年史》第三册,第1758页。
② 台湾三军大学:《中国历史战争史》第十七册,第42页。
③ 清方略馆原纂,吴丰培整理:《钦定安南纪略》,序言。
④ 清方略馆原纂,吴丰培整理:《钦定安南纪略》卷13,第28页。
⑤ 清方略馆原纂,吴丰培整理:《钦定安南纪略》卷14,第1页。
⑥ 清方略馆原纂,吴丰培整理:《钦定安南纪略》卷14,第11页。
⑦ 清方略馆原纂,吴丰培整理:《钦定安南纪略》卷14,第12页。

江道汤雄业等,即在关前面谕,……当将表文掷还,令速回去转告阮惠。据该夷目阮有晭等跪伏叩头,令通事禀称,阮惠实在畏惧,只求管关大臣将表文拆看,如有一字略涉假意,即将我二人正法,亦所甘心等语。汤雄业初时不许,后方拆视,见文内恭顺认罪,情愿纳贡。该道等谕以必须将官兵人等一一送出,我等方敢转禀督抚。据该夷目叩头禀称,……准予二月内将官兵送出等语。"①

"二月二十一日,左江道汤雄业禀称……兹阮有晭等又复到关向该道禀称,阮惠将养瞻黎城官兵五百余名,遵即陆续送出,明后日即可抵关,此外尚有随后续行送到之语。……阮有晭等禀称,表文贡物即于明后日一同赍送赴关。臣令该道汤雄业谕以阮惠既不敢戕害官兵,现在一一送出,并已三次乞降,悔罪自新,尚属能知顺逆,但须敬候大皇帝谕旨准行,方可开关。"②"二月二十二日,阮惠复遣夷目三次到关,呈进表文,并将未出官兵人等五百余人,一一送至关前。臣等令管关文武逐一点进,内官兵三百余名,土兵员役共二百余人。并据该夷目禀称,尚有二百来人随后送出断不敢扣留一人,自取罪戾。又据称,现在阮惠呈献金银二种,系随表恭进之仪。如蒙恩准纳降,敬候圣旨到日,再照安南例贡备物进呈。"③阮惠特遣其长兄阮光华之长子阮光显诣关请降,并在其表自称"安南国小目臣光平",请求准许他于乾隆五十五年(1790年)亲至京师为乾隆帝恭祝八旬万寿,并声称已将杀死许世亨的凶犯查出正法,愿为许世亨立庙祭奠。

"清廷曾议及边界问题。乾隆五十四年二月十四日,军机处寄信福康安等令阮文惠将边外厂地献出赎罪,始可准其归顺。二月三十日,军机大臣于一统志内查出雍正年间赐安南铅厂地四十里,是以赌咒河为界,即于当日以六百里加急寄信福康安谕旨一道,续令献出赌咒河外四十里地方。唯清廷急于将就了事,并未坚持献出厂地之议。"④

四月初五日,福康安奏言:"窃臣于三月十六日驰抵镇南关,抚臣孙永清驻扎距关九十里的受降城,前督抚孙士毅先行赴离关二十里之幕府营地方。……彼中四时气节,惟冬季三月瘴疠不作,其余春夏秋三季则毒雾淫霖,不可触染,与缅甸无异。若兴师大举,必须于十月进兵,十二月奏捷,次年正月班师,方可完全无患。然军旅之事,岂能克定时日,倘此三月内不能藏事,则一交春令,瘴气大作,撤兵则前功尽弃,留兵则伤亡必多,是安南之不必用兵,非因地理不便,人事不协,总以天时限之。……臣令该道(汤雄业)传唤阮有晭等到关,与之面语。令将此前如何与黎氏起衅,及我军出关后何以不诣军门谢罪,后来何以复至黎城滋扰,是否敢与天朝抗衡,抑或欲与黎氏寻衅,误伤官兵,此时悔罪无及,情愿投诚之处,详晰恭缮一禀,送至关前。"⑤

据四月十四日福康安等奏言:(三月)二十八日巳刻,阮有晭等带领通事及随从人等二十余人到关,随传唤阮有晭等三人及通事一人进关。阮有晭等行至台下行三跪九叩礼,汤雄业将檄文内语意向其严切询问。阮有晭等金称,安南小国,僻在炎荒,黎氏、阮氏分有境土,黎氏在黎城,阮氏在广南,两姓世为婚姻,并无君臣之分。从前黎维禟之臣郑栋擅

①　清方略馆原纂,吴丰培整理:《钦定安南纪略》卷15,第16页。
②　清方略馆原纂,吴丰培整理:《钦定安南纪略》卷16,第8页。
③　清方略馆原纂,吴丰培整理:《钦定安南纪略》卷16,第14页。
④　庄吉发:《清高宗十全武功研究》,第387页。
⑤　清方略馆原纂,吴丰培整理:《钦定安南纪略》卷17,第18页。

权,人皆称郑王,黎维�仅拥虚位,欲诛郑栋而不能,因以女妻阮惠,令其起兵诛杀郑栋,国政复归黎氏。阮惠即将手下官员留于黎城,帮辅黎维checked,自己仍回广南。及黎维checked既没,黎维祁嗣位,听信谗言,不念阮惠诛郑栋之功,转将阮氏所留官员寻衅诛逐,且欲并诛阮惠。是以阮惠愤恨称兵,欲为复仇之计。初不料黎维祁奔归天朝,乞师出讨,其时阮惠并不敢抗拒天朝,曾具禀遣人诣军门吁请息讨。而官兵在市球等江,痛加杀戮,阮惠手下人尽皆怕死,其逃奔不及者,未免误行抵御,迹似抗衡。及天兵收复黎城,阮惠即退回广南,不敢复出。因奉前宫保孙大人檄文,要来剿灭广南,是以情急,复至黎城,要问黎维祁何以遽请天兵来讨,不想误伤官兵,实属悔罪无及等语。……阮有晭一闻汤雄业之言,感激惶悚,伏地叩头。……称我们此时领了面谕,当连夜从谅山起程,赶至黎城,告知阮惠,令其遵照檄文,及早加倍吁请投诚等语。①

五月初三日,福康安等奏言:"(四月)十八日阮有晭等到关,面见汤雄业,称阮光显系阮惠亲侄,因在途遇雨,行走稍迟,十七日晚始至谅山。……令伊等前来禀请示期纳降,并赍到表文副本一道,臣等详加阅看,其中情词较前寔加倍恭谨,而其于不敢得罪天朝,及黎阮构衅始末,尤十分注意,曲折剖诉,唯恐心迹不能表明。其输服畏感之忱溢于言表。当将表文副本发还,令其照缮正本,订期十九日清晨,准阮光显到关进表。②

福康安等奏:(十九日)寅刻,臣等饬令在关将士,摆齐队伍,树立旗帜,并于昭德台恭设香案,预备受礼。其时阮光显带领随从数百人已在关外伺候。臣福康安等令汤雄业传谕阮光显,只许带夷官六员,通事一人,随从六十人进关,其余人众俱在关外伺候。至辰刻,汤雄业导阮光显进关,夷官赍表在前,行至昭德台,阮光显率领夷官等,望北行三跪九叩礼,臣等于昭德台后接受表文。③"阮光显于谈话中恳求进京瞻觐,并称曾目睹安南将戕害天朝提镇的凶犯已正法示众,福康安见其诚心悔罪,已不复追究,但须在安南建立祠宇,春秋虔祭。阮文惠得罪天朝,并未肉袒求降,故又议定于乾隆五十五年八月高宗八旬万寿时亲诣阙廷,输诚纳款。"④

清两广总督福安康转奏阮文惠表文,奏言:阮姓"守广南已九世,与安南敌国,非君臣。且蛮触自争,非敢抗中国。请来年亲觐京师,并愿立庙国中,祀死绥将士。又闻暹罗贡使将入京,恐媒孽其短,乞天朝勿听其言。……上以维祁再弃其国,并册印不能守,是天厌黎氏,不能存立;而阮平光既请亲觐,非前代莫、黎仅贡代身金人之比。且安南自五季以来,曲、矫、吴、丁、李、陈、黎、莫互相吞噬,前代曾群县其地,反侧无常,不足厪南顾之忧乃允其请"。⑤

四月十九日的受降仪式上,福康安接受了表文,但未对阮光平册封,乾隆帝坚持阮光平须亲自诣关恳求。因阮文惠历次进呈表文俱署名阮光平,故受降以后,清廷颁给安南的文书亦改书阮光平,此后,中国史籍亦将其名改称阮光平。

乾隆认为黎维祁系无用无耻之徒,不知振作,册封安南国王后,又复弃国逃遁,实天厌

①　清方略馆原纂,吴丰培整理:《钦定安南纪略》卷18,第15页。
②　清方略馆原纂,吴丰培整理:《钦定安南纪略》卷19,第14页。
③　清方略馆原纂,吴丰培整理:《钦定安南纪略》卷19,第15页。
④　庄吉发:《清高宗十全武功研究》,第387页。
⑤　魏源:《圣武记》,第279页。

其德而自丧其国,并指示将其部众酌量安插。"阮光显同陪价阮有晭等共二十一名,于五月二十七日,自关内幕府地方启程。"福康安于闰五月十一日行抵桂林,随后遵旨传到黎维祁,宣示谕旨,并告以上年"兴师出关,复还尔之境土,尔乃庸懦无能,弃印失国,是尔系有罪之人,皇上如天好生,念尔止系无能,不加治罪,收留内地,等列边氓,已属格外施恩。尔既履中华之土,即当从中华之制,一体剃发改服,不得仍循尔国旧俗。黎维祁宗族旧臣,一同安插桂林者共五十四人,自黎维祁以下俱一一剃发改服"。① 于闰五月十八日阮光显等到省,"臣等告以,黎维祁在内地收留,大皇帝已令其剃发改服,列充编氓,必无令其复回安南之理,特令尔等与之相见。阮光显等闻臣等之言离座叩头,感悚欣忭,据称我叔光平,原系西山布衣,未通中国,因与黎氏为难,劳动大兵,致有抗衡之迹,心中畏惧,日夜不宁。……今蒙大皇帝恩宽格外,天海难量,我叔光平自必虔修谢表。……臣等当即遵旨唤出黎维祁,令阮光显等与之相见。黎维祁见阮光显等,即称我已为天朝百姓,与他无可言语。而阮光显一见黎维祁,喜形于色,一似积疑顿释。"②

五月初,阮光显入关,曾恳请进京瞻觐,并称待国事稍定,阮光平一定亲自至京瞻觐。六月初五日,阮光平使臣黄道修等二人恭赍表文、禀帖及贡物等治镇南关。其表文谓,安南"造邦伊始,诸事未宁,必仗天朝封号,方能辑绥镇抚,是以迫切吁祈"正名定分,以取得合法地位。清廷檄谕阮光平,谓来春阮光平启程到关时,即可仰邀封典。阮光平禀称,中外一家,入觐阙庭,舒诚展悃,固为属邦职分内事,唯安南甫经兵火,政局不稳,阮光平不便远离安南,而定名分一事,又不便稽延,所以阮光平禀请先行册封。六月二十二日,乾隆帝明降谕旨:"该国镇抚民人,全仗天朝封爵,况造邦伊始,诸事未定,尤赖正定名分,明示宠荣,以为绥辑久远之计。已明降谕旨,将阮光平封为安南国王。所有封爵敕印,俟阮光显入觐返国时,即令赍回。"③

乾隆五十五年(1790年)正月初九日,"上命军机大臣传谕福康安等,前经降旨,令黎维祁及伊属下人等,来京归入汉军旗下,编一佐领。嗣据福康安等查明,黎维祁等安插广西省共男妇大小三百七十六民口,俟交春后,阮广平未进京以前,分起送京等语。朕以送京人数太多,令福康安等酌量分别,计约百余人,足敷编一佐领之数,送京入旗。其余俱送往江南、浙江、四川等省,分隶督抚标下,入伍食粮"。④ 五月,特授黎维祁为佐领,加恩授为三品职衔。

乾隆五十五年七月,阮光平来朝,"入觐热河山庄,班次亲王下,郡王上,赐御制诗章,受冠带归。其实光平使其弟冒名来,光平未敢亲到也,其诡诈如此"。⑤ "以乾隆明察,未必不知,可此书中只字未提。属国之君来京朝贺尚属首次,故任他冒名,不加挑明。"⑥

乾隆五十七年(1792年)三月,阮光平病死,其嗣子阮光缵年方十五继立。清廷以阮邦新造,人心未定,且阮文岳尚在广南,吴文楚久握兵权,主少国疑,防有变动,特调两广总

———————————

① 清方略馆原纂,吴丰培整理:《钦定安南纪略》卷21,第13页。
② 清方略馆原纂,吴丰培整理:《钦定安南纪略》卷21,第15页。
③ 清方略馆原纂,吴丰培整理:《钦定安南纪略》卷22,第29页。
④ 清方略馆原纂,吴丰培整理:《钦定安南纪略》卷26,第14页。
⑤ 赵尔巽,等:《清史稿》,第14640页。
⑥ 清方略馆原纂,吴丰培整理:《钦定安南纪略》,序言。

督福安康为云贵总督以备边。

"阮光平父子以兵篡国,国用虚耗,商舶不至,乃遣乌艚船百余,总兵十二,以采办军饷为名,多招中国沿海亡命,啖以官爵,资以船械,使向导入寇闽、粤、江、浙。嘉庆初,各省奏擒海盗,屡有安南兵将及总兵封爵敕印,诏移咨安南,尚不谓国王预知也。暹罗既与广南积怨,会黎氏甥农耐王阮福映者,奔暹罗,暹罗妻以女弟,助之兵,克复农耐,势日强,号'旧阮',屡与新阮战,夺其富春旧都,并缚献海贼莫扶观等,皆中国奸民,受安南东海王及总兵伪职。又上其攻克富春时所获阮光缵封册、金印。是为嘉庆四年。诏以'阮氏父子臣事天朝,乃招纳叛亡,薮奸诲盗,负恩莫大。今国都册印不保,灭亡已在旦夕,足徵倾覆之不爽。其命两广总督吉庆赴镇南关勒兵备边,俟阮福映攻复安南全境以闻。七年十二月,阮福映灭安南,遣使入贡,备陈构兵始末,为先世黎氏复仇,其旧封农耐,本古越裳之地,今兼并安南,不忘世受,乞以'越南'名国,诏封越南国王。"[1]

三、廓尔喀之战

西藏,汉以前称西羌,言为信鬼之牧羊人所居住的地方。唐称吐蕃,宋称西蕃,元明称乌斯藏,清称西藏,因其位于中国之西部。清初之西藏分康、卫、藏、阿里四大部。原西康省的大部称为"康",以察木多(昌都)为政教中心;西藏的东部至唐古拉主峰,包括今青海省西南角一部分,称为"卫",以拉萨为政教中心;自唐古拉主峰至昂拉陵湖之间的地方称为"藏",以日喀则(扎什伦布)为政教中心;西藏的西部称为"阿里",以噶大克(今噶尔县)为政教中心。卫地又称前藏;藏地又称后藏。廓尔喀在后藏和阿里之南,旧为尼泊尔国。

所谓"廓尔喀""巴勒布"都是指尼泊尔而言。公元前六世纪,尼泊尔的加德满都山谷已有不少居民定居,最早定居此地的是尼瓦人,清代官方记载称之为巴勒布人。廓尔喀位于西藏西南面,其疆土与西藏犬牙交错,本巴勒布国。廓尔喀原是尼泊尔的一个部落。在廓尔喀势力兴起以前,尼泊尔即受尼瓦尔族王的统治。620年左右,尼泊尔土酋阿姆苏瓦曼统一了尼泊尔。639年,他将女儿嫁到吐蕃。唐太宗贞观十五年(641年),唐朝以宗室女文成公主远嫁吐蕃赞普松赞干布。

十三世纪时,因伊斯兰教徒侵入印度,印度北部乌台浦尔地方的拉奇普得族因不愿受伊斯兰教统治者的压迫,逃到尼泊尔山中并占领了廓尔喀土邦。印度人纷纷避居尼泊尔西部山区,并先后建立了无数小邦,廓尔喀就是由印度拉加普族所建立的王国。加德满都(即阳布)一带部落林立,其谷地一带就有24部之多,廓尔喀即此24部之一,位于加德满都西北。明末清初,统治加德满都河谷的主要是尼瓦尔族建立的三个土邦:雅木布、叶楞、库库木三部。三部皆于雍正九年(1731年)奏金叶表贡方物,雍正帝念道路遥远,往返艰难,特敕三部使者即由西藏遣回。十八世纪廓尔喀利用加德满都河谷三个土邦彼此间的矛盾,鲸吞了巴勒布三部。廓尔喀首领拉纳杨先后征服尼泊尔及其周边20余部,于乾隆三十四年(1769年)迁都加德满都,建立了新王朝,称尼泊尔国,清人仍命之曰巴勒布。

---

[1]　魏源:《圣武记》,第279、280页。

直至乾隆五十三年(1788年)廓尔喀第一次侵藏时,驻藏大臣只知巴勒布,不知有廓尔喀,凡奏章皆称巴勒布。乾隆五十六年(1791年),清廷始改称廓尔喀。

拉纳阳死于1771年。其子辛哈·普拉特普继位,扩充了尼泊尔王朝的领土。普拉特普子拉柄·巴哈都尔于1775年立为王,年幼,国事由其叔父摄政管理。其叔父向西征服了22个小土邦,统一了整个西部尼泊尔,并跨过卡利河,占领了现属印度的库龙区;向东边侵略,占领了西藏属地的哲孟雄部、宗木部、左木郎部等地。

廓尔喀地当印藏往来通道,因西藏离内地较远,而与廓尔喀壤地毗邻,故与廓尔喀的宗教、商务关系向来极为密切。廓尔喀人能适应西藏高地严寒与孟加拉酷暑的变化,所以印藏间的货物多由廓尔喀人转运。各种佛像、寺院有不少是尼泊尔的工匠制作和建造的,西藏和尼泊尔的关系相当密切,在廓尔喀族未统治尼泊尔以前,藏、尼关系是友好的,边境上也是和睦相处的。到十八世纪七十年代,随着廓尔喀的对外侵略扩张,廓尔喀与西藏的关系变得紧张起来。

廓尔喀两次入侵西藏,第一次在乾隆五十三年(1788年),第二次在乾隆五十六年(1791年),两次战争间有密切联系。乾隆五十三年(1788年),廓尔喀在沙马尔巴的挑唆下,以商税无故增额、西藏运往之食盐掺土为词,出兵犯边,攻占聂拉木、济咙等地。乾隆帝派巴忠领兵入藏。巴忠因气候、运输等方面的困难,不思进取,竟采用"贿和"手段。

乾隆五十六年,西藏地方政府拒绝支付赔款,且不承认岁贡之约。于是廓尔喀再次大举入侵西藏,攻占后藏政教中心扎什伦布,乾隆帝重组清军前线指挥部,命福康安为统帅,率16000余名清兵出征。清军很快扫清入侵之敌,于乾隆五十七年(1792年)五月进入廓尔喀境内,屡战屡捷,深入廓境七百里。清军屡胜之后骄傲轻敌,八月初三日之战,清军付出了很大代价才将廓军击退,但已无力再组织重大战役。廓军虽取得军事胜利但精华消耗殆尽,也无力再战,双方议和。清军于八月二十八日开始撤军。战后,廓尔喀成为清朝的属国。

(一) 边境起衅

"乾隆三十八年(1773年),英国东印度公司派兵击败不丹,引起廓尔喀惊疑。该国王遣使谒见班禅额尔德尼求援,班禅于次年致书东印度公司,居间调解。乾隆五十二年,廓尔喀遣使赴藏,请求进表纳贡,驻藏办事大臣庆麟以其言词不逊,拒之。此时廓尔喀国王拉纳·巴哈都尔年幼,实权操于其叔巴都尔萨野之手。西藏地区与廓尔喀交往密切,西藏以当地所产之盐及内地所产之茶与廓尔喀交换米谷、布、铜、铁等物。"[①]

西藏历史上没有自己的货币。从十六世纪中期开始,加德满都所造银币流入西藏。当时,加德满都土王马亨德拉·马拉曾与西藏地方签署了一个条约,向西藏提供货币,西藏地方以白银交换。即双方以同等重量的银币换回同等重量的纯银。一般是每个银币换白银一钱五分。历史上称这种专为西藏铸造、流通的银币为"章噶"。这种银币交易大约持续了200多年。由于尼泊尔银币质量越来越差,含银量越来越少,甚至有的银币一半为银,一半为铜。这就引起广大藏胞的极大不满。后来,清王朝出面与尼泊尔磋商,尼泊尔

---

① 章开沅:《清通鉴》第2册,第1109页。

又铸造了纯银的新币。但是新、旧银币同时在市场流通,造成了混乱。西藏地方政府向尼泊尔方面建议停止使用旧币,以新币换旧币,保证新币的畅通。但尼泊尔方面提出,以新币一枚换旧币两枚。① 这种换法势必给西藏方面带来巨大损失。尼藏双方互不相让,此事成为战争导火线之一。廓尔喀本地不产盐,全赖藏地售给,藏盐刨自山谷,本不素净,加之商人参杂泥土,因此两不相和,此为战争导火线之二。当时后藏边境聂拉木地方西藏所派税官,擅自增加了对廓尔喀商人的课税数目,引起廓尔喀人强烈不满,此为战争导火线之三。

另一方面,廓尔喀之入侵也与沙马尔巴的投敌、引狼入室有关。乾隆四十五年(1780年),为庆乾隆帝七旬万寿,清廷邀西藏之达赖、班禅二喇嘛到北京为乾隆祝寿。时西藏达赖七世新转世,年轻尚未受封,经典未熟,乃以未出痘不能离藏入京祝寿为辞,仅由六世班禅罗卜藏巴丹伊仕进京,为祝贺乾隆帝七十大寿诵经。乾隆四十五年(1780年)七月,六世班禅至热河,乾隆帝接见于避暑山庄之澹泊诚敬殿。班禅以皇帝能讲藏语,亲如一家人,固请拜,乾隆嘉其诚,从之。至京接见于南苑德寿寺,乃使之居西黄寺,讲经方参,如顺治时礼遇达赖故事。中土善男信女见班禅喇嘛活佛法相庄严,多愿掬诚以献其所携之贵重物品者。班禅屡受乾隆帝赏赐,在京王公及内外蒙古所赠无虑数十万金。十一月,六世班禅因患痘疹在北京西黄寺圆寂。乾隆四十六年(1781年)春,六世班禅之舍利金龛西归。班禅的随从携带他的宝物返藏后,在六世班禅的兄弟之间引发了一场争夺遗产的斗争。班禅六世之兄仲巴呼图克图护送班禅灵槎回藏。仲巴呼图克图原管后藏商上事务,他依仗实力将遗产全部占为己有,未分给藏兵、喇嘛和寺庙分文。班禅六世之弟沙马尔巴,亦以习红教为由,不得分惠。卫藏地方数千里,番骑万四千,番步兵五万,向皆达赖所辖,班禅唯主持寺庙与达赖转世者互为师徒,不辖地、不预政,仲巴呼图克图以是之故,对于达赖所属之戴本(管兵官)、第巴(政务官)、堪布(管庙官)、商上(财务官)、噶布伦(地方官),以及守御后藏之唐古特兵,皆外视之,一无分赠舍施犒赏。于是沙马尔巴垂涎不已,以遗产应用于振兴佛教为借口,唆使藏兵抢夺。藏兵害怕驻藏清兵干涉,未敢行动。沙马尔巴便逃入廓尔喀境内,企图借助廓尔喀的力量,向其兄仲巴呼图克图索要宝物。

有丹津班珠尔者,本班禅部下头人,以罪被黜,南行流窜入廓尔喀国中,结识廓尔喀国王之叔喇特木巴珠尔,为廓尔喀与后藏间大商人,后藏人有依班禅势力者,故意要其货而不与其值,丹津班珠尔无所告诉,乃怄气归廓尔喀,千方百计欲报复此怨。班禅之弟沙马尔巴之欲令唐古拉兵截夺班禅遗产,不令其兄仲巴呼图克图独吞之谋,丹津班珠尔闻之,以此为其报仇良机,乃往来奔走,商请沙马尔巴勾结廓尔喀人劫之往廓尔喀阳布城(即加德满都),去兴建红教佛寺。又游说廓尔喀国王喇特纳巴都尔及国王之叔巴都尔萨野。时廓尔喀国王年幼,由其叔父巴都尔萨野摄政统兵,其叔好勇武,多财欲,闻有重利可获,又有可乘之机,即于乾隆五十三年(1788年)三月,决心行动,即以"商税无故增额,西藏运往之食盐掺土"为辞,兴兵入边,发动了第一次廓尔喀侵藏战争。② 廓尔喀军3000人由索喀巴尔达布率领,以沙马尔巴为向导,廓尔喀军首先攻占边境重镇聂拉木和济咙。

---

① 赵志忠:《清王朝与西藏》,第81页。
② 台湾三军大学:《中国历代战争史》第十六册,第325页。

庆林、雅满泰据公班第达、噶布伦等具报上奏：据"聂拉木附近居住之喇嘛报称，六月二十四日，有廓尔喀贼匪 3000 余人将聂拉木地方攻陷，该处第巴不知下落。据济咙第巴报称，廓尔喀贼匪 3000 余人于二十一日前来攻击，因本处人少，向宗喀暂避。另据宗喀第巴报称，廓尔喀贼匪攻陷济咙，行近宗喀，现在竭力抵御。闻罗布理、扒克哩、鼎结两路亦有贼兵，若会合进攻，实恐力不能支，请速发兵接应。"①

同年八月，廓尔喀军又分兵北上，先后攻陷胁噶尔、宗喀、萨喀等地，杀戮民众，抢掠财物。饱掠之后于八月十四日夜间撤出胁嘎尔，退回一站，于墨尔模驻扎，等待与西藏当局进行讨价还价的谈判。

（二）巴忠入藏贿和

驻藏大臣庆林得报，急调当地汉藏官兵 1200 人分路抵御，并飞报邻省四川告急，请调满汉兵赴援西藏。"唐古忒兵丁并未时加训练，皆系民夫，平日散居村落，各自耕种。其路程又隔一月或二十余日之远，今骤行征调，不唯一时不能齐集，即器械亦多欠缺不完，实为不能得力……此事所关甚要，若不调拨内地兵力接应，实恐于事无裨。臣等商议，限行六百里，飞咨四川将军、总督、提督，拨派满汉官兵三千，驰赴前藏接应。"②

七月二十七日，乾隆帝收到庆林奏报，立即发布谕旨："命驻藏大臣雅满泰带兵前赴扎什伦布，将班禅额尔德尼加意抚慰，与仲巴呼图克图商议，力为御守；前藏由庆祥加强防范，若聂拉木、济咙、宗喀有失，即将班禅迁往前藏；命四川总督李世杰、提督成德就近调绿营兵及明正等土司番兵三至四千名，驻防满兵五百名，由提督成德和建昌镇总兵穆克登阿统领，迅速赴藏；令成都将军鄂辉速从福建返回成都，统兵二三千速至西藏堵御。"③当时乾隆帝并不想扩大事态："朕观巴勒布贼匪系藏外一小部落，亦无大志，不过掳掠物件，何能恋守聂拉木、济咙等处，大兵一至，重加剿戮，即可败散。败回之后，我兵亦不值捣穴擒渠，夷其部落也。藏地即已迢远，巴勒布部落更远于藏地，止可收复原境而已。"④乾隆帝考虑到由打箭炉至后藏有五千余里。军需运费浩繁，训示："藏内所存粮食，就现有五百兵已不敷用，兹又由内地添调官兵三千名前往。……若到彼后皆于藏内取给，岂不立虞缺乏，倘由内地拨往，不但需费浩繁，且恐缓不济急，所关非细。朕意或于口外一带就近采办青稞、糌粑、面食等项，或较市价量为增给，俾商贩民番等知有利益，自必争相踊跃，希图售卖得利，可资源源接济。"⑤清军于藏内就地购买，比平日采买之价略为增加，与班第达、仲巴呼图克图商议，将仓库存量拨充军用，先估价给银，事平后再行买补。"达赖表示愿无偿提供稞麦四千六百石、牛一千一百只、羊一万只。帝坚持照数给价银，以备养瞻喇嘛之用。"⑥乾隆帝谕"朕鉴达赖喇嘛诚意盹恳，深为嘉悦。此次派出内地兵丁，原以护卫达赖喇嘛、班禅额尔德尼及衿恤唐古忒僧俗番众。……今达赖喇嘛所办粮食、牛羊，情愿作为

---

① 清方略馆原纂，季垣垣点校：《钦定巴勒布纪略》，第 15 页。
② 清方略馆原纂，季垣垣点校：《钦定巴勒布纪略》，第 16 页。
③ 章开沅：《清通鉴》第 2 册，第 1111 页。
④ 清方略馆原纂，季垣垣点校：《钦定巴勒布纪略》，第 74 页。
⑤ 清方略馆原纂，季垣垣点校：《钦定巴勒布纪略》，第 30 页。
⑥ 章开沅：《清通鉴》第 2 册，第 1110 页。

兵丁供应,不领价值,具见心中感激,甚属可嘉。然此项粮食、牛羊原系达赖喇嘛商内预备众喇嘛等养瞻所需,若不支给价值,朕心实有不忍,着将官兵支给若干之处,仍行照数给价。俟事竣买补足额,以资养瞻喇嘛之用。"①

乾隆帝很快发现,驻藏大臣庆林、雅满泰贪生怕死,庸碌无能。"庆林、雅满泰向未更事,一闻巴勒布信息即茫然不知所措。从前接济内地兵糈,均由本地采买,乃庆林不但以内地派往之兵艰于支应,即该处现有之兵,亦无口粮可买具奏。显系并未检查旧案,畏难退缩,预留地步。庆林、雅满泰身系蒙古世仆,竟如此张皇失措,反不如李世杰以汉大臣尚能镇静处事,妥协办理。"②

谕旨训斥"庆林、雅满泰何糊涂至此? 甚属可恨。着严行申饬,即将巴勒布贼匪情形究竟如何办理之处,一面飞咨李世杰、鄂辉、成德,一面迅速奏闻,断不可再有迟延。看来庆林、雅满泰因未经历练,一遇此事不免惊慌,全无主见。……已命巴忠携带札萨克喇嘛格勒克纳穆喀驰驿赴藏,慰问达赖喇嘛、班禅额尔德尼,以示抚慰。庆林、雅满泰俟巴忠到彼会同妥协商办,如再办理不善,难邀宽宥也"。③ 于是派前驻藏大臣、会讲藏语之现任理藩院侍郎巴忠赴藏,主持藏务。

就在乾隆帝调兵遣将之时,西藏僧俗地方当局暗中与侵略者谈判,噶布伦已议定与廓尔喀纳银赎地求和。"九月十一日,庆林、雅满泰奏言:'彼如知畏惧大皇帝天威,即递呈求和撤兵,实与黄教及唐古忒人众有益'等语。臣等伏思巴勒布抢劫聂拉木、济咙等处,原系向唐古忒等构衅,并非敢与天朝抗拒。今达赖喇嘛所言,拟尚可行。再,巴勒布系外番愚蠢,若不询明滋事缘由,即行带兵问罪,恐伊等亦未能心服。臣等因共同商议,拟一札稿,由臣处译为唐古忒字,于八月十六日发交廓尔喀。如彼处遵奉撤兵,尚可不必大办。臣等当将所调四川官兵,一面行文停止,一面知会达赖喇嘛,选派诚实妥协之人,臣处亦派能事官员同往边界,会同巴勒布头目,照原议立定文约,从公办理。倘仍肆行无忌,不肯退兵,一俟内地兵至,臣等即带兵前往,将贼匪逐出境外,重新办理。"④ 雅满泰奏言:"九月十一日胁噶尔之噶布伦扎布端珠布、戴绷将结等呈报:'据萨嘉呼图克图及扎什伦布等处遣人告知,现令喇嘛二人到廓尔喀军营讲和,尚无回信。……臣查萨嘉呼图克图私与仲巴呼图克图相约,遣人议和,并未禀知臣等。且廓尔喀无故滋事,辄敢抢掠地方,自应声罪致讨,乃伊等并不深思大体,即专擅行事,殊属非是。臣以伊等私议和息,不足为凭,现已钦遵谕旨,将颁给廓尔喀檄谕发去。"⑤

九月二十二日,成德抵藏,得悉此情后,与达赖喇嘛详加讲论,派人追回谈判代表,并上奏朝廷。乾隆帝曰:"至萨嘉呼图克图等遣人议和,其意虽未始不善,然亦应请示于达赖喇嘛、班禅额尔德尼,会同遣人前往。……不应私自出名与外夷部落交接,况仲巴呼图克图系班禅额尔德尼属下之人,何得任意自专。若此,在藏众喇嘛均可与外夷部落私相往来,尚复成何事体耶。即和息一事,亦必须依仗兵威,使贼震怖,方可永远宁谧。如以心存

① 清方略馆原纂,季垣垣点校:《钦定巴勒布纪略》,第124页。
② 清方略馆原纂,季垣垣点校:《钦定巴勒布纪略》,第66页。
③ 清方略馆原纂,季垣垣点校:《钦定巴勒布纪略》,第87页。
④ 清方略馆原纂,季垣垣点校:《钦定巴勒布纪略》,第89页。
⑤ 清方略馆原纂,季垣垣点校:《钦定巴勒布纪略》,第144页。

懦怯,辄往议和,转为贼人所轻,安能保其不复滋事。"①

当时藏地喇嘛、噶布伦等见小畏难,竟疑虑内地官兵前往需其供给,不免扰累,意图将就完事,不欲官兵进剿。②乾隆帝极其重视清军的后勤供应,坚持由中央政府承担其全部费用,同时坚决反对西藏当局的私自议和。"任令喇嘛等私自说和,试思天朝大兵不远千里赴藏剿贼,若因喇嘛等与贼说和,徒手空回,岂不师出无名。且大兵撤后,设贼匪又乘机滋扰,仍需纷纷檄调,不但官兵跋涉为劳,兼使贼番等无所畏惧,愈滋其轻忽之心。况大兵既往,遽因讲和议撤,则将来喇嘛等亦觉进退操纵可以专主,尚复何事不可为,而驻藏大臣几为虚设矣。"③

不久,将庆林割去公爵,调伊犁参赞大臣舒濂为驻藏大臣,又革雅满泰驻藏大臣之职,降为笔帖式,将私增课税之聂拉木第巴桑干发往烟瘴之地。开始阶段,雅满泰、成德、巴忠都反对议和。十月上旬,成德率部入藏,分两路攻往聂拉木、宗喀、济咙。十一月六日,进至第哩朗古,因大雪封山,军事进攻受阻。十二月十九日,巴忠行抵胁噶尔,军事进展不顺,运输非常困难。若照平定西藏旧例,自打箭炉至藏,每石需银七十八两有零;照金川之例,骡马驮运米粮,每石每站给银三钱,自炉至藏,现定一百三十三站,计需银三十九两九钱;此次改进运输,仍需运费二十六两八钱六分。清军前线将帅有畏难情绪,并向中央政府谎报军情,鄂辉、成德奏言:"臣等留心察访红帽沙马尔巴呼图克图虽系居住巴勒布地方,与达赖喇嘛、班禅额尔德尼素称相善,并无嫌隙,巴勒布人等亦皆敬信服从。前巴忠由胁噶尔回时,道经后藏,向仲巴呼图克图详悉询问。据称,已写信寄于伊弟,劝令速回。达赖喇嘛、班禅额尔德尼亦曾寄信于彼,想沙马尔巴呼图克图见有伊等书信方肯率领巴勒布头目同来。臣等接见后,将边界勘定诸事议妥,即当好言开导,仍令于原庙主持,并交仲巴呼图克图善为照料,庶红黄两教相安。而巴勒布人等归服后,诸凡听其指示,亦未始不可得伊之力。"乾隆帝据此对沙马尔巴"加恩优奖,赏给朝珠、蟒缎、大小荷包等物"。④

巴忠"畏难情绪增长,谋求与廓尔喀妥协,鄂辉、成德随声附和。班第达之子丹津班珠尔、班禅之父巴勒敦珠布、仲巴呼图克图、萨嘉红衣喇嘛,皆主速和停战,沙马尔巴(红帽喇嘛)说服巴都尔萨野同意索银退兵。廓尔喀要求先在噶布伦每年交银元宝一千锭以赎聂拉木、济咙、宗喀三地。丹津班珠尔因藏地无论如何也筹不到如许银两,未予同意。廓尔喀渐减为银元宝三百锭,噶布伦等同意此议,并告巴忠、鄂辉、成德。钦差大臣巴忠赞同此议,催促丹津班珠尔迅速了结。鄂辉、成德随声附和"。⑤"侍郎巴忠、将军鄂辉遣总兵官穆克登阿、张芝元,带领噶布伦丹津班珠尔等,赴交界地方议和。廓尔喀退还所占地界,并遣头人等赴京进纳表贡。"⑥廓尔喀方面答允退还所占地方,驻藏大臣和噶厦代表答允廓尔喀方面每年元宝三百锭作为赔偿,为期三年,并写了一张字据。⑦

---

① 清方略馆原纂,季垣垣点校:《钦定巴勒布纪略》,第148页。
② 清方略馆原纂,季垣垣点校:《钦定巴勒布纪略》,第175页。
③ 清方略馆原纂,季垣垣点校:《钦定巴勒布纪略》,第174页。
④ 清方略馆原纂,季垣垣点校:《钦定巴勒布纪略》,第276页。
⑤ 章开沅:《清通鉴》第2册,第1111页。
⑥ 松筠:《卫藏通志》,第355页。
⑦ 牙含章:《达赖喇嘛传》,第71页。

在莽卡木地方，双方代表将所立协议交换签名画字钤用图记。鄂辉委派守备严廷良赍谕前往加德满都。乾隆五十四年（1789 年）"六月初十日，廓尔喀国王喇特纳巴都尔并伊叔巴都尔萨野率领大小头目番众数百人，在离寨（加德满都）三四十里之地摆列旗帜鼓吹，并用象只备置锦鞍排队迎接"。① 当严廷良谒见喇特纳巴都尔回驻行馆时，廓尔喀大小官员争相到来叩谒，呈送米面瓜果等食物，款待甚周，严廷良亦将原带绸缎烟茶等物，按名给赏。"六月十三日，喇特纳巴都尔将贡物备齐，遣派大头人哈哩萨野及巴拉巴都尔哈瓦斯二人及随从二十三名押送贡物，由严廷良护送，自加德满都起程赴藏。七月十五日，廓尔喀贡使抵达扎什伦布，鄂辉等按名传见，并呈验黄毡包裹表文一盒及廓尔喀土仪贡品十一种……因扎什伦布无深通廓尔喀文字者，鄂辉乃将表文贡单底稿携赴前藏以备翻译，并命守备严廷良及游击关联升等护送贡使进京。七月二十九日行抵前藏，八月初九日，自前藏起程。……十月初十日，抵打箭炉，同月二十二日抵达成都，李世杰、鄂辉、巴忠等俱至省城，排演戏剧招待贡使，且赏给衣帽，犒以羊酒。十月二十八日，启程入京，巴忠随后亦启程回京。十二月三十日，清高宗御保和殿，赐朝正外藩筵宴，……并正式册封喇特纳巴都尔王爵，其叔都巴尔萨野则特封公爵，廓尔喀遂成为中国属邦。次年八年，廓尔喀贡使返回其国都加德满都。"②

清军入藏时，乾隆帝传旨安抚达赖喇嘛"对此区区扰边之小乱，达赖喇嘛不必担忧，尽管勒于法事，朕之精兵粮饷将永济不竭"，以稳定西藏局势。清政府已决心用武力驱逐廓尔喀入侵者，确保边境安宁。当时，各路清军陆续抵藏，并向入侵的廓尔喀军发起反击，广大藏民也坚壁清野，配合清军同入侵者进行坚决斗争。初始，乾隆帝有轻敌情绪，因庆林等奏巴勒布人少且无马匹，被官兵剿杀退败，认为"贼众无能，亦无大志，不值大办"。③ 谕旨命成德"沿途自必留心探听西藏确实情形，酌定行止。设或该处尚有需兵之处，成德现带汉土官兵一千二百名，足资应用。谅么么小丑，立即歼除，所有原派之满、汉屯练各兵均可停止，免滋靡费"。④ 后来又接到庆林等奏报："巴勒布又聚众万余，在胁噶尔地方围扰，又将宗喀抢占。经李世杰奏请，将前调之第二起满汉官兵及屯练、降番二千名接续出发。"⑤ 双方议和后，军营已无应办事宜，鄂辉即令镇将等将所有汉土官兵分起撤回。

西藏的求和与上层人物内讧有关，时西藏内部正发生达赖、班禅之兄弟子侄各欲以呼毕尔罕（转世之意）继登法座之争，无心对付外患，且各欲借外援以消灭对方势力以取得自己的权势。⑥ 巴忠密令西藏堪布私自与廓尔喀议和，许银贿和，并以廓尔喀上表投顺为条件。遂与廓尔喀私订和约。廓尔喀退兵。巴忠又哄骗廓尔喀向清廷入贡，以换取封赏，同时向清廷谎报廓尔喀已投降。乾隆帝信以为真，擢升巴忠入京为侍卫大臣。

是年七月，廓尔喀遣使入清表贡者至西藏，请导之入京。代理驻藏大臣鄂辉与将军成德，恐藏人及北京发觉彼等之前事，乃节军饷之币于使者而令其归，而秘廓尔喀贡表不奏。

---

① 清方略馆原纂，季垣垣点校：《钦定巴勒布纪略》，第 346 页。
② 庄吉发：《清高宗十全武功研究》，第 440 页。
③ 清方略馆原纂，季垣垣点校：《钦定巴勒布纪略》，第 83 页。
④ 清方略馆原纂，季垣垣点校：《钦定巴勒布纪略》，第 81 页。
⑤ 清方略馆原纂，季垣垣点校：《钦定巴勒布纪略》，第 83 页。
⑥ 台湾三军大学：《中国历代战争史》第十六册，第 325 页。

次年,藏中岁币无所出而不承认贡岁币之约。于是廓尔喀乃以责负欠为名,大举出兵再次攻入后藏地区。

巴忠等赴藏办理军务,迁就议和,后又未能如约付清元宝数目,加上沙马尔巴从中唆使挑拨,欲抢劫后藏寺院作为藏内爽约负欠的补偿,终于导致更大的纷争。乾隆五十五年(1790年)秋间,廓尔喀差人至藏索取银两,达赖喇嘛不愿给付;又因阿旺簇尔提穆来藏,得知许银说和之事,即言此事不成体制,不许续付,达赖喇嘛因而欲撤回合同,永断葛藤。乾隆五十六年(1791)六月初六,"噶布伦齐集聂拉木,带去三百个银元宝,寄信廓尔喀,要求撤去合同,重新谈判。廓尔喀称谈判者职分太低,要求达赖喇嘛之叔或丹津班珠尔前来说话。六月二十八日,嘎勒桑丹津接沙马尔巴信,约往错克沙木谈判,是日夜,廓尔喀将嘎勒桑丹津等二十余人掳去。六月三十日,廓尔喀发兵千余,攻占聂拉木,将丹津班珠尔等管事噶布伦尽数掳去。廓尔喀不把西藏放在眼里,然对清朝犹心存畏惧,不敢贸然出兵。此时,沙马尔巴充当了极不光彩之角色,告以扎什伦布之人心无斗志,我是转生过十世之人,有一世在天朝住过七年,天朝规矩我很清楚,抢了扎什伦布也无妨碍,怂恿廓尔喀侵藏"。[1] 七月初,廓尔喀分路入侵西藏,"胁噶尔第巴头人等带兵往第哩浪古把守,遇廓尔喀贼兵,彼此打仗。见各处寨落已被烧毁占据,乃退守胁噶尔营官寨。又绿营兵胡廷海、卢献麟等将热索桥砍断,廓尔喀复伐木搭桥,将济咙占据,并将胡廷海、卢献麟等裹入其地"。[2] 廓尔喀继而进兵聂拉木,烧毁定日各寨。宗喀之兵进行了顽强抵抗,教习汉兵陈谟、潘占魁率藏兵400余人坚守碉卡,多次击退来犯之敌,廓尔喀兵退往济咙。

八月十六日,廓尔喀兵进攻萨迦沟。"乌尔公阿同前藏代本带领绿营、达木、唐古特兵,前至萨迦官寨上首一带遇敌,见有3000余名,围绕迎敌。""唐古特兵见贼,施放一二枪,即行退走。达木蒙古兵丁甚属奋勇御敌,无如只有三百,众寡不敌,以致阵亡过多,贼乘势占据萨迦庙。"驻藏大臣保泰迁班禅额尔德尼由羊八井北路奔赴前藏,仲巴呼图克图并未随行。"八月二十六日,班禅额尔德尼抵前藏,住布达拉宫。"[3]

仲巴呼图克图于八月十九日夜将庙中细软搬至东噶尔地方藏匿,先行遁去。二十日,廓尔喀兵包围扎什伦布,并声称要发兵攻入前藏。因仲巴呼图克图所得已故六世班禅珍宝财物,分文未予僧众及藏兵,故僧众及藏兵皆不愿为仲巴呼图克图御敌,纷纷逃离。廓尔喀兵于二十一日占领扎什伦布寺,大肆抢劫,金银佛像抢去大半,塔上所嵌绿松石、金塔顶、金册印皆被抢去。廓尔喀分军之半运送所掠物归国,以其半屯日喀则城不去。

"后藏扎什伦布西南,左有曲多江巩,右有彭错岭,峭壁连冈,咽喉天险,贼步卒数千自聂拉木入。其时蕃、汉官兵若分两路,一扼曲多江巩遏其前,一绕赴彭错岭截其后,则廓尔喀深入无援,可不战溃也。驻藏大臣保泰一闻贼至,则移班禅于前藏,并张皇贼势,奏请移达赖班禅于西宁,欲以藏地委贼。且扎什伦布寺负山面江,形式巩峻,喇嘛数千乘埤,可守以待援。而仲巴呼图克图挈赀先遁,喇嘛济冲、札苍等复托言卜诸吉祥天母,不宜战,众心

---

① 章开沅:《清通鉴》第2册,第1158页。
② 松筠:《卫藏通志》,第356页。
③ 松筠:《卫藏通志》,第357页。

遂溃,贼大掠扎什伦布。全藏大震,两大喇嘛告急。"①廓军入侵后藏,掳掠而归,驻藏大臣保泰拥兵不救,并欲弃前藏归,赖达赖喇嘛不肯轻弃重器。事闻,乃命褫保泰爵,改名俘习浑,国语所谓贱役也。

（三）福康安入藏

廓尔喀入侵藏地严重破坏了清政府西南边陲的安定,迫使清政府不得不严肃对待西藏问题。当时,清朝统治集团内部一些高级官员对进行这场自卫反击战的必要性缺乏足够的认识,而一部分西藏上层僧俗人物对清军大举入藏驱逐廓尔喀的行动也抱有疑虑。乾隆帝得知廓尔喀军再次大举进犯西藏的消息后,严惩了驻藏大臣保泰。正在热河扈驾的侍卫巴忠知道底细,自请赴藏效力,好继续隐瞒真相,帝不允,巴忠心虚,当夜畏罪投河自毙。鉴于廓尔喀第一次侵藏战争中巴忠贿和的教训,乾隆帝此次反击廓尔喀的决心坚如磐石。乾隆五十六(1791 年)年十月上谕:"朕之初意,原不欲劳师远涉,今贼匪肆行侵扰,竟敢抢占扎什伦布,不得不声罪致讨,非彼乞哀可完之事。……孙士毅、鄂辉、成德唯当坚持定见,通盘筹划,俟明春大举时,即可穷追深入,痛加剿杀,为一劳永逸之计。"②又颁谕:"至贼匪来藏侵扰,若不过因索欠起衅,在边境抢掠,原不值兴师大办,今竟敢扰及扎什伦布,则是冥顽不化,自速天诛。而不声罪致讨,何以安边境而慑远夷耶?……是此次用兵,实朕不得已之苦心,此天下臣民所共见者,并非好大喜功,穷兵黩武也。"他在谕旨中指出,清军必须对廓尔喀侵略军痛加惩处,并指出:"即和息一事,亦必须依仗兵威,使贼震怖方可永远宁静。如以心存懦怯,辄往议和,转为贼人所轻,安能保其永不滋事。"③乾隆帝的这一果断决策,为清军取得反击廓尔喀战争的胜利奠定了基础。

早在八月下旬,乾隆帝即令四川总督鄂辉、成都将军成德率当地清军驰援。"此次成德、鄂辉等先后派领汉屯兵二千二三百名,加以滇兵二千,察木多兵二千,及先期挑派赴藏换班兵丁一千二百余名,共七千五百余名。"④成德、鄂辉二人"谓巴忠解唐古特语,故私议皆其一人所为,己二人不知也。及奉命赴藏剿御,又按程缓进"。⑤清廷知此二人不足以膺此重任,"十一月初二授福康安为大将军,担负统率大兵击退廓尔喀侵略军之重任。以二等超勇公海兰察、成都将军奎林为参赞大臣。三人皆为久经沙场、能征惯战之猛将。初十日,革去鄂辉总督之职,以副都统衔驻藏办事,革去成德成都将军之职,仍在参赞大臣上行走。补授奎林为成都将军,孙士毅摄四川总督,和琳为驻藏大臣。经帝部署,节次调兵一万四千左右。孙士毅遵帝旨在藏中采买粮食,加价一倍,每石合银三两,藏民踊跃出售,筹粮七万余石,较之内地运往,每石合银二十九两多,省费十倍。此外,西藏存粮七千余石,牛羊一万八千余只,足供一万四五千人食用一年有余。且藏民表示愿意继续售粮,达赖喇嘛亦愿再提供数万石粮食"。⑥"其军饷则藏以东川督孙士毅主之,藏以西驻藏大臣

①　魏源:《圣武记》,第 235 页。
②　《清实录·高宗纯皇帝实录》卷 1388,第 17 页。
③　《清实录·高宗纯皇帝实录》卷 1389,第 10 页。
④　清方略馆原纂,西藏社科院编辑:《钦定廓尔喀纪略》卷 4,第 1 页。
⑤　萧一山:《清代通史》第二册,第 142 页。
⑥　章开沅:《清通鉴》第 2 册,第 1159 页。

和琳主之,济咙边外则前川督惠龄主之。"①

乾隆五十七年(1792 年)正月初二日,乾隆帝上谕,指令清军必须深入穷追,不能将就和事完局。"贼匪在边界逗留多日,坐待歼诛,鄂辉、成德总不以为是,一味心存畏怯,观望迟回,以致未能乘机痛剿。成德即使能奋勇前进,跟踪追剿,其意亦不过将在边界屯聚之贼匪悉行杀散,听其自回,即以收复边境,贼匪吁恳乞降,仍出于希图将就完事,并不思深入穷追。但贼匪反复无常,叠肆恣扰,实为罪大恶极,若非大张军威,痛加剿戮,不足以示惩创。福康安到后,唯当通盘筹划,酌量机宜,总许厚集兵力,一鼓成功,方为尽善。"②

保泰先后咨调之 7500 余名清兵,由鄂辉、成德率领先行,于乾隆五十六年(1793 年)十二月初一日抵达后藏,随即带领官兵 1000 名向第哩朗古前进。第哩朗古紧接同拉山根,其前有拍甲岭,可通聂拉木。聂拉木为廓尔喀兵入藏要道,必须首先收复。成德与总兵穆克登阿亲率官兵攀援前进,于十二月二十七日行抵距聂拉木四十里之拍甲岭。拍甲岭地交扼要,且距聂拉木不远,应驻官兵以得声势联络。"成德随拣派兵丁一百名令协领管带驻防。令游击张占魁等带领汉屯兵二百余名并带唐古特兵七十人由西北迤山而进,令都司张志林等带领汉屯弁兵二百余名,并唐古特兵六十名由西南迤山而进。"臣(成德)于二十八日寅刻乘夜急进,至相距该处约里许之河沿,贼匪向于夜间将桥板抽去。经哨探,河身不至太宽,益值冬令水涸,尚可跳越,并经屯弁兵丁等接负木条至彼,搭桥济渡,更有涉水而过者。臣即带率满汉屯土弁兵,由西北进攻,令总兵穆克登阿带兵由西南进剿,唯时天已黎明,西北官兵先将山头扎住,断其归路,西南官兵与臣所带官兵会合,齐抵其寨脚下。经游击张占魁等率领各屯弁官兵鼓勇直入,贼匪猝不及防,官兵用火弹抛掷寨房,烧毙贼人甚多,其有逃出窜逸之贼,即被官兵分路歼戮。杀死贼匪二百余名,生擒七名,抢获刀枪器械甚多,并搜得米粮十数石,牛羊数十只。"③成德等既克拍甲岭官寨,乘胜进军聂拉木。时廓尔喀大军已饱掠而归,屯于边境者,少数而已。

成德奏言:"聂拉木官寨墙围高厚,我兵奋力直扑,贼匪暗放枪石,间有带伤阵亡,不值徒损兵力,况四面合围,归路及水道俱已断绝,不难立就诛擒。臣随饬满汉屯土将弁,以西北之兵牵缀诱敌,西南之兵多备柴薪、火弹,于(乾隆五十七年)正月初一日子刻,潜行运至寨门堆积,用火引燃。各兵抛掷火弹,先将附近门墙寨房燃烧,唯内有墙门一层,贼匪仍抵死拒守。适乾清门侍卫阿尼亚布、永德在途闻信,于初二日巳刻单骑驰至。臣随与阿尼亚布等带兵在西北截杀堵擒,总兵穆克登阿等带兵在西南截杀堵擒。直至初二日申刻,风势大作,经各兵将柴木火弹抛入,火趁风势直入东边寨房,将贼存火药引烧轰发,寨房坍塌,烧死、压毙贼匪甚多,其见火先行跳墙奔窜之贼均被官兵四面剿擒,尽数歼诛,并生擒贼匪十一名。"④此时,"西北寨内尚有贼匪一百多人。""西北寨房系在官寨之内,距东边寨房稍远,且墙围高厚,火势未能透过,尚有贼匪死拒不出,臣即带率官兵加紧围困"。⑤正月初五、初六两日风雪甚大,难以进攻。"初八日寅刻,(游击)张占魁于西南墙上挖开

①　魏源:《圣武记》,第 235 页。

②　松筠:《卫藏通志》,第 365 页。

③　清方略馆原纂,西藏社科院编辑:《钦定廓尔喀纪略》卷 19,第 1 页。

④　清方略馆原纂,西藏社科院编辑:《钦定廓尔喀纪略》卷 19,第 11 页。

⑤　清方略馆原纂,西藏社科院编辑:《钦定廓尔喀纪略》卷 19,第 13 页。

一洞,抛入火弹,随将房屋烧燃。贼匪多有跳墙逃窜者,尽被我军剿杀,并生擒三名。唯查墙内屯粮房屋虽被烧毁,而外面墙垣岿然不动,贼匪等仍复死守不出。总兵张兰元先于初五日带兵前来,臣鄂辉亦于初九日赶到。"①

"聂拉木贼匪占据西北官寨,所恃墙垣坚厚,拒守不出,全在用火攻烧方可立时轰击,唯墙高不能爬越,火弹难抛,节次挖取地道,均为墙根大石所阻。其东边本有门洞一道,唯有将此烧开,门内虽有石块堵筑,究系松浮,我兵一拥向前,可直下剿杀。臣等于十一、十二两日督兵先挖沟道,十二日午后大雪连下三日,约有三尺余深,直至十五日始稍开霁。臣等随令汉屯官兵于十六日复运干柴,各执火弹,潜至东边门洞口,刨去余雪,引燃柴火,抛掷火弹。火势腾起,将门洞房檐烧着,并被火弹冲开石块,火焰冲入,将门洞内接连寨房二间烧燃。……唯此门洞寨房相距碉寨中隔小院,更有一层围墙,以致火势不能透过,余贼仍敢死拒不出,于墙眼内施放枪矢,……时已午刻,随将官兵暂撤。"②

"二十日天色稍霁,臣等亲往贼寨墙根察看,东南两面官兵所挖地道数处,均为大石所阻,惟西面墙角有沟形一道似通寨内。"遂派兵刨挖,据报墙角并无埋石,即饬令昼夜开挖。"仍令游击张占魁等四面圈围,先于东南两面施放枪炮,并作挖墙放火之势,使贼牵制于前,不复防备于后。连日将西面地道挖进三丈余……令都司什格等于二十四日卯刻,带领勇健满汉官兵十数人将火药四十包装入地道",布置停妥。鄂辉、成德等带领满汉屯土官兵分布东西两面,"待至午刻地道内火燃药发,将西面墙垣寨房立时轰击无存,贼匪尸骨俱飞。官兵乘势上房抛入火弹,臣等督率官兵一并扑上碉寨,贼人势难拒守,旋即纷纷四窜。……经官兵射杀,凡有窜出之贼,尽被诛戮,并生擒二十一名,余贼尽被歼擒,实无一人漏网。"③

破聂拉木寨后,鄂辉、成德"遂奏敌退,欲即以藏事,竟不言济咙、绒辖二处之贼。上斥不许"。④ 正月二十八日,奉上谕:"鄂辉、成德派兵围困(聂拉木),近及一月之久,始将贼匪一百余人用火轰毙,乃奏到折内,辄腼颜称将聂拉木贼匪尽数歼除,将地方全行收复,张大其事。……此次大兵进剿,更不可不直抵贼界,捣穴擒渠,将其贼首贼目悉数俘擒,不留廓尔喀头人一名,并将其地方分给各别部落,俾其作我藩篱,绥靖边境,方为一劳永逸之上策。"⑤

乾隆五十六年(1791年)九月二十九日,福康安自京起程;十一月二十六日,经山西抵西宁;十二月初一日,福康安、海兰察率从满洲调来的骁勇善战的索伦兵2000人,由青海草地入藏,较四川打箭炉近三十程。又从金川调遣土屯兵5000人,从四川调遣绿营兵3000人。乾隆五十七年(1792年)正月初二日,抵西藏交界,自西宁至前藏共计四千六百里。二月十七日,福康安自前藏起程;二十七日驶抵后藏。福康安挥军攻济咙,廓尔喀派兵增援,一时难以得手。福康安计划分兵两路,一路绕出济咙之后,断其归路;一路直取阳布(加德满都)。乾隆帝担心济咙之敌扰我后路,不同意分兵之策,"今阅福康安先后奏

① 清方略馆原纂,西藏社科院编辑:《钦定廓尔喀纪略》卷19,第23页。
② 清方略馆原纂,西藏社科院编辑:《钦定廓尔喀纪略》卷21,第1页。
③ 清方略馆原纂,西藏社科院编辑:《钦定廓尔喀纪略》,卷22,第1页。
④ 魏源:《圣武记》,第234页。
⑤ 松筠:《卫藏通志》,第367页。

到各折,及本日奏到图样,自以济咙为进兵正路,近来大举深入,竟可由此一路并力会攻,军势更为壮盛,似无须分作两路。且福康安亦必须海兰察一同领兵,更为得力"。①

廓尔喀军闻清军援兵已到,仓皇收缩兵力。不久,清军各路人马及粮饷源源不断到达西藏,并依次派往前线。廓尔喀军见形势不利,遣使至清军营请和,陈明构衅缘由,表明无意与清廷为敌,愿意遵奉训谕,同时又在被其攻占的济咙、绒辖等地修筑工事、城池,企图长期占据。三月初三日,奉上谕"据福康安奏,帕克哩营官率领众番,将哲孟雄、宗木收复,福康安俱优加奖赏"等语。"四月初四日,奉上谕,昨据福康安奏请添调川兵,以备后路之用,已降旨令孙士毅,将从前被调兵三千名,迅速启程赴藏矣。……再于屯练降番内,密为挑备三千名,听候檄调。……此次福康安等本系请添三千名,今朕予以六千,合之从前节次派调兵丁,共有一万六七千名,兵力不为不厚。"②

为进一步讨伐廓尔喀侵藏的罪行,使廓尔喀腹背受敌,福康安传檄廓尔喀各邻国哲孟雄(原锡金王国)、宗木(印度大吉岭地区)、布鲁克(不丹王国)、巴作木郎(巴基斯坦)、甲噶尔(加尔各答)、披楞(孟加拉国波格拉),相约共同出兵进攻廓尔喀,瓜分其地。因清军尚未发动大规模进攻,因而各邦观望不前。福康安为彻底收复被占领土,急率精锐6000人自拉孜南下。

福康安等奏言:"(清军于)五月初六日至辖布基地方,该处至擦木仅数十里,路更险峻,若待各兵到齐始行进攻,恐贼匪闻知据险抵御,未免费手。应就现带各兵先行进剿擦木、济咙,大挫贼锋,使贼众闻风胆落。查擦木两山夹峙,中亘山梁,贼在山梁极高之处,瞭望甚远,路径逼仄,必须乘夜潜兵进攻,方可立时夺据要隘。初六日适值阴雨,入夜势甚绵密,因即于雨夜发兵。兵分五队:两队由东西两山进至擦木贼寨左右山梁堵截,另派两队亦由东西两山梁绕至贼后,截其去路。臣海兰察等带领一队由正路直攻贼寨。臣福康安等率兵往来截杀,指示攻剿。惠龄等在后路接应。路中溪河数道,及抵擦木,天甫黎明。该处山甚高峻,树林茂密,山梁扼要之处前后有石碉两座,大河环绕山梁,三面周围砌筑石墙,向北留门,只有一径可上。臣等恐贼匪知觉,仰攻更为费力,因即督令官兵疾速登山,潜至贼寨墙外。臣等直前攻扑,屯兵等踏肩登墙,奋勇越墙,先开寨门,官兵等蜂拥而入。我兵枪箭如雨,杀死贼匪一百余名,遂将前一座石碉夺据。其后一座大碉在高碉之上,里外墙垣两层,用石块堆砌,上留枪眼,密排木桩、鹿角,势更险要。贼匪见前面碉座已失,东西山梁上四队官兵亦已围截严密,无从逃遁,因在碉内藏匿不出,放枪投石,并力固守。臣等令官兵……将东面墙角石块尽力撬开,立时塌一缺口,官兵等奋勇先登,短兵相接,杀死贼首三名,贼匪九十余名,拿获活贼十八名。"③

"初八日乘胜直前,行抵玛噶尔、辖尔甲地方,该处山梁陡峻,后倚峭壁,山前俱系深林密菁,路甚丛杂。臣等正在查探路径,即有占据济咙贼匪三百余人于树林内潜进,甫至山麓,经前队官兵望见巴图鲁、侍卫、章京等即行下压,臣等立即带领现到各兵,并力击贼。贼匪拼命上扑,官兵杀死数十名仍不败退。""臣等以贼势泼猛,须令上至半山从中邀击,

---

① 松筠:《卫藏通志》,第377页。
② 松筠:《卫藏通志》,第376页。
③ 清方略馆原纂,西藏社科院编辑:《钦定廓尔喀纪略》卷33,第1页。

使之首尾不能相顾方可得手。因即绕至半山石礉下埋伏,即令各兵故留一路诱贼上山,贼匪果蜂拥前来,……一至半山,臣等即带兵横冲贼队,杀死贼目,夺获大旗,山梁各兵并力压下,枪箭齐发,刀矛竞进,搅杀一处,贼众始行败审。……追奔十余里,贼匪犹敢回身放枪抵拒,复于沟礉上扼险排列,希图阻我军行。我兵一拥过沟杀贼甚众,各兵由正路进剿,海兰察领兵于对面山下取道疾驰绕至贼前,截杀逸贼及守隘贼匪数十名,直追过帮杏地方,距济咙不远,所剩贼匪不过二十余名,逃回官寨。”[①]是役,杀死廓尔喀军头目苏必达多喇嘛木等 7 人,杀死廓兵 230 余名,获活贼兵 30 余名。

五月初九日,福康安等侦察济咙形势,“查得济咙官寨高大宽广……高及二丈,在官寨西北临河砌大礉一座,直通官寨,为取水之地。官寨东北,在石上砌大礉一座,官寨东南山梁甚陡,另砌石礉一座,贼匪分据险要,负隅固守。山下喇嘛寺与石礉斜对,亦有贼匪占据。”“而官寨层礉高耸,形势险固,各礉卡贼匪又可互相援应,共成犄角之势。臣(福康安)等再四筹思,应于进攻官寨时分遣兵丁攻扑,使之处处受敌,彼此不能相顾,将各礉卡贼匪歼除净尽,然后并注官寨一处,贼匪势孤,自必立时溃散。”派巴颜泰等往攻临河礉座,桑吉斯塔尔等往攻石礉礉座,哲森保等四面往攻山梁上礉座,蒙兴保等攻取喇嘛寺,何满泰等往攻官寨,“臣福康安带领乌什哈达定等相机调度,督催各军攻取官寨。臣惠龄带兵,往来策应其山麓稍平之地,臣海兰察等带领索伦骑兵,分为两翼以备截杀逸匪。……潜于初十丑刻发兵,令各队同时并进。岱森保等抢上东南山梁,贼匪在礉内死守,我兵奋勇攻围,争先上礉,贼始拼命扑出。臣海兰察等带兵复往来冲击,杀贼甚多,我兵即将山梁占据。蒙兴保等同时攻得喇嘛寺,巴颜泰等进至临河礉下,贼匪因系取水要隘,恐官兵断其水道,抵御甚坚,枪毙贼匪多人尚敢抗拒。随将攻克山梁兵丁撤下添往协攻,并用炮轰击,礉座塌去一角,贼匪纷纷跳下大河淹毙,登岸逃逸者俱被索伦骑兵截杀。其石礉礉座距官寨较近,桑吉斯塔尔等带兵攻扑,抛入火弹,焚毁上两层,惟下层周围皆系整块巨石,高宽数丈。官兵攀援登礉,而石块陡滑不能即上,贼匪犹藏匿礉座下层,向外放枪,……直至日暮,始行烧塌。其派攻官寨之阿满泰等,进扑数次未能得手,随焚烧寨下房屋,乘势进攻官寨。贼匪见我奋勇,枪箭如雨,在石垒内站立不定,俱退至寨内放枪投石,抵死守御。复令各路官兵全行撤至官寨,并力进攻,并于临河礉座及贼匪砌礉大石上设炮,对官寨两面轰入。另缚大木为梯,令屯兵等蚁附而登,将官寨外石垒拆毁,而寨墙甚坚,不能即时催破。自丑刻进兵直至戌刻,我兵攻战一日,人人鼓勇,午后密雨半刻,官兵冒雨攻围,倍加振奋,并未稍形疲乏,天色向暮,雨益倾注,复催兵连夜进攻。……至亥刻将官寨东北隅攻破,贼匪滚山逃窜。”此次打仗,“共杀贼六百四十七名,内大小头目七名,其投河落崖者尚不在此数内,拿获活贼一百二十三名,派兵搜山又搜获逃匿活贼七十五名”。[②]清军 4 日内,连战皆捷,将擦木至济咙边界克复。

福康安进取济咙的同时,已先遣成德、岱森保等带兵 3000 名以为偏师,由聂拉木南行,以牵缀敌军。五月十二日五鼓,岱森保等率兵进攻木萨桥,占德沁鼎山梁,从山坡压下,攻克头卡、二卡、三卡,焚毁下木萨桥前面的木栅。至此,清军遂将边境以内的廓尔喀

---

①　清方略馆原纂,西藏社科院编辑:《钦定廓尔喀纪略》卷 33,第 12 页。

②　清方略馆原纂,西藏社科院编辑:《钦定廓尔喀纪略》卷 33,第 18 – 23 页。

军全部廓清。

（四）福康安远征廓尔喀

福康安等于克复济咙后整顿兵力，"五月十三日启程前进。两面高山夹峙，石崖壁立，俯临大河，缘山一线窄径，乱石崎岖，步步陡折。""步行一昼夜，于十四日黎明，始至摆吗奈撒地方，距热索桥尚有十余里，探得该处有大河一道，过河即系贼境。贼匪过河浮搭木板为桥，并于北岸三四里外索喇拉山上砌石卡一处，南岸临河砌大石卡二处，据险拒御。臣等带领巴图鲁侍卫及屯土兵丁至索喇拉山，直前攻扑，贼匪弃卡奔逃，我兵沿途追剿。热索桥南岸守桥贼匪见官兵追至，不及待其过桥，仓促撤去桥板。""我兵一面伐木预备搭桥，一面施放枪炮隔河击贼。因河面宽阔，水深流急，贼匪阻河抗拒，枪声不断，我兵急切不能得手，因将各兵暂撤。十五日寅刻，派兵至河边作欲进之势，密遣阿满泰、岱森保等带领屯土兵丁，令由东面峨绿大山绕至上流潜渡。……我兵越过两重大山，已至热索桥上游六七里，当即砍伐大树扎为木筏，渡过南岸，沿河疾行，直扑贼卡。……贼匪见官兵骤至，出卡抵御，（我兵）杀死贼匪数十人，随即推倒头层石卡，所有正路官兵争先乘势搭桥，一时并济，复将后层石卡夺据。贼匪仓皇奔窜，……自相践踏，官兵奋勇进剿，直至贼境色达木地方，已过热索桥三十余里"。①

清军进入廓尔喀国境，五月十八日行抵旺噶尔地方，沿途并无平地可以扎营，官兵均在石岩下露宿，深入敌境一百六十七里未遇阻击，至协布鲁一带，差人探知，噶尔西南协布鲁一带有敌军砌卡屯聚。福康安等"于十九日五鼓前往旺堆察看形势，该处当路有横河一道，水深流急，与热索桥形势相似，而山险尤甚，原有桥座业被贼匪拆毁。河岸之北，地名旺堆，山坡低下，河岸之南，地名协布鲁克玛，山坡极高。贼匪在南岸高礅上树立木城，木城西南里许临河筑卡据守。隔河对岸亦砌贼卡，又有贼寨数座，名克堆寨，在协布鲁克玛山东三十余里，高据横河上游，各寨内贼匪颇多。二十，臣等领兵至旺堆，砍伐大树试往搭桥，贼匪居高临下，在木城内施放排枪，桥座不能搭起。随派士兵在山上用炮轰击木城，打死多人，贼匪犹不败退。……二十一日复往攻击，仍不能搭桥渡河。臣等以贼匪所拒之处甚得地势，一时难以攻克，必须先将克堆寨攻破，占据上游，从东面山上压下，……直至协布鲁对岸攻击贼卡，夹击西面，则协布鲁克玛一带贼匪亦可不攻自溃。二十二日令臣惠龄带兵仍由正路进攻，牵缀贼势，臣福康安、海兰察带兵……越过三重大山，于二十三日黎明绕至横河上游北岸，该处河道宽深，又因连日大雨，山水涨发，旧有桥座并两岸搭桥基址均被贼匪拆毁。适见南岸有极大枯树一株，倒入河中，……因督令各兵另伐大木，接于枯树枝，借搭为桥。无如贼匪枪声不断，无暇扎缚坚固，而流漩涡急，甫将大木接上，即被漂去，如此十余次未能即渡。日暮大雨，佯令各兵撤退，候至夜半，贼众俱各回寨，赶紧接缚大木，缘木过河。""臣等恐仰攻徒费兵力，因令桑吉斯塔尔守桥，另分兵三路。……二十四日黎明，各路官兵并力压下，贼匪见我兵全已渡河，抵御不住，纷纷溃乱，各路官兵尽力追剿，杀死贼匪三百余名，焚毁贼寨五座。……协布鲁屯聚贼匪均弃木城石卡逃逸，复被我兵邀截，杀死贼匪二百余名。旺堆正路官兵亦即乘势搭桥过河，占住石卡，追杀贼众数

---

①　清方略馆原纂，西藏社科院编辑：《钦定廓尔喀纪略》卷34，第7页。

十名"。① 成德带领另一部官兵追击,于"二十六日探得前途铁索桥有贼匪屯聚,成德等带兵于树内潜行,骤将大河东岸贼卡夺据,遂在东山施放枪炮,乘夜夺桥。二十七日黎明复将西岸贼卡夺获,杀贼二十余名,余俱败窜,连次打仗共擒活贼二十七名"。②

攻克协布鲁后清军继续向嘎多推进,自嘎多正路至东觉大山,此处廓尔喀兵部署周密,地势险峭高峻,有横河一道,断难带兵径渡。"自嘎多东南之雅尔赛拉博尔东拉山一带亦有贼匪屯聚,系属间道,与正路互为犄角。"雅尔赛拉博尔东拉一路,海兰察前往攻剿,领兵分作三队,七月初三日启程。"其东觉一路,臣福康安领兵前往攻剿,亦于初三日启程。臣福康安先至作木古拉巴截山梁,望见隔河东觉山巅贼寨、贼营甚多,半山以下俱有木城石卡,临河构筑,堵截正路。两山南北夹峙,壁立数千仞,下视横河仅如一线……断难从此径渡。探得上游嘎多普山系横河来源,其水稍浅,虽对面河岸亦多碉卡,防守甚严,而嘎多普山上巨石林立,树木茂密,尚可藏身。因留台斐英阿等暂缓下山进攻,仍用大炮轰击,使贼匪抵御正路官兵不得稍息。臣福康安即领兵……由山岭重叠之处潜往嘎多普,绕行两日,初五日带兵下至半山,临河石卡内贼匪放枪抵御。我兵且行且伏,于初六日下至山麓,浮水渡河。碉内贼匪亦尽出抵御,官兵一面奋勇剿杀,一面将近河各碉卡夺据。贼匪见近河碉卡已失,即从碉上绕来攻扑,我兵奋力剿杀,贼众始行败回,随即催兵直趋头座木城。屯兵数人鼓勇先登,被刀砍伤,并未稍却,攀援继上,立时攻克。其二座、三座木城贼匪俱出,至树木内攒集,吹号呐喊,乘高下扑,而木城两旁石卡内贼匪亦来邀截,我兵毫不退却,分头接战不及放枪,唯用弓箭、刀矛,将贼匪歼戮殆尽。……台斐英阿等探知大队官兵已由嘎多普渡河得胜,亦即乘势由正路下山搭桥过河,将正路之木城石卡攻得。追奔二十余里,遂将贼寨、贼营全行克服,共攻克大小贼寨十一处,贼营三处,石碉四处,木城五座,石卡二十余处,杀死贼目七名,贼匪四百余名,拿获大贼目一名,活贼七十六名"。"海兰察分路绕行,……连日潜伏步行,冒雨登涉,昼夜遄行抵博尔东拉前山,遥见木城三座、石卡七处当路砌筑,颇得地势。""官兵于初六日黎明径登山巅,绕至石卡之上,前队之兵正拟压下,贼匪已蜂拥前来,势甚泼猛。"我二队、三队之兵亦接续前来,"自卯至午,往返追压十余次,……短兵相接,贼尸纵横遍地,杀死贼目三名,贼匪二百余名,当将木城石卡全行销毁。整队前进至玛木拉,复遇埋伏,贼兵堵截去路,臣海兰察率兵直前迎击,又杀贼百余名。维时东觉余贼业已败窜,臣海兰察即由博尔东拉山梁赶下,与臣福康安会合一处,尽力追剿,于初九日赶到雍雅地方。"③ 清军进军神速,廓军震慑,一面遣使诣军前乞降。同时,廓尔喀兵已在对面嘎勒拉山梁上据险设防。

福康安复奏:"入贼境后,即闻传说沙马尔巴业伏冥诛。……此言恐不可信,此次廓尔喀滋事,皆由沙马尔巴唆使,该犯实为此案罪魁。必系廓尔喀见大兵连次克捷,危亡在即,故先托言沙马尔巴已获冥诛,可以将侵扰后藏之罪,推卸沙马尔巴一人承当。希图末减,迨事急,将沙马尔巴戕害,将伊首级呈献,恳求罢兵乞降。否则沙马尔巴诡计多端,先

① 清方略馆原纂,西藏社科院编辑:《钦定廓尔喀纪略》卷34,第19页。
② 清方略馆原纂,西藏社科院编辑:《钦定廓尔喀纪略》卷35,第14页。
③ 清方略馆原纂,西藏社科院编辑:《钦定廓尔喀纪略》卷35,第4页。

扬此言,使官兵闻知剿捕稍宽,伊可乘机远扬,兔脱漏网。"①

清军的节节胜利使喇特木巴珠儿大为惊慌,五月二十八日,遣使赴清营乞和:"拉特纳巴都尔谨禀钦差公中堂大将军麾下:今蒙文殊菩萨大皇帝差大将军前来,如同天上星宿一样,救度众生,大将军赏来檄谕,我们接到了很喜欢,知道大皇帝差大将军到藏里来,心里又很感激。从前唐古特与廓尔喀相好,如同一家人……因为唐古特不使我们的银钱,彼此不和,又因沙马尔巴在阳布挑唆主使,就闹起事来。正在打仗时,有天朝的官员来晓谕,又有藏里的人来讲和,我们想着天朝不比别的地方,是不敢得罪的,所以我们差人去请罪,仰蒙大皇帝天恩,加封王爵公爵,赏赐很多物件,我感激大皇帝恩典很重,就不敢闹事了。……上年有唐古特之噶布伦到边界上来说话,我们打发了头目同沙马尔巴去见他。到了聂拉木,沙马尔巴向众人说,唐古特不照乾隆五十三年说的话了,带了兵来害我们。众人听了这些话,才把两个噶布伦、四个汉兵裹进来,就去抢扎什伦布,这全是沙马尔巴从中挑唆主使,叫我们动的兵。""今奉大将军赏来檄谕,才知道他是个坏人,正要把他拿送出来,不料他就病死了。唐古特与廓尔喀边界相连,如同一家亲兄弟一样,就是亲兄弟,也有一时间口舌争端。……大将军前来,就是星宿降临,不拘怎么样吩咐,我们总不敢不遵的。大皇帝就是上天,我们时刻顶在头上。如今天朝发大兵来,我们也实在抵挡不住,总求大将军奏明大皇帝:照施与唐古特的恩典一样,施与廓尔喀。"②福康安拒绝了廓尔喀的请降。六月初九日,廓方将前年裹去的两位噶布伦、四个汉兵送回,再次具禀请降。六月十八日,遣四位大头人普鲁尔邦哩、郎穆尔特邦哩、奈尔兴、巴拉巴都尔哈瓦斯诣大将军行营,递禀乞降。禀中要求福康安派其中两个头人回阳布,传达清军受降条件。

六月二十六日,福康安檄谕:"……仰体大皇帝如天好生之德,不忍全数诛锄,网开一面,准尔投降,断不能如上次边界大人草率办理。至沙马尔巴从中簸弄,示威罪魁祸首,必当立正典刑,即使已获冥诛,亦应将沙马尔巴焚余之躯呈验,并将伊眷属、徒弟、跟役按名送出,以凭究讯。又尔部落抢去扎什伦布金银及各种物件,尔既知从前抢劫之罪,必须全行交还。再从前在济咙边界所立大小合同两张,全系沙马尔巴诓诱所立,今此事已不准再行提及,应一并送来查销。本大将军已至雍雅,山坡狭窄,不能容驻多兵,尔等将抵御之兵,全数撤回,以便移营前进,驻扎受降。"③

领队大臣成德一路,由聂拉木进兵。"福康安又奏言,据成德报称:六月初三日岱森保等由果达哩山梁前进,永德等由交奈山梁前进,成德由正路前进,齐至多洛卡会合剿杀,夺据贼卡,追至羿赖巴地方。成德等由江各波迈山梁直趋陇岗,该处有贼屯聚。我兵由山梁压下,彦吉保等亦带兵前来,两面夹击,遂将陇岗占住。讯据拿获活贼供称,利底地方贼匪甚多,山势险峻,随派屯兵哨探,该处有贼寨数处,有贼卡数处。遂于初十日分兵两路,直扑贼卡,焚烧草棚,贼皆出卡抵拒,(我兵)奋勇追剿。贼匪抵御不住,均向利底寨内逃窜,跟踪追往,由利底东山扑下,复得贼卡二处。正在进攻利底大寨,而贼匪居高临下,颇得地势,我兵攻扑移时,大雨倾注,山高泥滑,不能立时攻克。将各兵暂时撤回,现正整顿

①　松筠:《卫藏通志》,第395页。
②　松筠:《卫藏通志》,第398页。
③　松筠:《卫藏通志》,第406页。

兵力,再行相机进攻。"①成德所率清军遂与廓军相持于利底地区。

清军长驱直入,邻近廓尔喀各邦开始配合清军行动,哲孟雄、宗木出兵将廓尔喀侵占的地方夺回。清军之进讨廓尔喀而深入其内地,喇特木巴珠儿一面再次向清军乞和,一面遣使向邻国披楞及甲噶尔英国殖民当局(孟加拉东印度公司)请援。乞援甲噶尔,亦即乞援于加尔各答英国总督官厅。英国驻甲噶尔总督格瓦利斯恐影响在广州之商业利益,不愿出兵援廓,但为了谋取在廓尔喀的商业利益,便派喀尔克巴力克上校赴加德满都居间调停。披楞国素与廓尔喀有积怨。披楞国时亦成为英国之属国,但仍有自主权,因与英国作战时,廓尔喀援救不至,故积愤未除而欲乘其危而攻之,乃佯许其必救,调其兵船自孟加拉湾朔恒河西上,名义上救援廓尔喀,实际上是要与清军夹击并瓜分廓尔喀。

"(六月)十五日,据贼酋喇特纳巴都尔命将上年在聂拉木掳去之兵丁王刚、第巴塘迈、丹津班珠尔跟役多尔、奇诺尔布第巴跟役果畿四人送出。呈递给福康安禀一件,又呈递官员、官兵禀一件。译出阅看,大意以廓尔喀与唐古忒素相和好,所有诱执兵丁、噶布伦及抢劫后藏,皆由沙玛尔巴主持唆使。奉到前檄,正拟将沙玛尔巴缚献,已于五月十五日病毙。是以将王刚等送出,恳求大皇帝施恩,愿听候臣福康安指示"。②上命军机大臣传谕福康安:"此次贼匪赍呈禀帖,仅令裹去兵丁第巴前来投递,并未专遣大头人来营,而禀内只妄想乞降,并未自行认罪,实属可恶。"③八月初十日,上命军机大臣传谕福康安,"因藏内天气骤冷,若非及早藏事撤兵,恐为大雪所阻。……藏地崇山峻岭,往年九月以后几不免冰雪封山,今年雨雪自必更早。若福康安等冒险进攻,未能于大雪之前撤兵回至内地,运粮设为雪阻不前,是进无可取,退无可守,所关匪细。朕早经降旨,令福康安等就近筹酌,如实在万难进攻,不妨据实奏明,受降完事。"④

福康安由于连战皆捷,头脑发热,以为廓尔喀军已不堪一击,大功即可告成,因此拥肩舆,挥羽扇,俨然自拟于诸葛亮,而不知骄者之必败也。因而在进攻加德满都外围的作战中,"福康安以廓尔喀之国都已近在一日程内,进平其国,为探囊取物,乃不听海兰察扼河立营,以行迂回之建议,竟冒雨逾桥攻之,从正面进攻敌之坚阵。初战,亦势如破竹,及连破廓尔喀四营寨之后,已前进二十余里,至山之陡绝处,敌乘高以木石雨而下,迫使清军攻势顿挫,而隔河隔山之廓尔喀军又皆进袭清军之后以冲击清军。清军已前路被阻,后路被截,不得已乃且战且退,幸得赖海兰察先以兵据桥以为收容,额勒登保等依河力战以击退截击之敌,将军福康安始得率溃军逃归桥北。点查其军,已死伤大半,不复有继续进攻之力矣"。⑤

针对此一过程,福康安奏言:"臣等再三筹画,察看形势,经过贼境地方数百里内,大山皆系东西对峙,中夹大河……而自过雍雅以南,山势皆南北相向,而堆补木与甲尔古拉两山之间又有横河一道。我兵由山北径上,步步皆须仰攻,若攻克噶勒拉、堆补木两重大山,须即夺桥过河,方能得势。"福康安等拟由中路前进,直至噶勒拉山麓,作为上山之势,

① 清方略馆原纂,西藏社科院编辑:《钦定廓尔喀纪略》卷37,第4页。
② 清方略馆原纂,西藏社科院编辑:《钦定廓尔喀纪略》卷37,第1页。
③ 清方略馆原纂,西藏社科院编辑:《钦定廓尔喀纪略》卷37,第16页。
④ 清方略馆原纂,西藏社科院编辑:《钦定廓尔喀纪略》卷38,第16页。
⑤ 台湾三军大学:《中国历代战争史》第十六册,第329页。

诱敌下压。另派额尔登保等由左路进攻,珠尔杭阿等由右路进攻,俱令乘夜进兵。"臣等于八月初二日丑刻先将两路官兵进发,即亲督大队于黎明越过雍雅大山,径下山沟。遥望噶勒拉山巅,有木城两座,木城内贼匪尚未敢遽行迎敌。臣等督率官兵分为数队,佯欲觅路分上,贼匪径从高处压下,势甚泼猛。而左右两路官兵,已于树林内绕出其上,奋勇登山,分趋东西贼卡。贼匪立时溃乱,将石卡两处全行夺据。……贼匪逃回木城,我兵跟踪追上,又有先上之两路官兵从左右夹击。贼匪在木城迎拒甚力,我兵并不退怯,分投攻剿。……自辰刻直至未刻,攻克木城两座,又连克石卡二处,歼戮贼目五名,贼匪三百余名。""乘胜穷追数十里,直至堆补木山口、象巴宗地方。该处有贼卡一座,山上有木城两座,木城旁又有石卡三处,大石卡一处。败逃余贼未及全过象巴宗,我兵赶及卡内,贼匪弃卡奔逸。众兵齐上山巅,木城贼匪俱出抵御,其木城旁石卡内贼匪把守不出,遂令我兵进冲贼阵,分攻贼卡,临阵杀死贼匪一百余名,连夺贼卡。派屯兵等爬越大石卡围墙,奋勇攻克,余众奔溃。……堆补木山下即系横河,现有贼匪拒守桥座,若不将桥夺据,贼匪循河东上,即可绕出我后。……遂连夜分兵两路,派珠尔杭阿等由横河上游进攻集木集,阿满泰等由帕朗古攻桥,进扑甲尔古拉。于初三日卯刻至横河北岸……过河即系甲尔古拉大山,与集木集大山连属,山梁自东至西横长七八十里,木城碉卡据险排列,不下数十处……守御极为险固。臣等带领官兵进攻桥北岸,卡内贼匪拼命抵御。我兵奋勇攻扑,于高碉上用枪炮向下轰击,自辰刻攻至午刻,卡内贼匪大半枪毙,站立不住,逃遁过桥。南岸贼匪一面抵住我兵,一面即欲拆桥,已将桥板拆去几块。……阿满泰等直前争夺,兵丁乘势竞进,一拥过桥……将贼卡攻得。杀死贼目三名,贼匪一百余名,沿河贼匪败窜上山,我兵即追蹑往攻甲尔古拉。其横河上游一路,珠尔杭阿等见正路官兵已过,亦乘势搭桥渡河,进攻集木集。"①

清军至此的进攻一直很顺利,清军继续向阳布进军。但由于福康安轻敌及指挥上的错误,清军在最后一战中蒙受重大损失。福康安在奏折中对战争的失利极力掩饰。"臣等即带兵过桥,督率两路官兵奋勇前进。适值大雨倾注,山崖险滑,直上二十余里,将近木城,形势更陡,贼匪居高临下,枪炮甚多。我兵仰攻,又无大石、密树可以藏身,不能立时攻克,当将官兵撤至山下,贼匪乘高扑来,官兵人人奋勇,赶上接战,搅杀一处,杀戮甚多。集木集山梁上贼匪从旁抄下接应,欲来夺桥,而横河归入大河之处,复有贼匪在大河隔岸放枪助势,三路之贼不下七八千人。我兵往来攻击,贼匪仍不退败。……臣等亲率台斐英阿等奋勇冲杀,贼稍退却,因将各兵分队排开,四面围截……贼匪纷纷窜逸,我兵追至山麓始行撤回。"②

此次战役经噶拉木、堆补木、帕朗古木桥、甲尔古拉、集木集等处战斗。此次大进攻,接战两日一夜,连克两重大山大木城4座、石卡10处、大石卡一处,夺据帕朗古大桥一座,杀死廓军头目13人、士兵600余名,较雍雅地方复深入七十余里。此次官兵因属仰攻,损伤稍多,以致都统衔护军统领台斐英阿、副都统阿满泰、二等侍卫英贵、佐领棍德依俱中枪阵亡,清军付出了很大代价。对于此战的失败,昭梿有不同的记述:由于福康安的轻敌,"我兵皆解囊鞬,负火枪以休息,贼乘机入,我兵狼狈而退。台斐英阿死之,武弁亦多阵亡,

①　清方略馆原纂,西藏社科院编辑:《钦定廓尔喀纪略》卷39,第1页。
②　清方略馆原纂,西藏社科院编辑:《钦定廓尔喀纪略》卷39,第7页。

贼复遣人乞和"。① 廓尔喀虽击败清军，但其主力亦损失殆尽，所请救援英军又迟迟不到，而居心叵测的披楞军日益逼近，只好遣使再向清军卑词乞和。并对清军警告："前路甚险，后路即为大雪所没。"同时，"廓尔喀复调集大军，处处布防"。

福康安知清军已是强弩之末，且道路险阻，运输困难，再战无益，体察天时地利，自量兵力粮运，势难立时直捣巢穴。福康安等几经思维后指出："与其悬军深入，难以计出万全，莫若宣示恩威，尚可永绥边境。"因此，欲俟喇特纳巴都尔再遣办事大头人前来乞降时，即拟遵旨纳款受降。② 福康安奏："藏地边界雪泽最早，如宗喀通拉山等处，常年八九月间即已大雪封山，今年节气较早，已交秋令十余日，总须赶封山之前藏事撤兵，不能久稽时日。"③ 福康安、海兰察、惠龄合疏入告曰："窃臣等秉承庙算，统率劲兵，自察木进剿以来，连战克捷，边界肃清，遂夺热索桥，深入贼境……今廓尔喀业已悔罪投诚，遣大头人恭进表文，请于象马方物之外，虔备乐工，使隶于太常，附各国乐舞之末；并恳定立贡期，遣使五年朝贡一次。详察贼情，实属倾心向化，不敢再滋事端，卫藏全境似可永底敉宁，相安无事矣。"④

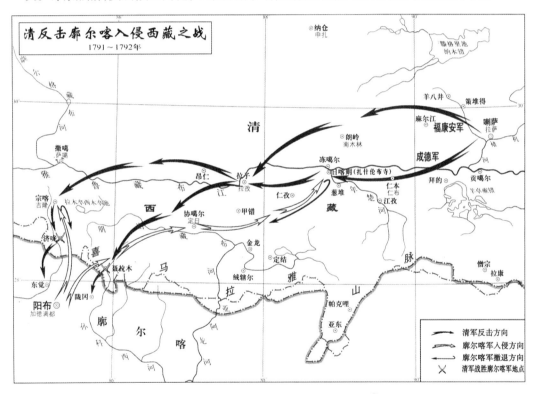

图3　清反击廓尔喀入侵西藏之战示意图⑤

七月十七日，廓尔喀交出原立大小合同二纸，送出沙马尔巴骨殖、物件及其亲属徒众。八月初八日，廓尔喀遣办事大头目四人为使者，"恭赍表文进京，虔备乐工、训象、番马、孔

①　昭梿：《啸亭杂录》卷6，第36页。
②　庄吉发：《清高宗十武功研究》，第469页。
③　松筠：《卫藏通志》，第407页。
④　赵尔巽，等：《清史稿》，第14712页。
⑤　中国人民革命军事博物馆：《中国近代史地图集》，第171页。

雀、甲噶尔所制番轿、珍珠、珊瑚、金银丝缎、金花缎、毡呢、象牙、犀角、孔雀尾、枪刀、药材等共二十九种,随表呈进"。①

八月二十一日,福康安自帕朗古分起撤兵。"将各兵分为三起,臣等率巴图鲁侍卫镇将等带领分起行走,其余在山上防守后路,各兵即由山上随营撤回,另派额尔登保等督兵殿后。计算至济咙程途共有七百余里,此时业已撤兵,非兼程进兵可比,自应整齐各队,依次缓撤。现在酌定每日约行五十余里,共行十二三日可达济咙。"②"清廷留番兵三千,汉、蒙古兵一千戍藏,是为官兵驻藏之始。"③清军于八月二十七日行抵协布鲁,九月三十日抵热索桥,十月初二日回至济咙。待英国使者到达加德满都时,知两国已订和约,只好失望而回。另一路清军也开始向边境撤退,"兹接到成德呈报,贼匪于二十日复遣苏必达帮西克得哩头人前来利底军营乞降,并呈送水牛、食米、糖食、果品,备犒兵丁,经成德酌收水牛四头,赏给缎匹。嗣于二十六七等日分作三起,整队启程"。④

"五十八年正月,廓尔喀使臣赍贡物至京师,帝赐宴,命与朝鲜、暹罗各使同预朝贺,封拉特纳巴都尔为廓尔喀王。自是五年一贡,听命惟谨。"⑤

战争结束后,清政府即进行善后事宜。首先惩办祸首,废止沙马尔巴(即红帽活佛)转世,其金银、田庄、牛羊、百姓完全充公,每年收入作为藏军兵饷,寺院房屋赏给掌办商上事务的济咙呼图克图。阳八井寺内原有其徒众红帽喇嘛103名,"查此项喇嘛若勒令还俗,反恐妖言惑众,别滋事端,询其所习经典亦与黄教大同小异,拟将此一百零三名改为黄教,分与前藏各大寺堪布严加管理"。"廓尔喀人攻至扎什伦布寺时,六世班禅之兄仲巴呼图克图'不思率兵保护庙宇,辄收拾细软物件,先期逃遁,其罪甚重',乾隆帝下令将仲巴呼图克图解赴北京治罪。至于廓尔喀人攻至扎寺时,济仲喇嘛托词占卜,不可抵抗,'致众喇嘛纷纷逃散,贼匪始敢肆行抢掠,即令将为首之济仲拿至前藏,对众剥黄正法'。"⑥

"上本欲裂其土,分授诸土司,……及闻已受降,乃允其请。"⑦九月初十日,乾隆帝上谕:"……唯立定地界一事,前已有旨令福康安等,应与藏内边界,一一设立鄂博,毋许私行偷越。福康安等宜趁此时详细晓谕,申明约束。以热索桥迤西,如协布噜、雍雅、东觉、堆补木、帕朗古等处,经大兵攻克,本应即以此为后藏边界,今念尔悔罪投诚,仍行赏还,其热索桥以内,济咙、聂拉木、宗喀等处,本属藏地,前此虽经汝侵占,现经大兵收复,非如上次讲和退还者可比。嗣后总应以济咙、聂拉木以外为界,尔部落等人,不得尺寸擅越。"⑧

清政府廓尔喀之战共由国库支付军费1052万两,相当于全国税收的四分之一。这次战争使西藏边境自此之后直到鸦片战争之前,保持了近半个世纪的和平局面。通过这次反侵略战争,清政府的威信得到大大提高,受到西藏各阶层僧俗人民的衷心爱戴,从而为清政府颁行《钦定西藏善后章程》二十九条创造了良好的社会环境。

---

① 清方略馆原纂,西藏社科院编辑:《钦定廓尔喀纪略》卷42,第1页。
② 清方略馆原纂,西藏社科院编辑:《钦定廓尔喀纪略》卷42,第25页。
③ 魏源:《圣武记》,第237页。
④ 清方略馆原纂,西藏社科院编辑:《钦定廓尔喀纪略》卷43,第9页。
⑤ 赵尔巽,等:《清史稿》,第14713页。
⑥ 牙含章:《达赖喇嘛传》,第75页。
⑦ 魏源:《圣武记》,第237页。
⑧ 松筠:《卫藏通史》,第430页。

廓尔喀经此役后,改其国号仍为尼泊尔,对清廷始终恭顺,不再怀贰。清宗室昭梿在其所著之《啸亭杂录》中云:"是役也,巴(忠)既辱国于前,福(康安)复偾师于后,犹赖夷人畏葸,为国家威德所慑,故尔献表投诚,以结其局。后之用兵绝域者,应引以为戒。"①

为了纪念此次驱逐廓尔喀人侵藏战争的胜利,乾隆五十八年(1793 年),由内阁侍读学士杨揆撰文、大将军福康安所立《征廓尔喀记功碑》建成,立于拉萨大昭寺前。平定廓尔喀后,乾隆帝踌躇满志,自诩十全老人,以其一生的十全武功而自豪。

四、《钦定西藏章程》

清朝在定鼎北京之初,统一全国的大业尚未彻底完成,其对西藏地区的统治也显得鞭长莫及,只能利用已经归顺清朝的和硕特蒙古领袖,通过当时西藏地方的掌权人顾实汗对西藏实行间接统治。1681—1683 年的拉达克战争之后,黄教集团与和硕特贵族的关系日益恶化,并最终导致双方的武装冲突。康熙四十四年(1705 年),顾实汗的后裔拉藏汗执杀第巴桑结嘉措,经清政府同意,废黜六世达赖仓央嘉措,另立阿旺伊希嘉措为六世达赖喇嘛。康熙四十八年(1709 年),清政府认为西藏事务不便再由拉藏汗独处,因此派侍郎赫寿前往西藏协同拉藏汗办理事务。清廷直接派官管理西藏事务由此开始。

康熙五十九年(1720 年)驱逐准噶尔在藏势力后,清政府趁机废除了和硕特部在西藏建立的地方政权,改由清政府直接任命若干噶伦共同负责西藏地方政务。当时,清政府任命康济鼐、隆布鼐、阿尔布巴、颇罗鼐、札尔鼐为噶伦,其目的在于使其中任何一人都不能独断专行。然而,清政府在西藏实行的分权政策维持了数年安定局面之后,西藏地方掌握实权的上层贵族之间的矛盾日益公开暴露出来。岳钟琪根据王刚到藏访查情形的汇报向朝廷陈奏:康济鼐公直不要钱,番民畏服,但恃功自大,是其所短。阿尔布巴等待人和好,一味取悦同事,然皆性贪要钱,番民多不畏惧。察其情状,阿尔布巴与康济鼐接见之时,虽极谦谨,貌似相和,然未免与隆布巴等人相联一气,而康济鼐则孑然孤立者也。鉴于西藏地方政府统治集团内部不和的情况,雍正帝"遣官晓谕达赖喇嘛,康济鼐、阿尔布巴等和衷办事,解除隆布鼐、杞尔鼐之噶伦衔",②并于雍正五年(1727)任命内阁学士僧格、副都统马喇为驻藏大臣,前往西藏直接监督西藏地方政府,调解阿尔布巴等人与康济鼐的矛盾,安定西藏政局。清政府派遣驻藏大臣由此开始。

乾隆十六年(1751 年)平定珠尔墨特叛乱后,副都统班第十二月到藏,即将叛乱经过报告乾隆帝,乾隆帝又命四川总督策楞率兵一部入藏,处理西藏善后。策楞等人抵藏后,乾隆帝指示:"此措置唐古忒一大机会也,若经理得宜,自可永远宁谧,否则久复别生事端,珠尔默特那木札勒敢怀逆志,由于地广兵强,事权专一,嗣后唐古忒应多立头目,以分其势,尔等其详议善后事宜,为一劳永逸计。"③策楞、班第等人根据这一命令,经过全面研

---

① 昭梿:《啸亭杂录》卷 6,第 36 页。
② 章开沅:《清通鉴》第 2 册,第 79 页。
③ 牙含章:《达赖喇嘛传》,第 63 页。

究,于乾隆十六年(1751年)三月提出了《酌定西藏善后章程》[①],主要内容如下:

一、西藏办事噶布伦向例四人,照此添放;

二、噶布伦办理紧要事件,务须遵旨请示达赖喇嘛和驻藏大臣,钤用达赖喇嘛印信、驻藏大臣关防;

三、各处碟巴(即第巴)等官应公共禀报达赖喇嘛并驻藏大臣补放,不得任用家奴代办,各寺堪布喇嘛照例由达赖喇嘛选派;

四、卓呢尔、商卓特尔、曾本、随本各官名色,唯达赖喇嘛前有,颇罗鼐封王后添设者查革,只于公所设卓呢尔二人,兼领原设之仲意笔七格等办公;

五、噶布伦只办地方事务,兵马、关隘俱责成代奔,后藏设代奔三人,卫地设二名,一体领敕;

六、全藏民人向属达赖喇嘛,按地方大小、人户多寡,均定差徭,颇罗鼐时私赏滥免者复,加派者减;

七、达赖喇嘛差务向由地方百姓供应,噶布伦、代奔等遇公事,禀明达赖喇嘛,发给印票遵行;

八、达赖喇嘛仓库向系仓储巴专管,公事动用,启闭俱以达赖喇嘛印封为凭;

九、哈拉乌苏接壤青海,阿里克接壤准噶尔,应令达赖喇嘛选员驻扎,并咨部奏给号纸;

十、达木(即玉树)蒙古愿回达木候差,宜妥为安顿,其现有头目应统一改为固山达,所属择授佐领、骁骑校各八人,给与顶戴,归驻藏大臣管辖,仍令每佐领各派十人驻藏备差。

《酌定西藏善后章程》得到乾隆帝的完全同意,未交军机大臣审议,即"得旨:著照所定行,下部知之。谕军机大臣等,策楞等所奏办理藏地事宜,朕已照批所奏,允行。"[②]《西藏善后章程》的实行是对西藏行政进行的一次重要改革,大大加强了清朝中央政府对西藏事务的管辖。"在废除藏王制后,由中央确定、由黄教掌权、政教合一的政治制度由此开始。"[③]对于噶伦、戴奔(代本)、堪布喇嘛等僧俗官员的任免,各种乌拉、徭役的使用及边关防御、达木蒙古事项的安排等,都作了较为详细的规定,也体现了中央政府对西藏地方的权力。但《章程》也有一定缺陷,其内容不够完善、明确,尤其对"活佛转世"没有作任何规定,无以杜绝当时存在的舞弊行为。对驻藏大臣的权限,达赖、班禅与驻藏大臣的关系,以及西藏驻军、对外贸易等都没有很明确规定。总之,清政府还没有在西藏地区形成一个强有力的政治统治中心。此外,自乾隆十五年(1751年)来,清朝派出的驻藏大臣品级和能力偏低,不足以和摄政抗衡。

在廓尔喀战争爆发之前,清政府已经收复了台湾,驱逐了沙俄在东北的骚扰势力,绥服了内外蒙古,平定了准噶尔。这样,其注意力能关注到西藏地区的长治久安。第一次廓

① 章开沅:《清通鉴》第2册,第487页。
② 《清实录·高宗纯皇帝实录》卷1385,第18页。
③ 章开沅:《清通鉴》第2册,第248页。

尔喀之战后,乾隆帝当时并不知道巴忠贿和之事,谕旨巴忠再次提出西藏善后事宜条款。"巴忠等谨遵皇上节次训谕,酌定善后事宜分析条款,开列于后:

一、后藏应酌拨绿营官兵,以资防卫而壮兵威也;

一、后藏之拉子、萨喀、胁噶尔一带应设唐古忒番兵防戍,并宗噶、济咙、聂拉木等处均宜修筑战碉,以资防范也;

一、全藏唐古忒兵应遵旨酌定操演技艺以资防卫也;

一、西藏粮产应建仓备贮以济缓急也;

一、驻藏大臣与达赖喇嘛办理事件,应酌定章程,并补放第巴,无论缺之美恶,均当亲往办事,以杜规避而重责成也;

一、驻藏大臣应每年亲历后藏一带巡查并将该处防兵就便查察,其噶布伦等亦当按年亲往各处巡查一次,以重地方也;

一、驻藏大臣应同居一处,遇事商同办理,以期公务有裨也;

一、西藏贸易外番应令噶布伦等公举妥实第巴,协同该处派来头目,善为抚驭,以备稽查也;

一、汉番争讼应酌定条规,以昭公正也;

一、后藏抽收巴勒布税项,应量为酌减,毋得任意苛索也;

一、藏地销售盐斤应分别高低,酌定价值,并拣派妥人经理,毋使掺杂滋弊也;

一、台藏官兵应酌定听差、应役数目,以实操防,以严禁弁兵雇役番妇,以肃军纪也;

一、噶布伦、戴本暨第巴等缺,应慎选承充,以资治理而重地方也;

一、驻藏理藩院司员专员、藏地番务、驻藏游击亦属三品大员,应给与关防,以昭信守也;

一、胁噶尔新设戴本,其缺甚为紧要,请援例赏给号纸,以专责成也;

一、内地拨解西藏军饷,请照旧例改用元宝,以免沿途滋弊而利行使也;

一、请酌添赏需,策励各兵,以昭激劝也;

一、东西台站应划分内外经理,以速公务也;

一、派驻台藏文武官员三年期满,应援两金川屯员边俸之例,量予升擢,用示鼓励。其换班官兵应拣派干练之人,以重地方也。①

乾隆帝对巴忠所奏十分重视,训示"到日即行缮写番文,晓谕卫藏人等,一体恪遵,妥为经理"。

通过福康安指挥的驱逐廓尔喀入侵的战争,清朝政府在西藏的威信更加提高。同时,这次反侵略战争也使清政府在经济上、政治上、军事上付出了沉重的代价。乾隆帝决定对西藏事务进行一次比较彻底的整顿,把清朝中央政府对西藏的管辖以法律的形式巩固下来。谕旨:"……达赖喇嘛系清修梵行,唯知保真养性,离尘出世之人,岂复经营俗务,自

----

① 清方略馆原纂,季垣垣点校:《钦定巴勒布纪略》卷22,第1–31页。

必委之于噶伦布。而噶伦布等遂尔从中舞弊,诸事并不令驻藏大臣与闻,及滋生事端,始行禀白,吁求大臣为一经理,迨至事过,仍复诸事擅行。以致屡次滋衅,成何事体,不可不大为整顿。……今经此番大加惩创之后,自应另立章程,申明约束,岂可复循旧习。"①

福康安在经过札什伦布时,即向七世班禅表示:"藏内办事之人,不知计虑深远,一切章程未能周妥,若不割除积弊,终非经久之策,俟至前藏时,会同驻藏大臣逐一筹议,兴利除弊,请大皇帝训示,俟奏定后,再当寄知班禅额尔德尼,谕后藏僧俗人等一一奉行,永远遵守。"福康安到拉萨后又向八世达赖强白嘉措提出:"此次官兵远来剿贼,全为保护卫藏僧俗起见,今贼匪输诚服罪,固可永无反复,唯藏中事务向来毫无制度,达赖喇嘛唯知坐静安禅,不能深知外事,噶伦等平时任意舞弊,有事又不能抵御,必当更定一切章程,俾知遵守,今蒙大皇帝训谕周详,逐加指示,交本大将军等详细筹议,以期经久无弊,藏番永资乐利,达赖喇嘛既知感戴圣恩,将来定议时自当敬谨遵依办理,倘或狃于积习,则撤兵后大皇帝即将驻藏大臣及官兵等概行撤回,以后纵遇有事故,天朝亦不复管理,祸福利害,孰轻孰重,惟听自择。"八世达赖强白嘉措当即回答:"卫藏诸事烦大皇帝天心,立定法制,垂之久远,我及僧俗番众感切难名,何敢稍有违拗,将来立定章程,惟有同驻藏大臣督率噶伦及众番等敬谨遵照,事事实力奉行,自必于藏地大有裨益,我亦受益无穷。"②

乾隆五十七年(1792年)十一月十七日乾隆颁发谕旨:福康安等奏称,"行抵前藏将善后章程大意告知达赖喇嘛察看,达赖喇嘛感戴出于至诚,一切唯命是听,断不敢稍形格碍等语。朕节次所示条款内,如严禁达赖喇嘛左右、近侍、亲属及噶布伦等干预滋事,并发去金奔巴瓶签掣呼毕勒罕各款,皆系保护黄教,去彼世袭嘱托私弊,达赖喇嘛自当一一遵奉。此系极好机会,皆赖上天所赐,福康安等当趁此将藏中积习涤除,一切事权,俱归驻藏大臣管理,俾经久无弊,永清边隅,方为妥善。"③

福康安会同八世达赖方面掌办商上事务的济咙呼图克图、噶伦及七世班禅方面的扎萨喇嘛等人,共同筹议西藏善后章程。清政府在福康安等人上报的善后章程102条的基础上加以归纳、简化,经军机大臣们多次复议,于乾隆五十七年十二月初六至五十八年正月二十一日,共确定29条,定名为《钦定西藏善后章程》,也称《钦定藏内善后章程》或《钦定西藏章程》。另一说为:"福康安等又将历次呈奏的主要内容合并为二十九条。"④

《钦定西藏善后章程》有汉文本、藏文本两种。藏文原件存放于拉萨大昭寺、日喀则扎什伦布寺。藏文本比汉文本略微详细。其内容如下:⑤

　　(一)关于寻找活佛及呼图克图的灵童问题,依照藏人例俗,确认灵童必问于四大护法,这样就难免发生弊端。大皇帝为求黄教得到兴隆,特赐一金瓶。今后遇到寻认灵童时,邀集四大护法,将灵童的名字及出生年月,用满、汉、藏三种文字写于签牌上,放进瓶内,选派真正有学问的活佛,祈祷七日,然后由各呼图克

① 《清实录・高宗纯皇帝实录》卷393,第12页。
② 牙含章:《达赖喇嘛传》,第75页。
③ 清方略馆原纂,西藏社科院编辑:《钦定廓尔喀纪略》卷45,第20页。
④ 蔡美彪:《中国通史》第10册,第117页。
⑤ 牙含章:《达赖喇嘛传》,第76-85页。

图和驻藏大臣在大昭寺释迦佛像前正式认定。假若找到的灵童仅只一名,亦须将一个有灵童名字的签牌,和一个没有名字的签牌,共同放进瓶内,假若抽出没有名字的签牌,就不能认定已寻得的儿童,而要另外寻找。达赖喇嘛和班禅额尔德尼像父子一样,认定他们的灵童时,亦须将他们的名字用满、汉、藏三种文字写在签牌上,同样进行,这些都是大皇帝为了黄教的兴隆,和不使护法弄假作弊。这个金瓶常放在宗喀巴佛像前,需要保护清洁,并进行供养。

(二)为求西藏永远安乐计,今后有邻近各国来西藏的旅客和商人,需要进行管理,如果他们安分守己,遵守地方例俗,可以准其照旧经营商业,但是所有来往商人,必须进行登记,造具名册呈报驻藏大臣衙门备案。准许尼泊尔商人每年来藏三次,克什米尔商人每年来藏一次,各该商人无论前往何地,须由该管主脑呈报驻藏大臣衙门,按照该商人所经过的路线签发路证,并在江孜和定日两地方新派官兵驻扎,各该商人经过时,需将路证拿出检验。如有外人要求到拉萨者,须向各边境宗本进行呈报,并由驻江孜和定日的汉官进行调查,将人数呈报驻藏大臣衙门批准。该外人到拉萨后,需要进行登记并受检查。派驻各地的汉官及文书等人员,如有贪污受贿等行为,一经发现即予惩办。由不丹、哲孟雄前来拉萨办理朝佛等事的人员,也同样需要呈报。外人返回本国时,也有各地宗本加以管理并进行检查。达赖喇嘛派往尼泊尔修建佛像或去朝塔的人员,由驻藏大臣签发路证,如逾期不能返回,由驻藏大臣另外行文给廓尔喀王。这样办理既可澄清边务,也对西藏有利。

(三)西藏章卡(市场流行的一种硬币)历来掺假很多,今后政府应以纯粹汉银铸造,不得掺假。并依旧制,每一章卡重一钱五分,以纯银的六枚章卡换一两汉银。本来六枚章卡只等于九钱银子,所差一钱银子即算为铸造费用。"章卡"正面铸"乾隆宝藏"字样,边缘铸年号,背面铸藏文。驻藏大臣派汉官会同噶伦对所铸造之章卡进行检查,以求质量纯真。以前尼泊尔铸有假章卡,藏政府也铸有假章卡,现规定其比价一律为汉银一两换八枚,并决定以后再不得私自铸造。凡尼泊尔及西藏所铸章卡之没有掺假者,一律以上述比价为标准,以后不得非议。所铸新章卡如有掺杂锡、铁等假料而被发觉时,所有由汉官及噶伦委派之孜本、孜仲(僧官)等管理人员以及工匠人等,一律依法应受严厉处分,并依所铸假币数目加倍罚款。

(四)以前前后藏都没有正规军队,用时临时征调,不仅缺乏作战能力,并且骚扰人民,危害很大。这次呈请大皇帝批准,成立三千名正规军队:前后藏各驻一千名,江孜驻五百名,定日驻五百名,以上兵员由各主要地区征调,每五百名兵员委一代本(戴本、代奔)管理。以前西藏只有五个代本职位,这次增加兵额,应依新增人数增加代本名额。前藏代本即由驻拉萨游击统辖,日喀则、江孜、定日各地代本,由日喀则都司统辖。所有征调的兵员,应添造两份名册,一份存驻藏大臣衙门,一份存噶厦。以后如果发生缺额,即依名册补充。以上兵员统为达赖喇嘛和班禅额尔德尼的警卫。

(五)关于军官的职位,按照这次的编制,代本以下设十二个如本,每一如本管二百五十名兵员,如本以下设二十四名甲本,每一甲本管一百二十五名兵员,甲本以下设五名定本,每一定本管二十五名兵员。以上人员由驻藏大臣和达赖喇嘛挑选年青有为者充任,并发给执照。代本出缺时,由如本中升补;如本出缺时,从甲本中升补;以下类推。贵族出身的军职人员,也要从定、甲本逐级提升,不得任意升迁。按照旧例:平民只能胜任定本,不能上升,今后应依照其学识技能及战功逐级升迁,不得歧视。如有违犯军纪的事情发生,即予严惩。

(六)以前征调兵丁,不发粮饷武器,系有各兵丁自备,一旦用完,即行潜逃。今后每人每年应发粮食二石五斗,总共为七千五百石。上述粮食仅靠前后藏的田赋收入不够支付,故以沙马尔巴、仲巴呼图克图的田产、以及丹津班珠尔之子目居索南班觉所呈交的五个庄园,总共收入青稞三千一百七十石,作为补充。如还不够支付,即将沙马尔巴罗桑坚班的什物尽行变卖,以补不足,这样每年就可收入青稞七千五百石,用以发给各兵员应发的粮饷。另外受征调的兵员,由达赖喇嘛发给减免差役的执照,这样更可使各兵员知道对他们的照顾,以增进他们的战斗情绪。各代本因为已经有了达赖喇嘛拨给他们的庄园,就无需另发薪饷。各如本每年应发三十六两银子,各甲本二十两,各定本十四两八钱,总共二千六百两银子,由藏政府交给驻藏大臣,分春秋两季发给。兵员的粮饷也分春秋两季发给,由甲本和代本负责,不得短少。

(七)关于军队装备:十分之五用火枪,十分之三用弓箭,十分之二用刀枪。前后藏各寺院如有剩余武器,给价予以收买,其费用由前被没收的沙马尔巴牧场收入的酥油价值五百五十两中开支。弓箭、火药由政府每年派人前往贡布及边坝制造。各兵丁还要经常操演。

(八)达赖喇嘛和班禅额尔德尼的收入和开支,以前不经过驻藏大臣审核。由于达赖喇嘛和班禅额尔德尼全副精力贯注于宗教,不加细察零星事务,完全由他的亲属及随员等负责管理,难免不发生中饱舞弊等情事,所以这次大皇帝特命驻藏大臣进行审核,每年在春秋两季各汇报一次。一有隐瞒舞弊等情事发生,应即加以惩罚。

(九)此次廓尔喀侵犯藏地,西藏许多村落夷为废墟,人民饱尝痛苦,因此对于所属人民应大发慈悲,予以爱护,最近决定济咙、绒夏、聂拉木等三个地方免去两年的一切大小差役,宗喀、定日、喀达、从堆等地方各免去一年的一切大小差役。并免去前后藏所有人民铁猪年以前所欠的一切税收。政府僧俗官员、各宗、谿负责人等,所有欠缴税收亦都减免一半。以上各项措施符合大皇帝爱护西藏众生的旨意,对于前后藏人民造益不浅。

(十)驻藏大臣督办藏内事务,应与达赖喇嘛、班禅额尔德尼等,共同协商处理政事,所有噶伦以下的首脑及办事人员以至活佛,皆是隶属关系,无论大小都得服从驻藏大臣。札什伦布的一切事务,在班禅额尔德尼年幼时,由索本堪布负责处理,但为求得公平合理,应将一切特殊事务,事先禀报驻藏大臣,以便驻藏大臣出巡到该地时加以处理。

(十一)噶伦发生缺额需要补任时,从代本、孜本、强佐中考查各人的技能及工作成绩,由驻藏大臣和达赖喇嘛共同提出两个名单,呈报大皇帝选择任命。噶伦喇嘛之缺额,从大堪布中提名呈请委任。代本之缺额从如本中升迁,或从边界宗本中提出两个名单,呈请选择委任。孜本和强佐之缺额,有业仓巴、协邦(管理刑事者)、噶厦大秘书、孜仲喇嘛(僧官)中选任。业仓巴和雪第巴的僧官缺额,从各大寺院喇嘛中挑选委任。大秘书之缺额,由小秘书及噶厦仲尼中委任。大宗及边宗宗本之缺额,由小宗宗本中委任。小秘书之缺额,由武官甲本及其他适当人员中委任。各边宗及小宗宗本之缺额,由普通职员中委任。过去各宗之僧官宗本,都由达赖喇嘛之随从中委任,他们都不能亲自到宗任职,而派代理人前往,这些代理人难免不发生贪污敲诈情事,因此今后所有代理人均由驻藏大臣选派,不能由孜仲喇嘛私自委派。噶厦的小秘书及仲尼,其职位虽小,但经常和噶伦一起工作,不谓不重要,所以须从俗官中挑选能力较强者充任之。最近改造造币厂,委任两个孜本和两个孜仲为管理人,如该人员发生缺额时,须由达赖喇嘛和驻藏大臣协商选任。所有以上人员,除噶伦和代本须呈请大皇帝任命外,其余人员可由驻藏大臣和达赖喇嘛委任,并发给满、汉、藏三种文字的执照。噶伦代本以下人员和各个宗本,今后均按上述规定逐级升迁,不得逾规乱为。至于草官、卫士、糌粑管理人、帐篷管理人等,无关重要,可由达赖喇嘛自行派任。

札什伦布的工作人员,都是僧人,过去没有规定品级,多少也不一定。今后强佐出缺时,须由索本喇嘛(管饮食者)和森本喇嘛(管寝室者)中补任,索本出缺时,从孜仲中补任,森本出缺时,从仲尼中补任,不得随意升迁。札什伦布辖区内村落较少,各边地亦无重要之宗、谿,所有强佐、索本、森本及宗本等,须依前藏之制度,由班禅额尔德尼和驻藏大臣协商委任。至于管理酥油、糌粑、柴草等零碎事务之无关重要人员,可依其技能之优劣,由班禅额尔德尼自行选任。关于乌拉等的派遣可依照旧例行之。

(十二)达赖喇嘛和班禅额尔德尼周围的随从官员,过去都是他们的亲属,如达赖喇嘛的叔父和班禅额尔德尼的父亲班丹团主,都是私人升迁,又如达赖喇嘛之胞兄洛桑格登主巴,依仗势力多行不法。今后应依西藏各阶层及札什伦布僧俗人民之愿望,在达赖喇嘛和班禅额尔德尼在世时,其亲属人员不准参与政事。达赖、班禅圆寂后,如果还有亲属,可以根据他们的技能给予适当的职务。

(十三)驻藏大臣每年分春秋两季出巡前后藏各地和检阅军队。各地汉官和宗本等,如有欺压和剥削人民情事,即可报告驻藏大臣,予以追究。驻藏大臣出巡时,所用民间乌拉等,都得发给脚价,不得扰累番民,以示体恤。

(十四)西藏和廓尔喀、不丹、哲孟雄等疆界相连,以前这些地方来人呈现贡物和处理公务,达赖喇嘛写回信时,曾因格式不合及其他原因而产生纠葛,例如廓尔喀前此行文交涉章卡一事,西藏地方没有谨慎从事,以致引起战争。现廓尔喀方面虽然表示悔改前非,归顺投降,但以后无论何种行文,都须以驻藏大臣为主,和达赖喇嘛协商处理。今后廓尔喀派人来见达赖喇嘛和驻藏大臣,其回文必须按照驻藏大臣之指示缮写,关于边界的重大事务,更要根据驻藏大臣的指示处理。外方所献的贡物,也须请驻藏大臣查阅。不丹,以前皇帝曾加过封号,其宗教虽然不同,但每年派人向达赖喇嘛呈献贡物;哲孟雄、宗木、孟唐等藩属,每年也派人向达赖喇嘛和班禅额尔德尼献贡,均不要加以阻扰,而应详细检查。外方人员来藏时,各边宗宗木需将人数登记,准其前往拉萨。各藩属给达赖喇嘛等人的来文,须译呈驻藏大臣查看,并代为酌定回书,叫来人带回。所有噶伦都不得私自向外方藩属通信,即或由外方番邦行文给噶伦时,也得呈交驻藏大臣和达赖喇嘛审阅处理,不得由噶伦私自缮写回信。以上有关涉外事务的规定,应严格遵守。

(十五)西藏的济咙、聂拉木、绒夏、喀达、萨嘎、昆布等地区和廓尔喀疆土相连,又为交通要道,须在济咙的日板桥,聂拉木的潘瞻铁桥,绒夏的边界等处树立界碑,限止廓商和藏人随意越界出入。驻藏大臣出巡时必须予以检查。所有尚未树立界碑之处,亦须迅速树立,不得因延迟而引起纠葛。

(十六)边界地区与外界连接,对于当地人民之管理,来往行人之检查,都属重要事务。过去知能较强之宗本多留拉萨供职,而派知能较弱之宗本前去边界,难免耽误事情。今后边宗宗本均由小宗宗本及军队头目中选派,任满三年后考查成绩,如果办理妥善,驾驭得宜,记名以代本等缺升用,倘办理不善,立即革退。

(十七)西藏过去委任大小职务,均在贵族中选任,平民完全无份。自今新立规章,凡普通士兵如有知能较强并有战斗能力者,虽非贵族亦得升任定本甚至逐级升至代本。其它一切官职,可依旧例从贵族中派任,但如年龄过幼,亦不宜担任官职。因此规定小秘书、噶厦仲尼、小宗本等,年满十八岁之贵族子弟始可派任。

(十八)堪布为各寺院之主脑,应选学问渊博,品德良好者充任之。近查各大寺之活佛,拥有很多庄园,并因享有群众信仰,所献贡物者很多,再加经商谋利,贪财好货,甚不称职。现规定今后各大寺堪布活佛人选,得由达赖喇嘛、驻藏大臣及济咙呼图克图等协商决定,并发给加盖以上三人印章的执照。至于各小寺堪布活佛之人选,可依原例由达赖喇嘛决定。

(十九)政府之所有税收,有以银两折交物品者,即照所定新旧章卡兑换之数,按新铸旧铸,分别折收,不得稍有浮多。至采办各物,亦须公平交易,不得苦累商民。

(二十)在济咙、聂拉木两地方抽收大米、食盐及各种物品之进出口税,可依原例办理,除非请示驻藏大臣同意,政府不得私自增加税额。

(二十一)西藏之税收、乌拉等各种差役,一般贫苦人民负担苛重,富有人家向达赖喇嘛和班禅额尔德尼领得免役执照,达赖喇嘛之亲属及各大呼图克图亦领有免役执照。各噶伦、代本、大活佛之庄民也多领得免役执照。今后所有免役执照一律收回,使所有差役平均负担。其因实有劳绩,需要优待者,由达赖喇嘛和驻藏大臣写上发给免役执照。对新成立之兵员,由驻藏大臣和达赖喇嘛依照名册一律发给免役执照。兵员出缺时,需将所发之免役执照收回。

(二十二)达赖喇嘛所辖寺庙之活佛及喇嘛,一律详造名册,于驻藏大臣衙门和达赖喇嘛处各存一份,以便检查。以后各寺喇嘛如有不领护照而私行外出者,一经查出,即惩办该管堪布及札萨等主脑人员。

(二十三)青海蒙古王公派人来藏,迎请有学问之活佛到家念经祈祷,有些固然是通过驻藏大臣,但有些是私自前往,因而不易查访。以后青海蒙古王公前来迎请西藏活佛,须由西宁大臣行文驻藏大臣,由驻藏大臣发给通行护照,并行文西宁大臣,以便查访。到外方朝佛之活佛,亦得领取护照,始给通行。如若私行前往,一经查出,即惩罚该管堪布及主脑人员。

(二十四)依照旧例,来往派遣人夫乌拉,皆由达赖喇嘛发给执票,流弊很大,噶伦、代本以及达赖喇嘛之亲属,都有私派乌拉用以运输食粮用物。今后各活佛头目等因私外出时,一律不得派用乌拉。因公外出时,由驻藏大臣和达赖喇嘛发给加盖印章的执票,沿途按照执票派用乌拉。

(二十五)对于打架、命案及偷盗等案件的处理,可以缘依旧规,但须分清罪行之大小轻重,秉公办理。近年来噶伦及昂子辖米本(拉萨市长)等,对案件之处理,不唯不公,并额外罚款,还将所罚金银牛羊等不交政府,而纳入私囊。噶伦中还有利用权势,对于地位低下之人,随便加以罪名,呈报达赖喇嘛,没收其财产者屡见不鲜。今后规定对犯人所罚款项,必须登记,呈交驻藏大臣衙门。对犯罪者的处罚,都必须经过驻藏大臣审批。没收财产者,亦应呈报驻藏大臣,经过批准始能处理。今后无论公私人员,如有诉讼事务,均须依法公平处理,噶伦中如有依仗权势,无端侵占人民财产者,一经查出,除将噶伦职务革除及没收其财产外,并将所侵占的财产,全部退还本人,以儆效尤。

(二十六)每年操演军队所需用之弹药,由噶厦派妥员携带驻藏大臣衙门之公文,前去工布地方制造,运至拉萨发给部队。以前后藏番兵没有火炮,现从新造十四门火炮中调两门给后藏,以便在军队操演时试验射击,其余都交给达赖喇嘛。

(二十七)过去噶伦及代本等上任时,达赖喇嘛照例拨给公馆及庄园仍由家属承受不交,政府又另外拨给。今后所有卸任之噶伦及代本,应将公馆及庄园移交新任,不得据为私有。

(二十八)依照原例,应该发给活佛及喇嘛之俸银,均有定时,近来都有提前发放情事。今后应按规定时间发放,绝对不得提前。希济咙呼图克图立即进行调查,如发现提前发放俸银,或未全部发放者,对负责人员予以处分。

(二十九)西藏各村落应交政府之赋税、地租以及物品,邻近各地多派僧官催缴,较远者多派俗官催缴。近查僧俗官员和宗本中有少数坏人,将所收赋税地租不交政府而入私囊,致逐年积欠者甚多。甚有催收本年各项赋税时,预将明年各项赋税提前催收情事。还有逃亡户应该负担之赋税,强加给住地户负担者,以致苛捐繁重,民不聊生。以后强佐派人催缴赋税时,应按规定期限办理。僧俗官员及宗本等只准催清当年赋税,不得提前催收来年赋税。各村逃亡户之负担应予减免,俟该逃亡户还乡后照旧负担。

乾隆五十八年(1793年)正月十七日,福康安等奏言:"藏内一切善后章程仰蒙皇上于万里外烛照情形,指示详尽,并谕以指出,条款之外尚有应行办理者,亦着一并奏闻。臣等自到藏以来,随事随时留心咨访,体察番情,除遵旨议奏各条前已陆续具奏外,尚有应办理章程十八条,逐一悉心筹议,公同酌定,敬为我皇上陈之。"其细目如下:

一、达赖喇嘛、班禅额尔德尼与外番通信,应知驻藏大臣详细商酌也;

一、各处边境均应设立鄂博,以清疆界也;

一、边界营官应拣选妥干之人补放,并照内地边俸之例,酌定年限升推,以示鼓励也;

一、严禁袭充番目之弊,以励人才也;

一、各大寺坐床堪布,应令达赖喇嘛会同驻藏大臣秉公补放也;

一、商上银钱出入,应照新定数目画一收放也;

一、济咙、聂拉木边界抽收税课,毋庸酌减也;

一、严禁私给免差照票,以均徭役也;

一、卫藏僧俗户口,应行造册稽查也;

一、蒙古延请喇嘛诵经,应由驻藏大臣给照前往,以资查考也;

一、严禁私用乌拉,以恤番民也;

一、罚赎不公及抄没家产之弊,应行严禁也;

一、西藏官兵所需火药应就地配造,以节靡费也;

一、达赖喇嘛赏给噶布伦、戴琫等房屋、庄田,不得私行占据也;

一、商上喇嘛透支钱粮之弊,应行禁绝也;

一、各寨租赋按年征收,清缴商上,并查明逃亡绝户,随时豁免,以恤番民也;

一、驻藏大臣衙门应设译写廓尔喀番字通事人役也;

一、廓尔喀贡使往来,应酌派文武官员护送也。[①]

《钦定西藏章程》用法律形式明文规定了驻藏大臣的职权,加强了驻藏大臣在西藏的政治地位,使他起到了代表清朝中央政权监督西藏地方政权的作用。此后西藏地区表面上由达赖喇嘛执政,实际上重大问题首先听命于驻藏大臣。

格鲁派创立初期,为了解决宗教迅速发展所带来的领袖继承问题,正式采用噶玛噶举派在13世纪中叶开始实行的活佛转世制度。活佛本来就有"转世者"或"化身"的意思。活佛是佛祖在人世间的化身,其使命在于继承、传播和弘扬佛法,消除人间的不平和苦难,帮助众生脱离轮回之苦,从而达到美满幸福的理想境界。因此,每当达赖、班禅和其他活佛圆寂后,藏族人民都认为他们将"不迷本性,俱有呼毕勒罕出,以衍其教"。在寻找新的呼毕勒罕时,一般都由吹忠作法指定。然而,这种制度行之既久,弊端甚多。一些封建农奴主贵族往往收买、拉拢吹忠,谋求指定其后代子孙为呼毕勒罕,以图夺取政教大权,操纵政局。这样,活佛转世便几乎变成了一种变相的血缘世袭,加剧了贵族内部的权力斗争。为了消除这一弊端,确保西藏社会的安定,清政府参酌吏、兵二部选官时抽签决定的办法,

---

① 清方略馆原纂,西藏社科院编辑:《钦定廓尔喀纪略》卷49,第1－21页。

创立了金奔巴制度,又称金瓶掣签制度。规定:凡达赖、班禅及前后藏、西宁等处大小呼图克图的转世灵童一经呈报出世,就应该将所寻找的各灵童的姓名、出生年、月、日,用满、汉、藏三种文字写于签牌之上,先选派有学问的喇嘛在大昭寺内诵经祈祷七天,然后再由驻藏大臣亲自监视掣签以定。即使寻到的灵童只有一名,亦须将一个没有名字的签牌放到瓶内共同掣签,假如抽出没有名字的签牌,那么已寻得的灵童便不能被认定,而须另外寻找。

乾隆帝非常重视金奔巴制度,帝命在雍和宫亦设一金奔巴瓶,蒙古地方出呼毕勒罕,报明理藩院一体掣签。乾隆帝对全奔巴制度也有极为精辟的说明:"佛本无生,岂有转世。但使今无转世之呼图克图,则数万僧众无所皈依,不得不如此耳。……然转生之呼毕勒罕出于一族,是乃为私,佛岂有私,故不可不禁。金瓶掣签虽不能尽去其弊,较之从前一人之授意者,或略公矣。"[1]

《钦定西藏章程》对西藏地区的货币流通进行了明确的规定,从此西藏开始自己铸造银币。西藏货币自主对发展西藏经济有十分重要意义,同时减少了大量的白银外流。新币上市后,效果良好,很受广大藏民的欢迎。"西藏与尼泊尔通商时,在藏经商的尼泊尔人必须使用藏币,出境时再将藏币换成银子,双方货币互不通用。"[2]正式建立藏军,"西藏原有藏兵,系为居民的差役,平时很少训练"。[3]战争之后,清廷在西藏建立了正规的藏军,定额 3000 名。藏军的建立对巩固边防、维护国家主权有重大意义。

《钦定西藏章程》用法律形式明文规定了驻藏大臣的职权,并对西藏的军事、财政、宗教、对外交涉等制度,做了严密周详的规定,有力地促进了西藏地区的稳定和发展,标志着清朝在西藏的施政达到了最高阶段。著名史学家蔡美彪先生评价:"西藏章程的制定,也抵制了英国(对西藏)的觊觎,巩固了边疆,是乾隆帝退位前对清王朝作出的最后一个贡献。"[4]在《钦定西藏章程》颁布后,驻藏大臣和琳、松筠等精明强干的官员积极将章程付诸实施,西藏地方上层也恭谨从命。达赖喇嘛曾表示:嗣后,惟有谨遵圣训,指认呼毕勒罕时,虔诚诵经,于大众前秉公拈定,庶使化身真确,宣扬正法,远近信心。到道光二十四年(1844 年),驻藏大臣琦善觉得有些条款已不太适应,上奏朝廷,提出 28 条修改意见。改动后的章程使驻藏大臣的权利有些削弱,但是基本体例仍在。直到清末,西藏许多地方政务仍然是按照《钦定西藏章程》的规定办事。

---

[1]　章开沅:《清通鉴》第 2 册,第 1197 页。
[2]　赵志忠:《清王朝与西藏》,第 84 页。
[3]　蔡美彪:《中国通史》第 10 册,第 114 页。
[4]　蔡美彪:《中国通史》第 10 册,第 117 页。

第三章 第一次鸦片战争

　　1840—1842 年,英国对中国发动了一场侵略战争,其根源是英国强行向中国推销鸦片,故称鸦片战争,也叫第一次鸦片战争。这次战争以后,中国由封建社会一步步地变成了半殖民地半封建社会。因此,1840 年成为中国近代史的开端。

一、概　述

鸦片花名罂粟,津液成膏块者曰烟土,熬炼之成为鸦片。鸦片在西洋自古用作药材,医书谓能使人忘忧多眠,安神止痛。印度以为治咳嗽之良药。其初入中国,大约在唐乾封二年(667 年)。至明中叶,鸦片为南洋诸国贡品,其入禁宫者,常二三百斤。鸦片涂于烟上吸之能麻醉,治痢疾,但积之成癖,则一度不吸比如大病遽发,比不食罂粟尤加痛苦,且伤精败神,涸血烁体,致终身罹成痼疾之患,而所生子女,亦成弱种,其危害等于鸩毒。雍正七年(1729 年)清廷公布吸用鸦片之禁令,贩者枷杖,再犯边远充军。大概乾隆以前,吸食者极少,乾隆中叶以前,每年鸦片之输入额多不过二百余箱。又输入之者,以葡萄牙人为主。乾隆四十六年(1781 年)英吉利东印度公司自本国政府得垄断中国贸易之特权,而印度孟加拉地方,又为鸦片产地,于是输入日增。清廷知鸦片之危害,严定"国内商人贩卖者,遣边充戍卒三年;侍卫官吏犯者,罚职,枷二月,杖一百,流三千里为奴之律。"①

从 1800 年到 1818 年,英国对中国的鸦片贸易都是通过澳门进行的,每年不超过 4000 箱。但在 1819 年这种麻醉剂贸易突然兴旺起来,从 1822 年到 1830 年,贸易额每年高达 18760 箱。到 1836 年,输入总额达 1800 万元,这使鸦片成为十九世纪全世界最贵重的单项商品贸易。②

(一) 第一次鸦片战争前的英国

1. 政治方面

第一次鸦片战争前,世界资本主义正处于迅速发展时期。英国当时已经是一个资产阶级专政的国家。英国在产业革命以前就已经进行了资产阶级革命,但资产阶级取得政权却是产业革命以后的事。1688 年"光荣革命"成功。1689 年 3 月,"英国国会通过了《权利法案》,规定: 此后英国国王必须是新教徒,国王必须按照国会的意志行事,而且只有在下院同意下,才能征收新税及招募常规军。……法案限制了国王的权力,提高了国会的地位,这意味着英国变成了地主资产阶级联合统治的君主立宪国家了"③。十八世纪初,英国逐步确定了君主立宪政体、两党制、三权分立和国会内阁制,稳固了资产阶级和新贵族的联合政权,为资本主义的工业革命提供了十分有利的政治基础。1832 年议会改革的结果,使资产阶级掌握了政权。自此以后,抢占殖民地和征服他国民族便成为英国经济与政治的主要基础,殖民地掠夺政策也就成为英国主要的对外政策,至第一次鸦片战争时,英国已拥有广大的殖民地。为了执行急速地扩张殖民地的政策,英国资产阶级不惜发动一系列侵略战争。

2. 经济方面

西方资本主义国家经过工业革命,科学技术日新月异,社会生产力大幅度提高,创造

---

① 萧一山:《清代通史》第二册,第 907 页。
② 费正清:《剑桥中国晚清史》上卷,第 164 页。
③ 刘祚昌:《世界史·近代史》,第 63 页。

了过去任何时代都无法比拟的巨大的物质财富。但是,随着经济的发展和生产社会化程度的不断提高,资本主义固有的矛盾日益加深。资产阶级为摆脱经济危机,贪得无厌地追求利润,对内加紧剥削、压迫工人和广大劳动人民,对外不断发动侵略战争,拼命掠夺殖民地,以开辟新的原料产地和商品销售市场。

十八世纪到十九世纪,英国成为西方资本主义的领头羊,迅速发展为强大的资本主义工业化强国。从十八世纪六十年代开始至十九世纪三四十年代,英国完成了历时 80 年的工业革命。1765 年瓦特改良了蒸汽机,进而加快了产业革命的步伐。英国工业革命是从棉纺织工业开始的,它推动了煤炭工业、钢铁工业的发展,后来又发明了各种金属加工机床,逐渐用机器制造机器。"机器制造业的机械化,标志着工业革命的完成。"[①] 英国是当时世界上唯一完成工业革命的国家,这使英国成为当时的"世界工厂"。1820 年英国的工业总产值占世界工业总产值的 50%,1840 年仍占世界工业生产的 45%。1781 年,英国加工的棉花仅 500 万磅,1800 年达到 5200 万磅,1840 年为 45890 万磅。1800 年英国生铁产量为 18.3 万吨,1838 年达到 134.7 万吨;1800 年英国原煤产量为 1000 万吨,1836 年为 3000 万吨。随着工业的发展,大城市也迅速涌现,1840 年伦敦人口达 250 万。从十九世纪三十年代起,英国铁路迅速发展,1844 年铁路总里程为 2235 英里(3576 千米),轮船也开始在海洋中航行。生产的迅速发展使英国在殖民地的开拓中超过了衰老的西班牙、葡萄牙、荷兰和法国。在各国对华贸易中,英国居于首位,"1764 年(乾隆二十九年)在中国从西欧各国输入商品总值中,英国占 63%,为 120 万两;在中国向西欧输出商品总值中,英国占 47%,为 170 万两"。[②] 在大举进行工业革命的同时,为开拓和争夺世界销售市场及廉价的工业原料产地,以英国为代表的西方列强拼命向外扩张。1836 年英军拥有舰艇 560 艘,总吨位 50 万吨;1840 年英国商船队总吨位达 276.8 万吨,是当时名副其实的海洋超级大国。

"1825 年,英国发生了第一次生产过剩危机,生产急剧下降,物价暴跌,大批工厂倒闭,大量工人失业,很大一部分制成品被毁掉。"[③] 号称"世界工厂"的英国,为了摆脱危机,更疯狂地向外扩张。

在对华贸易方面:中国的公行从英方购入货物一年平均只有 350 万元,而东印度公司每年从中国输入的货物约值 700 万元。这 350 万元差额原来由东印度公司带到中国的美洲银币补偿。[④] 英国人对茶叶的需求量很大,在欧洲却找不到中国人会大量消耗的与此相当的制成品。在十九世纪的最初十年,中国的国际收支结算大约盈余 2600 万元,而从 1828 年到 1836 年,从中国则流出了 3800 万元。使国际收支逆转的正是鸦片烟。[⑤]

3. 军事方面

西方列强在争夺殖民地的过程中,经历了许多次战争,建立了强大的武装力量,并随着工业的发展,不断改进军队的组织编制和武器装备。由于战争频繁,战争的地域和规模

① 刘祚昌:《世界史·近代史》,第 83 页。
② 胡绳:《从鸦片战争到五四运动》上册,第 23 页。
③ 刘祚昌:《世界史·近代史》,第 85 页。
④ 费正清:《剑桥中国晚清史》上卷,第 174 页。
⑤ 费正清:《剑桥中国晚清史》上卷,第 184 页。

不断扩大,欧洲各国的常备军不断增加。"至十九世纪上半叶,整个欧洲约有 200 万军队,其中为数 50 万以上的有法国和俄国。英国当时主要是海上强国,陆军约有 14 万,连同用于内卫的国民军,共 20 万左右。"①鸦片战争前,除英国外,欧洲各主要国家已普遍实行征兵制,英法等国还招募外籍雇佣兵。各国普遍设立培训军官的军事学校。平时,大多数国家军队的最高编制单位通常是团,步兵一般以营为基本战术单位,编制人数在 800 ~ 1000。英军每营有 10 个连,每连 90 ~ 120 人,骑兵一般以连为基本战术单位。军、师、旅的建制多半在战时才采用。

英国军队人数虽然不多,但却装备了优良的武器,拥有实战经验,尤其富有在海外作战的经验。英军不仅军事制度已经实现了近代化,而且军队的战术水平也堪称世界一流。鸦片战争时,英军已经是一支多兵种合成的军队,陆军中已有步兵、炮兵、工兵的分工,在当时处于世界领先地位。

在武器装备方面,到十九世纪初,欧洲各国都能制造各种滑膛前装火炮,并依口径与炮管长度之比例,分为加农炮、榴弹炮、臼炮;炮身重量从几百斤直至万余斤;口径从几英寸到十几英寸;炮弹有实心弹、霰弹、燃烧弹、爆炸弹,而且英国已发明了空中爆炸的榴散弹。火炮的有效射程达到千余米,射速每分钟 2 ~ 3 发。随着炮车的改进,火炮的机动性大大增强,逐渐成为西欧各国作战的重要武器。步枪的改进则比较缓慢,在相当长的时期中,始终以前装滑膛为基本型式。英军在第一次鸦片战争中使用的博克式和布伦司威克式步枪都是滑膛枪,有效射程为 300 米左右。英国战舰当时在中国被叫作兵船或巡船,分为大、中、小三等,"其至大者,船身吃水二丈七八尺,其高出水处亦计二丈有余。舱中分设三层,逐层有炮百余位,其每层前后,又各设有大炮,约重七八千斤,炮位之下,设有石盘磨,中具机轴,只需转移盘磨,炮即随其所向"。②

为适应对外贸易和掠夺海外殖民地的需要,西方国家十分重视发展海军。英国于1827 年首先将蒸汽机装在军舰上,这种舰只可以不受风向和水流的影响,加快了航速,增强了机动性。但由于蒸汽机体积庞大,机器和燃料用煤占了很大的面积和重量,以致装载火炮的数量大受限制,加以机器和划水器都暴露在外,作战时易被敌方炮火击中。因此,19 世纪 40 年代前后,装有蒸汽机的明轮舰只一般只用于巡航、侦察、通信和短途运输。第一次鸦片战争时,英国的战列舰仍全部依靠帆力,大型战列舰有 2 至 3 层甲板,分别装有 70 到 120 门火炮,发射 32 磅炮弹,舰首和舰尾装有可发射 56 或 68 磅实心弹的加农炮,或装有可发射爆炸弹的大口径加农炮。英国是海军发展最快的国家,1836 年,已拥有大小舰只 560 艘,并积累了许多海战和登陆作战经验,成为称霸世界的最大的海军强国。③英国凭借先进的军舰、大炮和具有战争经验的侵略军,实行炮舰政策,到处横冲直撞,在全球抢占殖民地。1817—1826 年英国把印度变为殖民地;1819 年侵占了新加坡;1824 年武装侵入缅甸;1838 年迫使伊朗签订不平等条约;1839 年发动了对阿富汗的战争。至第一次鸦片战争前,中国的一些邻近地区和国家,有的已经变为西方的殖民地和半殖民地,有

---

① 军事科学院:《中国近代战争史》,第 2 页。
② 齐思和:《筹办夷务始末(道光朝)》第一册,第 380 页。
③ 军事科学院:《中国近代战争史》,第 3 页。

的正在受到资本主义国家的侵略和威胁。中国也早已成为他们觊觎的对象。

4．英国对华政策与鸦片走私

英国发动侵华战争是蓄谋已久的事。早在 1832 年,英国东印度公司就决心武力推销鸦片,密令东印度公司广东商馆高级职员林德赛乘阿美士德号船对中国沿海做了一次带战略侦察性的航行,全面考察中国沿海的军事、政治、经济等情报。这次行动中,他们都改名换姓:林德赛改名胡夏米,冒充船主;翻译兼医生郭士立改名甲利,他是一名德籍传教士,会说广东话和福建话;该船的真正船主礼士,专门测量沿途的河道和海湾,绘制航海地图。他们乘坐阿美士德号于 1832 年 2 月 26 日自澳门出发,船上共有 78 人,沿途经南澳岛、福建、浙江、上海、山东半岛、山海关等地,复折往朝鲜、琉球,于同年 9 月 4 日返回澳门。其间在厦门停留 6 天,福州停留 23 天,宁波停留了 18 天,上海停留 18 天。他们沿途为人治病,诱人信教,并分发《戒赌博》《戒谎言》《英吉利国人品国事略说》等小册子,向中国人民进行欺骗宣传。

胡夏米一行的这次侦察活动为英国侵略者提供了第一手的可靠情报。他们充分了解到:各地炮台年久失修,有的既未架炮,也无人守卫;有的炮弹质量很差,不堪一击;中国士兵的装备简陋,只有一把刀和一面盾牌,或者一杆矛,或一支火枪;中国战船也缺乏战斗力。他们还了解到官吏的腐败与无知,"中国人,甚至高级的中国人士,对于外国人的每一件事都极端无知"。[①] 他们还调查了各地物产和商业贸易及港口情况。他们认为:厦门港口优良,不仅商船能直接靠岸起卸货物,并且最大的军舰也能进港停泊;福州腹地产茶,不仅是中国茶叶最理想的输出港,还是英国毛织品最适宜的销售地;宁波内接运河,外连甬江,乃是一个输出生丝和销售英货的好港口;上海则商业繁盛,地位重要性仅次于广州,商业十分活跃。如果欧洲商人准许来上海贸易,上海地位的重要性更能大为增进。郭士立认为,要开放中国东部的贸易,采取商议的办法不会得到任何结果,主张用武力实行殖民地掠夺,从而达到目的。

英国侵略者对这次沿海形势的调查研究直接导致了一项军事侵略方案的形成,并成为鸦片战争中英军制订作战计划的根据。这项军事侵略方案,就是后来 1835 年 7 月 24 日,胡夏米致英国外交大臣巴麦尊私人信件中提出的武装进攻中国的计划。他在信中说:"照我的意见,采取恰当的策略,配以有力的行动,只要一支小小的海军舰队,就万事皆足了。我乐于看到从英国派出一位大使,去和印度舰队的海军司令联合行动。……武装力量可以包括一艘主力舰、两艘大巡洋舰、六艘三等军舰、三十四艘武装轮船,船舰载运陆上部队约 600 人,以炮兵队为主,以便进行必要的陆上动作,这就满足了。这支武力的绝大部分,印度已经有了,花不了多少钱就可以行动起来。"[②]

1836 年 6 月,巴麦尊任命原英国商务监督处第三监督义律为总监督,同时撤销第二监督与第三监督,以便他独断专行。12 月 14 日就职那天,义律为了去广州探听虚实,不顾巴麦尊的规定而用禀帖的形式请领红牌,作为入境凭证,前往广州。义律在广州调查了将近 7 个月,并向巴麦尊提出:"必须使用武力以争取平等待遇的可能性,并且作乐观的

① 萧致治:《鸦片战争史》,第 245 页。
② 弁世安:《鸦片战争》,第 53 页。

论调说："我抱着一种信心，认为由子爵阁下，禀承女王陛下的命令，致北京内阁一函，由一兵舰送往白河口，当可立即从皇帝处取得一项对于这点作让步的命令。"[1]1838 年 7 月 13 日，英国东印度舰队司令迈特兰少将遵照英国政府的旨意，率领军舰三艘，窜到珠江口，再次对中国进行武力威胁和侦察。同年，英国外交大臣巴麦尊训令义律利用任何有利的机会获取中国沿海贸易场所和海岛的情报，并要他在广州和澳门的公务人员中指定专人从事此项工作，把所到地方的商业、工业情况及所获悉的任何有关地理、博物等方面的知识，写成详细报告，以便转呈英国政府。

（二）鸦片战争前的中国

1. 政治方面

当西方列强的资本主义已日趋成熟并向世界各地侵略扩张的时候，中国正处于封建制度没落和最后一个封建王朝由盛转衰的时期，封建官僚体制极端腐败，阶级矛盾、民族矛盾日益尖锐，社会危机不断加深。自十九世纪开始，中国与西方列强综合国力的差距已拉得很大，这就决定了中外关系原本相对稳定的战略格局必将发生重大变化。而清政府对外部世界的变化一无所知。

康熙到乾隆年间（1662—1795 年），清朝统治者从王朝的长治久安出发，采取了一些有利于休养生息的措施，使明末清初陷于崩溃的社会经济逐步得到恢复和发展，人口不断增长，到乾隆后期人口已超过 3 亿，社会渐趋安定。清军经过百余年的征战，平息了分裂叛乱，巩固了清王朝的统治，使幅员辽阔、民族众多的大清王朝达到了前所未有的统一。但是，从乾隆后期开始，清王朝的统治趋向腐败，整个统治机构变得因循守旧、死气沉沉。官场贪污成风，豪门巧取豪夺，皇室骄奢淫逸，军政开支庞大，国库日益空虚，到嘉庆（1796—1820 年）时，国家财政已陷入捉襟见肘的困境。而解决财政困难的唯一办法就是加重对各族人民的剥削。日益苛重的剥削，土地兼并的扩大，使社会危机不断加深。

贵族官吏吏治败坏，以模棱为晓事，以软弱为良图，以专营为进取之阶，以苟且为服官之计；官僚结党营私，排除异己，首席军机大臣穆彰阿，门生故吏遍于朝野，一时号曰穆党；贪污腐化，贿赂公行，1841 年 2 月大学士琦善被抄家，查出"番银 1000 万元，大小自鸣钟十八件，金钱表十一件……"[2]清朝统治者虽口称"满汉一家"，但实际上以满族为主，联合蒙古族压迫汉族，联合蒙、汉贵族和大地主压迫各族人民，因而到十八世纪末十九世纪初，出现了以农民为主体的各族人民武装反抗清王朝统治的高潮。比较著名的有 1795 年至 1797 年贵州苗民起义，1796 年至 1804 年中原白莲教起义，1813 年天理教起义，1831 年广东黎族人民起义，1832 年湘西瑶族起义，1837 年四川凉山彝民起义，1838 年贵州谢法真领导的人民起义等。各族人民的起义动摇了清王朝的统治，加速了其衰亡。

2. 经济方面

封建社会最重要的生产资料是土地，地主阶级通过高利贷、购买或强占等手段兼并土地。鸦片战争前夕，土地集中程度已很高，大批自耕农失去土地，沦为佃户、流民，加剧了

---

① 马士：《中华帝国对外关系史》第 1 卷，第 180 页。
② 齐思和，等：《鸦片战争》第三册，第 433 页。

农村的阶级分化。地租率一般在 50% 以上。由于鸦片输入迅速增加，白银大量外流，银价递增明显。政府规定，一千文铜钱兑换一两纹银，到 1839 年竟需要 1678 文铜钱才能换银一两。银贵钱贱使农民的缴税负担加重，因为农民的收入多为零星铜钱，而缴纳赋税须折合成银两。这种情况也不利于政府的税收，积年拖欠增加，影响了国库收入。

鸦片战争前中国封建社会孕育着的资本主义的萌芽，主要表现为江西景德镇的陶瓷业、广东佛山镇的冶铁业、浙江杭州的丝织业、江苏松江的棉织业。就资本主义在工业中发展的三个阶段来说，上述这些行业大多已经超出了资本主义的简单协作，而达到资本主义工场手工业阶段。但必须看到，当时中国虽然有了一些资本主义工场手工业，但毕竟为数极少，加以清朝政府对手工业和商业的限制和控制，使其发展十分缓慢。

3. 闭关自守政策

闭关自守政策无疑是自给自足的自然经济和建立在这种经济基础上的封建专制政治的产物。清朝统治者为了巩固自己的政权，厉行这项政策，并随着封建社会内部危机的日益严重而对它加以强化。乾隆二十二年（1757 年），乾隆帝谕令封闭江、浙、闽三处海关，只保留粤海关广州一处口岸对外通商。1757 年，清政府下令实行一种公行制度，"中国对欧贸易所遵循的广州制度（即公行制度），其实质是等级服从：首先，外商服从持特许证的中国垄断商，后者称为公行；其次，公行成员服从清廷委任的广州海关监督"。[①] 公行是清政府特许的以商务为主兼办外务的半官方机构，一方面清政府给公行以承销外货和代办内地出口货物的独占权；另一方面，公行要对清政府承担一定的义务，如担保外商交纳货税，约束外商在广州的行动，中外官员来往文书也由公行代转。

对外商的管理方法，经由乾隆、嘉庆、道光三朝里的两广总督，先后公布了《防夷五事》《民夷交易章程》《防范夷人章程》等条款，大体有如下 9 点：一、禁止在广州过冬；二、兵船应停泊外洋，不得进入虎门；三、到广州后均令寓居行商商馆，并受行商约束管理；四、不得私带妇女入商馆，枪戈和其他武器一律不得携入；五、行商不得向外商欠债；六、外船引水、买办，应由澳门同知发给牌照，不准私雇；七、外商具禀，应一律由行商转禀；八、禁止乘坐肩舆；九、外商在内河驶用船只，应分别裁节，并禁止不时闲游；等等。[②] 这些规定表明，清政府想尽量设置障碍，限制中外贸易，结果是把自己孤立于资本主义世界之外。

清政府之所以要实行闭关自守政策，原因之一是对外国侵略者的殖民地掠夺政策有所考虑和警惕，同时也反映出其骄傲自满、固步自封的封建主义劣根性。1793 年，乾隆帝给英使马戛尔尼的敕谕说："天朝物产丰盈，无所不有，原不藉外夷货物以通有无。"[③] 并把西方机械文明的产物，笼统斥之为"奇技淫巧"而加以拒绝。有大臣上奏道光帝："我天朝富有四海，物产丰饶，岂借该夷区区之税以资用。唯该夷所需以为命，不可一日缺者，乃中国之大黄茶叶。臣以为今日要策，首在封关。"[④] 连林则徐也认为，如果中国封关闭市，则"各国生计，从此休也"。闭关政策还在于隔绝人民与外界的联系，防止中外反清势力

① 费正清：《剑桥中国晚清史》上卷，第 173 页。
② 牟世安：《鸦片战争》，第 96 页。
③ 王先谦：《乾隆朝东华续录》卷 47，第 16 页。
④ 齐思和：《筹办夷务始末（道光朝）》第一册，第 250 页。

的结合,要"杜民夷之争论,立中外之大防"。执行的结果是,清朝的经济停滞不前,国力日衰,反而加速了外国列强的入侵。对于清政府的闭关自守政策,马克思曾评价:"一个人口几乎占人类三分之一的幅员广大的帝国,不顾时势,仍然安于现状,由于被列强排斥于世界体系之外而孤立无依,因此竭力以天朝尽善尽美的幻想来欺骗自己,这样一个帝国终于要在这样一场殊死的决斗中死去。"①

4.军事方面

鸦片战争以前的清朝经制之兵,由八旗和绿营两大系统组成,以八旗兵为主。八旗可分为京营和驻防两部分。顺治年间京营旗兵设"骁骑营、前锋营、护军营、步兵营。其后又设火器营、健锐营、内府三旗护军营、前锋营、骁骑营,以及圆明园八旗护军营、三旗虎枪营等等,约九万余名"。②另有驻防八旗,亦约10万人,"大体上分为畿辅驻防、东三省驻防、各省驻防、新疆驻防四大系统"。③

八旗兵在入关前后是比较骁勇善战的。但自满族掌握全国政权以后,可以世袭的八旗子弟一生下来就享有种种特权,养尊处优的特殊地位使这支部队迅速腐化。平定三藩之乱时,清政府先调用八旗兵,结果师久无功,后只得改用绿营兵打头阵。清代中叶以后,征战之事就全赖绿营兵了。但乾隆以后,升平日久,暮气日深,绿营兵战斗力也不断下降。1796年至1804年与白莲教作战,清军历时9年,耗银2亿两,即以全国之力御教军,只办尾追而已,绿营和八旗一样,战斗力已经很低。此后,不得不由官吏、地主招募民壮,组成团练武装,以镇压人民起义。

清廷于鸦片战争所用之陆军,主要为绿营兵,绿营在一定程度上也属于世兵制。绿营之规制源自明代。"绿营兵主要是汉人,因其使用的旗帜是绿旗,故叫绿营兵。绿营大致可分为京师、行省、边区三个类型。大体保持在60万名上下。"④绿营有陆师和水师两种军种,在军种内部分马兵、步兵、守兵三种。绿营的基本编制为营,营的统将一般以参将、游击、都司、守备充任,其地位与州县官相等,或略高于后者。一营的人数多寡不一,多则近千,少则三四百为度。营下分哨、汛,绿营兵兵力布置极为分散,一营兵力往往要驻守十余处甚至二十余处汛地。故成立上万人之军,常需来自数十营,征调之广及于邻近数省。是以平时缺乏严格训练,在战时指挥犹难统一,心智不齐,团结不固,故战力甚差。

清朝前期,火器制造技术在明代的基础上有了较大的发展和创新。如康熙年间在宫内造办处设立炮厂,在康熙十四年(1675年)至康熙末年40余年间,仅中央政府就铸造或改进了各型火炮近千尊。但清代后期的火器制造是难以和西方军事工业相比的。⑤清统治者长期把骑射奉为"祖训",制造火器的技术停滞不前,这就使清军的武器装备远远落后于西方军队。西欧陆军在十八世纪已全部使用火器,而清军仍然是冷热兵器并用。1836年,清统治者才提出"军储利器,枪炮为先",但不久又强调"枪箭并重,不容偏废"。

---

① 马克思:《鸦片贸易史》,《马克思恩格斯选集(二)》第18册,第26页。
② 白寿彝:《中国通史》第17册,第781页。
③ 白寿彝:《中国通史》第17册,第783页。
④ 白寿彝:《中国通史》第17册,第788页。
⑤ 白寿彝:《中国通史》第17册,第561页。

因此,第一次鸦片战争时,清军的装备处于冷热兵器并用的落后状态。① 鸦片战争时,清军使用的火器,主要是仿造明代引进的佛郎机、鸟铳、红夷炮等西方火器样式制作的,"较之英国落后了200年"。②

中英武器装备差距最大者,莫过于舰船。清军的海军,时称水师,有福建水师和广东水师两部。其对手仅仅是海盗,其实质大体相当于海岸警卫队。水师兵力主要用于驻守沿海、沿江的众多炮台、城寨、要隘。清军水师的舰船吨位小、炮位少、火炮射程近、船速慢。英军在鸦片战争中始终控制着制海权,迫使清军放弃海上交锋而专注于陆地防守,实际上丧失了战争的主动权。

清王朝一直保持七八十万常备军,但没有武备学堂,不注重将弁的培养,将弁的文化水平比较低,以致指挥作战笨拙无方。部队缺乏严格的训练,虽规定有春操、秋操、冬季行围等制度,但往往敷衍应付,而且偏重于演阵图、习架式,近于演戏,基本上没有脱离冷兵器时代的密集阵式,对于实战毫无裨益。两江总督裕谦检查浙江水师,结论为:"浙江水路各营镇将备弁,能知放炮之法者,唯游击林亮光尚称谙练,余则极少其人。各处海口,所安炮位,几同虚设。"③ 官兵素质太差,军纪败坏,且军队中吸食鸦片者甚众,是清政府军事腐败的重要表现。

清政府在设防方面也存在不少问题。其中最突出的是,在设防指导思想上,表现为防内重于防外。这一方面是由于清朝是满族少数民族统治着一个多民族的大国;另一方面还源于清政府长期闭关锁国和盲目地以"天朝"大国自居的心理。由于清政府对于世界资本主义的发展和西方列强的侵略扩张政策缺乏起码的认识,对西方的军事实力毫无所知,当然谈不上从军事上认真备战了。

清朝的绿营兵,有大型军事活动时临时从各省抽兵参战,非但兵将互不熟悉,甚至互相对立互不支援,虽然数量上占很大优势,却形不成一支组织严密、指挥统一、行动一致的军队。清朝在鸦片战争中实际动员的部队共约10万,英军前后投入的兵力约为2万。清军因没有海上决战能力,只能在陆上处处设防,在沿海7省几十个海口都得派兵拨炮防御,因此兵力分散,使总兵力占绝对优势的清军,在实际交战中无法保持这一优势。鸦片战争主要战役中,除1841年5月由奕山指挥的广州之战和1842年3月由奕经指挥的浙东之战清军能保持兵力上的优势外,绝大多数战役中清军的兵力与英军相距不远,而在1840年7月定海之战、1841年1月沙角大角之战和1842年7月镇江之战中,反而是英军占了兵力上的优势。

5. 英国走私鸦片与清政府禁烟

十九世纪中叶,自给自足的封建小农自然经济在中国社会经济中仍占统治地位,这种自然经济形态对西方商品的输入有着极强的排斥性。作为强大的资本主义国家,英国迫切要求扩大市场以获取利润。但由于其工业品在中国的销路不畅,英国资产阶级经常被迫从本土和孟加拉向中国输出白银,来购买他们所需的茶叶和生丝等产品。为了改变

① 军事科学院:《中国近代战争史》,第85页。
② 萧致治:《鸦片战争史》,第78页。
③ 齐思和:《筹办夷务始末(道光朝)》第二册,第1025页。

在中英贸易中的逆差地位,为了谋取高额利润、最大限度地掠夺中国人民,英国除了向中国输出一般商品外,还大力倾销鸦片。乾隆三十八年(1773 年),英国东印度公司获得了印度鸦片出口的垄断权,即在印度大规模生产鸦片,并以非法手段大量输入中国。鸦片贸易给英国带来巨大的利益。"例如 1817 年,印度公班土的拍卖价为每箱 1785 卢比,运到中国售价为 2618 卢比,可获利 833 卢比,折合银元 400 多元。"① 在一段时间内,印英当局的收入中有七分之一是来自向中国人出售鸦片。英国资本家曾向英政府上书强调对华贸易的重要性:"对华贸易维持英国航运十万吨,而这又是可能大为扩张的。中国为英国制造业提供了一个销路庞大而又迅速扩张的市场;同时又为印度的出产提供销路,众信其数达三百万镑,而这又使得我们的印度人民能够借以大量消费我们的制造品。……须知对华贸易事关六百万镑资本,九万吨航运,400 万至 500 万镑税收。"② 这样,在英国—印度—中国之间形成了以鸦片为杠杆的"三角贸易":东印度公司用贷款引诱印度农民种植罂粟,农民必须把罂粟卖给东印度公司的专卖商,由公司把罂粟制成鸦片,再在市场上拍卖给商人;英国商人把自己的工业品推销给印度,换取鸦片;再把鸦片运到中国,在澳门或外洋秘密出售鸦片,回程时大量换取中国的丝茶和农副产品,运销英国和世界各地,以获取高额利润。英国通过鸦片这一"特殊商品",不仅补偿了对华贸易中的逆差,并且迅速扭亏为盈,从中国获得大量的白银。

英国人对这个三角贸易也有介绍:印度对中国的贸易价值,主要也得自鸦片贸易,没有鸦片贸易,东印度公司董事会就不可能这样顺利地为"国内开支"取得他们的大量汇款。英格兰的商人也不可能买到现在那么大量茶叶,而不需要向中国送出大量的白银。拿鸦片去换取银条,对贸易是有很大好处的。所以输出鸦片是促进商务的,就是把那个人口最多,资源最富的中华帝国财富吸收过来,而用鸦片换来的白银,则使英属大批土地喜气洋洋,人丁兴旺;也使英国的工业品对印度斯坦输出大为扩张,更使得这方面的海上航行与一般商务大为兴盛,并且给英属印度国库带来一笔收入,其数超过整个孟买的田赋总额。③

马克思指出:"中国之禁止鸦片贸易,是由英国政府在印度施行鸦片垄断而引起的。"④ 由于清政府禁止鸦片贸易,1796 年起,东印度公司决定不再向中国直接输出鸦片,以免危及其茶叶垄断经营,而宁愿将鸦片在加尔各答拍卖给英国散商,然后由他们通过港脚商(即在印度得到该公司许可而经营的商号),经印度东部、澳门、广州销往中国各地。鸦片先大量地卸到虎门外伶仃岛的浮动趸船上,此处虽远离中国官员的监督,但必须经过广州才能卖出。数十个中国批发商(窑口)在广州从港脚行号办事员处买得执照,然后在设防的趸船上用执照换鸦片,再用"扒龙"(即"快蟹",全副武装的 40 桨船)把鸦片运走。⑤

为了维护自身利益,清王朝从嘉庆元年(1796 年)开始便正式宣布禁止鸦片进口,后

---

① 丁名楠:《帝国主义侵华史》第一册,第 11 页。
② 牟世安:《鸦片战争》,第 69 页。
③ 广东省文史研究馆:《鸦片战争史料选择》,第 196 页。
④ 齐思和,等:《鸦片战争》第一册,第 5 页。
⑤ 费正清:《剑桥中国晚清史》上册,第 184 页。

又分别于 1813 年(嘉庆十八年)、1815 年(嘉庆二十年)先后三次严令禁烟。"嘉庆初奉诏申立严禁裁其税额,自此入口之鸦片悉暗中偷售,而其价益增。"①禁烟对鸦片贩子来说无疑是个巨大的打击。之后,英商在英国政府和印英殖民当局的大力鼓励和怂恿下,贿赂和勾结清朝官吏,大规模地进行鸦片走私。因此,尽管清王朝三令五申严禁鸦片,其年输入量仍逐年增加。

　　道光帝即位后,一再与朝臣谋议,采取越来越严厉的措施严禁烟毒。中英双方就禁毒和贩毒展开尖锐斗争。道光帝严令禁烟后,英国商人与广东奸民勾结,贩烟活动转入走私方式,其间勾通吏役,结纳哨兵,订有契约,贿赂腐蚀整个官僚体制。鸦片烟毒似洪水般泛滥中国,道光元年(1821 年)进口鸦片 5959 箱,道光四年(1824 年)为 12434 箱,道光十二年(1832 年)为 21985 箱,道光十五年(1835 年)为 30202 箱,道光十六年(1836 年)为 34776 箱,道光十八年(1838 年)为 40200 余箱。② 自嘉庆二十二年(1817 年)至道光十八年(1838 年),年输入额之增加,几近九倍。21 年间,由英商走私进入中国口岸之鸦片为 361400 余箱,计 3600 万余斤,近 6 亿两,当时中国全国近 4 亿人口,每人平均约一两半鸦片。"每箱一百斤到一百二十斤,在鸦片战争发生时,每一箱在中国海口出售价按质量高下为四百银元到八百银元。"③通过鸦片走私,英国攫取了中国约 2 亿银元。

　　道光十三年(1833 年),英国议会通过了取消东印度公司垄断权的法案。此后英国鸦片商人更得以放手走私鸦片,走私贩烟的商行有 60 余家,至道光十七年(1837 年)则发展到 156 家。1834 年,东印度公司由商务机构改组成纯粹的行政机构,在印度引诱和强迫农民种植罂粟,用严格的垄断办法操纵这种毒品的全部生产,罂粟的晒蒸和鸦片的调制,使之适合于中国吸食鸦片者的口味,在政府市场上由国家官吏拍卖给商人,再走私到中国。"英印政府在每箱鸦片上花费约为 250 印度银元,在加尔各答拍卖时,售价每箱为 1210 至 1600 印度银元。"④

　　东印度公司的垄断权取消后,英国的对华贸易由联邦外交部直接管理。1834 年 1 月 25 日,英国外交大臣巴麦尊不经清廷同意,即任命海军军官律劳卑等三人为商务监督进驻广州。商务监督是英政府委任的官员。同日,巴麦尊在委任律劳卑时曾向他下达训令,明确任务:一、把贸易扩大到广州港以外的地方是否切实可行。二、查明是否有可能同日本和邻近的其他国家建立通商。三、对中国沿海进行勘测。如在中国海域发生战争,舰船是否可以有地方找到保护。⑤ 鸦片走私是英国政府的大利所在。英国外交大臣对鸦片走私不闻不问,表明英国乐意从鸦片走私中谋取巨额利润,也表明英国政府实际上已成为走私鸦片的支持者、保护者和参与者。

　　1834 年律劳卑来华,命英舰 2 艘闯过虎门要塞,一直进抵花圃,威逼广州。虎门清军竭尽全力对之开火,仅毙敌 2 人,伤 7 人,英舰仅受一些轻伤,但己方的损失相当惨重。道光帝闻讯大怒,罢免广东水师提督李增阶,调苏淞镇总兵关天培继任之,命其一洗旧习。

① 芍唐居士:《防海纪略》卷上,第 1 页。
② 马士:《中华帝国对外关系史》第 1 卷,第 239 页。
③ 胡绳:《从鸦片战争到五四运动》上册,第 25 页。
④ 齐思和,等:《鸦片战争》第一册,第 8 页。
⑤ 胡滨:《英国档案有关鸦片战争资料选择》,第 4 页。

关天培到任后,提出了三重门户的防御计划,加强了虎门的防卫体系。

清政府对鸦片屡禁不止,根子在政府本身。"1859 年(咸丰九年)法律规定洋货店有出售鸦片权,当是和珅以来的旧例。如果这个推测不误,鸦片不仅和地方官吏勾结,而且和朝中大官也直接联系着,更不待说政以贿成的间接联系了。任何禁令不能阻止鸦片贸易的增长,中国方面的主要原因在此。道光十七年,总督邓廷桢复设巡船,而水师副将韩肇庆,专以护私渔利,与洋船约,每万箱许送数百箱,与水师报功,甚或以师船代运进口。于是韩肇庆反以获烟功保擢总兵,赏戴孔雀翎。"[1]义律给英国外交部函:"鸦片贸易是依靠清朝官员的衷心默许,如果没有他们的经常赞助,鸦片贸易是不可能产生任何效果的。"[2]除了官吏、军队帮助走私外,"满清皇帝也是鸦片贸易的受贿者。……海关监督于正税之外,勒索贿赂,称为'规费'。皇帝常以清查积弊为名,将规费改正归公。……皇帝勒索监督,监督勒索洋行,洋行勒索外商,费上加费,循环不已"。[3]

道光帝屡诏禁烟,禁而不止。英政府庇护走私,鸦片走私越禁越多,清廷禁烟更加困难。道光十六年(1836 年)四月,太常寺少卿许乃济公开发难,攻击禁烟,鼓吹弛禁:"今闭关不可,徒法不可,计唯仍用旧例,准令夷商将鸦片照药材纳税,入关交行后,只准以货易货,不得用银购买。"[4]他随后又上奏:"宽内地民人栽种罂粟之禁,内地之种日多,夷人之利日减,洋人之来者自不禁而绝。"[5]"南方罂粟,三月成苞,收浆之后,乃种早稻……鸦片之利,数倍于麦。"[6]提倡内地种鸦片,以抵消外国鸦片的进口。道光帝对许乃济之言并未明确表态,对是否弛禁态度犹豫,将此奏章交两广官员议复。

许乃济的奏章在清廷引发了一场关于鸦片弛禁与严禁的激烈辩论。许乃济的观点代表了相当一部分官员的意见,尤其是广东官员的意见。如邓廷桢等会奏:"自奉禁以后,奸徒狡焉思逞,日益增多。……今则禁令愈严,私贩愈巧,每年所耗内地银两,为数愈益不赀。"[7]他们具体提出《弛禁变通办法》九条,核心是"杜绝纹银出洋"。

但弛禁论矛盾百出,一出笼即受到了驳斥和反对,尤其在京城里,"举朝无继言者"。其中以内阁学士兼礼部侍郎朱嶟、兵科给事中许球和江南道御史袁玉麟的奏章最有名。许球《请禁鸦片疏》:"自古制夷之法,详内而略外,先治己而后治人,必先严定治罪条例,将贩卖之奸民,说合之行商,包买之窑口,护送之蟹艇,贿纵之兵役,严密查拿,尽法惩治,而后内地庶可肃清。若其坐地夷人,先择其分住各洋行,著名奸猾者,查拿拘守,勒令具限,使寄泊零丁洋、金星门之趸船,尽行回国。"[8]袁玉麟上奏:"弛禁之议,戾于是非者有三,暗于利害者有六。"[9]逐条驳斥了弛禁论点,分别把许乃济的弛禁"无伤于政体","节省白银"等谬论反驳得体无完肤,并从是非和利害等方面说明必须禁烟。以上三人理直气

① 魏源:《魏源集》上册,168 页。
② 胡滨:《英国档案有关鸦片战争资料选择》,第 124 页。
③ 范文澜:《中国近代史》上册,第 8 页。
④ 齐思和:《筹办夷务始末(道光朝)》第一册,页 3 页。
⑤ 齐思和:《筹办夷务始末(道光朝)》第一册,页 4 页。
⑥ 齐思和:《筹办夷务始末(道光朝)》第一册,第 4 页。
⑦ 齐思和:《筹办夷务始末(道光朝)》第一册,第 6 页。
⑧ 齐思和,等:《鸦片战争》第一册,第 453 页。
⑨ 齐思和:《筹办夷务始末(道光朝)》第一册,第 11 页。

壮、主张禁烟的奏折，影响了朝廷的决策。道光帝看了他们的奏折，也觉得很有道理，支持严禁鸦片，此后朝野上下无人再敢公开提出弛禁鸦片的主张。道光帝最看重的是纹银出洋，道光十七年（1837年）六月初三日上谕："所议各条尚属周妥，俱着照所议办，惟纹银出洋实为东南一大漏卮，以银贸货之害为尤大。……严饬各文武员弁，于关隘紧要地方往来巡查，有犯必惩，久而勿懈，务使中国财力不致为外夷所耗。"①

鸦片的大量输入，严重损害了中国人民的健康和经济生活，给中国社会带来了严重危机。上至达官贵人，下至绅商百姓及八旗、绿营兵丁，吸食鸦片的人越来越多。"烟瘾的程度如何从来没有精确的估计，1836年外国人估计约有一千二百五十万吸烟者。1881年赫德爵士做过一次比较认真的核查，他提出吸食鸦片者的人数是二百万。"②而时任督抚，嗜烟者约占半数，这更加速了清朝统治者的腐化。鸦片输入激增，使中国在中英贸易中迅速由年出超白银700余万两转为入超数千万两，造成白银外流、银贵钱贱、国库空虚等严重的经济后果。"据英国官方材料，在1837年7月到1838年6月这一个年度内，中国从英国（包括印度）的进口总值是560万镑，其中鸦片占60%（340万镑）。而这一年中国对英国的输出总值是310万镑，中国入超250万镑。但除掉鸦片，在正常贸易中，中国出超90万镑。"③

道光十八年闰四月十日（1838年6月2日），鸿胪寺卿黄爵滋上请严塞漏卮以培国本折，坚决反对弛禁主张。他尖锐指出："自道光三年至十一年，岁漏银一千七八百万两。自十一年至十四年，岁漏银二千余万两。自十四年至今，渐增至六千万两之多。"并认为应将禁烟的目标直接对准瘾君子，"难防者不在夷商而在奸民，今欲加重罪名，必先重治吸食"。他还引用国外经验："红毛人（荷兰人）有自食鸦片者，处以极刑。英国国法有食鸦片者死不赦。"④主张对吸食鸦片的人限期一年戒绝，过期犯禁的处以死刑，并提出："五家邻右互结，仍有犯者准令举发。"⑤

道光于览阅奏折当天朱批："黄爵滋奏请严塞漏卮以培国本一折，著盛京、吉林、黑龙江将军，直省各督抚，各抒所见，妥议章程，迅速具奏。"⑥各将军、督抚对黄爵滋奏折的意见陆续反馈到朝廷。据鸦片战争档案史料第一册载，当时回复的奏折约有30件，其中绝大部分同意漏银在于鸦片的看法，但对他在奏折中提出的"重治吸食"，尤其以极刑示警的办法，朝臣多有异议。如陕漕运总督周天爵奏："重法一言，可行于未尝滋蔓以前，不可行于毒遍天下之后。且只可行于官，不可遍行于民。"⑦两广总督邓廷桢奏："预限一年十戒其八九一言，亦未必确有把握。设使转瞬限满，癖嗜犹存，当此之时，诛之则不可胜诛，废法则朝更夕改。"⑧但严禁派主张理直气壮，禁烟是大势所趋，不便直接反对。朝廷上占多数的人不直接反对禁烟，他们以直隶总督琦善为代表，他们不像许乃济那样鼓吹弛禁，

---

① 蒋廷黻：《筹办夷务始末补遗（道光朝）》第2册，第456页。
② 费正清：《剑桥中国晚清史》上卷，第190页。
③ 胡绳：《从鸦片战争到五四运动》上册，第26页。
④ 齐思和：《筹办夷务始末（道光朝）》第一册，第33－35页。
⑤ 齐思和：《筹办夷务始末（道光朝）》第一册，第33－35页。
⑥ 齐思和：《筹办夷务始末（道光朝）》第一册，第36页。
⑦ 齐思和：《筹办夷务始末（道光朝）》第一册，第65页。
⑧ 齐思和：《筹办夷务始末（道光朝）》第一册，第118页。

而是攻击"吸食者论死"的新办法,他们的言论冠冕堂皇:"鸦片戕人躯命,贻害无深,自应妥议章程,严行饬禁。……圣朝宽大,不事峻法严刑,而积习因循,唯在令行禁止。"①即主张按照既有的"定例"办事,维持现状,实质就是既不弛禁,也不严禁,维持原来的走私状态。这种状态最有利于大贵族、大官僚受贿发财。琦善在另一篇奏折中,明确提出,"凡吸食者治以斩决",是"不知其大谬不然也"。他的主张是:"民命不可视为草菅,民心不可使之涣散,国宝不可长次偷漏,外夷不可久与通商。不准通商,则鸦片无自而来,内地已入之烟土,并不必缉捕销毁。……如是则从容不迫,而天下皆安居乐业,正本清源之道,皆在其内。"②在这些奏折中,有19份主张禁烟的重点在于查禁海口,严治走私,这与黄爵滋主张的重治吸食的意见相左。只有林则徐、钱宝琛等8人同意对吸食者处以死刑。但他们中大多数人认为应同时严惩兴贩:"自应一并将兴贩之犯,于开设烟馆绞罪上加重问拟,似与情法两得其平。"③目前史学界对这场讨论的观点与以前有所不同,认为:"弛禁和严禁的斗争虽曾有过,那是1836年(道光十六年)的事。"对黄爵滋奏折的讨论,则认为:"这不是一场严禁派和弛禁派的激烈斗争,而是一场围绕如何才能禁绝鸦片而展开的大讨论。"④

黄爵滋所奏陈的白银外流逐年增多等情形之严重,使道光帝十分震惊。于是道光帝决定重申严禁鸦片,可见这一财政问题是激起禁烟的动力,所以"鸦片战争,实为堵塞纹银漏卮,反对英国鸦片侵略的战争"。⑤此后道光帝决心禁烟,"朕于此事深加痛恨,必欲净绝根株,毋贻远患。许乃济冒昧渎陈,殊属纰缪,著降为六品顶戴,即行休致,以示惩儆。"⑥由此禁烟主张一时占了上风,其中两广总督邓廷桢原是弛禁论的附和者,后来在形势的推动下,开始转变态度,拥护禁烟。

在弛禁和严禁鸦片的争论中,有一个极为重要的问题被道光帝和所有的大清官员忽略了:禁烟有可能引发中英间的战争。鸦片走私给英国带来巨大的经济利益,英国阻扰禁烟,才是禁烟真正的终极障碍。

湖广总督林则徐,远在江苏巡抚任内,曾随同两江总督陶澍于道光十二年(1832年)七月会奏,请搜查英国船只,陈兵海上示威,道光帝严词批驳。道光十六年(1836年),林则徐署两江总督兼两淮盐政,著有政绩。道光十七年(1837年)正月,道光帝召见,授湖广总督。林则徐一贯主张禁烟,但他的着眼点在于严惩兴贩奸商,黄滋爵提出严办吸食者后,林则徐立即予以支持,并在湖广推行。道光十八年(1838年)五月,黄爵滋奏章下发后,林则徐上章附和黄议,并提出具体章则六条:一、烟具先宜收缴净尽,以绝馋根也。二、此议定后,各省应即出示,劝令自新,仍将一年之期,划分四限,递加罪名,以免因循观望也。三、开馆兴贩,以及制造烟具各罪名,均应一体加重,并分别勒限,缴具自首,以截其流也。四、失察处分,宜先严于所近也。五、地保牌头甲长,本有稽查奸宄之责,凡有烟

①　齐思和:《筹办夷务始末(道光朝)》第一册,第52页。
②　齐思和,等:《鸦片战争》第一册,第495页。
③　中国第一历史档案馆:《鸦片战争档案史料》第一册,第269页。
④　萧致治:《鸦片战争史》,第181页。
⑤　姚薇元:《鸦片战争史实考》,第4页。
⑥　齐思和:《筹办夷务始末(道光朝)》第一册,第125页。

土、烟膏、烟具,均应著令查起也。六、审断之法,宜预讲也。^① 随即在湖广发布禁烟告示,至六七月间,禁烟效果甚为显著。八月,奏报朝廷,道光帝诏谕嘉奖。林则徐又上一折,剀切陈奏"当鸦片未盛行之时,吸食者不过害及其身。……迨流毒天下,则为害甚巨,法当从严。若犹泄泄视之,是使数十年后,中原几无可御敌之兵,且无可以充饷之银。"^②道光帝览奏震动,九月二十六日,急诏林则徐进京陛见。

道光十八年十一月,林则徐奉召到京陛见,道光帝在 8 天之内前后召见 8 次,密商禁毒方案。道光帝迫于烟毒泛滥的严重形势,害怕有朝一日真会出现"中原几无可以御敌之兵,且无可以充饷之银"的局面,乃于 1838 年冬,决定摒弃"弛禁派"的主张,采纳了"严禁派"的建议。道光帝颁布了《钦定严禁鸦片烟条例》,随即"特派湖广总督林则徐驰赴粤省,查办海口事件,并颁给钦差大臣关防(条印),令该省水师兼归节制"。^③ 又谕两广总督邓廷桢会同查办。清朝立国以来,满汉大臣的封授,轸域分明。林则徐以汉人任湖广总督超授钦差大臣,为前所未有。这表明道光帝此时决意重用林则徐,严厉禁烟,一场轰轰烈烈的禁烟斗争展开了。但禁烟的困难很多,朝廷内有关利益集团暗中破坏。当林则徐进京商谈查办鸦片事宜时,琦善竟"嘱文忠无启边衅"^④。林则徐在京被道光帝召见 19 次,封赏极优,"枢相(指穆彰阿)亦为之动色,朝罢与同僚论不和,中外交构,有识者已为文忠危"。^⑤ 到十九世纪三十年代,鸦片在中国已经泛滥成灾,禁烟已经不只是鸦片本身的问题了,而是一个关系到国家民族生死存亡的重大事情了。林则徐明知前途困难重重,仍义无反顾,勇敢地承担起着历史重任。他表示:"死生命也,成败天也,苟利社稷,敢不股肱以为门墙辱。"^⑥

林则徐于道光十九年正月二十五日(1839 年 3 月 10 日)以禁烟钦差抵粤,他的上任,标志着禁烟问题从争论阶段转入行动阶段,也标志着鸦片战争已经为期不远了。

第一次鸦片战争,多数史学家认为应以 1840 年 6 月,即英国国会通过对华作战提案后派遣的远征军到达广东海面,封锁珠江口,作为鸦片战争的正式开始。鸦片战争本身可分为三阶段,但要认识鸦片战争必须从战前英国武力推销鸦片及虎门销烟等说起,即须从战前阶段说起。

战前阶段:

1839 年 3 月 10 日,林则徐抵粤任钦差大臣,主持禁烟。

1839 年 6 月 3 日至 25 日,林则徐虎门销烟。

1839 年 9 月 4 日,九龙之战。

1839 年 10 月 1 日,英国内阁决定派遣舰队来华,发动侵华战争。

1839 年 11 月 3 日,穿鼻之战;11 月 3 日至 13 日,官涌之战。

1839 年 12 月 13 日,道光帝下令停止中英贸易,并驱逐所有英船。

1840 年 4 月 7 日,英国议会表决,通过对华作战政策。

① 齐思和,等:《鸦片战争》第二册,第 134 页。
② 齐思和,等:《鸦片战争》,第二册,第 142 页。
③ 齐思和:《筹办夷务始末(道光朝)》第一册,第 132 页。
④ 齐思和,等:《鸦片战争》第一册,第 314 页。
⑤ 齐思和,等:《鸦片战争》第一册,第 314 页。
⑥ 齐思和,等:《鸦片战争》第六册,第 257 页。

战争第一阶段(1840年6月至1840年年底,此阶段内双方并未大规模交战):

1840年6月,英国远征军舰队到达广州海面,封锁珠江口。

1840年7月,英舰队北上,犯厦门,占定海。

1840年8月9日,英舰队抵大沽口;道光帝罢撤林则徐;大沽口会谈。

1840年9月15日,英方同意回广东谈判。

1840年11月6日,伊里布与英军达成《(浙江)休战协议》。

1840年12月,广州谈判,破裂。

战争第二阶段(1841年1月至1841年7月,双方局限在广州地区开战):

1841年1月7日,大角炮台、沙角炮台之战;26日,英军霸占香港。

1841年1月至2月,中英谈判穿鼻草约,达成协议但未签字。

1841年2月26日,清廷对英宣战。虎门之战。

1841年3月20日,义律与杨芳达成《(广州)临时休战与贸易协议》。

1841年5月21日,清军广州反攻,失败。

1841年5月24日,英军进攻广州;27日,签《广州和约》。

1841年5月30日,三元里人民严惩英军。

1841年6月1日,据广州和约,英军开始撤离广州。

战争第三阶段(1841年8月至1842年8月,英军援军到达,更换主帅,战争规模扩大。战场北移至福建、浙江沿海及长江中下游地区):

1841年8月26日,厦门之战。

1841年10月1日,第二次定海之战。

1841年10月10日,镇海之战。

1841年10月至11月,台湾基隆之战。

1842年3月10日,清军发起浙东反攻,失败。

1842年5月17日,英军再次增加兵力后,发起乍浦之战。

1842年6月16日,吴淞之战。

1842年7月21日,镇江之战。

1842年8月,签订《南京条约》。英军兵临南京城下,在南京地区未发生战斗。1842年8月29日,中英代表签订《江宁条约》,即《南京条约》。签约后,英军陆续撤往定海一带,第一次鸦片战争遂告结束;1843年7月,中英签订《五口通商章程》;1843年10月,中英签订《五口通商附粘善后条款》(也称《虎门条约》),两者的内容多为关于通商口岸贸易的具体章程,可以看成对南京条约有关内容的细化。

二、战前阶段

(一)林则徐禁烟

林则徐在广州的禁烟活动主要是4件事:缴烟;销烟;要求外商具结;在与英人交涉中发现需要以武力为后盾,因而加强战备。

　　林则徐于道光十九年正月二十五日(1839 年 3 月 10 日)以禁烟钦差抵粤,立即与两广总督邓廷桢、广东巡抚怡良、水师提督关天培、粤海关监督豫堃等人会商禁烟办法,整顿海防,严拿烟贩,惩处受贿官弁。经过缜密的调查,林则徐把先重治吸食的禁烟方针修正为先重治走私,以断绝鸦片来源。林则徐与邓廷桢谋,先捕斩出入英商馆之华商数名于馆前以示威。

　　"林则徐于正月二十五日到省,维时在洋趸船 22 只已陆续起碇开行,作为欲归之势。每船内贮存鸦片,闻俱不下千箱。臣林则徐撰谕帖,责令众夷人将趸船所有烟土尽行缴官。"① 林则徐又上奏:"鸦片之禁,不但宜严于百姓,实可倍严于夷商。此辈奸商……唯严乃肃。"② 林将这些趸船和英商看作鸦片的策源地,决心从此着手,解决禁烟问题。

　　3 月 18 日(二月四日),林则徐、邓廷桢、怡良"同坐堂,传讯洋商。……臣等发论之后,各国皆观望于英夷,而英夷又皆推诿于义律"。③ 林则徐等一方面揭穿了中国公行商人包庇鸦片贸易的行为,指出"查节次夷船进口,皆经该商等结称并无携带鸦片,是以准令开舱进口,并未驳回一船,今鸦片如此充斥,毒流天下,而该商等犹混含出结,皆谓来船并无夹带,岂非梦呓?"并历数其暗立股份、谄媚外商、偷漏银洋等罪状,令公行商人在三天内向外商取得永不夹带鸦片的甘结禀复;另一方面,责令外国鸦片商"将趸船鸦片尽数交官。……收明毁化,永绝其害,不得丝毫藏匿。一面出具夷字汉字合同甘结声明,嗣后来船永不敢夹带鸦片,如有带来,一经查出,货尽没官,人即正法字样"。林则徐在谕帖中还表达了禁烟的决心:"此次本大臣自京面承圣谕,法在必行,且既带此关防,得以便宜行事,非寻常查办他事可比。若鸦片一日不绝,本大臣一日不回,誓与此事相始终,断无中止之理。"④

　　3 月 19 日,外商代表在公所大厅会见了伍绍荣等行商,商讨林则徐要他们将鸦片全部缴出并具结的谕令,当时外商代表并未做出具体答复,他们问:"中国政府对于如要呈缴的鸦片给什么代价?"行商回答:"中国政府也许愿意偿还现今最低价的一部分。"⑤3 月19 日,粤海关监督豫堃宣布,暂停外商请牌下澳,禁止外国人离开广州。但是,洋商们对中国禁烟的决心估计不足,以为仍会像以前那样有始无终、虎头蛇尾,因此并没有把钦差大臣的缴烟谕示放在心上。经过行商再三说明,他们才开始意识到问题的严重性。21 日是限期禀复的最后一天,外商总会召集了一次会议,做出如下答复:"钦差的谕令既如此严重,包括了各方面的利益,必须详加考虑,尽早答复,但不能马上回答。"⑥ 林则徐对此答复甚为不满,宣布如不缴烟,明早将亲赴十三行公所措办一切。外商总会又连夜开会,商讨对策,最后决定凑 1037 箱鸦片呈交,以期蒙混过关。

　　"林则徐度其非全数,令各国商民退去,断英人粮食,令出鸦片四分之一者给婢仆,出二分之一者予食物,出四分之三者,许贸易如旧。并遍贴布告,晓以利害,大致如下:天道

---

①　齐思和:《筹办夷务始末(道光朝)》第一册,第 155 页。
②　齐思和:《筹办夷务始末(道光朝)》第一册,第 172 页。
③　齐思和:《筹办夷务始末(道光朝)》第一册,第 155 页。
④　齐思和,等:《鸦片战争》第二册,第 144、145 页。
⑤　郑鹏年:《国门烽烟——第一次鸦片战争》,第 9 页。
⑥　齐思和,等:《鸦片战争》第五册,第 25 页。

报施不爽,逆天者不得善终。……大皇帝待遇外人,恩泽身后,外人当遵守中国法令,与本国同。若以鸦片之故,致通商全行停止,则茶及大黄等需要之物,亦不可得。何苦以鸦片之故,而牺牲全体通商? 倘交还鸦片之后,仍准照旧贸易,利害得失,一目了然。何去何从,行善自择。"①

三天后,林则徐查知英宝顺洋行的毒枭颠地从中阻挠破坏,即札饬广州府传谕英人,"速将颠地一犯交出,听候审办"。这时义律从澳门赶到广州。义律于1836年年末被英国政府任命为驻华商务监督。1837年,义律依清朝规定向两广总督呈禀,自称领事,得清廷允准驻广州,兼驻澳门。得知林则徐饬令审办颠地后,准备帮助颠地逃跑。1839年二月初十日(3月24日),义律由澳门进省,其时奸商颠地等希图乘夜逃脱。经林则徐等查知截回。"并将各夷住泊黄埔之货船,暂行封舱,停其贸易。又夷馆之买办工人亦令暂行撤退,并将前派之兵役酌量加添,不许夷人出入往来"。② 义律和30余名英国毒枭被围在商馆,饮食起居难以自理。

二月十三日(3月27日),在断水断食三天后,"据该领事义律复禀,情愿呈交鸦片。义律向各夷人名下,反复追究,旋据呈明,共有20283箱,每箱应重120斤"。③ 同一天,义律向英国商人发出公告:"以英国女王陛下政府的名义并代表英国女王陛下政府,命令并要求目前在广州的英国商人,立即把他们所有的鸦片全部交给我,以便交给中国政府。……关于按照本公告交给我的英国财产的证明和所有英国鸦片的价值,将根据以后由女王陛下政府规定的原则和方法予以解决。"④次日,林则徐为外国商馆送去食品,每交一箱鸦片酌赏茶叶5斤,以示奖赏,并奏报"所需茶叶十余万斤,应有臣等捐办,不敢开销"。⑤ 又传谕其他外国领事,禀报呈交鸦片数目。义律不让英国商人把鸦片直接交给中国官方,要先交给义律,再"由他以英国政府代表的资格缴上去,可是他虽然承担责任,愿在他的辖境以内遏止英商的鸦片交易(这是和他的训令直接抵触的)"。⑥ "从英方来说,这被看作越权的,因为英国政府从来没有授予他这项权力。"⑦ 义律的做法,使鸦片纠纷由鸦片商人和中国政府间的问题转化为两国政府间的问题。义律向英国商人保证日后由英国政府赔偿烟价。义律的做法表明,他已经蓄意挑动侵略战争,勒索赔款,掠夺中国。美国商人交出的1540箱鸦片,同样经义律转交。

林则徐以中国皇帝之谕帖,请英国协力禁止鸦片走私,并迫使各国鸦片商人交出全部鸦片毒货焚毁于虎门。为彻底禁毒计,乃限令各国商人出具不再贩卖鸦片之甘结,其有不具此甘结者中国则勒令其回国,不准再来通商。1839年4月16日,美国总管士那,具禀称以后来船遵谕不带鸦片,荷兰总管番巴臣也具禀遵谕永远不贩鸦片,二人声称,甘结未奉本国明令,不能取呈,但总算口头表示了态度,今后来船不带鸦片。义律致函澳门总督平

---

① 萧一山:《清代通史》第二册,第920页。
② 齐思和:《筹办夷务始末(道光朝)》第一册,第155页。
③ 齐思和:《筹办夷务始末(道光朝)》第一册,第156页。
④ 胡滨:《英国档案有关鸦片战争资料选择》,第382页。
⑤ 齐思和:《筹办夷务始末(道光朝)》第一册,第158页。
⑥ 马士:《中华帝国对外关系史》第1卷,第281页。
⑦ 牟世安:《鸦片战争》,第147页。

托："荣幸地把他本人和目前在澳门或今后前往澳门的所有英国女王陛下臣民、船只和财产置于葡萄牙女王陛下的保护之下。"1839 年 4 月 15 日，平托回函，拒绝了义律的请求："他的特殊处境使他必须履行遵守严格中立的义务。"①

"义律遂托澳门西夷代为转圜，愿尽遣趸船回国，其货船亦愿具结，如有夹私者，船货充公，此粤事第一转机，而林则徐必令夷书'人即正法'之语。"唯义律令英商不得具结，令他们静候英政府指示，并"负气交还所赏茶叶。"②中国以驱其离去威胁之，义律即欲率领英商各船退驻澳门，指中国断绝英国通商，欲将拒绝鸦片走私案一变而为拒绝通商案。因而英国海军大将伯麦说："断鸦片可，断一切贸易不可，贸易断则我国无以为生，不得不全力以争通商。"③鸦片之战实由英国不肯具结禁运鸦片而起，义律与其政府另找借口曰通商，乃有意寻求使用武力之借口而已。

1839 年 4 月 3 日，义律在同意呈缴英商全部鸦片后，即致函外交大臣巴麦尊，污蔑中国的禁烟是"不可饶恕的暴行"，是"侵犯英国生命财产，侵犯女王尊严"的行为。因此他建议对中国不宣而战，给予迅速而沉重的打击，立刻用武力占领舟山岛，严密封锁广州、宁波两港，以及从海口直到运河口的扬子江江面。④

林则徐制定了《收缴趸船烟土章程》7 条，由水师提督关天培负责收缴。4 月 11 日下午，缴烟正式开始。至 5 月 3 日，已收缴鸦片 15889 箱零 1547 袋。至 5 月 18 日，共收缴鸦片烟土 19187 箱零 2119 袋，袋箱装烟分量相等，则合计为 21306 箱，"核之义律原禀，应缴 20283 箱，更溢收一千袋有零"⑤，实现了尽数收缴的目标。其中大毒枭查顿一行缴 7000 箱，颠地一行缴 1700 箱，美国的旗昌洋行缴 1500 箱。"鸦片烟共四种，最上曰公班土，白皮土次之，金花土又次之，每箱四十枚，又有小公班土，每箱一百数十枚，更贵于公班。每箱百有二十斤。"⑥公班土为孟加拉产的鸦片，白皮土是中印度产的鸦片。据姚薇元先生考证，"鸦片实三种，小公班即公班之小包者。且公班土每箱 120 斤，白土、金花土每箱只 100 斤"。⑦

由于缴烟工作进行得比较顺利，5 月 2 日起恢复商馆交通，取消封港。但同时宣布 16 名鸦片毒枭不准离开广州。5 月 21 日鸦片缴清后，这 16 名毒枭都先后出具了永不再来甘结，然后绝大部分都在 5 月 24 日同义律一道离开广州，前往澳门。

（二）虎门销烟

林则徐奏请道光帝，将收缴的鸦片烟土解押京城销毁，道光帝谕："起获烟土毋庸解送来京，即交林则徐等在该处督率文武员弁，公同查复，目击销毁，使沿海居民及在粤夷人共见共闻。"⑧林则徐得旨，与邓廷桢、关天培等详密筹划。"林则徐鉴于向来销烟之法，以

---

① 胡滨：《英国档案有关鸦片战争资料选择》，第 409 页。
② 芍唐居士：《防海纪略》卷上，第 8 页。
③ 芍唐居士：《防海纪略》卷上，第 8 页。
④ 姜涛：《中国近代通史》第二册，第 99 页。
⑤ 齐思和：《筹办夷务始末（道光朝）》第一册，第 170 页。
⑥ 芍唐居士：《防海纪略》卷上，第 6 页。
⑦ 姚薇元：《鸦片战争史实考》，第 4 页。
⑧ 齐思和：《筹办夷务始末（道光朝）》第一册，第 163 页。

烟土拌桐油焚毁,但残膏余沥渗入地中,惯于熬煎鸦片之人,掘地取土,十得二三。"① 经多方查考,后从印度开池制造鸦片的工艺中得到启发,采用"开池化烟"的方法可不留残余。"于海滩高处,挑挖两池,轮流浸化,其池平铺石底,纵横各十五丈余尺,四旁栏桩钉板,不令少有渗漏,前面设一涵洞,后面通一水沟。……其浸化之法,先由沟道车水入池,撒盐成卤,所有箱内烟土,逐个切成四瓣,投入卤中,泡浸半日,再将整块烧透石灰,纷纷抛下,顷刻便如汤沸,不爨自燃。复雇人夫多名,各执铁锄木耙,立于跳板之上,往来翻戳,务使颗粒悉化。俟退潮时候,起放涵洞,随浪送出大洋。"②

1839 年四月二十二日(6 月 3 日),钦差大臣林则徐由广东巡抚怡良、海关监督豫堃两位满人大员陪同,登上礼台,鸣响礼炮,开始销烟。由于烟土数量巨大,持续到 6 月 25 日才将收缴的烟土全部销毁,"共销毁 19179 箱又 2119 袋,除去箱袋皮重,实共 2376275 斤"。③ 销烟过程中,远近商民前来围观,来自澳门的英美商人、传教士也允许到现场参观。整个销烟过程部署周密,观者如潮,无不肃然懔威。外国商人不相信清政府当局在收缴鸦片后会全部销毁。尤其是义律,在给巴麦尊的报告中说:"据我看来,这些鸦片中的大部分事实上是可以卖出的,他们对此将加以最有利的利用。我有一个怀疑,即目前的掠夺措施将以在政府垄断的基础上实行鸦片贸易合法化而告终。"虎门销烟彻底粉碎了义律之流的诬蔑。时烟价在印度每箱合 200 余元,"在广州城内肯定不低于每箱 1200 元,在城外交付是每箱 600 元左右",英商损失约 1000 多万元。④

林则徐这种实事求是、不尚空谈的果敢作风,大出英人意料。1839 年 6 月底,道光帝颁发了《查禁鸦片烟条例》,共 39 条。⑤ "章程所定刑罚极严,条文极密,似乎政府决心禁烟,但最重要的一条是:'吸食之案只准官弁访拿,不许旁人奸告'。这等于保证官吏有权贪污,鸦片瘾者有权吸食。"⑥ 实际上,这个禁烟章程是弛禁派的一个胜利。

毒品焚毁,英人损失最重。英人不甘,遂准备与中国一战。虎门销烟后,战端之开,迫在眉睫。然间接为是役之导火线者,乃村民林维喜被杀一事。1839 年五月二十七日(7 月 7 日),"尖沙村中,有民人林维喜被夷人酒醉行凶,棍殴毙命。……讯据见证乡邻金称,系英吉利国船上夷人所殴"。⑦ 林则徐要求义律交出正凶,听中国法律裁判。义律一面假意悬赏 2000 银元缉拿凶手,一面妄图以 1500 银元贿赂死者家属,嘱其承认斗殴纯由误会,企图逃脱"杀人偿命"的法网。其实他已查知杀人凶犯为英船水手头目(英国人),其他 5 名印度水手与此案有关。林则徐索要凶手,义律绝不交出主犯,于 8 月 12 日在船上擅自组设法庭,亲自审讯 5 名印度水手,判处 3 人监禁 6 个月,各罚金 20 镑;2 人监禁 2 个月,各罚金 15 镑,并谎称寻找不到杀人主犯。⑧ 林则徐以英人在中国领土以内杀害中国人而不假中国以裁判权,殊属有伤国体,务要英国交出凶手。

① 姚薇元:《鸦片战争史实考》,第 4 页。
② 齐思和,等:《鸦片战争》第二册,第 154 页。
③ 齐思和,等:《鸦片战争》第二册,第 160 页。
④ 胡滨:《英国档案有关鸦片战争资料选择》,第 397 页。
⑤ 齐思和,等:《鸦片战争》第一册,第 535 – 559 页。
⑥ 范文澜:《中国近代史》上册,第 20 页。
⑦ 齐思和,等:《鸦片战争》第二册,第 177 页。
⑧ 姚薇元:《鸦片战争史实考》,第 39 页。

虎门销烟后,林则徐为实现具结,与义律进行了多次尖锐的斗争。林则徐一再饬谕义律具结、交凶、遣返空趸及奸商,最后空趸和奸商基本上驱逐净尽。在具结问题上,义律只愿写"如有鸦片将货物尽行没官",而于"人即正法"字样仍不肯写;在交凶问题上也不肯送出听审。义律既不肯具结,又不肯交出杀人正凶,林则徐与邓廷桢即"遵照嘉庆十三年之例,禁绝英夷柴米食物,撤其买办工人"。"义律率其家眷暨奉逐未去之奸夷等共57家,悉行迁避出澳,寄住尖沙嘴货船及潭仔空趸上。"①一面等候英国舰队到达,同时派人驰报英印总督奥克兰,请求派兵舰来华,以便与中国作战。

林则徐开始担心,认为只要英国人安然留在澳门,他们总是要在这个问题和具结问题上继续反对他。因此,他于8月15日采取了抵制商馆的措施,切断了对澳门的农产品给养,同时向附近城市香山增派2000名士兵。于是,葡萄牙人很快屈服,命令英国人离开澳门。② 澳门葡督平托不愿介入中英冲突,以免影响葡萄牙的商业利益,拒绝了义律返回澳门的要求。

林则徐抵粤后,一面严厉禁烟,一面着手整顿沿海防务。虎门收缴鸦片后,他视察了虎门防务。8月间,他同邓廷桢先赴香山视察,得知义律将于9月1日访问澳门后,复于9月3日至澳门视察,接见了葡督平托,要他们奉公守法,不许囤积禁物,不许包庇奸夷,争取澳门中立。林则徐此行也体现了中国对澳门的主权,是中国第一次省级以上大吏视察澳门。9月6日林则徐再抵虎门,并留此地3个多月,到12月11日才回到广州。在此期间,他采取了许多加强防卫的措施。林则徐认为虎门海口是中路扼要之区,决定在尖沙嘴南麓和官涌偏南的石排各添一座炮台,安置大炮56门,并购入西洋各国大炮200多门,以加强各炮台之火力。同时认真整顿水师,修造战船,购买西船,加紧水陆兵丁操练,以提高水师战斗力。为加强重点防务,林则徐先后增调水陆兵丁近8000名,"知西人极藐水师,而畏沿海枭徒及渔船、疍户,于是募丁壮5000,每人给月费银6元,瞻家费银6元,其费则洋商、盐商及潮州客商分捐"。③ 同时,林则徐十分重视对西方国家的情报收集和调研工作,他聘用人员,翻译西文书报,了解外国情况,分析中外形势,密切关注西方国家,特别是英国的动向。经林则徐积极整顿,周密布防,广东沿海防御得到很大加强,并在随后的几次中英之战中发挥了积极作用。

(三)九龙之战

义律等人自从被逐出澳门后,托身于空趸,飘泊于海上,陷于困境之中。1839年8月31日,英舰"窝拉尼"号在舰长斯米斯率领下抵达广东海域。义律见有兵舰来援,复开兵衅。七月二十七日(9月4日),大鹏营参将赖恩爵"带领师船三只,在九龙山口岸查禁接济,防护炮台。……午刻,义律忽带大小夷船五只赴彼,先遣一只拢上师船,递禀求为买食,该将正遣弁兵传谕开导间,夷人出其不意,将五船炮火一齐点放。……该将赖恩爵见其来势凶猛,亟挥令各船及炮台弁兵,施放大炮对敌,击翻双桅飞船一只,夷人纷纷落水,

---

① 齐思和,等:《鸦片战争》第二册,第177、178页。

② 费正清:《剑桥中国晚清史》上卷,第204页。

③ 魏源:《魏源集》,第174页。

各船始退。少顷该夷来船更倍于前,复有大船拦截鲤鱼门,炮弹纷集,我兵用网纱等物设法闪避。一面奋力对击,瞭见该夷兵船驶来帮助,该将弁等忿激之下,奋不顾身,连放大炮,轰击夷人多名。……迨至戌刻,夷船始遁回尖沙嘴"。①

此次战斗历时 5 个小时,是为九龙之战。此役,中国水师方面阵亡士兵 2 名,重伤 2 名,轻伤 4 名。英军方面,据林则徐事后查报上奏称:"夷人捞起尸首,就近掩埋者,已有十七具。又渔舟迭见夷尸,随潮漂淌,捞获夷帽数顶,并查知假扮兵船之船主得忌剌士手腕被炮打断,此外夷人受伤者尤不胜计。"②九龙之战是中英之间的第一战,也是近代史上中国人民反侵略战争的第一战,是由英国侵略者挑起的武装冲突,以英国侵略者的失败而告终。部分史书中把 1839 年 9 月 4 日作为第一次鸦片战争开始之日。对此次战斗,林则徐以《会奏九龙洋面轰击夷船情形折》上奏,道光帝朱批道:"既有此番举动,若再示以柔弱,则大可不必。朕不虑卿孟浪,但戒卿不可畏葸,先威后德,控制之良法也。相机悉心筹度,勉之! 慎之!"③

英商务监督义律以军舰进攻九龙,似非真欲与中国开战,而是意在示威,用武力胁迫中国让步。及见林则徐与邓廷桢坚持不为所动,又恐中国水师围攻尖沙嘴,乃于八月七日致函中国澳门同知蒋立昂,要求会议,进行谈判,明定章程,和平解决问题。林则徐命蒋立昂在澳门与义律会晤,并饬其遵办三事:(一)新到各夷船,如带鸦片,即须呈缴。(二)交出林维喜案正凶。(三)空趸及烟犯,克日离粤回国。以上三项办到,始准货船停尖沙嘴。9 月 24 日,义律在澳门葡督平托的陪同下,和蒋立昂开始谈判。义律答复英船若搜出鸦片,货物没收;英船具结,违者驱逐;杀人犯按英国律例审处。林则徐批复,具结必须写明"如有夹带鸦片,人即正法",凶犯限 10 日内交出。义律虚与周旋,拒不接受,谈判陷于僵局。当时英政府之态度尚未明白表示,义律等虽极力主张对中国用兵,然亦不敢遽向中国宣战。实际上义律是借谈判拖延时间,等候大军到来。10 月 18 日,外交大臣巴麦尊的密件终于到达,把政府发动战争的计划告诉了义律:"陛下政府意将派遣海军到中国去,可能还有少量陆军。……陛下政府现在的想法是:立即封锁广州与白河或北京诸河,占领舟山群岛中的一岛或厦门镇,或任何其他岛屿。……陛下政府还打算立刻捕捉并扣押海军所能够弄得到手的一切中国船只。"④

1939 年 9 月,清廷命林则徐为两广总督,总领两广方面抗击英军之战;调邓廷桢为闽浙总督,以防御福建、浙江;并诏命两江总督裕谦、山东巡抚托浑布、直隶总督琦善等一体准备沿海防守,防备英舰之北上袭击。

(四) 英国政府决定发动对华战争

1839 年 6 月虎门销烟的消息传到印度,引起鸦片价格暴跌。8 月初,虎门销烟的消息和义律的报告传到伦敦,伦敦茶丝价格猛涨,皇家证券交易所股票暴跌,立刻引起了英国

---

① 齐思和,等:《鸦片战争》第二册,第 180 页。
② 齐思和,等:《鸦片战争》第二册,第 180 页。
③ 齐思和,等:《鸦片战争》第二册,第 181 页。
④ 牟世安:《鸦片战争》,第 162 页。

资产阶级的一片战争喧嚣。那些与鸦片走私贸易有关的议员、银行家、商人、船主等纷纷向英国政府提出各种建议和要求，积极鼓吹发动侵华战争。8 月 7 日，与侵华有关的要人在伦敦召开紧急会议，讨论如何敦促政府挑起对华战争。8 月 19 日，他们再次开会，决定由拉本德、查顿等 9 人组成委员会，负责策动对华战争工作。8 月 24 日，9 人委员会再次开会，决定以拉本德、斯密斯、查顿 3 人组成核心小组，随时和政府保持联系。8 月 27 日，拉本德等 3 人核心小组和利物浦印度协会分别谒见巴麦尊，要求早作决策。

原在香港的大毒枭查顿在策动鸦片战争方面非常活跃。林则徐在广州收缴了鸦片以后，全体鸦片商人集资 2 万元，按每家所缴鸦片的箱数，以每箱一元摊派，寄给查顿作为活动经费。查顿及时利用了这次因没收鸦片问题所引起的争论，展开了一场巧妙的散发时文小册子的宣传战，把"包围商馆"事件描绘为对维多利亚女王陛下的旗帜的不可容忍的侮辱。他在联合英国中部 300 家纺织商行要求巴麦尊干预广州事务方面也起了作用。查顿带了许多地图、表册之类的情报资料，在 10 月 26 日会见了巴麦尊，对他所希望的干预达到的程度概述如下："封锁中国港口以索取赔款；签订公平的贸易协定；开放四个新港口；占领香港等几个岛屿。"①

当时英国热心鼓吹对华作战的人，除了鸦片走私贩外，还有一部分对中国贸易有关的工业、商业、航运、金融等方面的资本家，他们竭力企图把英国的工业品推销到中国去，主张用武力冲破中国政府在外贸方面设置的种种限制。

1839 年 10 月 1 日，英国内阁召开会议，专门讨论中国问题，经过长时间讨论，按照资产阶级中对华贸易关系密切的集团和鸦片巨商们的意见，决定派遣一支舰队前来中国海域，发动侵华战争。派军舰封锁中国沿海港口，勒索缴出的鸦片烟价。这一决定由巴麦尊在 10 月 18 日用密令通知义律，指示他准备在第二年的 3 月间，即本季商务结束后，开始进攻中国。正是在鸦片贩子的策动下，在整个 10 月份，曼彻斯特、伦敦、里兹、利物浦、格拉斯哥等大城市的商会，纷纷向英国政府上书，要求断然的处置、采取强有力的手段发动侵华战争。

义律请求美商，"为了他们与英商将来的共同利益，希望他们与英商一起离开广州。而领导北美商人的福布斯说'我来中国不是为了疗养和寻欢作乐，只要能卖出一码布或购进一磅茶叶我就要坚守岗位……我们美国国民没有女王来担保赔偿我们的损失'。英商刚离开广州，美商立刻大发横财。未曾染指鸦片的英商从香港停泊地听到此消息后，开始对义律的封港感到不安。九龙事件刚发生后，担麻士葛号逃出英国船队，该船承销人签具了一项鸦片甘结。不久，从爪哇运米至此的皇家萨克逊号也起而效之。"②

英船担麻士葛号于 10 月 14 日履行具结手续，该船船主是依据在加尔各答时所征询的法律意见行事的，照那个意见，义律禁止英商进行贸易是越权行为。10 月 15 日，该船被引进黄埔贸易，义律对此怀恨在心，认为有损英商监督的权威。为防止英船再次发生此种行动，义律命"窝拉尼"号和刚到的"海阿新"号开到穿鼻洋面，阻止各国商船具结入口。"10 月 20 日，义律通知各英商不必具结，可将船驶至穿鼻码头，和在黄埔一样，照例缴纳

①　费正清：《剑桥中国晚清史》上卷，第 208 页。
②　费正清：《剑桥中国晚清史》上卷，第 204 页。

各项捐税并在验货以后开舱贸易。"①林则徐一方面坚决禁烟,一方面又认识到要区别对待英国一般商人和鸦片贩子,提出"奉法者来之,抗法者去之"的办法,不管哪一国商人,只要肯签具不带鸦片的甘结,就允许继续贸易。美国商人看到有利可图,首先具结入口,截至 1839 年年底,"至他国遵照具结进口,查无鸦片者,已有船 62 只"②,其中美国船 54 艘。这说明林则徐区别对待商人的措施是正确的,效果是明显的。

（五）穿鼻之战

义律破坏禁烟的各种措施,把英国整个的对华贸易拖入了绝境。大批英国商船被义律强迫长期停在尖沙嘴一带,船中装运的洋米、洋布、棉花潮湿霉烂,致使一批英国商人对义律怨怼同声。这时,林则徐又下令断绝英国商船在海上的食品和淡水供应,使英国商人更为狼狈。有些英商不愿遵守义律的命令,自己向林则徐要求具结进口,林则徐批准了他们的要求。英国货船中,首先遵结者为弯喇(担麻士葛号船主),亦已进埔贸易。其次遵结者为当啷(皇家萨克逊号船主),于九月二十八日(1839 年 11 月 3 日),正报入口。这时有英国兵船二只(窝拉尼号、海阿新号)于午刻驶至穿鼻,硬将已具结之当啷货船,追令折回,不得进口。提臣关天培闻而诧异正在查究间,士嘧(即斯密斯)一船,辄先开放大炮,前来攻击,关天培亟令本船弁兵开炮还击,并挥令后船协力进攻。关天培亲身挺立桅前,自拔腰刀,执持督阵,厉声喝称后退者立斩。适有英船炮子飞过桅边,剥落桅木一片,由关天培手面擦过,皮破见红。关天培奋不顾身,仍复持刀屹立,又取银锭置于案上,宣布有击中英船一炮者,立即赏银两锭。其本船所载 3000 斤铜炮最称得力。③ 关天培督令弁兵,对准连轰数炮,将窝拉尼号头鼻打断,船头之人纷纷跌落入海。又奏水师提标左营游击麦廷章,督率弁兵连轰两炮,击破该船后楼,英兵亦随炮落海。"接仗约有一时之久,士嘧船上帆斜旗落,且御且逃。我军本欲追蹑,无如有三船渐见进水,势难远驶。"④此战中国水师死 15 人,伤数十人。穿鼻之战由英方突然发起袭击,英军武器又占优势,但再次以英舰败退告终。只是清军损失亦较大,所以英方对此战的报道大不相同,双方各报胜仗。

（六）官涌之战

九月二十九日(11 月 3 日),从穿鼻之战中逃窜的窝拉尼号和海阿新号当天就去澳门,把在澳之英人一起运回尖沙嘴并在该处停桅修理,准备继续参战。怡良等会奏:"尖沙嘴洋面,群山环抱,浪静风恬,奸夷久聚其间,不唯藏垢纳污,且等负隅纵壑,若任其据为巢穴,贻患曷可胜言?……尖沙嘴迤北,有山梁一座,名曰官涌,恰当夷船脊背之上,俯攻最为得力。当即饬令固垒深沟,相机剿办。夷船见山上动作,不能安居,乃纠众屡放三板,持械上坡窥探,经驻扎该处之增城营参将陈连升等派兵截拿,打伤夷人二名,夺枪一杆,余众滚崖逃走。九月二十九日(11 月 4 日),夷船排列海面,齐向官涌营盘开炮,仰攻数次,

① 马士:《中华帝国对外关系史》第 1 卷,第 276 页。
② 齐思和,等:《鸦片战争》第二册,第 122 页。
③ 齐思和,等:《筹办夷务始末(道光朝)》第一册,第 238 页。
④ 齐思和,等:《筹办夷务始末(道光朝)》第一册,第 186 页。

我军扎营得势,炮子不能横穿。官兵放炮还击,再次打退英舰。……十月初三日(11 月 8日),该夷大船在正面开炮,而小船抄赴侧面,乘潮扑岸,有百余人抢上山岗。被增城右营把总刘明辉等,率兵迎截,砍伤打伤数十名,夷人披靡而散。次日望见沙滩地上,掩埋夷尸多具。初四日(11 月 9 日),夷船又至官涌稍东之胡椒角,开炮试探,经驻守之陆路提标后营游击德连,将大炮抬炮一齐回击,受伤而走。臣等节据禀报,当又添调官兵二百名,得力大炮六门,委弁解往,以资轰击。十月初六日(11 月 11 日)该文武等均在官涌营盘,会同商定,诸将领各认山梁,安设炮位,分为五路进攻,前后策应。夷人窥见营盘安炮,即各赶装炮弹,至起更时,连放数炮打来,我军五路大炮,重叠发击,该夷初犹开炮抵拒,迨一两时后,竟无回击之暇,各船灯火,一时灭息,弃椗潜逃。初八日(11 月 13 日)晡时(下午三至五时),多利并得忌喇吐(冈布里奇号)两船,潜移向内,渐近官涌,后船十余只相随行驶,我军一经瞭见,仍分起赶赴五路山梁,约计炮力可到,即齐放大炮,注定头船攻击。"恰有两炮,击中多利船舱,击倒数人,且多落海漂去者。其在旁探水之夷划一只,亦被击翻。多利仓皇遁去,无暇回炮。计官涌一处,旬日之内,大小接仗 6 次,具系全胜。英军及未进口大小各船只只得离开尖沙嘴,"此次剿办之余,于澳门既不能陆居,于尖沙又不能水处",不得不在外洋"四散寄泊"。[1]

(七) 中英断绝贸易

林则徐、邓廷桢把这几次战斗向朝廷做了报告。是年十一月初八日(12 月 13 日),清廷以英国商人既受其商务监督阻止,拒不具结,又不肯交出凶犯,更以军舰及武装商船不时向尖沙嘴开炮轰击,是其乃欲继续走私鸦片,不顾中国合法主权,乃下诏宣布停止英吉利贸易,其诏书曰:"英吉利国夷人,自议禁烟之后,反复无常……即使此时出具甘结,亦难保无反复情事。若屡次抗拒,仍准通商,殊属不成事体。至区区税银何足计论? 我朝绥抚外夷,恩泽极厚,该夷等不知感戴,反肆鸥张,是彼曲我直,中外感知,自外生成,尚何足惜! 著林则徐等酌量情形,即将英吉利国贸易停止。所有该国船只,尽行驱逐出口,不必取具甘结。"对于林则徐等"接仗六次,俱系全胜"的奏报中所提议的对英国商人的政策,"英国商人苟知悔悟,尽许回头",皇帝批示道:"不应如此,恐失体制。"对林则徐复奏中提出的"与其开门揖盗,何如去莠安良,而良莠之所分,即以生死甘结为断。洵属良夷,不唯保护安全,且倍加优待"的请求,清廷批谕云:"恭顺抗拒,情虽不同,究系是一国之人,办理两歧,未免自相矛盾。"[2]清廷将英国贸易停止,盖欲以断绝贸易迫使英人就范也。同时料英人不敢以此开战,故亦未作战备。唯林则徐自到粤后,日使人刺探西方事,翻译西书及新闻纸读之,知绝市之后将有军舰来攻,于是乃大治军备以准备应战。

林则徐不能违抗朝廷旨意,他宣布自道光十九年十一月初一日(1839 年 12 月 6 日)起,停止英吉利贸易,十二月初一日(1840 年 1 月 5 日),正式宣告断绝通商。"宣言英国船舶及英国并其附庸诸国之生产物,永久不许入港,然实则英国之货物隐于局外中立之幕

---

① 齐思和,等:《鸦片战争》第二册,第 187-189 页。
② 齐思和,等:《鸦片战争》第二册,第 189、190 页。

中,依然输入,亦无从禁止也。"①即使在断绝通商以后,林则徐和义律之间也还交换过几次信件,并没有决裂。

林则徐原定计划是禁绝鸦片,奖励合法通商,如果道光帝不停止中英贸易,英政府对华军费案未必在国会通过,因为正当工商业者的利益与鸦片贸易并不一致。虽然英政府决不放弃鸦片利益,无论何种借口,它定要发动战争。满清政府腐败落后,即使不因鸦片启衅,它仍不免沦为半殖民地。但就鸦片战争本身来说,确实是道光帝促成的。②

道光帝无论在禁烟问题,还是在战争问题上,都没有一贯的坚定的方针。"在朝廷中,有许多官员本来就不赞成严禁鸦片,因为鸦片贩运为他们带来好处。而主张禁烟的多数官员也只能寄希望于用一种比较省力的办法来解决问题。腐朽的封建统治集团,作为一个整体,已经不可能用自己的力量消除自己身上的痼疾。……皇帝和官员们对于外国情况并没有任何了解,以为只要略施威吓,并以停止贸易为武器,就可以使外国商人再不敢私贩鸦片,从而一劳永逸地在国内禁绝鸦片了。"③

道光帝这道停止贸易的命令,正中义律下怀,他在向英国政府的报告中,把这场战争的起因由"禁绝鸦片",一改而为"禁绝通商",因而"鸦片战争"在英国被称为"通商战争"。这时,中英关系更显紧张,英国为强行向中国推销鸦片而引起的通商之矛盾,已发展到非战争不能解决的地步了。

(八) 英国派遣远征军

自任商务总监以来,义律屡请政府训令,以增权威,而英政府始终无训令以表明其态度。时已至此,英外务部明悉在广东外交纷扰,仍无训令发表。当中国禁止鸦片,义律请其政府支持时,社会名士等以鸦片为不得义,污辱大不列颠国旗,力排斥之。1838 年 6 月 15 日,巴麦尊致函义律:"女皇陛下之政府,不能够为了使英国臣民能够破坏他们前去贸易的那个国家的法律的目的而进行干预。……因此,这些人可能遭受的任何损失,必须由那些因他们自己的行动造成该损失的人士承担。"④及英女皇维多利亚向其国人要求对华鸦片战争之军费时,英众议员责难政府说:"我政府若重道义,数年前当与中国政府协力严缉奸商。纵不然,宜与奸商断绝关系。彼等以不正当贸易,所蒙损失,政府可不过问。乃事不出此,致中国政府不知我政府之意向何在,以有今日,政府不可不负责任。"⑤1838 年 12 月 8 日,义律仍对英商发布公告:"警告所有在虎门以内从事非法鸦片贸易的英国臣民,如果中国政府认为适于捕获并没收那些船只,女王陛下政府将绝不进行干涉。"⑥

进入 1839 年后,英国政府的政策逐步转变。1839 年 11 月 4 日,巴麦尊致函海军部并训令义律,宣布英国政府决定派遣一支远征军前往中国,封锁沿海港口,占领几个岛屿,用炮舰政策迫使清政府屈服。英商务监督义律以其在广东与中国开战之实况汇报后,1840

---

① 稻叶君山:《清朝全史》下二,第 42 页。
② 范文澜:《中国近代史》上册,第 32 页。
③ 胡绳:《从鸦片战争到五四运动》上册,第 37 页。
④ 胡滨:《英国档案有关鸦片战争资料选译》,第 258 页。
⑤ 萧一山:《清代通史》第二册,第 930 页。
⑥ 胡滨:《英国档案有关鸦片战争资料选译》,第 350 页。

年1月16日，女王维多利亚在国会大厦发表演说："在中国发生的事件影响到我国臣民同该国商业往来的中断。这件事深为影响我臣民利益以及我本身王权的尊严，朕早经注意，今后仍将予以最密切的关注。"①1840年2月20日，英国政府正式任命好望角海军司令、海军少将乔治·懿律和英驻香港商务监督查理·义律为正副代表，并由懿律率领侵华远征军前来远东。同一天，巴麦尊向中国政府发出最后通牒，即《巴麦尊子爵致中国皇帝钦命宰相书》，此信将由军舰带到中国。

4月7日至9日，英国议会下院在女王主持下讨论对华用兵之军费，议场中争辩甚烈，多有责难政府不重视道义，协助奸商作不正当之走私贩毒，自损国际尊严者。英外交大臣巴麦尊及陆军大臣玛格烈（麦考莱）狡辩说："政府为欲杜绝密卖，曾竭十分之力，无如东西隔绝，不能尽如所意想，政府只得尽其可为力者而止。今事实已由在彼处商人与中国政府开战，若坐视不救，不但损国威，辱国体，实大不列颠民族之大耻辱。"于是议员分为两派，政府党以为中国侮辱英国为走私贩毒之国，使英人在中国者危险至极，主张援助商人与中国作战，终于以多九票（271∶262）获表决胜利，通过对中国发动鸦片战争，英国称为通商战争。其决议文为："对于中国人侵害英国商人行为，必须得到满足和赔偿，以此目的，捕获中国船只及货物，自属正常。如中国政府肯认赔偿，并行让步，则英国政府亦不必为复仇而战争。"②

所谓"满足与赔偿"即指赔偿焚毁英国鸦片的损失；所谓"中国政府让步"即指否定中国禁鸦片毒品之大员林则徐所提出三原则：（一）新到各船所载鸦片须全数交出；（二）交出林维喜案正凶；（三）运鸦片之英国船及贩鸦片之英国商人克日离去。自此西洋与东方之第一次战争，即第一次鸦片战争，由英国国会通过之法案所发动，由于走私贩毒显得不光彩，乃避重就轻，名之曰"通商战争"，并将战争所得之最惠条件公之于世，使各国皆大喜欢，以获取列强之支持。

就如何在华展开作战问题，战前英军曾经有几种方案。由于英国在19世纪40年代还没有足够的实力实现对中国的殖民占领，因此无论哪一种方案，都无法满足英军以相对少数的兵力、在较短的时间内取得对华战争胜利的战略意图。英国决策者们认为，英军在华作战，不能深入中国本土，只有暂取沿海各海岛之事比较可行。因此，在英军的初期作战目标和手段中，只是占领海岛、封锁港口、扣留商船等。而占领岛屿也仅为着商业和军事后勤补给之目的。

英国政府作出发动侵华战争的决定之后，即着手组织远征军。由于在九龙之战、穿鼻之战、官涌之战中的连续失败，英国政府不得不对原计划进行修正，增加了兵力。至1840年初，这支侵略军基本组成。海军舰队以驻印度海军司令伯麦为司令，海军官兵约3000人，由16艘军舰，载炮540门、4艘武装轮船和20余艘运输船组成。这16艘军舰中，3艘来自英国本土，3艘来自开普敦，5艘来自印度，另5艘已先期在中国海面活动。侵华陆军共4000名，其中包括从斯里兰卡抽调的英军第18团，从印度加尔各答抽调的英军第26团和第49团，此外，还抽掉了一个印度混合营和两个炮兵连、两个工兵连。所有陆军由布

---

① 广东省文史研究馆：《鸦片战争史料选译》，第185页。
② 萧一山：《清代通史》第二册，第931页。

尔利上校统率。战争过程中,侵华英军以印度为主要基地,英国驻印度总督奥克兰受命组建陆军,并对海军的行动予以合作。[1] 随着鸦片战争的扩大,英军不断增派来华兵力,战舰达 25 艘,其他船只 60 余艘,总兵力 2 万余人。[2]

1840 年 2 月 20 日,英国政府对懿律和义律下达了训令:给侵华远征军规定了如下任务:(一)在珠江建立封锁。(二)占领舟山群岛,并封锁群岛对面的河口及扬子江口和黄河口。(三)终点是渤海湾,递送《巴麦尊子爵致中国皇帝钦命宰相书》,并要求清政府对该信作一答复。如果到期没有收到答复,或是收到的答复完全不能令人满意,就要向中国政府说明,已经别无其他选择,只有奉行女王所指示的处理方针。如此,业已开始的军事行动仍将继续,并将更加激烈地进行。[3] 英国政府因其对女王陛下的监督所施加的侮辱和对女王陛下的其他侨华臣民所采取的暴虐办法造成对英国国主的亵渎,有权要求充分的赔偿。英国政府愿意接受一个或几个沿海岛屿的割让,作为对这些行为的充分补偿。如果中国政府表示不愿意作这类岛屿的割让,而愿意以条约的方式给女王陛下的侨民以安全和商业自由,英国政府将不反对这样一种措施。这件条约的主要规定应该是:英国侨民的身体和财产应享有安全并免受干扰;英国侨民应准许自由和不受限制地居住在中国的一些主要口岸;英国君主得自由任命一个商务监督或一个总领事及若干领事,以照管英国侨民的商业利益,并与中国政府保持文书往来;中国政府应规定固定的关税,这些关税应该予以公布;如有任何英国侨民输入为中国法律所禁止的货物,这类货物得由中国官吏查获充公,但英国侨民的身体决不能因货物的输入或输出,而遭受干扰;英国商务监督或总领事,将遵照其本国政府的命令,任意制定规则和章程,并设立法庭,以管理侨华的英国侨民。如有任何英国侨民犯罪,则他的处罚应听由英国政府或它的官宪处理。也就是说,无论如何,直到中国政府所承担的全部义务完全履行和实施后为止,英国女王陛下的军队将继续占领舟山群岛。

(九) 清政府的海防战备

清朝统治集团,对于收缴鸦片之后中英之间将会出现何种局面,是否可能爆发战争等,从未进行廷议以做出应有的分析判断,提出相应的政治军事对策,仅由道光帝及军机大臣们看奏报、下谕令,清军中没有人了解英军的目的、兵力、装配及战略战术。而道光帝既昏庸无知,又狂妄自大,他不准沿海疆臣丢失寸土尺地,又不愿为加强海防动用国库银两。清朝同西方各国通商近 200 年,道光帝对欧美资本主义的发展及其政治经济制度,竟茫然无知。英国借口鸦片问题,已经在调兵遣将,决心武装侵略中国了,他还以为是"虚声恫吓""实无能为",只要严防海口,"总不与之外洋接仗",就足以使敌不攻自毙。在这种骄妄无知、盲目轻敌思想的支配下,清廷逐渐形成了如下战略性方针,即"先威后德","大张挞伐,聚而歼旃","沿海一体,严密防范"等。所谓"先威后德",即驱逐英商,收缴鸦片,必要时"示以兵威","使奸夷闻风慑服",然后许以继续通商,"以示怀远羁縻",认为这样

---

① 军事科学院:《中国近代战争史》,第 12 页。

② 姜涛:《中国近代通史》第二册,第 108 页。

③ 马士:《中华帝国对外关系史》第 1 卷,第 709 页。

英人就会"感恩天朝"了。显然,这是既不知彼又不知己的骄妄自大思想的产物。至于"沿海一体,严密防范",由于没有提出明确而具体的措施,实行起来,只能是分兵把守,处处消极防堵而已。

东南沿海是清朝布防的重点之一,其中广东驻军7万、福建6万、浙江4万、江苏5万。但是,由于清军的主要任务是镇压人民的反抗与起义,沿海水师主要缉拿海盗,对西方列强的武装侵略既缺乏应有的警惕,又缺乏对抗的实力。1800年以后,清政府查禁鸦片,英国的武装走私商船开始在广东沿海活动,特别是1830年以后,英国政府公然派出兵船前来中国沿海,保护鸦片走私,清廷和广东当局对西方列强的军事威胁,才开始有所警惕和准备,但仍缺乏认真的战备措施。中国军队在人数上占有绝对优势。但在英军已经作好所有战争准备的形势下,清王朝主持沿海各省军务的督抚大员,不仅对抗击入侵毫无准备,更缺乏一种明确的、适应近代战争的战略指导。因此在整个战争进程中,清军始终处于一种消极应付、被动挨打的地位。

1834年9月,两艘英舰强行闯入虎门并进抵黄埔的严重事件发生后,清廷任命关天培为广东水师提督。关天培到任后,亲历重洋,查勘要塞,整顿水师,加筑炮台,添铸大炮,使广东海防尤其是虎门的防务,得到了加强。"粤东中路海口,以虎门为咽喉。……四面形势皆可瞭望,窃见门户重重,实属险要天成。自伶仃大洋,过龙穴而北,两山斜峙,东曰沙角,西曰大角,由此以入内洋,是第一重门户也。进口七里,有一山屹立中央,名曰横档……其前有小山一座,曰下横档,海道至此分为二支:其右一支,多有暗沙;左一支以武山为岸,武山亦谓之南山,山前水深,洋船出入,皆由此,此为第二重门户也。由横档再进五里,则为大虎山,其西为小虎山,再西则狮子洋,大小虎山乃第三重门户也。"[1] 以炮台言之,沙角山、大角山于1801年、1832年分别筑有炮台,关天培以两台间的炮火不能形成交叉火力,无法封锁海面,将其改成信号炮台,担负瞭望警报任务。上横档岛早在1717年即修筑了横档炮台,其东岸之南山修筑了威远炮台,1815年又在威远炮台北侧修筑了镇远炮台。关天培到任后,于威远、镇远炮台之间添筑了靖远炮台,于上横档岛西端添筑了永安炮台,西岸南沙山添筑了巩固炮台。到鸦片战争时,横档地区共有炮台6座,安置新旧火炮212门。此外,在两广总督邓廷桢的积极支持下,关天培还在横档岛和南山之间建造了两道铁链,以防敌舰阑入。对1818年修筑的大虎山炮台,关天培到任后也做了加固,并添置了炮位"。[2]

关天培不但添筑炮台、增加炮位,在炮台构筑方面也做了一些改进。旧的炮台均系石墙石地,一经炮弹轰击,碎石横飞,反而增大敌炮的杀伤力。新筑的炮台则以巨石为基,上筑三合土墙,并增加胸墙厚度,用沙袋或三合土围护火药库。此外,还部分改建旧炮台,以减少战时损伤。每门火炮还用增减木垫的办法,调整射距。但所有新旧炮台,仍是古代城堡的结构形式,长墙高台,既无掩盖,又无交通壕,战时人员、火炮极易受到损伤。

福建也是重点设防的省份之一。全省6万驻军中,大体水陆各半,分别由水师提督和陆路提督统辖,下设南澳、漳州、台湾、金门、海坛、福宁等镇。福建沿海设防情况远不如广

① 齐思和,等:《鸦片战争》第二册,第150页。
② 军事科学院:《中国近代战争史》,第16页。

东,海口旧设炮台,大者不过周围十余丈,安炮不过4位、6位,重不过千斤。英国鸦片走私船在广东被逐以后,自1839年冬起,就不断向福建沿海窜扰。1840年3月,新任浙闽总督邓廷桢由粤抵闽,立即增强沿海兵力,分饬水陆官兵加以严防,并自广东购得洋炮14门,添筑炮台,加强福建防务。鉴于形势紧迫,永久性炮台来不及构筑,兵部尚书祁寯藻建议以炮墩代替炮台,于沿海险要处用沙袋筑成简易炮台,以资御敌。

林则徐在严厉禁烟的同时还就如何对付英军入侵问题,提出过一些具体设想并采取了相应的措施,概括起来,其基本内容有以下几个方面:第一,在近海陆地歼敌,不在远洋接仗。林奏称:英军"兵船笨重,吃水深至数丈,仅能取胜外洋,惟不与之外洋接仗,其技即无所施","且夷兵除枪炮之外,击刺步伐,俱非所娴"。① 第二,提出"不如以守为战,以逸待劳之百无一失也"。② 第三,组织民众,"雇渔疍各户,教以如何驾驶,如何点放。每船领以一二兵弁,余皆雇用此等民人以为水勇",伺机火攻。③ 第四,与沿海各省协力筹防,共同对敌。6月下旬,大批英舰抵粤,他便"飞咨闽、浙、江苏、山东、直隶各省,饬属严查海口,协力筹防"。④ 第五,整顿水师,严肃军纪,演练枪炮,以提高战斗力,又抽调广东内地营讯防兵,加强第一线兵力。第六,新建炮台,秘密购置西洋大炮与兵船。

林则徐是清朝官吏中了解"夷务"较多的一个,被称为"清政府中第一个开眼看世界的人物"。他到广东后,"日日使人刺探西事,翻译西书,又购其新闻纸",从中了解西方列强的情况。但由于时间短,手段少,翻译人才缺乏,对敌情的了解毕竟有限,因而有时做出的判断不够准确,认为英方有可能扩大武装走私的规模,而对大规模的中英战争认识不足。如他在1839年9月分析英国情况之后上奏:"臣等细察夷情,知彼万不敢以侵凌他国之术,窥视中华。"⑤1840年6月中旬,已有英国舰船陆续抵达广东海面,林则徐仍向道光帝奏称:"英夷近日来船,所配兵械较多,实乃载运鸦片。……奸夷遂借以扬言恫吓,冀可准其贸易之求。"现在各船"只在外洋往来游弋,此东彼西,总无定处。……此外别无动静,诚如圣谕,(该夷)实无能为。"⑥

以道光帝为代表的清政府最高当局,看到鸦片贸易侵犯了封建统治的利益,所以也主张禁烟,但他们既不了解禁烟斗争的复杂性,也不了解国内国外实际情况,采取了盲目强硬态度。而这种盲目强硬态度本身就包含着迅速转化到妥协投降的可能性,一旦他发现强大的不是大清王朝而是英国时,为了维护自己的统治,他立即会向侵略者求降。历史证明,在后来的战争中,道光帝由于指导策略的错误而连连失败,最后不得不向英国侵略者表示屈服。

当英国大军东来未至广东之一段时间中,英国之货船依然载货而来,因不能公然运输至广东,长停海上亦受莫大损失。英商务总督义律便至书澳门葡萄牙知事,请其设法走私上岸。葡知事答以"不敢负此掩护之责"。然而此时美商未被禁止,常暗中代英人输送货物上岸。或英船而悬以丹麦国旗入口,唯不敢私带鸦片。中国内地奸民,以渔船蟹艇,从

① 齐思和:《筹办夷务始末(道光朝)》第一册,第217页。
② 齐思和:《筹办夷务始末(道光朝)》第一册,第278页。
③ 齐思和:《筹办夷务始末(道光朝)》第一册,第278页。
④ 齐思和:《筹办夷务始末(道光朝)》第一册,第330页。
⑤ 齐思和:《筹办夷务始末(道光朝)》第一册,第218页。
⑥ 齐思和:《筹办夷务始末(道光朝)》第一册,第315页。

英船偷运鸦片者时有缉获。亦有英船因不得进入口岸而载货归去者,于是有"货去烟来"之谣。林则徐屡次奏折中均详言之。

林则徐以英人走私鸦片之不道德行为,英皇未必所知,乃迳至英皇照会,其略云:"闻贵国禁食鸦片甚严,是固明知鸦片之为害也,既不使为害于贵国,则他国尚不可移害,况中国乎? 中国所行于外国者,无一非利人之物,利于食利于用并利于转卖,皆利也,中国曾有一物为害外国否? ……设使别国有人贩鸦片至英国,诱人买食,当亦贵国王所深恶而痛绝之也。向闻贵国王存心仁厚,自不肯己所不欲者施之于人。……贵国本属不产药品,唯所辖印度地方……连山栽种,开地制造,累月经年以厚其毒,臭秽上达,天怒神恫,贵国王诚能于此等处拔尽根株,尽锄其地,改种五谷,有敢再种者重治其罪,此真兴利除害之大仁政,天所佑而神所福,延年寿长子孙,必在此举也。"①不知为什么,这封信在从中国到英国的旅途上消失了。英国女王维多利亚从来没有看到过这封信。但是《伦敦时报》却获得了这封信,并且刊登了出来。

英商务监督义律不肯按林则徐要求具结,林则徐即判知英国将对中国使用武力。由于英国之船坚炮利已闻名遐迩,唯兵舰笨重吃水深至数丈,只能对岸上炮轰,不便近岸及登陆作战。林则徐以守在陆上,与之作战亦无可畏之者。故自九龙之战起,林则徐即下令自虎门至横当山江面上,准备铁锁木筏,随时可以封锁江面,并增购西洋大炮,合旧有各炮,共 300 余门,列置粤江之两岸。又准备战船 66 艘、大舟 20 艘、小舟百余艘,特募渔民蜑户之壮丁 5000 人,名曰"水勇",组成突击队,演习江上攻战之法,以备水中防守之需。"假装济夷办艇,作为内应,配合各队水勇","乘月黑潮退,出其不意,分起潜出,乘上风攻其首尾,火器皆从桅掷下",又"潜伏岛屿,随时挈小船攻扑,先练钉夷船四旁,使受火一时难脱,重给赏资。与兵勇约法七章,训练既娴,人知运用,踊跃争先",这种依靠人民的分散的突击的作战方法,是在当时条件下对抗外国侵略者的一种有效办法。②由于林则徐和广东人民的严密防守,直到 1840 年秋,英国侵略者在广东始终未占到便宜。因此,英国远征军到达广东海面后,未在广东开战,而是直接北上。

先时英商船停泊江口之外海中,粤中亡命之徒,贪薪蔬之厚值,并鸦片之交易,私驾小艇以接近商船而行其黑市买卖,出卖国家守备消息。林则徐怒奸民之贪利慢法,私济敌人,即遣游击马辰、守备卢大钺、黄琮、把总杨雄超等各率水勇,突击擒拿,使英军舰商船皆不能掩护之。

三、战争第一阶段

(一)英国远征军抵华

1840 年 6 月 21 日,英国侵华远征军由舰队司令伯麦率领,以威里士厘号为旗舰,率舰船 30 艘,载陆军 4000 人,在新加坡集结后,陆续到达广东海面,与先期到达的舰船会合。

---

① 齐思和,等:《鸦片战争》第二册,第 170 页。
② 戴逸:《中国近代史稿》第一册,第 70 页。

6 月 25 日，颁发封锁广州河道和港口的公告。"……中国高级官员林、邓两人，谎报朝廷，骗取皇帝颁下敕令，中断同我英国正当之贸易往来，致使成千上万本地与外国之公正商人深受其害。为此，本英国海军舰队总司令，现奉英国女王陛下之命，正式宣布本地船舶不准进出指定之港口，或其他港口（港口名称容后宣布）。直至英国贸易在本总司令所指定之若干地点范围内，不受阻碍，继续进行为止。到时本总司令将另行签发通知。但渔船将准予在白天通过出入广州港口，不受阻碍。来自其他城镇、乡村之本地商艇，准予往来，以便到英国船舶停泊地点，互市交换货物，仰各商民人等，一体遵照执行。特此公布。"① 6 月 28 日，英军都鲁壹号等 4 艘军舰和 1 艘武装轮船进取号奉命开始封锁珠江口，宣布所有内地船只不准出入粤东省城门口。中英两国随之进入战争状态，鸦片战争正式爆发。

　　6 月 28 日，英国全权代表、侵略军总司令懿律率领由英国本土和由好望角抽调的 3 艘军舰赶到广东，并携有英外交大臣致中国宰相之宣战书三份，拟分别在珠江口、长江口、白河口送递。因林则徐岸上防守严密，"夷船至粤旬余，无隙可击，遂乘风窜赴各省"。② 懿律会见义律后，未将此书送往广州，"据义律陈述，因为是不宜让广州当局最先知道英国的要求是什么"。③ 英军于珠江口投递义律索鸦片损失赔偿之书后，即以舰队封锁广东珠江口，改往厦门投递宣战书。英远征军决定按照英国政府既定的对华作战部署，除继续封锁珠江口外，立即启程北上，谋夺定海，并相继北上渤海湾，以武力逼迫清廷就范。

　　6 月 30 日，懿律和义律率领军舰 12 艘、武装轮船 3 艘、运输船 28 艘，由广东海面出发，开始了第一次北犯。此时，清政府对强敌入侵竟毫无准备。林则徐曾"移会闽海、江浙，使各刻意防其舍粤他犯，江浙大吏，以事出过虑，未尽信也"。④

（二）厦门投书

　　厦门是福建的重要门户，远控台澎，近接金门，水上交通相当发达。厦门及附近各岛驻有清军水师 850 名、陆兵 800 名，另有水勇 300 余名，在新筑炮敦及旧炮台内共安装火炮 280 余门。

　　道光二十年六月初四（1840 年 7 月 2 日），英舰队驶经福建厦门海面，懿律以递送《巴麦尊子爵致中国皇帝钦命宰相书》副本为名，派舰长包诅率布朗底号军舰驶入厦门港，由青屿强行入口，拟投递其外相巴麦尊致中国宰相之书。该舰长包诅派少尉翻译官陶姆乘小舟悬白旗登岸投递照会副本，中国水勇不知悬白旗之意，呼噪以拒之。次日，陶姆与 30 名水兵改乘较大舢板，上悬中文大字通告投文之意，水勇及民兵多至数百人群集岸边张弓扬刀以待之，陶姆仍不能投书而回。英船遭守军射击，"击中夷人二名落海，刺中白夷一人身死。接仗时夷船亦炮火不绝，其势甚猛，查点弁兵，被炮击毙九名，受伤十四名"。⑤ 厦门炮台和民房数处受损，然后使陶姆登岸，系书滩头而回。英军留下伯兰汉号军舰和一

---

① 广东省文史研究馆：《鸦片战争史料选译》，第 192 页。
② 齐思和，等：《鸦片战争》第六册，第 111 页。
③ 马士：《中华帝国对外关系史》第 1 卷，第 730 页。
④ 齐思和，等：《鸦片战争》第六册，第 24 页。
⑤ 齐思和：《筹办夷务始末（道光朝）》第一册，第 341 页。

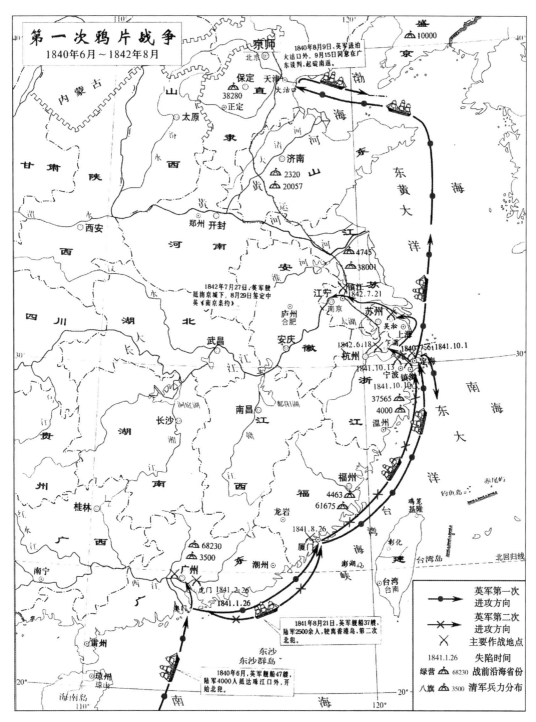

图4　第一次鸦片战争示意图①

① 中国人民革命军事博物馆：《中国战争史地图集》，第175页。

艘运输舰封锁厦门港。布朗底号即退出厦门港,北上追赶舰队。英军来犯时,水师主力被邓廷桢抽调前往泉州一带巡逻,以致事发之时,福建的文武负责官员全不在厦门,防御疏懈,造成小挫。而事后福建水师提督等人赶到,竟谎报战绩,捏称守军经过肉搏,打死英军多名,击退英船。闽浙总督邓廷桢不察,竟据以上奏。道光朱批:"所办好。"[1]

邓廷桢自广东调任闽浙总督,知英舰队在广东不得志而必将取道沿海以进窥厦门,故莅任即招募水勇在海上巡缉,随时准备迎击。

英舰队派军舰在厦门投书之时,其舰队主力已北上长江口及直隶白河口投书。因侦知中国之舟山群岛无甚防备,可为其舰队之基地,乃谋夺舟山群岛。于是其海军司令伯麦亲率军舰4艘、兵船26艘,北窥舟山。"此岛乃系在中国之中,邻近之处皆系富厚省份,又与产茶叶、丝发之省份相近,即在其内地之港口,亦系甚好,可为外国贸易之大市镇。我等若由中国人手中夺得此岛,即定此岛比广东省城更为紧要。"[2]舟山群岛共有大小岛礁200余处,其中最大的岛屿是南部的定海,被认为是最适于作司令站的地方。因此,英舰队于1840年7月3日驶抵舟山海域后,立即派出轮船2只进至定海城南之道头港水域,进行测量和侦察。

(三) 定海之战

定海县城东、西、北三面环山,只有南面滨临大海。城东为青垒头,山岭叠嶂,去海较远;西北有晓峰岭,陡绝,临海有间道,俯视县城;城东南半里为关山,亦名东岳山,山上有东岳宫;城南二三里即为道头,空旷无蔽,为陆海往来要道;其吉祥、竹山、大渠三口,为外洋入港门户。道头港以南,有大小五奎山、大小盘峙山、大小渠山等岛屿罗列海中。舟山岛与镇海县隔海相望,扼南北海上通道,战略地位十分重要。清军在定海设有水师镇,共有水陆兵勇2800余人。城东南设有炮台一座,安设火炮8门,配兵50名防守。

定海是天然良港,英国人早就对此极为垂涎。1698年,宁波海关在定海城南的道头设"红毛馆",以接待英国商船。十八世纪英船曾多次来到定海,企图以此为据点开展对华贸易。1793年马戛尔尼使华时,也曾正式向清政府提出占据舟山附近一个小岛的要求。1839年4月,义律曾建议英国政府用武力占领舟山岛。

1840年7月4日,伯麦率英舰数艘闯进定海水域。清军水师竟毫无戒备,以为是商船未予拦击。"方夷船之游弋于舟山也,初以为贾舶,不设备,继见向北行驶之船,大小二十六号,轮烟蔽天,总兵方整兵出洋,突有火轮船二直抵头道街,探量水势。大令(指定海县令姚怀祥)偕游击罗建功登舟,诘其来意,语言不通,怀中出汉字照会文书一角,胁大令献城。……其文内称,启定海县主,速将所属海岛堡台一切投献,惟候半个时辰,即开炮轰击。"[3]姚县令笔书:"何故如此?"伯麦入内良久,出文一纸云:"先年广东大吏无道凌辱英商,今大英国派大军来此,老爷必先以定海及附属海岛一并投降。"姚怀祥回归县衙后,谋与总兵张朝发等,共议拒守对策。多数人认为英军所长在于船炮,"宜将水陆各兵,一半

---

① 齐思和:《筹办夷务始末(道光朝)》第一册,第342页。
② 齐思和,等:《鸦片战争》第二册,第484页。
③ 齐思和,等:《鸦片战争》第四册,第649页。

撤至离城一里之半路亭,扼要堵御,一半撤至城中防守,众谋皆同"。① 姚怀祥则主张撤兵入城,坚守待援。他"谓总兵张朝发:'夷未知我虚实,宜坚壁待外援;我兵寡无纪律,若浪战一败,城破矣'。朝发不听,率两营兵出拒。"② 张朝发认为:"守城非我职责,我统辖水师,只扼守海口而已"。③ 由于意见不一,只好水陆分守:张朝发将城外各营及水师齐集港口防堵,姚怀祥则率千余兵守城。

六月初七(7月5日)下午2时,伯麦见清军无献城投降的迹象,便令"威里士厘"号等4艘军舰发起进攻。张朝发率水师进行抵抗。由于英军舰大炮多,射程达千米以上,清军船小炮少,射程又近,交战不久,清军水师损失甚重。张朝发被英舰炮火击伤左股,因重伤于当晚阵亡,余部向镇海方向退却。英军在舰炮掩护下顺利登陆,攻占了定海城东南的关山炮台,并在那里架起4门大炮,连夜炮击定海县城,守城兵丁也发炮还击。7月6日凌晨,英军攻破东门,县令姚怀祥以"守土之义,不可以不死",怀抱官印出北门行经普慈寺前,投梵宫池自尽,守城兵勇溃散,定海遂告失陷。浙江巡抚乌尔恭额督兵赴援,抵镇海,闻定海已陷而回。④

第一次定海之战是中国近代史上第一次丧师失地的战斗。定海之战不足一小时,清军即彻底溃败,是当时清朝政治腐败、军事无能的明证。比武器差距更重要的是:战争之前,毫无准备;兵临城下,竟无知觉;有利地形,不知利用;战事发生,军政首脑意见不一,致使此战一败涂地,一触即溃。

英军攻陷定海,即任命陆军司令布尔利管理定海军务,传教士郭士立为伪知县治理定海民政,设立殖民统治机构,准备长期占领,并对定海人民实行血腥的洗劫。侵略者承认:"此岛甚美丽蕃庶,各港口河道到来之贸易甚多,惟现在已经荒芜。"⑤同时英军派出军舰、轮船各1艘,封锁甬江口;另以舰船5艘,窥钱塘,袭乍浦,前往长江口进行测量侦察;其余舰只则进行北犯渤海湾的准备工作。英军在定海四郊张贴布告,引诱逃匿民众回城,甚至诱以鸦片,但回城者寥寥无几。侵略军粮食困难,便组织抢劫队,搜抢粮畜,抓捕群众。定海附近的人民群众,以各种方式进行反抗,岑港守军也始终坚守港口及附近岛屿,并伺机袭扰敌人,给侵略军以一定的杀伤和牵制。

7月6日定海失陷后,清浙江巡抚乌尔恭额于7月9日赶到镇海,会同浙江提督祝廷彪布置该处防务。此时,镇海各营汛仅有官兵2000余名。乌尔恭额急调湖州、金华、绍兴等地兵3000名,加强镇海防御,并建议"派闽省大员,带领舟师星驰来浙,会同浙江水师,合兵会剿"。⑥ 7月20日,道光帝得报,极为震怒,怒斥:"浙江水陆营伍之废弛不问可知。区区小丑胆敢如此披猖,文武大吏即张惶失措,平日岂仅知养尊处优耶!"⑦7月22日,道光帝又谕令邓廷桢选派闽省大员带领舟师,星飞赴浙,会同浙江水师合兵会剿。7月24

---

① 齐思和,等:《筹办夷务始末(道光朝)》第一册,第325页。
② 齐思和,等:《鸦片战争》第四册,第374页。
③ 齐思和,等:《鸦片战争》第四册,第649页。
④ 齐思和,等:《鸦片战争》第四册,第651页。
⑤ 齐思和,等:《鸦片战争》第二册,第497页。
⑥ 齐思和:《筹办夷务始末(道光朝)》第一册,第325页。
⑦ 齐思和:《筹办夷务始末(道光朝)》第一册,第319页。

日,清廷以定海失守,将乌尔恭额和祝廷彪革职留任。

英军自1840年7月6日攻陷定海起,至翌年2月琦善在粤与英议和后,始自定海撤兵,计占领7月余,杀中国人数千,抢劫沿海50余城。据英国国会蓝皮书所载之奖赏金,在舟山、镇海、宁波夺得之财物,退还国库者达58600余磅,未退者更可想而知。一战地英军官在《去年在中国》一书中说:"我在慈溪又抢掠并焚烧一个官员的房子","印度跟班从宁波回来,满身都是压着丝织物掠夺品","在宁波抢夺了堆积如山的钱文,并且那些价值十六万元的制钱,被他们抬走了"。通过当时英美人的自述,其军纪之败坏,已可见一斑。①

清廷承平日久,人不知兵,诸文武大臣惧祸怕事,定海失陷、英军北上的消息引起清廷极大震动,他们想不到数万里之外的蕞尔小国竟会轻易打下定海,又跑到京师附近。清政府根本无法应付这种猝然而来的事变。在满朝惊慌的气氛中,弛禁派又抬头了,他们颇不悦林则徐所为,纷纷指责林则徐处置不当。及英舰队攻陷定海,诸大吏多有捏造蜚语上闻于朝廷者。如言:上年广东缴收英人鸦片,林则徐先许价买,而后负约,以致激起英人之变;又有言邓廷桢在闽军报不实,以致浙江毫无准备。道光帝天性吝啬,最怕动用国币,以定海孤悬海中,非舟师不能收复,而水战又为英人之所长,相战与备战皆须动用国币,因林则徐有奏英人将来天津投书之说,乃敕直隶总督琦善,遇英人投书,即收受驰奏。8月6日,命一贯反对禁烟的两江总督伊里布为钦差大臣,驰赴浙江查办和主持军务,密谕伊里布:"此次英吉利沿海内犯,攻陷大海。……唯致寇根由,传闻各异。有云绝其名义,有云烧其鸦片。究竟启衅实情,未能确切,著伊里布于到浙后,密行查访,或拿获英匪讯取生供,或侦探贼情得其实据。"②战争的失败使道光帝对禁烟由支持而变为动摇,并开始秘密搜罗林则徐的罪状了。

(四) 大沽口交涉

1840年7月28日,英陆军统领乔治懿律、英商务监督义律与海军统领伯麦,率军舰5艘、汽船及运输舰各3艘,由定海启程北行,往天津投书。8月5日过山东半岛成山角;8月6日越过大小竹岛、高山岛和候鸡岛,侵入渤海湾;8月9日泊大沽口外。

8月3日,道光帝接到林则徐的奏报,得知英舰可能北上天津。他意为天津海口防范严密,"果有夷船驶入,自可有备无虞",因而态度比较强硬。他谕令直隶总督琦善:英舰"倘驶至天津,求通贸易……断不能剧情转奏,以杜其觊觎之私。倘有桀骜情形,即统率弁兵,相机剿办"。③但当8月9日接到琦善的复奏,得知天津炮位陈旧、兵力不足时,道光态度立即转变,当日又改谕琦善:"督饬所属严密防范,临时仍相机办理,如该夷船驶至海口,果无桀骜情形,不必遽行开枪开炮。倘有投递禀帖情事,无论夷字汉字,即将原禀进呈。"④

---

①　萧一山:《清代通史》第二册,第936页。

②　齐思和:《筹办夷务始末(道光朝)》第一册,第320页。

③　齐思和:《筹办夷务始末(道光朝)》第一册,第337页。

④　齐思和:《筹办夷务始末(道光朝)》第一册,第359页。

8月10日,琦善接旨,次日即派游击罗应鳌前往大沽口外,探寻英方企图。8月14日,英商务监督义律亲至大沽口炮台下投递副本。经道光帝批准后,8月17日,清直隶总督琦善派千总白含章至大沽口登英舰,晤英陆军统领懿律,懿律出授一函,即《巴麦尊子爵致中国皇帝钦命宰相书》(称简《巴麦尊照会》)之正本,并另附汉文译本。声言限十日内答复。琦善得《巴麦尊照会》后,立即呈送北京。照会首先说明英国出兵原因:"兹因官宪扰害本国住在中国之民人,及该官宪亵渎大英国家威严,是以大英国主调派水陆军师,前往中国海境,求讨皇帝昭雪伸冤。"然后责备林则徐"虐待"英侨。最后则为勒索及威吓之词。其文大意为:中英通商以来百有余年,向甚和洽。乃去年有某官宪,因欲禁止少数贩卖鸦片之英商,而残害英侨,凌辱英吏。禁烟办法尤不公允:一、"倘若以法绳外人,亦应以法绳内民。"二、禁烟向等具文,今认真"始行国法之前,应昭示改意之原由"。三、"粤省官宪,徇庇任纵败卖鸦片之弊,为众所周知。"应先惩官吏而后外商;四、拘捕烟商,不应延及普通英商,"致刑无罪之人",尤不应连带义律。英侨处该官宪淫威之下,不得不缴烟以赎死。无故受此凌辱及损失,不能不索赔偿,兹要求下列诸项:1. "所有逼夺之货物,悉应催讨赔还";2. "本国主将来派官驻在中国,必须照威严所宜之尊重,即于该官交通相待,按照成化各国之体制。"3. "大英国催讨在大清国沿海地方,将岛地割让予大英国家,永远主持。"4. "要大清国将倒歇洋行之欠银,赔还英国债主。"5. "为善妥速即定事,水陆之师已经奉命,一经驶到大清国海境,即行固围坚封大清广大之港口,将所逢中国之各船只,拦截拘留持守。若大清国未善妥昭雪定事,仍必相战不息矣"。①

巴麦尊的照会由琦善奏呈,琦善在奏折中夸大英国侵略者的军事力量,使道光帝的禁烟决心发生动摇。道光帝阅《巴麦尊照会》后,知英国侵略者要求赔礼道歉、偿还烟款、割让岛屿等。他对外慑于英舰的威胁,对内偏信琦善等的谗言,迁怒于林则徐,恨他禁烟启衅,惹起兵祸,便将"办理不善"的责任强加于林则徐、邓廷桢身上。他以为若查办林则徐、邓廷桢二人,必可使英人就范,从此息兵。8月20日,命令琦善"著该督谕以该夷所递公文已经代为陈奏,大皇帝统驭寰瀛,薄海内外,无不一视同仁。凡外藩至来中国贸易者,稍有怨抑,立即查明惩办。上年林则徐等查禁烟土,未能仰体大公至正之意,以致受人欺蒙,措置失当。兹所求昭雪之怨,大皇帝早有所闻,必当逐细查明,重治其罪。现已派钦差大臣驰至广东,秉公查办,定能代伸冤抑。该统帅懿律等,著即返棹南还,听候办理可也"。② 8月21日,又在林则徐、怡良的一份奏折上批道:"汝言外而断绝通商,并未断绝;内而查拿犯法,亦不能净。无非空言搪塞,不但终无实济,反生出许多波澜,思之曷胜愤懑! 看汝以何词对朕也?"③

清廷一面向英军发出答复书,一面却下达密旨拒绝英人所提诸条件。

1840年8月27日,英方收到琦善的信,建议请义律到岸上和他会面,英方接受建议。8月29日,琦善派人给英国舰队送去牛、羊、家禽、鸡蛋等,犒劳英军。中英会晤在8月30日举行,清直隶总督琦善遣使特邀英使义律及莫理逊等10余人会议于海滩帐篷中,义律

---

① 齐思和:《筹办夷务始末(道光朝)》第一册,第382—385页。

② 齐思和:《筹办夷务始末(道光朝)》第一册,第392页。

③ 齐思和:《筹办夷务始末(道光朝)》第一册,第393页。

受到相当荣誉的接待,不过谈论持续很久而且激烈。"会谈进行了6小时,琦善的主要论点之一,就是我们(英人)莫若提出一部分的要求,否则我们可能丧失全部。他坦白地承认英国人是受虐待了,假如我们在广州图报复而惩罚林,也是林的应得之咎。但是他既未经授权来签订明确的条约,他还需要12天来与朝廷联络。我方答应这个期限。"①

琦善据道光帝谕旨,对英方各款予以婉拒,但同时他要求英军,"应即返棹南还,听候钦派大臣驰往广东,秉公办理,定能代审冤抑"。② 英人见琦善辞色易与,乃出入抗礼,箕踞椎髻,嬉笑怒骂,甚至当面飞刀舞枪。琦善隐忍受辱不敢与较,最后英使诱之说:"中堂若赴广州,我等即可永远和好。"9月2日,琦善奏报了双方会谈情况,道光帝复下谕,重申:"上年林则徐等查禁烟土,未能仰体大公至正之意,以至受人欺蒙,措置失当。兹所求昭雪之冤,大皇帝早有所闻,必当逐细查明,重治其罪。"对英方所提各项要求,则断然予以拒绝。③ 英舰队在大沽口投递书信之后等候答复期间,曾分派其兵船往辽宁复州湾至长兴岛、山海关、山东登州及河北丰润县之涧治,测绘地形,并购取当地物产。9月12日,英国舰队再次回到大沽。9月13日,琦善照会英方,自己已被任命为赴粤钦差大臣,即日南下;再次要求英舰南撤,到广州继续谈判。

9月15日,懿律复函琦善,表示同意将谈判地点改为禁烟所在地广东,并于即日起碇南返。英国舰队之所以在谈判未获任何结果的情况下同意南返广东,主要是由于当时"季节的将近终期,北季候风的到来,岸上部队和舰队水手间流行的病疫等,会使懿律海军少将认为,在春季到来之前,采取任何积极的敌对行动,是不聪明的"。④ 琦善不明就理,仍然以赴广东办交涉为己任,并要求朝廷撤换林则徐,愿自往代之。"当时他作了一个非常错误的估计,他认为交一笔赔款和开放一个象厦门那样的港口给欧洲人通商,以此作为条件,他最后可以不交出香港,甚至可以从英国人手里收回舟山。"⑤

英军舰队的暂时南撤,道光帝竟认为是外交上的一大胜利,此后对琦善更加信任。伊里布上奏:"若该夷渐就驯顺,或能撤兵一半,亦不能不酌量释放(英俘),俾其即赴粤东。"他在伊布里的奏折上得意地批道:"英夷如海中鲸鳄,来去无定。……好在彼志在贸易,又称诉冤,是我办理得手之机,岂非片言片语远胜十万之师耶?"⑥正是在这种愚蠢侥幸的心情下,道光帝派琦善为钦差大臣,兼署两广总督,前往广东查办,并将林则徐、邓廷桢革职处分,同时命令"饬将招募各水师,应撤应留支出,酌量情形,分别妥为处理"⑦,谕令各督抚酌量裁撤防兵,以节饷糈。这种自拆藩篱的愚蠢行径,无异于开门揖盗。

(五)伊里布"休战协议"

英军占领定海后,在定海附近进行大规模的掠夺和屠杀,激起了定海附近人民的无比

① 齐思和,等:《鸦片战争》第五册,第91页。
② 齐思和:《筹办夷务始末(道光朝)》第一册,第387页。
③ 齐思和,等:《鸦片战争》第四册,第53页。
④ 马士:《中华帝国对外关系史》第1卷,第720页。
⑤ 费正清:《剑桥中国晚清史》上册,第213页。
⑥ 齐思和:《筹办夷务始末(道光朝)》第一册,第515页。
⑦ 齐思和:《筹办夷务始末(道光朝)》第一册,第520页。

愤怒,并用各种方式打击入侵者。他们搜捕为入侵者采办食品的汉奸;对侵略者实行坚壁清野;打击、抓捕零星英军人员,等等。9月15日(八月二十日),一只约300吨的运输舰风筝号,在浙江慈溪县观海卫内洋游弋,并用舢板二只载英兵驶登海岸,被乡民围击,毙英人7名,生擒4名。当天傍晚,风筝号又驶至余姚县利济塘地方,撞在一块陷沙上面,全船沉没,22名侵略军被生擒,其中2人因伤重致死,余众乘小船四散。9月16日,马德拉斯炮队的安突德陆军上尉离开定海的营帐,在青林岙山测量地势,手持锄头的乡民把他双手反绑活捉。① 9月18日,英军一小舟漂到上虞县属沥海所地方,碰到一只中国船,把他们送到了去做俘虏的地方,其中包括九龙之战的挑衅者、皇家海军得忌剌士少校和风筝号故航务长拿布的夫人等。②

定海英军又开始流行严重的病疫,从7月1日起到12月31日止的时期中,在一支不超过4000人的军队里,兵员住院疗病就有5329次,死亡有448人,住院诊疗的兵员中半数患了间隙性的发热症,死亡人数中有三分之二是死于腹泻和下痢。③

清廷命琦善为钦差大臣、两广总督,赴广东查办鸦片之案,并谕沿海各省遇洋船经过或停泊外洋,不必开炮。九月初八日(10月3日),清廷革林则徐及邓廷桢之职,以琦善署两广总督,颜伯焘总督闽浙。时英舰队以北方天寒,其军人多病,亦自天津启碇赴粤,行至山东,清山东巡抚托浑布具犒迎送。9月28日驶抵定海,9月29日遣使向住在宁波的浙江提督伊里布索其被俘之炮兵司令安突德及英官兵被俘者,伊里布答以撤退定海方准释俘。

1840年10月2日,义律、马礼逊等人乘船至镇海,在东岳宫与伊里布、浙江提督祝廷彪、福建提督余步云等会见,就交还定海与释放英俘问题进行谈判。英方坚持待释放安突德等人以后,再从缓商办交还定海。伊里布,提出以归还定海作为交换英俘的条件,英方见伊里布将释俘和归还定海两事扯在一起,正中下怀,乃坚持必须先释俘,然后再协商归还定海。伊里布然后提出权宜之策,要求英方撤兵一半,释俘一半。10月6日,懿律照会伊里布提出定海的归还"必与别各事端一同酌议","亦能独与直隶爵阁督部堂琦善酌商定议"④,并要求在谈判期间清军不得向定海英军发动进攻。伊里布见不能以人易地,复转而谋求英舰早日离浙南驶,以维持浙江方面相安无事,遂谕示定海民众不得扰袭英军。

1840年11月6日,伊里布与英军达成《浙江停战协定》:中英双方停止军事行动,浙江官府不禁止人民供给定海英军所需物资。英军亦不得逾越舟山及附近诸岛(包括摘箬山、长白山、长涂山、普陀山等)以外;英方撤退定海英守军之半数南驶广东至澳门,浙江释俘一半。浙江休战协议达成后,懿律、义律于1840年11月14日率主力舰8艘,英军3000人南驶赴粤。而伊里布见英军南下满心喜欢,认为自此只要恪守休战协议便可无事,乃将各地调防官兵陆续撤退。

关于浙江休战,伊里布与懿律、义律进行了多次会谈和照会,从档案来看,伊里布关于

① 齐思和,等:《鸦片战争》第五册,第108页。
② 牟世安:《鸦片战争》,第190页。
③ 马士:《中华帝国对外关系史》第1卷,第301页。
④ 齐思和,等:《鸦片战争》第五册,第492页。

浙江停战之事,先后上有 7 道奏折,而在这些奏折之后,又附呈了懿律 11 通照会和他自己的 10 通照会。可以说,伊里布时时事事均有奏报,不存在私自定约之说。所谓《浙江停战协定》,并不是一项双方签字画押的条约之类的文件,而是由伊里布和懿律多次照会等文件组成,其中最重要的是伊里布的《晓谕定海士民告示》和懿律的《停战通告》。① 伊里布告示:"……本大臣已约定该统帅等,分船赴粤,听候查办。一俟粤东办理完竣,该国即将兵船全行撤退,并不久居定城。本大臣又令其约束所属,不得向尔等扰害。如果夷人并不向尔等扰害,尔等也不得复行查拿也。"②

另一种记述为:"11 月 6 日(十月十三日)伊里布懿律停战协定签字……这个协定系伊里布私自同懿律签订约,所以他没敢上奏朝廷。"③

当时英军全部兵力仅剩 3000 多人,大部分驻定海。懿律准备去广东和琦善谈判,需要从定海抽调其大部分兵力去广东,以便进行武力讹诈。这样定海必然空虚,为防止留驻定海英军遭袭击,英陆军统领懿律等与浙江提督伊里布签休战之约,中英双方在浙江停止军事行动,英方达到其战略目的,定海却仍在英人手中。

1840 年 11 月 14 日,懿律和义律率领英国舰队离开定海,于 11 月 20 日抵达澳门。英国驻印度总督奥克兰对大沽谈判的结果表示十分不满,责令懿律等采取更为强硬的态度。不久,懿律因病回国,全权代表由义律接任,远征军司令由伯麦接任。

近年来,对伊里布与英军达成的停战协议,出现了不同的评价。有人认为:"避免无谓的牺牲也是可以的,从这个意义上讲,伊里布的消极避战不应当视作错误。"④有人提出了相反的观点:"面对外国侵略者入侵,主张不抗战,是与基本的民族道德要求相违背的。"⑤

(六) 广州议和

1840 年 12 月,英方为加强在与清政府谈判中的地位,在虎门口集结了 20 余艘军舰,对清方进行武力威胁。

琦善以钦差大臣、大学士、署两广总督的身份来广州,与英方义律议和。道光帝以为准许英人贸易、惩办林则徐就可解决问题;琦善则认为仅仅这样是不可能的,是不切实际的。为此,琦善路过山东时,把原来在宝顺洋行充任买办并为林则徐缉拿在逃的汉奸罪犯鲍鹏带到广州,充当同英方议和的代表。这一时期的中英谈判,实际上就是通过鲍鹏进行的,琦善把一切机要都委任给他,同时"全不信广东官员"。"义律与琦善信云:'若多增兵勇来敌,则不准和'。于是已撤之兵不敢再调。……凡有报缉汉奸者,辄被呵斥曰:'汝即汉奸。'有探报洋情者,则拒曰:'我不似林总督,以天朝大吏,终日伺探外夷情事。'一切力反前任所为,谓可得外洋欢心。"⑥

---

① 茅建海:《天朝的崩溃》第 196 页。
② 齐思和,等:《鸦片战争》第三册,第 430 页。
③ 牟世安:《鸦片战争》,第 194 页。
④ 茅建海:《天朝的崩溃》,第 204 页。
⑤ 郑剑顺:《晚清史研究》,第 120 页。
⑥ 魏源:《魏源集》,第 178 页。

　　琦善对禁烟一贯消极,此次奉命赴粤,以为和议必成,只准备通过谈判解决问题。他在赴粤途中公开扬言:"现在办理夷务,在柔远不在威远","英夷强横,非中国所能敌"。他到广州赴任后,欲释英人之疑,军事上实行撤防,舵工、水勇全部遣散,尽废一切守备。虎门内外各隘口原有防兵万余,琦善抵粤前,林则徐在道光帝严斥下已被迫撤去 2000 名,琦善到任后,又大加裁撤,并将水师船只撤裁三分之二,又拆除江底暗桩等障碍物,以迎合英国侵略者,求得早日达成和议。琦善还向道光帝谎报军情,说广东"船炮不坚,兵心不固","即前督臣林则徐、邓廷桢所奏铁链,一经大船碰撞,亦即断折。现在水陆将士中,又绝少曾经战阵之人,即水师提臣关天培,亦情面太软,未足称为骁将"①,企图以此争取道光帝同意他所持的妥协求和态度。琦善到广州后,"欲吹求林则徐罪不可得,则首诘劫船之役何人先开炮,欲斩副将以谢夷,而兵心解体矣。撤散壮丁数千,于是水勇失业,变为汉奸,英人抚而用之,翻为戎首矣"。②

　　1839 年 11 月 29 日,琦善至广东,接任林则徐两广总督职务;12 月 7 日开始,即与英军进行和谈。义律遵照奥克兰的指示精神,向琦善提出 14 条要求:"一、英国人上年受了委屈,嗣后再不得如此错乱行为。二、要偿还鸦片价银两,及此次夷人来舟山各处兵费。三、各洋商所欠旧债,要由官宪担任清还。四、外洋走私贩烟,不得连累英国贸易之船。五、英国人递禀必要封呈大皇帝,不得呈与官宪。六、要大码头一处,永远居住,如澳门样式。七、要福建、浙江、江苏、天津等处地方贸易码头六处。八、要在北京建造夷馆,派一夷官驻扎,其余各码头各安置夷官一人。九、要贸易码头,夷人如有犯事,有夷官自行治罪,官宪不得干预。十、新定贸易码头,任凭英人建造天主庙。十一、英国人各港口贸易,不论何省地方并得带家眷同住。十二、贸易不要行商经手,如行商不能裁撤,不能加减。十三、出口税银要定一条规,不得加减。十四、要裁各贸易船只使费。以上各条,如有一条不从,即要攻打虎门、香山各处。"③

　　琦善接到英方照会,一看对方要价太高,不敢同意,也不敢报告朝廷。他认识到不在赔款和给予地方两个方面做出让步,只是将林则徐革职、重开贸易,不可能与英国达成协议。他企图说服道光帝,于 1840 年 12 月 14 日上奏:"言及烟价,其始称需银二千万两……又降至一千二百万两,据谓不能再少。又言,所占定海无难交还,唯必须于广东、福建、浙江等沿海地方,另行酌给一处,以便退交定海。"④一面于 12 月 11 日照会义律,答应赔偿烟价 500 万元,以 10 年为期,陆续分期摊还。但对英方提出的割让"码头"等要求予以拒绝,要求英军迅速由定海撤离。义律对琦善的答复十分不满,12 月 12 日,他照会琦善,"准赔缴洋银七百万元,本年先缴二百万元,余则分五年陆续赔完"。⑤ 琦善收到义律照会后,知道英方欲壑难填,但他既不敢坚决拒绝英方的各项要求,与义律闹翻,又不敢擅自全盘接受。无奈之下,他乃决意与英方讨价还价,拖延时日。12 月 15 日,琦善照会义律,同意将烟价增为 600 万元,除立即支付 100 万元外,其余在 7 年内陆续分期摊付。

---

① 齐思和:《筹办夷务始末(道光朝)》第二册,第 655 页。
② 魏源:《魏源集》,第 177 页。
③ 齐思和,等:《鸦片战争》第三册,第 431 页。
④ 齐思和:《筹办夷务始末(道光朝)》第一册,第 615 页。
⑤ 齐思和,等:《鸦片战争》第五册,第 493 页。

　　道光二十一年十一月二十四日(1840年12月17日),义律照会琦善:"酌赔洋银六百万元之数,亦尚可允照行,然必说定即时先还洋银一百万元,其余分作五年陆续缴还;……以广州,厦门、福州、宁波、上海五处开港。……一经奉旨允准,就可撤兵交还(定海)。"①义律在12月29日的照会中,赤裸裸地要求中国给予英国外洋寄居一所,英人可竖旗自治,与葡萄牙人在澳门一样,并宣称其所提条件为最后要求,不再作丝毫让步。

　　琦善自赴粤与英人交涉以来,一直取对敌妥协方针,在烟价、开设口岸等问题上处处让步。但对于义律的领土要求,他已无法再行退让。1841年1月2日,琦善照会义律,对其所提领土要求予以驳斥。义律见琦善不肯就范,乃决定诉诸武力。1841年1月5日,懿律和伯麦分别向琦善发出最后通牒,声言自本日起,即与中国刀兵相战,一切问题战后再谈。

　　谈判之际,英军一直在积极备战,增派援军来华。"开战的谣言继续流行着。不久,最乐观的人也看清楚了,从琦善那里是得不到条款的,除非他打到条款里去。"②英军在备战,"琦善却准备将厦门、香港二地,割让给英国一处。当时正值邓廷桢自福建解任至广州,他反对琦善的卖国主张。……由于邓廷桢的反对,更主要由于道光帝还没有正式表示答允割地,琦善感到犹豫不决,进退无策。正在他犹豫的时候,侵略者却开始了军事进攻"。③ 当英军知广东已无军备时,为加强其谈判中地位,乃以"先战后谈"方式,乘隙再度用兵。1840年12月,英军舰船20余艘驶抵虎门外,进行武力威胁。琦善见事出紧急,不得不把义律要求割让香港等事上报清廷。12月30日,道光帝在琦善奏折上怒批:"看此光景,该逆夷反复鸱张,恐难以理喻,必当一面论说,一面准备,多方羁绊,待其稍形疲惫,乘机剿戮,方可制服也。"④于是又下令琦善及沿海督抚严密防范,令四川备兵两千,湖南、贵州各备兵一千,听候调遣,令伊里布准备收复定海。在此情况下,琦善不得不抽兵2000名分布于广州以东江岸。义律坚信,只要对琦善施加军事压力,定会取得满意的结果,竟于1841年1月5日悍然进攻虎门。英军的大炮宣告广州和谈破裂,也宣告了琦善"柔远"政策的失败。

四、战争第二阶段

(一) 虎门口之战(又称第二次穿鼻之战)

　　沙角炮台又称穿鼻炮台,位于虎门口东侧的沙角山上,阵地由一个山上炮台与其下面的军营组成。炮台置炮42门,其中有4门是从澳门买来的葡式的可放68磅炮弹的黄铜炮。军营周围有坚实的壕堑,炮台周围有栅栏编成的胸墙,还有一道深而宽的干沟,护卫着炮台。沙角工事是坚固的,但由于琦善以议和"戒勿击海口登岸夷"的错误方针,致使英军得以登岸窥其虚实。大角炮台位于虎门口西侧的大角山上,安有旧式铁炮17门。山

---

① 齐思和,等:《鸦片战争》第五册,第495页。

② 齐思和,等:《鸦片战争》第五册,第153页。

③ 牟世安:《鸦片战争》,第202页。

④ 齐思和:《筹办夷务始末(道光)》第二册,第617页。

上筑有瞭望台,炮位沿山环绕布置。炮台围有石墙,并有外壕环护,有些地方埋设了地雷。琦善赴任广州以来,虎门防御设施遭破坏,水勇裁撤,守军减少,两台均仅驻有防兵数十名。虎门形势紧张后,才有陆军三江协副将陈连升率兵 600 余名,临时加强两台的防御。

　　道光二十年十二月十五日(1841 年 1 月 7 日)上午 8 时,1461 名英军及临时招募收买的汉奸数百人,共约 2000 人,由第 26 团陆军少校伯拉特指挥,分左右两队,向沙角、大角炮台同时发起进攻。进攻兵力为防守兵力之三倍,又是敌众我寡。英军以右支队担任主攻,计有 1400 余人,有加略普号、海阿新号、窝拉尼号等 3 艘军舰和复仇神号等 4 艘轮船运载,由何伯特船长指挥,负责进攻沙角炮台。当 3 艘军舰驶达预定水域后,立即对沙角炮台进行炮击。与此同时,登陆部队在川鼻湾海岸登陆,以收买的汉奸为向导,用竹梯爬上后山,抄袭炮台侧后。由于守军大部集中在炮台及其周围,四周要隘和山顶兵力薄弱。"二小时后,(英军)抵达脊颠,从脊颠上可以看见整个中国阵地……英军主力从山脊上下来进入有壕堑的军营,(清朝)卫兵当面逃进沙角去了……许多(清朝)官员都维持了勇敢的人的本色。在大体上,中国军队在这里比后来在这条江中的任何战役中要坚持得好些。"① 沙角炮台的战斗,从早晨 8 时直到下午 4 时,守军一直顽强抗击。但终因敌众我寡,汉奸猖獗,火药已竭,毫无后援,无力退敌。此时,十几只三门口水师船也被敌船焚烧,海面为敌舰所控制,"夷众哄入,先焚草棚,亦越后山至,四面受敌。连升急发大炮,夷稍却。我兵无药,炮不复发"。② 陈连升还想集合士兵再战,但胸部中弹,英勇牺牲。当时"横档以下,诸炮台仅足自保",无能力增援。战斗开始两小时后,英军即占领了各制高点,并安好了野战炮,俯击沙角炮台。在敌人水陆夹击下,守军腹背受敌,伤亡甚重,沙角炮台遂被英军占领。老将陈连升年过七旬,曾在反击英舰挑衅的战斗中屡立战功,此次又督兵坚守沙角炮台,直至以身殉职,是清军中突出的爱国将领之一。其子陈举鹏誓不投降,跳海自杀。

　　进攻大角炮台的英军左支队,主要由萨马兰号、都鲁宜号、摩底士底号、哥伦拜恩号等 4 艘军舰组成,由斯哥德船长指挥。他们锚泊在距大角炮台很近的地方,用舷侧炮压制炮台火力,摧毁胸墙、炮洞、围墙多处,火药局被烧。与此同时,部分兵力从南北两侧登陆包抄,与英舰前后夹击炮台。守军"因恐炮位被其搬去,将好炮 14 位推落海内"。③ 清军突围撤退,大角炮台随即失陷。英军放火烧毁营房,拆毁炮台,未在大角炮台驻军,然后全部撤回舰上。

　　沙角、大角之战,两炮台于半日之内相率失陷。战争中守军顽强抵抗,伤亡惨重,计阵亡弁兵 288 名,受伤弁兵 443 名。在这次防御战中,清军凭借有利地形和要塞工事,给进攻之敌以一定杀伤,英军受伤几十人,无死亡。清军由于防守兵力不足,战术呆板,防御体系缺陷,炮台侧后暴露,经不起英军正面炮击与侧后登陆的包围攻击而陷入被动。当时,水师提督关天培和总兵李廷钰等各率兵数百防守横档、武山各炮台。关天培深感前线兵力单薄,战前曾派李廷钰"夜至会城哭琦善前,求亟增兵药,同城文武,亦旁为代请。琦善

　　① 齐思和,等:《鸦片战争》第五册,第 163 页。
　　② 齐思和,等:《鸦片战争》第五册,第 28 页。
　　③ 齐思和:《筹办夷务始末(道光朝)》第二册,第 709 页。

不可却,凡两次,但许增兵七百"。①

(二)《穿鼻草约》与英军霸占香港

沙角、大角陷落后,琦善认为大角、沙角两炮台亦本系孤悬海外,无足轻重,非但不从中吸取教训,加强战备,反而把它作为妥协求和的借口,更加强调敌军船炮的厉害,并说广东地势无险可扼,军械无利可持,兵力不固,民情不坚,与敌交锋实无把握,恢复同英军谈判。英军占领沙角炮台后,加紧向琦善施加压力,1月8日提出谈判条件:② 一、穿鼻仍由英军控制,作为建立商馆,供贸易和居住之用。二、广州的贸易应立即开放。三、英商应在穿鼻交纳适应的进出口货税。四、英军将等候三天,以便收到清方写给全权大臣的答复。五、如果钦差大臣答应英方条件,那末他仍将同意他本人与钦差大臣以前商定的关于赔款、开放另一口岸及退还舟山等其他条件。照会还强调:不能够允许对这些条件作丝毫修改。

1841年1月11日,琦善照会义律,表示愿意"代为奏恳",在尖沙嘴或香港地方择一隅供英人寄居。十二月二十一日(1月13日),琦善上奏道光帝,汇报沙角、大角之战情形,极力渲染英军强大,声称"实有守战两难之势,此时即仍不准其给地积聚,其桀骜之情已露,势必内图进攻,外图侵占",他请求道光帝允准"给地寄居"。③ 1月14日,义律照会琦善,要求所给寄居之所让给英国主治,意在永久割占中国领土。在1840年12月提出的14项要求中,第6项为"要大码头一处,永远居住,如澳门式样"。而此时,义律挟战胜之余威,提出割让香港。同时为诱使琦善接受条款,义律向琦善表示将归还定海。琦善见义律同意从定海撤军,喜出望外,1月15日即向义律照会:"于道光二十一年正月上旬,实行在广州港开舱贸易","尖沙咀和香港系两处地方,本大学士经再三考虑如何筹划安排后,认为贵全权大臣所要求的领土虽然只是很小的地方,但实际上很难用这种方式将贵大臣的要求奏报皇帝。鉴于贵大臣心地明白,又通晓事理,本大学士认为,贵大臣必能体谅内心的这个为难之处"。④ 这段妙文反映出清朝大吏处理涉外事件的本领。"瞒上不瞒下是中国官僚重要的办事方法之一。琦善主张暗割香港,就是允许英国自由占领,自己当作毫无闻知,日后被人揭发,不过得'失察'处分,政府也必然承认既成事实。可是义律定要满清政府公开割让,这使琦善陷入窘境,不得不正式奏请,又不得不造出一些重大事变要求批准。"⑤

香港岛位于珠江口以东,九龙尖沙嘴以南,时属广东新安县九龙司所辖,1841年时全岛已有居民7450人。岛东西约16.8公里,南北约8公里,面积约80平方公里,"东为鲤鱼门,西为急星门,南为南了岛、担杆列岛,西南有外伶仃岛和老万山列岛,急星门以西为大屿岛,大屿岛以西为磨刀洋,以北为铜鼓洋。香港本系全岛之一隅……以香港作为全岛

---

① 齐思和,等:《鸦片战争》第六册,第29页。
② 胡滨:《英国档案有关鸦片战争资料选择》,第892页。
③ 齐思和:《筹办夷务始末(道光朝)》第二册,第716页。
④ 胡滨:《英国档案有关鸦片战争资料选择》,第832页。
⑤ 范文澜:《中国近代史》上册,第39页。

名称,是在 1842 年签订《南京条约》的时候才确定的"。^① 香港自然条件优越,英国早有霸占香港之心,对于琦善的表态立即响应,当看到琦善对其所提的寄居之地"让给英国主治"的条件不置一词,便认定琦善已同意割让地方。1 月 16 日,他随即照会琦善:"一面以香港一岛接收,为英国寄居贸易之所,一面以定海及此间沙角、大角等处统行交还贵国也。"^② 1 月 18 日,琦善在向义律表示同意后,即向道光帝上奏,请求批准"俟伊里布奏报收回定海后,俯准该夷自道光二十一年起,仍前来粤通商,并仿照西洋夷人在澳门寄居之例,准其就粤东外洋之香港地方泊舟寄居。"^③

1841 年 1 月 20 日,义律迫不及待地于澳门以《给英国女王陛下臣民的通知》为名,单方面发布"公告",告示由义律及伯麦具名,诡称"和中国钦差大臣已经达成了初步协定","香港本岛及其港口割让与英王"。^④ 1 月 26 日,英军抢占了香港。1 月 27 日,琦善与义律会于莲花城(今广东番禺县莲花山)。义律出示他拟定的条款,即所谓《穿鼻和约》,共 7 款,其要点如下^⑤:一、英国商人要前往广州进行贸易时,应被允许自由出入。二、今后两国公务交往中,应在平等基础上进行。三、中国皇帝把香港岛割让给英国,中方仍可征收商业诸税。四、在华英商犯罪时,应引渡给英方。五、农历正月初一日(1841 年 1 月 23 日)恢复黄埔商贸。按两位全权大臣间做出的安排,中方赔偿英商的损失。六、如英商输入鸦片等违禁品或走私商品,中方官员有权捕获船只和商品,并予以没收。七、本条约将由英国全权大臣签字盖章并由清朝钦差大臣加盖关防,然后送往英国批准,中方将尽快由特别委派的清朝内阁大学士批准。

1841 年 1 月 28 日,伯麦照会负责尖沙嘴与香港防务的大鹏协副将赖恩爵,宣称香港已归属英国治下,"令内地撤回营汛等"。^⑥ 2 月 1 日(正月初十日)义律发布其所谓的占领香港《公告》:"尔总督琦善,将香港地方让给英国,存有文据,是居香港者,为英国子民,事须禀英官治理。"^⑦与此同时,义律等人还以武力相威胁,逼迫琦善签约。"琦善虽不敢明与英方订约,但其坚持对英妥协态度不变,加之慑服于英军兵威,便遵照义律的要求,从尖沙嘴撤出了中国守军,默认了英军占领香港的事实。他本人也由此沦为在鸦片战争中丧权辱国的第一人。"^⑧

琦善答允这个穿鼻条约,但对香港一项提出异议,"因贸易而转致让给任何一块土地之事不合乎道理"。^⑨ "贵大臣要求另行让给某个地方,这是无论如何行不通的。"^⑩并谓必须先得到道光帝批准。对此,英方的记载也很明确:"他们毫未达成具体协议。"2 月 10 日,琦善与义律又会于川鼻洋蛇头湾。琦善拿出自己的《章程》草案,其中包括"恩恩给予

① 牟世安:《鸦片战争》,第 208 页。
② 齐思和,等:《鸦片战争》第五册,第 496 页。
③ 齐思和:《筹办夷务始末(道光朝)》第二册,第 735 页。
④ 胡滨:《英国档案有关鸦片战争资料选译》,第 836 页。
⑤ 胡滨:《英国档案有关鸦片战争资料选译》,第 921 页。
⑥ 齐思和,等:《鸦片战争》第二册,第 93 页。
⑦ 齐思和,等:《鸦片战争》第六册,第 33 页。
⑧ 姜涛:《中国近代史》第二册,第 128 页。
⑨ 胡滨:《英国档案有关鸦片战争资料选择》,第 801 页。
⑩ 胡滨:《英国档案有关鸦片战争资料选择》,第 805 页。

寄寓一所,并非全岛"。义律不满足于寄居一隅,坚求全岛,并欲自行贸易,以致会谈仍无结果。①

关于义律和琦善会谈的《川鼻草约》中对香港问题的措辞,是"寄居一所"还是"割让",琦善是全部接受英方条件还是对有关香港条款提出异议,中英双方史料中有一定的出入。但以下的史实是确定的:穿鼻和约并未签订,也没有盖用关防,仅为双方议定的条约草案。义律因军事胜利和会谈成功而兴高采烈,"在他看来中英问题没有过多地流血就已经得到完全的解决。然而他的胜利感还是为时过早了一些。当这个草约最后报请审批时,结果两国政府都不愿接受"。② 1841年5月14日,巴麦尊致函义律:"看来你与琦善之间似乎没有签订关于割让香港的任何正式条约;而且,这一点是肯定的,即使琦善签订了这项条约,他也没有获得皇帝的批准。"③因此,当时英国强占香港完全是非法的,是侵略别国的强盗行为。

1841年1月20日,英军宣布占领香港。1841年1月23日,英军下令自舟山撤退。1月26日,英军实际占领香港。

2月10日,撤军命令到达舟山。2月7日,两江总督伊里布接琦善咨文,"英夷已遵照交还定海。……并请仿照西洋夷人寄居澳门之例,将广东外洋之香港地方,给予泊舟寄住,业已据情代奏,嘱即收回定海"。④ 次日即命其家人张喜自镇海至定海与英方交涉。英方要求先交还被俘的安突德等人,然后归还定海。2月24日,伊里布命张喜将英俘送交英军,英方还要求同时交出汉奸布定邦,被张喜拒绝。下午2时,英军交出定海,由南门退出。2月25日晨,定海英军启碇南撤。

(二)清廷对英宣战

在琦善在广州和谈之际,清廷对英态度开始发生变化,道光帝逐渐明白,英人来华之目的,绝非自己以往所想象。对英一味妥协,未必能化解双方之争端。12月25日,琦善关于广东谈判的首次奏报到京,称英人到粤后,词气傲慢,以盘踞定海相要挟。道光帝感到"夷情叵测,包藏祸心,已非一日。彼欲施无厌之求,我当有不虞之备"⑤,著令琦善详加体察,密行侦探,一面与英人善议战兵,一面整饬营务,遴选将弁枪炮,加强武备。12月26日,清廷又传谕琦善、伊里布及沿海各省督抚、将军,要求他们加强戒备,严密防范。12月30日,道光帝又接琦善奏报,称英军以定海相要挟,提出赔偿烟价、开放口岸、割占地方等种种无理要求。他大为恼怒,明确表示:"非特地方不能给于尺寸贸易,即烟价亦不可允给分毫。"同一天,道光帝谕令湖南、四川、贵州三省,备兵4000名,听候调遣,并以此谕告琦善,要求他"一面与之论说,多方羁绊,一面妥为预备。如该夷桀骜难驯,即乘机攻剿,毋得示弱"。⑥

① 齐思和:《筹办夷务始末(道光朝)》第二册,第814页。
② 费正清:《剑桥中国晚清史》上册,第214页。
③ 胡滨:《英国档案有关鸦片战争资料选译》,第836页。
④ 齐思和:《筹办夷务始末(道光朝)》第二册,第772页。
⑤ 齐思和:《筹办夷务始末(道光朝)》第二册,第608页。
⑥ 齐思和:《筹办夷务始末(道光朝)》第二册,第618、619页。

1841 年 1 月 6 日,道光帝连颁数谕,命令琦善停止对英交涉,整饬兵威,并要他督同林则徐、邓廷桢妥办剿英事宜,倘英船进犯口岸,即须相继剿办,并表示"朕意已定,断无游移"。1 月 12 日,再谕琦善,要求他在湘、川、贵等省兵员至粤后,"分布要隘,乘机通剿,不留余孽",并对英军断绝淡水、食物供应,令其不能持久。1 月 17 日,道光帝谕令湖广总督裕泰、署两江总督裕谦等,调集湖北兵员 1800 名、湖南 1000 名、安徽 1200 名,迅速赴浙,由伊里布统辖,相机进剿。1841 年 1 月 24 日,道光帝接到沙角、大角炮台失守的奏报,大为震怒,即欲起兵亲征,廷臣极力谏阻,当天即连发数旨,令伊里布、琦善相继进剿。

清廷原以为撤林则徐等职务足以息英人之怒,换由琦善到粤与之商谈,以继续通商而禁止鸦片,当可两全其美、和平相处,故视英军投书是为申冤。及琦善至粤,英人提出割地并赔偿鸦片损失之款,且攻占沙角、大角等炮台,击灭中国官兵。而其在定海未撤走之英军,直如海盗抢掠浙江沿海各城镇。1 月 27 日,道光帝下达宣示于国内之诏书,将英国侵略行径"通谕中外知之",痛责英军的侵略行为,决定对英宣战。这道《英人贪求无厌已在广东开战著伊里布琦善分别进剿敌事上谕》就是所谓的"宣战诏书",其文曰:"我朝抚谕外夷全以恩义,各国果能恭顺,无不曲加优礼以期共乐升平。前因鸦片流毒日甚,特颁禁令,力挽浇风,唯英吉利不肯具结,是以绝其贸易。乃实于上年元月间驾船数十只直犯定海,占据城池,复于福建、浙江、江苏、山东、直隶、奉天各省洋面,任意往来,多方滋扰。……因念投递书函,自鸣冤抑,不可不为之查究,以示大公,特命大学士琦善驰赴广东,据实查办。……(英人)自应全数赴粤,听候办理。乃以半启碇南行,一半仍留定海……迨琦善抵粤后,明白开导,仍思索鸦片烟价,又复请给码头。朕早料其非信义之所能喻,特于年前简调……精兵,前赴浙江预备攻剿。兹据琦善驰奏:该夷于上年十二月十五日,纠约汉奸,乘坐多船,直逼虎门洋面,开炮轰击,伤我官兵,并将大角炮台攻破,沙角炮台占据。""现在各省劲兵,计可赶到,着伊里布克日进兵收复定海,以苏吾民之困,并著琦善激励士卒,奋勇直前。……至沿海各省洋面,叠经降旨严密防范,著各将军督抚等加意巡查,来则攻击。并晓谕官民人等,人思敌忾,志切同仇,迅赞虏功,共膺上赏。朕实有厚望矣!将此通谕,中外知之。"①清廷亦以英国人不讲道义,不守信用,将准备与之作战。而清廷对英方的态度再次发生变化,由抚改剿。但宣战诏书虽下,道光帝并未决心战斗,其主要目的是对英示以声威,取消烟价赔偿。

1841 年 1 月 30 日,道光帝令御前大臣宗室奕山为靖逆将军,户部尚书隆文和湖南提督杨芳为参赞大臣,前往广东主持军务,并命林则徐、邓廷桢随同协助办理。又调两江总督裕谦为钦差大臣赴浙江,增防沿海,防止英人抢掠烧杀。饬伊里布回浙江提督本任。除催促湖南、四川、贵州、江西各省所派之兵共 6000 人迅速启程赴粤外,又增调四川兵一千、湖北和贵州兵各 1500 名、云南和湖南兵各 500 名,兼程开赴广东。

2 月 2 日,道光帝接到琦善奏报:"该夷旋即自知懊悔,现在据称,情愿将定海缴还,并将粤东之沙角炮台献出,欲求准其就粤东外洋之香港地方,泊舟寄居。"道光帝不知"香港地方离省远近若干里,地形宽窄若何",以为荒僻小岛交换定海、沙角是琦善"委曲求全"

---

① 齐思和:《筹办夷务始末(道光朝)》第一册,第 10 页。

的"苦衷"①,准备批准奏报,以结束战争。2 月 26 日,道光帝接到广东巡抚怡良的奏报,知琦善私割香港,岛上驻军早被驱逐,居民早被逼归顺,已为英国国民,立即下令将琦善革职锁拿,并查抄其全部家产。同时,补授原刑部尚书祁埙为两广总督,未到任前由怡良署理。道光帝著怡良等"一俟奕山、隆文到粤,即行大张挞伐,极力攻剿"。

（四）虎门之战

琦善在粤,知割让香港之约,难得朝廷允许,乃上奏说:"自(英军)越进虎门后,所在可通,防不胜防",主张"暂示羁縻于目前,即当备剿于将来也。"② 是以力主和谈,不敢言战。及朝廷与英宣战之诏书下达,琦善则进退狼狈。不得已,乃饰美女列珍味以盛宴英使,冀以迁延时日,徐图万一之补救。当时英商务监督义律犹不知其内阁不满其所提之条约,为使中国准允其要求以竟全功计,乃与海军统领伯麦计划进攻虎门,以实力逼迫中国必割地赔款,实现《穿鼻草约》。

1841 年 2 月,义律获悉清廷向广东调兵遣将和对英宣战的消息后,便立即命令英军备战,准备进攻虎门和广州,乘奕山等人未到之时,先发制人。2 月 19 日,英舰开始向虎门集结。23 日,开始进攻清军驻虎门前哨阵地,首先破坏了木排铁链。2 月 24 日,义律在加略普号上宣布中英谈判破裂。同一天,伯麦向关天培发出最后通牒,要求将横档以上、大虎以下、中流左右各处炮台交出,竖白旗投降,遭关天培严词拒绝。2 月 25 日前,英军完成了进攻虎门的临战准备,进攻舰队到达虎门,计有兵舰 10 艘、轮船 3 只、运输船多只。英军经过侦察,发现下横档岛没有设防,遂于 2 月 25 日下午派出炮兵分队,由皇家炮兵团诺尔斯上尉指挥,携带臼炮三门,在 150 余名步兵护卫下,由复仇神号轮船拖运至该岛登陆,并连夜选择阵地,安设炮位。下横档岛的中部,两山对峙,略呈中空形状,再加上野战工事,便可躲避从亚娘鞋、上横档和芦湾山三方面来的炮火攻击,因此它成为英军有力的炮兵阵地。当初林则徐当政时,未在下横档设防,是战术上的失误。

虎门要塞诸炮台原有的防御工事已为琦善撤掉,防守力量很薄弱,每个炮台仅数百人。尤其是他撤消了林则徐部署的上横档岛后方的防务,直接导致战斗失利。当时琦善仍在广州,手握重兵,仅驻防八旗兵、督标兵、抚标兵不下万人。

2 月 26 日清晨,南风正盛,占据下横档岛的英军炮兵,乘上风猛烈炮击上横档岛,压制横档、永安两炮台的火力,房屋木舍着火,清军退入炮台,部分清军将领竟驾舟逃跑。与此同时,英军派舰船阻断清军增援上横档岛的水道,另以 4 艘军舰由西航道驶入,对上横档岛形成半月形包围。但横档东水道有木排铁链,又在亚娘鞋炮台火力控制下,无法飞越;而横档西水道太浅,只好等到上午 11 时半涨潮时,两艘最大的、各载炮 74 门的军舰伯兰汉号和麦尔威里号才乘涨潮冒着炮火驶抵距南山 1 里左右的水域。以右弦炮向威远、靖远炮台轰击,以掩护另外 3 艘大型舰船和 3 艘火箭船进攻东岸的南山。守台清军奋勇抗击,一个多小时后,上横档岛守军被压缩于炮台内,英军乘势在西端的永安炮台附近登陆。经激战,守军阵亡 300 余人,1000 余人被俘,少数突围,上横档岛遂被英军占领。半小

---

① 范文澜:《中国近代史》上册,第41页。
② 齐思和:《筹办夷务始末(道光朝)》第二册,第775页。

时后,亚娘鞋岛也沦陷。下午 4 时,西边的巩固炮台陷落。

不久,英军 3000 余人在炮台侧翼登陆,关天培在靖远炮台亲自指挥守军沉着应战。但道光帝听信谗言,在 1 月 27 日,发布对英宣战诏书的当天颁旨:"关天培身任提督,统辖水师,平时既督率无方,临事又仓皇失措,著先行革去顶戴,仍令戴罪立功。"[①] 其实,关天培一直在十分困难的条件下履行自己的职责。当英军进攻虎门之时,关天培已抱定必死之决心,誓与敌寇相周旋。当英军猛攻时,关天培督率威远、靖远、镇远三炮台守军在敌炮猛烈轰击下,坚持抗击一个半小时,镇远炮台守军不支先溃。"横档后有小河,旧无行楫,则徐雇船以备,咸议其迁,撤后,不复顾及此。适潮水盛涨,夷分船闯越后河,前后夹攻,天培力竭,守御不支,手燃巨炮,忽自炸裂,兵无人色,皆走。"士兵见关天培遍体鳞伤,欲背负他撤出阵地,被他坚拒,他还想整顿队伍以拒敌,"一弹当胸至,洞焉不倒,夷众拥入,天培与都司署提标游击麦廷章俱阵亡"。[②] 靖远炮台守军随关天培阵亡者数十人。关天培是第一次鸦片战争中清军牺牲的第一位高级将领。英军攻下南山各炮台后,用汽船拔除水中木桩,破坏铁链,疏通航道,以备溯江直犯广州。2 月 26 日下午 4 时许,英军另一部进攻西岸南沙山下的巩固炮台,守军未予抵抗即四散溃逃。英军将炮台和营房毁坏后,撤回军舰。至此,虎门要塞各炮台除大虎山外,全被英军攻破。关天培殉国后,广东前线更无统帅,无法再对入侵的英军组织起有效的阻击。

2 月 27 日,英军攻破虎门横档地区的留作炮台后,即由加略普号舰长率领军舰 5 艘、轮船 2 只溯江而上,进攻离广州仅 60 里的乌涌。该处由署湖南提督祥福等率领湖南兵900 名,他们 2 月 22 日才赶到广州,另有广东兵 700 人驻守。炮台上游的江面上还部署了一艘装有 10 门大炮的沙船,一艘装有 34 门大炮的兵船截杀号和 40 艘水师船,炮台附近江岸筑有一长列野战工事,架有重炮近 50 门。部署形势,亦称险扼。英舰驶至,即向炮台开炮,祥福指挥守军开炮还击。由于湖南兵刚到不久,工事尚未就绪,加之江水暴涨,炮位多没于水中,只有东南角一炮可以射击,但炮架笨重,土质又松软,不能转动,无法命中。英军立即换乘舢板登陆,直扑炮台。祥福等率部奋勇抗击,用鸟枪毙伤敌人 200 余。后因火药将尽,清军且战且退。英军乘势猛攻,占领乌涌炮台。祥福以下 500 余名清军阵亡,其余溃散。

英军攻陷乌涌炮台后,遂又击沉兵船截杀号及水师船多艘,清军其余兵船一哄而散。2 月 28 日,英军决定向广州挺进,一面积极增援,一面继续肃清内河障碍物。3 月 1 日,伯麦率援兵赶到。3 与 3 日,英军未遇任何抵抗,又攻占琶洲炮台,虎门失陷,上年林则徐所购西洋炮 380 门,全被英军所获。"海口炮台十余座,炮位一千余尊,尽行化为乌有。"[③]

虎门保卫战的失败,是琦善投降妥协导致的恶果。林则徐在任时,广东的防务是坚固的,人心齐,士气旺,曾打退敌人多次挑衅,取得一些小胜。琦善到广东后,采取了退让妥协政策,裁减兵勇,拆撤防务,纵容汉奸,任敌刺探军情,使虎门保卫战归于失败。另外,清军武器陈旧,如大炮多为铁铸,极其粗糙;炮无车轮,转动不灵;没有膛线,发射不准;枪、地

---

① 齐思和:《筹办夷务始末(道光朝)》第二册,第 711 页。
② 齐思和,等:《鸦片战争》第六册,第 31 页。
③ 齐思和:《筹办夷务始末(道光朝)》第二册,第 994 页。

雷等火器均不如英方。但武器装备方面的差距,并非虎门之战失败的根本原因。琦善事后"盛言逆夷炮械之猛,技艺之精",并说:"该夷现在所用飞炮,子内藏放火药,所至炸裂焚烧,不独为我军所无,亦该夷兵械中向所未见,经此次猖獗之后,我师势必益形气馁。"①琦善大肆宣扬英军武器精良,无非为其对外妥协投降进行辩护,为其失职无能推卸责任。"满清猜忌汉人,军权和外交权绝不轻授汉员。林则徐因适逢禁烟,得钦差大臣名义,在他看来,确是'生逢盛世,蒙皇上特达之知'了。但大小行动必须奏报请求批示,勇饷、防费不敢动用库款分文,权力是极其微弱的。琦善等满员就完全不同,他们可以谎报军情,调用弁兵;可以侵蚀饷银,浪费库款,即使被人揭发,仍能获得皇帝的信任和庇护。对英战争的惨败,不只是两国强弱的悬殊,满人排斥汉人,胆大妄为,也是一个重要的原因。"②

(五) 杨芳议和

当英军兵临广州城下之时,身为驻华商务监督的义律深知中英贸易的重要,此时作为中外贸易唯一口岸的广州已对英商关闭两年。英国商人和鸦片贩子急于展开对华贸易,销售其存货商品与鸦片。英国国内市场对茶叶的需求已成燃眉之急,英国政府也需征收茶叶税,为此义律决心以武力迫使广东当局与英方贸易。

此时英军已兵临城下,杨芳又未抵广州,于是知府余保纯在3月3日至英舰,与义律议和。义律提出了比《穿鼻草约》更苛刻的条件,需赔款1200万元,加割尖沙咀等。双方议定5日午后由义律和琦善当面签字盖章。于是义律同意停战三天,以探悉内河虚实,摸透江流情况,准备进一步军事行动。3月6日,义律照会琦善,英军占领了二沙尾岛上的中流砥柱炮台,同时发布文告,以武力强迫恢复通商贸易。

3月5日,湖南提督果勇侯杨芳率兵到达广州。杨芳,贵州松桃人,15岁从军,已戎马55载,身经百战。他一生中最显赫的业绩是在道光初年平定张格尔之役。是时他以参赞大臣的身份率兵穷追,擒获张格尔,监送北京。杨芳到广州后,一方面将琦善逮捕锁拿,于3月13日将他押解去北京,同时接受对英交涉事务;一方面征询了琦善、怡良、阿精阿、英隆等人关于广州防务的意见,对广州防务进行部署:使总兵段永福率千人守东路要道东盛寺,盐湖城外各炮台,并堵御英军登陆;使总兵长春率千人扼大黄窖北五里之凤凰冈,扼守入省河道;令参将刘乾忠率1000人渡过省河,分段埋伏于南岸,另有900名官兵驻守城外,以为策应。清军虽沉船下石横木筏截江,但江面宽广,无火炮控制,英船随时可以扫除障碍而入。英军由水道入侵,清军不在水路设防,却在离河五六里的陆上安设许多大炮,炮弹达不到河面,致使后来英军得以长驱直入。

3月6日,英军又陷二沙尾与猎德炮台,逼近省城广州,于是广州以南珠江狭处诸险要尽落英人之手,而广州已在英舰炮火的威胁之下。杨芳对英方提出的通商要求苦无良策,既怕拒绝恢复通商致重开战端,又怕接受英方通商要求则忤逆道光帝不许心存与英方通商之意。左右为难之下他宣布恢复中美贸易。

义律获知中美恢复通商的消息后,当即宣布:除英国海军司令官外,任何人无权准许

---

① 齐思和:《筹办夷务始末(道光朝)》第二册,第710页。
② 范文澜:《中国近代史》上册,第42页。

船舶驶入珠江。广东当局若不恢复中英贸易，英军就将严密封锁广州，禁止中外通商。3月13日，伯麦发出命令，禁止各国商船驶进珠江。同日，义律亲率复仇神号等舰船由澳门出发，连陷磨刀炮台、飞舒阁炮台、上闸炮台、洪后新炮台等，并将澳门至紫泥间的一切公共设施和105门火炮尽数摧毁。3月15日，义律派复仇神号上驶大黄窖，欲进省河。至凤凰冈炮台时，英船受到守军坚决阻击，复仇神号被迫退回。3月18日，英军再次大举来犯，摩底士底号、复仇神号等7艘舰船直入省河，先陷凤凰冈炮台，再连破永靖、沙面西、海珠三炮台，再破东炮台、红炮台，夺取大炮120余尊。当天下午，英军占领城外商馆区，然后高悬英国旗于广州市郊。

省河两岸的防务据点全部丧失，英军兵临城下，杨芳十分恐惧，害怕战事扩大。杨芳很快对义律的照会作了答复：他是军事统帅，无权与英方谈判。3月19日，余保纯在商馆中与义律进行谈判，针对杨芳的照会，义律亦发出了一份措辞强硬的照会。义律还交给余保纯一项备忘录，提出只要发告示优待外国人和恢复通商，英军将撤退，并停止军事行动。余保纯带回的照会和备忘录，当时就在杨芳、怡良、林则徐这广州三巨头之间讨论。3月20日，杨芳派余保纯送去照会同意义律备忘录中的两个条件。同日，杨芳和怡良还联衔出具告示。① 杨芳的决定显然违反了清廷禁止与英通商严令。

春季是广州进行中外贸易的旺季。自1月上旬英军攻陷沙角、大角以来，英国和其他国家的商船40余艘云集在港外，因中英鸦片之战，英军封锁港口，使广州罢市，皆不值英人所为，遣使至英军中交涉，多有怨声，迫切要求开市贸易。英军以去国悬远，政府对此战争究有无政策上变化，皆未得知，亦恐演成长期相持之战争，致国家商业上蒙受损失，而各国商人真要英国负战争损失责任；又恐清廷再度启用林则徐，以致难以办交涉，使和议成僵局，则将受国家议会之责难。同时，英军急需补充兵力，然后才敢进攻广州。而清军方面，主帅奕山与另一参赞大臣隆文尚未到达广州。在此情况下，义律为了获得贸易利益，3月20日特与先抵广州的钦差大臣杨芳订立广州休战和恢复贸易的协定。协定维持了不到两个月时间，在此期间，"由于休战以及休战促成的贸易恢复，他已经解放了原在封舱中的两万吨船舶，并且使三千万磅茶也有可能运到英国，这就使英国财政部可以收到关税300万英镑"。②

3月20日签订的《停战贸易协定》规定："广州商业照常进行，商船到黄埔装货，不得令英人具结，中国照常征收港口税和商税；凡鸦片和其他走私货物，如经查出，应予没收，禁止将人拘留或施以各种惩罚。"③停战后英军并未撤退。

4月3日(三月十二日)一天之内，杨芳会同怡良发出两份奏章："义律乞和通商，按目前局势而论，似拟先准贸易，暂作羁縻，以便从容布置，可期计出万全。道光帝朱批：朕看汝二人欲蹈琦善之故辙。"④因为杨芳等"先通商暂作羁縻"以待大军的主张，有违道光帝的本意。4月18日，道光帝大加斥责："已明降谕旨，将杨芳、怡良交部严议矣。现在各

① 茅海建：《天朝的崩溃》，第266页。
② 马士：《中华帝国对外关系史》第1卷，第309页。
③ 齐思和，等：《鸦片战争》第五册，第201页。
④ 齐思和：《筹办夷务始末(道光朝)》第二册，第954页。

路征调兵丁一万六千有余,陆续抵粤,杨芳何以不痛加剿洗,乃迁延观望,有意阻扰,汲汲以通商为词,是复蹈琦善故辙,变其文而情则一,殊不可解。"并令奕山到粤后"迅速督饬兵弁,分路兜剿,务使该夷片帆不返,俾知敬畏。倘夷船闻风远遁,空劳兵力,唯该将军是问"。① 早在1841年1月,清廷得知英军占领香港实状,下诏逮捕两广总督琦善并大汉奸鲍鹏回京治罪,此时对杨芳、怡良等亦以迁延观望罪名而革职留任,以是广州复市之约不得再行。至1841年8月2日,处琦善以监斩候。

(六) 清军广州地区反攻

1841年4月14日,奕山抵达广州,义律立即照会杨芳,询问广州停战通商协议是否仍然有效,奕山是否准备开战。4月16日,余保纯送去杨芳的复照:"前许代恳圣恩,已为陈奏。昨日大将军、参赞到来,亦俟恩旨定局,断不失信,令问好。"② 义律理解为中方同意继续通商,并等待皇帝的圣旨。义律表面上维持与广州当局开舱贸易的和平局面,同时加紧进行战备。获悉清军向广州集结的情报后,加速了进攻广州的进程。5月10日,义律抵广州宿于商馆。5月11日,义律与余保纯会谈,给余保纯三份照会,要求:一、撤退各省援军;二、撤回西炮台新设大炮;三、广州当局出示安民;四、奕山、隆文、杨芳联衔复照。义律此次广州之行,认定奕山必定开战,而英军须先下手为强。5月13日,他密令英军做好战备。5月17日,他仍未收到奕山等人的答复,便命令海军出动,但因风微且风向不定,新任陆军司令卧乌古和海军将领佛兰明19日才率军舰、运输舰起航,开赴广州城南的前线水域。21日,因获悉清军可能发动进攻,义律下令外侨全部离开广州。入夜11时,清军果然向英军发起进攻。

得知道光帝否决了杨芳的休战协议后,英军准备进攻广州,但兵力仍感不足。为了集中兵力于广东,定海英军遵照义律的命令,于2月10日撤离南下,3月初先后抵达广东。这时,新任英国远征军陆军司令卧乌古也率兵700名赶到。即使这样,英军能参战的人员仍不过3000人,不敷扩大侵略战争的需要。为此,侵略军总司令伯麦于3月31日离开广东,前往加尔各答,向奥兰克报告广东军情并争取援军,以加强进攻广州的力量。5月12日,至澳门,向英军陆军司令和海军司令发出备战命令。5月18日,海军代司令辛好士、陆军司令郭富率军开赴广州。5月19日,英舰再次驶入珠江。此时经两个月的贸易,英商推销商品与采购茶叶的目标均已完成,准备再次以武力迫使清政府屈服。

道光二十一年三月二十三日(1841年4月14日),清御前大臣靖逆将军奕山、参赞大臣户部尚书隆文,以及新任两广总督祁埙,并抵广州。4月15日,奕山主持高级官员会议。杨芳首先介绍议和情况。奕山是主和派,听得很耳顺,但考虑自己奉旨督兵,痛惩英夷,不宜一到广州就不战而和。奕山等查看城内外地形后,对广州兵力、火力的配置做了一些加强,但以为粤地人民与洋人交通日久,皆不免有通敌之嫌,故舍粤省水勇不用,而远募福建、广西、湖南等外省兵。日夜搜捕汉奸,辄不问是否即杀之,以是原有粤军动辄得咎。4月16日,奕山等问计于林则徐,林则徐从六个方面回答他说:一,堵塞要口;二,洋

① 齐思和:《筹办夷务始末(道光朝)》第二册,第956页。
② 茅海建:《天朝的崩溃》,第278页。

面船只查明备用;三,炮位验演拨用;四,火船水勇整理挑用;五,外海战船分别筹办;六,夷情宜周密探报。① 林则徐的建议未受奕山重视。奕山与隆文、杨芳等计议,判定"逆夷进攻,必由东南、西南两路而入。东南一带,水面较窄,中流亦浅;西南由白鹅潭直接大黄窖,水面宽阔,中流水深三四丈不等,此路最当贼冲"。②

接着奕山将本省和外省调来的清军,作如下部署:除原广东兵仍分守城垣及各炮台外,派江西、湖南、广西兵共1100名,在城上分段协防;派四川兵600名,扎于城西南靖海门外,以固西炮台后路,并在城南之东西两炮台安设新铸8000斤大炮两门,控制江面;于城北之东西得胜炮台等处,布置四川、江西等省兵4000名,以为犄角;以贵州、湖北兵4100余名分置于城东北与西北两处,以策应东、西、北三面的作战;以湖南兵1200名扎于城北,联络旧城北面守城兵,以壮声威;截留广西兵1500名于佛山,以保护粮台重地。同时,从广西购买大木,于韶关、肇庆制造木排,从江西、广西催造大炮,在香山、东莞一带招募水勇二三千人。此外尚有两湖、四川、广西兵共约4000余人正在赴粤途中。

奕山认为广东军民都"通夷",因此,"患在内而不在外","细民借夷以滋生",军队"无不包庇鸦片以生利",奸民"于逆夷唯恐不胜,于禁烟唯恐不弛",所以认为"防民甚于防寇"③,对广州军民抱着完全不相信的态度,而把希望放在外省兵身上。奕山等人的上述想法是鸦片战争期间满汉矛盾之反映。清廷对少部分汉族百姓对战争之漠不关心,甚至是冷眼旁观,极为恼怒,在各地大力搜捕汉奸,不断激化满汉矛盾,这成为第一次鸦片战争失败的原因之一。

时广州外围要害尽失,而中国各地调往广州之军未全部集结。道光帝在鸦片战争中和战不定,左右摇摆,自宣战后,幻想速胜,不断严催奕山赶快"进剿",以显国威。奕山本人亦欲一战成名,邀功请赏。在道光帝的严令催促下,奕山问计于杨芳、林则徐,二人皆言寇势已深而新城卑薄无险可守,宜遣人计诱敌人兵船退出猎得、大黄窖之外,然后下桩沉船珠江狭处,并筑沙叠两岸为省垣外障,以待大军集结,风潮顺当再大举反攻。奕山采用他们的建议,乃专注于守备而不轻易出战。不久朝廷调林则徐赴浙江。奕山惑于部下李湘芬、西拉本、段永福等不战"则军饷将无以开销也",④乃密计于5月10日以后选择月黑潮顺之夜,对广州附近的英军发起一次反攻,企图以夜袭取胜,进而收复各处炮台。当时英军舰船早已占据大黄窖、二沙尾要隘,并经常游弋于白鹅潭一带。

此际,英政府新令亦到达义律手中:"女王陛下政府不赞成你在同中国钦差谈判中背离你所奉指示的方式。女王陛下已决定把处理对华事务交给另一位全权大臣手中。"⑤ 即以璞鼎查为新任商务监督。

由于连日大雨,河水骤涨,清军未能"克期进剿",而英军舰船却乘水涨之机,自大黄窖、二沙尾两路驶进,谋攻省城。5月20日,奕山等已获悉义律下令进攻广州的情报,"不敢坐失机宜,遂决计先发以制之"。5月21日,在没有充分准备的情况下,举火夜袭英军,

　① 齐思和,等:《鸦片战争》第六册,第35页。
　② 齐思和,《筹办夷务始末(道光朝)》第二册,第1003页。
　③ 齐思和,《筹办夷务始末(道光朝)》第二册,第994页。
　④ 齐思和,等:《鸦片战争》第六册,第38页。
　⑤ 胡滨:《英国档案有关鸦片战争资料选译》,第845页。

令陆路兵弁"加以防堵",令都司胡俸伸、守备孙应照、千总杨泽等率领熟悉水性之湖南、四川兵1700余名,分兵三路突袭英舰队。清兵暗藏火箭、火弹、火罐、喷筒,手执钩镰,于傍晚潜出城外,分伏三处:"一伏西炮台外为中路;一伏东炮台为左路;一由泥城出,为右路。"①"奕山又以传统方式颁布赏格:'每获英军一名赏银200元'。各军为邀功,急欲一战,一时颇为踊跃。"②军队出城后,奕山才告知杨芳,杨芳阻止不及,而战事重开。

对于5月21日深夜至5月22日的战事,中英双方文献的记载差别很大。

清军的进攻,按计划于是夜11时,闻炮齐起,主攻目标是停泊在商馆外面的英船;采用火攻办法,派遣火筏顺流而下。"火筏是由装载易燃物的小船组成,两只到八只不等,用铁链系在一起。奕山虽准备了100只筏,但燃起的只有一打之数。"③同时派遣水勇伏水中,乘夜暗驾小快艇靠近敌船,用长钩将其钩住,抛掷火箭火弹,火攻英军舰船,两岸炮台清兵轰炮响应。从计划上看,清军组织颇有条理,但英军对清军的反攻早有觉察和准备,奕山的攻击点正是英军力量集中的地区。21日白天,义律即通令住在广州的外国人于日落前秘密离开广州。当晚11时许,清军发起攻击。英军立即开炮还击,由于舰船较高,火炮死角较大,打不到附近清军船上,而清兵的火箭火弹却使有的英船受创,少数英兵跳水溺死。与此同时,清军西炮台和东炮台也向江中的英船射击,给英军舰船以一定杀伤。当晚清军冲入商馆区搜捕义律等人时,一无所获,商馆被洗劫一空。"越日黎明,夷兵大集援救,只击沉其舢板船一,风潮转顺,我兵反为所乘。夷船竖黑旗,连日游弋省河,直逼炮台,势甚张。段永福领勇千余,守天字码头,望见夷旗飘,连放空炮,一哄而溃,所设8000斤大炮,未及放,炮眼已为登岸夷所钉。守泥城者为副将岱昌、参将刘大忠,大忠即协守虎门,夷至先逃,以阵亡奏请赏恤。"④英军乘势进攻泥城炮台,数十只民船、木筏及大批造船材料被毁。据奕山奏报,此次战斗,共烧大兵船2只、大舢板船4只、小舢板数十只。

5月23日,硫磺号等4艘英舰开到,下午海军司令辛好士和陆军司令卧乌古率前锋舰队到达。英陆军司令卧乌古、海军高级长官佛兰明等与义律会晤,并探明清军的情况后确定了进攻计划。他们决定第二天乘皇上诞辰那个吉利日子开始军事行动。从5月24日中午起,英军分为左右两翼开始进攻广州城,广州之战正式开始。

(六)广州之战与《广州和约》

广州城时分新城和老城(或称外城、内城),均系明代建筑。城南濒珠江,北依白云山,沿江傍山筑有15座炮台,防卫相当严密。

清军三路反攻失利,22日天明英军反击,尽破袭击各路,尽焚港内木筏数百具,油薪船30余艘,进而直攻广州城。义律等根据侦查所得的情报,选定城西北为主攻方向。5月23日,在此方向上,首先夺取西炮台,而后绕到城西直插城北越秀山,夺取山上炮台,控制俯瞰全城的制高点。同时,以一部兵力进攻城西南的商馆区,吸引清军注意力,保证

---

①　齐思和,等:《鸦片战争》第六册,第38页。
②　张玉田:《中国近代军事史》,第46页。
③　马士:《中华帝国对外关系史》第1卷,第318页。
④　齐思和,等:《鸦片战争》第六册,第39页。

主攻部队的行动。攻城英军共 2753 人,其兵力部署为:以英军第 26 团为右纵队,配属炮兵 20 人、工兵 30 人,共 361 人,由 26 团伯拉特少校指挥,义律也在其中。右纵队担任进攻商务馆的任务,同时牵制清军,从侧翼配合左翼登陆部队。右纵队由亚特兰号船拖带,携带能发 6 磅重炮弹野战炮 1 门,5 英寸半口径榴弹炮 1 门。5 月 24 日下午 3 时,英军右纵队开始在商馆区附近登陆,未遭任何阻击就占领了商馆区。商馆区紧靠城南,对广州城威胁甚大,但广州城高兵多,进攻不易奏效。

以英军第 49 团、第 18 团及水兵、炮兵等共 2393 人为左纵队,在广州城西北清军防备薄弱的泥城、缯步一带登陆,担任主攻。左纵队分为 4 个大队:步兵大队由英军第 49 团、马德拉斯步兵团和孟加拉"志愿军"各一部编成,共 646 人;炮兵大队由马德拉斯炮兵和皇家炮兵、印度工兵各一部编成,共 417 人,携带各型战炮 13 门;水兵大队由威里士厘号和宁得罗舰的水兵编成,共 430 人;预备队由皇家海军陆战队和皇家爱尔兰联队第 18 团编成,共 900 人。左纵队由卧乌古、佛兰明统带,拥有 4 门榴弹炮、4 门野战炮、3 门臼炮和 2 门火箭炮。

卧乌古经过侦查,决定从城南省河迂回,溯珠江北支流绕到城西北,选择一个地点登陆,步行占领城北高地上各炮台,然后以之为根据地进攻省城。24 日下午 4 时,他乘事先掠到的 30 只小船,每船可容 50~200 人,在铁壳轮船尼米斯号(即复仇神号)拖带下,溯江而上,于下午 6 时到达登陆地点。当晚,步兵大队和炮兵大队一部先后登岸,遭到当地壮勇的阻击,死伤数十人。但湖南兵为了争功,竟在后面乱放排枪,击伤壮勇多名,引起混乱。英军后续部队趁势大批上岸,占领了附近一座庙宇和一些高地,布置了警戒。25 日凌晨,英军全部上岸,经由西村、流花桥直扑北门外各炮台。

当时原驻防和分批援入广州的清军比英军多很多倍,据英方收集到的材料估计,广州战役前在广州地区的清军有 49000 人,另一说有 30000 人。[①] 如果清军认真准备,派有战斗力部队屯驻城外而不是将主力全部龟缩城内,监视英军的登陆活动,随时给以打击,英军未必能如此轻易取胜。

当时英军困难很多:他们深入异国,对岸上情况一无所知;从登陆地点缯步到达城北高地尚有三英里半的陆路,英军辎重很重,拖拽大炮极为费力;加上地面崎岖,起伏甚大,时被低洼的水田隔断,行军颇为艰难。英军在行军时,步兵装备简单,走得较快,但走一段须待炮队赶上,才能继续前进。因此行军耽搁很多时间,从清晨出发直到上午 9 时多才到达高地。为防止清军袭击和保持与水上船只联系,卧乌古采取一路连营的办法。从缯步直到城北高地清军炮台射程之内,沿途设置许多阵地以相连接。但这一路都没有清军出来阻止。

广州城北的越秀山一带筑有 6 座炮台,自西至东分别为拱极、保极、耆定、永康(即"四方炮台")和东西得胜炮台,由 4100 名贵州、湖北兵防守。25 日上午 8 时,英军炮兵开始炮击最西端的拱极、保极炮台,炮台由总兵长春扼守。9 时半,步兵开始进攻。英军第 49 团负责袭取炮台北侧的一个高地;第 18 团从左面迂回到炮台侧后,占领另一高地,以切断拱极、保极炮台后路,并掩护第 49 团进攻。从正面进攻拱极、保极炮台的任务,则由水兵

---

① 张玉田:《中国近代军事史》,第 49 页。

大队担负。

据英方记载:"西边那些炮台的守军作了一次很尊严的抵抗,坚守炮位,直到我军登梯上墙,短兵相接,才把他们完全赶走。"[1]其他炮台则没有做什么抵抗。清军在4个炮台安装的42门各式大炮都落入英军手中,还损失了不少抬枪和火药。在英军进攻城北炮台过程中,清军在城西北山丘上的一支约4000人驻军和广州城内驻军用炮火给敌人以很大打击,有力地支援了城北高地防御战。英军统帅侵华陆军司令卧乌古承认:他们曾使英军"受了颇为重大的损失"。据卧乌古统计,25日战斗,英军共死亡9人,包括海军少校福克斯;伤68人,主要是被牵制炮火杀伤的。但清军的损失也不小,长春战死。据广州知府余保纯提供的材料说:"仅在5月25日之后,清军阵亡500人,受伤1500人。"[2]

开战后1小时之内,城北高地的一切野外防御工事都被敌军攻陷。防守城北各炮台的清军,稍遇抵抗,即放弃炮台和阵地,纷纷退入城内。英军占领城北4座炮台和山岗后,从南、北、西三面包围了广州,并居高临下,俯瞰广州全城,凡城中设施及军民来往悉为所见。此时英军距广州城墙不足100米,万余清军收缩城内,满城大吏惶惶无主。这时,卧乌古侦察了广州城墙和城门,曾欲趁广州城内恐慌还未停止之前,袭取广州城。但当时英军还不能立即攻城,因为在英军"后方的山岗特别崎岖,山麓的通路困难,而水田之间的道路也太狭"。他们"只运到极少数轻武器和小部分弹药",因此,只有"等候必须的武器到达后才进行袭击"。广东按察使王廷兰欲乘敌立足未稳,带兵出城夺回炮台,奕山竟不允。如果奕山能派出一支队伍出城绕到敌后,切断敌军供给线,从侧后袭击敌人,则广州之战也可能被解于垂败之际。此时清军只能依托城墙不断炮击英军。英军把臼炮架在四方炮台的瞭望台上向城内俯射,击毁城内两个大火药库,城内受到威胁,局面混乱,"居民群涌出城,肩上背着他们最贵重的财货"。[3]

当时广州附近的英军最多还剩下2700人,而退入城内的清军至少有万余人,如果激励士气,指挥得当,应可一战。但军队全无纪律,军官又怯懦无能,奕山、杨芳等慌作一团,令各省军队自择民房,南海义勇和湖南兵因小事发生冲突,竟在广州城内东门校场互相厮杀。

5月25日,英军炮弹击中将军行辕,奕山逃避到怡良的巡抚衙门,召集官员商议,决定投降求和。5月26日,英军准备攻城,奕山放弃战斗,在城墙最显著位置悬白旗,遣广州知府余保纯与英军议和。卧乌古利用这个时间,在5月26日夜把一切都准备妥当。

5月27日,奕山再次派余保纯出城,与英方商定了《广州和约》:[4]一、钦差大臣及外省军务须于六日内撤至城外六十里以外。二、于一星期内付款六百万元,日落前当交付一百万元。三、款项未能于七日内付清,即增至七百万;未能于十四日内付清,增至八百万;未能于二十日内付清,增至九百万。款项全部付清后,所有英国军队当撤至虎门及横档以外。四、毁坏商馆及西班牙双桅船之损失当于一星期内赔偿。五、广州知府须有代表

<hr>

① 齐思和,等:《鸦片战争》第五册,第219页。
② 张玉田:《中国近代军事史》,第51页。
③ 齐思和:《筹办夷务始末(道光朝)》第二册,第710页。
④ 齐思和,等:《鸦片战争》第五册,第223页。

三位钦差大臣、总督、提督、抚院的全权证书,书上须有他们的官印。

五鼓天明,余保纯始议妥进城复命,"三大帅与文武各官,同在抚署商议,以事既如此紧急,不能不委屈从事,以便保全满城生灵。三大帅暨督抚、将军,已于巳刻会衔盖印,给该夷收执。一面会商,在于藩、运、海关三库内,借拨交收,将来由外筹补归款。该夷又议明此项不得责任洋商认缴,恐将来在贸易价内派累云云。……大将军见此情形,始允出具印领,在藩库先借支 72 万,潜夜出城交收矣。闻杨、隆两参赞云:将来拜折不许说是给银议和,只作该夷求追洋商旧欠,始肯退兵,今饬洋商归还旧账六百万元,唯商力一时未能措办,暂在库内借支,随后分限缴还,如此则圣恩不深究之云"。① 条约没有涉及香港的地位问题,但义律却已于 6 月 7 日单方面宣布香港为"自由港"。

清军在广州城下打了败仗,并与义律签订了屈辱的《广州和约》,这是名副其实的城下之盟。但奕山等竟编造谎言,诡称英军乞和,"求大将军转恳大皇帝开恩,追完商欠,俯准通商,立即退出虎门,缴还各炮台,不敢滋事",还编造鬼话,说英军攻城之际"正欲开炮,烟雾中望见白衣神像,立于城上,遂不敢轰击"。② 道光帝明知打了败仗,不再坚持"讨伐"政策。只好同意英方勒索 600 万元,以求尽早退兵。于 6 月 18 日下谕,以"该夷性等犬羊,不值与之计较","朕谅汝等不得已之苦衷,准令通商",③ 承认了《广州和约》,用"准令通商"批准了投降。打了败仗,又签订卖国条约的奕山未受任何处分。6 月 28 日,道光帝以广东兵政废弛,临时全无实用,追论历任总督罪。道光帝下令把驰赴浙江军营效力的林则徐革去四品卿衔,并与业经革职的邓廷桢"均从重发往伊犁,效力赎罪"④,以为惩前毖后之策。《广州和约》对烟价及香港问题,皆一字未提。"道光二十一年四月(1841 年 5 月)英人之受款于广东也,在我师则以救一时之危,在敌亦急欲得银以济兵饷,故通商章程,彼此皆未暇议。"⑤ 足见此约仅为一临时性质之条约。

6 月 1 日,英军在取得赔款后,根据《广州和约》的规定开始撤离广州地区;6 月 5 日,奕山、隆文等赴广州西北 60 里的金山驻扎;6 月 7 日,在清方的赎城费交清后,英军交还各炮台,全部撤至珠江口外。

《广州和约》签订前后,奕山上了多道奏折,谎报军情,将自己乞和说成英军乞和,将败仗说成胜仗,将赔款说成代还商欠,并在奏章中斥骂汉奸助虐,为自己的失败推脱责任。

7 月 21 日和 26 日,香港两次遭受飓风,"祁墳、怡良张皇入奏,谓撞碎夷船无数,漂没夷兵、汉奸无数,所有帐房篷寮新修石路,扫荡无存,浮尸蔽海。……朝廷方发藏香谢海神,布告中外,允广东保举守城文武至数百员"。⑥ 此次广州之败,奕山居然保举了出力文武员弁兵勇 500 多人升官、补阙、换顶戴,战败后的广州城里,官员们都喜气洋洋地互贺升迁。

7 月 29 日,广州和约刚签订,道光帝又以为万事大吉,批准赴广东之援军"凯撤",并

① 齐思和,等:《鸦片战争》第三册,第434页。
② 齐思和:《筹办夷务始末(道光朝)》第二册,第1081页。
③ 齐思和:《筹办夷务始末(道光朝)》第二册,第1046页。
④ 齐思和:《筹办夷务始末(道光朝)》第二册,第1056页。
⑤ 魏源:《魏源集》,第188页。
⑥ 魏源:《魏源集》,第188页。

谕令沿海各省酌量裁撤兵勇。殊不知英国却扩大了对华侵略战争。8月17日,清廷再次颁谕,命裕谦迅速裁撤江浙防兵。道光帝此举不啻为自毁长城,客观上为英军的增兵北犯提供了有利条件。

(七) 三元里人民群众抗英

和议既定,奕山等以此600万偿金为广州居民生命财产之代价,拟由广东行商分担200万,由广东藩司、运司、海关三库分担400万。广东人以不得清廷信任,又分担赔款,已极反感。英军攻占广州附近地区以后,在市内大肆淫掠,并四处骚扰,无恶不作,激起广州人民群众的极大义愤和反抗,自发武装起来,组成义军,用简陋的武器和农具等不断打击侵略者。他们以北帝庙中的三星旗为"令旗",并约定,一村有事,各村支援,互相配合,共同抗英。

三元里抗英是人民自发的战斗,因此没有正式的组织,甚至也没有名称。参加抗英斗争的人统称为义士、义民;稍加挑选、由各村出来参加战斗的,则称为义勇或壮勇;由各乡义勇集结起来组成的抗英队伍,没有称号。过去有些人用"平英团"的称呼,缺乏文献依据。三元里义勇队伍的发起者为恩洲社学。其社址在南海县恩洲堡澳口,由棠沙乡人梁廷栋、赵启祥创建,由南海18村组成。英军从缯步登陆进攻北门外炮台,正经过恩洲社学地区,英军沿途骚扰,社学首当其冲,所以恩洲堡义勇出动抗英也比较早。5月28日,英军走出四方炮台到三元里骚扰。英兵调戏菜农韦绍光妻,韦不可忍,手刃英军数人。三元里属恩洲社学,韦绍光等三元里村民请求恩洲社学援助抗英。该社首事梁廷栋为寻求更多的支援,便发柬通传城北各社学起兵抗英。

社学起源于明初,原是封建士大夫的教育、集会场所,清朝中叶以后逐渐演变为由地主士绅所控制,由当地农民为乡勇的武装机构。"社学不藉官饷,亦不受地方官管束"①,它的职能是"联守望,备非常",维护地方封建秩序,对政府的军队起着某种辅助作用。

5月29日,北郊各社学、各乡的义勇头人齐集南海、番禺交界之牛栏岗,歃血为盟,制订了歼敌计划。参加会盟的村庄,包括南海、番禺两县的103村之多。这次会盟的首领为地跨南海、番禺两县的怀清社学首事、肖冈举人何玉成。他也是第二天同英军打仗的指挥者。会上,确定以三元古庙供奉北帝神的三星旗为号,旗进人进,旗退人退,吹螺壳打鼓进兵,打锣收兵;并规定16岁至60岁男子均不得出村,老弱疏散至西海搓头、潭村一带,妇女在后方煮饭接济粮食。可见广州北郊抗英义勇是有一定的组织和纪律的。共同的指挥标志为旗帜、鼓、锣,这可使来自各乡的分散队伍在行动上初步统一起来;老弱疏散至远方,可使军心免于涣散及无后顾之忧;妇女负责后勤供应方面的工作,打仗人可免费在路边取食,说明义勇也顾及到了后勤方面工作。无论103乡的总队伍还是各乡的分队抗英义勇,基本上都由社学组织领导。而各社学的首事则为地主士绅。因此,抗英义勇基本上都在地主士绅的掌握之下。北郊义勇所使用的武器,主要是刀矛。

5月29日的会议中,还确定了第二天进攻英军的计划。根据中外材料记载:5月30日、31日广州北郊义勇的抗英斗争,是有较明确的战略目的和计划的。其直接目的是进

---

① 范文澜:《中国近代史》上册,第70页。

攻占据北门外炮台的英军。据《南海县志·梁廷栋传》：英军"欲攻省会,以西南面万家麟次,又隔于新城,恐难得手,遂督步兵,绕袭北门,据炮台。官兵伏城内不出,廷栋与启祥等通传城北十二社学,调农民执田器往救护。"①说明"进攻英军是为了救护省城,不单是消极防御英军下乡抢掠、报复。当然也不是由于英军到三元里肖冈等村骚扰致与村民发生的遭遇战。另外,在制定战略计划中,对于诱敌出巢(离开四方炮台)并引至牛栏岗聚而歼之的策略,是整个战略中的主要部分。根据敌我兵力对比和武器装备上的悬殊情况,选择牛栏岗作战场是适宜的"。②

牛栏岗位于广州城北12里处的丘陵地,西南邻三元里一带水田;南距北门外英军盘踞的各炮台较远;北与番禺各乡社学相接,可得各乡群众之支援。牛栏岗打伏击,可发挥冷兵器之长,而敌人因远离炮台,不便携带重武器,从而使敌人失其所长而露其所短。

5月30日清早,各乡义勇万余人(有说数千人,有说数万人)集合于英军营地附近,不久义军先头部队就出现在英军营地前面。接着,义军大队跑下平原来,鸣锣打鼓,摇旗呐喊,勇敢地前进。英军立即派军进攻义军,企图立即击溃义军。三元里人民抗英战斗就此开始。

约在下午2时,英军司令卧乌古开始做全面进攻义军的军事部署。参战部队近千人,分左右两翼扑向稻田里的义军。义军以诱敌深入的战略,敌人前进一步,义军就后退一步。当英军停止进攻时,则吹号击鼓,一起向敌人进逼。英军复进,义军再退,最后将英军诱至牛栏岗附近。这时敌人可能发觉已进入了义军的伏击区,开始向回折。但时值初夏,雷电交加,大雨倾盆,许多火药枪都被淋湿了。而义军乘此机会,迅速包围了敌人。大雨给敌人带来了意想不到的困难,"逆夷之鸟枪火炮,俱被雨水湿透,施放不响,且夷兵俱穿皮鞋,雨后泥泞土滑,夷兵寸步难行"。由于义军手使刀矛、地理熟悉、打赤脚等特点,在雨天反而能发挥自己的长处。他们抓住战机,紧追不舍,英军的"刺刀之于中国人的长矛只不过是一种可怜的防御物罢了"。③ 英军不得不下令撤退,也正是由于雷电交加,大雨倾盆,给了英军逃脱的机会。在追击过程中,一路义军截住了英军第37团的一个连约60人,将其包围于稻田中,迫使英军紧急"调来两连水兵,及装有雷管机的新洋枪(雷管枪)"④前来增援,这个被困两小时之久的连队才得以逃生。至晚上9时,牛栏岗战斗结束。

5月30日牛栏岗围歼战,"水勇杀夷兵12名,乡民杀得夷兵200余名"。⑤ 但英军伤亡人数有不同的记述,出入很大。据英方记载:"英军共15名阵亡,120名受伤,伤者中有15名军官。"而郭富向印度总督报告:"英军死5人,伤23人。"⑥中方有的记载,毙伤英军的数字则要大得多。

---

① 齐思和,等:《鸦片战争》第四册,第335页。
② 张玉田,等:《中国近代军事史》,第56页。
③ 齐思和,等:《鸦片战争》第五册,第228页。
④ 齐思和,等:《鸦片战争》第五册,第227页。
⑤ 齐思和,等:《鸦片战争》第四册,第600页。
⑥ 牟世安:《鸦片战争》,第247页。

义军乘胜追敌,当夜包围了四方炮台,"英军急于台上高插白旗"①,众义勇争欲上台擒杀,但时已三更,首事人命乡勇"屯在台下,终夜严守,将待天明,而后捉生"。在30日战斗的鼓舞下,31日,番禺、南海、化县、增城、从化等各处乡民义勇"蚁聚蜂屯,来者益众",竟至数万人。正在商馆的义律急忙赶到四方炮台。义律派奸细混出重围,找到广州知府余保纯,威胁道:如不制止百姓的"威胁运动",英军将"立即扯下休战旗帜,恢复敌对行动"。余保纯慌忙赶到四方炮台向卧乌古表白:农民群众的"敌对行为,中国当局是完全不知而且是违背他们(清官员)的意旨的"。"南海令梁星源、番禺令张熙宇随保纯出,步向三元里绅民揎劝,代夷乞免,越数时许,绅士潜避。"②群众队伍亦逐渐退散,三元里战斗就此结束。

5月31日,正当义勇围困炮台之时,8000名全副武装的清军,根据《广州和约》的规定撤离广州正好经过四方炮台。全副武装的大队清军,在英军占领的炮台下面,在手拿农具为武器的抗英民众面前撤出广州,这既是历史的讽刺,也是清政府腐败无能的写照。广东原有民谣"百姓怕官,官怕洋鬼",此后又加了一句"洋鬼怕百姓"。之后,广州人民的武装得到进一步发展。1841年6月,升平社学成立,包括13社80余乡,团练数万人。为了防止这些力量转化为反对清朝的武装起义,清政府一直阻碍、限制社学等人民力量的发展,后来公开地大规模对广州人民进行屠杀。

英军此次沿珠江北进,孤军深入百余里,进犯广州,本为清军提供了极好的歼敌机会。当时,集中于广州附近的清军不下2万人,占有很大的兵力优势,又有纵横交错的江河港汊和山冈林木可以利用,有坚固的城池和众多的炮台可以依托,有广东民众的自动支援,完全可以以逸待劳、以众击寡,多方袭扰和打击敌人,夺取战斗胜利。特别是英军在广州登岸以后,基本上不再拥有"船坚炮利"的优势,清军更可以己之长,击敌之短,给敌人以重创。三元里人民抗英斗争的胜利说明英军有诸多弱点,如果清军能指挥得当,坚持战斗,扬长避短,完全有可能取得战争的胜利,至少不至于如此完败。

五、战争第三阶段

(一) 英军换帅增兵

1841年4月,义律将关于签订所谓《穿鼻条约》的报告送到伦敦。英国政府嫌义律勒索太少,鸦片赔款数额太少;军费赔款及倒闭行商债款无着;以后英人居留之安全保证无着;而香港割让尚有交纳税赋等条件。责备他"把寄给他的训令完全置之度外,甚至在已经获得完全胜利,他可以自由规定条款的时候,还是同意了极其不够的条件"。③4月30日,英国内阁会议经过数小时的讨论,决定不承认《穿鼻条约》,"必须要求中国政府,对于英国人过去所受之损害付出更大数目的赔款;对将来的贸易作出更大的安全保证;舟山必

①　齐思和,等:《鸦片战争》第四册,第335页。
②　齐思和,等:《鸦片战争》第六册,第44页。
③　马士:《中华帝国对外关系史》第1卷,第306页。

须重新占领;义律大佐召回;并且派遣璞鼎查爵士前往接替"。① 于是任命璞鼎查任英国唯一特命全权大使,兼任商务总监督和香港第一任总督,海军部大臣巴加为东方远征军司令。英国准备扩大战争规模,与中国重新开战。

璞鼎查曾长期在东方从事殖民侵略活动,先后在东印度公司、驻孟买英军中供职,1840 年返回英国后受封为爵士,并晋升为少将。鉴于他对亚洲国家熟悉,英国政府决定由他接替义律。璞鼎查于 6 月 5 日离开伦敦;7 月 7 日途径印度孟买时,与英印总督奥克兰商谈了扩大侵华战争问题,并与新任侵华海军司令巴加少将会合;8 月 10 日抵达澳门。璞鼎查离开伦敦时,巴麦尊除了重申原给义律的训令依然有效外,要求他抵达中国后的第一件事,就是重新占领舟山,并明确了此后的战略:割断清政府主要内陆交通线的一个据点。具体地点由璞鼎查确定。待璞鼎查率援军与义律留下的英军在定海会师后,英军再沿长江深入,攻打镇江和扬州,以切断运河漕运和长江航道,从而切断京城的粮食供应,迫使大清皇帝派人向他求和。

璞鼎查到达澳门后,立即准备北犯。8 月 11 日,他一面向广东当局通知英方对他的任命,一面扬言英军要马上再次北犯,直到清政府全盘接受英方所提全部要求,方始罢战。8 月 18 日,广东当局曾派代表至澳门试图与璞鼎查交涉,但被他拒绝。8 月 21 日,他会同海军司令巴加和陆军司令卧乌古,率军舰 10 艘、汽船 4 艘、测量船 1 艘、运输船 21 艘,载兵 2500 余人,驶离香港,开始了第二次北犯。而以军舰 6 艘、轮船 2 只、陆军 1300 人留守香港。英方推翻前此所有议款,重新作战。因广东民风强悍,不利进攻,乃改攻福建。攻下厦门将有利于后续的进攻舟山之战。

有人上书两广总督:"建议趁广东英国兵力薄弱之际,发动各乡人民配合军队反攻,一则可以收复失地,再则可以解厦门之急,使敌人顾此失彼。但广东的大员拒绝采纳,坐视英军侵犯闽浙。"②

(二) 厦门之战

英军退出虎门后,清廷认为战争已经结束,乃于六月十一日(7 月 28 日)发出上谕:"现在广东夷船,经奕山等叠次焚击,业已退出虎门。粤省所调各路官兵,现已陆续撤回归伍,所有各省官兵,著该将军、督抚等体察情形,有可酌量裁撤之处,迅速奏闻请旨。"③8 月上旬,专办浙江军务的钦差大臣裕谦接奕山、祁墤等咨文,获悉英军即将再犯闽浙,乃要求朝廷暂缓撤退江、浙两省防兵。道光帝竟于 8 月 19 日做了如下的批复:"仍遵前旨,会同刘韵柯、余步云体察情形,于镇海、定海紧要处所,酌量暂留弁兵外,其余调防官兵,即着奏明裁撤矣。试思该夷果欲报复,岂肯透漏传布。既属风闻,从何究其来历。"④仅时隔数日,英军即攻占了厦门。

厦门是福建重要的海防门户,东为台、澎唇齿,西为泉、漳门户,北达会垣,通省咽喉所

---

① 马士:《中华帝国对外关系史》第 1 卷,第 307 页。
② 苑书义:《中国近代史新编》上册,第 107 页。
③ 齐思和:《筹办夷务始末(道光朝)》第二册,第 1089 页。
④ 齐思和:《筹办夷务始末(道光朝)》第二册,第 1129 页。

在。当时颜伯涛接替邓廷桢任闽浙总督,他是极端排外主义者的代表,反对邓廷桢的主守,主张进攻英军,到任后大力整顿军备。

厦门的防务,自上年 7 月英军第一次侵扰以后有明显加强:东面的白石头至沙坡尾一带改砂囊为石壁,高 1 丈,厚 8 尺,长 500 丈,每 5 丈留一炮洞;其他滨海之处,也增加了炮位和兵力,以防敌人登陆。鼓浪屿是咽喉要地,有数座坚固的石砌炮台,安炮 76 门,炮台环以沙墩,以加强主炮台的防御能力。英军再次进犯前,整个厦门地区共安设大小火炮 279 门,有水陆防兵 2800 名,并有近万名水勇、乡勇可资调遣,还制订了水师与岸炮协调配合、夹击敌舰、歼敌于近海的作战方案。总体而言,颜伯涛备战积极,厦门海防布置尚属完整。

8 月 25 日晚,英舰队自广东驶抵厦门南之青屿附近碇泊集结,随即给福建水师提督窦振彪发出限期献出厦门城的最后通牒。由于清军对敌情缺乏侦察,此时窦振彪正率水师出巡外洋,福建水师竟未能参加厦门之战。而闽浙总督颜伯涛正在厦门城内,他便督同道员刘耀椿,传令清军据守各要隘,准备抗击敌人。但自广州和议,奉旨节省战备费,故守备不固,加之奕山在英军大举来犯时尚不据实奏报知会,致使厦门方面对敌情缺乏了解。

8 月 26 日晨,前往英舰探询英军来意之人回城,带回璞鼎查的劝降书,遭颜伯涛断然拒绝。26 日下午,英军先以火轮数艘对鼓浪屿和厦门实施火力侦察,"火轮往返,忽东忽西,哨探形势,并试我炮路。炮路者,官炮皆陷于石墙孔内,唯能直轰一线,不能左右转运取准,故夷先以舟试之,知其所值,则避之也"。[1] 各炮台之间更无相互配合,英军发现清军弱点,采取各个击破办法,集中七八艘舰船的二三百门火炮对各炮台逐一猛轰,一台破,再攻一台。下午 1 时,大队兵船闯入,对白石头、鼓浪屿、屿仔尾等炮台守军,以猛烈炮火三面环击,英军一部乘舢板首先在鼓浪屿登陆。因敌人势甚猖獗,守军稍事抵抗即行溃散,鼓浪屿遂于下午 3 时陷落。与此同时,另几艘英舰进攻厦门以东各炮台,守军坚决抵抗,有的击退敌登陆兵达三五次之多,副将凌志、总兵江继芸等牺牲,守兵伤亡数百名。下午 4 时左右,白石头及其以西各炮台多被英舰炮火击毁,英军便由南普度登陆。此后英舰延伸火力,并将英军占领之各炮台,旋转炮位一起轰击厦门城,官署街市尽毁,守城清军向虎山退却。至傍晚,官署尽毁,厦门被英军占领,总督颜伯涛等退守石寨,不久复退入同安。此战英军死 2 人,伤 15 人。

8 月 27 日晨,英军入城。在厦门大肆抢掠 10 天后,9 月 5 日晨英军撤出厦门,留军舰 3 艘,运输船 3 只,士兵 500 人占据鼓浪屿,其余舰船北上。英军退后,颜伯涛督兵至厦门,遂以收复厦门奏闻。诏降颜伯涛三品顶戴,革职留任。

此时道光帝对英军北犯茫然不知,9 月 12 日,他还在谕旨中令裕谦"仍遵前旨……其余调防官兵,即若奏明裁撤归位。不必为浮言所惑,酌量裁撤,以节糜费"。[2] 9 月 13 日,道光帝接到厦门失守的奏报后,大惊失色,乃复连连颁旨,急调江西兵 2000 名援闽,并严令颜伯涛乘英军未及安定之时,及早收复厦门。此时,道光帝才意识到战事并未了结,上谕:"逆夷贪得无厌,现已占据厦门,难保不乘风北驶,扰及沿海各省。如兵力不敷,准其

① 魏源:《魏源集》,第 189 页。
② 齐思和:《筹办夷务始末(道光朝)》第二册,第 1129 页。

酌量调拨。"同时,也感到英军并非只习水战,因而"陆路亦不可不加严备",于是下令浙江、江苏、山东、直隶、奉天各省将军督抚停止撤兵,"悉心筹划,以固疆圉"。①

(三) 第二次定海之战

早在 1841 年 2 月 10 日,道光帝以定海未能及时收复,命伊里布回任两江总督,以江苏巡抚裕谦接替伊里布为钦差大臣,驶赴镇海,办理浙江军务,任命葛云飞为东海镇总兵。

裕谦一贯主战,主持浙江军务之后亲赴定海勘察地形,督饬该处守军采取措施,加强防务。裕谦督令守军于东岳山顶筑炮城一座,周长 131 丈,即关山炮台,有大炮 95 门,并于南面接筑半圆形月城一座,长 21 丈;东自青垒山经道头西至竹山脚,沿岸横筑土城一道,长 1400 余丈;又在青垒山、晓峰岭等山择要安设炮位。至英军再次进犯前,定海县城城墙得到修复,定海城周各山及土城上共有钢铁大炮 22 门,城垣周围有大小炮 40 门,另拨给兵船铁炮 10 门。总兵王锡朋、郑国鸿、葛云飞以兵 5000 驻定海,处州总兵郑国鸿率部防守竹山;寿春总兵王锡朋率部防守晓峰岭;葛云飞率部防守土城。此外,在镇海、定海等地招募水勇 1200 名,并买造各种船只百余艘。

裕谦获知厦门失守及英军继续北犯后,下令浙江各地于炮台四周挖壕,以备守兵防炮之用,并增设铁蒺藜、木栅等障碍物,以加强防御。裕谦是旗人中少有的主张坚决抗英的大员,且具有一定的政治军事眼光。他曾建议再次启用林则徐参与浙江战事,赞扬林则徐"向为兵民所悦服,逆夷所畏惮,其一切措施,亦能体用兼备"。② 道光帝非但没有采纳裕谦的建议,反而将林则徐流戍新疆。裕谦向道光帝奏陈敌我情况时指出:英兵船、货船 40 余艘北犯,人数逾万(实际不到一万),而定海、镇海两处,"调防及本营官兵不及一万。分段驻守,尚嫌单薄"。敌军飘忽不定,随时可集中兵力进攻一地,我则必须扼要分守,时刻防备。这就形成了"彼众我寡,彼聚我散,彼逸我劳之势",且"我兵本皆未历战阵,又各存一炮火难御之见"。因此,他对浙省防御,不无忧虑之处。但他坚决表示:"城存俱存,以尽臣职,断不肯以退守为词,离却镇海县城一步,尤不肯以保全民命为词,接受逆夷片纸。"③

1841 年 2 月 25 日,英军奉义律之命,在清军交还战俘后,自定海撤军。璞鼎查来华之际,巴麦尊再次训令他,必须重新占领舟山群岛,继而占领镇海、宁波。1841 年 9 月 12 日,英赖拉号大副温里带 20 余名英军驾舢板在镇海东南的盛岙登陆,企图侦查镇海军情,被当地军民截击。温里及其仆从被俘,解往镇海后,裕谦为报英军占领定海后虐杀百姓的之仇,采用残忍手段,活剥其皮,生抽其筋,将其处死。

9 月 23 日,璞鼎查、巴加和卧乌古等率英舰 7 艘、轮船 4 艘、运输船 19 只,装载陆军 2100 余人,到达舟山附近海面,先以小舟在镇海县双岙登陆,探视虚实,烧沿岸草舍而去。9 月 25 日英陆军司令郭富到达。英军接着于舟山、镇海一带探测航道,勘察地形,侦察舟山的防御工事,选择登陆地段。9 月 26 日,有夷船 13 只在竹山门外停泊,旋有火轮船

---

① 齐思和:《筹办夷务始末(道光朝)》第二册,第 1156 页。
② 齐思和:《筹办夷务始末(道光朝)》第一册,第 466 页。
③ 齐思和:《筹办夷务始末(道光朝)》第三册,第 1225、1226 页。

3 只、三桅船 1 只驶进竹山门。经总兵葛云飞等督兵开炮,击断夷船大桅,当即窜去。英舰当即由吉祥门窜出,后又绕入大渠门,复被守军击退。9 月 28 日,英舰炮击晓峰岭,发炮三四百发,并派兵乘舢板登陆,被王锡朋率兵击退,清军隐伏于山岩之后,伤亡不大。9 月 29 日,英军携带臼炮 3 门,绕至定海城南,登上距道头最近的大小五奎山,并构筑了炮兵阵地。总兵葛云飞即在土城开炮遥击,打坏五奎山上英军帐房 5 顶,英舰发炮还击。9 月 30 日,英舰连续进犯东港浦、晓峰岭、竹山等处,傍晚复以小舟登陆,皆为中国守军击退。

　　八月十七日(10 月 1 日)拂晓,乘清军守兵力疲,并利用大雾天气,英舰队驶入定海城南海域,用舷炮向定海前沿阵地轰击,大小五奎山上的英军炮兵也发炮配合。英舰复仇神号试图运兵进港,"定海镇总兵葛云飞,亲自开炮,击中其船上火药,当即焚烧,片板无存。已时,该逆分作三路,一由五奎山迎面攻打,一由东面之东港浦,一由西面之晓峰岭进攻"。进攻晓峰岭的英军由第 55 团和第 18 团共 1500 人组成,避开土城防御工事,在道头港以西至竹山一带登陆,进攻竹山和晓峰岭。晓峰岭上未设炮台,当时清军在王锡朋、郑国鸿指挥下,用火绳枪、抬枪进行了顽强抵抗,"我兵前队阵亡,后队继进,业将夷匪杀退数次。无如越杀越多,我兵所用抬枪,至于红透,不能装打,犹拼命死战"。鏖战 4 日,连续击退敌人数次进攻,但清军的抗击终未能阻止敌人的前进,在寿春兵大部伤亡后,寡不敌众,竹山、晓峰岭即为英军占领。① "乙未(十五日),(英军)大队登晓峰岭,岭无炮台,……王锡朋督标兵迎拒,四日杀伤相当。戊戌(十八日)锡朋力战死。英兵夺间道下攻竹山门,郑国鸿亦中炮死。"②

　　进攻东港浦的英军由第 49 团和水兵、海员组成,在道头以东至东岳山登陆,向东港浦猛攻,并仰攻关山炮台。这一带的清军同样表现得很英勇,葛云飞督兵坚决回击。左路英军攻下晓峰岭、竹山门后,沿土城东进,配合五奎山炮兵、东港浦英舰,三面围攻关山炮台及道头一带土城。总兵葛云飞率所部 200 余人,"作了一次很体面的抵抗",他身先士卒,最后不幸壮烈牺牲。连侵略者也承认:葛云飞阵亡后,"他的僚属和我们的军队短兵接战,都英勇地与他同时殉节。高地上的旗手选了一个最显著的位置,站着摇旗,丝毫不怕落在他四旁从轮船打来的炮弹"。③ 经过激战,清军的左翼阵地也被英军突破。

　　由于守军连日苦战,伤亡甚众,虽击沉英军舢板数只,并击伤英舰"布朗底"号,但定海城于 10 月 1 日下午 2 时陷入英军的包围。英军在晓峰岭的制高点上,架设轻型火炮,向县城轰击。第 55 团沿山岭推进,直扑县城西门,英军登云梯入城,知县和守军撤离县城,定海再次被英军侵占。英军悉有舟山群岛,设民政部于定海,置兵 400 守之,然后移军进攻镇海。英军发现定海"兵器军需库中有大量的军需储藏,在炮台中发现许多大炮,其中有 36 门是新的、黄铜的,铸造得很好,后来这些东西被搬上运输船"。④ 当天,因风大浪险和英舰的封锁,镇海清军难以前往支援。

---

① 齐思和:《筹办夷务始末(道光朝)》第三册,第 1244 页。
② 齐思和,等:《鸦片战争》第四册,第 381 页。
③ 齐思和,等:《鸦片战争》第五册,第 264 页。
④ 齐思和,等:《鸦片战争》第五册,第 264 页。

　　第二次定海之战，坚持了 6 天，战争的结果比较充分地暴露了清朝的军事思想、军事体制的落后，在战略、战术、技术装备诸方面都处于以冷兵器为主的落后状态。林则徐曾主张，不在定海与英军决战，他"屡言定海孤悬，先朝弃地，重兵良将，守此绝岛非策。请移三镇于内地，用固门户，裕谦不从"。① 葛云飞请以"土城守兵单，晓峰背负海，后山有间道，宜增炮，及以营船备水战"②，裕谦又不许。因此尽管此次战斗中清军官兵坚守阵地，顽强御敌，表现了高度的爱国热情，但仍未能取胜。

　　中英开战以来，定海抵抗最力，英军受创不小，把鼓浪屿的军队都调来增援。当时香港兵力单薄，裕谦请求道光帝转令奕山进攻。奕山等每月开销军费 30 余万两，大饱私囊，奏称"香港地方洋人并不久居"，又称"守为上策，攻战次之"，完全拒绝朝廷进攻的命令。③

（四）台湾基隆之战

　　鸦片战争中，台湾最高军政长官为总兵达洪阿和按察使衔台湾道姚莹。台湾总兵力 12000 人，壮勇 2000 余人。台湾设防重点在基隆、沪尾和安平一带。

　　在东海之战的同时，1841 年 9 月 30 日，璞鼎查曾派 3 艘兵船骚扰台湾，因遇风浪，两船未开到，只有运输舰"纳尔不达"号载有 274 人，驶入基隆口外万人堆洋面。英军入侵台湾，台湾人民也组织起了众达数万的自卫团体协助守军抗击英军的侵扰。"卯刻，该夷船驶近口门，对二沙湾炮台，连发两炮，打坏兵房一间。……参将邱镇功，手放一炮，唯八千斤、六千斤大炮有准，立见夷船桅折索断，船即随水退出口外，海涌骤起，冲礁击碎，英人纷纷落水。"船上英人、小吕宋人、3 名印度人，共 34 人乘仅有的一艘小艇离舰，回到了广东。基隆守备许长明，督兵丁乡勇，乘快艇追捕，并在各荒岛搜索，"前后共计斩馘白夷 5 人，红夷 5 人，黑夷 22 人，生擒黑夷 133 人"，并缴获大炮 10 门及英夷图册多件，取得大胜。④ 10 月 19 日，英军占领镇海、宁波后，又到基隆窥视，并在三沙湾鼻头山登陆，声言要索回前次被俘英人，每名愿出洋银百元。台湾军民不受诱惑，英军遂发炮攻击，台民壮勇协同守军开炮还击，经两日激战，将敌人逐往外洋。战斗中，清军损坏大炮 5 门，烧毁哨船 1 只，受伤数人。

　　1842 年 3 月，英船阿纳号自舟山启碇南下，共载 57 人，于 3 月 11 日晨到淡水、彰化交界处大安港外窥视。阿纳号船长颠林系受璞鼎查之命，以上年"纳尔不达"号事件到台湾"相机行事"，并"挟粤奸黄舟等……持奸目刘相、苏旺书至，将招台内逃匪张从等勾结为夷内应，觅机便入口。不料这次他们碰到一个具有爱国热情的渔民周梓，他乘侵略者要他指引海口的机会，计诱他们从大安港北之土地公港入口。结果，阿纳号搁浅在暗礁上而中计遭擒。"⑤ 阿纳号"歪侧入水，夷人十分惊恐，该处埋伏兵勇齐起，夷船离岸不远，已不能行驶。关桂督令……延至巳刻，其船遂破。夷人纷纷落水。……生擒白夷 18 人、红夷 1

---

①　齐思和，等：《鸦片战争》第四册，第 642 页。
②　齐思和，等：《鸦片战争》第五册，第 688 页。
③　范文澜：《中国近代史》上册，第 48 页。
④　齐思和：《筹办夷务始末（道光朝）》第三册，第 1411 - 1413 页。
⑤　牟世安：《鸦片战争》，第 292 页。

人、黑夷30人、广东汉奸5名"。① 以后英舰又多次来犯，均在台湾军民合力抵抗下惨遭失败。

"达洪阿等方以军务时代，得专摺奏事之特权，遂先后胪陈战迹，飞章上闻。其时，清廷以沿海诸省屡战屡败之余，忧疑无措。及台湾第二次捷奏入，以为破舟斩馘，大扬国威，亟加达洪阿太子太保，姚莹二品顶戴，布示中外。一时台湾镇道之名籍甚士大夫间。达洪阿等气益锐，谓俘虏久羁非善策，请速诛之以绝内患。英舰屯鼓浪屿者，闻之大愤，虚声恫吓，胁令厦门洋商寄书入台，谓将请兵大举以逞报复。闽督怡良惧祸及，亟令泉州知府飞函转达，嘱将所获之敌人汉奸，悉数解之内地，欲以示德英人而弥患。达、姚等相与谋曰：'大府之意，殆欲借以退鼓浪屿之兵，适足为该夷所绐耳。今查看该夷，其势甚锐，而其志益骄，方视厦门如囊中物，又安肯依此百余不甚爱惜之累囚，而弃其必争之地哉？地不可反，而先示之以弱，不如杀之。'……因以五月，将百六十余名黑人尽处死刑。鼓浪屿之英人闻之，遍张告示，传布厦门，誓将大军破台，得镇道而甘心焉。"②

及其后《南京条约》成，两国当交还俘虏，怡良飞檄台中，释其余俘。达洪阿等以事关和局，即遣员护送至厦。又有夷船于"九月十六日在台湾北路金色里洋面遭风击碎，人皆溺海，地方官救起25人"。③ 后有英船至台湾，查问此事，要求将获救夷人带回。台湾当局派"委员张肇銮，随坐来台夷船，护送此次遭风夷人25名，于十月初八日放洋，初十日即先到厦门交收"。④ 另有原来被关押在台湾的9人，由台湾官员护送，系九月二十三日放洋，因风不顺，收入澎湖，又值风暴连旬，直至十一月十九日方息，十一月二十一日始到厦门。于是伪言四起，英人乃诡以台中两次获俘均系"在台遭风难夷，被总兵达洪阿妄称接战俘获，冒功捏奏，混行杀戮"⑤，强调此为非战斗人员，不应正法。并诉诸江浙闽粤四省大吏，胁令上闻，请将达洪阿抵罪。道光帝驳回此说："两军交战之时，明攻暗袭，势所必然，又何能知其为难民不加诛戮耶？……即使实有其事，亦当另有处置。"⑥耆英等诸大吏怵于敌威，虑兵端再起，各据英人递词劾奏，坚持派人查处。1843年1月11日，清派怡良渡台查办。怡良既渡台，即欲传旨逮问，而台群兵民望其驯从，相与喧噪不已，达洪阿亟谕解之。次日，又持香赴悫行营，复经镇道抚循遣散。而全台士民远近奔赴，合词审理。"怡良惧激变，受其词，慰而遣之。然胸有成竹，不欲误和抚之局，思从权完案。遂以二十三年正月宣传清廷意旨，迫达、姚等具供以两次洋船之破，一系遭风击碎，一系遭风搁沉，实无兵勇接仗之事。据以奏闻。又称'此事在未经就抚以前，各视其力所能为，该镇道志切同仇，理直气壮，即便过当，尚属激于义愤。唯一意铺张，致为借口指责，咎有应得。'达洪阿、姚莹不敢坚持前情，呈递亲供，求为奏明治罪。奉旨逮交刑部，会同军机大臣议拟奏闻。……清廷终鉴其枉，仅予革职不深咎。至咸丰元年特旨昭雪。"⑦

---

① 齐思和：《筹办夷务始末(道光朝)》第四册，第1770页。
② 萧一山：《清代通史》第二册，第979页。
③ 齐思和，等：《鸦片战争》第六册，第434页。
④ 齐思和，等：《鸦片战争》第六册，第656页。
⑤ 齐思和，等：《鸦片战争》第六册，第572页。
⑥ 齐思和，等：《鸦片战争》第六册，第644页。
⑦ 萧一山：《清代通史》第二册，第981页。

（五）镇海之战

镇海位于甬江入海口西岸，东濒甬江，北临大海。甬江口西岸之招宝山与东岸之金鸡山夹江对峙，形势险要。甬江口外，列有笠山、虎蹲、蛟门数岛以为屏障。伊里布任钦差大臣，驻节此地，裕谦接任钦差大臣，亦驻节此地。清政府对镇海、宁波的防务极其重视，裕谦曾指出："盖因镇海地方稍有疏虞，则逆胆愈张，兵心愈怯，沿海一带必将全行震动。"[①]裕谦在加强定海防务的同时，对镇海的防务也很重视，"镇海县以招宝、金鸡两山为门户，而金鸡山尤为扼要，奴才已委派狼山镇总兵谢超恩、江苏候补知府黄冕，统领弁兵，严令防御。招宝山上，本有游击张从龙等带兵驻扎。提臣余步云亲统精兵驻于招宝山下之东岳庙。又岳宫以西有拦口埠炮台，径对口门，与金鸡、招宝两山互为犄角，现有衢州总兵李廷扬带兵驻扎。并于两岸密排火攻船只，凡有可以爬越偷渡之处，皆分驻兵勇，排挖暗沟，密布蒺藜，防其水陆并进"[②]。裕谦加筑了炮台和工事，增设了炮位，并于甬江口填塞巨石，暗钉木桩。英军进犯前，镇海各炮台共设大小86门炮，连同定海溃兵，共有防兵5000余人，并"已飞调江宁八旗官兵800名，寿春镇标官兵1000名，兼程前来镇海"[③]。裕谦率兵千余坐镇县城指挥。镇海乃明代防倭寇重镇，有竹山为外障，招宝山为内屏，山上有威远炮城，为明代防倭始建，形势极为坚固。唯余步云与裕谦久有宿怨，为御敌之隐患。裕谦在战前集中宣誓，表示决不退却，决不议和，誓与镇海城共存亡。官兵在裕谦的激励下，士气高涨，斗志昂扬。

英军攻占定海后，居民逃亡，十室九空，英军供应困难，急谋进窥宁波，为其冬季驻军夺取营地，而欲占宁波，必先占宁波之门户镇海。裕谦获悉定海再陷的消息后，知敌人必将扑犯镇海，立即准备与英军决战。

10月8日，英军在镇海外黄牛礁附近集结，璞鼎查等潜至笠山、虎蹲一带窥察情况。9日，英军舰队进泊镇海口外，完成了临战准备。其进攻计划和部署是：以舰炮摧毁金鸡、招宝两山的炮台和工事，并阻止镇海县城清军增援，掩护陆军登岸，攻占上述两山；尔后水陆并进，夺取镇海。登陆部队由陆军、水兵和海员等2400余人组成，分为左、中、右三个纵队。左纵队为进攻主力，由英军第55团、第18团及炮兵、工兵等1061人组成，携带4门山炮、2门臼炮，由卧乌古指挥，担任攻占金鸡山的任务。中央纵队有英军第49团及炮兵、工兵等465人组成，携榴炮、野战炮各2门，由马利斯中校指挥，协助左纵队夺取金鸡山。右纵队由海员营、炮兵、工兵等767人组成，携2门臼炮，由荷伯特舰长指挥，负责攻占招宝山。

10月10日晨开始交战，裕谦登上镇海东门，亲自督战。英军左、中两纵队在3艘军舰的掩护下开始攻击；中央纵队440人在金鸡山东北的突出部登陆，占领竹山，随即向金鸡山前进。左纵队1060余人乘舢板驶入小浃江登陆，绕攻金鸡山侧后，两路夹攻。守军在腹背受敌，并不断遭到英军舰炮和野战炮猛烈轰击的情况下，顽强抵抗，多次同进攻之敌

---

① 齐思和：《筹办夷务始末（道光朝）》第三册，第1226页。
② 齐思和：《筹办夷务始末（道光朝）》第三册，第1224页。
③ 齐思和：《筹办夷务始末（道光朝）》第三册，第1226页。

展开肉搏战。终因伤亡甚众,总兵谢朝恩也受伤落海阵亡,金鸡山遂为英军所占。与此同时,英军威里士厘号等大型军舰4艘,以200余门舰炮的优势火力,对招宝山实施猛烈炮击,基本摧毁了招宝山一带清军各炮台及工事。登陆部队右纵队共770人由招宝山外侧登陆,向招宝山顶的威远炮台冲击。清军此时已无心恋战,稍事抵抗后便纷纷溃散。英军右纵队占据招宝山后,继续向镇海县城前进。

　　裕谦亲临第一线,在镇海东门督率官兵,点炮轰击敌人。浙江提督余步云贪生怕死,未曾抵抗。"节帅(裕谦)上城督战,而提军(余步云)忽来城上谒见,以保全数百万生灵为词,请遣外委陈志刚前赴夷船上,暂时羁縻",裕谦不许。① 英军进攻时,余步云"不令兵开炮,夷甫至山麓,攀援欲登,步云遽弃炮台走"。② 余步云率先弃台逃跑,裕谦指挥镇海城守兵发炮拦阻,但无效果,余步云乃率部绕山逃往宁波。上午11时许,英军右纵队在招宝山西北麓登陆,不久即占领了招宝山炮台,居高临下,俯击县城,掩护右纵队进攻县城。守军登城抗击,英军以排炮猛轰,掩护其步兵缘梯登城。中午前后,城中兵民自西门退出,城陷。见金鸡山、招宝山相继失守,镇海城危急,裕谦"知事不可为,令副将丰申护钦差关防,赍送浙江巡抚,自沉泮池死之"③,实现其与城共存亡的誓言,以身殉国。守军伤亡惨重,余部弃城逃走,镇海遂于当天下午落入敌手。此役,清军阵亡官兵千余人,裕谦是第一次鸦片战争中牺牲的职务最高的清政府大吏。英军死16人,受伤甚多。

　　镇海的形势和防御力量都比定海坚强,定海尚能鏖战六昼夜,而镇海一日之内即陷敌手。主要原因是守城的军政领导,两江总督裕谦和浙江提督余步云不能团结共事,尤其是余步云心怀两端,贪生畏敌,临阵逃脱,大懈军心。裕谦在镇海的设防方面也有缺点,魏源曾说,"裕谦有攘寇之志,而无制寇之才",终不免于失败。④ 如果说裕谦是"志大才疏"未能守住镇海,那余步云却是恶意中伤,推诿过失,"余步云走后两奏,尚以裕谦先走为词,及殉难事闻,朝廷赐谥赐祠袭,无可再诬。则又留言,此次夷兵至浙,皆为报复裕谦枭斩白夷温利之仇"。⑤《南京条约》签订后,"钦差大臣由浙至粤,议互市章程,褫逮领兵之奕山、奕经、文蔚、余步云交刑部治罪,唯余步云于冬伏法"。⑥ 余步云是鸦片战争中唯一被执行死刑的高级官员。

　　英军攻占镇海后,其海军司令巴加于10月12日乘轮船溯甬江而上,进行测量和侦察。他发现宁波甚为空虚,逃往宁波的余步云于同一天派人赴镇海,向英军乞降,未及回报,英军即于13日晨由摩底士底号等军舰4艘和轮船4只,载兵700余名,直犯宁波。当时,提督余步云和知府邓廷彩所率清军尚有2000余人,宁波城墙高大,但他们不作任何抵抗,即率部逃往上虞。英军不费一枪一弹,占领了浙东重镇、拥有60万人口的宁波,"城中又发现了可供两年之用的谷物和十二万元左右的现金和纹银,堆着大堆大堆的钱,其价值

① 齐思和,等:《鸦片战争》第四册,第660页。

② 齐思和,等:《鸦片战争》第六册,第57页。

③ 苟唐居士:《防海纪略》卷下,第6页。

④ 牟世安:《鸦片战争》,第275页。

⑤ 苟唐居士:《防海纪略》卷下,第7页。

⑥ 苟唐居士:《防海纪略》卷下,第20页。

当不可胜数"。① 占领浙东地区后,英军在定海、镇海、宁波建立殖民统治机构,分别由传教士郭士立在宁波、英军译员罗伯聃在镇海、英军军官丁尼士在定海掌管民政,发布告示,制定法规,进行殖民统治。

时宁波以西,江水浅狭,英舰不能西行。自 12 月底至次年初,英军派小股部队,用小船进击至慈溪、余姚、奉化,目的是掠夺军需和粮食。英军如入无人之境,未遇丝毫抵抗,其侵略气焰更加嚣张。英军一路抢劫,于是三城为空,而英军得到充足的粮食、军需补给,更在宁波站稳了脚跟,实现了以战养战的目标,对此后战争的发展产生了重要影响。

英军侵占定海、镇海等地并四处抢掠的罪恶行径,激起了浙东人民的强烈反抗。宁波、镇海等地人民自动组织各种群众武装,神出鬼没地打击侵略者。一向被清政府视为"剧贼"的宁波"黑水党",在清军败退后,坚持抵抗英军,屡出奇计。定海陷落时,葛云飞、王锡朋、郑国鸿三总兵牺牲后尸体未归,黑水党派人潜入定海,找回葛云飞、王锡朋尸体。"浙江同浦同知舒恭将此事告知奕经,奕经以为此事可以利用,命黑水党组织人员,分散潜伏宁波,伺机狙击英人。……军门给黑水党许愿,悬赏杀敌。于是黑水党在宁波城里四处潜伏,黑夜行动,偷袭洋人。"② 黑水党的暗杀效果显著,引起"英人大恐"。黑水党所斩获的侵略者,在宁波一地就有 42 名之多。其袭击英军之法多种多样,敌人防不胜防,无可奈何。因此,宁波虽是当时英军在浙东的根据地,但英军在宁波城内并不安全。

(六) 清军浙东反击

英军第二次北犯以来,相继攻陷厦门、定海、镇海、宁波等地,还死了一个封疆大吏,不但东南沿海形势紧张,江苏、山东、直隶、奉天等省也纷纷告急,要求增加兵力、枪炮和经费。道光帝乘势了结战事的幻想彻底破灭,只好重整旗鼓,被迫应战。此时,朝廷内外交章奏议,有的评论失败原因,有的陈述今后"剿夷战法"。京口副都统海龄把战败原因归于"未跟踪追剿,坐失机宜",并认为"今南省之兵,既已被其挫锐,未免气馁,若非调集吉林等省官兵,不足以资剿办"。调集北兵才能"一以当百,足敷堵剿"。③ 御史黎光曙则认为,"前定海、镇海之所以失利者,由于兵阵单薄,未能层层设伏故也"。他主张海防炮位应分三层布置,"第二层务使坚于第一层,第三层务使坚于第二层"。④ 浙江巡抚刘韵珂奏章中则是失败主义心声:"伏查自古制驭外夷之法,唯战守抚三端,今战守不利,抚又不可……实属束手无策。"⑤ 言外之意,一切防御皆无能为力,唯有妥协乞和一途了。

虽然前线处处失败,朝臣众说纷纭,浙江大吏束手无策,道光帝仍决定再实行一次"大张挞伐,聚而歼旃"的大反攻,以挽回败局,显示"天朝兵威"。早在 1841 年 10 月 18 日,道光帝据杭州将军齐明保、浙江巡抚刘韵珂、杭州副都统恒兴三人的会奏,悉定海、镇海失守,即任命礼部尚书、协办大学士皇侄奕经"授为扬威将军,驰驿前往浙江办理军务",筹

---

① 齐思和,等:《鸦片战争》第五册,第 275 页。
② 郑鹏年:《国门烽烟——第一次鸦片战争》,第 144 页。
③ 齐思和:《筹办夷务始末(道光朝)》第三册,第 1244 页。
④ 齐思和:《筹办夷务始末(道光朝)》第三册,第 1241 页。
⑤ 齐思和:《筹办夷务始末(道光朝)》第三册,第 1301 页。

划反攻①,并下令从江苏、安徽、江西、河南、湖北、四川、山西、甘肃、陕西等省调兵遣将,驰赴浙东。19 日,任命广东巡抚怡良为钦差大臣,驰赴福建;22 日,晋升河南巡抚牛鉴为两江总督。

奕经 10 月 30 日才启程离京,一路游山玩水,拖延到 12 月 2 日抵达苏州,"在苏数十日,淫娼酗酒,索财贪贿,辱骂县令。奕延顿半月余,始渡江抵浙"。② 直到 1842 年 1 月 21 日,才到达嘉兴,与文蔚等筹划反攻事宜。当时,浙江各处防御兵丁已有 4 万余人,另有义勇乡勇 9 万余人。奕经、文蔚等表示,一俟各省援兵到齐,即克期进剿,"以正兵明攻在前,以奇兵暗袭其后"。奕经和奕山一样,不信任当地群众。其幕僚臧纡青曾建议:"宜别调川陕豫三省兵六千为新军。遣员募鲁、汴、江、淮勇士万人,加以沿海渔疍,与近场盐枭,并及江湖士盗二万,分其名曰南北勇……使分伏定、镇、宁波三城,见夷即杀,遇船即烧。重悬格赏,随报随给,人自为战,战不择地。……又以三城多通汉奸,请令浙之官京师者,各保举其乡绅士耆民,按人密授方略,使各率勇士分伏,预为内应。"③ 对这样一个颇有见地的"散攻之法",奕经虽奏报道光帝批准执行,但只采纳了臧纡青关于里应外合的主张,而对于散战疲敌、先疲后打的方案,则摒弃不用。他和奕山一样,把当地人民都当作汉奸,拒绝武装当地民众抗击英军。

奕经奏报的作战方案是策反、利用投效人员。"暗中用之,必能得力。如陆续分伏定镇各城内外,三五成群,暗地联络,一时掩其不备,令该夷变生肘腋,虽彼船坚炮利,仓促之间,必俱无所施,维时再暗约大兵在外,策应攻剿,该夷首尾守敌,谅难支拒。奴才等密为商酌,尤宜先捣其巢穴,首从定海动手,先其所难,庶几一鼓成擒,宁镇两处,必将不战自溃。"④

1842 年 2 月 7 日,道光帝谕令奕经等待各省兵员到齐后,斟酌至善,以期战守悉得其宜,计出万全,乘势直捣宁波等处。2 月 9 日,道光帝再次谕令奕经,令其俟各省兵勇到后,妥密部署,相机进剿。道光帝对这次反攻充满信心,上谕:"此次命将出师,必须将该逆大加惩创,方足以寒贼胆而杜后患。"⑤ 并命令奕经:"速建大勋,扬我国威。著名逆酋如能生致,更可称快,立待捷音之至。"⑥ 奕经做了一梦,梦见洋人纷纷上船,窜出大洋,第二天他宣布吉兆,文蔚随声附和,自称夜间也做了同样的梦,二人大喜,决意用兵。2 月 10 日,奕经等移驻浙江省城杭州。2 月 25 日,奕经上奏清廷,称各路壮勇已由其调拨分伏各城内外,以待大举反攻之际接应官兵。3 月 4 日,道光帝据奕经奏报,判断为"逆夷出没分窜,显系畏怯",指使奕经"于进攻一切机宜,务当十分严密,不可稍有漏泄"。⑦ 他希望奕经审时度势,既不冒昧轻进,又不坐失时机,计出万全,速建大勋。

正月二十五日(3 月 6 日),奕经再向清廷上了一道长篇奏折:"征调兵丁,招募勇壮,

---

① 齐思和:《筹办夷务始末(道光朝)》第三册,第 1272 页。
② 齐思和,等:《鸦片战争》第三册,第 155 页。
③ 齐思和,等:《鸦片战争》第六册,第 61 页。
④ 齐思和,等:《鸦片战争》第四册,第 271 页。
⑤ 中国第一历史档案馆:《鸦片战争档案史料》第五册,第 24 页。
⑥ 中国第一历史档案馆:《鸦片战争档案史料》第五册,第 34 页。
⑦ 齐思和:《筹办夷务始末(道光朝)》第三册,第 1644 页。

均已到齐,炮火军械尽数应用,提标各兵已饬换防,克期进剿。"并详述其反攻浙江三城之计划:"现查节次奉旨调到江宁八旗、河南、湖北、陕甘、四川官兵,并山陕抬炮兵丁,共计一万一千余名,及奴才雇募各路义勇水勇,并本省绅士招集精壮乡勇,亦有二万余名,均已先后到齐。……现在各路人人思奋,敌忾同仇,尽可一鼓战胜。"①奕经等认为兵力已厚,大举反攻英军的时机已成熟,计划一举收复宁波、镇海、定海。其具体部署是:水路(即东路)以乍浦为基地,出岱山攻定海,由海州知府王用宾负责,以殉难定海之处州总兵郑国鸿之子郑鼎臣为先锋,率陕甘兵 1000 名,义勇、水勇 2000 名,陆续渡海,潜赴舟山各岛及定海城内外,预为埋伏,候期举动。陆路(即南路)分为两支,分别进攻宁波、镇海:"凡攻宁波西门者三队,金川土副将阿木穰帅屯兵 400 人为头敌,游击梁有才等帅四川提标 500 人为前锋策应,提督段永福帅贵州提标 800 人,为总翼长。攻南门者三队,游击黄泰等帅甘肃提标 500 人为头敌,总兵李廷扬帅江西水师 600 人为前锋策应,提督余步云帅湖北抚标 800 人为总翼长。攻镇海城者三队,游击刘天保等帅河南乡勇 500 人为头敌,参将凌长星帅陕西提标 500 人,为前锋策应,副将朱贵帅固原提标 500 人为翼长。攻招宝山威远城者二队,金川土守备哈克里帅屯兵 300 人为头敌,都司聂廷楷帅山东、河南北勇 600 人为前锋策应。宁镇二城之间,濒江有村曰梅墟,参将李俸举、都司谢天贵帅山东北勇 700 人屯其地,以截英夷中路,张应运等帅督标兵及山东北勇 1200 人,屯骆驼桥为后应,文参赞帅总兵恒裕、副将德亮带陕甘兵 2000 人屯长溪岭为总应,将军自帅提督陈楷平、总兵尤渤等带四川、河南兵 2000 人,屯东关天花寺。"②

奕经等的计划相当周密,他对自己的部署也颇为自信,道光帝对于此役也寄望甚殷,朱批:"所办甚合机宜,必要布置周妥,万勿性急,一鼓作气,扬我国威。朕惟卿等是望,亦惟卿等是赖也。"③当道光帝一再告诫奕经严守攻守机宜之机密时,英军收买汉奸陆心兰,混入张庆云幕中,参与军事机密,将清军反攻计划出卖给英军。英军得此情报后,分头搜索,追究清军屯兵处所。

3 月 5 日,清军誓师出发。3 月 7 日,英舰复仇神号驶往岱山。3 月 8 日晨,英军登岸,与在此潜伏的义勇、水勇等交战,清兵伤亡 50 余人,被英军击溃。岱山为清军东路反攻定海预定的出发地,现为英军占据,则东路反攻失去依托,未发而散。进攻舟山的水兵,"他们之中许多人生来就没有乘过海船。他们刚一离开港口,大部分人就晕船,而带兵官因害怕遇到英军,后来二十多天里就在沿海来回行驶,定期呈交假战报"。④ 奕经等鉴于"兵勇距敌较近,唯恐稍迟,致有漏泄",便决定于 3 月 10 日夜发起对宁波、镇海的反攻。⑤

进攻宁波的清军兵勇有 3600 人,为三路反攻中最主要一路,战斗也最激烈。大隐山在余姚东南,距宁波三十余里,进攻宁波的一路从大隐山出发,向宁波的西门和南门两路进攻。进攻西门的部队由总兵段永福负责指挥。10 日夜,阿木穰率屯兵进攻西门,"城门洞开,佯若无备,总翼长段永福误谓夷人已窜,遂令我兵按队而入,甫及月城,机动炮发,我

---

① 中国第一历史档案馆:《鸦片战争档案史料》第五册,第 56、57 页。
② 齐思和,等:《鸦片战争》第三册,第 188 页。
③ 齐思和,等:《鸦片战争》第四册,第 272 页。
④ 费正清:《剑桥中国晚清史》上册,第 221 页。
⑤ 齐思和:《筹办夷务始末(道光朝)》第四册,第 1663 页。

兵仓皇四走,适街巷湫隘,不能退避,遂多伤亡。自阿木穰以下,共死一百人。"10日夜,"游击黄泰等带兵500人,进逼南门,夷人守门者不及二十人,见我兵众踉跄遁去……始带众闯入,遇夷兵于紫薇街,相持两时许。……时我兵鏖战益急,奈无后援,伤亡渐多,泰遂率众退出南门,适遇船上夷兵登岸,要截后路,泰与守备等均阵亡"。① 这时,段永福率领的大队赶到西门,由于英军已有戒备,城门紧闭,只得爬城而入,沿街进攻。"夹街尽系高楼,夷人即从楼上抛掷火球火箭,蔽空而下,较前尤多,竟至无处躲避。……后兵涌入城,人数愈多,更形拥挤,枪炮长械均不敢施展。"② 战斗中,进攻南门的总翼长余步云和前锋策应李廷扬根本没有赶到宁波城下,以致黄泰兵单,毫无接应。不久,天色已明,清军不得不陆续退出战斗,反攻宁波遂告失败。宁波一战,前后不到两个时辰,清军即告败北,清军伤亡五六百人,而英军仅伤数人,亡一人。

　　进攻镇海的清军分两路,一路直接攻镇海城,一路攻招宝山威远城,总计2400名兵勇。从大宝山出发进攻镇海的一路,分三队,总计1500人,由副将朱贵负责指挥。10日夜,都司刘天保率前锋500人进抵镇海西门外,见城楼起火,知是内应,即冲门而入。"群夷按队而出,枪炮齐发,我兵唯长矛及双手带刀接战,无一人带鸟枪者,势遂不支,退至十里亭,遇前锋策应凌长星,合兵复进。时天色未明,黑暗中,以鸟枪乱击夷人,亦间有伤亡,然终不敌英军炮火之猛烈。……夷人复以火箭来射,而我兵益不支矣。时总翼长朱贵因取道慈溪,昏夜不辨路径,误走入风浦岙,翌日中午,始至骆驼桥,而前军业已败归。"③

　　清军三次冲锋,均未能攻入城内。时天色已明,而朱贵所率陕甘兵900名为攻城主力,尚未赶到,刘天保恐英军断其归路,即撤出战斗,于是反攻镇海的战斗也告失败。"金川土守备哈克里攻夺招宝山炮台,屯兵登山最矫捷,猱升而上,抢入威远城,群夷将遁。适一夷船自金鸡山剪江而至,用炮仰攻,哈克里遂不支,退下山麓,适前锋策应聂廷楷,相与布阵……与夷兵相持久之。时刘天保、凌长星已自镇海城下败去,廷楷恐腹背受敌,遂亦弃营退归骆驼桥。"④ 王用宾与张应运约定,水路进攻定海的计划也要在3月10日夜同时举兵,因此事前就把部队运往岱山。英军早侦知清军动静,于3月7日派复仇神号驶去岱山;3月8日晨,运兵登陆,击败清军。

　　奕经自以为万无一失,道光帝日日期盼捷音之至的浙东三路反击,甫一接战,即俱化为泡影。事后奕经、文蔚为推卸战败责任,在奏折中除强调英军"船坚炮利"、诡谲异常外,还在奏报中谎称,浙江"到处汉奸充斥,商民十有七八,孰奸孰良,竟莫能辨。百姓男妇……竟不知是何肺腑?"⑤ 张大敌势,诬蔑百姓,掩饰自己溃逃的罪责。

　　清军浙东反击失败后,"奕经还驻在杭州,命令尽撤战火诸船。独郑鼎臣以父仇未报,不肯听令,仍联火舟,时驻岱山,时驻大嵩山,来往逡巡,伺机进攻。到4月14日,郑鼎臣督水勇乘火船,黄昏由梅山港出发,下午11时左右冲入定海道头港,围攻停泊该处之大洋船3只,火光烛天。郑鼎臣则亲督火筏,从小五奎山和五奎山二岛之间的水道逼近,进攻

----

① 齐思和,等:《鸦片战争》第三册,第191、192页。
② 齐思和:《筹办夷务始末(道光朝)》第四册,第1663页。
③ 齐思和,等:《鸦片战争》第三册,第193页。
④ 齐思和,等:《鸦片战争》第三册,第194页。
⑤ 齐思和:《筹办夷务始末(道光朝)》第四册,第1668页。

正在进行修理的复仇神号。当时英军战船的小船仓猝中没有防备,赶来拖离火筏,但每个火筏都由几只砂船组成,牢牢地联系在一起,所以侵略者舢板船损失不小,人员焚溺者亦不在少数"。事后奕经谎报战功,"以海港焚攻夷船奏,赏复双眼翎,文蔚亦复一品顶戴"。① 初时"唯郑鼎臣一路不奉命,容照、联芳等憾之,力请诛以军法,奕经唯唯不决"。郑获胜后,"前此主杀郑鼎臣者,今又大思邀功,而主和议之人,则又哗然以为虚报不实。巡抚刘韵珂据以劾奏,既而郑鼎臣送所获贼首贼衣及毁破船板,共载四大艘呈眼,刘韵珂语塞"。②

奕山指挥的广州反击战役和奕经指挥的浙东反击战役,是清政府在第一次鸦片战争中主动进攻英军的最大的两次战役,且有全国各地的支援,但这两次战役均为完败。其中浙东之战征兵 11500 人,募乡勇 22000 人,耗饷银 164 万余两,筹划一载,结果仍是完败。清军反攻失败后,主力集结在慈溪大宝山和长溪岭一带:段永福退出宁波后,率兵直奔绍兴东关;刘天保、朱贵所部先撤至骆驼桥,继又撤向慈溪;谢天贵、张应云等亦率部撤往慈溪。

英军获悉清军集结慈溪,决定乘胜向慈溪发动进攻。3 月 15 日晨,卧乌古和巴加率领复仇神号等 3 艘轮船和数十只舢板,载兵 1200 余人,携带 4 门小炮,溯姚江而上,侵犯慈溪。中午,行抵慈溪以南的大西坝,留下一艘轮船和少量兵力,以防清军断其后路;另两艘轮船载部分兵力继续上驶至余姚东面的丈亭一带,威胁清军后路。大队英军则由大西坝登岸,直扑慈溪南门。城内守军不战而逃,英军遂穿城而过,出北门,分路进攻大宝山清军营地。刘天保率兵 500 余人,防守大宝山左侧,由于进攻镇海时火器大部丢失,稍事抵抗即行溃散。朱贵率兵 400 余名防守大宝山右侧,与敌英勇激战多时,伤亡过半,请求驻长溪岭的文蔚派兵支援。文蔚畏敌犹豫,未及时派兵前往,待到傍晚才派出 300 人,而此时英军已进至大宝山之西,切断了守军后路。最后朱贵父子阵亡,部队溃散,大宝山营地于当晚 8 时落入敌手。文蔚拥兵数千,在长溪岭"阻险而阵",竟不敢与敌交锋,于 15 日夜即丢弃营地和大批军械给养,仓皇率部退往曹娥江以西的绍兴。3 月 16 日中午,英军开始向长溪岭大营进发,下午 3 时许抵达长溪岭。英军将山上工事和火药库全行毁坏后,撤回慈溪;17 日全部撤回宁波。奕经驻军绍兴东关大营,闻长溪岭大营陷落,人心惶惶。16 日半夜,文蔚逃回之后,奕经听了他的报告,当即下令退兵,留文蔚守绍兴。奕经以应援靠近省城的尖山为名,带领江南兵千人,于 3 月 20 日渡过钱塘江,仓皇逃回杭州,从此不敢再战。

奕经、文蔚逃回杭州,捏奏:"汉奸勾结乡勇倒戈相向","文蔚大营被汉奸焚毁,烟焰蔽天",其实一天以后英军才到空大营,掳获辎重器械无数。又捏奏攻镇海军全军覆没,突围仅 7 人,其实仅 7 人受伤。又捏奏慈溪英兵登陆 17000 人,其实仅 2000 人。诸如此类,无非虚张敌人声势,表明自己战败无罪,最后奏请"暂示羁縻"。道光帝据奏,认为"俱系实在情形",决计投降。③

---

① 牟世安:《鸦片战争》,第 289 页。
② 魏源:《魏源集》,第 196、197 页。
③ 范文澜:《中国近代史》上册,第 50 页。

浙东反击战失败后,主抚派又活跃起来。浙江巡抚刘韵珂曾是主剿官员,此时觉得军事战争胜利无望,便大力宣扬主抚派的观点。1842 年 3 月 21 日,他在所谓《十虑》的奏折中大谈清军十大困难:一、锐气全消,其势必难再振;二、即使续行添调,亦恐无济于用;三、英军火器精良,猛烈异常,无可抵御;四、英军兼长陆战,且有汉奸为导;五、海军远游各方;六、人民不畏敌军,反畏官兵;七、游 民掠抢,盼夷内犯;八、浙省年歉,粮饷可虞;九、各地匪徒蜂起;十、縻饷劳师。①

他还特别提醒道光帝注意国内人民可能乘机揭竿而起,"安保此外不另有不逞之徒乘机而起",清政府需要腾出手来镇压人民。接着他再次上奏,要求启用已革两江总督伊里布。不久,道光帝上谕:"伊里布著改发浙江军营效力。"②道光帝鉴于广东和浙东两次反攻均遭失败,又害怕人民起而推翻其封建统治,于是在对英态度上,由过去的争取局部胜利以体面讲和的方针改变为明确求和的妥协投降方针。他启用投降派,任命盛京将军耆英为钦差大臣、署理杭州将军,会同已被革职的伊里布赶赴浙江前线,办理乞和事宜,并准备释放俘虏。在收到奕经关于定海烧英船获胜、英军被其逼迫而放弃宁波的奏章后,道光帝希望在清军取得一定的胜利的基础上,接受英方部分条件,达成一个较为体面的和约。而此时璞鼎查正野心勃勃地准备进军长江下游的镇江和南京,对清廷的乞和根本不予理睬。

但长期在华战争对英国不利,由于远离本土作战,英军的战略补给十分困难,而且对于英国来讲,要想占领中国并将其完全殖民地化则是不可能的。当英国国内政局变动,保守党代替辉格党组成内阁之后,英国在外交上开始了一个收缩的时代,在对外的侵略扩张当中以通商贸易政策取代领土占领政策。在这种背景下,英军放弃了准备长期占领舟山或其他岛屿的计划。11 月 4 日,英国新任外相阿伯丁在给璞鼎查的信中说:"虽然女王陛下的军队可能已奏肤功,可是并不见得战争会宣告结束……女王陛下政府已决定作必要准备,以便继续从事于强有力的和决定性的战役。"他要璞鼎查向清政府勒索一大笔赔款,但是不能使谈判破裂,或使战争无限延长。信中还指出,英国政府拟改变原训令中关于长期占领舟山或其他沿海岛屿的打算,之所以如此,主要是考虑到"把这些占有地永久保留在英国国主领域之内,却会使庞大而固定的开支随之而来",而且会使英国人"在政治上同中国人发生更多全无必要的接触"。③

英政府训令在华英军通过打一场"决定性的战役",达到以下战略目的:获得一大笔战争赔款,注重在中国东部地区开放四至五个商业口岸,尽早结束战争。为贯彻这一方针,在华英军确定,在占领钱塘江口的乍浦和长江口的上海之后,计划沿长江内犯,于春夏之交、南粮北调的时机,占领镇江。他们深知那里是中国的江南重镇,控制着长江、运河两大水道,如果攻占镇江,等于卡住清政府的咽喉,使江南的大米和税银不能北运,从而迫使清政府接受其全部侵略条件。

早在 1841 年 9 月英军从厦门北犯舟山时,英国政府即决定再次增加兵力,进一步扩

①　齐思和:《筹办夷务始末(道光朝)》第四册,第 1678 页。
②　齐思和:《筹办夷务始末(道光朝)》第四册,第 1684 页。
③　马士:《中华帝国对外关系史》第 1 卷,第 755 页。

大侵华战争,以迫使清政府尽快签订一项满足其侵略要求的条约。清军在浙江的节节失败,更加助长了英国的侵略气焰。但是,其侵略野心又受到其他因素的制约。基于上述各点,英国政府决定从英国、印度增派陆海军来华,以期通过"决定性的战役",尽早结束战争。由于这些军队是陆续抽调增运来的,需要时间,所以从 1841 年 11 月起,侵华英军有半年多时间停留在浙东地区,没有大的军事行动。

在此期间,英国侵略者为寻求尽快实现其侵略目的之途径,对中国的政治、经济、地理等情况,做了进一步的调查分析,认为:(一)北京虽为京师要地,但比较贫瘠,清政府的物资银财主要仰给于南方各省,并经由运河输送。如进攻北京,清政府必迁都于更远的内地,届时难以找到谈判的对象,势必迁延时日,达不到迅速结束战争的目的。(二)清政府正全力加强北京一带防务,对长江的防御则未予重视。(三)只要沿着长江攻入江苏、安徽,占领镇江、南京等地,控制大运河,并占领乍浦和上海,扼住主要的航道,清政府就无法拒绝英国的各种要求。这样,"不但所有作战的实际目标可以迅速达到,而且可以产生同等深刻的精神效果"。英国政府根据以上的分析,确定英军在增加兵力后,沿长江西进,封锁运河口,夺取镇江、南京。进攻发起时间选在春夏之交,因为那时正是粮食等物资北运的季节。1841 年 9 月底,英国政府训令其驻印度的殖民当局,在 1842 年 4 月间集中一切可能调动的海陆军于新加坡,以便随时行动。这批奉调来华的海陆军,计有军舰 7 艘、陆军约 7 个团,从而使侵华英军共拥有"军舰 25 艘,载炮 668 门,轮船 14 艘,载炮 56 门,医院船、测量船及其他船舰共 9 艘,运输舰未计在内。地面部队,除了炮兵以外,有步兵万余人"。[①] 为集中兵力从长江口入侵,进攻镇江、江宁,占据宁波达半年之久的英军向当地绅民勒索了 120 万元之后,于 1842 年 5 月 7 日撤出宁波。奕经奏报:"大兵进攻宁郡,逆夷逼惧窜退,现在派员收复。"英军将镇海守军减至 200 人,主要控制招宝山,奕经又奏报,乘机暗袭镇海,大获胜利。事实上,英军"比起他们在 1840 年 6 月北上骚扰沿海时期,军事力量显然已经增加不少,军舰添了 9 艘,炮添了 184 门,武装轮船添了 10 艘,运输舰添的最多,约 33 艘,陆军也增加了六千多人"。[②]

1841 年冬,道光帝风闻英军可能进犯上海,曾谕令新任两江总督牛鉴加以防备。但牛鉴却认为:"下游之堵御既严,瓜州之防护又密",英舰"断不敢飞越数百里重兵驻守之地,冒险入江,阻我漕运"。[③] 牛鉴这种轻敌的估计,严重影响了长江下游的设防。

1842 年 3 月 18 日,道光帝下令林则徐到新疆伊犁效力赎罪。当时林则徐在参加督办河工工程,东河工竣,祥符大工合龙,但道光帝仍要他充军伊犁。当时总办河务的军机大臣王鼎曾涕泣相送。王鼎回京之时,正值奕经三路反攻大败之际,王鼎是主张抵抗英国侵略的,于是"力荐林公之贤,上不听。是时蒲城(指王鼎)与穆相同为军机大臣,每相见,辄厉声诟骂,穆相笑而避之。或两人同时召见,复于上前盛气诘责之,斥为秦桧、严嵩,穆相默然不与辩。上笑视蒲城:'卿醉矣',命太监扶之出。明天,复廷诤甚苦,上怒拂衣而起,蒲城牵裾,终不获伸其说。归而欲仿史鱼尸谏之义,其夕自缢薨。案王鼎之死,在 1842 年

①　马士:《中华帝国对外关系史》第 1 卷,第 331 页。
②　牟世安:《鸦片战争》,第 303 页。
③　齐思和:《筹办夷务始末(道光朝)》第三册,第 1575 页。

6 月 9 日"。①

（七）乍浦之战

1842 年 5 月,印度方面的援军尚未到达,全权代表璞鼎查还在香港,英海军司令巴加、陆军司令郭富决定不失时机地发起"扬子江战役",首先进攻杭州湾以北,与舟山隔海相望的军事重镇乍浦。

乍浦位于钱塘江口,是江浙两省的海防重镇。该城南临大海,东南有绵延的小山作为天然屏障。清军原有一名副都统率骑兵 1800 余人驻此。浙东战事吃紧时,增建了炮台,添设了炮位,并增加了兵力,至英军大举来犯之前,乍浦"守军总数约为 8000 人,其中1700 人是驻防旗的满洲兵"。② 乍浦防务由副都统长禧、总兵德坤和杭嘉湖道宋国经统领。

乍浦城外有沙滩数里,大船不能靠岸,火炮从海上能够轰到城里,乍浦东南的西山嘴突出海外,原有炮台一座,鸦片战争中又添筑一座。南门外天后宫,地位重要,清军在那里加宽了海塘,在上面堆砌多个土墩,中间安设大炮,后面驻有兵勇。

1842 年 5 月 13 日,英军舰队由巴克尔、郭富率领,离开甬江口外黄牛礁海域,开始向长江口进犯,并决定于北上途中顺便摧毁乍浦港。

5 月 17 日,英舰驶抵乍浦海域,随即派出轮船侦察乍浦设防情况。5 月 18 日,即派军舰 7 艘,载陆军 2200 余人,对乍浦发起进攻。英军以 3 艘大型军舰对西山嘴等炮台实施炮击,登陆兵在 4 艘小型军舰的掩护下分三个纵队登陆:右纵队 900 余人由陆军中校马利斯指挥,首先在陈山西面的唐家湾上岸,攻击城外各炮台,遭清军抗击;左纵队 800 余人由陆军少将叔得指挥,由西山嘴登陆,向清军阵地进攻;中央纵队 300 余人由蒙哥马利中校指挥,由灯光山一带登陆,沿着山麓迅速推进,企图切断守军与乍浦城之间的联系,并协同左纵队夺取乍浦城。唐家湾等处清军打退英军多次冲锋,抗击约 2 小时,发现乍浦城方向起火,以为城已失手,即向平湖方向撤退,阵地失守。接着英军向城外天尊庙进攻。此处的战斗最为激烈,镶红旗佐领隆福(满族)率 300 名旗兵,守卫天尊庙,"以最毅然决然的勇气自卫了相当之久,炮兵加以驱逐,然而无效。第十八团的汤林森上校,还有几位别的军官士兵在此阵亡。最后,用火箭射击这个地方,用火药袋将它毁坏"。③ 另有中方记述:"隆福御贼于天尊庙,火起突围出,夷众穷追,佐领挈佩刀奋刺夷兵数名,乃自焚。而驻防全营,皆灰烬矣。"④

英军占领天尊庙后,各纵队会合,直抵乍浦城下,由东门缘梯而入,占领了乍浦城。负责防守乍浦城的杭嘉湖道宋国经及所部 1200 名兵勇,弃守向平湖遁逃。城破后,八旗驻防军的家属也视死如归,慷慨殉节。英军在乍浦休整 10 天,将乍浦城焚掠一空,并进行了野蛮的报复,侵略者"亲自就埋葬了 1200 到 1500 人"。⑤ 天尊庙达真和尚及其徒弟王林

---

① 牟世安:《鸦片战争》,第 299 页。
② 牟世安:《鸦片战争》,第 304 页。
③ 齐思和,等:《鸦片战争》第五册,第 293 页。
④ 齐思和,等:《鸦片战争》第四册,第 673 页。
⑤ 齐思和,等:《鸦片战争》第五册,第 294 页。

惨遭英军肢解。英军于 5 月 28 日全部登船北驶。

乍浦一役，守军兵勇抗击，伤亡惨重，副都统长喜以下 17 名军官殉国，兵勇阵亡者 629 人。英军在乍浦之战中付出的代价远远超出了厦门、定海、镇海的战斗，共战死 9 人，其中军官 1 人；伤 55 人，其中军官 6 人。天尊庙一役英军死 7 人，伤 44 人。

乍浦之陷使清政府更为惊慌失措，其妥协投降政策更为坚定。6 月 5 日，道光帝下旨，将办理羁縻事宜专交耆英办理。6 月 9 日，又谕授伊里布四品顶戴，署理乍浦副都统，同时令耆英、奕经、伊里布等人"相机妥办"对英交涉事务。锁拿提督余步云来京治罪，因余于定海、镇海、宁波接踵失事，贪生畏敌，并未究办，遂使将弁怀侥幸之心。

伊里布致书英军司令郭富："……贵国所愿者通商，中国所愿者收税，至于劳师糜饷，均所不愿也。何不按兵不动，徐商通关之事，岂不两国俱安。"郭富回复照会："本国大臣，最愿除战祸，而遵照所奉上谕，令两国彼此享泰平之福。倘若贵国按照叠次致之文书内条款，一切允准，则和平即结无难。"[1]在清政府没有接受英方的投降条款前，英军按计划继续进兵长江中下游。

（八）吴淞保卫战

吴淞位于宝山县（今上海宝山区）境黄浦江与长江汇合处，是长江的第一道门户，也是长江防御的第一道屏障。自鸦片战争开始以来，吴淞一直是江苏的海防重点，江苏的最高军政长官亲自坐镇于此，直接指挥。自吴淞镇至宝山县六七里长的江岸上，"沿海两岸，均筑有土塘，高约两丈，顶宽一丈七八尺……缺口处安设大小炮位，既能御敌，亦可藏身，自外视之，俨如长城一道"。[2] 土塘上共安炮 154 门，统称西炮台。隔江相望，在吴淞口东岸筑有一略呈圆形的炮台，安炮 27 门，称为东炮台。其南为蕴藻浜岸边的新月堰炮台，安炮 10 余门。三者互为犄角，拱卫长江口。吴淞镇的黄埔江对岸有一座圆形的砖砌炮台，架炮 10 门。整个吴淞口由江南提督陈化成率兵 2400 名驻守，其中 500 名由总兵周世荣率领驻守东炮台，其余则防守吴淞镇至宝山一线。西炮台之北为宝山县城，由牛鉴率 2800 余名兵勇驻守，宝山县城外西北面的小沙背由徐州镇总兵王志远率 700 余名兵勇驻守，宝山知县则带乡勇 2000 名在东炮台后面接应。另在吴淞与上海间的东沟两岸添设了数十门大炮，驻兵四五百名，防止英军进窥上海。

投降派加紧活动的时候，英军并未因耆英等人的卑颜乞和而停止军事行动。为迫使清政府彻底屈服，使其不再有讨价还价的余地，英军很快向长江下游进发。6 月 8 日，英舰队抵达长江口外的鸡骨礁一带集结，并派出轮船探测航道，侦察吴淞口设防情况。

清廷虽一再谕令加强长江防务，但朝廷上下一意求和，江防并未认真落实。牛鉴轻敌思想严重，奏称："查由海入江之路，止有南汇高家嘴一处，经历川沙、宝山、太仓……等处洋面，方始进入江阴，达于京口，计程数百里之遥，该逆夷断不敢冒险入江，断我漕运。"[3]

---

① 齐思和，等：《鸦片战争》第五册，第 445、446 页。
② 齐思和：《筹办夷务始末（道光朝）》第三册，第 1476 页。
③ 齐思和：《筹办夷务始末（道光朝）》第四册，第 1824 页。

道光帝上谕："现在逆夷猖獗,江苏海口必应加以严防。"①四月二十四日,牛鉴收到此上谕,二十五日(6月3日)即奏报:"唯夷目性多畏慎,又不志存疆土,故江省海防,止须扼定吴淞一口,由吴淞而入扬子江,逆夷虽有内犯之言,然相距数百里水程,亦不过虚词恫吓。臣反复体察,逆夷不犯内河,竟属确有把握。"②前敌主将如此麻木,对英军的战略意图毫无所知,致使后来长江下游的防御作战一败涂地。

乍浦为英人攻陷,嘉兴与杭州成为江浙咽喉,若有疏失,关系非浅,清廷即调集大军守御。英军知清军严守嘉兴、杭州,其背必定空虚,乃决定直接进攻吴淞。6月13日、14日,侵华英军陆海军司令率舰船6艘、运输船12艘至吴淞口外进行临战侦察。6月16日晨,英军开始向吴淞发起进攻。针对清军设防情况,英军确定以皋华丽号等三艘重型军舰从正面进攻西炮台,以摩底士底号等二艘军舰进攻新月堰炮台,以西索斯梯斯号等二舰军舰进攻东炮台,威胁清军的侧后,并掩护登陆部队于吴淞镇附近登陆。

清两江总督牛鉴,见英军连樯内进,枪炮相接,樯帆高出海塘丈余,轮烟蔽天,惊疑无所措。江南提督陈化成督诸军拒敌,当两艘重型英舰进入西炮台附近作战水域时,陈化成下令开炮。守军以猛烈的炮火阻击英舰,激烈的炮战进行了两个半小时,英旗舰皋华丽号及其他各舰被击中多次,死伤20余人。陈化成虽年近七旬,坚持住在炮台的帐篷里,枕戈待旦,如是者近两年,威望较高。在这次炮战中,他奋不顾身地亲自操炮轰击敌舰,与士卒一起战斗。牛鉴三次派人持令箭要陈化成退避宝山,都遭拒绝。牛鉴不得已从宝山率兵增援吴淞,但一颗敌弹落于身旁,随兵被击毙十余人,牛鉴即返身后退,令士兵穿戴他的冠服,坐他的轿子,自己则混在溃兵中逃回宝山县城,继而率兵西逃嘉定。镇守宝山城外小沙背的王志元随即也弃阵而逃,提督陈化成见军无后援,抚膺顿足,潸然而叹曰:"英夷频年猖獗,今日得少挫其威,内江全局,关系非浅,不料垂成之功,败于一旦,制使(指牛鉴)杀我矣。"③

当西炮台正面激烈炮战时,4艘轻型英舰驶入黄浦江,逼近吴淞镇南面的蕴草浜,以猛烈炮火压制安有10门大炮的吴淞镇炮台的火力,掩护登陆兵占领了该炮台。不久,吴淞镇清军实施反击,迫使英军退回堤岸。正当吴淞镇激战之际,西炮台正面被英军突破,大队英军随即登陆。接着,从吴淞镇登陆之英军也从侧后方袭击西炮台。陈化成在敌人前后夹击下,仍率兵百余名坚守炮台,击退英军多次冲锋,与英军展开殊死战斗,最后大部阵亡,表现了英勇顽强的牺牲精神和崇高的民族气节。英军占领西炮台后,吴淞东岸的东炮台也被英军两艘轮船上的海员和陆战队占领。宝山知县周恭寿领兵两千守城,见吴淞战斗失利,"力既孤,惧贼围,亦与塘兵及东炮台兵一时并溃"④,英军随即占了宝山县城。此战清军阵亡将弁8人,牺牲士兵81人;英军死亡军官4人,士兵20余人。

吴淞口失陷后,该地区的大小火炮一部被毁,大部为英军所获。这些火炮中,不少装有炮车和简单的瞄准具。英军对其中某些火炮质量的改进甚感惊讶,而对吴淞口的防御

---

① 齐思和:《筹办夷务始末(道光朝)》第四册,第1829页。
② 齐思和:《筹办夷务始末(道光朝)》第四册,第1877页。
③ 芍唐居士:《防海纪略》卷下,第16页。
④ 齐思和,等:《鸦片战争》第六册,第72页。

工事,则认为较广东、福建、浙江沿海均差。

吴淞失陷,上海大震,官吏、富豪纷纷出逃,引起上海人民极大愤怒。6 月 16 日晚,英舰戴窦号护送运输船队载着从印度来援的英军 2500 人到达吴淞口外,使英军兵力又有增加。于是,英军水陆两路向上海进犯,陆路派出第 18 团和第 49 团,以及炮兵、工兵分队共约千人,由蒙哥马利中校率领,于 19 日由吴淞南下;水路由水兵和海军陆战队组成,另以 4 艘战舰和 4 艘轮船溯黄浦江而上。当时上海已是一个比较繁华的商业城镇,但清军配备防军极为有限,上海道巫宜楔与知县刘光斗二人,早在 16 日吴淞、宝山失守的当天夜里,先后在二鼓和四鼓自西门潜逃,且守军事先即已撤离,英军未遇抵抗即占领了上海。上海制造局新铸的铜、铁炮 171 门,以及约 9 吨重的火药和大量存粮,均落入敌手。6 月 21 日,"夷乘火轮船二、舢板四五,驶入松江,寿春镇总兵尤渤率兵两千整阵以待,夷发炮数十,尤渤令我兵皆伏避之,炮过而起,我炮齐发,相持半日始退。次日复至,亦如之,故松江得无恙。贼又将窥苏州,使火轮船测水,至泖湖,轮胶于水草,乃返"。[①] 英国惧中国之反攻,在大肆抢掠之后,又向上海市绅民勒索了 50 万元所谓的"赎城费"后,于 6 月 23 日退出上海,会泊吴淞口外,扬言北上京津,并索《浙江十一府志》,又登范氏天一阁取去《一统志》《长江图》及《黄河图》。实则欲溯长江取镇江、南京,以遮断大江南北运河交通,迫使清廷就范乞和。

吴淞失陷,道光帝命耆英、伊里布、牛鉴"驰赴上海相机筹办","不必虑有掣肘,以致中存畏忌"。即要他们赶快谈妥投降条件。6 月 27 日,耆英照会英方,英国全权代表璞鼎查也于同日由香港赶至吴淞。此时英方大批援军开到,根本无意谈判,英军回答清方代表:"现已集兵,不得不战",并指出耆英未有"钦赐全权"。[②] 这些投降派仍要求免战,请指定地点,约期会商,英军不答,入长江向镇江进发。

(九) 镇江保卫战

镇江,古称京口,北濒长江,西临大运河,又是南京的屏障。镇江城雄峙长江南岸,西北有金山,北有北固山,东北有焦山、象山,地处长江水道与运河漕运的枢纽,为当时中国交通之咽喉。就民治而言,镇江本是府城,常镇道亦驻于此地;就军治而言,清军入关南下后,一直在此驻扎重兵,并于 1658 年设京口将军,1757 年改为副都统。

自吴淞之战,清政府上下力主和议,前线指挥官无心抗战,"惟镇江副都统海龄,独谓宜力战"[③]。

英军攻陷吴淞口后,清廷一面催促耆英、伊里布等由浙江驰赴江苏,会同牛鉴"办理夷务",加紧议和,一面继续从华北、东北调兵遣将,并命工部尚书赛尚阿为钦差大臣,驰赴天津,会同直隶总督纳尔经额加强天津地区防务,防止英军北犯。而对于长江下游的防务,仍未予以足够重视,只是同意由浙江调兵两千,协助江苏驻军防守沿江要隘及江宁府(南京)。同时密谕耆英、牛鉴等一意求和,对防务只是虚应故事而已。

① 苟唐居士:《防海纪略》卷下,第 17 页。
② 齐思和:《筹办夷务始末(道光朝)》第四册,第 2127 页。
③ 齐思和,等:《鸦片战争》第三册,第 217 页。

在鸦片战争期间,英军不断得到一定的补充,但增加的兵力并不显著。在吴淞之战期间,大批援军陆续到达,从 5 月 14 日至 6 月 22 日,从印度等处开来 36 艘运输船,载送 6749 名英军到达作战区域。英军的增援使海军拥有军舰 25 艘、轮船 14 艘,医院船、测量船及其他船舰共 9 艘,运输舰(约有 60 艘)还没有计算在内。地面部队,除了炮兵以外,有步兵 1 万多人。[①] 这在西方殖民史上是一支罕见的强大军团。英军得到加强后,除加强香港、厦门鼓浪屿、定海、镇海招宝山等处的守军外,主力直入扬子江,准备以武力迫使清政府签订城下之盟。

6 月 22 日,即在英军退出上海的前一天,英国全权公使璞鼎查从广东赶到吴淞口,以便亲自指挥英军沿江上犯,占领镇江,切断大运河和长江这两大中国交通动脉,逼迫清政府最后屈服就范。

7 月初,英军援兵到齐。璞鼎查、巴加和卧乌古随即于 7 月 6 日率领 11 艘军舰、9 艘轮船、4 艘运兵船、48 艘运输船,载陆军 1 万余人,驶离吴淞口,溯长江而上。所有舰船编组成先锋舰队和 5 个纵队,先锋舰队由 7 艘战舰和 5 艘轮船组成,其余每个纵队有 8 至 13 艘运输船,由一艘战舰率领,并接受该舰舰长指挥。每纵队之间保持 3 至 5 公里距离。另外,英军在吴淞口留有军舰两艘,用以封锁长江口,保证后路安全。[②] 英军舰队以测量船当前,测量船在江中比较错综的地方设了浮标。测量船到了圌山镇外,被炮台袭击。三天以后,当前锋舰队抵达的时候,摩底士底号回放了几炮,炮台被中国人放弃,立即被英兵毁坏了。测量工作一直继续到金山岛,一路水量充裕,可供舰队行驶。[③]

7 月 12 日,英军舰队通过鹅鼻嘴。当天,牛鉴从苏州赶到镇江,命常镇道周顼筹款 12 万元犒赏英军,然后返回江宁。7 月 14 日,英军至天险圌山。圌山炮台位于镇江东面 50 里,有 20 门火炮,守军仅 80 余人。圌山守军向镇江求救,副都统海龄不发一兵。7 月 15 日,英军摧毁了圌山关炮台。16 日,英军司令巴加和郭富率两舰开过镇江城,到达其上游大运河的入口处,因风小暂停西行(当时英舰仍多以风帆为动力)。17 日,英船大至,进入镇江江面,“一支舰队去封锁大运河的入口。据估计,由于这项行动,阻止了不少于 700 艘沙船的通行,切断了与北京之间的全部商业”。[④] 20 日,侵略军全部舰队都到镇江江面集中。

战前,副都统海龄率蒙古兵 1600 名、青州应援绿营兵 400 名驻守镇江。城内大炮大多已调运吴淞,仅留下数门。英军强占吴淞后,7 月 13 日四川提督齐慎带江西兵千余名、7 月 16 日湖北提督刘允孝带湖北兵千余名仓促赶到,全部守军 4000 余名。海龄拒绝援军入城,令其驻扎城外,协助防守。在英军兵临城下的危急时刻,将领间互不协同,各自为战,没有集中统一的指挥。海龄是位满族将领,主张坚决抵抗英军侵略,十分憎恶牛鉴等人的怯懦逃跑行为。但他指挥不当,未派部队控制金山与北固山等制高点,而将全部旗兵收缩城内,紧闭城门,严禁居民迁徙,“纵兵杀人,目为汉奸。汉奸对夷匪言,副都统误以为

① 马士:《中华帝国对外关系史》第 1 卷,第 331 页。
② 军事科学院:《中国近代战争史》,第 63 页。
③ 齐思和,等:《鸦片战争》第五册,第 301 页。
④ 齐思和,等:《鸦片战争》第五册,第 302 页。

对满洲、蒙古言,凡他邑人在城中习懋迁者、充工役者、作僧道者、为仆及行乞者,以非土音,均被缚去,略一诘问,即杀十三人于小校场,其众人具保状证为良民者,不得已竿掷城外,免于斧钺,复死于倾跌。而里巷中晓行者、暮行者与夫行城下者,不问何人,胥用鸟枪击毙草莽无算。闭城之先,副都统即疑满城皆是汉奸,日捉数人送邑令提讯,邑令钱燕桂讯明释放,即指钱令为汉奸,乘其出城,闭门不纳"。[1] 与关天培、陈化成等殉国将领相反,海龄的名声不好,这也是第一次鸦片战争时满汉矛盾的写照。

巴加和卧乌古曾亲自登上镇江西北的金山寺,查看周围地形。他们看到:坚固的城墙上没有士兵守卫,只有城西南的半山坡上新建了三座军营。于是他们认为,清军主力可能已经撤至城外,进攻镇江将不会遇到什么抵抗。英军据此制订了进攻镇江的计划。

英军进攻吴淞时,主要由海军担当,这次进攻镇江则主要由陆军负责。参与攻城的陆军共6915人,编为3个步兵旅、一个炮兵旅。其进攻部署是:第一旅2318人,由萨勒顿少将指挥,进攻阳彭山之齐慎、刘云孝等部清军,扫清镇江外围;第二旅1832人,由叔得少将指挥,担任助攻,指向镇江东北,主要任务是牵制和分散清军兵力;第三旅2155人,由巴特雷少将指挥,进攻镇江西门担任主攻,矛头主要指向镇江西南郊高地的清军。另有海军官兵5100人。上述情况表明,英军不仅武器远比清军精良,作战部队的人数也远远超过清军。

7月21日晨,英军开始进攻,他们根本就没有预料会遇到多少抵抗,以为镇江城唾手可得。右翼的第一、第三旅和炮兵旅在镇江西北的金山附近未遭抵抗即顺利登陆。第一旅上岸后,为分割城内外清军,直指西南山坡上的清军兵营。经过数小时激战,清军不支,齐慎、刘允孝率部退往新丰镇。英军第三旅在郭富指挥下,猛攻镇江西门,遭守军顽强抵抗,无法逼近西门。郭富只得用轮船从停泊在江面的战舰上调运大炮,开进运河,向西门突击。清军则在城墙上用抬枪、火绳枪向英军猛击,给敌人以重创。海军司令巴克尔派皋华丽号舰长理查兹和摩底士底号舰长华生率500余名英军,由运河入口处登陆,与运河中的英船配合,攻击西门。在付出惨重伤亡后,英军登上城墙,"在这里,满兵作了一次最顽强的抵抗,他们寸土必争,因此每个城角和炮眼都是短兵接战而攻陷的"。[2] 最后西门守军几乎全部壮烈牺牲。与此同时,英军第二旅在北固山一带登陆,直扑城下,冒着清军的炮火,蜂拥爬梯登城。海龄所部守城旗兵誓死抵抗,有的把敌人推下城去,有的扭住敌人一起跳下城墙。激战中,英军上校卓弗尔被击毙。上午10时许,北门被打开,大队英军冲入城内,向西门方向进攻。进攻西门的英军第三旅遭到清军的顽强抗击,城门久攻不下。中午,英军一个爆破小队在炮火掩护下,用三个火药包,约160磅火药,将瓮城门炸开。此时,由北门冲向西门的英军已将内城门打开,于是大队英军由西门蜂拥而入。

守城清军节节抵抗,与敌人展开巷战和肉搏战。许多旗兵宁死不屈,有的杀死自己的妻儿,然后与敌人拼死搏斗,直至牺牲。协领多连统率400名青州满兵,尤为英勇,"独青州兵奋勇格杀,至血积刀柄,滑不可握,犹大呼杀贼。呼未已,贼已蜂拥蚁附而至,犹复短

① 齐思和,等:《鸦片战争》第三册,第42页。
② 齐思和,等:《鸦片战争》第五册,第305页。

兵相接,直至全军尽溃"。① 海龄督战到最后时刻,见事不可为,乃奔回寓所,与家人一起自杀殉国,城内士卒皆战死,镇江陷落。英军破城后,"大肆淫杀,黑夷尤甚,妇女闻叩门声,往往自戕,身殉者无算。……西门桥至银山门,无日不火,市为之空"。② 英军掠取了城中的武器和军需物资,抢走了价值 6 万元的纹银。繁华的镇江城遭到了极其严重的破坏,无辜的镇江人民在清朝统治者和英国侵略者的双重摧残下做出了重大牺牲。

镇江保卫战是鸦片战争中清军以劣势的兵力、落后的武器,打得最为英勇悲壮的一战,清军阵亡官员 8 名,阵亡兵士 238 名。受伤员弁统共 263 名,无下落者(失踪)156名。③ 英军在这次战斗中投入的兵力,是鸦片战争开始以来最多的一次,所付出的代价也是巨大的,英军官兵"损失了 185 人"。④ 英军伤亡人数相当于虎门、厦门、定海、镇海、吴淞诸战役英军伤亡的总和,而镇江的设防却比上述诸海口都要薄弱。事实再一次证明,只要清军将领决心抵抗,有敢于牺牲的精神,部队还是有一定战斗力的。恩格斯曾指出:"如果英军在各地都遭到同样的抵抗,他们就不会取得南京。"⑤

海龄在镇江杀戮百姓的罪行引起民愤,七月十三日上谕:"兹有人奏,海龄查拿汉奸,误杀良民不计其数,以致人心不服。"命著耆英调查真相。⑥ 收到耆英有关奏折后,九月初四日道光帝谕旨:"海龄固守镇江,拿获奸细,办事草率,原有应得之咎。唯既阖门殉难,大节无亏,著仍遵前旨,照都统例赐恤。"⑦

7 月 15 日,扬州官绅令大盐商颜崇礼、江寿民,携带两船食品,在码头等待英军舰队。英军到达后,陆军司令卧乌古问明来意后表态,"始有献金百万,不入扬州之议"。⑧

7 月 16 日,颜崇礼、江寿民又到英舰上,对英方所要 100 万元赎城费讨价还价,未达成协议。7 月 18 日,璞鼎查率舰队到镇江江面,半夜英舰开到仪征老河影江面,炮击居住在这一带的盐民,数千盐民惨遭杀害,此即"老河影惨案"。

7 月 20 日,颜崇礼为侵略军举行盛大家宴,席间"议定给洋银伍拾万元,每元作银七钱一分"。⑨ 于是英军留一部扼镇江,余悉溯江赴江宁。在江宁并未发生战争。镇江之战是第一次鸦片战争的最后一战,就军事角度而言,战争实际上已经结束,此后双方进入停战协定的谈判阶段。

在英军西侵过程中,江苏沿江一带人民对英军的入侵进行了英勇的回击。英军侵入吴淞口,占领宝山、上海等地后,曾多次派遣小股部队向内地探路搜索,当地人民自动组织起来,伺隙袭击敌人,迫使敌人撤走。镇江、扬州、瓜洲、仪征等地盐民和渔民疍户,纷纷拿起武器,杀鬼子,破洋船,狠揍入侵之敌。8 月 14 日,"有十数夷人至靖江南城外,斩门劈棺,肆无忌惮",被靖江百姓赶走。15 日,英军复至,"英船三艘开大炮轰城,靖江人民用抬

① 齐思和,等:《鸦片战争》第四册,第 706 页。
② 齐思和,等:《鸦片战争》第四册,第 702 页。
③ 中国第一历史档案馆:《鸦片战争档案史料》第六册,第 266 页。
④ 齐思和,等:《鸦片战争》第一册,第 10 页。
⑤ 齐思和,等:《鸦片战争》第一册,第 10 页。
⑥ 中国第一历史档案馆:《鸦片战争档案史料》第六册,第 86 页。
⑦ 中国第一历史档案馆:《鸦片战争档案史料》第六册,第 277 页。
⑧ 中国第一历史档案馆:《鸦片战争档案史料》第六册,第 637 页。
⑨ 齐思和,等:《鸦片战争》第四册,第 637 页。

枪杀黑鬼十余,击中敌船火药舱,一船烧毁,两船逃去"。① 靖江本是个小县城,但靖江军民毫不畏惧侵略者大炮的轰击,敢于反击,打退了英军的进攻。长江北岸人民在短期内就组织了八九万人的团练义勇,准备迎击侵略军。英军攻破镇江,停船江上,瓜洲、仪征一带"盐枭"攻袭英船,烧毁不少船只。盐民是勇敢的战士,耆英等正在进行投降,怕得罪英军,用"招抚"名义诱骗盐民,道光帝批准"招抚"的上谕说:"仪征滨临大江,枭徒乘机窃发,现在召集头目,尚就约束,仍当妥为弹压,毋任滋生事端。其事平之后,应如何设法解散之处,著斟酌妥办。"② 盐民为了抗英受招抚,招抚之后却失去了抗英的自由。满清招抚盐民,是为了阻止抗英,事平后即解散。

英军的战略目标是占领镇江、扬州,切断运河漕运和长江航道,因此占领镇江后,未必需要打到南京。但在镇江失守后,江宁将军德珠布深知京城皇室的供应成了问题,北京很快就会知道实情,于是他干脆采取主动,迅速向道光帝汇报情况。1842 年 8 月 4 日,德珠布发现英舰出现在下关江面,于次日写了一道奏折,派人火速送到北京告急。不料,驿卒在上元县北河口江面被英军抓住,奏折落到璞鼎查手里。这道奏折把南京的虚实暴露得一干二净:"唯京口失守,奴才因省城戒严,兵力单薄,未能救援……"璞鼎查当即决定留下部分兵力守卫镇江,自己亲率主力杀奔南京。直到《南京条约》签字前三天,璞鼎查才将德布珠丢掉的奏折交还,颇有讽刺意味。

六、中英《南京条约》

在这场打打停停持续了三年的第一次鸦片战争中,清军从未取得过一场像样的胜利。镇江失守后,道光帝彻底失去了抵抗的决心和勇气。六月初八(7 月 15 日),在英军切断运河、进逼镇江之际,道光帝已密谕耆英:"该逆如果真心求和,于通商外别无妄求,朕亦何乐而不罢兵? 即令仅止求给香港一处栖止贸易……虽非旧例,然随时变通,朕岂不思保全沿海生灵,聊为羁縻外夷之术。"③道光帝决心专意"议抚",命耆英密派陈志刚"作为己意",向英方转达清政府求和之意。"并令奕经(所率援军)暂缓赴苏,以免该逆疑虑,事多掣肘。"④1842 年 7 月 23 日,耆英、伊里布紧急照会璞鼎查,乞求互派代表进行谈判。然而璞鼎查以耆英等未有全权之委任,拒不与议。他们不理睬清政府的"羁縻",决心打到江宁,逼签城下之盟。璞鼎查在复照中附上他在吴淞发布的告示,明确英方的基本要求为:一、赔偿烟价和军费;二、两国平等外交;三、割让海岛,以给英人居住贸易。并称"得此三者,其余事端,不难善定也"。⑤

六月十九日(7 月 26 日),清廷接耆英奏报,称京口危急,并知英方以耆英等未被授予全权,拒绝进行谈判。道光帝当天连下谕旨:"著耆英遵照前奉谕旨,开诚晓谕,设法羁

① 姜涛:《中国近代通史》第二册,第 350 页。
② 范文澜:《中国近代史》上册,第 75 页。
③ 中国第一历史档案馆:《鸦片战争档案史料》第五册,第 624 页。
④ 齐思和:《筹办夷务始末(道光朝)》第四册,第 2133 页。
⑤ 齐思和,等:《鸦片战争》第五册,第 454 页。

縻,有应行便宜从事之处,即著从权处理。此事但期有成,朕不为遥制。"①7月27日,道光帝惊恐万分,再次下旨:"著耆英、伊里布仍遵昨旨,便宜行事,务须妥速办理。……此时业已专意议抚。"②7月30日,牛鉴收到巴加与郭富的照会,于当日复书,告以朝廷已派钦差大臣耆英、伊里布专办和议,对纳款一节婉辞拒绝。8月1日,璞鼎查复书,言和议亦甚所愿,唯须派全权大臣商办,方可罢兵。

8月4日,英军先头部队到达江宁下关,途中未遇任何抵抗。8月5日,英军要求清廷速决和战大计,并要求"能缴银300万元,为大英战费之项,则本军门等应准不攻进城内。"③8月5日,牛鉴致函英方,告以耆英、伊里布即将到江宁办理和事,并允诺"当即筹办银60万两"为赎城费。④璞鼎查复书,谓当静俟伊里布到后,再作商谈。

8月5日,张喜到达无锡伊里布驻地,张喜名义上是伊里布家人,实为伊之私人高参,为参加《南京条约》谈判的重要成员,其所撰的《抚夷日记》是关于南京条约谈判最详尽的中文记述。七月初二(8月7日),张喜到牛鉴衙署,告知牛鉴关于伊里布的行程,牛鉴立即照会英方,告知伊里布将于明日到达。

1842年七月初三(8月8日)伊里布到达江宁,即派张喜前往英舰并带去伊里布的照会。张喜同陈志刚、刘建勋等出旱西门坐船出大江,登璞鼎查之火轮船。翻译马礼逊说:"伊中堂虽系一片苦心,怎奈无权,既不是钦差,又无全权字样,并且又无钦差大臣关防,只一个乍浦副都统,何能了此大事?即耆将军亦未必能了此事。"(张)喜向其辨明:"伊中堂现已奉旨会同耆将军办事,即是钦差便宜行事,即与贵国全权字样相同,钦差关防只有一颗,现在耆将军处,耆将军之关防,即伊中堂之关防也,皇上既然准尔通市,就该听候钦差办理。"马礼逊说:"若能依我方告示所说,并屡次照会所言,便可了事。"张喜问:"不知屡次照会何言,告示通知何事?"他说:"即申冤等事。"张喜问:"此冤作何申法?"马礼逊说:"皇上若服了错,便是申冤。"张喜说:"皇上并无错处,皇帝乃天下之共主,如何向尔外夷服错呢?"马礼逊说:"若不服错,终不是伸冤。"张喜问除伸冤之外,还有何事?马礼逊说:"给了赎城银子,赔了烟价,给了战费,还了行欠,准了码头,便可了事。"张喜问:"赎城费要银若干?"马礼逊说:"赎南京要银三百万。"张喜又问烟价、战费、行欠等。张礼逊说:"前者已经照会明白,共三千万两。果然如此,即可罢兵息战,其余小事,均好商议,否则即便攻城。"⑤双方谈话由辰至酉,当天晚上张喜回南京城。8月9日,伊里布派弁取回璞鼎查照会。该照会写于七月初三(8月8日),是对耆英、伊里布六月二十七日和七月初一日照会的答复。耆英等在六月二十七日照会中称:"查本朝向无全权大臣官名,凡有钦差大臣字样,即与贵国全权二字相同。至通商一事,钦奉大皇帝简派本大臣都统前来会议,是以迭次声明在案。今若实心愿通旧好,即按兵不动,拣派人员,会同公议,以期早定全局,复书告知。"⑥同时牛鉴将许诺赎城的金额升至100万元,使者还带回消息:英军

①　中国第一历史档案馆:《鸦片战争档案史料》第五册,第742页。
②　中国第一历史档案馆:《鸦片战争档案史料》第五册,第743页。
③　齐思和,等:《鸦片战争》第五册,第470页。
④　齐思和,等:《鸦片战争》第五册,第477页。
⑤　齐思和,等:《鸦片战争》第五册,第366页。
⑥　齐思和,等:《鸦片战争》第五册,第475页。

将于 8 月 11 日攻城。

七月初五(8 月 10 日),上谕:"览奏,忿恨之至。……两载以来,沿海生民,突遭蹂躏,朕心实有不忍。与其兵连祸结,何如息事安民,是以叠经密谕该大臣等,设法羁縻,以全民命。"①

8 月 11 日,张喜与太仓直隶州知州徐家槐一行至皋丽华号投递照会,并由徐口头许赎城费 300 万元。伊里布的照会说:"本大臣此次钦奉谕旨,会同耆大臣便宜行事,所有烟价、码头及平行各条,均可酌商定议,立写合同,加用钦差印信,以垂永久。"②马礼逊转告张喜:"我们提督大人原要今日开炮攻城……俟耆大人到来再作商议。"③

七月初六(8 月 11 日),耆英亦赶到江宁。8 月 12 日,耆英派盛京佐领塔芬布,伊里布派张喜和陈志刚为代表同持双衔照会,赴英舰谈判。璞鼎查命其秘书麻恭少校和翻译马礼逊为英方谈判代表。因天气炎热,马礼逊提议谈判地点移至静海寺。中午双方代表到江宁城北仪凤门外静海寺继续会商。会谈中,英方代表提出中国赔偿烟价、商欠、战费3000 万元;两国官员文移平行;中国割让香港给英国;开放广州、福州、厦门、宁波、上海五口通商;公布关税则例;英在通商口岸设领事等条款。并要求看道光帝所颁有"便宜行事"字样的谕旨。"喜见其所开银数过多,恐难照准,向其逐条讲论,并言商欠若干,尚须咨查。马礼逊向麻恭互商良久,遂曰:'既能诚心和好,稍减其数,亦尚可行。'遂减去九百万,作为二千一百万元。"④

8 月 13 日,双方代表继续会谈,由于耆英等人未允"许给银两",且不同意给看上谕,会谈僵持。英方再次以武力相威胁,狂妄地限定中方至次日天亮前做出答复,否则即行开战。张喜等回城后汇报了谈判情况,耆英等人经不起恫吓,对英方要求概行允承,应允把8 月 6 日道光帝谕旨正本向英人示看,并添派在镇江陷落后与英军打得火热的汉奸颜崇礼等三人参加次日会谈。在谈判过程中,中方代表几乎无发言权,甚至连条约的汉文本也由马礼逊一手包办。

时昏庸糊涂穆彰阿为宰辅,"江浙每一败仗警报,枢相辄相顾曰:'如何?!'盖谓不出所料也"。⑤幸灾乐祸,以示他有先见之明。他要求道光皇帝全部接受英方条件:"兵兴三载,靡饷劳师,曾无尺寸之效,剿之与抚,功费正等,而劳逸已殊,靖难息民,于计为便。"⑥

8 月 14 日,双方再次在静海寺会谈,首先由英方代表出示英国女王的委任状,然后中方代表举行一个隆重的仪式,出示道光帝上谕:"有应便宜行事之处,即着从权办理,朕亦不为遥控,勉之。钦此!"当天议定了条约草案,耆英接受了英方提出的全部条件。8 月 16日,英方据两天前的会谈,拟就条约草案文本。8 月 17 日,英方将条约草案交予清方。七月十三日(8 月 18 日),接阅耆英奏报后,道光帝先后发出谕旨:"览奏不胜愤恨,继念江南数百万生灵,一经开仗,安危难保,既经该大臣等权宜应允,朕宜只可以民命为重。唯所

---

①　中国第一历史档案馆:《鸦片战争档案史料》第六册,第 25 页。
②　齐思和,等:《鸦片战争》第五册,第 480 页。
③　齐思和,等:《鸦片战争》第五册,第 373 页。
④　齐思和,等:《鸦片战争》第五册,第 374 页。
⑤　齐思和,等:《鸦片战争》第五册,第 531 页。
⑥　范文澜:《中国近代史》上册,第 54 页。

称本年先交洋钱六百万元,从何措给?"他在谕旨中特别关心六百万元,并对开放福州为口岸一条,不予允准:"闽省既有厦门通市,自不得复求福州。"① 8月19日,双方再次会谈。咸龄、黄恩彤听取英方对条约的说明,表示接受。8月20日,耆英、伊里布、牛鉴三全权代表赴英舰皋华丽号与璞鼎查相见,见面时悉用英俗平行之礼,即握手礼。双方未就条约进行商讨,璞鼎查特意安排耆英等参观英舰,借以炫耀武力,以加强他们的投降决心。璞鼎查的安排达到了预期效果,他们向道光帝上奏道:"……二年以来,合数省兵力,言剿言和,总难得手。且该夷船坚炮猛,初尚得之传闻,今既亲上其船,目睹其炮,益知非兵力所能制伏。"②

8月24日,英代表璞鼎查到南京仪风门外静海寺答拜并会谈。因当天接到清廷不准予福州通市上谕,耆英即派员与英方商议,被英方拒绝。8月26日,璞鼎查等入江宁城,与耆英等会晤于上江考棚,就中英条约草案进行最后磋商。会晤中,璞鼎查不准对草案条文作任何变动,耆英等人唯唯诺诺,不敢置一词加以辩论。七月二十六日(8月31日)上谕:"朕唯自恨自愧,何止事机一至于此?于万无可奈之中,一切不能不勉允所请者……故强为遏抑,各条均准照议所办。"③

8月26日是璞鼎查与钦差们磋商并最后决定条约内容之日,在宴会以后侍役们将桌子收拾干净,"公事由此开始。用中英文写出的我方(指英才)要求,又重新被朗读一遍,除了最初中国方面对于我方要求占据舟山,以作为中国缴纳2100万元赔款的保证,表示不同意,并要求将福州府不要做为通商口岸外,其余条款完全同意。英国方面向中国钦差大臣们明确指出,关于最后关税的解决,英国人的眷属在各通商城市及其附近居住的问题,完全取消行商的垄断,以及由我们自己的领事管理商业的问题,都因需详细讨论,故暂时不谈。但这些都是极关重要的问题,将来提出讨论时,如中国方面加以拒绝或抱拖延态度,必至严重影响两国间方才开始的和平。""在欧洲,外交家们极为重视的条约中的字句与语法,中国的代表们并不细加审查,一览即了。很容易看出来他们所焦虑的只是一个问题,就是我们赶紧离开。因此等他承认条约以后,就要求大臣(指璞鼎查)将运河中的船只转移到江中。对于这个问题,大臣的回答是:等到条约签订后,这个封锁就可解除,等到第一期的600万元赔款全部偿还后,英方必将扬子江的每一个城市和每一个炮台交还于中国"。④

谈判结束后,璞鼎查发表了演说,承认战争的起因不是通商问题,而是鸦片贸易问题,他为英国的侵略进行了辩护:"现在一切问题都圆满地解决了,我愿意就这个问题说几句——就是关于引起这次战争的最大原因——他指的是鸦片贸易。等这句话被译出后,中国方面都一致的不愿再谈这个问题,最后亨利爵士(即璞鼎查)告诉他们,这只是当作私人谈话的题目。这引起了他们的兴趣,他们急切地询问英国方面因何不禁止在英国属地内种植鸦片?因何不严加禁止这害人的贸易?因何对中国如此不公道?大臣说:这是

---

① 中国第一历史档案馆:《鸦片战争档案史料》第六册,第85页。
② 中国第一历史档案馆:《鸦片战争档案史料》第六册,第137页。
③ 中国第一历史档案馆:《鸦片战争档案史料》第六册,第165页。
④ 齐思和,等:《鸦片战争》第五册,第513页。

不合乎英国宪法的,这是作不到的。他并且说:即使英国政府用专制的权利禁止鸦片的种植,对中国亦毫无益处。中国人不将吸烟的习惯彻底扫除,这只能使鸦片的贸易从英国手中转到别国手中去。""事实上,鸦片问题应该由你们自己负责,假如你们的人民是有道德品质的,他们绝不会染此恶习;假如你们的官吏是廉洁守法的,鸦片便不会到你们国中来。所以在我们的领土以内,鸦片种植的前途,主要的责任是在中国,因为几乎全印度所产的鸦片全销于中国,假如中国人不能革除吸食鸦片的恶习,假如中国政府的力量不能禁止鸦片,那么中国人民也要设法得到鸦片,不管其法律如何。因之,如将鸦片的入口,使之合法化,使富户与官吏都可参加合作,这样便可将走私的方便大加限制,下便人民,上裕国库,岂不甚好。"①

道光二十二年七月二十四日(1842年8月29日),耆英、伊里布、牛鉴等在英军旗舰皋华丽号上,与英方全权代表璞鼎查签订了中国第一个不平等条约《南京条约》,或称《江宁条约》。8月31日,耆英等将签约情形及《江宁条约》13款约文奏报清廷,而道光帝在耆英等人奏报尚未到京之际,即于同一天传谕耆英等,按照他们与英人所议各条,迅与签约。签约后,英军舰船于10月初陆续撤往定海一带,第一次鸦片战争遂告结束。

江宁条约②

一八四二年八月二十九日,道光二十二年七月二十四日

一、嗣后大清大皇帝、大英国君主永存和平,所属华英人民彼此友睦,各住他国者必受该国保护身家全安。

一、自今以后,大皇帝恩准英国人民带同所属家眷,寄居大清沿海之广州、福州、厦门、宁波、上海等五处港口,贸易通商无碍;且大英国君主派设领事、管事等官住该五处城邑,专理商贾事宜,与各该地方官公文往来;令英人按照下条开叙之例,清楚交纳货税、钞饷等费。

一、因大英商船远路涉洋,往往有损坏须修补者,自应给予沿海一处,一边修船及存放所用物料。今大皇帝准将香港一岛给予大英国君主暨嗣后世袭王位者常远据守主掌,任便立法治理。

一、因大清钦差大宪等于道光十九年二月间竟将大英国领事官及民人等强留粤省,吓以死罪,索出鸦片以赎命,今大皇帝准以洋银六百万元补偿原价。

一、凡大英商民在粤贸易,向例全归额设行商,亦称公行者承办,今大皇帝准以嗣后不必遵照向例,乃凡有英商等赴各该口贸易者,勿论与何商交易,均听其便;且向例额设商行等内有累欠英商甚多无措清还者,今酌定洋银三百万元,作为商欠之数,准明由中国官为偿还。

一、因大清钦差大臣等向大英官民人等不公强办,致须拨发军士讨求伸理,今酌定水陆军费洋银一千二百万元,大皇帝准为偿补,惟自道光二十一年六月十五日以后,英国因赎各城收过银两之数,大英全权公使大臣为君主准克,按数

---

① 齐思和,等:《鸦片战争》第五册,第514页。
② 王铁崖:《中外旧约章汇编》第一册,第30页。

扣除。

一、以上三条酌定银数二千一百万元应如何分期交清开列于左：

此时交银六百万元；

癸卯年（道光二十三年）六月间交银三百万元，十二月间交银三百万元，共银六百万元。

甲辰年（道光二十四年）六月间交银二百五十万元，十二月间交银二百五十万元，共银五百万元。

乙巳年（道光二十五年）六月间交银二百万元，十二月间交银二百万元，共银四百万元。

自壬寅年起至乙巳年止，四年共交银二千一百万元。

倘有按期未能交足之数，则酌定每年每百元加息五元。

一、凡系大英国人，无论本国、属国军民等，今在中国各地方被禁者，大清大皇帝准即释放。

一、凡系中国人，前在英人所据之邑居住者，或与英人有来往者，或由跟随及伺候英国官人者，均有大皇帝俯降御旨，誊录天下，恩准全然免罪；且凡系中国人，为英国事被拿监禁受难者，亦加恩释放。

一、前第二条内言明开关俾英国商民居住通商之广州等五处，应拿进口、出口货税、饷费，均宜秉公议定则例，由部颁发晓示，以便英商按例交纳；今又议定，应该货物自在某港按例纳税后，即准由中国商人遍运天下，而路所经过税关不得加重税例，只可按估价则例若干，每两加税不过分。

一、议定英国住中国之总管大员，与大清大臣无论京内、京外者，有文书来往，用照会字样；英国属员，用申陈字样；大臣批复用札行字样；两国属员往来，必当平行照会。若两国商贾上达官宪，不在议内，仍用禀明字样为著。

一、俟奉大清大皇帝允准和约各条施行，并以此时准交之六百万元交清，大英水陆军士当即退出江宁、京口等处江面，并不再行拦阻中国各省商贾贸易。至镇江之招宝山，亦将退让。唯有定海县之舟山海岛、厦门厅之鼓浪屿小岛，仍归英兵暂为驻守；迨及所议洋银全数交清，而前议各海口均已开辟俾英人通商后，即将驻守二处军士退出，不复占据。

一、以上各条，均关议和要约，应俟大臣等分开奏明大清大皇帝、大英君主各用珠、亲笔批准后，即速行相交，俾两国分执一册，以昭信守；唯两国相离遥远，不得一旦而到，是以另缮二册，先由大清钦差便宜行事大臣等、大英亲奉全权公使各为君上定事，盖用关防印信，各执一册为据，俾即日按照和约开载之条，施行妥办无碍矣。要至和约者。

原注：本条约原无名称，通常称为《江宁条约》或《南京条约》。

1843 年 6 月 26 日，此约经道光帝和英女王分别批准后，由清政府钦差大臣耆英与英国全权公使璞鼎查在香港互换中英《南京条约》批准书。璞鼎查以功任香港总督，升陆军大将。

《条约》规定了一系列不平等条款：（1）中国永远割让香港给英国；（2）中国开放广州、厦门、福州、宁波、上海等五个通商口岸，在这些通商口岸，英人可以自由居住，自由贸易；（3）中方赔款 2100 万两白银，相当于清政府全年财政收入总数的 36%，或全国旗绿各营岁饷用银总数的 70%；（4）协定关税：即中国海关进出口货物的税率必须与英国共同议定；（5）保护汉奸：中国政府必须对汉奸全部免罪，抓住的汉奸必须全部释放；（6）领事裁判权等。

《南京条约》是外国列强强加给中国的第一个不平等条约，它标志着列强开始剥夺中国的主权，开始打开中国的市场，标志着中国从独立自主的封建专制社会开始走向半殖民地半封建社会。

《南京条约》签订后，由于英国的要求，中英双方在广州和香港继续商谈，1843 年 7 月 27 日，签订《五口通商章程》（附海关税则）；1843 年 10 月 8 日，签订《五口通商附粘善后条款》（又称《虎门条约》）。五口通商章程也被认为是《虎门条约》的一部分。而《虎门条约》也成为《南京条约》的重要补充。这两个新约的内容大部分是关于通商口岸贸易的具体章程。这些章程中涉及的事项本来应该是中国作为主权国家自己决定的事务，现在都按照侵略者的要求做出规定。这两个条约包含了一些《南京条约》没有的重要内容，清政府进一步丧失了更多主权。

"《南京条约》和《虎门条约》没有提到的主要问题是鸦片。英国政府争辩说，鸦片贸易既然明显地不能为中国所禁止，那么，上策便是使它合法化，并对它征税来达到管理它的目的。对此，道光帝当然从内心里不能同意。鸦片因此在初期的几件条约中始终没有被提及，而这项贸易却在条约规定的范围之外，根据一套非正式的规定得以恢复进行。"① 清朝官员不愿在条约上写明鸦片贸易合法，但他们向璞鼎查口头保证，中国不会追究外国商船是否夹带鸦片，不会对此采取任何行动。《南京条约》签订后，烟毒在中国进一步泛滥。"到 1860 年，鸦片贸易额翻了一番，每年进口由三万箱增至六万箱。"②

中英《南京条约》的签订在欧美引起了轰动，美国、法国和其他西方列强十分垂涎英国的既得利益，他们以机会均等为借口向清政府进行勒索。1844 年 7 月 3 日，中美签订了《望厦条约》；1844 年 10 月 24 日，中法签订了《黄埔条约》。与清政府先后订约的国家有葡萄牙、比利时、瑞士、挪威、荷兰、西班牙、普鲁士、丹麦、俄国等，他们都获得了英、美、法国所享的特权。

《南京条约》并未成为"万年和约"。"悲哀的是《南京条约》仅仅意味着休战，而不是中英两国宿怨的彻底了结。条约中没有任何关于鸦片的条款。从官方讲，这种麻醉品仍然禁止使用和进口，但私底下鸦片仍然是大笔买卖，这也为 1856 年的第二次鸦片战争埋下了隐患。"③

---

① 费正清：《剑桥中国晚清史》上册，第 240 页。
② 费正清：《剑桥中国晚清史》上册，第 241 页。
③ 特拉维斯·黑尼斯三世：《鸦片战争》，第 182 页。

第四章 第二次鸦片战争

　　中英鸦片战争于道光二十二年（1842 年）结束，订立《南京条约》。英国人得到便宜实惠，但仍嫌贸易增长太慢，而法国人思得分润，他们不满足于既得利益，决心以战争进一步扩大在华权益。值太平军席卷长江两岸，大清王朝封建专制统治摇摇欲坠之时，英法乘火打劫，企图用武力开拓中国市场，进一步扩大对华输出，并使鸦片贸易合法化。于是而有咸丰六年（1856 年）至咸丰十年（1860 年）之英法联军侵华之战。这次战争是第一次鸦片战争的继续和扩大，所以称为第二次鸦片战争。战争始于 1856 年 10 月 23 日英军进攻广州之日；终于 1860 年 11 月联军撤出北京之时。

一、概　述

第一次鸦片战争后,清廷君臣仍不明国际大势,亦不知中国舆情,只知作威作福,为所欲为。一般官吏奏章粉饰,苟且因循,畏缩柔靡,敷衍搪塞。疆臣贪污,军队腐败,盗贼蜂起,民不聊生,"教匪""会匪"此起彼伏。因之内乱未平,外侮乃乘势而至矣。鸦片战争以后,外人根据条约,倾销洋货,独霸市场,且进口鸦片,使白银外流,银价上涨。中国系农业社会,生产方式落后,生活节奏缓慢。太平军金田起义使各种矛盾更加尖锐,整个国家百孔千疮,政治上飘摇不定,经济上捉襟见肘。太平军蔓延数省,地方糜烂,人民流徙。而军需粮饷,犹须就地筹办。"国库空虚,民生凋敝",即为此时中国经济状况之写照。

"中国科学落后,军备停滞,有清初叶之君主,对于平定内乱,开拓疆土,虽有赫赫之功,然与各国新式武力,尚未曾接触。中叶以后,边防要塞率多废弛,兵事武备,素不讲求,及鸦片战争一开,敌人即升堂入室。当时中国无可战之船,无可用之兵,纸老虎既经戳破,国防弱点暴露无遗。世界列强,乃虎视眈眈,均欲在中国土地上侵据自肥。……新式军备,尚未建立。军事力量几成真空,无怪外患一至,辄覆败而不堪收拾也。"[1]

英国自十七世纪,民主思想已萌芽,其间虽经克伦威尔之独裁,但未几威廉第三入主英伦,乃完成"光荣革命",并宣布有名之《权利法案》,成为世界民主政治之先进。1707年,苏格兰与英格兰正式合并,大不列颠王国乃归于统一。十八世纪之初,拿破仑横行欧陆时,英法卷入战争漩涡,随后拿破仑败逃,召开维也纳会议,英、俄、普、奥缔结四国同盟,欧洲尚能维持均势,故1830年至1870年的40年内欧洲方面无大规模之国际战争发生。英国乃乘此机会,向海洋寻求发展,对远东方面之经营遂日趋积极。

拿破仑失败后,法国路易王朝复位,专制横行,遂引发二月革命,拥立路易·拿破仑为总统,史称第二共和国。但不久复改为帝制,拿破仑第三集军政大权于一身,使人民渴望之民主政治复归于泡影。但经济上却渐次采取自由贸易政策,对外联合英国,抵制欧陆国家,形成一起向外发展之野心。

十九世纪中叶,欧洲工业生产高涨。以英国来说,到1850年已拥有纱锭2100万枚,煤的年产量达到6150万吨,钢铁每年输出的总值达到540万磅。全世界的铁路长度从1840年的8000公里增加到1850年的39000公里。英、法各国经过工业革命之后,商品生产过剩,工人失业众多,必须一面向各地推销其国内之剩余产品,一面向国外寻求其国内所需之原料,以发展其对外贸易。"该两国之一般失业工人,为求生活亦唯有听候少数资本家驱使,从事其海外冒险事业。故十九世纪中期,欧洲各国所有对海外之军事行动,均以其国家有此政治需要为口实,以发展国内经济为目标,然后以武力为后盾,使军事政治结为一体,横行于世界各地。"[2]

---

① 台湾三军大学:《中国历代战争史》,第17册,第74页。
② 台湾三军大学:《中国历代战争史》,第17册,第75页。

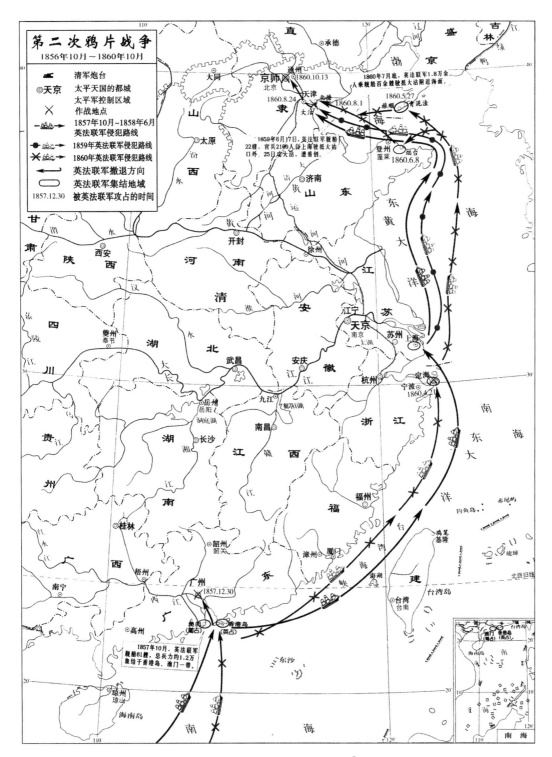

图5　第二次鸦片战争示意图①

① 中国人民革命军事博物馆：《中国战争史地图集》，第178页。

在军事上,英法两国皆有长足进步,欧洲各国在军事上摆脱了中古以前的陈旧形式,已步入近代兵学思想初步阶梯之中。同时由于科学发达与工业进步,英法两国军队武器装备大加改良,且参谋制度日臻完善,其进步实况远非当时中国军队所能比拟。武器装备有明显改进:英法两国陆军的步兵已经装备了线膛步枪,提高了射速、射程和命中精度;炮兵的火炮装备由滑膛炮改为线膛炮;炮弹也由实心弹改为榴霰弹,增大了杀伤面积。英国海军已经装备蒸汽动力舰的军舰超过了1/3,航行速度提高到10节以上,在排水量、续航力和攻击力等方面都有很大提高。① 装备的改进,加强了英法等国在远离本土的海外进行殖民侵略的战争力量。

当西欧资本主义迅速发展,殖民地贸易在他们国内经济生活中越来越占着重要地位时,列强之间对于争夺东方市场的斗争也就日益加紧了。1853年至1856年爆发了英法和沙俄之间争夺土耳其帝国及其附庸国家的一场残酷战争,即著名的克里米亚战争。沙俄在战争中失败,从黑海的出口被堵塞了,他就不得不转移方向经营中东和远东,大批的哥萨克移植到黑龙江和乌苏里江沿岸,清朝和沙俄之间开始产生了国界问题的纠纷。另一方面,英法联军在对俄战争取胜以后,也腾出手来把视线更多地集中到远东,他们抱着进一步开辟中国市场的极大野心,不惜用武力来实现这个贪婪的愿望。② 当时太平军的发展,"不仅引起鸦片、丝、茶、毛棉织品市场的缩小,而且这种缩小将引起欧洲工商业的危机"。③ 所以英国和法国在此时下定决心,发动侵华战争,以加紧开辟和压榨殖民地市场,扩大在华权益,增加对华出口,以逃避国内经济危机。

当时中外关系中的几个问题:

(一) 贸易问题

鸦片战争后,鸦片走私空前迅速地发展,且其组织严密,设备先进,武装齐全,行动快速。鸦片走私量急剧增加,仅上海地区的销量为"1847年,16500箱;1849年,22981箱;1853年,24200箱;1857年,31907箱"。④ 第一次鸦片战争后,订立了中英《南京条约》,英国商人曾对对华贸易异常重视,因为中国是个拥有4亿人口的巨大市场,他们以为凭借条约的特权可以在中国广销产品,谋取巨额利润。"一想到和三万万或四万万人开放贸易,大家好像全都发了疯似的"。特别是战后前三年,英商不顾中国的实际需要,把"大批刀叉、钢琴也运到中国,结果刀叉的售价抵不上运费。"⑤ 从英国输华货物总值看,1940年,524198磅;1843年,1456180磅;1844年,2305617磅;1845年,2394827磅。⑥ 然而好景不长,由于盲目输出商品,因此洋货在中国滞销、亏折。1845年洋货价格大跌。"一件彰明较著的事实,即在1850年底,我们(英国)输到中国去的工厂制造品,和1844年底相比,几

①　中国人民革命军事博物馆:《中国战争发展史》,第564页。
②　戴逸:《中国近代史稿》第一册,第258页。
③　范文澜:《中国近代史》上册,第184页。
④　马士:《中华帝国对外关系史》第一册,第612页。
⑤　姚贤镐:《中国近代对外贸易史资料》第一册,第632页。
⑥　姚贤镐:《中国近代对外贸易史资料》第一册,第634页。

乎减少了 75 万英镑。"① 相反,"1847 年之后,中国的输出大大的扩张了,仅生丝输出一项,即足抵偿全部进口货物而有余"。② "据估计在 1851—1860 年间,约达 300 万英镑白银运往中国,而从中国运往印度的白银每年仅只 200 万磅。"③ 西方经济学家们在讨论,为什么有了《南京条约》,白银竟还会流向中国?

"1844 年,中法《黄埔条约》签订后,法国对华商品输出有一些增长,但绝对数还很小。那时,每年出入广州的英国商船有二百多艘,吨位合计九万多吨;而法国商船通常只有三四艘,总共一千多吨。法国对华商品输出增加有限,从中国输入的丝、茶和其他原料,却大量增加。1844—1845 年度,法国从上海运出的生丝是 6500 包,到 1856—1857 年度,已急剧上升为 90000 包,增加了 13 倍。里昂由于大量输入生丝,一跃而成为世界最大的丝织业中心。"④ 法国除了强烈要求扩大对华贸易外,还想得到进入内地传教的殖民特权。"1844 年逼满清订约承认传教权,在海口设立天主堂,教士私入内地传教,专力利用宗教来进行侵略。……天主教士迅速与鸦片烟同成侵略中国的两大先锋。"⑤

英国对贸易状况抱怨最大,他们并不满足于"六千万磅茶叶的输入,和印度四万箱鸦片的输出,两者为英国和印度政府净赚七百万英镑的收入"。⑥ 他们认为五口通商"意味着只能在帝国的边境上贸易,只是在沿海五个口岸进行贸易有些方便和保障而已"。⑦

英中贸易增长缓慢的原因有以下几点:

1. 中国自给自足的自然经济依然占统治地位,它对外国商品的侵袭有顽强的抵抗作用,绝大部分农村地区对洋货的需求量微乎其微。

2. 西方列强的近代工业尚未发达到能摧垮中国自然经济的水平。

3. 增加鸦片贸易和发展合法贸易有矛盾:第一次鸦片战争后,鸦片走私十分猖獗。鸦片的超常入口,造成中国社会财富的巨大消耗,也造成了中国市场购买力的日趋低下,从而形成对中外合法贸易的严重排挤。十九世纪五十年代末,英印对华鸦片输出值达六七百万英镑,约为 1842 年的一倍,而对华输出工业品总值仅一二百万英镑。英国众议院小组委员会研究认为:"不是由于中国对英国制造品的需求不大,也不是因为有别国日益厉害的竞争。用现银支付鸦片,使华人的一般贸易遭受巨大的损失。"⑧ 所以,马克思说:"中国人不能同时既购买商品又购买毒品;在目前条件下,扩大对华贸易,就是扩大鸦片贸易;而增加鸦片贸易是和发展合法贸易是不相容的。"⑨ 因为中国人多以白银购买英国走私鸦片,以出口之丝绸货物抵付其它商品货价,于是鸦片之贸易年有增加,其它商品则无从发展,故当时英国报章上,有商品及鸦片究竟何种贸易应被取消之辩论。"由于这种鸦片贩运事业已经成为一种在中国的投资手段,所以庞大的资本,巨额的收入,以及与之密

<hr>

① 魏建猷:《第二次鸦片战争》,第 2 页。
② 姚贤镐:《中国近代对外贸易史资料》第一册,第 528 页。
③ 姚贤镐:《中国近代对外贸易史资料》第一册,第 529 页。
④ 《中国近代史丛书》编写组:《第二次鸦片战争》,第 5 页。
⑤ 范文澜:《中国近代史》上册,第 183 页。
⑥ 齐思和,等:《第二次鸦片战争》第六册,第 14 页。
⑦ 齐思和,等:《第二次鸦片战争》第六册,第 2 页。
⑧ 齐思和,等:《第二次鸦片战争》第一册,第 2 页。
⑨ 马克思:《鸦片贸易》,《马克思恩格斯选集》第二册,第 24 页。

切联系的合法贸易都被卷入进去,这就排斥了任何歇业或撤退的想法。"①为此,欲再次用武力强迫中国增加通商口岸,并取得新的特权,以发展普通贸易和鸦片贸易。

4. 太平军席卷长江两岸,使英中贸易受到影响,太平军、小刀会影响所及地区正是中英贸易主要地区。

道光二十七年(1847 年),英下议院曾选派中英贸易调查团来中国调查,认为,中英贸易的结症在于中国开放的通商口岸太少,如能在中国多开商埠,以减少内陆之运费,则商业便可大有发展。基于鸦片战争之经验,他们认为只有以武力对付清廷,始有达成其目的之可能。于是英国蓄意再度挑起对华之战争。因此,西方列强强烈要求"修约",以扩大他们的在华侵略特权,改变其对华贸易的不利局面。他们"所要追逐的前景,要把在中国推销我们制造品的份额提高到整个欧洲的程度"。②

(二) 广州入城问题

广州入城问题是当时中英关系史上一个突出事件,从 1843 年开始,至 1857 年英法联军攻占广州,历时 15 年之久。英国人承认:"进城问题显然是一个原则性的问题,在商业的意义上并没有任何的实际利益。"③包令也认为:"入城问题并不是什么特别重要的事情必须加以坚持。"④

广州开港始于乾隆中期,以澳门为贸易地,以黄埔为卸货地,洋商交易完毕仍回澳门过冬,不得逗留省城洋行。至第一次鸦片战争后,《南京条约》规定广州、厦门、福州、宁波、上海五口开放,但对于外国人居住城内与否并无明文规定,缔约国商人志在营商,原亦无必须入城居住之必要。其他厦门等各口,外国人来经商长住短住、赁屋旅店,均能相安无事,唯广州方面,当地人仇视外国人,城内无人肯赁屋招外国人居住,而英人不服此等歧视,坚持必须进城居住,当地人民则因英人常奸淫掳掠,竟坚持拒绝。英人遂认为违背平等待遇原则,不肯让步。"粤东自三元村事之后,民怀隐恨,誓不准其入城,且深知英夷不足畏。"⑤加之广东民风强悍,地方团练人多势大,难免以仇视英国而意气用事,再有一部分义愤人士加以鼓动宣传,排外心理,蔓延日甚。往往纠众抗官,官不能制"。广州官员"惧粤民之败抚局……谋于粤中之绅士,则曰:此众怒,不可以说动也。"⑥广州的官员并不希望外人入城,他们暗中支持绅士名流组织民社团练,反对外人入广州城。认为"粤东之码头,唯假权于粤东之民"⑦,同时又向外人表示,他们服从皇上旨意,无意阻止外人入城。官员们强调广州民风强悍,希望他们宽延时日。甚至一面贴出布告,准许英人入城,要广州百姓勿再阻扰,以敦和好;一面又召集士绅,要他们随后贴出反对英人入城的揭帖,使英人知道众怒难犯,暂缓入城。广州历任主官的两面手法是造成广州入城问题的根源

① 齐思和,等:《第二次鸦片战争》第六册,第 8 页。
② 齐思和,等:《第二次鸦片战争》第六册,第 14 页。
③ 齐思和,等:《第二次鸦片战争》第六册,第 11 页。
④ 齐思和,等:《第二次鸦片战争》第六册,第 24 页。
⑤ 齐思和:《筹办夷务始末(道光朝)》第六册,第 2972 页。
⑥ 齐思和,等:《第二次鸦片战争》第二册,348 页。
⑦ 齐思和:《筹办夷务始末(道光朝)》第六册,第 2972 页。

所在,实质上是闭关锁国思想的反映。至于广州民众"坚决反对英人进城,实为反侵略、反投降的一种方法,具有历史的合理性"。①

1844 年 6 月,耆英就任两广总督,晓谕:"好事之徒,煽惑播弄,制作耀眼,最为风俗人心之害",要求士农工商"各安本分"。② 但广东民众坚决反对洋人入城。道光二十五年(1845 年)十二年十三日,耆英奏:"查前议条约并无准夷进城之说,而稽考历来案牍,亦无不准夷人进城之明文。且福州、宁波、上海等处业已均准入城,独于粤省坚持不允,难免有所借口。"③1846 年 1 月 13 日,耆英与时任广东巡抚的黄恩彤告示,准许英人入城。当时,广州城内盛传知府刘浔与英人密订进城日期。15 日,群众"直闯署内,打毁器物,焚烧房屋"。④ 耆英被迫收回成命,英人只得将进城问题暂时搁置。耆英认为,"以舟山之退还与广州之进城比较,则舟山退还为重,而广州进城为轻"。⑤ 1846 年 4 月,耆英和德庇时在虎门签订《归还舟山条约》,内称:"一俟时形愈臻妥协,再准英人入城。"⑥承认英人有入城权利,但没有入城的确切的时间。1847 年,英国驻华公使德庇时借口佛山发生民众驱赶英人事件,决心对广州发动武装偷袭,逼迫清政府在入城问题上屈服。1847 年 4 月 1 日,由英国达科拉少将率 900 名英军,从香港乘三只轮船、一只帆船和一些小艇向广州进发。德庇时随军行动。在 36 小时内,英军进攻并占据了虎门和珠江的各主要炮台,在拆除了那里的栅门和炸毁了那里的火药库之后,钉塞了 827 门大炮的炮眼,沿途几乎没有遇到抵抗。3 日正午,德庇时到达英国领事馆,英军开始在商馆一带布防,声言"欲前往佛山镇向居民滋扰泄愤",并指明要耆英出城面议。4 日上午,耆英等与德庇时进行了长达 3 个小时的谈判。6 日黎明,英军更做出攻城姿态。耆英惊恐万状,"入城一事,约在两年以后。……其不敢竟许入城者,惧怕民变;又不敢不许者,惧开边衅。不得已,约以两年为期。倘两年后我仍官此,再作办法。倘得离是任,则两年后更与我无涉"。⑦ 后来道光帝批准许英人两年后入城,英国终于取得了 1849 年 4 月 6 日以后享有广州进城权的合法依据。

耆英用"缓兵之计",把入城问题拖了两年。不久,耆英奉召进京拜受协办大学士。1848 年,徐广缙继任两广总督,叶名琛任广东巡抚。英国方面,德庇时回国,由文翰担任英国公使。至道光二十九年(1849 年)正月,英人以入城之约到期,要求中国政府践约,英香港总督文翰乘兵舰入珠江内河,请入城与两江总督徐广缙议事。徐广缙使人乘船出虎门外诣其军舰,辞之。文翰因出其所求各款:如鸦片开禁照例纳税;前定税则希冀更张;以及在广州市租地建房等要求。徐广缙复文逐层驳斥之,文翰"对进城一事则晓晓不休,据称福州、江宁、上海等皆准进城,前督臣耆英于道光二十七年(1847 年)二月二十七日有约,一过两年,即为英国商民进城之日"⑧,请代奏皇帝以践前约。徐广缙以广东民情剽悍,允英人入城居住必多事端,乃严拒之,一面密召诸乡团练以为拒绝入城之后盾,同时复

---

① 萧致治:《鸦片战争》,第 659 页。

② 齐思和,等:《第二次鸦片战争》第四册,第 299 页。

③ 蒋廷黻:《筹办夷务始末补遗(道光朝)》第一册,第 158 页。

④ 齐思和:《筹办类务妈末(道光朝)》第六册,第 2968 页。

⑤ 齐思和:《筹办类务始末(道光朝)》第六册,第 2970 页。

⑥ 王铁崖:《中外旧约章汇编》第 1 册,第 70 页。

⑦ 齐思和,等:《第二次鸦片战争》第一册,第 163 页。

⑧ 齐思和:《筹办夷务始末(道光朝)》第六册,第 3164 页。

照文翰："进城一事,当时如可行,何难立办? 德庇时与前督臣耆英要约,以二年为期,未尝不知民多可畏,故为缓图。"① 道员许祥光用地方士绅名义,致书英香港总督文翰云:"广东与外国通商二百余年,各国远人均在十三行居住,城外既可任其游行,则入城似无关紧要。……城内居民稠密,良莠不齐,每见外国之人,易于动摇。闲人之积愤生事者有之,土匪乘机抢劫者有之,民情习俗,均非上海、福建可比,此贵国人共知也。今阁下谬执前约,而未深思远虑者,不过欲以贵国之体面,夸耀于人,以为入城则荣,不入城则辱耳。不知无端而招众怨,举步而蹈危机,是慕无稽之虚名,而受不测之实祸,求荣反辱,智者必有所不为也。"② 英人不听,"夷船闯入省河,连樯相接,烟轮蔽天,制府复单舟前往,谕以众怒不可犯,夷酋谋质制府舟中,以要入城之请。俄而省河两岸义勇,呼声震天,酋大惧,乃以罢兵修好请,自此不言入城事"。③

道光皇帝闻奏大喜,下诏曰:"入城之议已寝,该夷照旧通商,中外绥靖。不折一兵,不发一矢,令该夷驯服,无丝毫勉强。朕嘉悦之忱,难以尽述。徐广缙著赏给一等子爵,准其世袭,并赏双眼花翎。叶名琛著赏给一等男爵,赐花翎。"④ 咸丰二年八月(1852 年),"调徐广缙为湖广总督,即以叶名琛为两广总督,叶制军素性沈毅刚强,待外人不好挑衅,亦少恩抚,每遇诸国照会,或略敷数语,或竟不答"。⑤ 叶名琛无对外知识,对外人一概不予接见,对外人要求一概拒不接受,从而给予英人发动侵略之借口。他对内也无施政经验,一味大言自夸,狂妄虚矫,蒙上欺下,制造纠纷,故对英法联军入寇之造因,应负大部分责任。当时广州为中外通商最繁盛之口岸,总收入甚丰,且太平军方兴,清廷之军资饷项,实利赖之,故对广州特别重视,对叶名琛特别倚重。

(三)西方列强在清朝内战中的虚伪中立

在太平军初期取得胜利的时候,尤其是 1853 年太平军攻下南京时,清朝的一些地方官已要求西方列强的帮助。署督臣(两江总督)杨文定差委革员带照会,饬令会商各国夷酋借用兵船一事,被英美法拒绝。⑥ 但这时,清朝政府还不认为有必要求助于外国,而列强也不愿在清政府没有明确表态的时候立即表明自己的立场,他们需要对由于太平军惊人的胜利所造成的复杂形势观望一下,因此对中国的内战暂时采取中立态度。英、法、美通商传教权利主要在长江流域,因此本质上都反对太平军势力。英国商业利益最大,采取中立态度,观望变化,以便两边取利;美国商贸较少,助清也较积极;法国企图取得内地传教权,竭力讨好清政府,态度最为露骨。

"英、美、法三国公使在咸丰三年(1853 年)和咸丰四年(1854 年)先后从上海访问天京,直接与太平军领袖接触。这是为了了解这个突然兴起的政权的底细,同时也是对清朝政府的一种姿态,以对清朝政府进行讹诈。……在咸丰三年,英国公使文翰首先到天京访

---

① 齐思和:《筹办夷务始末(道光朝)》第六册,第3180 页。
② 齐思和:《筹办夷务始末(道光朝)》第六册,第3180 页。
③ 齐思和:《第二次鸦片战争》第二册,第349 页。
④ 齐思和:《筹办夷务始末(道光朝)》第六册,第3189 页。
⑤ 齐思和:《第二次鸦片战争》第一册,第164 页。
⑥ 贾桢,等:《筹办夷务始末(咸丰朝)》第一册,第205 页。

问,他在天京会见了北王韦昌辉和翼王石达开,并与东王杨秀清交换了信件。法国公使布尔布隆在同年11月到了天京,燕王秦日纲和他进行了会谈。第三个去的是美国公使麦莲。麦莲的前任公使马歇尔上校在咸丰三年也曾想到天京,但因他的船在镇江搁浅而未能到达目的地。麦莲在1854年5月虽然到达天京,但他拒绝了天京官员向他提出的'觐见'东王杨秀清的要求,却把他所乘的兵船上驶芜湖,然后就返回上海。这些外国公使都是乘坐自己的兵船进入长江的。当时清朝政府固然不敢阻拦外国船自由行动,而太平天国政府也不懂得外国船是无权在长江航行的。"① 清政府对西方列强与太平军交往极为反感,当咸丰帝听说额尔金于往返途中两次路过南京都与太平天国有过交往时,更加深了疑虑。他愤懑地说:"该夷已与中国议定通商,忽又勾通叛逆,其包藏祸心,殊属叵测……不可不密加防范。"②

太平军的领袖们在会见外国使节及发布的的文告中,一再宣布天王洪秀全"为天下万国太平真主",说"天下万国皆要来降也""有一国不到天国……朝万国真主,便是妖魔",表现了太平天国自居于君临世界的巅峰,而置海外各国于归顺朝贡的地位;询问各国派人到天京来是为了"扶尔主、朝尔主"(尔主指洪秀全)还是为了贸易,"因何不见尔等各国具些圣物进贡",表明了太平天国重视的是外国帮助"天朝"灭清和向"天朝"进贡,而不是彼此通商。③

公使们考察太平天国后认为:一、太平军的力量是强大的。二、太平军警告外国"如帮助满人,真是大错",对不平等条约无直接答复。三、太平天国领导人有"唯我独尊,统治世界之心理"。四、太平军完全不懂得政府的真正机能,他们仅仅为权利而奋斗。暂时无进军上海的动向。五、拜上帝会是"一种新宗教,可称为一种伪造的启示"。六、太平军严禁鸦片,这将严重影响对华贸易。他们确信,只有维护清王朝的统治,利用清政府面临的危机,向它索取高额报酬,才符合列强们的最大利益。他们要利用清政府因为太平军而陷入严重危机的时候进行更大的讹诈。他们认识到:"当太平天国起义逐渐普及全国,英国已感到在华商业有全部消灭的危险,如果清王朝垮台了,这个危险就更大了,甚至连在第一次鸦片战争中所已取得的侵略权益都有随时丧失的可能。"④ 他们的方针是,不抛弃也不轻易帮助清政府,而是表示"中立",甚至还做出可能支持太平军的姿态,迫使清政府向西方列强出卖更多的利益。

在这种方针指导下,围绕着上海海关领导权的争夺,英美于1854年4月4日对清军发起了"泥城之战"。

1853年9月7日小刀会起义军攻占上海县城时,苏松太道兼江南海关监督吴健彰被活捉。9月8日,地处外人居留地的海关官署被捣毁,清朝官吏逃离一空。9月9日,英美领事公布了上海《海关行政停顿期间船舶临时结关规则》。⑤ 他们通知英美商人:"海关虽不存在,但条约义务仍旧保留。并颁布了临时征税办法,要求英美商人应和海关正常工

① 胡绳:《从鸦片战争到五四运动》,第136页。
② 齐思和:《筹办夷务始末(咸丰朝)》第四册,第1298页。
③ 夏笠:《第二次鸦片战争史》,第106页。
④ 郑昌淦:《鸦片战争史论文专集》,第150页。
⑤ 姚贤镐:《中国近代对外贸易史资料》第一册,第490页。

作时一样,填写应付税款报表、应征税额,或用现银或用四十天期票,向英国领事馆缴纳。英商所交期票是否兑现,应经英国政府核准。"① 这就是所谓"领事代征制",从此中国政府实际上已无法在上海征收关税,而由外国人取而代之。这一天他们救出了吴健彰,但于9月25日,以吴健彰留在外人居住区有碍中立为词,把他赶回清营。

当时,江南大营和围剿小刀会的清军极需军饷,深赖关税接济,恢复上海海关刻不容缓。10月10日,吴建彰照会英领事阿礼国,告以已奉两江总督和江苏巡抚之命,"任命本人为兵备道及海关监督,并准向常州漕运使商借其官印应用"。② 英国驻上海领事阿礼国当即复文拒绝:"本领事认为,须俟大清官军收复上海县城,阁下到江海关复职视事之日,本领事始准备与阁下进一步谈判征收关税事宜。"③ 吴健彰只得另谋出路,决定将羚羊号和羊神号开到浦东陆家嘴江面,作为水上临时海关,于10月26日通知各国领事转告商人28日起前往交税。对此,美国代表表示支持。英法代表不予承认,声称内地设关违反条约,而且派遣军舰于28日将羚羊号和羊神号逐出陆家嘴江面。后来,吴健彰又在闽行镇及白鹤渚两处设立关卡,直接向华商征收出口税,并于1854年3月22日至25日通知各国领事。由于中国商人必然会将该项税附加到外商身上,因而此举自然引起各领事的强烈抵制。为了胁迫清地方政府当局就范,勒索更多的侵略特权,他们决定挑起"泥城之战"。

当时进攻上海县城的清军在泥城浜西侧(今人民广场一带)扎有兵营,与外国人居留区新辟的公园和跑马厅相近,双方间或发生纠纷。1854年4月4日,阿礼国取得美、法领事和驻沪海军司令的同意,以前一天外侨的木厂被清军盗窃为借口,向江苏署按察使吉尔杭阿发出最后通牒:"将北营三座移徙二里之外,限于申初回复,申正动手,否则起兵焚毁驱逐。"④ 下午4时,英、美出动380人的队伍,发起进攻,把近万清兵打得溃不成军,并烧毁营盘三座。

1854年5月1日,英副领事威妥玛起草了《上海临时制度备忘录》,提出以外国机构征收税饷的办法。列强答应吴健彰,允许海关在外人居留区恢复征税,英国以武力给予保护。6月21和22日,麦莲在昆山会晤两江总督怡良,提出将上海新海关(指闵行镇与白鹤渚)拆毁的要求,并强调如能采用外国人帮助管理海关的办法,清方不仅可以立即获得可靠的财政收入,而且过去9个月的欠税问题也能解决。怡良正苦于军饷无法筹措,终于接受外方条件,授权吴健彰与三国领事签订了出卖上海海关主权的《八条协议》。⑤ 7月2日,外人组成的"关税管理委员会"正式成立。英、美、法三国各指派一人为委员,由道台任命,称作"税司",后称"税务司"。税务司名义上是海关监督的助手,但协议却赋予他们以总揽海关事务的大权。通过泥城之战,列强把上海海关的行政牢牢地控制在自己手里,后来更进而夺取了全中国海关控制权。"各口岸的外籍税务司期初是在我们的道台的统

① 姚贤镐:《中国近代对外贸易史资料》第一册,第487页。
② 姚贤镐:《中国近代对外贸易史资料》第一册,第491页。
③ 夏笠:《第二次鸦片战争史》,第114页。
④ 贾桢,等:《筹办夷务始末(咸丰朝)》第一册,第252页。
⑤ 姚贤镐:《中国近代对外贸易史资料》第一册,第500-503页。

辖之下,可是今年来这些洋人已经把他们的身份抬高到与道台平等的地位。"①海关行政权是国家大门的钥匙,列强掌握了海关权以后,便可垄断中国的进出口市场,便于推销西方的产品,进行不平等交易。

泥城之战以后,由于担心"夷人"与"上海叛匪"勾结,清政府向西方列强让步:由吴健彰代表清朝当局向英、美、法赔礼道歉;做出"租界不可侵犯"的保证;修订《上海租地章程》。章程规定,在租界设立"工部局",这实际上是个政府机关,下设各个机构办理警务、税务、财务等方面的事,另外还有法院。此章程使租界成为一个由外国人统治的具有完全独立政权的地区。列强以打为拉夺得上海海关领导权后,与清政府相勾结,镇压了小刀会起义。尤其是法国的海军陆战队更是直接参与了与清军的联合作战,使上海小刀会起义终于在1855年2月17日失败。列强在上海的行动,暴露了其"中立"政策的虚伪性和侵略性。

(四) 修约问题

修约问题是第二次鸦片战争的前奏,当修约交涉失败,战争旋即发生。

列强利用清政府作为进一步侵略中国的手段,力争把清政府变成他们取得在华最大利益的驯服工具。当时的清政府虽然和外国侵略者有矛盾,可在对外战争中却表现得十分软弱,而且其对外政策摇摆不定。列强抓住了清政府的软弱性和动摇性,进行恐吓和讹诈,意图扩大他们的在华利益,这就产生了"修约交涉"。所谓"修约",就是要求修改《南京条约》《黄埔条约》和《望厦条约》,扩充这些不平等条约的侵略要求,夺取更多更大的殖民利益。

满清政府则讳言条约,从皇帝到大小官吏,不愿看或看不到条约原文。正如何桂清所奏:"查道光年间,在江宁所订者,谓之万年和约,系一成不变之件。在广州所订者,谓之通商章程,载明:十二年后酌量更改。历来办理夷务诸臣,但知有万年和约之名,而未见其文,以致误将通商章程,作为万年和约,徒以口舌争辩。"②"外国说十二年期满,应修改条约;满清说万年和约一成不可变。外国人以为痴人说梦,满清以为无理要挟,双方永不能合拍。侵略国无法循外交途径达到改订条约,增加权利之目的,唯一办法,只有'临之以威,为所欲为',用武力来解决问题。"③

英、美、法为了扩大他们的既得利益,向清政府提出修改条约的要求。在中英于1842年订立的《南京条约》中,没有修约的条款。但在中美《望厦条约》中,有以下条款:对于签订的条约"两国各宜遵守,不得轻有更变;至各口情形不一,所有贸易及海面各款不无稍有变通之处,应俟十二年后,两国派员公平酌办"。在中法《黄埔条约》中也有同样条款。咸丰四年(1854年),适为《南京条约》订约后第十二年,英国援引最惠国待遇,首先提出修约。

早在1853年5月7日,英国外相克拉兰敦就发出训令,要求英驻华公使文翰为来年

---

① 姚贤镐:《中国近代对外贸易史资料》第二册,第934页。
② 贾桢,等:《筹办夷务始末(咸丰朝)》第四册,第1194页。
③ 范文澜:《中国近代史》上册,第196页。

修订《南京条约》预做准备;5月17日和20日,英国分别照会法、美两国,希望他们在修约活动中予以合作;5月17日,通过驻彼得堡公使西摩尔给俄国外交部发出类似照会。沙俄鉴于在远东的兵力不足,在答复中没有作任何保证,美国政府明确表示愿意合作,法国对此反应积极,给予英国以"肯定的"和"毫无保留的"答复,并指示布尔布隆:"法国在远东的海军力量必须加强,在外交上必须效法英国"。① 文翰对克拉兰敦的上述训令提出异议。因为接到克拉兰敦上述训令时,正是太平天国西征军再攻安庆,围攻南昌;北伐军渡过黄河,向北挺进之际,一时还难以判断将由太平天国还是由清王朝来统治中国,这样,1853年的修约谈判也就暂时被搁置下来。

1854年5月(咸丰四年),英美两国都更换了驻华公使。新的公使包令和麦莲到广州后,叶名琛奏报:"该两国公使同时更易,其中必各有情。……有十二年后,再行重订之语。各酋来粤,即专注于此。"咸丰帝上谕:"该夷意在要求,尤当不动声色,加以防范。届时,唯有随机应变,以绝其诡诈之谋。叶名琛在粤有年,熟悉情形,谅必驾驭得宜,无俟谆谆告诫也。"②

克拉兰敦给新任驻华公使包令下达了新的训令,重提修约问题,并对修约的法律依据、内容、掌握尺度等作了详尽的指示。修约的具体项目如下:"一、争取广泛进入中华帝国整个内地以及沿海各城。如果这一点做不到,则二、争取扬子江的自由航行,并进入沿江两岸直到南京为止的各城以及浙江省沿海人烟稠密的各大城。三、实行鸦片贸易合法化。四、规定不得在外国进口的货物上,和为向外国出口而购买的货物上,课征内地税或子口税。五、规定对中国沿海海盗行为的有效取缔。六、如果可能,制定中国劳工向外移民的办法。七、争取英国国主得有一位代表长久而光明正大地驻节在北京朝廷。如果这一点争取不到,则八、规定女王陛下的代表和中国政府枢要间的习常公文往来,并充分保证公文的传递不受地方官宪的阻截。九、规定女王陛下的代表与该代表临时驻在省份的巡抚之间,得应任何一方面的请求而随时会晤。十、规定在行将缔结的条约的措辞中,一切疑点都应参照英文本解决,并且仅以英文本为准",训令还说:"你对于中国事务的长期经验会使你想到其它宜于规定的各点,关于这些点,你可以自行斟酌。"③

上述内容表明,英国根本不是对旧条约提出若干修订,而是要逼迫清政府与之签订一个内容广泛、远比《南京条约》为屈辱的新的不平等条约。1854年的修约谈判经过以下四个环节:广州投书、上海交涉、折回广东、白河谈判。

英国新任公使包令约会美国新任公使麦莲、法国公使布尔布隆,共同以三国代表名义,同时通知叶名琛请订期修约。1854年4月25日,包令给清钦差大臣、两广总督兼五口通商大臣叶名琛发出长篇照会。照会以在城内两广总督官邸会晤为先决条件,以"前往京师"和三国统一行动相要挟,并要求一揽子讨论签订新约和清理旧案的所有问题。他说:"如果钦差大臣应允了,我们就赢了非常重要的一着棋;若他拒绝了,我们将得到充足的理

①　夏笠:《第二次鸦片战争史》,第127页。
②　贾桢,等:《筹办夷务始末(咸丰朝)》第一册,第271页。
③　马士:《中华帝国对外关系史》第一册,第767页。

由证明我北上入京是正当的了。"① 由此可见，"修约"交涉刚刚开始，包令就已经为它设置了不可逾越的障碍，用入城问题这块大石头堵住了广州谈判的大门。

按当时清朝体制，两广总督同时是负责一切夷务的钦差大臣。清咸丰年间(1851—1861年)，中国尚无专管外交之机构，因广东为外国通商口岸，一切对外交涉，对西洋各国事务例由两广总督办理；对俄则由理藩院及黑龙江将军办理。叶名琛以广东巡抚于咸丰二年(1852年)升任两广总督，清廷应英、美、法要求修约之请，遂令他们赴粤与叶名琛办理。

叶名琛是个颟顸守旧、木强僵化、自大虚骄的官僚，具有封建顽固派的典型性格。他对外国情形毫无了解，他处理"夷务"的基本方针是：拒绝会见外国公使；对外交事务的处理采取回避、拒绝、拖延手法；认为和洋人接触越少，麻烦就越少；不与洋人挑起事端。他认为采取这种傲慢的办法，似乎即可了事。其实，在他的傲慢态度下面隐藏着畏怯的心理。叶名琛自以为尊贵无比，污辱外国人，每接交涉文书，略写数字答复，或竟不答，自称"雪大耻，尊国体"。英人受辱后谋乘机报复。②

叶名琛的建议和主张，反映了清朝统治集团中以怡亲王戴垣、郑亲王端华、户部尚书肃顺为代表的这一派人的心理和要求。这一派在清政府中起主要作用。他们仍然坚持第一次鸦片战争以前那种态度，认为"华尊夷卑"，幻想维持闭关自守的局面。他们尽量避免和西方列强接触，惧怕外来势力渗入会威胁封建统治，尤其是他们把外国侵略者在太平天国起义后诡称中立，误认为是偏袒太平军，耽心"夷船阑入"长江，致与"贼匪"勾结。因此既力求避免在国内战争极度紧张的情况下与外国侵略者发生冲突，又不肯轻易答应外国侵略者的过高要求。当外国侵略者的深入与他们的封建统治利益发生冲突的时候，他们并不甘心马上妥协，甚至在相逼太甚的时候，也会起来进行抗争。咸丰帝当时正是支持和依重这一派官僚。③

收到包令4月25日的照会后，叶名琛拒绝在两广总督衙门会晤，并派一名知州和一名知县传话说叶总督并未奉有谕旨办理变通事宜，变通事宜即指修改条约。

三国代表知与叶名琛交涉无益，遂于该年6月去上海，因为根据中美《望厦条约》，和清政府的公文往来，除了专办外国事务的钦差大臣外，还可通过两广、闽浙或两江总督代达。于是，包令和英驻华舰队司令赐德龄联袂于6月9日到达上海。

由于同年5月间，麦莲即以呈递国书为名多次成功会见怡良，所以上海的修约交涉就由麦莲首先出马。6月20日，麦莲在苏松太道吴健彰、松江府海防同知蓝蔚文陪同下到达昆山，6月21日与两江总督怡良会晤。据怡良奏报，麦莲提出："近年江路不通，商本亏折，拟请奏恳恩施，准其赴扬子江一带贸易。……倘不蒙代奏，只得竟赴天津。(望厦)条约载十二年后，准予酌量变通，现在为期不远……若江省因关碍旧约，不能主张，即请奏明派重权大臣前来，以便面交国书，酌商定议。"④怡良回答：第一，中美五口通商条约，中外

① 夏笠：《第二次鸦片战争史》，第134页。
② 范文澜：《中国近代史》上册，第185页。
③ 苑书义：《中国近代史新编》上册，第359页。
④ 贾桢,等：《筹办夷务始末(咸丰朝)》第一册，第285页。

臣民皆应永远恪遵。且条约载明，嗣后各国不得遣员到来，另有异议。今所请与原约不符，难以入告。第二，直隶总督无管理夷务之责，虽赴天津，亦属无益。第三，条约内载，所有贸易及海面各款，恐不无稍有变通，应俟十二年后公平酌办。既云海面各款，则江河陆路断不在内；既云少有变通，则不过就五口之中，因时制宜，略为斟酌，必非大有更改。第四，天朝制度，君尊臣卑，从无全权臣子。第五，广东钦差大臣管理各国事务，即属钦派大臣，未便另行渎情。

第二天，麦莲交出照会一件，除重申昨天谈话内容外，又提出若允许外国商人进入内地贸易，则以上海一港而论，每年可增五百余万，归于中华国库。复提出："如蒙奏准，自当襄助中华，削平反侧，否则奏明本国，自行设法办理。"①其意思是，如果皇帝拒绝派一位钦差和他商谈，美国将转商于太平军。

怡良是位久历官场的封疆大吏，深知两江总督没有办理外交事务的专责，自然不必火中取栗，惹来麻烦。他向咸丰帝奏报："再四筹思，唯有钦遵上年马沙利案内谕旨，饬令回粤，听候叶名琛查办。"②麦莲回到上海后又向江苏巡抚吉尔杭阿游说。此时包令在上海也积极活动。7月28日，包令和麦莲分别给吉尔杭阿递送内容基本相同的节略，声明如有钦差重臣前来酌议商办变通条约章程，准其货于五港之外，任往他处买卖，他们情愿调兵保卫，驱除不法（指太平军），期于必胜，并饬商补完上年小刀会起义以后的欠税，否则，即诣京师亲自赴阙。吉尔杭阿唯恐包令等北上大沽，使自己遭到皇帝的谴责，一再劝说他们回到广东与叶名琛交涉。几经讨价还价，直到吉尔杭阿做出"叶名琛已接奉上谕，饬令承办外国公使们的建议"的保证，麦莲和包令才同意现行南下，但声明广州入城谈判不成必当仍来上海，再赴天津，并分别于8月1日和6日离沪返粤。

英、美公使这次北上虽然未得到任何满意的结果，但他们并没有坚持到天津和北京，而是悄悄地回到了上海和广东。清朝政府认为这是他们并没有多少伎俩的证明，却不知道这些国家本来就想对中国国内形势发展再观望一下。而且，当时英国和法国由于同俄国间的克里米亚战争尚未结束，不可能在远东进行大规模的军事行动，所以他们在中国暂时避免采取过于强硬的态度，以免使自己反而处于窘困的境地。③包令和麦莲折回广东后，于8月22日和24日分别派代表给叶明琛送照会。包令还关照其代表，要叶名琛答应在广州城内或香港会见他，然后再谈修约事宜。叶名琛答复包令，会见地点只能在珠海炮台或在停泊于广州城外的一艘英国军舰上，但凡事循照条约旧章而行，倘其中稍有更易之处，一切均应奏明请旨，非敢擅专。收到叶名琛答复后，三国公使于8月28日在香港商定，不再会见叶名琛，而是直接与北京清王朝打交道。9月下旬，他们先到达上海，接着于10月15日到达大沽口外，此行有大小军舰5艘、官兵300多人。

清政府根本不愿意在靠近京畿的地方和外国进行谈判，因此，10月17日咸丰帝仅派长芦盐政文谦、天津镇总兵双锐和署盐运使钱炘和与英美方代表通事麦华陀和伯驾进行预备性会谈。10月20日，又加派前长芦盐政崇纶为专使，前往大沽负责谈判。10月31

---

① 贾桢，等：《筹办夷务始末（咸丰朝）》第一册，第286页。
② 贾桢，等：《筹办夷务始末（咸丰朝）》第一册，第286页。
③ 胡绳：《从鸦片战争到五四运动》，第149页。

日,崇纶到达大沽。

"九月十三日(11月3日)午刻,夷酋麦莲、包令带领夷人167名登岸。……夷人各执器械,列队鼓乐而来。奴才等于(大沽)炮台前支搭蓝布凉棚,周围派兵站墙,并派文武员弁排班侍立,以壮观瞻而肃威严。"① 英美使节终于交出了各自的变通条约清折。英国清折共18条,除克拉兰敦1854年2月13日训令的条款外,包令又增加了若干条。美国清折共11条,大多和英方的条款相同;法国则要求释放潜入陕西的法国传教士。

英使提出的十八点要求,内容如下:一、英国派钦差大臣驻扎清朝京师。二、准英人随意住内地各处,并海滨各城邑。三、以天津为通商贸易港口,派英国领事驻扎。四、英国钦差全权公使大臣欲与海疆各省督宪晤会,自应于署内照平仪接见。其管事领事等官,遇有必须进见者,亦应于署内照礼接晤,粤东省垣,亦在此条内。五、两国派委员,将商税则,会同辑修变通,又将鸦片土一项,准其一律进口,保税公允。六、凡于贸易诸口之间,准英船装运货物,往来无碍。七、凡有进口货运至内地,并出口货运至海滨,除五港照则纳税外,俱不得在内地关津重行征税,总宜流通,无有阻滞。八、定明各式洋钱价值,无论何项大小式洋钱洋元,俱准照分两成色轻重行用。九、彼此会同设法,肃清海滨盗匪。十、中土人涉海迁居他国者,彼此会同设法制定章程,以资控御周详,稽查严密。十一、应请专行诏谕各省大吏,凡有英人购买地段,总应襄助交易成全,写立地契存案为据。十二、应请专行诏谕各省大吏,将英人身体性命财产,妥为保护。十三、凡有英人被中土人诳骗财物,或别受屈枉者,速即查追审理。十四、所有近年粤省加抽茶用,每担二钱之款,应即停止,其在前已交之项,俱应照数付还英国,即在上海未纳税项内扣抵。十五、道光二十七年(1847年)二月间前大臣耆英立约定期,准英人进入广东省垣,应请大皇帝特颁诏旨,著为如约办理。十六、兹立信约之后,尚有切要之故,极需变通者,兹将信约重新酌改,总以十二年为期,复为酌订。十七、在各贸易港口处所,设法建立官栈暂存候销货物,以免不合售者仍行出口,终能合售,亦按则纳税。十八、立兹条约,当以英字为确据,或彼此将汉文英文各卷均立花押,以杜舛谬。②

此等要求几完全出于修改条约之外,暴露其侵略者之真正面孔。其最重要者为公使驻京,英人得在内地居住,购买地产,开放天津,修改税则,准许鸦片进口,废除厘金,使用各式洋钱,等等。清廷不许。

中方代表声明"他们没有全权证书,也没有办交涉的权力,只是奉命前来听取使节们的意见。他们并告诉英国公使说不能根据美国条约中任何条文而要求修改;并又告诉美国公使说在他的条约中所规定的'稍有变通之处'不能扩大到象现在所提出的那样大的修改。在这样情况下进行交涉,几乎没有任何成功结果的希望,使节们于是南返了。使节们相信,除非有一个武力示威的支持和强迫,是得不到条约的修改或通商以及贸易情况的改善"。③ 三国公使南返的另一原因是,英法正陷于克里米亚战争之中,无力抽调兵力来华;美国在华兵力也不足以逼迫清政府屈服。加之,十一月底以后,白河将结冰,不利于

① 贾桢,等:《筹办夷务始末(咸丰朝)》第一册,第338页。
② 贾桢,等:《筹办夷务始末(咸丰朝)》第一册,第343页。
③ 马士:《中华帝国对外关系史》第一册,第468页。

军事行动。

咸丰六年（1856 年），以美国驻华委员伯驾为首，再一次进行修约交涉。伯驾博士是个中国通，是位外科医生、传教士、外交官，1844 年起任驻华使馆中文秘书兼翻译官，6 次担任代办，1855 年 9 月 5 日任命他接替麦莲担任驻华委员。伯驾的修约建议为："一、三国派遣使节驻留北京，中国派遣代表分驻华盛顿、伦敦和巴黎。二、三国贸易无限制地扩展到帝国全国。三、全中国臣民有信教自由。四、改良中国法庭。"①

伯驾于 1855 年 12 月 31 日到达广州后，立即与包令和法国驻华代办顾随相互交换关于修约的意见。1856 年 1 月 19 日，伯驾照会叶名琛，要求在广州衙门会见并呈递国书；1 月 31 日叶名琛以"刻无暇晷"作复，辞不见面。3 月 8 日，伯驾第二次照会叶名琛，对受到的冷遇表示抗议，但叶名琛仍固执己见，不予会见。"伯驾于 5 月 2 日再次照会叶名琛，其中没有再提会见问题，只说 7 月 3 日为条约届满十二年之期，'须将合约再行商订'。他'现欲巡行各港，约在七月初旬前后便可启程赴京，要求奏请'早派大臣，亦赐以便宜行事之权，会同在北京将各要款酌办'。"②叶名琛 6 月 30 日照复伯驾，除同意转奏外，主要劝阻他的北京之行。伯驾知道在广州必定无所作为，决定于 7 月 1 日赴沪。伯驾告知包令准备在八九月份率一支美国海军力量前往北直隶湾，以打开修约的谈判大门，并殷切期望西方三国能一致行动。包令看到美国只能出动两艘战舰；法国代办告诉他"没有一条船能供他使用"；英国驻华海军司令又通知说，未奉命令使他能把任何海军力量提供给包令调度，而且包令自己在 7 月将前往印度，所以包令预料伯驾的渤海湾之行将"完全失败"。因此伯驾的三国陈师白河口的计划也未能实现。

伯驾北上途中，于 7 月 15 日在福州会见了闽浙总督王懿德并递交国书，但递交的国书遭退回。伯驾 8 月 1 日到达上海。9 月 15 日，伯驾先与已被革职的吴健彰密谈，又于 9 月 23 日与蓝蔚雯、吴健彰会晤。伯驾装出马上要北驶天津的姿态，又说要和太平军议立和约，吓唬住蓝、吴以后，伯驾才同意兰、吴提出的禀请怡良、赵德辙（江苏巡抚）转奏，等候另派钦差前来面议的办法，表示谈判地点或在上海或在宁波，均无不可。怡良有 1854 年处理修约问题的经验，这次更批复蓝蔚雯："本部堂不敢代为具奏。"此次谈判，会议接着会议，谈判接着谈判，拖了近 4 个月，没有任何成果。这时已到 10 月下旬，伯驾考虑到白河即将封冻，两艘美舰构不成强大的军事压力，在孤掌难鸣，进退失据的情况下，不得不照会怡良，宣布暂缓至来春启程北驶。11 月 3 日，伯驾南下，11 月 11 日经香港到澳门。这时，第二次鸦片战争业已爆发。

第一次鸦片战争后，清政府在与西方列强办理日常外交事务时，既仍有"华尊夷卑"观念，又新生对列强恐惧心理，但总算学习并适应一些外交辞令和手段，从而在修约问题上与英、美、法等国虚与委蛇，拒绝了他们的修约要求。清政府的态度是："五口通商条约，虽有十二年再行更定之议，不过恐日久弊生，或有窒碍之处，不妨小有变通，其大段章程，原未能更改。"③"该督等亦可择其事近情理无伤大体者，允其变通一二条，奏明候旨，

①　马士：《中华帝国对外关系史》第一册，第 469 页。
②　夏笠：《第二次鸦片战争史》，第 156 页。
③　贾桢，等：《筹办夷务始末（咸丰朝）》第二册，第 452 页。

以示羁縻。"①清廷用阻扰推诿的做法,拒绝了列强修约的要求。三国公使南来北往,奔波几年毫无结果,于是他们分别向本国政府报告,欲达修约目的,必以武力为后盾,建议对中国发动战争,以取得更大的在华利益。

上述史实表明,以英法美为代表的西方列强企图进一步扩大在华权益,随时准备挑起新的战争,这时发生了"亚罗号事件",它成为战争的导火线。第二次鸦片战争主要事件如下:

1856 年 10 月 8 日,"亚罗"号事件。

1856 年 10 月 23 日,英军进犯广州,第二次鸦片战争开始。

1857 年 2 月 28 日,英法联军再次攻占广州,第二次鸦片战争全面展开。

1858 年 5 月 20 日,第一次大沽口之战。

1858 年 6 月 26 日,签订中英《天津条约》

1859 年 6 月 25 日,第二次大沽口之战。

1860 年 8 月 1 日,第三次大沽口之战。

1860 年 9 月,天津议和、通州议和均失败。

1860 年 9 月 18 日和 21 日,张家湾之战、八里桥之战。

1860 年年 9 月 22 日,咸丰帝出逃。10 月抢劫、火烧圆明园。

1860 年 10 月 24 日和 25 日,签订中英、中法《北京条约》。

1860 年 11 月 9 日,英法联军撤出北京,第二次鸦片战争结束。

战争期间,美国、俄国也与清政府签订了《天津条约》和《北京条约》;俄国还乘火打劫与清政府签订了《瑷珲条约》,侵吞了黑龙江北岸,外兴安岭以南 60 万平方公里的领土。中俄《北京条约》中把《瑷珲条约》中规定为中俄"共管"的乌苏里江以东约 40 万平方公里的中国领土被划归俄国,并强行规定中俄西段边界的走向,把中国的内湖斋桑湖和伊塞克湖硬指为界湖,为以后进一步侵吞中国西部领土制造了"根据"。俄国是第二次鸦片战争中最大的受益者。

第二次鸦片战争结束 4 年后,1864 年 10 月 7 日,中俄签订《勘分西北界约记》,俄国又吞并了我国西北 44 万平方公里的领土。

二、亚罗号事件与马神甫事件

英、法决心通过战争扩大其在华利益,1856 年 3 月,随着克里米亚战争的结束和巴黎和约的签订,英、法已能腾出手来对付中国。英、法两国由于在克里米亚战争中的胜利增强了相互合作,共同发动侵略战争的信心。美国也加紧了远东的侵略活动,积极准备利用列强间的合作扩大其在华利益。俄国是克里米亚战争的战败国,沙皇政府为了摆脱国内困境,转移群众视线,给资产阶级开辟广阔的国外市场,积极向远东发展,加紧侵略中国,借助英、法侵华的战火,抛开与英、法的宿怨,转而支持英、法发动新的侵华战争。列强认为,一方面清政府正困于与太平军的战争,如果清政府垮台,对英国显然是不利的。另一

---

① 贾桢,等:《筹办夷务始末(咸丰朝)》第二册,第 466 页。

方面,太平军内部发生了内讧并暴露出很大的弱点,如清政府不由外国人帮助而战胜了太平军,他们会变得比过去更加排外而骄傲,这对英国也是不利的。因此,选择在此清政府不堪一击之时发动战争,迫使其屈服,以摄取更大的权益,然后帮助清政府镇压太平军。

英、法一边进行战争准备,一边寻找战争借口。此时,发生了"亚罗号事件",成为战争的导火线。而法国则以一年前的"马神甫事件"作为参战借口。

(一) 亚罗号事件

1856年10月8日,广州水师营千总梁国定根据有人举报,探得有奸商假借英旗掩护为非作歹,即在广州珠海炮台附近码头,登上亚罗号划艇检查并逮捕海盗,将12名水手捆绑带走。"亚罗号事件发生时,(亚罗号船长)肯尼迪并不在自己的船上。虽然后来附近一艘葡萄牙船的船长发誓说他没有看到船上的英国国旗,但肯尼迪却坚称他看见一名中国水手拽下了英国国旗。"①英国广州领事巴夏礼听取了肯尼迪的报告后,立即赶往水师巡船交涉。他以"亚罗号"曾在香港注册、领有航行执照为由,说这是一条英国船,水手虽为中国人,但应归英国保护。他抗议清军"严重地把国旗扯下来",并向清军提出:"要求对这一事件进行调查,要是他们对这些被捕的人有任何罪行足资控告,可以由领事馆加以拘留,进行应有的审查。"②实际上,亚罗号的执照已经过期,本不在英国保护之下了。清军拒绝了巴夏礼的要求,于是巴夏礼恼羞成怒,硬要挑起衅端。英方指责清军登船、扯旗、擅捕是严重侮辱和侵犯了英国的尊严与权利,这就是所谓亚罗号事件。

巴夏礼当晚写了三封信。一封给英国公使包令,报告事件经过,请予指示。一封给两广总督叶名琛,要清政府道歉、赔偿,释放全部被捕水手。一封给英国海军准将爱利奥特,企图以武力威胁清政府。

10月11日,包令回复巴夏礼,承认"看来亚罗号是无权悬挂英国国旗的"。但他狡猾地说"中国人是不知道执照过期的"。他训令:"对已发生的事情我要求道歉,并要求保证将来英国国旗将受到尊重;一旦超过48小时,你便授权要求海军协助你强迫要求赔偿。"10月13日,包令又提出:"钦差大臣的道歉必须要书面的。"③

10月10日,叶名琛复信拒绝了巴夏礼的要求,并说明"亚罗号"水手李明太和梁建富确系海盗,"亚罗号"根本不是英国船,并放回9名被捕水手,仅留下2名海盗及需作为证人的水手吴亚认。包令因交回的不是全部水手,且非梁国定亲自送回,拒绝接收。包令和巴夏礼以此事为借口,蓄意扩大事态。英国驻香港海军司令西蒙立即命令驻港海军捕捉中国船只,精心挑衅,决计挑起新的侵华战争。

10月14日,叶名琛再次回复英方,英方仍觉不满意。"10月21日(九月二十三日)英方悍然向叶名琛发出最后通牒,要求广东当局道歉,礼还全部被捕的'亚罗号'水手12人,并限在24小时内满足英方要求,否则便以武力解决。钦差大臣、两广总督叶名琛多年来与外国人打交道的主要手段是在天朝大国观念支持下的自大与自闭,对于西方列强的侵

---

① 黑尼斯三世:《鸦片战争》,第197页。
② 齐思和,等:《第二次鸦片战争》第六册,第48页。
③ 齐思和,等:《第二次鸦片战争》第六册,第50－52页。

略本质并不了解,始终认为西人最为看重通商,凭此一端便可制敌之命。故而在与英、美等国公使、领事交涉时,多施推诿与回避故技。一旦外人把兵船开至广州城外,以武力相威胁时,他立即惊慌失措。22 日,他同意英方全部条件,并在限期之前 1 小时将被捕水手全部送还。但英方既已打定主意,借此挑起战争,乃复寻找借口,既不接受水手,也不收受叶名琛照会,于 10 月 23 日悍然发动了对广州的军事进攻。第二次鸦片战争拉开序幕。"①

"亚罗号"是"内地人苏亚成所造,转雇该船主代领牌照,故船内水手皆系内地匪徒"。苏亚成于 1854 年 8 月建造成了商船,为了方便走私,非法弄到一张港英执照,并雇用了英国人亚罗为船长。1855 年 6 月,该船转卖给另一中国商人方亚明。方又领了一张自当年 9 月 27 日起有效期为一年的执照,并雇用了爱尔兰人肯尼迪为船长。名义上的船长是 21 岁的肯尼迪。有他在船上,加上香港的注册身份,使得真正的中国船主可以获得《南京条约》赋予英国船只的特权。该船利用港英执照作掩护,从事鸦片走私和抢劫等犯罪活动。在事发时,"官兵到船时,并未见有旗号,即据被拿之水手供称,因船未开行,旗号收在舱内。是旗号并未扯破,显然无疑"。② 该船的航行执照已于 10 日前满期,也就是说,"亚罗号"的船主是中国人,船员是中国人,中国政府在中国土地上,到中国的船上,逮捕中国的海盗,纯属中国的主权和内政。

对于当时"亚罗号"是否是中国船及船上是否悬挂英国旗,中英双方各执一词。"两艘巨大的战船打着大清旗帜驶入广州港,向'亚罗'号靠近,甲板上站着几位官员和 60 名水手。官员登上'亚罗'号,下令逮捕船员——全部是中国人,将他们捆绑,然后扔进其中一艘中国船的船舱中。肯尼迪等跳进一条舢板,向那艘中国帆船划去。肯尼迪用结结巴巴的汉语抗议逮捕行动,但得到的回答是水手的辱骂。肯尼迪缓和了口气,请求留两名船员在船上照应。官员答应了他的请求,把剩下的 12 名船员带走了。"③

亚罗号事件的焦点,就是"擅捕"和"扯旗"两个问题,这样一件小小的纠纷,无论如何也不应该演变为中英两国持续几年的大战,事情后来的发展,完全是英方蓄意挑起战争。

(二) 马神甫事件

1857 年 10 月,法国与英国组成联军,正式参加第二次鸦片战争。法国参战的借口是 1856 年 2 月发生的广西"马神甫事件"。

"在中美《望厦条约》和中法《黄埔条约》中,有关于允许外国人在五口传教、中国官吏对外国传教士一体保护的规定。……法国逼迫清政府于 1846 年 2 月 20 日明诏弛禁传教并发还康熙年间封闭的天主教堂址等。但清廷的诏谕中同样保留了对外国传教士及中国教徒的某些限制,即其有借教为恶及招集远乡之人勾结煽诱,或别教匪徒假托天主教之名借端造事,一切作奸犯科应得罪名,俱照定例办理。仍照现定章程,外国人概不准赴内地

---

① 姜涛:《中国近代通史》第二册,第 549 页。
② 贾桢,等:《筹办夷务始末(咸丰朝)》第二册,第 614 页。
③ 黑尼斯三世:《鸦片战争》,第 197 页。

传教,以示区别。"①咸丰初年,中国上下对于道光年间被迫订立《南京条约》、承认外人在华传教,内心非常愤恨,更认为教士乃祸乱之源,教民多是奸宄之辈。

法国在华的宗教活动一向很活跃,外国传教士不顾条约规定,公然无视清政府的法令,屡屡赴内地传教,更在外国领事裁判权的庇护下,假传教之名,行不法之实。"1853 年(咸丰三年),法国巴黎外国宣道会传教士马赖由广州非法潜入贵州,再由贵州天主教会派遣,偕其助手和中国信徒白小满和曹贵,潜赴广西西林县传教。他们到西林后,广收无赖匪棍入教,包庇教民横行乡里、抢掠奸淫、胡作非为、激起民愤。1855 年夏天,西林乡民将马赖告至县衙,锡林知县黄德明慑于公愤,派勇将马赖带至县署,劝其离境。马赖离开西林不数月,复于是年冬天再度窜入西林。而此时西林县知县已由张鸣凤接任,他一改前任知县迁就曲护的做法,对不法教徒严加惩处,处死多人,并根据朝廷法令,限令马赖离境。但马赖未加理睬。1856 年 2 月 24 日,马赖与其 25 名中国教徒同时被捕。3 月 5 日,西林县当局在审讯之后,将马赖、白小满、曹贵处死。是为'马神甫事件',又称'广西西林教案'。"②

随后法领事报告清政府,西林县官捕获神父及信徒 25 人,加以毒刑审问,并砍头示众,要求惩办县官。叶名琛予以拒绝。咸丰七年(1857 年),法皇委派葛罗为驻中国公使,继续提出交涉。叶名琛告葛罗:"咸丰六年正月,并无拘拿马神父拷打致死之案。唯是年二月间,有匪徒马子农到村,妖言惑众,纠夥拜会,奸淫妇女,抢劫村寨等情。当即前往捕拿……只拿马子农正法,与札开马神父名既不同,籍亦不合。"③中法交涉宣告破裂,法公使向政府请示,当时法皇拿破仑三世野心勃勃,欲借保护教会为名向东方扩展势力。法国外长瓦尔斯基声称,法国政府已下定决心要从这次残忍的凶杀事件中得到充分的补偿。如果法国代办谈判失败,而且他手头没有足够的兵力的话,就打算从本土派一支远征军去。英国亦趁机向法国拉拢诱惑,欲与法国共同出兵,要求修约,发展贸易,法国立表同意。当英国于 1857 年 10 月 23 日发起第二次鸦片战争后,法国积极响应,以"马神甫事件"为借口,派兵参于侵华战争,于是英法遂联军进犯中国。

三、英军广州首战

对于英国侵略者的蓄意寻衅,负责筹办夷务的钦差大臣、两广总督叶名琛竟然无动于衷。对迫在眉睫的外敌入侵不进行任何反侵略战争准备。当时,广东清军总数约 74000 人,其中八旗兵 5600 余人、绿营兵 68000 余人。广州城内外约有清兵 13000 人,城郊建有炮台 10 座,每台防兵 20~60 人不等。珠江内河一带除修复了第一次鸦片战争中被毁的 16 座炮台外,又新建了 6 座,共计 22 座。防守城郊和内河沿岸 32 座炮台的兵力共约 2000 余人。但由于叶名琛毫无战备观念,不采取任何防御措施,惟日事扶鸾降乩,冀得神佑,因而亚罗号事件后,虎门要塞及广州清军都没有及时转入临战状态。

---

① 姜涛:《中国近代通史》第二册,第 546 页。
② 姜涛:《中国近代通史》第二册,第 546 页。
③ 贾桢,等:《筹办夷务始末(咸丰朝)》第二册,第 616 页。

在军事力量方面,清军在数量上并未增加,部署于边海防的军队数量仍然很少。对于在第一次鸦片战争中被破坏的海防设施,虽然在战后进行了一定的修复和扩建,尤其是对广东沿海的炮台等设施重点进行了改建,安设的大炮数量也有所增加,但质量改进不大,只是将其改为能够升降、旋转,可以调整射击方位而已。其他各地的沿海炮台设施虽也有所改进,但海防设施仍很落后,沿海方向的防务依然十分松懈。在军事装备的技术条件方面:陆军的步兵除冷兵器外,依然使用土制鸟枪、抬枪;火炮也一仍旧况,不仅射速慢,射程小,而且命中率低,杀伤力小;仍没有专门的炮兵编制;水师战船仍为木制的风帆船和划桨船,每船装备不多的小型火炮。水师海上作战能力极差,只能在内河和近海进行一些小规模的战斗,根本无法抗击外敌自海上而来的入侵。

1856 年 10 月 23 日,英国海军少将西马蒙率军舰三艘、划艇十余只,海军陆战队约2000 人,向虎门开进,第二次鸦片战争开始。英军的企图是:以武力胁迫叶名琛屈服,乘机进入广州城。英军对广州的进攻带有很大的冒险性,但由于清军的腐败、无能,因而使英军获得了成功。

当英舰强行闯入时,广东水师提督吴元猷因事先未加防范,又未接到叶名琛的命令,所以不敢下令开炮拦击。虎门各炮台守将有的等待观望,有的未战先逃,防兵纷纷溃散。因此,英舰未受任何抵抗即顺利驶过虎门要塞,进入内河。

10 月 24 日,英舰沿珠江南水道下驶,进攻河南凤凰岗等炮台。防兵"遵令走避",炮台被占,大炮被毁。在部属一再要求下,叶名琛才勉强同意派出 1500 人防守北门外的四方炮台。10 月 25 日,英军又攻占海珠炮台,50 门大炮全部落入敌手。至此,珠江内河一带的主要炮台均被英军攻占。

英军舰船突入珠江内河,直接威胁着广州的安全。当日上午,英舰开始进攻猎德炮台,守军奋勇还击,双方展开炮战。叶名琛接到战报后,仍以为英军不过是虚声恫吓。当时叶正在"校场看乡试马箭。逾时,兵丁来报:敌船驶入,将猎德及中流沙各炮台兵丁驱散,枪毙二名。因未奉令,不敢开炮还击,遂各散避,炮亦被毁。时各官咸在校场,乘机以告。叶相笑曰:'必无事,日暮自走耳……敌船入内,不可放炮还击'。言毕,扔出堂看箭,晚乃回署。是夜,敌船泊洋行下"。英海军陆战队顺利登陆。[①]

10 月 25 日,广州遭英舰炮击时,各街派丁巡缉,被英军击毙二人,因此人心忿怒,欲放火尽烧十三行,被清军饬令禁止。

10 月 27 日,西蒙除集中三艘军舰的炮火外,还利用海珠炮台的缴获的 50 门大炮轰击广州外城,并以总督衙署为主要目标,企图胁迫叶名琛屈服。28 日下午,英军继续炮击,并派海军陆战队登岸,"纵火将靖海门、五仙门附近的民房尽行焚烧。初一日(29 日)又纠约有二三百人(海军陆战队)扒城,经参将凌芳等迎击跌毙"。[②] 两小时后,抚标兵退入内城。南海县大浦乡团勇主动增援,杀敌数十人,终因武器简陋,势不能敌,亦退守内城。10月 29 日城陷,"时敌虽入城不满百人,亦伤亡近 30 名,见街道纷歧,未敢深入"。这时叶名琛才派武弁梁定海、谭蛟等率兵千人,前往被毁的猎德炮台防守。对于英军当晚的退撤,

---

① 齐思和,等:《第二次鸦片战争》第一册,第 165 页。

② 贾桢,等:《筹办夷务始末(咸丰朝)》第二册,第 499 页。

叶名琛以为全是他奉行不抵抗政策的成效,从此越发骄横自大、不可一世。"夷官请委员同往议事,名琛委雷州知府蒋立昂偕伍崇曜至夷楼,见领事巴夏礼,议仍不决。"①

自 10 月 31 日起,英军连续炮击广州城,"本有缺口及城门三处洞开,敌兵并不由此直入,惟事大炮轰击。该敌兵不满一二千,不敢进城。且其意初不在城,第欲以炮惧我耳"。②但为达到入城谈判的目的,便于 11 月 6 日派出军舰三艘,沿珠江主航道东进,炮击位于竹横沙的东定炮台。该炮台有炮 36 门,守军约七八十名。"时台外河面有红单船二十余艘,彼此开炮,我军败绩,船毁,台亦碎,壮勇全逃。敌人登台,顷刻亦退,有绅士林福威带勇赶上,遂报克复。"③11 月 10 日,英舰三艘、划艇两只再次轰击猎德炮台。此时,该台除有防兵千人外,台后还有陆路乡勇应援。但因火炮射程近,达不到敌舰,而敌之舰炮却能射中炮台,致栏石碎飞,伤守兵甚众。随后,英海军陆战队在炮火掩护下登岸,绕道抄袭炮台后路。当时,梁海定和谭蛟正在台后村庄中赌博消遣,闻警仓皇逃遁。守台兵受到英军前后夹击,又无人指挥,便一哄而散,腊德炮台再次失陷。

11 月 12 日,英舰为打通广州与香港的联系,解除后顾之忧,便沿珠江东南水道南返,从侧后袭击安有 200 门大炮的横档炮台。守台兵 400 余人与敌展开炮战。一小时后英军陆战队从炮台西侧登岸,由西、北两面攻击。防兵不支,纷纷溃散。英军遂占领炮台,掠获全部大炮。翌日,英军又攻占横档东南的威远、镇远和靖远炮台。此时名琛声明完全接受英方要求,但英方继续进攻。

在战争过程中,叶名琛先抱着侥幸心理,主观地认为英军不敢动武,因而在亚罗号事件后仍不进行战备,使英舰得以乘虚闯过虎门,进入珠江内河。敌舰向珠江内河炮台发起攻击后,他依然坚持不抵抗主义。最后,虽然被迫还击,但因准备不足,指挥不当,加上各炮台守兵过少,火炮落后,弹药不足,终被敌人各个击破,造成重大损失。

战争期间,广东人民和部分爱国官兵采取不同形式,机智勇敢地打击敌人。1856 年 12 月 4 日,广东商民满怀义愤,焚烧西关洋楼,延及英法居屋,英使馆及十三行皆成灰烬,丧失赀财无算。"于是数十年所谓十三洋行者,皆成瓦砾场、飞天道哉! 毁后,彼失其巢,尽栖船上,彼疑我兵所为,遂挟忿思报复,其实祝融一炬,竟莫究所从来也。"④事后英兵亦携火具焚烧沿壕居民五千家,以为报复。焚烧十三行影响甚大,第一次鸦片战争前,中国的对外贸易由半官半商的十三行垄断,广州是中国的外贸中心;第一次鸦片战争后,十三行的垄断地位动摇,上海的外贸量激增,广州与上海并列为中国最重要的外贸中心;第二次鸦片战争后,广州外贸衰落,上海成为中国唯一的外贸中心,并进而成为中国的经济中心。

英军虽然攻占了珠江内河及虎门的主要炮台,但由于沿江军民不断采用夜战、近战袭击敌舰,使英军无法保障水陆交通安全,与香港的联系经常受到威胁。12 月 22 日,英国提斯特尔号邮轮拖着一支满载从广州劫来的珠宝玉器的划艇,企图经虎门口驶往香港。半夜,邮轮于虎门口内突然受到上百只中国划艇的拦击,便开足马力向出海口方向直驶,

①　齐思和,等:《第二次鸦片战争》第一册,第 214 页。
②　齐思和,等:《第二次鸦片战争》第一册,第 167 页。
③　齐思和,等:《第二次鸦片战争》第一册,第 168 页。
④　齐思和,等:《第二次鸦片战争》第一册,第 170 页。

不料又被另一队中国划艇截住，不得不抛弃拖曳的划艇，突围而逃。12 月 30 日，该邮轮又从广州驶往香港，广东乡勇 17 人化装潜入船上，于中途杀死船主等 11 人，将邮船开到岸边捣毁。

"1857 年 1 月 4 日，中英还在江面上展开了一场对阵战。中国水师向英国船舰发起了联合的、最猛烈的进攻。下午一点，首先攻击英军盘据的炮台。一大队沙船横列江上，约有七十只大沙船和三十只各配备四十到六十条桨并在首尾安设重炮的兵船，都挤满了人。当英舰开近时，受到猛烈而准确的射击。西蒙除派船增援炮台外，亲率舰艇力图阻止挺进的华军，使他们的进展略略缓慢一点。直到涨潮的时候，中国沙船才开始退往小支流上去了。在另一处，自下午一点半起，约一百八十或二百只沙船，配有同数的划艇，向英舰进攻；还有二十二只沙船，连同划艇，也从一条小河上开来了。当它们距离英国船舰约一千五百码时，展开了灵活的炮击，英军也立即反攻，于是一场激烈的战斗开始，直继续到二点三刻，中国船艇才扬帆撤回到小河上去。"①

在广东爱国军民的反抗和打击下，英军被迫于 1857 年 1 月 20 日退出珠江内河，撤往虎门口外，等待援军的到来，并驰书本国政府，请求增兵宣战。

"初英使包令以为名琛顾全大局，必能让步，从而协议可成。孰知名琛依然坚持成见，致包令反成骑虎难下之势。然终以未奉本国攻城训令，不得不慎重将事，故入城后旋即退出，事后暴民放火，延及英法财产，问题扩大，乃不得不请求政府，派兵东来增援。"②

咸丰帝接到叶名琛奏报："（咸丰六年）十月初一、初九等日，我兵接战，两获胜仗，夷匪伤亡四百余名"的谎报后十分欣慰，但仍立即谕令叶名琛与英方议和，"当此中原未靖，岂可沿海再起风波，宽猛两难之间，叶名琛久任海疆，谅能操纵得宜，稍释朕之愤懑"。③咸丰帝主张息兵媾和的另一重要原因，则是国库空虚，军饷难筹。他在 1857 年 4 月 23 日的上谕中说："当此中原多故，饷糈难筹，叶名琛总宜计深虑远，弥此衅端，既不可意存迁就，只顾目前，又不可一发难收，复开边患。"④此外，咸丰帝认为英军攻打广州，无非是提出更多的利益要求，而不会推翻他的封建统治，因此谕令叶名琛，如果英国新任使臣到广州谈判，只要条件不甚苛刻，即应以礼相接，以期两国息兵和好。6 月 15 日（五月二十四日），咸丰帝在叶名琛的奏折上朱批："该夷乘机启衅，仍当密为防范，勿存轻视之心，总宜息兵为要。"⑤显然，咸丰帝朱批的要点是"息兵为要"。这一妥协求和的错误方针，严重妨碍了前线将士的战斗决心和战争准备，并助长了外敌进一步武装侵华的野心。

四、英法联军占领广州之战

包令、巴夏礼在广州的军事行动，并未得到英国政府的授权。亚罗号事件传至英伦，英首相巴麦尊主张开战，但未得议会通过。英议会中甚至有人认为派往中国之英国官员，

---

① 蒋孟引：《第二次鸦片战争》，第 60 页。
② 台湾三军大学：《中国历代战争史》第 17 册，第 81 页。
③ 贾桢，等：《筹办夷务始末（咸丰朝）》第二册，第 499 页。
④ 贾桢，等：《筹办夷务始末（咸丰朝）》第二册，第 521 页。
⑤ 贾桢，等：《筹办夷务始末（咸丰朝）》第二册，第 535 页。

处置失当。上院议员林达士卿曾言："亚罗号者,系中国所造,所有者系中国人,乘之者亦中国人,就此一事而言,英国官吏处置失当,已无可讳言。"[1]议员利顿认为"包令提出的论证是卑鄙的"。[2] 1857 年 2 月,英国上院表决一项议案,谴责包令等在华英国官员擅用武力。经辩论,该案以 110 票比 146 票被否决。

英国下院议员克布顿是包令的老朋友,他提出的决议草案全文如下："本院关切地获悉中国当局和英国人在珠江的冲突;中国政府因未完全履行 1842 年条约而向我国提供了多少该责难的理由,暂可不揄;本院认为,目前摆在案头的文件,对于因最近亚罗号事件而在广州采取的暴烈措施,不能构成命人满意的根据。"[3]表决中以 263 票比 247 票通过。"根据英国的制度,政府的重大决策被下院否决之后,或政府辞职另组政府,或解散议会重新大选。巴麦尊在议案通过的第二天便宣布解散下院。重选结果,巴麦尊一派在新的大选中获胜。"[4]新国会开会,始决议先派遣特使,压迫中国政府改订条约,赔偿损失,如果不成,再对华作战。

为了扩大侵华战争,英国巴麦尊内阁于 1857 年 3 月强行通过了一项增加军费和增援远东英军的提案。4 月 20 日,巴麦尊任命原驻加拿大总督额尔金及其弟普鲁斯为正副全权专使,率特别使团来华。同时从本土和毛里求斯、新加坡、印度等地共抽兵 2900 余人,组成远征军,以阿西伯纳姆为远征军海军司令,开赴中国。英国还照会法、美、俄等国,约其联合出兵。

当时,法国正加紧侵略越南。法皇拿破仑第三等认为,和英国联合侵华既可以换取英国对其侵略越南的赞同,又可以在中国捞到好处,因而欣然接受了英国政府的邀约。法国担心英国在华利益急速发展,会"在中国产生第二个英印帝国",因而,"法国的工商资产阶级遂都要求积极干预英中战争,外交部的代表依然主张和英国联盟"。[5] 法国以"马神甫事件"为借口,打着"为保卫圣教而战"的旗号,任命葛罗男爵为特命全权专使,率领一支法国远征军开赴中国,并训令其远东印度支那舰队司令德热努依里海军少将率舰队配合葛罗行动。

美国本想通过侵略战争扩大其在华特权,获取更大的利益,但由于其南部和西南部尚在开展废除奴隶制的斗争,国内政局不稳,因此接到英国的照会后,表示美国的全权代表愿意与英法代表一致行动,但不直接出兵。

俄国趁英国挑起新的侵华战争之机,进一步加紧其侵占中国北方领土的罪恶活动,同时,派海军少将普提雅廷出使中国,以帮助清廷镇压太平军为诱饵,要求割让黑龙江以北乌苏里江以东和中国西部的大片领土。交涉失败后,普提雅廷悻悻而去,径赴中国南方,与英法代表合谋侵华。

1857 年 4 月 20 日,英国外交大臣克拉兰敦给额尔金训令,详细列出 27 条行动方针。指示他谈判中所要提出的要求是:甲、要求赔偿;乙、在广州以及其他口岸完全履行几个

---

① 台湾三军大学:《中国历代战争史》第 17 册,第 81 页。
② 齐思和,等:《第二次鸦片战争》第六册,第 55 页。
③ 蒋孟引:《第二次鸦片战争》,第 74 页。
④ 蔡美彪:《中国通史》第十一册,第 208 页。
⑤ 齐思和,等:《第二次鸦片战争》第六册,第 69 页。

条约的条款;丙、公使驻京;丁、修约。① 如果清廷拒绝英国的要求,英国政府打算采取以下一项或几项行动:甲、封锁白河;乙、占领扬子江口大运河的入口处;丙、占领舟山群岛;丁、封锁芝罘(烟台)和中国其他口岸;戊、切断大运河通过黄河的出入口;已、在广州上游登陆,占领城垣上方的高地,并切断其供应;庚、在广州城的上方安置一支部队。② 1857 年 7 月,英国特使额尔金到达中国。

额尔金遵照英政府的训令,与包令、西蒙等进行了谋划。包令等一致主张首先给广州一个打击,迫使叶名琛屈服,从而消除同清廷谈判的困难。额尔金接受了包令等人的建议,决计先犯广州,取得讨价还价的条件,再向中国勒索。但因印度的人民起义(1857 年至 1859 年)正在蓬勃发展,额尔金于 7 月 16 日亲率其远征军一部赶到加尔各答,直到 9 月下旬才返回香港,因此,进攻广州的计划未能立即实行。

10 月中旬,法国特使葛罗抵达香港。英法特使及双方海军司令等经多次协商,确定"对北直隶湾的远征已于今年放弃,首先需要在广州采取直接而且果敢的行动"。③ 英法组成联军采取一致行动,决定首先攻占广州,而后北上白河。10 月底,美国新任驻华公使列卫廉到达香港,与英法公使会晤。11 月初,俄国公使普提雅廷由天津到达香港,正式加入了侵华集团,为英法武装侵略中国出谋划策。11 月 20 日,英军占据广州对岸河南的西部,完成了对广州的包围。此战由英国陆军司令格拉德、海军司令贺布率兵 18000 人,法国陆军司令蒙地班、海军司令沙纳率兵 7200 人,率兵舰及运输船只 200 艘。12 月 10 日,英法联军封锁广州河道,"将对所有试图破坏这一封锁的船只采取行动"。④

广州为广东省会,更为清代两广总督驻节之地。广州地当东西北三江之总汇,北依观音山,南当珠江口之衝,虎门要塞,雄峙于外,长洲诸岛,屏塞于内,形势甲于南区。因有水路交通之便,滇、黔、粤、桂及湘、赣南部之货物均集聚于此,为我国南部最大之贸易港,同时亦为对外最重要之关塞。自虎门向内,以至广州,沿江要地,均设有炮台,然火炮均为旧物,不堪新式舰炮之一击,水上虽亦有水师部队,然无甚作战能力。

清廷的方针是"息兵为要,如遇夷船驶至,不动声色,妥为防范。不可稍涉张皇;以致民心怕惑。"⑤ 据此,叶名琛不仅不加强广州的防务,反而大肆裁撤团练兵勇。十三洋行商馆被烧毁之后,叶名琛竟下令把所有团练乡勇赶出省城,原已陆续聚集于广州周围的 30000 余兵勇,凡非坚守要隘者,全部被裁;陆路壮勇原约 10000 余人,被裁十分之八,所存者不及 2000 人。广州内河水师战船大多损失,非但不予添造,反而大加裁撤。虎门要塞被英军破坏的几座炮台,既不修整,也不重调水师驻守。直至获悉英国远征军开抵香港时,他才仓卒抽调部分兵力在珠江水路要隘布防,并派八旗兵防守广州城及城北炮台。

1857 年 12 月 12 日,英、法公使分别向叶名琛发出最后通牒,照会内称:"中国五港口,独广东何以不准进城;并欲请中国特派平仪大员,另行商议和约;上年事起,所有英民

---

① 齐思和,等:《第二次鸦片战争》第六册,第 69 页。
② 齐思和,等:《第二次鸦片战争》第六册,第 84 页。
③ 齐思和,等:《第二次鸦片战争》第六册,第 108 页。
④ 齐思和,等:《第二次鸦片战争》第六册,第 116 页。
⑤ 贾桢,等:《筹办夷务始末(咸丰朝)》第二册,第 500 页。

受累,皆当照数赔补;并欲各炮台驻扎英国士兵。"①限十日内答复。对于英法等国相互勾结,以及迫在眉睫的战争形式,叶名琛仍茫然无所知。他认为英国孤立,为法、美所不齿,并轻信谣言,说什么英国女王已命令其在华官员力求与中国"好释嫌疑,以图永久相安,毋得任仗威力,持强行事……断不准妄动干戈",认定英国不会再行开战。②叶名琛认为:"水路难敌,兵勇虽多无益;陆路该夷断不敢上来,我敢出结。"从而采取了水路不敌则不战,陆路敌不敢来则不守的水陆全部取消主义的方针。③在英、法公使发出最后通牒的同时,英法联军舰队便从香港出发,进犯虎门。由于叶名琛放弃战备,故联军舰队未遭广东水师的任何阻拦,得以迅速突入珠江内河,兵临广州城下。12月15日,数十艘敌舰集结于珠江主航道上,集中舰炮火力轰击与广州城隔江相望的河南地方。接着,敌海军陆战队登陆,顺利占领了该地,为攻打广州城夺得了立足点。

12月20日,联军舰队进泊广州五仙门外的珠江水面。额尔金和葛罗分乘炮艇从香港赶到,额尔金还到猎德炮台巡视。④次日,他们与两国海军司令在法舰上召开作战会议。12月22日,最后通牒的十日期限已过,英法并未进攻。

英使额尔金、法使葛罗联名于十一月初九日,"送来将军、督、抚、两副都统五衔照会,督臣并未会商,不知如何回复,迨十二日,该夷又送来五衔照会,督臣仍未通知"。⑤叶名琛只以不理会处置之,以为敌人虚声恐吓,坚信"不出一月,总可了事"。

英法联军于"24日那天制定了最终攻击的计划"⑥:

(1)27日至28日夜间,联军工兵连和爆破连登陆并占领二沙尾岛靠航道的登陆点。

(2)28日拂晓开始,联军舰队的120门大口径炮同时向城墙开火,在西南角、东南角和正南三处打开缺口,并以持续而缓慢的射击压制守城清军。

(3)28日晨,海军陆战队登陆,分三路进攻广州城。左路由德热努依里海军少将指挥法军,阻击从东门和郊区增援的清军;右路由西马糜各厘海军少将指挥英国水兵,阻击从城北各炮台支援的清军;中路由斯特罗本泽少将指挥英军和一部分法国水兵,主攻东固炮台,占领后派出云梯队乘夜抵近城墙,架设云梯。

(4)29日晨,全部大炮集中轰击城墙,摧毁城上的工事,尔后攻城。当联军成功地登上城头,中央部队就一分为二,一部朝南占领东门,另一部冲向北部高地。占领了这个地方也就可以控制全城。

在英法联军兵临城下的威胁面前,叶名琛对战守问题仍漠然置之。12月26日,其部属纷纷建议添调兵勇,加强广州服务,"叶相仍不动声色,谓彼故作恐吓之势以逼和,我已悉其底蕴,决无事变"。⑦番禺县令李星衢、南海县令华廷杰请求招募两县乡勇数千人,防备突然事变,叶竟说:"此事我却有把握,可保其无事。谁添兵,谁给饷。"⑧12月27日晚,

① 贾桢,等:《筹办夷务始末(咸丰朝)》第二册,第613页。
② 贾桢,等:《筹办夷务始末(咸丰朝)》第二册,第618页。
③ 夏笠:《第二次鸦片战争史》,第269页。
④ 齐思和,等:《第二次鸦片战争》第六册,第117页。
⑤ 贾桢,等:《筹办夷务始末(咸丰朝)》第二册,第622页。
⑥ 齐思和,等:《第二次鸦片战争》第六册,第122页。
⑦ 齐思和,等:《第二次鸦片战争》第一册,第179页。
⑧ 齐思和,等:《第二次鸦片战争》第一册,第179页。

联军工兵连、爆破连占领二沙尾,攻城迹象已十分明显。"十二日(12 月 27 日)晚,合城文武,尚往督署祝寿,叶名琛谓不必惊慌,仙乩云:'十五日(12 月 30 日)后便可无事'。叶相于城北建长春仙馆,穷极侈丽,内供奉吕纯阳、李太白二仙,一切军务,皆取决于神仙,所谓将亡听于神者也。"①

1857 年 12 月 28 日晨 6 时起,32 艘联军舰艇(英 25 艘,法 7 艘)的几百门火炮同时炮轰广州城,第二次鸦片战争进入新的阶段。叶名琛逃至城内粤华书院,清军乱成一团。广州城内大火熊熊,督署成为一片废墟。

炮击开始后不久,英法联军约 4000 人,分别从二沙尾及猎德炮台与东固炮台之间登陆,中路约 2000 人进攻东固炮台。驻防广州大门外的清军千总邓安邦率东莞勇 1000 人奋勇抵御,他们士气高昂,分散隐蔽于竹林和灌木丛或坟墓后面,以各种火器打击敌人。防守东固炮台的清军约 70 人,在东莞勇的配合下,也发炮轰击登陆的联军。邓安邦统一指挥东莞勇和炮台守兵,同超过自己一倍的敌军鏖战大半日,最后在弹药耗尽和得不到外援的情况下,才被迫于日暮时放弃东固炮台。当晚,联军以舰炮和东固炮台的大炮继续轰击广州城。

12 月 29 日(十四日)晨,占领城东一带的联军在炮火掩护下向城东北运动。防守城北五座炮台的总指挥,乍浦副都统来存"彻夜死守炮台,任飞炮迸裂,镇静不移。敌兵冒死扑台,将近 2000 人。我兵在台上对准放炮,伤毙敌兵数百"。② 联军进攻炮台受挫,便转而攻城。斯特罗本泽指挥中路英军第 59 团,成散兵队形攻击小北门;西马縻各厘指挥右路英军水兵攻击大北门。守城清军纷纷溃散,致使敌军迅速占领了观音山,控制了城内的制高点。接着,联军的右路和左路部队相继攻占了大北门和东门。城墙上的清军退入城内,与敌展开巷战。下午"2 点钟交火已停止"。③ 广州这座高二丈三尺、宽一丈八尺、周长十九里多的华南名城,只经过一天多的战斗就陷落了。当然,英、法侵略者也不能不为此付出沉重的代价:"有百余英国人被打死或负伤,有 30 多法国人丧失了战斗力,其中三人被打死。"④

12 月 29 日英法联军攻破广州北门,广州沦陷后英人搜括去总督署中财物,布政使司库银 20 万两,藩库所存重达 9 吨的制钱,时值约为 6 万英镑。城破时广东巡抚柏贵吓得"口噤手颤,傍晚请绅士伍崇曜、梁纶枢与敌人议和"。⑤

12 月 30 日(十一月十五日),"广州将军穆克德纳传令西北城墙上插白旗,开西门,任居民迁徙"。⑥ 随后,穆克德纳的满州驻防军全部被解除武装,在联军的威逼下,强令撤出城内兵勇。英法联军决定恢复柏贵和穆克德纳的原来职位,并且公告说:广州城已在联军武力管制之下,但政府交给柏贵管理。由英国领事巴夏礼、哈洛威上校和法国人修莱海军大佐组成一个广州外人委员会,驻在巡抚衙门里实行管制,凡是巡抚发布的布告,都须

---

① 齐思和,等:《第二次鸦片战争》第一册,第 224 页。
② 齐思和,等:《第二次鸦片战争》第一册,第 181 页。
③ 齐思和,等:《第二次鸦片战争》第六册,第 128 页。
④ 齐思和,等:《第二次鸦片战争》第六册,第 130 页。
⑤ 齐思和,等:《第二次鸦片战争》第一册,第 183 页。
⑥ 齐思和,等:《第二次鸦片战争》第一册,第 217 页。

经这个委员会加盖印信。巴夏礼由于会说中国话并专横地对待中国人,实际操纵一切,成为广州的真正统治者。委员会每日晨8时开会,安排当天的工作,并对前一日的工作记录加以核定。9时,委员一人或数人往晤柏贵,讨论他应注意的事项。柏贵出告示:"中外一家,业经和好,百姓不得再滋事端"①,但是柏贵和穆克德纳仍继续向清朝政府递送报告。

1858年1月2日(咸丰七年十一月十八日),叶名琛由粤华书院迁至左都统衙门,伏匿不出。5日,"英人括总督署中财物,并取布政使库银二十万两以去,释南海县狱囚,分队引路寻总督"。英人大索叶名琛,1月5日掳之押送观音山,当晚送上轮船,去香港。长随江升,"以手指河,摄之以目,盖劝之赴水也,叶相惶不悟",叶名琛既不能投水自尽,被英人掳至香港,居为奇货。"叶犹每日亲作书画,以应洋人之请,从者力劝不可题姓名,乃自书海上苏武。"②2月22日,叶名琛携带衣服、粮食、银钱等物,由武巡捕兰缓、家人斡庆和胡福、厨子刘喜、剃头匠刘四等随行,由香港启程后转携往印度,被押往印度加尔各答,禁囚于孟加拉湾之镇海楼。时人赠以讽刺之言曰:"不战不和不守,不死不降不走,相臣度量,疆臣抱负,古之所无,今亦罕有。"③此位"六不"之中国外交家,最终也只落得客死异国的悲惨下场。

叶名琛以不办外交为其外交政策,又迷信占语,常以沙盘占休咎,不肯接见外国人士,更不明了各国形势向背。英香港总督包令,性刚愎,与叶名琛长期不相融洽。英政府又以人性使气、好争小节的巴夏礼任广东领事,尤其使叶名琛望而生厌。"初,广东三合会匪倡乱,总督叶名琛,以为'治乱国,用重典',不多杀,无以示警。于是诸府州县地方,曾经倡乱者,许绅民擅捉擅杀。于是民间假公报私,杀气四起,计前后共冤斩十余万人。从贼者不敢散归,一路窜西江,陷广西浔州、梧州、柳州等府;一路窜北江,陷乐昌、郴州、吉安;一路窜南海,出外洋,夷人以火轮船围困,降之。当是时,夷与俄罗斯构兵新败,欲降此股死党贼,驱往北海尝敌。其首领关钜、梁楫等,坚请夷酋巴夏礼,先攻广州。因师出无名,乃留香港数月,日夜训练。"④由于叶名琛的错误政策,把大批百姓逼成"海盗""乱民"推到了英军麾下,成为英军的帮凶,使英军兵源得到补充。

"十二月初七日(1月21日),接英夷照复:总候钦差大臣与英法两国商定和约竣妥后,始能撤兵交回城垣。"⑤英法联军占领广州后,在联军的蹂躏下,广州遭到了空前的浩劫。侵略者烧杀掳掠的暴行,激起了广东人民的英勇反抗。三元里一带群众,重建和扩大了原来的社学组织,并联络南海、番禺两县人民,在佛山镇成立团练总局,集义勇数万,坚壁清野,与联军展开针锋相对的斗争。东莞、顺德、花县等县人民,也纷纷组织团练武装打击侵略者。广州城外军民实行秘密分散的游击战,每夜以壮勇数百人,分路潜至城下,鸣锣呐喊,向城内施放火箭,惊扰和打击敌人。城内市民则经常埋伏在联军出入之地,出其不意地袭杀敌人。1858年2月8日,佛山团练武装数万人,计划反攻广州,被柏贵破坏。爱国军民的伏击和袭扰敌军的行动仍接连不断,联军龟缩城内,不敢轻易再出。佛山团练

---

① 齐思和,等:《第二次鸦片战争》第一册,第189页。
② 齐思和,等:《第二次鸦片战争》第一册,第232页。
③ 齐思和,等:《第二次鸦片战争》第一册,第233页。
④ 齐思和,等:《第二次鸦片战争》第一册,第223页。
⑤ 贾桢,等:《筹办夷务始末(咸丰朝)》第二册,第636页。

总局还发动香港大罢工，号召在香港、澳门等处为外国人教书、办理文案以及雇工杂役人员，概行辞职回家，使洋人各项经济活动陷入困境。

到了咸丰八年（1859年）正月，湖南巡抚骆秉章查明了广州情形上报朝廷："近日有宣传逆夷袭据省城一事……外间纷传两广督臣于十一月二十二日已赴夷船未归，广州将军、都统、抚臣曾为夷人邀往观音山之耗。"①"十一月二十五日以后，始将将军、抚臣送回抚署，而令夷目监之，收缴省城及近城军器，收省河各炮船，归夷目统带。"②至此，朝廷始才恍然大悟。但由于柏贵的傀儡政府继续向中央政府交纳税收，所以虽然已经知道柏贵做了敌人的傀儡，但清政府并不对柏贵作任何谴责，仍承认他是广东巡抚。咸丰帝谴责已被英军俘虏的叶名琛"实属刚愎自用，办理乖谬，大负委任，著即革职"。③广州城在侵略军统治下达三年多之久，柏贵在这期间病死。1859年清朝政府又派了劳崇光去当广东巡抚，他仍然进广州城（咸丰九年七月）和侵略者的管制委员会"合署办公"，继续维持傀儡政权的局面。第二次鸦片战争期间的广州城，侵略者建立了一个傀儡政权，又让它同清朝的中央政府保持联系，可以说，这是开创了在中国半殖民地化的过程中帝国主义统治中国的一种模式。英法联军进攻广州的战略意图不是灭亡清政府，而是以攻占广州为威胁，迫使清政府妥协投降，同时带有诱降作用。联军占领广州后，并不扶植或建立任何反满政权，也不成立侵略者自己的独立政权，而是保留柏贵的清政府办事机构，就是要起到诱降作用。

五、第一次大沽之战与《天津条约》

（一）第一次大沽之战

英法联军占领广州、俘虏叶名琛后，以为即可压迫清廷承认与之修约，酌给偿金，增开商埠。对于未来的行动方针，法方认为："所有的外交活动都告失败的时候，即行临时占领舟山。"英方认为："占领舟山，耗力甚多，对中国所造成的危害则是微乎其微的。只要有足够的海军力量，就能够在扬子江站稳脚跟，那就切断了北京的所有粮道，给中国政府造成最严重的困难和危险。"④美俄两国此时亦正与中国增订通商条约，于是就在英法拉拢合作之下，乘机出面向清廷地方官交涉。当英、法、美、俄使臣向广东副都统双喜、双龄提出交涉时，方知清廷已下谕书将叶名琛革职，并诏命柏贵暂署两广总督，联络地方绅民，组织团练义勇，谋将英法赶出广东，收复失地。因此英、法、美、俄四公使知在广东方面缔约无望，乃重新企划，由四国使臣出面，各致书中国首相，因广东方面不肯接受转递，乃遣使者送往上海，请江苏督抚代为转递。英法联军留部分兵力屯守广州，于1858年2月率其舰队随四国使臣转来上海。其目的如葛罗所言："中国之事务进入一个新的阶段。联军全权代表所以中止战争状态，是为了试图再次友好地进行谈判。然而，他们随时都可能

① 贾桢，等：《筹办夷务始末（咸丰朝）》第二册，第633页。
② 贾桢，等：《筹办夷务始末（咸丰朝）》第二册，第646页。
③ 贾桢，等：《筹办夷务始末（咸丰朝）》第二册，第623页。
④ 齐思和，等：《第二次鸦片战争》第六册，第71页。

被迫重新开战。"①

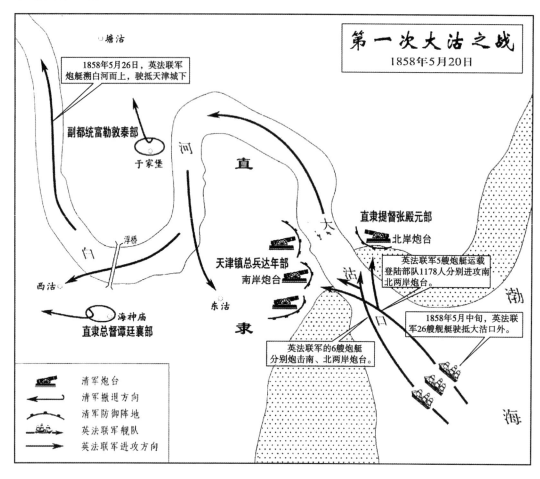

图6　第一次大沽之战示意图②

1858 年 2 月,英、法、美、俄公使分别照会清政府,要求于"二月十七日以前,希有得奉贵国钦差大臣南来,方将彼此应行商榷各节,会晤复定。……倘限满无钦差大臣前来……则本大臣毋庸置词,勿停延搁,亦勿待明言,乖和举兵"。③ 江苏巡抚赵德辙接得四国使臣书,咨送于两江总督何桂清,转递于大学士裕诚,裕诚奏闻于咸丰帝。英国使臣之照会,要求清廷派遣使臣议和,以达到其公使驻京,增开商港,改订税则,以及传教自由。四国使节事先曾互相参照讨论,因此照会内容大体一致,英法措辞一样强硬,美俄尚较温和。但俄国在背着英、法、美三国公使塞进的"附件"中,公然要求"不能以兴安岭为两国边界,当以黑龙江为界。再,查乌苏里江下游,应以乌苏里江右岸为界"。④ 当时咸丰帝并没有认识到事态的严重,以为"该夷照会内所称欲赴天津,自系虚声恫吓,藉肆要求"。⑤ 3 月 3 日,

① 齐思和,等:《第二次鸦片战争》第六册,第 135 页。
② 中国人民革命军事博物馆:《中国战争史地图集》,第 179 页。
③ 贾桢,等:《筹办夷务始末(咸丰朝)》第二册,第 653 页。
④ 贾桢,等:《筹办夷务始末(咸丰朝)》第二册,第 663 页。
⑤ 贾桢,等:《筹办夷务始末(咸丰朝)》第二册,第 667 页。

咸丰帝谕示两江总督何桂清,转告英、法等使,朝臣不得私收外使函件,仍须与广州两广总督兼钦差大臣黄宗汉交涉。同时承认,"此次起衅,系由叶名琛刚愎自用,驾驭失宜,以致该夷忿激滋事"。①

清政府由裕诚咨复何桂清,即转致各使,"俄国查勘界地事宜,曾奉谕旨特派大臣赴黑龙江会同查勘。各国(英美法)自应往广东听候办理,钦差向无赴上海督办之事。……中国臣下恪守'人臣无外交之义',亦未便自给该国照会"。② 四国公使对此答复深为不满。额尔金、葛罗等确定,英法联军舰队先开往上海,威逼清政府签订新约;若不能达到目的,便北赴白河口,对清廷直接施加压力。美、俄公使完全赞同英法的图谋。于是率英舰十余艘、法舰六艘、美舰三艘、俄舰一艘,次第由上海向天津进发。

对于列强贪得无厌的野心,清廷缺乏估计。广州沦陷后,清廷仍然认为英法只是借端要挟,重在通商取利,不会继续入侵,因而一方面命令柏贵"以情理开导",劝说侵略者退出广州,然后"相继筹办"。同时,任命刑部右侍郎黄宗汉为钦差大臣和两广总督,由京赴粤,与英法举行谈判。另一方面,咸丰接受某些人的建议,要柏贵"联络绅团,将该夷驱逐出城。外示兵威,内藉民力"。不久,咸丰帝接到两江总督何桂清关于英、法、美、俄四国公使欲赴天津的奏报。但他仍然置若罔闻,不立即采取对策,直至二月初七日(3月21日)才谕令直隶总督谭廷襄等"于海口各要隘,不动声色,严密防范"。而谭的布置,"设防仍以水路为主,兼备炮台后陆路"。③ 清军着重在大沽口设防。与此同时,仍寄希望于通过外交谈判解决问题。

4月8日,咸丰帝下谕署直隶总督谭廷襄转告外夷,"天津既非通商之地,又无专办夷务大员,到此无可商议"。他指示谭廷襄,"先解散俄美两酋,不致助逆,则英、法之势已孤,再观其要求何事,从长计议",企图以此瓦解英、美、法、俄四国在外交上的联合。又称"现在中原未靖,又行海运,一经骚动,诸多掣肘,不得不思柔远之方,为羁縻之计"。④

1858年4月20日,英、法、美、俄四国公使在白河口外会齐,24日(三月十一日)即分别照会清政府,"均请派钦差大臣前往会议"。"美、俄之意,皆欲从中调停和释"⑤。与此同时,联军舰队陆续驶抵大沽口,随即进行了进攻大沽口炮台的各种准备。联军派出侦察船,探测水深,侦查海口的地形和配套的设施等;派遣侦察人员化装登岸,侦察清军部署;派舰艇抢劫民船商船,掠夺财物粮食;在水边立标打靶,进行临战训练,并对清军巡洋哨船鸣枪挑衅;等等。

"当时,集中在白河内外的外国军队和舰只情况如下:英国:大船和巡洋舰各一艘,炮124门;轮船和炮艇13艘,炮61门;人员2052名。法国:巡洋舰2艘,炮100门;轮船和炮艇9艘,炮64门;人员600名。美国:巡洋舰2艘,炮100门;轮船1艘。俄国:轮船1艘,炮6门。"⑥英法联军共计不足3000人,其数量远较第一次鸦片战争内犯长江时的英

---

① 贾桢,等:《筹办夷务始末(咸丰朝)》第二册,第644页。
② 贾桢,等:《筹办夷务始末(咸丰朝)》第二册,第664页。
③ 贾桢,等:《筹办夷务始末(咸丰朝)》第二册,第665–670页。
④ 贾桢,等:《筹办夷务始末(咸丰朝)》第二册,第685页。
⑤ 贾桢,等:《筹办夷务始末(咸丰朝)》第二册,第720页。
⑥ 马士:《中华帝国对外关系史》第一册,第582页。

军数量为小,但侵略者欺骗了相当数量(数千)的"潮勇"。

大沽乃天津之出海口,天津地当白河、永定河、大清河、滹沱河、运河五川之汇合点,为南漕北运必经之地,经沽河(海河)可直达大沽海口,海口距大沽村五六里,距天津一百八九十里。天津船舶群集,帆樯往来如织,交通发达,商务繁盛,为北京之天然门户。大沽口复为天津之锁钥,其北有北塘口,由此亦可乘潮进入内河。故若北塘不守,敌可由此登陆以抄袭大沽之后,而受重大威胁。缘津沽一带,一片原野,道路随处可通,固守天津必须守大沽,守大沽亦须守北塘口。近大沽口30余里有拦江沙一道,称为"口外之险",大船不便航行。

清军在大沽口布防情况:大沽口的防御设施有前路海口两岸炮台和后路炮台、营盘两部分组成。前路:海口炮台共4座,有南岸炮台3座和北岸土炮台1座。南岸炮台3座,名为旧炮台、中炮台、南炮台,依序列为第一、第二、第三。海口炮台武器备有新拨大铜炮5尊、铁喷炮5尊,驻军近3000人。海口驻军统由直隶总督张殿元节制。后路:副都统富勒敦泰带京营,扎营北岸于家堡地方,有20尊大炮,距北炮台陆路约有6里,营内京营大炮及喷子炮15尊。护军统领珠勒亨所带马队,扎营南岸新城以南,距炮台约20余里。当时总的情况是:前路炮台及后路各营,相距几里,互相联络。前路炮台营兵为守卫白河口的堵御之师,后路各营为援应之师。它们之间相距不远,其中马队驻扎稍远一些。以上大沽口前敌各军统由直隶总督谭廷襄节制。清军海口防御工事和军队装备,总的来说是陈旧的。海口炮台有的是土质的,有的以大石镶砌,经不住近代炮火袭击。炮台周围筑有土质营墙,称为"城",这种城是"以芦席作筒,实土其中,垒以为城也"。远处看营城,"色黄而光"。炮还是中国古式炮,其中有紫铜巨炮,万斤或数千斤不等。其他多为抬枪、抬炮,洋枪很少,或竟没有,较广州海口设施相差很远。[①]

谭廷襄认为,敌军"长于水,而不长于陆,狡猾性成,未必肯舍长就短",因而提出了"设防仍以水路为主,兼备炮台后陆路"的方针。4月19日,谭廷襄与直隶提督张殿元、布政使钱炘河等率兵8000人,并携带神机营大炮,仓促前往大沽口设防。其部署是:谭廷襄率督标各营驻防海神庙,张殿元率提标兵一部防守北岸炮台,天津镇总兵率镇标及提标大沽协兵防守南岸各炮台,钱炘和总办粮台,清河道崇厚总理营务处。雇募海船、盐船40余只,于海神庙前搭浮桥一座,便于两岸联络,协同作战。此外,清廷还调派刑部左侍郎国瑞、护军统领珠勒亨、副都统富勒敦泰等率京营马步各队及火器营、健锐营兵2000余人,携炮30门,内有万斤炮数门,赶赴海口,统归谭廷襄节制。谭命国瑞率马队500人驻新城以东离海口15里处;令珠勒亨率马步兵1000余人,富勒敦泰率火器营500人守海口北岸及新河,均作为南北两岸炮台的后路接应。谭廷襄等一面备战,一面却又认为"不过摆列军器以威吓之耳"。[②]

4月24日(三月十一日),敌船到大沽口,又投书请直隶总督谭廷襄转达清廷,派钦差大臣会商,但仍无结果。清廷派仓场侍郎崇绮等至天津与议,英法以非权臣不足当全权代表不肯见。4月28日,清政府加派谭廷襄同布政使钱炘河为钦差大臣负责对外交涉,要

---

①　张玉田:《中国近代军事史》,第73页。

②　齐思和,等:《第二次鸦片战争》第一册,第565页。

求英、法、美公使返回广东，听候黄宗汉办理，俄使则仍到黑龙江等处会办，把希望寄托在俄、美公使的调停上，企图以美、俄牵制英、法。

"十五日，有法夷小火轮乘潮驶入拦江沙内，距炮台不过数里。……十六日，又有小火轮三只，在拦江沙内往来。……现（4 月 30 日）续到火轮船七只，连前共计火轮船十七只。"①目的是侦察并越过拦江沙，进据有利地势，使拦江沙的天然屏障归于无用。英人并用望远镜窥炮台，具悉虚实。守军派员前去询问，"中立"的沙俄公使普提雅廷却说"系各国欲来会面"。②他不仅以言语掩饰，而且把俄船别有用心地与英法船只同泊于拦江沙内。中英约定十八日（5 月 1 日）会谈，但英方爽约未至。二十日（5 月 3 日），中方官员分别会见俄、美官员。对于全权资格问题，"臣等答以天朝法制，从无全权大臣便宜行事，我等钦派到此，事若合理，自可代奏请旨"。③"二十二日（5 月 5 日）派卞宝善等前往，探询俄酋，据云：连日向英、法相商。法夷另开款单，恭呈御览。"俄法商议各款单：一、请将广西打死马神父之地方官处分。一、请将天主教如内地的佛教、道教一体看待。一、请将温州、海口等有买卖处通商，据云：暗地早已交易，唯求明定章程。一、法酋与英美等国各派钦差驻京。一、法酋请与英美等国在江河一带通商。一、法酋请准领事官与神父在内地游行。④二十五日（5 月 8 日），英使额尔金照会，要求派遣"奉旨从权便宜行事"大臣参加会谈。"旋据法酋曾投文，大意与英酋相同。文内所叙，六日为期，嘘声恐吓，尤为可恶！唯计时正在二十八九等日，系属强潮，难保不即闯入内河，遽致决裂。"⑤四月初三日（5 月 15 日）谭廷襄奏折："现在英法阳示其恶，美俄阴济其奸，其为贪得无厌，均归一辙。英法自照复以后，两日绝无音信，或令小船赴炮台左右测探，或令小船至河口附近窥视，忽来忽往，并于哨船经过，开放空枪，又在水边立标打靶，不时挑衅。"⑥

5 月 19 日晚，"忽有英法两国火轮船 8 只，驶入拦江沙内，与先已停泊之火轮船 8 只，联络并泊，鸣鼓悬旗。又有舢板船约 20 余只同至，察其形状，似欲接仗，实系有挟而求"。⑦5 月 20 日（四月初八日），上午 8 时不到，英法二使发出最后通牒，要求赴北京与全权大臣商议，并曲解《黄埔条约》第四款（遇有领事等官不在该口，法兰西船主商人，可以托于别国领事代为料理），声称军舰可以开进天津，限令大沽炮台守军二小时内交出炮台。

在此之前，联军已拟定了如下攻击计划：首先以六艘炮艇分成两组，同时发炮攻击南北两岸炮台；然后两支登陆部队分别向南北两岸发起攻击。第一支队由 457 人组成（英军 289，法军 168），负责攻打北岸，并夺取北岸炮台；另一支由 721 人（英军 371，法军 350）组成，攻打南岸炮台。⑧

5 月 20 日上午 10 时，"逆夷攻击炮台，南北两岸大炮一齐开放，击坏夷船四只。讵该

①　贾桢，等：《筹办夷务始末（咸丰朝）》第三册，第 729 页。
②　贾桢，等：《筹办夷务始末（咸丰朝）》第三册，第 733 页。
③　贾桢，等：《筹办夷务始末（咸丰朝）》第三册，第 739 页。
④　贾桢，等：《筹办夷务始末（咸丰朝）》第三册，第 743、744 页。
⑤　贾桢，等：《筹办夷务始末（咸丰朝）》第三册，第 751 页。
⑥　贾桢，等：《筹办夷务始末（咸丰朝）》第三册，第 781 页。
⑦　贾桢，等：《筹办夷务始末（咸丰朝）》第三册，第 796 页。
⑧　齐思和，等：《第二次鸦片战争》第六册，第 146 页。

夷船联络直上,闯入内河,炸炮轰伤兵勇甚多,以致退散,炮台即时被占"。① 当时北岸炮台由游击沙春元率部防守,南岸的主炮台由总兵达年和游击德魁率部防守,左炮台由都司讷勒河等率部防守,右炮台由游击陈毅等率部防守。四座炮台的防兵已增加到 3000 人,大炮 200 余门。"有火轮船闯近北炮台,转身开炮,先击南炮台,使两炮皆不得力。迨后北炮台回击续进之船,南炮台亦回击在后之船,彼此互击,约二时之久,夷船受伤已六七只。只因后船并进,炸炮进裂,先将北炮台之顶揭去,后将游击沙春元炮伤,洞腹肠出,登时阵亡;其南炮台都司陈毅、千总常荣魁……等亦登时阵亡。兵既不能立足,勇即相率退散。"② 面对敌人的进攻,各台守兵奋起还击,击沉敌舢板 4 只,毙敌近百名。法炮艇霰弹号遭到重创,艇长被打死,11 人被打伤。与此同时,守军从海口施放了约 50 只火船、火筏,顺流而下。联军舰队"立即派小艇去把这些火筏调转方向,把它们搁浅在河岸上"。③接着,口外的联军旗舰"斯莱尼"号及其他主力舰只的大口径火炮也向炮台轰击。11 时,联军的两支陆战队乘舢板强行登陆,向炮台接近。守军冲出炮台,与敌展开白刃格斗。他们顽强抗战的精神使敌人大为震惊。清军"炮台的设施都遭到了重大破坏,全都不能使用。然而中国人却没有放弃自己的阵地,他们的炮手一个接一个地被我们所击中,然而却立刻就有人替补。南岸炮台的坚持尤为特出"。"总的来说,中国人进行了英勇的保卫战,有些军官就地自刎而不愿苟生。"④ 正当炮台守军与敌鏖战之际,谭廷襄、钱炘和等却从大沽村乘轿逃跑,致使士气大挫。当敌陆战队进至炮台附近时,后路清军不仅不及时增援,反而讹传前军失利,以致兵勇惊溃。炮台守兵孤军奋战,沙春元、陈毅等中弹牺牲,各炮台遂相继失守,所有火炮、器械全被敌军掠获。联军陆战队占领南北两岸炮台后,其炮艇沿白河驶向东沽,烧毁浮桥,占领东、西大沽二村。

5 月 20 日(四月初八日)大沽口之役,"法国兵 7 人被打死,59 名负伤;英兵死者 5 名,伤者 17 名"。法军后来又增加了伤亡,是由于占领北岸某炮台时,"火药库着了火,把五十多人都抛入空中,有 9 个人死掉了"。⑤

此次战斗,大沽守军数倍于敌,但仅仅战斗两个多小时,4 座炮台全部落入敌手。之所以如此,主要是清廷动摇不定,缺乏抗战决心。当联军从海上北上时,咸丰帝一面命令在天津、大沽暗地设防,一面又令谭廷襄等"平心静气"地与侵略者"理论"。前线指挥官谭廷襄虽然奉命设防,但他根本没有打的决心,战前既无周密的防御计划,战时又不亲临前线指挥,危急时刻则带头逃跑。大沽炮台的陈旧落后,也直接影响了战斗的进行。炮台后路部队畏缩不前,不敢增援,望风而逃,也加速了炮台的陷落。

5 月 23 日(四月十一日)上谕:"谭廷襄督办天津防务,调度无方,著先行革职留任,拔去花翎,以示薄惩。"⑥ 5 月 24 日,谭廷襄逃回天津,张殿元等率所部退守天津城外。谭廷襄在大沽炮台失陷后立即声称:"统观事势,细察夷情,有不能战、不易守、而不得不抚

————————

①　贾桢,等:《筹办夷务始末(咸丰朝)》第三册,第 796 页。

②　贾桢,等:《筹办夷务始末(咸丰朝)》第三册,第 802 页。

③　齐思和,等:《第二次鸦片战争》第六册,第 148 页。

④　齐思和,等:《第二次鸦片战争》第六册,第 149-151 页。

⑤　齐思和,等:《第二次鸦片战争》第六册,第 153-154 页。

⑥　贾桢,等:《筹办夷务始末(咸丰朝)》第三册,第 803 页。

者。……臣非胆怯欲抚，只因明知不能战守，而勉强为之，后患不堪设想。"①当联军兵临天津城下时，谭更加惊恐万状，认为"时势危急，战守两难"，唯一出路是向侵略者妥协求和。大沽失陷后，谭廷襄带着 2000 名残兵败将，一路奔逃。"京兵败逃，沿途多有抢掠民间食物者，更有在麦陇中任意牧马者，是则兵之为害也。"②"惟时将帅无谋，兵丁屡败，群黎之心益形惊吓，纷纷逃逸。本群匪棍，率领群匪，四出抢掳。"③

十三日（5 月 25 日），"据通事李（国泰）声称：伊国所商之事，必须禀明上司，奏请大皇帝另派头品可主持之大臣二员，迅速前来共议。否则仍欲进京，并即攻击群城（天津）"。④ 5 月 26 日，英法联军跟踪西进，沿白河而上，兵临天津城下。谭廷襄借口"天津群城残破，内无一日之水，又无隔宿之粮"⑤，干脆自动放弃天津，退到离城很远的地方。英法联军一路无阻地到达天津，占住城外望海楼等处房屋，并未占领天津城。"天津府尊、县主并张锦文等，均上夷船问话。津群绅商铺户等，各备牛羊礼物，分送礼物，仍图讲和。"⑥"张锦文设支应局，以备供应四国每日食物，及各馆应用事务。"⑦

清廷闻大沽不守，即委科尔沁王僧格林沁为钦差大臣，"驻扎通州一带，扼要堵截，近畿地面，均经布置防务"。⑧ 5 月 28 日上谕："著派大学士桂良、礼部尚书花沙纳驰驿前往天津海口，查办事件。"⑨ 6 月 2 日，清政府又加派耆英帮同交涉。"因道光年间，与英夷订立和约等事，均系该员经手，故此次仍令前往办理。"⑩咸丰帝的如意算盘是：如果桂良、花沙纳接受了英法一部分要求以后，侵略者还不满意，就由耆英出面，再答应几条，"则该夷自当深信耆英，不致推托"。6 月 1 日，夷船"均已退至三岔河口，不复向前。见望海楼有空房数间，坚欲暂住，禁阻不听"。⑪"英、法侵略者方面，由于一则兵力有限，二则企图把不占天津作为诱和手段，三则也乐于通过地方官吏勒索给养，遂只占领天津城外的望海楼一带，而把这座城市留给清朝地方官员去管理。"⑫

从大沽逃到天津的直隶总督谭廷襄，在清政府的默许下，和英法入侵者在天津地区实行了局部妥协。他把天津防军撤到城外，避免和联军冲突，把天津变成不设防城市，使联军得以自由出入，任意横行。"英法二夷，时常操演士卒，绘画城图。将我群城之方圆高下，道路之广宽长短，河道之弯曲，概行丈量绘图而去。"⑬谭廷襄对英兵在天津的抢劫等罪行视若无睹，而对人民的反抗却加上"土匪"的罪名，派奸商张锦文所部练勇四出查拿，拿获即行正法。

---

① 贾桢，等：《筹办夷务始末（咸丰朝）》第三册，第 805 页。
② 齐思和，等：《第二次鸦片战争》第一册，第 478 页。
③ 齐思和，等：《第二次鸦片战争》第一册，第 480 页。
④ 贾桢，等：《筹办夷务始末（咸丰朝）》第三册，第 825 页。
⑤ 贾桢，等：《筹办夷务始末（咸丰朝）》第三册，第 850 页。
⑥ 齐思和，等：《第二次鸦片战争》第一册，第 481 页。
⑦ 齐思和，等：《第二次鸦片战争》第一册，第 484 页。
⑧ 贾桢，等：《筹办夷务始末（咸丰朝）》第三册，第 862 页。
⑨ 贾桢，等：《筹办夷务始末（咸丰朝）》第三册，第 825 页。
⑩ 贾桢，等：《筹办夷务始末（咸丰朝）》第三册，第 866 页。
⑪ 贾桢，等：《筹办夷务始末（咸丰朝）》第三册，第 850 页。
⑫ 夏笠：《第二次鸦片战争史》，第 322 页。
⑬ 齐思和，等：《第二次鸦片战争》第一册，第 490 页。

（三）天津条约

桂良、花沙纳于 6 月 2 日到天津，"遂订于四月二十三日（6 月 4 日）在海光寺接见英夷，法夷、俄夷定于二十五日，美夷定于二十六日，挨次接见"。[①] 与英使会谈时，"额尔金仰面向天，拿着伊国女酋金银夷书，怒立中堂云：既无钦差关防，何以议事？即作厉举枪挥刀而去"。[②] 此后，一直把谈判的事情完全交给翻译李泰国和威妥玛去办理。谈判中双方进行了多次交涉，英方翻译李泰国"前来声言，必须允其进京驻扎，方能在津议事，否则仍直带兵入都"。"卞宝书禀称：俄夷告以可代向各夷说合，不必进京议事。唯将来议定之后，各夷同欲进京瞻仰。"咸丰帝上谕："速将各款定议妥协，并将兵船退至拦江沙外，然后再议进京之事"，表示同意外国使节进京。[③] 谈判中李泰国持所拟之新约凡 56 条，要桂良立即画押允行。桂良与之商讨，英使骄横异常，非特无可商量，即一字亦不能更改，桂良等使臣还常受他的侮辱。其新约之内容，有公使常驻北京、领事裁判权、增开通商口岸、关税保持权、最惠国条款、保护自由传教、保护自由游历、自由觅致华工，以及军费赔偿等，尽其损害中国主权之能事。尤其对中国主权之国法、税收、破坏无遗，而最惠国条款更明定中国只供给各国利益，各国可无任何偿付，以与中国利益同沾，实开世界上唯有之不平等之恶例。

法国所提之新约原稿为 42 条，其规定与英国之 56 条之内容概同，唯于增加口岸中，多台湾淡水一处，长江则仅列南京一口，并要求惩办广西省西林知县，以报该地方人杀害其传教士之仇，赔偿军费 200 万两。

美、俄两国所提出新约，虽不同于英、法两国之残苛毒狠，但皆有利益均沾之条，要求一并享有英、法条约内所得之最高利益。

清全权代表桂良是"畏夷如虎"的主抚论者，他认为，为了保持清王朝的统治，对列强的要求，"允则变迟而患轻，不允则祸速而患重"[④]，会谈期间封锁海河的后果已经显现："事变前，值 40 两银子的大米，现在涨到了 140 两，高昂的谷价使居民感到激怒，并开始使中国政府感到担忧"。[⑤] 他们主张只有接受列强的条件、实行妥协投降，才能集中力量镇压太平军和防止民变。

在双方代表交涉过程中，英、法代表根本不容有磋商的机会。额尔金为了加强武力威逼，继续从香港增调军队，并动辄以进犯北京相威胁，横蛮地要求桂良等全盘接受其所提之侵略要求。

6 月 6 日（二十五日），李泰国和卞宝书举行会谈。"该夷竟非所求全允不可，奴才等推诚相与，婉言开导，至再至三。其他条款，虽关系匪浅，尚不致掣动大局。唯该夷所求江路一带至海之源，各处通商，并在各省，任凭英国民人自持执照，随时往来。英国在紧要地方设领事馆，如有不法之徒，就近交领事官惩办一款，事关重大，万不可允行。"清廷的方针

---

① 贾桢、等：《筹办夷务始末（咸丰朝）》第三册，第 876 页。

② 贾桢、等：《筹办夷务始末（咸丰朝）》第三册，第 908 页。

③ 贾桢、等：《筹办夷务始末（咸丰朝）》第三册，第 875、876 页。

④ 贾桢、等：《筹办夷务始末（咸丰朝）》第三册，第 884 页。

⑤ 齐思和、等：《第二次鸦片战争》第六册，第 166 页。

是："前经密谕桂良，先与各夷定议，作第一次准驳，如未满所欲，再由耆英酌量添允数条。……将江路通商、及游行内地两事设法杜绝。……即进京一节，亦总宜设法消弭。"①除了公使驻京和内地通商两项，中国答应了英国的全部要求。于是公使驻京，成为每次会谈的主题。桂良等奏称："必须允其进京驻扎，方能在津议事，否则仍直带兵入都。经委员等开导再三，志在必行，万难转圜。……现闻该夷陆续调来兵船不少，火轮船只围逼城下，南北东三面枪炮迅利，兵勇莫当。……一旦决裂，大局讵堪设想。"②

6月7日桂良告李泰国，英使入京，并不反对，但于四国公使进京，则反对甚烈。他恳求李泰国设法妥协，从而把这个问题至少暂时放弃。6月8日，继续会谈，桂良完全接受英方意见，并要求李泰国协助起草文件。6月9日便由李泰国口授，经桂良批准，发交誊写。随后桂良说，时间已晚，信未搞好，加之钦差大臣印章未带来，当夜不能递交。当天耆英会见李泰国、威妥玛，试图出面"转圜"，但李泰国等根本不承认耆英的代表资格。

6月12日桂良等奏称：他们"将大概条款暂为允诺。所有内地通商、游历各省两节，允于军务完竣酌办；兵费一节，推交广东办理；进京一节，约俟缓期再议；他如不禁传教、会缉海盗、酌改文书、商量税则，俱已允其大概"。③英使常驻北京一节，"现在他国定议，将来果有要事准令进京，随带不过数人，一年不过一次之条。目下他事俱已商定，唯此一节，总未落实"。④

当天李国泰、威妥玛与中方代表见面，"于坐前呈出一件，系当年耆英具奏驭夷情形密折，语多贱薄夷人"⑤，当场对耆英加以羞辱、嘲弄。此时已年近七旬的耆英不堪其辱，狼狈逃回北京。咸丰帝"羁縻"之策失灵，利用耆英转圜的企图也告落空，更是恼羞成怒。6月29日，咸丰帝以耆英"擅自回京"为名，"令耆英看朕朱谕，传旨令伊自尽"，以泄心中愤恨。⑥

咸丰帝不愿全部接受英、法的侵略要求，斥责桂良"若必事事皆准，何用大臣会议耶"，指令他们再行交涉，商请俄使出面调解，"向英法两国讲理，杜其不情之请"。⑦6月24日上谕："若该夷仍肆逞强，岂能听其藐视中华，要求无厌。若竟难以口舌理论，必须用武。天津兵勇尚多，民团亦甚可用。"⑧在英法联军的压力下，谈判终于达成协议，定于6月26日（五月十六日）签约。但桂良等深恐责任重大，于6月24日再向皇帝请示："倘或英法两夷必欲照伊定议，万万无可商量，应否姑为允准，以顾目前，抑或仍遵前旨，告以奴才等不能定议，即行飞咨僧格林沁带兵赴天津办理之处，出自圣主鸿裁。"⑨咸丰仍不惜打仗，拒绝英法要求，特别是公使驻京一事。他的谕旨说："倘该夷定欲派钦差来京，建楼久住，当告以此事断难允准，我等若擅自允准，大皇帝必将我等从重治罪，所许各条，亦只好

①　贾桢，等：《筹办夷务始末（咸丰朝）》第三册，第894、895页。
②　贾桢，等：《筹办夷务始末（咸丰朝）》第三册，第884页。
③　贾桢，等：《筹办夷务始末（咸丰朝）》第三册，第916页。
④　贾桢，等：《筹办夷务始末（咸丰朝）》第三册，第936页。
⑤　贾桢，等：《筹办夷务始末（咸丰朝）》第三册，第918页。
⑥　贾桢，等：《筹办夷务始末（咸丰朝）》第三册，第1005页。
⑦　贾桢，等：《筹办夷务始末（咸丰朝）》第三册，第917页。
⑧　贾桢，等：《筹办夷务始末（咸丰朝）》第三册，第964页。
⑨　贾桢，等：《筹办夷各始末（咸丰朝）》第三册，第960页。

均归罢议。"① 6 月 26 日上谕,态度有所变化,"该夷要求各节,如能照桂良等所拟,酌减定议,则大局仍当以议抚为主"。②

6 月 25 日,桂良他们要求普提雅廷和列卫廉去向额尔金商量,劝他放弃这些要求。由于对法条约已经草成,虽未签订,但已经同意,其中没有包括这些重大议题,因此俄美公使对钦差大臣们说:"要我们去插手,事情反而会更糟。两国公使建议他们签订法中条约,并把法国这一文本作为标准版本。"③他们提出最好由他们提请葛罗协助。25 日傍晚 6 点,葛罗与俄美大使会谈后,立刻往访额尔金,谈论了这些同题。这使额尔金为难,因为法国并未把这些要求包括在条约之内。这样,对额尔金来说,事情显然很微妙了。放弃那些要求吧,那是牺牲条约中最有价值的东西;在调人面前坚持原则吧,那就要冒孤立的危险,或者是孤军打往北京的危险。然而额尔金考虑再三,并与英军司令商议后,决定不放弃任何条款。

此时清廷主意,欲由桂良尽量与敌应付,战守谋谟交由耆英及僧格林沁分别办理。但是炮台未经修好,海防猝难整顿,一切战守事宜,诸形棘手。英使额尔金不接受美、俄公使的"调解",继续以中断谈判、率兵进京相威胁。桂良当即报告朝廷,其奏折说:"奴才等愿意身死,不愿目睹凶焰,扰及京师,再四思维,天时如此,人事如此,全局如此,只好姑为应允,催其速退兵船以安人心。"又奏"自今以后,唯当卧薪尝胆,力图补救,将来元气充足,再行奋耀威灵,以伸天讨。"桂良、花沙纳还为自己的投降行径辩护,提出"对外不可战者五端","奴才等非不知后患之可虞,必应求万全无弊之策,然进既不可战,退又不可守,于两弊相形之中,聊为避重就轻之法"。④ 26 日上午,额尔金命布鲁士通知桂良等:"他们想通过第三者同我们打交道的企图,使我愤怒到无法形容的地步。我准备立即照条约原样签字,如果他们拖延或食言,我就认为谈判至此终结,上北京去,并要求更多一些。"⑤同时,桂良等被告知,"援军已经从香港到达"。⑥ 桂良等在英方的逼迫下不敢再抵制。1858 年 6 月 26 日(咸丰八年五月十六日)晚上 6 时,中英《天津条约》在海光寺签字。1858 年 6 月 27 日(咸丰八年五月十七日),中法《天津条约》在海光寺签字画押。

6 月 13 日,俄使普提雅廷与桂良等已经签订了中俄《天津条约》;6 月 18 日,美使列卫廉与清政府签订了中美《天津条约》。俄、美两国打着调停的幌子,用伪善和狡诈的手段,诱逼清朝政府签订了中俄、中美《天津条约》。两国不费吹灰之力,夺取了除赔款以外几乎同英、法一样的侵华特权。俄约第九条规定:"中国与俄国将从前未经定名边界,由两国派出信任大员秉公查勘,务将边界清理,补入此项和约之内",从而为以后在"勘界"名义下进一步强占我国大片领土埋下了伏笔。⑦

---

① 贾桢,等:《筹办夷各始末(咸丰朝)》第三册,第 964 页。
② 贾桢,等:《筹办夷务始末(咸丰朝)》第三册,第 968 页。
③ 贾桢,等:《筹办夷务始末(咸丰朝)》第六册,第 161 页。
④ 贾桢,等:《筹办夷务始末(咸丰朝)》第三册,第 982－984 页。
⑤ 齐思和,等:《第二次鸦片战争》第六册,第 170 页。
⑥ 齐思和,等:《第二次鸦片战争》第六册,第 177 页。
⑦ 贾桢,等:《筹办夷务始末(咸丰朝)》第三册,第 989 页。

此条约虽已签订,但咸丰帝尚未批准。桂良等要求外国公使到上海去听回音,而"英法两国照会,因未奉到依议字样朱批,不肯放心起碇"。两天后,桂良来信,送来1858年7月3日(咸丰八年五月二十三日)廷寄谕旨:"兹据桂良奏称,各国欲以奉到朱批为信。所有该大臣等前奏俄美两国条约并本日奏英法两国条约,朕均批'依议'两字,照此办理。"至此,英法联军遂离津去沪。①

中英《天津条约》五十六款,附约一款;中法《天津条约》四十二款,附约六款,基本上包括了外国修约要求的主要内容。其主要内容为:

一、两国可互派大使,准许外国公使及其眷属可在北京或长行居住,或随时往来,与清政府外交往来用平等礼节。

二、增开牛庄(后改营口)、登州(后改烟台)、台湾(台南)、淡水、潮州(后改汕头)、琼州、汉口、南京、镇江等处为通商口岸。

三、外国传教士得入内地自由传教。

四、外国人得往内地游历、通商,执照由领事官发给,由地方官盖印。

五、外国兵船、商船得自由驶入长江和各通商口岸。

六、进一步明确了领事裁判权的规定。外人有犯事者,皆由其本国惩办。

七、修改税则,减轻商船吨税。

八、对英赔款四百万两,其中军费二百万两,商亏二百万两;对法赔款二百万两。赔款交清后,英法归还广州。

九、片面最惠国待遇。

十、此次新定税则并通商各款,日后彼此两国再欲重修,以十年为期。

十一、一年之内,在北京交换条约批准书。

根据《天津条约》第二十六款关于由清政府派员到上海会同修改税则的规定,清政府派遣桂良、花沙纳到上海,会同两江总督何桂清等,与英、法、美等代表继续谈判。

《天津条约》签订前后,清廷内部在是否全盘接受侵略者的要求方面存在分歧,除恭亲王奕䜣等少数人主战外,大多数官僚主张彻底投降。桂良等以英法联军"枪炮迅利""直隶库款支绌""天津以北,道路平坦,无险可扼""国家内匪未净,外患再起,征调既难,军饷不易"等为由,主张迅速订约,以期息兵停战。吏部尚书周祖培、宗人府府丞钱宝青、内阁侍读学士段晴川、翰林院侍讲许鹏寿等则反对接受英、法的全部要求,特别不同意外国公使驻京;周祖培提出"外使驻京八害",认为公使"一入京师,则一切政令必多牵制"。②咸丰帝一贯害怕外国公使驻京,只是由于侵略者兵临天津,京畿难保,为顾眼前利益,才被迫同意订约的,他对《天津条约》的态度是"原不过为缓兵之计"。③桂良竟向咸丰帝奏折:"此时英法两国和约,万不可作为真凭实据,不过假此数纸,暂且退却海口兵船;将来倘欲背盟弃好,只须将奴才等治以办理不善之罪,既可作为废纸。"大清君臣都将涉外条约视同

① 贾桢,等:《筹办夷务始末(咸丰朝)》第三册,第1013－1014页。
② 贾桢,等:《筹办夷务始末(咸丰朝)》第三册,第952页。
③ 贾桢,等:《筹办夷务始末(咸丰朝)》第三册,第963页。

儿戏,尚未签约,即准备毁约。①

　　当外国舰队于1858年7月南下以后,咸丰帝的态度有所转变,拟推翻部分成议。他深感《天津条约》使他的尊严受到损害,特别是对外国公使驻京颇感不安,但他没有决心通过战争,打败英法联军,彻底推翻《天津条约》,而是让桂良等去上海同英法代表谈判通商章程之际,不惜以全免进口税为交换条件,取消《天津条约》中关于公使驻京、内河通商、内地游历及赔偿军费等四项条款。10月4日,桂良、花沙纳到达上海,参加谈判的大臣们认为:"此层万难照办,盖该夷本有不欲纳税之意,若将此层向其宣露,必能乐从。而因此即欲将一切条约概行罢弃,非但难允,且恐该夷疑我背约,转致另生枝节。"②而且为镇压太平军起义,清政府财政已显捉襟见肘之窘,如全免关税,则军费更加无从筹措。所以这些大臣一开始没有向英国提出这个荒谬的主张,也不敢要求修改那四条,尽管皇帝三令五申地催促他们用他们自己的名义"晓喻"对方。10月10日,两江总督何桂清奏折:"免税开禁无裨大局。"③上谕:"何桂清不可自出己见……何桂清以关税接济军饷为虑,虽属可原,然业经接奉寄谕朱批,已不应再有异议。"④咸丰帝坚持用免税换取改约。10月27日,桂良、花沙纳、何桂清等联奏:"免税有十可虑。"奏折中明确抗旨:"若明知其事有窒碍,而故为迁就,以顺承意旨,只求一身之免戾,不顾全局之安危,臣等具有天良,何敢出此?"⑤及至11月4日,桂良等上奏:"连议三日,所有税务章程,业已粗有头绪。用言语旁敲侧击,将驻京等事,隐约其词,仍向该夷商探。辄云:条约以外之事,均可商量,条约既定之说,万不能动。坚持己见,矢口不移。"⑥11月7日,桂良等奏,外使驻京一节,略有转机:"即能不常住京师,而随时往来四字未肯改去,且必须择一与彼有益之处始可相抵"。⑦

　　上海的谈判持续了半年以后,皇帝终于无可奈何地表示:"因思驻京一节,为患最巨,断难允行。至进京换约,如能尽力阻止,更属妥善。"咸丰这时只想能做到不让外国公使长期驻京这一条。他认为,大清国是"天朝上国",向来只有贡使才许入京,而今允许公使进京,一旦北京有了地位平等、不肯跪拜的夷人,"此千古未有之奇闻",会严重损害自己的尊严和威信,大大影响对国内人民的统治。当时朝野一致,市井闲谈,士大夫清议,无不以夷人驻京,为宗社安危所系,而惴惴不安者。

　　公使驻京是西方各国的惯例,但对打开中国市场并不具有重要意义,因此在四国天津条约中,只有中英条约写明公使长驻北京,觐见皇帝用西方礼节。中法、中美条约仅规定公使有事可在北京暂住,但清朝若允他国使节常驻北京,法、美可以援例办理。因此交涉取消公使驻京,主要对象是英国。桂良一再照会英国特使额尔金,要求重议并提出修改方案:清朝办理对外事务的钦差大臣由广州改驻上海,中外交涉在上海办理,公使可常住上

①　贾桢,等:《筹办夷务始末(咸丰朝)》第三册,第966页。
②　贾桢,等:《筹办夷务始末(咸丰朝)》第四册,第1256页。
③　贾桢,等:《筹办夷务始末(咸丰朝)》第四册,第1153页。
④　贾桢,等:《筹办夷务始末(咸丰朝)》第四册,第1157页。
⑤　贾桢,等:《筹办夷务始末(咸丰朝)》第四册,第1179－1181页。
⑥　贾桢,等:《筹办夷务始末(咸丰朝)》第四册,第1184页。
⑦　贾桢,等:《筹办夷务始末(咸丰朝)》第四册,第1190页。

海而不必常驻北京。

钦差大臣要求额尔金考虑别的妥协办法。至于他们自己愿做的是：若有任何其他对贵国有益而对我国无损的事，我们也将同样设法来满足。经过中方代表多方哀求，额尔金见英国的主要目的已经达到，于是固作让步姿态，答应英国公使驻于北京以外的地点，但可定期或按公务需要前往北京，并提出交换条件：英国轮船有权溯扬子江（长江）而上，即要用开放长江以换取取消英国使节驻京，同时坚持两国政府批准的条约正式文本一定要在北京互换。桂良等接受了额尔金的条件，双方达成协议。

1858 年 11 月 8 日、11 月 24 日，桂良等先后与额尔金、列卫廉、葛罗签订了中英、中美、中法《通商章程善后条约：海关税则》各十款，主要内容为：

1. 洋药（鸦片），准其进口，每百斤纳税银 30 两。

2. 第二款免税商品细目。

3. 除例外（指丝、茶、鸦片）和免税（指外国人用品）两项外一般进出口货物，海关一律按时价值百抽五征税；洋货运销到内地，或从内地运出土货，除一律按时价抽百分之二点五的子口税外，免征一切税项。

4. 一切军械等类及内地食盐，概属违禁，不准贩运进出口。

5. 邀请英人帮办海关税务，并严查偷漏。

新税则进口 14 类 177 种，出口 12 类 174 种，此为《南京条约》后关税协定第一次修改。"我国关税始真无自主之权矣。……总之，此次修改税则，事先既毫无研究，临事又无熟谙世界大势及长于经济商务之人才，辅佐办理，徒供外人利用，以成立保护其贸易之片面协定而已。"①

咸丰帝无可奈何地表示："唯夷情狡执，该大臣等（桂良等）迫于时势，亦属势处两难。"《天津条约》应在一年后换约，咸丰帝不愿意在北京换约，命令桂良、花沙纳仍在上海等候，以便英、法新任公使来华后在上海换约；同时解除了两广总督管理外交夷务的职权，任命两江总督为钦差大臣兼办外交。此外，为防止英、法军队再度闯入白河，清廷又命令钦差大臣僧格林沁在大沽口一带布防。

六、第二次大沽之战

《天津条约》签订后，咸丰帝认为它严重地损害了大清王朝的尊严，总想尽力加以挽救。广大的中国人民极为愤慨，其中包括清军中的部分爱国官兵。而英法侵略者则更加轻视清政府，不惜再次发动战争，以迫使清廷履行《天津条约》。当 1859 年 5 月英法公使进京换约时，发生了第二次大沽之战。

清政府"在被迫屈服、签订条约以后，想争回一些天朝体面，第一，限令换约公使走北塘。第二，按贡国旧例，公使进京，'所带人数不准过十名，不得携带军械，不得坐轿摆队，换约之后，即行回帆，不许在京久驻'。第三，见皇帝行跪拜礼。何桂清奉旨向英公使商

① 萧一山：《清代通史》第三册，第 491 页。

量,答复是:'见大皇帝只肯跪一腿'。何定要跪两腿。英法方面知道要用武力保护换约"。①

英法两国很清楚,他们是用武力迫使清政府签订《天津条约》的,清政府并不甘心接受这样的条约,所以他们决心用武力迫使清政府履行《天津条约》。法国公使葛罗认为:"既然这些条款都是用武力争来的,那么要履行这些条款,他的政府也就只有武力才行。"②所以不仅中国人民反对《天津条约》,清朝统治集团也力求"罢议",而侵略者又得寸进尺,苛求无厌。因此再次引起战争,乃是势所必然。正如马克思当时所说的:从政治观点看来,这个条约不仅不能巩固和平,反而使战争必然重起。

12月20日上谕:"桂良等既拟在上海互换条约,即著迅速定议,将此四事挽回,议定之后,速行奏闻,并将条约进呈。阅后,即令桂良等在上海互换,勿令该夷北来。"③1859年1月9日,桂良等奏:"目下税则,应增应减既经议明,业已盖印画押。拟将天津条约及新定税则,先行解送京师,恭呈御览。"④

1859年年初,英、法政府分别派遣额尔金之弟布鲁士和布尔布隆为驻华公使,接替离任的额尔金和葛罗。英国政府在给布鲁士的训令中指示,他到中国后坚持在北京换约,必要时可使用武力。4月底,布鲁士到达香港后,与布尔布隆商定,必须在换约问题上进一步逼迫清政府屈服。鉴于大沽口清廷已经设防,因此一同前往的兵力不得较1858年减少。布鲁士对布尔布隆称:"假如要有麻烦的话,那么不如就直截了当地去找上这些麻烦,甚至可以说最好事前就去挑起这些麻烦。"贺布少将认为:"我们将稳操胜券,那么我们就该不惜用武力打开白河的大门,并继续向北京挺进。"⑤

英、法联军南撤后,咸丰帝接受惠亲王绵愉等人关于"天津海口一带,急应妥为布置"的建议,谕令以镇压太平天国北伐军而得宠的科尔沁亲王僧格林沁会同吏部尚书、署理直隶总督瑞麟前往天津一带,加强大沽海口及双港的防御工事,并整顿军队和添设大沽海口水师的工作。由僧格林沁统一指挥津沽一带防务,改变了过去事出多门、指挥不灵的缺陷,大大提高了津沽地区清军的作战能力。僧格林沁上任后即率京营及东三省蒙古马队各一部,自通州到达天津后,便会同瑞麟亲往海口查勘,决定加强大沽、双港等地的设防。同时,奏请清廷分别从吉林、黑龙江、绥远、直隶北部和京城抽调兵力前往天津地区,并重新恢复直隶海口水师。到1859年3月,大沽"海口现设兵丁3000名,均系附近居民……于一切操防难期得力。现已将京旗京营抽出800名,拨赴海口,分扎两岸炮台,即于新募兵丁抽出800名,饬赴双港屯扎"。⑥此外,尚有副都统成保所率的哲里木盟的马队500人驻新城;头等侍卫布尔和德、二等侍卫舒明安所率的昭乌达盟马队500人驻新河,仅大沽海口地区即有防兵4000人。

---

① 范文澜:《中国近代史》上册,第199页。
② 齐思和,等:《第二次鸦片战争》第六册,第173页。
③ 贾桢,等:《筹办夷务始末(咸丰朝)》第四册,第1223页。
④ 贾桢,等:《筹办夷务始末(咸丰朝)》第四册,第1228页。
⑤ 齐思和,等:《第二次鸦片战争》第六册,第191页。
⑥ 贾桢,等:《筹办夷务始末(咸丰朝)》第四册,第1305页。

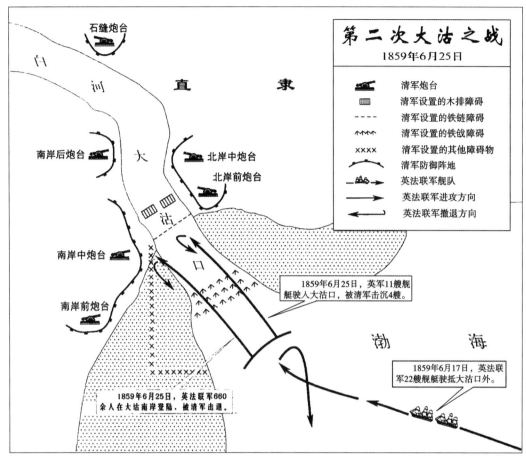

图7　第二次大沽之战示意图①

　　大沽口炮台由四座增建至六座，"现设水师兵 3000 名，每炮台拟驻兵 400 名。北岸拟设 200 名，南岸应设 400 名"。②"海口南岸炮台三座，高自三丈至五丈不等；北岸炮台两座，一高三丈，一高五丈。……又于北岸石头缝地方，添设三丈高的炮台一座，以为后路策应。炮台周围坚筑堤墙，沿墙修盖土窖，密布炮门枪眼，堤外开挖壕沟，并置木桩，以扼海口要隘……双港营盘安设 12000 斤重炮 2 位，10000 斤重炮 4 位。分运海口 12000 斤重炮 2 位，10000 斤重炮 6 位，5000 斤重炮 2 位。收到捐输洋铁炮 25 位，安设双港 6 位，运至海口 19 位。"③"大沽海口，南至山东二百余里，东至山海关六百余里。……明岁酌调官兵前往防守，奴才现调吉林、黑龙江官兵各 1000 名，哲理木、昭乌达官兵各 1000 名，察哈尔官兵 1000 名，共马队 5000 人。于明年二月内一并到防。并酌带京旗官兵 2000 名，以资调拨。"④

　　鉴于距天津 30 余里的双港地势较高，河身狭窄，便于拦击敌人。僧格林沁等在该处沿河两岸设兵营 9 座，驻兵 6000 人，修建炮台 13 座，安设大小火炮 81 门。从大沽至山海

①　中国人民革命军事博物馆：《中国战争史地图集》，第 179 页。
②　贾桢，等：《筹办夷务始末（咸丰朝）》第四册，第 1207 页。
③　贾桢，等：《筹办夷务始末（咸丰朝）》第四册，第 1199 页。
④　贾桢，等：《筹办夷务始末（咸丰朝）》第四册，第 1216 页。

关一线众多的海口,也本着"择要分布"的原则,分别在北塘海口、丰润的涧河口、乐亭的清河口和老田沟、昌黎的浪窝口和蒲河口,以及山海关内的白塔岭、秦皇岛、小河口等处,部署了相应的兵力。其中北塘有 1600 人,山海关有 3000 人。在天津道府及沿海各县,招募了团练乡勇共 50000 人。

咸丰帝命令加强海防,俟其来年赴京换约时,乘其不备予以痛击之。两江总督何桂清认为不妥,上奏:"盖自五口通商以后,如果驾驭得宜,本可相安无事,唯因夷酋不得进广东省城,遂启衅端,伏而未发者已十年。迨军兴以来,乘我多事,大起戎心。……桂良等因其汹汹之势,逼近畿辅,不能不奏请依议,以为退兵之计。今欲罢其议,为一劳永逸之谋,断非口舌能争,亦非微利能动,必得用兵方可。而用兵宜先操必胜之权,今年挫其锋,明年必有大举,连胜三年,处处有备,方能俯首听命。而以时势观之,内寇方炽,民困未苏,水师尤为不练,似应待时而动,方出万全。……桂良等亦不能不就其力能挽留者,去其已甚,开列进呈,可否仰恳天恩,俯赐允准,以免登时决裂,恭候圣裁! 倘有不便准行之处,则非剿不可,而此时乃宜不动声色,使之不疑。我则先将天津海口水路预备齐全,候其来年赴北京换约之时,聚而歼之。但兹事体大,非徒尚意气及空谈经济而无实用所能任事,亦非一二人所能挽回。伏乞皇上广求贤良……协力维持,方能万全无弊,否则一误再误,必至不可收拾而后止。"① 咸丰帝不听,命蒙古亲王僧格林沁率军由通州移驻海口,修筑大沽北塘一带营垒炮台,添置大炮。向各州县征集大批木材,在沿海水中打桩筑成三栅。用铁链横拦河中,阻绝航路。更调集吉林、黑龙江、热河、察哈尔、蒙古各旗骑兵 5000 增防,并购牛皮抵抗火箭(当时称枪弹为火箭)。咸丰九年(1859 年)春,又派怡亲王戴垣到天津视察督导,海防工程之进行至为积极。

《天津条约》规定,自咸丰八年(1858 年)六月二十七日起,满一年后,在北京实施换约。英政府于 1858 年 11 月,派额尔金之弟布鲁士代理公使,法国派布尔布隆为公使。1859 年 3 月,英国政府训令布鲁士把对华事务管理总部由香港迁往上海,而后视情况在北京设立使馆,并拒绝清廷可能提出的阻止公使进京换约的任何企图。布鲁士来华途中,在斯里兰卡与从中国回国的额尔金共同议定,以一支实力雄厚的舰队护送公使进京的计划。4 月 26 日布鲁士抵香港,6 月 6 日到达上海,随后,与法国公使布尔布隆等进行密谋。双方都拒绝同等候在上海的清朝全权大臣桂良、花沙纳会晤。布鲁士性情急躁、行为乖张,对于桂良提议在沪换约一举,绝不考虑,照会桂良:"唯审所由,此次在沪自不便相晤,盖已决志早日进都。"② 桂良奏:"该夷决意前往,万不肯与臣等会面,看此光景,万难挽回。"美国新任驻华公使华若翰"本愿即在上海换约,唯因英、法两酋决意北行,彼亦必欲随同前往"。③

清廷曾转告英使,如欲在北京换约,须在北塘登陆。布鲁士在赴任来华时,英外相曾指示公使须由海河进入天津,转赴北京,并告以"外国使节入北京,清政府常怀厌恶之心,每假托事故,左右支吾,以妨碍其到任时间。此次如遇有此等情形,宜有断然之处置。抵

① 贾桢,等:《筹办夷务始末(咸丰朝)》第四册,第 1193 页。
② 贾桢,等:《筹办夷务始末(咸丰朝)》第四册,第 1425 页。
③ 贾桢,等:《筹办夷务始末(咸丰朝)》第四册,第 1419、1420 页。

白河之先,卫队宜备,苟有不得已者,可乘军舰赴天津”。又电令新任英国驻华海军司令贺布,派遣军舰,护送公使前往。

1859 年 6 月 20 日(咸丰九年五月二十日),三国公使到达大沽口外,与 17 日已到达的英法联合舰队会合。英法联军舰队由贺布少将率领,共计舰船 21 艘。其中有英国复仇号等蒸汽舰 7 艘、炮舰 10 艘、运输船 2 只,载海军陆战队、工兵队 1200 人,法舰迪歇拉号和蒸汽供应船诺尔扎加拉号载海军陆战队约百人。另有托依望号等美国舰艇 3 艘,随同行动。

贺布少将到达海河口后,告知大沽守将:“拦河之铁戗、木筏等若不撤去,即自行搬运,以便进船。”① 清直隶总督恒福遣人告英使:“天津为沿海重地,恐有盗匪骚扰,不能无所防备,尔国亦当体谅我国,请先至北塘停泊,候大学士桂良等到后,可由北塘来津,入京换约。”恒福并驰赴北塘准备接待。而英使先有成见,定欲立威使清廷降服,故不理恒福照会,派遣通事(翻译)孟甘言于大沽守将说:速将河内障物撤除,“在三日后我们就要利用它”。②

早在 1859 年春,僧格林沁得悉外国公使执意要进京换约的消息后,就积极备战。僧格林沁这次大沽口的防御原则是积极的,他认为战争必然打起,接受上次大沽战役的教训,一切从实战出发。他作为大沽海口前线总指挥,在如何对付敌人方面,甚至在敌人挑衅后应在什么情况下给予还击等问题,都给自己做了仔细而明确的规定。他上奏:“值此海防吃紧,唯当督率各营官兵,排列队伍,演放炮位,严密设防。倘夷船一二只驶进海口,谨遵训示:由地方官派员,迎至拦江沙外,与之理论,奴才断不敢轻举肇衅。设三五只以上,蜂拥而至,是决裂情形已露,自未便专恃羁縻。且重防设备海口,若仍俟闯入内河,已入咽喉重地,再行观衅而动,则毫无把握,必至如去岁所坠诡计。似宜以拦江沙内鸡心滩为限。设竟闯入鸡心滩,势不得不慑以兵威,只可鼓励将士,奋力截击,开炮轰打,以伸天讨而扼妖氛。”③ 奏折中他要求咸丰帝给他一个明确的回答,使他得以临时果断处理,免得重蹈去年覆辙。而敌船进入拦江沙内,如听之任之,则失去战机,要负贻误戎机之责;如先开炮,则又蒙“衅自我开”的罪名。咸丰皇帝明确批复:“若竟恃其船多,一拥而前,直入鸡心滩,则是有意寻衅,亦不能不慑以兵威,唯在僧格林沁相机酌办。”④ 这样,就排除了干扰,为未来战斗胜利争得了可靠的保证。不久僧格林沁又提出:“大沽海口,布置均已周密,(公使进京)不特不可令其经由,且不可令其窥视。查北塘海口入河 60 里,至芦台地方登岸,陆路亦可进京。”⑤ 此建议得到咸丰帝的同意。

6 月 18 日(五月十八日),桂良等奏:“该夷因闻天津已有准备,即在粤东筹兵,并将广东守城各兵俱已调出,是以迟迟始至上海。……闻其二三日内,即须起碇北行。”⑥

6 月 19 日(五月十九日),守军见到英法舰队到达大沽口外,首先是和平而有理地提出换约步骤。他们派人迎英法船只于拦江沙外,告以中国并无他意,“现在大沽海口,已节节设备,如轻易入口,恐致误伤”,“兵船万不可驶入拦江沙”。令其在拦江沙外静候换约

---

① 贾桢,等:《筹办夷务始末(咸丰朝)》第四册,第 1432 页。
② 齐思和,等:《第二次鸦片战争》第六册,第 195 页。
③ 贾桢,等:《筹办夷务始末(咸丰朝)》第四册,第 1337 页。
④ 贾桢,等:《筹办夷务始末(咸丰朝)》第四册,第 1338 页。
⑤ 贾桢,等:《筹办夷务始末(咸丰朝)》第四册,第 1355 页。
⑥ 贾桢,等:《筹办夷务始末(咸丰朝)》第四册,第 1418 页。

专使从上海来临,并派员送给蔬菜、食物,告诉他们:"桂相已由上海驰还,请移驻北塘口外,静候换约,否则暂令换约官数人,由北塘至天津。"① 但是英法公使无视守军劝告,"该夷允以三日为期,令将安设木筏铁戗等项均行撤去,方为两国和好之道。并言先到夷船四只,仍有火轮船二十余只,英法两国公使二员、提督二员,陆续来津等语"。② 他们明知中国守军一定会抵抗,却迷信自己的武力,轻视守军的实力,悍然发动第二次大沽之战。

6月22日,咸丰帝得知英法联军舰船陆续驶抵大沽后,立即谕令僧格林沁严守海口,但"勿遽开枪炮,以顾大局"。同时令新任直隶总督恒福等照会英、法公使,"专令伊国换约之官员,由北塘到津静候,不准随带多人,执持军械,惊扰民人"。③ 可是英、法坚持要以舰队沿白河上驶,武装护送公使进京,宣称:"定行接仗,不走北塘。"④ 大沽炮台的防兵在直隶总督史荣春及大沽协副将龙汝元等督率下,不动声色地监视着敌人舰船的动向。

6月23日,贺布决心不顾一切,开始进攻大沽。他先派法护卫舰一艘,进入大沽口,侦察情况。僧格林沁率军以待,清军"在暗处瞭望,炮台营墙不露一人,各炮门俱有炮帘遮挡,白昼不见旗帜,夜间不闻更鼓……各项官兵不准出入"。⑤ 部属欲仔细侦察,英海军司令贺布不耐,乃于24日夜,"以小舢板驶入铁戗内,用炸炮轰断拦河大铁链二根,大棕缆一根。……25日辰刻,该夷火轮船十余只,排列铁戗口门外,一二时之久,拉倒铁戗共十余架,立意启衅用武"。联军舰队在完成开进任务后,贺布便派英舰负鼠号和几艘炮艇拆除海口铁戗和木栅,开辟通道,将海口第一道障碍物拆毁,贺布下令负鼠号导航,旗舰鸻鸟号及其余舰只随后跟进。下午3时左右,"该夷步队(陆战队)一并上岸,排列壕墙以外。(清军)当即加派抬枪、鸟枪各队前往策应,连环轰击,该夷不敢径越壕沟,均向苇地藏伏"。⑥ 英司令贺布复命炮舰逼近堡垒,开炮轰击陆上障壁。清守军先是隐忍静待,此时僧格林沁乃令各炮台同时发炮还击,"就象变魔术似的,所有本来掩护着炮台大炮的草席都卷了起来,顷刻之间全部大炮一齐开火。从一开始就很清楚,和我们交手的不是一般的中国炮兵"。⑦ 英军先头两舰锚索被毁。两岸炮兵亦同时向敌舰集中射击,由于"炮营围墙深厚,尚足抵御。……各炮台口门,适当夷船,与之相对轰击"⑧,"双方的炮火都很可怕,然而效果并不一样,联军的船只紧缩在第一道木栅和第二道木栅之间的狭窄的水面上,完全成了炮火的靶子,但对躲在城墙后面的敌人却无法照样回敬"。⑨ 守军炮火得以充分发挥威力,炮弹多数命中,英舰损失惨重,六艘被击重伤,四艘被击沉。史荣椿、龙汝元指挥南北两岸炮台集中火力轰击贺布的旗舰,交战不久,旗舰鸻鸟号被击中,联合舰队司令贺布腿被击断,改乘大型汽艇鸬鹚号继续指挥战斗。旗舰舰长拉桑上尉等多人被打死。

① 齐思和,等:《第二次鸦片战争》第一册,第598页。
② 贾桢,等:《筹办夷务始末(咸丰朝)》第四册,第1427页。
③ 贾桢,等:《筹办夷务始末(咸丰朝)》第四册,第1435－1436页。
④ 贾桢,等:《筹办夷务始末(咸丰朝)》第四册,第1456页。
⑤ 贾桢,等:《筹办夷务始末(咸丰朝)》第四册,第1439页。
⑥ 贾桢,等:《筹办夷务始末(咸丰朝)》第四册,第1445页。
⑦ 齐思和,等:《第二次鸦片战争》第六册,第203页。
⑧ 贾桢,等:《筹办夷务始末(咸丰朝)》第四册,第1448页。
⑨ 齐思和,等:《第二次鸦片战争》第六册,第218页。

激战至下午 4 时,参战的联军"茶隼号和庇护号沉没了……所有舰艇差不多全被击伤"。① 旗舰鸧鸟号被击沉,舰上 40 名水手仅一人跳水逃脱。炮艇茶隼号和庇护号被击沉,"鸬鹚"号等几艘炮艇搁浅,贺布被迫逃到法舰迪歇拉号上。这时,史荣椿、龙汝元又指挥炮台守军集中火力轰击搁浅的炮艇,将鸬鹚号击沉。守台将士越战越勇,史荣椿、龙汝元等奋不顾身,亲自督战,不幸相继阵亡。

"虽然美国人在表面上是中立的,但海军准将约西阿·塔特纳尔得知贺布已经受伤、英国船只被毁,冲破第一道竹子之后,深陷重围,无力反抗,遭到河两岸中国大炮的袭击的时候,达特纳尔的军人义气和种族上的团结战胜了中立立场。在得到美国公使华若翰的同意之后,这位准将乘着汽船,即刻赶往拯救落难的同志。他的'托伊汉'号带领两艘装满 200 名水兵的船到达。他大声向贺布高喊:'血浓于水,我绝不能袖手旁观,看着白人在我眼皮底下遭到屠杀。'"② 塔特纳尔乘快艇前往战区,看望并支援受伤的贺布。在返回停泊水域时,遭到清军炮火的袭击,塔特纳尔幸免于难,但陪同他的美国旗舰托依旺号的副舰长被打伤,舵手被打死。他目睹英法联军的惨败情景,认为贺布"已经无法逃脱并退出这场绝望的战斗了",遂派托依旺号从集结地域开进战区去拖曳搁浅的炮艇,以便让英国舰艇重新投入战斗。他还命令美国水兵登上英国炮艇参加作战。总之,这次美方给予英军的现场帮助是巨大的、及时的、多方面的,从而彻底撕下了"调停人"的假面具。

贺布仍不服输,"下午 5 点钟,登陆和攻击令终于下达部队"。英军勒蒙上校率联军陆战队千余人,分乘帆船、舢板二十余只,由美舰"托依旺"号和联军的两艘炮艇拖曳,至海口铁戗以外不远的水面集结,尔后在舰炮的掩护下,向海口南岸强行登陆,企图先夺取南岸的三座炮台。南岸炮台外围一片泥泞地,并有三道水壕。"千把个登陆的人,只有百来个才能到达三道水壕中的第一道……其中有五十来个人,终于冲到第三道水壕最边远地区。"但由于"许多枪支塞满了泥浆。……便桥太短无法联接起来,云梯只有三把,而且很快便弄断了"。③ 这时,僧格林沁立即调集火器营等的抬枪队和鸟枪队前往攻击,北岸炮台也发炮支援。联军登陆部队伤亡过半,不得不停止前进,潜伏于沟壕中和土堆后面。"搦战至夜,该夷纷纷倒地,其藏匿苇间者尚千余人,伏地抢进,不辨远近。我军以火弹喷筒御之,每火光一亮,瞥见该夷,即排施枪炮,对准开放,该夷术穷力尽,不敢恋战,向船逃窜。"④ 直到半夜,联军陆战队余部才陆续爬上舰艇,撤出战场。联合舰队之余舰撤往上海,并向本国政府报告,请求援助。激战一昼夜,联军遭到惨败,不得不再次撤往上海。此次参战的 13 艘英军舰艇中,被击沉 4 艘,重伤 6 艘。参战英军约 1200 人,死伤 578 名,其中死亡 430 名。参战法军约 60 人,死伤 16 人。清军在这次战斗中阵亡将领有直隶总督史荣椿、大沽协副将龙如元等 6 人,各营兵弁阵亡 32 人,大沽炮台只遭到轻度破坏。这是自第一次鸦片战争以来,中国军队抵抗外国列强所取得的最大的一次胜利。

当英军撤离大沽时,"分向旅顺、威海卫、大连湾、大孤山,游泊测绘,皆海口形胜

---

① 齐思和,等:《第二次鸦片战争》第六册,第 199 页。
② 黑尼斯三世:《鸦片战争》,第 259 页。
③ 齐思和,等:《第二次鸦片战争》第六册,第 201－204 页。
④ 贾桢,等:《筹办夷务始末(咸丰朝)》,第 1447 页。

也"。① 第二次大沽战争后清廷于 6 月 29 日下谕:"唯驭夷之法,究须剿抚兼施,若专事攻击,恐兵连祸结,终无了期。不如乘此获胜之后,设法抚驭,仍令就我范围,方为妥善……唯恐各官兵因此次获胜,总以攻剿为是,致误大局。"同时又要求僧格林沁等:"倘该夷再事狂悖,自当竭力抵御,饬令弁兵,固守炮台,不可稍有疏失,断不可先行开炮,使该夷有所借口,是为至要。"②表明清政府在取得第二次大沽之战的胜利后,仍然希望求和,没有再次开战,打败外敌的决心,却又希望能废除《天津条约》,另立新约。

七、第三次大沽之战

4 月 24 日,俄国政府全权代表俄国驻北京东正教监护官丕业罗福斯基与户部尚书肃顺在北京互换了《天津条约》。丕业罗福斯基还向清政府提出 8 点要求,包括割让乌苏里江以东地区、"勘定"中俄西段边界,以及俄国在库仑、张家口、喀尔噶什、齐齐哈尔设领事馆等,均被清政府拒绝。俄国政府改派伊格纳提耶夫为新任驻华公使。

英法联合舰队在大沽败退后,美国公使华若翰、副使威廉亦乘军舰至大沽,遵约改道由北塘行走,进京换约。因不愿行跪拜礼,由桂良接受国书,再返回北塘于 8 月 16 日与直隶总督恒福互换批准的条约文本。华若翰在换约后,鉴于英法将来所获新的特权美国亦可援例均沾,加之国内南北战争正在激烈进行,因此不久经上海回国。清朝当局还曾请美国人转告英法公使,希望他们"复寻旧好,进城换约"。

联军惨败的消息传到伦敦,英国朝野立即叫嚷要对中国实行"大规模的报复"。伦敦《每日电讯》报公开扬言:"大不列颠应攻打中国沿海各地,占领京城,将皇帝逐出皇宫。"还声称在夺取北京之后,要永远占领广州,把它变成英国在远东的商业中心,以便"奠定新领地的基础"。1859 年 9 月,英国政府举行了四次紧急内阁会议,在巴麦尊的策划下,决定再次扩大侵华战争,并通过了总体指导方针:不要大打,不推翻北京政府。同伦敦一样,巴黎也煽起了新的战争狂热。虽然英、法两国曾因意大利问题关系紧张,而且两国在扩大侵华后究竟打到何种程度、各出多少军队等问题上也一度分歧很大,但经过协商,最终还是达成了协议,决定继续联合侵华。

英政府想扩大战争,但又有顾虑:首先是保守党借口反对战争,力谋倒阁。第二,英军占领茶叶输出地广州,1857 年英茶叶进口减少了 2400 万镑,因此商界害怕由战争引起的商业停顿普及到上海及中国其他各商埠。第三,印度常起纠纷,使英国不断地感到不安。第四,准备欧洲发生战事,不敢向远东多派援军。第五,如果逼迫过甚,怕满清投到沙俄方面。更重要的是满清政府崩溃后无法勾结中国全部封建势力共同镇压太平军。英军在广州宣称兴兵报仇,观察中国方面形势。上海商人议捐银 200 万两给英军,请勿再举。英法公使借此转圜,照会通商大臣何桂清:"若事事遵八年原约(天津条约),即可罢兵。"③何桂清奏请息兵,并奏明:"今冬明春,必有变局。下届海运漕粮恐有阻滞,河运又

---

① 齐思和,等:《第二次鸦片战争》第一册,第 598 页。
② 贾桢,等:《筹办夷务始末(咸丰朝)》第四册,第 1459 页。
③ 齐思和,等:《第二次鸦片战争》第一册,第 598 页。

万难遽改。六月初九日以后,贸易虽未停止,已与停止无异。军饷无可取资,民心益加惶惑。"而咸丰帝自以为大胜,下谕说:"所有八年议和条款,概作罢论。"[1] 若彼自知悔悟,"必于前议条款内,择道光年间曾有之事,无碍大体者,通融办理,令其有以回报本国。仍须于上海定议,不得率行北来,倘再有兵船驶入拦江沙毁防守器具等事,必当痛加攻剿,毋贻后悔"。[2] "英法看到《天津条约》的一切成果,忽被从手里抢去,只好决心一战。"[3]

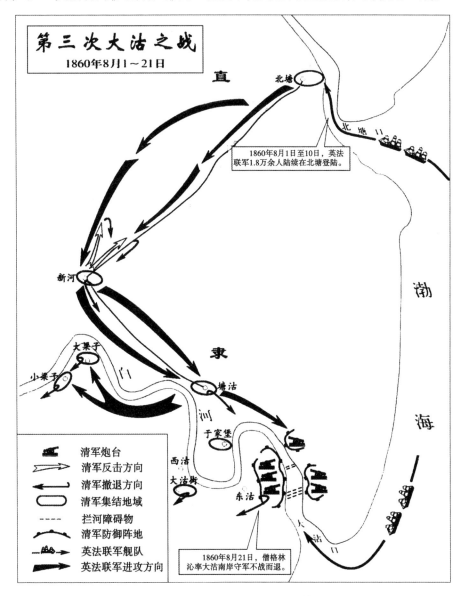

图8　第三次大沽之战示意图[4]

①　贾桢,等:《筹办夷务始末(咸丰朝)》第五册,第 1546、1548 页。
②　贾桢,等:《筹办夷务始末(咸丰朝)》第五册,第 1878 页。
③　范文澜:《中国近代史》上册,第 200 页。
④　中国人民革命军事博物馆:《中国战争史地图集》,第 179 页。

　　英国议会经过辩论后,终于通过出兵东征,1859 年 11 月,英、法两国政府分别再次任命额尔金、葛罗为特命全权代表,英国任命曾在 1842 年领兵占领镇江的陆军中将格兰特为陆军司令,贺布为海军司令。法国派陆军中将孟托班为陆军司令,沙纳为海军司令。英国出兵 18000 人,出动军舰 79 艘,雇用运输船 126 艘;法国出兵 7600 人,出动军舰 40 艘,各由本国及亚洲属地出发,预定在中国海岸会合。

　　1860 年春,正当英法联军按其计划向上海集结之时,太平军向太湖流域发动了猛烈攻势,连续攻克杭州、常州、苏州等重要城市。江南官僚士绅在大沽事件以后就主张对外国侵略者妥协,以便"分津防之兵,移津防之饷,尽力以定江南",有的甚至主张借用外国兵来镇压太平军。当时咸丰表示:"速就抚局,原属正办,若借资夷力,后患无穷。"他对借兵助剿还存在顾虑。1860 年 3 月,何桂清奏:"既经华商与夷商迭次辩诘,是其机渐有可乘。探知布鲁斯重在不改原约、索赔兵费两条,因而共议各认一事,且以不改原约为正议。"①

　　1960 年春,格兰特、孟托班分别率英、法舰队驶抵上海集结,于 1860 年 3 月 8 日到达时,即照会清两江总督何桂清,提出三点要求:对在白河进行的侮辱作正式赔礼道歉;互换天津条约;对两国政府均支付 6000 万法郎的赔款。② 何桂清据以入告,清廷复批:"天津和约既定,布鲁士忽复称兵,是该夷先行背约,并非中国肯失信于外夷。此时兵威既振,岂能将前议之五十六款悉行照办。……果使该夷悔罪,诚心求和,前定之五十六款内凡不行之事,悉听何桂清裁减,于上海议定,以后或欲照美夷成例,简从来京换约,尚属可行。"③ 乃由军机处咨文何桂清,斥责英法入京换约何带重兵,不从北塘上陆而往大沽称兵,衅启责任彼应担任,应重新商定条约。

　　何桂清奏:"布鲁斯决意报复,亦断非口舌所能争。"④ 清廷又认为是"虚声恫吓之言,以冀尽如其愿",并决定:"如果该夷持兵前来,惟有与之决战。但此次用兵之后,该夷断非有心和好,所有前议条约,概作罢论。"⑤ 英法二使又称要开战占地,清廷感到事态严重,又谕令:"不可坐失事机任其猖獗,亦不可先行挑衅致启兵端,使该夷有所借口。"⑥ 并命僧格林沁暗中筹划和议,命将北塘防务撤除,留作通使议和地点。"撤北塘之备,退居大沽、营城,移其巨炮置大沽南北岸炮台。"曾经耗资一百余万银两所修筑之北塘三座炮台,亦行放弃。翰林院编修郭崇焘时在幕府,亦力争之。僧格林沁说:"彼以船来,不能多携马队,俟其登岸,我以劲骑袭之,可以必胜。洋兵伎俩,我所深知,何足惧哉!"⑦ 郭以议论不合,遂辞去。是时僧格林沁所辖骑兵五千,合京旗步兵共约万人,主力在大沽附近,集中待命。

　　英法最初拟以香港为基地,后以距北方战场过远,乃改以舟山为基地。"闰三月初一

① 贾桢,等:《筹办夷务始末(咸丰朝)》第五册,第 1826 页。
② 齐思和,等:《第二次鸦片战争》第六册,第 258 页。
③ 贾桢,等:《筹办夷务始末(咸丰朝)》第五册,第 1828 页。
④ 贾桢,等:《筹办夷务始末(咸丰朝)》第五册,第 1860 页。
⑤ 贾桢,等:《筹办夷务始末(咸丰朝)》第五册,第 1863 页。
⑥ 贾桢,等:《筹办夷务始末(咸丰朝)》第五册,第 1696 页。
⑦ 齐思和,等:《第二次鸦片战争》第一册,第 599 页。

日(4月21日)辰刻,查有英、法二夷大小兵船十八只,陆续驶至道头地方停泊。"① 联军袭击舟山群岛,接收营房衙署;由英法各派委员管理行政;设置海军仓库,军需储藏所,派驻警察部队。5月27日,英军再占辽东半岛上大连湾之金州。"夷船于五月十九日(6月8日),驶至烟台山下,约有三四千人,各执器械,上岸占住房屋,即于山上扎营"②,并占领了山东半岛东端的成山角,这是南北漕运海道上的咽喉之地。至此,英法联军完成了对渤海湾的封锁。此后,联军即以大连湾和烟台两处作为进攻大沽口的前进基地。

关于联军的战略企图,英国陆军大臣赫伯特曾于1859年11月26日训令格兰特:为了使英国在中国的通商口岸的商业利益不致受到影响,这次军事行动"应尽量局限于清中央政府;(英国远征军)可以从北直隶湾和白河登陆,如攻占海口炮台后仍不能使清廷屈服,则可沿白河进攻至天津,有可能强迫中国皇帝达到和平"。③ 法国政府对葛罗也发出类似训令,要求法国远征军在白河进行登陆,然后再向天津进军,并在那里巩固自己的阵地。英法两国再次扩大侵华战争并非要推翻清王朝的统治,相反,他们害怕太平军的发展导致清王朝的覆灭。他们的目的是迫使清廷"赔礼道歉",互换和履行《天津条约》,并勒索更多的战争赔款。

1860年7月9日和11日,额尔金和葛罗分别乘军舰抵达大连湾和烟台。美使华若翰和新任俄使伊格纳切夫也随同北上,再一次打出"调停者"的旗号,企图从中渔利。7月19日,英法公使和两国侵华陆海军司令等在法旗舰上召开作战会议,决定"最好能在北塘炮台大炮射程以外进行登陆,并绕过炮台,从背墙处进攻这些炮台,因为伊格纳切夫认为那里没有什么防御工事"。④ 7月26日,英法舰队于渤海湾会齐后,向北塘开进。英军出动各种舰船173艘,兵力10500人,其中有装备精良的骑兵1000人和炮兵两个中队。法军有舰船33艘,兵力6300人。7月28日,舰队在北塘附近集中,是日在沙垒田岛西南抛锚,派队侦察北塘情况,以小轮船曳倒河中之木桩障碍,因连日大雨,未能登陆。7月29日,联军舰队在大沽口与北塘口之间距海岸13公里的海面集结,并完成了对北塘海口的侦察以及登陆地点的选择。此时,大沽形势已很紧张,清政府却误为联军是为求和而来,命直隶总督恒福照会美使转告英法:"大皇帝宽其既往,准其援照上年美国之例,只带从人一二十名,径由北塘进京换约。"⑤

第二次大沽之战胜利后,咸丰帝和清朝政府对列强的政策没有任何变化。朝廷虽命令加强海防,准备迎击,其实并无作战之决心,所以负责大沽口防务的将军僧格林沁曾上奏说:"用兵之道,贵乎鼓作士气,不宜少有游移,心无专注……若今日言和,明日言抚,兵丁与该夷虽有不共天地之心,将领常有畏首畏尾之念,一旦人心懈怠,难再收拾。"⑥

从清军大沽获胜到联军第三次北犯大沽口,有近一年时间,清廷既不收集敌方情报,不了解英法侵略者的动向,也不认真加强防务,只顾致力于镇压太平军。在英法两军已经

①　贾桢,等:《筹办夷务始末(咸丰朝)》第五册,第1880页。
②　贾桢,等:《筹办夷务始末(咸丰朝)》第六册,第1929页。
③　齐思和,等:《第二次鸦片战争》第六册,第246页。
④　齐思和,等:《第二次鸦片战争》第六册,第510页。
⑤　贾桢,等:《筹办夷务始末(咸丰朝)》第六册,第2048页。
⑥　贾桢,等:《筹办夷务始末(咸丰朝)》第五册,第1730页。

封锁渤海湾的严峻形势下,咸丰帝仍认为海口防范周密,联军上年进攻受创,"未必不心存畏忌",此次再来,"实则以兵胁和"而已。因此,谕令僧格林沁、恒福等:"不可因海口设防严密,仍存先战后和之意,总须以抚局为要。"① 这既表明他对海口设防盲目乐观,也表明他对外敌入侵的侧重点放在"抚"上,而不是立足于"战"。僧格林沁在取得大沽反击战胜利后,同样产生了骄傲轻敌情绪,反对在大沽设防。他认为:察看地势,既防大沽,不能不兼顾北塘,以为犄角之势。又限于地势,仅能粗立规模。北塘北岸,地方甚低,每遇大潮,营外四面皆水。南岸炮台外,民房林立,一经接仗,兵民交惊,万难守御。北塘村外,均系盐滩,仅有一路可通,并无分歧道路。由大沽新河拨兵援应,夷船必不容官兵近村。此北塘不能多设官兵,他处不能援应之实在情形也。于北塘、芦台适中之营城地方,修筑炮台营垒,即将北塘炮位防兵,全数移至营城。并派马步官兵驻扎该处,严密防守。北塘炮台内,暗设火器,以为埋伏。英法联军如敢由北塘上岸,以袭大沽北炮台后路,新河防兵足资扼截,英法联军亦难以径行绕越。② 他对大沽防御极为自信:"上年于两岸炮台左近,南岸之大沽、北岸之于家堡等村,业经挑壕筑垒。并于炮台营垒周围,栽立木签竹签,拦挡树栅,此外环壕数道,极为稳固,该夷断难飞越。"③ 他认为经他周密布置,"并饬各项官兵严密防范,是天津布置,亦可无虑矣"。④ 而联军遭上次挫败,"非处万全,必不肯轻动","即使该夷舍命报复,现在营垒培厚加高,弥补大炮,各营官兵无不奋勇,足资御敌"。为了让英、法公使从北塘登陆进京,他竟撤掉北塘的守备,专守大沽口。他认为此地区为荒地,英法联军未必会再次登陆,甚至想"不必禁其登岸,可以使之深入"。⑤ 熟悉北塘一带地形的山西道监察御史陈鸿翙上奏,英法联军"如由北塘登陆,北阻驻营城之清军,南趋大沽北炮台后路,前后夹攻,则大沽甚为吃重"。他向咸丰帝建议:"于北塘河口调回兵丁炮位,方为万全之策。或即将营城所驻之兵移驻北塘,更为扼要。"⑥ 然而,僧格林沁等一意孤行,拒不恢复北塘设防。6月18日,大战临近,两淮盐运使乔松年奏:"倘此时假以宽大,仍照天津原议,换给和约,彼此必弭耳受羁,不至生事。乃可分津防之兵,移津防之饷,尽力以定江南。"咸丰帝批复:"览。速就抚局,原属正办,若借资夷力,后患无穷。"⑦ 6月26日,何桂清奏:"即如上海一隅……非为贼有,即为夷据,东南半壁,从此更难挽回。""为今日计,惟有亟为安抚夷人,坚其和议,俯如所请。……绝其勾结之念,乘势劝其助顺剿贼,于南北军务,或可稍挽危机。……可否准将英、法二国原定天津条约,及续请四款俯于照办?"咸丰帝批复:"若借资夷力,使该夷轻视中国,后患何可胜言。所请安抚夷人,劝其助顺剿贼之处,应毋庸议。"⑧ 清政府对当时形势的判断严重失误,7月17日咸丰帝还发出谕令:"大沽设防严密,该夷不敢轻入,或径抵北塘,即询其来意"。"如该夷称欲进京换约,该督亦不必拒绝。……可作为己意,告以如愿照上年美夷办理,亦可代为转奏。……如该

① 贾桢,等:《筹办夷务始末(咸丰朝)》第六册,第2053页。
② 贾桢,等:《筹办夷务始末(咸丰朝)》第五册,第1615页。
③ 贾桢,等:《筹办夷务始末(咸丰朝)》第五册,第1819页。
④ 贾桢,等:《筹办夷务始末(咸丰朝)》第六册,第1952页。
⑤ 贾桢,等:《筹办夷务始末(咸丰朝)》第五册,第1819页。
⑥ 贾桢,等:《筹办夷务始末(咸丰朝)》第五册,第1607页。
⑦ 贾桢,等:《筹办夷务始末(咸丰朝)》第六册,第1932页。
⑧ 贾桢,等:《筹办夷务始末(咸丰朝)》第六册,第1949页。

夷即行用武,该督仍作为己意,详细开导,或可稍有转机。"①

　　第三次大沽之战包括以下事件:(一)大沽口之战;(二)天津议和,通州谈判;(三)张家湾之战;(四)八里桥之战。

(一) 大沽口之战

　　1860 年 7 月 19 日,英法大使和两军司令在孟托班处开会,制订了攻击计划:"决定两国联军于 7 月 28 日在北塘河左岸入口处会齐,29 日对河内进行侦察,然后再决定登陆和入侵的方式。"② 1860 年 8 月 1 日(六月十五日),格兰特和孟托班率联军舰艇 30 余艘,陆战队 5000 人,用小火轮拔除北塘海口所设巨椿数百根,驶抵北塘口登陆。英法士兵每人携带粮食三日份,弹药五十匣,开始登陆搜索,发现河口堡垒内,均无守兵。他们起出地雷,切断火药引线。8 月 2 日进占北塘市街。"英、法马步队各挽炮车登岸,先据炮台。清军犹以其来换约,不之御也。大吏派员持照会,请其使臣入都换约,不应"。③ 僧格林沁至此时始知大敌当前,乃整饬军队,准备迎击。8 月 4 日(十八日),"洋船由北塘驶进内港,我军驰往扼之,适值潮退,船不能动,惧为我军所袭也,高悬白旗,示欲议和状,我军信之,不敢纵击,比潮涨,洋兵出,不意薄我师,我师被挫"。④ 北塘被占,咸丰帝感到事态严重,但他不是全力备战,而是急令恒福"总须以抚局为要"。8 月 7 日,恒福照会英法公使,要求约定时间地点举行谈判。额尔金、葛罗复照拒绝,并要求清军交出大沽炮台。

　　8 月 12 日(六月二十六日),英军 10000 人,法军 6300 人,并所雇之潮勇 2500 人,"分两路来扑,一向新河,一向新河以北的军粮城道路。该夷炮车数十辆,继之以火箭,一起并发,我马队万难支持,现已退守唐儿沽"。⑤ 联军"在粤招募潮勇,传言不下二万人,潮勇者,潮州之无赖游民也。又募发配在粤之遣犯,多系川楚登莱之人,得数千,皆亡命之徒。又有一种名青皮者,即失业粮船水手,性素犷悍,亦招聚万余人。每战则令遣犯、青皮当先,潮勇次之,而白黑夷殿后"。⑥

　　联军以约 700 人为前卫,将抵新河时,僧格林沁估计敌人兵力不大,乃以骑兵 3000人,"其意图是很明显的,要切断联军右翼,把它完全分隔开,然后再从两方面把它赶到沼泽地带去"。⑦ 英法军前冲,并以炮火阻止清骑兵前进。清军见联军出战的兵力不多,便冒着敌人炮火继续冲锋。清军马队非常勇敢,一直冲到离炮兵只有 100 多米的地方。联军随即变换队形,将步兵主力展开,由两翼包围,而以骑兵为预备队,并逐步缩小包围圈。排成密集队形冲锋的清军马队陷入重围,骑兵目标高大,队形又密集,受各方炮火集中射击,遂为众枪之的。开战不久,便伤亡近 400 人,战斗中马匹惊慌,死伤甚众,无力再战,最后几乎全军覆没。"我马队三千……出者七人而已。"⑧ 虽有都统西凌阿由营城率马队

① 贾桢,等:《筹办夷务始末(咸丰朝)》第六册,第 2015 页。
② 齐思和,等:《第二次鸦片战争》第六册,第 269 页。
③ 齐思和,等:《第二次鸦片战争》第一册,第 599 页。
④ 齐思和,等:《第二次鸦片战争》第一册,第 600 页。
⑤ 贾桢,等:《筹办夷务始末(咸丰朝)》第六册,第 2080 页。
⑥ 齐思和,等:《第二次鸦片战争》第二册,第 8 页。
⑦ 齐思和,等:《第二次鸦片战争》第六册,第 272 页。
⑧ 齐思和,等:《第二次鸦片战争》第一册,第 600 页。

2500 人来援,杀死联军数十名,生擒 19 名,亦未能挽回败局。驻扎在军粮城和新河一带的副都统德兴阿军营同时被陷。联军乘胜追击,清军退保塘沽,敌乃占领新河及军粮城。

清军的骑兵本是陆上作战机动力极强的兵力,但在这次战争的骑兵作战中,僧格林沁强大的的马队却放在英法联军防线的宽大正面,进行冲击式进攻。面对联军线膛步枪和火炮的猛烈火力,清军骑兵的轮番冲击根本不可能充分发挥应有的机动作战效能,相反,却将这支占有优势的兵力断送在西方侵略者的枪口之下。僧格林沁于此次战斗中,不但指挥失误,且敌视人民,把逃难人民当作奸细。沿河居民,破家失业,迁徙流离,既遭夷害,又被兵扰,苦累惨不可言。

8 月 14 日凌晨 4 时,联军五六千人由新河向塘沽逼近。先头部队"由两连猎兵、一连水兵、一连工兵组成"。① 一步兵旅直趋中央阵地,另一步兵旅在后侧支援联军的总攻。塘沽与大沽相距 8 里,仅一河之隔,是大沽口北岸炮台侧后的重要屏障。清军在塘沽筑有周长近 4 里的围墙,墙高 7 米,上设有枪眼、炮洞。当时,塘沽由副都统克兴阿、侍郎文祥等率部驻守,连同从新河撤回的马队,总兵力约 3000 人。凌晨 6 时,联军进抵塘沽近郊,停泊在白河上的清军水师战船即开炮拒敌。双方炮战半小时,清军水师败走。7 时半,联军炮击塘沽要塞,随后在炮火掩护下,发起总攻。塘沽守军发炮还击,奋力抵抗,双方激战两小时,守军伤亡很大。9 时半,联军分兵一部泅水从苇塘迂回到塘沽侧后,守军腹背受敌,伤亡惨重,力不能支,退至大沽北岸炮台,塘沽遂为联军攻占。至此,大沽口北岸炮台的侧后完全暴露在敌军面前。此战联军死伤轻微,法军 1 人死亡,12 人受伤;英军仅伤 3人。18 日,联军攻陷大小梁子,形势更加危急。

联军攻占新河、塘沽后,其舰队便集结于大沽海口,准备与逼近大沽北岸炮台的陆战队水陆协同,夺取大沽。此时,清政府已丧失了保卫海口的信心,此前一贯主战的僧格林沁由轻敌变为畏敌,毫无斗志。8 月 15 日,僧格林沁奏报:"现在南北两岸,唯有竭力支持,能否扼守,实无把握,京畿一带,防守极关紧要,伏乞皇上迅派重兵,以资守卫。"② 一方面表示战争没有胜利的把握,同时奏请咸丰帝善保津京。咸丰帝恐其寄命于炮台,从而失去自己的军事靠山,特颁朱谕,称"天下根本,不在海口,实在京师。若稍有挫失,总须带兵退守津群,设法迎头自北而南截剿,万不可寄身命于炮台,切要切要。以国家依赖之身,与丑夷拼命,太不值矣。……朕为汝思之,身为统帅,固难言擅自离营,今有朱笔特旨,并非自己畏葸,有何顾虑?"③公然要僧格林沁放弃大沽海口,回防天津、通州,保命逃跑。他还相继谕令恒福等照会英、法公使,要求息兵议和,并告以清廷"特派文俊、恒祺由京前来北塘,伴送尔等进京换约,以期永敦和好",但遭到对方的拒绝。④

8 月 18 日(七月初二日),军机处再次照会英法,应允"天津条约既经定义在先,自应进京互换和约,以敦和好。本年二月所定之四条,亦无不可商办也"。⑤ 英法再次拒绝。此时由直隶总督乐善守北炮台,僧格林沁守南炮台。8 月 19、20 日(初三四日),"该夷由

---

① 齐思和,等:《第二次鸦片战争》第二册,第 273 页。
② 贾桢,等:《筹办夷务始末(咸丰朝)》第六册,第 2083 页。
③ 贾桢,等:《筹办夷务始末(咸丰朝)》第六册,第 2083 页。
④ 贾桢,等:《筹办夷务始末(咸丰朝)》第六册,第 2089 页。
⑤ 贾桢,等:《筹办夷务始末(咸丰朝)》第六册,第 2110 页。

塘沽前往石缝炮台之后,平填沟渠,夷人聚至数百名,并支搭帐房,意图攻扑炮台,经我兵开炮轰击,始行溃散"。[①]

"七月初五日(8 月 21 日)卯刻,该夷马步万余名,全力攻扑石缝炮台。提督乐善督带官兵,奋力攻击,已将夷人击退。惶乱之际,被该夷炸炮将我北岸炮台及石缝炮台药库燃著。……该夷拼命回扑,以致失陷,提督乐善登时阵亡,合营复没。"[②] 石缝炮台距大沽北炮台里许,外面绕以两条灌满水的深沟,一道由尖竹构成的栅栏和一座高墙,是大沽北炮台唯一的后路屏障。大沽炮台之设计,只能对海上射击,不能对陆上射击。英军乃使用在广东招募之民夫,从不能射击之面,帮助架梯攀城,颇为奏效。6 时,"几个火药库发生爆炸,中国大炮的射击逐渐转慢"。8 时,炮战停止。联军分为二支,左翼为英军,右翼为法军,向石头缝炮台发起冲锋。"敌人(清军)也把手头所有的炮弹、石头、箭、长矛都向他们扔过去,企图阻止他们前进,有些人想推倒梯子,另一些人则猛扑过来和我们肉搏,展开了一场可怕的混战。"10 时许,由于炮台被炸,守军大部牺牲,提督乐善战死,石头缝炮台遂告陷落。联军准备继续攻击其他两座炮台,僧格林沁致函英将,准英法军派代表到天津议和,请即休战。巴夏礼将来函撕毁,并告来使,午后 2 时如不将炮台交出,联军即行攻占。3 时开始进攻,其他两座炮台的守军也以"难以描述的勇敢精神,寸土必争地进行防御",直至炮台陷落为止。这次战斗,"中国人损失的总数为 1000 人,我们(法军)约有 200 人的伤亡,英国人的损失和我们相等"。[③]

僧格林沁见北岸炮台失守,认为南岸炮台"万难守御",便按咸丰帝的旨意,准备撤退。这时,正好联军派巴夏礼等人前来大沽村与恒福会面,要求立即交出南岸炮台,须占领天津后方肯罢兵,恒福"以防兵既撤,炮台空虚,与其为该夷攻占,不若即允退出,当即缮就照会,交付该夷"。[④] 僧格林沁上奏:"情知不敌,莫若息兵罢战。奴才当即传饬各营,竖立免战白旗……徐徐撤退。本应退守天津,以扼京师门户……查天津府城滨临海河,虽有新筑环濠围墙,较之大沽,不啻天渊,该夷水陆并进,仍是不能扼守。"[⑤] 于是把天津炮台的大炮运回北京,小炮及绿营官兵撤至通州。他本人于几天后又撤至通州以南五里的张家湾。8 月 22 日,直隶总督恒福在南岸炮台挂起免战白旗,把南岸三座炮台拱手交给了联军。联军未费一兵一弹即占领了大沽南炮台,在各炮台上共掠获了 500 门炮及大批军火物资。

8 月 23 日(七月初七日)联军控制大沽炮台后,便由贺布率领炮艇 5 艘、海军陆战队80 人为先头部队,溯白河长驱直入。这时,逃到天津的僧格林沁又以必须与敌军"野战",而不能"株守营垒"为借口,命令双港及天津一带防军一律撤退,加上从大沽地区撤出的清军,"各项官兵已经到齐,总计马队 7000 各,步队万名,兵力不为不厚"。[⑥] 而此时通州已有大学士瑞麟率京旗马步官兵 9000 人驻守,以做僧军之支援。

①　贾桢,等:《筹办夷务始末(咸丰朝)》第六册,第 2118 页。
②　贾桢,等:《筹办夷务始末(咸丰朝)》第六册,第 2124 页。
③　齐思和,等:《第二次鸦片战争》第六册,第 280 – 282 页。
④　贾桢,等:《筹办夷务始末(咸丰朝)》第六册,第 2142 页。
⑤　贾桢,等:《筹办夷务始末(咸丰朝)》第六册,第 2138 页。
⑥　贾桢,等:《筹办夷务始末(咸丰朝)》第六册,第 2138 页。

8月23日中午,恒福由陆路退至天津,英法联军同时到达天津东门外十余里的土城地方。自清军撤往通州后,天津人心震动,商店关闭,在官人役亦皆潜逃。恒福立即派天津县知县及绅士等迎接英法兵船。

8月24日,由于天津地区完全撤防,白河两岸已无清军阻击,贺布率领的5艘炮艇顺利驶达天津海河。接着,联军后续部队陆续抵达,英军沿河北,法军沿河南,直抵天津。英军占领河北市区,法军占领河南市区,各升国旗,示已占有,联军不费一枪一弹即占领了天津城。占领天津后,巴夏礼和贺布以占领者的姿态宣布,天津城置于军事管制之下,并仿照广州模式,文官仍留原任,但由巴夏礼监督政务。恒福还委派一批卖国绅士依1858年成例,为侵略军采办供应;而对满怀义愤的爱国民众,动辄加上"土匪"罪名,予以残酷镇压。

(二) 天津谈判

联军侵占大沽炮台后,咸丰帝极度惊恐。刚开始,咸丰帝命侍郎文俊、前粤海关监督恒祺入津议抚。英法方面以其官阶卑小,不足当全权之责任,要求清廷另派钦差全权大臣。8月24日(七月初八日),咸丰帝授桂良、恒福为钦差大臣,赶赴天津向英法联军议和。桂良离京前夕,致照额尔金和葛罗,告以"所有贵国二月间(3月8日)所开各条,本大臣均无不可商办"。①

1860年8月31日,桂良到达天津,再次开始谈判。英、法公使提出必须全盘接受其条件,方可议和。桂良等被迫答应全部要求,英、法公使仍拒绝立即与桂良等见面。从9月1日起,桂良等与英、法代表巴夏礼等举行会谈。英、法代表提出停战的主要条件是:赔偿军费,先付给两国现款各三四百万两;撤走通州守军,以便两国公使各带四五百兵进京换约,并由巴夏礼随带数十人先行入京,查看沿途及京中住房;增辟天津为通商口岸,立即开始贸易等。9月4日(七月十九日)桂良等奏:"不得已,将两国和约所载各条,并二月间即现在照会内所开各款,备文照复英法两国,概为允许,以解目前危急。"②

咸丰帝感到停战条件过于苛刻,先后对桂良发出寄谕:"如提及索赔兵费,若能相机开导,减去若干,固属甚善。否则必不可减,亦应与之言明,宽定限期,并由何项扣还,庶可从容办理……赔款、天津通商两项,即使允准,亦必将兵船退出海口,方能定议换约。其舟山、烟台两处,亦均须退出,始可办理。"③"亦不准在大沽、天津建盖夷楼……该夷进京换约,必须将兵船概行退出海口,少带从人,方准来京换约。"④

巴夏礼等在谈判中十分骄悍,桂良等舌敝唇焦之后,双方同意:"每国现给一百万两……先令巴夏礼随带数十人进都,观看沿途及京中房屋住址",由崇厚及恒祺伴送巴夏礼进京;"通州一带所设防兵,请旨敕下僧格林沁等妥为撤避。"⑤但咸丰帝认为英法的条件过于苛刻,断然拒绝,并谕旨:"恐该夷(巴夏礼)桀骜性成,或竟派人先期来京看视,如

---

① 贾桢,等:《筹办夷务始末(咸丰朝)》第六册,第2150页。
② 贾桢,等:《筹办夷务始末(咸丰朝)》第六册,第2206页。
③ 贾桢,等:《筹办夷务始末(咸丰朝)》第六册,第2192页。
④ 贾桢,等:《筹办夷务始末(咸丰朝)》第六册,第2209页。
⑤ 贾桢,等:《筹办夷务始末(咸丰朝)》第六册,第2214页。

来人无多,仍即盘获,解送交桂良等办理。"咸丰帝还明确指示,各条款在未奏明请旨以前,桂良等"不准与该夷盖印画押"。巴夏礼与桂良等原本已约定,"二十二日(9 月 7 日),即须将现定各款,彼此当面盖印画押"。①9 月 6 日,额尔金和葛罗、桂良等晤面。由于接到咸丰帝的一系列谕旨,桂良等不敢贸然行事,正感万难措手间,适巴夏礼与法官美理登索阅全权证书。桂良告以此次携带关防,并无另颁敕书。巴夏礼以其"未奉有便宜行事全权之旨,不能与之定约"②于是天津谈判破裂。9 月 8 日,英法使节断然拒绝了桂良等来访的要求,9 月 9 日,英法使节由于索求不遂,联军遂向通州进发,决计兵进北京。

9 月 6 日,咸丰帝谕桂良等:"勿为该夷所慑,此时莫顾决裂。"9 月 7 日(七月二十二日),朱批军机处和王大臣绵愉、戴垣、端华、肃顺等,表示要与英法"决战",并提出:"决战宜早不宜迟,趁秋冬之令,用我所长,制彼所短。若迟至明岁春夏之交,则该夷又必广募黑夷,举四国之力与我争衡。"③同时,令军机大臣等迅速调兵前赴通州。9 月 9 日(二十四日),朱谕:"该夷屡肆要挟,势不决战不能。朕今亲统六师,直抵通州,以伸天讨而张挞伐。"④

(三)通州谈判

9 月 10 日(七月二十五日)联军先头部队 3000 余人,自天津向通州方向前进。在此之前,咸丰帝得悉英、法公使坚决要带兵赴通州的消息,"决战"的决心又开始动摇,力求妥协,派怡亲王戴垣、兵部尚书穆荫为钦差大臣,赴天津议和。同时撤去桂良、恒福、恒祺三人钦差大臣及帮办大臣之职,把天津谈判破裂的责任归于桂良等人。戴垣、穆荫由通州前往天津,与英法联军继续谈判,企图挽回势局。戴垣、穆荫接连照会英、法公使,表示:"贵国所开各款,业经允许,自无不可面定。"并要求联军止于河西务,双方在天津举行谈判,目的是使联军折回天津。额尔金等考虑联军进军北京,需补充大量军需物资,故同意进行谈判,正好利用这段时间建立河西务兵站,但拒绝在天津会谈,"立意拟赴通州,不能在他处定约"。⑤把谈判地点定在通州,戴垣等"复给照会,准其赴通,唯队伍须于杨村等处驻扎"。⑥

9 月 14 日,额尔金派巴夏礼、威妥玛率从人 21 名前往通州,并派《泰晤士报》驻中国通讯员鲍尔比随行,以记录条约的签订过程。英方在东岳庙与戴垣再次议和。戴垣等与之进行了长达 8 小时的讨价还价,但"察看僧格林沁,如果竟需开仗,实系毫无把握,并距京甚近,实有投鼠忌器之虑",不得不完全屈服。"除咸丰八年原定条约定无更改外,该夷呈出在天津时与桂良等议定增续条约八款,当即给予照会,俟额尔金到通,即行盖印画押,再行进京画押。"⑦

① 贾桢,等:《筹办夷务始末(咸丰朝)》第六册,第 2214-2216 页。
② 贾桢,等:《筹办夷务始末(咸丰朝)》第六册,第 2244 页。
③ 贾桢,等:《筹办夷务始末(咸丰朝)》第六册,第 2231-2233 页。
④ 贾桢,等:《筹办夷务始末(咸丰朝)》第六册,第 2254 页。
⑤ 贾桢,等:《筹备夷务始末(咸丰朝)》第六册,第 2283 页。
⑥ 贾桢,等:《筹办夷务始末(咸丰朝)》第七册,第 2286 页。
⑦ 贾桢,等:《筹办夷务始末(咸丰朝)》第七册,第 2308 页。

咸丰帝批准了条约内容,戴垣等原以为此次谈判"事机尚为顺利",和议即将大功告成。9 月 17 日,巴夏礼再次到通州,提出"互换和约时,须亲呈大皇帝御览"。咸丰帝谕:"如欲亲递国书,必须按照中国礼节,拜跪如仪。"①巴夏礼并坚持公使入觐时"立而不跪",并要求"将张家湾之兵撤退"。清全权大臣戴垣等把跪拜礼仪看作巩固政权的头等大事,认为"此事关系国体,万难允许",拒绝了英法方的要求。戴垣对巴夏礼的傲慢极度气愤,因咸丰帝曾谕令戴垣等人,若谈判破裂,设法羁留巴夏礼及其随从"勿令折回"。遂下决心执行谕旨——羁留巴夏礼,急派人飞驰通知僧格林沁,截拿巴夏礼。9 月 18 日,咸丰帝再次下旨与联军决战,并令恒福等"广集民团,多方激励。一闻张家湾开仗。即令津群民团截其后路,痛加剿洗。"②由于咸丰帝的态度转变,朝廷内外又是一派主战气氛。

9 月 18 日,联军先头部队自河西务越过马头,推进到张家湾附近。僧格林沁得悉通州谈判破裂,一边严阵以待,准备迎战联军的进攻,同时按照戴垣的通知,将巴夏礼一行39 人全部扣押并送于京师,其中英方 26 人,法方 13 人。

(四) 张家湾之战

英法联军自大沽口入犯,八月与清军战于通州。通州濒北运河西岸,水有通惠渠,陆有京通大道,与北京联络,漕运船只,以此为终点,米粮堆集,仓库林立,京城军粮民食,胥赖于此,户口殷实。市肆繁盛,拱卫京师,连贯筋骨,在军事及经济上,均甚为重要。

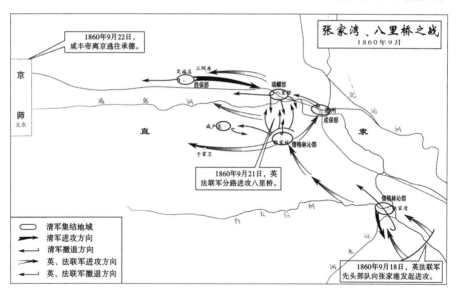

图9　张家湾、八里桥之战示意图③

当时,清军在通州一带的部署是:僧格林沁的督师行营设在通州与张家湾之间的郭家坟,由他统领的马步兵 17000 人驻扎在张家湾至八里桥一线,扼守赴通州及京师广渠门的大道,其中驻张家湾的兵力仅有步队 1000 人。副都统格绷额督带马队 3000 人驻于张

---

① 贾桢,等:《筹办夷务始末(咸丰朝)》第七册,第 2314 - 2319 页。
② 贾桢,等:《筹办夷务始末(咸丰朝)》第七册,第 2316 页。
③ 中国人民革命军事博物馆:《中国战争史地图集》,第 180 页。

家湾的东面和南面。署直隶总督成保率绿营兵 4000 人防守通州。原驻防通州的礼部尚书瑞麟所统京营 10000 人及副都统伊勒东阿督带的马步队 4000 人防守八里桥,作为僧军的后援。僧格林沁还派副都统克兴阿统带察哈尔马队 1000 人防守张家湾西南的马驹桥,又令总管那马善统带察哈尔马队 1000 人防守马驹桥东南的采育,以防敌军从马头直接西进,绕道趋京。僧格林沁此时在通州地区集中马步炮兵共约 34000 人,以为敌寡我众,可乘机洗雪大沽失败之耻。另外,副都统胜保率京营 5000 人,驻齐化门(今朝阳门)以东的定福庄,以便声援僧、瑞两军,保卫京师。

9 月 18 日(七月初四日),联军约 4000 人向张家湾阵地发起攻击,张家湾之战正式打响。僧格林沁挥军抵抗,给敌人重大杀伤,但当调派马队抄袭敌军时,"该夷火箭数百支齐发,马匹惊骇回奔,冲动步队,纷纷后退"。[①] 僧格林沁率所部退守八里桥,此地为通州入京要道,驻防通州的绿营兵也慌忙随僧军撤走。联军占领张家湾,并继续乘胜追击,一举占领郭家坟和通州城。联军在张家湾、郭家坟整修两天,于 9 月 21 日向八里桥进犯。

(五)八里桥之战

1860 年 9 月 21 日(七月初七日)凌晨 4 时,联军从郭家坟一带向八里桥推进,骑兵在前面探路,参战英军 3500 人,法军 1500 人。八里桥位于通州以西 8 里、京城东 20 余里,是由通州入京的咽喉之地。清军利用八里桥附近的灌木丛林,临时构筑了战壕和土垒。自张家湾一带撤退的僧军与从通州撤退的绿营兵抵达后,总兵力达 30000 人,其中马队近10000 人。上午 7 时,八里桥之战打响。八里桥之战是第二次鸦片战争中关键性一战,也是最惨烈的一战。联军分东、西、南三路对八里桥清军阵地发起攻击,东路为雅曼指挥的法军第一旅;西路为格兰特直接指挥的英军;中路为克林诺指挥的法军第二旅,担负主攻八里桥的任务,由蒙托班担任总指挥。

战前(9 月 19 日)清廷曾告谕僧格林沁等:"拿获奸细,据供:逆夷用兵,马队在前,步卒在后,临阵则马队分张两翼,步卒分三层前进。前层据地,中层微俯,后层屹立,前层现行开枪,中层继之,后层又继之。我军若迎头轰击,马匹一经受伤,必然惊溃,唯有斜抄横击,轰毙必多。夷情凶悍,深知兵法,是在该大臣等审度形势,妥筹应敌,以操必胜之权。"[②]清廷还一再强调必须派出马步劲旅绕至敌后,于夜间轮番出击,使其自相惊扰、进退两难。但是,僧格林沁等对这些未予重视。

为对付联军的攻击,僧格林沁和瑞麟商定,令马队首先出击,尔后由自定福庄移至八里桥的胜保部迎击中路联军,瑞林部迎击东路联军,僧部迎击西路联军。所有步队均隐藏在灌木林中和战壕里,待机杀敌;马队则向联军的左翼到右翼的宽大正面实施反冲锋。战斗打响后,清军马队"立刻开始行动,并且很坚决地一直冲到离我们(英、法方面)射手 50码的地方"[③],激战 1 小时多,毙伤敌军千人。但是,清军马队因遭到据壕作战的联军步兵密集火力的阻击和敌炮霰弹的轰击而大量伤亡,被迫退却。中路的法军第二旅与胜保部

---

①　贾桢,等:《筹办夷务始末(咸丰朝)》第七册,第 2322 页。

②　贾桢,等:《筹办夷务始末(咸丰朝)》第七册,第 2327 页。

③　齐思和,等:《第二次鸦片战争》第六册,第 288 页。

激战,双方僵持了近两小时,法军将大量炮弹倾泻在八里桥上和通惠河北岸的清军大炮阵地上,打得"桥栏上的大理石被炸得粉碎,四散飞去。(法军)投入两连士兵杀到桥上,大家互相搏斗,刺刀造成了重大的伤亡"。① 胜保头戴亮红顶,身穿黄马褂,英勇拼杀,乘马往来督战。因目标过于显著,被敌军注意。胜保左颊右腿受炮子伤二处,登时落马,不省人事,遂为各弁兵扶至阵后。各弁兵见胜保受伤,人无斗志,纷纷退撤。② 胜保军退至距北京仅 18 里的定福庄。法军追至,胜保军又退往北京。在胜保部与中路敌军战斗的同时,僧格林沁指挥马队穿插于敌人的西路与中路之间,企图分割敌人,尔后以步队配合胜保包围南路之敌。由于胜保不幸败退,僧格林沁的意图未能实现,遂与西路之英军展开激战,双方伤亡甚众。上午 9 时,英军分兵一部向于家卫进攻,企图抄袭僧军后路。僧格林沁甚为惊恐,便"于酣战之际,自乘骡车,撤队而逃,以至军心动摇",纷纷退至齐化门以东的皇木厂。③ 迎击东路敌军的瑞麟部则"于未阵之前,先已溃散",致使法军第一旅顺利占领八里桥以东的几个村庄,并协同法军第二旅攻占八里桥。瑞麟部也逃至皇木厂,与僧部会合,后又一起退至齐化门。中午时分,联军停止前进,迅速占领八里桥附近的咸户庄、三间房、于家卫一带地方。英法联军本可乘胜进击,直攻北京,但因"这两次战役使随军的军火储备销减到一种危险的程度,必须重新予以补充。遂进一步决定,由天津调来每一个可能使用的兵员并连同军需供应品。为了这种目的,军队在通州一直停留到 10 月 5 日"。④ 蒙托班因此次战功,当上法国参议员,并被封为八里桥伯爵。

八里桥之战是第二次鸦片战争的最后一战。英法联军由海口孤军深入,战线拉长,兵力相对分散,粮弹供应困难,加之人地生疏,又失去了舰炮优势,存在许多不利因素。清军在兵力上占有较大优势,且地形熟悉,通州平原地带便于马队驰骋冲杀,同时,又有人民群众和团练乡勇支援,具有战胜敌人的有利条件。但结果确是清军溃不成军式的完败。从联军第三次北上大沽,到天津陷落,到八里桥之战,咸丰帝时而不准清军"衅自我开",时而又要清军"相继进剿",和战不定,朝令夕改,出尔反尔,使得前线将士无所适从,严重影响将士们的决心。张家湾、八里桥之战以后,咸丰帝由"和战不定"而变为一心求和,全盘接受了英法的议和条件。

八、中英、中法《北京条约》

英领事巴夏礼呈递国书遭拒绝时,即视为两国绝交,乃拂袖而出,盖持胜而骄,故狂妄至此。戴垣乃使僧格林沁逮捕之解京,更为失态之极。故在通州八里桥之战,双方皆有欲战之气势,及清军在通州战败,英法联军逼近北京城下。咸丰帝"在圆明园闻寇落都城,各营皆溃,深知禁兵之不足恃……遂定"北狩之计"。⑤ "戴垣、穆荫办理不善,已撤去钦差大

---

① 齐思和,等:《第二次鸦片战争》第六册,第 292 页。
② 贾桢,等:《筹办夷务始末(咸丰朝)》第七册,第 2351 页。
③ 齐思和,等:《第二次鸦片战争》第二册,第 10 页。
④ 马士:《中华帝国对外关系史》,第 680 页。
⑤ 齐思和,等:《第二次鸦片战争》第二册,第 373 页。

臣。现派恭亲王奕䜣督办和局。僧格林沁即宣示夷人,并竖起白旗,令其停兵待抚。"① 为了防止发生"土木之变",咸丰帝对奕䜣留京多加防范,在职权上,人事上做了作了种种限制。他交给奕䜣的任务是"专办抚局",奕䜣只准在圆明园如意门外善缘庵办公,"毋庸进城"。

9 月 22 日(初八日)上午,咸丰帝偷偷离京"北狩",銮舆不备,扈从无多,随行者唯惠王、怡王、瑞华等,并军机穆荫、匡源、杜翰诸人。"上启行前,派恭亲王奕䜣留海淀议抚,并派克王绵森等守城。且密谕恭王:如战不胜,即潜赴行在。……令周祖培留守外城,豫王、桂良、全庆,分驻内城、禁城。"②咸丰帝的"北狩",使其成为清朝入关后第一位被外国军队赶出京城的皇帝。9 月 30 日,咸丰帝一行到达热河行宫。

9 月 26 日,僧格林沁奏:"所带官兵,由海口转战至通,屡次挫失,已难复振。……伤亡过半,兵心益怯,迎头截击,恐不足持。……近日京城百物腾贵,住户纷纷逃避,城外土匪四起,随处抢劫,人心大为摇动。"③此时京城内诸大臣议定守城之略,城门尽闭,物价腾踊,想迁徙出城的人都要重贿把守城门的兵卒才能出去。时英军索巴夏礼,议攻城,清守在京城者,恒祺等请释巴夏礼,胜保不许,黄宗汉请杀之,诸王大臣又皆不能决,胜保驰奏行在,请飞诏南师入援,说:"用兵之道,全贵以长击短","逆夷专以火器见长……若我军能奋身扑进,兵刃相接,贼之枪炮近无可施,必能大捷。此非用川、楚勇不可"。"相应请旨敕下官文、胡林翼、袁甲三,各选川、楚精勇二三千名。……派员管带,即行启程赴京,以解危急。"④于是咸丰帝下诏,命南征太平天国诸将起勤王之师,以救朝廷之危。当时清军与太平军作战的部队达 40 余万,而前后投入第二次鸦片战争的部队不足 20 万,直到此时经张家湾、八里桥之败,咸丰帝才下决心征调南师,但败局已定,为时已晚。

奕䜣曾是个主战派,现在时移势易,奉命议抚,他就尽力主抚。他认为形势危殆,战守两难,如"尚有一线可为,不惜未去迁就",就是说,除了屈膝求和,别无它路了。"这时他努力要达到的目标是:第一,必须保持京师这一根本重地,不使受到敌军的蹂躏;第二,力争签订一个敌人不再新增过多侵略要求的和约;第三;英、法尽快撤兵。"⑤他照会英、法公使,要求停战谈判。奕䜣的方针是先退兵,次签约,再释俘(巴夏礼),这个主张得到咸丰帝的赞同。但英法两国坚持先放人,再议和。

联军经张家湾、八里桥战斗,伤亡很大,兵员弹药均需补充,因此同意恢复谈判,借以做好进攻北京的准备。清政府则认为只是因巴夏礼被执而有所顾忌。额尔金、葛罗于 9 月 25 日发出最后通牒,限三日内释俘,"且须放还被获之夷后,在通州议和,进城换约,亲递国书,始行退兵天津"。⑥ 9 月 29 日,奕䜣在照会中对退兵问题做了让步,由以前的要求"退出大沽海口"改为"退至张家湾一带"。而额尔金、葛罗态度强硬,一方面做出准备进攻的姿态,一方面于 9 月 30 日和 10 月 2 日照会中宣布中止交涉。"夷人用意,先得巴夏

① 贾桢,等:《筹办夷务始末(咸丰朝)》第七册,第 2337 页。
② 齐思和,等:《第二次鸦片战争》第二册,第 50 页。
③ 贾桢,等:《筹办夷务始末(咸丰朝)》第七册,第 2362 页。
④ 贾桢,等:《筹办夷务始末(咸丰朝)》第七册,第 2360 页。
⑤ 夏笠:《第二次鸦片战争》,第 429 页。
⑥ 贾桢,等:《筹办夷务始末(咸丰朝)》第七册,第 2375 页。

礼,然后定地画押,再行退兵;臣等则令其先行退兵,然后再与画押,俟画押后,始将巴酉放还。"①10月3日,奕䜣照会英法使节,再作让步,提出"请贵大人先行退兵张家湾一带,三日内,本爵将续约缮写清楚,派员赍送至通州、张家湾适中之地画押后,再行定期会晤"。②

北京是金、元、明、清四朝的都城,经过历朝特别是明、清两朝的不断修建,已成为一座坚城。当时城上安设大小火炮数千门,外城、内城都挖有较为宽深的护城河。城内尚有八旗骁骑营、护军营、左右两翼前锋营、步军营、内火器营等满汉军13000余人,仓谷钱粮均有储积。城外又有由胜保统率的各省已经赶来的勤王之师6500余人,以及都统绵勋、依勒东阿统带的马步10000余人。同时,内地诸省的勤王之师还在陆续赶来。尽管事先缺乏防御准备,但只要文武大员具有誓死坚守的决心,认真筹划战守之策,激扬士气,稳定人心,是可以据城一战的。联军司令蒙托班将军也承认:"对这样的城市进行围困,特别是在全然没有攻城大炮的情况下,就很可能旷日持久。"③但留守京城的大臣们均以为城不可守,完全丧失了抵抗的信心,根本不进行抗击准备。

双方谈判近半个月,毫无结果,联军却争取了整休时间。10月3日,法国科林诺将军带领4000人从天津赶来增援;10月5日,弹药军需亦从天津运到,然后联军即开始进攻北京。10月5日,奕䜣发现情况严重,加之前一天他已收到咸丰帝关于不妨无条件释俘的谕旨,决定放弃原来的签约后再释俘的主张,改为释俘后再签约。是日,他照会英法,只要联军"酌量暂撤","三两日内",即可"送还贵国之人"。10月5日,联军先头部队向城北安定门、德胜门逼近。10月6日(二十二日)凌晨,联军近1000人"抄至德胜、安定二门,事机紧急,连夜复给该夷照会,许以送还巴酉。至午间,该夷已抄至德胜门土城外,暗袭僧格林沁、瑞麟之后,我军不战自溃,败兵纷纷退至圆明园,夷匪亦衔尾而来,占据园庭,焚烧附近街市,令人发指"。④

英使额尔金得悉在通州被清方所俘的39人中,已有20人被颟顸愚昧的大清官员下令处死,即刻下令放火焚烧圆明园各建筑物。上谕"此次夷人直犯圆明园,肆行焚抢,不能驰往救护,实属咎无可辞,僧格林沁著革去爵职,仍留钦差大臣,仍留军营,带兵堵剿"。⑤圆明园位于北京西郊,是清朝皇帝的一座别宫,1709年,清康熙帝把明朝贵族的废园赐给四皇子胤禛,即后来的雍正,动工修建,并赐名圆明园。后经历雍正、乾隆、嘉庆、道光百余年扩建。清朝前期统治者,集中了大批物力,役使了无数能工巧匠,用了150余年的时间,总耗资达2亿两银子,把圆明园精心营建成一座规模宏伟、景色秀丽的离宫。雍正、乾隆、嘉庆、道光、咸丰各帝每到夏秋多在这里避暑听政,处理军国政务。

圆明园实由圆明园、长春园、万春园三园组成,所以又称圆明三园,全园面积合计5000余亩。它不仅汇集了江南若干名园胜景,还创造性地移植了西方园林建筑,集当时古今中外造园艺术之大成。园内珍藏有各种各样的无价之宝、极为罕见的历代典籍和丰富珍贵的古代文物,堪称人类文化的宝库之一。

---

① 贾桢,等:《筹办夷务始末(咸丰朝)》第七册,第2396页。
② 贾桢,等:《筹办夷务始末(咸丰朝)》第七册,第2405页。
③ 齐思和,等:《第二次鸦片战争》第六册,第296页。
④ 贾桢,等:《筹办夷务始末(咸丰朝)》第七册,第2413页。
⑤ 贾桢,等:《筹办夷务始末(咸丰朝)》第七册,第2419页。

　　1860年10月6日,联军进入圆明园后,使这座举世无比的园林杰作,遭到极其野蛮的摧残和破坏。大规模的焚烧共分两次。第一次是10月6日至9日,主要焚烧圆明三园。"树木朝房,皆成灰烬,附近一带,焚掠无算,宫中精蓄陈设等,抢掠一空。"大火持续了两日两夜。第二次大焚烧是10月18日、19日,主要焚烧了香山、玉泉山、万寿山等处。"数百载之精华,亿万金之积储,以及宗器、裳衣、书画、珍宝等物,有用者载入夷营,不要者变为瓦砾。"①"凡御园内陈设珍宝书籍字画,御用服物,尽被搜括全空,人扛车载,送往天津夷船。夷人先之,土匪继之,遂使一丝半缕无遗"。②及清释巴夏礼向英法请和时,英公使"额尔金曰:'圆明园为清帝爱玩之所,余焚之,所以示薄惩,亦即所以抑其傲慢之心。'其致英国政府报告曰:'圆明园乃我军被虏之所,焚掠是园,正所以报复清政府,与其人民无关也。一因是园为被虏者手足悬蹄,三日不食,受困之所;二因此园若不焚毁,则不足留较永久之痕迹,而英人无消此愤恨也'。"③

　　"御园焚后,报至行在,奉旨僧格林沁革爵,瑞麟革职。谕胜保授钦差大臣,总统各省援兵,相机剿办。时胜公创未全愈,肩舆从事。而河南、山东、陕西、陕甘、湖广、安徽诸省援兵,陆续来齐。胜公又自调曹州勇,安徽练勇,先已并到。连营三十余里,兵威大振。无奈夷众逾万,盘踞都城中,不无鼠器之忌,兼奉御弟恭亲王以和议已定,知照前来,则兵可不用,止戈为武矣。"④

　　圆明园被焚掠后,英、法又提出新的条款,并且声称,如不接受,将以同样方式焚烧北京城内宫殿。英人甚至提出要清政府刻碑自述阴谋失信之事,只是法国公使葛罗以双方皆有失信之举而坚决反对,方才做罢。奕䜣等留京官员不敢与英法公使谈判,乞求俄使伊格纳切夫,从中斡旋。伊格纳切夫看到时机成熟,答应出面"居间调处"。他首先提出的作为调解的先决条件是:清政府与英法媾和后,就与俄国签约,解决俄中边界问题。他威胁说:"在当前情况下,要提出异议是完全不可能的,他只能劝说英、法在次要问题上做些让步,不管清政府是否愿意,对英、法提出的大多数要求都必须接受。如果不赶紧同英、法媾和,北京城就会因此而毁灭,清政府就将彻底崩溃。"⑤奕䜣在英、法的武力威胁和沙俄的诱逼下只得全面接受英、法条件。10月14日,奕䜣从长辛店移扎西便门外的天宁寺,并下令将俘虏或其尸体送回,其中英俘26人,生还13人;法俘13人,生还6人。

　　英法联军乘战胜之余威,照会清廷,请全权大使奕䜣到其军中面定和约。又要求"定于二十九日(10月13日),带兵把守安定门,如有官兵阻扰,立将京城攻开"。⑥"恭亲王迫于无可如何,徒深焦愤。而城内议抚诸臣,无求不应,惟命是从,坚欲开城。"⑦于是城门洞开,撤守兵以迎英法公使入城。9月13日,英使额尔金与法使葛罗率兵600人,不费一弹,不损一兵,安然进入北京城,驻扎东郊民巷一带。英法联军进入北京城后,"安设夷炮

①　齐思和,等:《第二次鸦片战争》第二册,第51、53页。
②　齐思和,等:《第二次鸦片战争》第二册,第12页。
③　萧一山:《清代通史》第三册,第509页。
④　齐思和,等:《第二次鸦片战争》第二册,第17页。
⑤　苑书义:《中国近代史新编》上册,第408页。
⑥　贾桢,等:《筹办夷务始末(咸丰朝)》第七册,第2444页。
⑦　贾桢,等:《筹办夷务始末(咸丰朝)》第七册,第2434页。

46 位,炮口皆向南",对准紫禁城。①

初四日(10 月 17)日,接"英夷照会称,欲赔恤银 30 万两……法夷称,给银 20 万两"。"定于初七日照复,初九日给银,初十日画押换约。"②额尔金又说:广州虽然由英、法占领,但关税仍在征收,继续供清朝政府使用;上海是靠了英美法的武力才没有被太平军所攻陷;联军虽然控制着白河口和海面,仍然让到北京来的漕运船和进贡船往来无阻。暗示清政府,只要答应侵略者的无理要求,甘做他们的奴才和走狗,他们不但不会推翻清朝政府,相反将致力于保持清朝的统治,支持它镇压中国人民。③

10 月 18 日,恭亲王奕䜣在沙俄的大力恫吓下,为保住清王朝的统治地位,同意批准《瑷珲条约》,并承诺等到与英、法媾和以后,就与沙俄签订新约。伊格纳切夫声明出来调停,从英、法方面那里获得以下保证:答应中国赔款可用关税作抵,暂为缓付;和议一成,英、法联军就撤兵;不毁坏北京皇宫;英、法公使迅速入京签约,入京师所带卫兵,每方不超过 200 人。沙俄侵略者谋求这些保证,完全是从他的殖民利益出发,他想单独控制和操纵清政府,不愿英、法在北京保持过大的实力,更不愿英、法联军长期待在北京。他还害怕为侵占中国大片领土而即将签订的续补条约,事先为英、法侵略者探悉,受到阻扰。④

10 月 22 日(九月初九日),奕䜣按照咸丰帝的命令,按照和议要求付给英国恤银 30 万两,付给法国恤银 20 万两。但英法公使在收到恤银后,忽又提出增加条款:英方所增三条:广东九龙地方,并归英属香港界内;续增条约,请明降谕旨宣布;华民出口赴英,毋庸禁阻。法方所增二条:准军民学习天主教,给还各省学堂、茔坟、田土、房产;准华工出国。⑤ 奕䜣对英法所提各项要求,全部接受。

1860 年 10 月 23 日,清诸大臣在礼部大堂等候换约,而英使不至。延至 24 日下午 2 时,英领事巴夏礼乘马车率兵至礼部设防。下午 4 时,英公使额尔金乘 16 人抬之金顶绿围肩舆至。鼓乐前导,带马步兵千人各持械列队至,英将军格兰特带女兵数人随之。为了"使中国感到,英国所签订的不是一个和约,而是一个被征服的条约",额尔金"对中国亲王表现得傲慢、严厉和过分的放肆"。⑥ 双方代表交验全权证书,各出条约文本以盖印换约,然后由英人摄影纪念。

10 月 25 日,法公使葛罗亦带 1000 人至礼部签订中法《北京条约》和互换《天津条约》。"法夷定于十七日(10 月 30 日)陆续撤兵,而英夷则必欲俟谕旨到后方肯撤回。"⑦至 11 月 1 日,法军除葛罗留兵三四百名外,其余全部撤出。奕䜣于广化寺接见葛罗,葛曰:"此番之来,实非法国本意,不过为英人牵制,且愿为中国攻剿发逆。"⑧ 其间联军在京终日有杀人强奸事件发生,清廷震于惨败不敢闻问。等到清廷寄条约到京,英军始于 11 月 8 日开始撤退,11 月 9 日退尽。同一天,葛罗率留京之法军三四百人与额尔金相偕离

---

① 齐思和,等:《第二次鸦片战争》第五册,第 13 页。

② 贾桢,等:《筹办夷务始末(咸丰朝)》第七册,第 2471 页。

③ 《中国代代史丛书》编写组:《第二次鸦片战争》第 68 页。

④ 《中国代代史丛书》编写组:《第二次鸦片战争》,第 69 页。

⑤ 贾桢,等:《筹办夷务始末(咸丰朝)》第七册,第 2496 页。

⑥ 齐思和,等:《第二次鸦片战争》第六册,第 306、307 页。

⑦ 贾桢,等:《筹办夷务始末(咸丰朝)》第七册,第 2531 页。

⑧ 贾桢,等:《筹办夷务始末(咸丰朝)》第七册,第 2541 页。

京,第二次鸦片战争至此结束。

1860 年 11 月 14 日,沙俄逼迫清政府订立了中俄《北京条约》。

第二次鸦片战争,侵略者通过"打"的手段,达到了"拉"的目的,从此清政府沦落为外国列强的驯服工具,不得不和外国列强顺从地合作。

中英《续增条约》(即《北京条约》)①

第一款　前于戊午年五月在天津所订原约,本为两国敦睦之设,后于己未年五月大英钦差大臣进京换约,行抵大沽炮台,该处守弁阻塞前路,以致有隙,大清大皇帝视此失好甚为惋惜。

第二款　再前于戊午年九月,大清钦差大臣桂良、花沙纳,大英钦差大臣额尔金,将大英钦差驻华大臣嗣在何处居住一节,在沪会商所定之议,兹特申明作为罢论。将来大英钦差大员应否在京常住,抑或随时往来,仍照原约第三款明文,总候本国谕旨遵行。

第三款　戊午年原约后附专条,作为废纸,所载赔款各项,大清大皇帝允以八百万两相易。其应如何分缴,即于十月十九日在于津郡先将银五十万两缴楚;以本年十月二十日,即英国十二月初二日以前,应在于粤省分缴三十三万三千三百三十三两内,将查明该日以前粤省大吏经支填筑沙面地方英商行基之费若干,扣除入算。其余银两,应于通商各关所纳总数内分结,扣缴二成,以英月三个月为一结,即行算清。自本年英十月初一日,即庚申年八月十七日,至英十二月三十一日,即庚申年十一月二十日为一节。如此陆续扣缴八百万总数完结,均当随结清交大英钦差大臣专派委员监收外,两国彼此各应先期添派数员稽查数目清单等件,以昭慎重。再今所定取偿八百万两内,二百万两仍为住粤英商补亏之款,其六百万两少禆军需之费。载此明文,庶免纷纠。

第四款　续增条约画押之日,大清大皇帝允以天津郡城海口作为通商之埠,凡有英民人等,至此居住贸易,均照经准各条所开各口章程比例,划一无别。

第五款　戊午年定约互换以后,大清大皇帝允于即日降谕各省督抚大吏,以凡有华民情甘出口,或在英国所属各处,或在外洋别地承工,俱准与英民立约为凭,无论单身或愿携带家属一并赴通商各口,下英国船只,毫无禁阻。该省大吏亦宜时与大英钦差大臣查找各口地方情形,会定章程,为保全前项华工之意。

第六款　前据本年二月二十八日大清两广总督劳崇光,将粤东九龙司地方一区,交与大英驻扎粤省暂充英法总局正使、功赐三等宝星巴夏礼代国立批,永租在案。兹大清大皇帝定即将该地界,付与大英大君主并历后嗣,并归英属香港界内,以期该港埠面管辖所及,庶保无事,其批作为废纸外。其有该地华民自称业户,应由彼此两国各派委员会勘查明,果为该户本业,嗣后倘遇势必令迁别地,大英国无不公当赔补。

第七款　戊午年所定原约,除现定续约或有更张外,其余各节,俟互换之后,

---

① 王铁崖:《中外旧约章汇编》第 1 册,第 145 页。

无不克日尽行,毫无出入。今定续约,均应自画押之日为始,即行照办,两国毋须另行御笔批准,惟当视与原约无异,一体遵守。

第八款　戊午年原约在京互换之日,大清大皇帝允于即日降谕京外各省督抚大吏,将此原约,及续约各条发钞给阅,并令刊刻,悬布通衢,咸使知悉。

第九款　续增条约一经盖印画押,戊午年和约亦已互换,须俟续约第八款内载,大清大皇帝允降谕旨奉到,业皆宣布,所有英国舟山屯兵,立当出境,京外大军即应启程,前赴津城并大沽炮台、登州、北海、广东省城等处,应俟续约第三款所载赔项八百万两,总数交完,方能回国。抑或早退,总候大英大君主谕旨施行。

以上各条有续增条约,现下大清、大英各大臣同在京都礼部衙门盖印画押,以昭信守。

大清咸丰十年九月十一日。

大英一千八百六十年十月二十四日。

中法《北京条约》共十款,其主要内容,与上述中英《北京条约》第一、三、四、五、七、八、九各款基本相同。另有两款:

第二款　大法国钦差大臣进京换约时,或于途次,或在京师,大清官员俱以相宜钦差之优礼接待,俾得任便称其职守。

第十款　戊午年所定之和约,第二十二款内有错载之字样,即系凡船在一百五十吨以上者,每吨钞银五钱,现在议定,凡船在一百五十吨以上者,每吨钞银四钱,不及一百五十吨者,每吨纳银一钱,嗣后大法国船只进口,俱按现在议定之数输纳。

九、中俄《瑷珲条约》《北京条约》

(一) 中俄《瑷珲条约》

1689 年中俄签订了《尼布楚条约》,约定了两国东段边界线,此后中国东北边界线保持了 150 多年的安宁局面。1727 年下半年,中俄双方又相继签订了《布连斯奇界约》《恰哈图条约》《阿巴哈依图界约》和《色楞额界约》,划定了两国中段边界。

自十八世纪初开始,俄国不断侵占巴尔喀什湖以东、以南的中国领土,相继吞并了西部哈萨克和北部哈萨克。十九世纪 40 年代起,俄国公然违背中俄一系列界约规定,积极向黑龙江一带伸展势力。从此在短短的几年间,俄国当局乘清政府忙于应付太平军和第二次鸦片战争之际,趁火打劫,先以武装入侵,达到非法占领,继以逼签条约,强迫清政府法律承认,鲸吞了中国黑龙江以北、乌苏里江以东 100 多万平方公里和西北巴尔喀什湖以东、以南 44 万平方公里的土地。因此可以说俄国是第二次鸦片战争最大的受益者。

当桂良与英、法代表谈判时,美、俄公使扮演"调停者"的角色,玩弄阴谋诡计,抢在英、法之前,诱逼清廷分别于 6 月 13 日和 18 日签订了中俄《天津条约》和中美《天津条约》。在中俄《天津条约》签订前半个月,黑龙江将军奕山在沙俄武力威胁下,与东西伯利亚总督穆拉维约夫签订了《瑷珲条约》。

　　道光三十年(1850年)，即中英鸦片战争后十年，沙俄向清政府"恳求在伊犁、塔尔哈巴台、喀什噶尔三处增添贸易"。在这之前，中俄间的通商只在蒙古边境，经过恰哈图一地。清政府以"喀什噶尔为中国极边之地，商人运货艰难，毋庸添设贸易"为由，只同意开放其他两处。① 咸丰元年(1851年)七月初十日，签订《中俄伊犁塔尔巴哈台通商章程》②。1853年，俄国政府又要求让俄国人的船到上海等口岸进行贸易，被拒绝："上海本非俄罗斯应至之地。著怡良等，查找成案，妥为开导，饬令即回本国。"③沙皇俄国这个时期的侵略野心，主要是对着黑龙江流域，在康熙二十八年(1689年)订立《尼布楚条约》时曾受到遏制的这种侵略野心，到了十九世纪50年代，重新膨胀起来。

　　咸丰帝即位初，俄国当政者是沙皇尼古拉一世(1825—1855)。他好大喜功，确定了俄国向三个方向发展的计划：近东、中亚细亚和远东。1847年，尼古拉一世任命穆拉维约夫为东西伯利亚总督。穆氏是个狂热的扩张分子，自称是哈巴罗夫的继承人，他到任后积极推行在远东的扩张计划。

　　侵占黑龙江和江口地区，必须了解该地的情况。由俄美公司负责阿穆尔河的考察、探险。1846年7月20日，由中尉加弗里洛夫指挥的双桅方帆军舰康斯坦丁号前去阿穆尔河口，1846年12月5日他们上疏："阿穆尔河口无法通行海船，因为其深度为0.4至1米，至于萨哈林则为半岛，故而阿穆尔河对于俄国没有任何意义。"④

　　1849年2月上旬，俄国政府成立以侵占中国黑龙江地区为目标的"阿穆尔特别委员会"(又名"基立亚克委员会")，并决定派遣以海军上尉涅维尔斯科伊为队长的海上考察队，勘察黑龙江口一带及库页岛北部海岸的情况。经过两个月的考察，发现海峡终年不结冰，水深为8.2至7.3米。他们"从勘查中得出结论：萨哈林(库页岛)是个岛，而不是半岛；各级海船可以从我们发现的海峡自鞑靼海峡进入河口湾"。⑤ 于是黑龙江口之价值愈增，而俄人经营之志亦更加急切。事实上，早在唐代，中国对库页岛已有记载，在清代康熙《皇舆全览图》中，已明确标明它是一个脱离大陆的海岛。涅维尔斯科伊的考察报告，在俄国引起很大的震动。穆拉维约夫于1849年5月15日，"冒昧陈奏圣上：谁要能占据阿穆尔河口，谁就能控制西伯利亚，至少是贝加尔以东一带"。1850年3月6日，他再次提出计划："1. 装备巡航战船；2. 建立外贝加尔哥萨克部队；3. 为该部队运送枪炮；4. ……为两艘轮船订购蒸汽机；5. 占领阿穆尔河口。"⑥

　　1850年7月11日，涅维尔斯科伊再次侵入黑龙江口，在黑龙江口北部建立彼得冬营。7月24日，在明朝所建立的永宁寺碑所在地特林登陆，当地中国官员提出抗议，但穆拉维约夫竟横蛮地声称"虽则俄国人长期没到这里来，但是一直认为从阿穆尔河，以及沿海的

　　① 贾桢，等：《筹办夷务始末(咸丰朝)》第一册，第7、8页。
　　② 中国第一历史档案馆：《清代中俄关系档案史料选编》第一编，第15页。
　　③ 中国第一历史档案馆：《清代中俄关系档案史料选编》第一编，第74页。
　　④ 齐思和，等：《第二次鸦片战争》第六册，第419页。
　　⑤ 齐思和，等：《第二次鸦片战争》第六册，第424页。
　　⑥ 齐思和，等：《第二次鸦片战争》第六册，第429、430页。

整个地区,包括萨哈林岛都是我们的"。[①] 8 月 13 日,涅维尔斯科伊又强占了黑龙江口的庙街(今尼古拉耶夫斯克),树立俄国国旗,设立哨所屯守,称作尼古拉耶夫斯克哨所。"同年,在特别委员会的决议中强调指出,凡建立村落,其形式均应为俄美公司的贸易站。"[②] 因为这是公然破坏尼布楚条约的行动,采取比较谨慎态度的俄国外务大臣慑于尼布楚之事表示反对,但这行动得到了尼古拉一世的支持。1851 年涅维尔斯科伊第三次来到黑龙江下游,在沿江、沿海及库页岛各地广泛收集情报,为进一步掠夺领土进行准备。

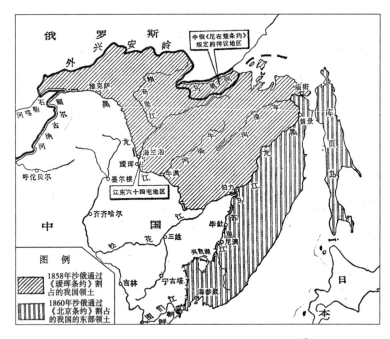

图 10　中俄瑷珲条约、北京条约割地示意图[③]

穆拉维约夫积极扩充兵力,在正规军之外,建立了一支庞大的外贝加尔哥萨克军。编哥萨克通古斯木里雅诸族人为骑兵,编尼布楚附近农夫为步兵,成 12 大队,每队千余人。至 1851 年 6 月,总数已达"48169 人,其中列入战斗编制的为 17716 名哥萨克"。[④] 到 1853 年,沙俄完全霸占了中国黑龙江口地区,这年 4 月 23 日,尼古拉一世悍然下令,授权俄美公司侵占中国的库页岛。至此,自明朝以来即属我国之库页岛及鞑靼海峡、黑龙江下游之地,全为俄国人窃取,并私移外兴安岭界碑。

由于俄国政府当时把主要精力放在近东,而对远东没有过多的关注,穆拉约夫不能有大规模武装行动,便积极策划向黑龙江移民,从而为以后重订中俄界约寻找借口。1853 年 11 月底,穆拉维约夫制订了旨在侵占黑龙江北岸的所谓"武装航行"黑龙江的计划。黑龙江是中国的内河,清朝政府从未在此设过重防。加之,当时正是太平军发展时期,清政府为了镇压太平军,频频从吉林、黑龙江两省征调大批兵丁入关,形成东北边境缺兵少粮、

①　齐思和,等:《第二次鸦片战争》第六册,第 426 页。
②　齐思和,等:《第二次鸦片战争》第六册,第 421 页。
③　中国社科院近代史研究所:《沙俄侵华史》第二卷,第 166 页。
④　齐思和,等:《第二次鸦片战争》第六册,第 443 页。

各路无防的局面。穆拉维约夫在给沙皇政府的报告中说："目前中国的内乱,正是开辟阿穆尔河航行的大好时机,我国军队在阿穆尔河口屯驻三年之久,事事顺利,未受任何威胁,更是今后成功的可靠保证。"①1854 年 1 月 11 日,俄国政府召开的"特别会议"接受了穆拉维约夫的计划,"会议决定,'沿阿穆尔河航行',即使没有接到中国政府的答复,也要经阿穆尔把物资运到勘察加。"②并授权穆拉维约夫同中国谈判中俄东段边界问题。这表明俄国政府侵占中国领土的行动进入了实质性阶段。

1854 年 5 月 26 日到 1857 年 6 月,穆拉维约夫不顾清政府的抗议,先后 4 次派遣大批船只,运载大批侵略军与移民,非法闯入黑龙江。到 1857 年年底,俄国在黑龙江左岸建立了许多"军人村屯",派兵驻守,并由俄国移民屯垦。

在克里米亚战争期间,"俄国在勘察加已驻有小舰队,英法为防止俄船出太平洋扰害海上商业计,势必派遣舰队来攻"。③ 咸丰四年(1854 年)五、六月,穆氏借口要抄近路增援堪察加方面,以防英、法海军进攻,亲自率领大型船队由石勒喀河入黑龙江,一直东驶出海。为了掩饰这种对于中国领土的公然的侵犯,穆拉维约夫特别通过驻在北京的"达喇嘛"(即俄国传教士团中的修士大司祭)向清朝政府说明"本大臣之往东海口岸也,虽由中国黑龙江地面行走,然一切兵事应用之项,俱系自备。并无丝毫扰害中国,且绝无出人不意因而贪利之心。两国和好已久,此意必能相谅……但愿中国同心相信,勿以兵过见疑。此次由中国境内行兵,甚得邻好之益。如将来中国有甚难之事,虽令本俄罗斯帮助亦无不可。"④

"在石勒河的河岸上正在急急忙忙地建造木筏和船只,由 800 人组成的一个混合常备营参加了该项工作"。5 月 14 日,混合营和山炮营启程远征。"5 月 18 日,舰队进入阿穆尔水面。"⑤1854 年 5 月 30 日,穆拉维约夫亲率一批军民窜入我黑龙江水域,沿黑龙江东下。6 月 9 日,船队到达精奇里江口。当黑龙江副都统胡逊布闻讯上船查问时,俄方称"因本属东南各岛被英侵占,伊奉命由黑龙江、松花江内抄近前往,不干扰地方,今不放行,殊非取和之道。……当派员赴彼岸查勘,旋据回称,共船 83 只,约 2000 余人,军械少而口粮多,马百余匹,牛 80 余条,外有二船装载妇女。""胡逊布坚执不许经过,该夷并不听候,拉蓬顺江下流而去"。⑥ 胡逊布因兵力不足,不敢强行拦截,遂予放行。之后,清政府才发现这批俄国人竟然是到中国领土上移民。6 月 24、25 日,俄军陆续驶抵阔吞屯,当即在阔吞屯、庙街、克默尔湾一带部署。俄军"砍木垫道,烧瓦盖房,打铁练兵,沿江摆列铜炮,防守甚严"。⑦ 俄方并在费雅哈设防,大大加强了其在黑龙江下游的实力。五月二十九日上谕表明了清廷的态度:"其船只来踪去迹,只宜勤加侦探,不可率与该国交接。仍将密探情形,随时奏报。"⑧

———————————————

① 齐思和,等:《第二次鸦片战争》第六册,第 433 页。
② 齐思和,等:《第二次鸦片战争》第六册,第 443 页。
③ 蒋廷黻:《中国近代史大纲》,第 129 页。
④ 贾桢,等:《筹办夷务始末(咸丰朝)》第一册,第 291 页。
⑤ 齐思和,等:《第二次鸦片战争》第六册,第 445 页。
⑥ 贾桢,等:《筹办夷务始末(咸丰朝)》第一册,第 272、274 页。
⑦ 贾桢,等:《筹办夷务始末(咸丰朝)》第一册,第 309 页。
⑧ 中国第一历史档案馆:《清代中俄关系档案史料选编》第一编,第 114 页。

清朝政府虽然在黑龙江上兵力薄弱,不敢加以阻拦,却也没有被俄方的好话迷惑住。黑龙江将军请示:"倘明年该夷船再行经过,其时或可放行,抑或拦阻不容经过此处,呈请指示。"上谕回复:"内地江面,不能听外国船只任意往来,此后断不可再从黑龙江行驶。"①

1855 年,沙皇在览阅了恰哈图长官的条陈后,赞成其观点,"认为必须坚决地使整个黑龙江左岸属俄国所有"。②"咸丰三年俄国尚要求根据条约立碑分界,五年则要求根本废除尼布楚条约。不过在五年,木氏尚未布置妥贴,实不愿急与我方交涉。"③1855 年 5 月18 日,穆氏又以同样的借口进行了在黑龙江的第二次航行,这次航行分为三批,即三个分队。一分队 26 艘驳船,二分队 64 艘驳船,三分队 35 艘驳船,第 14、15 两个边防次营和哥萨克混合次营也随这次航行开到阿穆尔流域。④ 中方官员前往阻拦俄方船队的航行,"穆拉维约夫表示,乃系恭顺取和之道,只求放过,并给一纸,径行过去。该夷字内:'前往东海松花江防堵英夷,随带大船一百零四只,有火轮船一只……小船五十只。大船上带马三百余匹,牛三百余只,羊一百余只,男女共大小八千余名,大船上存枪炮等项军器。'"⑤此次航行除载有哥萨克兵和移民外,还有俄国地理学会西伯利亚分会的"黑龙江考察队"等。5 月 27 日,船队驶抵瑷珲,6 月中旬,陆续驶抵黑龙江下游,在阔吞屯至庙街南北长达 300公里的地区,建立移民点,安设重炮。至 1855 年,俄国已完成了对外兴安岭以南黑龙江下游地区中国领土,包括库页岛的实际控制。"这样,阿穆尔就变成一条俄国的河了。现在这条河上下游可以往来通行。河的沿岸,在还被认为是中国的土地上,出现了一个个俄国村庄、粮食和国家物资仓库。"⑥

俄方于 9 月间在松花江口与中国官员进行了所谓"划界"问题的会议。所谓的"划界"问题是在 1853 年(咸丰三年)由俄国方面提出的。当时俄方咨文说:"窃查俄罗斯国与大清国分界处所,自格尔毕齐河之东山后边系俄罗斯地方,山之南边系大清国地方,虽经议定在案,唯贵国立有界碑,敝国尚无界碑",所以要求中国方面派员和东西伯利亚总督商办"在无界碑之近海一带地方,亦设立界碑"。⑦ 在得到这个咨文后,理藩院查阅了档案,认为从恰哈图以东直至大兴安岭,两国的界碑是清楚的,"唯查俄罗斯近海地方,如何分定界址,从前有无界碑之处? 臣院例无明文,亦无办过成案"。⑧ 现俄方要求仅是在格尔毕齐河边界建立界碑,这个要求可以同意。清政府命边境官员准备与俄方会同勘界。咸丰四年三月初十日,景淳奏:"今查分疆域,非周历踏勘,疆域难分。且自松花江乘船直达东海岸,约计八千余里,程途既远,往返需时。再,该处水道无人认识,应令夷人导引。"⑨1854 年 6 月下旬清政府的谈判代表富尼扬阿到达拉哈苏苏,穆拉维约夫已率俄国

①　贾桢,等:《筹办夷务始末(咸丰朝)》第一册,第 372、373 页。
②　中国社科院近代史研究所:《沙俄侵华史》第二册,第 108 页。
③　蒋廷黻:《中国近代史大纲》,第 132 页。
④　齐思和,等:《第二次鸦片战争》第六册,第 447 页。
⑤　贾桢,等:《筹办夷务始末(咸丰朝)》第一册,第 390 页。
⑥　齐思和,等:《第二次鸦片战争》第六册,第 448 页。
⑦　贾桢,等:《筹办夷务始末(咸丰朝)》第一册,第 225 页。
⑧　贾桢,等:《筹办夷务始末(咸丰朝)》第一册,第 228 页。
⑨　中国第一历史档案馆:《清代中俄关系档案史料选编》第三编,第 97 页。

船队过境下驶。富尼扬阿一行又日夜兼程赴至阔吞屯,但俄方答称穆拉维约夫不在,富尼扬阿一行被迫折回。1854 年 12 月 23 日,库仑办事大臣遵咸丰帝旨,再次照会穆拉维约夫,订于次年 6 月于格尔必齐河会商。1855 年 5 月 24 日,当清政府代表富尼扬阿等与顺黑龙江下驶的穆拉维约夫相遇时,穆氏再次背约,要求清政府派员至黑龙江口谈判,实际上是故意拖延一段时间,待穆拉维约夫的部队第二次武装航行到了黑龙江口的时候,他才开始谈判。1855 年 9 月,富尼扬阿等到达阔吞屯,9 月 21 日(八月十一日)双方开始谈判。当天,穆拉维约夫称病不出,由俄国海军少将扎沃依科出面,要求"自黑龙江、松花江左岸分与俄罗斯人占居,设卡守护,夏由水路乘船,冬则冰上骑马,上下不断行走等语"。当即遭到富尼扬阿等人的严正拒绝。9 月 22 日(八月十二日),俄方"送到清字兼夷字印本一本,内载与上次口诵文字相同"。①

9 月 23 日(八月十三日),穆拉维约夫始出面谈判,"该夷取伊国图式,指称,原定界址,自格尔毕齐河长起,至兴安岭阳面各河长止,具系俄罗斯界界"。② 企图强迫中国代表接受,将黑龙江以北地区归属于俄国。富尼扬阿援引中俄《尼布楚条约》等据理驳斥,并宣读了咸丰三年俄国的咨文,因为穆拉维约夫的要求显然远远超出了自己咨文的内容,这使穆拉维约夫无法回答。穆拉维约夫要求富尼扬阿"将咨文带回照办,固守和好之道,你等回去,作速答复"。③ 这次谈判就这样结束了。

11 月 24 日,咸丰帝在收到这次谈判的报告后的上谕中说:"黑龙江、松花江左岸,其为中国地界确然无疑,该夷胆敢欲求分给,居心叵测,恐犬羊之性难于理论。著景淳作为己意,告以中国法度森严,守边大臣于边界事宜,违例奏请,即应革职治罪。……切不可告以业经入奏,请旨办理,以致该夷妄生觊觎之心。"④并令吉林将军景淳向俄方提出抗议。

清朝当局明知沙皇"居心叵测",一定不会罢休,但是他们始终不认真加强边境的军事力量。由于当时太平军发展迅速,清王朝竟不顾边境的安危,从东北抽调大批兵力入关作战,自 1853 年初至 1856 年初,从黑龙江抽调了 7000 余人,从吉林抽调了 6000 余人,从而造成了黑龙江地区边防空虚,无力抵御俄国的疯狂入侵。吉林将军景淳奏报:"吉林额兵 10105 名,四次征调 7000 名,已回者不及 800 名。三姓、珲春、宁古塔刻下为至要之区,三处仅只存兵 800 余名。可否先就该三处征兵撤回 2000 名,以资防守。"但朝廷的答复是"唯此时粤匪未平,正在攻剿之际,调出官兵,万难遽行撤回。……从来抚驭外夷,唯有设法羁縻,善为开导,断无轻率用兵之理。"⑤清政府的上述态度,只好听任俄国人在黑龙江流域为所欲为了。

1856 年 1 月 3 日,库仑办事大臣、吉林将军、黑龙江将军领衔照会俄国枢密院,重申了中国对黑龙江地区的领土主权,断然拒绝了俄方要求割让这一地区的无理要求,严正指

————————————

① 贾桢,等:《筹办夷务始末(咸丰朝)》第二册,第 425 页。
② 贾桢,等:《筹办夷务始末(咸丰朝)》第二册,第 425 页。
③ 贾桢,等:《筹办夷务始末(咸丰朝)》第二册,第 430 页。
④ 贾桢,等:《筹办夷务始末(咸丰朝)》第二册,第 426 页。
⑤ 贾桢,等:《筹办夷务始末(咸丰朝)》第二册,第 445 页。

出："（俄方）欲将黑龙江、松花江左岸分去，实非按照两国和好定制持平办理之道。"①

1853 年 10 月，俄国为控制博斯普鲁斯海峡，对土耳其宣战。1854 年，英、法加入土耳其一方，对俄宣战，克里米亚战争爆发。1856 年 3 月，俄国战败，与英法缔结巴黎和约，暂时遏制了向近东发展的道路。于是，在克里米亚战争结束后，俄国便更积极地向远东扩张。"战争一停，俄国在黑龙江的行动就变更了性质：以前注重运军，现在则注重移植农民；以前注重（黑龙江）下游，现在则注重中游。"② 1856 年 4 月，沙皇亚历山大二世下令穆拉维约夫继续武装航行中国黑龙江，必要时可以使用武力。

1856 年 5 月，穆拉维约夫指示卡尔萨科夫公然在黑龙江上又进行第三次武装巡行。奕山等奏："四月二十七日，有俄船驶至该处江面，投呈清文兼夷字一纸。四月三十日，俄夷先遣通事谒见，并称，今拟自松花江口直至伊国途次，预备接济口粮，须在雅克萨城以上，至库塔马达、胡玛尔、精奇里河口、下兴安岭、松花江五处，寄存粮食，各留兵 20 名及 40 名不等。随后尚有船一百数十只，亦由此下往等语。饬员查得，该夷现到火轮船一只，大小船十三只，船中各带口粮，人数共计 270 名口。""六月初二日，夷官阿里克散达尔带领大小船 39 只，载人 806 名，前赴海口。""又六月十三、十四等日，有大小夷船 103 只，共载男妇 527 名，外有口粮牛马等物，安静东行。十八日，复有大小夷船 89 只，共载男妇 528 名，自黑河口顺流下往。"③ "自四月底起，至六月下旬止，除回国人船不计……共留人三百余名外。其由黑龙江城出黑河口等处，陆续下驶，共船 120 余只，人 1890 余人。"④

俄国武装船队强行下驶，并在黑龙江北岸中、上游地区强占战略据点，建立呼玛哨所、结雅哨所、兴安哨所、松花江哨所等，并在下游地区建立诺沃米哈伊洛夫斯克。"1856 年 10 月 27 日，俄国阿穆尔委员会和沙皇批准了穆拉维约夫的提议，向黑龙江左岸移民 15000 至 20000 人……五年内每年为此发放 10 万卢布。"同年年底，俄国政府"设立东西伯利亚滨海省，其区划包括勘察加省、乌第区和阿穆尔沿岸地区"。⑤ 设首府于尼古拉耶夫斯克（庙街）；建立西伯利亚区舰队，以代替从前的勘察加区舰队，正式宣布对黑龙江下游的吞并。

黑龙江、吉林的地方长官纷纷上报说，不但俄国人的兵船来往纷纭，而且他们到处上岸搭棚建屋，存粮屯兵，4 月 30 日（三月二十六日）上谕："暗为设防，随机应变，勿令激生事端。"⑥ 七月二十四日上谕，仍然只说了些空话："固不可轻启衅端，亦不可漫无限制。该将军等应如何善为开导，外示羁縻，内加防范。"⑦ 这时，英国已经在广州发动战争，俄国政府决定派出普提雅廷为专使，向清朝当局表示："贵国内地不清，外寇侵扰广州"，所以要派专使到北京"办理两国交涉一切事件"。这时俄国人装成是中国最好的朋友，说他们的目的只是"祈将两国边界之事及早完结，以后情愿与贵国彼此相安相保，共防将来不测

① 贾桢，等：《筹办夷务始末（咸丰朝）》第二册，第 441 页。
② 蒋廷黻：《中国近代史大纲》，第 132 页。
③ 中国第一历史档案馆：《清代中俄关系档案史料选编》第三篇，上册，第 249 页。
④ 中国第一历史档案馆：《清代中俄关系档案史料选编》第三篇，上册，第 255 页。
⑤ 齐思和，等：《第二次鸦片战争》第六册，第 450 页。
⑥ 贾桢，等：《筹办夷务始末（咸丰朝）》第二册，第 460 页。
⑦ 中国第一历史档案馆：《清代中俄关系档案史料选编》第三编，上册，第 250 页。

之事,两国永远相安,互相扶助。本国深明大义,非同贪利之国可比也。但愿贵国勿怀疑心,致误大事"。普提雅廷照会:如"贵国因本职由蒙古地方赴京艰难,本职即照和好章程,带领从人,拟定由黑龙江满洲地方径行赴京"。清朝当局拒绝普提雅廷到北京,6月7日照会:"大皇帝念尔国道路遥远,且从前亦无派员进京之案,是以令理藩院行知,毋庸另派大员前来。"①

1856年10月,英、法挑起第二次鸦片战争,清政府处于内忧外患之中,俄国趁火打劫,采取双管齐下的方法,在外交上派出普提雅廷为使者前来北京活动;军事上密令穆拉维约夫加快侵略步伐。1857年6月,穆拉维约夫和卡尔萨科夫率领大批俄军及其家属,俄国商人和科学家共6000余人,第四次武装航行黑龙江。"五月二十八、九日(1857年6月19日),约有七、八百人……驶至海兰泡停泊,支搭帐房,砍伐柳枝,备编苫房,建房二十处。……又以铜炮六尊,分载车船,以四尊对黑河屯安设。……夷官称,尚有无数人船落后。见其夷人各有鸟枪腰刀,兼有演练枪炮等事。……并据穆拉维约夫饬该夷官述称,请仿照恰哈图通商,或可彼此相安,否则官员不致生疑忌,而兵丁实难保其不无滋扰。"②俄军进驻瑷珲城对岸的结雅哨所,控制了海兰泡地区,公然对瑷珲军民进行威胁。接着,俄军又在黑龙江上游、中游左岸强占军事据点,强行建立了一系列军事哨所,并建立哥萨克村镇17处,移民1850人。从而把俄军在黑龙江北岸上游、中游新占地区和下游占领区连成了一片。为了加强其在黑龙江地区的军事殖民与武装侵略,俄国又将整个黑龙江左岸划分为两国军区,分属外贝加尔驻军司令和滨海省驻军司令管辖。穆拉维约夫向清朝官民宣布,从1858年航期开始凡留在左岸的居民,均属俄国管辖;凡不愿接受者,必须迁至右岸。他甚至表示:如果被迫对中国人使用武力,那么阿穆尔(即黑龙江)将是俄国的主要作战基地。在瑷珲登陆,从那里有几条平坦大道,穿过人烟稠密地区,通向南满和北京。

到1857年为止,穆拉维约夫已先后4次率领大批兵船入侵黑龙江,在中国领土上筑垒屯兵,已造成占领黑龙江以北中国领土的既成事实。俄国向占领区有计划地大量移民,至1857年末,迁移的平民已达6000余人,其中1000名是释放的囚犯。

1857年年初,俄国派普提雅廷出使中国,谈判中俄东段、西段边界问题,4月到达伊尔库茨克,同穆拉维约夫多次密谋。普提雅廷原拟由陆路去中国,清廷以"中国与尔国交好多年,从无差大臣前来商办要件之事,并无机密要事应与尔国相商,毋庸特派大臣前来"。③清廷照会:"中国不愿来使进京,无非为恪遵成例,永远和好起见,并无他意。"④普提雅廷遂于7月13日在庙街乘亚美利加号轮船南下赴天津。他于8月到达天津,9月去日本,10月到上海,11月到香港。12月29日,他从香港发给俄国政府的电报中说:对中国不采取有力的强制措施,不可能得到任何结果。一旦联军将战争北移,俄国便应及时建议英、法和俄海军于此海域配合行动,以达到共同的和只涉及俄国一国的目的。于是,一

① 贾桢,等:《筹办夷务始末(咸丰朝)》第二册,第532、533页。
② 贾桢,等:《筹办夷务始末(咸丰朝)》第二册,第545页。
③ 贾桢,等:《筹办夷务始末(咸丰朝)》第二册,第524页。
④ 贾桢,等:《筹办夷务始末(咸丰朝)》第二册,第538页。

方面普提雅廷到香港后,和英、法、美的代表合作行动;另一方面,穆拉维约夫在黑龙江地区肆无忌惮地进行其所谓的"殖民政策",事实上对整个黑龙江左岸进行了军事占领,从而为1858年逼签《瑷珲条约》奠定了基础。

在普提雅廷到香港与英、美、法三国合作以前,曾先到天津海口活动,这时他向清政府提出中俄两国以黑龙江和乌苏里江为界的无理要求,被清政府严词拒绝。清朝当局认为,边界问题在《尼布楚条约》中已经明确解决,只有乌特河流域在《恰哈图条约》中规定为两国共有,其具体国界可以会同勘定。因此要求普提雅廷到黑龙江方面去,同指定的中国官员解决这一问题。普提雅廷表示还要先回国请示。清理藩院咨文:"已奏请大皇帝特派大员,会同普提雅廷将乌特河地方察看,分定界址可也,至海兰泡、阔吞屯、精奇里等处,向为中国地界,所有穆拉维约夫等带领多人,自称贵国差来,在彼盖房占住,恐非贵国王之意。"①所以清朝政府这时态度很明确,认为黑龙江左岸(包括海兰泡等地)都是属于中国土地,这是符合《尼布楚条约》的。事实上,普提雅廷并未回国,而是到了香港,随同英、法、美公使一起到上海。他在上海给中国政府的咨文中,除支持英、法、美的要求外,特别提到中俄两国的边界问题,公然说:"不能以兴安岭为两国边界,当以黑龙江为界。"②清朝当局在驳斥这一主张的同时,于3月22日通知黑龙江将军奕山:"如果该夷(普提雅廷)折回黑龙江,即着奕山据理与之辩论,务当仍照前议,将乌特河地方会同勘定。"③这时,清朝官员又知道,俄方可能会把勘界一事交穆拉维约夫负责,所以又命令奕山,根据这个精神"向穆拉维约夫详细晓喻,务期驾驭得宜,勿使该夷肆意侵占"。④

咸丰八年四月(1858年5月),清朝黑龙江将军奕山与沙俄的东西伯利亚总督穆拉维约夫开始瑷珲谈判。奕山是道光帝的侄子。1841年,奕山被任命为靖逆将军,赴广州抗击英军。他谎报军情,以败为胜,被道光帝觉察后革职圈禁。后被释放,任命为伊犁将军。咸丰五年(1855年)十二月,奕山被任命为黑龙江将军。咸丰七年九月十六日,奕山等奏:"奴才奕山于八月十一日携篆由省启程,二十四日行抵黑龙江城。据报:夷酋普提雅廷探无折回音信。""至会商未定界址之处,予为行知该国,订明准期,俾得会晤,庶不致往返空劳。"⑤同日,理藩院照会俄方,中方已派大臣在黑龙江等候,俄使应去黑龙江会勘乌特河地界。并照会:"至海兰泡等地,均系中国地界,近来贵国人船往来不绝,且盖房居住,屡经中国官员好言晓谕,穆拉维约夫等置之不理。……贵国当速饬穆拉维约夫等将该处人船撤回,方为妥善。"⑥1858年三月初一日上谕:"前因俄使由上海照会,内有分定界址,欲以黑龙江左岸为断一节。……著奕山据理拒绝,仍照前议,将乌特河地方会同勘定。"⑦三月二十六日上谕:"俄夷所请五口通商之处,著不必再于计较,即准其与各国一体贸易。惟既屡次加恩,所有黑龙江勘查界址一层,必当秉公办理。"⑧三月二十九日,谭廷襄奏:

①　贾桢,等:《筹办夷务始末(咸丰朝)》第二册,第577页。
②　贾桢,等:《筹办夷务始末(咸丰朝)》第二册,第663页。
③　贾桢,等:《筹办夷务始末(咸丰朝)》第二册,第668页。
④　贾桢,等:《筹办夷务始末(咸丰朝)》第二册,第692页。
⑤　中国第一历史档案馆:《清代中俄关系档案史料选编》第三编,中册,第389页。
⑥　中国第一历史档案馆:《清代中俄关系档案史料选编》第三编,中册,第401页。
⑦　中国第一历史档案馆:《清代中俄关系档案史料选编》第三编,中册,第426页。
⑧　中国第一历史档案馆:《清代中俄关系档案史料选编》第三编,中册,第473页。

"该夷乃于分界一层,复举已驳旧说,欲以黑龙江、乌苏里江、绥芬河为界,不肯以兴安岭为界。……揣度其意,总欲占我江左之地,因英法需为说合,挟制要求,反复无常,情殊可恶。"①

1858年5月11日,双方谈判的第一天,穆拉维约夫提出的条约草案,内容如下:"黑龙江一带,当初本系伊国地方,现在江左居满洲屯户,均令迁移江右存居,彼此互免嫌隙,如有需费,伊国供给。至于两国界址,自沙比奈岭以东,额尔古纳河入黑龙江、乌苏里江、松花江至海,沿河各岸,一半属中国,一半属俄国。江内只准我两国人船行走,他国船只不准往来。再嗣后各海口应一体通商,各派官员照管。黑龙江亦可照此办理。"②奕山拒绝了这个条约草案。第二天,穆拉维约夫为了抬高自己身价,称病不出面谈判,由他的助手彼罗夫斯基进行谈判。俄方呈递照会,与昨日口述内容相同。奕山已准备让步:"奴才再四思维,不胜焦灼,与其张皇于事后,莫若慎筹于事前。明知防范英夷原为诡托,而议请黑龙江左岸旧屯户之外,所余空旷地方,给予该夷安静存居。江中准其行走,即与我国屯丁耕作生计,均无妨碍。"③5月14日午刻,"木酉带夷目数人忽到寓所,奴才仍照前款待,接阅夷文,并未删改。……议论未终,木酉勃然大怒,举止猖狂,向通事大声喧嚷,将夷文收起,不辞而起。……自木酉愤怒回船后,夜间瞭望夷船,火光明亮,枪炮声音不断"。④ 最后穆拉维约夫恼羞成怒,限次日给予答复。"次日早间,奴才(奕山)再四熟思……穆拉维约夫此次前来议分界址,倘不遂其觊觎,立时致启衅端。若衅端一起,实不敢保其将来如何结局。"派员前赴夷船,"会见穆拉维约夫,探其光景。该夷仍带倨傲之态,令通事向差官说……我明日使通事写字前往见你们将军,若可照字办理,即行对换画押文字,彼此为凭。如若不然,我即撙江左屯户,不准存居等语。"⑤"已刻,穆拉维约夫使通事前来,呈递清字夷文……字内已将江左屯户居处让出开写,此外本系空旷地面,现无居人。……今该夷字内又写乌苏里河至海,以为中国、俄国共管之地。议请通商一节,亦可比照海口等处办理。奴才势处万难,若不从权相机酌办,换给文字,必致夷酋愤激,立起衅端,势难安抚。"⑥第六天,5月16日,奕山和穆拉维约夫签订了瑷珲条约。将黑龙江以北,外兴安岭以南60多万平方公里的中国领土拱手送给俄国,乌苏里江以东直到海边的40万平方公里的中国领土实行中俄共管,只有精奇里江以南至豁尔莫勒津屯的地区,即江东六十四屯地区的中国人,仍在原地"永久居住",由中方管辖,俄国人不得侵犯。黑龙江、乌苏里江成了俄国可以自由通行的航道。条约签订后,穆拉维约夫马上率领兵船离开瑷珲,沿江东下,占领了乌苏里江以东的地区。同时,宣布将海兰泡改名为"布拉戈维申斯克",就是"报喜城"的意思。1858年9月7日,这位为俄罗斯拓边有功的穆拉维约夫被沙皇亚历山大二世破格提拔为陆军上将,晋升为阿穆尔斯基伯爵。

① 中国第一历史档案馆:《清代中俄关系档案史料选编》第三编,中册,第477页。
② 中国第一历史档案馆:《清代中俄关系档案史料选编》第三编,中册,第504页。
③ 中国第一历史档案馆:《清代中俄关系档案史料选编》第三编,中册,第505页。
④ 中国第一历史档案馆:《清代中俄关系档案史料选编》第三编,中册,第506页。
⑤ 中国第一历史档案馆:《清代中俄关系档案史料选编》第三编,中册,第507页。
⑥ 中国第一历史档案馆:《清代中俄关系档案史料选编》第三编,中册,第508页。

瑷珲条约①

一八五八年五月二十八日,咸丰八年四月十六日

一、黑龙江松花江左岸,由额尔古纳河至松花江海口,作为俄罗斯所属之地;右岸顺江流至乌苏里河,作为大清国所属之地;由乌苏里河往彼至海所有之地,此地如同接连两国交界命定之间地方,作为两国共管之地。由黑龙江、松花江、乌苏里河,此后只准中国、俄国行船,各别外国船只不准由此江河行走。黑龙江左岸,由精奇里河以南至豁尔莫勒津屯,原住之满洲人等,照旧准其各在所住屯中永远居住,仍著满洲国大臣官员管理,俄罗斯人等和好,不得侵犯。

一、两国所属之人互相取和,乌苏里河、黑龙江、松花江居住两国所属之人,准其一同交易,官员等在两岸彼此照看两国贸易之人。

一、俄国结聂喇勒固毕尔那托尔木喇福岳福(即穆拉维约夫),中国镇守黑龙江等处将军奕山,会同议定之条,永远遵行勿替;俄国结聂喇勒固毕尔那托尔木喇福岳福缮写俄罗斯字、满洲字,亲自画押,交与中国将军宗室奕山,并中国将军奕山缮写满洲字、蒙古字,亲自画押,交与俄罗斯国结聂喇勒固毕尔那托尔木喇福岳福,按照此文缮写,晓谕两国交界上人等。

(原说明:条约签订时有满、蒙古、俄文本,原无汉文本。)

《中俄瑷珲条约》第一条,"黑龙江左岸,由精奇里河以南至豁尔莫勒津屯",所指即俗称之江东六十四屯。该地区南北长约 140 里,东西宽 50～70 里。根据条约行文,中国人在六十四屯享有居住权,中国政府对该处人民享有管辖权,但对该地区的主权归属并不很明确。按清朝当局的授权,奕山根本无权与俄国人签订这样的条约。当时处于第二次鸦片战争后期,清政府正在为签订《天津条约》而忙碌着,并未马上知道奕山私自签订《瑷珲条约》的消息。

"本约所谓松花江,盖指今混同江,即黑龙江下游自松花江至黑龙江海口一段之河流言,统观条约,彰彰明甚。而俄国则强指满洲内地之松花江言,遂起后来无穷之交涉。""松花江在我黑龙江、吉林两省境内,北流入黑龙江,安得有海口。……满蒙俄英法各文,均但言黑龙江无松花江三字,至下文叙行船一段,始以黑龙江松花江乌苏里三江并称。自汉文增出两'松花江'字,于是惹起后日无数之纷争,终以俄人有藉口,无由取消松花江行船之约。"②

1858 年 6 月 13 日,即《瑷珲条约》签订仅半个月后,在中英、中法《天津条约》签订前,签订了中俄《天津条约》。中俄《天津条约》共 12 款,通过条约,俄国不仅获得了长期企图获取的沿海通商权力,享有领事裁判权,陆路通商方面,规定以后俄国商人的数目、资本与所带货物不受限制。并获得与此前英、法、美等国通过战争或武装讹诈所获得的同等的在华侵略权益,保证俄国今后可以自动享有中国给予任何其他外国的权益。对于俄国要求的以黑龙江、乌苏里江划界的要求,清政府坚持中国东段边界必须在黑龙江省勘定,所以

① 王铁崖:《中外旧约章汇编》第 1 册,第 85 页。
② 萧一山:《清代通史》第三册,第 529、530 页。

在中俄《天津条约》中未将此条载明。清政府批驳了俄方的要求,指出:中国与俄国地界,自康熙年间鸣炮誓天,以兴安岭为界。但是俄国坚持在条约的第9款规定:"中国与俄国将从前未经定明边界,由两国派出信任大员秉公查勘,务将边界清理补入此和约之内。"这一条款为俄国今后迫使清政府承认其对中国东北、西北大片领土的非法武装占领,进而强迫清政府割让领土埋下了伏笔。中俄《瑷珲条约》的墨迹未干,俄国就迫不及待地向乌苏里江以东,中俄两国共管的地区扩张,在俄方看来:"为使乌苏里江和乌苏里江地区永归俄国,必须在乌苏里江采取占领阿穆尔河时所使用过的手法,即以实际占领作为外交交涉的后盾。"①

　　穆拉维约夫于1858年6月3日,率领大批人船沿黑龙江下驶。6月12日,抵黑龙江和乌苏里江汇合处的伯力,将该地命名为哈巴罗夫卡,1893年改称哈巴罗夫斯克。他在乌苏里江东岸图勒密地方建筑炮台。6月13日,穆拉维约夫继续率俄军驶入乌苏里江;6月15日派遣"勘察队"溯江而上,寻找适宜设立军事战略的地方。"1858年12月,俄国政府批准成立"阿穆尔哥萨克军"以后,沙俄驻黑龙江以北的哥萨克已达步、骑兵4486人;驻乌苏里江以东的哥萨克已达3290人;连同家属在内,两处共约2万人。"②穆拉维约夫又于1858年制定《移民条例》草案,竭力鼓励俄国农民移居黑龙江、乌苏里江地区。到1859年间,穆拉维约夫亲率船舰不断闯入乌苏里江,在江东地区建立了23个军人村镇,移民300多户,派兵3000多人驻守,任意枪杀这里的中国居民。穆拉维约夫对清政府多次提出的抗议置若罔闻,狂妄叫嚣:"我们想干什么就干什么,愿意在哪里划界,就在那里划界。"与此同时,穆拉维约夫策划指挥俄军强占沿海地区重要港湾。1859年6月,他率俄军乘船出黑龙江口,向南巡视沿海地区,直达图们江口附近,并将该处港湾命名为"大彼得湾",下令于附近岸上建筑炮台。1859年11月,清署督办夷务副都统富尼扬阿亲诣船次,与穆拉维约夫交涉:"除黑龙江左岸空旷地方准其借与尔国暂居外,其余应遵康熙年间分定疆界,各守各土,不得稍有侵越。③穆拉维约夫不但拒绝撤走军队和移民,反而以武力相威胁,要求清政府拆除建于该地区的卡伦。结果,穆拉维约夫无礼地中断了会谈。年底,穆拉维约夫下令以武力强行驱逐了中国在乌苏里江东岸的守卡官兵。1860年6月,穆拉维约夫又命令俄国滨海省驻军司令兼西伯利亚舰队司令卡扎凯维奇率俄军舰队从庙街出发,7月2日占领了大彼得湾内的海参崴,改名为符拉迪沃斯托克,意为"控制东方"。至此,俄国已经把北起黑龙江口,南到图们江口的乌苏里江以东整个地区,包括库页岛以及乌苏里江东岸地区沿海的重要港口全部加以军事占领。俄国的下一步行动,就是要把实际占有的领土,获得法律上的承认。

(二) 中俄《北京条约》

　　穆拉维约夫在东北继续进行大量移民,实现武装占领中国领土。同时,俄国还加紧外交活动。1858年10月10日,俄国派新任驻北京东正教会监护官彼罗夫斯基为全权大使

---

① 苑书义:《中国近代史新编》上册,第434页。
② 夏笠:《第二次鸦片战争史》,第373页。
③ 贾桢,等:《筹办夷务始末(咸丰朝)》第五册,第1668页。

到北京进行《天津条约》换约,清政府派出了负责理藩院事务的肃顺、瑞常和俄使进行交涉。因俄方文本与中方文本有不一致的地方,肃顺决定不予换约。交涉中,彼罗夫斯基将重订双方边界一案提了出来,但肃顺等人采取对他不理不睬的态度。1859 年 1 月 13 日,彼罗夫斯基照会军机处说:乌苏里河至海口之中间地,在中国不过弹丸不毛之地,毫无伤损,而与俄国通商行走稍涉便宜。如能分清界址,可以永久和好。而且,如果做好分界事宜,俄国情愿帮助劝令英国兵船回国,不致扰乱天津等处。

清政府害怕再和俄国结怨,于是做出让步,以俄方自译的满文本作为正式文本,互换了《天津条约》,俄方则答应向清政府提供军事援助。彼罗夫斯基仍不满足,不断向清政府提出关于边界交涉的事宜,被肃顺和军机处拒绝,肃顺根本不承认有什么《瑷珲条约》。1859 年 5 月 28 日,军机处直接照会彼罗夫斯基:“此次贵使臣到京,原为互换合约而来,查和约 12 条内,并无驻扎在京之语。将来通商各事宜,总须在各海口,由该督抚商办,方能妥协。今贵使臣已经换约,京中实无可办之事。”①这是一道逐客令,在北京待了半年的彼罗夫斯基这才告诉清政府说:他来华是为了谈判重订边界事宜。清政府这才明白彼罗夫斯基来北京的真正意图。经查证,奕山真的跟对方签了《瑷珲条约》,清政府立即将奕山革职留用,对彼罗夫斯基的要求也继续加以驳斥。

1858 年末,沙皇亚历山大二世亲自召见了伊格纳切夫,提升他为御前侍从少将。1859 年 1 月,俄国政府任命他率领军事援助团来华,企图全面控制中国的武装力量,同时接替彼罗夫斯基,办理外交事宜。1859 年 3 月 18 日,伊格纳切夫从彼得堡出发。军事援助团带有来复枪 10000 支,火炮 50 门,子弹 160 万发,随团军事教官及地形测绘师等多名。但是,“当 5 月 12 日伊格纳切夫到达恰哈图时,从彼罗夫斯基给他的来信中突然获悉肃顺因识破俄方‘军援’背后包藏着霸占中国大批领土的祸心,已经对此明确加以拒绝。这就使伊格纳切夫处于十分尴尬的境地。为此,他不得不决定:由 380 辆大车组成的载有各种枪炮的运输队停留在乌丁斯克,不再前进,军事援助团宣告解散;另一方面,为了对中国进行勒索,他仍带同巴留捷克等少数随员来华。”②

1859 年 6 月 27 日,伊格纳切夫赶到北京。他知道清方消息闭塞,称自己是来接替彼罗夫斯基继续同中国人商谈边界事宜的,而彼罗夫斯基也替他圆了这个谎。直到咸丰十年(1860 年)一月,在长达半年的时间里,清政府一直在和这个没有任何外交头衔的俄国政治骗子进行谈判,把他当作公使接待,负责和他谈判的是肃顺。

从 1859 年 7 月中旬开始,清政府和伊格纳切夫展开了长达一年的较量。双方谈判的第一个问题是《瑷珲条约》是否有效。六月二十六日(7 月 25 日),肃顺照会俄使强调:“前奉寄桂良等上谕内所言:已与俄五口通商,黑龙江诸事皆定等语,系指奕山将黑龙江空阔地方借与贵圈居住而言,并非将乌苏里江借给在内。其乌苏里江等处,系属吉林将军所管,并非奕山所管地界。现在大皇帝已将奕山革职。”俄使六月二十七日复照:“奕山革职与本大臣无干涉,于我则以将军奕山奉旨来至瑷珲城,特为商办两国东界,并立和

①　贾桢,等:《筹办夷务始末(咸丰朝)》第四册,第 1401 页。
②　夏笠:《第二次鸦片战争史》,第 379 页。

约。……自应遵守勿替，不然，两国信义和好之道，无所依赖矣。"①此后，伊格纳切夫精心准备了《中俄续增条约》和《补续合约》，提出要求割让中国东北领土的要求，双方的争论进入了实质性阶段。

伊格纳切夫威胁："和中国的边界绵亘达7000俄里，俄国较之其他任何海上强国，都更易于随时随地地给中国以更有力的痛击。"肃顺等抵制了俄方的讹诈，"就边界问题而言，（中方）态度始终是坚定的。在一次相互恐吓中，肃顺宣称，中俄贸易可能中断"。②

在这一年时间里，双方进行了多次较量，谈判桌上的气氛也非常紧张。伊格纳切夫因为从肃顺身上占不到便宜，屡次要求清政府撤换谈判代表。咸丰九年二月初六日，俄使照会军机处："照尚书肃顺、瑞常办理之模……该大臣此等行事，不足以固两国和好之道。"当时，肃顺是咸丰帝的红人，军机处根本不敢换掉他。军机处回复俄方："此二位尚书皆是皇上钦派大臣，办事断不致有误。"③伊格纳切夫只得继续与肃顺谈判。1859年"9月22日举行会晤，肃顺等非常有礼貌……至于边界问题，肃顺则要求伊格纳切夫向沙皇汇报说，中国皇帝决不同意俄国的要求，他建议谈判可以推迟到从彼得堡接到答复以后"。④

1860年5月，伊格纳切夫收到俄国政府的书信，知道自己被任命为驻华公使，信中赞扬了他在北京所进行的活动，同时建议他暂时离京，在中国和英法间充当调解人的角色。于是伊格纳切夫5月24日南下上海，极力怂恿英法联军发动战争，并为其提供了京津一带清军的布防情报。"他不时提供极为有益的情报，并把他逗留中国期间所画的地图都拿出来给大家看，这些地图提供了从北塘河直至天津、北京之间地区的最详尽的细节。"⑤正是有了这些情报，英法联军才了解了京津一带的布防弱点，在短期内就迅速打到了北京。

1860年10月13日，英法联军占领北京，咸丰帝逃往承德，留恭亲王奕䜣在京主持和局。当奕䜣请伊格纳切夫出面调处时，他提出三点要求⑥：一，恭亲王必须向他发出进行调停的书面请求；二，中国与英法谈判时，必须就谈判的内容事先征求他的意见；三，必须承认瑷珲条约并接受俄国所提出的全部划界等要求。奕䜣对这些条件全部接受。

10月24、25日，中英、中法《北京条约》签订后，俄国人也从中国的战败中捞到了极大的好处，他们自称调停有功，要求另订新约。他们居功的事主要有以下几件：对英法赔款缓缴；英法联军及时撤出北京；北京条约签字时，恭亲王奕䜣是在得到俄使的安全保证后才敢回到北京的。俄国还以帮助镇压太平军为诱饵，向奕䜣提交了一份新的《中俄条约草案》和俄国单方面绘制的两国东部边界地图，逼迫奕䜣"一字不能更易"地接受。收到奕䜣的奏折后，九月二十六日上谕："时势至此，不得不委屈将就。"⑦

① 贾桢，等：《筹办夷务始末（咸丰朝）》第四册，第1532页。
② 齐思和，等：《第二次鸦片战争》第六册，第497页。
③ 中国第一历史档案馆：《清代中俄关系档案史料选编》第三编，中册，第637、638页。
④ 齐思和，等：《第二次鸦片战争》第六册，第497页。
⑤ 齐思和，等：《第二次鸦片战争》第六册，第508页。
⑥ 齐思和，等：《第二次鸦片战争》第六册，第539页。
⑦ 中国第一历史档案馆：《清代中俄关系档案史料选编》第三编，下册，第1009页。

1860 年 11 月 4 日,奕䜣与伊格纳切夫签订了中俄《北京条约》。通过中俄《北京条约》,俄国不仅逼迫清政府确认了《瑷珲条约》的全部内容,使其对黑龙江以北 60 多万平方公里的中国领土的侵占合法化,同时又将《瑷珲条约》中规定的由中俄共管的乌苏里江以东 40 多万平方公里的中国领土划归俄国。条约规定中俄西段边界应沿着中国常设卡伦等划分,又为俄国日后侵占中国西北 40 多万平方公里的领土埋下了伏笔。所以说,俄国是第二次鸦片战争最大的得益者。

中俄《北京条约》共十五条,主要内容如下:

一　两国东界定为由什勒喀、额尔古纳两河会处;顺黑龙江而下至该江、乌苏里河汇合处。其北边地属俄罗斯国;其南边地至乌苏里河口所有地方属中国。自乌苏里河口而南,上至兴凯湖,两国以乌苏里及松阿察二河作为交界。其二河东之地,属俄罗斯国;二河西,属中国。自松阿察河之源,两国交界逾兴凯湖直至白棱河;自白棱河口,顺山岭至瑚布图河口,再由瑚布图河口,顺珲春河及海中间之岭,至图们江口。其东皆属俄罗斯国;其西皆属中国。两国交界与图们江之会处及该江口,相距不过二十里。

上所言者,乃空旷之地。遇有中国人住之处及中国人所占渔猎之地,俄国人均不得占,仍准中国人照常渔猎。

二　西疆尚在未定之交界,此后应顺山岭、大河之流,及现在中国常驻卡伦等处,及雍正六年(1728 年)所立沙宾达巴哈之界牌末处起,往西直至斋桑淖尔湖,自此往西南,顺天山之特穆尔图淖尔,南至浩罕边界为界。

三　设立界牌之事,由两国派出信任大员,秉公查勘。东界查勘,于咸丰十一年三月内办理。西界查勘不必限定日期。互换查勘记文及地图,画押用印,当作补续此约之条。

四　第四条至第八条均涉及商贸方面。重申俄国人在华享有领事裁判权;规定两国边民免税自由贸易;中国准许俄国商人在库伦、张家口从事零星贸易,并增开喀什噶尔为商埠;俄国商人到通商之处,可以随意活动,不征税,居住通商日期,不受任何限制,但须本国边界官员给与路引;俄国得在库伦和喀什噶尔设立领事官。

五　第九条至第十五条为外交事务处理原则,包括查办边境事务、两国边境大臣彼此行文、官员转送、书信物件的传送等具体事务的细则。

中俄《北京条约》签订后,马克思、恩格斯曾在《纽约先驱论坛报》著文:"英法联军对华作战,竟像只是为了俄国的利益。俄国乘机向中国攫夺面积等于英德两国的领土,同时还狡猾地出来充当衰弱的中国的保护者。俄国这一利用的结果,已使他由冰天雪地的西伯利亚进到温带。这样获得的战略阵地,对于亚洲之重要正如波兰对于欧洲之重要。"①

---

①　萧一册:《清代通史》第三册,第 539 页。

十、附录：中俄勘分界约

（一）中俄勘分东界约记

《瑷珲条约》签订后,俄方大肆活动,进一步蚕食我国领土。1859 年三月初四日上谕:"景淳等奏,夷官不听开导,驰赴乌苏里等处,系穆拉维约夫遣赴兴凯湖勘办乌苏里、绥芬等处地界。"而清朝官员对东北的地理情况并不清楚。景淳等奏:"且兴凯湖是否附近珲春? 乌苏里河源究出何处? 必须考诸地图,详查明确,方敢定议。"①四月初三日,俄使提交补充《瑷珲条约》及《天津条约》之八条,其第一条:"两国东边界址,应以乌苏里江、黑龙江两河口岸,顺乌苏里江上游至松花江口岸,该处界址顺松花江上游至兴凯湖,由兴凯湖至珲春河顺河至图们江,顺图们江海口为界。"②四月二十日,军机处复照俄使,逐条批驳俄方的八条,其"第一条。中国与俄国地界,自康熙年间鸣炮誓天,以兴安岭为界,至今相安已百数十年。……今闻欲往吉林地界,该处距兴安岭甚远,并不与贵国毗连,断不可前往,致伤和好。黑龙江交界事宜,应由黑龙江将军斟酌办理"。③ 1859 年五月初十日,军机处谕奕山与俄更改《瑷珲条约》内有关中俄共管乌苏里河至海地区的条款:"著奕山向穆拉维约夫明言,从前初议之时,未能深悉吉林地界,现业已查明,乌苏里、绥芬河并非俄国接壤,又与海道不通,自应将此语更正。"④因《瑷珲条约》的危害日益显现,清政府于咸丰九年五月十六日才给予奕山处分。上谕:"实属办理不善,咎无可辞。黑龙江将军奕山,著即革职暂留本任,仍责令将从前办理含混之处辩明定议。"⑤

1861 年中俄两国代表在乌苏里江口会面,对兴凯湖到图们江的国界进行勘定。勘界的焦点集中于兴凯湖附近,因此把会议地点改为兴凯湖西边。俄方派遣滨海省总督卡扎凯维奇和布多戈斯基为全权代表。俄方代表未按时到达约定地点,而是星夜兼程赶赴兴凯湖西北部,勘察地形,伐木盖房,安炮扎营,抢占土地。

中方特派仓场侍郎成琦、吉林将军景淳为钦差大臣。四月二十九日（6 月 7 日）,成琦、景淳到达兴凯湖西岸后才恍然发现:俄方想突破《北京条约》规定的界限,进一步侵吞中国领土。俄方早就指鹿为马,在《北京条约》中捏造了一条莫须有的"白棱河"。兴凯湖勘界前,景淳曾派人到兴凯湖一带访察,"又查新旧图载,并无白棱河之名"。⑥ 会谈中,"白棱河"成为双方争论的焦点,因为它的具体位置关系到近半个兴凯湖所有权的归属。

《北京条约》俄文本中有"白棱河"字样,但在中文本中却没有这种注明。两种版本条约均出自布多戈斯基之手,显然当时俄方有意识地为以后进一步侵占中国领土留下了余地。会谈时,俄方代表牵强附会地坚称:"奎屯必拉（今密山市当壁镇）迤北分支之小河,

①　中国第一历史档案馆:《清代中俄关系档案史料选编》第三篇,中册,第 653、654 页。
②　中国第一历史档案馆:《清代中俄关系档案史料选编》第三篇,中册,第 668 页。
③　中国第一历史档案馆:《清代中俄关系档案史料选编》第三篇,中册,第 683 页。
④　中国第一历史档案馆:《清代中俄关系档案史料选编》第三篇,中册,第 706 页。
⑤　中国第一历史档案馆:《清代中俄关系档案史料选编》第三篇,中册,第 715 页。
⑥　贾桢,等:《筹办夷务始末（咸丰朝）》第八册,第 2712 页。

伊名土尔必拉,即系白棱河。"①清政府代表对此提出异议,认为所谓的白棱河应在兴凯湖的西南方。成琦和景淳向咸丰帝上奏:"和约内载白棱河名目,偏查吉林所绘各图,暨早年所绘之通省全图,止有白珍河,并无白棱河。即上年俄使伊格纳切耶夫在京所进地图,仅有白志河,亦无白棱河字样。唯和约内称,逾兴凯湖直至白棱河,再由白棱河,顺瑚布图河云云。两相考校,是白棱河应在兴凯湖西南,与白珍河及白志河部位尚属符合。该国使臣,强以奎屯必拉以北之分支小河指为白棱河。按其部位,系在兴凯湖西北,显与和约地图,均属相悖。"②俄方代表还想进一步侵占中国领土,他们"不特不认白棱河之误,转欲将松阿察以西之穆棱河,作为公共之地"。③ 他们这一主张,彻底推翻了《北京条约》中以松阿察为两国界河的约定,企图把边境线向西移动三百里左右。俄方的主张受到中方代表的坚决抵制,最后俄方只得取消以穆棱河为界的要求。

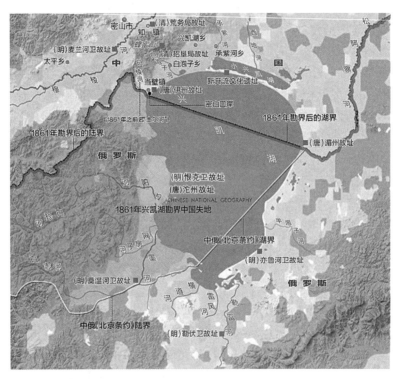

图 11　兴凯湖及周边地区示意图④

谈判期间,俄方派遣大批部队侵入兴凯湖北部,"于奎屯必拉西北蜂蜜山至穆棱河一带,丈量地亩,刨土堆,插牌为识"。清政府代表竟因无路径可通,实难行走,不行勘察,并荒唐地认为:"若俟行查后再行定议,不惟往返需时,即该使之意,亦不能久待。……由此取道至瑚布图河,非山林丛杂,即河水涨阻,荒僻危险,莫知远近。……若强约该使前往,设道路阻滞,粮运不济,转致迁移时日,于事无益。奴才等不揣冒昧,只得从权允于兴

①　贾桢,等:《筹办夷务始末(咸丰朝)》第八册,第 2912 页。
②　贾桢,等:《筹办夷务始末(咸丰朝)》第八册,第 2907 页。
③　贾桢,等:《筹办夷务始末(咸丰朝)》第八册,第 2908 页。
④　老米,吕忠信:《兴凯湖　断裂的北国明珠》,《中国国家地理》,2012 年第 9 期,第 164 - 175 页。

凯湖行营,照依该使所言办理。"咸丰十一年五月二十八日奉朱批:"只得如是办理。钦此。"咸丰十一年五月二十一日(1861年6月28日),中俄签订《中俄勘分东界约记》。该条约将兴凯湖的大半水面割给俄国,而湖西北角的"土尔河"从此被篡改为"白棱河"。从中国境内的当壁镇到龙王庙,横贯湖面的国界将兴凯湖腰斩。

本应在兴凯湖西南出现的国界,向北移了80千米。在这次勘界谈判中,7200平方千米的国土被沙俄夺走。

中俄勘分东界约记①

　　两国钦差大臣从此见面。一千八百六十一年伊云月十六日,即咸丰十一年五月二十一日,大俄罗斯国钦差全权信任大臣、大清国钦差大臣,会齐在俄土尔必拉、即白棱河地方,两国之大臣会同画押同印。在交界之图上,书写俄罗斯字及满洲字二分,其二图补入上年在京续订和约条内。并四分图与记文,此四分图内,书写俄罗斯字二分,书写汉字二分。其图四分,亦补入上年在京续订和约条内。此六分图,彼此相对,两国大臣全行知悉相符。

　　大俄罗斯国钦差大臣持书写俄罗斯字及满洲字地图一份,大清国钦差大臣持书写俄罗斯字及满洲字地图一份,彼此互换,用印画押。又互换汉字、俄罗斯字交界地图四分。彼此换给之后,两国钦差大臣将图四分、记文二分、交界道路记文二分,俱行钤印画押。将此记文、道路记文补入上年续订和约条内,永远遵行勿替。

(二) 中俄勘分西北界约

中俄《北京条约》第二款规定:中俄两国未经划定的西部边界,今后应顺山岭走向、大河的流向及中国常设卡伦路线而行,即从沙宾达巴哈界碑起,往西直到斋桑湖,再由此往西南到特穆尔图淖尔(伊塞克湖),南至浩罕边界。此条款就为俄国进一步侵吞我国西北领土制造了"法律根据"。满文本与俄文本的两字之差,使中俄边界线的位置相差几百公里。"俄文本中的'中国现有卡伦'在中文本则是'常设卡伦'。"②

当时清政府在西北边境地区所设边防哨所,即谓之卡伦。"卡伦一事,凡例有三:内曰常设、外曰移设、再外曰添设。三者之中,唯常设卡伦为永远驻守之地。余皆暖则外展,寒则内遣,进退盈缩或千里或数百里。"③移设卡伦也称前列卡伦,添设卡伦也称外线卡伦。一般而言,常设卡伦多于靠近重要城镇的地带设置,移设卡伦则是按季节不同而设置地点有所转移的哨所,添设卡伦系根据需要随时设置或撤除的哨所。卡伦之间自然形成一条线,但不是国境线。

中国西部辽阔地区,古称"西域"。中国历代政府对这一地区的治理与管辖,历史源远流长。清中叶,清政府平定准噶尔和大、小和卓叛乱后,将这一地区改称"新疆",结束了这里长期分裂的局面,同时改变了这一地区长期与中央政府若即若离的状态。从此,清

---

① 中国第一历史档案馆:《清代中俄关系档案史料选编》第三编,第1169页。
② 胡绳:《从鸦片战争到五四运动》,第375页。
③ 王彦威:《清朝外交史料》第16卷,第5页。

政府主权辖下的中国西部疆界是明确的,中国领土的西北端直抵巴尔喀什湖,湖以东、以南的广大地区皆属中国领土。

中国西部边界原在巴尔喀什湖。十九世纪初,俄国在中亚进行殖民扩张时,就觊觎我国西部地区。1831 年,俄国西伯利亚和亚洲委员会讨论决定,把俄国的边界线推进到中国的斋桑湖,直至卡伦线。进入 40 年代,俄军侵入巴尔喀什湖以东、以南地区,建立了科帕尔、维尔内等军事据点,1846 年—1847 年,俄国武装侵占了巴尔喀什湖东南的喀拉塔勒河、伊犁河等七河地区。1851 年 8 月 6 日,中俄签订《伊犁塔尔巴哈台通商章程》17 款,中国开放伊犁与塔城,允许俄商在上述地点免税贸易,给俄国以重大的特权。

1854 年,俄国又强占阿拉木图,把伊犁河下游一带占为己有。俄国军队北自阿亚古寺,中经科帕尔,南到维尔诺要塞之间,筑起一条长达 700 公里的堡垒线。这样俄国就可以将其"国界往前推移"。俄国在武力强占中国西部大片领土并为进一步扩大侵略做好准备的情况下,援引中俄《北京条约》关于中俄西段边界的条款,逼迫清政府订约割地。1862 年 1 月,沙皇亚历山大二世主持召开了由陆军部、外交部、财政部参加的特别会议,专门讨论并通过了外交部提出的划界方案。会后沙皇又亲自召见俄国鄂木斯克军团军官巴布科夫上校,并任命他为对华谈判代表。俄国政府的训令中,指示谈判代表:谈判只能一丝不苟地执行中俄《北京条约》,坚持以中国"常设卡伦"为界,强迫清政府接受俄国的划界方案。这一方案将中国的边界线收缩了几百公里。

俄国的划界方案包括三个方面。一、要把"事实上已经占领的谢米列钦斯克和外伊犁地区"通过国际条约并入俄罗斯领土。在《北京条约》中清政府已承认了这个事实,这次通过勘界谈判要取得法律上的完整手续。二、还要把尚未占领的斋桑湖广大地区乘机吞并。三、乘机占领一些战略据点,为进一步侵略做好准备。特别强调了要把通往喀尔噶什的交通要道,伊犁地区东南部格根河和特克斯河上游的两个重要山口划入俄境。

1858 年以后,沙俄同清政府每勘一次边界,每签一个条约,就割去一块中国领土。策划一块一块地割占中国新疆地区的领土,是沙俄政府的既定政策,而勘界则是沙俄实现这一侵略政策的手段。

为了达到上述目的,鄂木斯克军团巴布科夫上校派出军队占据了伊犁、塔城地区中国常驻卡伦西侧附近的战略要地,阻止中国军队出常驻卡伦巡边;并派人非法进入斋桑湖、额尔齐斯河和伊塞克湖周围进行测量、绘制地图、设立哨所、垒石立界,作为划界谈判的依据。

谈判开始前,俄方充分研究了中俄《北京条约》的各种文本,俄方估计到清政府谈判代表不懂俄文,因而决定将中文本第二条作为讹诈的依据。同时,"现在伊犁横阻查界大员,又在塔尔巴哈台先立界址,尝试侵占"。① 伊犁将军长清、叶尔羌参赞大臣景廉奏:"四月十七日,索伦营总管富珠尔泰起程。路遇杂哈劳,询问富珠尔泰向何处去,随答,前往勒布什查边。杂哈劳当即变色,(要清兵)赶紧回去,不必生事。"清军扎营时,俄罗斯管带三员,"带领数百人,车运枪炮、排列刀矛,差人来说,你们不必搭帐户,即刻回去等语"。② 乌

---

① 李书源:《筹办夷务始末(同治朝)》第八卷,第 55 页。
② 李书源:《筹办夷务始末(同治朝)》第八卷,第 3、4 页。

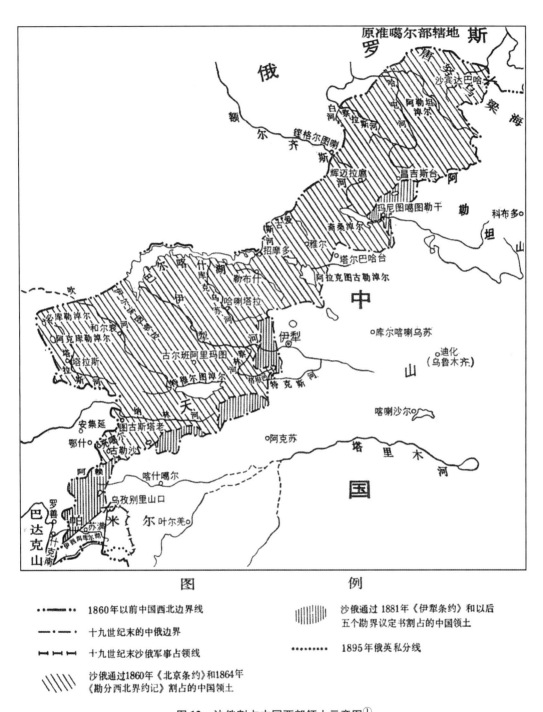

图例

- ·—··—·· 1860年以前中国西北边界线
- —·—·— 十九世纪末的中俄边界
- ⊢I⊢I⊢ 十九世纪末沙俄军事占领线
- ⫫⫫ 沙俄通过1860年《北京条约》和1864年《勘分西北界约记》割占的中国领土
- ⦀⦀ 沙俄通过1881年《伊犁条约》和以后五个勘界议定书割占的中国领土
- ·········· 1895年俄英私分线

图12　沙俄割占中国西部领土示意图①

①　中国社科院近代史研究所：《沙俄侵华史》第三卷，第158页。

里雅苏台将军明谊等奏：俄罗斯头人带领兵丁，已在塔城南边长伦外莫多巴尔鲁克、大巴尔鲁克、额尔格图三处卡伦以外，私立17处鄂博，距各卡伦不过二三里。清方立即派员前往交涉，俄方"使臣知难欺隐"，同意由中方处置，塔尔巴哈台参赞大臣明绪"委员同该使臣所派之人前往卡伦，将鄂博拆毁"。①

1862年8月，中、俄双方代表在塔尔巴哈台举行勘分西北边界的谈判。在谈判桌上，俄国代表巴布科夫"呈出地图一张，不论中华边界，只以常住卡伦为界，所有卡外尽作为应给该国之地"。中国谈判代表乌里雅苏台将军明谊对此严加驳斥。明谊指出："常驻卡伦"根本不是中国的国境线，就是按照中俄《北京条约》第二款规定，"从沙宾达巴哈末处界碑起，至浩罕边界为界。其间袤延万里，仅指大数而言，再详细未指明逐段立界之处。况条约内载现在中国常住卡伦等处，并无为界之语，自应细查条约，遵照地图，于从前已定边界之外，专论从前未定之界"。中、俄两国"应顺山岭大河之线"划界，斋桑湖和特克斯河上游等地，按中俄《北京条约》的规定，仍属中国，俄国无权强求。中方代表提出，中国有完善的边界地图，应按图详议。"该使一闻此言，声色俱厉。据云，若要如此，即可不议，我们不能以你们的地图为凭。该官云：我们只好带来兵队占据卡外之地，不由你们不给。"②由于俄方的无理要求被清方代表拒绝，中俄塔城谈判于1862年10月12日宣告中断。

谈判中断后，巴布科夫效仿穆拉维约夫诱逼奕山订立《瑷珲条约》的故伎，在新疆边境全线出动军队，对清朝政府进行威胁。巴布科夫的武装占领计划，得到了沙皇政府的批准。沙皇命令俄军要"尽可能实际上占据符合我国意图的全部国境线"。③1863年春天，沙俄不断派兵潜入我境，常清奏："博罗胡吉尔卡伦佐领报称，卡外忽来俄人二百余名。……额尔果珠勒卡伦所属格根地方骤来俄人二百余名。倭根塔斯地亦来俄人五百余名。奇心卡伦附近爱达尔科木地方亦有俄人一百余名。"④明绪等奏："随派章京萨勒哈春饬赴卡外，面见该头人，先问何以在乌里雅苏图卡外驻扎。该头人答以，乌里雅苏图卡外住之兵队，系奉我们上司吩咐，到彼防守，不准你们查卡之官兵越哈穆尔山岭。你们官兵将来定要过去，我们只好就是动手。乌里雅苏台卡外驻扎之俄国头人，带领兵队七八十人，逼令章京带同兵丁移至卡伦之内居住，将章京之毡庐硬行拆毁。章京等严饬兵丁万勿动手，恐衅自我起。不得已暂移数里居住。"明谊等奏："本年二月，(俄人)即先派兵队占据乌里雅苏图卡外地方，一为阻止查卡官兵，一为在噶屯素地方耕种地亩，并窥视雅尔噶图金厂，欲独擅其利也。""俄人对附近哈萨克、布鲁特等非胁之以威，即诱之以利，总期受役于彼。"⑤

清军对俄军的入侵有充分的认识，并进行了必要的防备和斗争。"统计俄人在各卡伦附近带兵驻扎，有十余处，所带之兵四五百至百数十名不等，或执械逞凶，或偷立鄂博，或伐木盖房。""俄人不待文书照会，径自前来先占地方，必有重兵在后，暗蓄异谋，惟恐我国前进，得以窥其虚实，或竟在路盖房安卡，旷日持久，以为日后议界指证地步。""兹将满

①　李书源：《筹办夷务始末(同治朝)》第八卷，第52、53页。
②　李书源：《筹办夷务始末(同治朝)》第九卷，第35、37页。
③　复旦大学《沙俄侵华史》编写组：《沙俄侵华史》，第199页。
④　李书源：《筹备夷务始末(同治朝)》第十七卷，第7页。
⑤　李书源：《筹办夷务始末(同治朝)》第十七卷，第3、8页。

营、索伦营共派官兵 550 余名,驰赴博罗胡吉尔卡伦防堵,以为西北之备;又锡伯、额鲁特两营,共派兵 300 余名,驰赴额尔果珠卡伦,以为西南、正西之备;又另派各营官兵 300 余名,酌派管带,临时听调,以为中权助剿之用。"①

清政府照会俄政府,谴责俄方入侵中国领土、私立鄂博等,并要求俄方早日派员,谈判划界事宜。俄方复照,一方面为其入侵中国辩护,又强词夺理,以中方全盘接受俄方要求为谈判前提:"本大臣查,催文办理以前,必当将西北疆界按照条约,如本国分界大臣已于去年行知中国分界大臣,按约所计划之处,会议定后方可。"清方再次照会,指出俄方观点错误:"竟似条约内仅载有统以中国常住卡伦为界之语,其它上下全文,皆可一概抹却。"再次谴责俄方"所有各卡伦外等处地方,刻下总不该先行占据",并要求"贵国分界大臣,速行前来,秉公会议"。双方一系列照会来往,反复辩论。俄方强调条约中"常住卡伦"为其论据。中方则抓住俄方称:"和约原文译汉之时,本应写西南字样,误写西直字样,系翻译官之错。查原定和约,系贵国所译,并非中国所译,其一字一句必与俄相符,且条约互换已三年有余。"以此为论据,说明按和约上述行文,"即不能往西边至斋桑淖尔湖,亦应往西南至斋桑淖尔湖"。②

同时双方不断发生边境摩擦,俄军多次向中国博罗胡吉尔卡伦进犯,"本月二十六七日,候有俄人连次踏越博罗胡吉尔卡伦,用大炮向防堵官兵施放"。③"五月十六、十九等日,派往博勒吉尔湖等处防堵之官兵,已与俄人接仗二次,互有杀伤。"④ 1864 年夏,沙俄乘新疆回民反清举事之机,"俄人带兵队五百余名,强占西北之夏博罗胡吉尔卡伦。忽于六月十二日,又添俄兵六百名,携带枪炮,直入山口,至冬博罗胡吉尔卡伦扎营"。⑤"七月十四日,俄人在卡内沙尔雅斯地方,多方诱敌,幸我兵未被暗算,并力驱逐,俄人败退。"⑥整个夏天,清军仅在伊犁地区就"接仗十余次",迫使俄军退去。对于边境的紧张状态,并增加驻军,清政府感到财政不堪重负。长清奏:"日月迁移,军饷分毫不到,而言勇防御五千数百名之多,接济口粮,喂养马匹,车驼转运,昼夜不休。但愿明谊等在塔尔巴哈台早将分界之事议定,彼此撤兵,方为妥善。否则,实有难以支持之势。"⑦

奕䜣奏:"(俄公使)狡诈异常,每至词穷,辄以分界自有主持之人藉词推诿,窥其隐衷,亦明知中国现在多事,不能与之力争。若遂其所欲,尚可托名和好,假条约以为词。否则,逞兵挟制,归我以废约之名,更可为所欲为,无从收拾。……臣查得,西北一带边疆道路绵远,防不胜防,现据该将军(长清)奏称,兵单饷缺,并称迅催明谊等早为分界各情形。似目前议战议守两无可恃,又兼新疆等处回情易于煽惑,倘再不准其照约议分,迁移日久,势必愈形决裂。现值兵饷两绌,若堵御不力致被深入,恐所失愈多,转圜愈难。两害相权,则取其轻,现拟准照该分界使臣议单办理。御批:依议。"⑧ 清政府随即严令:"现在明谊

①　李书源:《筹办夷务始末(同治朝)》第十七卷,第 21、29 页。
②　李书源:《筹办夷务始末(同治朝)》第十七卷,第 37、45 页。
③　李书源:《筹办夷务始末(同治朝)》第十八卷,第 38 页。
④　李书源:《筹办夷务始末(同治朝)》第十九卷,第 1 页。
⑤　李书源:《筹办夷务始末(同治朝)》第二十七卷,第 34 页。
⑥　李书源:《筹办夷务始末(同治朝)》第二十一卷,第 27 页。
⑦　李书源:《筹办夷务始末(同治朝)》第二十卷,第 29 页。
⑧　李书源:《筹办夷务始末(同治朝)》第十八卷,第 51 页。

已抵古城,著即趱程前进,驰赴塔尔巴哈台,会同明绪,遵照前旨,准照俄使臣议单分界。令其星速派员前来会勘,迅即办结,毋致另生枝节。"①

1864年8、9月间,新疆少数民族起兵反清,新疆南路东四城被攻陷,乌鲁木齐汉城被占领,满城被围。俄国政府看到有机可乘,便继续施加压力,迫使清政府让步。1864年10月,清政府出于外有沙俄大兵压境,内有新疆回民反清局势的情况,决定全盘接受俄方方案,和沙俄再次在塔城谈判。明谊不甘心将大批山河拱手让给侵略者,遂与俄方继续讨价还价。明谊指出:"我国总理衙门前行照会,令两国分界大臣准照议单妥商办理。非全照议单,即为办结,查妥商二字,系因议单有与条约不符之处。"②即使以议单而论,"该使图内……等地名,查我国旧存图内,并无载有此等地名,无从考复"。③ "贵总督所示,我国所属之阿勒泰淖尔、乌梁海蒙古、哈萨克、布鲁特等,均应归为贵国所属一节,查原约内并无载有一字,本将军更难允准照办。"④杂哈劳等云:"今阅你们拟开单子,仍不依我们所指界址办理,只好起身回国,带兵强占。"⑤双方代表激烈辩论,"自午至酉,几至舌敝唇焦,该使丝毫不让,起身作别。且竟敢动辄以用兵为词,肆意强横,欲趁我内外不能兼顾之际,有意寻衅,若不允其所求,必至成决裂"。⑥ 清廷严谕明谊按照俄方要求,"务即迅速妥办,不得于议单之外,再生枝节"。⑦

1864年10月23日,清政府代表通知俄方,全盘接受俄方提出的条件。11月5日明谊代表清政府在《中俄勘分西北界约记》签字画押。历时三年之久的中俄塔城勘界谈判遂告结束。《勘分西北界约记》记载:"自换约之日起,过240日即为两国立界大臣订准日期,俄国派两起立界大臣均赴塔尔巴哈台。一起会同伊犁立界大臣往西南建立界碑鄂博;一起会同塔尔巴哈台立界大臣往东北,建立界碑鄂博。"⑧因当时新疆少数民族起兵反清,这项工作拖了几年。1869年6月8、9日,中俄双方代表在科布多西面乌克克卡伦会齐,先在赛留格木岭树立第一块界牌,然后分为北路和南路两组。俄国此后仍不断地蚕食中国西部领土,这一部分内容,将在第五章《西北边陲之战》中介绍。

中俄《北京条约》把巴尔喀什湖以东、以南直到特穆尔图淖尔(伊塞克湖)、斋桑湖等的大片中国领土划为俄国领土。再通过《勘分西北界约记》,"沙俄霸占了塞留格木岭、奎屯山以西和围绕斋桑湖以东的广大地区。这样属于清政府乌里雅苏台将军辖区的西北部,包括唐努乌梁海十佐领牧地,科布多所属阿勒坦淖尔、乌梁海二旗全部,科布多所属阿勒乌梁海七旗所属的大批中国哈萨克、布鲁特族的牧地,均被沙俄侵占。……丧失的西部领土面积总数达到44万多平方公里"。⑨

---

① 李书源:《筹办夷务始末(同治朝)》第十九卷,第3页。
② 李书源:《筹办夷务始末(同治朝)》第二十七卷,第33页。
③ 李书源:《筹办夷务始末(同治朝)》第二十九卷,第21页。
④ 李书源:《筹办夷务始末(同治朝)》第二十七卷,第34页。
⑤ 李书源:《筹办夷务始末(同治朝)》第二十九卷,第22页。
⑥ 李书源:《筹办夷务始末(同治朝)》第二十九卷,第23页。
⑦ 李书源:《筹办夷务始末(同治朝)》第二十九卷,第3页。
⑧ 李书源:《筹办夷务始末(同治朝)》第二十九卷,第24页。
⑨ 复旦大学《沙俄侵华史》编写组:《沙俄侵华史》,第208页。

第五章 西北边陲之战

西北边陲之战：前后持续了六十多年。它包括三个阶段：第一阶段：自 1820 年至 1828 年的张格尔之乱；第二阶段：有三次小的战争：1830 年浩罕入侵，1847 年七和卓之乱，1857 年倭里汗之乱；第三阶段：自 1864 年至 1881 年，包括阿古柏入侵与左宗棠西征，中间又穿插沙俄武装侵占伊犁及中俄关于收回伊犁的谈判。前后的战争密切相关，充分体现了新疆地区涉外斗争的长期性、复杂性。

一、概　述

"聚居在天山南路的维吾尔族,清廷沿袭古译,称为回部"。[①] 在明清史籍中又被称为畏兀儿。噶尔丹攻占天山南路后,将回部和卓阿布都什特拘于伊犁。和卓是波斯语的音译,原意为主人、显贵、富有者。在新疆和中亚地区,用来专指伊斯兰教的"圣裔",即穆罕默德的后代。噶尔丹败后,阿布都什特降清,康熙帝命他返回叶尔羌故地。阿布都什特之子马罕木特和卓又被噶尔丹策零俘房囚禁在伊犁病死。1755 年清军攻占伊犁,命马罕木特之子波罗尼都回叶尔羌统率旧部,他被尊为大和卓,其弟霍集占被称为小和卓。1757年 5 月,霍集占唆使其兄起兵谋反。1759 年清军平定了回部之乱,大小和卓均战死。从此,清政府统一了天山南北两路,建立了军事统治的军府制。清政府平定了新疆地区后,将以前的准噶尔部首府改称为宁远,并在其西另建一座新城,即惠远。1762 年清朝设置伊犁将军于此,统管天山南北路军兵。在天山北路驻扎 16000 余清兵,南路驻扎 5000 ~ 6000 清兵。在十八世纪,还在伊犁地区建立了惠宁、绥定、广仁、熙春、拱辰、瞻德、塔勒尔等七城。"新疆的全部行政机构实质上是一支由将军统帅的巨大的成军部队。从理论上说,他还对浩罕、塔什干、布哈拉、博洛尔、巴达赫尚、阿富汗和乾竺特等外部地区实行'羁縻'政策。……清政府还在乌鲁木齐设置都统,协助伊犁将军,新疆驻军还分别在伊犁的惠远、新疆西北部的塔尔哈巴台和喀什噶尔设参赞大臣。"[②] 当时波罗尼都的残余势力仍存在,波罗尼都的三岁幼子萨木萨克由部属及乳母携往浩罕汗国。

喀什噶尔"即古之疏勒,汉代已隶中华,固我旧土也。喀什译义为各色,噶尔译义为砖房,因其地富庶多砖房故名。"[③]喀什噶尔是个盆地,盆地四周是群山,北界天山,西临帕米尔高原,南接昆仑山,东达阿尔金山脉。和田河、叶尔羌河、喀什噶尔河、阿克苏河、库车河、海都果勒等河流汇合在一起,形成塔里木河流域,河水流入罗布泊泽地。喀什噶尔的耕作区集中在一个狭长的地带,由东开始,其中最大的绿洲是:吐鲁番、喀喇沙尔、库尔勒、库车、拜城、阿克苏、玛喇尔巴什、喀什、英吉沙尔、叶尔羌、和田和克里底雅。每块大的绿洲本身都有一个比较大的城市,两个核心区之间荒无人烟,相距有时竟达几百公里。把上述城市联系起来的大车路是喀什噶尔的一条主要交通线,是整个地区贸易和军事的交通要道,这条道路在距离吐鲁番城不远处与中国内地的一条商道连接起来。居民总数只可能知道概略数,可以认为,在喀什噶尔地区约居住有 120 万人。

浩罕为清朝的属国,国人信奉伊斯兰教。"浩罕"一词,源于阿拉伯语,意指盆地。"浩罕,古大宛国地,一名敖罕,又名霍罕,葱岭以西回国也。……有四城,俱当平陆。一曰安集延,东南至喀什噶尔五百里。其人长于心计,好贾,远游新疆南部各城,处处有之,故西域盛称安集延,遂为浩罕种人之名。从安集延西百又八十里为马尔噶朗城,又西八十里为那木干城,又西八十里为浩罕城。……诸城皆有伯克,而浩罕城伯克额尔德尼为之长,

---

①　蔡美彪:《中国通史》第 10 册,第 38 页。
②　费正清:《剑桥中国晚清史》上册,第 65 页。
③　左宗棠:《左文襄公全集》奏稿,卷 51,第 36 页。

众听命焉。"①在 1876 年被俄国吞并前浩罕汗国是一个独立的汗国,十九世纪初还是个地域性强国,其疆土包括现吉尔吉斯的大部分地方和乌兹别克、哈萨克、塔吉克的一部分地方。

"乾隆二十四年,将军兆惠追捕霍集占兄弟至其境,额尔德尼迎之入城,日馈羊酒瓜果,询中国疆域形势,畏慕,奉表请内附。……二十五年,遣侍卫赍敕往谕,额尔德尼率诸伯克郊迎成礼。是为浩罕属中国之始。"②当时浩罕国的领土仅在费尔干纳盆地的中心地带和西部,名义上归属布哈拉汗国。在布哈拉汗国衰落时,额尔德尼乘机发展自己的势力,将安集延、纳曼干(即那木干)和马尔噶朗诸地联合起来,完成了费尔干纳地区的统一。③

十八世纪中后期,由于清朝消灭了准格罕汗国,中亚获得了相对的和平和安定,而费尔干纳地区则比中亚的其他地区更为安定。逃难者大批前来费尔干纳定居,使得该地区的民族成分多种多样,民族关系和部落关系复杂,这是十八世纪后期浩罕汗国的特点。④正是在这种背景下,萨木萨克逃到了浩罕汗国。

额尔德尼派遣使者来北京朝觐,受到乾隆帝的接见和赏赐。乾隆帝向额尔德尼颁发敕书,内称:"一切事物俱遵驻喀什噶尔、叶尔羌大臣等节制。"此后,额尔德尼及其继承者那尔巴图,曾多次进京朝见。嘉庆四年(1799 年),那尔巴图的次子爱里木即位称汗,曾两次进京朝觐。嘉庆十六年(1811 年)其弟爱玛尔继承汗位,建立国家机构,宣告成立浩罕汗国。

"波罗尼都次子萨木萨克逃入浩罕,浩罕藉其和卓木(即和卓)之名,居为奇货。"⑤至嘉庆年间因清朝之残暴,官吏之腐败,使其故乡喀什噶尔之困苦者,或有移住于浩罕。"萨木萨克欲复和卓之威权,集故乡逃来之亡命,慷慨愤激。"⑥萨木萨克具有强烈的复仇思想,他在中亚各地积极展开宣传与募捐活动,并用描述自己教友的苦难来煽起听众的狂热情绪。那尔巴图发现萨木萨克有窜回喀什噶尔的企图后,告诫他:"你们从那条路来的,还是从那条路上回去,我这里不准你们过去",禁止他在浩罕从事分裂复辟活动。⑦

浩罕境内有安集延、那木干、塔什干等商埠,是清朝至布哈拉之间的商业通道。历年有大批商人在回疆喀什噶尔等地贸易。清廷自乾隆时定制,对浩罕商人只征三十取一的轻税。喀什噶尔的阿奇木伯克管理收税等事务。嘉庆十九年(1814 年)二月"浩罕伯克爱玛尔呈请遣使在喀什噶尔添设哈子伯克,自行办理安集延事务,不必阿奇木伯克办理",遭到清廷的申斥。⑧喀什噶尔的阿奇木伯克玉努斯得知,萨木萨克之子张格尔欲经浩罕进攻喀什噶尔,被浩罕兵截回,派人前往追查,并向清廷奏报。清廷不信此事,竟将他革职,说"玉努斯身为郡王,现系阿奇木伯克……乃率自访问萨木萨克之子下落,致被爱玛尔轻

---

① 赵尔巽,等:《清史稿》,第 14713 页。
② 赵尔巽,等:《清史稿》,第 14713 页。
③ 王治来:《中亚通史》近代卷,第 145 页。
④ 王治来:《中亚通史》近代卷,第 148 页。
⑤ 赵尔巽,等:《清史稿》,第 14714 页。
⑥ 稻田君山:《清朝全史》下一,第 48 页。
⑦ 蔡美彪:《中国通史》第 11 册,第 6 页。
⑧ 《清实录·清仁宗实录》卷 284,第 2 页。

视。"玉努斯自取其辱。"现在浩罕地方,询明并无萨木萨克有子之说,玉努斯无端生衅,是即其罪,现将玉努斯摘去顶翎"。① 嘉庆二十二年(1817 年),浩罕爱玛尔汗遣使朝觐,清廷指责奏书不合体制,予以拒绝。嘉庆二十五年(1820 年)正月,爱玛尔自行派遣征税官员去喀什噶尔管理商务,被清廷遣回,严词驳斥。从此,浩罕的爱玛尔汗转而支持其至鼓励张格尔入境侵犯。

嘉庆二十五年(1820 年)八月,"浩罕利用在浩罕的萨木萨克之子张格尔和巴布顶,放出了宣称要发起一场圣战的张格尔。张格尔召集了一支主要由柯尔克孜人组成的数百人的军队,打回祖先的六城地区。清朝的军队很快击溃了入侵者,张格尔逃回浩罕时只剩下二三十人"。② 张格尔在他父亲的熏陶下,自幼就怀有政治野心,时刻准备返回南疆,妄图恢复他祖父昔日在新疆的世袭封建特权。得到浩罕统治者和英国殖民主义者的帮助后,张格尔自 1820 年起,多次潜入南疆进行骚扰和叛乱。

道光四年(1824 年)张格尔再次进犯,道光五年(1825 年)秋第三次进犯,道光六年(1826 年)年初第四次进犯,道光六年六月第五次进犯,历次进犯全被清军打退。六月中旬,张格尔败退途中,煽动各族教民,扩大乱军至万人,进围喀什噶尔,至七月初,喀什噶尔、英吉沙尔、叶尔羌、和田等西四城均被乱军攻占。至八月,乱军向阿克苏进攻。

道光六年(1826 年)八九月间,清军陆续向阿克苏集结了 66000 人大军,两军展开决战。此后,清军陆续收复失地,至道光七年(1827 年)三月,收复西四城。张格尔逃逸,去向不明,清军继续穷追,至十二月二十八日,俘获张格尔。道光八年(1828 年)五月,张格尔解押到京,经庭审后被处死。张格尔之乱自嘉庆二十五年(1820 年)至道光八年(1828 年),持续八年之久。

"道光八年,张格尔既伏诛,其妻子留浩罕,钦差那彦成檄令缚献,不从。""诏命绝其互市困之。那彦成并奏驱留商内地之夷,且没入其赀产。诸夷商愤怒,乃奉张格尔之兄玉素普为和卓木,纠集数千人入寇。"③

在张格尔叛乱中,由于浩罕统治者公开出兵支持张格尔叛乱,使清政府大为恼火,遂采取限制贸易措施加以报复。致使浩罕经济困难,物价上涨,浩罕统治者更加敌视清政府,不断支持和卓后裔发动叛乱,甚至直接出兵侵犯边境。而和卓家族的后裔也没有从张格尔的失败中吸取教训,依然企图恢复其家族对南疆的统治,继续发动新的叛乱。"为了它自己的商业利益,浩罕汗国使喀什噶尔保持一种连续动荡的不安局势。……直到十九世纪六十年代以前,其大多数骚乱,基本上都是发端于浩罕。"④

道光十年(1830 年)秋,浩罕集结三万重兵,大举入侵,并与张格尔之兄玉素普协同作战,企图以圣裔和卓的名义欺骗新疆回族民众。八月初九日,浩罕军队突袭边卡,然后分兵进攻喀什噶尔、英吉沙尔、叶尔羌三城。然后和田、阿克苏等城也承认了玉素普的统治。但不久,由于浩罕与布哈拉不和,浩罕的军队撤了回去。玉素普失去了浩罕的支持,便赶

① 《清实录·清仁宗实录》卷 284,第 14 页。
② 费正清:《剑桥中国晚清史》上册,第 394 页。
③ 赵尔巽,等:《清史稿》,第 14714 页。
④ 费正清:《剑桥中国晚清史》上册,第 447 页。

忙随浩罕军队一道返回。浩罕入侵仅维持了三个多月，就此结束。

道光十一年（1831 年），道光帝处理了善后问题，允许边境贸易。在取得作战胜利以后，清廷因不堪兵力、财力的重负，不得不以妥协让步，换取西北边境的暂时平静。

道光二十七年（1847 年），由浩罕政府策划，以迈贾的明为首的张格尔的子侄七人又发动了叛乱，史称"七和卓之乱"，不久被清军击退。但此次事件中，有 10 万穆斯林逃往浩罕，途中因天气严寒，大雪漫天，大部分逃亡者丧了命。

咸丰七年（1857 年），还是在浩罕的策划下，张格尔之侄倭里汗发动了"倭里汗之乱"。倭里汗嗜杀成性，并课以前所未有的苛捐杂税，他的残暴统治不得人心，叛乱仅仅维持了四个月，即被清军击退。

十九世纪六十年代初，俄国吞并了中国东北边疆 100 万平方公里的领土，随后又将其势力扩展到中国西北边疆。俄国提出根据《北京条约》的条文，就西部边界问题进行谈判。同治元年（1862 年），中俄第一次塔城会议没有取得什么结果。

俄国人从会谈开始前就不断地出动军队，分股进入阿尔泰、塔城、伊犁等地区，骚扰抢劫，宣称要抢占他们认为属于他们的地方，企图用武力造成既成事实，侵占我国领土。同治二年（1863 年）五月，在伊犁地区，清朝军队与入侵的俄军接仗，互相开炮射击，俄军受到挫折。但负责边防的将军们认为我军战斗力不足，不敢连续作战。清政府也十分害怕中俄关系破裂，认为一旦关系破裂，损失更大，不如及早妥协了事。

清朝方面提议重开塔城会谈，俄国人的答复是，只有不加变更地接受他们的划界草案，才能派出代表到塔城会谈。清方代表不敢提出任何异议，全盘接受了俄方起草的议定书和画好的地图。1864 年 10 月（同治三年九月），在俄国的强迫下，中俄签订了按俄国意愿制定的塔城协议书，俄国夺得了中国巴尔喀什湖以东、以南 44 万平方公里的领土。随后，俄国又继续以武力相威胁，试图进一步侵夺中国领土，扩张其在中国西北边陲的势力，并进而南下与英国争霸南亚地区。英国则以印度为基地，意欲侵占西藏，且插足新疆以阻止俄国势力的南下。

清政府于 1762 年（乾隆二十七年）设立伊犁将军，作为新疆的地方军事长官，管理军政。民政仍由各地民族头目自理。在蒙古部和哈密、吐鲁番等地保存札萨克制（即盟旗制），设王公管理；在南疆的维吾尔族地区实行伯克制；在汉、回族聚居的东部地区则推行州、县制，设镇迪道，虽由乌鲁木齐都统兼管，但隶属甘肃省。这种以军府制为主体的多元制的行政建制，职能偏重于军事和戍边，各地王公、伯克自行其是，政令难以统一，削弱了清政府在新疆的统治，当外来势力入侵时，或内部出现不稳定因素时，就容易出现分裂割据的严重局势。

盟旗制度是在天命九年（1624 年）至乾隆三十六年（1771 年）绥服蒙古各部过程中，据八旗制度的组织原则，在蒙古原有社会制度的基础上逐步建立起来的。蒙古地区的旗分为总管旗和札萨克旗两种。总管旗设总管，由中央派遣的将军、都统、大臣直接统辖。其余大多数蒙古部的旗，称为札萨克旗。札萨克旗又分为内札萨克旗和外札萨克旗。内蒙古所属各旗为内札萨克旗；喀尔喀蒙古、厄鲁特蒙古各旗为外札萨克旗。由清廷就旗内蒙古王公中有功者任命为札萨克管理旗务。除总管旗和札萨克旗外，清政府还在大寺庙的领地共建有七个喇嘛旗，这些喇嘛旗与札萨克旗平行。清统治者为了不使旗札萨克享有独立权力,定出会盟制度,在旗上设盟。每盟设盟长一人,副盟长一人,由理藩院于盟内各旗札萨克中选人奏请清帝任命兼摄。盟不是一级行政机构,只是一种实行监督的组织,一般不设办理盟务的衙门,规定每三年会盟一次。盟长的主要任务是充当会盟的召集人,不能直接干预各旗内部事务,也无权擅自发布政令。蒙古的盟旗并非独立自主的政治制度,都直接受中央政权的统辖和节制,履行清廷委付的职责,不享有独立处理本盟旗各项事务的权力。在盟旗之上,一切重大军政事宜的最高裁决权属于理藩院,而地方性的重大事件,则报有关地区的将军、都统和大臣会办。①

伯克是突厥地区对王、贵族,及有一定声望的行政管吏的称号。到十六世纪后,伯克成为维吾尔族对官吏的泛称。一般有不同名称的伯克:一个地区的长官叫阿奇木伯克,其副手为伊沙噶伯克,管司法的叫哈子伯克等等,共有三十多种名称。这些伯克都为世袭。清朝统一新疆后,没有废除伯克制,而是对它进行了改造。改造内容是:① 废除伯克的世袭制度。② 规定伯克的任命,五品以上伯克,由参赞大臣拟定二或三名人选,写好评语,奏请皇帝拣选一名;六品以下伯克由参赞大臣任命,但事先需报中央有关部门备案;规定伯克不得在本籍城镇任职(即回避法)。③ 规定伯克的品级和养廉额数。④ 实行政教分离:禁止阿訇出任伯克,也不允许伯克干预阿訇的人选。⑤ 入觐:入觐制度是我国历代王朝对少数民族地区统治阶级上层实行的一种政治制度。自 1759 年 11 月起,令六品以上伯克分三班每年轮流赴北京朝觐。1839 年,改为间隔二年进行。1887 年清政府宣布废除伯克制。② 南疆八大城中,"喀什噶尔和英吉沙尔的阿其木伯克有权直接向北京的皇帝上奏,其他地方总管同中央政府打交道则要通过新疆驻军当局。……伯克没有直接薪俸,他们的收入来自赏赐的官地,按照清朝的惯例,国家还给予他们少量养廉银。"③

1864 年,新疆各族人民爆发了大规模武装起义,反抗清政府的压迫统治,旋即演变为分裂割据的局面。喀什噶尔的头领斯迪克派人到浩罕求援,请张格尔之子布素鲁克归返新疆。

1864 年浩罕王国派阿古柏与布素鲁克一起率兵到达喀什噶尔,并逐步控制了新疆的南疆地区,进而逐步将其势力向北疆扩展。不久,阿古柏与布苏鲁克不和,阿古柏将"昏于酒色"的布苏鲁克驱逐出去。从而使和卓后裔的复辟活动转化为英俄帝国主义支持下的阿古柏民族分裂活动。和卓家族势力便退出了活动了近三个世纪的新疆历史舞台。

当时英国正从印度偷偷地由藏边渗入,利用阿古柏盘踞南疆若干城市,企图染指新疆。沙俄也与阿古柏勾结,并以"代管"名义占领伊犁,还扬言要永久占有伊犁,进而进攻乌鲁木齐。清政府看出形势危急,立即派伊犁将军荣全率兵从科布尔前往伊犁,向俄国提出"接受"伊犁。并同俄国人在塔城附近进行谈判。结果"接受"要求不仅遭到俄国人拒绝,俄国反而提出索取更多土地的要求,荣全难以决策,中俄谈判移至北京。谈判进行了一年之久,仍毫无结果。

1874 年(同治十三年)春,日本进攻台湾,东南沿海形势十分紧张,清政府深感"海疆

---

① 白寿彝:《中国通史》第 17 册,第 284 页。

② 苗普生:《历史上的新疆》,第 212、213 页。

③ 费正清:《剑桥中国晚清史》上册,第 84 页。

备虚"。1874 年 11 月 5 日,即清廷与日本签订解决台湾问题的《北京专条》后的第 6 天,总理各国事务衙门在恭亲王奕䜣领衔之下,向清廷最高决策层呈上一份奏折。这份奏折中他们提出了"练兵、简器、造船、筹饷、用人、持久"等 6 条紧要之事。清廷"饬下南北洋大臣、沿江沿海各督抚、将军,将逐条切实办法,限于一月内奏复,再由在廷王大臣详细谋议"。① 由此引发了清廷上下一场关于国防战略方针的大讨论。讨论中各派意见分歧明显,争论激烈。其焦点是国防战略的防御重心应在新疆还是东南沿海。

此时东南各省督抚和总理衙门大臣多持加强海防的观点,有史家称其为海防派。直隶总督李鸿章是海防派首领,他认为:"海防密迩京师,一旦有事,京师动摇,维新疆不守,亦难危及京师。"他主张放弃新疆,把巩固西北边疆所需的费用挪用过来,加强海防。他上奏说:"新疆各城,自乾隆年间始归版图。无论开辟之难,即无事时,岁需兵费尚三百余万,徒收数千里之旷地,而增千年之漏卮,已为不值。且其地北邻俄罗斯,西界土耳其、天方、波斯各回国,南近英属之印度。外日强大,内日侵削,今昔异势,即勉图恢复,将来断不能久守。……而论中国目前力量,实不及专顾西域,师劳财痛,尤虑别生他变。曾国藩前有暂弃关外、专清关内之议,殆老成谋国之见。今虽命师出将,兵力饷力万不能逮。可否密谕西路各统帅,但严守现有边界,且屯且耕,不必急图进取。一面招抚伊犁、乌鲁木齐、喀什噶尔等回酋,准其自为部落,如云、贵、粤、蜀之苗,傜土司,越南、朝鲜之略奉中国为正朔可矣,两存之则两利。俄、英既免各怀兼并,中国亦不至屡烦兵力,似为经久之道。况新疆不复,于肢体之元气无伤;海疆不防,则腹心之大患愈棘。孰重孰轻,必有能辨者。此议果定,则已经出塞及尚未出塞各军,似须略加核减,可撤则撤,可停则停,其停撤之饷,即匀作海防之饷。"② 随后,李鸿章积极活动,致使山西巡抚鲍深、河南巡抚钱鼎铭、刑部尚书崇实等也纷纷上奏朝廷,附和李鸿章,醇亲王奕谭也认为李鸿章的主张是最上策。而有人进一步提出具体办法:承认阿古柏所占八城,任他与俄国订约,封为"外藩"。

与此同时,广东巡抚张兆栋代表前江苏巡抚丁日昌所拟《海洋水师章程六条》,主张建立北、东、南三洋水师,每洋水师配备新式军舰 16 艘,各设制造轮船、枪炮、耕织机器三大工厂。李鸿章、郭嵩焘等人随即上奏表示支持。眼望西北边疆有可能因费用不足而遭外人蚕食,通政使于凌辰和大理寺少卿王家璧上疏,指出李鸿章等人的主张是卖国求荣、竭尽民财,是"用夷变夏"之道,认为只有重人材才是治国之本,而不在器械。这时,督抚中对李鸿章之类意见不以为然的也有,如山东巡抚丁宝桢、湖南巡抚王文韶、漕运总督文斌、江苏巡抚吴元炳等坚决主张西征平乱。丁宝桢奏:"臣年来寝食不安者,则尤在俄罗斯,而日本其次焉者也。各国之患,四股之病,患远而轻;俄人之患,心腹之疾,患近而重。现在东南海防,渐次筹办,而北面为京畿重地,以东北形胜而论,俄则拊我之背,后路之防,实尤紧切。臣犹虑将来时势稍变,各该国互相勾结,日本窥我之东南,俄夷扰我之西北,尤难彼此兼顾。"他建议,训练几万马队精兵,"必期悉成劲旅,为东北、西北两面之屏蔽,庶可有备无患"。③ 王文韶主张适当加强海防:"长江水师一提四镇,额兵至一万余名,现今

① 李书源:《筹办夷务始末(同治朝)》卷 98,第 20 页。
② 李书源:《筹办夷务始末(同治朝)》卷 99,第 23 页。
③ 李书源:《筹办夷务始末(同治朝)》卷 100,第 40 页。

腹地安静,海防为要,拟请抽调一半,移驻江海交汇之地。……海防之设,水师在所必须。江海两防,亟宜筹备,当务之急,诚无愈此。""闻俄人攘我伊犁,殆有久假不归之势。今虽关内肃清,大军出塞,我师迟一步,则俄人进一步;我师迟一日,则俄人进一日,时机之急,莫此为甚。""臣愚为目前之计,尚宜以全力注重西征,但使俄人不能逞志于西北,则各国不致构衅于东南。非为海防可缓,正以亟于海防,而深恐西事日棘。"①经过中日甲戌之战,没有人反对建设海防,因此反对李鸿章的人,只是反对他放弃新疆的主张,但他们人数较少,影响有限。但在辩论的关键时刻,左宗棠坚决主张两者并重。

当时左宗棠任陕甘总督,手握重兵,处于西北边陲前哨地位,军机处务必征询他的意见。左宗棠在讨论初期并未参与其中,直到1875年3月,他提出了"东则海防,西则塞防,两者并重"的主张。②清廷于3月10日密谕左宗棠,命其就国防战略重心问题发表意见。4月12日(三月初七日)左宗棠上奏《复陈海防塞防及关外剿抚粮运情形折》,力主收复新疆。左宗棠针对曾、李放弃西陲,全力注重海防的论点驳斥道:"重新疆者,所以保蒙古,保蒙古者,所以保京师。"指出收复新疆是整个国家国防战略的根本需要,"此时即拟停饷,自撤藩篱,则我退寸,而寇进尺。停兵节饷,于海防未必有益,于塞防则大有所妨"。如放弃西北防务,甚至连甘肃和蒙古西部都将受到威胁。"中国不图归复乌鲁木齐,西北两路已属堪虑;且关外一撤藩篱,难保回匪不复啸聚,肆扰近关一带,关外贼氛既炽,虽欲闭关自守,势有未能。"③他认为若要确保京师,海防、边防两者不可偏废。军机大臣文祥等对左宗棠的意见表示支持。

这场"海防"与"塞防"之争,波及面甚广,几乎大多数封疆大吏和中枢要员都被卷入其中,还有中级官吏主动上书,知识分子也在背地里议论。此次争论是封建帝制时代极少有的民主议政,它的效果还是积极的,其决策基本上是正确的。有现代军事家对此次讨论给予很高的评价:"可以说,发生在十九世纪七十年代的第一次国防大讨论,使中国国防真正开始具备了近代化的色彩。"④清政府在各种意见中保持平衡,采用左宗棠"两者并重"方针,任命李鸿章督办北洋海防,沈葆桢督办南洋海防,而于1875年5月颁发谕旨:"左宗棠著以钦差大臣督办关外剿匪事宜。金顺著帮办关外剿匪事宜。"⑤根据左宗棠的推荐,任命金顺为乌鲁木齐都统。清政府这次的决策被现代史学家称为:"这是中国近代史上清政府难得做出的一次正确的抉择。"⑥但是当时中外舆论大多认为:阿古柏入侵盘踞南疆已久,一直有英国撑腰,又同俄国互相勾结,其实力非同小可。尤其是沙漠地带用兵,非南人所能习惯,左宗棠能否完成此任务值得怀疑,李鸿章甚至恨恨地散布失败主义论调。

在出兵新疆以前,左宗棠对于在军饷、运输、军事、外交等各方面存在的困难有充分的认识,他首先着重解决军饷筹措和粮食购运问题,它们是大军西征的先决条件,"归复乌鲁

---

①　李书源:《筹办夷务始末(同治朝)》卷99,第54、59、61页。
②　左宗棠:《左文襄公全集》奏稿,卷46,第32页。
③　左宗棠:《左文襄公全集》奏稿,卷46,第36、37页。
④　中国人民革命军事博物馆:《中国战争发展史》,第663页。
⑤　《清实录·清德宗实录》卷6,第18页。
⑥　孙占元:《左宗棠评传》,第134页。

木齐,非剿抚兼施不可,非粮运兼筹不可"。[1]

　　军饷的筹措是个极大的难题,左宗棠自己在西北的军队有130余营,约7万人,每年需军饷600余万两,加上出关运粮经费每年200余万两,此外金顺和张曜等军队的军饷还需400余万两,三项合计一年共需约1300万两。这笔军饷,都靠各省的协饷,但各省的协饷经常拖欠短解,在镇压陕甘回民起义时左宗棠军每年已亏挪军饷一百几十万两,无法弥补。特别在日本武装侵略台湾时,东南海防紧急,各省移缓就急,都先解海防军饷,左宗棠军实收饷银更加短少,1875年年底只收到该年协饷260余万两。如今要大举出关,军饷筹措是必须解决的大难题。左宗棠最初提出:"允借洋银1000万两,仍归各省关应协西征军饷,分十年划扣拨还。"[2]但沈葆桢等激烈反对,后清政府采取折中办法:"著于户部库存四成洋税项下,拨给银200万两,并准其借用洋款500万两,各省应解西征协饷提前拨解300万两,以足一千万两之数。"[3]大军西征方得成行。

　　还有粮食的采购和运输也是必须解决的大难题。左宗棠奏:"兵燹之后,任务凋残,丝毫不能借资民力,与承平时迥异,无论孑遗之民尚须官赈,赈粮尚须官运也。"[4]当时新疆广大地区在阿古柏的控制下,清军出关,无法得到粮食,大部分粮食需在甘肃、内蒙采购后,长途运往新疆。经过详密筹划之后,左宗棠确定了南北两条运粮路线。南路在肃州、甘州、凉州采购民粮,于肃州设粮局,用大车、驮驴、骆驼运到哈密、古城子。这条道路从凉州到古城子全程达3500里,沿途大多是荒瘠沙漠,兵荒马乱之后,人迹稀少,缺少台站,而且要翻越天山,运输极为困难。"当时凉州粮价每石约4两,但全程运费每石高达17两。"北路设局于归化、包头,采购河套、宁夏一带粮食,经内蒙小草地,运到巴里坤。"计各地动员的运输工具约有大车5000辆,驴5500头,骆驼30000头。"[5]此外还在新疆就地采购粮食,并在哈密、巴里坤一带垦田耕种。1875年7月,"俄官索斯诺夫斯基到甘,左宗棠与之商定由该国购粮,运赴古城(奇台)"。[6]到1876年4月前,沙俄在古城子按约解交了480万斤粮食。经过一系列艰苦复杂的组织工作,才保证了军队的粮食供应。

　　大军西征以前,左宗棠就新疆问题提出三点战略规划:① 先灭阿古柏匪帮,后索伊犁;② 消灭阿古柏匪帮的战略步骤是"先北后南";③ 对待具体的战役,采用"缓进急战"的方针。

　　1876年春,左宗棠的西征大军出关,以刘锦棠所部为先锋。左宗棠分析敌情,把具体的军事行动分为两个阶段,他认为阿古柏在南疆基础较厚,北路叛逆白彦虎无论装备和实力都较南路为弱,从而决定集中优势兵力,第一阶段先打北疆弱敌,诱使阿古柏出援而邀击之。在战术上,考虑长途沙漠中行军,提出"缓进急战"的原则:行军必待粮食储备充足,方稳步前进,作战则力争速决,避免持久的消耗战。不轻率求战,战则必速胜。西征军先向天山北部进兵,迅速解决了白彦虎,夺取了乌鲁木齐,11月占领了玛纳斯,收复了北

① 左宗棠:《左文襄公全集》奏稿,卷46,第38页。
② 左宗棠:《左文襄公全集》奏稿,卷47,第53页。
③ 《清实录·清德宗实录》卷29,第5页。
④ 王先谦:《同治朝东华续录》卷99,第35页。
⑤ 戴逸:《中国近代史稿》,第609页。
⑥ 《清实录·清德宗实录》卷13,第19页。

疆除伊犁外全部的沦陷城镇。挥师南下时，英使威妥玛通过外交途径代阿古柏乞和，请求"称为喀王，俾作属国"，自然还附带一些威胁之词。左宗棠据理驳斥，坚决用兵。第二阶段自1877年春开始，大军转向南路，向阿古柏盘踞了多年的老巢进军，于1877年4月，先攻下阿古柏部据守的吐鲁番、托克逊、达坂等地，打通了通向南疆的大门，逼迫阿古柏在退到库尔勒时兵败自杀。其后阿古柏之子伯克胡里和白彦虎分兵把守天山南路各地，与左宗棠大军继续抗衡。1877年10月，西征大军继续向南疆挺进，先后占领了南疆的东四城，即喀拉沙尔（焉耆）、库尔勒、库车、阿克苏等地。当年11月，伯克胡里和白彦虎逃到俄国境内。1878年1月2日，清军收复了南疆西四城，即叶儿羌、英吉沙尔、喀什噶尔、和阗等地，至此阿古柏集团全部被消灭。一直扬言要出兵干涉的英、俄两国，看到清军兵力强大，斗志昂扬，左宗棠指挥调度有方，感到形势不妙，因而未敢轻举妄动。

1878年底，清政府为收复伊犁，派宗室大臣崇厚赴俄国谈判，命令左宗棠不得径自动用武力，西征军即停止前进，严密监视，静待谈判消息。崇厚在彼得格勒与沙俄政府签订了丧权辱国、出卖国土的《交收伊犁条约》。左宗棠等坚决反对，全国官民齐声谴责。李鸿章等则认为，条约既已签订，不宜再行反悔。清廷宣布崇厚签约无效，另派曾国藩之子曾纪泽赴俄谈判。

左宗棠宣称："先之议论尚是空谈，继之兵威乃有结束也。"当时他已入关两年，他于1880年（时年69岁）再次出兵时，准备好一副棺木，一同抬出玉门关，驻节哈密，具体部署收复伊犁事宜。沙俄闻讯，也急速调兵遣将，但清军始终占有优势。清廷意在等候谈判消息，担心左宗棠忍不住，擅自采取行动，就借口把他召回北京。上谕："现在时事孔亟，俄人意在启衅，正需老于兵事之大臣以备朝廷之顾问。"[1]左氏驰书告诉刘锦棠："俄事非决战不可，克日通盘筹划，无论胜负如何，势必将其侵占康熙朝地段收回不可。"[2]原来，康熙朝《尼布楚条约》所定疆界，经沙俄几十年不断蚕食，早已面目全非，这在左宗棠心头自然是不能忘怀的。如果没有左、刘部署"继之兵威"，曾纪泽在彼得格勒只能是空谈。经过艰苦的反复谈判，两国于1881年2月24日签订了《中俄伊犁条约》，虽然沙俄占了许多便宜，而伊犁终于物归原主，与原约相比，修订后的条约收回了部分领土和主权。必须强调，《中俄伊犁条约》是个不平等条约，只是与崇厚所订的《交收伊犁条约》相比，损失小了一些。不久，新疆于1884年正式建成行省，中俄西北边界又维持了较长时间的稳定。

二、张格尔之乱

十九世纪二十年代，维吾尔族没落贵族张格尔在新疆南部发动叛乱。张格尔为已故回部大和卓波罗尼都之孙。乾隆二十四年（1759年），清王朝平定大小和卓叛乱，波罗尼都被杀，其子萨木萨克仅3岁，在亲属和部下带领下逃往浩罕汗国，萨木萨克生三子，分别为玉素普、张格尔、巴布顶。其中次子张格尔，"有气力，欲继父志，窃伺机会"。[3]

① 《清实录·清德实录》卷115，第10页。
② 左宗棠：《左文襄公全集》书牍，卷24，第75页。
③ 稻叶君山：《清朝全史》下一，第49页。

　　张格尔自称新疆伊斯兰教白山派(即白帽子)和卓,在浩罕统治者和英国殖民势力的支持下,多次窜入南疆进行滋扰。而清王朝在南疆的腐朽统治,当地官吏、伯克对广大维吾尔人民的残酷压榨和掠夺,也在南疆广大地区人民中引起越来越强烈的不满和反抗,进而为张格尔在南疆发动叛乱提供了便利条件。

　　乾隆五十一年(1786 年),萨木萨克在浩罕所属霍占特地区劫掠商旅,并企图由浩罕窜回喀什噶尔,浩罕领主那尔巴图坚决反对,清廷得知此事曾谕浩罕擒捕。嘉庆四年(1799 年),清廷又获悉萨木萨克在布哈拉一带活动。嘉庆帝谕"此时萨木萨克既经远匿,在天朝体制,当置之不管"。[1] 嘉庆二十二年(1817 年),浩罕爱玛尔汗遣使朝觐,清廷指责其奏书不合体制,予以拒绝。嘉庆二十五年(1820 年),爱玛尔汗自行派遣征税官去喀什噶尔接代商目,被清廷遣回。"爱玛尔承袭后,前次即请设海子伯克,抽收税务,业经松筠等严行驳斥。嗣复更换名目,又欲令托克托和卓接替管理,实质贪利妄行渎请,自应严词驳斥。"[2] 此后,浩罕的爱玛尔汗转而支持张格尔入境侵犯,清朝的西北边陲从此长期不得安宁。

　　嘉庆二十五年(1820 年)八月,喀什噶尔参赞大臣斌静等奏报:"萨木萨克之子张格尔滋事,贼众约有三百余人,业将图舒克塔什卡伦官兵杀伤,并将伊斯里克卡伦的马匹抢去。"谕旨:"现调叶尔羌官兵三百名,乌什官兵三百名,伊犁豫派兵二千名,俟官兵到来即带兵进剿。着庆祥接奉此旨,即日选派得力将弁兵丁,星夜兼程赴该处,将为首滋事贼匪奋力擒捕,讯明谋叛情由,按律严办,其余胁从之犯不可株连,妄加杀戮。"[3] 在此之前,张格尔于当年五月曾向浩罕伯克爱玛尔借兵来抢喀什噶尔,因爱玛尔不允又和浩罕南境的布鲁特(柯尔克孜)部联络,企图经布鲁特住地窜入喀什噶尔。布鲁特部伯克苏兰奇向清廷喀什噶尔参赞大臣属下的回务章京绥善告密,反而遭到斥逐,遂怒而接应张格尔,窜入清朝边地,毁图舒克塔什卡伦,杀死守卡副护军参领音得布及满洲兵丁 13 名,玉斯图阿尔图六品阿齐木伯克阿布都尔满亦被戕杀。

　　嘉庆帝对此次事变极为重视,多次谕旨,要求查明启衅原由:"苏兰奇系阿瓦勒之孙、博硕混之子。阿瓦勒在乾隆三十年平定乌什叛回时曾经出力,博硕混并曾赏给二品翎顶。苏兰奇袭职受封已久,何以此次忽萌异志,且仅有众三百人,遽思抢劫城池,谋为不轨,亦觉太不自量。恐斌静前奏尚多不实不尽。……如内地官兵有激变情事或别有启衅之由,即行据实参奏,不可稍有隐饰。"[4]"所获活贼自应先将启衅缘由询问明确,并查明孰为起意,孰为胁从,分别办理。乃色普征额将卡外所获之贼全行正法,斌静又将前获贼犯八十余名全行正法,但云俱系情罪重大,并无切实犯供,恐系斌静等因事激变,此时转妄行杀戮,希图灭口。"[5]

　　伊犁将军庆祥奏报:"贼众于烧毁卡伦、戕害官兵之后,旋被喀什噶尔帮办大臣色普征额带兵剿逐,遁出卡伦,仍督兵进山追捕。……张格尔所带之三百余人,已经歼擒百余

① 《清实录·清仁宗实录》卷44,第24页。
② 《清实录·清仁宗实录》卷366,第18页。
③ 曹振镛:《平定回疆剿擒逆裔方略》卷1,第1页。
④ 曹振镛:《平定回疆剿擒逆裔方略》卷1,第10页。
⑤ 曹振镛:《平定回疆剿擒逆裔方略》卷1,第14页。

名,余贼不过二百余人,既有拜呢杂尔等率众剿擒,又经色普征额带兵追捕,两路并攻,声威已壮,似可易于竣事。"①

九月底庆祥奏:"现在外夷地方冰雪交加,首犯远窜无踪,官兵不宜久驻,业已札商赟静等,将兵撤回,驻于各卡伦扼要之处,严密防范,一面设法侦捕首犯。"②因张格尔逃出境外,清兵不再追剿。

不久后,新接位的道光帝对此事件茫然不得其解,自九月初至十一月初两月之间,连发五道谕旨,令伊犁将军庆祥彻查追究。庆祥回奏,张格尔确系萨木萨克之子,是有其人。道光帝始悟前朝不明境外情事,处置失宜。庆祥谕知浩罕首领爱玛尔,要他"献贼立功",爱玛尔推托张格尔实未在浩罕居住,无从擒获。

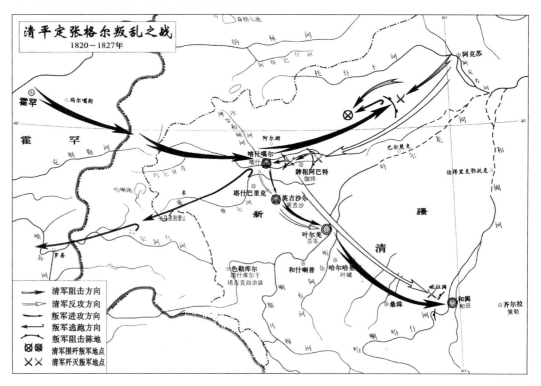

图13　清平定张格尔叛乱之战示意图③

张格尔败逃后,道光帝对境外之事不再追究,张格尔仍在各地聚集兵力,伺机再犯。道光四年(1824年)八月,"张格尔与其弟巴布顶由浩罕逃出,纠约多人,由英吉沙尔所属图木舒克、乌鲁克两处卡伦来抢喀什噶尔"。"八月二十二日夜半,乌鲁克卡伦侍卫差兵来报,有贼到卡滋扰,现在极力抵敌"。④ 巴彦巴图于二十六日带兵出卡,"因导路回子误引,远绕数十里,夜间远望火光起处,驰至乌鲁克卡伦,卡兵已不能抵御,即放枪迎敌,毙贼匪六名,贼众始退,窜卡外。……查是夜该卡闻有贼来,外委贾贵带领汉兵率先出栅迎敌,

① 曹振镛:《平定回疆剿擒逆裔方略》卷1,第15页。
② 曹振镛:《平定回疆剿擒逆裔方略》卷1,第21页。
③ 中国人民革命军事博物馆:《中国战争史地图集》,第170页。
④ 曹振镛:《平定回疆剿擒逆裔方略》卷5,第1、2页。

落马翻弓，众兵扶救间，贼众拥绕，贾贵持刀格斗被伤，贼乘势闯入栅内。该卡侍卫花山布率兵在卡城上施放枪箭，贼忽退忽进，相持两时，焚烧卡门拥入。伤害侍卫一名，满洲兵十三名，外委一员，汉兵八名，通事、回子七名。"①

巴彦巴图扎称，"获悉贼匪在罕铁列克山内藏匿，巴彦巴图即带兵往拿，该匪胆敢迎拒，经官兵分路上山，攻擒歼毙贼匪四十余名，头人西尔噶孜受伤身死……仅剩贼匪三人窜入深山……张格尔仅带二十六人，困乏已极奔赴喀拉提锦部落。"②

后喀什噶尔参赞大臣永芹派出官兵堵截追剿，张格尔乱军先后被杀60余人，张又逃出卡外。张格尔据那林河源，募集义兵，集结内地回众，为之耳目，屡扰掠近寨，引清兵出边则远遁，又或诡词乞降，变诈百出。

伊犁将军庆祥奏言："风闻张格尔、巴布顶已分散两路，随行之人亦少，现在边外布鲁特地方求食，似有投诚之意。……经严密探访，旋回禀称，巴布顶已赴浑都斯地方，因道途太远，不能深悉。张格尔在塔什霍尔罕地方，穷蹙已极，随行仅十数人，既不敢回浩罕，欲赴喀什噶尔自投，又恐被获就戮，游移无定。"③

喀什噶尔参赞大臣永芹奏言："张格尔远窜至塔什霍尔罕地方，途遇四品顶翎布鲁特比伊满赴奈曼部落探信，该逆执缚二十余日，伊满始终不屈，备述喀什噶尔回众乐业，官兵强盛情形，该逆惊悟，因释伊满，并与抱经修好。至十二月伊满先差其弟提拉巴尔底报称张格尔意欲投诚。……至正月二十八日张格尔差其亲信回子前来，在阿奇木前呈递信字，愿与伯克阿浑抱经发誓，指给回庄，即来投诚。……欲求罕爱里回庄居住。（永芹）发给檄谕，准其来投，仍派伊满等持檄谕先往宣示。张逆始终游移，既来忽退，狐疑莫定，要求无厌，诡谲显然。……张逆诱约奈曼部落，一同来喀什噶尔，伊满等不从，密告伯克等防备。该逆见奈曼部落不从，且诈谋已露，乃窜去无踪。"④上命军机大臣传谕曰："逆裔张格尔因防护严禁，仍复远窜，差人投降数次，经永芹等叠派伯克护卫出卡，申约晓谕，该逆始终犹豫，诱约奈曼部落布鲁特比等不从，退移二十里外，窜去无踪，狼子野心，情殊狡诈。……该逆如敢再来，该大臣当相机尽力歼擒，不可轻信其言，致堕奸计。现已窜逸无踪，亦不必徒劳兵力尾追，即再来逞诈约降，正可置之不理。"⑤

道光五年（1825年）秋，张格尔等再次作乱，在布鲁特萨雅克部落驻地活动，地近边卡。永芹奏言："巴彦巴图带领官兵于八月二十四日行抵阿克密依特地方，二十五日遇贼打仗，杀贼百余名，乃于撤退时误入山险被围。是夜贼匪连来攻抢，经官兵尽力抵御，至二十六日巴彦巴图带兵突围，退出二十余里沟坡下，与官兵同时阵没。"⑥永芹在该奏报中并未说出巴彦巴图阵亡的真正原因。此次喀什噶尔参赞大臣宗室永芹派巴彦巴图领兵二百人出卡捕拿，深入四百里，轻敌剿杀，中计阵亡。巴彦巴图深入敌后不见张格尔踪影，回归途中竟将萨雅克部牧民妇孺百余人屠杀，企图谎报军功。萨雅克首领"汰劣克愤甚，率所

---

① 曹振镛：《平定回疆剿擒逆裔方略》卷5，第3页。
② 曹振镛：《平定回疆剿擒逆裔方略》卷5，第11页。
③ 曹振镛：《平定回疆剿擒逆裔方略》卷6，第1页。
④ 曹振镛：《平定回疆剿擒逆裔方略》卷6，第6页。
⑤ 曹振镛：《平定回疆剿擒逆裔方略》卷6，第9页。
⑥ 曹振镛：《平定回疆剿擒逆裔方略》卷6，第18页。

部二千,追袭清兵山谷间,击杀殆尽,西四城回教徒闻之,一时尽变,敌遂猖獗"。① 清朝边境官员的胡作非为,使边境局势更加复杂。

道光帝获报后,谕旨训斥:"永芹身为参赞大臣只知株守城中,诸凡调度未能得当,重失时机,其轻率冒昧之咎实无可辞。惟此时边防紧要未便骤易生手,著从宽免其治罪,暂行留任以观后效。"②

庆祥奏言:"本年九月初五日,据喀什噶尔参赞大臣永芹等咨,称逆裔张格尔复会布鲁特等,来喀什噶尔滋事。巴彦巴图带兵出卡安营,贼匪众多,已咨叶尔羌、乌什各派兵三百名差遣,复咨调伊犁兵一二千名,旋据札称萨雅克部落布鲁特人势较众,官兵力量稍单,又因误入山险,以致间有损伤。"③

十月,道光帝始得详情,改授长龄署伊犁将军,庆祥为喀什噶尔将军。永芹夺职,不久病死。清军往南疆西四城增调兵力,庆祥奏调乌鲁木齐绿营兵一千名,随带演熟炮位六十尊,大炮五尊,迅速前赴喀什噶尔以备调遣。

道光六年(1826年)三月,边境形势再度紧张,军机大臣传谕:"逆夷勾结匪党分聚六处,约有三四千人之多,并敢于各要隘安设贼目、马匹互为声援,情实可恶。亦由于畏惧我兵前往剿捕之故,此时调派伊犁及乌鲁木齐官兵二千五百名,次第到齐分驻各卡适中之地,声威不为不壮。……如贼众竟敢近我卡伦,即应统师迎剿,大加惩创。若随即远扬,断不可轻易出师。"④

喀什噶尔参赞大臣庆祥奏言:"据眼目等报称,阿尔图什庄上白帽回子驾玛尔家有形迹可疑回子五人,神色仓皇,欲驮装远去。臣即饬章京及伯克等带人驰至阿尔图什回庄,该逆等甫经潜逸,先将驾玛尔拿获。尾追至伊兰乌瓦斯卡伦内以西山僻小径,将该逆等全数拿获。并点获器械、马匹、经卷等物,又在奸细牌则衣服夹层内搜出回字一本。因张格尔乏钱,于本年正月先差亲信"到叶尔羌玉素普家写给信字,放玉素普为杜阿贵俾总管,白帽回子即在其家居住,凑钱未得,未旋即回。张格尔又因布鲁特究难成事,不如纠约回子,易于煽惑,遂于二月又差牌则偷进伊兰乌瓦斯卡伦",张格尔所差之人行至阿尔图什回庄当场被缉获。"先将搜出回字译看,大意极口赞扬张格尔如何计谋,如何慈厚,如何爱怜,想念众回子,不忘祖父业地。去年如何率众戕害官兵,众回子但见其一面即两世受福,但饮其杯茗即百虑皆忘,务须舍命舍财前往迎接。此外,尚多荒诞之语,实属大逆邪词。……经复审,加以刑讯,始据供称张格尔原说,六月十二日回子过节,易于取事,带人进卡。如至叶尔羌凑有多人,即分起带来迎接,此刻因不能得人,所以一同回去,再作计较。"⑤

道光六年(1826年)夏,张格尔"知南路官军薄弱不足虑,欲乘机席卷西四城,而又恐北路援兵速集。乃遣使浩罕乞援,约事成则分四城战利品,并割让喀什噶尔以保"。⑥

庆祥奏言:"张格尔率领安集延、布鲁特五百余人,于六月十四日夜驰至中不扑卡伦,

---

① 萧一山:《清代通史》第二册,第893页。
② 曹振镛:《平定回疆剿擒逆裔方略》卷6,第24页。
③ 曹振镛:《平定回疆剿擒逆裔方略》卷6,第13页。
④ 曹振镛:《平定回疆剿擒逆裔方略》卷10,第13页。
⑤ 曹振镛:《平定回疆剿擒逆裔方略》卷12,第15–17页。
⑥ 萧一山:《清代通史》第二册,第894页。

经由开齐山路突进,五更到阿尔图什回庄,至回子称为玛杂之地(张格尔祖父波罗尼都之墓园)礼拜,众回子附从甚多。该庄距城百有余里,舒尔哈善、乌凌阿所带官兵,已由此路探明驰往,黎明即迎截到彼。该逆率众已有千人,回夷相杂,遥见官兵即擂鼓放枪,出庄迎拒。舒尔哈善领兵迎剿,相持良久,官兵奋勇进攻。乌凌阿领兵绕至贼后,由山梁下压,贼众始退。舒尔哈善身先士卒,奋力乘势逼战,右嘴角中枪,铅子透出,并未落马,仍麾兵前进。……乌凌阿压至梁下,短兵相接,官兵亦间有伤亡,而勇气倍增,共杀贼四百余名,生擒四十余名。时已天晚,贼始大败,分窜一股由东北窜出,当即分兵尾追;一股仍窜回大玛杂内拼死拒守。大玛杂周围五里,墙垣三层,甚为峻固,墙外皆回屋,屋外皆树,乌凌阿带兵四面围定,舒尔哈善回城调养。"①并奏报官兵不敷分剿,请求增派援兵。

张格尔以祭拜为名,据陵(玛杂)驻军,"十六日早午之间连有贼匪四面分扑,官兵随时击退,擒斩甚多。……至是夜三更,雷雨交加,天气昏黑,复有贼众六七百人分翼来扑,官兵枪炮齐施,分汛抵御,歼毙多人,屡退屡扑,墙内众逆又开门由东面冲出,官兵两面迎敌。……十七日贼守稍衰,我兵始破玛杂。""拿得活贼,讯据供称张逆实已被围,于昨晚乘官兵两面御敌时潜逸。"②张格尔乘夜逃出后,煽动当地维吾尔人发动叛乱,并派人焚掠军台,阻断台路,回疆各城纷纷告急。"本月二十一日辰刻,接到庆祥急递来札,喀什噶尔城中回子全行变乱,现在分股猖獗,道路不通,万分紧急。"③"贼匪大肆猖獗,现在库森塔斯浑与叶尔羌官兵交仗,该军台已被贼匪侵占,英吉沙尔官兵无几,势甚危急。……叶尔羌参将吴亨佑带领官兵二百五十名在单板桥遇贼打仗,全军被陷,贼目现在该处住扎,谋取英吉沙尔城池。"④

张格尔沿途煽动各族教民,扩大乱军至万人,六月十八日喀什噶尔四面被围,庆祥欲发奏折不能走出。二十二日回城失守。张格尔军攻下喀什噶尔回城后,又进攻汉城。参赞大臣庆祥领兵在城中驻守。七月"十五日,有贼匪千余人先入回城。十六日,贼同和阗(田)回子合伙,约有二千余名攻城,官兵民人仅二百有余极力抵御。十八日,所属六城回子全行从逆,齐来攻扑。二十日……围城被陷,军民皆死于涝坝"。⑤

六月底至七月初,喀什噶尔、英吉沙尔、叶尔羌、和田等西四城均被乱军围攻。伊犁将军长龄"二十六日辰刻复接庆祥咨称,喀什噶尔被围,贼众兵单,据城力守,势甚危急。除咨乌鲁木齐调兵四千名外,应咨调伊犁官兵二千名速往救援。"⑥

张格尔对喀什噶尔汉城久攻不下,得知清廷大军集结,遂向浩罕请求援兵。浩罕原来只图与清朝贸易,既不奉清廷的指示擒拿张格尔,也不愿助张格尔在浩罕与清朝的边卡滋事。所以张格尔的几次侵扰都是从布鲁特内犯。这时,浩罕的爱玛尔已病死,其子迈买底里继汗位(即阿里汗)。张格尔请求他出兵支援,许诺平分回城财物,并割让喀城酬谢。迈买底里召臣下集议,听说回城有大量金银财宝可图,遂决议出兵,并妄图取代张格尔,占

①　曹振镛:《平定回疆剿擒逆裔方略》卷12,第20页。
②　曹振镛:《平定回疆剿擒逆裔方略》卷13,第16页。
③　曹振镛:《平定回疆剿擒逆裔方略》卷12,第26页。
④　曹振镛:《平定回疆剿擒逆裔方略》卷13,第4页。
⑤　曹振镛:《平定回疆剿擒逆裔方略》卷24,第6页。
⑥　曹振镛:《平定回疆剿擒逆裔方略》卷13,第8页。

据整个喀什噶尔地区。"把张格尔的军队看作'兵瘢'的浩罕政府,宁愿自己主动参加这场冲突。总之,浩罕汗穆罕默德阿里亲自带领一支八千至一万人的骑兵到来,张格尔骑在马上和他相会,以表示和卓拒绝承认浩罕统治者是他的汗。……(阿里)汗对喀什噶尔城堡进行了几次不成功的攻击,经过十二天的战斗并失去他的一千士兵之后,阿里汗灰心丧气地撤走了。"①另一说法是,迈买底里"将兵万人至,则张格尔已侦知喀什噶尔守兵甚寡,且夕可得,悔背前约。浩罕王见张格尔中变,留数日引归,张格尔复遣人追陷其众,投归者二三千人,用为亲兵"。② 这次事件虽然使张格尔的军事实力得到一定扩张,但使其与浩罕政权的关系彻底决裂,以致张格尔兵败后无法退回浩罕,最终被清军拿获。

八月二十五日喀什噶尔汉城在坚守七十日后也被攻陷,庆祥自缢殉职。

道光六年(1826年)七月,清廷知回疆乱事已成,决非当地驻军所能镇定。道光帝急命陕甘总督杨遇春为钦差大臣,统领陕兵三千名驶往新疆增援。随后,增派山东巡抚武隆阿为钦差大臣,协同指挥军事。加号长龄扬威将军,悉听节制。增援的陕甘兵增至五千五百名,又调集宁夏、乌鲁木齐、伊犁等地满汉官兵和吉林、黑龙江等地劲旅,总数达二万人。③ 大军在阿克苏集结,志在必得。

清军未集而西四城已陷,敌前队且逼浑巴什河,距阿克苏四十里。然张格尔留滞喀什噶尔,未乘机东进。清军在浑巴什河进行反击。阿克苏办事大臣长清奏言:"官兵等过浑巴什河后,行走十数里遇贼众。七月二十七日,我兵奋力剿贼,杀毙一百有余,割取耳记,其余贼匪均经退败。官兵单微,不敢前追,夺获贼匪马匹、器械等物,并生擒一名","有喀什噶尔前来大阿浑二名,由巴尔楚克一带纠约回匪窜入阿克苏所属之南路都齐特等处地方……煽惑回民附逆,聚集贼匪约有数千。臣恐其窜入阿克苏东西北一带地方煽惑,即饬署阿克苏阿齐木伯克色提巴尔第巴彦岱等明白晓谕所属东西北各村庄回民,务须各安本业,切不可因南路都齐特等处回子叛逆,心生疑惧。倘有附逆者,一经拿获,尽行诛戮。现在回民均极安堵,查阿克苏各路换防应援并喀什噶尔退回锡伯等营官兵,及伊犁领队大臣祥云保、硕隆武先后带到官兵通共三千三百四十余员名"。④

"贼匪于七月二十七日经官兵在浑巴什河边击退后,复自叶尔羌等处,纠约回众约五六千人,在浑巴什河南岸屯聚。八月十五六七八等日,贼骑竟扑河边,思欲躏渡,日三四次。官兵在河北岸抵御,十八日遥见贼匪一半仍屯原处,一半顺河沿向西北行走,逼近乌什边界。"⑤"阿克苏浑巴什河南岸有贼匪盘踞,与我兵相持数日,于八月二十一日,将乌什之察哈拉克台焚烧,并抢掠阿拉尔庄,当经达凌阿会同巴哈布带兵赶赴河沿,分布堵御。次日,贼匪躏浅渡河,官兵奋勇迎剿,自未至西,杀贼三百余名,生擒四十余名。贼匪退过大河向南逃窜,官兵追至大回庄,烧毙一百多名,获贼牲畜无数。不意又有贼匪一股由托什罕过河,古鲁巴克防堵,参将清安因兵单不能抵御,该匪旋扑围协领都伦布营盘,并阻断

① 费正清:《剑桥中国晚清史》上册,第396页。
② 萧一山:《清代通史》第二册,第894页。
③ 蔡美彪:《中国通史》第11册,第10页。
④ 曹振镛:《平定回疆剿擒逆裔方略》卷21,第13页。
⑤ 曹振镛:《平定回疆剿擒逆裔方略》卷26,第3页。

副将军郭继昌营盘救援之路。零匪窜距阿克苏城二十里之遥。"①"二十三日,贼匪冲散安清卡伦后,差有数十人探听城内消息,知有准备,乃即折回,合聚大股,围住都伦布营盘,又分股扑郭继昌营盘,该营副将带兵出营迎敌,枪毙贼匪千余名,匪退避。协领都伦布都司孙旺与贼御抵一夜,至黎明时郭继昌带领都司李遐龄及马步官兵,并郭继昌札调额尔古伦带领守河锡伯索伦兵三百名,赶至都伦布营盘。额尔古伦、郭继昌亲帅马队,冲开贼围,都伦布都司孙旺亦带兵自营盘冲出,两面夹击,贼众散乱,我兵痛加剿戮,杀贼三百余名。贼首带领数贼向西奔窜,经固原兵丁单存等追及五里,用矛毙割取首级。众贼纷纷逃窜过河,官兵并力追至河沿,枪箭齐发,贼匪坠马淹毙及带伤落河者三四百名,夺获旗帜、军械极多,各营盘及河以南回子陆续搜拿生擒一百余名。"②

浑巴什河两岸的几次战役清军都取得了胜利,这些战役规模不大,但其意义不小。"浑巴什河为阿克苏南路首站,逆匪盘踞河南,冀图诱致官兵,肆其狡诈。嗣复潜窥乌什,焚掠回庄,旋又分股渡河,直趋城下。是时,阿克苏势甚危急,达凌阿、巴哈布等始御之于阿拉尔,继败之于沙坡树窝,再歼之于托什罕河,斩首无遗,毙其贼目,军威大振,捷奏先驰。由是阿克苏安,而东四城安。东四城安,而西四城乘胜恢复势如破竹,美哉始基之矣。"③

此时清军对喀什噶尔、英吉沙尔、叶尔羌的军情并不清楚,直到九月二十日才了解前线战况。"现在西四城内惟和阗(田)失守,已有逃兵供明月日可凭。此外三城杳无信息,是否失守,系何月日,庆祥等作何下落,现在某城系某贼首占据……均应切实探明,方可审度进剿。"④"适于九月二十日由喀什噶尔旋回绿营兵丁闫义、额鲁特营兵丁巴兰,据称喀什噶尔于八月二十五日失守,参赞大臣庆祥自缢身死,官兵被害,该兵等三百余名均被贼匪掳去。"⑤

九月,清廷援军陆续到达,"总数增至六万六千人",⑥在阿克苏集结。上命军机大臣传谕长龄,并谕杨遇春、武隆阿曰:"至进兵时分奇正两路,武隆阿熟悉回疆情形,当由捷径带领奇兵先赴喀什噶尔,以截其后。杨遇春当由台站正路统领大兵沿途剿办,以出其前。长龄即可同杨遇春作为一路,或稍分前后亦可,总须探明各城情形,进兵路径临时相机办理。"⑦由于天气转冷不宜大规模作战,清军继续进行战备,尤其对此战的后勤保障进行了详细的筹划,准备来年开春两军决战。

道光六年(1826年)十二月辛酉(十四日),长龄奏言:"臣前奉谕旨饬查喀什噶尔近年历任参赞办事大臣在任贤否。臣随处随时博加访讯,查自嘉庆二十年起,历任大臣内,如松福声名平常,各城皆知,因无实据,日久议论渐息。惟斌静在任,事事妄为,常于城外回庄楼上撒钱,招引回民争拾,借此窥看妇女,唤入署内奸宿。有安集延回子萨赖占之女,

---

① 曹振镛:《平定回疆剿擒逆裔方略》卷27,第1页。
② 曹振镛:《平定回疆剿擒逆裔方略》卷27,第2页。
③ 曹振镛:《平定回疆剿擒逆裔方略》卷27,第22页。
④ 曹振镛:《平定回疆剿擒逆裔方略》卷30,第21页。
⑤ 曹振镛:《平定回疆剿擒逆裔方略》卷31,第4页。
⑥ 蔡美彪:《中国通史》第11册,第11页。
⑦ 曹振镛:《平定回疆剿擒逆裔方略》卷30,第21页。

斌静先曾奸宿,后复传唤,萨赖占愤极自戕,未令其女前往。……虽未砍落其女头颅弃置斌静署内,然亦几酿人命,是其狂悖荒淫,实已确凿可据。至嘉庆二十五年张格尔入卡滋事一节……据称是年八月十二日,贼至喀什噶尔回城对岸,不过一二百人。斌静、色普征额即令参将玉森带领步队一百余人先后迎敌,色普征额仅带满洲营马队随后出城。……贼匪见玉森所带官兵放枪迎击,旋即折窜。该参将带兵首先蹚渡,色普征额率兵继进,追至霍尔罕庄,因天晚扎营。是夜,张格尔、苏兰奇等二三十贼马乏,均步行逃至图舒克塔什卡伦外驻歇。次日,色普征额追至该卡,贼匪遗火犹燃,竟于卡伦外驻兵未追。……色普征额当日带兵进剿,既见贼踪,未即追擒,仅驻兵防堵。虽无斌静留过中秋迟延情事,实已坐失机宜,办理舛谬。上年张格尔在卡外游弋,永芹与巴彦巴图并未确探情形,即令巴彦巴图带兵出卡,又不详慎剿办,率将汰劣克家属妄行诛戮,旋至全师被陷。巴彦巴图之糊涂妄杀固为构衅根由;而永芹之贪功率忽亦属咎无可贷。"①清政府据此奏报,将已死去的巴彦巴图革去都统衔及加赏世职,因永芹已死,革去其子官职,斌静及色普征额俱斩监候。

道光帝上谕:"现在兵未到齐,固不可轻举妄动。但从前平定回疆,不过二万余兵,此时务期将张逆设法诱擒,出奇制胜。是以需兵较多,但使兵力足敷分剿,即当会商前进,不可旷日持久,坐失事机。至进兵机宜,前经降旨,令长龄等分正兵一路,奇兵二路。一由乌什巴什雅哈玛卡伦外草地,一由巴尔楚克军台向树窝子潜进,再以大军由正路前进。原以牵制该逆,俾分贼势,并前后兜击,不令窜出卡伦。今长龄等奏,分奇正两路进发,恐奇兵一路悬军深入,与正兵不能相顾。但军行万里之外,一切机宜朕亦不为遥制,年内外总可进兵,惟在该将军等妥商酌定,务保万全。商定后,一面具奏,一面进兵,不必候旨。"②

道光七年(1827 年)正月丁酉(二十一日),"长龄、杨遇春、武隆阿奏言:臣等查有和阗(田)伯克伊敏由京回至阿克苏,经臣长龄于七月内敕令伊萨克派人查探贼情,当将伊敏差往和阗(田),行至喀喇达拉被贼掳去,带至叶尔羌,贿赂博巴克得脱。嗣又饬伊萨克选觅妥靠回子达里木等六人,分往和阗(田)、叶尔羌、喀什噶尔三城作为伊等之意,勾结众伯克回子,设法拘绊张逆,离间贼党。兹据波斯图驻扎游击周悦胜差派弁兵,送到和阗(田)伯克伊敏并达里木等回子二十一名来营。臣等讯据伊敏等,均称和阗(田)回众当贼匪到时逃避者甚多,被逼随同攻城者不足千人。前因官兵未到,回众观望。近闻大兵云集,阿克苏众伯克已议擒贼赎罪,但恐不能宽恕。因伊敏及达里木等到彼,众心始定,即同被陷兵民向伪伯克阿布拉商谋,擒贼投诚。阿布拉初尚犹豫,经众劝吓始从。随凑集伯克回子二千余人,将贼目伪封和阗(田)王约霍普并伊弟兄涅克托胡达二名及从贼拿获,并击毙该逆等跟随百余人。旋据阿布拉等解到贼目约霍普等七名,并缴到和阗(田)大臣印信,验明收贮。臣等讯据贼目约霍普供,系张格尔表兄,前曾枪伤舒尔哈善,因攻陷和阗(田),戕害官兵,得受伪封。……查该匪等均系攻陷和阗(田)、伤害官兵紧要逆犯,贼目约霍普尤系张格尔夙昔信用之人。今于大兵未进之前,该城回众缚贼迎降,时机极为顺利。"③张格尔则准备派兵再次夺取和阗(田)。清军"一面晓谕和阗(田)回众安心固守,

① 曹振镛:《平定回疆剿擒逆裔方略》卷 36,第 12 页。
② 曹振镛:《平定回疆剿擒逆裔方略》卷 36,第 23 页。
③ 曹振镛:《平定回疆剿擒逆裔方略》卷 37,第 7 页。

俟大兵克复喀什噶尔后即来收抚,不得复萌他志"。正月二十五日,清军得知和阗(田)又为"叶尔羌、喀什噶尔之安集延布鲁特及该城回子盘踞"。① 尽管张格尔军再次占据和阗(田),但在两军决战前夕,和阗(田)伪政府曾归顺清军,使战争胜利的天平更倒向清军一边。对此,清军的措施是,"大营相距和阗(田)本有二十余站,今于官兵未到之先复被贼滋扰占据,唯有专力进剿喀什噶尔,只须贼巢一破,首逆就擒,其余各城不战自下。"②

长龄、杨遇春、武隆阿奏言:"查探道路情形,自乌什卡伦以外直抵巴尔昌均系险窄山沟,且有数站戈壁并无水草,加以山石错杂,马队难行,后路兵粮尤难跟运。卡外各布鲁特大半皆为张逆煽惑勾通……似未可一军深入。此次所调官兵共计三万六千余名,除留防后路阿克苏等处官兵四千二百五十余名,乌什官兵四千四百余名、库车官兵五百余名并未到之,续调四川官兵三千名、延绥官兵二千名外,实在现时进剿满汉马步官兵共止二万一千九百五十余名。如以两路分进,不特相距二十余站,声息难通。倘一路稍有阻滞,即与全局大有关系。……是以臣等审度机宜,酌量兵力,必须归并一路,改由中道出其不料,突往围攻,庶可反正为奇,易于得手。现在筹计已定:臣武隆阿统领……满汉马步官兵一万一千三百余名作为前敌,仍分两队,以便兜截抄击。臣长龄、杨遇春统领……满汉马步官兵一万六百余名,亦分两队,应后接前。择期于二月初六日,径由树窝子一路,先将附近各从逆回庄顺道扫除,廓清后路。并于沿途安设营卡、台站,官兵接递文报,护运粮饷。一俟驰抵喀什噶尔即当并力图攻,计擒首逆。"③

清军于道光七年(1827年)二月六日出师,经洋阿尔巴特,"二十二日行抵大和拐地方扎营,三更后探有贼匪数千潜袭。臣等因昏夜不察虚实,未经迎击,各于本营镇静防守,贼匪左右冲扰,官兵枪炮齐发。时逾四鼓,贼纷纷窜逸。迨至黎明,查点贼尸,击毙甚众。讯据受伤贼匪供,共有五万人在洋阿尔巴特抗拒官兵,昨日知大兵到此,派贼三千前来劫营。臣等以该匪既有准备,初次接仗,必须痛加剿杀,以寒敌胆。当将活贼正法,一面鼓勇士气,整旅前进。沿途均被贼匪决放河水,漫溢道路,并挖深沟高坎,意图阻滞官兵。而官兵于戈壁中得有水饮,益加踊跃,星驰骤进。午刻,行距洋阿尔巴特庄十余里地方,宽敞一望,沙漠西南有沙冈一道,横长六七里,遥见贼匪凭高排列,约计二万余人。"清军当即分兵三路,长龄督率官兵由中路迎击,杨遇春督率官兵由左手抄截,武隆阿督率官兵由右手抄截。"贼见官兵三路扑杀,突下沙冈分投迎拒。我兵一鼓作气,扑近攻击,枪炮齐发,刀矛竞进,各毙贼一二百名。贼见官兵勇锐异常,复奔聚沙冈,希图全力下压。臣等遂于三路之中又分数股……齐力攻击,贼匪抵死抗拒。臣等左右督催策应,官兵不避锋刃,一同抢上沙冈,枪箭所至,贼势披靡,一半窜入回庄,一半四散逃逸。臣长龄即督中路官兵赶向回庄,用枪炮围攻,剿洗净尽,并令杨芳等帮同马队追杀。臣杨遇春、武隆阿跟随追杀,贼窜三十余里,直至排子巴特地方,贼已歼毙无遗。天色昏暗,不便穷追,当将官兵撤回,随于该处扎营。三路官兵统计杀贼万余名,生擒活贼三千二百余名,夺获旗帜、器械、马匹、牛

---

① 曹振镛:《平定回疆剿擒逆裔方略》卷38,第11页。
② 曹振镛:《平定回疆剿擒逆裔方略》卷38,第11页。
③ 曹振镛:《平定回疆剿擒逆裔方略》卷38,第13页。

羊无算"。①

清军于"二月二十五日仍分三队,行距沙布都尔庄十余里,遥见贼匪于庄外临渠排列,马步贼众不下十余万,而庄后林中均有伏匿之贼,并将渠水放淹,田路刨挖坑坎。臣等详审地势……"。长龄、杨遇春督兵居中,武隆阿督兵在左,杨芳督兵在右,各分五队,按队而进。"该匪先以骑贼数人直进队前,往来冲突迎诱我兵,贼众复据险施放枪炮,我兵用连环枪炮轰击,匪众纷毙,仍敢扑至渠上,意欲下压。我兵刀矛弓箭抢上,不避渠水深浅,飞身渡越,与贼短刃相接。臣等即乘势派令马队由左右浅渠抄击,毙贼无数。该匪势已难支,内有马上持鼓贼目尚犹驰骋击鼓,并同执旗贼目数十人,催众死力抵拒。臣等即督令马队横截入阵,将贼匪冲为数段,枪箭如雨,立毙执旗贼匪数人,并箭毙击鼓贼目,夺获贼马、鸟枪、铁甲,众始溃败。臣等以贼势过众,既经得手,必须痛加进剿,当派官兵分头掩杀,遍野横尸。逼至浑水河边,余众凫渡逃窜,官兵亦即躏水追杀三四十里,残匪擒戮殆尽,始行撤回。正在小憩,见西北林内尘土冲起,突有援贼数千应约前来,臣杨遇春、武隆阿复督率大队赶往迎剿,毙贼千数百名,余众即窜往浑水河桥抢渡逃散。河西更有马步贼匪二千余众,拥桥策应,立时拆桥抵拒。官兵用大炮轰击,贼始溃散。""本日两次接仗,贼众甚多,官兵来往剿杀,无不人人奋勇,擒戮贼匪不下四五万人,夺获枪炮、器械、贼粮、马匹尤多,贼胆已寒,兵气倍壮"。②

清军于二月"二十七日拔营前进,沿途搜剿回庄零匪数百名。讯据贼供前距五十余里有阿瓦把特回庄,依冈背河树林环密,张格尔派有十余万人在彼迎拒,旋据侦报情形相同。""二十八日五鼓,先派哈朗阿带领马队五百名,由左抄往;阿勒罕保带领马队五百名由右抄往,约定辰巳之间齐抵该庄,前后兜剿。大兵由大路前进,辰刻行距该庄八九里许,遥见贼众排列冈上形同雁翅。"即督令提督杨芳等率兵居中,领队倭愣泰吉勒等率领马兵分为两翼,横排齐进。"贼见兵至迎拒,我兵奋勇抢扑,枪炮齐施,贼众佯退,意图官兵抢上半冈,并力下压。臣等即令步兵以连环枪炮随放随进,并乘风施放喷筒,烟迷贼目,骑贼冒烟冲压。臣等复令官兵舞藤牌直进砍杀,贼马惊阵。乱冈后突有红衣贼目率埋伏之贼抢上应援,正在支拒间,哈郎阿等带兵从庄后掩至,贼众势难兼顾,纷纷溃败。大兵乘势抢过沙冈,分头追杀,毙贼二三万众,生擒二千余名。……追至洋达玛河边,余贼四散远窜,随将沿河一带回庄零匪搜剿净尽,始撤回于沙冈扎营。现距喀什噶尔仅八十里,不难乘势鼓勇直抵城下"。③ 此次战胜,道光帝嘉奖长龄著加恩先赏紫缰,杨遇春著加恩晋加太子太保衔,武隆阿著加恩赏加太子少保衔。

清军于二月"二十九日整队进发,行距浑河沿十余里,侦探南岸贼势甚众。臣(长龄)等督兵行抵北岸,望见贼匪凭河列阵,积厚十余层,横长二十余里。贼匪先于对岸挖掘深沟三道,叠筑土冈一道,长三百余丈,冈上筑成空穴,排列大小炮位无数。贼见官兵即于穴中放炮,声焰腾空,子落如雨,我兵虽用连环大炮轰击,俱格于土冈,不能毙贼,贼势益张,夹岸相持。时已薄暮,我兵就岸扎营,排列枪炮,持以镇静,防贼潜渡。而贼数百人竟由东

---

① 曹振镛:《平定回疆剿擒逆裔方略》卷39,第10页。
② 曹振镛:《平定回疆剿擒逆裔方略》卷39,第22页。
③ 曹振镛:《平定回疆剿擒逆裔方略》卷40,第8页。

面踉浅渡河,直奔我左军营垒,经杨芳等带领官兵登时击退。维时天已昏黑,贼阵炮声愈紧,并击鼓长号竟夜不绝。三鼓后西南风陡起,撼木扬沙。……臣等窃计,贼众兵寡,骤难得手,唯有乘此风势,潜渡上游,使贼猝不及防,方能出奇制胜。将曙,先遣马兵一千沿河下游作欲渡之势,牵制贼匪左队。臣等率马步官兵,潜赴上游,乘势踉渡,并力突扑贼队,出其不意,贼即率众死拒,枪炮震天,刀矛竞举。官兵奋勇冲压,尽力歼击,贼旋退旋拒。我兵勇气百倍,不避矢石,直前扑杀,贼始四散奔逸。臣等分遣将领乘势追剿,一面亲率官兵由破城子一带疾驰前进。申刻,将近喀什噶尔城下,望见败残贼匪纷纷奔回城上,见大兵已到,复施放枪炮力图抵御。"杨遇春带领马步各队抢据回城东北要隘,武隆阿带领马步各队先将汉城攻克,据其北面,长龄督催官兵并力围攻。"查回城四周高峻,形势缭曲,城外回户环绕而居,中设阿齐木衙门。臣等随令杨芳等率官兵分围四面,并令容照等督催各队分堵四隅,枪炮环攻。城上红衣贼目率众拼死抵御……我兵奋勇直上,先将阿齐木衙门攻破。讯据活贼供称,张逆向在阿奇木衙门,今早闻大兵渡河击败贼匪,即时带领骑贼数十人,乘间窜逸。臣等及派遣官兵分头查拿,一面攻进衙署逐处搜捕,并无张格尔踪迹。……时已戌刻,臣等仍督催官兵尽力攻击回城,层层逼进。逾时,始将东门攻溃,随令步队官兵二千名入城剿捕,其余马步各队仍严密围堵,官兵内外剿杀、擒戮无数。""统计此次前后杀贼不下六万余众,生擒四千余名"。①

清军于道光七年(1827年)三月初一日收复喀什噶尔后,继续进军英吉沙尔,并搜捕张格尔。途中卡外各布鲁特头人均来营求见,愿意归顺。清军行进到"相距英吉沙尔五十余里地方,即有黑帽回子阿布都瓦依提等迎接投诚,并呈献马匹、粮料,讯知张格尔并未逃往该城。……臣杨遇春、武隆阿于初五日入城"。② 清军收复英吉沙尔后,武隆阿因病回喀什噶尔调治,由杨遇春统领清军继续前进。三月"十六日行抵倭巴地方。据阿布都尔满带领叶尔羌大小阿浑伯克来营,缚献贼目乌苏尔巴凯等十一名,尚有拿获贼匪一百六十余,交出军械四车,马一千匹,火药七十二缸,火绳等项无数。恳乞投诚,情词尚为真切"。③

西四城被清军收复后,张格尔逃逸,去向不明。道光帝一再下谕,严令剿捕。清大军撤退,使杨遇春、杨芳率兵八千,出塞追捕张格尔。清廷"悬赏郡主之封爵,并银十万两以购之,张格尔亦纠合残兵,欲图再举。时长龄阴使人出塞扬言,清兵已撤去,喀什噶尔城中空虚,居民翘首以望和卓,而阴为严备以待"。④ 张格尔以五百兵来袭,"果于十二月二十七日潜由开齐山路入卡,长龄、杨芳分统将领,连夜剿捕,追及于喀尔铁盖山,两路并剿,贼众逃窜,张逆仅存贼党十余人,情急将自绝,总兵胡起等奋力生擒之"。⑤

道光八年(1828年)正月初二,张格尔解到大营。二月十六日离开新疆,三月初九日进关,三月二十五日经过兰州,五月间押送到京。道光帝亲登午门,举行盛大受俘典礼。"大臣等恐张格尔于帝之前,陈史治之恶弊,仅以毒药,使失其口舌之能。故于帝前,口角

---

① 曹振镛:《平定回疆剿擒逆裔方略》卷41,第6-10页。
② 曹振镛:《平定回疆剿擒逆裔方略》卷41,第19页。
③ 曹振镛:《平定回疆剿擒逆裔方略》卷42,第7页。
④ 稻叶君山:《清朝全史》下一,第50页。
⑤ 王先谦:《道光朝华东续录》卷5,第26页。

吹沫,情形甚苦,所问之事,一不能答,遂判决寸磔。"①

　　张格尔之乱平定后,长龄回京,封威勇公,授领侍卫内大臣。封杨芳为果勇侯,授御前侍卫。杨遇春授陕甘总督。道光帝调军机大臣玉麟为伊犁将军,札隆阿为喀什噶尔参赞大臣。此次战事前后历七年有余,十余名回疆大臣死于乱事,将士伤亡数千人,调运军饷银即达一千一百余万两。②

三、浩罕入侵与议和

　　清廷处死张格尔后,以直隶总督那彦成为钦差大臣,协同办理回疆善后事务。"那彦成、武隆阿奏言:查张逆之子布素鲁克年已六岁,与张逆之妻均在浩罕,若不断绝根株,难保不为后患。"③那彦成提出大量行政改革措施,建议将犯叛乱罪的人的土地和财物加以没收。那彦成建议完全停止对浩罕的贸易,直到汗国交出张格尔家族为止。所有在六城地区居住不满十年的浩罕人应予放逐,他们贮存的大黄、茶叶和其他财物应予没收,在六城地区居住十年以上的全部浩罕人应使之归化。④

　　清政府否定了那彦成出卡对敌穷追猛打的计划,命令那彦成:"务当遵照前旨,严密稽察,勿任大黄、茶叶偷漏出卡,至于卡外各犯,既已畏罪远窜,总当直至不问,断不可意存招致,妄生边衅。""朕命那彦成办理善后事宜,原不应妄图卡外之事。"但同意那彦成提出的停止与浩罕贸易等其他措施,从而加剧了边境地区的矛盾。张格尔事件后,清政府强调阿訇不得干政,"通谕各城,以后无论何项回子,当阿浑(阿訇)者只准念习经典,不准干预公事,其阿訇子弟有当差及充当伯克者,亦不准再兼阿訇"。⑤

　　道光八年(1828年)四月,浩罕派使臣到喀什噶尔贺喜,并言"兵民之家属可献,至于献和卓之裔孙,于经典无其例,不能应。因之清朝尽捕浩罕人之居住于喀什噶尔者,没收其资本,断绝通商。时浩罕国王为摩罕穆德汗,辅相又得人,近邻之吉尔吉斯人亦渐屈服,又略卡拉德金、打尔温诸国,威势稍盛。至清朝与之断绝通商,则大窘,遂谋以兵力解决之。"⑥"那彦成提出的停止和浩罕贸易的措施,从根本上打击了汗国的财富和力量。清朝的禁商政策甚至不许浩罕商品通过伊犁和塔尔巴哈台,因而在浩罕引起物价飞涨,随之而来的是两年经济困难。……但在此期间,浩罕把禁商看成是侵略六城地区和汗国加紧控制新疆贸易的一个机会。"⑦

　　喀什噶尔参赞大臣札隆阿到任后,对浩罕不加防范。1830年秋浩罕军队入侵前,伊犁将军已经得到情报,告知札隆阿加强戒备,喀什噶尔守臣也自布鲁特处得知消息,但札隆阿一概认为不可轻信,不做防御布置。闻张格尔之兄玉素普在布拉哈,浩罕汗以为,非

---

① 稻叶君山:《清朝全史》下一,第51页。
② 蔡美彪:《中国通史》第11册,第13页。
③ 曹振镛:《平定回疆剿擒逆裔方略》卷76,第1页。
④ 费正清:《剑桥中国晚清史》上册,第400页。
⑤ 王先谦:《道光朝东华续录》卷5,第25、26页。
⑥ 稻叶君山:《清朝全史》下一,第51页。
⑦ 费正清:《剑桥中国晚清史》上册,第402页。

和卓之威势不足使喀什噶尔之信用。窃迎玉素普于布拉哈,说之以恢复之事。"1830 年秋天(道光十年九月),浩罕汗带领一支主要由柯尔克孜人组成的军队……侵入六城地区。然而在跨过边境以前,在乌什地方,决定让汗留在浩罕,玉素普被指定为名义上的统帅。真正的指挥官是浩罕汗国的高级官员哈克·库里明巴希。……跨过边境后侵略者兵分三路,几乎同时包围和攻打喀什噶尔、英吉沙尔和叶尔羌三地。"① 浩罕大军突袭边卡,喀什噶尔帮办大臣塔斯哈急率马队万余名抵御,中伏兵战死。札隆阿张皇失措,一面急向伊犁、阿克苏等处求援;一面竟纵火焚烧喀城郊民房,放弃回城,将兵民撤入汉城坚守。浩罕军很快攻下喀什噶尔和英吉沙尔两处回城。浩罕大军在围攻三城期间,将已占据的喀什、英吉沙尔和附近台站的财物抢劫一空。

杨遇春驰奏:"据喀什噶尔等处大臣咨报,喀什噶尔有安集延贼匪扑入卡伦,与官兵打仗滋事,帮办大臣塔斯哈追击至明约洛地方,遇伏陷殁,并将带兵策应之副将赖允贵一并被困,势甚危急,叶尔羌亦有不靖情形。"②

道光帝得到战报,立即调拨援兵,"伊犁、乌鲁木齐,以及喀喇沙尔等处官兵,相距喀什噶尔、叶尔羌等城较近,业经降旨饬令……即照该处所调官兵各一二千名,派员迅速驰往救援。琦善选调四川官兵三千名驰赴肃州,并令固原提督杨芳、甘州提督胡超迅速出口,一路迎探情形,至阿克苏再行相机进剿",著杨遇春"即挑带督标官兵一千八百名驰赴肃州,即在彼驻扎,妥办后路事宜。"鉴于"贼势猖狂,喀什噶尔新城恐不能固守,已谕令(喀什噶尔参赞大臣)扎隆阿等酌量退守,所有派往救援之官兵,著探明扎隆阿等现在退守何处,即赴该处并力抵御"。③

浩罕军还想扩大侵略范围,清军则立即调派兵力抵御。"据称贼匪现欲由树窝直取阿克苏,阿克苏该处毗连叶尔羌、英吉沙尔等处,形势紧要,已咨调伊犁满城官兵二千名,乌鲁木齐满汉兵二千名,喀喇沙尔兵二百名,土尔扈特和硕特兵二千名,库车兵二百名,前来协防。""现在逆回入卡滋事,应调集官兵剿办,著复克精阿挑备吉林官兵一千五百名,富僧德挑备黑龙江官兵一千五百名,均须精壮。""当即拣派领队大臣额尔古伦带兵一千名,贵成带兵一千名,於八月二十日先令一起启行,由冰岭星速前往救援。"④

道光帝又谕:"昨叠经降旨,调派各路官兵迅速前赴阿克苏。计可陆续云集。著胡超等行抵阿克苏,与长清会同商酌,侦探贼情。现喀什噶尔台路虽有阻隔,然各台贼匪谅亦无多,务须相度机宜,带兵前进,以期廓清台路,直抵喀什噶尔。为保护城池之计,无论何人先到阿克苏,总当从长计议,可进即进,断不可因军台已断,迁延观望。"⑤

"此时伊犁、乌鲁木齐、喀喇沙尔等处官兵,计已陆续行抵阿克苏,即可相机前进,由叶尔羌至英吉沙尔、喀什噶尔廓清台路,不难悉数剿除。至此次逆贼起衅之由,尚未得有确信,是否系安集延起意勾结,抑系浩罕主谋,或阿坦台汰劣克复行谋逆。著该大臣等密探

①　费正清:《剑桥中国晚清史》上册,第 403 页。
②　《清实录·清宣宗实录》卷 173,第 4 页。
③　《清实录·清宣宗实录》卷 173,第 5、6 页。
④　《清实录·清宣宗实录》卷 173,第 11、15、18 页。
⑤　《清实录·清宣宗实录》第 173,第 19 页。

确实情形,详悉具奏。"①

清廷命陕甘总督杨遇春为钦差大臣,办理军务。九十月间,清廷调集的援兵约四万人陆续到阿克苏集结。伊犁参赞大臣容安(那彦成之子)领兵先至阿克苏,容安坐拥重兵畏葸不前。

九月末,浩罕主力围攻叶尔羌,叶尔羌办事大臣壁昌"在城内只带有清兵五六百人,还有大约四五千名本地民军,但是他有较多的时间做防御准备。他很快把商人和小贩都搬入满城,把(城外)市场的摊子和建筑物烧个干净,什么也没有给侵略者留下。在和叶尔羌地区伯克们慎重计议后,壁昌派遣他的军队出城封锁通向叶尔羌的主要战略据点"。②

壁昌等奏:"叶尔羌东北奎里铁里木回庄,有由喀什噶尔潜来贼匪二百余人,经壁昌等派委署守备黄泰、经制外委张步月、李贵带领兵马……并力剿捕,行至距该庄三十里沙滩,遇见贼匪百余名在彼侦控。该官兵杀贼三十余名,我兵赶至庄前,贼匪蜂拥而来,我兵施放鸟枪,贼势稍却。随有贼匪赶至,相持一昼夜。复调守备邵蕙等,密令黄泰等潜设伏兵备敌,当将汉城西北两门堵砌,于垛口多插旗帜,排列鸟枪、兵丁,以壮声威。参将任贵邦带领守备王瑗等派拨矛手、抬炮、兵丁,于东门外分布列队。令阿布都尔满约会阿浑等,带领五品伯克阿布都里木等,并派拨回众,在回汉两城适中大路堵截。瞥见东北树林大路一带,骑步众贼约有万余,分路直扑回汉两城。我兵齐放枪炮,并力攻击,立毙贼匪二百余名,生擒三十余名。复经把总罗延带领兵丁商民遣犯等,于贼匪窜赴南关时,剿毙六十余名,余贼扑入回城西门抢掳,又被本城回众按名捕捉,殴毙无数,擒获活贼二百余名,贼势溃散。此次该逆贼等潜来叶尔羌窥视,经壁昌等分派官兵回民前往迎剿,于援军未到之先,即获全胜,足以破敌胆而张国威。"③

清军胜券在握,谕令:"现在各路调派官兵:伊犁已调官兵遣乡勇四千五百名,乌鲁木齐三千八百名,土尔扈特和硕特一千二百名,吉林、黑龙江各一千名,四川六千名,合之陕甘前次奏调兵一万二千三百名,约计三万有奇,足敷剿捕。""除该督(杨遇春)前次奏调官兵一万一千三百名仍饬令分起出关外,所有此次添派之兵著暂缓启程。"④

壁昌等奏:"十月二十九日,西路科科热巴特营盘,有贼匪千余骑自英吉沙尔前来扑扰,将出敌之商伯克玉素普等四人裹去。……该贼复暗会城东贼匪及从逆惟兰贼众,于三十日到城,屯于南北回庄之后,当即飞差兵回往迎援兵,整队备战。十一月初一日,贼众绕城而攻,经壁昌调派官兵出城接应,常丰在城上督率,调拨枪炮,打死贼匪甚多。南关外又有贼匪窜入,复剿杀十余名,余皆窜逃。……初三日贼众竟扑回城,经官兵伯克等用枪炮打死五十余名。连日贼众退居西南附近回庄屯扎,以致台路文报不通。正在危急,适哈丰阿、孝顺岱带兵前来,于初五日由城东南回庄直奔贼营,杀贼无数,生擒六十余名,余贼拔营西窜。"⑤

浩罕在叶尔羌败后,见清援军陆续到来,不敢再战。"突然传来消息说浩罕和布哈拉

---

① 《清实录·清宣宗实示》卷175,第9页。
② 费正清:《剑桥中国晚清史》上册,第404页。
③ 《清实录·清宣宗实录》卷175,第11页。
④ 《清实录·清宣宗实录》卷175,第23页。
⑤ 《清实录·清宣宗实录》卷181,第6页。

之间出现了风波,还说浩罕国内需要军队。安集延人因此抛弃了玉素普而转回浩罕,带走了许多俘虏和战利品。"①"喀什噶尔所有浩罕安集延贼众,闻得大兵由叶尔羌进剿,口称浩罕有事必须回去,仅留围城贼匪数百名,嘱令俟贼众出卡较远,再随后出去,均于十一月初九日逃窜出卡,仍回浩罕。"②玉素普益知独立抵抗之难,亦踵之西去。"在清朝援军从阿克苏到达以前,大约有二万名东突厥斯坦人逃往安集延和塔什干。"③浩罕颇虑中国大举出塞,遣使俄罗斯通贡,欲树以援,又为俄人所拒,始决意求与中国和平贸易。

浩罕与回疆毗连,可随时派兵冲入边卡骚扰。清军驻疆兵力不足,自他处调兵,劳师糜饷,所费甚巨。而且兵到贼遁,兵撤贼来,清廷去守两难,苦于应付。道光帝采朝臣议,拟驰禁通商,以靖边圉。道光十一年(1831年)正月,长龄命喀什噶尔参赞大臣哈朗阿向浩罕发出檄谕,要求将此次入侵的领兵头目明巴什等拿送喀什噶尔,将全部战俘放回,还可通商。

十月二十四日,道光帝诏谕长龄明示"许该夷仍旧通商,其茶叶、大黄俱在所不禁,并免其货税。其缚献贼目,送出回民一节,竟可置之不问"。④即放弃引渡要求并不再索要二万喀什地区回民流亡者回来。十一月,再次诏谕长龄,重申此意。道光十一年(1831年)年底,两国贸易恢复。

道光帝于十一年七月,已接受长龄等的建策,将新疆参赞大臣自喀什噶尔移到叶尔羌。"政府任命璧昌为叶尔羌的首任参赞大臣。在新疆南部防区的六千名士兵之外,清朝增加了三千名从伊犁来的骑兵和四千名从陕甘绿营调来的士兵,再把阿克苏和乌什、吐鲁番每处一千士兵计算在内,南部防区总兵力达一万五千人。"⑤"长龄请以西四城闲地,招民开垦,以供兵糈。回疆始行屯田法,而新疆题名,亦始于此。"⑥

道光十二年(1832年),浩罕使臣来访,送上迈买底里禀文,乃自称伯克,不称汗。文中要求四件事。一、将随从浩罕及张格尔作乱被清廷逐放的喀什噶尔回部人众赦免,准其回城。二、将那彦成任职时没收的安集延穆斯林们的土地、房屋、茶叶等发还。三、要求给予自卡外入回疆之人的管理权及商税征收权。四、要求贸易免税。⑦长岭奏报朝廷,道光帝谕:"此次浩罕伯克遣夷目递禀,照议先准。"⑧

"1832年末,清朝用银两赔偿浩罕商人全部被没收的茶叶,并且叶尔羌的参赞大臣花了一万余两银子解决了浩罕人的土地要求,尽管外国人购买土地始终是不合法的。清朝根据那彦成的建议驱逐了居住在新疆不到十年的安集延人,付给赔偿的土地就是属于他们的。"⑨

道光帝命长龄查访逆回起衅根由。"显系驱逐安集延,查抄家财,断离眷口,禁止大黄所

①　费正清:《剑桥中国晚清史》上册,第404页。
②　《清实录·清宣宗实录》卷181,第13页。
③　费正清:《剑桥中国晚清史》上册,第404页。
④　《清实录·清宣宗实录》卷199,第18页。
⑤　费正清:《剑桥中国晚清史》上册,第408页。
⑥　萧一山:《清代通史》第二册,第901页。
⑦　蔡美彪:《中国通史》第11册,第17页。
⑧　王先谦:《道光朝东华续录》卷7,第5页。
⑨　费正清:《剑桥中国晚清史》上册,第407页。

致。那彦成上届系特奉谕旨,前往办理善后事宜,乃不能体察情形,筹划妥善。行之未及二年,又有逆回滋扰之事,误国肇衅,罪有攸归。著先行革去太子太保衔,交部严加议处。"①

四、七和卓之乱与倭里汗之乱

(一)七和卓之乱

七和卓是指七个张格尔家属成员,"七人分别为玉素普之子卡塔汗、克西克汗、巴布顶之子倭里汗、张格尔之子布素鲁汗、卡塔汗之子艾克木汗、阿希木汗,以及布素鲁汗的一个堂兄弟,人称铁完库里和卓。"②

十九世纪三十年代起,清朝对新疆的统治已日渐衰微,"但是只要浩罕为了享有它的贸易利益而要保持和平,那么七和卓是不能有所作为的"。③ 1846 年,浩罕派出了一位使者重新提出了汗国的旧要求:向巴达赫尚人、克什米尔人和所有拉达克商人征税,另外还要求向一个主要居住在清朝境内的柯尔克孜部落征收地租。北京还是不愿满足浩罕的要求。于是,第二年即 1847 年,浩罕发动了白山派圣战,卡塔汗(迈买的明)和倭里汗领导了对六城地区的侵犯,名为七和卓之战。④ 由于七和卓之乱有浩罕指使的背景,因此清政府平定七和卓之乱不只是平定回族首领发动的宗教叛乱,而更是一场涉外战争。

道光二十七年(1847 年)七月二十七日,七和卓纠集了约一千名精壮骑兵,发动了反对清朝政府的叛乱。他们胁迫沿途维吾尔族参加叛乱,直抵喀什噶尔城下。当时,驻守喀什噶尔汉城的清军虽有三千,但不敢出击,只得坐守待援。居住在喀什噶尔回城的浩罕商人那墨特等人则为内应,开城门把和卓们放了进去。⑤ 七和卓叛军一面猛攻喀什噶尔汉城,一面分兵进攻英吉沙尔、叶尔羌、巴楚等地。

吉明等奏:"英吉沙尔城垣被贼围困,派往救援官兵中途遇贼,得获胜仗。据称七月二十七日,有贼匪二三千人围城放火,经我兵开炮击退,旋经带兵游击花沙布等杀毙贼匪,贼并败退,复聚众围城,请调兵接应。"⑥

"八月初一初二等日,贼匪在英吉沙尔城南筑立炮台,昼夜望城攻打。经领队大臣德龄派令城中两营守备杨成义、兴贵带领精兵奋勇出城剿贼,我兵施放枪炮,击毙贼匪多名,乘势将其炮台拆毁,复杀贼数名,夺获器械。""又初六、初七、初八等日,该匪等仍将炮台筑起,我兵拆毁,击杀如前,获械毙贼较前十倍,贼众始行溃散。该大臣德龄两次派兵出城,俱获胜仗,于大兵未到之前,即已大振军威,俾贼胆落,实属调度有方。"⑦

得到前线战报,清政府立即调集兵力,不仅从哈密、乌鲁木齐、乌什、阿克苏等地区,且从甘肃等地调集兵力,还延留宁夏等处换防官兵,调集土尔扈特、和硕特官兵。八月十八

---

① 王先谦:《道光朝东华续录》卷 6,第 20 页。
② 费正清:《剑桥中国晚清史》上册,第 421 页。
③ 费正清:《剑桥中国晚清史》上册,第 421 页。
④ 费正清:《剑桥中国晚清史》上册,第 424 页。
⑤ 白寿彝:《中国通史》第 17 册,第 345 页。
⑥ 《清实录·清宣宗实录》卷 466,第 31 页。
⑦ 王士谦:《道光朝东华续录》卷 12,第 27 页。

日谕旨："安集延等回众,性类犬羊,反复靡常,胆敢煽结近城回众,困扰城垣,藐法已极,必应速伸天讨,以靖逆贼而安边缴。著授布彦泰为定西将军,军务一切悉听节制。奕山著为参赞大臣,襄办军务。"① 布彦泰暂驻肃州策应;奕山督兵由伊犁越冰岭出兵进剿。八月二十一日,道光帝谕:"前经奏请,将应换回营官兵暂留备调,计陆续到齐,共有四千五百余名。合之伊犁等处咨调官兵五千数百名,统计已有一万余名。……拟即飞咨布彦泰,兵贵精而不贵多,著布彦泰、奕山悉心酌核,如所调足敷防剿,即毋庸多拨出关,以节糜费。"②

八月二十八日,道光帝谕旨,要求迅速蒇事,并指示不必穷追。"现据萨迎阿等查明,喀什噶尔存城官兵不下三千余名,并城内居民甚众,如果调度有方,战守皆资得力,奕山本月下旬总可抵达阿克苏。……此次贼匪内,传述有逆夷张格尔之弟巴布顶之子倭里汉条列和卓在内,由霍罕逃出滋事,道路之言,实难凭信。总之,釜底游魂,无关紧要。如能就获,固可立正典刑;即或逃匿,此种丑类,必遭冥谴,断不可黩武穷兵,以必得首逆为快。免得许多影射贪功之念。总期迅速蒇事,早撤粮台为要。"③道光帝谕旨,还要求调查边境起衅原由,"此次贼匪聚众滋事,究系何因起衅,该匪大多裹胁良回,器械不过木棒,当初起事时,开明阿等坐拥重兵,何难立时殄灭,乃竟观望因循,遇贼先败,退入城内。是否平时操练无方,抑带兵之官,首先溃败;或开明阿、丰伸泰两人意见不合,进退失据;或有刚愎自用者,致误时机。均著奕山等隔别察访,务得真情,据实具奏"。④

奕山奏称:"由伊犁管带兵勇分起行走,沿途屡接叶尔羌来咨,内称该处兵勇连获胜仗,贼势仍复猖獗,并有喀什噶尔回城已被贼匪攻破之语。……该大臣现兼程前进,已于八月二十一日驰抵阿克苏,所带兵勇计日亦可到齐,如能调度有方,尽敷攻剿。……著即会同乌鲁木齐等处官兵,克期前进。"⑤

九月初五日,"游击花沙布等折回黑孜布依地方安营,随有贼众追来,四面围绕,并于附近营盘高阜,垒筑炮台,以回房多间藏避枪炮。该游击亲冒矢石,率领官兵奋力向前,将炮台回房全行拆毁,接连五昼夜,极力抵御。随闻援兵继至,即率官兵出营堵截。防御爱陈布、守备平喜亦驱兵近前,两队合一,奋力追击,贼匪被伤落马者不计其数,余众窜散。"⑥

九月十七日,道光帝晓谕回族头领不得从逆:"因喀、英二城被贼围困,业经拣派章京,译写饬谕,传知卡外附近各伯克,使知从逆难免歼戮,务各保全身家,勿被煽惑。"道光帝对叛匪利用圣裔名义,煽动群众,也曾明确谕旨:"贼众煽惑回民,妄称逆裔,无论有无皆不可信。奕山务当坚持定立,遍谕军民为要。"⑦

九月二十一日谕旨:"此次贼匪连次围困喀、英二城,又将喀什噶尔回城攻破,嗣后扰断台路,伤我官弁兵丁,将赖里克二台台门烧毁,并将外委贾国相劫去。……现在叶尔羌

---

① 王士谦:《道光朝东华续录》卷12,第29页。
② 《清实录·清宣宗实录》卷466,第19页。
③ 王先谦:《道光朝东华续录》卷12,第30页。
④ 《清实录·清宣宗实录》卷446,第34页。
⑤ 《清实录·清宣宗实录》卷447,第24页。
⑥ 王先谦:《道光朝东华续录》卷12,第31页。
⑦ 王先谦:《道光朝东华续录》卷12,第32页。

东路台站文报虽已照旧往来,而喀、英两城被围日久,极应厚集兵力,及早救援,即叶尔羌、巴尔楚克亦须先事防堵。"① 九月二十九日谕旨:"此次贼匪先因滋扰赖里克二台,当被官兵击散,兹复由树窝子潜出,扰掠迈那特三台,并阿郎格尔四台,烧毁房屋,杀毙台兵,抢劫马匹,旋即窜去。计此时奕山自阿克苏统兵前进,成玉所带官兵亦当到齐。……惟路隔万余里,调兵四路,纷纷谕旨,到时已非遥揣所能定计。该参赞等务当恪守本月二十五日所寄谕旨,统筹全局,尽力攻击,兜剿成擒,毋令军饷空糜,止成尾追驱逐之局,将来撤兵,再有滋扰,岂不愤懑耶。"②

十月二十二日,奕山从叶尔羌向英吉沙尔进军,行至"叶尔羌所属科科热依瓦特地方,有贼匪数万,在该处屯扎。该参赞(奕山)督令官兵,赶紧行进,正行走间,马步贼匪数万,蜂拥前来,枪炮并发,势甚凶猛。该参赞将马步队分为三路,中路提督成玉率领步队,施放连环抬炮,贼匪不能前进,分左右来冲。复经左翼领队锡勒布等,右翼领队忠泰毓书等率领马队、抬炮,枪箭并发,贼匪披靡败走。我兵向前追赶,贼匪左右伏兵来冲,复分兵迎击,贼匪力不能支,随即窜逸。追至科科热依瓦特地方,贼匪复整队来迎,我兵奋勇向击,自午至申,贼匪枪炮不继,又复溃散。先后生擒贼匪八十余名,伤毙不计其数。……该参赞等督率兵勇,奋力前击,一日三战,以少胜多,奋勇可嘉"。③

十月二十四日,"英吉沙尔城垣久被贼匪围绕,文报不通。经奕山于科科热依瓦特地方连获胜仗后,督率官兵长驱直进,驰至距英吉沙尔三十余里地方,忽有贼匪数千人,自山后突出。该参赞饬令提督成玉率领官兵,一同向击,枪炮齐施。该贼匪被击,伤毙不计其数,余匪逃窜,复经领队锡勒布等带领马队追赶,直至英吉沙尔城西沙梁。贼匪向西窜逸,官兵进城,该参赞等乘胜长驱,重围立解"。④ 十月二十六日,奕山"督兵由英吉沙尔前进,未到喀什噶尔即探知该城贼匪已闻风窜逸,尽数逃散出卡,官兵整旅入城"。⑤

"奕山等奏,浩罕遣使于十二月十二日至喀什噶尔,据称带有该夷明巴什木素满库里禀函,情词恭顺。得旨,彼此语言不通,文字难凭,加以反复无常之性,断不可信以为实。惟有慎守边疆,习练武备,善抚各城回众,俾令心不外向,自能妥善,慎勉为之,毋忽毋怠。"⑥

战争结束后,道光帝立即着手善后。一、命令清军不得出境作战:"谕军机大臣等,现在大兵克捷,二城解围,贼匪业已远窜,自无须出卡穷追。"⑦ 二、追究喀什噶尔前线官员的渎职之罪。"喀什噶尔城本坚固,当贼匪入卡滋事时,该城大臣开明阿等坐拥重兵,先时既失防范,临时又复退衄,所统满洲绿营官兵临阵推诿,致误时机。及至城垣被围,存城官兵尚有三千余名之多,未能遣兵出城冲锋,坐守待援,一筹莫展。被贼围困数月,毫无措施。及奕山大兵已到,目击贼匪逃散情形,尚不知率兵夹击,庸懦无能,实属可恨。开明阿、丰

---

① 王先谦:《道光朝东华续录》卷12,第32页。
② 王先谦:《道光朝东华续录》卷12,第33页。
③ 王先谦:《道光朝东华续录》卷12,第35页。
④ 王先谦:《道光朝东华续录》卷12,第35页。
⑤ 《清实录·清宣宗实录》卷448,第33页。
⑥ 王先谦:《道光朝东华续录》卷13,第1页。
⑦ 王先谦:《道光朝东华续录》卷12,第36页。

伸泰著即解任,交布彦泰严行讯究,据实具奏。"① 三、"免喀什噶尔被匪滋扰之民回各户正杂额赋逋款。"②

七和卓之乱只持续了三个月,但对当地维吾尔族人民的生命财产造成了严重损失。迈买的明带领约二千人逃出卡外,和卓们逃跑时,裹挟了两万户即十万人由喀什、叶尔羌和阿克苏等城外逃。逃亡者害怕中国人的报复,他们跟随和卓的军队逃往山里。这次外逃是在 1848 年 1 月份发生的。气候严寒,大雪漫天,还有饥饿伴随着严寒,逃亡者大部丧了命。③

此战结束以后,"一支来自伊犁和乌鲁木齐的 2360 人的军队加强了喀什噶尔的驻军。枢纽之地巴尔楚克是通往喀什噶尔、叶尔羌、阿克苏与和田各条道路的总汇,清朝在这里建造了一座新城,与老回城分开,屯驻一万五千到二万名用步枪武装起来的步兵"。"1848 年初,惧怕失去贸易权力的浩罕,派来一名使者否认它对七和卓入侵负有任何责任,并表示继续对清朝皇帝'恭顺'。北京除了接受这种辩解之外也别无良策,从而再次确认了浩罕的全部权利。"④

(二)倭里汗之乱

"1857 年,库车居民心中郁积的愤怒引发了一场人民暴动。清朝迅速恢复了秩序,而浩罕利用这种不安定的气氛派倭里汗和铁完库里进入清朝边境,向喀什噶尔进军。"史称"倭里汗之乱"。⑤ 因此,清政府平定倭里汗之乱也是一场涉外战争。倭里汗是张格尔之弟和卓巴布顶的儿子,曾随迈买的明入侵南疆,参与并共同领导了七和卓之乱。1847 年后,一直流窜于浩罕和卡外布鲁特之间,不时入卡抢劫作乱。

咸丰七年(1857 年)四月十八日,倭里汗等自浩罕窜入边境内,"浩罕贼匪先在喀什噶尔之七里河沿官水磨一带盘踞,围城放火,延及英吉沙尔,该处伯克逃散,回城已被占据。现经该大臣(庆英)调集伊犁、喀喇沙尔官兵前往援剿"。⑥ 叛军先攻占了喀什噶尔回城,又攻打喀什噶尔汉城、英吉沙尔、巴尔楚克、叶尔羌、和田等地,均被当地守军打退。闰五月初六日,安集延回人围攻叶尔羌。"当倭里汗派遣七千人分两路攻打叶尔羌时,(叶尔羌参赞大臣)庆英的士兵迫使和卓的西路纵队撤退,但东路纵队却对回城发起了突袭。在这里黑山派的徒众远多于白山派的徒众……老百姓和克什米尔商人协助驻军抵抗入侵者,结果,倭里汗的军队未能得逞。"⑦

闰五月二十二日,庆英奏报,贼匪攻占喀什噶尔,又攻占英吉沙尔回城。咸丰帝谕旨:"浩罕贼匪仓卒起事,胆敢攻扑喀什噶尔回城,并延及英吉沙尔,侵占回城,虽经官兵剿击获胜,而该匪裹胁回民,势极猖獗,必应赶紧扑灭,以免蔓延。庆英现由叶尔羌派拨官兵援

① 王先谦:《道光朝东华续录》卷 12,第 36 页。
② 王先谦:《道光朝东华续录》卷 13,第 2 页。
③ 库罗帕特金:《喀什葛尔》,第 132 页。
④ 费正清:《剑桥中国晚清史》上册,第 424 页。
⑤ 费正清:《剑桥中国晚清史》上册,第 429 页。
⑥ 潘颐福:《咸丰朝东华续录》卷 45,第 5 页。
⑦ 费正清:《剑桥中国晚清史》上册,第 429 页。

剿,并知照调任喀什噶尔领队大臣裕瑞,带土尔扈特和硕特官兵三千名会剿。著即飞催前进,其咨调伊犁官兵一千五百名著扎拉芬泰于领队大臣内拣派一员统带,克日由冰岭驰赴喀什噶尔,以资剿办。巴尔楚克为南四城门户,地方紧要,该大臣拟由阿克苏派兵二百名驻扎,著照议办理。喀什噶尔既有官兵二千名,自应先就现有兵力,迅速剿捕,不得坐待外援,致令蔓延。"①又谕旨:"喀什噶尔贼匪仓猝起事,人数本不甚多,该城有官兵二千余名,何以不能堵御? ……该将军以南路各城官兵足资剿捕,已嘱法福礼就近调度筹划,尚属妥协。仍当侦探情形,如贼势猖獗,必须伊犁官兵往剿,再行酌调。总期克日剪除,以安边圉。"②

倭里汗的军队攻击了通往和田的多处军台。六月二十三日,咸丰帝谕海朴奏报:"阿克苏地方所属柯尔坪地方,突有贼匪五百余人,直扑卡伦,经该处伯克哈色木带领回兵前往迎击,杀贼多名,该匪败回。复带兵追至塞林底卡伦,又毙匪十余名,贼众奔溃,追杀十余里,夺获枪矛、马匹多件。""阿克苏办事大臣海朴奏:齐兰军台剿贼获胜,并派兵防守情形。得旨,此起贼匪究系何处来者? 因何并非探明? 又奏存城防兵为数过单,势难分拨。拟将伊犁官兵一千余名,到境时全归领队大臣锡勒那带往巴尔楚克,相机进剿。"③六月二十四日,乌鲁木齐提督业布冲额进至阿克苏,援救遭安集延回人围攻之喀什噶尔。

七月初八日,咸丰帝谕培成奏报:"喀什噶尔回匪滋事,叶尔羌东路军台业经梗阻。和田草地所设军台专通文报,关系甚重,乃该匪复敢于坡斯坎军台,肆行扰乱,以致文报不通。……现飞咨海朴,将叶尔羌前调应援后路官兵,酌拨数百名,由草地驰赴和田,顺道迎击。喀喇沙尔、乌鲁木齐派往叶尔羌应援官兵已于六月初八、九等日启程,不日均可行抵阿克苏,即可酌拨前往和田。……并著法福礼酌量派兵协剿,以期一鼓歼除。"④七月二十五日,谕培成奏报:"和田回匪变乱,坡斯坎、木洛和、璊玛三军台被毁,经该大臣派兵往剿,于阿哈雅腰地方遇贼接仗,贼匪退回张古牙庄,忽有帕尔曼回子从后截杀,伤毙兵勇三十余名,掳去兵丁数名,并夺去抬炮、鸟枪等件。帕尔曼离城甚近,该处回子业被勾结,乱党直扑和田,恐兵单难以抵挡。……(官兵)五百名交守备刘兴带领,由草地进剿……此时当早经行抵和田。即著培成督饬此项官兵,实力堵剿。""著海朴即将派防阿克苏兵三百名,先行饬令由草地前赴和田,与刘兴一军会合。和田得此兵力,自己足敷剿办。培成务当悉心调度,将匪众悉数歼灭,毋任再有延蔓。"⑤

七月二十八日,伊犁参赞大臣法福礼收复被安集延攻陷之英吉沙尔回城。"贼匪占据英吉沙尔回城。前经法福礼督兵在大桥获胜后,复在柳树泉地方遇贼数千,官军枪炮齐施,并用马队击退贼众。奎英带同乌鲁木齐官兵、两翼马队,轰溃前后伏贼,乘胜追袭,毙匪不计其数,夺获马匹、军械甚多。当将回城克复,其围攻汉城之贼,亦皆闻风逃窜。"⑥谕旨:"此次贼匪围困叶尔羌汉回两城,经庆英等派游击德祥等带兵出击,连获胜仗,贼众披

---

① 《清实录·清文宗实录》卷228,第16页。
② 潘颐福:《咸丰朝东华续录》卷45,第5页。
③ 潘颐福:《咸丰朝东华续录》卷45,第8页。
④ 《清实录·清文宗实录》卷231,第17页。
⑤ 《清实录·清文宗实录》卷232,第18页。
⑥ 《清实录·清文宗实录》卷234,第22页。

靡散窜，并探知巴尔楚克扑城之匪叠受惩创，因知官兵已到图太舒克军台，该匪等张皇逃遁，军威大振。先饬兵勇由瑚玛一带搜捕余匪，疏通和田道路，剿办甚为得手。唯喀什噶尔及英吉沙尔两城贼势如何，尚无确信，极应催集官员，趱程前进，以解城围。据庆英等奏，西路贼党聚集甚多，当时(清军)兵力仅止二千余名，未敢轻进。现在乌鲁木齐及喀喇沙尔蒙古各兵计日可到叶尔羌，著法福礼迅即督带，前往英吉沙尔等处进剿，毋稍延误，致失计宜。其叶尔羌城围已解，并著庆英等将余党搜捕净尽，务绝根株。"①

八月，咸丰帝谕旨："伊犁参赞大臣法福礼奏，叶尔羌境内贼匪经官兵击败后，复行啸聚滋扰，督兵迎剿，接仗获胜。得旨，逆回胁惑愚回，不过志在抢掠，一闻兵至，饱飏而归。观此情形，恐真匪已潜出卡外，只剩被胁良回，聚而难散，欲归不能，欲降不敢，若不随剿随抚，势必愈杀愈多。现在官兵不为不厚，务必另分奇兵，由间道袭其归路，正兵多张旗帜，以壮声势，庶几成功较速，不致饷虚糜兵徒劳也。"②

八月初三日，伊犁参赞大臣法福礼克复喀什噶尔回城，"官军自克复英吉沙尔回城后，探闻余匪逃往喀什噶尔麇聚回城，引水灌溉汉城。八月初三日，法福礼督兵前进，行抵该城。该匪闻风逃散，官军分路进剿，即将回城收复，边境一律肃清。……该回城被匪蹂躏，应办善后事宜，著法福礼等妥筹办理"。③ 九月戊子谕军机大臣："此次回匪入卡滋事，围扑喀城，致回城失陷，汉城被围，所有该处文武各员均有疏防之咎。……起事之初何人贻误，亦应分别查明，一体惩办。……法福礼等现留喀什噶尔筹办善后事宜。至贼匪由卡外窜入，守卡各员何以漫无觉察？卡内回众纷纷从贼，该管伯克何以不能约束，辄行逃避，均著严参惩办。"④

倭里汗叛乱经过四个月遂告平息，倭里汗遁走卡外。咸丰帝谕旨："至贼首倭里汗，如果尚在内地，自应早为捕获，以绝根株。今既逃出卡外，毋庸深入穷追，惟当严防边卡，不使再行窜入，自可堵其窥视。其附近地方，仍当搜捕余匪，毋令潜踪。"⑤ 这一次又有15000 户(另一说为15000 多人)跟着和卓逃往浩罕。⑥

倭里汗侵入南疆后，盘踞在喀什噶尔至七里河沿官河水磨一带，在当地建立了宗教农奴制统治。叛乱初期，其气焰极为嚣张，对被占领区人民实行残酷的统治。"他以蔑视的态度对待本地人，对他们课以前所未有的苛捐杂税。"除了缴纳钱粮之外，居民还必须承担围攻城池的繁重劳动，以便将河水引向英吉沙尔汉城，那是中国驻防军闭守之地。城里居民和外国商人的铜器和马匹被夺走，以供军队使用。"倭里汗表现得非常残忍，没有哪一天不处决几十个人。"⑦

"在庆英的建议下，浩罕表面上被命令引渡倭里汗作为恢复贸易的一个条件。1858年浩罕答复说：'倭里汗闹事后，曾派人挡路，禁人附从。又将倭里汗拿禁。如准其通商，

① 潘颐福：《咸丰朝东华续录》卷46，第4页。
② 潘颐福：《咸丰朝东华续录》卷46，第7页。
③ 《清实录·清文宗实录》卷235，第18页。
④ 潘颐福：《咸丰朝东华续录》卷47，第2页。
⑤ 《清实录·清文宗实录》卷236，第2页。
⑥ 库罗伯特金：《喀什噶尔》第136页。
⑦ 库罗伯特金：《喀什噶尔》第135页。

即将逆首罪名照经典自行惩办。'清政府承认它在新疆的地位软弱,认为立即重开贸易乃属稳妥之举。因此,虽则安集延人是 1857 年入侵的积极支持者,但他们未受损失。"①

五、阿古柏入侵新疆

十九世纪七十年代,中国的邻邦缅甸、越南、朝鲜等国家先后遭到西方列强的侵略,英国吞并印度后,继续向北扩张,沙俄也极力向南扩张,使中国的边疆不断出现严重危机。与此同时,清朝驻新疆办事大臣与当地封建伯克互相勾结,不断向当地群众增加新税,他们贿买官位,极度贪污,高利贷盛行。同治三年(1864 年),新疆维吾尔族及其他各族人民相继爆发了大规模武装起义,并迅速占领了天山南北的广大地区,不久先后演变成以下几个封建割据政权②:

(一)以库车为中心的熟西丁和卓即黄和卓政府。

(二)以乌鲁木齐为中心的妥明(或称妥得璘,回族)政府。

(三)以和田为中心的依比布拉汗政府。

(四)以喀什为中心的柯尔克孜族司迪克伯克政府。

(五)以伊犁为中心的塔兰齐苏丹。

这些地方割据势力互相间又不断混战。与此同时,俄国势力迅速向中亚扩张,陆续吞并了浩罕汗国、布哈尔汗国的全部领土,并设立土耳其斯坦总督统治这一地区。由于俄国已占领中亚,使得英国担心沙俄势力进一步向印度发展,因此,英俄两国在新疆问题上产生了矛盾和竞争。

同治四年(1865 年)夏季,割据喀什噶尔的柯尔克孜族司迪克久攻疏勒不下,便派回族封建领主金相印赴浩罕汗国,向阿力木库里汗请求把在浩罕汗国的张格尔之子布素鲁克和卓遣回作新疆的汗王。其实,此时的浩罕汗国形势相当危急,随时有被俄国吞并的可能,但阿力木库里汗为眼前利益所动,就答应派遣布素鲁克和卓回新疆任汗王,以便复辟"叶尔羌汗国"。并派遣可能危及其地位的政敌塔吉克族阿古柏(原名穆罕默德·亚库甫)担任布素鲁克的军事首领入侵南疆。

阿古柏是浩罕汗国的政治野心家,1825 年生于浩罕皮什干的小官僚家庭中。稍长,和塔什干总督之妹结婚,凭借这层关系,阿古柏逐渐爬上了浩罕的政治舞台。起初,阿古柏在塔什干总督纳尔·穆罕默德所属军队里担任下级军官职务。不久,在镇压哈萨克人民的暴动中,由于他表现出屠杀人民的强盗本性,因而被提升为浩罕军队中"库什别吉"(相当于团长),并被委任为阿克美且梯据点的指挥官。1853 年,阿古柏担任浩罕国王的"多斯大尔汗启"(掌管国王饮食起居工作的官吏),后又提升为"里亚什凯尔帕夏"(总司令)。阿古柏为了满足他更大的权势欲望,从 1853 年开始,便和浩罕的摄政王阿立木库尔进行篡夺浩罕王位的阴谋活动。可是不久,阿立木库尔在一次防御俄国进攻的战役中死去,阿古柏感到势单力孤,因而产生另谋出路的打算。1864 年司迪克派人到浩罕求援,请

---

① 费正清:《剑桥中国晚清史》上册,第 431 页。

② 包尔汉:《论阿古柏政权》,《历史研究》,1958 年第 3 期。

张格尔后裔布素鲁克归返新疆。这正好给阿古柏离开浩罕别图发展提供了机会。"1865年,阿古柏挟持着布素鲁克,纠合了60余亡命之徒,组成一支不大的队伍,进入了我国新疆的喀什噶尔。"[1]

阿古柏和布素鲁克和卓到达喀什噶尔后,名义上把布素鲁克奉为汗王,但实际上所有权力都掌握在阿古柏手中。阿古柏让自己的亲信担任军政要职,使用贿买当地伯克或派人暗杀等手段,日益巩固了他的统治。同时,向来受到英国殖民主义影响的阿古柏又立刻与英国加强了联系。在浩罕汗国被俄国吞并后,阿古柏招纳浩罕残兵7000余人,不断扩充自己的实力,先后占领了英吉沙尔、疏勒(喀什噶尔汉城)、叶尔羌等地。次年,又诱杀了依比布拉汗,吞并了以和田为中心的割据政权,并开始向北进军。这时布素鲁克和卓周围的人虽然进行了反阿古柏的秘密活动,但事情很快被暴露出来,许多人被杀。阿古柏强迫布素鲁克去圣地麦加朝觐,事实上把他驱逐到麦加。同治六年(1867年),阿古柏相继攻占了阿克苏、库车等地,兼并了以库车为中心的黄和卓割据政权,继而宣布成立"哲德沙尔国",又称"七城汗国"(包括喀什噶尔、阿克苏、库车、莎车、叶尔羌、和田、吐鲁番),阿古柏自称"毕条勒特汗"(意为洪福之王)。同治九年(1870年),秋,阿古柏声称"报效"清廷,"以南八城归献朝廷"为幌子,骗取了一部分地方势力的支持,攻占了达坂城、吐鲁番和乌鲁木齐,消灭了以乌鲁木齐为中心的妥明割据政权。接着又派兵袭取了玛纳斯,从而控制了南疆的全部和北疆的一部分地区。1873年9月,陕甘回民起义军首领白彦虎从甘肃逃到新疆,不久在吐鲁番投降了阿古柏,双方勾结一起在新疆作乱。

阿古柏侵入新疆,建立起"哲德沙尔"政权后,他依仗约6万人的军队,对新疆各族人民实行极其残暴的殖民统治和民族压迫。阿古柏的军队分三个兵种:骑兵、步兵和炮兵,还有部分抬枪兵。其轻武器装备在初期以火绳枪和燧石枪为主。后来装备了大批撞针枪,还有部分连发枪。炮兵大都使用克虏伯和阿姆斯特朗等较先进的火炮。这些武器装备多来自英国和俄国,其中又以英国供给的为主。[2]

阿古柏势力进犯北疆时,在哈密遇到清军的强力阻击。此时双方的战斗围绕着对哈密的争夺展开,阿古柏方面企图夺取哈密,进而把清军彻底赶出新疆。清军力图守住哈密,以保住在新疆的最后几个据点,并便于在将来进行反攻。早在1868年2月,清朝驻新疆哈密办事大臣文麟奉命从关内派出了第一批两营清军入疆进驻哈密东部的塔尔纳沁。当年7月第二批清军入疆进哈密后,逐渐扭转了当地清军被动挨打的局面。从1869年9月开始,清军以巴里坤、哈密为基地,与叛乱的"清真王"政权展开了激烈的拉锯战。

哈密为北疆重镇,"哈密汉城一座,内设办事大臣一员、帮办大臣一员、哈密营副将一员、都司一员、厅官一员。又有回王城一座,内有一回王即阿齐木也,并设有三品至七品伯克等官"。[3]

"巴里坤领队大臣讷尔济、巴里坤镇总兵何琯奏言:(同治五年)五月初三日哈密贼匪来扑城垣,臣等当即督饬兵勇出城迎敌,奋力击退。该逆仍在三乡湖扎营,我兵均系步队,

---

① 戴逸:《中国近代史稿》,第604页。

② 中国人民革命军事博物馆:《中国战争发展史》,第656页。

③ 右明光:《清代边疆史料抄稿本汇编》第20册,第225页。

未敢穷追。初五日,在满城以东数里,往来侵扰。初六七等日至高家湖盘踞,分股掳掠。初八日大股马队直扑满城,复饬官兵分路迎剿,臣等督队苦战,击毙数百名。"[1]

"何璋奏言:哈密贼匪败后仍在哈密盘踞,臣当即挑选兵勇,派游击凌祥、千总芮林管带,前往南山口等处,相机进剿。……(同治五年)六月初九日探闻南山口以东有贼匪四千余名,在河沿列队。凌祥督率兵勇枪炮齐施,毙贼八十余名,生擒缠头(维吾尔族)八名。凌祥等复督队前进,杀贼二百余名,追至哈密东北一带,连夺贼营数座,复杀贼三百余名。随即会同哈密伯克夏四林大队齐攻回城东门,我军将城墙拆倒,立时攻进,分路截杀,毙贼六百余名,生擒一百余名,夺获旗帜、刀矛无数,立将哈城收复。乘胜将附近一带回匪,即南路缠头汉奸抄杀殆尽。"[2]

由于哈密具有重要的军事地位,阿古柏叛军随后进行了反扑。十二月初一日讷尔济、何璋奏言:"准札萨克郡王伯锡尔飞咨,辟展、吐鲁番等处均有贼匪屯聚,贼首苏皮盖带领汉回九千余名,由吐鲁番启程攻打哈密,贼探已到瞭墩。伏查哈密为新疆北路要冲,甫经克复,根本未固,况哈巴两城均与番城毗连,倘贼分扑两城,首尾实难兼顾。"[3]何璋请求援军"迅速出关,均限年内到齐,以救两城之急。""十一月初五日,哈密协副将凌祥带领民勇前往瞭墩防堵,于初十日遇敌接仗,我兵失利,哈密业已复失"。[4]哈密的得失还关系到内地形势,"肃州城坚,经年未下,倘关外之匪率众东趋,与肃州据逆连成一片,则甘省西路与新疆各城更难收拾"。因此,清军决心再次收复哈密,"总兵王仁和一军业已于上年十二月由凉州起队赴肃,替换成禄出关。相应请旨饬下乌鲁木齐提臣成禄克日整队出关,归取哈密。以免逆势蔓延,实于关内外均有裨益"。[5]

何璋奏言:"臣前以巴城粮道久塞,派兵攻取哈密。兹统领游击芮林等,于二月二十五日行抵哈密,即与贼匪接仗,我兵奋勇争先,贼众披靡,杀毙贼匪数百名,余匪窜至四五堡,随即克复哈密城池,夺获枪炮、旗帜、帐房、铅丸甚多。"[6]收复哈密为后来清军收复失地创造了有利条件。

到1871年,除了镇西、哈密、奇台、古城、济木萨等城为清军或汉族团练所固守,伊犁为俄军侵占外,阿古柏已占有南疆全部和北疆部分地区。阿古柏在他统治的地区,实行军事封建采邑"苏王尔阿利"制度。他们强占土地,勒索财物,征调劳役,严刑厚敛,税及园树,迫使农民变卖土地、牲畜缴纳税款,使社会经济遭到破坏。

阿古柏的"哲德沙尔"成立之初,沙俄就要求阿古柏给予贸易特权。阿古柏一心想做"哲德沙尔"的"独立君主",希望沙俄承认"哲德沙尔"。但沙俄认为"哲德沙尔"能否长期存在尚未可知,不愿过早予以承认,以免招致清政府的反对。同时沙俄担心,在南疆出现一个新的伊斯兰教国家,可能对中亚各地人民产生某种号召力,不利于它在中亚的扩张和建立殖民统治,也不利于它实现吞并中国南疆的计划。这样,在沙俄和阿古柏之间,一

---

① 奕訢:《平定陕甘新疆回匪方略》卷135,第18页。
② 奕訢:《平定陕甘新疆回匪方略》卷138,第1页。
③ 奕訢:《平定陕甘新疆回匪方略》卷143,第23页。
④ 奕訢:《平定陕甘新疆回匪方略》卷145,第6页。
⑤ 奕訢:《平定陕甘新疆回匪方略》卷148,第5页。
⑥ 奕訢:《平定陕甘新疆回匪方略》卷154,第8页。

开始就存在一定程度的互相猜疑和紧张关系。英俄在 19 世纪后半叶,竞相争夺新疆,南疆成为他们争夺的焦点,此时都想借阿古柏之手达到侵略新疆的目的,并排挤对方的势力。

1865 年 6 月,俄国开始进攻与南疆接壤的浩罕汗国,浩罕军民英勇抵抗,激战三昼夜,6 月 29 日,沙俄占领了中亚最大的城市塔什干。次年,又吞并了中亚的布哈拉汗国,并与阿古柏达成协议,阿古柏为了谋求沙俄对他入侵南疆的认可,于 1866 年与沙俄签订所谓"协议",约定双方互不干涉对方的行动。1867 年,俄国政府宣布在塔什干城设立土尔克斯坦总督府,下辖七河省和锡尔河省。七河省管辖的地区主要是俄国通过《中俄勘分西北界约记》所侵占的中国领土。同时,俄国为了达到控制喀什噶尔地区的目的,还要求阿古柏同意"修筑一条横跨纳伦河的桥梁和一条通过天山进入喀什噶尔的军用公路",企图将喀什噶尔完全置于俄国的控制下。阿古柏也不甘心听凭俄国的任意摆布,拒绝了这一要求。俄国已经做好了武力攻占喀什噶尔的准备,只因当时忙于镇压浩罕和布哈拉爆发的抗俄起义,才未能实施。对于来自俄国的威胁,"阿古柏深感不安,他派其侄沙迪·米尔扎前往俄国活动,希望同俄国达成谅解。沙俄对阿古柏的这位使者态度冷淡,沙皇与俄国政府的高级官员均拒绝接见他,更引起阿古柏的疑忌,促使阿古柏谋求英国支持。"①

1868 年沙俄先后派遣使臣和军官前往喀什噶尔。它的目的十分明确,即要求阿古柏政权步中亚各国的后尘,向沙俄称臣,由此将中国新疆南部地区纳入沙俄的统治范围。但阿古柏疑忌俄国人的野心,进一步倒向英国。阿古柏势力的向北推进,使沙俄认为其有可能在伊犁建立"亲英的统治"。为了在新疆北部确立俄国的势力范围,进而达到吞并全新疆的战略目的,沙俄借口"保障边境安全和对抗阿古柏的意图",于 1870 年秋派兵进驻特克斯河上游,侵占天山穆查尔特山口(冰岭),扼住了伊犁通往南疆的交通要道;同时占领塞里木湖以西的博罗胡吉尔地区,在军事上对新疆伊犁构成了夹击之势。

1871 年 5 月沙俄悍然出兵新疆;七八月间俄国军队经过近 50 天的苦战,侵占了伊犁九城。占领伊犁地区之后,俄国人废撤了清政府设驻在此地的一切机构;扣押并驱逐了清政府派驻伊犁的官员。俄军的行动表明沙俄企图永远霸占伊犁。在外交上为掩人耳目,沙俄表示是因中国内乱未靖,代为收复,权宜派兵驻守。待关内肃清,乌鲁木齐、玛纳斯等城克复后,即当交还。但同时,沙俄继续派兵向玛纳斯和乌鲁木齐一带推进,其占领全疆的战略意图已经十分明显。

1871 年,俄国出兵强占伊犁地区后,再次对阿古柏政权进行武力威胁,阿古柏又获悉陕甘回民起义已经失败,清军正准备向新疆进军,形势对他十分不利,为缓和同俄国的关系,阿古柏同意俄使至喀什噶尔谈判。1872 年,阿古柏被迫同意在俄国事先拟订的商约上签字盖章。俄国承认阿古柏为"哲德沙尔元首",阿古柏则同意俄国可以在南疆各地自由通商,在各市镇设立货栈,派驻商业代理人,俄国商品进入南疆只纳 2.5% 的从价税,并可过境运往其他地方。②

英国也积极笼络收买阿古柏,通过各种形式把势力渗透到新疆。1868 年年初,英属

---

①　高鸿志:《近代中英关系史》,第 182 页。

②　虞和平:《中国近代通史》第三卷,第 268 页。

印度旁遮普省官员接待了阿古柏派来的使者。1869 年,英印政府在向伦敦提交的一份备忘录中提出:为了防止英、俄间发生冲突,最好在两国间有一些"独立国家",企图把中国南疆变成一个在英国控制下的"缓冲国"。并派遣驻克什米尔专员沙敖以商人的身份进入新疆,沿途收集情报,测量地形,到达喀什噶尔后,赠给阿古柏一批步枪。阿古柏多次接见沙敖,表示愿为英国女王维多利亚的属臣。这次访问标志着英国和阿古柏互相勾结的开始。沙敖返回印度后,阿古柏派其侄茂沙沙第到印度选购军火,并邀请英印政府派人访问喀什噶尔。1870 年,英政府派曾任旁遮普专员的福西特随同返回南疆的茂沙沙第访问喀什噶尔。福西特停留不久即返回印度,此次南疆之行,英方送给阿古柏 10000 支洋枪及若干门大炮。

1873 年,英印政府再次派福西特率领一支 300 人组成的特派使团,随同的还有 6746 名夫役和 1620 匹马,并携带英国女王维多利亚的亲笔信,于 12 月 4 日到达喀什噶尔。阿古柏和福西特于 1874 年(同治十三年)2 月 2 日,签订了《英阿条约》十二款,涵盖了政治、经济等方面的内容。"双方可以互派大使及商务专员;准许英国人自由出入新疆经商贸易,只缴纳 2.5% 的从价税;可以在新疆境内购买、出售或租用土地、房屋和仓库。"[①] 福西特使团还详细调查了新疆的历史、地理、气象、经济、政治各方面的情况,回印度后,写了 600 多页的报告书。该条约签订后,英国与阿古柏的关系日益亲密。"英国政府承认阿古柏为哲德莎尔的独立国王,并且承担了迫使北京的清政府批准他在哲德莎尔的独立义务。所以李鸿章主张放弃新疆,不是偶然的。"[②] 阿古柏在英国支持下,由南疆向北疆进犯,先后占领了吐鲁番、乌鲁木齐、玛纳斯等地。

英国除了直接控制阿古柏外,还通过其附庸国土耳其来加强与阿古柏的勾结,利用土耳其与新疆人民都信仰伊斯兰教的关系来麻痹新疆各族人民。"土耳其苏丹封阿古柏为'艾米尔',向阿古柏赠送 3000 支步枪,30 门大炮,并派遣 3 名军官训练阿古柏的军队。阿古柏则承认土耳其为宗主国,发行铸有土耳其苏丹头像的硬币。"[③]

这时的阿古柏正处在权力的顶峰,他占领了罗布泊及其以西的整个南疆和北疆的一部分。1874 年后,英、土源源不断地向他提供军事援助,使他觉得背有靠山,有恃无恐。

六、俄国武装侵占伊犁

随着俄中贸易的增加,俄国发现,最便捷的贸易通道是从西伯利亚通过中国新疆准噶尔盆地和甘肃,进入中国中心腹地。其"途中所需要的时日仅只一百四十天,较之绕恰哈图到北京二百零二天的途程,节省了两个月时间"。[④] 因此在吞并中亚三汗国的同时,伊犁地区就成为沙俄想要霸占的另一个目标。

伊犁河发源于天山,全长 1000 多公里,注入巴尔喀什湖,流域面积约 14 万平方公里。

---

① 虞和平:《中国近代通史》第三卷,第 269 页。
② 包尔汉:《论阿古柏政权》,《历史研究》,1958 年第 3 期。
③ 高鸿志:《近代中英关系史》,第 184 页。
④ 复旦大学《沙俄侵华史》编写组:《沙俄侵华史》,第 210 页。

清代的伊犁地区,指伊犁河流域及其周围地方,是由伊犁河上游及其三大支流特克斯河、巩乃斯河(空格斯河)、喀什河(哈什河)流域构成的,是中国西部边疆的战略要地,也是新疆最富庶的地方之一。1864 年 6 月,新疆地区发生动乱,成立了多个地方割据政权。1864 年,伊犁人民起义,包围了伊犁将军府所在的惠远城。伊犁将军常清曾向沙俄七河省当局提出借兵和支援武器的问题,随后清朝政府总理各国事务衙门也向沙俄驻华公使多次商谈借兵助剿的问题。沙皇政府当时并未答应。清朝政府随后也考虑到借兵助剿将"贻后日无穷之患",下令"著毋庸议"。①

1864 年 7 月,沙俄土尔克斯坦总督考夫曼,派遣军队占领了霍尔果斯河以西的博罗胡吉尔冬、夏两个卡伦,进而控制了伊犁河上流的特克斯河谷,把伊犁的出入要道掌握在手中。1867 年,"恭亲王等奏:俄使倭良嘎函称,该国总理衙门令本王大臣询问,现在设有何法扫灭边界,能否克期一律肃清。又称,并非干预中国政事,实系关系两国边界紧要交涉,绝无坐视之理"。②

1869 年秋,阿古柏攻占库尔勒后,其势力日益膨胀,开始进犯北疆。沙俄怀疑他有进一步进攻伊犁的意图,为了防止阿古柏建立亲英政权,并防止阿古柏占领新疆全境,俄国乘阿古柏还未能控制新疆全境之时,就派军队进行干涉。为了在新疆北部确立俄国的势力范围,进而达到吞并全新疆的战略目的,沙俄借口"保障边境安全和对抗阿古柏的意图",于 1870 年 8 月命令七河省省长科尔帕科夫斯基派兵进驻特克斯河上游,侵占天山穆查尔特山口(冰岭),扼住了伊犁通往南疆的交通要道;同时占领塞里木湖以西的博罗胡吉尔地区,在军事上对新疆伊犁构成了夹击之势。并修筑通向伊犁的道路,开始集结部队,准备侵占伊犁。

1871 年 2 月 22 日,俄国政府在召开的特别会议上决议侵占伊犁。当时阿古柏已经攻占了乌鲁木齐和吐鲁番盆地,沙俄政府选择此时动手,不仅可抢在阿古柏之前侵占伊犁,而且它估计清政府永远无法归复新疆。4 月,阿拉木图附近一个哈萨克部族的首领塔扎别克因不堪俄国的残暴统治起兵反抗,失败后率众逃往伊犁地区,这件事成了俄国侵占伊犁的借口。"5 月 8 日,科尔帕可夫斯基向伊犁苏丹政权发出最后通牒,限七天之内交出'逃犯'塔扎别克,否则将派俄军进入伊犁追捕。"③

5 月 15 日,俄国土耳其斯坦总督考夫曼借口安定边境秩序,下达了进犯伊犁的命令,集结在伊犁西境的俄军分兵两路,一路由巴里斯基少校率领 200 余人,沿伊犁河以北东犯马扎尔。5 月 19 日,俄军渡过霍尔果斯河,侵占马扎尔。撤出村镇的伊犁军民,不断袭击俄军,切断了俄军与其后方的联系。5 月 21 日,俄军焚烧了马扎尔后,被迫退往中国废城霍尔果斯,途中再次受到伊犁军民顽强的围攻。5 月 22 日夜,伊犁军民向俄军的霍尔果斯营地发动夜袭。5 月 24 日,俄军被迫撤到阿克肯特。伊犁军民奋起抵抗,利用有利地形,不断出击,断绝俄军的粮源和水源,多次打退俄军的进攻,几天后俄军被迫撤回博罗胡吉尔。

---

① 《清实录·清穆宗实录》卷 15,第 35、36 页。
② 李书源:《筹办夷务始末(同治朝)》卷 49,第 28 页。
③ 虞和平:《中国近代通史》第三卷,第 269 页。

另一路由叶连斯基中校率领,于5月19日向东北方向进攻伊犁河南的克特缅山口。俄军进入克特缅河谷后,伊犁军民利用峡谷的有利地形,设置重重障碍,猛烈攻击入侵俄军。双方的激烈争夺从20日上午10时持续到下午3时,侵略军炮轰伊犁军民的阵地。伊犁军民撤出阵地后,继续利用山崖、森林顽强地阻击敌人,俄军死伤十余人,迫使俄军于21日从克特缅山口撤退。

俄军在入侵初期的失败,迫使他们急忙从国内调集部队增援,集中兵力进攻克特缅。第二阶段的战争于6月6日开始,俄军仍分两路进攻。米哈洛夫斯基指挥数百名俄军,由春济东犯克特缅,一路上受到伊犁军民的顽强阻击。伊犁军民选择有利地形,采取灵活战术,或正面阻击,或拦腰袭击,或以骑兵包抄敌后。6月11日夜晚,伊犁军民利用漆黑多雾的有利条件,隐蔽地接近敌人,占据了克特缅河谷两岸的高地。12日黎明前,伊犁军民从两面高地上俯冲而下,包围了敌军,控制了克特缅村,并将敌人分隔成两半,双方展开白刃战。战斗持续了四五个小时,使俄军付出了高昂的代价。另一路俄军由巴利斯基指挥,于6月6日由博罗呼济尔东犯,7日到达阿克肯特,8日即在周围森林地带遭伊犁军民袭击,直到6月14日,未能前进一步。16日伊犁军民得到新的增援后,分三路向阿克肯特的敌人进攻,由于敌人的援兵已赶来,炮火猛烈地向伊犁军民轰击,伊犁军民撤出阵地。

6月20日,战斗进入第三阶段。俄军2000余人,携大炮13门,由七河省省长科尔帕科夫斯基亲任司令,从博罗呼济尔出发,进犯伊犁。6月26日,俄军侵入霍尔果斯一带。中国伊犁军民的主力约4000人,在霍尔果斯以东的阿里玛图村布置防线。6月28日,俄军主力渡过霍尔果斯河,向据守阿里马图村的伊犁军民进攻。伊犁军民进行了顽强抵抗,严厉打击了沙俄侵略者。6月29日,俄军进逼清水河子,驻守的军民以城堡为中心,布置了防线。俄军主力于6月30日集中进攻果园阵地,伊犁军民因不敌俄军炮火,被迫从果园撤退。接着,俄军从东、南、西三面进攻清水河子城,守军打退了敌人的多次进攻,终因敌我力量悬殊,清水河子城被俄军攻陷。7月1日,侵占绥定(今霍城县城)。7月3日,侵占巴彦岱(惠宁),伊犁苏丹艾拉汗向俄军投降,交出了武器。7月4日,俄军占领伊犁苏丹政权所在地宁远城(今伊宁市)。①

俄军经过近五十天的苦战,侵占了伊犁九城(包括塔勒奇、绥定、惠远、惠宁、宁远、广仁、熙春、瞻德、拱宸等),宣布伊犁永远归俄国管辖。俄国人废撤了清政府设驻在此地的一切机构;扣押并驱逐了清政府派驻伊犁的官员。俄军的行动表明,沙俄企图将伊犁永远霸占。在外交上为掩人耳目,7月17日,俄国驻京公使告知总理各国事务衙门,俄军已于5月17日克复伊犁城池,但俄国绝无久占伊犁之意,只以中国回乱未靖,代为收复,权宜派兵驻守。待关内肃清,乌鲁木齐、玛纳斯等城克复后,即当交还。同治帝上谕:"伊犁久为贼据,因关内未靖,兵力兼顾不遑,今俄国业已带兵将该城收复,此事关系甚重,亟亟应预为筹划,以弭衅端。……著金顺等确切查明俄国官兵进扎伊犁是否确切?乌科两城距伊犁程途若干?是否需由塔尔巴哈台前进,沿途有无贼踪?迅速具奏。荣全本署伊犁将军,责无旁贷。著即饬赴伊犁,晤俄国带兵官,七河省巡抚廓,后将伊犁城收回,妥善布置。……闻俄国并欲派兵由伊犁收复乌鲁木齐……若能将乌鲁木齐先行收复,免致又费

---

①　郭绳武,等:《沙俄侵略中国西北边疆史》,第208-216页。

周折。"①

　　沙俄侵占伊犁后,还妄图吞并整个天山北路。1872年5月,西伯利亚俄军三个连直入塔城地区之江河湾额尔米斯河老河口等处,声称"塔城系伊犁兼辖,也是俄国暂管地方"。② 塔城地区的哈萨克居民奋起击退了这股入侵者。1872年10月,一股俄军伪装成商帮,窜到石河子,图谋偷袭乌鲁木齐。11月6日,这里的地方武装徐学功部严惩了这伙来犯者,打死打伤50余人,余众仓惶逃走。

　　俄国占领伊犁后,立即和阿古柏进行勾结。阿古柏也希望和俄国改善关系,在投靠英国势力的同时,阿古柏派赛义德·密尔查去彼得堡联络。1872年6月,俄国派遣库尔巴斯到喀什噶尔与阿古柏进行谈判,双方正式签订通商条约。"然俄国后来并未能真正依约享受通商之全部权利。因为,阿古柏真心实意投靠英国,对俄国则半心半意。俄国和英国之争也在这里凸现出来。"③

　　俄国侵占伊犁后,曾想扶植一个傀儡政权,但最终选择了由俄军直接统治的方式。对当地人民实行军事殖民统治,将伊犁地区划归七河省管辖,直接指派俄国军官实行统治,并将"大城西北三城庐舍毁为平地,取各城堡木料于大城东南九十里金顶寺,营造市廛,几二十里"。④ 为了防止当地民众的反抗,俄军强行收缴民间武器乃至农具,还把轻壮年回民强行集中,供其役使,家属则被作为人质押往俄国。没收了清政府在伊犁的屯田耕地,公开出租。诱迫占领区内人民改投俄籍,并对伊犁地区人民横征暴敛,使当时的伊犁地区成为俄国中亚"财富收入最多的地区之一"。沙俄从七河省首府阿拉木图直到伊利的固尔扎设置了十七个军事台站。又从图尔根沿伊犁北边的塔勒奇山到固尔根设置五个军事台站。伊犁以南则有沙俄的"天山部队"盘踞。这样,沙俄将伊犁周围的要塞"各处把守,水泄不通。"⑤

　　伊犁地区的人民不堪俄国的殖民统治,除了在当地进行反抗斗争外,还纷纷从俄国的殖民统治区逃离出来,要求清政府早日进兵,驱逐俄寇,光复失地。

　　1871年俄军强占伊犁后,沙俄公使弗兰加里照会清政府:"七河省巡抚廓(指科尔帕科夫斯基),正在派兵前赴伊犁,已于五月十七日克伊犁城池,请定如何办法?"⑥清政府接到上述俄方来函后,误以为俄国有交还伊犁之意。于1871年9月令署理伊犁将军、乌里雅苏台参赞大臣荣全速赴伊犁同俄方商谈交收事宜。上谕:"俄国既代为收复伊犁,非有大员迅速前往经理,恐该国更有所借口。著荣全禀遵前旨,部署启程,需带官兵,或即在乌城附近酌调,以资迅速。"⑦荣全立刻带领卫队前往伊犁,并派章京多仁泰先行,以便同俄方联系。荣全奏:"查伊犁沦陷以后,数年消息未通,兹俄人乘我不遑兼顾,突然袭取,揣其素日居心狡诈,难保无觊觎要求情事,奴才荣全即拟束装就道……先行派遣伊犁满营佐

①　王先谦:《同治朝东华续录》卷91,第53页。
②　李书源:《筹办夷务始末(同治朝)》卷86,第38页。
③　章开沅:《清通鉴》第4册,第269页。
④　王彦威:《清季外交史料》卷18,第4页。
⑤　郭绳武:《沙俄侵略中国西北边疆史》,第226页。
⑥　李书源:《筹办夷务始末(同治朝)》卷82,第6页。
⑦　李书源:《筹办夷务始末(同治朝)》卷83,第27页。

领多仁泰持文,前往查探情形。于八月初六日由乌飞速启程,作为商议进兵,查探进兵暨解运粮饷道路,有无贼踪阻滞,暗访粮食是否能就俄国购买。面见俄官,探其进取伊犁,其意何在。"①同年11月,多仁泰到达阿拉木图。荣全奏:"多仁泰章京于十月初二日到阿尔玛图(即阿拉木图),面见科尔帕科夫斯基。据云,我国与你们三次文书,你们不理。如今我们取了伊犁,你们将军为何带兵前来。我就等你们将军前来商议办事,不与你办事。我给你文书,请你们将军到那丹木克议事等。章京再三与言,该俄官似答非答;章京要赴伊犁,该俄官拦阻不允。"②荣全等奏:"奴才由塔城赴俄议事,二月初一日将启程,日期陈明在案……于二月十九日抵色尔贺鄂普勒,择地屯扎,等候廓尔帕柯斯克(科尔帕科夫斯基)。……嗣接廓尔帕柯斯克来咨,内称伊国另派钦差博呼策勒夫斯基前来议事。候至四月初九日博呼策勒夫斯基到来,初十日、十一日奴才与该俄官互相拜望,馈送食品等物,约定十二日巳刻在该俄官处议事。"③谈判中俄方代表详细询问了清政府收复伊犁准备情况,避而不谈交回伊犁事项,甚至节外生枝,提出一些无理要求,进行要挟,谈判毫无结果,荣全空手而回。"该俄又云,我们防堵已四五年,新疆平定,好议通商。中原要是兵力不足,俄国可以帮助。各处地方,中原若不取,俄国能取。奴才云:我们中原已动大兵,俄国不必相助也,不可轻议动兵。但我奉旨来办伊犁之事,伊犁之事究竟如何议论。该俄云:伊犁的事,我一句也不能说,等着我请示我们的国君,才能论说。奴才云:你不说伊犁各事,止说平定各处的事,我也当请示我们的国君。该俄官云:既然如此,别无可议,各自奏明,得有指示再说等语。"④通过谈判,荣全看清沙俄"志尚不在伊犁,直于新疆全局大有关系"。⑤

荣全的交涉失败后,清政府便和俄驻华公使倭良嘎直接交涉。1872年6月,奕䜣照会俄使,表示只要交还伊犁,"倘有应商各件,如买卖等事,不妨彼此从长商议"。7月,俄使复照,拒绝立即归还伊犁:"……本大臣先询,贵国拟何时在新疆复立法制,则荣将军言,未能定准。……本将军特请荣将军言,中国兵约略何时可到,荣将军屡言,即大略亦不能定。本将军切实与言,似此无定之事,本国不能久待。此后本国应自行设法办理边界之事,而仅顾本国利益。……本大臣又数与议论塔城条约所定边界尚须修理,荣将军屡言,于边事实无微权"。"若将伊犁交还,倘三五月或一年内仍行滋事,重烦本国动兵,有何益处?(荣)将军惟索即还伊犁,而交还后于管辖安抚之实际,毫无把握。……将伊犁交还贵国,而欲与贵国修理边界,使之分明便利,易于查守,此事于两国彼此有益。"⑥

1874年至1875年期间,考夫曼曾集中两万人在喀什噶尔边境,准备进攻阿古柏,只是因为在1875年沙俄又忙于镇压在浩罕爆发的反抗斗争,吞并新疆的阴谋才暂时被搁置下来。⑦

---

① 李书源:《筹办夷务始末(同治朝)》卷83,第26页。
② 李书源:《筹办夷务始末(同治朝)》卷84,第39页。
③ 李书源:《筹办夷务始末(同治朝)》卷86,第36页。
④ 李书源:《筹办夷务始末(同治朝)》卷86,第37页。
⑤ 李书源:《筹办夷务始末(同治朝)》卷86,第38页。
⑥ 李书源:《筹办夷务始末(同治朝)》卷87,第14页。
⑦ 复旦大学:《沙俄侵华史》编写组:《沙俄侵华史》,第217页。

1876 年 6 月,左宗棠西征大军围攻乌鲁木齐时,考夫曼了解到阿古柏军事上和经济上异常困难,又想对阿古柏施加压力,迫使他就范,并企图在清朝军队收复新疆之前,从阿古柏手中夺取天山山脉的一些重要战略据点。据此策略,考夫曼首先出兵占领了苏约克山口以西、阿赖岭以南的伊契卡拉,奥什东南的古耳查,及苏菲库尔干等据点。同时派出以库罗巴特金为首的代表团,于十一月到达喀什噶尔,对阿古柏说要"划定旧浩罕国和喀什噶尔之间的疆界……"并对阿古柏宣称:"总督阁下规定了这条边界线应当通过的若干地点。"[①]并扬言最近十三年中,由于该汗国政府的软弱无能,原来几乎全部属于浩罕汗国的山区地带,已经被逐渐并入了喀什噶尔领地。土尔克斯坦总督认为,必须与殿下划定以下列地点为主的边界线:从谢米烈奇耶省(七河省)与必条勒特(阿古柏)领地交界的最西南边界地点苏约克山口起,这条边界应当走向乌鲁克恰提城堡,继而走向玛里塔巴尔山。乌鲁克恰提、那格喇察勒的、耶金和以尔克什木等城堡将归属俄国。[②] 1877 年 1 月 30 日,阿古柏派代表告诉库罗帕特金,他全部接受沙俄的要求,并答应派出使节与考夫曼组成特别委员会,来商讨这些苛刻的要求。但由于清军后来的节节胜利,沙俄炮制的"阿古柏界线",始终未能得逞。

七、左宗棠西征之北疆之战

左宗棠(1812—1885)学识渊博,中了举人之后,却多次会试不第。他师承了龚自珍主张新疆置省屯边的思想。林则徐在云贵总督任上返里探亲,路过长沙,左宗棠因在陶澍家中当过塾师,所以有机会以"白身"获见他所钦佩的抗英大臣。两人在船上纵谈今昔,无所不及,直谈到东方出现曙光,此即为著名的"湘江夜话",时年左宗棠 37 岁,林则徐 65 岁。林则徐告诉他谪戍新疆见闻,左宗棠则表示坚决抗俄,林称赞左:"经理西域非公莫属。"

清廷闻知西北边陲的紧急形势后,就海防与塞防展开了激烈的争辩,最后采纳了以左宗棠为代表的意见,决定以武力收复新疆。光绪元年(1875 年)任命左宗棠为钦差大臣,率军入新疆平叛,左宗棠在当地各族民众的支持下,运筹帷幄,进兵神速,致使阿古柏军队很快溃败,光绪三年(1877 年)阿古柏自杀。1878 年左宗棠收复了除伊犁外的新疆全部领土。

清军制订了先北后南的进军方针。署塔尔巴哈台参赞大臣李云麟奏言:"叠次谕旨汲汲以先复伊城为务,诚以伊犁为省会重地,塔城乃进兵之路。然以今日之事而论,新疆全局沦陷,则伊犁为轻,乌鲁木齐为重。乌鲁木齐未复,南北诸城皆无进兵之路,故克复断不可缓。"[③]左宗棠奏言:"乌鲁木齐踞逆本地土回居多,逆首白彦虎所带陕回及甘肃从逆之回踞红庙子、古牧地、玛纳斯等处,皆与南路回酋帕夏通。帕夏即浩罕部安集延回酋和硕伯克也(即阿古柏),同治四年乘回部之变入踞南路喀什噶尔及各回城,于是吐鲁番、辟

①　库罗帕特金:《喀什噶尔》,第 9 页。
②　库罗帕特金:《喀什噶尔》,第 10 页。
③　奕䜣:《平定陕甘新疆回匪方略》卷 137,第 21 页。

展(鄯善)以西土回皆附之。帕夏能以诈力制其众,又从印度多购西洋枪炮,势益猖獗,陕甘窜踞之逆及本地土回均依之为重。官军出塞自宜先剿北路乌鲁木齐各处之贼,而后加兵南路,其势较易。"①

　　战争的全过程分两个阶段:北疆战役和南疆战役。

　　北疆战役的目标是先收复乌鲁木齐,进而收复全部北疆地区。从地理上看,乌鲁木齐控制着全疆的总要之地。而且清军在北路仍然控制着古城等战略要点,还有塔城等北线各点呼应,便于进军。

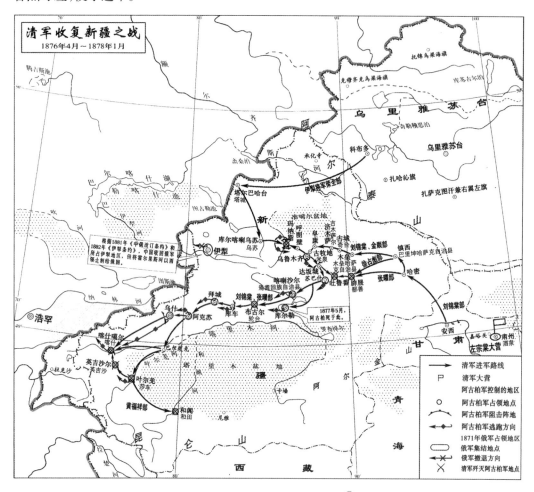

图 14　清军收复新疆之战示意图②

　　乌鲁木齐位于天山北麓,是北疆重镇,由阿古柏的傀儡白彦虎和马人得率数千人驻守。清军担任主攻的部队是刘锦棠部和金顺部。清军的作战部署是:刘锦棠部在乌鲁木齐以东 300 余里的济木萨集结,金顺部在济木萨以东 90 里的古城一带待命。为防止敌人北窜蒙古,由提督徐占彪率 5 营人马,驻守巴里坤到古城一线;令提督张曜率部 12 营,及宋庆留哈勇丁 800 名驻守哈密一线,扼敌东窜青海;派重兵加强对乌鲁木齐以西和玛纳斯

　　① 奕䜣:《平定陕甘新疆回匪方略》卷 298,第 4 页。
　　② 中国人民革命军事博物馆:《中国战争史地图集》,第 202 页。

以北的沙山子、马桥一带防线,严防敌人经塔城逃窜科布多、乌里雅苏台等地。

"乌鲁木齐有满城一座,内设都统一员、镇迪道一员、迪化州一员、理事厅一员、领队大臣一员,又八旗古萨塔佐领防御骁骑校等官兵数千人。又有汉城一座,在满城南五里,设提督一员、参将一员、并有都守千把等官兵数千名,并专管遣犯比田事务也。有城一座内设都司一员、粮员一员。"①

北疆战役从1876年6月玛纳斯外围战役开始,到11月6日收复玛纳斯城结束,历时近五个月。主要战斗有:黄田之战、古牧地(米泉)之战、乌鲁木齐之战、玛纳斯之战。

1876年7月,左宗棠指示刘锦棠、金顺迅速向乌鲁木齐进军,攻占城北要地古牧地,扫清乌鲁木齐外围。7月28日,金顺出敌不意,率部攻占古牧地以北的阜康城,刘锦棠所部开赴阜康城东的九营街。这时白彦虎也率兵加强了古牧地的防御,企图阻止清军攻打乌鲁木齐。

清军探知:"土回马明等结垒之处为古牧地,迤西而南数十里为乌鲁木齐、红庙子(即乌鲁木齐汉城和伪王城),官军必先攻古牧地,撤乌垣、红庙之藩篱,乃可成捣穴犁巢之举。齐木萨距古城九十里,由此而西七十里为三台驿,又西八十里为滋泥泉,又西九十里为阜康县城,又七十里为黑沟驿,又数十里至古牧地,再进即可抵乌鲁木齐矣。"②

(一) 黄田之战

从阜康到古牧地约100华里,有两条路可通:一条是大路,但有50里长的戈壁阻挡,仅在甘泉堡有一口小水井。从这条路进军,部队饮水无法解决。另一条是小路,途中有充分的水源,但敌人在黄田设有卡栅,驻有重兵,易守难攻。敌人企图迫使清军从大路进攻,陷清军于人困马乏之境地,而后两军决战。刘锦棠将计就计,布下疑阵,迷惑敌人,收复了黄田。

"六月初一日(7月21日),(刘锦棠)率所部各营抵济木萨与金顺商定机宜,同时西进。金顺驻阜康县,刘锦棠驻城东之九营街,探知逆首白彦虎已由红庙子移据古牧地,纠合该处回酋,并力迎敌,安集延亦遣贼目率党助战。刘锦棠以贼众正收获麦豆,有粮可囤。虽后队尚未到齐,然师期不宜再缓。察看阜康大路至黑沟驿七十里,县西一带深林蔽日,野潦纵横,二十里为西树儿头子,尚有废渠堪引县西之水以供汲饮。由此五十里抵黑沟驿站则尽戈壁无水泉,中间惟甘泉堡一眢井,加以开浚仅供百人一日之需。询之土人,知黑沟驿之上为黄田,水盈沟浍,上流即古牧地,贼已于此筑卡树栅,严密守护,意在断我汲道,迫官军由戈壁而来,前阻坚城,人马渴乏,可乘其蔽也。十九日(8月8日)刘锦棠调集各营,拔至阜康城西十里,督饬勇丁开沟引水,节节疏通,引至二十里之西树儿头子,就地筑垒。一面派队排列甘泉堡,故掘眢井,示由大路行走,以懈贼黄田之防。二十一日(8月10日)刘锦棠潜师夜起,会金顺所部进袭黄田,近卡栅贼始惊觉,骑贼纷出,遥闻古牧地附近角声四起。刘锦棠与金顺率所部先踞山冈,金顺饬所部由右路进。刘锦棠饬总兵余虎恩、提督黄万鹏等各率马队由左路分道前进,总兵谭拔萃、谭上连等率步队继之,提督谭和义

① 石光明:《清代边疆史料抄稿本汇编》第20册,第323页。
② 奕䜣:《平定陕甘新疆回匪方略》卷300,第6页。

等率步队护开花大炮,知府罗长祜等率步队护辎重。分布已定,余虎恩等先率马队分驰下山,贼骑且战且走,旋复会合步贼来拒。余虎恩等督马队张两翼,谭拔萃等率步队由中路冲出,阵毙悍贼甚多。余虎恩、黄万鹏等左右包抄而前,贼遂大败,卡栅据逆弃辎重狂窜。刘锦棠饬各队紧追,径抵古牧地,据逆有退入城者,有南窜红庙子者,其右路之贼亦经金顺所部击败。"①

六月二十二日(8月11日)收复黄田,取得首战胜利,生擒敌21名,缴获战马28匹,枪械数十件。清军阵亡14人,伤38人。

(二) 古牧地(今米泉)之战

古牧地是乌鲁木齐外围的重要据点,敌人设防严密,控制了山垒制高点和城关要隘,由叛军头目王治、金钟万率部据守。"六月二十三日(1876年8月12日),刘锦棠派营分扎古牧地城外。二十四日(8月13日)贼骑数千由红庙子(乌鲁木齐城东南三里)来援。刘锦棠一面报知金顺准备,一面饬余虎恩等率马队驰赴山前,严阵以待。谭上连等率步队分攻南关及贼所据山垒,以亲兵径捣山垒之前,马队绕出后面,断贼入城之路。各队鼓勇齐登,遂夺其垒,士气愈奋,皆冒枪炮斩关而入,立将贼关攻破,擒斩甚众。刘锦棠即派各营进拔关垒,援贼悉力冲扑数次,均经马队拦截。金顺亦派马队兜剿,鏖战逾时,殪毙黄衣贼酋,群贼败溃而南。刘锦棠以古牧地关垒既克,辑怀城锁围已合,饬各营分路急攻,连日用开花炮轰塌城东南、东北墙垛各数丈。二十八日(8月17日),刘锦棠所部中军等营,突由东南角一拥而入。金顺所部分攻东北,各营亦踊跃齐登,城中悍贼五六千人歼除净尽,逸出之贼亦经预派马步截杀,无一漏网,拔出难民、妇女、幼孩甚众。"②

古牧地之战历时五天,全歼古牧地之叛军,歼敌近6000余人,生擒敌250人,守城头目王治、金钟万被击毙,缴获战马200余匹,阿古柏派来增援古牧地的部队被歼300余人。清军阵亡官兵358人,伤455人。

(三) 乌鲁木齐之战

据古牧地擒获逆谍供称:"乌垣悍贼赴援古牧地者,无一骑遁回,安集延援骑未至,满汉两城守贼二三千人,贼眷辎重早向南路搬徙。臣(金顺)即与刘锦棠会商,乘此安夷未集,乌垣守御单弱,速克必易得手,意见相同。"③清军立即向乌鲁木齐进军。

古牧地歼灭战打乱了敌人的部署,乌鲁木齐的守军十分惊恐。白彦虎、马人得见清军锐不可当,先遣妇孺辎重南逃,留精壮据守乌鲁木齐。清军收复古牧地时,缴获乌鲁木齐马人得的信件:"现在三城(乌鲁木齐、迪化州、王城)防守乏人。南疆之兵不能速至。"刘锦棠获悉乌鲁木齐兵力空虚,敌军心动摇,当机立断,"即饬谭和义、唐国华两营留守古牧地城,亲督全队于二十九日(8月18日)黎明前赴乌垣。金顺亦督所部继进,行近七道湾堡,马队回报,堡外尚有余贼,见官军至飞骑而窜,马队蹑追,毙贼十余名。行近乌城十里

---

① 奕䜣:《平定陕甘新疆回匪方略》卷300,第7页。
② 奕䜣:《平定陕甘新疆回匪方略》卷300,第9页。
③ 奕䜣:《平定陕甘新疆回匪方略》卷300,第11页。

地方,探报三城骑贼纷窜,遂催马步急进,甫抵迪化城北,见窜贼千余已出城里许,向南奔逸。"①

刘锦棠命令余虎恩、陶生林、陶鼎金等人率马队 3 个营由左路追击;谭拔萃、席大成、张春发、汤仁和率步兵 4 个营随后跟进;令黄万鹏、崔伟、毕大才、禹益长、马正国、禹中海率骑兵 5 营,从右路包抄追击。谭上连、萧元亨、戴宏胜、陈广发率步兵四营跟进。刘锦棠亲率罗长祜、袁尧岭和马队亲兵于城北指挥,谭慎典、汤秀寨、张俊率 3 个营攻击乌城。敌军不战而溃,被击毙百余人,被俘 13 人,此外未持械者悉释勿诛。刘锦棠在乌城同金顺会合,分兵进入红庙子。白彦虎、马人得弃城率残部仓惶逃窜,在距乌鲁木齐十余里处,向追来的清军反扑,展开激烈战斗,各队合力猛击,斩杀甚多。在乌鲁木齐之战中,毙敌 500 余名,生擒 26 名,缴获战马 70 余匹。清军官兵死 130 余人,伤 47 人。

(四) 玛纳斯之战

玛纳斯城为北疆重镇,扼南北疆之咽喉。玛纳斯之战分三步进行,第一步于五月初歼灭了玛纳斯外围之敌,切断了玛纳斯与乌鲁木齐的联系;第二步在收复乌鲁木齐后,再集中兵力围歼玛纳斯守敌,于六月二十九日(8 月 18 日)收复了玛纳斯北城;第三步收复玛纳斯南城,此次战斗非常艰苦,清军于七月十五日(9 月 2 日)包围玛纳斯南城,围城六十多天后,于九月二十一日(11 月 6 日)才收复了玛纳斯南城。

金顺奏言:"据总兵孔才禀报,该总兵会同协领克希克图于进扎十里墩后,逐日分派炮队,伏于险隘,邀击出巢之贼,叠有斩擒。五月初五日(5 月 27 日)二鼓传令拔营,每勇各带木桩两根,派千总边生有率马队留于后路,候天明时横列十里墩以为声援,其余各营尽数率领前进。是夜星光朗彻,各勇衔枚疾趋,抵城西北三里许之干河子,乘夜奋锸奋施,挖壕树碉,天明垒成。贼大队蜂拥而至,各营洋炮、劈山炮连环施放,该逆裹伤而前,十荡九决,鏖战数时,轰毙逆贼无数,首逆伪元帅马兴中炮落马,贼势不支,退入卡门。孔才挥队乘胜进攻,委参领贵成等率勇首先爬墙。贵成手刃悍贼一名,我军踊厉奋发,立将卡门夺毁,争先抢入,贼枪如雨,贵成中炮子阵亡。营官仙生禄跃马陷阵,生擒伪总领马德明,贼众弃卡入城,殿后悉为我歼,立将西卡踏平。初七日(29 日)该逆大股复出,摩垒呼战。孔才坚壁以待,俟贼众稍懈,突出冲击,大有斩获。初八日(30 日)该逆复列大队于距营里许之戈壁,往来诱战,孔才亲督各营出击,守备孔昭华等大呼陷阵,贼大败奔窜。我军追至城外关厢,不意伏贼突出,把总段芝秀、千总赵金山均中炮子殒命。克希克图饬营总依精阿率队截击,毙贼多名,余贼悉败归城内。是役也,我军鏖战三日,阵毙伪元帅马兴并悍贼四百余名,生擒伪总领马得明等十四名正法。"②清军担心孤军深入,单薄可虑,已饬驻扎沙山子之徐学功就近相机策应,并檄调领队大臣锡纶迅即克期前往,以厚兵力。

清军取得玛纳斯外围战斗的胜利后,切断了南疆之敌与北疆之敌的联系,形成关门打狗的有利局面。自 8 月 8 日至 8 月 18 日连续取得黄田之战、古牧地之战、乌鲁木齐之战的胜利,并收复乌鲁木齐,使敌人更加恐慌。盘踞在北疆昌吉、呼图壁之敌翻山南逃,玛纳

① 奕䜣:《平定陕甘新疆回匪方略》卷 301,第 3 页。
② 奕䜣:《平定陕甘新疆回匪方略》卷 300,第 1 页。

斯南城的伪元帅黑宝财和北城的叛军头目余小虎,也弃城逃跑。只有伪元帅韩刑农凭险死守南城,妄图顽抗。刘锦棠根据左宗棠尽快挥师南下进军吐鲁番的作战意图,不给敌人喘息的机会,令金顺部立即进攻玛纳斯,进而直逼吐鲁番,以实现进军南疆的战略目标。

"总兵孔才、副将徐学功禀称,该总兵等进扎玛纳斯城北之干河子,会同协领克希克图计议:玛纳斯南北两城唇齿相依,悍酋余小虎等率党死拒,恃有城外积麦,非直逼城下焚其储积,不足以制其死命。遂带队伍薄城而垒,该逆蜂拥出犯,我军合击败之,斩其伪元帅赵孤拐子。复分兵攻杀守场之贼,焚其积麦,该逆不敢出拒。嗣荣全、锡纶所派之队先后踵至,联营合战,斩馘颇多。孔才等见有隙可乘,遂约会各军并力齐攻,六月二十九日(8月14日)余小虎夜开东门逃窜,孔才急以步队抢入北城,搜杀守城贼,徐学功带马队跟追,贼骑分途四窜,计杀贼三百余名。"①清军收复玛纳斯北城后,于七月十五日(9月2日)包围了玛纳斯南城,准备收复玛纳斯南城,但战斗异常艰苦,清军围城六十多天后才收复该城。刘锦棠鉴于大量逃散残敌流窜于东南山谷之中,随时骚扰后方,威胁前方作战,则由他亲自领兵入山进剿。

左宗棠奏言:"据刘锦禀报,玛纳斯北城逆目余小虎、黑宝财先后南窜,余逆犹踞城死守。金顺亲率各营督攻,且夕可望得手,各城败窜之贼伏匿山谷间。刘锦派提督谭义和等向东南一带节节搜捕,均有斩获。据擒贼供称,败贼辎重已悉数南徙,壮丁麇集柴窝堡西百二十里达坂城。白彦虎、余小虎等踞南山小东沟口,俟官军进攻达坂城,即乘机扰我后路。又据探报,安集延酋帕夏派骑贼五千,合乌垣、红庙逸出之贼踞达坂城,帕夏自踞托克逊,则三城为犄角。……守吐鲁番者拒哈密官军,守达坂城者拒乌垣官军,意在环护托克逊坚巢。臣现咨提督张曜率所部由哈密之西入吐鲁番界,取道七克腾木以向辟展,饬提督徐占彪率所部马步大队,由木垒河节节搜剿前进,刘锦大队由乌鲁木齐南下,亦节节搜捕前进,然后以锡纶马步各营扼古城以西济木萨一带,重后路之防。"②

左宗棠奏言:七月十五日(9月2日),"金顺率所部驰抵玛纳斯南城,即与参将余致和、提督孔才驻扎城北,而饬提督刘宏发、总兵张大发等分扎之东北、东南,以及正东、正西,并令吉江马队翼长沙克都林扎布为游击之师。分布既定,二十日(9月7日)臣金顺亲率总兵邓增、都司张玉林以后膛开花大炮轰塌城东北角楼丈余。刘宏发等乘势逼扎城根。臣金顺与乌鲁木齐领队大臣锡纶麾队于缺口直上,贼乘高死抗,炮石如雨,总兵李大洪、熊佑林等登时殒命。方春发、张玉林亦各受伤。张大发、余致和率队更番仰攻,未能得手。二十六日(9月13日)提督马玉昆率卓胜营来,会于城之西北,八月初二日(9月19日)潜登西北角楼,斩守城之敌十余人,因贼有备乃退。次日夜四鼓,臣金顺亲督马玉昆麾军攀堞而上,夺西北角楼,贼殊死斗,楼中火药被炮火击中,城楼摧倒,压伤勇丁十余人,马玉昆亦被石伤。游击胡耀群中枪死之,余致和裹创血战。刘宏发于缺口抢筑三卡,高出城头,忽风作烟迷,遂即收队,嗣是贼守愈严,各缺口亦均堵筑。十一日(28日)探知贼将出窜,刘宏发率队越卡截击,杀贼数十名,为飞子击断左手中指。马玉昆抢夺城楼,相持既久,互有伤亡。十四日(10月1日)臣金顺饬邓增等复以大炮轰城之西、南两面,又密饬马玉昆于次日夜由西北角缺口抢登,刘宏发继之;孔才、方春发分东西攻北门炮楼;和振兴、张长安攻西门炮楼;张大发、张志德、余致和攻东北角楼;徐学功、刘春元攻东南角楼;臣金顺凭高调度。各军肉搏而登,毙贼多名,城楼匿贼蜂出,败而复来,猛扑十余次。总兵张大发、杜生万等死之。八月十七日(10月4日),刘锦棠所派湘军营务处道员罗长祜、湘左军宁夏镇总兵谭拔萃、马队提督黄万鹏、总兵董福祥各率所部至,当令扎营城南及西南隅,高筑炮台,并会同各营修掘长壕十日工竣。又饬方春发由关厢内掘成地道,实以火药。"①

这次战斗中,毙敌300余人,清军伤亡200余人。在攻城鏖战中,敌人相当顽固,死守玛纳斯城,晚间守敌用绳索捆系柴草,灌油燃烧,光如白昼,防止清军夜袭。被清军炮火轰开之缺口,守敌立即用芦席裹土填砌,或用木栅加裹湿毡等物挡住,并在沿城屋顶筑有大量垛口,架设洋枪,抵御清军进攻,还派出小分队出城反扑。当刘宏发与营官刘占魁、李大全率部截杀时,守敌立即回城,待清军追到城下,敌人连环施放排枪,清军伤亡严重。清军缘梯登城,肉搏而战,攻而复退,退而复攻,双方拉锯交战十余次。张大发、杜生万在缘梯登城时中弹牺牲。副将司世道、把总邓芝、游击杨占魁冲上城头,均先后阵亡。清军付出了重大代价,玛纳斯南城仍未攻克。

"九月初一日(10月17日)午刻举发,轰塌墙身二丈有余,方春发挥队直入,贼凭短垣,密施枪炮,未能抢进。谭拔萃部同时由南面进攻,亦因城头贼众密布无隙可乘。次日,臣金顺所部与湘军仍由缺口进攻,贼拼死抵拒,都司崔纬猛攻受伤,遂收队。九月十二日(10月28日)夜,方春发复于关厢内掘成地道,罗长祜、谭拔萃、董福祥等仍由缺口进攻。金顺与荣全亲督方春发、马玉昆各军由北城楼进攻。天色向明,地雷举发,轰塌城墙二丈余,壮士奋登,毙贼无算。南风忽作,烟尘障天,咫尺莫辨,贼乘势猛扑,提督杨必耀中枪殒命。孔才塞旗继进,亦被枪伤,贼屡乘夜越壕,官军以枪炮击走之,敌终不支。生擒三贼,据供,韩刑农被官军炮毙,海晏接充头目。十九日(11月4日)夜,海晏赴徐学功营乞抚,金顺谕令呈缴马械,捆献各逆首,然后造册,听候点验,海晏愿从。11月6日(九月二十一日)黎明,贼众二三千人突出西门,老幼妇女居中,悍党持械夹护。金顺知其有诈,饬各军列队城南,严阵以待,又令马队分布隘口,以防窜逸。一面令徐学功向前开导,喻以弃械免死。伪元帅何碌嗾众扑壕,徐学功立挥部卒擒之,斩于阵前。贼众猛扑,谭拔萃、董福祥等督队奋击,臣金顺所部由北面截杀,毙贼大半,伪元帅黑峻以洋枪自毙。其逸出之贼,经各队分途追斩无遗,城中匿贼亦经步队一律搜斩,营官汤秀斋生擒伪元帅马有财,臣金顺所部生擒伪帅海晏等。"②

至九月二十一日(11月6日),各路清军会师玛纳斯南城,取得了乌鲁木齐战役的全胜。玛纳斯南城攻坚战,历时二个多月,歼敌3000余人,西征军付出重大代价,伤亡精锐甚多,牺牲近1000人,仅官弁阵亡者就有115人。

玛纳斯全城克复,标志着北疆之战取得了完胜,阿古柏的灭亡已成定局。北疆战役的胜利,歼灭了盘踞北疆之敌,使肃州至哈密到塔城一线的清军连成了一片。它既扼制了俄军东进的企图,又有效地防止了阿古柏匪帮的北蹿。此战的胜利不仅保证了陕甘、蒙古等

---

① 奕䜣:《平定陕甘新疆回匪方略》卷302,第3页。
② 奕䜣:《平定陕甘新疆回匪方略》卷302,第5页。

地的安宁,而且使西征军有了可靠的后勤基地,为清军越天山,攻打南疆门户吐鲁番,创造了极为有利的条件。由于玛纳斯之战持续时间较长,而在新疆地区入冬以后大雪封山,不宜行军打仗,左宗棠决定西征军整休一冬,待来年开春再进军南疆。

英国原来不相信清政府能归复新疆。及至清军进军北疆,连克重镇,英驻华公使威妥玛见势不妙,连忙于1876年秋出面调停。请允许阿古柏保持南疆八城自王,名义上"作为清朝属国,只隶版图,不必朝贡",并以沙俄蓄意侵占南疆威吓清政府。总理衙门识破英国诡计,严词拒绝,以"交回各城,献缚叛逆"作答。1877年初,英国又怂恿赴英求援的赛义德·阿古柏汗与清政府驻英公使郭嵩焘接触,并再次"为窃据喀什噶尔之回酋阿古柏居间说降"。① 清政府依然不为所动。阿古柏丧命后,1877年7月7日,英外交大臣德尔比正式照会郭嵩焘,表示英国愿出面调停,建议以下列条件为基础,最后以求得问题体面地解决:一、中国在"哲德沙尔"有宗主权;二、中国与"哲德沙尔"明确划界。清政府指示左宗棠"体察情形,斟酌核办",左宗棠严词拒绝英国方案。

英国政府以"前四年所定条约已有互相遣使之言"为由,通过英印当局向阿古柏政权派出"公使","月前新闻报内载,印度孟买已遣沙熬充当公使驻扎喀什噶尔"。中国政府通过驻英公使郭嵩焘向英国政府提出抗议照会:"喀什噶尔本中国辖地,设立办事大臣,前因中国内乱兵饷匮乏之时,阿米尔乘势攘取其地,遂使关外十余年扰乱不已,百姓深受残害。今年内乱既平,中国方谋经理关外诸地,喀什噶尔应在中国收复之列,并无允准自立一国明文。现在中国正当用兵归复,而贵国特派大臣驻扎,则似意在帮同立国,与中国用兵之意适相左。"②

八、左宗棠西征之南疆之战

第二阶段的南疆之战包括吐鲁番之战、南疆东四城之战、南疆西四城之战共三个战役。1877年4月开始吐鲁番会战,至1878年1月2日收复和田,阿古柏势力被全部消灭,阿古柏本人自杀,其子伯克胡里逃往俄国。

阿古柏军队的兵力部署是北轻南重。要彻底摧毁阿古柏政权的有生力量,则必须向南疆进军。清军在乌鲁木齐等地的胜利,迫使阿古柏军队着手加强达坂城至吐鲁番一线的防务。达坂城位于天山南麓,扼南疆门户,形势险要,东南行约二百里为吐鲁番,南行百余里为托克逊。在托克逊附近建新城,由阿古柏次子海古拉(哈克胡里)驻守。此时阿古柏也在吐鲁番地区重新部署兵力,命马人得、白彦虎守吐鲁番,大总管爱伊德尔呼里守达坂城,阿古柏本人则退守喀喇沙尔(今焉耆),居中指挥,以为后援。在这一带阿古柏部署了约2.7万人的步骑兵和27门火炮,拥有相当强的作战力量。对阿古柏而言,其在天山防线凭险设防,以逸待劳,有恃无恐。对清军来说,"南路贼势,重在达坂、吐鲁番、托克逊三处,官军南下,必有数恶仗;三处得手,则破竹之势可成"。③ 面对这样的形势,左宗棠决

---

① 王彦威:《清季外交史料》卷10,第34页。
② 王彦威:《清季外交史料》卷10,第34页。
③ 中国人民革命军事博物馆:《中国战争发展史》,第665页。

定以两路兵马分别攻打吐鲁番和达坂城,待两城克复后,再攻取托克逊。为贯彻上述作战方案,清军进行了大约四个月的休整和补充。1877 年 4 月,攻打三城的战役开始。三城战役,是阿古柏和清军双方主力的一次大决战。清军在左宗棠等人的正确指挥下奋勇作战,以"缓进急战"的战术歼灭阿古柏军队的有生力量,使敌军大概损失了不下二万人。这相当于阿古柏在这一地区防守兵力的 4/5,约占其总兵力的一半左右。达坂城、吐鲁番、托克逊之战,清军大获全胜。吐鲁番被收复后,通向南疆的大门被打开了。

"新疆南路自乾隆二十四年平定后,建城凡八:曰喀什噶尔、曰英吉沙尔、曰叶尔羌、曰和阗、曰阿克苏、曰乌什、曰库车、曰喀喇沙尔,世呼为南八城。而吐鲁番别为一部,不在八城之列。以其地在天山之南,为南八城门户,赴回疆者必取道于此。"[①]

(一) 吐鲁番之战

1877 年春,清军分两路出动,指向吐鲁番。吐鲁番扼南北疆之咽喉,"吐鲁番城一座,内设领队大臣一员、满兵八百名、古山塔等官及副参佐领防御骁骑校等官,受理兵八百名,换防屯田兵三百名,都司一员,厅官一员。又有小回城一座"。[②] 吐鲁番周围有达坂城、托克逊等为其护卫。

西路刘锦棠军自乌鲁木齐翻山向东南,攻达坂城和托克逊;东路张曜军从哈密西进,徐占彪军自巴里坤西进,会攻辟展(鄯善)。东西两路人马像一把钳子一样,夹住吐鲁番。

1877 年 4 月,吐鲁番会战开始。左宗棠奏言:"刘锦棠、徐占彪、张曜各率所部,三路并进。三月初五日(4 月 18 日),徐占彪饬提督何玉超等率马步三营度戈壁而前。初六日(19 日)夜,至离七克腾木二十里之张家卡,乘敌不备,由北面越垒墙而入,贼惊起奔逃,马队邀之,杀贼颇多。初八日(21 日),何玉超等进攻七克腾木,适徐占彪、孙金彪率队齐至,四路猛扑,贼夺门而出,向辟展狂奔。徐占彪、孙金彪督队急追,沿途毙贼百余名。初九日(22 日),乘胜进攻辟展,贼望风西遁,两军蹑之,共毙贼三百余名,生擒贼目才米邪斯,讯明正法夺获枪械马匹无算。十二日(25 日),徐占彪、孙金彪行抵鲁古沁城,贼出城迎战,我军奋勇冲击,贼即西遁。孙金彪进至连木沁台,贼已纷纷出窜,追至胜金台,该处据贼新筑土城,齐出抗拒。孙金彪率队奋击,毙贼甚多,两军乃会合于哈拉和卓城东,城内守贼仓皇出奔,追斩颇众。十三日(26 日)会师前进,行至距吐鲁番十余里,守卡贼并东路败贼列阵抗拒,徐占彪击其左,孙金彪击其右,贼殊死战。马队从两旁抄其后,贼不能支,纷纷溃窜。追至城边,贼倾巢出拒,败贼亦回戈转斗。正在酣斗,道员罗长祜等自北路驰至,三军合攻,毙敌无算,贼向西路狂奔,复追杀数十里。帕夏所立阿奇木伪官马人得乞降,孙金彪受之。各军分驻吐鲁番满汉两城。"[③]

左宗棠奏言,三月初一日(4 月 14 日),"刘锦棠亲率马步各营,由乌鲁木齐逾岭而南,初三日(16 日)抵柴窝铺,侦知达坂城踞贼坚守如故,遂于是日黄昏,派总兵余虎恩、提督陶生林等各率马步衔枚疾行,径取达坂,期以五鼓会集城下,立合重围。行至近城十余里,

---

① 奕訢:《平定陕甘新疆回匪方略》卷 301,第 29 页。
② 石光明:《清代边疆史料抄稿本汇编》第 20 册,第 217 页。
③ 奕訢:《平定陕甘新疆回匪方略》卷 303,第 6 页。

一派草湖淤泥深及马腹,余虎恩、陶生林、夏辛酉等率马队掠过深淖,步队继之,分列城下,联接成阵。天明雾收,贼瞭见官军环围,急施枪炮,轰声不绝。刘锦棠策马周览,诱敌出城,一面饬各营严防冲突,一面筑垒掘壕以断援贼。旋探报山后有贼骑来援,即饬陶生林等率队往剿,贼殊死战,我军左右包抄,贼骑却退,追逐五十里,擒斩颇多。忽又有贼骑千余驰至,败贼遂与之合窜,讯据生擒贼供,两起骑贼均系帕夏第二子海古拉令来援达坂者。又据城中投出缠回报称,安夷待援不至,现议突围而走。是时刘锦堂修筑城东炮台已成,遂用开花大炮三尊连环轰击,城中炮台倾圮,城垣亦毁数处。最后一子飞坠城中子药房,砉然一声,山摧地裂,大风骤起,火势益张,延烧贼储药弹及开花子炮,万雷怒轰,死尸山积。贼遂开东门窜走,官军围而蹙之,卒不得出,大小头目悉数缚至麾下,无一人一骑漏网者。此初七日(20 日)攻克达坂城之情形也”。①

4 月 20 日,清军用大炮轰开达坂城,敌军全部被歼,大通哈(即大总管)爱伊德尔呼里被俘。“据供愿遣人报知帕夏,缚送逆回白彦虎,缴回南八城。”“刘锦棠试令其归,向帕夏面陈一切。爱伊德尔呼里等坚称,愿留军中,俟帕夏回音,以明心迹,刘锦棠许之。……其就缚之南八城各回,并土尔扈特种人及土回等,均给衣粮纵归原部,约俟官军前进潜为内应,皆欢呼而去。……十一日(24 日)潜师夜起,次日派道员罗长祜、总兵谭拔萃等率马步六营由东南进,会攻吐鲁番。刘锦棠率谭上连、黄万鹏等十四营,由西南进,直捣托克逊城。……据报安酋闻达坂已失,急图奔窜,白彦虎亦将裹胁缠回同逸。刘锦棠立饬马队先发,步队继之,晡后(指下午五点钟)齐抵。近城十余里,忽马步贼队从路旁空庄冲出,包抄官军,势甚猖獗。黄万鹏等即率所部纵横冲杀。正鏖战间,刘锦棠大队驰至。……号鼓雷鸣,杀声震野,众贼惊溃,举火自焚存粮、火药,弃城而逃,官军追剿,杀贼无算。天明望见余贼千余骑西窜,刘锦棠饬谭上连等率马步追剿,一面收复托克逊城。……午刻谭上连等回报,追贼三十余里,毙贼三四百名,生擒十九名,夺获马匹、枪械甚多。此十三日(26日)克复托克逊城之情形也。”②

这时清军所向克捷,军威极盛,阿古柏的军队望风胆落,“海古拉、白彦虎已于十二日(25 日)各带骑贼护其辎重,仓皇西窜。”吐鲁番会战在几天内结束,阿古柏的主力部队被歼灭殆尽,清军胜利地打开了进入南疆的大门。

(二) 南疆东四城之战

在清军的强大攻势面前,由阿古柏残暴统治所造成的各种矛盾逐渐激化。各族人民闻清军西进,纷纷出来欢迎。白彦虎也不受阿古柏约束,被阿古柏胁迫来的士兵也不愿给这个残暴的统治者卖命打仗,清军释放回去的 900 多个被俘维吾尔族士兵,被阿古柏“杀数十人,余多羁押各城”,维吾尔族士兵愤恨阿古柏的残杀行为,“愈不受其约束”。阿古柏兵败势穷、众叛亲离,“知人心已去,日夜忧泣”,四月上半月服毒药自杀。③ 阿古柏死后,其政权发生内讧,六月原七城政权分为互不统属的三部分。他的次子海古拉携尸西

① 奕䜣:《平定陕甘新疆回匪方略》卷 303,第 16 页。
② 奕䜣:《平定陕甘新疆回匪方略》卷 303,第 17 页。
③ 左宗棠:《左文襄公全集》奏稿,卷 50,第 71 页。

走,将至库尔勒,被其兄伯克胡里截杀。这时阿古柏集团已经土崩瓦解,伯克胡里逃回喀什噶尔自立为王,库尔勒一带只有白彦虎的部队还在据守顽抗。"左宗棠奏言:闻喀什噶尔现有叛兵二千余,安集延兵数千,又有汉人五六千,缠回万余在彼耕种经商,均剃辫回装以自别,现在回部内乱,势成瓦解,八城中唯喀什噶尔尚烦兵力,余则师行所至当不敢再抗天戈,南疆戡定当在指顾间也。"①

　　1877 年秋,清军向南疆进军,计划先攻取南疆东四城,即喀喇沙尔、库尔勒、库车、阿克苏等地。"据刘锦棠报称,七月十七日(8 月 25 日)先派提督杨仁和率队进扎巴苏什阿、哈布拉两处,续派总兵董福祥、张俊、提督张春发率队分道继进。刘锦棠自率各营由小路进,均于二十六日(9 月 3 日)行抵曲惠,遂派提督余虎恩等取道乌州西行,出库尔勒之背为奇兵,自率队向开都河为正兵。时白彦虎已迫胁缠回从行,窜渡开都河西岸,壅水以阻官军。刘锦棠命将士凫水经过,既渡河即修造浮桥,壅塞上流。九月初一日(10 月 7 日)刘锦堂亲入喀喇沙尔城。……初三日(9 日)过哈尔哈阿满沟,突遇骑贼百余,斩十余人,擒两人。是日余虎恩等亦从间道驰至,比入库尔勒则城已空矣。刘锦棠探知,白逆复至洋萨尔,尽迫各回随行,乃选步卒千五百名,马队千名为头队,亲率以行。令道员罗长祐率各营继进,由库尔楚至洋萨尔不见一人,又进至布吉尔,有贼千余骑,列队对待。黄万鹏、谭拔萃等败之,斩百余名,生擒十余名,探询白逆踪迹,则已于前十日率众向库车矣。初十日(16 日)行四十里,瞥见前有骑步贼数万,难民居其半。刘锦棠令曰,执械者斩,余弗问。贼委难民而去,行数里复阵以拒我军,我军蹙之,贼乃奔。……十一日(17 日)驰抵托和奈地方,白逆于是日向库车窜走。十二日(18 日)进逼库车大城,缠回数万散布郊原,见官军至,结队力拒。刘锦棠令黄万鹏、章洪胜等率马队左右并进,谭拔萃、张俊等率步队继之,自率马队居中,罗长祐一军为后劲。贼骑四五千分两路来拒,官军奋力迎击,罗长祐马队大至,横冲入阵,贼大溃。官军乘势蹙之,追杀四十里,阵毙千余人,当将库车城收复。……十三日(19 日)拔队行百八十里,次日抵和色尔,将直指阿克苏。""此次刘锦堂自库尔勒启行,六日夜驰行九百里,擒斩悍贼千余,收复喀喇沙尔、库车两城,并其余城堡回庄无数,拔出被胁回众以十万计。"②

　　"九月十五日(10 月 21 日),刘锦棠督率所部由和色尔进发,行八十里追及贼尾。总兵方友胜督队奋击,阵斩五十余名,生擒一名。刘锦棠驰追至拜城,城中头目遣人出告,白逆昨日过此……将胁缠头俱窜,本地回目不从,被杀城外,庄堡焚掠一空,城内回众闭门拒守,白逆力攻未下,遂即率党西窜。刘锦棠亲加抚慰,其大头目即开城乞降。十六日(22 日)饬各将领履冰而进,行八十里抵铜厂,侦知贼正率眷口渡河,我军趋之及贼于河岸,督队猛击,积尸坠水,水为不流。复率所部乱流而渡,行三十里又及贼于上铜厂,贼分两路来拒,我军亦分两路迎之。夏辛酉等击其右,黄万鹏等击其左,刘锦棠居中调度。正相持间,夏辛酉跃马冲入贼阵,生擒貂衣贼目一名,贼骇溃。官军并力夹击,毙贼数千名,生擒悍贼百二十六名,夺获战马二百余匹,军械无算。……十七日(23 日)官军度戈壁百四十里,至哈拉裕勒。次日抵札木台,旋驰薄阿克苏城。城内总头目阿布都勒满谋率众投诚,为各胖

———————————

　　①　奕䜣:《平定陕甘新疆回匪方略》卷304,第7页。

　　②　奕䜣:《平定陕甘新疆回匪方略》卷305,第7-10页。

色提缚之西去,白逆亦率死党同遁,城内缠回十数万守城以待官军……刘锦棠遂入居阿克苏满城。"①"讯据擒贼供称,白逆拟与安集延各酋分窜,一走乌什,一走叶尔羌,冀可分兵力而延残喘。刘锦棠遂决计舍安夷而追白逆,令黄万鹏等马步各营向乌什而进。十九日(25日)踏冰渡胡马纳克河,行八十里戈壁,擒斩白逆尾股马有才等十六名。二十日(26日)行抵乌什城东,瞥睹贼踪,黄万鹏等张两翼抄之,该逆惊窜,我军马步齐进,斩馘数十名,生擒数名,夺获贼马八十余匹,当将乌什收复。"②

白彦虎又逃往喀什噶尔。两个月间,阿古柏的队伍已经瓦解,清军驰逐3000里,出入于荒漠泽国之间。所过之处,各族人民纷纷起来反抗阿古柏的军队,大大加快了进军速度,南疆的东四城被清军顺利收复。

(三)南疆西四城之战

西征军南疆东四城之捷,使敌人成了丧家之犬。刘锦棠原拟从中路进攻叶尔羌,分割西四城之敌,然后东打和田,西攻英吉沙尔和喀什噶尔。喀什噶尔是其中心,在正常情况下,清政府在新疆西四城设有完整的政府机构并驻有相当数量的军队。

"和阗(田)汉城一座,内设办事大臣一员,都司一员,兵四百名,回务主管一员,粮饷主事一员。又回城一座,内住阿奇木伯克一员,头、二、三品不定,以下至七品皆为伯克也。"③

"和阗(田)向西北行六日至叶尔羌。有汉城一座,内设参赞大臣一员,帮办大臣一员,若到三月间参赞前往喀城住扎,至九月方回至叶尔羌。又设粮饷主事一员,回务主事一员,管驼马主事一员。并有吐鲁番满营换防官兵五百名,又兰州换防官兵并甘州官兵一千名,又古城子换防满营官兵五百名,并巴里坤官兵,共官兵二千余员名。又回城一座,内设头品阿其木一员以至三四五六七品伯克等官也。绿营之参将一员、都司一员。

英吉沙尔有汉城一座内设办事领队大臣一员,绿营兵一千名,粮饷章京一员,并兼回务处游击一名。又有回城一座,离城五里,内设四品阿奇木伯克一员,并有五六七品伯克等官。离叶尔羌四站,向西北行二站,至喀什噶尔也。喀什噶尔汉城一座,内设办事领队大臣一员,又有换防总镇一员,粮饷章京一员,回务兼驼马章京一员,印房章京一员,兼办英吉沙尔粮饷事务笔帖式数员,游击二员、都司二员、守备四员、千总八员、把总十六员。经制外委十六员。绿营换防马步兵丁三千五百名,伊犁换防满营洗白索伦三营共兵五百名,按二年一换,满营协领一员,洗白索伦共总管一员。以上满汉共官兵四千余名。又有回城一座,相距汉城二十里。城内设二品阿齐木一员、三品伊使罕一员、朵扎那齐伯克一员、都管伯克一员、海子伯克一员、商伯克一员、明伯克一员、明巴什、玉孜巴什、阿喀拉齐、温巴什等各官。"④

"阿齐木者大人也,伊什罕者中军也,此二员系总统也。噶扎那齐伯克者专管田亩也,

①　奕䜣:《平定陕甘新疆回匪方略》卷305,第13、14页。
②　奕䜣:《平定陕甘新疆回匪方略》卷305,第15页。
③　石光明:《清代边疆史料抄稿本汇编》第20册,第183页。
④　石光明:《清代边疆史料抄稿本汇编》第20册,第193页。

商伯克者专管粮饷也,海子伯克者专管词讼也,明巴什者管一千人也,玉孜巴什者管一百人也,阿喀拉齐者管五十人也又管饷道也,温巴什者管十人也。"①

面对清军的大举进攻,南疆西四城的敌军分崩离析,内部一片混乱。和田的军事头目呢牙孜向清军投降,并领兵进攻叶尔羌。伯克胡里亲率骑兵五千名,在叶尔羌同呢牙孜酣战,呢牙孜战败,和田又被敌军占领。

刘锦棠"接南路侦报,求抚回目和阗(田)伯克呢牙孜因进图叶尔羌,为援贼帕夏长子伯克胡里所败,并失和阗(田)。又探悉逆回白彦虎于九月底窜至喀什噶尔,意图留居,喀什噶尔头目阿狸达什拒而不纳。伯克胡里闻官军已克库车,引众向英吉沙尔窜走,仍留人分据和阗(田)。又据从前换防守备何步云、旗员英韶等遣人间道来营禀称,已率满汉兵民数百人反正,占据(喀什噶尔)汉城,阿里达什逐日来攻。并闻伯克胡里有准白彦虎入喀什噶尔助攻汉城之信,乞分兵救援。"②

刘锦棠抓住这一有利时机,改变原来先攻叶尔羌的作战计划,分兵三路,乘敌不备,迅雷出击,先攻边城喀什噶尔,击敌之中央,截断敌人向俄境逃窜的去路,然后再打叶尔羌、英吉沙尔、和田三城。"刘锦棠遂饬提督余虎恩等各率马步队伍分道并进,期以十一月十四日(12月18日)同抵喀什噶尔。并亲率各营进扎巴尔楚克、玛纳而巴什,以扼和阗(田)、叶尔羌之冲。"③

左宗棠奏言:"刘锦棠定议三路进兵,即拟由玛纳尔巴什径捣叶尔羌、英吉沙尔两城,以应进窥喀什噶尔之军。……余虎恩与黄万鹏两军于十三日(17日)齐至喀城,因贼攻汉城甚急,乘夜赴之。余虎恩令提督肖元亨等趋左右,而自当中路。贼众仓皇弃垒而走,将士奋勇冲杀,歼毙甚多。忽有贼骑千余向中路猛扑,我军张两翼围而歼之,刺其贼首坠马,询之则白逆之副元帅王元林也。维时城西北隅骑步贼三四千人来援东面之贼,而黄万鹏、张俊亦由北路驰至,合队击之。据守汉城之前署喀什噶尔镇标中营守备何步云、城守营守备杨世通、粮饷回部章京英韶,凭城助势,群贼汹惧出窜。何步云来营面称,贼闻报大兵将至,安夷所胁缠回先溃,白逆之党及所胁乌鲁木齐、吐鲁番回留城东,伯克胡里及陕逆于小虎所胁西四城缠回留城西北,以缀官军。白逆向西北窜走,伯克胡里亦已西窜,余虎恩乃令张俊守城,黄万鹏趋西北,而自率师趋正西,十五日(19日)及贼于明要路。擒讯贼供,伯克胡里已率四百人先遁,于小虎断后。余虎恩令桂锡桢等由捷径疾驰截贼去路,自督肖元亨等前后夹击,贼势披靡,都司余福章等阵擒于小虎,哈密叛回蓝得全亦为我师所诛,贼众歼尽。适布鲁特回子报称伯克胡里已抵过路峡,距窝什地方不远。余虎恩度伯克胡里已出边界,而白逆必由恰哈马克经过明要路,距恰哈马克三百余里,若横截而出或可擒获。遂与黄万鹏合势,舍伯克胡里而追白彦虎。十六日(20日),黄万鹏至岌岌槽与贼之尾队相值,余虎恩所遣肖元亨亦至,纵军夹击,生擒伪元帅马元,并斩其副白彦龙,此股遂尽。讯据贼供,白逆昨早过此,黄万鹏等露宿宵食,五鼓拔队,再行进三十余里,突遇布鲁特部众所称黑勒黑斯者(即俄罗斯军)约五六百人。讯知白逆已入彼界纳林河,遂止不追。其

①　石光明:《清代边疆史料抄稿本汇编》第20册,第196页。
②　奕䜣:《平定陕甘新疆回匪方略》卷306,第9页。
③　奕䜣:《平定陕甘新疆回匪方略》卷306,第9页。

派赴和阗(田)之提督董福祥于十一月二十九日(1878 年 1 月 2 日)由叶尔羌驰抵和阗(田)时,据城安夷尚未尽审,分路追击,生擒头目达的罕条连、洛巴什俄波、土回伪元帅常世和王孝及等三十二名。……十二月初二日(1 月 4 日)探报安集延贼尚踞城南五十里地方,董福祥驰往剿之,贼败走,阵擒胖色提等四十余名及夷众三百余名次第斩决,和阗肃清。罗长祐经过叶尔羌时探知,沙雅尔回目麻木尔等纠党数百人与和阗(田)逃出安夷合股,希图窜出南口,遂商同谭拔萃等派队驰追。十一月二十六日(12 月 30 日)生擒麻木尔哈哈等,并阵斩七十余名,叶尔羌余氛亦靖。"①

伯克胡里逃入俄境。白彦虎率一二百骑,携带金银,也逃入俄境。"讯据擒贼供称:白彦虎于秋末已遣甘回马北赍所掠金银货宝由俄属布鲁特赴俄国买路求生……白彦虎一股窜过恰哈马克时正值大雪,冻僵无数,余一二百骑于十一月二十四日(12 月 28 日)到俄界纳林河桥,俄人收其军械,放令过桥而去。"②清政府曾向俄政府提出引渡要求,按照俄约第八款应送回,听中国按律治罪。"俄国使臣既称本国照约办理,谅不肯自居为诸逃薮第,牵及未结各案为口实,并谓须由左宗棠照会土耳其斯坦总督,是否意在推诿,或借以居奇,均不可测""奉谕旨,理合照会贵大臣,迅即转行知照贵国边界官,按照庚申条约所载,及去年七月二十七日贵大臣所称,将逃亡贵国之逆贼白彦虎、伯克胡里等悉数解送本国军营,以昭大义而重邦交。"③而俄方则一再推诿,拒绝引渡。

此次收复西四城之战,"刘锦棠定计,规取西四城,先派提督余虎恩等由阿克苏取道巴尔楚克玛纳尔巴什为正兵,派黄万鹏等由乌什进为奇兵,约定师期,先攻喀什噶尔。刘锦棠驻扎巴尔楚克玛纳尔巴什以握冲要。……十一月十七日(12 月 21 日)收复叶尔羌,二十日倍道至英吉沙尔收抚缠回,乃即前进,二十二日抵喀什噶尔。而余虎恩等已于十三日齐抵城下,分路进攻。提督董福祥率队驰抵和阗(田)于十一月二十九日(1 月 2 日)、十二月初二(1 月 4 日)等日,旋剿旋抚,和阗(田)亦已肃清"。④

此次克复西四城,廓清二千数百里,历时未愈一月。攻打西四城之战,毙俘敌万余人,擒获阿古柏军大小头目 1166 名,缴获战马万余匹,及开花大炮七座,开花铜炮百余座,枪械之多不可计数。至此,被阿古柏侵占达 13 年之久的我国神圣领土新疆除了伊犁地区尚被沙俄占领外,新疆其余地方都重新回到祖国怀抱。清军收复新疆之战的胜利,在中国战争史上具有深远的历史意义。它是自 1840 年以来中国人民反抗外来侵略的涉外战争中取得的少有的一次彻底胜利。它粉碎了英国殖民主义者借阿古柏反动政权在新疆扩展势力的阴谋;并使沙俄企图永久霸占我国伊犁地区的侵略野心遭到彻底破产。

新疆光复后,左宗棠立即上奏《复陈新疆情形折》,着重谈中俄关系:"腴地不可捐以资敌粮,要地不可借以长敌势。非乘此兵威迅速图之,彼得志日骄,将愈进愈逼。"⑤并提出:"伊犁未交还以前,应禁止俄人通商。"⑥

---

① 奕訢:《平定陕甘新疆回匪方略》卷 307,第 4－5 页。
② 《清实录·清文宗实录》卷 236,第 2 页。
③ 王彦威:《清季外交史料》卷 13,第 12、14 页。
④ 奕訢:《平定陕甘新疆回匪方略》卷 307,第 16 页。
⑤ 左宗棠:《左文襄公全集》奏稿,卷 53,第 31 页。
⑥ 左宗棠:《左文襄公全集》奏稿,卷 53,第 59 页。

九、中俄收交伊犁谈判

西征军击败阿古柏以后,清政府立即着手收回伊犁。

伊犁在北疆西部,是西北边陲第一重镇。清初清政府平定了新疆地区后,将以前的准噶尔部首府改称为宁远,并在其西另建一座新城,即惠远。1762 年清政府即设置伊犁将军于此。在十八世纪,还在伊犁地区建立了惠宁、绥定、广仁、熙春、拱辰、瞻德、塔勒尔等城。

伊犁地区兼得伊犁河、特克斯河的灌溉之利,农牧相宜,民丰物阜,是新疆最富饶的地区之一。沙俄对伊犁垂涎已久。在 1871 年用武力侵占伊犁后,企图长期霸占,便毁弃大城,在宁远东九十里之金顶寺,另修长二十里的街市。并将伊犁地区划归俄国阿尔玛图的地方官科尔帕科夫斯基管辖。沙俄政府原以为清政府迫于内忧外患,没有能力把盘踞在天山南北的阿古柏侵略军赶走。俄国驻北京公使倭良噶哩曾代表沙俄政府向清廷总理衙门表示,只要中国从阿古柏手中收回被占领土,他们就把伊犁还给中国。1875 年 6 月,受沙俄政府派遣来中国的军官索思诺夫斯基又在兰州对左宗棠重申:"伊犁暂驻俄兵,原是防回侵害。只俟中国打开乌鲁木齐、玛纳斯,即便交还。"①

1876 年 4 月西征军入疆,沙俄政府发觉阿古柏难以抵挡清军的进攻,倭良噶哩的讲话使沙俄很被动。阿古柏如被击败,清政府将会根据他们曾经许下的"诺言",向俄国收回伊犁。俄国陆军大臣米留金专门为此召开了一次特别会议,研究对策。最后决定:"沙俄将不让满州政府领有伊犁……除非达成一个协议,让特克斯河谷平原归入沙皇帝国,俄国商人获得商业特权,并赔偿俄国在中国叛乱时期所蒙受的损失。"②

西征军进军新疆,节节胜利,完全出乎沙俄意料之外,而沙俄一直支持阿古柏对抗清军。1877 年 1 月,俄国派出特别代表团到库尔勒,鼓励阿古柏负隅顽抗。阿古柏军战败,沙俄别有用心地收容了白彦虎和阿古柏的儿子伯克胡里,并支持他们多次从俄境骚扰南疆。

1876 年清军收复乌鲁木齐后,总理衙门即与俄国新任驻华公使布策交涉,布策提出:中国须将通商交涉各案先行办结,方可会议交还。1878 年西征军歼灭阿古柏侵略军后,清政府再次向布策提出归还伊犁的要求。后来,按照布策的意见,决定由左宗棠与俄中亚当局直接会晤会商交收伊犁和引渡逃犯问题。左宗棠行文科尔帕科夫斯基,要求根据条约规定将白彦虎等解回。沙俄在回文中竟说这些人是"难民",不但拒不引渡,反而要求清政府偿付他们逃俄后的生活费用。③ 科尔帕科夫斯基称交还伊犁一节,"事体重大,俟咨商土耳其斯坦总督(考夫曼),再行定议"。考夫曼则声称:"此事应由中国大臣与我驻京使臣议办。"布策仍坚持"必须将边界各案办结,以见中国真心和好,方能咨请本国派员会商"。并要求"请先弛禁"。俄国不仅拒不交还伊犁,还企图获取更大的侵略权益。中

---

① 中国社科院近代史研究所:《沙俄侵华史》第三卷,第 253 页。
② 复旦大学《沙俄侵华史》编写组:《沙俄侵华史》,第 223 页。
③ 中国社科院近代史研究所:《沙俄侵华史》第三卷,第 253 页。

方的态度是:"通商、分界、偿款三端尽行议妥,即将伊犁收还,两事办理不分先后。"① 清政府几次与俄国公使及土尔克斯坦总督交涉,毫无结果,于是决定遣使赴俄京谈判。

清政府于1878年6月22日派盛京将军崇厚为全权大臣,赴俄交涉收回伊犁和引渡白彦虎等人。崇厚是一个贵族出身的纨绔弟子,自命精通洋务。1860年经奕䜣推荐,任三口通商大臣,1870年天津教案发生后,崇厚奉命赴法国"谢罪",回国后擢升总理各国事务大臣。实际上除了奉迎洋人,他对外交事务一窍不通,对于这次赴俄谈判全然没有准备。崇厚尚未启程,翰林院侍讲张佩纶即上奏,请勿给崇厚全权及便宜行事折:"使臣议新疆,必先知新疆,自宜身历其地,体察形势,知己知彼,则刚柔操纵,数言可决。今航海而往,不睹边塞之实情,不悉帅臣之成算,胸无定见而遽蹈不测之地,将一味迁就乎,抑模棱持两端乎……仰请饬令崇厚由陆路前往,与左宗棠定议后而后行……窃谓殊域遣使当予以便宜之实,而不假以便宜之名。伏望圣明裁度熟计,勿轻授予崇厚全权便宜名目。"②

光绪四年十月十四日(1878年11月)代表团一行30人从上海启程,"道经香港、西贡、新加坡及印度洋之锡兰、亚丁、红海苏尔士,过新开河入地中海。于十一月二十四日抵法国马赛海口登岸。……二十六日上火轮车,次日抵巴黎。……自马赛至俄路程八千数百余里,沿途屡易轮车,于十二月初八日(12月31日)行抵彼得斯伯克。"③

从1879年1月开始,谈判历时9个月。崇厚自登上俄国领土起,即受到俄方"高规格接待",1879年1月21日会见沙皇,"俄帝以御车驷遣贵官往迎,既至宫门,卫兵拱枪以迎,俄亲藩格林(御前大臣)充掌仪大臣,肃之入。经理亚细亚事宜大臣周旋期间,俄帝俟诸镜堂登见之。次,帝命左右宣读中国之书。读竟,宴之于便殿,礼饮既终,退归于使馆,遂建中国龙旗于上"。④ 崇厚对这样的款待很高兴。

1879年3月,沙皇政府召开关于伊犁问题的特别会议。会议决定,为了维持沙皇政府的"体面",不拒绝履行俄国多次申明的诺言——交还伊犁。但在得到中国人的积极让步以前,伊犁不能交还。这些让步包括给俄国更多的贸易特权,赔偿损失,修改天山以北的俄中边界等。⑤

俄方代表格尔斯在会谈开始,即提出要求:"大致分通商、分界、补恤俄民三大端。复将商务、界务各分为三条。商务三条曰中国西边省份准其贸易;曰天山南北各路妥协贸易章程;曰西边省份及蒙古地方设领事馆。界务之三条曰伊犁西南界,曰塔尔哈巴台界,均应稍加更改;曰天山以南两国应将未定边界划清。至补恤俄民银两,应再详议。"⑥谈判进行不久,俄方代表改由外交部首席顾问热梅尼、亚洲司副司长麦尔尼科夫和俄驻华公使布策担任。

崇厚在以后的谈判中,一味讨好俄国,对俄国关于归还伊犁后,清政府必须在商务、界务和赔偿军费等三个问题上作出重大让步的无理要求,不但没有进行斗争,反而为俄国说

① 王树相:《新疆图志》卷5,第22、23页。
② 王彦威:《清季外交史料》卷14,第8页。
③ 王彦威:《清季外交史料》卷15,第5页。
④ 王树相:《新疆图志》卷5,第22页。
⑤ 中国社科院近代史研究所:《沙俄侵华史》第三卷,第256页。
⑥ 王彦威:《清季外交史料》卷15,第31页。

项开脱。甚至向清政府担保沙俄"无图利之心"。在谈判之初就擅自"允其通商,允还代收代守兵费"。[1] 他把俄国为了占领我国领土提出重新划界的要求,说成俄国索要土地"实属无几"。而"伊犁用费及俄民补恤两款则数目无多"。[2] 并建议朝廷在俄交还伊犁前,应取消商业禁令,准允俄国商人到新疆各地贸易。清政府坚决不同意,一再电示"利害所关必当权其轻重,未可因急于索回伊犁,转贻后患"。[3] 尤其边境分界,涉及领土,关系重大,故明确指出:沙俄"将同治三年经明谊议定之界,欲于西境、南境各画去地数百里,并伊犁通南八城之路隔断,至伊犁一隅,三面皆为俄境,弹丸孤注,势难居守,此万不可许之事"。[4] 崇厚对朝廷的指示,置若罔闻,在给总理衙门的回电中说:"条约已经缔结,文本业已誊清,改订或重新谈判已不可能。"[5]1879 年 10 月 2 日,他在黑海边的里瓦机亚与俄国签订了《交收伊犁条约》(也称《里瓦吉亚条约》)共十八条,另有《瑷珲专约》《兵费及恤款专条》《陆路通商章程》等。10 月 11 日崇厚未经朝廷批准擅自启程回国。

　　"条约款目摘要:第一款,俄国允还伊犁;第二款,中国允即恩赦伊犁居民;第三款,伊犁民人迁居俄国入籍者,准照俄人看待;第四款,俄人在伊犁置有财产,准其照旧营业;第五款,交还伊犁由左宗棠等与俄国所派之高福满会办,中国御笔批准后,交收大臣照行;第六款,中国允还俄国收守伊犁各费卢布银伍佰万元;第七款,接收伊犁后霍尔果斯河西及伊犁山南之特克斯河归俄属;第八款,塔城界址拟稍改;第九款,两国分界派大员酌定,安设界牌;第十款,旧约喀什噶尔、库伦设领事,关外现准嘉峪关、乌里雅苏台、科布多、哈密、乌鲁木齐、古城等酌设领事;第十一款,领事与地方官会办公事用信函,待以客礼;第十二款,俄商在蒙古、天山南北路贸易均不纳税;第十三款,设领事处及张家口均准设栈;第十四款,俄商运俄货走张家口、嘉峪关赴天津。走汉口,过通州、西安、汉中。运土货回国同路;第十五款,此约通商章程自批准日起,五年后修改;第十六款,俄国愿收税则,将下等茶税会商总理衙门酌定;第十七款,边界牲畜被偷,声明旧约追究,官不代赔;第十八款,定约画押由两国批准后通行。一年为期,在俄京交换。"[6]条约规定中方需赔偿"代守"伊犁军费 500 万卢布,合白银 280 万两。俄国商人在条约中规定的商业线路上的税率较沿海关税减少 1/3。此条约使俄国达到了扩大侵华权益的目的,而中国收回的伊犁,成了一座北、西、南三面被俄国包围的孤城。

　　消息传回北京,舆论大哗。"经总署详加复核,偿款一节尚不过多,通商则事多纠葛,分界则弊难枚举。奏请饬下疆臣复议,迅图补救。"[7]"左宗棠具疏劾之,朝廷文章弹劾,请斩崇厚以谢天下。"[8]只有李鸿章等少数官员认为应批准条约,提出如果在议定条约后不予批准,将"为各国所讪笑,则所失更多,且彼仍必以分界修约为词,时相迫促。迫促不已,必生兵端,而西北路各军与俄人逼处,积不相能,约既不换,则随事易生猜疑,难保不渐开

---

① 王彦威:《清季外交史料》卷 15,第 16 页。
② 王彦威:《清季外交史料》卷 15,第 32 页。
③ 王彦威:《清季外交史料》卷 15,第 36 页。
④ 王彦威:《清季外交史料》卷 16,第 3 页。
⑤ 徐中约:《中国近代史》,第 255 页。
⑥ 王彦威:《清季外交史料》卷 16,第 25 页。
⑦ 袁大化,等:《新疆图志》卷 5,第 24 页。
⑧ 袁大化,等:《新疆图志》卷 5,第 22 页。

边衅,中俄接壤之处约万余里,实属防不胜防。迨兵衅一开,其所要求恐有仅照现议而不可得者"。① 李鸿章认为,俄国将伊犁"乘回乱掠去,本不欲归我旧疆,在我则瓯脱极远之地,亦可不必急索还也。……忽又举朝狂吠,废弃已定之约,理可谓直乎。……左相拥重兵巨饷,又当新疆人所不争之地,饰词欲战,不顾国家全局"。他认为,左宗棠所率清军:"军心不固,外强中干,设与俄议决裂,深为可虑。"②针对李鸿章的言论,左宗棠上《复陈李鸿章所奏各节折》称:"若仍以含糊模棱之见应之,我退而彼益进,我俯而彼益仰,其祸患将靡所止极,不仅西北之忧也。"③"议者或谓边衅不可开,我纵得志于西北,俄得肆志于东北,则防不胜防也。宗棠窃计,俄之国大兵少,又为土耳其所窘,不能多作豪举。就现在局势而言,非用兵无以收取伊犁。先之议论尚是空谈,继之兵威乃有结果也。"④

全国朝野纷纷指责崇厚擅权卖国,以致"街谈巷议,无不以一战为快"。连素来主张对外妥协的奕䜣也曾两次上奏,认为此约丧权太多,不能接受。指出,《里瓦吉亚条约》"商务一节若允照办,胶葛甚多,并与华商生计亦有妨碍"。⑤ 左宗棠上《复陈交收伊犁事宜折》,对条约中的第七款、第八款、第十款、第十四款都提出质疑。指出,"从此,伊犁势成孤单,控守弥难"。⑥"若西境皆允其划归俄属,则伊犁无西路之援,而南疆失北路之险,其势亦孤露而不可久。"⑦左宗棠批评崇厚在谈判中一味妥协,丧权辱国,"捐弃要地,餍其所欲。譬犹投犬以骨,骨尽而噬仍不止"。⑧ 金顺奏:"细阅条款所载,其必不可允者有七……特克斯河可通南路,塔城尤当要冲,一旦划割隶俄,弱己强敌,彼直扼我吭而抚我背矣,此界务之必不可允者也。"⑨英国人评论:"崇使昨至俄,其新约所载各条,殊属得不偿失。"⑩ 崇厚为中国"全权大使,俄国即君主身任,并无留待批准之手续,此见曾纪泽与总署书。崇厚曾任三口通商大臣,曾以全权大臣订中与丹麦通商条例,曾承办中葡换约事宜,未尝非经过定约之熟手"。⑪ 崇厚擅自签约使清政府又一次处于激烈争论之中,最后清廷于 1880 年 1 月 16 日(十二月初六)上谕:"崇厚奉命出使,并不听候谕旨,擅自启程回京,情节甚重,仅予革职不足蔽辜崇厚,著先行革职拿问,交刑部治罪。"⑫3 月 3 日,判处监斩候。2 月 19 日(正月初十),清政府声明拒绝批准《交还伊犁条约》,并改派驻英法公使曾纪泽为钦差大臣,赴俄重开谈判。"崇厚在贵国所议条约章程专条各款,朕亲加校阅,多有违训越权之处。并经内外大小臣工一再会商妥议,佥谓事多窒碍难行,朕深为惋惜……是以再行特简曾纪泽为出使贵国钦差大臣。"⑬

① 王彦威:《清季外交史料》卷 17,第 18 页。
② 李鸿章:《李文忠公全集》译署函稿,卷 10,第 17 页。
③ 左宗棠:《左文襄公全集》奏稿,卷 55,第 41 页。
④ 左宗棠:《左文襄公全集》奏稿,卷 23,第 55 页。
⑤ 王彦威:《清季外交史料》卷 16,第 27 页。
⑥ 左宗棠:《左文襄公全集》奏稿,卷 55,第 31 页。
⑦ 左宗棠:《左文襄公全集》书牍,卷 23,第 49 页。
⑧ 袁大化,等:《新疆图志》卷 5,第 25 页。
⑨ 袁大化,等:《新疆图志》卷 5,第 27 页。
⑩ 袁大化,等:《新疆图志》卷 5,第 30 页。
⑪ 孟森:《清史讲义》,第 488 页。
⑫ 王彦威:《清季外交史料》卷 18,第 22 页。
⑬ 王彦威:《清季外交史料》卷 19,第 3 页。

俄国对此极为不满,向清政府提出抗议,采取外交上的恫吓,"沙俄代办凯阳德公然以下旗返国、断绝关系相威胁。"并在中国西北边境调集军队,考夫曼受命做好向中国开战的一切准备,在伊犁地区集中了 12000 多名俄军和 50 门大炮。1880 年 4 月 7 日,考夫曼致函西西伯利亚总督,要求他准备从斋桑湖方面派兵协同作战,"沙俄在这一地带边境线上部署了一支 12800 名步兵和 6250 名骑兵,配备有 62 门火炮的进攻部队。"同时在毗邻南疆的费尔干省集结了 5000 人和 30 门火炮。考夫曼为了利用阿古柏的残余势力作为对中国发动侵略战争的帮凶,还亲自接见了阿古柏的儿子伯克胡里,煽动他说:"喀什噶尔为汝世守之国,中朝恃其兵力,既毁其巢,犹欲取其子,吾必为汝复之。倘(中俄)以伊犁之议,两国构兵,为汝复国此其时也。汝先告谕喀什噶尔人民,令其驱逐华人,诸城可传檄而定也。"① 在中俄东段边界,沙俄也补充了兵力,"俄罗斯扬言,兵船 23 只,由黑海、阿非利加驰至中国洋面,意在胁和,以索兵费"。② 清政府也不得不命令沿边、沿海加强战备,中俄关系立趋紧张,战争一触即发。

列强各国都反对清政府将崇厚逮捕治罪,因为这在国际外交史上是没有先例的。英、法、美、德、意、奥等国分别向请政府提出抗议。"英国的维多利亚女王也亲自给慈禧太后写信求情。"③ 列强从维护其自身利益出发,对中俄局势采取不同态度:英、法不希望中俄间发生战争,因而要求俄国吐出一部分利益,同时压迫清政府对俄妥协;德国则支持俄国发动侵华战争,希望俄国陷入东方的战争,无暇西顾,以便从中获利;日本也乘机在琉球问题的谈判中向中国勒索更多权益。

国内和国际的各种力量在是否接受《交还伊犁条约》上产生严重分歧,清政府既不能全盘接受该条约,又不敢与俄国决裂,奋起一战,只能把全部希望寄托在和俄国重开谈判上。当时的俄国在欧洲舞台上陷于很孤立的地位,而英国的魔影在中国同样威胁到沙俄,沙俄深恐一旦发动侵华战争,将遭到英国的干涉。加上俄土战争的巨大消耗,财殚力竭,年荒饷缺,交通困难,运兵不便,发动侵华战争力不从心。面对着左宗棠手下的十万雄兵,俄国在军事上并没有必胜的把握。因此沙俄统治集团日益倾向于重开谈判。

为使曾纪泽为作为钦差大臣,与俄国重开谈判,经英国的从中活动,6 月下旬清政府首先作出让步,免除崇厚的"监斩候"罪名,以换得俄国对曾纪泽入境的许可。1880 年 4 月 1 日总理衙门详细审议了崇厚所订的条约,并提出《中俄约章总论七条》作为给曾纪泽的训令。

收复伊犁,使新疆全部失地统统回归祖国,是左宗棠远征新疆的最终目标。他在同俄国的长期交道中,对其侵略野心有深刻的了解。1877 年左宗棠就曾说,俄国人绝对不会痛痛快快交出伊犁,将来必定会有一番争执。左宗棠力主用武力把沙俄侵略者从伊犁赶走,上书朝廷说:"就时势次第而言,先之以议论,委婉而用机;次决之战阵,忍坚而求胜。"④"督办新疆军务身在事中,边防利害之分,百年安危之计,不敢不引为己任。"⑤ 可是

---

① 中国社科院近代史研究所:《沙俄侵华史》第三卷,第 261 - 263 页。
② 袁大化,等:《新疆图志》卷 5,第 28 页。
③ 徐中约:《中国近代史》,第 256 页。
④ 左宗棠:《左文襄公全集》奏稿,卷 55,第 38 页。
⑤ 左宗棠:《左文襄公全集》奏稿,卷 49,第 43 页。

李鸿章却主张对俄妥协,支持崇厚。他在给总理衙门的信中说,俄"必欲稍分其界,不如是则所议无成。今幸一了百了,已定之约若再更改,后患实不可思议"。[①] 他攻击左宗棠进兵哈密,实为徒劳。清政府没有同意李鸿章的意见,指示左宗棠统筹战守,积极准备收复伊犁。左宗棠极为鼓舞,他认为"俄事非决战不可",伊犁地区"非收回不可",今朝廷力持正论,不为异议所感。当前正是"戒备宜预,绸缪未雨"之大好时机。[②]

左宗棠计划分兵三路,武力收复伊犁。东路由金顺率部,扼守晶河一带,防止俄军东窜。令金运昌率皖军 5 营,拨归金顺指挥。令张曜速募兵丁 1000 名,骑兵数百骑,增拨步兵 5 营,骑兵 2 营,加上原有步兵 4500 人,骑兵 500 骑,为中路,由阿克苏沿特克斯河,取道冰岭,直趋伊犁。令刘锦棠率步兵 8500 余人,骑兵 1500 余骑,由西路取道乌什,过冰岭西侧,经布鲁特牧区,直指伊犁。并调步兵 8 营,以补充刘部缺额。左宗棠还加拨民团 1000 余人,加强塔城方面兵力。1880 年 5 月,左宗棠完成了进军伊犁的全部准备工作。全军上下一片欢腾,人人振奋,等待出征。这时左宗棠年近古稀,衰弱多病,杖不离手。但是他老骥伏枥,"壮士长歌,不复以出塞为苦",决心再次亲临前线,收复伊犁。[③]

沙俄眼看崇厚所订的条约将被清政府否决,气急败坏,扬言动武。在东起黑龙江,西至喀什噶尔的漫长边境上,频繁地调动军队,并向伊犁境内增派军队。一支庞大的舰队由黑海驶往中国沿海,准备封锁中国海面。中俄关系突然紧张,似乎一触即发。"实际上,俄国因与土耳其的战争刚刚结束,财力空乏,赤字高达 5000 万卢布";[④] "1878 年柏林会议以后,俄国在国际上孤立无援,这使俄国清楚了解到,他们无力进行一次远距离战争"。[⑤] 当时,沙俄土尔克斯坦总督考夫曼手下的官兵,大多抽调到对土耳其的战争去了,没有足够的兵力与左宗棠的西征军进行一场大战。

正当左宗棠出兵哈密之际,国际和国内一些反对对俄用兵的势力,诱逼清政府同俄国妥协。李鸿章攻击左宗棠说:"左帅主持倡率一般书生腐官,大言高论,不顾国家安危,即其西路之调度,不过尔尔。把握何在?"英国驻华公使威妥玛和海关总税司英人赫德出面斡旋说,只要中国接受规劝,英国愿意帮助清政府训练军队。镇压过太平天国军民的刽子手英人戈登,在 1880 年夏,向总理衙门提出割让伊犁,避免战争的建议,并威胁说,中国若与俄国相争,徒费兵饷,得不偿失。清政府在国内外妥协势力的诱迫下,动摇了用武力收复伊犁的决心,于 1880 年 8 月召回左宗棠。左宗棠于 11 月 14 日离开哈密,翌年 1 月 25 日回到北京。清政府根据左宗棠的荐举,任命刘锦棠署理钦差大臣,督办新疆军务,以张曜为帮办。并谕令:"该处防务固不可稍涉疏虞,惟衅端不得自我而开。该将军毋得进越边界,滋生事端。一面不动声色,密筹防备,候旨遵行。"[⑥]

曾纪泽行前向清政府陈述了他的谈判策略:划界问题"自宜持以定力,百折不回";通

① 李鸿章:《李文忠公全集》译署函稿,卷 10,第 17 页。
② 左宗棠:《左文襄公全集》书牍,卷 24,第 75 页。
③ 左宗棠:《左文襄公全集》书牍,卷 24,第 75 页。
④ 李治亭:《清史》,第 1748 页。
⑤ 徐中约:《中国近代史》,第 256 页。
⑥ 《清实录·清德宗实录》卷 115,第 11 页。

商各条,"惟当即其太甚者酌加更易";由于"界务稍有更改,则兵费不能不加"。①

　　曾纪泽于1880年7月30日抵达圣彼得堡。8月4日第一次谈判时,俄方代表格尔斯盛气凌人,声称《交收伊犁条约》不能更改,并指责清朝政府将崇厚"治以重罪,边防各处增械设防,中外人心惶惑,几欲启衅,似此情形,岂能议事"。态度蛮横,完全关闭了谈判的大门。②

　　8月24日曾纪泽向俄方提出照会,要求归还伊犁全境,中俄界址大体照旧,商务税务也要改议。8月25日,俄国外交和陆、海军高级官员,在陆军大臣米留金主持下,讨论了和曾纪泽重开谈判的问题。会议决定,可以考虑重开谈判,修改《交收伊犁条约》的细节,但主要内容不能变动。格尔斯则坚持会议应在北京举行,以示对清政府的刁难。"会议决定有关谈判的三个原则是:一、假如中国同意增加赔款,并愿意在其他边境线上进行调整以示补偿,俄国可以不坚持对特克斯河谷的控制;二、修改条约同样必须以不损害俄国的荣誉和声望为原则;三、与中国的争执长期拖下去是不利的,因此俄国必须以武力为手段,以求得谈判的迅速解决。"③

　　8月28日,俄国对曾纪泽答复:要派布策带兵到北京交涉,不愿和曾纪泽继续谈判。经过力争,俄国同意继续谈判,但要以《交收伊犁条约》为根本,如要修改原约,就要求清政府作出"补偿"。曾纪泽反复说明中国的立场,表示"中国不愿有战事,倘不幸有此事,中国百姓未必不愿与俄一战。中国坚忍耐劳,纵使一战未必取胜,然中国最大,虽数十年亦能支持,想贵国不无损失"。曾纪泽奏俄外部"于十一月二十六日送来照会两件,节略一件。第一件照会言此次允改各条,中国若再不允,则不得在俄再议,再将外部许臣商改之事全行收回。第二件照会言交收伊犁办法三条。节略中历叙允改之事,约有七端,臣请逐款详其始末。第一端曰:交还伊犁之事。查原约中伊犁西南两境分归俄属。南境之特克斯川地当南面通衢,尤为险要,若任其割据,则俄有归地之名,我无得地之实。……遂舍西境不提,专争南境,相持不下,始允归还。然犹欲于西南隅割分三处村落,其地长约百里,宽约四十余里。……臣迭次厉色争辩,宜将南境一带地方全数来归,其西南隅允照前将军明谊所定之界;第二端曰:喀什噶尔界务。从前该处与俄接壤者仅正北一面,故明谊定界只言行至葱岭靠浩罕界为界,亦未将葱岭在俄国语系何山名照音译出,写入界约。今则以西安集延故地尽为俄据,分界诚未可缓。崇厚原约所载地名,按图悬拟,未足为凭。……所争在苏约克山口也,臣答以已定之界宜仍旧,未定之界可另勘。……布策又称,原议所分之地,即两国现管之地。臣应之曰:如此何妨于约中改为照两国现管之地勘定乎?最后吉尔斯乃允写:'各派大臣秉公勘定',不言根据崇厚所定之界矣;第三端曰:塔尔巴哈台界务。查该界经明谊、奎昌等分定有年,迫崇厚来俄外部,以分清哈萨克为言,于是议改。考之舆图,已占去三百余里矣,臣每提及此事,必抱旧界立论。吉尔斯知臣必不肯照崇厚之议,始允于崇厚、明谊所定两界之间,酌中勘定,专以清哈萨克为主。……以上界务三端臣与外部先后商改之实在情形也。第四端曰:嘉峪关通商。允许俄国由西

　　① 苑书义:《中国近代史新编》中册,第205页。
　　② 复旦大学《沙俄侵华史》编写组:《沙俄侵华史》,第234页。
　　③ 复旦大学《沙俄侵华史》编写组:《沙俄侵华史》,第235页。

安、汉中行走,直达汉口之事,总理衙门驳议,以此条为最重,叠议商务者亦持此条为最坚。盖以我内地向无指定何处准西商减税行走明文,此端一开,效尤踵至,后患不可胜言。外部窥臣注重在此,允为商改。……将嘉峪关通商仿照天津办理,西安、汉中两路及汉口字样均删去不提;第五端曰:松花江行船至伯都讷之事。查松花江面直至吉林瑷珲城,订立条约时误指混同江为松花江,又无画押之汉文可据,致俄人历年借以口实。崇厚许以行船至伯都讷,在俄廷犹以为未能满志也。现将专条迳废,非特于崇厚新约夺其利,直欲为瑷珲旧约辩其诬。臣初虑布策据情理以相争,无词可对,故择语气之和平者立为三策:一,迳废专条。二,稍展行船之路,于三姓以下酌定一处,为之限止。三,允至伯都讷,但入境百里后即须纳税,且不准轮船前往。布策均不以为然。适奉电旨,责臣松劲,于是抱定第一策立言,务期废此专条。布策仍纠缠不已,吉尔斯恐因细故伤大局,不从其言,遂允将专条废去。声明瑷珲旧约如何办法再行商定;第六端曰:添设领事之事。查领事之在西洋各国者专管商业,其权远在驻扎中国领事官之下,故他国愿设者,主国概不禁阻。臣此次欲将各城领事删去,外部各官均以为怪,遂将中国不便之处与之说明。……将乌鲁木齐改为吐鲁番,余俟商务兴旺时再议添设;第七端曰:天山南北路贸易纳税之事。新疆地方辽阔,兵燹之后凋敝益深,道远则转运维艰,费重则行销益滞。……臣因将原约内均不纳税字样改为暂不纳税,俟商务兴旺再订税章。以上商务四端臣与外部先后商改之实在情形也。"①

俄国代表在同意对崇厚所订条约进行上述七处修改的同时,提出增加赔款的要求。双方在赔款的名义上又发生争执,俄国要求赔偿“兵费”,中国只愿多赔一些俄军在伊犁的“代守费”。俄方提出索赔费用由 500 万卢布增加到 1200 万卢布。“总理衙门电复,嘱臣斟酌许之,至多不得逾二百万两。又电言,如无别项纠缠,统计约五百万两偿款即可商定。”俄方代表称,“连上年偿款统算,非卢布一千万元不可”。最后双商定,偿款增加卢布四百万元,总数为卢布九百万元,合白银五百万两。② 符合总理衙门的授权范围。

除了上面提到的重大改动以外,曾纪泽“与布策先行商议法文条约章程底稿,逐日争辩,细意推敲……以有益于中国,无损于俄人等语,开诚公布而告之,于崇厚原订约章字句,陆续有所增减……于七端之外,又争得防弊数端”。③

谈判中曾纪泽据理力争,反复辩驳,同俄国进行了长达七个月的艰苦谈判。形成的条约草案,“较之总理衙门所寄廷臣准驳之议,虽不悉数相符,然挽回之端,似已十得七八。……奉旨,著照此定约画押,约章字句务须悉心斟酌,毋稍疏忽。余依议,钦此。”④ 中俄双方于 1881 年 2 月 24 日(正月二十六日)签订了《中俄伊犁条约》,又称《改订条约》或《圣彼得堡条约》,共二十条。条约废除了《交收伊犁条约》,收回了由崇厚割让给俄国的伊犁南境特克斯河一带的领土,原则上规定修改北疆边界,重勘南疆边界;通商方面,俄商可在中国新疆各城贸易,暂不交税,在中国蒙古地方贸易,照旧交税;中国准许俄国在嘉峪

①　王彦威:《清季外交史料》卷 25,第 9－13 页。
②　王彦威:《清季外交史料》卷 25,第 15 页。
③　袁大化:《新疆图志》卷 6,第 10 页。
④　袁大化:《新疆图志》卷 6,第 11 页。

关、吐鲁番两地增设领事;伊犁居民愿迁居俄国入俄国籍者,均听其便。据不完全统计,《中俄伊犁条约》签订之后,迁入俄国境的中国居民达 10 多万人。条约对俄国的广泛要求作了一些限制,争回了一些权力。清政府在赔款问题上作了让步,由原来的 500 万卢布增加到 900 万卢布。中国收回了伊犁南境特克斯河流域 19000 余平方公里的土地,但霍尔果斯河以西地区仍被沙俄霸占。

1881 年 5 月 15 日,清政府批准了《中俄伊犁条约》。9 月 2 日,清政府命令伊犁将军金顺督办交收伊犁事宜。1882 年 3 月 22 日,塔尔巴哈台参赞大臣升泰代表清政府正式接收伊犁,金顺亦随即率兵进驻。

1882 年至 1884 年,沙俄根据《中俄伊犁条约》又与清政府签订了《伊犁界约》《喀什噶尔界约》《科塔界约》《塔尔巴哈台西南界约》《续勘喀什噶尔界约》五个子约,分段勘定了新疆的中俄边界。俄方贪得无厌,得寸进尺,清朝官员昏庸糊涂,每签订一项界约,又使俄方侵占中方一块领土。"同治三年塔约,原以天山正干为界,后之勘者,不辨山之脉络,水之方向,又不察明谊旧图,致无端而弃数千百里之地,殊可痛也。"[1] "光绪十年分界,俄人乘我不觉,竟越玛里塔巴尔山口南,侵入二百里,至乌孜别里山口,此侵蚀各帕米尔之狡谋所由启也。"[2] "俄国通过《塔城协议书》侵占了 44 万多平方公里土地,通过《伊犁条约》及其勘界议定书侵占了 7 万多平方公里的土地。"但俄国人的蚕食并未停止,"又越过已有的条约的规定多占了不少地方,主要在帕米尔地区,"中国又有 2 万多平方公里的领土被沙皇俄国侵占了"。[3]

1877 年,左宗棠在讨伐阿古柏、收复南疆之际,提出"新疆善后事宜,以清浚河渠,建筑城堡,广兴屯垦,清丈田亩,厘正赋税,分设义塾,更定货币数大端为要"。[4] 并向朝廷提出,在新疆设行省的建议。1878 年 11 月再次上奏朝廷,陈述新疆的形势和建省的重要意义。1880 年 5 月,左宗棠进一步提出建省的具体方案:"谨拟驻乌鲁木齐为新疆总督治所,阿克苏为新疆巡抚治所,彼此声势联络,互相表里。"[5] 1882 年 8 月,督办新疆军务钦差大臣刘锦棠在赞同左宗棠建省主张的基础上,提出了更实际的建省方案。1884 年 10 月,清廷正式发布新疆建省的上谕。11 月任命刘锦棠为首任甘肃新疆巡抚,仍以钦差大臣督办新疆事宜。1887 年,清政府批准将伯克全部裁汰,促进了郡县制的确立。新疆建省加强了清政府对新疆的管理,有利于国家的统一和民族的团结。并取消了内地人口移居新疆的限制,各地汉回农户陆续移居新疆,促进了新疆社会经济的发展。清末新疆人口已达二百余万。

十、附录: 俄国侵占帕米尔地区

帕米尔古称"葱岭",位于我国新疆西部,是我国西部边疆的天然屏障,又是沟通费尔干盆地和印度平原的捷径,具有重要的战略地位。帕米尔自古以来就是中国的领土。远在公元前 60 年,汉朝在西域设西域都护府,帕米尔地区的无雷、休循等部落就受汉朝政府

---

① 袁大化:《新疆图志》卷 5 国界一,第 4 页。
② 袁大化:《新疆图志》卷 5 国界一,第 6 页。
③ 胡绳:《从鸦片战争到五四运动》,第 349 页。
④ 左宗棠:《左文襄公全集》奏稿卷 56,第 20 页。
⑤ 左宗棠:《左文襄公全集》奏稿卷 56,第 35 页。

的管辖。从此以后,中国历代政府就在帕米尔地区设官治理。唐朝在帕米尔设州治理。清政府在帕米尔地区设有大小卡伦 20 余处,实行定期的巡边制度。

1759 年,清政府平定了大小和卓叛乱以后,在帕米尔西部建立一座"平定回部勒铭伊西洱库尔淖尔碑",碑文由乾隆帝书写,用满、汉、维三种文字记述平叛的经过。清政府在帕米尔进行了有效的统治,其北部由喀什噶尔参赞大臣专管,其南部由英吉沙尔领队大臣管辖。① 在清代,帕米尔是新疆布鲁特(柯尔克孜)部落的游牧地区。"部落首领均由清政府授予官职,给予年俸和二品至七品不等的翎顶。"②

沙俄自十九世纪七十年代,就开始窥视中国的帕米尔地区。1871 年,沙俄派出所谓的"科学"考察团,偷越阿赖岭进行探测,这是沙俄首次窥视帕米尔地区。1876 年,沙俄组织"阿赖远征军",入侵阿赖谷地。中国柯尔克孜族希布察克部奋起反抗,沉重地打击了沙俄侵略者。但由于力量悬殊,阿赖谷地最终被沙俄强占了。后来俄国将阿赖地区并入其费尔干纳省。1877 年,中国军民粉碎了阿古柏的入侵势力,收复了南疆。希布察克等部首领立即赶赴喀什噶尔,向刘锦棠提出要求,"仍愿回归祖国,清政府亦准其所请"。③ 于是希布察克等部相率归来,被安置在喀什噶尔西部山区一带放牧。从 1876 年到 1890 年,沙俄先后派遣十多批"考察队""军事远征队",潜入我国的帕米尔地区,搜集情报、窥探虚实。

1878 年,清政府为了加强对帕米尔地区的管理,委派沙依木伯克和库鲁木旭伯克为蒙巴希(千户长),常驻六尔阿乌。下设六个玉孜巴希(百户长)。1883 年(光绪九年),清政府改新疆为行省。在帕米尔地区,继续委派当地部落头人为千户长和百户长进行管辖。帕米尔地区的政治中心仍在六尔阿乌。清政府在帕米尔地区,每年要征收一定的税赋,一直正常地管理到沙俄武装占领帕米尔地区时为止。

俄国通过 1884 年签订的中俄《续勘喀什噶尔界约》,将边界向南推进到乌孜别里山口。该条约还规定从乌孜别里山口起,"俄国界线转向西南,中国界线一直往南",把中国帕米尔地区分为三个部分:"一直往南"走向线以东的部分仍属中国,"转向西南"走向线的西北部分被划入俄国版图,两条走向线之间的三角形地带则成了"待议地区"(见图 15)"按照上述条文,帕米尔地区'八帕'之中,只有郎库里帕米尔、小帕米尔、塔克敦巴什帕米尔仍保留在中国境内。"④ 然而,俄国并不遵守这个它强加给中国的不平等条约,仍然不断派遣武装"探险队",侵入中国的帕米尔地区,大量收集军事情报。

从 1888 年起,俄方两次派格罗姆勃切夫斯基潜入中国帕米尔地区,进行政治、军事侦察活动。他还鼓吹:从历史上说,俄国对帕米尔的权利是自然产生的,因为帕米尔从来就是浩罕国的版图。众所周知,十九世纪初,浩罕才由一个封建城邦发展成为一个封建汗国。但是早在浩罕建国以前的一千多年,帕米尔地区就已经是中国的领土了。浩罕建国后,曾多次侵犯和骚扰帕米尔的色勒库尔等地,结果都被中国军民击退。如 1834 年 9 月,浩罕勒什噶尔胡什伯克派遣迈买西里普进犯塔哈尔玛,企图占领色勒库尔。清朝叶尔羌参赞大臣兴德,立

① 苑书义:《中国近代史新编》中册,第 210 页。
② 复旦大学《沙俄侵华史》编写组:《沙俄侵华史》,第 250 页。
③ 左宗棠:《左文襄公全集》奏稿,卷 52,第 57 页。
④ 郭绳武,等:《沙俄侵略中国西北边疆史》,第 317 页。

即命令色勒库尔阿奇木伯克库尔察克严加防守。同时,向浩罕发出谕帖,郑重申明色勒库尔系中国领土,严厉斥责浩罕妄图占领中国领土的侵略行径。1836 年冬,勒什噶尔胡什伯克率众二千余人,用炮轰开色勒库尔城垣,色勒库尔阿奇木伯克库尔察克率领当地居民奋勇抗击,负伤牺牲。道光帝派伊犁参赞大臣奕山驰赴叶尔羌,会同兴德肃清浩罕侵略势力。在当地民众和伯克的积极配合下,迅速拿获了浩罕侵略者头目阿达等八人,收复了色勒库尔。直至 1876 年浩罕被沙俄灭亡以前,浩罕同中国帕米尔地区的边界始终在阿赖岭。①

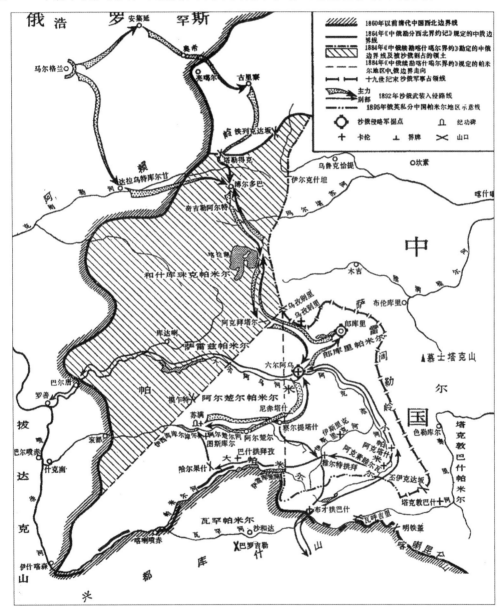

图 15　沙俄侵占中国帕米尔地区示意图②

①　郭绳武,等:《沙俄侵略中国西北边疆史》,第 317 页。
②　郭绳武,等:《沙俄侵略中国西北边疆史》,第 316 页。

　　1889年，清政府在帕米尔加强了防卫，署理新疆巡抚魏光焘派旗官张鸿畴带队驰往，巡查内外卡伦，并在伊西洱库尔湖北面的苏满塔什设立卡伦。① 1891年7月，俄国的一支武装部队由约诺夫上校率领侵入帕米尔，劫走了苏满塔什的乾隆记功碑，企图销毁中国在阿尔楚尔享有主权的确切证据。② 这支俄军侵入中国国境后，在阿克塔什和塔克敦巴什间的毕依比达坂竖立木杆，张贴布告，宣称这些地区现在已经属于俄国。

　　1891年9月7日，新疆巡抚魏光焘照会沙俄土尔克斯塔总督，强烈谴责沙俄政府"称兵越界"，9月29日又向总理衙门报告。10月下旬，清朝政府总理衙门就沙俄入侵帕米尔事件提出抗议，沙俄外交部自知理屈无可抵赖，于1891年10月3日说："业已知会塔什干总督，嗣后不得越境，此次所立木杆，听中国拆毁。"③1891年12月，"新疆巡抚魏光焘饬命查界委员海英又在苏满塔什刊石重立记功碑。"

　　1891年9月初，俄国土耳其斯坦总督弗列夫斯基向参谋总部提出报告，声言必须取消《中俄续勘喀什噶什界约》第三款，要沿着萨雷阔勒岭"跟中国重新勘界"。俄国陆军参谋总部完全同意弗列夫斯基的侵略主张，并在同年上书陆军大臣，提出以兴都库什山为俄国南界的方案。

　　沙俄政府为了策划武装占领帕米尔，在1892年1月召开专门会议。出席会议的主要人员有外交大臣、副大臣、陆军大臣、参谋总长等。会议决定武装占领中国帕米尔地区。但鉴于路途遥远，又值冬令，不便于大规模的军事行动，因而决定："先向帕米尔派出一支侦察队，第二年春天增调五十名哥萨克骑兵入侵萨雷库里。同时准备好一个骑兵连、四个哥萨克骑兵连，夏季一到，立刻向帕米尔进犯。"1892年2月，沙皇政府派遣侦察队向帕米尔地区进犯。这支侵略军，"连辎重在内有八十多人和二百多匹马。他们窥测了帕米尔东部的重要关隘，窃取了大量重要情报。"④ 与此同时，1892年2月23日，俄国外交大臣格尔斯以"地界不清"为由，要求清政府撤退驻守苏满的军队，否则以武力解决。1892年3月，清政府照会俄使："新疆巡抚派兵赴彼，并非侵越。"⑤ 但在俄国的压力下，清政府再次屈从。"四月二十日撤苏满卡兵，退驻布伦库尔，阿富汗人进据苏满。""阿据苏满，骄横异常，为英主使无疑。闰六月，俄人驱逐阿富汗人出苏满境，以布回迁住。"俄国得寸进尺，决定出兵占领整个帕米尔。1892年4月，沙皇亚历山大三世发布谕旨，任命约诺夫上校为"帕米尔之队"指挥官，要求他占领整个帕米尔。"俄之狡谋，预图侵占地方，不自今日始也。阿部之在苏满者，被俄击退，如谓苏满为我旧有，彼将谓自阿部夺来，其不能听我分划固意中事。"⑥

　　1892年6月，"英俄前为帕米尔地越入各卡，现探俄兵马步1800余人，拟向色勒库尔进发，情形叵测"。⑦ 此队伍即是由约诺夫上校率领，有一个步兵营、三个骑兵连和四门炮

①　王彦威：《清季外交史料》卷87，第3页。
②　虞和平：《中国近代通史》第三卷，第275页。
③　复旦大学《沙俄侵华史》编写组：《沙俄侵华史》，第256页。
④　郭绳武，等：《沙俄侵略中国西北边疆史》，第325页。
⑤　王彦威：《清季外交史料》卷86，第3页。
⑥　袁大化：《新疆图志》卷8国界四，第6、7页。
⑦　《清实录·清德宗实录》卷314，第1页。

组成的"帕米尔支队"。该队经阿克拜塔尔山口,进入朗库里,与以前进入该地的另一支俄军侦察队会合,驻扎在木尔加布附近。然后分兵强行占领苏满塔什、阿克塔式等地,又在中国六尔阿乌卡伦附近建立"帕米尔哨所"(后改称"木尔加布哨所"),作为俄国控制帕米尔地区的军政中心。此外,还在郎库里构筑另一工事,防备清政府从喀什噶尔派出边防军。从此,中国帕米尔的大部分地区沦于沙俄军事殖民统治之下。

中国驻俄公使许景澄多次奉命向俄国政府提出照会,要求俄国撤走军队。俄国先用空话搪塞,后又增派军队,公然违反《续勘喀什噶尔界约》的规定,抢占萨雷阔勒岭以西2万多平方公里的中国领土,以先占后议的惯用手法,强迫中国承认既成事实。从此,中国军队和沙俄侵略军在萨雷阔勒岭一带形成沿岭对峙的形势。

1892年11月15日,在俄国已经强占了中国萨雷阔勒岭以西的大片中国领土后,俄国驻华公使喀西尼奉命提出谈判帕米尔划界问题,主张中俄边界走向,自乌孜别里山口起"转东而南",即以俄国的军事占领线——萨雷阔勒岭为中俄边界线。许景澄奉命与俄国交涉,指出俄国要求的"先往东再往南",违背界约规定,表示"中国不能允许",坚决要求以《续勘喀什噶尔界约》规定的走向为原则,"然后将中间余地商量勘分"。12月5日,许景澄再次照会俄国外交部,指出:"可于乌孜别里起,往南属中国,往西属俄国,两地之间之地,寻有山水之处,按地势议分,不难得一公平合理之界。"俄方一直采取横蛮诡辩的态度,继续采取军事、外交双管齐下的伎俩,向清政府施压。

当时,清政府认识到,"非清划地界不足以弥衅争,非先争缮边备即不足以决界议"。乃向色勒库尔一带调动军队。同时,总理衙门当面正告俄国公使喀西尼:"新疆将士蓄愤已深,若议久无成,难免不生事故。"①于是沙俄变换手法,假惺惺地"请中国指出应划入华界地名,可允和商。俄使喀西尼亦言,萨山以西,中国最为注意之处,可以指明商量"。②

翌年,清政府派驻法参赞庆常前往奥国的萨尔斯堡,与在那里疗养的俄国外交大臣格尔斯交涉。俄方提出帕米尔"向归浩罕",常庆反驳:"帕米尔归浩罕管属说,未之前闻,而其属华,则确有证据。一则从前官兵迭入帕境,平定巨寇,勒石记功,至今犹存;一则帕地向有中国兵卡,见于贵国公牍;一则帕地之民,向受华官约束,应中国差徭;一则贵国'游历'将弁,皆谓帕之东境归华管辖,未有定界。此皆中国实在证据。况有成约,尤为坚固。"③庆常坚持按原约划界,俄方提不出反驳的理由,只有采取拖延,甚至武力威胁的手法。

1893年11月,俄国外交大臣格尔斯送交庆常一份地图,提出划界的修改方案,即"自乌孜别里向南数俄里,顺东南山梁折东,沿郎库里湖北岸,又东南顺山坳转至派格士别山梁,其南仍划萨山为界。臣(许景澄)等以格尔斯拟分之界,将郎库里、阿克塔什大半占去,万不能允"。④

同时,俄方确定了它的基本态度是:"与其同中国作无谓之周旋,不如与英国商定一

① 王彦威:《清季外交史料》卷87,第4、5页。
② 王彦威:《清季外交史料》卷89,第5页。
③ 郭绳武,等:《沙俄侵略中国西北边疆史》,第334页。
④ 王彦威:《清季外交史料》卷89,第6页。

切,以符兵部初议。"致使中俄谈判几十次仍然没有结果。在俄方的高压下,及俄英合谋瓜分中国帕米尔地区的阴谋面前,清政府准备进一步让步。"此事自开议至今,两年有余,防边之兵已多劳费,若不量予通融,致开兵衅,以争此荒远不毛之地,诚恐鞭长莫及,诸多棘手,转难结束。现已电令许景澄,就前拟地界再与酌商,总期无损边防,自以速了为妙。"①

1894 年 4 月(三月十一日),许景澄电,俄国外交部照会许景澄:"俄主以兵部坚称,地势紧要碍难允让。惟两国意见难合,目前料难议结。本部特筹调停,奏准俄主,如华兵不出,即饬边将仍扎原处不进,徐饬界议定局,以免生衅。"②当时甲午战争逼近,俄国利用日本即将发动侵华战争的形势,逼迫清政府让步。清政府无奈,只好命令许景澄复照俄方,表示同意"在中国和俄国间的帕米尔问题为得到最终解决之前,双方分别给予两国主管机关命令以便使其保持并不超越各自的位置"。清政府在复照中明确作了如下两点重要保留:③

一、在采取上述措施时,并不意味着放弃中国对于目前由中国军队所占领以外的帕米尔领土的权力。它认为应保持此项以 1884 年界约为根据的权利,直到达成一个满意的谅解为止。

二、采取上述措施也并不表明终止目前的谈判。

中俄换文是当时双方暂时维持双方现状的文件,而不是划界的文件,萨雷阔勒岭只是当时双方的临时军事分界线。对于这一点就连俄方当时也是承认的,俄国外交大臣格尔斯曾对庆常说:上述换文,只是"两不进兵"之议,今后帕米尔边界尚需"徐俟界议定局"。④清政府则明确声明中国保留以《续勘喀什噶尔界约》为根据的权力。此后,有关帕米尔划界的谈判一直未再进行,中国政府也从来没有承认过俄国对萨雷阔勒岭以西大片领土的占领。因此,中俄两国间在帕米尔地区存在着一个未定国界。

早在 1871 年,沙俄侵占伊犁地区后,英俄双方在新疆(包括帕米尔地区)的利益发生冲突,经过三年的争斗和协商,至 1873 年 1 月 31 日,两国外交大臣达成《格兰维尔——哥尔查科夫协议》。协议规定从中国帕米尔地区的萨雷库里起,顺着帕米尔河和喷赤河,划一条分界线:南面的瓦罕帕米尔属于英国的势力范围;北面的中国帕米尔地区属于俄国的势力范围。⑤

英国见沙俄已经武装占领了中国帕米尔地区,为了维护它在印度的殖民利益,阻止沙俄越过兴都库什山,在 1891 年 12 月出兵占领坎巨提。并在 1892 年 8 月向俄国提出建议:主张从萨雷库里起,向东划一直线至萨雷阔勒山脊止,直线以南归英国保护,直线以北归俄国保护。为了瓜分中国帕米尔地区,1893 年 3 月,沙俄召开了两次专门会议,讨论英国的建议。这两次会议的主要结论,后来成为 1895 年俄、英瓜分中国帕米尔地区协议的基础。

---

① 王彦威:《清季外交史料》卷 89,第 8 页。
② 王彦威:《清季外交史料》卷 89,第 12 页。
③ 复旦大学《沙俄侵华史》编写组:《沙俄侵华史》,第 263 页。
④ 中国社科院近代史研究所:《沙俄侵华史》,第三卷,第 263 页。
⑤ 苑书义:《中国近代史新编》中册,第 211 页。

1895 年 3 月 11 日,俄英两国趁中国在中日甲午战争中战败之机,达成瓜分萨雷阔勒岭以西的中国帕米尔领土的协议,划分了各自的势力范围的分界线:"一、英俄在萨雷库里湖东的势力范围,将有一条直线来划分,从湖极东处起,顺此湖稍南仍与湖平行的山脉,进至班帖尔及乌尔他别尔山口,一直向东与中国边境连接。二、这条线的标志和方位,将有一个英俄联合委员会按地方形势勘定。三、该委员会将受委托就地报告任何可以确定为中国边界的情况,目的是使两国政府能够就这条界线附近所涉及的中国领土边界,以最方便的方式和中国政府达成协议。四、英俄两国同意这条界线以北归俄国管理,以南地区归英国管理,彼此不相干预。"[①]1895 年 7 月 22 日,英俄联合勘界委员会在萨雷库里东端树下了第一个界桩。9 月,在萨雷阔勒山脊下埋下了最后一个界桩——第十二号界桩。中国帕米尔地区除塔克敦巴什帕米尔和郎库里帕米尔的一部分以外,就这样被英俄瓜分了。

此外,英俄还在这一协议中首次正式肯定了双方在萨雷库里湖以西的势力范围分界线,即在该湖以西,双方势力范围以喷赤河为界,喷赤河以东以北划入俄国势力范围,喷赤河以西以南划入英国势力范围。[②]

对于英俄两国瓜分帕米尔地区,清政府提出抗议,严正指出:"英俄不顾中国允认与否,遽行定界,迳行强占。"[③]并电示许景澄:"当告以中国众议,定约(指《续勘喀什噶尔界约》)必须遵守。"明确表示中国政府不承认俄英瓜分帕米尔协议的立场。

---

① 　复旦大学《沙俄侵华史》编写组:《沙俄侵华史》,第 266 页。
② 　吕一燃:《中国近代边界史》,第 466 页。
③ 　苑书义:《中国近代史新编》中册,第 218 页。

第六章

甲戌之战

　　1874 年（甲戌年）日本出兵台湾，发起第一次侵华之战，是对中国在台湾的主权和领土完整的一次重大挑战，此战以日本的失败告终。中日《北京专约》的行文，肯定了中国对台湾全岛拥有无可争议的主权，而清政府则默认了日本对琉球的主权。

一、概　述

台湾自古以来就是中国领土。《史记》记载，秦始皇派徐福入海求仙，抵达"夷州"，该夷州即为台湾。三国时期吴王孙权曾派将军卫温率一万官兵赴台。吴人沈莹在《临海水土志》中留下了关于台湾的最早文字记述。隋书合称台湾、琉球为"流求"，唐朝称为"流虬"，《元史》写作"瑠求"。直到明朝洪武五年，开始出现"台湾"名称。

明万历年间（约 1590 年），葡萄牙船航行于台湾海峡，见岛上高峰峻岭，森林苍郁，美不胜收，船员赞美其为"福摩萨"，意思是"美丽之岛"。1622 年荷兰殖民者趁明末中国政局混乱之际，侵占澎湖列岛，但很快被明军夺回。1624 年，荷兰人再次入侵台湾，在台南兴建军事基地。1661 年 4 月郑成功率 25000 名将士，分乘 400 艘战船，从金门开航，驶向台湾，包围荷兰殖民者在台湾修筑的"王城"。1662 年 2 月 1 日荷兰人被迫投降。1683 年康熙帝发兵统一台湾后曾发生台湾弃留之争，康熙帝曾认为：台湾乃"弹丸之地，得之无所加，不得无所损"。经过争论，最后采用施琅的意见，"在台湾设一府三县，与厦门合置道官一员，拨兵一万名防守"。"到 1811 年编查户口时，台湾人口为二百万，一百余年间增长了十倍"。①

台湾物产丰富，战略地位重要，它离祖国大陆最近处仅 150 海里，是中国东南沿海各省的第一道天然屏障，是我国直接面向太平洋的唯一门户。随着西方殖民主义者东来，十九世纪中期以后，英、美、法等列强及日本国一直在觊觎台湾。

1841 年至 1842 年英国军队曾三次进犯台湾。1841 年 9 月 30，当英国舰队在舟山群岛附近集结，并攻占定海之际，9 月 30 日清晨，英军运输舰"纳而不达"号，驶进鸡笼（基隆）港内，并炮击二沙湾炮台，清军发炮还击。"纳而不达"号被击中，不得不随水退出，因海浪骤起，船身触礁粉碎，船上 20 余名英军官兵乘小艇逃脱，清军"共斩馘白夷 5 人，红夷 5 人，黑夷 21 人，生擒黑夷 133 人"，捞获大炮十余门。② 1841 年 10 月 19 日上午，英船在鸡笼口外停泊，遣人愿以每名洋银百元索还日前被擒俘虏，未获回复。是月 27 日上午，该英船突进鸡笼港，轰击二沙湾炮台，并派兵登陆三沙湾。清军发炮还击，并击毙登岸英军 2 名，英军始退，英船亦于 28 日中午退离。1842 年 3 月 11 日清晨一艘英船行抵大安港附近海面，清官方募渔民诱引该船触礁搁浅，清军奋力攻击，英船遂破沉。是役，"生擒白夷 18 人、红夷 1 人、黑夷 30 人、广东汉奸 5 人"。③

1860 年第二次鸦片战争后，列强取得了在华传教的权利，各地教案也随之发生。1868 年 4 月，凤山埤头发生传教士以符咒与药物迷人的传言，当地百姓乃聚众拆毁该地英国长老会教士马雅各的教堂。当时，英国在台湾大肆偷贩私运樟脑，官方不得不严加取缔。于 7 月 1 日抵达台湾的新任英国驻打狗（高雄）领事吉必勋，就我官方取缔英商偷贩私运樟脑事屡次交涉，未获结果，乃转向驻香港海军求助。驻香港英国海军高级军官司各

---

① 陈碧笙：《台湾地方史》，第 100 页。
② 齐思和：《筹办夷务始末（道光朝）》第三册，第 1413 页。
③ 齐思和：《筹办夷务始末（道光朝）》第四册，第 1772 页。

脱遂率舰赴台协办,由于未达到他们的要求,司各脱乃与吉必勋分别报告驻华英使及海军司令科培尔,力请派遣强大舰队,胁迫台湾地方官员就范。

1868 年 11 月 21 日,英海军少校茄当率"爱吉伦号"和"布斯达特号"两舰驶抵台南安平。22 日,茄当少校向安平协发出最后通牒,限一日内让出安平,吉必勋也于当天向福建兴泉永道曾宪德发出照会。曾宪德立即于 24 日与吉必勋展开协商,但当天下午茄当所率军队已进入安平港。25 日茄当率兵登陆并突击安平协署,放火焚毁该处三营军装火药库,清军伤亡 50 余人。在英国炮舰的威胁下,曾宪德几乎全部接受了吉必勋所提要求,如严惩涉嫌教案人犯、赔偿教堂损失、取消官方专卖樟脑权利等项。英军则等候至各案办结后始行退去。在当时所有侵入台湾的外国势力中,英国占有压倒一切的地位,从十九世纪六十年代起,英国就在淡水、安平、打狗三地设立了领事馆。

早在 1840 年至 1846 年,美国牧师赫普伯恩就在台湾进行各方面的调查。在咸丰五年(1855 年),美国东印度舰队司令佩里曾派两艘军舰到台湾,以营救航海遇难的美国人为名,在基隆登陆绘制台湾海岸地图,进行资源和军事调查,他认为美国有在东方保持一个海军根据地的必要,曾向美国政府建议占领台湾。他的建议书说:"台湾的地理位置,非常适合于作为美国商业的集散地,从那里,我们可以建立对中国、日本、琉球、交趾支那、菲律宾以及一切位于附近海面的岛屿的交通线。……该岛直接面对着中国的许多主要商业口岸,只要在该岛驻泊足够的海军不但可以控制这些口岸,并且可以控制中国海面之东北入口。"①

"1856 年,正当英、法发动第二次鸦片战争的时候,美国驻华专员伯驾认为这是美国占领台湾的绝妙时机,他主张与英、法两国联合侵略中国和朝鲜,最后由英占舟山,法占朝鲜,美占台湾。"② 1857 年春,美国东印度舰队司令奄师大郎在征得美国驻华外交代表伯驾的同意后,派其所属水兵队长辛兹,以调查前年在台南端失事的美国商船"飞鸟号"为名,曾赴高雄美商居留地驻扎。他们唆使在台湾取得樟脑贸易专利权的美国商人,在高雄升起美国国旗,作为日后美国在台采取行动的根据,并收集各种有关资料。美国的这一举动,激起了台湾人民的反抗,英国也表示不能同意美国所谓占领台湾的"优先权",加之当时美国海军实力有限,美国政府才被迫暂时放弃占领台湾的企图。

1867 年发生了"罗妹号"事件。"合众国驻厦门李领事照会:该国商船名罗妹,于外国本年(1867 年)3 月 12 日,即中国二月初七日,行至台湾南洋港面,阁礁受伤打破。"③ 船主夫妇及水手共 14 人至琅峤(恒春)尾龟仔角登岸,遭遇当地科亚人。科亚人的祖先曾被海外飘来的白人屠戮,他们把白人看作世仇,把这次入侵的美国人全部杀死,仅有一名华人水手幸存,逃至高雄报案。4 月 3 日,香港《中国邮报》报道了这一事件,美国驻香港领事何伦据此报告美国政府,主张借此夺取台湾。"该国总兵官费米日照会,并称必以相帮,办理此案。"④ 当美国驻厦门领事兼台湾领事李仙得获悉此事后,立即赶往福州,与浙闽总

① 王芸生:《六十年来中国与日本》第一册,第 104 页。
② 苑书义:《中国近代史新编》中册,第 220 页。
③ 李书源:《筹办夷务始末(同治朝)》卷 50,第 10 页。
④ 李书源:《筹办夷务始末(同治朝)》卷 50,第 10 页。

督吴棠及闽抚李福泰进行交涉。请求按照中美《天津条约》,严令台湾地方官员营救幸存人员,并严惩科亚人。按照当时的国际法惯例,李仙得的要求是正当的,但清地方官几次推诿"番地为化外",并不认真查办。① 李仙得于 4 月 8 日渡海抵台湾府,照会台湾镇总兵刘明灯与台湾道吴大廷等,要求让美军协同查办此案,但遭婉拒。"李领事、费总兵至台与台湾道吴大廷接晤。合众国李领事申陈,以该道始则允为办理,不必外国相帮;继则诿诸地非中国兼辖,为兵力所不及,似可置不与较。"②

1867 年 6 月 13 日(同治六年五月十二日)上午 8 时 30 分,美国亚细亚舰队司令柏尔少将率旗舰哈德福号及怀俄明号,抵台湾南端海湾,美军 181 人登陆,"即赴傀偏山之龟仔荳社内,被生番诈诱上山,从后兜拿,带兵官受伤毙命,洋兵被伤者数人,轮船于十三日开驶上海"。③ 该处科亚人凭借当地复杂地形展开伏击,将入侵美军击退,副舰长麦基阵亡,美军无功而返。这次军事行动失败后,美国又继续向清政府施加外交压力,要求尽速查办本案。

清廷派台湾镇总兵刘明灯率兵前往查办,刘明灯乃于 9 月 10 日率洋枪队五百名出发,李仙得及翻译等同行,于 12 日进驻龟鼻山。李仙得别有用心地提出单独与科亚人会晤,10 月 10 日,十八番总目卓杞笃与李仙得达成和解协议。其要点为两条:卓杞笃所属部落应当善待西国难民。难民在未上岸前须先悬挂红旗,并待岸上有红旗接应,方可前进;外国船员不得进入居住之村及其射猎之山岭等协议。李仙得于 15 日照会刘明灯,略述其与卓杞笃的协议经过并请撤兵,恳免深究。刘明灯同意结束军事行动,并于 23 日率军北归,李仙得等随同撤退,于当年 10 月 30 日返厦门。事后,李仙得向美国政府报告称:"此行打开了美国与台湾南部生番直接交往的途径,促使生番停止其杀人报复的野蛮行为。""他别有用心撇开中国官府直接与科亚人首领谈判,就是为了要寻找证明台湾部落地区从来不是中国领土的理由,以为侵台制造借口。第二年,李仙得再次潜入琅峤一带与部落首领联系,并进行实地调查。……1872 年,琉球船员遇害事件发生,他第三次跑到龟仔荳社去'追究真相'。李仙得多次深入部落地区,使他成为所谓的'台湾通'。"④李仙得精通国际法,明知台湾全岛归中国管辖,却在"罗妹"号事件的处理过程中,利用清朝地方官的无知与无能,套取了番地为"无主之地"的借口,并产生觊觎台湾的野心。

美国侵台受挫后,美国政府无意通过扩大军事侵略的方式侵占台湾,其驻日公使德朗即主张推行利用日本对抗中朝两国,然后从中渔利的外交政策,他于 1872 年 10 月写给美国国务院的报告就指出:"我一向认为西方国家的外交代表们的真实政策,应当是鼓励日本采取一种行动路线",即"使日本朝廷与中国及朝鲜政府相疏隔,使它成为西方列强的一个同盟者"。⑤ 美国为了加强自己在亚洲的势力,为了避免和英、法、俄、德的正面冲突,一直积极扶植日本作为侵略帮手,它不但通过外交官和顾问帮助日本发展商务,推进维新运动,而且还和日本共同侵略朝鲜和我国的台湾。美国把日本当作实现自己侵略目的的

---

① 李理:《李仙得与日本第一次侵台》,《近代史研究》,2007 年第 3 期。

② 李书源:《筹办夷务始末(同治朝)》卷 50,第 12 页。

③ 李书源:《筹办夷务始末(同治朝)》卷 49,第 45 页。

④ 陈碧笙:《台湾地方史》,第 145 页。

⑤ 王芸生:《六十年来中国与日本》第一册,第 105 页。

工具,而日本则把美国当作自己对外扩张的靠山。

驻日公使德朗在其上呈美国国务卿费雪的报告中解释,为何力促日本采取攻台之策:因其唯恐日本于真正了解西方国家在日本活动并予以协助的动机后,一旦发生变故,则日本又将回到闭关主义,反对近代化,并与中国、朝鲜结合,如此将使东方问题更难解决。故唯有设法鼓励日本政府于行动中彻底舍弃闭关主义,疏远中国与朝鲜,或竟与此两国敌对,从而成为西方的同盟国。在当时情况下,正是施展联日政策的难得机会。即使采取战争手段,也可将令其垂涎已久的台湾与朝鲜地区,置于一个同情西方的日本国旗下,借以消除对各国商务之危害,并弭平日本内部动乱或内战的危机,以增进美国在日本的利益。

1868 年 5 月,德国鸦片商人美利士决计在台湾的南澳垦殖,建立殖民地。他网罗了一个熟悉情况的英国樟脑商人荷恩做助手,令其往南澳占垦。荷恩带领几名外籍人员到南澳踏看山场林木,并诱骗当地一个平铺部落首领的女儿与其成婚。接着通过这名首领的关系,诱胁了部分平铺人乘自备木船三只航往大南澳。经几个月的经营,荷恩雇有工匠百余名,壮勇二十余名,备有枪炮弹药,在大南澳建成土堡一处、草瓦房二十余间,在小南澳建一土墙草棚十余间。凭借这些实力,荷恩以当地统治者自居,除任意砍伐贵重木材售卖外,还对平铺人生产的农产品按实物 15% 抽税。噶吗兰通判丁承禧见荷恩恃强侵占我国土地,乃向美利士和英国领事提出质问。他们百般推诿,不肯做出切实答复。

到 1869 年(同治八年),美利士公然亲到南澳扩大侵垦范围,又不时从沪尾、鸡笼运来食物接济荷恩,甚至把火药运到苏澳、北风澳等处。清政府再次向英、德二使抗议,声言必要时将"自行查拿"。英方表示愿意接受中国要求,将荷恩撤回。德方虽然无法否认美利士所为"显违贵国律例","只得任凭该处地方官如何拦阻",但又要求"将所办美利士之事暂行停止勿办"。英、德的侵台行为引起其他列强的嫉妒和非难,在侵台问题上,英国与德国、美国及其他列强间存在着种种矛盾。清政府也一再提出严正抗议,英国政府最终于是年 8 月派舰勒令荷恩撤出南澳。①

法国在控制了东南亚部分地区后,也积极向云南、台湾等地发展其势力,并与清政府在台湾地区爆发了中法战争。

与英、美、法等列强相比,日本侵占台湾的决心最大,计划最慎密,工作最细致,准备最充分。日本对中国和朝鲜抱觊觎之心由来已久。早在 1868 年"明治维新"以前,日本的封建统治者就已积极准备对中国领土进行侵犯。德川幕府末年,日本长州的改革派藩士领导者吉田松阴就曾赤裸裸地叫嚣:"现在要加紧进行军备,一旦军舰大炮稍微充实,便可开拓虾夷(即北海道),封立诸侯,乘隙夺取勘察加、鄂霍次克海,晓谕琉球使之会同朝觐;责难朝鲜,使之纳币进贡。""北则割据中国东北的领土,南则掠取中国台湾以及菲律宾群岛。"②这些话,充分暴露出当时的日本封建统治者对外侵略扩张的野心。1868 年(同治七年、明治元年)"明治维新"之后,随着日本资本主义的急剧发展,统治集团对外侵略扩张的野心更加膨胀,并把侵略朝鲜和中国作为明治政府的国策。"长期以来,在日本人的观念中逐渐形成了台湾不属于中国领土、有日本血统的郑成功占领过台湾等印象。江户

---

① 陈碧笙:《台湾地方史》,第 131 页。
② 孙克复:《甲午中日海战史》,第 52 页。

时代的文献……都把台湾和中国区分开来,将台湾列为中国的属国。到德川幕府末期,日本产生了'开国进取'的思想……提倡进取朝鲜、满洲及中国本土,'领有台湾'的思想亦同时产生。但日本真正想占领台湾是从'琉球处分'开始的。"①

1871 年 12 月牡丹社事件发生后,日本决心武力侵台。为此,日本派遣了大量的"侦察员",对台湾的政治、经济、军事、地理、民俗等基本战略情报进行了长期、细致、深入的侦察,并绘制了各处的地图。

1874 年 2 月 6 日,日本内阁会议决定征台,设立"台湾事务局",4 月任命西乡从道中将任台湾蕃地事务都督,1874 年 4 月 27 日出兵,前后共投入兵力 4500 人。② 日本侵略军遭遇到台南民间武装的强烈抵抗,加上环境不适,伤亡严重,且清政府已派遣大批兵力援台,日本政府被迫停止军事进攻,转而准备与中国政府进行撤军谈判。1874 年 9 月,日本内务卿大久保利通来华,9 月 14 日至 10 月 23 日,中日双方进行了七次谈判。英国公使威妥玛出面调停。以李鸿章的妥协外交路线为指导,清政府的谈判方针是,只求日本撤军,可以不论是非曲直,甚至可以给与一些经济补偿。

由于清政府的妥协投降政策,在整个事件过程中,清军已集结了优势兵力,但未敢参加战斗。在日军战争失利的情况下,由于清政府的妥协外交及英国公使的对日偏袒,清政府与日本签订了丧权、赔款的和约。1874 年 10 月 30 日,中日签订《中日北京专约》,清政府赔款 50 万两银,日军于 12 月 3 日全部撤离台湾。

二、日本侵台的准备

在十九世纪六十年代以前,日本还是一个封建国家,遭到资本主义列强的侵略。日本的门户被打开,关税不能自立,侵略者取得了领事裁判权、驻兵权和租借地等,日本面临着沦为殖民地的危机。

中日两国一衣带水,历史上有过许多友好的往来。1868 年日本发生了"明治维新",这是一场日本式的资产阶级革命。明治维新虽然促使日本朝资本主义的方向发展,但它和残余的封建经济及天皇制的封建国家政权结合在一起,建立起的是地主、资产阶级的联合专政,所以特别富于对外侵略性。明治维新后,日本逐步走上军国主义道路,积极推行"大陆政策",准备早晚要与中国和俄国这两个大陆国家进行一场大战。中国是其中的薄弱环节,日本当然准备先与中国决战。为此,控制乃至占领朝鲜、琉球、台湾,是日本的既定国策,也是其"大陆政策"的第一个行动目标。"大陆政策的主要内容是:第一步侵占中国台湾;第二步征服朝鲜;第三步侵略中国的东北和蒙古;第四步占领全中国;第五步霸占全世界。"③

1870 年 8 月 25 日(同治九年七月二十九日),日本政府派外务局大丞柳原前光等人来华,要求订约通商。柳原一行,于 9 月 4 日到上海,9 月 27 日到天津,先后拜见三口通商

---

① 李理:《李仙得与日本第一次侵占》,《近代史研究》,2007 年第 3 期。

② 戚嘉林:《台湾史》,第 160 页。

③ 苑书义:《中国近代史新编》中册,第 219 页。

大臣成林和直隶总督李鸿章,递交日本外务卿致清政府总理各国事务衙门的书信。"日本文书转至北京总理衙门。总理衙门的王公大臣们办外交,最怕多事,总以为多一事不如少一事。他们对此事采取婉词谢绝的态度,以'大信不约'四字,允许照常通商,不必议约。""柳原以所议未协,再三恳请。"李鸿章以"柳原措词正渗入其'以夷制夷'的隐衷,因而上书总理衙门,主张与日本订约。"①总理衙门复照,愿意与日本"会议章程,明定条约,以垂久远,而固邦交"。

1871 年 7 月,日本任命大藏卿伊达宗城为全权大臣,柳原前光为副使,与清朝全权大臣李鸿章议定条约。日使力争"准照西约成例",将不平等特权订入条约。"清廷这时对不平等条约的厉害已有一些认识,所以拒绝日方的条约草案,自拟以为平等的约稿,以为谈判的依据。"②谈判中李鸿章坚决反对日方主张,双方发生激烈争论,以致一度中断谈判。最后,日本无力迫使清政府接受其要求,只得以中方的约稿为基础达成协议。

9 月 13 日,签订了一个双方互有领事裁判权和相互承认协定关税等内容的《中日修好条约》18 款和《通商章程》33 款。这是近代中日关系史上的第一部条约,学术界对此条约有不同看法。

"条约内容大体仿照与西方所定的条约,但有几点重大差别:第一,没有所谓'一体均沾'等片面最惠国待遇特权;第二,双边享有领事裁判权和互相承认协定关税;第三,两国商民只能在指定的口岸进行贸易,不得到内地通商,也没有长江航行的条款;第四,规定两国'倍敦和谊','以礼相待','彼此相助',互不稍事侵越,互不干涉内政。"③

当时清政府对日的基本政策是联日拒俄。日本政府没有立即批准该条约,而是于1872 年春,再次派柳原前光到天津照会李鸿章,提出要求修约,以进一步获取在华特权,遭到清政府复照拒绝。日本政府派副岛种臣来华,于 1873 年 4 月 30 日,双方正式换约。副岛来华还有一个任务——为日本侵略台湾做准备。

同治十年(1871 年)十月二十九日,有琉球贡船两艘遇风飘至台湾。其中八重山船一艘在一小岛上获救,"44 人登岸,原船冲礁击碎,该处民人将伊等带回,赴凤山县衙门,转送台湾县安顿公所"。另有太平山船一艘在南部八瑶湾触礁沉没,船上载有 69 人,"淹毙同伴三人,伊等六十六人凫水上岸。十一月初七日,误入牡丹社生番乡间内,初八日,生番将伊等身上衣物剥去……被杀 54 人,只有伊等 12 人,因躲在土民杨友旺家,始得保全。二十一日,将伊等送到凤山县"④,然后他们又被送往福州,次年由中国当局给予抚恤,遣送回国,6 月份他们回到琉球首府那霸。此即"牡丹社事件"之概要。

此事纯属中国与琉球之间的事情,日本无权过问。但这批人回国后,日本朝野群情激愤,认为杀害琉球之人,即杀害日本之人,主张大兴问罪之师。其实清政府对这类事件有常规处理方式,态度友好,有案可查。如,琉球国难夷十七名,于上年(道光廿四年)四月间运送米食马只到中山国进贡。六月十五日遇风损坏船只,于六月廿二日飘至宁波象山

---

① 王芸生:《六十年来中国与日本》第一册,第 31 页。
② 王芸生:《六十年来中国与日本》第一册,第 41 页。
③ 虞和平:《中国近代通史》第三卷,第 255 页。
④ 王元穉:《甲戌公牍钞存》,第 1、2 页。

县地方。蒙给口粮,整修船只,发给护照,拨派舵工何光明护送,九月廿二日赴福州。不料九月廿九日复在温港遭风漂泊,情殊可悯,自应饬县妥为安顿,加以抚恤。一面循照旧章,将船修整完固,派拨兵船,护送至福建省城,附便归国。①"上年四月间,琉球人林廷芳等九人,在琅桥遭风,经救护送回,均属毫无异言。"②咸丰四年(1854)年三月二十六日谕旨:"抚恤琉球国遭风难夷如例。"③其实这类事在历史上曾多次发生。据有的学者研究,1701－1876年间,琉球船在台湾沿海失事共发生过53次,多数情况下受难船民都得到中国政府的救济;其间也出现过遭难船民被台湾少数民族杀害的事,琉球对中国从无抱怨,在中琉间也从未引起什么问题。④

日本几乎是同时由中国和琉球两条途径获得这个事件的信息。1872年初日本派了两个使团分赴中国、琉球。柳原前光来华是为了商谈修改刚签订不久的中日修好条规,这个目的没有达到,但他密切观察中国政情动态,从5月11日(四月初五日)的京报上看到福州将军兼署闽浙总督文煜等关于琉球船民在台湾牡丹社遇害的奏报,引起他很大的兴趣,马上报告了日本政府。被派往琉球的是鹿儿岛县的两名官员伊地知贞馨和奈良原幸五郎,其任务是讨论改变日本与琉球的关系问题。在他们留琉期间,正值此事件中那12名得救的琉球人回到那霸。伊地知等立即约见其中两人,询问了事件经过情况,也像柳原那样向国内做了详细报告。7月中,他们两人回到鹿儿岛县,又向该县参事大山纲良汇报了与琉球当局谈判的情况,以及所了解到的琉球船民在台湾遇难的情况。⑤

此后,日本当局开始考虑武装侵台。但台湾是中国领土,征台就是侵略中国,日本当时还不能不深有顾忌。如果能把要征伐的地方从中国的领土中分离出来,把征台说成不是侵华,由此防止或消除中国的阻拒,则征台就可以顺畅地进行了。当时清政府已在台湾西部设置了地方政府机构,要想把整个台湾岛从中国分离出来已不可能。但在台湾东部地区,清政府尚未设置政府机构,此处为"生番"居住地区。于是日本政府极力以此为突破口,企图论证台湾东部不是中国领土。

1872年10月16日,日本强行设琉球藩并进而夺取琉球的外交权,当天日本外务卿副岛种臣会见美国驻日公使德朗,通知其有关琉球入属日本的决定,并保证日本将继续维持1854年的美琉条约。德朗即乘机询问日本对1871年牡丹社事件的态度。副岛种臣表示,日本正在考虑可能采取的各种行动方案,要求德朗提供有关1867年美国海军少将柏尔以"罗妹号"事件为借口入侵台湾的资料。美国商船"罗妹号"在台湾附近失事,船员多人上岸被当地土人杀害,这个事件与琉球船民被难事件很有点相像,尽管柏尔的行动遭到彻底失败,但毕竟是一个历史的先例,掌握了这个情况,一旦日本入侵台湾,就会显得是援例而行,从而证明其征台有理。在这个意义上,副岛向德朗索取有关情报就是为侵台而做的一种准备。另一方面,德朗说台湾等于是无主土地,他认为如能说服日本出兵攻占台湾,日中交恶,日本必将放弃与中国结盟,从而增进美国的重大利益。他乘机推介美国驻厦门领

①　蒋廷黻:《筹办夷务始末补遗(道光朝)》第四册,第188页。
②　王元穉:《甲戌公牍钞存》,第5页。
③　潘颐福:《咸丰朝东华续录》卷26,第10页。
④　张振鹍:《1874年日本侵犯台湾之役再探讨》,《近代史研究》,1993年第6期。
⑤　张振鹍:《1874年日本侵犯台湾之役再探讨》,《近代史研究》,1993年第6期。

事李仙得，诱导日本出兵台湾。"李仙得教唆日本政府出兵，使用奸计骗得日本出兵口实，雇船雇员协助出兵。""日本此次侵台，从策划到实施，李仙得都积极参与，起了很大作用。"①

1872 年 10 月 12 日李仙得离华返美，准备担任美国驻阿根廷大使，中途在日本转船。德朗要求李仙得暂居日本，李欣然同意。德朗介绍李仙得会见副岛，李借机向副岛介绍了清政府与台湾番地的关系："美国船漂流至岸遭遇生番杀害之时，曾答以虽有管辖，但难免有疏漏；而我与台湾内山十八番头目卓杞笃先前协议救护遇难外国船员，不包括中国人在内，此次琉球船民被害，实因其貌与中国人类似，致为生番误会。"②

李仙得在第二次会见副岛时建议说，日本应以此次琉球难船事件为由，要求清政府立约为据，修建炮台、灯塔，保护过往船民。如果清政府不置可否，可告之日本拟租借此地。清政府遇有外国诘问，往往视台湾为化外之地。台湾究竟属何国管辖，殊有问题。亚洲国家之日本，如欲占领台湾，理由虽不充分，但他愿意尽力协助。台湾防务力量薄弱，只需两千精兵即可攻取。当然，日本如因出兵台湾，致与中国决裂，自非善策。但既经依万国公法商请清政府保护遇难外国船民，清政府未能办到，日本自行设法保护，乃理所当然。③

李仙得的建议使日本如获至宝，李"专门收集我国台湾等地的情报。1867 年美国武装侵台失败后，李以与高山族谈判为名，曾深入台南。他会说台湾话，以台湾通自居。……他到台湾时，随身携带了一整套有关台湾海岸、内地的地图、图表及照片等"。④副岛希望李仙得能留在日本供职，并答应给予李每年银洋 12000 元的高薪。从 1872 年 11 月开始，李仙得先后向副岛种臣提出了几十个备忘录，提供给日本政府有关侵台之军事、外交等各方面种种具体建议及中国政教不及番地的所谓理论根据，狂妄地鼓吹台湾"非中国版图，事实上为无主土地"，鼓励日本政府将其"收为领土"。12 月 28 日天皇敕令任李仙得为日本外务省准二等官。

1871 年 12 月发生牡丹社事件后，日本政界和军界对台湾问题有各种不同态度，外务卿副岛种臣积极向各方推销他与李仙得及德朗三人所议的构想。一个多月后，太政院决定派遣使团赴北京交涉，副岛种臣于 1872 年 12 月 18 日奉天皇敕令，成为赴华的钦命总理全权大臣，表面上是为中国同治帝成婚与亲政之庆典活动祝贺，而明治天皇给他的敕令还要他就台湾"生番"杀害"我人民"一事去"伸理"以保民，实则负有与中国谈判琉球与台湾问题的任务。"日本想借机试图维护它代表琉球人发言的独占权利。"⑤副岛种臣在"《副岛使清纪略》之附言毫不掩饰地说：'副岛使清，换约名也，谒帝亦名也，惟伐番之策分'"。⑥"同治十二年（1873 年）小田县民四人又遭害，于是日本政府欲兴问罪之师。"⑦

1873 年 3 月 31 日副岛种臣抵上海，随行者有副使柳原前光，顾问李仙得。4 月 20 日

---

① 李理：《李仙得与日本第一次侵台》，《近代史研究》，2007 年第 3 期。
② 李理：《李仙得与日本第一次侵台》，《近代史研究》，2007 年第 3 期。
③ 李理：《李仙得与日本第一次侵台》，《近代史研究》，2007 年第 3 期。
④ 戴逸：《近代史稿》第二册，第 588 页。
⑤ 费正清：《剑桥中国晚清史》下册，第 104 页。
⑥ 李理：《李仙得与日本第一次侵台》，《近代史研究》，2007 年第 3 期。
⑦ 连横：《台湾通史》，第 245 页。

抵天津,4月30日在天津山西公馆与中国北洋大臣李鸿章互换条约,其间与李鸿章多次会谈。5月7日,副岛种臣抵北京,会见恭亲王奕䜣。在与李、奕的会谈中,都不动声色,不露痕迹,未曾提及牡丹社事件。副岛到北京后。把外交工作重点放在觐见同治皇帝上,每日与各国公使往还,交换意见,并在觐见清帝问题上与列强达成一致意见。

　　5月25日,副岛率领柳原前光、郑永宁等到总理衙门,面晤文祥、沈桂芬,以钦差大臣的身份,要求比照各国一二等公使,优先觐见皇帝,并坚持以三揖之礼觐见,拒绝跪拜。清政府没有答应,而是让副岛以次班觐见。副岛于6月17日再到总理衙门,要求以头班觐见,仍不被接受。20日,副岛通知总理衙门,他要中止觐见回国。21日,副岛派柳原和郑永宁到总理衙门,以口头询问的方式,谋求入侵台湾的口实。①

　　6月21日,副岛种臣派柳原前光与郑永宁至总署,也故意不直接提出这一问题,而是先问有关澳门和朝鲜的问题,然后才绕到这一问题上来,使毛昶熙等人在毫无准备的情况下临时应对。日使"向臣等面询三事"②:一、澳门是否中国管辖,抑由大西洋(葡萄牙人)主张;一、朝鲜诸凡政令,是否由该国自主,中国向不过问? 一、台湾生番戕害琉球人民之事,拟遣人赴生番处说话等语。当即经臣等面为剖辨,该随员等未经深论,臣等亦未便诘其意将何为。臣等送该使臣回国时,复告以嗣后总当按照修好条约所载,凡两国所属邦土,不可稍有侵越。该使臣答曰:固所愿也。次日,日方部分人员即行离京。

　　日方记载的交谈内容较为详细。柳原首先称:"贵国台湾之地,前曾由我国人、荷兰人及郑成功等所占据,后来归入贵朝版图,而贵国所施治者仅及该岛之半,其东部土番之地,贵国全未行使主权,番人仍保持独立状态。前年冬,我国人民漂流至该地,遭其掠杀,故我国政府将使问罪。"毛昶熙等反驳说:"本大臣只闻生番曾掠害琉球国民,并不知此事与贵国人有何相干。按琉球本系我朝之藩属,当时琉球人有自生番处逃出者,我朝命官曾予救恤,后转往福建,经我总督仁爱倍加,俱已送还其本国。"柳原则称:"我朝抚慰琉球最久","我君不能不以保民职权为其伸冤,而谓琉人为我国人有何不同? 今谓贵国官吏对琉民曾加救恤,请问对狂暴虐杀琉民之生番又曾作何处理?"毛昶熙等答称:"该岛之民向有生熟两种,其已服我朝王化者为熟番,已设府县施治;其未服王化者为生番,故置之化外,尚未甚加治理。"柳前又扬言:"我政府拟立即前往征伐,但我大臣以两国交谊为重,力排众议,并借此次出差之便,明告贵国政府,以求避免猜疑。"毛昶熙等则答:"生番之横暴未能制服,是乃我政教未逮之故。但生番杀害琉民之时,我福建总督(应为闽浙总督)确曾加以救护,亦犹奏报在案。当加调查,越日另行奉答,希能稍待。"柳原声称:"贵大臣既谓生番之地为贵国政教不及之区,且有往例证明,(杀害琉民者)为化外孤立之番夷,则只能由我国独立加以处理。"③

　　照这个记录看来,柳原在总理衙门说要"保民",为受害者"伸冤",完全是就1871年琉球船民在台湾遇害而言的。这是强奸琉球民意,因为琉球从未向日本提出过此种要求;这更是一个阴谋,因为他把琉球人说成是日本人,寓意就是琉球属于日本。他这样说,就

　　① 李理:《李仙得与日本第一次侵台》,《近代史研究》,2007年第3期。
　　② 李书源:《筹办夷务始末(同治朝)》卷93,第27页。
　　③ 虞和平:《中国近代通史》第三册,第257页。

是为日本吞并琉球试探清政府的态度,而在这一点上遭到毛昶熙等的有力驳斥。他的另一个也是更大的阴谋是把台湾"东部土著之地"说成非中国领土、不在中国主权之下,而在这点上毛等所说"生番姑置之化外""乃我政教未逮"被他抓住当成了把柄。其实,在这种问题上总理衙门的观点本来是明确的。前此,1867 年为"罗妹号"事件对美交涉时,总理衙门曾在咨福建督抚文中说过:"生番虽非法律能绳,其地究系中国地面,与该国领事等辩论,仍不可露出非中国版图之说,以致洋人生心。"①这种认识,毛、董是不会不知道的,他们所说的"化外""政教未逮",无非是"非法律能强"的意思。他们很可能谈到"其地究系中国地面"的话,但柳原有意不记;即使他们没有说,也决不会有"非中国领土"之意。中国大陆上许多地方的少数民族,清统治者都区分为"生""熟",所谓"生"者也是中国人,其居住区也属中国版图,历来毫无疑义。在清统治者用语中,"生""熟"只是说明该少数民族经济、文化等开发及其与周围汉族交往状况的程度,其人皆中国人,其地皆中国地,根本不涉及领土主权问题。毛、董本来想对有关的事情加以调查,"越日"再谈,柳原却一口拒绝。他把这全部谈话归结为一言:"生番之地为贵国政教不及之区。"副岛费尽心机要弄到的就是这样一句话,立即于 6 月 29 日就向太政大臣三条实美写了报告:"关于台湾生番处理问题……清朝大臣答称:土蕃之地为政教、禁令所未及,尚属化外之民。除此别无他辞,已经妥善结束。"在这些人看来,抓住清朝大臣这么一句话,就可以说成是清政府自己承认了那些地方不在中国版图之内、不属中国主权、是"无主之地",从而就掌握了台湾可以征讨的根本论据,他们就有权向这些地方出兵入侵了。于是他们就由此立论,策划并发动了侵台之役。②

　　21 日会谈后,李鸿章的幕僚孙士达当晚即到郑永宁处,探寻日方真意。郑的回答是:"即使副岛大使觐见成功,日本也要兴问罪之师。"23 日副岛又对前来挽留的孙士达表示:"伐番一事,即使达成觐见,日本仍不可废止,贵道将此已转告中堂。"令人遗憾的是,尽管清政府已经知道日本想借琉球漂民事件"征讨"台湾,但中方大臣们以为,日本是不满意觐见问题而故意发难。他们天真地认为,只要让如意觐见,则生番一事将不了了之。③

　　当副岛种臣在北京展开征台外交时,其国内已兴起征朝声音。待副岛种臣使清后回到日本,见国内舆论沸腾,就转向支持以西乡隆盛为代表的武断派征朝。经过激烈的权力斗争,武断派被以大久保利通为代表的内治派斗垮。因此,副岛种臣亦于 1873 年 10 月 25 日随西乡隆盛等辞职。

　　日本对台湾的武装侵略得到美国的积极支持,美国驻日公使"怂恿日本进攻台湾,李仙得为之出谋划策,另有美国海军陆战队人参加军事行动,并有美国船舰为日本运兵。"④ 1872 年,日本染指台湾的野心日益暴露,德朗表示:"我友邦如占他国土地而有所扩张,正投我所好。"当时随副岛种臣来华的陆军少佐桦山资纪,于 1873 年 3 月自长崎抵达上海,随即与日本留学生黑冈勇之承等见面,传达副岛种臣所下达的视察台湾的命令。桦山与

① 李书源:《筹办夷务始末(同治朝)》卷 50,第 16 页。
② 张振鹍:《1874 年日本侵犯台湾之役再探讨》,《近代史研究》,1993 年第 6 期。
③ 李理:《李仙得与日本第一次侵台》,《近代史研究》,2007 年第 3 期。
④ 王芸生:《六十年来中国与日本》第一册,第 106 页。

黑冈先于3月下旬同赴汉口,4月4日回上海,向副岛种臣提出汉口视察报告书,然后从上海赴台湾淡水,经陆路南行视察台湾南部,5月13日返上海,30日回北京。当时在香港留学的水野遵(1871年起留学中国),也于2月间收到副岛种臣下达的视察台湾的命令,乃于4月赴台湾,调查北部"大溪番",至5月下旬离台回上海,1873年6月15日抵达北京,与其他征台侦查员会合。

　　获悉6月21日柳原前光获得中国语言上的把柄时,桦山资纪就认为征台时机已成熟,并决定再次赴台侦察。与副岛种臣商量后,他与高屋、儿玉利国、成富清风、水野遵四人,于6月23日离北京,7月3日抵上海。不久,因高屋、水野二人返日,桦山又招纳在华留学五年,精通汉语的日本留学生城岛谦藏,与儿玉利国、成富清风等一行人于7月17日自上海起航,20日抵福州,居月余,于8月23日抵淡水。当时,水野遵已是再次来台。随后,桦山资纪一行人远赴台湾东部的苏澳与南澳活动。在精通台湾番民的英国领事馆馆员墨西哥人必茗的建议和协助下,桦山决定先探查台湾东部的南澳番地,他们自9月5日由淡水乘船出发,经由基隆抵达苏澳,沿途调查番人情况,意图利用番人开辟的道路前往南澳并企图占领南澳,但遭清廷驻噶玛兰厅官吏干涉而中止,乃于10月16日返回淡水。返抵淡水后,桦山仍未接获10月征台消息,因此商定由儿玉利国和成富清风赴香港,以便与日军联系。桦山资纪停留淡水期间,伪装成商人以隐藏其日本军人身份,并假称其商号为朝阳号,且以调查地方物产作为掩护。

　　1873年9月,陆军少佐福岛九成返回日本,向岩仓具视提出台湾视察报告书,12月5日向岩仓具视提交出兵建议书。次日,视察员海军大尉儿玉利国与留学生成富清风返抵日本,于12月17日获内务卿大久保利通召见,并听取二人视察台湾的报告。次年1月儿玉利国向海军卿胜安房提出征台建议书。

　　成富清风在其所撰的调查报告《台湾地方觉书》中,就日本的立场,阐述台湾战略地位时称:"台湾岛位于琉球番之西南,是吾皇国之门户也。如该门户不能坚守,出则无法控制西南各国,入则无法捍卫皇国。昔者九州边境之民,据此岛西窥闽粤,南通吕宋及西南各岛屿,故欲将国威向外宣扬,占据此岛始可指挥西南各国。盖欧美各国之船舶,往来亚洲者,无不经过此一门户,而经过者必垂涎欲滴。如今该地惟三分之一属于清朝,而岛上欧美居民却不少,且皆在觊觎台湾,卧榻之侧,岂容酣睡!"故其结论为"展缓一日则失一日之良机,惟仰乞尽速决定开辟台湾之议"。①

　　1873年12月10日,桦山资纪赴香港,获悉西乡隆盛与副岛种臣等下台的消息,乃转往上海并遇见日本陆军派至中国大陆的七名侦察员,及乘春日舰抵上海的海军少丞仁礼景范,桦山更了解了日本国内政情,并收到西乡从道的返国命令。但为了实现征台,桦山决定于12月26日自上海乘春日舰再赴台湾(春日舰奉命赴中国沿海侦察航路),途径宁波、福州马尾、厦门、香港、澳门等地时多所停留。

　　1874年2月6日,由大久保利通和大隈重信制定了《征台要略》,其主旨完全来自于顾问李仙得提供的策略。《征台要略》以清政府官员所言,台湾番地是"化外之地"为借口,计划出兵征讨台湾。其重要性在于使出兵台湾问题表面化,从而明确琉球的归属问

---

① 戚嘉林:《台湾史》,第157页。

题,并占领台湾番地,与清政府划线而治,最后占领整个台湾。日本此次出兵台湾的目的,欲在台湾岛东部开辟居留地,永久占领。日本的方针是否认清政府对台湾的主权,日本进攻台湾和清廷无关,攻打台湾并非攻打中国。

1874 年 3 月 9 日,桦山资纪乘春日舰抵台湾高雄港,并约该舰翻译官水野遵同行,赴台湾南部探查,于 3 月 24 日抵枋寮,随即侦察车城附近各社番地形势,4 月 1 日自车城北转枫港、刺桐脚、东港、凤山、高雄、安平、台南、嘉义、彰化、大甲、后垄、竹堑、中坜等地侦察,于 4 月 22 日至淡水。当桦山从棋后(高雄市旗津区)经枋寮,抵车城、社寮等地探勘时,"并绘制来龟仔角山及沿海地图一纸。水野遵并带有合众国李仙得上年所绘旧图一纸,沿途查对"。① 桦山资纪于 5 月 9 日自基隆登陆出发,经陆路于 19 日抵高雄,与经水路抵高雄的水野遵会合,于 5 月 26 日赶到射寮,28 日晋见西乡都督及赤松参军,随后出任风港(枫港)指挥官陆军少将谷干城的指挥副官。

1874 年 5 月 8 日、10 日,日军约二千余人登陆琅峤,日本第一次侵华之战正式打响。

三、日本侵台之战

日本政坛"征韩论"之争刚刚落幕,"征台"之声又甚嚣尘上。

1871 年 9 月 13 日,清朝钦差大臣李鸿章与日本钦差大臣伊达宗城于天津山西公馆,缔结《中日修好条规》。是年日本废藩置县,公布琉球属于改制后的鹿耳门岛管辖。同年 12 月发生牡丹社事件,事后清朝政府立即妥为抚恤,并安排琉球民归返。但日本政府获悉此事后,却利用它作为侵台的借口。

睦仁天皇认为这正是发兵侵台的绝好机会,特派时任外务卿的副岛种臣使华,并授意谈判的"要旨":"清国政府若以政权之不及,不以其为所属之地,不接受这一谈判时,则当任从朕作处置。""清国政府若以台湾全岛为其属地,左右推脱其事,不接受有关谈判时,应判明清政府失政情况,且论责生蕃无道暴逆之罪,如其不服,此后处置则当任依朕矣。"②

就是说,以琉球民被杀问题作为突破口,无论清政府怎样回答,日本都要掌握发兵侵台的主动权。果然,双方在北京谈判时,清朝官员讲了一句"生番姑且置之化外"的话,被日方抓住,日方解释为:台湾土著部落为清政府"政权所不及之地",可视为"无主之地",日本有充分理由兴师问罪。

"同治十三年(1874 年)正月,置台湾番地事务局于长崎,以参议员兼大藏卿大隈重信主之,命陆军中将西乡从道为番地都督,陆军少将谷干城、海军少将赤松则良为参军,率兵赴台。"③ 在牡丹社事件发生两年四个月后,即 1874 年 4 月 4 日,日本政府组织"台湾生番探险队",命陆军少佐福岛九成为厦门领事,李仙得为台湾番地事务局准二等官。

4 月 5 日,日本政府向西乡从道发出命令,称:"兹以台湾处分之事,命汝从道任事务

---

① 王元樨:《甲戌公牍钞存》,第 4 页。
② 米庆余:《琉球漂民事件与日军入侵台湾 1871—1874 年》,《历史研究》,1999 年第 1 期。
③ 连横:《台湾通史》,第 246 页。

都督,举陆海事务以至赏罚之事,皆委以全权。其遵奉委任条款,黾勉从事,以奉肤功。一、对杀害我国人者问罪,予以相当处分。一、彼如不服其罪,得相机以兵力讨伐。一、使今后我国人民到达彼地时,不致再受土人杀害,为此,树立防治办法。"①

在此之前,日本先后派遣五批十五人次的间谍到台湾侦察,一是观察山水道路,测量地形,调查风俗民情,以备进军之用;二是寻找一处可开辟的居留地,以备日军长期盘踞之用。

日本征台准备工作不断扩大,引起了各国驻日使节的注意。4 月 9 日,英国大使巴夏礼向外务大臣寺岛宗则查问此事,并讯问日本出兵台湾一事是否征得中国的同意,他还对此事可能给英国与台湾贸易造成的影响等表示了强烈的担忧。4 月 13 日,巴夏礼再次给寺岛写信,明确表示如果日本与中国发生军事冲突,英国将严守中立。俄国、德国、意大利、西班牙等国也发布一切责任尽在日本的局外中立宣言。三月初,英外交官访问总署:"知日本国有兵船前往台湾,似欲向生番用兵,中国曾得信否? 答以未曾得信。又问,此事日本曾与中国商榷准否? 答以并未商榷。……又问,生番所居之地,是否属中国版图? 答以,其人虽不治以中国之法,其地究不外乎中国之土。"②清政府据此才知道日本侵台之举。

日本政府的征台计划是参考李仙得及前任美国公使德朗的意见而形成的,日本方面也一直认为美国方面是了解并默许支持的。但 4 月 18 日,新任美国公使宾汉向日本政府函告:美国政府尊重美中友好关系,主张中国拥有台湾全域的主权,同时禁止美国船舶及人员参与出兵行动。由于美国的中立宣言,原来的计划全被打乱。4 月 19 日,太政大臣召大隈重信回京,并向西乡重道发出了"出兵延期,等待后令"的电报。西乡回电说,"陆海军气势高昂,势不可挡"。造成出兵台湾的既成事实。③

1874 年 4 月 27 日晚,陆军少佐福岛九成与文武官兵共 270 人乘辅助舰"有功丸号"自长崎出发。5 月 2 日,"孟春号"与远征舰队旗舰"日进号"及运输船"三国丸号"与"明光丸号"接着自长崎出发,载有陆军少将谷干城、海军少将赤松则良以及 1000 多名官兵。5 月 17 日,西乡从道亦率日军乘"高砂丸号"与"社寮号"自长崎出发。先期投入的兵力为 2488 人左右。④

此次征台,日本政府是以殖民局名义发布命令书,征台日军除常备军以外,还包括征募的失业健壮年轻人组成的殖民兵,他们没有服役期限,视其后情况再决定是否移民。此外还包括和尚、从军记者及供应军用品的 500 名各行业工匠。侵台日军的行李中,甚至还有 182 种西洋植物,上述情况表明日本计划在侵台战争取得胜利后,将对台湾大规模移民的阴谋,也可见日本征台计划之周密,及其侵略和占领中国领土台湾的野心与决心。

5 月初,日本侵略军已云集台湾,清政府才照会日本政府。"贵国与中国换约以来,各尽讲信修睦之道,彼此优礼相待,友谊日敦……查台湾一隅,僻处海岛,其中生番人等,向

---

①　王芸生:《六十年来中国与日本》第一册,第 67 页。
②　王元樨:《甲戌公牍钞存》,第 11 页。
③　李理:《李仙得与日本第一次侵台》,《近代史研究》,2007 年第 3 期。
④　戚嘉林:《台湾史》,第 158 页。

未绳以法律,故未设立郡县,而地土实系中国所属。中国边界地方,似此生番种类者,他省亦有,均在版图之内,中国亦听其从俗从宜而已。此次忽闻贵国欲兴师前往台湾,是否的确,本王大臣未敢深信。倘贵国真有是举,何以未据先行议及? ……其寄泊厦港兵船,究欲办理何事? 希即见复,是所深盼。为此照会贵外务省大臣查办可也。"①照会中并未对日本出兵台湾提出严厉抗议,其措辞软弱,又不得要领。

5月8日和10日,日本侵台军分三路陆续从琅峤(恒春)登陆。"琅峤在凤山极南,牡丹社又须转过琅峤,方至其地,已在山后。"②"查琅峤地方,背山面海,内有平原者,土名柴城,据其中,东土、保力社等庄依山五六里,西至沿海即社寮港一二里,南至大绣坊三十里,北至尖山一十里。……至十八社生番,统在山内,所居南自龟仔角起,北至牡丹社止,与外十八社,即枫港一带生番毗连。"③"倭兵约二千余人,一扎大埔角,一扎琅峤,一扎龟山,时以甘言财利说降各社。牡丹社在下者已为攻破,余数百人逃往山顶。倭人未能仰攻;龟仔角生番,亦不肯降。其降者网索等十一社,倭营给一旗为凭。"④18 日,日军循四重溪前进,遇到民众伏击,"四月初一日,有日本人 12 名进山,被生番杀死 1 人;初三日,生番又击伤日本人 2 名,生番死一名;初六日生番伤日本人 2 名。"⑤"时日人闻四重溪民有密助生番之说,即于四月初七日大队进剿,先取四重溪而破,当即进剿牡丹社。二次交战,生番被日人铳毙 20 余人,取其首级 16 个示众,日人亦被生番毙其 3 名,晚间回营。"⑥日军此次出动 200 余人大举进攻石门,石门据四重溪上游,距龟山 20 余里,为出入牡丹社所必经,两岸巉岩屹立,民众据险顽抗。当时牡丹社有 250 人,龟仔豆社有 50 人,加上其他邻社共400 多人,他们利用有利地形,乘日军不备,突然袭击,使日军防不胜防。日军遭到猛烈抵抗,战况激烈,牡丹社首领阿禄父子等人英勇牺牲。

日本于四月十八日(6 月 1 日)进攻,分作三路,一路由枫港,一路由石门,一路由四重溪,约每路有五六百人。日军"先攻中社、竹社、尔奈、高士佛等社,均被攻破烧毁。后攻至牡丹大社,生番与日本接仗,被炮伤 6 人。……日本兵亦被生番铳毙 6 名,受伤 10 余名,随即收队。大社(牡丹社)并未攻破,日兵于牡丹社下大埔角一带扎营"。⑦

"二十日(6 月 3 日)该日兵两路同时出队,进剿生番,其竹社、牡丹、尔奈、拔瑶、高士佛等五社生番,共计五六百名亦出,在石门一带迎敌,随时接仗。因日兵炮火齐全,人数众多,生番迭次战败,俱各逃入牡丹社后大山之上,林密沟深,暂可埋伏。所有五处番社,未能固守,即被日兵破入。其社番巢,尽行焚毁。"⑧"二十一日,各日兵分路搜山,欲擒生番,尽灭其余各社。"四月二十五日,"共八社头人到日营投降。即赏各头人红绫二匹、花巾五条、红毡二床、耳钩四对,又给红旗八面,令每社各竖一支为凭,日兵出入,不赴骚扰。并限

---

① 李书源:《筹办夷务始末(同治朝)》卷 93,第 29 页。
② 王元樨:《甲戌公牍钞存》,第 24 页。
③ 王元樨:《甲戌公牍钞存》,第 45 页。
④ 李书源:《筹办夷务始末(同治朝)》卷 94,第 21 页。
⑤ 王元樨:《甲戌公牍钞存》,第 31 页。
⑥ 王元樨:《甲戌公牍钞存》,第 48 页。
⑦ 王元樨:《甲戌公牍钞存》,第 51 – 52 页。
⑧ 王元樨:《甲戌公牍钞存》,第 53 页。

各番头人,每四日到营一次,有无事情,均要通报。"①接着,日军以龟山为基地,建立都督府,修筑道路、医院、营房。清军派员前往探查,见日军"人数2000余名,业已先后登岸,俱在清港浦一带驻扎大营一座,其营垒周围五六里,左右二三里。……营中各自备带做成大屋、砖瓦、粮食、盐菜等件,以图久计"。②日军占领了琅峤等地后,台湾民众坚持抗击日军,"五月初一日,日本兵在牡丹社脚溪洗浴,被生番铳毙三名,取去首级一颗。""五月初四日,双溪口日兵挖取番薯,被生番偷取洋枪反击,日兵毙者二人。""初五日,日兵于双溪口巡哨,又被生番击死一名。"③

日军与清军互有联络,并无战斗。从五月份沈、文、李三衔会奏,可见清政府避战、畏战,决策无能的窘态:"查倭人垂涎台地,成竹在胸。鹤年(闽浙总督李鹤年)按条约阻其进兵,置之不复。据理而论,不能不张挞伐之威;然目前之取胜非难,而事后则兼筹非易。彼尚有利器以图再举,我更无奇策以善将来。"④

此战中,日本在军事与外交方面始终双管齐下,互相配合。其外交谈判则是北京与台闽前线同时进行。四月初七日,日本国陆军少佐兼驻厦门领事官福岛九成来见李鹤年。"当问其日本派兵船来台,曾奏明君主否?答曰,曾奏明,陆军中将西乡系奉命而来。问其兵船共来几只?答曰,5只。问西乡已来否?答曰……日内可到,或已到琅峤亦未可定。问琅峤系中国管辖,何以无故动兵?答曰……上年有使臣到京,曾对总理衙门说过,以生番非中国所管,故而来。问琅峤系版图,确有凭据。即有生番滋事,应移交中国地方官办理,日本不应擅自动兵。答曰,此事伊等做不得主意,须俟西乡裁夺,尚有使臣柳原前光已赴北京与总理衙门专论此事。"⑤

日本政府派遣西乡出兵台湾的同时,日本驻华公使柳原前光则奉命到北京进行谈判。5月28日柳原抵达上海,两江总督李宗羲派人与他会晤,质问日本兴兵犯境,柳原在谈判中一再申明:"专为通商和好而来,与西乡从道之往台湾各办各事。"回避谈及日本出兵台湾一事。⑥1874年6月6日,福建布政使潘霨专程前往上海与柳原交涉。6月7日,柳原致函潘霨,"本大臣因思我师既出交锋,况西乡奉君命,岂肯轻退?我朝经已布告通国,誓其保民意义,何可中止?"明确表态,日本不会轻易撤兵。对于潘霨问到的"究竟作何结局"?则提出三点要求:"一、捕前杀害我民者诛之;二、抵抗我兵为敌者杀之;三、番俗反复难制,须立严约,定使永远誓不剽杀难民之策。"⑦尽管这三条仍属无理,但潘霨返回台湾后,还是设法推行,令当地民众具结永保漂民安全。五月初九日(6月21日),帮办潘(潘霨)、台湾道夏(夏献纶)赴日营(琅峤),往拜日本中将西乡从道,问:"贵中将此来是否专为牡丹社,抑为别社?答曰:专为牡丹社之事。问:牡丹社已经打开,杀得生番不少,似已示惩。答曰:此系两下相敌,互有杀伤,不能算问罪。……问:牡丹社办定,即算了事

---

① 王元穉:《甲戌公牍钞存》,第55、59页。
② 王元穉:《甲戌公牍钞存》,第42页。
③ 王元穉:《甲戌公牍钞存》,第68-71页。
④ 王元穉:《甲戌公牍钞存》,第63页。
⑤ 王元穉:《甲戌公牍钞存》,第31页。
⑥ 李书源:《筹办夷务始末(同治朝)》卷94,第18页。
⑦ 王元穉:《甲戌公牍钞存》,第56、57页。

否？以后尚有话说否？答曰：牡丹社办完，可算了事。以后有无话说，应俟日本朝廷指示。"[1]"初十日，派县丞周有基等进入番社，共来一百五六十人。……令次日前来具结，当为之作主。十一日，传齐各番社头目出结，共十五社，唯牡丹社、中社、果乃三社未到。……当将各社具结事办妥，即函知西乡，请约定时刻会晤，西乡托病，不能相见。复将各社具结情形函知，以柳原所议第三条业已办定。牡丹社系中国所属，应归中国自行办理，请其退兵。"五月十二日下午，帮办潘霨等于龟山营盘与西乡相见，十三日辰刻，又往龟山营盘晤西乡，复问其有话说否？"西乡云：牡丹社出来谢罪，究系如何办法？我告以牡丹社如能悔过，以后誓不剽杀，并将前年戕害琉球人尸身交出，即算谢罪。西乡云：此事容易办，唯该国兴兵以来，费用已多，请我代为想以后如何是了。我复问究是何意？不妨明言。西乡云：须贴补，牡丹社能办否？我告以牡丹社系穷番，从何贴补？又问究竟花费若干？意将何为？西乡云：原共筹银 210 万元，现已用去 120 万元。如何贴补，则前议三条皆属易办，伊授有全权退兵，可以作主，贴项未为设法。我告以贴补兵费，是不体面事，中国不能办理。贵中将进退为难，只可写信与柳原商酌。贵中将应先将各社之兵调回勿动，并告知贵国以后不必添兵前来，西乡应允。"[2]

　　西乡此时的态度与二个月前判若两人，是因当时大量清兵已云集台湾，而日军连续进攻，不但未达到预定的军事目的，反而处境日趋艰难。当时，台湾南部恶性疟疾流行，日军病死者众多。日本侵台军面临几方面重大困难：

　　一、战争陷于被动。日军侵台时，适逢连绵阴雨，山溪暴涨，水势滔滔，道路堵塞，不仅前进困难，弹药、粮食也难以运送。土著居民潜伏在岩石荆棘之间窥伺，日军接近立即加以狙击。日本侵台军参军、海军少将赤松则良不由得惊呼："粮食补给之路杜断，士兵都饥饿不堪，枵腹之下，自难作战！"此时日军既要警戒土著居民的袭击，又担心北面的清军来逼，真有草木皆兵、防不胜防的感觉，已在军事上丧失主动，陷于被动境地。

　　二、战争前途堪忧。在清政府妥协外交的指导下，清军并未参加战斗，但已有八九千名清军增援台湾；而道路传闻，"福建巡抚王凯泰带兵二万将渡台"。[3] 如果战争延续下去，一旦人数上占绝对优势的清军参加战斗，则日军必败无疑。

　　三、士兵减员严重，士气低落。台湾南部一直被日本人视为"南海绝岛瘴疠之地"，此次越海作战很难适应环境，加上气候炎热，宿营设备又极其简陋，所谓营帐只是一块天幕，将士不得不忍受蚊虫的叮咬，以致全军上下皆为疟疾所困扰，营区一片苦闷呻吟之声。"倭营自三月至今，官兵夫役病故者，约共 800 名。"[4]因此，日军士气低落，"其营中疫病犹盛，死者日八九人，或二三人不等，医云此水土不服所致，皆涕泣思归"。[5] 据一位随军医生承认：很多人精神忧郁，缺乏生气，只是怀念家乡的父母妻子，意志消沉。希望早日回国，几乎成了口头禅。可以说，侵台日军士气低落到了极点，几乎丧失了战斗力。战争期

---

① 王元穉：《甲戌公牍钞存》，第 77 页。
② 王元穉：《甲戌公牍钞存》，第 78、83 页。
③ 连横：《台湾通史》，第 247 页。
④ 王元穉：《甲戌公牍钞存》，第 151 页。
⑤ 李书源：《筹办夷务始末（同治朝）》卷 98，第 36 页。

间,"七月十七日酉刻,载患病倭兵100余名回国"。① 一船于"八月二十八日驶归,内载病兵七百余人",另一船于"九月初二日驶归,内载病兵四百余人"。② 日军前后共运送伤员千余人回国,军队严重减员。

四、在国内不得人心,在国外孤立无助。日本统治集团内部意见也不一致,文部大臣木户孝允即因反对此战而辞职。无论政府还是民间,反对此战的呼声越来越强烈。列强各国均承认中国对台湾的主权,反对日本占领台湾,连最初帮助日本策划侵台战争的美国也转变了态度,使日本在外交上十分孤立。

五、此次兴兵费用浩繁,难以支持。出兵之前,西乡从道曾夸下海口:征讨费50万元足够,若是超过,情愿引咎切腹。结果,日军此役所耗经费:所谓"征蕃费"及办理大臣派遣费两项花掉362万日元,购置兵器、船只等费用花掉593万日元,合计955万日元。几近日本当年年度财政收入的15%,是西乡所保证的"征讨费"的近20倍。而且悬师国外,久无所成,如继续战争,费用难以估计。当时日本羽翼未丰,国力尚弱,发兵侵台纯属军事冒险,难以长久支撑,很怕战争拖延时日。

日本出兵台湾的消息使中国十分震惊,闽浙总督李鹤年照复西乡从道:"台湾全地久隶中国版图,虽其土著有生熟番之别,然同为食毛践土已二百余年。……虽土番散处深山,文教或有不通,政令偶有未及,但据我疆土之内,总属管辖之人。……据此,则台湾为中国疆土,生番定归中国隶属,当以中国律法管辖,不得任何别国越俎代谋。兹日本国中将照会,以台湾生番戕杀遭风难民,奉命率兵深入番地。……日本国政府并未与总理衙门商允作何办理,径行命将统兵前赴。既与万国公约违背,又与同治十年所定和约不合。……除照复日本国中将,请其撤兵回国,以符条约外,合行饬知。"③ 指斥其违背公法及条约,要求日方撤兵回国。清政府向日本提出质问,同时派沈葆桢"带领轮船兵弁,以巡阅为名,前往台湾生番一带察看,不动声色,相机筹办。"④ 四月初,台湾镇道官员禀清政府:"臣等共同商酌,可否派船政大臣沈葆桢为钦差办理台湾等处海防,兼理各国事务大臣,福建省镇道以下各官均归节制,江苏、广东沿海各口轮船准其调遣。"⑤ 四月十日上谕,又授沈为"钦差办理台湾等处海防兼理各国事务大臣,以重事权,所有福建镇道等官均归节制……而于征调兵弁船只,亦臻便捷。该大臣接奉前旨,计已驰赴台湾一带,著即体察情形,或谕以情理,或示以兵威。悉心酌度,妥速处理"。⑥ 又命潘霨帮同办理。但清政府的基本方针不是尽力抗击日军,而是"俟臣葆桢赴台后,邀集各国领事,使之公评曲直"。⑦

6月24日,清廷得到日军分三路侵入高山族居住地区的奏报,即谕令沈、潘:"日本兴兵,显背条约,固属理屈词穷。若能就我范围,敛兵回国,自可消弭衅端;倘仍肆意妄为,悍然不顾,即当声罪致讨。"⑧ 7月8日,收到沈、潘已于6月中旬到达台南安平以及有关日军

---

① 王元樨:《甲戌公牍钞存》,第117页。
② 李书源:《筹办夷务始末(同治朝)》卷98,第36页。
③ 王元樨:《甲戌公牍钞存》,第43页。
④ 李书源:《筹办夷务始末(同治朝)》卷93,第28页。
⑤ 王元樨:《甲戌公牍钞存》,第37页。
⑥ 李书源:《筹办夷务始末(同治朝)》卷93,第39页。
⑦ 王元樨:《甲戌公牍钞存》,第63页。
⑧ 李书源:《筹办夷务始末(同治朝)》卷94,第10页。

在台进一步活动情况的奏报,又谕令:"日本违约称兵,曲直是非,中外共见。沈葆桢等务当与之极力理论,断不可任其妄为;倘该国悍然不顾,亦当示以兵威。"①根据这个方针,沈驻郡城台南,潘不断往来于台南及凤山(高雄)间,两人互相配合,一面与日军当局展开交涉,一面着手布置全岛防务。台湾原有的军事力量不足以适应新形势,台湾南北之间及其与大陆之间的通讯交通也不便,沈葆桢等为改变这种状况,采取了许多措施,包括招募勇营,举办乡团,添置军火,派人购买铁甲舰,筹议敷设陆上及海底电报,开通山路等等。他以防卫郡城为中心,兼顾南北两路:为护御郡城,仿照西法兴筑安平炮台,加固台南城垣。为加强南北防务,"南路迫近倭营,以镇臣张其光专此任,该镇原有勇部,更增募五营继之,以遏冲突。台北之要,甚于台南,以台湾道夏献纶专其任,该道原有勇部一营,拟添募一营继之,以杜旁窜之谋。据称,前南澳镇总兵吴光亮打仗勇敢,浙江候补道刘璈甚有勇谋,各请奏调前来。……前署台湾镇曾元福,熟悉民情,乡评亦好,拟令其提倡南北乡团,以资保固。"②

沈葆桢主张在军事上加强戒备,他于6月21日抵台,派潘霨赴琅峤会见西乡从道,双方就台湾领土归属问题展开了激烈的争论。西乡从道否认他们占领的是中国领土,潘霨则针锋相对进行驳斥,举出三条证据③:(1)《台湾府志》记载,南路琅峤十八社归凤山县管辖,年征饷银二十余两;(2)台湾南北路理番同知每年都入内山对"番族"犒赏盐布等物;(3)柴城街又名福安街,建有'公中堂福康安'碑等。西乡虽无言对答,但拒不撤兵,以托病不见,"霨函谕倭将,既托病不出,即告辞登舟,该倭将再三挽留。次日接晤,仍以生番非中国版图为词。臣霨厉声晓譬,旋复婉谢,断断以所用兵费无着为言,经再据理驳斥。彼请一面致书柳原,一面由厦门电报寄信回国,暂不必添兵前来。臣等窃思倭奴退兵不允,因求贴费。贴费不允,必求通商。此皆万不可开之端,且有不可胜数之弊。"④在李鸿章妥协方针指导下,清政府不敢令清军驱赶日军。其实从当时的军事实力来看,中国显然优于日本,再加上人民的支持和地理条件的优势,赶走日军是不成问题的。日军停在琅峤港内的"兵船七号,可打仗者不过二只,余皆西洋旧商船"。⑤但李鸿章言:"闻西人议论,日本有铁甲船两只,余皆根驳(即炮船),闽厂船炮未始不可抵敌,惟皆系华人管驾,向未见仗,操练亦恐未尽得法。"⑥

沈葆桢继续调兵遣将。7月17日,令王开俊由东港带兵进驻枋寮,以载德祥一营由凤山镇驻东港。"六月初五日(7月18日)济安轮船自津归,臣李鸿章寄来洋炮20尊,洋火药4万磅。初八日(21日)永保轮船自粤至,臣鹤年拨解洋火药3万磅。"⑦李鸿章奏请:"先调现驻徐州之武毅军洋枪队六千五百人,分批航海赴台,稍壮声援,并令京沪各局先尽现存炮械军火陆续解济。"⑧又以福建水师兵轮六艘长泊澎湖。8月初,帮办潘霨募

---

①　李书源:《筹办夷务始末(同治朝)》卷94,第25页。
②　王元樨:《甲戌公牍钞存》,第87页。
③　陈碧笙:《台湾地方史》,第152页。
④　李书源:《筹办夷务始末(同治朝)》卷95,第5页。
⑤　李书源:《筹办夷务始末(同治朝)》卷93,第46页。
⑥　李鸿章:《李文忠公全集》译署函稿,卷2,第28页。
⑦　王元樨:《甲戌公牍钞存》,第105页。
⑧　李鸿章:《李文忠公全集》译署函稿,卷2,第33页。

集少数民族壮勇500人进驻凤山。此时,革职留任的福建陆路提督罗大春带亲兵108名东渡抵台,9月底其原部泉勇一营600人抵苏澳。同时,台湾镇总兵张其光与前南澳镇总兵吴光亮招粤勇2000余人亦抵旗后。10月底前,淮军十三营洋枪队6500人全部抵台。清军在兵力上已对侵台日军占有绝对优势,武器方面也并不落后。清政府尽力在台厚集兵力,不是真的要对日军"声罪致讨",而在于"示以兵威",促其撤军。日本对此不能不有所顾虑,它越来越感悟到,凭借抵台的有限兵力,不可能占据台湾地方。

7月24日(六月十一日),柳原到天津会见李鸿章。"李问:你们如何说台湾生番不是中国地方?答云:系中国政教不到之地,此次发兵前去,也有凭据。问:你有什么凭据?未答,又云:英美兵船曾去办过。问:兵船在海边遇盗劫杀,原可上岸拿办,公法亦是有的。你此次发兵乃是陆兵,如何擅自过中国地界驻扎?答云:生番事情贵国既不办理,外国自可办理,中国可以不理。问:你何以派定中国不理,从前累次议约,俱来找我议论,此次竟不来议论。……问:你既系全权,可自做主,西乡应听你话。答云:西乡与柳原说不来的。……问:全权大臣,全权两字怎么讲答?答云:西乡奉日本朝廷命出兵,此次退兵仍候朝廷旨意,柳原不能做主。系奉旨来通好。……问:你三件事已经办了,为何还不退兵?答云:尚未办得透彻。问:现在潘大人已令生番出结,还不算透彻么?向来各国带兵大员俱归全权调动。……柳原到底有全权否?答云:西乡带兵与柳原通好各是一事,虽有全权,不能做主。"①

清政府表示,日方所提三条已经办到,要求日方撤兵。日本政府仍然拒不撤兵,反而指示柳原进行谈判的要领:"获得偿金及让与攻取之地……以此机会,断绝琉球两属之渊源,开启朝鲜自新之门户。"②他在上海、天津、北京与清政府官员频繁接触,清政府就日军入侵台湾的挑衅行为提出质问,他时而装聋作哑、推诿搪塞,时而厉言疾色、恫吓威胁,和清政府纠缠。但日本的无理要求,被清政府断然拒绝,双方谈判没有结果。

日本武装侵略台湾,虽得到美国原任大使的支持,但由于列强对台湾各抱野心,因而引起各国的不满。英国表示"由于英国在华商人与台湾有密切关系,英国不能坐视日本占领台湾",英国公使威妥玛在10月25日亲口对大久保说,"外国人多半对中国友谊不深,但还没有一个人认为蕃地不属中国版图。"威妥玛认为台湾是中国的领土,他的观点反映了英国的立场。早在4月间,英驻日公使巴夏礼已明确宣布过这一点。他针对日本外务卿寺岛宗则所谓日本要攻打的地方不在中国管辖之内的说法,指出:他本人在中国住过20年,一贯认为整个台湾都是中国的领土。德国则因"觊觎台湾较之他国为尤甚",故对日本"甚嫉之,不与其党";西班牙为了自身利益,向日本提出抗议;俄国与意大利也提出责询;甚至美国新任驻日公使宾汉也正告日本:"我美国政府曾承认台湾全岛为清国所管辖。"③这样一来,日本侵台之役正好给了国际社会一个就中国在整个台湾岛拥有主权表态的机会。列强各国在中国的矛盾错综复杂,日本出兵台湾,打乱了列强的均势,涉及到各国的利益,故而使日本在外交上陷于孤立。

---

① 李鸿章:《李文忠公全集》译署函稿,卷2,第36页。
② 米庆余:《琉球漂民事件与日军入侵台湾1871—1874年》,《历史研究》,1999年第1期。
③ 张振鹍:《1874年日本侵犯台湾之役再探讨》,《近代史研究》,1993年第6期。

"日军先后至,凡三千六百五十八人。"① 另一说为,前后投入兵力4500人。但此时,清军人数已占明显优势,侵台日军数千人局促于台岛南端一隅之地,已成骑虎之势,日本政府困于在台日军疫疾与国力、军备不足,乃决定撤军,以免全军覆没。由此,中日双方开始谈判。

清政府自始至终抱着妥协求和、息事宁人的打算,只求日本退兵,可以不论是非曲直,甚至"不以日本为不是";可以出钱,但忌讳"赔款"二字。清政府从未想过,运用有利形势,用武力驱逐入侵者。客观形势上,俄军入侵伊犁,阿古柏势力盘据新疆,中法关系因越南问题而日趋紧张都对清朝政府产生掣肘,而且当时清政府还有一件头等大事:筹办慈禧太后50大寿的"万寿庆典"。因上述原因,清政府不愿大动干戈,只想及早了局。李鸿章说:"彼虽无礼在先,我未便失礼在后,姑且忍气耐烦,实为保全和局。"他指示援台淮军将领唐定奎:"商调枪队原为设防备御,非必欲与之用武。进队不可孟浪,西乡苟稍知知足,断无以兵驱逐之理。"② 清政府把妥协投降、赔款求和作为既定国策。清政府的投降路线和软弱无能注定了此次事件"胜仗败约"的命运。沈葆桢奏称:"倭备虽增,倭情渐怯,我但厚集兵力,无隙可乘,自必帖耳而去。"又告知李鸿章:"不必急于成行。"李鸿章也明知:"日船非中国新船之敌","中国兵将之众,断不畏彼三四千人"。但李鸿章决计屈服,令守台军不准"开仗启衅"。③ 在整个事件中,由于李鸿章的妥协投降方针,清军和日军并未开仗。

1874年7月30日,日本公使柳原前光到北京与总理衙门谈判,他提出日本要侵占台湾东部已攻取之地;使琉球脱离与中国的藩属关系等无理要求,均被拒绝。在维护台湾主权的问题上,中方态度尤其坚决,向日本照会,严正指出:"台湾生番均隶郡县,中国向收番饷,载之台湾府志,凿凿可考。即云野蛮,亦中国野蛮。即有罪应办,亦应由中国自办。"柳原无言以对,但他态度横蛮,再三逼问清政府:"定不退兵,中国究欲如何办法?"由于慈禧太后和李鸿章制定的妥协求和的基本国策使总理衙门只能低声下气回答:"现在不再辩论曲直是非,只应想一了结此事之法,须两国均可下场。"④ 柳原前光抓住清政府惧怕战争的弱点,先是虚声恫吓,后来又表示结束战争的"诚意",说日本出兵台湾费尽财力,应支付一些费用,这样双方面子上都过得去。这种议和条件,清廷不予接受,双方未能达成协议。

总理衙门质问柳原:"不知贵大臣此次来华,是为通好而来,抑为用兵而来。如为修好而来,则现在用兵焚掠中国地土,又将何说?"⑤ 清政府还坚决有力地痛斥了日本所谓的"无主之地"论,沈葆桢致西乡从道照会:"生番"土地,隶中国者二百余年,虽其人顽蠢无知,究系天生赤子,是以朝廷不忍遽绳以法,欲其渐摩仁义,默化潜移,由"生番"而成"熟番",由"熟番"而成士庶,所以仰体仁爱之天心也。至于杀人者死,律有明条,虽"生番"岂能轻纵? 然此中国分内应办之事,不当转烦他国劳师糜饷而来。⑥ 总理衙门照会日本外

---

① 连横:《台湾通史》,第247页。
② 李鸿章:《李文忠公全集》译署函稿,卷2,第41页。
③ 范文澜:《中国近代史》上册,第234页。
④ 李书源:《筹办夷务始末(同治朝)》卷96,第29、30页。
⑤ 李书源:《筹办夷务始末(同治朝)》卷94,第36页。
⑥ 李书源:《筹办夷务始末(同治朝)》卷94,第25页。

务省指出:"查台湾一隅,僻处海岛,其中生番人等,向未绳以法律,故未设立郡县。即礼记所云不易其俗、不易其宜之意。而地土实系中国所属。中国边界地方,似此生番种类者,他省亦有,均在版图之内,中国亦听其从俗从宜而已。"① 致柳原前光照会说得更详:"台湾各番社系我中国境地,台湾府志等书开载甚悉",该书"内载雍正三年归化生番一十九社输饷折银各节,牡丹社即十九社之一,亦在琅峤归化生番十八社中;治本等六十五社,即卑南觅之七十二社;志书所列番社,指不胜屈,皆归台郡厅县分辖,合台郡之生番,无一社不归中国者。""又恭载乾隆年间裁减番饷之圣谕,复详其风俗,载其山川,分别建立社学等事。番社为中国地方,彰明较著若此,贵大臣即以为野蛮,亦系中国野蛮;有罪应办,亦为中国所应办。""中国于琉球难民资送回国,尚未置之度外,乃欲硬指为中国不办,并硬指为非中国地方,有是理乎?"② 这些有理有据的驳辩,切实地维护了中国在台湾的主权,使日本出兵侵台的根本论据、根本立脚点彻底崩溃。

由于对日斗争的需要,此时清政府增进了与高山族居民的联系,加强了对该地区的治理和开发。另一方面,高山族居民在日军侵凌和威胁下,也深切感到摆脱与外界隔离的状态、依靠国家的力量以抗敌御侮、保卫家园的必要,因而乐于与政府合作,接受招抚。沈葆桢、潘霨到台湾不久,即"得(台湾道)夏献纶呈县丞周有基报:各社番目托粤庄头人吁乞归化,谓沐皇上深恩,向由伊等居山自作自食,今日本肆虐,心实不甘,乞垂怜作主,保全数千生命。用兵之日,各愿先行等语"。③ 以后不断奏报这方面的情况:6 月下旬(五月九日至十一日间)潘霨偕夏献纶在琅峤派人"传各生番头目,至者百五六十人,皆谓日本欺凌,恳求保护,并愿设官经理,永隶编氓。察其情形,实出至诚"。④ "牡丹山之北,可通卑南觅,其番社七十有二,丁壮约计万人。臣霨在琅峤时,曾面诘倭将,据称不敢进扰卑南,然已访闻其暗中托人,往勾卑南番目陈安生。是以商同夏献纶,立派同知袁闻柝坐轮船往招陈安生等,该番目五人,立即薙发随委员来郡叩谒。臣等分给银牌衣物,以原船送归。其地对准凤山,膏腴远过琅峤,正倭奴目前所垂涎。陈安生之归也,袁闻柝派弁随之,令其从后山后寻路,探出前山。……臣霨驻营凤山,可就近相度形势,逐渐抚绥,庶不为彼族所劫制。"⑤

"(六月)十五日(7 月 28 日),委员袁闻柝复带来番目买远等五十六人,均加抚谕犒赏,派船送归。该番目苦求派兵驻防其社,臣等怜其恳切,令袁开柝招募土勇五百,无事以之开路,有事以之护番,名其军曰绥靖。……(台湾镇)张其光之径下淡水也,扶里烟六社番目率百余人迎谒,谕以薙发开山,该番目等亦俱点首遵照。目前番众输诚如此,开禁之事冀可日起有功。"⑥ "台南开路,经同知袁闻柝亲督人夫由赤山步步为营,披荆斩棘,已跨狮头山,入鸡笼坑,离昆仑坳十余里。昆仑坳盖诸山之脊也,卑南番目陈安生等,已自率番众由本社循山辟路,出至昆仑坳相迎。其附近番社,各缴出番旗多面,以示输诚。八月初

① 李书源:《筹办夷务始末(同治朝)》卷 94,第 30 页。
② 李书源:《筹办夷务始末(同治朝)》卷 96,第 39 页。
③ 李书源:《筹办夷务始末(同治朝)》卷 94,第 23 页。
④ 王元樨:《甲戌公牍钞存》,第 86 页。
⑤ 李书源:《筹办夷务始末(同治朝)》卷 95,第 25 页。
⑥ 李书源:《筹办夷务始末(同治朝)》卷 96,第 14 页。

八日(9月18日),复有昆仑坳及内社番目率二百余人来袁营请领开路器具,愿为前驱,均分别赏资。"①

八月初潘霨"亲往凤山巡视诸军,稽核练丁人数,清查番社户口,发给印牌,以固人心,该民番等俱鼓舞欣欢,一律遵办"。②"琅峤诸社,经臣霨派员入山,清查户口,发给印牌,咸受约束,业均送册前来。现复派由海滨绕往卑南一带逐社稽查矣。"③这种抚绥"土著"的工作在台湾南部遭受日军蹂躏的地区进展得相当顺利,如沈葆桢等所奏:"大抵台南番社经倭人肆虐,知朝廷宽大之恩,故稍易招致。且山后番目真心受抚,兵至则荷插相迎。虽有伏莽狙击之徒,搜之即遁。"④日军的入侵,本意在割裂中国的领土,分化中华民族,结果却促成了中国国土的巩固和民族的凝聚。

9月5日(七月十六日),李鸿章致函总理衙门,提出妥协意见,"目前彼此均不得下台,能就通商一层议结,洵是上乘文字。好在台湾系海外偏隅,与其一国久据,莫若令各国均沾。但通商章程必须委立,嗣后官制兵制亦须变通耳。柳使谆谆于指明后局,使该国此役不属徒劳,是其注意实在占地、贴费二端。……平心而论,琉球难民之案,已阅三年,闽省亦未认真查办。无论如何辩驳,中国亦小有不是。万不得已,或就彼因为人命起见,酌议如何抚恤琉球被难之人,并念该国士兵远道辛苦,乞恩犒赏饩牵若干。不拘多寡,不作兵费,俾得踊跃回国。且出自我意,不由彼讨价还价,或稍得体,而非城下之盟可比"。⑤李只求息事宁人,只要日本撤兵了事。对于日方的兴兵犯境、杀人放火,则一概不问。李鸿章的意见主导了以后的中日谈判。

四、中日《北京专约》

日本出兵侵台,从定议之始,其统治上层中就有人反对,如以参议兼文部卿木户孝允为首的一批人。在战争进行中受到中国的坚决抵制,入台侵略军遇到的困难越来越大,于是日方不得不考虑侵台事件如何收场。其国人中昧于形势、不自量力而主张由此占领台湾、"征服中国"者虽不乏其人,但统治者们还是逐渐清醒地认识到这在当时绝无可能,撤兵回国终将不可避免。日方已获悉"琉球暗中派朝贡使到福州,以琉球国王之名,赠银300两给台湾,并向闽浙总督致谢中国保护琉球漂流民,这从根本上否定了日本侵台的借口"。⑥

由于日军的军事行动受阻,国际国内困难重重,日方决定加大谈判力度,1874年7月,日本政府决定了索赔罢兵的方针。8月重新派内务卿大久保利通到中国来谈判。1874年9月1日,大久保利通到达天津,他"到津时,曾经英副领事毕德格向李鸿章密陈

①　李书源:《筹办夷务始末(同治朝)》卷98,第2页。
②　李书源:《筹办夷务始末(同治朝)》卷98,第4页。
③　李书源:《筹办夷务始末(同治朝)》卷98,第36页。
④　李书源:《筹办夷务始末(同治朝)》卷98,第3页。
⑤　李鸿章:《李文忠公全集》译署函稿,卷2,第41页。
⑥　李理:《李仙得与日本第一次侵台》,《近代史研究》,2007年第3期。

该使来意,必须由中国先给照会,准予查办,将该国所谓属民被害之处,量加抚恤"。①

9月6日,大久保利通到达北京,与总理衙门大臣奕䜣、文祥等人谈判。他"奉命几乎在任何条件下去求得一个解决"。② 日方还通过媒体制造舆论:"迨闻日兵续派大久保利通前来,各新闻纸每以该使臣此来,必欲索偿兵费四百万两,方能退兵。否则以兵扰中国各海口,或径攻天津等处。"③9月14日至10月23日,中日双方共举行了7次交涉。大久保利通采取的谈判策略是,并不马上直截了当向清政府提出要钱,更不透露日本准备退兵,而还是首先抓住老题目,从否认中国对台湾东部的主权入手,围绕台湾"生番不服教化,地非中国所属,生番屡害漂民,曾不惩办"这一中心,设定种种问题向总理衙门刁难。此后一个多月间,在多次会谈及照会中,他一直喋喋不休,无理纠缠,以迫使清政府承认日本出兵台湾为"保民义举",从而确保其达到既定目的。

总理衙门据理驳斥,清政府在"番地属中国"这一点上毫不放松。指出"从前奉告以番地在我版图,政教未遽及,民质未遽化各节,均系实情"。④ 对大久保企图做相反论证的每一个问题或论据都及时给予痛驳,而同时又一再表示希望不再辩论是非曲直,应想一个两国都可下场的了结办法,经过几度唇枪舌剑、照会往返的激烈斗争,大久保利通渐渐认识到要把"台番非中国版图"之说加于中国,并在此前提下探求出路断然不可能,只有在清政府所坚持的"番地属中国版图"的前提下和平解决日军侵台问题。

10月中旬,大久保利通提出以"两便方法"解决问题:日本拟将撤兵,但索要兵费。"该使臣欲先由中国开议。臣等以该使臣照会有'两便办法',应由该国先说两便办法,彼此退逼,至再至三,该使臣不觉真情流露。谓日本初意,本以生番为无主野蛮,要一意办到底。因中国指为属地,欲行自办,日本若照前办理,非和好之道。拟将本国兵撤回,由中国自行办理。唯日本国民心、兵心难以压服,必须得有名目,方可退兵。……先是,日本中将西乡重道在台与藩司潘霨面议,即有索偿费用之说。"旋又问"中国所谓两便办法若何?遂告以中国敦念和好,止能不责日本此举不是,该国退兵之后,中国自行查办。其被害之人,酌量抚恤。"⑤接着双方围绕赔款的名义是兵费还是抚恤,及赔款额度,又经过一番斗争。"臣等以兵费一层,关系体制,万万无此办法。""谓该使臣之意,须索银五百万两,至少亦非二百万两,不能再减。""两使臣各递照会,皆作决裂之辞。臣等一切听之,任其去留。……诚以该国贪狡无厌,其欲万不能偿。……虽就抚恤办理,而为数过多,是无兵费之名,而有兵费之实,亦无容迁就也。"⑥

九月"十六、十七等日,日本两使臣已悻悻然作登车之计。威妥玛来臣衙门,初示关切,继为恫吓之词,并谓日本所欲二百万两,数并不多,非此不能了局。臣等一以镇静处之。直至威妥玛辞去时,坚欲问中国允给之数。臣等权衡利害轻重,揆其情势迫切,若不稍与转机,不独日本铤而走险,事在意中,在我武备未有把握,随在堪虑。且令威妥玛无颜

① 王元樨:《甲戌公牍钞存》,第141页。
② 马士:《中华帝国对外关系史》卷2,第300页。
③ 王元樨:《甲戌公牍钞存》,第141页。
④ 李书源:《筹办夷务始末(同治朝)》卷97,第64页。
⑤ 李书源:《筹办夷务始末(同治朝)》卷98,第11、12页。
⑥ 王元樨:《甲戌公牍钞存》,第141 – 143页。

而去,转足坚彼之援,益我之敌。遂告以中国既允抚恤,只能实办抚恤,即使加优,数不能逾十万两。……再允该国在番社所有修道建屋等件,留为中国之用,给银40万两,共不得逾50万两之数"。①

最后在英国公使威妥玛的调停下达成协议。谈判中清方始终没有承认琉球是日本的属国,后来双方避开了争论琉球属国问题。但最后条约文本的文字,清政府"默认"了琉球人为日本国属民。

此时美国公使、英国公使等均表示愿意从中说合,"英国公使威妥玛同意出面调停,这是因为一方面英国当时在华利益最大,担心日本攻占台湾危及自己,另一方面,它也企图借机压清政府增开通商口岸,扩大在华权益。9月22日,威妥玛即与总理衙门交换信件,寻求解决办法。威妥玛的指导思想是:一要日本从台湾撤军;二要清政府赔偿军费。""9月26日,威妥玛往访大久保。……日本政府经过实践已经感到此时不可能独占台湾,希望从清廷获得一笔赔偿而体面撤军"。②

大久保在日记中承认:"经仔细考虑,此次奉命任务,实为极不易之重大事件。如谈判不得终结,就此归朝,则使命不完成,故不待论。而最可忧者为国内人心,以事情迫切,有战争朝夕之至之势。如人心无法收拾,战端终于不得不开之期,可以立待。若然,不但胜败之数固然可惧,且我无充分宣战之名义。柳原公使觐见虽遭拒,但仅此殊不足以言战。若然,势必至无理开战。届时,不但人民有议论,且将受各外国之诽谤,蒙意外之损失,终而照之损及我独立主权之大祸,亦不能谓其必无。然则和好了事,原为使命之本分,故断然独决。"③

威妥玛出面调停,表明了英国对日本侵台之役的关切。这种关切贯穿在此役的全过程中。清政府第一次得到日本运兵赴台湾东海岸"有事生番"的消息,就是威妥玛4月18日告知的;他还询问"生番居住之地是否隶入中国版图",清政府立即向他声明"台湾生番地方系属中国版图"。清政府接受他的调停,无疑是以他谅解并尊重中国这一立场为出发点的。

中日全面协议体现于10月31日签订的《北京专条》中。《专条》文本的形成经历了微妙的斗争,斗争的核心仍然是台湾高山族居住区的主权问题,而这个问题在《专条》的最后文本中终于确切地得到了解决。

谈判过程中,威妥玛了解大久保利通骑虎难下的局面,并首先压清廷屈服。10月3日,总理衙门大臣董恂、崇厚等和威妥玛商谈台事。"为了使日本早日撤军,总理衙门表示做两点让步:一、关于日本侵占中国领土的非法行为,清政府不作怨言;二、对于被害的琉球难民,清政府愿给以恤金。大久保得知这一意见后仍不满意。"④

10月20日,双方举行第六次会谈。"总理衙门向大久保出示4条善后方案:(1)贵国从前兵到台湾番境,既系认台番为无主野蛮,并非明知是中国地方加兵,与明知中国地

---

① 王元穉:《甲戌公牍钞存》,第143页。
② 苑书义:《中国近代史新编》中册,第227页。
③ 王芸生:《六十年来中国与日本》第一册,第93页。
④ 苑书义:《中国近代史新编》中册,第228页。

方加兵不同,此一节可不算日本之不是。(2)今既说明地属中国,将来于贵国退兵之后,中国断然不再提从前加兵之事,贵国亦不可谓此系情让中国之事。(3)此时由台番伤害漂民而起,贵国退兵之后,中国仍为查办。(4)贵国从前被害之人,将来查明,中国大皇帝恩典酌量抚恤。"①

日方不同意中方的意见。当大久保威胁要在10月26日出京后,中国大臣请威妥玛设法转圜,并告以中国愿以10万两抚恤、40万两补偿道路设备费为条件换取日本退兵。威妥玛乃于25日访大久保,当晚大久保回访威妥玛,同意中国所出的费用和名义,但要求中国承认日本出兵是保民"义举"。②

威妥玛在调停中经与大久保利通会商,于10月25日共同拟出了如下的和议条约文③:"唯因各国人民有应保护不致受害之处,宜由各国自行设法保全。且以台湾生番曾将日本国属民等妄为加害,日本国本意为该番是问,遂设义举,遣兵往彼,向该生番等讨责。今议数条开列于左:

第一,日本国此次所办义举,中国不指以为不是。

第二,所有前经遇害难民之家,中国议给抚恤银款十万两外,又以日本国修道建房及在该处各项费用银四十万两,亦议补给。至于该处生番,中国亦宜设法妥为约束,以期永保航客不能再受凶害。

第三,所有此次往台之举,两国一切来往公文彼此撤回注销,以为将来罢议之据。其所议给银合共五十万两,内将一半先行立为付交,其余一半即应妥立凭单,一俟此项银款付交及凭单给过后,遂将日本在台之军师立行撤退回国。"

此文肯定并强调日本遣兵往台是"义举",日本修道建房及"在该处各项费用银四十万两"一语可以理解为泛指"兵费";"该处生番,中国亦宜设法……不能再受凶害"一语等于只承认以后中国有权管辖该地;整个约文完全回避了该地本来的归属问题,其基本精神是维护日本对台用兵之举,并使清政府间接承认了琉球是日本属国。

10月23日举行第七次会谈,在"兵费"还是"抚恤费"问题上还有分歧。清政府再次做了很大让步。10月25日,大久保利通与英国公使威妥玛商议后提出修正条文。

这个约稿经威妥玛转交总理衙门。"10月27日,总理衙门提出修正稿,除将抚恤银、补偿银数目放在'另有议办之据'中表述外,将日本提出的'日本国此次所办义举'(肯定其行为的性质)改为'日本国此次所办,原为保民义举起见'(日方主观意图表述),将'中国亦宜设法妥为约束'中的'亦宜'改为'自宜',删去了补偿中的'该处各项费用'(即排除将赔款作'兵费'解释的可能),增加了'如果何国有事,应由何国自行查办'一句,但仍保留了'台湾生番曾将日本国属民等妄为加害'一句。这表明清政府坚持了维护台湾主权的立场,但在与琉球的藩属关系上则对日本做出了让步。"④

1874年10月30日,清政府代表文祥与日本政府代表大久保签订了中日《北京专

①　虞和平:《中国近代通史》第3册,第262页。
②　王庆成:《英国起草的〈北京条约〉及与正式本的比较》,《近代史研究》,1996年第4期。
③　张振鹍:《1874年日本侵犯台湾之役再探讨》,《近代史研究》,1993年第6期。
④　虞和平:《中国近代通史》第3册,第263页。

条》，并附《会议凭单》。①

北京专条

　　为会议条款互立办法文据事：照得各国人民有应保护不致受害之处，应由各国自行设法保全，如在何国有事，应由何国自行查办。兹以台湾生番曾将日本国属民等妄为加害，日本国本意为该番是问，遂起兵往彼，向该生番诘责。今与中国议明退兵并善后办法，开列三条于后：

　　一、日本国此次所办原为保民义举起见，中国不指以为不是。

　　二、前次所有遇害难民之家，中国定给抚恤银两，日本所有在该处修道、建房等件，中国愿留自用，先行议定筹补银两，别有议办之据。

　　三、所有此事两国一切往来公文，彼此撤回注销，永为罢论；至于该处生番，中国自宜设法妥为约束，以期永保航客不能再受凶害。

同治十三年九月二十二日

明治七年十月三十一日

会议凭单

　　为会议凭单事：台番一事，现在业经英国威大使同两国议明，并本日互立办法文据。日本国从前被害难民之家，中国先准给抚恤银十万两。又日本退兵，在台地方所有修道、建房等件，中国愿留自用，准给费银四十万两，亦经议定，准于日本国明治七年十二月二十日，中国同治十三年十一月十二日，日本国全行退兵，中国全数付给，均不得愆期。日本国兵未经全数退尽之时，中国银两亦不全数付给。立此为据，彼此各执一纸存照。

同治十三年九月二十二日

明治七年十月三十一日

　　该条约回避了台湾东部的归属问题，但承认"该处生番，中国自宜设法妥为约束"，事实上承认了中国对台湾东部的主权。但将琉球人遇害写成了"日本国属民"遇害，并规定清政府赔款50万两银，但不采用"兵费"提法。条约表明，清政府坚持维护了台湾主权的立场，但在与琉球的藩属关系上则对日本作出了让步。日军于12月3日全部撤离台湾。"据日方发表的数字，日军占据琅峤一带七个月，在兵员三千六百五十八人中，死亡五百九十三人，其中战死十二人，病亡五百八十一人。"②

　　1874年日本第一次侵华之战是对中国在台湾的主权和领土完整的一次重大挑战，中国对日本的挑战给予坚决的回击，在国际社会旗帜鲜明地维护了自己的立场，欧美各国外交代表也明确表态，承认台湾属于中国的领土。《北京专条》条款也表明整个台湾属于中国领土，从此中国在台湾的主权更加明确。

　　此次事件日本政府侵占台湾和勒索大宗赔款的目的虽然没有完全达到，但得到的好处非常大。条约默认了琉球人为日本国属民，为日本迫使琉球脱离与中国的藩属关系，进

---

① 王铁崖：《中外旧约章汇编》第1册，第342—344页。
② 陈碧笙：《台湾地方史》，第152页。

而吞并琉球埋下了伏笔。日本用外交手段，使自己摆脱了军事困境，并使清政府屈服，赔款50万两，这是日本在明治维新以后在外交和军事上的第一次重大胜利。

从《北京专条》来看，清政府对日本的确做出了妥协，这主要表现在它承担支付50万两银的偿款上，此外还有容纳了"台湾生番曾将日本国属民等妄为加害"的字句，容纳了日本自认为"保民义举"的主张，等等。但从另一方面看，《专条》所记录的并不是日本侵台之役的成功。此约首先是日本退兵之约，条文清楚规定，日本必须从台湾"退兵"，且须定期撤尽，一切"善后办法"实际上都以此为前提，清政府甘愿出银50万两，也是为使日本退兵，这说明日本的军事入侵终归失败了。与此相关的是日本的所谓台湾番地无主论、中国版图论等的被否定。《专条》从头到尾贯穿着一个基本精神：整个台湾都属中国领土。尤其是前言中"如在何国有事，应由何国自行查办"与第三条"至于该处生番，中国自宜设法妥为约束"两语贯通起来，所表达的所谓"生番"之地全在中国主权治权之下的意思更为明显。第三条"所有此事两国一切来往公文，彼此撤回注销，永为罢论"，由于此期间日本致中国的公文基本上其主旨都在于否认台湾地方为中国所有，所以它撤回这些公文，也就意味着撤销了当初为此目的而进行的种种谴责及强辩，放弃了原来的说法，承认了台湾全境都是中国固有的领土。而这样一来，中国也就不必为自己在台湾的领土主权辩护，因此中国一方撤回自己的公文，这就意味着台湾全岛都是中国土地乃历史的自然之理。这表明日本割裂中国领土、分裂中华民族的图谋被挫败了；与不得不撤回侵略军相伴随的是，不得不放弃那个侵台的根本论据，表明了日本侵台之役在政治上道义上的破产。

1874年的日本侵台之役是日本第一次侵华之战，是对中国在台湾的主权和领土完整的一次重大挑战。与此前否认台湾东部地区为中国领土并就此向中国发出挑战的都是西方国家的一些个人不同，这一次日本的挑战是以政府的名义发起，以国家的力量贯彻的，所以具有空前严重的含义，不仅在台湾、而且对中国东南海疆造成一场大危机。中国对日本的挑战给予了坚决的回击，清政府还将与日本来往照会及时地抄给了各国驻华使节，在国际社会旗帜鲜明地维护了自己的立场。欧美各国外交代表的明确表态加重了日本处境的孤立。这样一来，日本的入侵以倡言台湾东部为"无主之地"始，却不得不以承认中国为该地主人终。《北京专条》实际上真正彻底地解决了这场斗争的根本问题，日本从原来对中国在台主权的挑战中撤回，中国在整个台湾岛的主权问题得到澄清，多年来时隐时现的各种谬说随之被驱散。从此中国在台湾的主权更加确定，日本再也不能否定中国在台湾全岛及其周边地区的主权，任何分离台湾之论都只能为世人所不齿。

此战使日本得到很大的利益，时任大藏卿的大隈重信在其《开国大势史》中分析，此役"不但清廷承认琉球人为日本的居民，琉球群岛为日本领土，且使各外国认识日本的兵力，再加上英、法两国，自幕府末年迫害外国人以来即驻兵横滨，现亦因而撤退，故在明治外交史上，所受间接的利益是很大的"。[①]

这场战争对中国外交的影响也很大，这是胜仗败约的典型。大清帝国竟被一个新兴的小国利用蹩脚的外交和并不强大的军事手段所打败，这在政治上的深远影响是无法估量的。外国人评论："这种和解的确注定了中国的命运。它向全世界宣告着，这是一个富

---

① 戚嘉林：《台湾史》，第160页。

有的帝国,它准备给钱,但却不准备打仗。"①这场战争充分暴露了清政府的腐败无能,从此以后,各列强纷纷寻找借口,掀起了掠夺中国边疆和近邻国家的狂潮。对清政府的腐败无能看得最透彻的,莫过于日本。从中日两国近代关系史的角度来看,甲戌之战可看作是后来的甲午战争和抗日战争的序曲或预演,这三场中日之战是一脉相连的。

战后清廷内部就"边防"与"塞防"展开了激烈争论,从此加快了海军建设的步伐。战后,清政府进一步认识到台湾的重要性,依沈葆桢所奏,1875 年清廷于琅峤设恒春县,1876 年 1 月设台北府,改噶玛兰厅为宜兰县,并新设淡水县,原竹堑地方之淡水厅改设新竹县。1885 年清政府将台湾升格为一个行省,成为当时中国第二十个行省。

五、附录： 日本吞并琉球国

琉球群岛处于中国东海与太平洋之间,"琉球原部三十六个岛,北部九岛、中部十一岛、南部有十六岛,而周围不及三百里。北部中有八岛早被日本占去。"②明洪武五年(1372 年),琉球王察度以中山王的名义上表,称臣入贡。明朝封中山王为琉球王赐姓尚氏。清朝建国后,琉球使节于顺治三年(1646 年)经江宁到京朝见顺治帝。至同治十三年(1874 年),一直保持朝贡关系,琉球隔年一贡。新王继位,必先遣臣来朝请命,清帝命正副使赍敕往封,赐镀金银印,文曰:"琉球国王"。琉球国王请派遣陪臣子弟入国子监学习,奉清朝正朔,历法用中国时宪书,又仿中国制度设太庙、孔庙,在各地设立乡学,尊崇儒学。琉球贡使、商贾例由福州进出中国,住在清廷接待琉球贡使、商贾的馆驿——柔远驿。琉球国向中国出口的商品,主要是海产品、食品、金铜器和杂品。从中国进口的商品主要有绸缎、布匹、药材、瓷器、纸张、手工制品等。琉球的朝贡与清廷的赏赐,类似换货贸易。中国对琉球并未进行过政治统治。

琉球在地理上距离日本较近,自然有历史关系。明万历十九年(1591 年),日本丰臣秀吉出兵朝鲜,强令琉球向日本纳粮,万历三十七年(1609 年),日本萨摩藩(位于鹿儿岛)又以武力攻占琉球,强迫琉球向萨摩进贡。"1609 年,日本的萨摩藩背着中国征服了琉球,将琉球北部置于他的直接管辖之下,南部则仍有琉球国王治理。琉球作为一个藩属,每年向萨摩藩主纳贡,还定期向设在江户的幕府纳贡。但萨摩藩主可望在与大陆的贸易中获得好处,所以他还是让琉球继续当中国的朝贡国。"③

同治十年(1871 年)日本撤藩置县,公布琉球属于鹿儿岛管辖。1872 年 10 月 16 日,日本改封琉球王为藩王,宣布琉球为"内藩",与日本府县同列,辖于内务省,租税交大藏省,蓄谋吞并琉球。

大久保利通回日本后,即提议日本吞并琉球:"今者中国承认我征番为义举,并抚恤难民,虽似足以表明琉球属于我国之实迹,但两国分界仍未判然。今以琉球难民之故,我曾费钱巨万,丧亡多人,以事保护,其藩王理宜速自来朝,表明谢恩之诚。然至今未闻有其

① 马士:《中华帝国对外关系史》卷 2,第 301 页。
② 王彦威:《清季外交史料》卷 24,第 4 页。
③ 费正清:《剑桥中国晚清史》下册,第 104 页。

事,其故盖在威惮中国。今如以朝命征召藩王,如其不至,势非加以切责不可。是以姑且缓图,可先召其重臣,谕以征著事由及出使中国始末,并使令藩王宜自奋发,来朝觐谢恩,且断绝其与中国之关系。在那霸设置镇台分营,自刑法、教育以下至凡百制度,逐渐改革,以举其属我版图之实效。"①

日本政府召琉球三司官池城安规到东京,要琉球与中国断绝关系,附属日本。琉球三司官怕冒犯中国,拒绝了大久保的提议。"日本政府以琉球不遂其所愿,乃强制发出如下的命令。一、为对中国朝贡而派遣使节及庆贺清帝即位等惯例,一概废止;二、撤销在福州的琉球馆,贸易业务归设在厦门的日本领事馆管辖;三、从来每当藩王更迭之际,由中国派来官船,受中国册封,著以为例,今后概予废止;四、今藩王来朝,对政治厘革及兴建的方法,加以研究后决定;五、琉球和中国今后交涉,概由日本外务省管辖处分。"②光绪元年(1875年)二月,琉球最后一次贡使到北京,清廷赐予琉球王及贡使缎匹。随后日本政府派兵进驻琉球那霸(今冲绳县治),又强令琉球改用日本年号。翌年,日本又在琉球设立司法机构和警察机构,加强控制琉球事务。

琉球国王尚泰无力反抗日本的压力,于1877年4月(光绪三年二月),遣紫巾官向德宏乘小船抵福州,陈述日本阻贡经过,请求清廷救援。向德宏一行在福州向闽浙总督何璟、福建巡抚丁日昌,呈递琉球王密咨。清廷发布上谕:"……琉球世守藩服,岁修职贡,日本何以无故梗阻? 是否借端生事,抑或另有别情? 著总理各国事务衙门即传知出使日本大臣何如璋等,俟到日本后,相机妥筹办理。"③何如璋认为日本国小而贫,"陆军常备军仅三万二千人,海军仅四千人,轮船仅十五艘,且多朽败不可用者"。④尚不敢与中国开衅,极力主张对日强硬,"今日本国势未定,兵力未强,与日争衡,犹可克也"。否则,"隐忍容之,养虎坐大,势将不可复制"。并筹拟解决琉球问题之三策。"一、先遣兵船责问琉球,征其入贡,示日本以必争;二、据理言明,约琉球令其夹攻,示日本以必救;三、反复辩论,若不从命,或援万国公法以相纠责,或约各国使臣与之评理。"⑤主持对日外交的北洋大臣李鸿章认为何的上、中两策"皆小题大做,转涉张皇",在复何如璋信中说:"中国受琉球朝贡,本无大利,受其贡而不能保其国,固为诸国所轻;若专恃笔舌,与之理论,而近今日本举动,诚如来书,所谓无赖之横,契狗之狂,恐未必就我范围;若再以武力相角,争小区区之贡,务虚名而勤远略,非惟不暇,亦且无谓。"⑥他主张取何如璋的下策,即通过外交途径,由何如璋与日本辩明琉球归属问题,辩论无效,再请驻日各国公使出面干涉。清政府的意见是:"日本欲以权威强为迫胁,实属情理两亏。唯何如璋等欲假兵力以示声威一节,揣度中国现在局势,跨海远征实觉力有不逮,若虚张声势而鲜有实际,设或为彼觑破转难了局,臣等再四热商,自应仍以依据情理辩论为正办。"⑦

① 王芸生:《六十年来中国与日本》第一卷,第149页。
② 王芸生:《六十年来中国与日本》第一卷,第149页。
③ 王芸生:《六十年来中国与日本》第一卷,第152页。
④ 王芸生:《六十年来中国与日本》第一卷,第155页。
⑤ 王芸生:《六十年来中国与日本》第一卷,第157页。
⑥ 王芸生:《六十年来中国与日本》第一卷,第156页。
⑦ 王彦威:《清季外交史料》卷15,第13页。

1878 年(光绪四年)9 月 3 日,何如璋就日本阻止琉球向中国朝贡一事至日本外务省和外务卿寺岛宗则交涉,何如璋态度强硬,据理力争;寺岛也态度强硬,坚持吞并琉球,几次谈判都不欢而散。10 月 7 日,何如璋向日方提出一个措词十分强硬的照会。"为照会事:查琉球国为中国洋面一小岛……孤悬海中,从古至今,自成一国。自明朝洪武五年,臣服中国,封王进贡,列为藩属,唯国中政令许其自治,至今不改。……又琉球国于我咸丰年间,曾与美利坚合众国、法兰西、荷兰国立约,约中皆用我年号历朔文字,是琉球为服属我朝之国,欧美各国无不知之。今忽闻贵国禁止琉球进贡我国,我政府闻之,以为日本堂堂大国,谅不肯背邻交,欺弱国,为此不信不义无情无理之事。""今若欺凌琉球,擅改旧章,将何以对我国? 且何以对与琉球有约之国? ……无端而废弃条约,压制小邦,则揆之情事,稽之公法,恐万国闻之,亦不愿贵国有此举动……"[①]寺岛宗则看后十分不满,一面致书何如璋反驳,一面要求何作书面检讨,如果何不追回前言,则不再谈判。至此谈判破裂。李鸿章对何如璋的做法大为不满。9 月 8 日李鸿章致总理衙门一函,"函中云:'子峨(何如璋)虽甚英敏,于交涉事情历练未深,锋芒稍重。其第一次照会外务省之文,措词本有过当,转致激生变端'。""何发出一个措词强硬的照会,得不到本国政府的支持,而难下台,后来终于被撤职回国。"[②]

次年(1879 年)三月,趁俄国侵占新疆伊犁地区,清廷忙于西征,日本一面为俄国军舰在长崎驻扎提供方便,十五艘俄国军舰集中长崎,威胁中国沿海;一面以中日《北京专条》中精心设计的"日本国民遇害"条款作为琉球为其领土的依据,悍然出兵占据琉球国王居住的那霸,俘虏国王和王子至东京,灭琉球,改设冲绳县统治。

1879 年 7 月 3 日(光绪五年五月十四日),琉球国紫巾官向德宏再次秘密来华请求援助,在天津谒见李鸿章,面呈禀文,内称:"……溯查鄙国前明洪武五年臣服中国,至天朝定鼎之初,首先效顺……恪守《大清会典》,间岁一贡,罔敢愆期。不意光绪元年日本禁阻进贡,又阻庆贺皇上登极各大典……又竟敢大肆凶威,责灭数百年藩臣之祀。主忧臣辱,主辱臣死,宏等有何面目复立天地之间? 生不愿为日国属人,死不愿为日国属鬼! 虽糜身碎骨,亦所不辞。在闽日久,千思万想,与其旷日持久,坐待灭亡,莫如剃发改装,早日北上;与其含垢忍辱,在琉偷生,不如呼天上京,善道守死。合国臣民及商人乡农,雪片信至,催宏上道,效楚国申包胥之痛哭,为安南裴伯耆者之号求。……呼请据情密奏,速赐拯援之策,立兴问罪之师。"[③]10 月 24 日,琉球耳目官毛精长等三人至京,面递禀词,以日本侵灭其国,吁请天朝救存。又穿中国服色,至总理衙门,伏地哭拜不起。李鸿章不肯出兵救援,提出琉球"自主免贡",清廷放弃对琉球的责任,琉球的前途交国际"公评"。

这时,美国前任总统格兰特游历来华,将转赴日本,李鸿章、奕䜣等人托他从中斡旋,格兰特也慨然以调处自认。他提出的办法是"查琉球各岛本分三部,今欲将中部归琉球立君复国,中部两国各设领事保护之,其南部近台湾为中国要地,割隶中国;其北部近萨摩为

---

①　王芸生:《六十年来中国与日本》第一册,第 160 页。
②　王芸生:《六十年来中国与日本》第一册,第 163 页。
③　王芸生:《六十年来中国与日本》第一册,第 165 页。

日本要地,割隶日本"。①

　　日本恐引起国际干涉,同意接受格兰特的分岛计划,并在1879年、1880年两次派使者到中国,提出以南部靠近台湾两个贫瘠的小岛,宫古与八重山岛,留给中国。但附加新条件,要修改1871年《中日修好条规》,加入利益均沾即最惠国条款,以取得与西方列强同等的特权。当时中俄伊犁谈判正在紧张进行,清政府害怕俄日勾结。总理衙门以"虽两岛地方荒瘠,要可借为存球根本,况揆诸现在时势,中国若拒日本太甚,日本必结俄益深"为理由奏准接受格兰特方案。② 九月间(10月28日)与日本议定《球案专条》及《加约》等草稿奏陈。《球案专条》规定:"大清国、大日本国以尊重友好,故将琉球一案,所有从前议论置之不提。大清国、大日本国共同商议,除冲绳岛以北属大日本国管理外,其宫古、八重山二岛属大清国管辖,日清两国疆界,各听自治,彼此永远不向干预。"《加约》两款:"第一款,两国所有与各通商国已定条约内载予通商人民便益各事,两国人民亦莫不同获其益。嗣后,两国与各国如有别项利益之处,两国人民亦均沾其惠,不得较各国有彼厚此薄之偏袒。此国与他国立有如何施行专章,彼国若欲援他国之益,使其人民同沾,亦应以所拟专章一体遵守。其后另有相筹条款施与特优者。两国如欲均沾,当遵守其相酬约条。第二款,辛未年两国锁定修好条规及通商章程各条款,与此次增加条项有相碍者,当照此次增加条项施行。"③新约允修改1871年《中日通商章程》,准日人至中国内地通商,并加入"一体均沾"的最惠国待遇。

　　协议订立前,总理衙门曾征询南北洋大臣意见。两江总督刘坤一主张以留给中国的南二岛重立琉球国,以存亡继绝。李鸿章也主张由琉球国王驻此二岛。协议奏上后,詹事府右庶子陈宝琛即日上疏,痛陈"分琉球一误也,因分琉球而改旧约又一误也"。"日本无故擅灭琉球,虏其王,县其地,中国屡与讲论,则创为两属之说,权相抵制。""所辖南岛皆不毛之地,归如不归。""改约二条,利益均沾,居心叵测。改约之说,断不可从也。"最后说:"自道咸以来中国人为西人所侮,屡为城下之盟,所订条约,挟制欺凌,大都出于地球公法之外。"主张"琉案不宜遽结,旧约不宜轻改"。④ 詹事府左庶子张之洞奏称,"日本商务可允,球案宜缓"。⑤ 廷旨命李鸿章统筹具奏。驻日公使何如璋致函李鸿章,"力陈利益均沾及内地通商之弊,语多切实,复称询访琉球王,谓如宫古、八重山小岛,另立王子,不止王家不愿,阖国臣民亦断断不服"。⑥ 李鸿章据以陈奏,提出《球案专条》及《加约》:"曾声明,由御笔批准,于三个月限内互换。窃谓限满之时,准与不准之权仍在朝廷。此时宜用支展之法,专听俄事消息,以分缓急。"⑦ 实际上因中俄谈判进展顺利,李鸿章主张"先了俄案,借俄慑日",因又推翻原议。延至十月初四日,谕令李鸿章统筹琉球一案及中日条约。李鸿章奏请缓议琉球一案,"今则俄事方殷,中国之力暂难兼顾,但日人多所要求。允之,

　　① 王彦威:《清季外交史料》卷16,第20页。
　　② 王彦威:《清季外交史料》卷23,第15页。
　　③ 王彦威:《清季外交史料》卷23,第17、18页。
　　④ 王彦威:《清季外交史料》卷23,第19页。
　　⑤ 王彦威:《清季外交史料》卷24,第3页。
　　⑥ 王彦威:《清季外交史料》卷24,第5页。
　　⑦ 王彦威:《清季外交史料》卷24,第7页。

则大受其损;拒之,则多树一敌。惟有用延宕之法,最为相宜"。[1] 他建议延展到三月限满,再请旨明指其不能批准之由,宣示该使。大学士左宗棠也奏称琉球案不能拟结。日使催促换约,至年底见清廷仍无意换约,怏怏回国。此案遂于搁置。"十一月二十六日,日使宍户玑要求总署十日内答复,是否照九月二十五日所议办理,十二月初四日,总署答复,不得要领,日本并吞琉球一案遂被搁置。嗣后,中日甲午战争爆发,此案不了了之。"[2]

日本以武力强占琉球,造成既成事实,清廷出面干涉却无意出兵援助琉球抗日。与日本仓促议约,又自悔失计,拖延不准。琉球一案遂成为久议不决的悬案,不久日本即吞并了整个琉球群岛。

---

① 王彦威:《清季外交史料》卷25,第5页。
② 章开沅:《清通鉴》第4册,第402页。

第七章 甲申之战

　　1884 年(甲申年)8 月 26 日,即马江战役后三天,清政府向法国正式宣战,史称中法甲申之战,简称中法战争或甲申之战。一般认为中法甲申之战始于 1883 年 12 月的山西之战,但实际上刘永福以越官名义,率黑旗军早就参与抗法之战。1885 年 4 月 4 日,中法签订停战协定,宣告战争结束,战争前后持续了大约十六个月。1885 年 6 月 9 日,中法两国签订《越南条款》。

一、概　述

越南,中国古称交趾,又称安南。

越南地形呈狭长之状,南北长约 1600 千米,东西最宽处(北部)约 600 千米,最窄处(中部)仅 50 千米,面积 35 万平方千米。1771 年,阮文惠发动了反对黎氏王朝的武装起义。1786 年,阮文惠自立为越南皇帝,随后被乾隆帝承认为越南国王。黎氏王朝重臣、实际掌权者阮福映,依靠暹罗国王的帮助,于 1777 年起兵反抗新王朝,但未成功。求援于法国传教士百多禄,"今贼未平,国步艰难,卿之所知。卿能为我使西洋,发其兵以助我乎?百多禄诺之,问何所质? 帝曰:以子为质。"①百多禄携阮福映之子阮景赴法国。1787 年 11 月 28 日,百多禄代表阮福映与法国政府签订《越法凡尔赛条约》。1802 年,阮福映统一了越南,国都设在顺化。1803 年,阮福映在嘉庆帝的同意下,改安南为越南。他把越南全境分为三十省,划分为三部分:南部十省称为南圻,即交趾支那;中部四省称为中圻,即安南(其中广南、广义两省为右圻,广治、广平两省为左圻);北部十六省为北圻,即东京。

(一)中法战争前之越南

早在十六世纪末,法国的传教士就进入了越南。十七世纪中叶,法国传教士从葡萄牙人手里夺得了在越南传教的垄断权。法国派遣传教士到越南,一方面欺骗群众、争夺群众,一方面刺探情报,为侵略军打前站。法国多次以"护教"为名,发起对越南的武装侵略。

1862 年 6 月 5 日,法国强迫越南阮福映阮氏王朝签订了第一次《西贡条约》,1874 年法越签订第二次《西贡条约》,法诱越南独立以脱离中国之宗主权。但越南仍向中国入贡,故中国亦未过问。

法国占领越南以后,照旧划为三部分,并分别建立起不同形式的殖民制度:南圻为法国直接领地,由法国总督统治;中圻为法国保护领地,保留越南封建王朝,但由法国总监进行监视;北圻为法国半保护领地,形式上由越南封建王朝派出经略使统治,后来实行和中圻一样的统治制度。

嗣得朝(1847 年至 1883 年在位)时期,社会矛盾日益尖锐,农民起义激烈爆发,越南阮氏王朝腐败的封建统治和对外妥协投降的政策,为法国侵略者的进攻和吞并越南,准备了十分有利的条件。

当时"中国的土匪和游民也越境进行骚扰。从 1851 年到 1872 年,三堂(广义堂、六胜堂、德胜堂)占领太原一带;李扬才攻打谅山一带;黑旗、黄旗、白旗集团占领了整个北圻的上游地区;黄齐、苏泗集团骚扰北圻沿海和谅山一带。"②

法军大举入侵后,越南统治集团即分化为主战和主和两派。主战派打算依靠中国封建主,并且带有浓厚的排外性,看到自己不能与他们所谓的白鬼或洋鬼的侵略者并存,自

---

① 邵循正,等:《中法战争》第一册,第 318 页。
② 陈辉燎:《越南人民抗法八十年史》第一册,第 26 页。

然就是你死我活；相反地，主和派畏惧敌人的威武，企图投降，企图使本阶级的利益能与法国殖民者的利益融合在一起。"①主战派的观点是"宁死不当奴隶"，只知保存个人气节，但缺乏必胜的信心，缺乏抗战的组织、指挥能力，除了指望清军援助外，没有别的办法。"除了主和与主战两派之外，还有怀疑派"，②这一派有时会支持主战派，但最终投靠了投降派。

（二）甲申战争前法国在越南的侵略活动

自十六世纪，法国传教士始到越南活动。1664年法人组织东印度公司，得到东方各地的航行和贸易专利权。在清康熙中叶，法国东印度公司，派人至越南，要求通商，越南不许。1749年（乾隆十四年），法王路易十五派全权大臣到越南都城顺化交涉通商，未成功。至乾隆四十一年（1776年），越南发生内乱，阮文惠起兵推翻黎氏王朝。黎氏王朝旧臣阮福映听信法国传教士之策划，派百多禄出使法国求援，百多禄于1787年在凡尔塞与法国定约，是为《凡尔赛条约》，法允派兵1600人助阮氏；阮氏割二岛以为报酬。然法国因1789年资产阶级革命未批准此约，故未派兵助阮氏，然有多名法军军官随百多禄到达越南，对阮福映重登王位居功至伟。1802年，阮福映攻破山西，占领河内，统一了越南，自称越南嘉隆王。阮氏终统一越南，更申请并接受中国皇帝册封为安南国王。1820年越南嘉隆王去世，阮福皎、阮福时、阮福任相继为越南王，执闭关主义。1847年，法国向国王阮福时提出下列要求：据《凡尔赛条约》把土伦港割与法国；开放口岸数处，以便法国通商；法国派遣外交官驻越南都城顺化；保护法国在越南的传教事业。这些要求被拒后，法军立即登陆土伦港，并轰击附近的堡寨。由此引起越南人民对传教士的憎恨，并发生屡杀传教士及教徒的群发事件。1848年，拿破仑三世在法称帝后，极力联系教会，以保护宗教自居，意图维持其地位。1858年（咸丰八年），拿破仑三世以保护传教为名，组织英法联军，攻占天津。法国屡次派出远征舰队，威胁越南，要求履行《凡尔赛条约》。仍以保护宗教名义，与西班牙联军进攻越南。1858年8月31日，由海军上将热诺伊尔里率领的法国、西班牙联合舰队，摧毁了岘港（土伦港）炮台，侵占了岘港。"后来，困难开始多起来，越南人把岘港掠夺一空后撤离该地，供应品无法取得，疾病开始使守备部队遭到严重的伤亡，从而大大削弱了他们对顺化的进攻力量。在考虑到对东京进行示威的可能性之后，海军上将决定夺取安南的谷仓西贡。于是他们撤离岘港，并于1859年2月攻占西贡。"③

1860年春，法国因兵力不足，被越南军民驱逐出土伦和西贡。第二次鸦片战争后，法国把侵华军队集中到越南。1861年1月，法国联合西班牙，以兵舰30艘，士兵1万人，击败越南顺化王朝军队，占领了越南南部边和、嘉定、定祥三省和昆仑岛。1862年（同治元年），法国、西班牙与越南订立第一次《西贡条约》（亦称《柴棍条约》），共12条。④条约规定：一、边和、嘉定、定祥三省的全部及昆仑岛的一切主权割让给法国；二、十年间赔偿法

---

① 陈辉燎：《越南人民抗法八十年史》第一册，第34页。
② 陈辉燎：《越南人民抗法八十年史》第一册，第37页。
③ 霍尔：《东南亚史》，第741页。
④ 邵循正，等：《中法战争》第一册，第366页。

国、西班牙战费400万元;三、越南开放土伦、巴喇、广安自由经商;四、允许法国和西班牙传教士在越南举行礼拜,并许越南人自由信教;五、越南如割让土地于其他各国必先取得法国之同意。《西贡条约》标志着法国殖民者初步掌握了越南的政治和外交大权,越南开始沦为法国的殖民地。

1863年,法国强迫越南和暹罗(泰国)承认柬埔寨为法国的保护国,使法国控制了湄公河下游地区。法越《西贡条约》签订后,越人因属被迫签订,心中不服,乃暗组义勇军以图收复失地。法国因此又得对越用兵机会,1867年袭取越南西部之昭笃、和仙、永隆三省。至此,越南南部六省,即南圻,全部沦为法国殖民地。

1867年,法国吞并南圻后控有湄公河口,乃欲取得湄公河之全部流域,遂溯源而上,乃知上游为中国云南省之澜沧江。同治四年(1865年),法国交趾支那总督派特拉格来及安邺组织探险队,调查湄公河进出云南之路径,欲向中国内地通商。探险队由11个法国人和一些当地人的翻译组成,于6月5日离开西贡。探险队沿湄公河北上,水陆并进,经柬埔寨、暹罗而抵中国云南思茅,他们找到了越过云南高原进入长江的道路,在1868年3月4日离开大理府。5月12日,团长特拉格来病死,由安邺带领继续前进,抵四川宜宾,继而由宜宾顺长江东下。5月27日到达汉口。6月12日到达上海,后由海路于6月29日返回西贡。调查结果,知湄公河之上游澜沧江滩多流急,不适于航行,因须绕道暹罗、缅甸等境也。"在云南,他们从中国官员和法国传教士那里获得了连结云南与东京红河水的路的最有价值的资料。"[1]此后乃转移其目标至红河(入越南境为富良江)。

十九世纪七十年代初,法国的工业革命基本完成,法国已成为仅次于英国的世界第二工业强国,其对外扩张的步伐也进一步扩大。到1870年,法国拥有的殖民地面积已达90多万平方公里,成为当时世界上仅次于英国的第二大殖民帝国。1870年,欧洲爆发了普法战争。法国在这场战争中被打败,拿破仑三世做了普鲁士的俘虏。普法战争暂时推迟了法国对越南北圻的军事侵略,但侵越的准备工作一直在积极进行,并成为新一轮殖民扩张活动的主要目标。1880年,右翼共和党温和派茹费理组阁,他一贯主张法国应当向海外扩张,建立殖民帝国。到十九世纪八十年代中期,法国已经从普法战争失败的阴影中走了出来。为了适应殖民地战争和对付普鲁士的军事威胁,法国政府加紧进行军事制度的改革,恢复了国民义务兵役制,凡20至45岁的健康男子都必须服兵役,一律不准替代豁免,从而保证了充足的常备军现役兵员和战争时大量扩编军队的需要。法兰西第三共和国还以宪法的形式,确定总统为法军最高统帅,并设立了以内阁总理为首的高级国防会议。与此同时,法军的武器装备得到长足的发展。法国的兵工厂已能自行制造37至320毫米口径的各种火炮,其性能堪与英国著名的阿姆斯特朗炮和德国著名的克虏伯炮相媲美。法军士兵装备的夏什普式11毫米后装线膛枪,射速为每分钟7发,射程1800米;法军部队还配备了克罗帕契克连发枪和哈齐开斯机关枪等先进的步兵武器。同时,法国海军也得到了很大的发展,1873年法国就建造了首艘钢甲舰;到1881年就能建造万吨级军舰,其敷设的装甲最厚处达15英寸,航速可达14节,舰上主要配备100至190毫米口径的火炮和37、57毫米口径速射炮(射速可达每分钟40至60发)。法国的军费开支也是十

---

① 霍尔:《东南亚史》,第749页。

分惊人,在 1883 年时竟占其国家总开支的 22%。①

　　1871 年法商人堵布益根据他从探险队获得的信息,从昆明出发,在元江(红河)中试航,到达越南的安沛,并探知红河可通汽船,直抵于海。1872 年堵布益因在汉口卖军械,得识湖广总督李翰章、云南巡抚岑毓英及提督马如龙。彼等奉诏剿匪欲购洋枪炮以用于云南。堵布益得云南官方之保护,率领一支由 27 名欧洲人和 125 名从亚洲各地招来的亡命之徒组成的远征队,配备炮艇两艘、大汽舰一艘、大帆船一艘、内河蒸汽轮船一艘。堵布益等从东京湾(今北部湾)出发,由红河转运军火至云南,并于 1873 年 3 月将军火交给马如龙。1873 年 4 月又满载铜、锡,仍沿红河返回河内,大获暴利。法总督杜白蕾认为,红河虽为通达中国之捷径,但流域却在越南人掌握中,欲取得内河航行权,非设法占领越南北圻十六省大部分地区不可。

　　堵布益的冒险行动也煽起了法国殖民者的遐想。堵布益则准备第二次航行,欲彻底打开中国的西南后门。越南官吏对于堵布益擅自在红河中航行、侵犯越南主权的非法行为提出抗议。越南王朝不是积极抵抗侵略者,反而向法国总督杜白蕾申诉,请求杜白蕾制裁和驱逐堵布益。这个与虎谋皮的荒唐请求给法国进一步侵入越北创造了机会。法总督杜白蕾为谋取北圻诸省,先斥资派人到北圻东京建埠通商,继又往东京设官置署,终为越南人拒绝。杜白蕾便再遣安邺少佐,以查办堵布益为名,于 1873 年 11 月 5 日率兵进入河内。安邺抵河内后,向越南政府提出要求签订通商条约,开放红河等条款。11 月 19 日,越方照会,拒绝安邺提议。安邺即决定以武力进攻河内。1873 年 11 月 20 日晨,法舰以猛烈的炮火轰击河内城,至上午 10 时,攻陷河内,接着又占海阳、宁平、南定等地。安邺和堵布益的队伍加在一起,尚不到 300 人,但他到处收买越南的叛国匪徒,又勾结流窜越境的中国流寇黄崇英,"仅仅在三天之内,安邺就招了 14000 名伪军,其中有一部分是被他们欺骗裹胁去的教徒同胞",②准备以越北为据点,向中国开战。

(三)黑旗军北圻抗法

　　刘永福(1837—1917),字渊亭,广西防城人,为中国广西天地会党人吴元清部下。吴元清起兵反清,自号延龄国王,后为清军所败。1866 年,刘永福率残部由大岭越国界,退入越南北部。刘永福出身寒苦,久历戎行,为人刚强果敢,治兵勤奋,富于韬略。1867 年,刘永福率部入六安州,创立黑旗军。刘在六安州代越南平定白苗之乱后,受越南王朝册封为七品千户官,此为刘永福作越官之始。1869 年,刘永福先进军鲁埠,打败保胜(今越南老街)土霸何均昌,驻扎龙鲁,并设关抽卡。接着,在保胜一带打败黄旗军黄崇英军,占领保胜,以保胜为根据地,广西一带起义失败了的农民军纷纷来投,使得队伍逐步扩大。刘永福长期站在越南政府一边,一直与黄旗军黄崇英军作战,七十年代后助越抗法。

　　黑旗军原为农民起义军,抵越后,刘永福虽做了越官,但部队仍不改农民军特色。编制上没有定制,人员数额变动不定,大体上在 1000 到 2000 人间浮动。其武器装备很差,主要是刀矛等冷兵器,少数部队装备有抬枪、逼码快枪和火筒炮等。但因刘永福足智多

---

① 中国人民革命军事博物馆:《中国战争发展史》,第 670 页。
② 陈辉燎:《越南人民抗法八十年史》第一册,第 76 页。

谋,爱护士兵,训练有方,善于调度,所以部队仍有较强的战斗力。由于法国加紧侵略中越,清政府始认为黑旗军是可利用的抗法力量,并联络黑旗军,又由清广西提督冯子材授刘永福五品蓝翎功牌。

1873年11月,法军收买了天地会义军黄崇英黄旗军部众,进袭山西白楼社,据有宣光、兴化、谅山等地。经北圻军务大都督、驸马黄佐炎推荐,越南决定启用刘永福,派越南之山西按察使梁辉懿奉越南王之命,召永福入援。刘永福因保胜与河内之间有黄旗黄崇英部盘踞,援河内须绕道往,欲辞又不便,乃率千余勇士裹粮,走羊肠小道,蓦越宣光大岭,绕驰河内。黑旗军一路跋涉,途经山西、丹凤、怀德等地。12月20日,刘永福率千余先锋队,离河内西门外十里下寨。统督黄佐炎领所部南兵万余人,在后二三里下寨。[①]

1873年12月21日,黑旗军与法军在河内郊外进行了第一次战斗。法军统帅安邺被称为"法国有史以来最勇敢和最热心的探险家",他在不到一个月的时间内,占领了河内和红河三角洲地区。安邺根本没把黑旗军放在眼里,他亲自率法军自河内出战,两军在河内城外二里处相遇。"法大将安邺,先带法兵向西门外出仗来攻。首先驸马五画全金,其余一、二、三、四画,概以数十计,先出到桥搦战。公(刘永福)即率队过桥,与渠交战,互相击射。公喝令加奖花红,各军队伍,奋勇向前,悉力攻敌,势极猛力。少时,法兵大败,遂退向西门而奔,安邺及各将官在后,压队退走。公下令赶追,随击随赶,赶到西门外半里许,法各败将走得力尽筋疲,将到城时,聚作一团,概被公等部众上前尽行斩首。"[②]

此役,黑旗军追上法军,斩敌数百,杀法军安邺少佐,缴获枪支数百,大获全胜,并立即包围河内城,河内法军惶惶不可终日。刘永福令扎长梯七十架,预备爬城入去,方将梯子整好,决定是夕爬城,各先锋皆已派定,忽然统督黄佐炎派南兵数百人,前来概将各梯抬去了。次日,刘永福亲自入内去见黄佐炎。刘问:"刘某预扎长梯,以为攻击河内城池之用,今统督着人抬了,未知何主意?敢请示知!"黄道:"此事你有所不知。先是,使君杀了安邺,法兵大败,法王闻耗,知难抵敌,特派钦差与我国王议和,已奉准令,我国王即派钦差三人,搭法轮,顺来此通知我们退兵。今法国恐我国阳为议和,阴尚用兵,全将我国钦差三人,扣留在轮为质,不许登岸,务要我等先行撤兵,方允许钦差登岸等语。我今方才接到我国钦差三人的信,将以上各情叙明,并嘱我等即刻退兵。"[③]

此时,越南阮氏王朝却在胜利面前动摇起来,害怕黑旗军的胜利会招致法国更大的报复,黄佐炎命令刘永福立即罢兵。越方派代表与法国议和,表示越南政府不与法国作战,"安邺之死,皆出意外"。法人见军事失利,乃拘越南三使臣,以言诱逼安南王,使其转而同意和议。1874年1月5日,越法双方签定了一个关于法军撤出宁平及南广的协定。2月6日,越法双方又签订了关于法军撤出河内的协定,越南保证法军的安全,法军则从河内及安邺所占的其他城市撤走。

协定签订后,越南政府为了安抚刘永福,授刘永福为三宣副提督。不久,刘永福全歼黄崇英部,黑旗军收复了黄部盘踞的越北广大地区。此后十余年,刘永福部扼守红河两

①　邵循正,等:《中法战争》第一册,第231页。
②　邵循正,等:《中法战争》第一册,第231页。
③　邵循正,等:《中法战争》第一册,第232页。

岸,管宣光、兴化、山西三省,刘永福助越抗法,成为法国通过红河入侵中国的重要障碍。

安南阮氏王朝惧法国报复,于 1874 年 3 月 15 日与法国订条约,是为第二次越法《西贡条约》,也称《越法和平同盟条约》,共 22 款。主要内容如下:[①] 一、法国承认越南的主权和完全独立,帮助越南维持国内的秩序与安宁,消灭海岸的海贼;二、越南承认法国在边和、嘉定、美获、永隆、昭笃、河仙等地,享有充分的、完全的主权;三、越南受法国保护,对外政策必须适应法国的对外政策,以后越南无论与何国缔结商务条约,不得与法、越之间的商约相冲突,并应事先通知法国政府;四、越南开放河内、宁海等处为通商口岸。在通商口岸,法国将任命领事,并派驻足量军队;五、允许法国船舶在红河航行;六、法国在越南享有领事裁判权。时为同治十三年(1874 年)事,岁在甲戌,故中国称为《甲戌条约》。该条约一面承认越南独立,从而否定了中国对越南的宗主权;一面又规定越南受法国保护。

次年即光绪元年(1875 年),法国驻中国代理公使罗淑亚照会清总署恭亲王奕䜣,称法国已与越南订立新约,要求与中国在云南通商,并请阻止中国匪徒如黑旗军刘永福等入越南。奕䜣不明国际法义,不明法国之承认越南为独立国,亦即否认中国对越南之宗主权,故未向法国提出抗议,而仅向法国公使声明谓:“越南为我藩属,中国自有保护之责任,防止匪徒侵入,乃当然事;至于往云南通商一事,一概不准。”时法国正与德国交恶,不便在远东方面多事,对于往云南通商不便力争,更为求不与中国冲突,乃使越南之安南王仍向满清进贡如故。

光绪四年(1878 年),法军又占领北宁,越南政府屡次派人交涉,要求法军撤出,法军拒绝。越南请清廷派兵入越助其平乱,清廷许之,遣云南兵入越。黄佐炎再次请黑旗军助战,黑旗军闻讯出动,调集人马。法军闻清军、黑旗军出动,立即撤兵,北宁复归越南控制。

是年法国与德国开柏林会议,德首相俾斯麦告法代表瓦定敦称:“如法图复失地,则德必摧之;如将从事海外发展,则德必助之。”翌年法共和党执政,念及俾斯麦警告之言语,因与德国妥协,希望向越南发展。但以越北通航云南之红河,既受黑旗军刘永福之遮阻,而越南国又与满清政府关系日益密切,因之为求发展越南势力,则必须用兵,遂决定于光绪六年(1880 年),添置兵船,调兵遣将为积极侵略越南,并准备与中国一战,以与英国作先鞭之争。“自是由越南独立问题一变而成为法国向云南通商问题;更因鸦片战争与英法联军之役的经验,法人认为要求通商清廷必定不准,为求达成目的,必须用武力与中国一战。”[②]

1880 年至 1881 年茹费理第一次总理任期内,法国的主要侵略目标是突尼斯,同时加紧对越南进行武装征服的准备工作。法国在 1880 年增加了侵略越南的兵力,在河内、海防、顺化、广南等地都派兵驻扎。各种测量队也在这一年派到越南,并将侵略活动深入中国的云南、广西两省。法国传教士在广西到处购地修教堂,探险者在云南勘探矿产。1881 年 7 月 22 日,在茹费理主持下,法国议会以 308 票对 82 票,通过了 240 万法郎的拨款,作为侵略越南的军费。法国西贡总督黎眉组成一支由 12 艘舰船的舰队,派遣李威利为舰队司令,于 1882 年 3 月率军北上,进攻北圻,4 月 25 日侵占河内。

---

① 邵循正,等:《中法战争》第一册,第 379 页。

② 台湾三军大学:《中国历代战争史》第 17 册,中信出版社,2013 年,第 115 页。

1883 年 2 月 21 日,茹费理第二次组阁,4 月 26 日就在议会通过法案,"在海军殖民部的 1883 年普通预算上,加入一笔 550 万法郎的补充经费",[①]用作远征越南军费。海军大将孤拔率 4000 名士兵与 1 支舰队,远赴越南,任务是消灭黑旗军及与中国军队作战。西贡法军司令波特被任命为东京地区陆军司令。6 月 8 日,命令法新任交趾支那民政专员何罗芒将军,迅速做好把东京变为法国保护国的一切准备工作。至此,茹费理吞并越南和进攻中国的军事布置已经完全准备妥当。

(四) 清廷对越南问题的态度

经过两次鸦片战争的失败,清政府再不敢与列强作战;当时关税已经同田赋、盐税、厘金并列为中央财政四大收入之一,每年"征洋关税 1400 余万两"。一旦发生涉外战争,关税必然大幅下降;当时"内忧"不少,"安内"必须重于"攘外"。鉴于上述原因,清政府在处理对外关系中力主妥协。清政府外交方面的基本方针是:在可能的范围内,以让步、迁就来满足外国列强的愿望,尽量避免发生对外战争。

清政府对法国侵略越南和威胁中国西南边境的活动也感到不安,不承认法国强迫越南政府所订的条约,原驻越北的清军得到了增援,却不敢过问法国的侵略活动,也不敢出清军旗号,而是以黑旗军名义在北圻活动。清朝官史与黑旗军有联系,给予军械、饷银支持,却坚持对黑旗军的歧视,甚至敌视。总之,无所作为,是当时清政府对越南问题的基本态度。它唯一的希望是和法国进行谈判,幻想法国放弃侵略行为。

中国滇粤之军,以旧式洋枪火炮,与使用新式枪炮之法军作战,装备不如敌人甚远,是凭血肉之勇争取战力上平衡。李鸿章志在谈和,清廷不想作战,故清廷乃采用虚声吓人方式,惶惶厌战,只遣将而不调兵,只征各省兵而不筹措军饷。以言命将,云南以岑毓英为一师;广西潘鼎新为一师;广东彭玉麟为一师,是对越作战有各不相统属之三师,有夹击越北之战略形势,却无真正实施战略包围之准备与意图。闽台方面亦复如此,左宗棠在福建为一师,刘铭传在台湾为一师,清廷又派一杨岳斌,亦形成各不相统属之三师,而台湾之台南道刘璈,又以派系关系不听刘铭传指挥统御。命将如此之滥,其各统率之兵,各兵之装备器械,更不堪闻问,如此驱军作战,不败何待。[②]

清驻英法公使曾纪泽,于光绪六年(1880 年)方在俄京交涉伊犁问题,闻法国军部在筹款购船准备出兵越南。法方谋由红河通商云南,已得议会同意而着手施行。曾纪泽即电法国外交部云:申明中国不承认越法《西贡条约》。1881 年 9 月(八月初六日),曾纪泽又会见法外交部桑迪里,"桑云:'法国但愿越南遵守甲戌之约,并非多求进步。'纪泽答以:'中国预为言明,法越甲戌之约,中国本不能认,若法国之志,仅欲与越南通商,不求进步,则越南私立之约,中国犹可勉强优容,不欲阻法国已有之权利,致损法国之颜面也。如法国得寸思尺,使中国为难,则是辜负中国保全友谊之苦心矣。"[③]1882 年 1 月 1 日,法国外长刚必达以法国在越南有充分的自由作答。5 月 31 日,重任法国外长的费迪里说:关

---

① 邵循正,等:《中法战争》第七册,第 155 页。
② 台湾三军大学:《中国历代战争史》第 17 册,第 139 页。
③ 邵循正,等:《中法战争》第四册,第 258 页。

于仅属法越方面的事,他没有对中国解释说明的必要。

曾纪泽又函告清廷外务总署,"法之图越,蓄谋已久,断非口舌所能挽救。吾华海防水师渐有起色,如拨派(兵舰)数艘移近南服,使敌人有所顾忌,或可不至于剥肤噬脐之悔。"①总署于光绪八年(1882 年)十月十五日奏闻朝廷,并言已商得李鸿章同意,于招商局轮船运米时,添兵船同往游弋,藉壮声威。唯总署对于曾纪泽函中所请"宜密谕越王,无论有何要务,切不可乞助于法,致成开门揖盗之灾。此次发兵前去,必由将帅私带一约,请越画押,并嘱越王勿与法轻立新约"等建议,盖恐越将事求助中国,势难为继;中国将为其所役使。故总署不肯力任其艰,未为奏闻,曾纪泽此议因而不行。

时有翰林院侍讲学士周德润对越南形势颇有见地,上奏《请保藩以安中夏折》:"今日法兰西狡焉思逞,欲灭越南以自广,此震邻切肤之灾也,此唇亡齿寒之患也。或以为蛮触相争不足与较,臣窃为越南之存亡,中夏之亡危系之。……法夷如窃据越南,则陆路由谅山相达广西镇南关,由洮江相达云南蒙自县,海道由海东府相达广东钦州;朝发夕至,患难猝防,设有不虞,滇南震动,楚淮岂能独安? 其可惧一也。且越南世守藩服,今听其自亡而不一援手,无论外藩群体,且示弱于法人,恐陵夷日甚,不特琉球不可恢复,即高丽、蒙古亦未必能相维相系也,其可惧者二也。夫越南无事则不致启衅;越南有事则不待启衅。越南存而吾之自强易,越南亡而吾之自强难。失其屏藩,而欲多方以备之,虽有智者亦不知善其后矣。臣窃以为今日之计,莫如以理谕之,以势遏之。何言乎以理谕之也? 中法和约久定,言归于好,即不得侵我外藩,先启相争之衅,虽法人密集诡谋,未必显为号召,而聚兵屯饷,明已萌露端倪。臣拟请密谕总理衙门王大臣及曾纪泽借事探询,相继开导,曲饬其用兵之故,而直揭其袭敌之非,始则援万国公法不灭人国之义以折之,继则遍告诸夷秉公而辩论之,使知曲在彼而直在我,则其辞自穷而其谋或可中止。何言乎以势遏之也? ……臣拟请密谕滇、粤各督抚,简调精锐,密扎要隘,阳为边关之守御,阴为侯服之救援,兵固有先声而后实者,法人即欲逞志越南,当虑我军之攻其后,有不废然自返哉? 故以理论之,其兵不战而屈,以势遏之,其言迎刃而解,二者交相为用。所虑者总理衙门调停中立,不肯力任其难,伏愿皇太后皇上神机独断,再三申谕,切实而责成之。圣天子为地择人,必有易置咸宜者,非臣下所得而拟议也。"②

清政府一直举棋不定,主战、主和两派争论激烈。主战派由不同类型的人物组成。其代表包括清流官员如李鸿藻、张之洞、陈宝琛、张佩纶等,湘系官员如:左宗棠、曾纪泽、彭玉麟、刘坤一等,以及滇、桂、粤三省督抚:刘长佑、倪文蔚、张树声等。主战派极力反对李鸿章的主和态度,甚至要求清廷撤换李鸿章。他们认为,法国侵占越南,对中国有唇亡齿寒的危险。张之洞上疏,提出审势、量力、择使、选将、筹饷、议约等十六条建议。他主张:"守四境不如守四夷","今日之势,不防不可,欲防不能,非庇属国无以为固圉之计;非扬威无以为议约之资。守则不足,攻则有余。此时有进无退,有益无损。"③曾纪泽主张对法强硬交涉,在广西、云南布置重兵,暗中援助越南和黑旗军力抗强寇。他主张"一战不胜,

---

①　邵循正,等:《中法战争》第四册,第 257 页。

②　故宫博物院文献馆:《清光绪朝中法交涉史料》卷2,第 2 页。

③　故宫博物院文献馆:《清光绪朝中法交涉史料》卷2,第 28 页。

则谋再战,再战不胜,则谋屡战"。① "曾不认法越私定条约,李默认条约,但求保持朝贡体面,二人方针不同,引起湘淮两系大斗争。"② 主战派中还有一类人,属清王朝中某些顽固派,如奕𧜣、周德润等,他们开始主战,目的是要保持与邻国的宗藩关系,维护天朝上国的体面与尊严。他们虽然主战,可往往多为空喊,不作防备,临战则惊慌失措,转而求和。主和派以李鸿章为代表,另有潘鼎新、何璟、何如璋等。李鸿章时任直隶总督兼北洋大臣,实际上成了清中央政府旁边的第二政府首脑,左右着清政府的内政外交大权。尤其在外交方面,对李更为倚重。他们竭力夸大敌人力量,力主承认法越间所订条约,以妥协求苟安。其理由是:一、如果中法开战,中国"兵单饷匮",决不可"与欧洲强国轻言战事";二、中国若与法国开仗,即使"一时战胜未必历久不败,一处战胜未必各口皆守",即使偶尔胜仗,只会引起法国更大报复;三、即使法国吞并了越南,也不过是"伏边患于将来",若援越抗法,会立即"兵连祸结",动摇全局。李鸿章的言论遭到主战派的强烈驳斥,"舆论均集矢鸿章,指为通夷,致比诸秦桧、贾似道"。③ 主和派奕诉、李鸿章等掌握着实权,且有外强的支持;而主战派人多势众;随着战争的进行,不少官员由主战变成主和。主和与主战两派激烈争论,谁也无法完全压倒对方。清政府的政策是战是和,摇摆不定,想妥协又不敢妥协,在抵抗又不决心抵抗。

"1882 年(光绪八年),曾纪泽向清政府建议七条办法。"按当时中法越三方形势,曾氏所提七条,应该说是外交上比较妥善的途径。"李鸿章逐条驳斥,又不提自己的办法,牵强矛盾,毫无理由,纯属派系间闹意气。清政府昏愚无知,不采曾氏建议,信任李鸿章,进行盲目的被动的错乱外交,遭受大失败。越南事件中,李鸿章充分表现了卖国的罪恶。"曾李两人对此七条意见的争论:"(一)曾:令越南派遣大员长住北京,传达中越双方情况。李:照定制,陪臣不得住京师。(二)令越南派员到中国驻法使馆,作为使馆随员,传达中法交涉情况。李:《法越新约》第二条,法认越南有自主权,越可遣使驻法,未必肯作中国使馆随员。且法政府闻知必有责言,转增疑衅。(三)曾:通知越南切不可再与法人轻立新约。李:兵威胁迫,难免续立新约。(四)曾:劝越南开放红江,宣称'现遵中国之命,将红江开设通商埠头,允与西洋各国贸易',各国见我与越南'情不隔阂,可省无数窥伺之心'。李:中国不认法越之约,似未便明劝越南于红江开埠通商。若劝之,是认此约矣。(五)曾:法人常以红江多盗为言,无论盗之真伪,越南宜以除盗自任,力不足则求助于中国。李:红江上游若果多盗,正可阻彼通商之意。(六)曾:《法越条约》西洋各国并未认之。李:无各国不认之证。(七)曾:劝越南严束士民,勿与法人以口实。杀人焚屋等事皆无益而有害。李:越境遍地教堂,杀人焚屋等事在所难免,但在临时办法若何。"④

曾纪泽对主和的论点进行了驳斥:滇中大吏"言耗三省财力为越南守土,有损无益,出境兴师甚非长算等语。……至耗三省财力为越南守土,立言却似失当。越之北境多与滇、粤毗连,越亡则强敌与我为邻,边境岂能安枕? 且法果得越,势必进图滇南,以窥巴蜀,

①　邵循正,等:《中法战争》第四册,第 263 页。
②　范文澜:《中国近代史》上编第一分册,第 240 页。
③　邵循正,等:《中法战争》第一册,第 11 页。
④　范文澜:《中国近代史》上编第一分册,第 240 页。

得寸思尺,我之防守愈难。"①

曾纪泽以战求和的观点,在当时确是最佳的选择,对清政府的决策也产生了一定的影响。清朝官员主战舆论占上风,但慈禧太后犹豫不决,在主战的舆论影响下,一度增兵布防。以"查办土匪"名义,命广西布政使徐延旭率6000人进驻越南北宁;命云南布政使唐炯率8000人驻越南山西。同时再三训令,不准主动向法军进攻。派吏部主事唐景崧赴越给黑旗军以物资接济和鼓励,以牵制法国在北圻的军事行动,但清廷对黑旗军严加许多约束。外交方面,清廷抗议法国侵略越南,又极力通过外交途径向法国交涉谈判,企图达成妥协的协议。表面看来,清朝最高当局做好了战和两手准备,实则在战和问题上举棋不定,尤其是从未下定进行战争的决心。以至"法越构衅,绵延三年,致法占越南,和战仍无定见"。②清政府畏首畏尾的作法,对内贻误战机,动摇军心;对外助长了法国侵略者的野心,给其发动战争造成了可乘之机。李鸿章决心向法国妥协,曾说:"即使废置其君,灭绝其国,亦与汉之捐弃珠崖等耳。"而李鸿章的意见对慈禧太后有决定性的影响。

(五)清疆臣保卫越南之议论

是时,清两江总督刘坤一、两广总督张树声、云南总督刘长佑均主张备兵防边,为越南声援。刘坤一奏言:"酌派兵船游弋越南洋面以壮声威,并由广东、广西遴派明干文武大员,统带劲旅,器械务须精整,衣装务须鲜明,出关驻扎谅山省等处,以助剿土匪为命,密与该国君臣共筹防法之策。"③张树声则建议:"为越剿匪,法不能议我之增兵;先守越地,法不能蹈我之罅隙。虽力不及远,庶无全占越土,立滋逼处之忧。"④刘长佑则主张:"借办土匪为名,于临安、广南各郡增募练军,遴选统带,以便调遣。请以广西兵二万为中路之师,而广东、云南各以万人为犄角,滇省之设防边境尤为目前切要之图,于南北洋大臣中特简一员,驻广西为之督办。"⑤后又上疏:"臣等前折是有三路合剿之议。而事会迁延,阴谋日亟,彼族兵轮火器已陆续由海防驶入东京。""疆圉之固,在臣等之实力经营,衅端之生,由彼国之狡谋变诈。……以今日之上窥红江而论,当其冲者唯一云南;以他日之进谋川省而论,受其病者更不独两粤也。……是控制之术已无可有,而因应之方,正宜预定。"⑥

光绪七年(1881年)十二月曾纪泽复奏云:"伏查法人觊觎云南,蓄意已久。……欲占据越南东京,由富良江入口以通云南,添开商埠。""上年冬季,臣在俄议约,因闻法国有派兵则往越南之议,比即照会法外部,并与法国驻俄公使商犀晤谈,力言越南受封中朝,久列属邦,该国如有紧要事件,中国不能置若罔闻。本年闰七月,臣由俄换约事毕,回驻巴黎,又于八月初一日照会外部,将总理衙门历年未认法越所订条约之意,剀切声明,日久乃接外部尚书刚必达复文,措辞虽尚刚硬,然法廷于进取之谋,似已稍作回翔之势。法国商人堵布益昔年往来滇越,经营贸易,即为法国西贡总督堵白雷占越南之线索。后因事端败

①　邵循正,等:《中法战争》第四册,第267页。
②　邵循正,等:《中法战争》第一册,第11页。
③　故宫博物院文献馆:《清光绪朝中法交涉史料》卷2,第4页。
④　故宫博物院文献馆:《清光绪朝中法交涉史料》卷2,第10页。
⑤　故宫博物院文献馆:《清光绪朝中法交涉史料》卷2,第12页。
⑥　故宫博物院文献馆:《清光绪朝中法交涉史料》卷3,第2页。

露,西贡总督以派守备安邺为越人所杀,商人堵布益所赀成本亦致亏折数百万佛郎。该商向法庭索取,法庭许以俟定计占取东京之时,始于赔偿,本年该商已函致广东、上海旧日同伙之西人,前来巴黎领取偿款,是法廷定议占取东京之据。……微臣揣度大概情势,法国除在廷数员之外,能深明远东情势者实乏其人,竟有不知越南为中国之属邦者。继见总理衙门屡次声明不认法越条约,又屡次声明中国保全属国以固边围,不能漠视之意,该国或者畏威怀德,有所顾忌,而不敢遽发,亦在意中。惟臣处未接该外部确实复文,仍不敢谓遽有把握。总理衙门王大臣原奏所称:'争以空言,必须见诸实际',实属致当不易之论。……臣当钦遵谕旨,坚持前议,总以不认法越前订之约为根本,以冀形格势禁,消弭衅端,仰慰宸厪。"①

署理云贵总督岑毓英上折,提出暗资刘永福:"越南自同治初元以来,南圻各省财赋皆法人设官征收,官民半从天主教,该国王日在其掌握。……该国王命令久不能行,其势积弱,殆不能国。越官刘永福据山西、兴化、宣光已十余年,该处官民知有刘永福不知有越南王,又往年曾歼法人上将,彼族悬重赏购之甚急。""现在通盘筹划,我军只宜分布边内要害,暗助刘永福以军饷、器械,使之固守以拒法人。永福兵力甚精,地利甚熟,主客之形便,劳逸之势殊,法人不敢登岸与之力角。苟刘永福不为所并,越南势可稍延。倘法人不知变计,必以力取,是我不过岁弃四五万金,而法人终为刘永福所困。所谓鹬蚌相持,渔人获利。"②

以上各种有关越南之奏议,皆先发制人之计,而总理衙门有"争以空言,必须见诸实际"之见。恭亲王奕䜣及李鸿章则始终抱其退守之策,不肯积极筹划,诚如周德润所谓"调停中立"者。故对于曾纪泽之越南办法七条与疆臣派兵防守之议,皆未采纳。

法海军中将孤拔率领的法国海军远东舰队却在此前攻入了越南国都顺化,并趁越王阮福时病逝政局混乱之际,强迫越南政府于1883年8月25日签订了第一次《顺化条约》,企图完全控制越南,使其成为法国的殖民地。此后,法国的侵略矛头,开始直接指向中国。

1883年10月25日,法国政府任命海军中将孤拔为远征军总司令,统一指挥法国在越南北圻的海陆军部队。12月,在经过5次公开辩论和9次会议讨论之后,法国议会通过2900万法郎军费及派遣1.5万名远征军赴越南的议案,决定夺取越南北圻地区由清军驻防的山西和北宁,迫使清朝政府在越南问题上做出重大让步。12月中旬,法军悍然向驻扎在越南北圻的中国军队发动进攻,公然挑起了中法战争。

(六) 中法甲申之战大事

中法战争中,法国侵略者采用军事与外交并用的手法,对清政府亦打亦拉,边打边拉,以达到逐步吞并越南、镇压黑旗军的目的;并企图借此打开通往云南、广西的道路;勒索中国巨额赔款;并进一步"征服中华帝国"。

中法战争有两个战场:沿海战场与陆路战场。沿海战场为台闽浙地区。陆路战场又分东西两处。陆路东线战场:越南北部近广西处,即谅山、镇南关一带;陆路西线战场:越

---

① 故宫博物院文献馆:《清光绪朝中法交涉史料》卷2,第14页。
② 故宫博物院文献馆:《清光绪朝中法交涉史料》卷3,第22页。

南红河中游,即宣光、临洮一带。陆战可分三个阶段。

中法战争期间发生的主要事件为:

1. 陆战第一阶段:刘永福北圻抗法之战,刘以越官身份参战。清朝军队已进驻北圻但未参战,或以黑旗军名义参战。主要事件分别为:1883年5月19日,纸桥之战;1883年8月5日,怀德之战;1883年9月1日,丹凤之战。

2. 陆战第二阶段:法军进攻越北地区,清军公开参战,与法军直接交战,自1883年12月11日山西之战开始,到1884年6月观音桥之战结束。战场在越南北部(北圻)。主要事件分别为:1883年12月14日,山西之战;1884年3月12日,北宁之战;1884年3月至4月,法军占领太原、兴化;1884年5月11日签订《中法会议简明条款》;1884年6月,观音桥之战(谅山之战)。

3. 台闽浙海战,分别为:1884年8月4-6日,基隆之战;1884年8月23日,马尾之战(马江之战);1884年8月26日,清廷正式对法宣战;1884年10月1日,基隆再战,法军占领基隆;1884年10月5日,淡水之战;1885年2月15日:石浦之战;1885年3月1日:镇海之战。

4. 陆战第三阶段:北圻鏖战:1884年10月,清军计划在北圻的东线、西线同时反攻。结果清军在东线屡战屡败,形势危急,西线清军围攻宣光七十天。法军则西守东攻。1885年2月法军发起进攻,一度占领镇南关。后清军发起在东、西两线发起反攻,终获大捷。战役分别为:1884年10月8日,朗甲之战;1884年10月10日,船头之战;1884年10月开始,宣光之战;1885年2月6日,谷松之战;1885年2月12日,委波之战;1885年2月23日,法军占领镇南关;1885年3月24日,清军镇南关大捷;1885年3月28日,清军谅山大捷;1885年3月23日,清军西线临洮大捷。

图16 北圻战场形势示意图①

---

① 牟世安:《中法战争》,插页。

5. 中法议和。中法之战的一个特点是先谈后打、边谈边打、谈不拢再打、打完再谈，直到签订和约，宣告战争结束。1882 年底法使宝海在天津与李鸿章会商，提出越南事宜三条，1882 年 12 月 20 日在上海签订《李宝协议》，但国人普遍反对。法方为争取更大利益，也否定《李宝协议》，并向越南增兵。法军攻下北宁、太原、兴化后，于 1884 年 5 月 11 日，李鸿章与法人签订《简明条约》，国人又普遍反对，法国政府也不满意，双方再战。镇南关大捷后，1885 年 4 月 4 日由中国总税务司驻伦敦代表，英人金登干为中方特别代表，与法使签订《停战协议》。1885 年 6 月 9 日李鸿章与法使巴德诺签订《中法新约》，又名《安南条约》。《安南条约》成为中国近代史胜仗败约的又一个典型。

二、刘永福北圻抗法

1882 年 3 月(光绪八年二月)，茹费理内阁上台，命海军上校、法国交趾支那海军司令李威利率军第二次进犯越南北部。李威利率舰队自西贡驶至海阳，在驱逐黑旗军的借口下，进攻河内。4 月 25 日，攻占河内，并沿红河向上游进攻。李威利扬言要为 1873 年被黑旗军杀死的安邺报仇，"愿出一万元购买刘永福首级，十万元购买黑旗军的根据地保胜。"[1] 1883 年 3 月，李威利又率 2000 人进攻南定，南定军民奋勇抵抗，法军七战七败，"战守到最后一刻，提督与按察使都战死了"，法军终侵占南定。清廷谕云贵总督刘长佑相机以应。5 月 18 日，清两广总督张树声始令滇粤防军以剿办土匪为名入越南境，并以广东水师出洋遥为声援。清廷召长佑入觐，长佑奏云："法人破东京后，每日增兵，悬万金购刘永福，十万金取保胜州。如山西有失，则法人西入三江口，不独保胜无障蔽，而滇省自河底江以下皆须步步设防，是非滇粤并力以图，不足以救越国之残局；非水陆并进，不足以阻法人之贪谋。"[2] 廷谕长佑密为布置。长佑因命藩司唐炯率旧部屯保胜。

时越南王阮福时以失东京(河内)，极欲乞清兵与法决战，以收复失地，又因清兵远不济急，乃欲调刘永福之军以攻法军。惟越南驸马大学士黄佐炎等心忌刘永福，从中作梗。清吏部主事唐景崧请得清廷旨意，与总兵黄国安、刑判唐镜沅、南海举人周炳麟，充商人入越南往招刘永福，至保胜时陈三策说："越为法逼，亡在旦夕，诚因保胜传檄而定诸省，请命中国假以名号，事成则王，此上策也。次则提全师击河内，驱法人，中国必能助饷，此中策也。如坐守保胜，事败而投中国，恐不受，此下策也。"刘永福曰："微力不足当上策，中策勉为之。"[3]

(一) 纸桥之战

1883 年 5 月初，刘永福接受越方邀请，率黑旗军 3000 人，会合越南黄佐炎军，向法军反攻，收复了一些失地，把法军压缩到河内城。李威利吸取了他的前任的教训，龟缩城内，不敢轻易出战。黑旗军开抵河内城郊后，又缺乏攻城的必要装备，双方僵持不下。

---

① 张玉田：《中国近代军事史》，第 288 页。
② 萧一山：《清代通史》第三册，第 1063 页。
③ 邵循正，等：《中法战争》第一册，第 3 页。

1883 年 2 月,茹费理二次组阁,为解救李威利,并扩大侵略越南,向议会提出,要求增加军事拨款 550 万法郎,派遣铁甲舰 1 艘、炮舰 2 艘、鱼雷舰 6 艘、运输舰 3 艘,装运军士 1800 名到越南。5 月 15 日,法国议会通过此提案。

纸桥位于越南河内城西二里处,是一道干枯河上的小桥,仅容一人来往,地形十分隐蔽。桥西三里为刘永福黑旗军营地。中间有一条由纸桥通向怀德的大路,两侧稻禾茂密,周围林木丛杂,并有许多村落,便于部队隐蔽。法军被迫集中于河内、海防等城市,企图坚守待援,扩大战事。刘永福决定避免强攻,采用诱敌出巢的办法。一面从军事上进行袭扰、挑战;一面向法军提出挑战,诱惑敌人,在河内四门张贴挑战檄文,邀敌人到怀德决战。但李威利仍不上钩,"初八日(5 月 15 日)夜间,出队攻城,被城外天主教堂之人暗通消息,法人加以严防,未能得手。初九日夜,复派队先攻天主堂,连破重垣,斩法人三圈教首三名及从教十余名,将教堂房屋烧平。"① 李威利终于沉不住气了,在黑旗军的挑战和激怒下,李威利决定不待援军到达立即出城进攻黑旗军。

1883 年 5 月 19 日(光绪九年四月十二日),李威利令河内城防司令韦鸷率领两个海军步兵连及炮兵和其他附属勤务人员共 400 余人,出城进攻黑旗军,自己随队督战,双方决战于纸桥。

黑旗军主力有四个营,共有众三千余人,刘永福以右营管带杨著恩部为先锋,于纸桥西侧关帝庙,成三线设伏:一队在庙中,一队在庙后,自带一队在大道压阵;前营黄守忠为正兵,设伏于大道以北之道路两侧,以从正面迎击敌人;左营吴凤典部为奇兵,设伏于大道左侧,以迂回包抄敌人;刘永福率直属亲兵营在怀德东侧,亲自指挥战斗,亲兵营管带为其义子刘成良。

1883 年 5 月 19 日凌晨 4 时,法军由河内出发,"添来大轮船一只,中轮船一只,小轮船二只,法兵 400 余名"。② 6 时左右,先头部队通过纸桥西进,在关帝庙附近突然遭到杨著恩营的袭击,伤亡 30 余人,韦鸷急令炮兵向林内黑旗军盲目射击,亲自驰马登桥督战,被右营火筒炮击中负重伤,回河内后于当晚死去,法军被迫狼狈退回桥东。

李威利见第一次进攻失败,便亲自指挥战斗。命令法兵在炮火支援下,交替掩护,向桥西发起第二次冲击。法军 10 人一队,连环放枪,冲过桥来。庙中的黑旗军一队支撑不住,开始退却。危机当口,第二队赶上去堵截,因人少也未能挡住。杨著恩沉着迎击,但因敌人炮火太猛,伤亡太大,一、二线阵地被突破。法军乘势铺开,以一部分兵力继续向三线阵地发起冲击,一部分兵力从关帝庙东南侧迂回包抄,战斗非常激烈。此时,杨著恩身负重伤,仍坚持指挥战斗。当法军突破阵地时,他一连击毙十余敌人,最后胸部中弹,壮烈牺牲。杨著恩营因主将阵亡,部队损失较大,暂时退到大道以北集结待命。

此时,黑旗军主力仍稳伏未动,李威利认为黑旗军已溃,只要继续向前推进,即可夺取怀德。他对大道以北的村落略加搜索后,即向怀德前进。这时预伏在大道左侧的吴凤典营立即快速穿过稻田,向敌人纵队右翼机动,逼近法军时,以密集火力向敌射击。此时,黄守忠营和刘成良的亲兵营从正面进攻,前后夹击,横冲敌阵,法军大乱。退到大道以北集

---

① 故宫博物院文献馆:《清光绪朝中法交涉史料》卷 5,第 2 页。

② 故宫博物院文献馆:《清光绪朝中法交涉史料》卷 5,第 2 页。

结的杨著恩营余部也折回头向法军左翼包围。在三面包围歼灭法军的白刃搏斗中，黑旗军以排山倒海之势冲向敌人。法军的炮火优势在近战中失去作用，纷纷溃退，李威利亦死于此役。仅用了两个小时，黑旗军与法军"战于河内纸桥，大败法兵，斩李威利及法兵二百余人"。① 越王因授刘永福为三宣提督一等义勇男爵。

关于李威利之死，有记载："十三日，法军复遣兵一队往攻黑旗军，法军元戎李威利亲自率兵 500 人，携战阵大炮 5 门，于 4 点钟由河内起程驰往，欲与黑旗军开仗。行有两点钟之久，至一处，猝与黑旗伏兵相遇，各方枪炮，相与鏖战，一时声若雷轰，弹如雨下，声震天地，势撼山河。战约有一点钟，法军不能支持，溃围奔北，弃兵授命疆场及受伤者不下百人，逃回之兵因亡五分之一，遂不成军。……计法军在战场死者约 16 人，或 20 人不等，受伤共四五十人，有三人退回河内即气绝。……元戎李威利最称勇敢，军败殿后，忽闻有兵遗弃大炮一门，元戎恐为黑旗所得，复偕员弁数人奋勇杀入阵中，欲取回其炮，致为黑旗所困，枪炮齐发，中弹殒命。"② 同书还记载了另一说法："李元帅与僚属言，明日当进攻黑旗，姑灭此而朝食。适有华人之为侍役者二人在旁，得闻此说，即前往报知黑旗。黑旗因此探悉其进兵之路，预伏兵于林中。法军冒昧前进，遂陷于伏。……伏兵齐出，枪炮并施，戈矛互举。法军仓促不知所为，元帅被弹洞穿小腹，有一弹伤其腰肋，遂仆于地。……而黑旗军已蜂拥至前矣，黑旗遂虏之回营，元帅气尚未绝，后有带兵官趋视，方欲诘问，而元帅已于怀中掣出手枪自毙。"③

刘永福考虑"自己为南官，不能取天朝官爵，即有心将功拥与唐景崧，卖一个大人情与他……公（刘永福）即写信一封，将打老番，杀李威吕情形，分别叙明，并云：'此役之胜，皆得公之在山西时指示筹划而行，是以得胜耳！'崧接公信，又据情奏上天朝，并将情形，说是他运筹帏幄。不月之间，崧即由主事五品卿衔赏加四品卿衔矣。"④

当李威利失败丧生的消息传到法国，法国政府决定投入更大的赌注，以争夺越南。法国政府调兵遣将，一方面派大批军队到越南，在越南开辟南、北两个战场。北战场由波特任指挥，进驻河内，以攻击并消灭黑旗军为目的；南战场由孤拔为指挥，向越南京城顺化进发，以恐吓越南王朝，迫使其完全屈服。另一方面，又对清政府和越南政府展开外交攻势。

（二）怀德之战

纸桥大捷后，黑旗军还在河内以西的怀德、丹凤连败法军。1883 年 8 月 15 日（七月十三日），"法军 4000 余人分水陆两路进攻怀德府越团刘永福老营，其陆路法兵，五道并进，每道运有格林、开花等炮，迤逦前攻，势甚凶悍"⑤ "刘永福用以静制动的战术，'令各军坚伏，不发一枪'，等到法军逼近营垒，'黑旗军枪声始举，开壁驰出'，两军鏖战 14 小时，法军大败。"⑥ "据刘永福折报十三日之捷，较为详细，适在阵斩法人兵头三画 1 名、二

① 萧一山：《清代通史》第三册，第 1064 页。
② 邵循正，等：《中法战争》第三册，第 6 页。
③ 邵循正，等：《中法战争》第三册，第 11 页。
④ 邵循正，等：《中法战争》第一册，第 269 页。
⑤ 故宫博物院文献馆：《清光绪朝中法交涉史料》卷 5，第 46 页。
⑥ 牟安世：《中法战争》，第 57 页。

画 2 名、一画 3 名、兵众 100 余名,重伤抢回者 200 余名,生擒者 4 名,夺获快枪 50 余杆,杂物数十件,查点各营勇丁阵亡 22 人,受伤 49 人。"①"时关外大雨时行,江流盛涨,水势汹涌,堤岸难免不为冲塌。设或陆营被水迁徙,一路并无拦阻,彼族轮船岂不横行江面,上犯山西?臣(广西布政使徐延旭)随分别飞函,切嘱黄桂兰等饬探确情,相继因应,谆饬刘永福审时度势,务策万全。……十五日(8 月 17 日)午后,河堤已决,一片汪洋,忽遽之间,赶乘竹舟而出。因刘永福营为水所隔,不及晤商。次日即函告刘永福,怀德一带水大难居,宜以全军为上。刘永福所部各营,初迁左凤下村,十八日后陆续拔至丹凤县。该县地势较高,可无水患。"②法军惭愤交加,竟乘连日大雨,红河涨水的机会,掘开河堤,淹灌黑旗军营地。幸黑旗军早有预防,而且越南人民"竟渡龙舟数只,彻夜往复救渡",法军的淹灌阴谋也没得逞。"彼族轮船泊瑞香河面,心疑对岸庙宇藏有越军,开炮击之,恰中神像。该兵头六画适出舱面指挥,为河干水营炮子击中,登时殒命,各船却退。"③"自七月十三日挫败之后,方知力不能敌,密议暗掘江堤以淹刘团,另派精锐前往追袭。殊十五日(8 月 17 日)堤岸自决,洪水横流,势甚汹涌,兵头派 400 余人乘势追袭,一面仍决江堤,犹恐客匪走漏消息,多用其本国之人。而刘营早已迁避,愈走愈高,并无损失。法之追袭者,昏夜不辨道路,转向低处遁行,一片汪洋,已多淹死。又兼大雨如注,目无所见,客匪之识陆者逃出十数名,余亦就毙。"④

(三) 丹凤之战

9 月 1 日(七月二十九日),法人以决堤之计虽行,不能害人转以害己,誓图报复,乘水涨浪高,船行如驶,遂以大小轮船 11 艘、板船 9 艘,于簿暮驶至丹凤县喝江口(即左凤小河),该处为刘永福驻营之所。刘永福先已侦知,并闻其陆众三千,分头来犯,乃饬所部各营预为之备。自率亲兵营刘成良等伏丹凤堤边,前营管带黄守忠、正前营管带黄宝珠伏堤之正路,副前营管带邓遇霖伏堤之右路,左营管带吴凤典伏丹凤正路,右营管带韩再勋伏丹凤右路,而以参将连美武卫营伏高舍一路,以为策应之师。"八月初一日(9 月 2 日)清晨,彼已麕至,因知刘军分伏以待,遂悉众并归丹凤堤正路来扑正前营,马驱车载格伦炮六架,开花炮数十架,余则纯用快枪,势极凶猛。黄守忠、黄宝珠率队迎敌,邓遇霖续起助之,枪炮连环,声震山谷。会值倾盆大雨,战已多时,刘成良等各率亲兵接应,刘永福指挥纵击,毙其兵头一人,敌势稍却,天将暮,退至村边,犹复列队放枪,彻宵抵拒。刘永福先已乞援山西,一面赶筑炮埭,以备久战。留营主事唐景崧商之越南统督黄佐炎,立拔两营,星夜驰往,并助以快枪逼码,又向滇军借给锁头逼码一万出。初二日黎明,彼复来扑,奋不顾身,各军勇气百倍,力能制敌,鏖战竟日,互有伤亡。连美亲督先锋,纵横荡决,彼犹拼死不退。适见大队黑旗掩至,知系山西来有援兵,于是退至村中,仍彻夜枪不绝响。初三日早间,即向瑞香社一带退去。初三日午后,刘永福自督亲兵,施放大铜炮于堤岸直击,恰中其

① 故宫博物院文献馆:《清光绪朝中法交涉史料》卷 6,第 15 页。
② 故宫博物院文献馆:《清光绪朝中法交涉史料》卷 6,第 17 页。
③ 故宫博物院文献馆:《清光绪朝中法交涉史料》卷 6,第 41 页。
④ 故宫博物院文献馆:《清光绪朝中法交涉史料》卷 6,第 18 页。

中船一艘,敌势不能支,亦向瑞香河退去。恐其有诈,水陆未敢往追,遂各收队回营。查点所部弁勇阵亡 4 名,各营勇丁 42 名;受伤弁勇 5 人,各营勇丁 98 人。"①

丹凤四面为喝江环绕,有长堤直通河内,黑旗军将领邓士昌等据堤迎敌,受到优势法军的水陆夹攻。"船俯击营中,开花如雨",邓士昌牺牲,黑旗军兵士死亡数十人,黄守忠"握刀坐地不退"。因堤狭弹密,法军退避堤下,黄守忠军亦趋堤下,两军仅隔五尺之堤,蹲伏对射,昂头即死。法军船炮俯击,黑旗军水陆守敌,毫不畏惧,与法军隔堤对峙,利用土炮攻击敌兵轮,血战三昼夜。刘永福率后队发动反攻,法军打败。法军想乘大雾逃遁,黄守忠军追斩法官兵 80 余人,伤 200 多人,刘永福率军追击到距离河内只有二十里的地方。

徐延旭、唐炯两位布政使"把黑旗军打败法军的战绩,当作是自己向清朝政府报功的材料,清朝政府也竟为他们加官进爵,把这两人从布政使的职位提升为巡抚"。② 纸桥战斗后,黑旗军逐步扩大,1884 年,在滇督岑毓英的支持下,"刘永福一军,分为 12 营,照滇营制,每勇月饷二两九钱"。③

1883 年 7 月 17 日,越南国王阮福时病死,顺化的宫廷中为王位的继承问题爆发了一场内部斗争。"越南王阮福时薨,无子,以堂弟嗣立。法人乘越新丧,以兵轮至富春,攻顺化海口占之,入据都城。越嗣君不贤,在位一月,辅政阮说启太妃废之,改立阮福昇,至是乞降于法。"④

8 月 18 日,由孤拔率领的法军开始发动进攻,越南政府无心作战。8 月 20 日,法军攻占了越南都城顺化的外围,并强迫越南阮氏王朝于 1883 年 8 月 25 日签订了《顺化条约》,也称《法越新订和约》,共 27 款。条约规定:一、越南承认接受法国的"保护权",法国将管理越南与包括中国在内的一切外国的交涉;二、法国驻顺化的公使,可以随时"觐见"越南国王,越南国王不得拒绝接见;三、公使们有节制本地警察和官员的权力;四、法国军队将永久占领横山山脉、越南首都顺化和其他一些重要港口的炮台;五、北圻的行政由法国管理,中圻的关税和公共事务由法国掌握;六、法国商人可在北圻全境和中圻各通商口岸自由通商。⑤

从此越南完全沦为法国的殖民地。条约签订后,顺化王朝竟令黑旗军退到山西。从此,法国把侵略矛头直指中国,不仅要中国承认法国对越的殖民统治,且要清政府撤出驻北圻之军队,中法战争已迫在眉睫。

三、清军北圻正式参战

(一)中法外交活动

1883 年(光绪九年)12 月,法国议会通过提案,增拨 2900 万法郎军费,增派 15000 名远征军。法国远征军司令孤拔率军舰 13 艘、法军 6000 名、携大炮 200 门,向驻扎在越南

---

① 故宫博物院文献馆:《清光绪朝中法交涉史料》卷 6,第 39 页。
② 牟安世:《中法战争》,第 57 页。
③ 邵循正,等:《中法战争》第三册,第 67 页。
④ 邵循正,等:《中法战争》第一册,第 5 页。
⑤ 邵循正,等:《中法战争》第七册,第 363 – 367 页。

山西的黑旗军和清军发起进攻,中国公开出兵在越南抗拒法军,并打出清军旗号,中法战争正式爆发。

法人耻纸桥之败,其议院欲以倾国之力图谋报复,乃命驻暹罗(泰国)领事赫尔曼为东京理事官,陆军少将波欧急赴东京指挥军事。大事增兵后,一面由河内出兵攻山西,牵制刘永福军行动;一面由海防出兵攻顺化,以直逼越南首都。是年七月,越南王阮福时死,其堂弟继立一月,阮说为辅政,废之改立阮福昇,而向法人乞降,愿为法国之保护国。法逼越王令刘永福退军山西,而清云南巡抚唐炯,亦屡促刘永福退军。越南驸马大学士黄佐炎,始深悔以往之失策,乃具禀向中国乞援救其已亡之国。

1882 年 11 月,法使宝海来到清总理衙门,问:"驻越南之官兵是否奏派? 或仍前进或撤回? 请迅复。"清总理衙门答以:"滇粤奉旨进扎,会剿土匪,刻下未议前进,亦不能遽撤。"宝海不得要领,乃赴天津与李鸿章会商,提出中法协议只涉及边界和商务,并要求中国从北圻撤军,双方回避对越南的宗主权、保护权。并提出拟议越南事宜三条如下:①

一、倘中国将云南、广西现在屯扎之地退出,或回本境,或离界外若干里之遥驻扎,宝大臣即行照会总督,将法国毫无侵占土地之意,并将毫无贬削越南国王治权之谋,切实申明。

二、法国切愿自海口以达滇境,通一河路,惟使此路有裨商务,自应上达中国境地,以便设立行栈埠头等事。前时有蒙自设立口岸之说,今悉蒙自荒僻,顽民聚居之处,不若蒙自下游保胜一口较为便易,且河深便于行船。倘令商船溯红江而上,以保胜为止界,则中国应视保胜如在中国境内无异,在彼立关收税,使洋货入关后,亦照中国已开各口岸洋货运入内地章程办理。中国亦应设使云南土物运往保胜,畅行无阻。如驱除盗贼,撤去保胜境上已有关卡之类。

三、今为驱逐沿境滋事匪徒,令地面得以治理平静,中、法两国国家在云南、广西界外与红江中间之地,应划定界限,北归中国巡查保护,南归法国巡查保护,中国与法国互约申明,永保此局,并互相立约,将越南之北圻现有全境,永保安全,以拒日后外来侵犯之事。

1882 年 11 月 29 日,谈判地点移到上海,12 月 20 日李鸿章与宝海签订以上内容备忘录,史称《李宝协议》。上述条约的第一条,中国撤兵,意味中国放弃越南;第二条越南开放保胜(黑旗军的根据地),是承认进攻黑旗军为合法行动;第三条中国取得边外一些土地,防黑旗军战败退入边境。所争得的只是法国声明越南名义上不是法国保护国,反言之,还是中国的属国。② 备忘录未提越法间签订的一系列不平等条约,这是清政府惯用的默认法,即实质上清政府默认了越法间的一切条约。"这一条约的订立,遭到各方面的反对。中国方面,张之洞、张佩纶为首的所谓'舆论'一致主战;岑毓英支持黑旗军阻法人入滇,不肯撤兵;曾纪泽主张强硬交涉。法国方面,议会坚持 1874 年条约的既得权利,认政府交涉失败,改组政府,撤换驻华公使,出兵压迫越南。"③

① 故宫博物院文献馆:《清光绪朝中法交涉史料》卷 3,第 25 页。
② 范文澜:《中国近代史》上编第一分册,第 242 页。
③ 范文澜:《中国近代史》上编第一分册,第 242 页。

　　李鸿章与清总理衙门皆欲对法国让步,愿允其所提条件,将令驻越清军酌退若干里以示和好。法人见中国惧怕,乃幡然改计,坚请中国军退出越南。茹费理第二次组阁后,召回驻华公使宝海,另派驻日公使脱利古来华重开谈判。3月5日,法国外交部电告宝海,完全否定《李宝协议》,并撤掉宝海驻华公使的职务。

　　1883年5月初(光绪九年三月二十五日),清政府命令李鸿章前往广东,"现闻法人在越披猖,极须有威望素著通达事变之大臣,前往筹办,仍可振军威而顾大局,三省防军进止亦得有所秉承。著李鸿章迅速前往广东督办越南事宜,所有广东、广西、云南防军均归节制。"①但李鸿章抗旨不遵,不愿赴任,上奏:"谕旨派臣前往广东督办越南事宜,臣受恩至深,久已以身许国,如果于事有济虽赴汤蹈火不敢辞。惟查广东并未派陆军出防,仅吴全美所带轮船数艘驻泊廉、琼一带,遥作声势。其船只单薄,断不能与法国著名水师相敌。曾国荃等自能相机调度,臣即前往,势等赘瘤。至广东距粤西边境数千里,粤西距云南边境又数千里,其间非驿站、正道,文报往返动须数月,声气隔绝,消息难通。若徒受节制之虚名,转贻以互相推诿之口实,诚恐误事不浅。应请朝廷仍责成滇、粤各督抚自行箝束,妥为调度,随时商办,较为实济。"②李鸿章寻找借口,拖延时日,迟至5月28日,才自合肥到达上海,并借口准备与法使谈判拒绝赴任,清政府无可奈何。

　　"1883年6月6日,脱利古到达上海,与李鸿章大开谈判,提出:一、清政府公开声明,承认'法国保护越南';二、法国要消灭黑旗军,中国不得给黑旗军以援助;三、通商地点不在保胜,而要直接进入中国的云南省。"③脱利古的这些要求,大大超过了宝海原定的三条协议,但李鸿章仍委曲求全,建议总理衙门接受这些条件。李鸿章的投降主张又一次受到清政府中相当多人的反对,谈判持续了几个月,双方除函件往来外,直接会谈五次,但未达成协议。

　　为了做最后的努力,李鸿章与脱利古于9月中旬在天津重开谈判。"1883年9月15日,法国又向中国正式提出一个方案:在北越与中国间划一狭小中立区,中国撤出驻越军队,承认法国对整个越南的殖民统治,开放云南的蛮耗为商埠。曾纪泽、李鸿章分别与法方进行多次谈判。"④"中国当时没有力量履行保护全越南的义务,但又不能容许(越南)完全被法国夺去,因而提出以北纬21度即河内为界,界线以北归中国保护的办法。这个提案为法国悍然拒绝。"⑤10月28日,谈判没有取得协议而结束。至此,法国政府决议夺取山西、北宁,将不与中国谈判,企图通过扩大侵略战争来攫取更大的权益。

　　张之洞奏陈越南事之建议曰:"今日事势不可不防,欲防不能,非庇属国无以固我圉之计,非扬兵威无以为议约之资,士卒必须闽粤之人,师行必须水陆并进。责两广以援,责云贵以守。防援同此一兵,动静同此一饷,即使越之东京不复,而法之锋焰必衰;即使滇之商路终开,而我之守备已固。"⑥清廷时方轻信任税务司之外人赫德、金登干之报告,以为

————————
　　①　故宫博物院文献馆:《清光绪朝中法交涉史料》卷3,第40页。
　　②　故宫博物院文献馆:《清光绪朝中法交涉史料》卷4,第3页。
　　③　中国近代史丛书编写组:《中法战争》,第28页。
　　④　虞和平:《中国近代通史》第三卷,第294页。
　　⑤　丁名楠:《帝国主义侵华史》第一卷,第235页。
　　⑥　故宫博物院文献馆:《清光绪朝中法交涉史料》卷2,第31页。

驻越法兵不致与中国决裂,若河内改成通商口岸,红河准各国船往来,并在云南择地通商,则骤风可散。故以为和局可成,因而清廷因此迟迟不能决策。法人将计就计,此缓兵之际,遂集中兵力,攻陷越南首都。

不久,法使脱利古再来天津见李鸿章谈判中法分界事。李鸿章提议:"河内以南归法保护,河内以北归中国保护。"脱利古则请以:"由滇粤原有边界约拓开十五里为新界",议终不协。脱利古谓:"中国名为保护越南,实在毫不保护,故越南不愿中国保护,而乐受法国保护。"李鸿章谓:"中国若不保护越南,试问数十年来李扬才、卢志平、黄崇英等扰乱北圻,谁为出兵平定之乎?"脱利古云:"法国攻入顺化都城,中国何不出兵保护?"李鸿章曰:"法为中国和好之国,不便即议出兵助越。今以河内为界,亦因法兵已据河内,未肯退出,乃是格外通融办法。"脱利古云:"兵在河内则河内归法国,设法国再添兵前进攻得地方,彼时仍应分归法国,此事便难以唇舌商定,仍当以兵为主。"①

中法在越南的关系日益紧张,当时流言四起,传闻法军可能攻击中国本土。英国为了自己的远东贸易,对这种局势更加不安。10月底,英国驻华使馆官员格维纳强调说,如果中法战争爆发,势将给英商带来巨大的损失。英国政府明确而婉转地向法国表示:"各种理由使我们渴望和平解决。我们可以欣幸地向法国和中国建议的是:这事是可以适宜地提交某公正的欧洲国家或美国予以仲裁。"②这时法国为了减少英国的疑虑,一再提出决不主动攻击中国港口的保证。

1883年11月底,清廷命云贵总督岑毓英前往北圻,指挥当地的军事。当时朝廷内意见不一,"争议焦点在黑旗军,法求中国勿暗助,让法军进攻。清政府默许岑毓英暗助黑旗军,利用它抵抗法军。李鸿章不能劝清政府撤退驻越军队,又不能私允法国要求,索性在形式上采不负责态度,等待军事上失败。"③

张之洞主张对越南问题用兵力解决,李鸿章却欲不用兵力而用口舌,他以为法越条约议成,中国无法代为改毁,自量以中国之兵力饷力万不能驱逐法人出越南,只有坚守原有防地,"法军来犯,不能不与之一战,倘如我胜则法必添兵再战,我败尚可退回本境,法必不遽深入,亦尚不至牵动大局,届时再徐议分界疆守问题。……盖李鸿章希望中国在越南战败,失去越南之属国,免惹兵连祸结之战争,此种不明事理之见,无怪时人责备其将越南拱手外人也。"④

为了强化对越南的殖民统治,法国政府任命何罗柁为东京总特派员,主管民事;陆军少将波滑为东京驻军最高司令,主管军事;海军少将孤拔为东京湾海军司令,主管海事。

为发动新的战役,法国不断向越南增兵,到1883年11月20日,"法国派往越南本土及中国海域的部队已达:驻东京陆军8831人、驻顺化陆军730人,陆军合计9561人;东京海岸分舰队11艘舰船,1830人,东京小舰队12艘舰船,442人,中国海分舰队6艘舰船,1799人,交趾支那分舰队4艘舰船,118人,运输舰6艘,1430人,海军合计39艘舰船,

① 萧一山:《清代通史》第三册,第1067页。
② 邵循正,等:《中法战争》第七册,第199页。
③ 范文澜:《中国近代史》上编第一分册,第242页。
④ 台湾三军大学:《中国历代战争史》第17册,第122页。

5619 人。海陆军总计 15180 人"。①

　　法人欲贯彻其顺化条约利益,于 1883 年 12 月 11 日,(光绪九年十一月十二日)增派兵舰及海陆军数千人到越南,加之法海军中将孤拔所募之士兵共 8000 人,乘 12 艘兵船,40 艘民船,水陆并进猛攻山西。黑人领先,士兵次之,法军督战在后,以扫荡刘永福之黑旗军,并击走中国屯驻越南之诸军,以减除威胁。

(二)山西之战

　　山西位于河内西偏北,北宁位于河内东北,两者互为犄角,对河内构成威胁之势。法军虽得到补充,但不足以同时向山西和北宁两个战略要点发动进攻。法军认为,山西是黑旗军的主要活动地区,对河内的威胁最大。且若法军先取山西,北宁的清军未必会进攻河内或西援山西。反之,若先攻北宁,黑旗军很可能会乘虚进攻河内或分兵驰援北宁。从军事角度分析,北宁清军若要攻打河内难度较大,既要越过 1200 米宽的红河,又要先摧毁法军设在红河北岸的坚固堡垒;山西紧靠红河,进攻山西可以充分发挥海陆军配合作战的优势,而进攻北宁则只能依靠陆军。山西交通方便,商贾云集,经济发达,占领山西能使法军的后勤供应得到保障。法军确定先取山西,后取北宁。

　　就其地理而言,由河内通云南一路,首重山西。山西以西即为三江口,北支为宣江,过宣光省;南支为沱江,过兴化省;中流即红水江,以其可达滇之普洱,亦名普江。山西位于红河南岸,距红河 2 公里,是控制红河中上游的战略要地,城墙高 5 米,纵横均 300 米,城墙上有许多炮台和守军掩体。城周有宽 20 米、深 3 米的护城河。红河沿岸河堤及附近村庄筑有工事、掩体、炮台、瞭望所等,其中以靠近红河的浮沙工事最有名。"从红河到山西城的唯一通道是大堤,该堤在城北的拐弯处内侧分成两条岔道,从而构成一个底边为三百米,全长为两公里的三角形,其顶点则在浮沙村。在这三角区内,筑有重重叠叠的工事与壕沟,但这一地区的绝大部分地段为一片汪洋,其余部分为沼泽地,中间有一座设防坚固的村庄。"②距浮沙村一百米处有一堵坚固的护墙围住河堤,护墙上加有一条用土垒成供排枪齐射的女墙和一个掩体,掩体内架着一门火炮。在红河畔,还筑有一堵高 1.5 米、厚 2 米的土墙围住河堤顶部。山西城外围工事共有一百多门大炮,其中约半数是小口径炮,可随时从一座炮台移往另一座炮台。

　　清军于 1882 年开始进驻北圻。由云南布政使唐炯统领的滇军 800 人,驻守山西,并由刘永福的黑旗军协助防守。唐炯率军入越后,对助越抗法并不重视,对北圻西线的防务未做认真的准备,对黑旗军未予必要的支持。1883 年 6 月 22 日,清政府任命唐炯为云南巡抚,他竟不经请示,于 8 月 21 日擅离前线,回滇庆祝自己的升迁之喜。

　　"山西是黑旗军的驻地,又是清朝滇、桂两军联络的枢纽。除黑旗军 2000 人外,尚驻有滇、桂军五营(约 2000 余人),和黄佐炎率领的越南军队 2000 人。"③刘永福与清政府派驻黑旗军的吏部主事唐景崧,具体指挥了山西保卫战。

---

①　黄振南:《中法战争诸役考》,第 83 页。
②　黄振南:《中法战争诸役考》,第 111 页。
③　戴逸:《中国近代史稿》第二册,第 622 页。

先时,进驻山西的清军受朝廷"只准暗助黑旗军,不许公开参予抗法活动"的谕令,均张挂黑旗军旗帜,换着黑旗军军装,化装成黑旗军镇守。12 月 10 日,唐景崧"令我军明用旗帜、号衣,列队河干,以备抵御"。[①] 表明中国政府军上阵了,这场战争的性质也由原来的法越战争变为中法战争。

1883 年 11 月 28 日,清政府命云贵总督岑毓英统带二十营清军出关,增援山西。但岑毓英行军迟缓,到法军发动进攻时,岑毓英尚未赴越。清政府派驻黑旗军的吏部主事唐景崧请北宁的桂军会同越军,乘法军主力进攻山西之际,进攻防务空虚的河内,或进兵新河、嘉林一线,威胁法军的侧翼。然而,驻北宁的桂军将领不仅按兵不动,还扣留了黑旗军的粮饷、弹药,使法军得以顺利地向山西发动进攻。

1883 年 12 月 11 日,法国远征军总司令孤拔率 6000 官兵,分水陆两路,由河内向山西进发,当晚到达底河河口宿营:水路由 12 艘舰艇和 40 艘民船搭载陆军 3200 人,沿红河西上;陆路则以陆军 2600 余人沿红河南岸直趋山西城。

12 日,法军横渡底河。13 日,法军抵达距山西城前哨防御工事尚有五六公里之处休整。14 日上午约 9 时,法军分两路进犯山西:左纵队沿红河大堤内侧进军,右纵队沿红河边的公路前进,舰队则低速行驶,以便与全军并行。法军的进攻目标是山西外城北门。在两门 40 毫米火炮的配合下,法军很快轰塌了守军的前沿哨所,并迅速抵达位于浮沙东边的莲沼村。上午 10 时半,两个海军陆战营占领了浮沙东北的村庄和庙宇。这样法军距浮沙工事仅五六百米之遥。下午 1 时许,法军火炮摧毁浮沙工事的各座掩体。同时,法军舰炮配合轰击浮沙炮台及停泊在码头边的守军武装帆船。

镇守北门外的桂军和黑旗军奋力反击。为了钳制法军对北门的进攻,刘永福传令黄守忠、吴凤典、朱冰清由东抄入北门敌后。"至是凝望抄兵,不见旗影。忽报黑旗兵败入城。城未闭,法兵已夺头栅。余(唐景崧)急步至北门押队复战,并调贾文贵带队过北助李应章。滇军在西列队,未战已退,亟以羿箭调扼北门,夺回头栅,军心略定,而七营之地均为敌有,并夺据河堤炮台。渊亭(刘永福)晋将士不已,实则堤下炮台先为敌碎,一弹入炮口,炮裂,军声一哗,各仓皇走,敌遂乘之而据我军垒,抢登河堤矣。河堤高与城齐,又紧接北门市栅,我军不得出路。"[②]守军没有出路,只好溃退入城。而前往包抄敌人的黄守忠部因"溪阻绕行",途中闻知守军兵败入城,遂折回原地,时为下午 4 时许。

唐景崧提出:"浪战无益,宜出敌不意袭夺之","乃悬重赏,挑死士,首登者准保守备花翎,约定四鼓进兵。四鼓,张永清带队直冲,贾文贵带队横冲,堤虏乱枪齐举,我军三进三却。"清军伤亡巨大,被迫退回城内。清军伤亡巨大的原因是,"越南稀见月色,是夜独明如昼,照见须眉,不能暗袭,张永清部下死六七十人,终不能夺堤。"[③]12 月 15 日,守军一面向驻守北宁的桂军求援,一面关闭外城,组织部队进城备战。

12 月 16 日晨,法军向驻守西门的清军发起进攻,同时佯攻北门。西门地势易攻难守。"十一月十七日(2 月 16 日)黎明,法兵攻北门,我军力拒,轰毙无数,火包下掷,竹根

---

① 故宫博物院文献馆:《清光绪朝中法交涉史料》卷 10,第 5 页。
② 邵循正,等:《中法战争》第二册,第 103 页。
③ 邵循正,等:《中法战争》第二册,第 103 页。

为焚,敌尸纵横城下,稍却。辰刻又攻,而轮桅击炮,碎铁满地,妇稚惊哭。敌又悬巨炮于西门古刹,更番轰击。已刻,枪炮略息。"①下午2时,法军开始炮轰、占领西门外的会东庙和下寨村,并在下寨村左右两侧布下3个炮兵连。守军不畏强敌,拼死抗击。4时许,法军的65毫米炮兵连进入战斗阵地,舰炮压制了守军对法军右翼的迂回运动。守军顽强抵御法军的进攻,并诱敌深入,开展白刃战。正当守军反击获胜之时,军情骤然变化,守军遭到山西城内的攻击。刘永福立即下令,停止追击敌人,"复自统军入城,则见守城越兵所裹内衣多是法人装束者,城之内外径布置预藏地道又有越兵私行发掘形迹,知为内宄通敌无疑,于是尽杀谋变各军,而执越官解回北宁。"②越军的倒戈,在关键时刻助纣为虐,对山西之战产生了极为恶劣的影响,使形势急转直下,法军得以长驱直入。5时许,孤拔下达冲锋令,守军用密集火力射向法军,但未能阻止法军前进。5时45分,孤拔领兵进入山西外城,因天黑不敢贸然追击清军。17日,法军发现清军已经离去,山西遂被法军占领。

唐炯在法军尚未进攻时,就把原驻山西的大部分滇军撤回大滩,自己又"未奉谕旨,率行回省,以致官军退扎,山西失守。"清政府给予他革职留住的处分。唐炯的逃跑严重影响了士气,山西激战三天,越南军首先撤出战斗,然后桂军、滇军相继退走,刘永福部成孤军,终因众寡悬殊,且弹药不济,黑旗军不支,山西遂失守。但据唐景崧的《请缨日记》,刘永福及黑旗军撤出山西比唐景崧及滇军还要早一步。③

12月16日清军被迫撤离,退守兴化。滇粤各军在越南者皆坐视不救,只云贵总督岑毓英以三营,云南左路统领黄桂兰以一营参加接应而已。

法军进入山西城后,进行了野蛮残忍的洗劫和惨无人道的屠杀。

山西之战法军虽占领山西,但伤亡严重,并需进一步扩充兵力,无力继续发动进攻,前线沉寂达三月之久。1884年3月,法国一个步兵旅、两队炮兵、一队工兵,陆续增援到达越北战场,此时法军总数达18000人。法国政府派米乐为侵略军总司令,调孤拔指挥海军,重新部署兵力,攻向清军大本营北宁。

（三）北宁之战

刘永福退至兴化,云贵总督岑毓英即收编其部3000人为12个营,命其为指挥,带领岑毓英军12000人入保胜,和越南各地退来之军4000余人,共有军队将近20000人,进而防守兴化、宣光。此外,由广西巡抚徐延旭、云南巡抚唐炯,共有大军30000人防守在北宁、谅山,可适时进出河内之侧背。为避免北圻局势进一步恶化,清政府命岑毓英迅速出关,加强西线防御,同时命徐延旭严守备齐,命两广总督张树声选点兵将,驰赴镇南关,以为东线后援。不久,清政府又任命岑毓英为北圻东西两线总指挥。但岑毓英于2月下旬抵达兴化后,并未采取有力措施改变北圻清军矛盾重重、互不统属、各自为战的状况。当时,西线清军已增至万人,另有黑旗军4000人。但在北宁形势危急之际,岑毓英仅派刘永福率黑旗军前往增援,所部滇军则按兵不动。并以联络困难等原因,不敢担当起两线总指

---

① 邵循正,等:《中法战争》第二册,第104页。
② 邵循正,等:《中法战争》第三册,第48页。
③ 邵循正,等:《中法战争》第二册,第105页。

挥的重任。以北宁为中心的东线指挥权,实际上仍由徐延旭掌握。而在山西危急之际,徐延旭拥兵不发,坐视山西失守。

北宁西接山西,南拒河内,东邻海阳,为北圻之战略要地。山西与北宁互为犄角,共同对河内构成威慑之势。北宁守军有桂军四十营,约二万余人,分为左右两路。左路统领为黄桂兰,右路统领为广西候补道赵沃,各率十二营。并有募勇二十营亦归两路调遣。还有一部分北宁总督张登坛率领的越南军队。两统领屡请进战,朝命不许。乃层叠分地为守以待敌。广西新任巡抚徐延旭是年近七十的鸦片鬼,不赴前线,而是躲在八百里外的"龙州避暑",战事一概交付黄桂兰与赵沃。黄是一介武夫,有勇无谋;赵是文弱书生,不懂军事,两将相互猜忌,相互倾轧。部队兵丁,半携妇女,半吸鸦片,贪污腐化,军纪极坏。

1884年2月,法国援军7000到越南之东京,合起旧有共计25000余人。3月初法军留少量兵力固守河内、山西等地,其余12000人陆续向北宁分道前进,先占据北宁外围各据点。清军把河内至北宁的大路作为防御的重点,而法军恰好避开了正面,从侧翼进攻北宁。法军于3月12日分三路进攻北宁。一小队兵力由城南之新河北攻;主力分成两路:一路由河内往东,渡过新河后再往北,从城东西攻;一路由海阳出发,乘船沿太平江北上,绕至城北,自北向南进攻,同时切断北宁至谅山的交通。这样法军对北宁守军构成了北、东、南三面进攻的态势。

3月12日(二月十五日)下午,法军攻占了城北的重要据点涌球。法军"由扶良水陆直上涌球,并分攻新河、三江口各处。驻防涌球之提督陈朝纲督所部数营,齐出抵御,总兵韦和礼、副将周炳林、都司李定胜、黄云高等营,飞驰接应,自卯至申,敌已且战且却,因我军火药用完,被敌乘势夺据涌球各土山炮台,我军败退涌球两岸"。① 法兵舰在涌球以机器拔起大木河塞,进而冲毁河上竹筏桥以遮断援军之路,然后登陆架炮,从土山上向各阵地轰击。更放气球升空以为观测。远近越南教民,遥见气球以为号召归顺,乃纷纷群集,势如同叛。清军未作抵抗,便一哄而散,无数军械物资,悉以资敌,经营数年、屯兵二万的北宁重镇,拱手让与敌人。清统领黄桂兰在城中跟跄先奔。统领赵沃率兵出新河迎敌,战败回城,因觅黄桂兰不见,亦即奔走。两统领因涌河桥断不得走谅山,乃西奔太原。"此次法人进攻北宁,不过遥遥相击,并未逼近城池。该军(黄桂兰部)弁勇有家室者举半,吸食洋烟者居半,闻警先携妇女逃走,致使军械粮饷概以资敌。"战后兵勇"自北宁败后,有妇女者四处逃散,全不归伍,无妇女者只归得十营"。② 清军连营十余处当夜全溃,于是北宁失陷。"是日,(刘)永福与法战于左河获胜,闻涌球不守,率死士来援,夜半袭攻炮台,杀毙法兵多名,夺获开花炮三尊。……十六日,永福复出队与战,以众寡不敌,各处教民复鸣角四起,遮其去路,永福敛全军冲阵而退。"③ 黑旗军也无力扭转战局,不得不随之撤往太原,后又返回西线兴化一带。此战清军伤亡约1700人,法军死26人,伤25人。

(四)太原、兴化失陷

山西、北宁失陷,大大动摇了清军在北圻的战略地位。本来驻扎在山西的滇军与驻扎

---

① 故宫博物院文献馆:《清光绪朝中法交涉史料》卷20,第26页。
② 故宫博务院文献馆:《清光绪朝中法交涉史料》卷13,第34页。
③ 故宫博物院文献馆:《清光绪朝中法交涉史料》卷13,第1页。

在北宁的桂军,起着钳制河内法军的作用,山西、北宁失守后,清军完全失去了对河内法军的威胁,且割断了滇军和桂军间的联络,从此两军陷入各自为战的被动局面。北宁失守,清廷震惊,黄桂兰、赵沃两统领畏罪自杀。广西巡抚徐延旭被革职留用,后任命潘鼎新为广西巡抚。云南巡抚唐炯被革职,改张凯嵩继任。清廷以主持军机处之恭亲王奕䜣保守因循,予以罢黜;并将大学士宝鋆、协办大学士李鸿藻、兵部尚书景濂、工部尚书翁同龢同时免除军机处职务。改派礼亲王世铎、户部尚书额勒和布、阎敬铭、刑部尚书张之万、户部侍郎孙毓汶为军机大臣。并以醇亲王奕𫍯代奕䜣之任。其总理各国事务衙门,亦改由贝勒奕劻管理,史称"甲申政潮"。

清廷在军政上虽刷新阵容,但对越南境内之战争仍难有补救。自北宁失陷于法军后,清之溃军逃奔太原,太原之越南官员闭门不纳。"赵沃于二月十七日行抵太原。南官梁俊告以张登惴行文各省,法到即降,它不必理,因之各勇艰于得食,赵沃只得退扎新街。迨二十二日(3月18日)法匪率教民四五千麕至太原,南官即于二十三日献城投降。"[1]法军占领太原后,将太原烧为一片废墟。

是年4月,法军再自太原西攻兴化,清云贵总督岑毓英之滇军亦未能坚决抵抗,而节节后退。岑毓英本无勇气阻遏法军的进攻,却奏称:"兴化小城,紧接江边,江水一涨,轮船直抵城脚,难御炮弹,早邀圣明洞鉴。""臣与现在诸将领面商,无论如何为难,当竭力固守。惟粮米、军火,件件缺乏,万难久支。……且暗查越事,越之君臣已受法挟制,黄佐炎等初意不以为然,自北宁太原失守,颇怀异心。"今兴化城无半月存量……官军守既难而退更难。""如乘此全师撤回,退守边境,可免伤精锐。"[2]以"兴化万难驻师,转饷不济"为理由,焚毁兴化城,滇军与黑旗军即先行撤走,将西线清军全部后撤至滇越边境保胜、河口一带。临洮、宣光等红河上游军事重镇亦全部放弃。

4月12日,法军不战而取兴化城;5月30日,法军占领宣化。在5个月之内,北圻东西两线相继败北,于是红河下游之地尽为法军所有。李鸿章知边疆大员不肯战,自己既不愿提师南征,又恐先胜后败,复辙相寻,后患将不可思议,因更寄希望于和谈。

(五)《中法简明条款》

清军在前线的溃败,朝野舆论大哗,主战呼声日高。清流人士更是纷纷上疏,要求严惩败将,力主与法决战。清廷为掩饰败绩,更换了全部军机大臣,表面上做出与法决战的姿态,暗中又寻机与法国议和。清军兵败红河,使李鸿章进一步坚定了主和的立场。

北宁之战清军虽败,但法军在越北战场一时无力进攻。当时,黑旗军和滇军仍扼守红河上游,湘军已到广西边境,而法军仅15000人,运输不便,供应困难,士兵厌战。法军在山西、北宁的平原地区作战,可发挥其武器的威力,并得到海军的支持。而在越北山区,法军的武器优势将削弱,后勤供应将更困难;当时法国正忙于与英国争夺对埃及的控制权,一时难以脱身,法军遂愿重开谈判。

此时,李鸿章对清政府未能批准他与宝海达成的协议,深感遗憾。他认为,即使允许法

---

① 故宫博物院文献馆:《清光绪朝中法交涉史料》卷13,第36页。

② 故宫博物院文献馆:《清光绪朝中法交涉史料》卷13,第27页。

国入滇通商,对中国也无损害之处;法国即使占领了越南,但因地形阻隔,也不可能对云南和两广构成威胁。只要中法妥订条约章程,勘定中越边界,则中法间必能长久相安。但李也深知议和并非易事,如果中方让步不多,则法方不会接受;如让步太大,则必然成为众矢之的。因此,李鸿章请求清政府及早决策,明确哪些条件能接受,哪些条件不能接受。"为今之计,挽救不宜再迟,苟彼降心相从,臣必因势利导,赶为设法。万一彼所要求有必不能从之事,臣当尽力驳拒,不稍迁就;仍复加以笼络,徐图机会。尤愿宸衷预为审定,何者可行,何者难允,先具大略规模,庶几国事泰于一定,不致为众论所摇,而臣亦有所遵循矣。"①

清海关税务司、德国人德璀琳赍法国海军舰长福禄诺之密函至津,愿从中调解。法方于1884年4月6日提出五点议和条件:② 一、中国宜与法国订立南省通商章程,并关税规则;二、中国不必限制或阻拦法国保护越南之权利,法国于此事现已定局;三、于拟定约章中,措辞必有以全中国体面,而不至于中国朝贡之邦少失天朝应有权威;四、中国宜迅将驻法公使曾侯(曾纪泽)调开;五、法国欲向中国索偿兵费。其中撤换曾纪泽的驻法公使职务,作为议和的先决条件。因为曾纪泽在对法交涉中态度强硬,向法政府不断提抗议,为法国所恼恨。曾比较了解法国的政治情况,在西方外交界有一定的活动能力,"能令各国新报并法国许多新闻纸,替中国说话",因此要求更换中方代表。福禄诺提出,"曾侯(曾纪泽)一日不行调开,即法国一日不与中国商议此事。"③李鸿章认为"法外部与劼刚(曾纪泽)嫌衅已深,以后难商此事",劝总署调曾纪泽为驻英公使,派淮系洋务人员李凤苞为驻法公使。④ 1884年4月26日,调曾纪泽为驻英大使,以此向法国表示议和的诚意。清廷谕李鸿章"议和之条件,一维持藩属,二杜绝云南通商,三保全刘永福,四不偿兵费。第三四条均无困难,而第一二条实难于协商。李鸿章避免争执,乃以空泛之辞,与福禄诺议成简明条约。"⑤

此次和议,主战、主和两派又一番激烈争论。李鸿章主张恢复谈判,他认为,法国要求在云南通商,"与国民决无大损",法国侵占越南,"形隔势阻,岂能遽入滇、粤? 但使妥定约章,划界分守,当能永久相安"。假使战争再继续下去,"中国风气初开,强弱不齐,未必各省皆有劲旅","中国兵燹水旱之余,闾阎困苦,财力殚竭,未必商民能输巨饷。"他还斥责主战派"议论愈多则是非愈淆。"⑥

主战派对李鸿章的言论进行了驳斥,李鸿章认为法军是不可战胜的,并认为签订和约即能中法和好,编修王廉针锋相对:"刘永福僻居一隅,至今尚与争锋,堂堂中国,岂一蹶而遂难复振? 则审势量力,并非羸弱不支。……现在中国之失越南,犹越南当日之失西贡;将来法人之图中国,安知其不如今日之图越南。"⑦邓承修等十人联名上奏:"夫法人自据山西以来,破北宁,攻太原,旬日之间,战无不克。法不和于山西未失之前,而和于北

① 故宫博物院文献馆:《清光绪朝中法交涉史料》卷14,第3页。
② 故宫博物院文献馆:《清光绪朝中法交涉史料》卷13,第24页。
③ 故宫博物院文献馆:《清光绪朝中法交涉史料》卷13,第25页。
④ 范文澜:《中国近代史》上编第一分册,第243页。
⑤ 陈恭禄:《中国近代史》,第215页。
⑥ 戴逸:《中国近代史稿》第二册,第666页。
⑦ 故宫博物院文献馆:《清光绪朝中法交涉史料》卷15,第14页。

宁既失之后，有是理耶？德璀琳一中国司事耳，福禄诺亦该国水师一偏裨耳，既无国书之重，又非公使之名。其意以为我兵新破，而特为此不根之言，以窥我虚实。……敌国之患未有不战而和者，李鸿章治兵二十余年，不以丧师失地为耻……"①

但主战派提不出抵抗侵略的具体办法，主战派的口诛笔伐抵不住法国的军事压力和外交诱惑。清政府在保卫国家利益和保卫政权两者间，必然选择后者，即保社稷重于保江山。假如抗法到底，清廷的统治将在"内外交讧"的形势下受到威胁，甚至有被倾覆的危险；假如屈膝退让，虽然名声不好，但总可将王朝延续下去。刚刚上台的醇亲王奕譞，秉承慈禧太后的意旨，同意李鸿章的议和主张，并发上谕命令李鸿章："此次务当竭诚筹办，总期中法邦交从此益固，法越之事由此而定。既不别遗后患，仍不稍失国体，是为至要。"②

李鸿章以为"将来此事收束，亦只能办到如此地步，若此时与议，似兵费可免，边界可商，若待彼深入，或更用兵船攻夺沿海地方，恐拼此亦办不到，与其兵连祸结，日久不解，倘至饷源溃绝，兵心民心摇动，或更生他变，似不若早图收束，有裨全局矣。"③ 福禄诺在德璀琳的陪同下于1884年5月5日到达天津。5月6日下午3时，李鸿章与福禄诺在天津直隶总督府会谈，"鸿与辩驳两时，彼拟有私议大略五条，末言兵费可免，但求将来商务有益于法人。"④

"（福禄诺）答云：禄诺此次来津，概欲一抒愚诚，中堂幸勿见怪。中堂深明交涉之法，和局可以长保。吾知中国所争者不在区区一越南，实以属邦甚多，不能轻弃越南，致使上国体制有碍。（李鸿章）答云：此事关系极重，允宜恪遵朝廷意旨。贵兵官谓中国所争者在上国体制，不徒在区区一越南，可谓明白已极。福即于怀中取出洋字一张，译云：此系禄诺所拟办法，不知中堂以为何如？ 答云：试念念给我听。福云：此稿已有三款：'中国南省毗邻越南北圻之边界，无论外国何人前来侵犯，无论何情形，法国约明均应保全护助。'（李鸿章）询云：此条对中国有何益处？福云：将来别国如有与中国开衅，法国不能暗地与之立约，有碍中国；且'保全'两字，即系法国不再侵犯之意。第二款云：'中国既经法国许以实在凭据于中国南省边界，勿得侵占滋扰；中国约明，即将北圻驻扎各防营退回，并约明于法、越已定未定各约概置不问。'答云：从前法越甲戌条约云'不论何国皆无统属'，去年七月新约首条云，'越南有与何国交通，必由法国掌管，即大清国亦均不得预及南国之政'云云，此等话于中国数百年来为越南上国大有违碍，必须删改。福云：此事再商，末后可另添一条，专论法、越历次约章。答云：必须说明将历次约章销废另行议改。福云：亦可商量。询以此条'不问'二字系何意思？福云：'不问'二字与'不认'二字有轻重之别，中国不问法越条约，并非认允其约；犹之法国不问越南朝贡中国之事，亦非承认中国属邦也。答云：何不即将此节写上条约？福云：彼此议论三年，正为此事；若载入属国字样，法断不能明认。且此种简明条约，最怕有人挑剔，全在措词得体，于中国无碍，所以须另添一条，浑融在内。又念第三款云，'北圻边界听凭彼此货物往来，运销无阻'。答云：但不准在中国境内开口通商。福云：兵费照公法必应议赔。答云：中国驻兵越境，保

　　① 故宫博物院文献馆：《清光绪朝中法交涉史料》卷14，第13页。
　　② 故宫博物院文献馆：《清光绪朝中法交涉史料》卷13，第18页。
　　③ 故宫博物院文献馆：《清光绪朝中法交涉史料》卷13，第22页。
　　④ 故宫博物院文献馆：《清光绪朝中法交涉史料》卷15，第1页。

护属国,为应尽之职,贵国自行添兵攻取,衅自汝开,与中国何干? 何能说到此节! 福云:法国众议如此,我何敢违。答云:我已说过,提到兵费,即无办法,汝若真心要成就此事,切勿再提。福作为难之状,再四沉吟。答云:万不得已,只可另添一条,因感中国和好商办之情,故允将兵费免去;但中国亦宜益敦睦谊,优待法人,许于越南北圻之边界,所有法、越与内地货物,听凭运销;并约明日后派使另议详细商约税则,期于法国商务极为有益,庶外部可借词搪塞议院需索兵费之口。答曰:在越南境内中国有可让法国者,总可和衷互商;若欲在中国境内开口设领事等事,中国断不能准。因命随员马建忠等回寓与福禄诺照所议大略,另行商订简明条款。"①

李鸿章明知道法方的条件已超越了清政府规定的让步界限,但仍原则上与福禄诺达成共识,并以法国提出的条款为基础,整理成议和大纲,乃请于清廷,获清廷批准。(1884年5月11日),光绪十年四月十七日李鸿章与福禄诺分别代表两国政府在天津签订了中法会议简明条款,也称之为李福条约。

中法简明条款②

第一款　中国南界毗连北圻,法国约明,无论遇何机会并或他人侵犯情事,均应保全助护。

第二款　中国南界既经法国予以实在凭据,不虞有侵占滋扰之事,中国约明,将所驻北圻各防营即行调回边界,并于法、越所有已定与未定各条约,均置不理。

第三款　法国既感中国和商之意,并敬李大臣力顾大局之诚,情愿不向中国索偿赔费。中国亦宜许以毗连越南北圻之边界,所有法、越与内地货物听凭运销,并约明日后遣其使臣议定详细商约税则,务须格外和衷,期与法国商务极为有益。

第四款　法国约明,现与越南议改条约之内,绝不插入伤碍中国威望体面字样,并将以前与越南所立各条约关涉东京者,尽行销废。

第五款　此约既经彼此画押,两国即派全权大臣,限三月后,悉照以上所定各节会议详细条款。再此约缮写中、法文各两分,在天津签押盖印,各执一分为据,应按公法通例,以法文为正。

此简约上闻,国人以此约明认越南归法保护,不战屈兵,丧权辱国,"弹劾李鸿章达47起,至比诸秦桧、贾似道。"而"法国议会以其中第四款尚有中国保留越南宗主权意味,不肯批准",③乃令出兵攻击中国驻谅山军,中法遂重进入战争状态中。

1884年5月11日,中法签订了《中法简明条约》即《天津简约》,此条约满足了法国侵吞越南和打开中国西南大门的侵略要求。法方认为,条约的第二款,中国应允从东京(北圻)撤军,标志着中国实质上放弃了对越南的宗主权;李鸿章认为,法军同意不要求赔款,且其未来与越南议约时决不插入伤害中国威望体面的字样。李鸿章自鸣得意,说:"迨山西、北宁失陷,法焰大张,越南臣民望风降顺,事势已无可为,和局几不能保。"④他认为签

---

① 故宫博物院文献馆:《清光绪朝中法交涉史料》卷15,第10页。
② 王铁崖:《中外旧约章汇编》第一册,第455页。
③ 萧一山:《清代通史》第三册,第1073页。
④ 邵循正,等:《中法战争》第一册,第10页。

订条约,保住和局,就是外交上的胜利。认为条约缔结于"我军溃败之后,如挽逆流上水之舟,鸿章实智尽能索。若于此外再有争较,则事必无成,患更切近"。① 然而此约签订后,李鸿章离开天津不到五日,天津直隶总督行馆边收到福禄诺从上海发来的电报,声称接到茹费理指示,限令中国驻越军队在 6 月 17 日前撤出越南,否则将采取单方面军事行动,强行接管中国驻越防区。

李鸿章的行径得到了法国政府的夸奖,茹费理请福禄诺"告诉李鸿章。我快乐地体验了这位中国的政治家是用和我们自己相同的观点去考虑两国的利益的"。② 李鸿章受宠若惊,立即回电吹捧茹费理:"久仰贵大臣办事明决,见识远大。从此惟望我两国和好永敦,猜嫌尽释,彼此为难之隐衷,两地心照,切盼。"③

面对清政府的步步退让,法国加紧了吞并越南的步伐。签订《中法会议简明条款》后不到一月,1884 年 6 月 6 日,法国又强迫越南签订了第二次《越法顺化条约》共十九款,④主要内容如下:一、越南承认受法国保护,法国是越南的对外代表者;二、法军永驻顺安;三、归仁、土伦、春台开放为各国通商口岸;四、法国设总监督(钦差大臣)为法国政府驻越南的代表,以确保法国的保护权,并与各城市设都督或副都督,归总监督管辖;五、安南(中圻)及东京(北圻)一切外国人均受法国人管辖。外国人的诉讼,由法国法官裁判;六、法国在必要时,得于东京设都督或副都督;七、在整个王国里的税关,再组织后,全部委托法国人管理;八、法国为保护越南国王及维持治安起见,得于必要地点作军事的占领。第二次顺化条约最终确立了法国对越南的殖民统治。

(六) 观音桥事件

在《中法简明条款》谈判过程中,法国政府曾要福禄诺与李鸿章商定清军后撤的具体日期。条约签订后,福禄诺又几次向李鸿章询问此事。但因清政府及众大臣的弹劾与反对,清政府并没有撤出防区。1884 年 5 月 17 日,福禄诺启程回国前一天,突然交给李鸿章一件"节略",通告:法军于"20 天后,即 6 月 6 日,我们就能够占领谅山高平、室溪……。40 天后,即 6 月 26 日,我们就能够占领老街和东京领土内背靠云南领土的各个地方。这些期限届满后,我们将立即进行驱逐迟留在东京领土上的中国防营"。⑤

"对福禄诺的这一无理要求,李鸿章大概采取了含糊应对的办法,即既未应允,也未反驳。"⑥李鸿章采取了一个他自认为是比较稳妥的办法。一方面,他未正式同意、也未向清政府通报福禄诺的要求;同时又电告岑毓英和潘鼎新,要他们依照条约中清军即行调回边界的内容,自行斟酌,妥善处理。李鸿章认为,如岑毓英、潘鼎新令清军后撤,冲突可以避免,他也不需要承担妥协让步的责任;如清军未撤,中法冲突再起,他因未同意福禄诺的要

① 故宫博物院文献馆:《清光绪朝中法交涉史料》卷 15,第 9 页。
② 邵循正,等:《中法战争》第七册,第 216 页。
③ 邵循正,等:《中法战争》第四册,第 149 页。
④ 邵循正,等:《中法战争》第七册,第 376 页。
⑤ 邵循正,等:《中法战争》第七册,第 216 页。
⑥ 虞和平:《中国近代通史》第三卷,第 296 页。

求,中方并不承担违约的责任。①

　　1884 年 6 月 4 日,法军以巡界为名,开始分兵两路进逼谅山。6 月 12 日,法军已行进至谅山附近的谷松、屯梅等地。法军的进犯使驻守在谅山的广西巡抚潘鼎新颇感为难。早在简明条款签订前,清廷电谕潘鼎新:"奉旨:'法人在津与李鸿章讲解,略有端倪,广西防军,著潘鼎新督饬扼扎原处,进止机宜听候谕旨,仍随时侦探警备,毋稍疏懈。钦此'。"②潘为李鸿章亲信,是淮军重要将领。他深知李鸿章维持和局的良苦用心,清军若不后撤,中法必将爆发新的冲突。五月二十三日潘鼎新电告李鸿章言:"法军来至屯梅、谷松以外,我军防守戒严,似此则与福使派兵往巡之语相符。若一经见仗,败固不佳,胜亦从此多事。且驻军屯、谷实在边界百数十里之外,显与调回边界议约相反,若一意与战,较易著手。似此进退两难,乞与总署明示,以定办法。"③李鸿章奏报清廷,五月二十五日谕旨:"著潘鼎新严饬各营仍扎原处,不准稍退示弱,亦不必先发接仗,倘法兵竟来扑犯,惟有与之决战。钦此。"④

　　法国中校杜森尼得到东京法军司令米乐占领谅山、室溪、高平的命令,即率兵 1000 名于 6 月 22 日行抵谅山附近,中越边境不远的北黎之观音桥,强行抢占四周山冈,欲逼中国军队撤退。然而驻守观音桥的中国军队并未接获撤退命令,清军遣人照会其军官说:"既经和议,勿开衅端。"6 月 23 日,法军到达观音桥,清军派三人投递文书,法军"不再麻烦,也不和他们谈判,直接就向他们开枪"。⑤ 驻防北黎的清军 8 个营约 3000 人被迫还击,战半日一夜各有伤亡。见中国军严阵还击,法军乃退去。6 月 24 日(闰五月初三日)午后法军又来进攻,法军 600 人和教匪数千,各持械与中国观音桥守军 6000 人相战,以为中国军队不会出击也。统领"王德榜、方有升、方长华等御之,法兵死伤甚多。退屯牙离观音桥三十里。"⑥双方发生激烈武装冲突,中方阵亡百数十人,伤 300 余人,法军也受重创,死 19人,伤 79 人,失踪 2 人。

　　观音桥事件后,法国政府作出了强硬反应。其强硬的立场和无理的要求,终于使观音桥事件成为中法战争进一步扩大的起点。

　　6 月 26 日,法军集中东京舰队与中国海舰队,由海军中将孤拔指挥,扩大战争规模。6 月 30 日,新任法国驻华公使巴德诺抵达上海。7 月 10 日,法国总理茹费理照会中国驻法公使李凤苞,提出只有在清政府承诺赔款,并明确宣布于一个月内全部撤军时,巴德诺才能北上与中方谈判。法国随即于 7 月 12 日向清廷发出以 8 月 1 日为限期的最后通牒,要求 2.5 亿法郎巨额赔款及履行《天津简约》,逾期法国将恢复其行动自由,而且必要时将以占领台湾为手段,以迫使清廷屈服。

　　清廷只得再作让步,同意在一个月内撤出驻北圻清军。并请巴德诺尽早北上,商订条约细则,确保中法和好局面,但坚决拒绝赔款。清政府在巴德诺迟迟不肯北上,谈判不能

① 周志初:《不败之败——中法战争》,第 60 页。
② 故宫博物院文献馆:《清光绪朝中法交涉史料》卷 15,第 8 页。
③ 故宫博物院文献馆:《清光绪朝中法交涉史料》卷 17,第 6 页。
④ 故宫博物院文献馆:《清光绪朝中法交涉史料》卷 17,第 21 页。
⑤ 邵循正,等:《中法战争》第三册,第 379 页。
⑥ 萧一山:《清代通史》第三册,第 1074 页。

进行,战争重新爆发的可能性进一步扩大的情况下,匆忙调兵遣将。清廷闻谅山守军战捷,乃"谕进窥北宁,川督丁宝桢奏鲍超病愈,谕率五营赴滇助防,又令提督黄少春率五营至镇南关外助战"。"告法外部,止法兵。谕各军,如彼不来犯,不必前进。法使续请议和,谕前敌桂军调回谅山,滇军回保胜,不得轻开衅。"①

6月28日(闰五月初六日)四点钟,法驻中国代理公使谢满禄以谅山之败,约见清总理衙门奕劻等。"寒暄毕,谢署使云:近日接到广西新闻纸否? 答以:是何新闻? 谢云:接巴黎外部电信,法兵在谅山被中国兵四千人打劫。答云:谅山是中国驻兵之地,与镇南关最近。近闻法兵前往谅山,扑我营盘,先行放炮,中兵不能不抵御。谢云:天津所定之约,谅山应归法国。6月间,李中堂在津定约,有先交谅山之说,法国是以派兵前往。答以:条约中并无此说。(遂将条约给看)又云:约内所云边界界务,现在未定,中国曾经行文令边防各军不准进步,不准向法兵先行动手。今闻法兵竟来开炮,我兵不能不动手。谢云:按天津条约,谅山已让给我国,外部以为北圻已无一个华兵。答云:条约并无此说。谢云:有续约三条,曾否见过? 答云:李鸿章并未寄过此件,亦万不能有此续约。倘有此续约,李鸿章不能不奏,万无此理。张荫恒云:天津条约时,我在座,亲见李鸿章与福总兵画押后,法兰西宣读一遍,即是五条,并无另有三条续约。谢云:按草约,应于6月5日退还谅山,现与前约大相反。"②

清廷随即发出上谕,申饬李鸿章:"前因福禄诺临行巡边之言,李鸿章并未奏闻,亦未告知总理各国事务衙门,业经降旨申饬。现在法使即以此为口实,并以简明条约法文与汉文不符借词尝试,无理取闹,皆由李鸿章办理含混所致。"③李鸿章上奏为自己申辩:"查福禄诺临行时,忽以限期退兵之言相要挟,臣当即正言驳斥,仍飞函密告云贵总督岑毓英、广西巡抚潘鼎新,相度机宜,酌量进止,随时奏明请旨办理。缘臣系议约之人,与关外相距过远,军情地势,究以调扎何处为宜,非敢遥度。其时适因所议简约虽蒙圣明曲谅,而都人士啧有烦言,若闻福酋又请限期退兵,必更哗噪,徒惑众听。臣又明知事虽照行,而约款未可遽背,欲令岑毓英、潘鼎新查照调回边界约文,自行斟酌妥办,实具委屈求全之苦衷。因未敢据以上闻,致于圣怒,亦未立即告知总理衙门,疏忽之咎,诚所难辞。"④

清政府一面严饬李鸿章,一面与法方辩论,对法使照会:"查此次在津议立简明五条,中国防兵调回边界,并未声明调回之地及调回之时。贵署大臣所称福总兵与李相复准之三条,经本爵据询李相,谓所言之事有,系福总兵所请,李相所未允者,自然无凭照办。"⑤

群臣纷纷上奏,朝野内外,同声谴责李鸿章。"李鸿章二十余年办理海防,糜费几千万,曾杀过一名鬼子否? 一味献媚于洋人,以为固宠地步。"⑥"朝廷亦屡切责之,然舍鸿章外,更无练习外事者,固洋务仍一依鸿章。"⑦

---

①　邵循正,等:《中法战争》第一册,第12页。
②　故宫博物院文献馆:《清光绪朝中法交涉史料》卷18,第5页。
③　故宫博物院文献馆:《清光绪朝中法交涉史料》卷18,第12页。
④　故宫博物院文献馆:《清光绪朝中法交涉史料》卷18,第22页。
⑤　故宫博物院文献馆:《清光绪朝中法交涉史料》卷18,第13页。
⑥　故宫博物院文献馆:《清光绪朝中法交涉史料》卷20,第7页。
⑦　邵循正,等:《中法战争》第一册,第11页。

　　法方提出："领兵总统按定华兵应退之期,旋遣法兵收取谅山,竟被四千华兵攻打,法国定欲暂存应得补偿之权。"①清总署复以"此简明条约内于界务商务均未议有详细办法,即中国调回防营一节,亦未议有应退日期。……一俟详细条款议定,从此均可撤兵谅山一带。""现接电报,贵国官兵声言巡边,突至粤军原驻之地,窥探营盘,先放枪炮,是以各军抵御。似此情形,贵国官兵应任攻打之责,认赔补之费也。"②

　　法国总理茹费理于 7 月 4 日照会清政府驻法大使李凤苞："请贵国立即遵照第二款办理,并请朝廷特旨通饬北圻兵火速退出,刊登京报。复因贵国违约,致我国糜费巨款,钦奉命向贵国索偿赔银至少二百五十兆法郎。……撤兵、赔款二项自今日为始,限七日内复明照办。不然,我国必当径行自取押款,并自取赔款。"③所谓"自取押款"就是由法七日内占据中国的一个沿海口岸,并征收该地关税。7 月 12 日,法国驻华公使谢满禄又以最后通牒的形式,告知中国政府,"两江曾督曾否得有全权于 8 月 1 日(六月十一日)前,议定赔款之数,如再有推诿,我国必定火速进兵。"④

　　清政府请海关总税务司赫德进行斡旋。赫德看到德璀琳为李鸿章和福禄诺穿针引线,认为这意味着德国势力开始渗透到清政府的最高决策层,这对英国在华利益显然是不利的。接到清政府的邀请后,他决心抓住这次机会,充分显示他的外交才能,扩大英国在华的影响。赫德提出参加谈判的三个条件:一、赔偿法国兵费,"偿款万不能免,而名目可不拘定";二、敦请列强调停,"中法各请一国,再由所请二国公请一国,如此办理,或可免失利之事";三、曾国荃须赶速来沪,"由贵衙门咨明所有办法各节,均先与总税务司会同商订。"⑤

　　在赫德的游说下,巴德诺同意与清政府的代表重开谈判,并允诺将最后通牒的期限适当推延。赫德希望能找到一个折中方案,提出"十年内每年付给 800 万法郎。要求法国维持其安南进贡作为交换"。⑥ 赫德以为这样保全了中国皇帝的面子,而满足了法国 8000 万法郎的赔款要求,应能达成协议。但巴德诺和清政府都拒绝了这个方案。

　　7 月 20 日,清政府致电赫德说不赔兵费,要他代为据理力争。22 日,赫德回电拒绝说:"总税务司与此外实无可如何,此面不能强中国依允偿款,彼面亦不能强法国将偿款作为罢论。"⑦

　　赫德的调停失败后,清政府遂于 7 月 16 日,谕令清军 1 月之内从北圻全数撤毕,19 日又任命两广总督曾国荃为全权代表,陈宝琛为会办,赴上海与法国驻华公使巴德诺议定详细条款。法国则将最后通牒限期延至月底。清政府确定的谈判方针为"兵费恤款万不能允,越南须照旧封贡,刘永福一军如彼提及,须由我措置;分界应于关外空地作为瓯脱;云南通商应在保胜,不得逾值百抽五"。⑧

<hr>

① 故宫博务院文献馆:《清光绪朝中法交涉史料》卷18,第7页。
② 王彦威:《清季外交史料》卷41,第10页。
③ 王彦威:《清季外交史料》卷42,第3页。
④ 王彦威:《清季外交史料》卷42,第16页。
⑤ 王彦威:《清光绪朝中法交涉史料》卷19,第13页。
⑥ 邵循正,等:《中法战争》第七册,第242页。
⑦ 故宫博物院文献馆:《清光绪朝中法交涉史料》卷19,第24页。
⑧ 邵循正,等:《中法战争》第一册,第12页。

7月25日,曾国荃到达上海后与巴德诺开始谈判。"巴出节略三款:一、革刘爵职,拒不与联;二、索赔二百五十兆;三、交银地方、期限。口称速了可减五十兆。"① 曾国荃答:"以抚恤名目请旨,只能数十万两,巴问实数,则许五十,请益拒之。巴云电报法廷,直笑柄。临行不允之词甚决"。② 清廷则对曾严旨申斥:"曾国荃等遽许法国抚恤银五十万两,虽系为和局速成起见,然于事无补,徒滋笑柄。法使尚言,须听国主之命,中国大臣反轻自出口允许,实属不知大体。"③

8月2日,巴德诺照会曾国荃,最后通牒的期限已过,法国从此要"任凭举动,无所限阻"了。清政府也下谕旨,停止谈判:"曾国荃电送巴德诺照会,无理已甚,不必再议,惟有一意主战。"④

此时,清政府又把维持和局的最后希望寄托在美国的调停上。认为美国未用武力迫使清廷出让主权,在一些问题的处理上,也不像其他列强那样,只顾本国利益。因此,有望它在调停中法冲突中,可以维持较公正的立场。总署照会美使:"希转电贵国国主,详细查核,惟此事法国谓中国为违约,中国谓实未违约,两国意见不同,切请贵国国主查明,中国究竟有无违约之处,公平评论,俾两国龃龉之处,得以消失,仍敦和睦。"⑤ 美国当然愿意借此机会扩大其在华影响。美国驻华公使扬约翰与公使馆参赞何天爵,频繁出入总理衙门,并通过美国政府与法国政府沟通。然而,法国根本不希望美国插手远东事务,拒绝了美国的调停。

四、台闽浙海战

6月底观音桥事件后,北圻前线战事停顿。至8月初,中法战争的主战场转移到台、闽、浙地区,即战场由越南北部转移到中国本土。当时北洋大臣李鸿章管北洋水师,南洋大臣曾国荃管南洋水师,船政大臣何如璋管福建水师,各有战船十余艘。南北洋大臣地位均等,不相统辖,福建水师半附属于南洋,但不归南洋指挥。南洋、福建水师成立较早,暮气最深。

(一) 基隆之战

观音桥事件后,巴德诺、利士比、孤拔、李梅(法驻沪总领事)均主张攻下中国沿海某地,作为胁迫中国政府就范的"担保品",先后提出占领旅顺、登州(蓬莱),封锁渤海湾。李梅电致茹费理:"本年7月,我曾高声主张,如欲使北京朝廷立即妥协,就应向中国北部进攻。……中国政府如不直接感到威胁,我们就一无所得。"⑥ 法国政府否决了进攻华北的计划,确定进攻台湾。"内阁总理陈述这事的理由时说:'在所有的担保中,台湾是最良

---

① 故宫博物院文献馆:《清光绪朝中法交涉史料》卷20,第25页。
② 故宫博物院文献馆:《清光绪朝中法交涉史料》卷20,第31页。
③ 故宫博物院文献馆:《清光绪朝中法交涉史料》卷20,第32页。
④ 邵循正,等:《中法战争》第一册,第13页。
⑤ 王彦威:《清季外交史料》卷42,第36页。
⑥ 邵循正,等:《中法战争》第七册,第281页。

好的,选择得最适当的,最容易守,守起来又是最不费钱的担保品'。"①

图17　中法基隆沪尾之战示意图②

　　法国选择进攻基隆、淡水,是考虑到它们显著的经济价值:"基隆和淡水两港的商业动态,在1879年为88000吨——商船294艘,帆船1937只。对外贸易的价值于1880年达2686.8万法郎。两港海关税收合计:1881年222.5万法郎;1882年213.9万法郎;1883年205.3万法郎。基隆煤的出售量,1880年为24850吨;全年产量为55000吨,按照20法郎1吨的价格,总值为110万法郎。如是估价,占据台湾北部可能提供我们的每年资源总数,当略多于300万法郎。"③还想攫取该地区出产的煤,以供军舰之用。

　　法国早已做好了再次开战的准备。观音桥事件后,法国将其在中越两国的舰队组成

　　①　邵循正,等:《中法战争》第三册,第539页。
　　②　中国人民革命军事博物馆:《中国战争史地图集》,第202、203页。
　　③　邵循正,等:《中法战争》第三册,第540页。

远东舰队,任孤拔为司令,配合巴德诺谈判,向中国实行武力威胁。7 月 13 日,即在谢满禄向总理衙门提出最后通牒的第二天,法国舰队分别开进福州马江和台湾基隆,准备随时占领这些口岸作为'担保'。因台湾孤悬海外,基隆所产之煤又可作军舰燃料,法军便以基隆为第一攻占目标。

1884 年 6 月 16 日,就在法国任命孤拔为远东舰队司令的同一天,清政府任命与李鸿章关系密切的淮军名将刘铭传为督办台湾军务大臣,着赏巡抚衔,所有台湾镇道以下各官均归其节制。

刘铭传(1836—1896),字省三,自号大潜山人,安徽合肥人,与李鸿章同乡,本是农家子弟,少有大志,好任侠。太平天国事起,始从军,有战功。后李鸿章招募淮军,他以千总之职带领所部前往投效,并前往上海接受西式训练,后成淮军名将。曾被清廷赐为"骠勇巴图鲁"(巴图鲁意为勇士)的名号。

刘铭传被认为是一位识时务的文武全才。他一心提倡洋务,主张停止科考,开西学堂,翻译西书。此时,已解职闲赋十多年。光绪六年(1880 年),中俄为伊犁事件发生争执,清廷深感边防的重要,召他进京,准备委以重任。但他到京城后,就大上奏本,要求从速修筑铁路,朝廷中洋务派官员支持修筑铁路,而保守派官僚一致反对。由于左宗棠主动请缨,远赴新疆的西征军统帅由左宗棠担任。直到光绪九年(1883 年),中法战争爆发,清廷注意到法军有意攻打台湾,为加强台湾防务,又召刘铭传进京,督办台湾防务。

刘铭传身为淮军名将,功勋卓著,威望较高。他的到来,使驻台清军有了一位有号召力的统帅,有利于清军的统一调度和协同作战。7 月 16 日,他率部抵达台湾基隆港后,立即赶到各地海口巡视,重新布置防务,在基隆、沪尾(淡水)、安平、澎湖增设炮台;派提督孙开华、王贵阳统领楚军三营、淮军四营,驻守沪尾;总兵苏得胜统领淮军三营、土勇一营、炮勇二哨,驻守台北;总兵柳泰和统领楚军三营分防鹿港、彰化;提督杨金龙统领楚军四营、炮勇三哨防守台南、安平;提督方春发统领楚军四营、炮勇二哨,分防旗后、凤山;副将张兆连统领楚军二营、土勇一营分防卑南、后山(台东、花莲);总兵吴洛统领水师三营,驻守澎湖,台湾防务为之面目一新。

关于法军动向,刘铭传认为正值南风水涨,台南轮船不能泊岸,防务暂可稍松,海上一有战争,香港、日本皆以公法所关,不能济敌船煤炭,只有基隆煤矿久为法国觊觎,故声言攻取,且口门外狭,船坞天成,不虑风涛胶搁,类似烟台。此分析极为精确,当时法国垂涎基隆煤矿,并准备以基隆为补给中心。当时法国海军一艘军舰通常无法装载超过 14 天用量的煤炭,而一艘煤炭用尽的军舰毫无战斗力可言。

1884 年 4 月 13 日,法舰"伏尔达"号从香港驶抵基隆口岸,派 3 名官兵登岸侦察,绘制地图。6 月 13 日,法国一艘军舰再窥基隆,"当以和战未定,未便衅自我开",①所以清军没有阻止。7 月 22 日,法舰"维拉"号公然驶进基隆港内停泊。法军持续几个月的侦察,使其对清军岸上炮台情况了如指掌,以致后来开战仅一小时内,岸上炮台即被全部摧毁。

刘铭传奏"查全台防军共四十营,台北只存署福建陆路提督孙开华所部三营,曹志忠

---

① 邵循正,等:《中法战争》第三册,第 143 页。

所部六营而止,台南现无大患,多至三十一营。南北缓急悬殊,轻重尤须妥置。臣旧部章高元两营,现经饬调北来。"①使基隆驻军增至 8 营 4000 人,淡水另有 6 营共 3000 人。驻台清军总兵力近 20000 人,但装备落后,刘铭传以兵力单薄,饷需支绌,乃向北洋大臣李鸿章、南洋大臣曾国荃请援。李拨洋枪 3000 支,曾拨旧炮 30 门。

清政府雇用德国商船"万利"号,待运军火。7 月 31 日(六月十二日),"万利"号开抵淡水,卸下了一些军火。8 月 1 日晚,该船载其余军火,开往基隆,翌日晨到达。这时,在基隆港游弋的法舰"维拉"号上前盘问,得知船上装有军火,"法兵酋坚阻不令装卸。"②

8 月 1 日,是法国所下最后通牒的截止日期。第二天,法国海军中将司令官孤拔接到本国的命令,谈判已经中止,立即采取行动。4 日法国海军少将利士比率领旗舰"加列斯尼尔号"(18 门炮)和一艘巡洋舰"维拉"号(23 门炮)及一艘炮舰"鲁汀"号(6 门炮),三舰共有船员 688 人,侵入基隆,封锁基隆港口。法舰"费勒斯"号早已在此地活动了两星期之久,把基隆要塞的布防情况侦察清楚。利士比向苏得胜及曹志忠发出撤除要塞防御的最后通牒,要求"二十四小时让出基隆",否则将于次日晨攻击炮台,"劝降书一直没有得到答复。8 月 5 日(六月十五日)早七点半发出海战准备命令。正八点,激烈的炮战开始,中国方面也立即以急激而准确的炮火反击。"③法舰开始进攻中国台湾省基隆社寮岛炮台。苏得胜下令还击,炮打得很准,第一炮就击中法舰,法军旗舰加列斯尼尔号先后挨了三炮,可惜炮弹威力不大,未能给法舰以至命创伤。利士比分析情况后,下令转移位置,从侧面进攻,利用优势火力,不断向炮台轰击。基隆新设的炮台只能向正前方射击,不能向其他方位射击,就不能对法舰进行有效还击。九点钟,炮台与火药库被法军炸毁,士兵伤亡 80 多人,苏德胜命令守军撤退,法军无人伤亡。10 时许,利士比命令倍亚号战舰的陆战队,约 400 人由基隆二沙湾登陆,以占领基隆市及煤矿。法军登陆后,一部分迅速占领制高点,一部分留在岸边的小堡内。下午二点,法军的水雷分队用棉花火药毁坏了岸上所有炮台的设备。是夜,倾盆大雨使法军在占领地无法展开活动。

战斗打响时刘铭传正在淡水,得知法军递交劝降书后他立即赶回基隆,途中双方已经开战。刘铭传深知在岸边不可与法军争锋,必须诱敌登陆,凭借天时地利,方可折其凶锋。遂令海滨驻守各营移至后山,以避敌炮,只留曹志忠一营隔着小山近海驻守。

8 月 6 日 11 时,法军四百余人在其舰炮掩护下向基隆市区进发,途中遇到清军,经过一番枪战,法军寡不敌众,失利退却。最激烈的战斗,是曹志忠部与留在高地上的法军进行的搏杀。刘铭传奏报:"十六日卯刻(1884 年 8 月 6 日),法兵四五百人,半在曹志忠营北山上筑营,余二百人直薄曹志忠之垒,仍用轮船炸炮助攻。自卯至午,枪炮不息。曹志忠一面饬守本营,亲督王三星等率二百人出战。臣(刘铭传)即令章高元、苏得胜率队百余人袭其东,复派已革游击邓长安率亲军小队六十人绕击其西。曹志忠见两路夹攻,士气益壮。法见我军之夹攻也,连轰巨炮以敌之。枪战愈时,我军所持后膛枪皆能命中,击倒山巅拥纛之法酋二人,与山下法兵头一人,敌军大溃。我军一鼓登山,当破敌营,夺获洋枪

①　邵循正,等:《中法战争》第三册,第 142 页。
②　邵循正,等:《中法战争》第三册,第 143 页。
③　邵循正,等:《中法战争》第三册,第 542 页。

数十杆,帐房十余架,并获其二纛,斩首一级。探报法兵伤亡者百余人。"①此役刘铭传亲自赶到基隆督战,清军士气大振,将士奋勇抵抗,给法军迎头痛击,打得法军大败而逃。除了少数法军泅水逃回法舰外,大部分法军被歼灭。下午五时,战斗结束,法军逃回海上。这一仗法军损失重大,不敢再登陆基隆,只能在外海游弋,打乱了法军的战略部署。法方的报道为:"我们的损失是死亡 2 人,受伤 11 人。"②双方对法军伤亡人数的报道相差甚远。

此外,刘铭传派人拆除八斗煤矿机器,将之移至后山,并将煤矿房屋烧毁,另则灌注煤油将约 15000 余吨存煤悉予焚弃。

清军在付出了相当大的代价后,取得了基隆之战的胜利,戳穿了法军不可战胜的神话,极大地鼓舞了中国军民的斗志。当北圻战争失利以后,朝廷和战不定之时,基隆之战的胜利扩大了主战派的队伍,并把朝廷引向抗战之路。外国学者评价,清军在台湾战场的表现远远高于中法战争其他战场,"只有在台湾的中国军队才能够一比一地坚持与法国人交战,这大部分应归功于刘铭传的精明的准备工作和几位淮军军官的指挥才干"。③ 8 月10 日,清政府就法军突袭台湾之事提出强烈抗议,并呼吁各国能秉公评论。

1884 年 8 月 16 日,法国议会通过提案,追加 3800 万法郎侵华经费,"决议法国政府使用各种必要方法,使天津条约受到尊重。……赔款数目被减为 8000 万法郎,分 10 年付给。但倘从本照会的日期起 48 小时内,不接受这个赔款要求……孤拔海军提督则立即采取他认为有用的一切步骤,以保证法国政府取得它有权取得的赔偿。"④8 月 19 日,法国驻北京代理公使谢满禄将上述照会递交总理衙门,仍然被清政府拒绝。21 日,谢满禄下旗离京。同日清廷也电令驻法公使李凤苞离巴黎,中法关系破裂。22 日,巴德诺正式向孤拔传达了进攻福建马江的命令。

(二) 马尾海战

马尾位于福州东南鼓山之下,闽江下游之北岸,此段闽江,又名马江,建有福建海军基地,著名的福州造船厂建于北岸马尾山之麓。福建海军是除北洋海军、南洋海军外的第三支海军,有相当的规模,当时有舰船 20 余艘,总吨位达 2.2 万余吨。福建水师归闽浙总督节制,主要防卫闽台海域。在马江战役爆发前,驻守马尾港的福建水师有 11 艘舰艇,总排水量近万吨,全部集泊于马尾港的罗星塔附近。

福建船政局是近代中国海军的摇篮。它不仅建造舰船,还培养海军人才,这为福建独立兴办海军提供了基础。中国近代海军最早的管理、训练机构就是在福建建立起来的。1870 年 9 月,清廷任命福建水师提督李成谋兼任船政轮船统领。从此,中国新式舰船有了编制体制,尽管没有经制化,但它也不属于旧式福建水师,而是独立存在。1871 年 4月,闽浙总督英桂等将仿照西方各国海军规则并参以中国水师营制拟定的《轮船出洋训练

① 邵循正,等:《中法战争》第三册,第 144 页。
② 邵循正,等:《中法战争》第三册,第 545 页。
③ 费正清:《剑桥中国晚清史》下册,第 248 页。
④ 邵循正,等:《中法战争》第七册,第 249 页。

章程》和《轮船营规》呈报总理衙门,它是中国海军规章条例的雏形。此外,福建海军还拥有中国近代舰船第一个驻泊基地——马尾军港。由于有这样一些条件,清廷决定分南北洋筹建海军后,福建海军并没有纳入南洋海军范畴,而是在原来基础上继续独立发展。不过,福建船政局所建兵船仍经常被外省调拨,加之福建船政局经费支绌,使造船速度大为放慢,因此福建海军的实力没有明显的加强。①

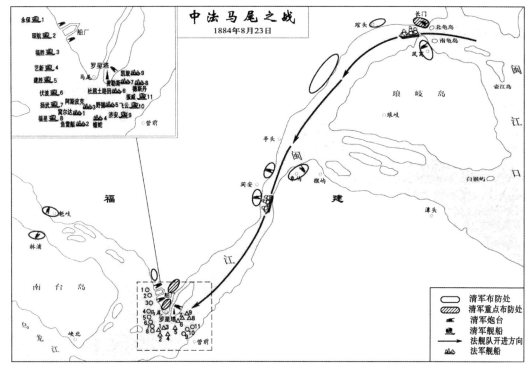

图18   中法马尾之战示意图②

闽港,自口外至省垣二百余里,层峦复嶂,暗礁跑沙,有山皆石,天险著名。马尾港距入海口 30 里,由于距海口较远,又多天然屏障,敌人大军如正面强攻,难以驶入。

法军在基隆失利后,见台湾防范严密,暂时放弃占领台北的企图,准备破坏马尾军港,击毁中国军舰与造船厂,然后退出马江,集中全力再次进攻并夺取基隆、淡水,控制台湾北部。如能得手,即率舰队北上,进攻威海卫、旅顺,迫使清政府满足其侵略要求。

7 月 14 日,孤拔率法国军舰以“游历”为名,驶入福建海军基地马尾港。当时有人提出,鉴于两国正处于战争状态,根据国际法的规定,应拒绝他们前进。但闽浙总督何璟、船政大臣何如璋等,唯恐得罪法军,影响中法和议和列强“调解”,竟举行隆重的欢迎仪式,给孤拔以友好的接待,并让其比邻中国军舰同泊达 40 天之久。③ 法军经常以五六艘军舰控制闽江口至马尾港的马江江面,威胁福州造船厂及沿岸炮台。

法军进泊马江共有各种军舰 12 艘,其中巡洋舰 7 艘、炮舰 3 艘、水雷艇 2 艘,“以上各

① 中国人民革命军事博物馆:《中国战争发展史》,第 631 页。
② 中国人民革命军事博物馆:《中国战争发展史》,第 203 页。
③ 马士:《中华帝国对外关系史》第二册,第 394 页。

舰排水量为 14514 吨。舰上官兵共为 1790 人,装有 77 尊重型大炮"。[1] 其具体部署为:孤拔亲率军舰 4 艘(巡洋舰 1 艘,炮舰 3 艘)、水雷艇 2 艘,配置于造船厂以南江面;以巡洋舰 3 艘配置于罗星塔以东江面;以巡洋舰 2 艘配置于金牌峡附近江面,阻止清军堵口,保证安全驶出马江。另以部分军舰控制马祖澳附近地域,准备机动。

8 月 17 日,清政府撤回驻上海与法谈判代表,指示"著张佩纶就现有陆军,实力布置,以专责成。现在战事已定,法舰在内者应阻其出口,其未进口者,不准再入"。[2] 但仍未解除先发制人的禁令,严重地束缚了防军的手脚。

对于马尾之战清政府并非没有预感,李鸿章六月初十日电:"张佩纶云,沪议未成,难保不即动兵。倘与接战,即焚船厂接兵轮。我自度兵轮不敌,莫如全调他往,腾出一座空厂。彼即暂据,事定必原物交还,否则一经轰毁,从此海防根本扫尽,力难兴复。"[3] 但实际上李鸿章一味注重和谈,并未搬迁船厂。前敌指挥何璟、何如璋则严谕水师,必让敌炮先开,我方还击,以故各管驾不敢妄动。[4]

战争一触即发,福建水师许多官兵请战,要求自卫;不少士大夫要求李鸿章派兵支援福建水师,以挽回大局。张佩纶亦奏:"由北洋电旨,有彼若不动,我亦不发等语。必俟其扑犯登岸,敌已深入,我不得势。"[5] 但李鸿章执意求和,不认真备战,拒绝派北洋水师前去援助。当法国舰队驶入马江后,会办福建海防大臣张佩纶意识到,法舰如首先发动攻击,必然后果严重,六月十四日曾致电总理衙门指出:"我以塞河先发为上策。"[6] 但当天即被清廷电令阻止。李鸿章此时明确表态,"战必败,应言和,可赔款"。他于六月二十一日电总署:"顷准丰禄来电,言法船窥船厂者九,佐以鱼雷二,我船虽埒,力不敌,不如赔款以保和。一开衅,即不可收拾。与之战:法,始必负,继必胜,终必款,盍先之可省费。言近理,请酌之。"[7] 就在马尾海战的前五天,李鸿章急电张佩纶"阻河动手,害及各国,切勿孟浪……仆不以决战为是"。[8] 皇帝上谕:"局势未定,所称先发,犹须慎重,勿稍轻率。"所以前敌指挥张佩纶叹息:"株守遂已一月,请先发不可,请互援不可,机会屡失,朝令暮更,枢(指军机处)、译(指总理衙门)勇怯无常,曾(国荃)、李(鸿章)置身事外,敌在肘腋,犹且如此,国事可知。"[9] 何如璋等也怕影响和谈,"对于目前敌患,决不预防;且下令严禁各舰,战期未至,不准发予子弹,并不准无命自行起锚"。[10]

福州前线清军的部署:闽浙总督何璟和福建巡抚张朝栋负责福州省城防务;福州将军穆图善率部扼守闽江口的长门炮台;会办福建海防大臣张佩纶和福建船政大臣何如璋指挥马尾一带水陆各军,保卫军港和造船厂。他们执行清政府"静以待之"的指示,在法

①　马士:《中华帝国对外关系史》第二册,第 395 页。
②　邵循正,等:《中法战争》第五册,第 503 页。
③　故宫博物院文献馆:《清光绪朝中法交涉史料》卷 20,第 32 页。
④　邵循正,等:《中法战争》第二册,第 144 页。
⑤　故宫博物院文献馆:《清光绪朝中法交涉史料》卷 18,第 40 页。
⑥　王彦威:《清季外交史料》卷 43,第 9 页。
⑦　王彦威:《清季外交史料》卷 44,第 5 页。
⑧　邵循正,等:《中法战争》第四册,第 186 页。
⑨　邵循正,等:《中法战争》第四册,第 385 页。
⑩　邵循正,等:《中法战争》第三册,第 131 页。

舰入港后,仍唯恐影响和议,没有采取积极的抵抗措施,执行清廷"不可衅自我开"政策,时法舰已炮击基隆,还听任法舰进出,与己比邻而泊,军事上不敢有积极作为,甚至不作积极防范。

法舰驶进闽江口后,有人建议按照国际公法的规定,入口军舰不能超过两艘,停泊时间不能超过两星期,否则即行开战。福建船政大臣何如璋,因怕妨碍和议,"严谕水师,不准先行开炮,违者虽胜亦斩"。[①] 在危急时刻,各舰长纷纷向舰队指挥张成建议,将舰只散开,一旦有事可互相救应。即使有一舰失利,其余舰只可以继续作战,否则法舰先开炮,就有全军覆灭的危险。然而张成却迷信国际公法,以为按国际公法应在开战前三十天前通知中国,对众人意见根本不加考虑。清政府和前线指挥官们一误再误,把战场的的主动权拱手让给了法国远东舰队。

当时,马江两岸人民纷纷要求先发制敌,但无人理睬。人民请缨杀敌的正义要求,遭到何如璋、张佩纶等人的拒绝。直到后来局势日益紧张,部分人民武装才被允许参加海陆军的战斗。

战斗开始前,马尾水陆防军有所加强。计有海军船舰 11 艘,其中巡洋舰 1 艘,炮舰 6 艘,运输舰 2 艘,蚊子船 2 艘,各种火炮 47 门,最大的扬武号,排水量 1608 吨,两艘运输舰永保号、琛航号的排水量各为 1450 吨,军舰总排水量为 9928 吨。舰上官兵共有 1176 人。[②] 此外,还有 13 只旧式中国炮舰和武装的划船等。江防陆军逐次增至 20 余营,并有部分武装农民主动参加战斗,不少渔民积极支援船只。

在此期间,总理衙门又请美国出面调停。8 月 17 日,法国拒绝了美国的调停,总理衙门照会各国公使:"法国有意失和。"清廷急忙谕令沿海沿江督抚筹防备战,并电告张佩纶:"现在战事已定",令其设法布防,封锁马江,阻止法舰进出。虽然如此,清政府对和议仍存幻想。就在谢满禄下旗离京的当天,李鸿章将李凤苞的来电转告总理衙门:法国政府允诺"先恤 50 万两,俟巴德诺到达津,从容商结。倘商约便宜,冀可不偿。"这一消息使清政府以为和议尚存一线希望。23 日,总理衙门复电李凤苞:"法如欲仍议津约,中国亦不为己甚,可由法国派人来津,与李中堂详议。"[③] 然而就在这一天下午,中法马江之战已经爆发。

8 月 17 日,中法上海和谈破裂,马尾前线虽下令阻止法舰出入,但仍不给军队发子弹。在法舰进攻企图日趋明显时,张佩纶才作如下军事部署:水路以军舰 9 艘,商船 2 艘编成舰队。以巡洋舰扬武号为旗舰和炮舰福星号停泊于马尾港上游,与孤拔停泊在罗星塔上游的军舰相距,我舰挨西泊,彼舰傍东泊。在扬武号旁及其西南方向,以及船厂的铁水坪前泊有我军伏波号、艺新号、福胜号、建胜号、永保号、琛航号等六艘军舰。以我军之振威号、济安号、飞云号 3 艘军舰停泊于马尾港下游,与法国 3 艘巡洋舰首尾相接。另以旧式兵船 8 艘、炮船 10 艘、排除水雷的汽船 7 艘及渔船 20 余艘编成两支船队,分别停泊于罗星塔南侧。

---

① 邵循正,等:《中法战争》第二册,第 144 页。
② 邵循正,等:《中法战争》第三册,第 559 页。
③ 虞和平:《中国近代史》第三卷,第 299 页。

陆路,以步兵 11 个营及部分炮队,防守船厂、马尾一带江岸;以 11 个营防守长门、金牌炮台。另有群众武装 1800 人,防守闽安附近南北江岸。由于清军指挥员对敌军企图从无明确判断,水陆各军缺乏统一组织和协同作战的计划,加之江岸炮台设备陈旧,枪炮弹药不足,总兵力虽较法军为多,但战斗力却不强。

8 月 19 日,法军进犯马尾的战斗部署就绪后,再次向清政府提出勒索赔款的最后通牒,限在 48 小时内答复。22 日,清政府拒绝答复,法国政府急令代理公使谢满禄离开北京,以公使巴德诺留驻上海,伺机诱和,同时命令孤拔于 23 日下午 2 时,江水退潮时,发起进攻。8 月 21、22 日因有大风雨,法舰队无动作,清诸大臣以为昨得李鸿章电,言和议有进步,不会有战争发生。因时值潮退,乃令各军舰以舰首缀于潮力向上流,以舰尾对敌。

1884 年 8 月 23 日早晨七时,法国战书递至马江船政署,约订下午二时开战。船政何如璋接战书后,即宣告钦差大臣张佩纶,闽浙总督何璟,谓"我国军舰今日未备完妥,不能开战,须请其改至明日,故是日上午命令未下"。① 中午,派福建船政局工程长魏瀚向法军回递战书,请求改变开战日期,遭孤拔拒绝。在战争爆发前,福建水师曾有最后一线希望,即首先发动进攻,争取战场的主动。当时,由于各国领事在接到法方的通报后,纷纷登上本国军舰,准备观看即将上演的好戏。这一不寻常的举动,引起了福建船政局工程长魏瀚的密切关注。他认为战事即将发生,并迅即赶回,向何如璋报告这一情况。然而,何如璋和张佩纶仍不下令福建水师做好战斗准备,仅仅派魏瀚乘一艘水雷艇去找英国领事打听消息。

此时,闽江已经开始退潮,"突然,一只中国水雷艇,带着与平常不同的决然神气,向窝尔达号一边驶来,提督以为是敌人进攻了。他不容一刻延迟,立即让把第一号旗升到桅杆顶上。……在他预定的时间略为前一点,收下第一号旗,这是开火的信号"。② 8 月 23 日下午 1 时 56 分,马江之战正式开始。

在闽江内,我舰居于上游,法舰居于下游,两国军舰均以船首系泊,船身随着潮水的涨落而转移方向,即涨潮时船头向下游,我舰的舰首大炮恰恰对准法舰薄弱的舰尾,反之落潮时船头向上游,我舰薄弱的舰尾恰恰暴露在法舰炮口之下。如果中国指挥官果断行动,趁上午涨潮的时候,进行攻击,必将予法舰重大的打击。法方也看到了这点,"提督所采取的,只在退潮时攻击的巧妙决定,只有一个危险。就是,迟延了开火的时间,这样便给中国方面可能于 23 日满潮的整个早晨里,回转船身攻击我们"。③

8 月 23 日 13 时 56 分,停泊在马尾的法舰,以水雷、大炮向中国海军发起袭击,挑起战斗,法军各舰向中国各舰尾开炮。停泊在马尾港内的福建水师毫无准备,军舰没有起锚,就遭到突然被歼的厄运。马尾战斗仅持续了 30 分钟,清军惨败,其战斗过程如下:

在上游方面,孤拔以 45 号、46 号水雷艇,分别进攻扬威号旗舰和福星号炮舰,并同时炮击其他中国军舰。"46 号水雷艇的水雷装有 13 公斤绵火药,看见约定的信号发出了,

---

① 邵循正,等:《中法战争》第三册,第 132 页。
② 邵循正,等:《中法战争》第三册,第 550 页。
③ 邵循正,等:《中法战争》第三册,第 549 页。

他准备好,对扬威左舷的中央部分冲击的时候,他的水雷爆炸了。"① 扬威号身受重创,船身大量进水,迅速下沉,舰长兼舰队指挥张成泗水逃逸,舰上官兵在硝烟弥漫中仍作最后还击,在沉没前用尾炮射中法军旗舰窝尔达号,"他们的一颗圆形炮弹穿过窝尔达号的过道甲板,击毙领港人汤马斯及两个舵手"。② 三艘法舰围攻福星号,福星号未被击中,舰长陈英下令砍断锚链,调转船头,开足马力,冲入敌阵,左右发炮,猛击孤拔坐舰。建胜号、福胜号也随着向下游冲去,但因火力弱、速度慢,不能密切配合福星号作战,以致三舰先后被击沉,陈英中炮阵亡,官兵大部壮烈殉国。此时,伏波、艺新两舰受伤后向上游福州方向驶去,退出战斗。永保、琛航两艘待修的商船,最后也被法舰击沉。

"一分钟内中国的旗舰扬威号中水雷沉没了,只经过七分钟,全部战事差不多已经终了。"③ "两点五十分,经过三十分钟的战斗,彼此的炮火差不多全停了……"④ 马尾海战,以中国的惨败告终。在马江的清军福建水师全军覆没。马江战斗中,清军损失各种类型船舰 50 余艘,其中军舰 12 艘、商船 19 艘。中国官兵阵亡 521 人,受伤 150 人,失踪 51 人。法国海军仅 5 人毙命,15 人受伤,被击沉鱼雷艇一艘。⑤

不过,以马江惨败,就称福建水师全军覆没,并不符合实际情况。事实上,参加马江之战的 11 艘舰船,尚不是福建水师的主力。当时,福建水师新建造的主力舰多数不在马尾军港。如威远、镇海、康济、泰安、湄云等舰船差遣北洋未归;澄庆、超武、元凯、靖元等舰差遣南洋未归;万年清、海镜、长胜、靖海等舰船则驻守台湾和厦门。此外,伏波和艺新在马江战役中,因搁浅而自行凿沉,战后经修复,仍投入使用。从人员上讲,战前福建水师共有官兵 1700 余人,马江之战中,阵亡人数仅是其中的一小部分。福建水师经马江之战元气并未大伤,但从此一蹶不振,则还有战争以外的原因。⑥

8 月 24 日 11 时 30 分,孤拔原想炸毁船厂。因"可使用的登陆水兵不过 600 人,而中国方面则有数千步兵,他们已在船厂埋藏了地雷,登陆一事,实在过于冒险"。⑦ 孤拔最终采用舰炮轰击船厂,又因下午退潮水浅,大型舰船无法上驶到船厂前,所以炮击船厂的任务由几艘较小的战舰完成。炮击持续了近 5 小时,船厂的工场、仓库和即将完工的一艘巡洋舰被严重破坏。清政府经营 13 年,聘请法国人日意格为监督,耗银二三千万两,全国最大的造船厂马尾船厂遭受重创。但由于这些法舰仅有口径 14 公分的大炮,使法军未能达到彻底摧毁船厂的目的,马尾船厂得以保存下来。战后经过一个时期的修整,船厂又恢复了生产。

8 月 25 日,法军少数陆战队,在罗星塔炮台登陆,没有遇到任何抵抗,掳去克虏伯大炮三门,摧毁了炮台。因担心清军的反击,当天中午法舰即启锚驶向下游,此后几天逐个轰击闽江附近两岸的炮台。但因兵力有限,法军未敢登陆。

---

① 邵循正,等:《中法战争》第三册,第 551 页。
② 邵循正,等:《中法战争》第三册,第 553 页。
③ 中国近代经济史资料丛刊编辑委员会:《中国海关与中法战争》,第 22 页。
④ 邵循正,等:《中法战争》第三册,第 553 页。
⑤ 马士:《中华帝国对外关系史》第二册,第 397 页。
⑥ 周志初:《不败之败——中法战争》,第 88 页。
⑦ 邵循正,等:《中法战争》第三册,第 557 页。

马尾之战清军完败,有众多原因,其中清政府与李鸿章和谈避战思想及有关命令产生了严重后果,以致大敌当前,未予认真备战。当福建舰队遭受优势法国海军监视时,李鸿章借口北洋舰队要守卫津沽门户和旅顺要塞,拒绝调遣舰只支援。曾国荃控制下的南洋舰队,也坐视福建舰队惨败,而不加任何救援。与基隆之战中的刘铭传形成鲜明对比的是,清军福州前线指挥官的腐败无能,会办大臣张佩纶,"实不知兵,而意气极盛",①是一好大言,不务实际之人。"钦差大臣张佩纶,一闻炮声,神经错乱,晕倒在地。"②"闽督何璟,自以书生不谙兵事,屡请解职。"③平日寄望和议,惧启敌疑心,于海防毫无布置。船政大臣何如璋"于六月初一日,将船政局存银二十六万,借名采办,私行兑粤"。④

(三) 清政府对法宣战

马尾海战,意味着法国把战火引向中国本土,清政府无法再装聋作哑了,也无法再掩饰中法战争实际上早已开始这一事实。8月26日,即马江战役爆发后3天,清政府发布上谕,向法国正式宣战,命令"……沿海各口,如有法国兵轮驶入,著即督率防军,合力攻击,悉数驱除。其陆军各路,有应行进兵之处,以及迅速前进。刘永福虽抱忠怀,而越南昧于之人,未加拔擢,该员本系中国之人,即可收为我用,著以提督记名简放,并赏戴花翎,统率所部出奇制胜,将法人侵占越南各城,迅图恢复。凡我将士,奋勇立功者,破格恩施,并特颁内帑奖赏;退缩贻误者,立即军前正法。朝廷于此时审慎权衡,总因动众兴师,难免震惊百姓,故不轻于一发。此次法人背约失信,众怒难平,不得已而用兵。各省团练,众志成城,定能同仇敌忾;并著各该督抚督率战守,共建殊勋,同膺懋赏"。⑤ 命令吏部主事唐景崧与刘永福合作,准备进攻宣光,命令岑毓英、潘鼎新等率部收复北圻失地。并诏谕今后倘有再敢以赔偿和解之说法陈奏者,著即交刑部治罪,等等。但在表面极力备战的同时,以慈禧太后为首的最高决策当局一直在继续寻求使侵略者同意和解的途径。

同日,清廷电令长门守将、福州将军"穆图善赶紧堵塞海口,截其来往之路"。⑥ 但前线清军将领慌作一团,束手无策,未能督促实施。

8月27日,法舰炮轰闽江入口处的长门炮台和金牌炮台,"初八日,外四船内六船攻长门金牌炮台。恨我炮门均外向不能还击,两岸炮台均打坏"。⑦ 30日,法舰佯作登陆姿态,赚得舰队先后逃出港口。长门炮台不能俯射江面,炮位不能转向,只对出口敌舰作些无效射击,任敌舰逞凶后扬长而去。

9月4日(七月十五日),左宗棠赴醇亲王府面见奕𫍯,请求统兵出征。9月7日,清廷任命左宗棠为钦差大臣,督办福建军务。此前,左宗棠曾多次要求参加抗法战争,均未得到清廷允准。此时他以72岁高龄,不顾体弱多病,毅然投身抗法前线。马江战役后,清政

---

① 邵循正,等:《中法战争》第一册,第18页。
② 邵循正,等:《中法战争》第三册,第134页。
③ 邵循正,等:《中法战争》第一册,第18页。
④ 邵循正,等:《中法战争》第一册,第20页。
⑤ 邵循正,等:《中法战争》第五册,第518页。
⑥ 王彦威:《清季外交史料》卷45,第17页。
⑦ 王彦威:《清季外交史料》卷45,第29页。

府着手追究马江之战失败的责任。何璟、张兆栋(巡抚)被革职,张佩纶、何如璋被发配充军,张成被定斩监候。

法军在马江的完胜,非但未使清政府立即接受法方的赔款、撤军等条件,反而使清政府正式对法宣战,这完全出乎法国政府的意料。中国正式宣战后,使中法战争进入一个新的阶段。清军的战略指导思想是,加强沿海的防御,对入侵北圻之法军则暂时采取攻势,然后力争收复失地。

法军在偷袭马江以后,对中国的军事进攻有一个短暂的停顿。当时孤拔与巴德诺为代表的前线指挥官与茹费理内阁间对下一步行动方针产生分歧,孤拔与巴德诺认为:"马江之役,法国虽获全胜,而北京离闽远,清廷仍无让步之意。照目前情形言之,唯一解决办法,须于北方下手……即占领北方一二港口,正式宣战。"①法国政府开始没有批准此计划。一则是因为这项计划需要较多的兵力,法国当时难以办到;再则担心进攻华北会引起列强的不满。但由于巴、孤"坚决一致之意见,政府不能不加以相当承认,故二十日(9月9日),茹费理电告巴德诺,谓孤拔已得令赴华北口岸攻击以取得抵押为目的,政府许其便宜行事,期其能取得此交涉之利器。……孤拔奉令后,仍以兵少为言;巴德诺亦云增兵二千人不敷支配。政府因疑孤拔另有野心,恐其行动或越出训令范围。二十日,海军部乃电孤拔停止攻击华北之计,使专力先攻据基隆"。②此时,法国并未对清政府正式宣战。茹费理还认为,如法舰北上,势必造成与清北洋舰队对峙的局面,这将使力主中法和议的李鸿章处于为难的境地。于是,法国选择了从东南沿海进攻台北,在北圻战线进攻凉山的战略方针。

(四) 再战基隆

1884 年 9 月底,法军增援部队抵达台湾,使远东舰队舰船增至 20 艘,海军陆战队人数达 2000 余人,包括 3 个步兵大队、1 个炮兵中队、3 个炮兵小队。孤拔率军再次进犯台湾,法军分兵两路,由孤拔率主力舰队,11 艘战舰进攻基隆;由利士比率领一支分舰队,4 艘战舰进攻沪尾(淡水),法军企图一举占领基隆和淡水,并计划在占领基隆和淡水后,再合力向台北进攻,进而占据整个台北地区。法国政府采取的策略是以战逼和。

刘铭传面对法军的再次进攻,考虑到基隆靠近海口,炮台曾在 8 月间被法军摧毁,便亲率主力防守基隆。基隆守军共 9 个营,以曹志忠部 6 个营防守港湾东岸,章高元部 2 个营及陈永隆部 1 个营防守西岸,另有民间武装数百人防守基隆城。

10 月 1 日(十三日),法国舰队再次向基隆发动进攻。"中国军队很坚强地据守控制淡水大路的南方各山峰及西南方的高地。在西方有一高岭——狮球岭,控制邻近的所有山峰,可以真正看作为本处地形的管钥,所以军队要在狮球岭山脚登陆。他们的第一个目的是占领这山的山巅,在那里设置炮位,从这个地方轰击所有中国方面的工事。""10 月 1 日晨六点,伯尔大队离开尼夫号,向陆地出发。数分钟后,巴雅号对狮球岭发出第一炮。整个舰队立即向同一方向开火,同时炮击有敌人出现并以野炮和火枪回击的各山峰。登

---

① 邵循正:《中法越南关系始末》,第 204 页。
② 邵循正:《中法越南关系始末》,第 206 页。

陆于六点半左右很容易地在指定的地点进行,各小艇并未受到袭击。……队伍攀登这座山岭,同时对第二层山脉的各山峰和一个中国军队躲避的山峡的底部开炮射击。九点占领了狮球岭。从这个地形绝险的据点,大队以猛烈的炮火向筑有工事的敌兵射击,敌人不久即急剧撤退。"①

"法兵未登岸,未曾据有基隆之先,而基隆战事实多奇异。按法兵往攻基隆,派有一队中国之天主教民首先登陆,为中国曹总镇击败,而刘爵帅令曹总镇退兵。随法之中国天主教民乘势攻取基隆。"②随后,法军在无抵抗情况下占领基隆西部,孤拔登陆驻防,因疑清军有埋伏,不敢贸然前进。

"10月2日早晨,两大队同时出征,竟无抵抗地占领了西边的所有据点,即控制淡水大陆的各据点。……我们占领了城市,以及沿海港湾的第一高地,并将中国军队驱至紧靠在后的高地。只从敌人极微小的抵抗来看,倘想扩大占领区,并非轻狂鲁莽。但登陆军队的弱小人数,刚够防守所攻得的据点,任何的向前推进都没有用处,因为我们没有人,不能据守再取得的阵地。……我们到台湾北部来的主要目标是要煤矿工场。它们距离尚远,彼我之间有三道重重相叠的高地。我们虽然没有抵达煤矿场,但我们至少即在海滩上找到了堆积如山的煤块,战舰可以随时去提取。"③法军占领基隆各堡垒及市区后始发现是一座空城。

在中法甲申战争史中,对刘铭传从基隆撤军的评价是个百年陈案,至今仍莫衷一是。刘铭传事后在奏折中称,撤军的理由是基隆虽万分危急,但淡水兵力也不足,且离台北府城仅30里,而我方军装粮饷却尽在台北,若淡水失守势必导致全局瓦解。当时台湾北部守军仅4000人,兵力单薄,既无海军支援,又无坚强工事。所以决定对基隆坚壁清野,将主力撤至距基隆80里的沪尾(即淡水),重点保卫台北府城。同时招募义勇,协同清军作战。

撤军过程中李彤恩的"一日三书"是其中的重要情节。"其时前敌营务处李彤恩即以两度飞函,谓法人明日定攻沪尾,沪尾兵单,孙军门之勇万不可靠,若不派兵救援,沪尾必失……台北空虚,料难抵御。若台北有失,则全台大不可问。以洋人论,则基隆重而沪尾轻,以中国论,则基隆轻而台北重,务请率师救沪尾以固台北根本。……一连两信,所云大略如是。爵帅当亲笔致书孙军门与李守,谓基隆兵尚不敷,不能派队驰救。……请坚忍为一两日之守,以顾威名,而全大局。尔时尚无拔营之意,及三更时候,李彤恩又有八百里排单来营告急,中间所云,无从而知。爵帅方寸已乱,漏夜密传曹、章、苏三军门即时拔队下艋。经各军门力求,而帅意不肯,乃饬令拔队。各统领无可如何,不得不勉遵将令。"④

"法以偏师绁我基隆军,别以五舰犯沪尾。沪尾者基隆后路也,去台三十里,而军资饷械悉萃台北。孙开华时守沪尾,告急书一日三至。公念事急,不得出十全,必有所弃而后有所取。今敌既不得志于基隆,必以全力攻公军,沪尾失,则台北危,基隆之师将自溃。

① 邵循正,等:《中法战争》第三册,第561页。
② 邵循正,等:《中法战争》第六册,第192页。
③ 邵循正,等:《中法战争》第三册,第562页。
④ 邵循正,等:《中法战争》第五册,第568页。

狮球岭去海稍远,地险阻易守,乃下令退军。诸将以为方战胜而退军,非计,有扣马泣谏者。公按剑叱曰:'吾计已决,罪谴,吾自当之!有违令者斩!'诸将乃不敢复言。我军既退,扼狮球岭,立遣高元驰援沪尾,而自驻淡水策应。……中朝闻公退基隆,则大骇,严旨趣(同促)公旋军基隆,公曰:'兵事变化,恶有隔海可遥度者!'卒守,便宜不进。"①

清军撤出基隆后,朝野为之震动,1884 年 10 月 10 日上谕:"基隆要地,岂容法兵占据?著刘铭传乘其喘息未定,联络刘宣,同心协力,合队攻剿。并募彰(化)、嘉(义)劲勇助战,将敌兵悉数驱逐!"除受到朝廷的严厉训斥外,刘铭传几为千夫所指的汉奸:"凡有血气者,莫不捶胸顿足,嚎哭郊原,痛切剥肤,咸动公愤。"②"刘爵帅退至板加地方,该地人民怒而围之,捉爵帅发,由轿中拽出肆殴,且诟之为汉奸、懦夫。"③在北京,"朝士以为怯,轮着前后数十疏,诏旨切责,有'谤书盈箧'之语"。左宗棠弹劾:"刘铭传始则为李彤恩所误,继又坐守台北不图进取。……失地辱国,其罪远过于徐延旭、唐炯,不知惶悚待罪,反欲以弃基援沪自托于顾全大局。"④左宗棠奏折中词语犀利,湘淮之争愈演愈烈,但朝中大员中也有人支持刘的撤军,张之洞奏:"闻法又围台,此中国之利也。即有窜扰,内地不惊,一、土人顽强,兵食足用,二、瘴热土呕,主利客否,三、非战无策,军民合力,四、法虽增兵大举,断不能深入全台。顿兵久留,数月必困,外兵援闽势有不及。敌注台,则闽解,他海口亦舒也。"⑤

有资料表明,刘铭传的撤军决策有个逐步形成的过程。在 10 月 1 日的战前,刘还是决心守住基隆的,认为可以与法军一战。但战争的实践告诉他,如在基隆决战,很难战胜法军,除了消耗清军的主力外,不会有更好的结果。因此,刘决心撤军,以避免在基隆与法军决战。其次,李彤恩的告急信对刘的撤军有重大影响。台北不仅是台湾北部的政治中心,更是清军军装、粮饷所在,只要守住淡水和台北,就能稳住战争的大局。在基隆已很难保全的情况下,保存主力,退守台北是无可奈何中的上策。所以基隆撤军的目的是:第一,避免恶战,保存清军实力;第二,确保淡水和台北的安全,至少先达到战场上的相持,然后待机歼敌。保卫淡水和台北,不是撤军的借口而是目的。事后的战争进程证明了放弃基隆港的决策是正确的。

(五) 淡水之战

淡水又称沪尾,故淡水之战又称沪尾之战。淡水港位于台北府城西偏北。也有史书把第二次基隆之战与淡水之战合称为淡水之战。

马江惨败后,清政府并未如法国政府希望的那样屈膝投降,反而于 1884 年 8 月 26 日对法宣战。截止 8 月底,法国在中国东南沿海多次肇事,非但没有得到谈判桌上亟需的"担保品",反而激起了中国政府和中国人民的极大义愤与抗法决心。面对清政府的抗战,法国政府决定给清政府以更大的打击,逼其就范,以战求和。法军前线指挥官大多希

① 邵循正,等:《中法战争》第三册,第 152 页。
② 邵循正,等:《中法战争》第五册,第 568 页。
③ 邵循正,等:《中法战争》第六册,第 192 页。
④ 邵循正,等:《中法战争》第六册,第 509 页。
⑤ 王彦威:《清季外交史料》卷 44,第 23 页。

望在华北占地为质,但未被法国政府采纳。"9月7日法国海军及殖民地部给孤拔的电令中指出,政府的意图是占领基隆作为补给中心和煤炭供应基地,这是与中国谈判的'担保品',北上作战计划必须建立在此基础上,且所配备给孤拔的2000名士兵不能再增加。指令中附载一句:'政府同意,如有可能便摧毁淡水的防御工事,但不要波及城市,因为这是一个开放口岸,而且那里有相当多的欧洲商人。'"接到上述电令后,孤拔于9月11日,13日继续向法国政府提出挥师北上的计划。法国政府"用严厉的语气提醒孤拔:'政府希望您不要忘记绝对有必要掌握一个担保品,以便重开谈判。对旅顺口的占领,如只是暂时的,则并不构成担保品。……您在北方采取军事行动之后,无论如何必须返回基隆。在政府看来,基隆是我们以2000兵力能够长期加以占领,并且可以使之成为我们赖以与中国达成交易的唯一地方。'"① "基隆的埠口及矿区的收入,可视为唯一的同等价值的赔偿。"②

8月5日,法军开始进攻基隆后,淡水形势也非常紧张,当时奉命兼办淡水营务的浙江候补知府李彤恩,乃购船填石塞港。9月,刘铭传命孙开华等将船沉塞,以封淡水河口,并布用电力操纵的水雷,封锁航道,使法船难以驶进淡水河。"距离基隆仅30里左右的淡水港,从未为我们占据或封锁,所有船只均可在那里自由卸运。中国方面当然将他们的人员和物资的运输都转向这边来。"③

10月1日清晨,法国海军少将利士比率战舰四艘抵淡水港口,10时,发出"我将于明日十点开火"的信号,并嘱港内英国炮舰"甲虫"号转达滞留淡水的欧洲人。当时法军将清军的两座炮台分别称为红炮台和白炮台,红炮台计划安装19门口径为19公分的克虏伯大炮,但因时间关系,尚未完工,此时仅安装好3门大炮。白炮台安装了4门口径略小的大炮,其主要作用是封锁淡水河入海口。"至沪尾十四日(10月2日)之战,炮台于六点钟先行开炮,因子小力薄,虽有命中,不能损其铁甲。"法舰与岸上清军炮台互相大肆炮击,因当时晨雾挡住视线,射击极不准确。直到7时半光线稍好,法军才校正射击。"相持至十二点钟,小炮台先坏,大炮台亦损,惟伤亡弁勇不过三十余名。"④然而因火力悬殊,结果法方仅"德斯丹"号的桅墙稍损。"9点50分,所有中国方面的回击都停止了,我方(法方)的射击减至每十分钟发炮一次。这样继续到下午四点停火的信号升起时为止。"⑤

10月1日,法军发现一个英国领港人,他是"淡水的唯一领港人,他愿为孤拔提督效劳。……它所提供的情报是这样的详确,使人相信他本人便是做封塞河道工事的人,尤其是相信置于栅栏面前的水雷是在他的指导下装设的。已经给中国人做了事以后,他又将他的劳力卖给我们,估计这样两头吃饭更有利。按照他说,这些水雷共有10个,装满炸药及电力自动机。水雷的燃放观测站,据他说是在白堡的后面"。⑥

利士比认为解除水雷威胁的最好办法是让军队登陆,夺取水雷燃点站,再将线上所有

①　黄振南:《中法战争诸役考》,第198页。
②　邵循正,等:《中法战争》第七册,第257页。
③　邵循正,等:《中法战争》第三册,第563页。
④　邵循正,等:《中法战争》第五册,第567页。
⑤　邵循正,等:《中法战争》第三册,第566页。
⑥　邵循正,等:《中法战争》第三册,第565页。

的水雷炸毁。因感兵力不足,利士比请求基隆派兵增援。5日晚,增援的海军陆战队到达淡水,"使可能登陆作战的人数达到600名,这些水兵由'拉加利桑尼亚'号的副舰长马丁上校指挥"。[①]

　　登陆定为翌日,即6日,但自5日晚间起,海面风浪很大,第二天登陆作战是不可能的。7日,海浪仍很大,不便于靠近海滩。8日,天时终又完全变好了,海面很平静,小艇得以直达岸边,军事行动可以执行了。但马丁司令在这天发病,只得将指挥让给波林奴。6时,陆战队都整装待发。他们于8时45分与带有电池和特为爆炸水雷之用的各种器械的水雷兵同时登上小艇。9时2分,命令小艇出动。9时4分,命令各舰开始发炮。9时35分,小艇抵达海滩,陆战队立即整队。9时55分,他们开始移动。[②]

　　法方陆战队共六七百人,在沙仓东北海岸登陆作战。其主力部队(第一中队和第二中队)向新炮台方向进攻,预备队(第三中队和第四中队)则在后约200米,随后也立即与主力部队同时投入第一战线,向白炮台进攻,第五中队则负责掩护左翼。9时55分,法军开始陆上进攻,陆战队"不久在低洼多沙的长堤后面隐没不见了,它似是放弃了提督所明智指示的路线。它的热诚带着它直扑白堡,并不从红堡经过。它走入了它应当避开的丛林"。[③]

　　当时,淡水守军对法军可能的进攻,事先做了周密的部署。清军指挥官孙开华亲率龚占鳌伏假港、李定明伏油车口、章高元和刘朝裕伏台北山后,土勇张李成之营伏北路山间。当法军渐近之际,孙开华所率伏军,自长条土堆上居高临下,分途截击。约10时10分,枪声大作,清军冒着法军炮火,自东北方蜂拥而下,冲向法军先头部队,两军遂在长达1500米的战线上,展开射击,迫使法军五个中队全部投入第一线战斗。枪声越来越密,战斗进入疯狂状态。孙开华等守将"身先士卒,血肉相搏。法人死力进,枪弹雨注,卒不可败,鏖战久,法军稍益懈,我军逾壕奋击,张李成所将500人者突击敌背。敌愕顾,我军前后夹击,士卒皆以一当百,短兵接,呼声动天地。法军乱,则反走其舰。我军乘胜纵击,大败之"。[④]

　　双方激战近3小时,法军因弹尽粮绝且伤亡迅速增加,被迫退向海边。"11时45分,一个舵手走上港口灯台的石山上,发出手势的信号如下:'我们被逼后退。没有军火,损失严重。'不久,所有的陆战队又连续地出现在前面,拉加利桑尼亚号和凯旋号的队伍在后面,秩序良好地退却,他们总是向各处放枪,只一步一步地让出阵地,发出一排一排的枪火,直至最后一刻为止。但在滩上,海浪大起来了,小艇再不能靠岸。要走到小艇,必须没入甚至颈部的水中。健全的人登艇没有多大的困难,但要有人抬的伤员便不同了。敌人方面的追赶总是可虑的,如果敌人于登艇的时候到来,那时我们所有的人都聚集在小艇的周围,敌人将使这次退却变为可怕的灾祸了。这时,蝮蛇号年轻大胆的船长走至提督的船尾,请求到小艇所在地的小港湾内,他可带着他的小战舰接近陆地,如果中国军队到来,他

　　① 邵循正,等:《中法战争》第三册,第568页。
　　② 邵循正,等:《中法战争》第三册,第569页。
　　③ 邵循正,等:《中法战争》第三册,第569页。
　　④ 邵循正,等:《中法战争》第三册,第152页。

可用直径 14 公分或 10 公分的榴弹,使他们不敢动。……12 点 30 分,第一批小艇移动,向着他们的战舰开去;1 点 10 分,它们都离开了海滩。在他们的后面,蝮蛇号殿后,远远地向四周发炮。1 点 30 分,陆战队都回到他们战舰的边沿。"①此役,击毙"加拉利桑尼亚"号战舰陆战队司令方丹,"据清军战报,法军被击毙 300 余人,溺死七八十人,受伤百余人;清军伤亡 200 余人。据法军统计,法军阵亡 9 人、失踪 8 人、负伤 49 人。据海关统计,清军死 80 人、伤 200 人。"②

　　"自是法人不敢复犯沪尾,其据基隆者扼于狮球岭不得进尺寸。"③淡水之役,对清军是一次振奋人心的战役,对法军是一次沉重的打击。孤拔也承认"这是最不合算的战役","损失十分严重"。"这次的失败,使全舰队的人为之丧气,因为事前大家都喜欢说:'这次行动不过是一种军事的游行散步,一枪也不用放的',所以感到的痛苦更为沉重。"④法方自称此次失败,不仅令人丧气,还迟延或阻碍了占领台湾北部的计划,迫使法方永远放弃占领沪尾的打算,对谈判也产生了直接的影响。此后清军还对占领基隆港的法军多次发动袭击,使法军只能株守基隆,法军的足迹并未走出基隆 20 里外,东南沿海的战斗进入胶着状态。1885 年 2 月 1 日,巴德诺致茹费理函中,承认了法军在台湾的窘境:"我们的远征队尚不能摧毁离我们阵地仅二公里的中国人所建筑的工事,甚至矿区亦不在我们的统制之下。"⑤

　　为防止清军将军队及军需品送往台湾北部,孤拔下令自 1884 年 10 月 23 日起调集其远东舰队全部舰只封锁台湾海峡。刘铭传电请李鸿章派北洋舰队前往解围。李鸿章却以"法舰毁闽船不过数刻,万难与敌"为借口,按兵不动。

　　据中方统计,仅 1884 年 12 月 21 日至 1885 年 1 月 22 日,在台湾洋面被法舰击沉或击伤的中国船只达 99 艘之多,遇害者难以计数。

　　"李鸿章以台湾北部势孤力薄,雇英舰威利号载江阴兵 640 人,直隶兵 870 人,于台东之卑南登陆。以支援铭传。"⑥法军加非利亚第三大队 917 人也于 1885 年 1 月 6 日到达基隆。中法双方于 1885 年春在月眉山区展开激烈的攻防战。当时,雾峰林家的林朝栋自备粮饷两月,募勇 500 人,赴援抗法。当时正是台湾春雨季节,将士们奋勇作战。林朝栋与清军曹志忠皆赤脚督战泥淖中,与法军在山区从事短兵相接的游击战斗,遏阻了法军的凌厉攻势。双方处于胶着状态,法方难以取胜。"统计(十二月)初十起至十四日止,我军(法军)与敌相持五日,恶战三日夜。敌兵著雨衣更番接仗。我军力薄,无可更换,将士忍饥冒雨,目不交睫,遍身霑湿……我军计阵亡九十余名,受伤百余人;闻敌亡三百余人。"⑦

　　台、闽之战后,"清政府训斥钦差大臣督办福建军务左宗棠:'当此事机紧迫,仍存湘淮畛域之见,不能和衷协力,妥筹援剿,致台北孤危,贻误大局,定惟左宗棠是问。'"事实

① 邵循正,等:《中法战争》第三册,第 570 页。
② 虞和平:《中国近代通史》第三卷,第 301 页。
③ 邵循正,等:《中法战争》第三册,第 152 页。
④ 邵循正,等:《中法战争》第三册,第 572 页。
⑤ 邵循正,等:《中法战争》第七册,第 292 页。
⑥ 台湾三军大学:《中国历代战争史》第 17 册,第 130 页。
⑦ 邵循正,等:《中法战争》第六册,第 278 页。

上左宗棠无力援救,李鸿章有力不援,"清政府责左不责李,只增湘系的不平。湘淮成见愈深,战争危局愈不可收拾。"①

法国远东舰队封锁台湾海峡后,为加强台湾防务,左宗棠和张之洞等人纷纷建议由南、北洋水师各派军舰组成援台舰队。"拟调派(南洋)兵轮五艘,并咨商直隶督臣李鸿章,于北洋抽调兵轮四五艘,开赴上海取齐。"②李鸿章迫于舆论压力,派超勇和扬威两舰南下,但不久即因朝鲜形势紧张而被召回。在清政府多次催促下,改由南洋水师派出五艘舰船,执行援台任务。这支舰队由提督衔总兵吴安康统领,于 1885 年 1 月中旬从上海出发南下。

(六) 石浦之战

1885 年初,孤拔闻中国军舰组成新舰队,行将援台,乃率巨舰九艘以图阻击。中国舰队系总兵吴安康率领之开济、南琛、南端、驭远、澄庆 5 舰,从上海出发援台。孤拔率法军战舰 9 艘北上阻截,双方舰队在浙东石浦附近海面遭遇。吴以众寡不敌,令各舰驶镇海,"澄庆、驭远两舰逼入石浦(三门湾)。"法舰封锁港口。2 月 15 日凌晨 3 时半,法军派鱼雷艇进港袭击澄庆、驭远,两舰发炮还击。因见港口被封,被迫"嗣开水门自沉","恐船资敌用,不得已而应变自全。""另外南琛、南瑞、开济三舰,因大雾风雨,不能战,亦转舵驶入镇口。"③

法方的资料相对较详细,但说是两舰被鱼雷击中后沉没:④

当凯旋号从 1 月 26 至 31 日在香港滞留期间,波克斯司令告知提督(孤拔),五艘中国巡洋舰刚刚离开上海,开往福州。出动作战的 5 艘敌方战船为一艘木制帆舰、一艘通信舰及三艘巡洋舰,南琛、南瑞及开济号。在每一艘战舰上都有欧洲兵员,共 1 个炮队长及 6 个司炮员,都是德国人。三艘巡洋舰的舰长为德国人,中国人则指挥帆舰和通信舰。

别的消息与在 12 月中即已经为总司令所焦虑的消息相似,说这个舰队想到台湾来,跟我们交战。最简单的办法分明是让它少走一半路,迎头去攻击它,这就是提督决定的计划。

2 月 6 日晚上,(舰队封锁了闽江口),晚上 10 点左右,一个美国领港人,从闽江的一条商船出来,在我们舰队周围徘徊往来。我们捕拿他的小艇,把他带至巴雅号舰上,他供给了了什么情报? 他指出了中国巡洋舰的地点了没有? 这是局外人不能知道的秘密。无论如何,在翌日 10 点,各舰接到命令,准备起碇,各舰长都被召至提督的舰上去了。正午,各舰起碇,向中国北部开行。8 日 6 点,舰队出发,往北上驶。(下午)4 点,提督把舰队碇泊在南关的河口。9 日 6 点,出发,侦察号巡察沿海岸及瓯江,全无敌踪。夜间继续前进。10 日破晓,舰队驶进舟山进口,下午 5 点,杜居土路因号只有 83 吨煤了,提督决定让它回基隆,自己

---

① 范文澜:《中国近代史》上编,第一分册,第 183 页。
② 邵循正,等:《中法战争》第六册,第 28 页。
③ 邵循正,等:《中法战争》第三册,第 304 页。
④ 邵循正,等:《中法战争》第三册,第 574–587 页。

则带领其它战舰向扬子江前去。

11 日晨 10 点,停泊舰队于大赤,海风凛冽,航行很是艰苦。侦察号与大赤的电台取得联系,提督从上海方面获得关于中国舰队最新动态的颇为明确的消息:这个舰队当在三门湾里面。因此,翌日(12 日)正午,重新起碇,这次是回转向南,走昨天走过的路,舰队重新走入舟山群岛中。近晚间,提督规定 6 海哩的速度。舰队在群岛间数多而狭窄的航路中遇到凶猛海流,且时时需要改变航路,是以航行特别困难;(舰只)都熄灭照路灯火,以便乘敌舰只不备而予以突击。天明,舰队又一次到了坛头山岛前面。天色阴沉,下雨。

(13 日)5 点 30 分,走在前面的侦察号打电报说:"5 艘战船在南边!"提督立即发信号:"预作攻击海上敌舰的战斗准备。"7 点,清楚地看见那 5 艘巡洋舰,约在 10 海哩左右,但他们在急速地奔驰。提督升起小旗,这是"以最快速度追上敌人的命令!"。我们的战舰初时占得方便,但不久即丧失便利。中国战舰刚才没有使用完全的火力,现在以全部的速度奔驰了。还不是完全没有希望! 如果我们得将他们赶入三门湾内,它们便不能逃出我们的手中。这时候,明白看见其中两艘,一大一小,是落在后面,大的似是一只帆舰,小的似是一只炮舰。忽然速度最大的三只巡洋舰改变航向,向南方疾驶,那落在后面的两艘则继续进入湾内。

提督命令凯旋号、梭尼号和益士弼号监视这两艘战舰,自己带着巴雅号、尼埃利号和侦察号追赶那三艘巡洋舰。但它们速度较快,总是往南飞走,船身不久便隐没不见,在这种情况下,追赶是不可能了。现在紧要的问题是把这艘帆舰和炮舰解决。13 日的夜里在不断的警戒下度过。14 日早晨,益士弼号和几只汽艇出发侦察,晓得两艘敌舰是泊在东门岛和石浦汀之间。

(14 日晚)11 点 30 分,我的 2 号小汽艇从巴雅号出发,信号灯熄灭。午夜,杜布克上尉指挥的 1 号艇,从巴雅号出发。涂黑的汽艇互相看得见。(15 日晨)3 点 30 分,我看见在石浦方向有黑的大堆,岸上有五六处火光。我通知哨艇,要它告诉 1 号汽艇,我看见了帆舰,并已迎向前去。距帆舰 200 公尺的时候,是早晨 3 点 45 分,然后开足速度前进。同时,1 号小艇总是在火花中前进。我总是看见它在左舷,因为我被水流推至东方。不久它走至右舷,检查它的水雷,猛迅对右舷射击。我们会集起来:"怎样了? 死 1 人。你那里呢?""没人受伤。我们走开罢。"我们以全部速度开走。有一个时候,看见(帆舰)驳远和(通信舰)澄庆两舰发出两道巨大火光,随后什么也没再看见。这次的成功是完全的,单单死了一人,用了两捆棉火药,就击毁了一艘帆舰和一艘通讯舰。

(七) 镇海之战(又称"甬江之战")

1885 年 2 月 14 日(除夕日)凌晨,开济、南瑞、南琛号驶入镇海口内。2 月 16 日中午,法舰队一分为二,驶离石浦港。凯旋、梭尼、尼埃利返回基隆,孤拔率其余舰船继续搜寻开济等舰的踪迹。十多天后,孤拔发现清军 3 舰已泊入镇海港,旋令法舰队追踪并窥探镇海。

法舰进犯之前,浙江巡抚刘秉璋、提督欧阳利见、宁绍台道薛福成等官员已采取了各种防范措施,在镇海海口钉木桩、沉石船以阻击敌舰;各要隘地区均弥补水雷;所有沿海灯塔、标杆、浮筒全部撤除;在南北两岸的金鸡山和招宝山上增筑炮台;并在显露之处修筑假垒,以虚张声势;调集兵力万人,扼险驻守。命令"两岸炮台及各兵轮,必计弹可及敌船时,始行轰击,否则不准开一空炮。陆师以三队成轮流伺伏,分守墙卡,敌不登岸,不准哗动。又抽调数百人,环伏金鸡山隧道,不准外露"。① 南洋3舰也做好了协同作战的准备,港内另有超武、元凯两舰,合计有5艘战舰。各军归欧阳利见节制号令。

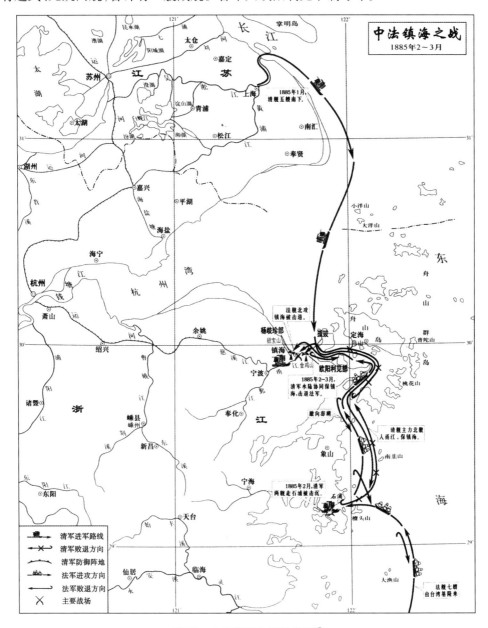

图19　中法镇海之战示意图②

①　邵循正,等:《中法战争》第三册,第286页。
②　中国人民革命军事博物馆:《中国战争史地图集》,第204页。

根据镇海港的地理条件,欧阳利见亲率 6 个营 3500 人守金鸡山,防守南岸;命记名提督杨岐珍率 6 个营 2500 人,驻守招宝山,防守北岸;总兵钱玉兴率 8 个营 2500 人为机动力量,驻防宁波等地,以随时策应镇海。此外,由守备吴杰负责指挥南、北岸上各炮台,并由总兵吴安康统帅 5 艘舰船。

法舰从 2 月 28 日起,多次来犯,势极凶横,但遭到守军兵轮、炮台及水陆各营齐力轰击。3 月 1 日法军向镇海守军正式发起攻击。"十五日(3 月 1 日)已刻,法以一小轮,胆敢冒死冲波,径向游山口泊之江表商轮探信,经招宝台开炮击退。旋见一大黑舰进扑,三船尾随之,猖獗异常。我军(清军)兵轮、炮台齐力轰击,洞穿当先黑舰一只,敌兵被伤不少,犹复拼死抵御。我军水陆愈战愈酣,敌不能支,即放黑烟弥漫海天,图蔽我目。我军觑定黑烟,痛击不缀,当先黑舰败北,衔尾三舰畏不敢进,均退泊金塘外面。""十六日(3 月 2 日)早晨,被伤之黑舰向外洋开去,三船仍泊原处,是日未经接战,迨至戌刻,敌以两鱼雷船意图暗袭,将抵口门,又经兵轮守口之船与炮台齐开枪炮击退。十七日(3 月 3 日)已刻,法又换一黑舰如前来犯,将出游山,即经我军炮台、轮船同时开炮,内一炮击穿烟筒,一中船尾,倒轮而退,其受伤较前次尤重。复又以一大白舰替泊游山,以山为障,驻泊不动。……亥刻果有法小轮两只潜移而至,经伏兵排枪击退。十九日(3 月 5 日)亥刻……馒头山边已有法黑白两舢板傍山蚁附而至。经伺伏之健左营奋开枪力击,两船皆沉。"①

至 3 月 20 日,法军的多次进攻或偷袭均被守军炮火击退,法舰多艘受伤,官兵伤亡数十人。镇海之战的最大战果是孤拔本人中弹身亡,法军因而惊惶失措,法军舰队不得不撤走,镇海之战以法军的失败告终。

有专家考证:"尽管清军对 3 月 1 日以后的战事言之凿凿,但在法国的原始档案中却找不到印证材料。""这位赫赫有名的远东舰队司令在热带地区戎马倥偬的征战生涯中得了肝病,从 1883 年 6 月担任司令一职后又积劳过度,使病情加剧,最后不治身亡。""孤拔忽得痰症,今年旧疾复作,至 6 月 11 号电传中法和议已定,在津画押之信,即于是晚卒于澎湖水师舟次。"②

关于孤拔之死,还有一说:"据法船通事告密,自停战后,孤拔意甚泱泱,屡梗和议,均受法廷申饬。上月二十九日,于澎湖接到电报,中法画押,该酋即举酒痛饮而死,法人皆言其醉死,其实服毒等语。"③

在海战中,法国海军完全控制了制海权,但法军除在马尾海战中偷袭得手外,其余几次战役,都没有得到多大便宜。

在法舰封锁台湾海峡期间,清廷传令设法接济台湾守军,并指示以重金雇佣外国轮船包运或组织民船偷运物资给台湾守军。为抗击外敌的野蛮侵略,全国上下掀起了一场支援台湾的运动。广东省运去各种枪支 3500 多枝和白银 20 多万两;华北数省援送毛瑟枪 5000 枝、克虏伯大炮 16 门和白银 20 万两;上海运送新式黎意枪 1000 枝;两广总督张之洞雇轮船运送饷银 3 万两。福建广大军民冒着生命危险,驾驶渔船、商船,乔装打扮,利用夜

---

① 邵循正,等:《中法战争》第三册,第 280 页。
② 黄振南:《中法战争诸役考》,第 273 页。
③ 邵循正,等:《中法战争》第六册,第 495 页。

色和大雾掩护,神出鬼没地将各种给养、军械装备和兵员源源不断地运送到受困的台湾。台湾岛内的各阶层民众,也在反封锁斗争中积极采取各种方式参加反侵略斗争,大家捐资募勇,各尽其能,奋勇抗争,为台湾抗法斗争的胜利作出了重要贡献。在全国军民的一致抗争下,法军动用 40 余艘军舰和 6000 余人且耗资数亿的台湾海峡封锁行动终于破产。[①]

五、北圻鏖战

1884 年 6 月观音桥之战后,北圻战场沉默了几个月。8 月 23 日马江之战后,法军的战略部署是,在进犯中国东南沿海的同时,又向北圻增调部队,发动进攻,以夺取谅山。清军确定的战略方针是:沿海防御,陆路反攻。于 1884 年 10 月在北圻反攻,分东西两路同时进行。西线战场在红河中游地区,由岑毓英率领滇军和黑旗军主攻宣光等地;东线由广西巡抚潘鼎新率桂军反攻谅山、太原。主要的战斗有东线的朗甲之战、船头之战;西线的宣光之战。目标是争取滇桂两军连成一片,合力归复北越。结果西线滇军唐景崧、刘永福、丁槐等率军进攻宣化,力战大捷。清廷优诏奖之。东线在潘鼎新的指挥下节节败退,法军则步步进逼。清军只得改为西线滇军主攻,东线桂军主守。法军西线受制,乃计划西守东攻,一意进攻谅山。

法军由波也里接替因病回国的米乐,任法国远征军总司令,统率北圻法军第一、第二旅及内河舰队共 18000 余人。法军兵分两路,西守东攻。自法军占领山西、北宁等地后,由于战线扩大,法军兵力不敷分配;由于越南人民的英勇抵抗,法军的后方无从巩固;由于战场转移到山区,法军的武器优势受到一定程度的限制。法军的优势在渐渐消失,战场的形势逐渐发生变化。8 月 23 日马尾之战后,双方都在调兵遣将,直到 10 月初才开始新的战斗。

谅山方面双方都在准备大战。桂抚潘鼎新率大军进驻谅山,"谷松为中路,距谅山120 里,苏元春、陈嘉率 18 营守之;观音桥为西路,距谅 135 里,杨玉科、方有升诸军 9 营守之;车里内接那阳为东路,距谅山 180 里,王德榜领 19 营守之;余淮军鼎字 5 营、桂军龙字5 营皆在谅,魏纲鄂军 8 营在关内,马盛治桂军 3 营防新街,在西路之西"。[②]

（一）郎甲之战

1884 年 9 月中旬,东线桂军 8000 人分兵两路向北圻进军,进抵船头(今陆甲)、郎甲;广西巡抚潘鼎新率部驻扎谅山,策应两路。10 月,法军副司令尼格里率法军主力 3000 人攻占郎甲村,方友升虽率部顽强抵抗,但因准备不足,力量悬殊,被迫撤出朗甲。此役,清军伤亡 700 余人,毙伤法军 100 余人。

二十日辰刻,法教各匪约二千余人,乘雾来犯,突围方友升行营。镇南副中营营官王绍斌,争先冲阵,下马抢夺该匪炸炮,被击阵亡。方友升率队极力堵剿,自辰至未,鏖战四时之久。方友升手腕被炮击穿,犹复左手持刀杀贼多名。哨弁勇丁同时阵亡者三百余名。

① 　中国人民革命军事博物馆:《中国战争发展史》,第 675 页。
② 　邵循正,等:《中法战争》第三册,第 77 页。

彼此厮战之际,炮毙落马法目数名。事后据南官探报,法匪及麻邪教匪伤亡亦几百人。①

法国人的记载为:②

1884 年 10 月 8 日(八月二十日),我军出发,时间为早晨 5 点半。纵队在保禄的十字路口,看见朗甲方面有敌方的旌旗。至 9 点半左右,两个哨探回来报告,在距离此间约五六百公尺远的大路中间竖有一面旗,看见中国正规军。佛杜尔上尉带了前锋的几个士兵,快速地追袭这些敌军,跟他们一起跃过壕沟和一道拦路有枪眼的土墙;后又继续前进,直至北面的出口。

在北面的山上,可以看到无数的旗帜,邻近的庙宇和树林都有敌人固守着。这里是敌军阵地的中心……中国军队做好了朗甲村的防御工事,在围墙的前面挖了一道壕沟,围墙遍设炮眼。而且门户又由栅栏遮住,与村西南方尖角相连的为池沼,使人很不容易进入。敌军约有四五千人,其中约有 700 人在郎甲。

炮队在 300 公尺的地方,对郎甲开火……炮队的火力获得的第一效果是使村中防守军的激烈步枪声渐渐减低了。10 点,两个连开始行动,他们绕着小树林前进,行军极端辛苦,有十余人中暑了。防守的中国军队,对这两个连开枪,即向他们看见草动,猜想有人的地方射击。11 点左右,嘉扬连踏上至郎甲高塔的小径。这个高塔和附近的房屋都有一道土墙围绕,土墙遍设炮眼,中央并筑有堑堡的防御工事。在炮眼边的中国军队看见纵队先头部队出现时,便立即开枪。季奴连便前来帮助嘉扬连,季奴连前进很快,这一方面的战斗很为激烈,但郎甲的防守军被包围了。

同时在官道方面战斗继续进行,111 团的各连,不久即为从后面打来的加入了战斗的中国诸路军所发出的大量子弹所侵扰。11 点半左右,敌军数支强大的纵队在村后列队,有一线密集的冲锋兵在前,往前推进。一当我们的士兵入据了阵地,中国纵队的前锋,被我们的机关枪和排枪所压制,停止不前,他们不久便乱转起来,然后逃走。

这边敌人的攻击刚被打退,另一攻击又在我们的右方发出了。据守郎甲东边山岭的中国军队集合起来,行动目标在于夺取我们的炮兵阵地……尼格里将军决定暂时不理郎甲村,先越过这村,夺取庙宇和北边的小堡。我们的炮兵继续射击,直至最后一刻。我方士兵越过墙垣,肉搏战于是在平道上和塔内展开,中国军当场遭受杀戮。马雅上尉马上派一排人守住塔,自己则与其余部下进攻北边的堡垒,他夺取了这个堡垒,并以排枪火力追赶中国纵队,中国军向谅山方向退却,丢下郎甲村的防守军。

1 点左右,夏贝衣中校得到命令,带 111 团的两连冲锋。1 点半,因我们的队伍已逼近北面一带,中国军曾有两次,想从东面和东北尖角冲出郎甲。郎甲敌军作顽强的猛烈的抵抗。2 点 10 分,冲锋的喇叭响了,巴比埃连跑步冲向村子,穿过缺口,和中国军作刺刀战。2 点 20 分,一切都完结了,最后的守军约 150 人至

---

① 邵循正,等:《中法战争》第五册,第 624 页。
② 邵循正,等:《中法战争》第五册,第 382－392 页。

200人都被杀死了。

敌军的损失估计为1000人左右,我方死32名,伤61名。

(二) 船头之战

10月10日至11日(八月二十一日至二十二日),法军进攻船头。广西巡抚潘鼎新奏折:至二十一等日,自朝至暮,法匪立近沿河一带,惟以大炮遥击,未敢前进。我军队伍亦坚不少动。苏元春复率陈嘉,将续运到之神机炮、火箭向匪射击,死伤虽多,仍坚扎未退。相持至二十二日天明时,法目由船登岸,率法匪约二千余人,驱象二只,以神机炮继后,直扑我军。又有教匪七八百人,分作散队,列于近河小岭,牵制后山之兵。陈嘉亲率前营管带黄云高等,齐率奋勇,从中截入枪炮火弹,指定象奴连击,象奴中炮,象遂返奔。黄云高等越沟追杀,该匪死者甚众。趁此得手之际,苏元春飞饬抚标前后两营,直攻近河小岭,以分敌势;又令中后两营驰赴船头,力助镇南各营;又派粤勇于近河小岭对面,遥作抄敌之势,兼顾右路,面面俱进。该匪立脚不定,自天明以至酉末,枪炮之声未绝。法匪死伤尤多,遂登时败退。①

法方的记载为:②

端尼埃上校决定向中国军进攻。早晨5点半,侦察队便开始出动。在船头村方面,激烈的战斗不久即发生。中国军在与我们所占据的地方相平行的高地上掘了一道战壕,两阵相距只有200公尺之远;在这个阵地之外,地面草木茂盛,崎岖难行,又可以看到一连串的战壕,有很多官兵据守。天朝的军队亦发动攻击了,他们从战壕出来,向我们的右翼冲来,想把我们包围。傅列斯特中尉与他们对抗,初时击退他们,但他们不停地进攻。约7点半左右,他们攀登我们所占据的高地的东边斜坡,包围我们的右翼;傅列斯特中尉的队伍向中央阵地退却。两连向我们的右翼开来。

久威利埃上尉为要脱出包围,乃下令冲锋。圣丁尼少尉指挥143团剩下的队伍,抵制中国军。他们以刺刀猛扑中国军。中国军后退数步,143团的残部因得突出,乘机从左边撤走。这时是早晨8点。这次战斗,本由侦察敌情开始,将由加入战线的各队伍继续进行,打了整天。

端尼埃上校看到中国军这样奋不顾身地激烈作战,乃命令各军不再前进,只求保持本日初时所攻占的阵地。他的队伍虽则很勇敢,但在数量上显然不许他们再往前进,以强力夺取在船头大堡前面的所有战壕。他得到了消息,尼格里将军在郎甲获得了胜利,这个胜利将供给他可调动的兵力,足以打败中国军而有余。

敌方的攻击从下午2点开始。一队有相当数量的正规军,向我们的右翼,潜至陆南江边,沿河岸前进。先由炮兵小队发炮,终于把敌军纵队的主力阻住,不

① 邵循正,等:《中法战争》第五册,第623页。
② 邵循正,等:《中法战争》第三册,第392-400页。

能前进。希路兹连在另一边展开战斗,威胁敌人的右侧,所以他们便赶快逃走。自从这次攻击失败,中国军不再对我军作严重的攻势。他们的炮火渐次衰减,我军乘机在高地尖顶上挖掘战壕。

当黑夜来临时战事才停止,我们的队伍便致力于修好战壕,准备好可以击退中国军的所有攻击;但敌人安静地据守在他们的阵地,无何行动。11日晨,中国军开始战斗,其后零星地放几枪,我军无何损失。夜大雨,中国军在焚烧船头的大堡后由官丘撤退,必因郎甲胜利,中国军乃自船头撤退。此役,(法军)死21人,伤92人。

10月10日,法军进攻船头时,遭到桂军的反击,形成对峙。因潘鼎新未及时增援,驻守船头的桂军见朗甲失手,后援无望,苏元春难以支撑,被迫率部后撤。法军因后援不济亦暂取守势。与此同时,西线的滇军和黑旗军进围宣光城,对法军构成威胁,此时东线清军若能配合作战,必将使法军陷于两线作战的困境。但东线指挥潘鼎新为李鸿章亲信,采取了战胜不追、战败即退的方针。东线桂军未能及时以主力反击,只是对法军作小规模的出击,象征性地策应西线进攻,实则株守谅山,丧失了取得战场主动权的有利时机。

(三) 宣光之战

当朗甲、船头酣战之际,西线法军集结在红河中游的宣光城内,尚未及出动。10月初,刘永福和滇军岑毓英部即主动出师,把法军围困在宣光城。从此以后,一直到第二年3月初,双方僵持数月,法军龟缩在宣光城内,近乎弹尽粮绝,岌岌不可终日。岑毓英对刘永福一面利用,一面打击排挤,斥刘永福"野性难驯",滇军总兵丁槐也和刘永福水火不容,甚至挑拨刘的部将黄守忠和刘闹矛盾。黑旗军的饷械弹药,绝大部分被扣留。前线将帅妒功嫉能,倾轧排挤,使部队不能充分发挥战斗力,宣光的法军才避免了全军覆灭的命运。他们把求救信装在竹筒或玻璃瓶内,插杆小旗,写明"有谁拾得此信,报上法国全权大臣者,赏银二十元",投入红河,让它们顺水漂流,向河内法军告急。直到1885年3月,法军得到增援后才解围。

1884年9月起,西线滇军开始进军,不久即与驻兴化等地的黑旗军会合,先后占领了馆司、镇安、清波等地,于10月底兵临宣光城下。

马江战役后,张之洞上奏清廷,举荐吏部主事唐景崧募兵组成粤军赴北圻前线。不久,唐景崧在广西龙州募兵4个营,称广东景字营(即景军)。1884年10月2日,唐景崧率景军由龙州出发,于12月初到达距宣光城仅15公里的三江口,与黑旗军会合。"景字营的到来,使北圻西线清军的力量有了明显的增强。这不仅使兵员数量的增加,还因为黑旗军的作用得以充分发挥。在中法战争正式爆发前,唐曾赴滇、越边境联络黑旗军进行抗法斗争。唐、刘两人互相熟悉,两军易于配合。张之洞又通过唐景崧先后给刘永福解饷15.5万两,使黑旗军得到了宝贵的物质支持。"①

宣光对中、法双方均有重要的战略价值。清军若攻占宣光,则可顺势直取兴化、山西、

---

① 周志初:《不败之败——中法战争》,第118页。

太原,迫使法军从东线分兵,最终形成东西合击河内的态势。对法军来讲,宣光不仅是河内上游的门户,也是整个西线防御的关键。法军若能守住宣光,不仅对确保河内的安全有重要意义,而且可以阻止西线清军增援东线,实现其西守东攻、各个击破的战略方针。

10 月底,清军逐渐形成了对宣光的包围。为了确保宣光的安全,法军于 11 月上、中旬多次派兵增援。法军主要从河内、山西等地溯清河而来,刘永福指挥黑旗军在沿河两岸构筑了防御工事,并用满载石块的船只堵塞河道,顽强阻击前来增援的法军,使法军的增援行动多次被击退。

11 月中旬,宣光地区连日大雨,清河水猛涨,河道畅通无阻。法军乘此机会,再次开始了援救宣光的行动。11 月 18 日,法军指挥官多米尼率千余援军,分乘炮舰 5 艘和木船 10 余只,试图强行通过阻击线。但当法军进入伏击圈时,遭到了黑旗军的袭击。双方激战多时,法军仍无功而退。11 月 19 日,部分法军弃舟登陆,试图从水陆两路突破阻击线。黑旗军由于防御工事尚未全部构筑完成,同时又遭法军的腹背夹攻,被迫撤出阵地,阻击失败。法军随后返回船上,驶抵宣光城,使宣光的防城力量得到加强。

接着,中法双方开始了长达一个多月的包围与反包围斗争。到 12 月初,随着唐景崧景军等增援部队得到达,清军对宣光的包围与封锁得到进一步加强。

1885 年 1 月中旬,清军向宣光发起进攻的部署已基本就绪。兵力的配备是:滇军丁槐部 13 个营共 3000 人,驻扎于城南 1 公里处;唐景崧景军驻城北 1 公里处,担任攻城任务;黑旗军和滇军何秀林部则负责打援和策应。清军投入进攻包围宣光的总兵力约为 1.5 万人。

1885 年 1 月 26 日(光绪十年十二月十一日),攻城战役打响。“五鼓后,丁军袭南寨,乘敌不觉,入据之,纵火,敌开东门往救。谈敬德带亲兵甫至城下,后队未齐,见南门火曰:‘丁军得手矣!’鸣角骤进。敌恐我军遂薄其城也,乃不救南门,专击敬德军,城上、山颠、城外船中,枪炮齐举。我军三面受敌,王宝华继至,与敬德伏岸力战。”① 攻守双方展开激战,清军逐渐占了上风,并攻占了法军大寨,进逼城下。法军撤入城内后,利用坚固的城防工事和猛烈的炮火,暂时阻遏了清军的攻势。27 日,景军“仍列队向东门挑战,法虏据城头,枪炮环击”,由于法军炮火猛烈,清军伤亡较大,攻城受阻。

28 日(十三日),“我军仍列队诱敌,枪炮对击,互有伤亡。赴丁统领营,商必先夺炮台始能攻城。丁统领议用‘滚草法’,度离炮台数百丈,潜掘土为垛,可蔽数人,即伏垛下开濠。掘濠渐长,容人遂多,人行濠中,可避枪炮。乃缚草把长 3 尺,计数万束,滚掷而进,草把墙立,人不受枪”。②

30 日(十五日)“辰刻,积草离炮台数丈,将及矣。余伏兵东门,防虏出援,又伏兵炮台侧。午刻,台内法兵骤出,飞奔东门,城上枪炮齐下,丁军哨官都司何天发搴旗抢登台上,中炮,血肉腾空。两军追击逸虏,枯草为红”。③

31 日(十六日),清军继续进攻。“是时,城之西南北三面华兵逼困,仅东门一面临河

---

① 邵循正,等:《中法战争》第二册,第 166 页。
② 邵循正,等:《中法战争》第二册,第 168 页。
③ 邵循正,等:《中法战争》第二册,第 169 页。

未能合围,河为刘军所扼,舟楫不通。法人用玻璃匣藏求救洋文,上插小旗,写'拾送端雄法国大营者赏二十元'。"[1] "其信内云,系说现在三圻(宣光)城被困,水泄不通,粮草将断,若无救兵,行将全军尽毙。速起大队兵马,到来解围,俾救数千兵士,等语。"[2] 当天,清军终于攻占了宣光南门炮台,歼灭法军数百人,法军被迫退守城内。2 月下旬,清军又连续发动攻城。攻城部队曾采用挖地道、用地雷炸开城墙的办法,数次从缺口处突入城内,但终因法军阻击火力较猛,未能进一步扩大战果。清军的攻城行动使法军感到极度恐慌,不断发出求救信息。波里也不得不从东线抽调部分兵力,继续增援宣光。

刘永福知法军必将来援,"公在此时,即想设计胜他,四处踏看地势,见该处一边大山下,沿河水一边,有大茅坡,横直数里,茅草丛生,为入三圻必经之路。公想用火攻之法,埋药炸其全军。即派差弁,到岑毓英处,领火药二万斤。一面令取干薄大竹数丈长的数百条,中小各竹数百条,饬令木匠,赶造大木箱四五百个,每个入火药四十斤,箱形四方,四边有孔。又将竹锯眼,凿通竹节,大小竹皆用,小竹筒寸大左右,大竹筒三寸大左右,均入饱火药。其木箱四边孔即用小竹通透搭,其大竹筒则长透搭。在芒茅丛生之大路两边,挖掘五六尺深,仍照直横十字,每边藏埋木箱二百余个,又十数条数丈长的竹,凿通,装饱火药,作引入药……正中用布条卷药为线,长二三丈。锄挖之后,埋藏周妥,用泥盖面,并铲芒茅安放,一如茅草稠生,并不知觉。其大路两旁左右,所铲去茅草之地,即筑假新坟甚多……布置已妥,即在里零路设炮垒营寨,在此向他开仗,引其人马入到。"[3]

1885 年 2 月下旬,法军在东线攻占镇南关后,于 3 月初,立即派遣 6000 人进援宣光。黑旗军扼守在要隘左育,因陋就简地构筑工事,阻击优势法军的进攻。东线清军失败,谅山、镇南关失陷后,法军不断增援西线。从 3 月 2 日起,两军展开激战。当法军向黑旗军进攻时,黑旗军略作抵抗即作伪退,把法军引入地雷阵。当火药被引爆后,黑旗军又乘势射击,使法军每跨一步都要付出巨大的伤亡代价,当场死亡 400 多人,残余法军惊慌失措地退回河内。

不久,法军又抽调新的增援部队 5000 人,连续向左育和清军阵地发起猛烈攻击。"法兵到时,公率队出迎,两军交锋,初时,均有伤亡,不分胜负。战到下午,公等各营,未能取胜。……公等力持,战了一日,子弹将尽,屡请岑军救援,岑营按兵不动。"[4] 刘军弹尽援无,逼得退十余里之清水沟驻扎。

是役,"法之官报载,援兵死者 467,其中 25 均系员弁,大约不止此数,尚有土著之兵死者,法人从未计及,观河内医院受伤者之多,几无安置处,法之失利,已可概见"。[5]

由于法军增援部队已与宣光城内守军会合,宣光法军兵力明显增强,清军的攻城计划暂时无法实现。岑毓英不得不命令清军撤退,长达 70 余天的围攻宣光战役宣告结束。

清军撤除宣光之围后,主力部队退守宣光南面的兴化地区。法军则以部分兵力留守宣光,余部撤回河内等地。由于驻兴化等地的清军仍对宣光、河内等地构成威胁,使法军

---

[1] 邵循正,等:《中法战争》第二册,第 170 页。
[2] 邵循正,等:《中法战争》第一册,第 279 页。
[3] 邵循正,等:《中法战争》第一册,第 279 页。
[4] 邵循正,等:《中法战争》第一册,第 280 页。
[5] 戴逸:《中国近代史稿》第二册,第 685 页。

难以集中主力于东线作战。

1884 年 12 月 28 日,"关于中国及东京事件,众议院经四日的辩论以后,不但批准了所要求的 1884 年份的 1600 万,并以 342 票对 170 票通过 4300 万,作为供给 1885 年第一季度战事必须的用度"。① 1885 年初,法国援兵近万名抵达北圻战场,法军再次实施西守东攻的战略计划。1885 年 2 月法军集其河内、北宁、海阳兵力一万人,"声言分两路,一攻谷松,一攻车里",造成"夺谅犯边"的声势,以迫使清政府屈服,并减轻西线宣光的压力。前后发起谷松之战、委波之战、镇南关之战,法军占领镇南关。3 月,清军在北圻东西两线同时发起反攻,取得了临洮大捷、镇南关大捷、谅山大捷。

(四) 谷松之战

1885 年 2 月 4 日(光绪十年十二月二十日),法"全军改向谷松,并攻桂军垒,战守三日,贼炮猛,伤亡多。二十二日(6 日),先锋营陈嘉败退,苏元春所部亦退,总兵董履高率龙字五营援之亦败。诸军皆退之谅山。"②"十一月,王德榜军大败于丰谷,苏元春军不往援。……法兵攻谷松,王德榜怨苏军不救以致丰谷之败,亦不往救,苏军败退威埔,谅山戒严。"③

法方有关记载为:④

> 中国军从他们在下华附近的阵地逃走时是这么快和这么混乱无序,所以人们相信中国军官们将乘黑夜撤退,把他们所有的工事,直至谷松全部放弃。但实际不是这样,中国军队仍然据守离我们哨兵不及 500 公尺远的各堡垒。2 月 6 日 10 点,总司令(波也里)下令给尼格里将军,开始进军。走出下华平原时,前锋队进入狭隘的山谷中,道路沿着一条完全泥泞、但随处可跨跃的小河前进。山谷北斜面的山岭是松伞山的最后分支,各斜坡很为峻峭,满覆高草。前哨部队刚走了数百公尺,即受敌人的枪击。在左方有一群人数颇多的中国军,当是大哨,藏在高草丛中。于是立即命令两连人,以他们的火力互相帮助,向前推进。

> 尼格里将军攀登右边的山岭,视察地势。看见一个由 P 和 R 两堡垒所控制的狭隘地带。再远一点,可看见在谷松附近的许多堡垒。炮队在 O 地架设炮位,先对 P 堡发炮,后又同时对 P 和 R 两堡射击。我们的步兵从一个阵地又一个阵地驱逐敌人,前进颇慢。第五连终于夺取了一个与 P 堡相距不过 300 公尺远的圆丘。炮队在距离这堡不及 1500 公尺的地方立下炮位,射击十分准确,是以敌人即从堡垒撤退。我军在 11 点半做了这堡垒的主人。这个时候,敌人亦已撤出(R 堡)。我们的队伍以强力通过了由 P 和 R 两堡所防卫的通路,进入平原,并夺取了一道很坚固的战壕。

> 非洲营进入平原时,即由一个排士兵作正面进攻,他们随即变成各堡与各暗

---

① 邵循正,等:《中法战争》第七册,第 282 页。
② 邵循正,等:《中法战争》第三册,第 77 页。
③ 邵循正,等:《中法战争》第一册,第 24 页。
④ 邵循正,等:《中法战争》第三册,第 400 – 406 页。

壕集中炮火的靶标。他们得到了两个连的增援。当时炮火很激烈，薛威埃司令认为正面进攻不能成功，乃命令部队向右边的堡垒进攻，同时进攻作为敌人战壕左边支点的堡垒。在这种各方联合攻击下，中国军退却了，我们的部队跃入敌人工事中，时为下午1点。第二旅的寿非营，曾被派往谷松方面去，威胁敌军的撤退。因他们要走的道路十分困难，所以没有及时赶到。三天战争的损失总数为182人丧失战斗力。

（五）委波（威坡）之战

2月12日法军进攻距谅山二三十里的委波，"总兵叶家祥所统淮军鼎字5营先奔"，法军占领委波。

法方有关记载为：①

"7点左右，一直很密的浓雾，似是渐渐消散，8点左右，队伍出动。行军约1小时，纵队只走约两公里半远的时候，便开始听见枪声了。走在前哨的约翰尼奈利上校，看见整个山谷底层都有中国军据守。他爬上山左面最前边的斜坡，看见500至600公尺远的地方，有一座拦堵这个山谷的圆丘，小河顺着圆丘流去，在小河右岸，展开一大片与山谷的方向相垂直的地带，上面满是堡垒。

上校因为要赶开在我们右边的中国军，同时要与堡垒守军作正面的拖拉战，向这个方向派出东京的冲锋兵（越南兵）。我们炮兵使用的那块地方很狭小，大炮常因后震而倒入相连的洼地中去，虽有这些困难，但炮兵可以炮击那个目标圆丘。上尉将他的第二排留下，与圆丘的一些守军相持，他与另一排人则下到大路上来。但中国军先发制人，他们也向前进，并以极多兵力占据阵地，以致上尉不可能往前推进，他只得停留在大路与小河之间，在等待援军到达期间，他和中国军开枪互击。

大雾又浓密起来，再加上火器的烟，我们的炮队无法发炮，缓减火力。当这暂时沉默的期间，中国军以为我们已不愿作战，奋力地进击。他们沿山谷的两边前来，要包围我们，并发出很激烈的枪火。中国军在我们的右边，看见我们单派东京冲锋兵和他们对垒，以为很容易取胜，乃向我东京冲锋兵猛袭，这些安南兵以密集排枪抵御。约翰尼奈利上校命令前去支援，援兵到来助战，战斗至为猛烈。

在这种情况下，我们的侧卫队伍，不仅使中国军远离谷底，而且使他们受到很大的损失，终于停止前进。但他们仍保持原阵地，发出极端密集的炮火，等待浓雾散开，好继续想法把我们赶入河中。这种情况直延长至中午12点左右。这时候，浓雾又开始消散。约翰尼奈利立即采取攻势，与圆丘的敌军作战。这个军集结在圆丘后面，当他们结成多数的时候，便冲出大路上来，坚决地向我们的阵地进攻。一名班长正站在路上，看出敌人的行动，命令对敌人的前头射击，使敌

---

① 邵循正，等：《中法战争》第三册，第411－418页。

人发生一些骚乱。一些士兵离开原处,带刺刀冲入敌人的侧面,后备排及波埃尔连的第一排又同样前冲。

中国军被打败了,因我方强猛追逐,圆丘不久落在我军手中。我们的部队即进驻圆丘上,以密集火力对正在奔逃的敌军射击。因为他们应再回一座很窄的小桥,他们差不多全都在那里被击毙。这时约下午 1 点钟,形势在数刻内转变了。中国军退却了,我军占领他们的防御工事。所有的侧卫部队都回山谷下面来,然后向前推进。在我们左翼的敌人,一看见我们夺取了圆丘,很快停止战斗,向谅山方向退却。我们的炮队随即对大山脉上的防御工事开炮。这时候,又降大雾,敌人堡垒又隐没不见,炮队仍要停止炮火。约翰尼奈利上校决定乘大雾的时机,以很简单的战术,把敌人的阵线攻下来。他的战术获得完全成功,中国军并不防守山隘。一连人爬上斜坡,夺取直接控制通路的堡垒,把敌人驱逐出堡垒。纵队的其余部队继续沿大路前行,敌军的防线被我军从后包抄了。仍留在工事中的中国军人认识到他们所冒的风险,停止了一切抵抗,尽他所可能的速度,沿着大路右边的山脊逃跑了。

委波之战远征军共死 30 名,伤 188 名。死者 2 名,伤者 7 名为军官。

2 月 13 日,"诸军皆溃入关,粮饷、器械丧失殆尽。东西两军相去远,闻调赴援,一日之间号令屡改。比至,谅已失,无可援"。[①] 及东西两路军奉调令来援委波,已至法军之西侧,闻巡抚大营已走,各不敢进战而俱退。"苏元春率军退至谅山,见粮饷山积,惟觅巡抚不得。守至 13 日晚,仍不得巡抚大营消息,乃纵火烧谅山而退。14 日晨法军入谅山城,于大火中夺获粮饷器械甚多。"[②]

桂抚潘鼎新在谅山闻警,乃奏称:"弹粮俱缺,精锐尽丧。"在李鸿章妥协投降方针领导下,他认为"败故不佳,胜亦从此多事"。因此,将士消极惧战,士气异常低落。当法军占领委波后,尚离谅山几十里,潘即弃谅山,当夜遁回镇南关。"潘入关,即退幕府,旋退凭祥,又退梅村,又退龙州,民大哗。"其所部淮军十营,装备精良,不战而溃。"淮军大掠龙州,商民迁徙一空,营官乘乱攫饷还省。游勇水陆肆掠,难民、逃军蔽江而下。关内大震。"[③]

从 2 月 4 日到 2 月 14 日,法军夺取了谷松、观音桥、车里和谅山数百里地方,尤其是法军竟不发一弹、不损一兵就占领了战略要地谅山。潘鼎新把东线战局弄得十分危急。

御史唐森椿参奏潘鼎新临阵脱逃的卑劣行径:"十二月二十二日(1885 年 2 月 6 日),谷松鏖战,诸军请领逼码不得,败守威坡(委波)。二十七日,贼复来犯,正力战间,潘鼎新忽撤龙字等五营回谅山,各军惊恐,二十八日再战,遂至大溃。计该臣拥众万人,已足自卫,而临战撤兵,摇惑众志,其偾事之罪如此。潘鼎新闻前军告警,即于二十八日夜弃谅山、观音崴逃回南关(镇南关),复恐南关被攻,本年正月初五日逃回幕府。惟杨玉科独守文渊,初九日贼犯文渊,杨玉科阵亡。潘鼎新即于是日逃至凭祥。晚得贼入南关之信,复

---

① 邵循正,等:《中法战争》第三册,第 77 页。
② 台湾三军大学:《中国历代战争史》第 17 册,第 127 页。
③ 邵循正,等:《中法战争》第三册,第 78 页。

宵遁海村,再遁龙州,闻有临敌受伤之奏,实则弃军弃地首先脱逃,并未见贼,其退缩之罪如此。"①

（六）法军攻占镇南关

2月12日(十二月二十九日),广西巡抚潘鼎新下令将谅山房屋烧毁,撤离谅山,退守巴坪、文渊。2月17日,法军进犯巴坪,潘鼎新退守文渊。2月19日,杨玉科率所部12营驻扎文渊,保卫镇南关;苏元春驻守关右,互为犄角,潘鼎新自率淮军各营,以为援应。

2月23日(正月初九日),法军进攻镇南关以南4公里的文渊。"法纠大股徒犯文渊,以另股牵制苏军。杨玉科率各营接仗,相持三时之久,枪毙逆众,枕藉道旁,逆队已乱,杨玉科策马往来,勇气百倍。臣督亲兵助战,枪炮声震山谷,逆党纷纷倒地。至午未之交,杨玉科突中逼码(子弹)穿首阵亡……军心不固,法众遂乘夜入南关。"②潘鼎新率部逃到镇南关,当天即逃到内地的凭祥。法军追击至镇南关下,乘夜占领了中越边境重镇镇南关。

法军占领镇南关后,叫嚣要拿下广西,其先头部队一度侵入广西境内10公里处的幕府附近。法军还在关前残瓦废墟上,竖立一柱子,用中国字写着:"尊重条约较以边境门关保护国家更为安全。广西的门户已不再存在了。"中国人用另一具威胁的文字来回答:"我们将用法国人的头颅重建我们的门户。"③另一法国人的描述为:"上面写的大意是:'保卫国境的不是石头的墙垣,而是条约的履行。'"④法军火烧镇南关,炸毁附近工事,并大肆劫掠,后迅速退出镇南关,又退驻谅山。

法国人的记述为:⑤

2月23日,尼格里旅集合在驱驴堡垒的斜坡上,纵队的前面部队于7点出发,循着官道前进。驱驴大平原外的地方,道路崎岖难行,道路的宽度为3公尺,但破败不堪,炮兵骡马经过,甚为困难。中国方面的前线堡垒中没有军队据守,但当我们的前哨走过去,受到四十名左右敌方侦察部队的枪击,时为9点30分。他们看见我们的前哨继续沿大路推进,即快速后退。敌军要去占据一片与大路成垂直方向的地带,敌军在那里得到了增援,向我们纵队发出相当激烈的炮火。

尼格里将军以东京冲锋兵与敌军对抗,纵队主力继续在狭窄地带中推进。中国军的防御线当然利用这座从同登向关隘方向去的高大断崖。因有小河在它前面作壕沟,接近更为困难;同时有一连串的战壕和一座堡垒建筑在突角上。敌军的右翼依靠那些耸立于河流湾折处的圆丘,一连串的工事和西边的堡垒,被建筑在这些圆丘上,以控制官路的出口。敌人的防线延续到同登村,其后则利用上述岩石崖壁作防线,最后以建筑在镇南关附近的所有山峰上面的工事为终点。

中国军显露出在同登方面有多数的后备军。炮队已获得了增援,我们的前

---

①　邵循正,等:《中法战争》第六册,第486页。
②　邵循正,等:《中法战争》第六册,第344页。
③　邵循正,等:《中法战争》第三册,第530页。
④　邵循正,等:《中法战争》第三册,第432页。
⑤　邵循正,等:《中法战争》第三册,第423–433页。

哨,慢吞吞地在大路上和大路的左边前进。在右边,已经把圆丘 D 的中国军驱逐出去,在那里布好了阵地,与敌军冲锋兵的左翼交火。直至目前,敌我双方只限于作试探性的接触,但战斗不久即进入一个较激烈的阶段。

对着我们左翼的中国冲锋兵放弃了圆丘 B 和 C,向西边的堡垒方面退走。尼格里将军于是命令纵队向前推进。集结在同登谷中的中国军欲包围我们的两翼。对我军左翼的攻击来自西边的堡垒并上溯至山谷。但炮兵把他们阻住了。敌军冲锋兵又来据守圆丘 B 和 C,我军用一组榴弹驱逐他们。这时候,(法方援军陆续投入战斗),使中国军终于退却。他们从那时起,整天内在这方面对我们不再企图有所动作了。

对我们右翼的攻击是在罗北炮队所占据的圆丘方面。中国军得到极多的增援以很激烈的炮火向罗北炮队射击,该炮队的形势不久便危急起来,尼格里将军命令两连法兵增援他们,负责把中国军驱逐出那些高地。这两个连在炮兵的保护下,坚决地前进。下午 1 点时,他们逼近了中国军,他们击退了敌军,即在敌人刚放弃的高地上布阵。中国军对我军两翼的进攻都被击退了。尼格里将军下令采取攻势,向岩石突角前进,以刺穿敌人防线的中心。

我们炮兵的全部火力便集中到装有克虏伯大炮的那些堡垒上。中国炮手以海军第四炮队为目标,且能相当快地射击,不过他们的炮火很快停息。同时,我们的步兵向前推进。爱尔明加中校指挥队伍,追赶向室溪方向退却的敌军,对奔逃的中国军发出密集的枪火。在岩石山岭上面,两连法兵平行地面向着中国大路的方向前进。天朝的军队尚据守着一些孤立的岩石,但我们的队伍很快地将其夺取。4 点 30 分左右,他们完全溃败,退入中国境内不见了。

现在只剩下 M 地力量相当大的敌军,占领同登的东京冲锋兵向官道上推进,对此作正面的攻击,炮队轰击中国阵线、大路上的据点、甚至镇南关。法兵企图从侧面夺取敌人阵线,中国军后退了。于是开始追赶敌人,炮兵依炮队的梯形阵前攻,伸长他们的射击,朝着向关隘方面走去的中国部队发炮,对着筑在关门前面的堡垒发炮,对镇南关门射击。下午 5 点 30 分左右,部队主力已经抵达中国边境了。辎重队于晚间到达。我军在镇南关之战所受的损失:军官死 1 人,伤 1 人;士兵死 8 人,伤 45 人。

旅部官兵当 24 日的整一天都在镇南关度过。这一天的时间,利用来收拾敌人所遗弃的战利品,共有克虏伯大炮三尊、机关枪两尊、各式步枪、军火、无数的火药瓶、水雷、炸药、棉花药、钢铁板、水底电线、军用衣服、大量的帐幕、大米、大炮、机枪、炮弹以及其它物资,应当保存的即于当天送至谅山。步枪和子弹都堆起来,到晚上点火烧毁。预备了火药坑,炸毁官道通过的两座穹窿(指镇南关和关隘)、中国关卡的房屋、安南关卡的建筑。

25 日早晨 10 点,所有在关隘驻扎的队伍都向同登移动。(下午)2 点,关门即要爆炸了。

谅山、镇南关的溃败,后果极其严重,影响遍及全广西。据彭玉麟、张之洞等奏折称:

"龙州为全军后路,商民惊徙,游勇肆掠,逃军难民蔽江而下,广西全省大震,自太平、南宁以达浔、梧,皆电报所通,水路所达,纷纷告急请兵,桂林空虚,倥偬筹备。"①当时前线没有一支能战的军队。

2月25日巡抚潘鼎新退奔龙州,各军皆溃败逃走,前线指挥瘫痪。1885年2月,新任两广总督张之洞为挽回不利形势,起用年近70的退职老将冯子材为广西关外军务帮办。此前李鸿章还反对启用冯子材,认为他年龄已老,精力不足,听其告老家居。冯子材接受任命后从钦州起兵,组成"萃军"10营(因冯子材字萃亭,故称萃军),后又奉诏增招8营,共18营。冯子材率军至龙州,与总兵王晓祺,阻截溃兵,安抚人心,力任大局,众情粗安。冯子材留一部镇守龙州,自带主力至镇南关,法军闻有援军至,乃弃镇南关退守谅山。

法军自镇南关撤退后,即留一部守在关南三十里之文渊州,然后集其军于谅山,大事补充以准备再次进攻镇南关。盖法军以其在台湾、福建方面无大成就,欲以其陆军进攻广西,逼清廷接受其所提苛刻要求。

1885年3月初,清政府通过总税务司赫德的私人代表金登干与法国政府代表于巴黎举行秘密谈判。法国政府为配合和谈,指使其在越的派遣军总司令波里也积极向谅山拼凑援军,相机向幕府、凭祥等地进攻,威胁龙州。同时,原在文渊、谅山待援的法军第二旅,也加紧储备物资,修筑道路,整顿队伍,准备分兵袭取扣波、芄蓊,威胁镇南关清军侧背。

(七) 镇南关大捷

冯子材,广东钦州人,出身贫寒,早年曾加入天地会,后接受清廷招安,归顺朝廷,随向荣镇压太平军,以军功起家,历任广西、贵州提督,1882年称疾告老还乡。1884年中法兵事起,两广总督张之洞奏请启用冯子材在钦州办理团练。其后,又奏请冯子材帮办广西关外军务,冯奉命扎镇南关地区。由于广西巡抚潘鼎新在李鸿章影响下执行退让投降战略,造成广西关外节节溃退,以致法军寇边劫掠。潘鼎新遭到关内外中越人民的诟骂,威信扫地,致使清军广西前线指挥机构陷于瘫痪。冯子材过去在广西提督任内,曾三次出军关外,且"素有威惠,为桂越人心所向,还入关,众心稍定"。②

在法军的严重威胁下,广西前线的防御也作了调整,新任两广总督张之洞启用年近七十的老将冯子材,上谕:"冯子材边情较熟,著传知该提督速赴关外,接统黄桂兰所部,毋稍迟延。钦此。"③冯率萃军18营由钦州开赴前线。同时,右江镇总兵王孝祺率8营勤军援桂。冯子材担任广西关外前线的统帅。他与钦差办理广东防务彭玉麟、两广总督张之洞共同制定了"保关克谅"的战略方针,即保卫镇南关,拒敌于国门外;克复谅山,消灭敌人于北圻。这是一个积极防御和进取的战略方针。

前一阶段战斗中,广西边境五十余营军队,派系复杂,各立门户。前敌将领王德榜(湘军)、苏元春(桂军)、杨玉科(原滇军)都有战功,互不服气,矛盾极深。当时新任广西巡抚李秉衡在龙州集诸将举前敌主帅,王孝祺曰:"今无论湘、粤、桂军,宜受冯公节度。"秉衡

---

① 广西壮族自治区通志馆:《中法战争调查资料实录》,第122页。
② 邵循正,等:《中法战争》第六册,第453页。
③ 邵循正,等:《中法战争》第三册,第87页。

称善。冯子材深得前线军民爱戴,被公推为统帅,统一指挥前线各军,各将领愿受约束。冯虽年迈,但英勇奋发,他的行动又深得当时主张抗法的钦差大臣和西南疆吏的有力支持。

冯子材的军队未到之前,清军在广西前线的兵力共有 50 余营,2 万余人。潘鼎新为推卸战败的责任,竟诿罪于王德榜、冯子材等援军来迟,"所调援军皆落贼后,相距八九十里外,急难赶到。"①张之洞得知情况后,立即电奏朝廷,为诸将申辩。同时令冯子材任广西关外军务帮办,授以镇南关前线指挥权,允许他们相机行事。冯子材团结各军将士,广泛联络边民,加紧修筑工事,做好了反击侵略军、收复镇南关的准备。法军见中国军民声势浩大,于 2 月 25 日,炸毁镇南关,退驻关外 30 余里之文渊城,准备与清军决战。

法军退出镇南关后,冯子材移驻关前隘这一要地进行布防,他与各军将领到前线视察地形,中越边境处多几百米高的山地,清军决定占据地利,选择形势险要的关前隘作为与法军决战的战场。冯子材主张积极防御策略,提出:"与其敌来后战,缓不济急,似不如先发制人之妙。"②镇南关虽险要,但关城和要塞均被法军破坏,且关前狭窄,不是歼敌的理想之地,因而决定在关前隘与法军决战。关前隘在关内十里处,西南经龙门关,有小路可通越南,东为 800 米高的大青山,顶峰向南延伸,经小青山至镇南关口一带,都为陡峭起伏的高地;西为 600 米高的凤凰山,与大青山怀抱关前隘谷地,扼龙门关口,地势极为险要;谷南端的横坡岭为一东西走向的高地,控制着通向镇南关的隘路。冯子材经过勘察,在关前隘"跨东西两岭间,督所部筑长墙三里余,外掘深堑为扼守计"③,截断了隘口,并在东西岭修建了坚固的堡垒群,构成了以隘口、东岭为重点,西岭为依托的山地防御体系。冯子材利用关前隘的有利地形,张开"大鱼之口",诱敌入网,使彼失去快枪致远的特长,扬己马刀近战的特长,准备一举歼灭来犯之敌。

冯子材入镇南关,根据关前隘地势,将集结重组的 18 营兵力做了具体的军事部署:"自任以所部萃军守之,营于岭半;命王孝祺勤军(8 营)屯于其后半里许,以为犄角。当是时,帮办军务署广西提督臣苏元春毅新军、陈嘉镇南军(18 营)俱屯幕府,在关前隘之后五里,蒋宗汉广武军(10 营)、方右升亲军(4 营)俱屯凭祥,在幕府后三十里。潘鼎新率鼎军屯海村,在幕府后六十里。魏纲鄂军屯艽葑,防芄葑,在关西百里。王德榜定边军(10 营)驻关外东南之油隘,专备游击抄截,兼防入关旁路,在关外东三十里。"④广西守御完成,各军构成犄角之势,统一指挥,互为策应,并檄请滇军牵制敌军侧背。

法军攻破镇南关,气焰嚣张,但其战线越长,困难越多。越北山区,道路崎岖,交通不便,法军的重武器难以发挥作用。加上清军大力增援,冯子材调度得当,全军团结一致,决心抗法。清军在数量上占了绝对优势,两军的力量对比已发生迅速变化。

越南人民密报法军将偷袭芄葑,阴谋绕过镇南关,夺取龙州,从北面包围冯军。针对法军的阴谋,冯子材立即调兵遣将。1885 年 3 月 9 日,法派遣军第二旅旅长尼格里派非洲

---

①　邵循正,等:《中法战争》第六册,第 343 页。
②　邵循正,等:《中法战争》第三册,第 88 页。
③　邵循正,等:《中法战争》第六册,第 453 页。
④　邵循正,等:《中法战争》第六册,第 454 页。

骑兵及东京冲锋兵各一部侵占扣波、芤葑。扣波为关前隘右翼的主要据点,在关外西三十里地方;芤葑位于扣波西北五里,沿淇江向东可通龙州,两地的得失对国境防御安危关系重大。冯子材布置防务后,便先发制人,主动出击敌军占据的文渊城,打乱了敌人的部署。冯子材以所部驻龙州的 5 营兵力进攻扣波之敌,以苏元春率领总预备队会同魏纲部进军芤葑。

3 月 13 日(二十七日),"法数十骑率教匪至芤葑,官军先在,惊走;扼扣波之冯军突出奋击,法军败遁"。① 3 月 16 日,(二月初一),"法匪数骑前来探路,我军开队,法匪飞遁。……17 日(二月初二日),法匪 30 余骑,由坤达山驰来。前军中左两营哨,至谷利山。我军瞥见法骑,开炮抄袭,各营亦起队接应。该匪等策马穿林飞遁,我军穷追十里,至茶店,匪等脱帽解衣而走。该处距文渊不远,天晚守军回营。"18 日(初三日)"据报法匪增党千余,分截各处要道。……已定本月初八、初九合战入关取龙等情。思为先发制人之策"。②

镇南关外有三个重要军事据点:南边的文渊州,东边的由隘,西边的扣波。当时文渊州已为法军占据,且为法军之根据地;由隘由王德榜军驻守;剩下扣波一处成为两军必争之地。冯子材预先识破法军攻取扣波以争夺芤葑、高平,从而截断滇桂两军往来通路的战略计划,抢先派兵进占扣波,把进攻扣波的法军逐回文渊州。夺取扣波成为镇南关大捷的必要条件。

1885 年 3 月下旬,冯子材在镇南关探知法军可能于 3 月 24、25 日进兵攻关,冯判断敌必先期行动,"决计先发制敌,群议多不欲战,潘鼎新以士气未复止之,冯子材力争,率王孝祺军于初五夜出关袭敌"。③ "3 月 21 日(二月初五日)二更,当派萃军中、左、右三军各出五六队,并约勤军后应,知会楚军自油村隘(即由隘,亦称油隘)会击。是夜四鼓,我军驰抵文渊。讵法于两旁高山伏贼数千,岭顶又筑三垒。我军弁勇奋不顾身,立破其二,惟石山高顶一垒坚甚未破。伏贼四起,枪炮雨密。萃、勤两军愈战愈厉。初六(22 日)卯后,并分队由山后而上,贼始骇散。因天晚军饥,各暂收队。"④这是关前隘战斗的序幕。此战歼敌数十人,并摧毁炮台两座,巩固了关前隘阵地的右翼,鼓舞了清军的士气,打击了法军的狂妄气焰,意义重大。法陆军提督宓约,志切报复,欲以兵袭夺镇南关西南百三十里之芤葑,而苏元春军亦先敌据地为守,法军以失先机而警走,返回文渊州。

3 月 23 日(二月初七)8 时,在法国政府屡令进攻的催促下,尼格里旅长率法军主力2000 人,"分三支进犯,以两支攻冯子材左手横坡岭炮台,以一支直犯关前隘"。⑤ "冯子材告诸军曰:'法再入关,有何面目见粤民? 何以为生!'……法以开花炮弹循东西两岭进,向下轰击,以枪队扑中路。法谓越人皆冯内应,自以真法兵居前,黑兵次之,西贡洋匪又次之,教匪、客匪在后,炮声震天,声闻七八十里外,山谷皆鸣,枪弹积阵前厚者至寸

———————————

①　邵循正,等:《中法战争》第六册,第 454 页。
②　邵循正,等:《中法战争》第三册,第 91 页。
③　邵循正,等:《中法战争》第六册,第 455 页。
④　邵循正,等:《中法战争》第三册,第 92 页。
⑤　邵循正,等:《中法战争》第六册,第 394 页。

许。"①"冯子材、王孝祺各出军分击，一面飞调驻扣波之杨瑞山、麦凤山拔队前来协剿。苏元春得报，亲督陈嘉、蒋宗汉、方友升各军所部，驰往援应。该逆势甚凶猛，将冯军所筑横坡岭炮台四座夺踞其三，居高临下，燃炮对击，冯军几于不支。"此刻，王孝祺军从小路抄袭敌后，向敌人发起进攻，牵制了敌人正面火力，阻缓了法军攻势。下午四时苏元春部队从幕府赶到，"立即督队登山，抢第四座炮台，该逆拼命猛扑，苏军抵死不退，游击吴芳儒中炮阵亡，勇丁伤亡百余人。冯军凭壕扼守，萃字右军前营管带守备陈志瑞受伤，仍不少却。法逆大股进逼长墙，势如潮涌，枪炮声震山谷。苏元春、冯子材、王孝祺合力往来指麾，更番攻战不息，法始收队。"②当日战事非常激烈，法军一直处于进攻和优势地位，"战至初更，法始收队"。清军则处于据工事死守和劣势的地位，幸苏元春、陈嘉等率军及时赶到，才稳定战局。全军连夜准备明日再战，"我军更番食饭，连夜登山，据墙扼守，严阵以待，未敢歇息。"③

当天，驻在由隘的王德榜军，知镇南关之战已开始，立即按预定计划，"自油隘（由隘）出军夹击，据文渊之对山，与敌鏖斗数时，互有伤亡。遇贼运军火、干饼之驮马无数，逐之，皆返走，法粮械遂不得入关。"④王德榜军牵制了法军的预备队，夺获驮马军火不少，并迫使法军分兵回援。至晚，彼此死伤相当，法军收队，战斗结束。

冯子材等料次日必有恶战，相率露宿，连夜修补营墙，严防以待；飞商王德榜，设法抄袭。清军将士斗志高昂，连夜修补工事，补充弹药。利用这宝贵的空隙，清军重新调整部署，增强了长墙正面的防御力量，并抽调兵力，控制两侧高地。

3月24日（初八日）"清晨，复大战，贼来益众，炮益紧。冯子材居中，苏元春助之，王孝祺当右，陈嘉、蒋宗汉当左路即东岭，敌炮最猛"。⑤清军刚铺排定，法军就乘着大雾猛攻过来，左右两路藉空中开花炮掩护，循东西岭以接近长墙。法军仍用一贯战法："前队枪炮密排，队如山立，连环迭进，任清军枪炮齐击，伤亡不顾，仍步步紧逼，每致退挫。是日，法军由左路进者，经陈嘉等伏壕力御，不能前进。由右路进者，经王孝祺、冯绍金等奋击，虽受创阻，但仍未少作退却。"当时左右两翼基本处于相持状态。由于地形复杂，且大雾弥漫，法军爱尔明加中校差不多用了5个钟头，才走到山顶上。可是他还没有作任何战斗。而尼格里却以为偷袭东岭已经成功，法军遂将主力集中于中路，于11时左右大雾完全消散，法军向长墙发起猛攻。

法军"益以开花炸炮向中路长壕轰击，自巳至申，连绵不绝，尘土蔽天，枪炮子弹积寸许，势甚炭炭。各军静伏壕内，该逆瞥见卡内寂若无人，疑我军皆已溃退，猛力直上。竟薄近壕前"，有的已经越墙而入。敌军的逼近，为守壕墙的兵勇提供了一个消灭他们的机会，"各勇觑准，齐放排枪，法前敌骤倒，正相惊骇"。冯子材、苏元春重悬赏格，又向各统领宣布："凡败逃者，不论何军，皆诛之！"⑥并于各隘设卡，截杀逃者。同时，乘敌军慌乱之际，

① 邵循正，等：《中法战争》第六册，第455页。
② 邵循正，等：《中法战争》第六册，第394页。
③ 邵循正，等：《中法战争》第三册，第93页。
④ 邵循正，等：《中法战争》第六册，第455页。
⑤ 邵循正，等：《中法战争》第六册，第455页。
⑥ 邵循正，等：《中法战争》第六册，第394页。

冯子材下令"突开卡门,大呼一拥而出"。特别是年已古稀的冯子材将军,率二子相荣、相华,"以帕裹首,赤足草鞋,持矛大呼跃出,诸军将领,见冯如此,俱感奋力战"。① "苏部陈桂林、杨昌魁、黄云高由内杀出,冯部冯绍珠、刘积璠、陈荣坤自外夹击。"就连淮军王孝祺过去受李鸿章妥协思想影响,曾由前线败归而为龙州官民所诟病,此时也与诸军共同力战,"皆誓与长墙俱死"。"王孝祺部将潘瀛率先锋袒臂裸体冲入敌阵,故所部勤军伤亡最多。陈嘉争东岭三垒,将宗汉继之,七上七下,陈嘉受四伤不退。至酉末,王孝祺已将西路贼击败后,亲率军由西岭抄敌后,与陈嘉等合击。而王德榜之军,亦自关外夹击东岭之背,遂将三垒全数夺回。是日,王德榜自清晨出军甫谷待敌,援贼至,率队冲之,贼截为二,援贼因回枪击德榜军。我军奋击大胜,部将张春发、肖得龙战最勇,毙法酋、法匪甚多,余众败走,获其骡马五十余匹,所驮皆枪炮弹、面饼、洋银之属。……法鏖战两日,弹码已尽,而后队军火被截,惶惧无措,顷刻间炮声顿息,遂大溃。我军任意斩贼,贼翻崖越溪而窜。教匪路熟先逸,法兵多歼,此战所毙真法兵、黑兵千余,法酋数十,客匪、教匪数百,逐出关十里而还。"② 在各军一鼓作气的冲杀下,"法遂大奔",全线崩溃。在反攻中,"阵斩法酋三画、二画、一画数十级,歼真法兵百千余,教匪、客匪数百"。其攻左右路者,被陈嘉、蒋宗汉、李应章、冯绍金等乘势压下,阵斩三划等法酋数名,法兵数十名。

在关前隘大战时,其他部清军和关外中越军民都进行了有力配合。"关外游勇、越民千余人,闻冯军出战,皆自来助战,伺便随处狙击。"关前隘三路守军大力反击,使敌军极度恐慌,狼狈奔逃。从24日深夜到25日黎明,陆续逃回文渊,已不成军,冯子材带领各军追击,杀出关外。

"我们死70人,伤213人。从镇南关败退时,把13万银元和无数袋面粉扔到河里,把大量作战物资原封不动丢下。"③尼格里的副手爱尔明加中校"命令烧毁文件、档案,破坏电信机器。总是像在谅山一样,为着不拉长纵队,为着可以逃得快一点,为着有多些苦力抬伤员,他命令抛弃回光通信机……并抛弃军官们的行李及堆积在屯梅的粮食和所有的军实物资"。④ 法国人自谓入中国以来从未受此大创。

26日,冯子材率诸军出关攻文渊州,法军败走,退据淇江两岸的谅山、驱驴,固守待援,伺机反扑。冯子材决定不给敌人喘息机会,乘胜进攻。

镇南关战役前,清军在东线战场处于被动退却的状态,此战不仅遏制了法军在东线的攻势,清军从此由被动转入主动,由退却转入全线进攻。

(八) 谅山之战(驱驴之战)

3月24日晚,法军全部撤出镇南关地区,并连夜撤至同登。部队到达同登后决定继续后撤,25日上午撤出同登,26日凌晨1时半到达谅山。

"十二日(3月28日),诸军三路攻谅,法居谅城固守,并扼对河北岸之驱驴墟,墟有王

---

① 邵循正,等:《中法战争》第三册,第79页。
② 邵循正,等:《中法战争》第六册,第456页。
③ 邵循正,等:《中法战争》第三册,第478页。
④ 邵循正,等:《中法战争》第三册,第492页。

德榜旧垒甚固。黎明,王德榜进攻之,士卒多伤,毙其六画兵总一。午后诸军至,王德榜与王孝祺两军战尤力,伤亦多。孝祺部将潘瀛执旗先登,诸军并进,克之。法涉水而逃,并守谅城。十三日五鼓,冯子材、杨瑞山、刘汝奇等潜渡河攻谅,辰刻克之,获其军械粮米无算,皆纳之于官军无私焉。"①

法方记载为:②

3月28日,早晨六点,尼格里将军向前哨出发,看到从北至南流经平原的驱驴河水陡然增涨,他乃转回谅山。七点半,有些敌人的前哨队从油隘来,出现在前面,向罗马尼连开火。当将军抵达阵地时,戈歇隆连亦正在左方与一队中国的前哨接触,但枪火不久便停息。他命令他们后退至驱驴堡垒的轻斜坡上,据守事先定好的作战阵地,这个命令立即执行。

在这时候,旅部全都拿起武器,将军想将中国军队引诱前来攻击驱驴堡垒,并对防守兵力进行周密布置。当我们的队伍各个进驻他们的作战岗位时,中国军亦作调动的战略行动。在他们陆续开至同登和油隘的出口时,他们随即分布在驱驴平原边缘各个山岗上,计划作一种大包围。

直至11点半左右,中国军方露出他们的作战计划:他们的右翼威胁着要冲入石洞堡,像要攻打西边的堡垒;左翼是在想法与寿非营相持,敌人一个纵队向东边的堡垒进攻。所以直接受敌人威胁的是我们的中军阵线。至1点左右,敌人的炮火开始对我们的炮兵射击,炮兵一连死亡了数名炮手。当尼格里将军认识敌人的攻击计划为怎样的情形时,他停止了对于军事行动的各种布置。他认为我军的左翼毫无可虑,敌人主要的攻击是正对着我们防御线的中央部分,而这方面的攻击是没有成功机会的。将军要在左翼和中军作守势,而从右翼取攻势。

2点左右,出现在东坡路上的中国军并未见有什么举动,(法军)没经过什么战斗即据住了山冈,然后炮兵组即开火。向我们极右边进攻的中国军队开始退却,但此时,中国军对我们的中军发动了最激烈的攻击。

大量的后备兵躲在后面,推动冲锋兵前进,别的敌军从左边的高地下来,穿过一个山隘,进入平原,敌人的进攻于是包围了西边角堡垒的突出部分。我们的炮火主要是对这距离约700公尺的山隘出口射击,但经过一些时候,炮烟十分浓厚,使人不能清楚地辨认敌人,尼格里将军命令停止发炮。

他让那些放出很强烈枪火的中国军,直前进至距离300公尺的地方。这时我方的大炮突然地、很强烈地响起来,五分钟之后,中国军受了意外的轰击,被消灭了,他们的进攻忽无踪影了。敌人代替进攻左边山港部队的援军,这时又开始从很远的距离放出密集的枪火。

3点15分,中国军队的进攻已经被我军击退,尼格里将军从西边的堡垒出来,向阵线的右翼前进,他刚走了几步,一弹打中了他的胸部,受了很重的伤。他让爱尔明加中校担任军事的指挥。

---

① 邵循正,等:《中法战争》第六册,第456页。
② 邵循正,等:《中法战争》第三册,第466–477页。

爱尔明加利用黑夜,分成两纵队退至谷松和屯梅。他报告尼格里将军,中国军在驱驴前面仍然出现很多部队,我们又要受敌人前后的夹攻了,他现在决定撤出谅山。尼格里将军提出反对意见,这些话开头似是动摇了爱尔明加的撤退决心,但他的迟疑不决并不长久。他看见在驱驴西边的敌军阵线;又听到谣传,有大量敌军增援过来,好像是在袭击威胁我们与船头的交通线。这些使他又拿定主意,撤出谅山。

另有记述可以印证:"尼格里将军在谅山镇外一次骑兵侦察中遭到攻击并负了伤。他的副手厄尔宾格(爱而明加)上尉在接任指挥时决定撤出谅山。于是法军惊惶失措,抛弃了全部行装和大炮,狼狈向山上溃逃。"[1]

29 日巳刻,清军一举攻克谅山省城,30 日、31 日收复谷松和观音桥。据清方的估计,在镇南关共歼敌千余人,在收复谅山战役中又歼敌千余人。据法军统计,"镇南关一役两天中,法军阵亡 74 人,伤 213 人。"[2] "谅山一役中,我军(法军)这次战事的损失比较不大,因为我们虽受激烈的攻击,但是在掩体下作战。死 3 人,伤 37 人,失踪 4 人"。[3]

法军窜向船头、郎甲,清军乘胜追击,王孝祺追至贵门关,苏元春追至观音桥、郎甲,进占屯梅、谷松。恢复了同年 2 月法军发起北圻进攻前的态势。清军原拟休整十天,然后乘胜收复北宁和河内。冯子材欲规复北宁,越南人民纷纷愿为内应,甚至西贡也约定了内应,逼得北圻法军局促在前线几个据点内。越官北宁总督黄廷经,召集各路义民二万余人,建立"忠义五大团",皆揭橥冯子材军旗号,自愿挑浆饭作向导,随军助剿。此时法军不能再战,即速与清廷言和。及清廷罢战诏下,冯子材愤而请战,不报。5 月 4 日,冯子材挥泪退军,撤入镇南关内,抵龙州,越南人涕泣遮道,龙州军民拜迎三十里外。

镇南关—谅山之役,是在中国近代反侵略战争史上打得最漂亮的一场胜仗,它成为中法战争关系战争全局的一个转折点。消息传到法国首都巴黎后,立即使茹费理内阁在 3 月 31 日垮台。

(九) 西线临洮大捷

在东线关前隘战斗同时,滇军和黑旗军也在西线临洮打败法军。

从 1884 年 10 月至 1885 年 3 月初,法军占据的宣光城一直被黑旗军和滇军围困。1885 年 3 月 9 日,岑毓英派王永山率奋勇千人,"出平鲁社、四美市、雕梁总,一路又招集越民一千五六百人,于正月二十三日(3 月 9 日)突至缅旺,该处法教各匪猝不及防,我军奋勇攻击,遂将缅旺收复,并收复附近之清水、青山两县各寨"。[4]

3 月 12 日(二十六日),即缅旺收复后仅 3 天,"举报有轮船三只,并法、教各匪,由宣光驶回端雄。又报山西、兴化共出法匪四千余人,教匪八九千人,声言分三路并进:一溯

---

① 霍尔:《东南亚史》,第 757 页。
② 邵循正,等:《中法战争》第三册,第 465 页。
③ 邵循正,等:《中法战争》第三册,第 474 页。
④ 邵循正,等:《中法战争》第六册,第 369 页。

流而上,进犯清波;一从端雄至珂岭安平;一从缅旺入猛罗,具抄官军后尾"。①

清军的布置为:"派道员汤聘珍、岑毓宝前往珂岭浮桥布置,并饬丁槐、何秀林稳守宣光旧营;饬总兵覃修纲将所带各营分为五股,卢得志、梁世龙、严宁夏和该总兵督同梁禹福、覃永华各营守清波,李应珍同新附越营张文擎、阮文如、张树春、陈春檀出临洮,黄建荣、岑裕均守锦西,王玉珠、王功诼、汤宗政由美良出不拔县广威府,各路择要,相机扼扎堵剿,并于沿途各村寨招附越民就地成营,坚壁清野。"②黑旗军参加防守临洮的战斗。

从3月中旬起,法军又开始向兴化及其周围地区的清军发动新的进攻,试图进一步改变西线战况。"二月初一、二(3月17、18日)等日,在象山傍村遇贼接战,斩获教匪数十,该匪窜匿象山,坚守不出。又接王玉珠等报,该各营出不拔县燕毛屯各隘,遇贼接战,皆有斩获。"③

3月23日,法军向位于宣光、兴化、山西之间战略要地临洮发起攻击,临洮战役由此爆发。

3月23日(初七日)上午9时,法军首先进攻竹春营地,竹春、陶美率领各族战士,英勇打退敌人多次进攻。傍晚,由当地越南人民组成的越南义勇军,在浮桥边高声呐喊,封锁法军道路,滇军和黑旗军乘势从两侧包抄夹击。法军苦战一天,欲攻不入,欲退无路,忽然发现"横边里许,有河沟……沿沟边水浅处可行……大裤囊兵即尽脱了红水泥衫裤,在河沟边千余套,堆积如山,每人赤条条,仅荷枪沿河沟过水而走"。④同一天,"贼遽以大股(4000余人)并出临洮,包围山围社李应珍、韦云青各地营,覃修纲闻信,立督饬精锐三千人驰援。贼将李应珍营围住,枪炮如雨,李应珍督饬兵勇,坚伏不动,贼渐逼渐近,该营扯动钉子火地雷,轰毙甚多,贼却。良久复进,该营又俟其逼近,枪炮齐击,贼复却。轮番往回,自初七日直至初八日,援兵四集,面面攻击。李应珍率众出营奋击,毙贼百余名,身受枪伤,仍力前阵,斩五画一名,韦云青、沙如理各身受数伤,亦奋进斩三画、一画各二名,斩匪首十余级。贼死力抵拒,覃修纲从后夹击,(越南地方官)张文擎、阮文如、陈春檀亦奋力合击,无不以一当十,阵毙白帽法匪二百余名,红衣鬼四百余名,教匪千余名。战至亥刻,贼大败,四面冲溃。查点兵丁阵亡三十九名,员弁兵勇受伤一百二十余名"。⑤

法军临洮大败,退守鹤江、越池一带。滇军各营在越南军民配合下,乘胜反攻。4月5日,滇军韦高魁部进攻黄冈屯法军。与越南阮绘部协同作战,斩贼数十名,贼力竭,退入兴城。同一天,越南张文擎、阮廷合、潘文泊的队伍,乘夜由临洮渡河,次日晨进攻广威府,与法军激战,歼敌百余人,收复广威。8、9日,滇军王玉珠所部出其不意,连克燕毛、凌霜、洞山、安德等法军四座营寨,又协同汤宗政、黄功泳部进攻梅枝关。法军溃败,遂破关,收复不拔。李应珍会同越南山西副总兵阮文如,进攻鹤江、越池。法军弃营撤退,鹤江、越池光复,越南山西布政使阮文甲也率部收复永祥府。

随着缅旺、广威、不拔等府县的收复,通向西宁、宁平、定南的道路已经打开,为了乘胜

---

① 邵循正,等:《中法战争》第六册,第368页。
② 邵循正,等:《中法战争》第六册,第368页。
③ 邵循正,等:《中法战争》第六册,第369页。
④ 邵循正,等:《中法战争》第一册,第281页。
⑤ 邵循正,等:《中法战争》第六册,第369页。

制敌,岑毓英将原包围宣光的滇军重新作了部署:移提督何秀林一军守道岸、安平府各隘,提督杨国发、刘兴仍守浪泊、珂岭各隘,继续监视宣光之敌。其余各营由丁槐率领,出奇兵直插不拔、广威,沿途广招越南兵民参战。奠边府知府刁文撑及其三个儿子,各带义军数百,愿随丁军作战。越南黎秀英、黎英明等,自告奋勇,领兵为丁军打先锋。山西、河内、兴安、宁平、南定各省的义军,共举义旗,共迎清军。岑毓英计划以丁槐部为主力,在越南义军的配合下,分兵渡河,先取宁平、南定、兴安,使西山、河内不攻自破,西线形势十分喜人。中路的唐景崧部,也和越南军民合作,攻下太原。

法军在东线、西线同时惨败,不仅使法军失去反攻的可能,而且连退居红河三角洲固守的打算也感到极端困难。但正当法军极端不利之时,清政府却采取了李鸿章主张的"乘胜即收"政策,突然下停战诏书,与法国签订了屈辱和约,成为清代历史上"胜仗败约"的典型。中法战争中,中国取得了战场上的胜利,但签订了对中国不利的条约。

六、中法议和

清政府在中法战争期间,始终或明或暗、直接间接地向法国侵略者进行求和活动。李鸿章等人不断制造妥协舆论,说法国即使受挫,也要"因愤添兵,亦无中止之理",竭力怂恿清政府与法国妥协。法国在整个战争过程中,对清政府一直采取软硬兼施的手段,在军事侵略的同时,积极进行政治诱降。特别在战场上失败后,更不断诱使清政府与之进行和谈,从谈判桌上诈取战场上没有得到的东西。

1884 年 10 月,法军在北越战场和台湾取得了一些胜利,但清军仍在坚持战斗。10 月初,法国领事林椿与李鸿章在天津密谋和议。10 月 11 日,茹费理列出法方的基本条款:"中国军队自东京撤退;法国舰队停止作战;批准天津条约及缔结条约所预期的商约;暂时维持基隆的占领,而不让与领土的宗主权,至天津条约完全实行为止。赔偿字样不再提及,但法国保留具有基隆及淡水的海关及矿区若干年作为同等价值(的补偿办法),其年限另行讨论。"①

当清政府正为如何答复法方提议而煞费苦心时,传来淡水大捷的消息,清政府的态度又趋于强硬。李鸿章也不敢接受法国的条款,在 10 月 24 日与林椿另拟和议方案七款②:一、两国所议天津和约仍照办理。但现在情形稍有不同之处,自应酌量续议,另增数款附列于后。二、两国所有台湾、越南之兵,即日电令停战。三、停战之后,中国之兵暂扎谅山、保胜、高平,法国之兵暂扎基隆、沪尾,俟天津条约第五款所载之详细条约会议定夺,即两国之兵各自退回。四、两国即派大臣商议天津和约内之详细商约税则。五、中国允向法国借银 2000 万两,分作 40 年归还,按公道利息计算,以海关作保。候中国铁路建成,法国看中国铁路可以作保,即改用铁路作保,以示两国和好。六、此 2000 万之内,中国准以1000 万购买法国兵船、枪炮以及铁路应用之铁件、机器等,价目准归公道;并准以 1000万两中国取现银,为铁路等项之用。七、两国军事平定后,中国须自办铁路等事,允向法国

---

① 邵循正,等:《中法战争》第七册,第 266 页。
② 邵循正,等:《中法战争》第五册,第 626 页。

借用监工、匠头等人,悉照雇用别国人一律办法。"林椿就此去上海与巴德诺会商,法国政府不同意此方案。

曾纪泽时已转任驻英国公使,当中国在谅山失败之后,清廷大言更张之际,曾纪泽函问总理各国事务衙门:"倘法不索兵费,津约仍可否照允?"[①]清军机处拟复文说:"援台入越,已有胜算,廷议惟有重此二者。台虽似危,彼果占据,尽有毙敌之策。论理不当和,论势不必和。况津约作废,曾与美使明言,岂能计及转圜? 刻下彼既探密,自系悔祸,曾纪泽为彼所恶,即为彼所惮。若法人允曾纪泽办理此事,先有彼照会曾纪泽议和,议论之际,约外不添一事。法酋之荒谬,彼果数其罪而斥之,不妨姑允和议,此外则为战而已。至我已进之兵,断不能先撤,彼来犯之兵,亦不准更战,方可开议。此事须于(光绪十年九月)二十一日前复道,曾纪泽不必前赴巴黎,迹近俯就。"[②]

10月21日,法国将茹费理10月11日所提条款告知英国,希望借助英国实现议和。10月中旬,美国政府又一次向法国试探调停条件。11月初,法国表示希望英美共同出面,促进和议。11月初,清廷断然拒绝法方10月11日所提条款,并提出自己的八项条款。

光绪十年(1884年)九月二十四日,清总署又电曾纪泽,提出预拟与法议约八条:[③]一、津约本已作为废纸,今既修和,仍准商议,惟界务商务尚须酌改,总期彼此有益。一、滇粤边外,中国驻兵业已多年,将来勘定南界,由谅山至保胜一带划一直线,为中国保护通商之线。一、中国线界之外,设关通商事宜,将来派员详细定议,总期与两国均有裨益。一、中国之于旧属受其贡献,不预其政。法国只可在越南通商,不应有保护该国之名,嗣后越南贡献中国,即该国一切政令,法国不得阻止干预,以合至理。一、法国应该派公正大臣与中国驻英大臣或文移详议,或同来中国商办。一、中法文字不同,翻译恐涉歧误,此次立约,中国应以中国文字为主,法国应派通晓中国文字之员,详慎翻译,并令画押,以昭慎重。一、现既议和,中国入越之兵,均暂不扎进;法军退出基隆,泊船待议。俟和议就绪,两国定期撤兵。至台湾封口之说,有碍各国商务,应由法国自行撤出,倘以占据基隆为要挟计,和议即难开办。一、两国构兵,中国既费巨款,复添保护在华法人之费,业经数月。马江之战,法人先期攻我水师,至损华船多只,理应计数索偿。今已弃嫌怨修好,中国亦可免索此项巨款,若法国有不允之条,应先赔中国以上各费,再明定和议之局。

曾纪泽以提案内容探询英之外长,英外长大愕曰:"中国提案,是'战胜者对战败者'的提案。"[④]十月初五日总署又电曾纪泽,惟重界、贡二事。纪泽乃另拟八条曰:"一、华允越交外邦;二、越约无碍于华者可允;三、越照旧贡华;四、自谅山东某处至保胜下某处,依线划可分之界;五、华允派员商边界商务;六、华法越兵停战;七、约画押后若干日在北京互换,未换前先撤封口法船,已换即退台北法兵;八、西历本年元旦前中法约仍照行,此约译汉法文各三分。"以此约稿商英外长,英外长曰:"不去保护名,则法功不致尽弃,此稿可送。"乃以示法国驻英公使瓦定效,瓦大怒曰:"有修界事,即无和理。"英人私告曾纪泽道:

①　王彦威:《清季外交史料》卷48,第18页。
②　王彦威:《清季外交史料》卷48,第19页。
③　王彦威:《清季外交史料》卷48,第25页。
④　邵循正,等:《中法战争》第七册,第280页。

"瓦怒未作凭,中国可坚执不遽添让。"①

12月初,法国经英国政府向中国表明和议之基本条件:完全实行李福简明条约;在简明条约全部执行前,法国占据基隆作为担保;"华出价款则可早退"。中法双方各持己见,相持不让,谈判没有进展。

为了推进和议,赫德替清政府拟定了一个方案,主张对李福简明条约附加以下三条解释:②一、条约用三国文字写成:法文、中文及别一国文字。遇有争论时,以别一国文字为准。二、法国与安南的条约,不应有任何损伤中国的体面与尊严的规定,所以法国不应反对安南继续向中国进献例贡,如果安南王愿意的话。三、将来边界,应以一条从谅山南方之一点起,向东至海,向西至缅甸边境的界线,予以修改。如法国同意这三条附加解释,则清政府即可批准李福简明条约。12月底,清廷同意英国政府非正式地把这个方案提交法国。1885年1月7日,茹费理拒绝这个方案,并表示:"现今中国肯听从的唯一谈判者是波里也将军。"③至此英国外相"葛兰维尔自己也承认,英国的友谊干涉已告结束。"④英国之调停实为其本国之利益,英国暗袒法国欲释英法之嫌。故对曾纪泽颇多危言恫吓,继见曾纪泽不为所动,乃故示好,欲借机以巧取缅甸,因而暗鼓动法国再度用兵。

中法战争爆发以来,战争和谈判一直在交替进行。由于清政府迷信调停,遂招致马尾惨败。马尾战后,一方面清政府被迫宣战,一方面幕后调停更加活跃。北京和巴黎之间,通过多条线路,互相讨价还价。第一条线路是通过美国驻华公使杨约翰和美国国务院,杨约翰曾几次到总理衙门,替法国政府做说客;第二条线路是通过德国人德璀琳,他频频往来于北京、上海之间,给留居在上海的法国公使巴德诺穿针引线;第三条线路是通过赫德、金登干和英国财阀伦道尔、英国外交大臣葛兰维尔,直接和茹费理接触。这三条线分别代表美、德、英的利益。⑤

清政府和法国侵略者的谈判焦点集中在三个问题上:一、法国坚持完全批准《天津简明条约》,清政府则要求酌量修改;二、法国要求得到赔款;三、如果法国得不到赔款,则要求在若干年内占据基隆,作为"担保"。调停一直延续了三个多月,到1884年12月,眼看双方尚无妥协之望,调停暂时中断。

调停仅仅中断了一个月,到1885年1月,赫德借中国海关供应船"飞虎"号被法舰扣留一事,和茹费理直接建立了联系。原来,在法国远东舰队宣布封锁台湾后,清政府海关巡逻舰"飞虎"号在台湾海面给各灯塔运送给养时,被法国军舰扣留。孤拔宣称,"除非赫德爵士能在巴黎解决,才能释放"。⑥此即为"飞虎号事件"。

1月7日,赫德秘派金登干到巴黎,进行秘密谈判。"这一使命使金登干先生得与法国内阁总理兼外交大臣茹费理先生直接接触。"⑦

① 邵循正,等:《中法战争》第六册,第153页。
② 邵循正,等:《中法战争》第七册,第285页。
③ 邵循正,等:《中法战争》第七册,第286页。
④ 邵循正,等:《中法战争》第七册,第284页。
⑤ 戴逸:《中国近代史稿》第二册,第691页。
⑥ 中国近代经济史资料丛刊编辑委员会:《中国海关与中法战争》,第190页。
⑦ 中国近代经济史资料丛刊编辑委员会:《中国海关与中法战争》,第188页。

在这次调停中,赫德极力争取把这笔政治交易独揽在手中,以便加强自己对清政府的影响,他抱怨以前的调停活动所以失败是"厨子太多打翻了汤"。清政府满足了他的要求,调停活动从多线联系归并到以赫德为中介的单线联系,甚至李鸿章也被撇在一边。

赫德熟悉中国国情,深谙中国文化,一再向茹费理出谋献策,说"特别需要筹划的是中国的面子","让中国保留名义上的便宜,法国的经营就不会碰到特别的阻碍"。他从以下几方面着手进行调停:赫德通过金登干向茹费理进言,可以不明提占据基隆作为担保的条款,以保全清政府的面子,但是可以在清政府的默许下,继续留在基隆,把撤军日期长期拖延下去,"虽然保证的字样,已经故意避免,但是第三款实际上已提供保证"。茹费理非常欣赏赫德的这个主意。于是在清政府的默许下,法军得以在停战协议生效后仍占领着基隆。赫德解决了担保问题。

赫德又利用战场形势,向清政府施压。2月下旬,谅山、镇南关因潘鼎新逃跑而失守,同时援助台湾的南洋五舰也被法舰追击,清政府惶惶不安,赫德赶紧抓住时机,进行威胁恐吓,要求清廷全盘接受《天津简明条约》。2月28日,赫德电告巴黎,'中国方面允准1884年5月天津条约'。第二个僵持的难点,又以法国得到满足而告解决。

赫德使用"偷梁换柱"的手法,使法国满足了对赔款的要求。当茹费理得到清政府前两项承诺后,曾经表示:"如果条约内任何赔偿都不规定的话,我想法国舆论是不能接受的,应该坚持商务上的真实利益"。赫德在茹费理的暗示下,"提议以商务利益代替赔款",这一点立即为茹费理所接受。他在3月12日致赫德的照会里正式"要求在中国建设铁路的专利"。这样第三个僵持点也解决了,"赔款"换成了"建设铁路专权"。①

谈判过程中,清政府和法国政府之间的一切争执,都以法国要求的全部满足而得到解决。1884年年底至1885年1月间,越北战场上,中法互有胜负。2月初,法军大举进攻,清军节节败退,2月13日法军占谅山。2月23日,法军一度攻陷镇南关,在石浦又击沉两艘清军战舰,法军的胜利加速了和议的进行。另一方面,法舰封锁台湾早已为其他列强所不满,1885年1月法缅条约的签订,加深了英法的矛盾。军事方面,清军正在准备大举反攻。可见,在赫德提出2月28日的草约时,中法的各自处境、相互间的战争形势,以及英法间的矛盾等因素综合在一起,已使得和议时机大体成熟了。2月28日的赫德方案主要有以下内容②:一、批准《中法简明条款》,法国不得另有所求;二、迅即停止战斗,法国立即解除对台湾的封锁;三、法使来京,详议条约,然后规定撤兵日期;四、先由金登干与法国签订初步协议。3月下旬,谈判已进入了对于条约文字的细节修改,这时清军已取得镇南关、谅山、临洮大捷。

战场形势的发展,使中国在军事上、外交上都处于有利地位。但清廷听从李鸿章的决策,决定乘胜而收。镇南关—谅山大捷是鸦片战争以来中国政府军与外国政府军作战所取得的第一次重大胜利,也是法国发动侵越战争以来最大的一次惨败。1885年3月28日,法国远征军司令部从河内电告法国政府:"我痛苦地报告你,尼格里将军受重伤。我军撤出谅山,中国军人数众多,声势浩大地涌出三个纵队,势不可挡地攻击我军在驱驴前

---

① 戴逸:《中国近代史稿》第二册,第692页。
② 邵循正,等:《中法战争》第七册,第293页。

面的阵地……我请政府很快地给我派来增援：军兵、军火、牲口。"①

3月29日晚,镇南关大败的消息传遍了巴黎,引起法国统治集团的极大恐慌,他们非常害怕清军乘胜反攻,这样会丧失全部到手的侵略利益,包括在越南初步建立起来的殖民统治。法国"侵略越南和中国的战争在1883至1885年中所开支的费用达到了34400万法郎",②牺牲了很多人的生命;赋税的增加和物价上涨使人民负担日益沉重。广大法国人民反对这场侵略战争,法军的失败更激起了法国人民的强烈不满,也引起了法国资产阶级统治集团的震动和争吵。3月29日,巴黎报纸对茹费理内阁提出了尖锐的批评,认为镇南关和谅山的溃败,好比1815年拿破仑在滑铁卢的失败,造成了国家的巨大灾难。在法国议会里,激进党领袖和保守党领袖一起向茹费理内阁发起了猛烈的攻击。3月30日,对茹费理内阁久怀不满的巴黎市民涌向街头,举行示威游行,反对血腥的殖民战争,并包围议会,高呼:"打倒茹费理""打倒东京佬!"下午二时众议院开会,"总理主张要求费用有先议权,但是他的提议为306票对49票所否决。内阁阁员们离开众议院,向共和国总统提出辞职"。③

法军攻镇南关而为中国广西协办军务之冯子材所击失败,适逢英人金登干至巴黎,要求放还法舰所扣海关汽船,与茹费理直接商谈,"赫德为中介人,往返折冲,经一月余之商洽,大致已告妥协。"④盖中国当时北京与广西间不能直接通电报,镇南关大捷清廷于派定全权专使时犹不知法之让步为谁之功。清政府丝毫没有考虑利用军事胜利的有利形势,争取较好的议和条件。李鸿章催促清廷:"澎湖既失,台湾必不可保,当借谅山一胜之威,与缔和约,则法人必不再妄求。"⑤赫德也急于4月3日命金登干迅速签订停战协定,他说:"一个星期的耽搁,可以抵消三个月来耐心坚持工作所造成的办法。"⑥于是中法停战协定便在1885年4月4日匆匆签订。

中国任命赫德、金登干为特任议约专使,以全权与法国代表签订停战协定,作为中法间初步之协约。1885年4月4日,中法《停战条件》在巴黎签字。金登干与法国政务司司长毕洛,分别代表中法政府在巴黎签订了停战协定,又称《巴黎草约》。同时,双方还签订了有关停战协定的解释说明书,对有关问题作了具体的规定。

正当前线捷报频传,法国政府倒台,中越军民准备乘胜追击的关键时刻,清政府竟于1885年4月7日下诏停战,清廷"令诸军皆退还边界。将士皆扼腕愤痛,不肯退兵。彭玉麟、张之洞屡电力争(争辩)撤兵。而朝旨以津约断难失信,严谕遵旨办理。又电鸿章,分谕各督抚、统将,言'桂军甫复谅山,法兵即据澎湖。冯子材等若不乘胜回师,不惟全局败坏,且孤军深入,战事一无把握,纵再有进步,越地终非我有。而全台隶我版图,援断粮绝,遗失难复。彼时和战两难,更将何以为继?此时既已得胜,何可不图收束。着该督分电各

---

① 邵循正,等:《中法战争》第三册,第501页。
② 牟世安:《中法战争》,第91页。
③ 邵循正,等:《中法战争》第七册,第390页。
④ 萧一山:《清代通史》第三册,第1085页。
⑤ 邵循正,等:《中法战争》第一册,第26页。
⑥ 中国近代经济史资料丛刊编辑委员会:《中国海关中法战争》,第196页。

营,如有电信不到之处,即发急递飞达,如期停战撤兵,不得违误,致生它变"。①

当法军镇南关战败的消息传抵基隆时,则在基隆法军中引起伤感,法国政府随即训令孤拔准备自基隆及台湾北部撤军。4月4日中法签订和议三条后,13日光绪帝批准天津条约,并命令我国军队撤离东京。15日,法军解除对台湾南部海岸的封锁,次日解除对台湾北部的封锁。

<h3 style="text-align:center">中法停战条件(巴黎议定书)②</h3>

法国外交部政务司司长毕洛及中国海关税务司金登干,今奉中、法两国政府全权命令,将中法停战条款协订如左,并附释义:

第一款、中国允将西历一千八百八十四年五月十一日所订天津条约批准,法国亦惟愿完全实行此项条约,别无他种目的。

第二款、中法两国允俟必须之命令能颁布及奉到后即行停战,法国并允将台湾封港事宜撤除。

第三款、法国允派大臣一员至天津或北京,商定所订条约之细目,然后再由两国订立撤兵日期。

西历一千八百八十五年四月四日,订于巴黎

<h3 style="text-align:center">停战条件释义③</h3>

一、一俟上谕声明实行一千八百八十四年五月十一日之条约,令现在在边境之中国军队撤还边境,所有台湾及中国边境陆路、海面之军事全行停之。在东京之法国司令官亦予以命令,不准军队越入中国边界。

二、一俟中国军队奉到退归中国边境之令,台湾及北海之封锁即时解除,法国大臣即与中国钦命全权从速会订和平、修好、通商之确实条约。至台湾北面法国军队撤退日期,亦与此条约内订明。

三、为中国政府撤还军队命令从速到达云南军队之故,法国政府允许该项命令从东京传递,予以便利,俾得从速达于中国军队之司令长官。

四、因停止战争及撤退军队之令中法两国不能同日达于军中,遂合议将停止战争撤还军队之始末日期议定如下:

德阳关(译音)以东之军队,定于西历四月初十日、二十日、三十日;

德阳关(译音)以西之军队,定于西历四月二十日、三十日、及五月三十日。

司令官接到停战命令,务须转告最近敌人,且禁止军队不得再有战争行为。

五、从休战之日起至条约画押时,两国均不得将军队及战时须用品运往台湾。一俟条约画押及谕旨允可之后,法国即将军舰撤入大洋,中国将开约之商埠仍准法国船只出入。

西历一千八百八十五年四月四日定于巴黎

---

① 邵循正,等:《中法战争》第一册,第27页。
② 王铁崖:《中外旧约章汇编》第一册,第463页。
③ 王铁崖:《中外旧约章汇编》第一册,第464页。

此约之商谈与画押皆在秘密中进行，实英法两国人相商，唯恐中法舆论有所阻扰，故签此初步协约后之互派全权大臣，商谈详细条约，议定撤兵等，亦在秘密中进行。①

清派北洋大臣李鸿章为全权代表，于光绪十一年（1885 年）二月初九日在天津会议。李鸿章认为不赔款免抵押即可欣然，因订妥"宣光以东之军队二月二十五日（4 月 10 日）停战，三月初六日（4 月 20 日）起撤退，十六日撤退完毕。宣光以西之军队，自三月初六（4 月 20 日）起停战，十六日（4 月 30 日）开始撤退，四月十七日（5 月 30 日）撤退完毕。专约一经签字，奉旨允准，法国即将搜查海面兵船全数撤退。中国亦开海口许法商船进出。"当此一切协议只待签字时，中国在镇南关迎战法军之大捷报至。签字因而延后数日。李鸿章电总署言："谅山已复，若此时平心与和，和款可无大损，否则兵又连矣。"②曾纪泽亦言："谅山克，茹相革，刻下若能和，中国极体面，虽稍让亦合算。似宜趁法新执政初升时速办。"③以此清廷于二月二十二日下达停战撤兵之令："奉旨：法人先来请和，于津约外别无要求，业经允其所请。约定越南宣光以东三月初一日止战，十一日华兵拔队撤回，二十一日齐抵广西边境；宣光以西三月十一日停战，二十一日华兵拔队撤回，四月二十二日齐抵云南边界；台湾定于三月初一日停战，法国即开各处封口。已由李鸿章分电沿海云贵各督抚如约遵行矣。惟条款未定之前，仍恐彼族奸诈背盟，伺隙猝发，不可不严加防范。著传谕沿海各省将军督抚并云南广西督抚及各路统兵大臣督饬防军，随时加以探察，严密整备，毋稍疏懈，是为至要，钦此。"④

清政府在取得军事胜利时，坚持接受屈辱让步的条件以媾和，其行事之荒谬，使法国侵略者也觉十分意外。法国侵略者利用清政府的昏庸怯懦和腐败无能，在战争失利的形势下，居然达到了它发动这场侵略战争的主要目的。

不过，当时阮氏王朝态度的变化，也是清政府希望尽快结束中法冲突的一个重要原因。中法战争爆发的直接原因，是法国对越南的侵略及对中国西南边疆的威胁。因此，援越抗法符合中越两国的共同利益。遗憾的是，越南阮氏王朝却是一个十分腐败的政府，它根本没有抵抗外来侵略的勇气和决心。1884 年 6 月，阮氏王朝与法国签订了第二次《顺化条约》，公开宣布断绝和中国的藩属关系，接受法国的保护。同时，越方还将象征中越藩属关系、由清王朝颁发的国印、封册等交法国代表何罗芒当众销毁。更为严重的是，阮氏王朝公开投降法国后，很快改变了在中法冲突中首鼠两端的做法。有几万越军与法军联合起来对付清军，即使是越南国内的抵抗派官员，态度也发生了较大的变化。阮氏王朝改投法国的怀抱，不仅使清政府丧失了援越保藩的理论依据，而且使中法在北圻战场的力量对比，向不利于中方一面转变。既然援越抗法的政治、军事基础已经发生重大变化，清政府不得不调整政策，由原来的保藩固边变为撤兵自保。在当时的情况下，一个自身国力不强的政府，不可能也没有必要投入巨大的人力物力，去保卫一个已单方面宣布中断传统密切关系的邻邦。⑤

①　台湾三军大学：《中国历代战争史》第 17 册，第 133 页。
②　李鸿章：《李文忠公全集》电稿卷 5，第 24 页。
③　邵循正，等：《中法战争》第六册，第 367 页。
④　邵循正，等：《中法战争》第六册，第 382 页。
⑤　周志初：《不败之败——中法战争》，第 152 页。

　　清前敌将士皆扼腕痛愤,不肯退兵,彭玉麟、张之洞等屡次上电力争,提出"和议已画押,奉旨撤兵。窃谓停战则可,撤兵则不可,撤至边界尤不可"。①　总署解释云:"二月二十五日奉旨,撤兵系照津约,断难失信……惟当懔遵前旨,迅速办理,毋误事机。"②清廷执政者为慈禧太后与奕䜣,借鉴与英法联军犯北京之役,谈虎变色,惟恐法军北扰津沽,故亟欲失地求和,必要时体面亦大可以不顾,对战争无信心已到极点,故主张息事宁人为上。法国经镇南关、谅山、临洮诸役后,也无力再战,乃介英人赫德在天津向鸿章求和。张之洞、彭玉麟于天津条约签订后,致电李鸿章:"上年三月十三日五枢出局,随奉电传上谕:'法人无理,已饬决战,嗣后如有以和议进者,定即军法从事!'等因。此次进和议者为谁?望示复。洞、麟叩。北洋复电:顷接电询,已悉。查进和议者'二赤',我不过随同画诺而已。鸿叩。"③

　　1885年5月13日,清廷授权李鸿章在天津与法国驻华公使巴德诺谈判中法正式条约。其实,真正的谈判是在巴黎进行的。1885年2月27日,清政府便通过赫德牵线,授权中国海关驻伦敦办事处的英人金登干与法国外交部秘密议和。中法和约的谈判,是由法国把事先拟定的条约草案交给金登干,由他电告赫德,赫德再交给总理衙门;待清政府提出修改意见,其间也征求李鸿章的意见,然后再经赫德交金登干,由这位英国人与法国外交部政务司副司长戈可当具体磋商。李鸿章和巴德诺在天津的工作是核对细节和约文。清政府所争议的不过是有关"不致有碍中国威望体面"的虚文。

　　李鸿章于1885年6月9日(光绪十一年四月二十七日),与法国公使巴特诺在天津签订《中法新约》,又名《越南条款》《中法会订越南条款》,共十款。"此约签订,越南与中国之藩属关系完全断绝,乃正式成为法国之保护国。且为法人开放云南、广西之门户,达其多年要求通商之愿。"④更何况法国取得大其本国一倍又三分之一之越南也。两天后,法军海军司令孤拔于澎湖病死。6月21日法军全部撤离基隆。7月22日,法军退出澎湖。

　　至于黑旗军,已与越南人民同甘共苦二十年,它久已成为法国侵略越南和中国西南边境的严重障碍。"法人屡为黑旗所败,其蓄志驱除,自在意中。"⑤"法人与刘永福久已势不两立。"⑥"法越构兵,惟刘永福实为劲敌,屡经挫败,必欲得而甘心,使其逞志于北圻。"⑦法军侵占澎湖后,"法约定一月内退澎湖,如刘永福不退保胜,澎湖亦须迟退"。⑧　清政府认为,如采用军事手段消灭或解散黑旗军,"虽足快该夷之意,何以服天下之心"。在中法战争初期,清政府采用借刀杀人的手法,企图利用法军来消灭黑旗军。此时改用软化欺骗手段,从4月到6月,"清政府连下九道命令,采取胁迫诱骗的手段,将刘永福及其黑旗军撤回镇南关内。有仰慕名器之心的刘永福,在中法战争期间就已经接受清朝廷'记名提督'的官衔,战后又抵挡不住清政府的威胁利诱,便于1885年9月,按清政府命令,率部众

---

①　王彦威:《清季外交史料》卷56,第3页。
②　王彦威:《清季外交史料》卷56,第5页。
③　邵循正,等:《中法战争》第二册,第610页。
④　萧一山:《清代通史》,第三册,第1087页。
⑤　邵循正,等:《中法战争》第五册,第384页。
⑥　邵循正,等:《中法战争》第五册,第274页。
⑦　邵循正,等:《中法战争》第五册,第210页。
⑧　邵循正,等:《中法战争》第六册,第514页。

3000 多人撤退入关"。① 刘永福行前有"积谷十余万、大铜炮数十尊、火药枪枝铅弹及战船等，计共尚值银十余万两。……岑军营务处梁道某探悉，来见公曰：'此等重大物件，不能搬运，尔可转拨交给与我军，禀明岑帅毓英存案，点收之后，即登记，由岑帅移行两广督部堂。尔到广东，自然估价，照给与尔收用。'"②刘即将物资交给岑毓英。"1885 年 11 月，刘永福部队到达广西，张之洞认为刘永福'野性未改，不可与他带如此多之人'，勒令只留1200 人，所余一概销差。至于粮食军械折价的款项，张之洞、岑毓英都置之不理。1886 年奉旨特授刘永福为福建南澳镇总兵。黑旗军'自到粤以来，频年裁撤，福屡次哀求，未能邀准'，后来只剩下 300 人。"③

越南条款④

第一款、越南诸省与中国边界毗连者，其境内，法国约明自行弭乱安抚。其扰害百姓之匪党及无业流氓，悉由法国妥为设法；或应解散，或当驱逐出境，并禁其复聚为乱。惟无论遇有何事，法兵永不得过北圻与中国边界，法国并约明必不自侵此界，且保他人必不犯之。其中国与北圻交界各省境内，凡遇匪党逃匿，即有中国设法，或应解散，或当驱逐出境。倘有匪党在中国境内会合，意图往扰法国所保护之民者，亦应由中国设法解散。法国既担保边境无事，中国约明亦不派兵前往北圻。至于中国与越南如何互交逃犯之事，中法两国应另行议定专条。凡中国侨居人民及散勇等在越南安分守业者，无论农夫、工匠、商贾，若无可责备之处，其身家产业均得安稳，与法国所保护之人无异。

第二款、中国既订明于法国所办弭乱安抚各事无所掣肘，凡由法国与越南自立之条约、章程，或已定者，或续立者，现时并日后均听办理。至中越往来，言明必不致有碍中国威望体面，亦不致有违此次之约。

第三款、自此次定约画押之后起，限六月期内，应由中法两国各派官员，亲赴中国与北圻交界处所，会同勘定界限。倘或遇界限难于辨认之处，即与其地设立标记，以明界限之所在。如彼此意见不合，应各请示于本国。

第四款、边界勘定之后，凡由法国人民及法国所保护人民与别国居住北圻人等，欲行过界入中国者，须俟法国官员请中国边界官员发给护照，方得执持前往。倘由北圻入中国者，系中国人民，只有中国边界官自发凭单可也。至有中国人民欲从陆路由中国入北圻者，应由中国官员请法国官发给护照，以便执持前往。

第五款、中国与北圻陆路交界，允准法国商人及法国保护之商人并中国商人运货进出。其贸易应限定若干处，即在何处，俟日后体察两国生意多寡及往来道路定夺。须照中国内地现有章程酌核办理。总之，通商处所在中国边境者，应制订两处：一在保胜以上，一在谅山以北。法国商人均可在此居住，应得利益应遵章程，均与通商各口无异。中国应在此设官收税，法国亦得在此设立领事官，其

---

① 苑书义：《中国近代史新编》中册，第 294 页。
② 邵循正，等：《中法战争》第一册，第 296 页。
③ 范文澜：《中国近代史》上编第一分册，第 250 页。
④ 王铁崖：《中外旧约章汇编》第一册，第 467 页。

领事官应得权利,与法国在通商口岸之领事官无异。中国亦得与法国商酌,在北
圻各大城镇拣派领事官驻扎。

第六款、北圻与中国之云南、广西、广东各省陆路通商章程,应于此约画押后
三个月内,两国派员会议,另订条款,附在本约之后。所运货物进出广西、云南边
界,应纳各税,照现在通商税则较减。惟由陆路运过北圻及广东边界者,不得照
此减轻税则纳税;其减轻税则亦与现在通商各口无涉。其贩运枪炮、军械、军粮、
军火等,应各找两国界内所行之章程办理。至洋药进口、出口一事,应于通商章
程内定义专条。其中,粤海陆通商,亦应议定专条,此条未定之先,仍照现章
办理。

第七款、中法现立此约,其意系为邻邦益敦和睦、推广互市,现欲善体此意,
由法国在北圻一带开辟道路,鼓励建设铁路。彼此言明,日后若中国酌拟创造铁
路时,中国自向法国业此之人商办;其招募人工,法国无不尽力相助。惟彼此言
明,不得视此条约为法国一国独受之利益。

第八款、此次所订之条约内所载之通商各款,以及将订各项章程,应俟换约
后十年之期满,方可续修。若期将满六个月前,议约之两国彼此不预先将拟欲修
约之意声明,则通商各条约、章程仍应遵照行之,以十年为期,以后仿此。

第九款、此约一经彼此画押,法军立即奉命退出基隆,并除去在海面搜查等
事。画押一个月后,法兵必当从台湾、澎湖全行退尽。

第十款、中法两国前立各条约、章程,除由前议更张外,其余仍应一体遵守。
至此条约,现有大清国大皇帝批准及大法国大伯理玺天德批准后,即在中国京都
互换。

此后,清政府又被迫与法国签订了《中法越南边界通商章程》(1886年4月25日),
《中法续议商务专约》(1887年6月26日),主要款项有:①

一、中国开放龙州、蒙自、思茅、河口为通商口岸,法可设驻领事。

二、中国设置领事于河内、海防,日后可派领事于各大城镇。

三、安南华人之待遇,与最优待西国人不得有异。

四、陆路贸易,中国按照海关税则,输入洋货减少十分之四,输出土货减少十分之四。

五、法国享受最惠国之待遇于中国南部与西南境。

1887年6月26日,签订《中法界务条约》,此前双方进行了桂越边界勘界、滇越边界
勘界、粤越边界勘界,并签订了等一系列相应的条约,使法国得到很多权益。

英国当时在中国拥有最大经济利益,既害怕战争会影响它在中国的贸易,害怕法国在
印度支那和中国南部过于扩张势力,又害怕中国抗法斗争的胜利会危及半殖民地统治秩
序,于是积极插手干涉,以期早日结束战争。1885年2月,海关总税务司赫德在清政府的
同意下,派税务司驻伦敦代表,英人金登干,代表清政府赴巴黎与茹费理秘密磋商和款。
在镇南关—谅山大捷前夕,妥协条件就已暗中谈就。

①　邵循正,等:《中法战争》第七册,第447页。

"英国在此战役中，斡旋两造，识透良机，乃于是年冬出兵占领缅甸，就依法国越南之例，使缅甸成为英国之保护国。是中国一纸条约而失掉越南、缅甸、老挝、柬埔寨整个中南半岛上之属国。"[1]英国在 1885 年获得了对缅甸的"保护权"，在 1888—1890 年又取得了对哲孟雄（锡金）的"保护权"。1863 年法国已侵占了柬埔寨，1893 年法国又侵占了老挝，印度支那三国相继沦为法国殖民地，法国将其组成"法属印度支那联邦"。法国势力以印度支那为基地，长驱直入云南、广西和广州湾，并使之逐步变为法国的势力范围。

清政府当时急于停战、签约的原因之一，一种说法，是因为当时"中国的外交和战略形势实际上处于非常不利的地位。中俄关系和中日关系因中国在朝鲜的地位问题而闹得很紧张，而且谣传法国人正想在北面帮助日本人与中国交战"[2]。1885 年 3 月，伊藤博文率领日本代表团来中国谈判，4 月 18 日，中日天津条约签字，事实上承认朝鲜由中日共同保护。几乎在同时，李鸿章签订了两个条约，使中国在两个关系最密切的邻国的问题上都遭到了严重的外交失败。到甲午战争前，中国的藩属已丧失殆尽。藩属丧失的结果，使中国本土暴露在世界列强的刀锋之下，从此各国侵略者开始划分势力范围，并出现瓜分中国的危机。

中法战争对中国早期现代化的演变也产生了影响，针对中国海军力量薄弱的现实，清政府开始加快了海军早期现代化的进程，于 1885 年 10 月设立了"总理海军事务衙门"，负责管理和指挥全国海军，同时扩充北洋海军，并于 1888 年正式成军。1885 年 10 月台湾正式建省，由刘铭传任台湾巡抚，全台共有三府（台湾、台北、台南）、一直隶州（台东）、十二县、五厅。

中法战争充分暴露了清政府腐朽的本质，对清政府"中兴之业"和"洋务自强"的吹嘘是个严重的打击。中法战争促进了中国维新思想的进一步发展，维新人士不仅积极主张学习西方长技，发展近代工业，也开始明确要求改革君主政体，仿效西方建立"君民共主"政制。中法战争也导致了晚清政局发生重大变化，朝政更加腐败，政治制度改革少有进步，为此后的甲午战争埋下了伏笔。

---

[1]　台湾三军大学：《中国历代战争史》第 17 册，第 135 页。
[2]　费正清：《剑桥中国晚清史》下册，第 248 页。

甲午之战

　　十九世纪九十年代,腐败、腐朽的大清政府积贫积弱,成为列强觊觎的对象。在当时所有垂涎中国的新老列强中,与中国一海之隔的日本最具狂热野心。日本经过处心积虑的长期准备,发动了第二次中日战争——甲午之战。甲午战争开始于1894年(甲午年)7月25日的中日丰岛之战,8月1日中日双方宣战,1895年3月9日田庄台之战,清军完败,战事结束。1895年4月17日签订中日《马关条约》。

一、概　述

1868 年,年仅 15 岁的日本天皇睦仁登基,改元明治。睦仁登基后,明治政府大胆革新,采取了一系列有利于日本资本主义发展的措施,大力学习引进西方国家的先进科学技术成果,并改革国内行政机构以适应和促进生产力的发展,使日本迅速走上了资本主义发展道路,国力倍增。早在明治天皇执政初始,日本政府即开始推行"武国"方针,确立以对外侵略扩张的"大陆政策"为基本国策。"大陆政策"也称"大陆经略政策",是指日本用战争手段侵略、吞并琉球、朝鲜、中国和俄国等周边国家的对外侵略扩张政策。大陆政策开始于明治维新初期,明治天皇睦仁发表《天皇御笔信》声称,日本应"开拓万里波涛,布国威于四方"。对日本来说,要向大陆扩展,主要是针对中国和俄国,两国中中国是薄弱环节。而要征服中国必须先征服朝鲜、琉球及中国的台湾等地。因此,明治维新后,在日本刮起了一股"征韩论"的旋风。外务大臣柳原前光称,"朝鲜国为北连满洲,西连鞑清之地,使之绥服,实为保全皇国之基础,将来经略进取万国之本。"朝鲜的战略意义十分重要,侵占朝鲜后,可以在朝鲜建立侵华根据地。然后可以从水路攻击中国,也可以跨过鸭绿江从陆路进攻中国,进而从水陆两路夹击北京。

1874 年日本发动甲戌之战,企图侵占台湾。当时日本羽翼未丰,国力尚弱,发兵侵台纯属冒险,难以长久支撑。巨额的军费,战争的失利,使日本朝野议论纷纷,十分不得人心。同时,清政府派遣沈葆桢为钦差大臣,处理台湾事务,增强了驻台兵力。最后,日本通过外交讹诈,以抚恤、修路、建房等名目勒索五十万两白银而撤兵。通过此战,日本对清政府的腐败无能有了更深的了解,也尝到了战争的甜头,更敢于对清政府进行军事冒险。

1875 年日本政府派代表团到彼得堡与俄国政府谈判,双方签订了《圣彼得堡条约》,沙俄取得了萨哈林岛的统治权,日本取得了千岛群岛的统治权。日俄双方达成妥协后,日本集中精力准备发动中日大战,并把战场选在朝鲜。

甲午战争前日朝关系的进展主要体现在以下三个条约上:《江华条约》《济物浦条约》和《天津条约》。

(一)《朝日修好条规》(即《江华条约》)

经过精心策划,1875 年 8 月,"日本云扬兵轮突入朝鲜江华岛,毁炮台,烧永宗城,杀朝鲜兵,劫其军械而去"。[1] 由于朝鲜守军对日舰进行了回击,1876 年 1 月,日本当局命令陆军中将黑田清隆为特命全权大臣,前往朝鲜釜山"问罪",胁迫朝鲜签订通商条约。并派陆军卿山县有朋到下关,准备在"问罪"失败后出兵。同时,日本派外务少卿森有礼来华,与总理衙门谈中朝宗藩关系问题,表示日本不承认朝鲜是大清国属国。否认《中日修好条约》适用于朝鲜事务,企图阻止中国干预其对朝鲜的侵犯。"贵王大臣云:朝鲜虽曰属国,地固不隶中国,以故中国曾无干预内政,其与外国交涉,亦听该国自主,不可相强等

---

① 邵循正,等:《中日战争》第一册,第 7 页。

语。"①被日本方面作为对朝直接交涉的借口。

李鸿章在致总理衙门的信中说："日本以议和为名,实则备战。"他认为日本侵占朝鲜,大清"东三省根本重地遂失藩蔽,有唇亡齿寒之忧,后患又不胜言"。但是,权衡之下他仍主张采取"为息事宁人之计。至该国愿与日本通商往来与否,听其自主,本非中国所能干预"。② 并劝朝鲜忍辱负重,允许日本通商往来,以"暂弭兵衅"。

1月24日,森有礼专门到保定拜访李鸿章,二人纵谈七小时,森有礼试图通过他影响总理衙门,他说："国家举事,只看谁强,不必尽依条约。"李鸿章答："此是谬论,持强凌弱,万国公法所不许。"森说："万国公法也可不用。"李答："叛约背公法,将为万国所不容。"森说："条约未曾载明高丽是属邦,日本臣民皆谓指中国十八省而言,不谓高丽亦在所属之内。"李鸿章表示反对。会谈结束时,森有礼"务求中堂转商总署,设一妥法劝说高丽"。③ 事后,李鸿章建议总理衙门"缓其逞强黩武之心,更于大局有益"。

1876年2月26日,没有得到清廷有力保护的朝鲜政府,迫于日本武力威胁签订了《朝日修好条规》(即《江华条约》)共十二款,④其大要谓朝鲜为独立自主王国,礼仪交际皆与日本平等,互派使臣,并开元山、仁川两埠通商,日舰得测量朝鲜海岸,日本在汉城设使馆,在各港口派驻领事,日本在朝鲜享有领事裁判权等。这个条约标志了朝鲜对中国形式上的藩属关系已被废除。

(二) 壬午兵变与《济物浦条约》

当时的朝鲜国王李熙,是由旁支继承的,其生父李罡应以大院君身份摄政。大院君一派被日本和西方势力称为"守旧党"。至李熙年长,自行主政,大院君退居二线。李熙王妃闵氏才貌双全,深受李熙宠幸。闵氏家族依仗王妃关系,在日本势力的扶持下把持朝政。《江华条约》《朝美条约》等,均由这个势力主导签订。

由于国库空虚,朝鲜当局不时克扣、拖欠兵饷,官兵的不满与日俱增。1882年7月23日,发放军粮时"米劣斗小,军兵不受,闵妃堂兄闵谦镐不思安抚,提囚滥杀,诸军愤闹"。⑤其时,"李罡应系驻离京二十里之三清洞山下,乱作之际,群往迎归,请其主持大计。而日本人花房义质先驻王京城外,久为群怒所归,闻变逃去。兵民等寻至,尚有七人未走,故遭杀害,且将房屋烧毁。"⑥闵妃闻风躲藏,无从搜获,大院君重新掌握政权。

日本当局获此消息,马上派三艘军舰,上千名水陆军士护送花房义质回朝鲜。一方面让他要求朝鲜赔偿,一方面紧急增调部队。

当时,李鸿章因母去世,回老家庐江(属合肥)奔丧,北洋事务由两广总督张树声代理。兵变发生时,朝鲜大臣金允植正在天津,他得知兵变和日本派兵的消息,马上向张树声求援。张一面命令"派提督丁汝昌酌带快兵船三艘,偕候选道马建忠驰赴查探情形,已

① 邵循正,等:《中日战争》第一册,第294页。
② 王芸生:《六十年来中国与日本》第一册,第128页。
③ 邵循正,等:《中日战争》第一册,第302页。
④ 王芸生:《六十年来中国与日本》第一册,第135页。
⑤ 邵循正,等:《中日战争》第一册,第353页。
⑥ 邵循正,等:《中日战争》第一册,第351页。

于六月二十五日由烟台开行。"①一面上报总理衙门,一面致电李鸿章征求其意见,并催其速回津。

总理衙门批复,同意张树声的处置:"朝鲜久隶藩封……本应派兵前往保护,日本为中国有约之国,既在朝鲜受警,亦应一并护持。庶师出有名,兼可伐其阴谋。着张树森酌派水陆两军迅赴事机。"②

清军三舰抵达仁川时,日舰已先到达,驻扎在济物浦,并在继续增兵,朝鲜方面情形恐慌。道员马建忠让丁汝昌赶紧内渡请援,并让他致书张树声,准许清军抢先进入王城(汉城),平息兵变,以免日军得逞,导致藩属被侵,国威受损。

张树声遵从总理衙门的命令,"派提督丁汝昌等酌带兵船(七艘),并派提督吴长庆统带所部六营,克期拔队东渡。"③吴长庆结拜兄弟袁宝庆的嗣子、营务处会办袁世凯也随军前往。

8月20日,清军先头部队到达朝鲜,开赴王京。25日,清军进驻汉城。27日吴长庆设计拘捕了大院君,并立即押解到天津,后被转送至保定,一直被拘留到1885年9月。28日上午,金允植带着李熙的手书,请吴长庆、马建忠代伐"乱党"。当日方召集驻扎在九州第六军区的预备队赶到朝鲜王京,清军已平息了兵变。日方的军事计划被清军打乱,见清军占据优势,不敢再轻举妄动。不过,日本政府依然态度强硬地向朝鲜政府索要人命赔偿,要求谢罪赔款,并同意日本以保护使馆的名义驻兵朝鲜及修筑兵营。清廷以平息叛乱局面、拘禁大院君为胜利标志,对日本赔款、驻兵的要求并不重视,当下由吴长庆出面协调双方谈判。

1882年8月30日,日朝双方签订了《济物浦条约》和《修好条规续约》。④ 条约规定朝鲜赔偿日本教官等的抚恤金五万元;赔偿使馆损失及兵费五十万元;日本使馆人员及其眷属可以游历朝鲜内地;以及日本公使馆可置兵员若干备警事。《济物浦条约》签订后,日本在保护使馆的名义下,取得了在朝鲜的驻军权,并可以旅游的名义广泛从事间谍活动。

(三) 甲申事变与《天津条约》

壬午兵变的军事失利,强烈刺激了日本政府,山县有朋提出了针对清军扩军备战的意见书,当年天皇下令扩军。扩军同时,日本政府还在朝鲜大力培植亲日势力。这时朝鲜内部的政治派系已有所变化。以闵咏骏为首的朝廷大臣,决意保持为大清帝国的属国,依靠清军遏制日本和其他西方势力的侵入。

在1882年的朝日交涉中,朴泳孝作为朝鲜使臣赴日本谢罪。日本决定利用他扶植亲日势力,于是诱导他效法明治维新,依靠日本的支持促进朝鲜的变法图强,实现"独立自主"。朴回国后,联络洪英植、金玉均等,组成新的"开化党"(也叫"维新党")。于是,昔

---

① 邵循正,等:《中日战争》第一册,第339页。
② 邵循正,等:《中日战争》第一册,第335页。
③ 邵循正,等:《中日战争》第一册,第340页。
④ 邵循正,等:《中日战争》第一册,第367页。

日以闵咏骏为首的开化党变成了保守派。开化党向往资本主义,是带资产阶级性质的改良主义者。"清廷于壬午事变以来,对朝鲜采取了积极干涉政策。中国屯重兵于朝京,以袁世凯办理驻朝通商交涉事务,""他对于干涉朝鲜和排斥日本的事,无不极力为之。朝鲜人民抱有独立愿望,对清廷的干涉和控制,极有反感。开化党从事排清独立,代表了这种民族情绪,另一方面从事亲日,而为日本侵略者所利用。"①

1884 年,日本利用中法战争之机,清军驻朝兵力大为减弱,决定"寻衅图朝鲜",密令其驻朝代理公使竹添进一郎迅速策动开化党发起政变。竹添对金玉均等鼓吹,不可失此良机。还主动帮助开化党制定政变计划。美国公使福久也积极帮助日本人策划。

1884 年 12 月 4 日(光绪十年十月十七日),朝鲜邮局新厦落成,邮政局总办、开化党人洪英植在邮署宴请中国商务总办及各国公使,唯日本公使未到。晚 8 时,酒会会场起火,开化党人拿起预先准备的军械,攻击禁卫军,冲入宴会,射杀朝官,外宾纷纷逃散。深夜,另一队党徒则和日本兵冲进景祐宫,挟持国王,矫令招日本兵保护王宫,杀死辅国闵台镐。第二天,开化党胁迫李熙委任新政府,奉行新政,并由朴咏孝负责兵部,金玉均为左相,洪英植为右相,其余要职都授予开化党人,史称"甲申政变"。新内阁公布了《革新策》草案十二条。其内容"都带有社会改革的进步性,都是企图限制国王和宫廷的权力。新政策的锋芒主要是指向以闵妃事大党为首的守旧贵族的旧势力"。② 让开化党人意外的是,日本要求把国王李熙押到东京拘押,而坚决不同意开化党所主张的关押到本国江华岛。双方为此发生争执。

此时,汉城人心浮动,旧党人员只能纷纷奔向清军军营,向清军乞援。朝鲜政府军奋起勤王,与开化党和日军对抗。

清朝鲜防务总办吴兆有等武将,对这等外交大事不知所措,一面照会日本使馆,要日军撤兵,一面派泰安轮船飞递文书,向北洋大臣请示。兵轮刚出发,朝鲜国王密使金允植、南廷哲到清营求救。这时,探马密报,开化党拟废去国王,改立幼君,依附日本,背叛清朝。关键时刻营务处会办袁世凯警告说:"若再不发兵入宫,不但朝鲜保不住,连我等归路,都要被截断。"于是吴兆有决定出击。在出击前,清军还特意照会日本驻朝公使,要入宫保护。

12 月 6 日傍晚,约二千名驻朝清军在袁世凯、吴兆有、张光前的率领下,分左中右三路,与朝鲜军民一起进军王宫。"日兵和新党军开枪阻击,弹飞如雨,清军和朝军还枪应战。宫门内外遂作战场,日军与新党军不支而退。"③清军和朝鲜军民找回已被挟持到宫外的李熙。"事后检查,清军阵亡者十人,朝鲜大臣被害者十余人,阵亡士兵十余人……百姓死者九十一人,日兵死三十三人,日军大尉矶林真三死于乱军中。""朝鲜人民甚仇日,见日人即打,日使馆被焚。"④另一说为,日使竹添进一郎"自焚使署走济物浦"。李熙获救后,即发表告示,历数金玉均等五人罪状。除洪英植已"为百姓所诛",下令追缉其余四

---

① 王芸生:《六十年来中国与日本》第一册,第 217 页。
② 王芸生:《六十年来中国与日本》第一册,第 217 页。
③ 王芸生:《六十年来中国与日本》第一册,第 218 页。
④ 王芸生:《六十年来中国与日本》第一册,第 219 页。

人。众人估计开化党人已逃到日本使馆，吴兆有让人写了照会，派兵士送给日使竹添进一郎，要他立即交人，可是士兵回报，日本使馆已被烧，人迹全无。后来知道"泳孝、光范、戴弼奔日本"。①

日本政府接竹添急报，立即派外务大臣率大批军队进入朝鲜，清廷也派了钦差大臣带陆军和军舰到朝鲜。对峙中，日军感到清军力量太大，没有获胜把握，放弃了进一步的军事行动，转而采用外交手段。

清廷方面，对于军事干涉取得成效，已属意外，更不愿把事情闹大，特别怕惹出战争。12月15日（十月二十八日），清廷密谕李鸿章云："目前办法，总以定乱为主，切勿与日人生衅。"②清政府没有严厉追究和惩处日本颠覆朝鲜政府、侵朝反华的罪行。只是把扣押在华的大院君放归朝鲜，以求通过他增强朝鲜政府防范日本的能力。清廷派出会办北洋事宜吴大澄、两淮盐运使续昌为正副钦差赴朝鲜查办。日本派外务卿井上馨为全权大臣，赴朝交涉。日方以吴大澄、续昌非全权，权位不相当，不与会议。

参与策动开化党政变的美国人，不仅及时对被赶跑的日本公使表示同情，还多方活动，促进朝鲜对日本的谅解，还帮助日本全权大使井上馨，迫使朝鲜于1885年1月9日（十一月二十四日）与日本签订了丧权辱国的《朝日汉城条约》五条，主要内容为："一、修书谢罪；二、恤日本被害人十二万元；三、杀其大尉矶林的凶手处以极刑；四、建日本新馆，朝鲜出二万元充费；五、日本增置王京戍兵，朝鲜任建兵房。"③

1885年春日本派宫内大臣伊藤博文和务农大臣西乡从道为特派全权大臣，赴华谈判，清廷派李鸿章为全权大臣。3月14日，日使到天津，16日李、伊会饮。日使先进京递国书，再回到天津与李谈判朝鲜问题。日本的目标是，力争实现双方同时撤兵。

4月3日（光绪十一年二月十八日），李、伊第一次谈判。伊言："如中国不肯撤兵，仍留多兵，日本亦须照数添兵；两国兵力不相上下，更易生事。"李言："中国留兵在朝，并非多事，似与日本无涉。"④双方接着又讨论甲申事变的经过与责任，还是谈不拢。4月5日，第二次谈判，专门讨论军事冲突的责任，辩论三小时，仍无结果。4月7日，第三次谈判，李暗示可以撤兵之意。4月8日，日本大使至署晤李鸿章，多次以伊藤回国相要挟，李鸿章怫然道："朝鲜事，中国并未办错，其错处全在竹添；若因此决裂，我惟预备打仗耳。"⑤4月10日，第四次谈判，专议撤兵一节。李："是否日兵先撤？"伊："两国自应同撤，俟四个月后，两国各派官员前往订明，同时并撤。"李："我有一大议论，预为言明。我知贵国现无侵占朝鲜之意。嗣后，若日本有此事，中国必派兵争战，若中国有侵占朝鲜之事，日本亦可派兵争战"。⑥双方议定，两国同时撤兵，两国同有出兵朝鲜之权。

4月11日，中方将条约草案交日方。4月12日，第五次谈判，日方将其条约草案交中方。4月15日，第六次谈判，双方达成协议。

---

① 邵循正，等：《中日战争》第一册，第10页。
② 邵循正，等：《中日战争》第一册，第390页。
③ 邵循正，等：《中日战争》第一册，第10页。
④ 邵循正，等：《中日战争》第一册，第490页。
⑤ 邵循正，等：《中日战争》第一册，第510页。
⑥ 邵循正，等：《中日战争》第一册，第516页。

4 月 18 日,李鸿章与伊藤签订《中日撤兵条约》(即《天津条约》)三款:①

一、两国各撤驻扎朝鲜之兵,自画押盖印之日起,以四个月为期限,限内即行尽数撤回,以免两国有滋端之虞。中国兵由马山浦撤去,日本兵由仁川港撤去。

二、两国均允劝朝鲜国王自练士兵,足以自护治安。又由朝鲜国王选雇他外国武弁一人或数人,委以教演之事。嗣后,中日两国均勿派员在朝鲜教练士兵。

三、将来朝鲜国若有变乱重大事情,中日两国或一国要派兵,应互行文知照,及其事定,仍即撤回,不再留防。

当时,这个和约被李鸿章本人和一些国际友人当作李的外交成就而吹嘘。实际上,此条约大大削弱甚至放弃了清廷在朝鲜的有利地位,使中日两国在朝鲜有同等地位。日后的甲午战争显示出这个条约中存在的严重隐患。

同日,李鸿章附一照会与伊藤博文,声明对中国军人在朝鲜的不小心,将行文戒饬:"如果当日实有某营某兵上街滋事,杀掠日民,确有见证,定照中国军法从严拿办"。② 照会表明李承认日本是站在有理的方面,它不符合历史事实,是李鸿章妥协外交的又一实证。

(四) 中日双方的战争准备

1884 年甲申政变后,东亚的政治形势日益复杂而紧张,列强对朝鲜的争夺越来越激烈。英、俄是这一地区最强大的势力,英俄矛盾支配和影响着其他许多矛盾。英国和俄国都企图利用中朝之间的"宗藩关系",通过控制中国去控制朝鲜。日本随着其政治、经济、军事力量的发展,侵略朝鲜的欲望也越来越迫切。其一手炮制的甲申事变由于中朝军民的抵抗而失败了,又怵于英俄两大势力的竞争、牵制,暂时不敢再进行冒险,拼命加强军备,等待着时局的变化。

美国、德国、法国也蜂拥进入朝鲜。美国的政策是扶植日本,共同侵略中国和朝鲜,还可以对抗英俄。德国、法国也想插手朝鲜,德商世昌洋行一度是朝鲜政府最大的债主,法国也提出给朝鲜政府借款二百万元的建议。这样,甲午战争以前的朝鲜已成为东亚矛盾的焦点。

面对外国的侵略,李鸿章一会儿指望联英以制俄日,一会儿又指望联俄以制日本。这种在列强之间危险地玩弄平衡的政策只能使矛盾更加复杂而尖锐,只能助长列强的野心而加速战争的爆发。清政府还图谋加强所谓"宗主国"地位,对朝鲜的内政外交进行干预,实际上只能被列强所利用。而时任清政府派往朝鲜的交涉通商大臣袁世凯又飞扬跋扈,以太上皇自居,引起朝鲜政府和人民的不满。

日本在列强对峙的形势下竭力加强实力,并且运用外交手段以造成有利于自己的局面。它紧紧依靠美国,又在英俄两大势力间装扮成无害的小伙伴,既争取英国的支持,又努力博得沙俄的欢心。这时候,日本正和英国交涉改约,即修改在明治维新前外国强加于

---

① 邵循正,等:《中日战争》第一册,第538 页。
② 邵循正,等:《中日战争》第一册,第539 页。

日本的不平等条约,主要是废除携带关税、领事裁判权和外国人在日本的租借地,改约交涉经日本历届政府近二十年的努力,尚未成功。日本政府为争取英国支持其侵略中朝,不惜在改约谈判中向英国大幅度出让主权。而英国也乐意拉拢日本以抵制俄国。这样,英日两国出于各自的需要而逐步靠拢,英国默许日本有采取侵略行动的自由,日本也向英国退让,抢在发动战争之前完成了英日改约交涉,1894 年 7 月 16 日,英日在伦敦缔结新约。

俄国也想并吞朝鲜,但当时西伯利亚铁路尚未完工,军事准备尚未完成,又由于受英国牵制,不敢贸然动手。它宁肯让日本带头动手,打开缺口。俄国以为,中朝两国抵抗日本的战争会相持很久,它必定能渔翁得利。它既低估了日本的力量和野心,也没有料到清政府会如此不堪一击,一败涂地。所以俄国一开始对日本的武力侵略方针表示赞许。

日本利用英俄矛盾,使英俄两大势力都站到自己一边,或至少不站在中国一边,国际上的顾虑消除了。到 1892 年,它又完成了海陆军事准备,发动侵略战争的时机逐渐成熟,此时只需要一个开衅的借口。

1878 年,日本设立了参谋本部,即大力推行大陆政策,将中国作为主要的侵略目标。1884 年起,日本开始了长达十年的大陆作战准备。1887 年,日本参谋本部觉得发动侵华战争的时机日近,便发动属员条陈征清方策。现在共发现七份条陈。其中,参谋本部第二局局长、陆军大佐小川又次所作《清国征讨方案》发现最早,也最有名。他曾于 1880 年、1886 年两次来华进行秘密调查,回国后于 1887 年写出了《清国征讨方略》。[①] 这是一个详细的、周密的侵略、分割、占领中国的计划。

《清国征讨方案》共分《趣旨》和《进攻方略》两部分。《趣旨》谈起草此件的宗旨,提出:"应详察邻邦形势,做与之相应之准备,有迅速进取计划,始能鼓舞士气,始能伸张国威,始能富国。而且,于此始能与强邻亲睦,维持和平。于今日优胜劣败、弱肉强食之时,万一不取进取计划,让一步,取单纯防御方略,外则日益招来觊觎,内则士气日益衰败。"《进攻方略》包括《彼我形势》《作战计划》和《善后》三篇。《彼我形势》主要分析当时中国政治腐败、财政困弊、军备薄弱、民心涣散等情况。指出:"近时清国虚张声势,又努力扩张军备,但于杜绝百弊渊源、铺设铁路、实施义务兵役法、实行军政一体化之前,不能称为真正强国。""观察清国势力,现今之清国同安南战争前之清国,绝无大差异……因此,乘彼尚幼稚,断其四肢,伤其身体,使之不能活动,我国始能保持安宁,亚洲大势始得以维持。""今日乃豺狼世界,完全不能以道理、信义交往。最紧要者莫过于研究断然进取方略,谋求国运隆盛。"《作战计划》提出的日本对华作战的总目标是:先由日本海军击败北洋舰队;攻占北京,擒获清帝,迫其结城下之盟。为达此目的,应派出 8 个师团,其中常规师团 6 个,后备师团 2 个。全部远征军应分南北两部:北方 6 个师团,在海军掩护下运至直隶湾,从山海关到滦河口之间登陆,然后以两个常备师团南下,进占通州,即可"以通州为临时根据地,努力把地方物资集中于此,并立即围攻北京"。南部两个师团,同海军一起进入长江,并占领各沿江重镇,如南京等地。《善后》是关于战后处置中国的计划。认为"清国虽困弊衰败,但仍是亚洲大国。为使欧洲不致侵入,我国先主动制定统辖清国之方略。"并提出了分割中国的"六块论",即将中国本土分割为六块:(一)将山海关至西长城

①　戚其章:《走近甲午》,第 13 页。

以南、直隶、山西两省之地，河南省之黄河北岸，山东全省，江苏省之黄河故道、宝应湖、镇江府、太湖，浙江省之杭州府、绍兴府、宁波府东北之地，盛京盖州以南之旅顺半岛，浙江舟山群岛，台湾全岛与澎湖群岛，及长江沿岸之地，皆划入日本版图。（二）东三省及内兴安岭山脉以东、长城以北之地分给清朝，使之"独立"于满洲。清朝自满洲来，夺取明朝之中国，而今日立于世界却不努力把中国引向开明，故应使之退回其本土满洲。（三）于中国本部割长江以南土地，迎明王朝后裔，建立王国，并使之成为我国的保护国。（四）长江以北，黄河以南，再建一王国，为日本之属国，"于属国拥立其民族被尊为武圣之关羽之后裔，或寻求其他名人封之于王位"。（五）于西藏、青海、天山南麓，立达赖喇嘛。（六）于内蒙古、甘肃省、准噶尔，"选其酋长或人杰为各部之长，并由我国监视之"。

《清国征讨方略》是一个周密的分割、灭亡中国的计划。根据目前所披露的资料，可以看出，日本参谋本部对小川又次的《清国征讨方略》是极感兴趣的，它与参谋本部日后进行的大陆作战的基本思路完全一致。

在研究对华作战战略方针的同时，日本大力扩军备战。

1881年，日本制订了一个为期二十年的造舰计划，准备每年造新舰3艘，共60艘。1882年，朝鲜发生壬午兵变，日本强迫朝鲜签订了《济物浦条约》，取得了在朝鲜的驻军权。于是，日本政府将扩军计划改为以八年为期，每年造新舰6艘，共造48艘。"1884年，日本在朝鲜策动甲申政变失败后，又开始了长达十年的大陆作战准备。1885年，决定改行新的八年造舰计划，拟造铁甲舰二艘、巡洋舰七艘、炮舰六艘，以组成四支舰队。1886年公布公债令，发行公债1700万元，作为第一期海军扩张经费。……根据这个计划，海军设立横须贺镇守府后，又开辟吴和佐世保两处为军港，并计划吴港为海外作战的后方基地。"①

为顺利完成上述计划，日本政府一面向英、法两国订造新式大型军舰，一面设法提高自己的造舰能力。当时，日本最怕的是北洋海军两艘7000吨级的铁甲舰定远号和镇远号，因为日本最强大的扶桑、金刚、比睿三舰的主炮都不能射穿定远、镇远的护甲。为了对付定远和镇远，日本海军用高薪从法国聘请了造舰专家白劳易，为日本海军设计了6艘军舰，其中有专为击毁定远、镇远而设计的严岛、松岛、桥立三舰。1887年3月14日天皇睦仁颁发赦令："立国之本，务在海防，一日不可缓。"并拨出内帑30万元，以作充实海防之用。内阁总理大臣伊藤博文接受天皇的海防献金后，发表演说，呼吁一定要实现建设海国日本的理想，并要求有志之士慷慨解囊，为建设海防献金。半年间所收集的海防献金有203万元。于是，在日本国内，海外扩张热达到了空前高度。此后的六年，睦仁年年都要省出内庭之费，每年拨下30万元。同时，要求文武官员纳其薪俸十分之一，以补造舰经费之不足。1892年，日本在英国订造的吉野舰完成。至此，日本预定的海军扩张计划基本告成。到甲午战争前夕，日本海军已拥有各种舰只33艘，共计63000吨。

日本陆军也积极扩军。参事院设置了作为陆军联合审议作战计划机构的国防会议。然后，又设立了监军部，以保证战争爆发时，能立即派遣由两个师团编成的军团投入战争。同时，还将补充常备军战争消耗的预备队、常备军和预备队都开赴海外后的第二预备队等

---

① 戚其章：《走近甲午》，第9页。

的设置,都制订了条例。这样,就把日本陆军改编成一支能参加大陆作战的军队了。同时,为培养大批军事人才,以适应军队迅速发展的需要,成立了一系列军校。"1883 年 4 月,成立了第一所陆军大学校。① 由于这一系列措施,日本陆军的实际兵力膨胀了一倍半。到甲午战争前夕,日本陆军除先已建成的近卫师团外,又建成 6 个野战师团,共有 7 个师团。一个师团兵力约为 1 万人,一个师团辖两个旅团,一个旅团辖两个联队。日本陆军的总兵力已达到 7 万多人。

日本方面确立了大陆政策的战略思想,在吞并了琉球国以后,进一步要侵占朝鲜和台湾,进而与清廷决战。派遣了大量的间谍到中国各地刺探情报;大力扩充了海军、陆军实力;进行了大量的外交活动,使英、美、法、德、俄等列强能支持它的对华作战,或至少采取中立态度;通过对华协商,制造假象,渲染和平,使中国麻痹而疏于战备。到 1892 年,日本方面已经作好了对华作战的全部准备工作,只等着中日战争导火线事件的发生。

关于当时双方的兵力对比,日方认为:清国陆军以勇军练军为主,"全国练勇两军计步兵 862 营,骑兵 192 营,总员 40 万人。……今设以其步兵兵力与日本编制换算,即与三十五六个师相当,与当时日本全军七师对比,实为五倍优势。但此兵力散在清国各省。""此外,清国用临事新募之兵颇多,本战役时,总员计有 98 万人……其实际用于战地者,韩国不过 2 万人,奉天省内不过 17 万人,直隶省内 19 万人。……故清国可用于战地之数概比日军为劣。清军之素质、训练、指挥法等,劣于日本数等,其全体相差程度为,以日兵一可敌清兵三。"②"清国军舰 82 只,水雷艇 25 只,总吨位有 85000 吨左右,但其中在南洋者不与战争。日本军舰 28 只,总吨位 57000 余吨。""当时以训练言,日军为优;以军舰言,清国有定远、镇远铁甲战列舰二只,优于日本。惟日舰速力一般优于清舰,故全体势力,可谓仲伯之间。"③

甲午战争前日军制订了完整的战略计划:"隔海之两国战争,必先因舰队冲突,以求获得海上权。……在日清战争,日军作战计划,即依此意义,大体分两期拟定。其第一期,无论海战结果如何,规定其应实施之事项,即派遣第五师至韩国陆海军守备要地及准备出击,并使舰队前进。第二期应待海战结果而行之者,分甲乙丙三时机。甲:已获得制海权时,即使陆军向直隶湾前进,交大决战;乙:海战结果,虽不能制渤海湾,然已使敌不能制我近海时,即使陆军向韩国前进,以防备之;丙:已全失制海权时,由国内防备之"。④ "在清国无可称为作战计划者。"⑤

1893 年日本盼望已久的导火线事件终于发生,那就是"东学党"起义。1894 年初,朝鲜爆发农民起义,其势力迅速扩展。无力招架的朝鲜封建统治者只得向清政府乞援,请求中国出动军队助其镇压起义。日本政府将此视为其发动侵略战争的天赐良机,要以此作为日本乘机出兵的口实。6 月初,清政府出动海陆军赴朝助剿。6 月 5 日,日本政府组建战时最高指挥部——大本营,并于当天派军队在朝鲜仁川登陆。随后,日军后续部队相继

---

① 孙克复:《甲午中日陆战史》,第 59 页。
② 誉田甚八:《日清战史讲授录》,第 5 页。
③ 誉田甚八:《日清战史讲授录》,第 6 页。
④ 誉田甚八:《日清战史讲授录》,第 7 页。
⑤ 誉田甚八:《日清战史讲授录》,第 9 页。

赴朝,朝鲜半岛军旅密布,气氛日紧。6月底,在朝鲜的日本陆军已达万人,军舰达8艘,其总兵力已远远超过清朝海陆军在朝鲜的实力。

　　清政府对于中日间可能发生大战是有预感的,但对于日本政府在军事上的步步紧逼和外交上的威胁恫吓,清政府不做军事上的全力准备,却一味寄希望于俄、英等列强进行干涉和调停,想以此迫使日本放弃对朝鲜的入侵。李鸿章以夷制夷的思想,成为清政府的基本方针。面对日本的战争挑衅,国内舆论强烈要求清政府阻止日军的武装侵略。清政府内部则出现了后党主和和帝党主战的分歧,后党和帝党是围绕清廷最高权力斗争而形成的。光绪帝的主战态度比较坚决,他于6月25日(五月二十二日)谕李鸿章:"据现在情形看去,口舌争辩,已属无济于事。现倭已多兵赴汉,势甚急迫,李鸿章身膺重任,著即妥筹办法。"①7月14日(六月十二日)再谕李鸿章:"和议恐不足恃,亟应速筹战备,以杜狡谋。现在时机紧迫,著李鸿章速为筹备……慎勿诿卸迁延,致干咎戾。"②慈禧太后自1875年立载湉为帝并再次"垂帘听政"以来,一直控制着清朝的最高统治权。即使1889年光绪帝亲政后,慈禧太后仍影响着清廷的最高决策,并笼络集结朝廷枢要和地方实权人物,形成所谓的"后党"。李鸿章出于保全自身实力和北洋的地盘考虑,也希望通过外交途径扼制日本的侵略,进行所谓的"以夷制夷"的外交活动,放弃认真备战。1894年正是慈禧太后的60寿辰,她忙于准备自己的万寿庆典,一意力保和平,对李鸿章的求和主张大力支持。以慈禧太后和李鸿章为代表的最高决策者把全部希望寄托在列强的调停上,相信"两国交涉全论理之曲直,非持强所能了事",尤其寄希望于英国或俄国的调停。因为英国早就是远东最大的殖民主义者了。俄国在中国、印度等地与英国进行激烈的争霸,它对中国东北地区及朝鲜的扩张欲望也与日本的扩张计划互相冲突。

　　李鸿章首先找英国驻华公使欧格讷,请英国出面干涉,劝告日本从朝鲜撤军。但欧格讷并不积极,迟迟不作答复。李鸿章转而请俄国出面干预。1894年6月俄国驻华公使喀西尼回国路过天津,顺便拜访李鸿章,李乘此机会请俄国干涉。喀西尼出于对俄国自身利益的考虑,对此事异常热心。他对日本出兵的决心和野心估计不足,认为只要俄国出面干涉,不难让日本从朝鲜撤兵。这样,可以加强俄国在朝鲜和远东的地位,他对李鸿章的请求表示同意,并发电向国内报告。

　　当天,俄外交大臣吉尔斯便将此电上报沙皇亚历山大三世,表示同意喀西尼的意见:"我同意喀西尼伯爵的意见:我国出面调停,将增加我国在远东的势力,并且必须防止英国干预此事的可能。"③于是,外交部复电表示同意,并令喀西尼暂留天津,以便和李鸿章保持联系。同时电令驻日公使希特罗渥,劝告日本政府与中国同时从朝鲜撤军。但几天以后,吉尔斯接到希特罗渥的复电后,态度犹豫起来,深怕卷入中日纠纷的漩涡,产生对俄国不利的影响。希特罗渥的电报强调:"看来谁也不要战争,即使没有第三方面的调停,战争或者也可避免。另一方面,根据很多迹象来观测,若干其它强国倒很乐于见到我国牵

　　① 邵循正,等:《中日战争》第二册,第568页。
　　② 邵循正,等:《中日战争》第二册,第612页。
　　③ 邵循正,等:《中日战争》第七册,第229页。

连到远东问题中去。"①希特罗渥的复电使吉尔斯进行积极干涉的想法动摇了。于是吉尔斯又向亚历山大三世提出："由于他们彼此所提要求的复杂与模糊,以臣之见,为审慎起见……对李鸿章所要求的我国正式调停,只能在冲突双方同意时才能进行。"②俄国就此放弃了干涉政策,以免卷入中日冲突的漩涡而使英国得渔翁之利。喀西尼仍坚持应采取干涉政策,他向外交大臣致电："危险来自日本方面,而不是中国方面。李氏曾表示,中国认为朝鲜内政确有改革的必要,并同意此改革问题应由俄、中、日三国全权代表以会议方式调查并解决之,会议地点可在汉城或天津。"③三国会议的建议,可以使俄国直接插手朝鲜问题合法化。俄国外交部亚洲司司长克卜尼斯特不但主张采取干涉政策,而且主张采取强硬措施。鉴于俄国外交部官员及俄国驻外使节们对中日战争的意见分歧太大,亚历山大三世指示外交大臣于1894年8月15日召开特别会议,讨论中日间如发生战争,俄国应如何行动。吉尔斯在会议上首先说明外交部所拟定的方针,是"不必干涉已发生的战争,或用任何方式袒护交战国的任何一方,可是应当努力与英国及其他有关政府共同促使敌对双方停止军事行动,在朝鲜问题上用外交方式迅速达到和平协议,协议基础是在朝鲜保持现状"。④ 大臣们经过交换意见,取得了共识,认为积极干涉不符合俄国利益。俄政府电复："倭韩事明系倭无理,俄只能以友谊力劝倭撤兵,未便用兵力强勒倭人。"⑤这种不干涉政策大体上持续到1894年年底。

当英国获悉李鸿章频频与喀西尼接触后,恐怕俄国先占一着,有损英国在远东的利益,才开始插手中日之战。英国外交大臣金伯利否定了三国会议的方案后,提出"五国联合调停"方案。即由俄、法、德、美、英五国共同干涉中日之战。但其他四国都不肯响应英国的建议,最终五强联合调停计划成为泡影。

1894年7月8日,英国政府又提出了一个中日两国军队在朝鲜"划区占领"的建议。设立包括仁川和汉城在内的中间地带,双方都撤出汉城和仁川,日本占据汉城以南地区,中国占领以北地区。英国外交大臣金伯利设想将中日两国军队分别驻扎在朝鲜北部和南部,互相隔离开,可防止中日战争进一步扩大,又可防止俄国趁虚而入从中渔利。这个方案是不利于日本进一步扩大侵略战争的,但日本玩弄诡计,一面搪塞拖延,一面制造借口,抢先一步燃起战火,使英国的在朝鲜设立中立区的计划未能实现。

7月23日,英国照会日本："今后中日两国若发生战事,中国之上海为英国利益之中心,希望取得日本政府不在该地区及其附近作战的保证。"⑥日本接受了英国的请求,甲午战争期间上海地区成为非战区。而英国也由中立者变为日本侵华的支持者。7月25日,即丰岛海战的当天,欧格讷还到总理衙门声称："现在英、俄之外,又约德、法、意三国同办此事,合力逼着日本讲理,谅亦不敢不从。"⑦"我今日尚与各国大臣商量,拟请华兵退至平

---

① 邵循正,等:《中日战争》第七册,第233页。
② 邵循正,等:《中日战争》第七册,第234页。
③ 邵循正,等:《中日战争》第七册,第237页。
④ 邵循正,等:《中日战争》第七册,第298页。
⑤ 故宫博物院文献馆:《清光绪朝中日交涉史料》卷14,第14页。
⑥ 陆奥宗光:《蹇蹇录》,第46页。
⑦ 邵循正,等:《中日战争》第二册,第644页。

壤,日本兵退至釜山。日本如不听话,各国均不能答应。"①英国人的空洞许诺,使清政府以为,在列强的干预下还有保持和局的可能,因而始终没有全力备战。直到光绪二十年六月十七日(1894 年 7 月 19 日)李鸿章电:"倭兵在汉无甚动静,二十开仗之说,似是谣传。喀使适来谈,俄廷电告,仍愿从旁调处。"②

甲午战争发生前,清朝有些驻外官员看得比较清楚,如驻日公使汪凤藻、驻朝总理交涉通商事宜袁世凯都曾致电李鸿章,建议速调兵力,加强战备。而李鸿章坚持和局可保,反对"厚集兵力"。在军事方面李鸿章不做积极准备,根本没有长期战备思想。

洋员汉纳根曾对当时的清军有个总体评价:"中国御倭之军不就是昔年剿寇之军乎,以之平内患则有余,御外侮,则不足之。"③1885 年筹建海军衙门时,李鸿章曾提出,每年须筹款五百万两,十年可以建成海军。海军衙门成立后,南、北洋海防经费统一管理,额定每年 400 万两,实际拨付约为 290 余万两,投入经费相当可观。但光绪十四年(1888 年)起,海军经费被大幅削减,海军建设实质上处于停顿。其原因是治理黄河水患和修建颐和园工程。1887 年 9 月,黄河在河南武陟县决口。次年,户部用于郑州黄河工程的款项高达 1200 万两之多。户部提出六项筹款办法,其中第二项是:暂行停购洋枪、炮船及未经奏准修复之炮台等工程。海军衙门的经费被大幅削减,光绪十五年(1889 年)仅为 107.7 万两,实付 99.7 万两。1888 年起北洋海军未增添一艘军舰、一门大炮。为了让光绪帝亲政,慈禧太后提出修西苑清漪园,由海军事务衙门经理。为了免遭社会舆论谴责,在颐和园内设立了一个水师学堂。光绪十二年(1886 年)开工,1888 年改名颐和园,至 1895 年停工,每年平均耗银 300 万两左右。经费源于户部积存的查抄、罚没等杂项库银,又由海军衙门以海防名义向各省募集"报效"。

请英俄调停失败以后,清政府不得不面对战争。到临战之时又不及早调兵遣将,直到丰岛之战前几天才派出援军,仓促赶赴前线。就这样,甲午战争在日本长期的、周密的准备以后,清政府的仓促应战之下开战了。

甲午战争全过程可分为六个阶段:

第一阶段,不宣而战:包括丰岛海战和成欢之战。

第二阶段,中日陆海军大决战:包括平壤保卫战和黄海之战。

第三阶段,日军入侵中国本土:包括鸭绿江保卫战和金旅之战。

第四阶段,辽东鏖战,战事胶着:包括摩天岭大战和海城争夺战。

第五阶段,威海之战,北洋舰队全军覆没。

第六阶段,辽河平原战役:大平山之战、营口之战、牛庄之战、田庄台之战。

甲午战争中的大事:

东学党起义:1894 年 2 月。它是甲午战争的导火线。

丰岛海战:1894 年 7 月 25 日。

成欢之战:1894 年 7 月 30 日,成欢失守。

①　邵循正,等:《中日战争》第二册,第 646 页。
②　故宫博物院文献馆:《清光绪朝中日交涉史料》卷 15,第 4 页。
③　故宫博物院文献馆:《清光绪朝中日交涉史料》卷 23,第 10 页。

中日宣战：1894 年 8 月 1 日,中日分别发表宣战书。

平壤之战：1894 年 9 月 15 日。

黄海之战：1894 年 9 月 17 日。

鸭绿江保卫战：1894 年 10 月 24 日至 26 日。

清政府求和：慈禧太后、李鸿章请德国人德璀琳为清政府代表,于 1894 年 11 月 22 日赴日本议和,被日方拒绝。

金旅保卫战：新组建的日军第二军于 1894 年 10 月 23 日至 11 月 7 日登陆花园口。11 月 21 日旅顺陷落。

摩天岭保卫战：11 月 9 日开始。

海城争夺战：1894 年 12 月 13 日日军占领海城。1895 年 1 月 17 日至 2 月 21 日,清军五次反攻海城,均失败。

清政府二次求和：清政府派张荫桓、邵友谦为议和大臣于 1895 年 2 月 9 日抵达日本,与日方议和,被拒绝。

威海保卫战：1895 年 1 月 30 开始,日军攻击北洋舰队及威海地区海岸炮台。2 月 14 日,北洋舰队全军覆没。

辽河平原战役：日军第一军、第二军联合作战：2 月 24 日大平山之战,2 月 27 日占领鞍山站,3 月 4 日牛庄之战,3 月 7 日营口之战,3 月 9 日田庄台之战,清军完败。

1895 年 4 月 17 日中日代表签订《马关条约》。

三国干涉还辽：在俄、德、法的干预下,日本放弃对辽南的永久占领。1895 年 11 月 8 日,中日代表签订《辽南条约》。清廷用 3000 万两白银赎回辽东半岛。

台湾军民的保台运动：1895 年 3 月 23 日日军进攻澎湖。台湾军民奋起反抗,直到 10 月 19 日刘永福内渡,日军才占领台湾全岛。在占领台湾的战争中,日军伤亡人数约为甲午战争中与清军作战伤亡人数的二倍。

二、东学党起义

东学党起义是甲午战争的导火线。

东学党是个以宗教作掩护的朝鲜民间秘密组织,原为东学道,创始于十九世纪六十年代。"东学"这个名称显示了它是和基督教"西学"相对立的组织。它奉儒佛道三教的教义,且加以折中,取其长舍其短,以"诚""敬""信"三字为训条。东学道的创始人是崔济愚,信徒大多是农民。因其应合民众的愿望和要求,在农民和下层群众中传布很广,发展迅速。1864 年 4 月 15 日,东学道受到朝鲜政府的镇压,崔济愚以"左道惑民"罪在大邱被斩。崔济愚死后,其高徒崔时亨为第二代道主。1893 年 1 月和 4 月,崔时亨乘天主教解禁之机,发动道徒两次上疏国王,要求为崔济愚平反,虽没有如愿以偿,但"全罗道观察使李宪植怕风潮扩大,下令禁止吏胥等对东学道徒的迫害"。①

1894 年因万石洑水税事件,在古阜郡激发了东学党起义。朝鲜有一种特有的堤堰,

---

① 王芸生:《六十年来中国与日本》第二册,第 17 页。

称湺，以木石或土沙筑成，用来截水灌溉农田。湺分国有和民有两种，万石湺是古阜郡的国有湺，农民用水要交水税。1892 年全罗道古阜群守赵秉甲上任后，增加水税，并将水税纳入私囊。郡民对此不满，派代表向全罗道观察使金文铉申诉。金非但不受理，反而将代表关起来，激起民变，道徒在全琫准领导下揭竿起义。

1894 年 2 月 15 日，全琫准率领东学道徒和农民袭击郡衙，驱逐郡守赵秉甲，打开仓库将钱谷分给农民。起义军以古阜郡的白山为根据地，成立了组织，制定了行动纲领。这个组织以全琫准为都督，其行动纲领是："一、弗杀人，弗伤物；二、忠孝双全，济世安民；三、逐灭夷倭，澄清圣道；四、趋兵入京，尽灭权贵，大振纲纪，立名定分，以从圣训。"①

朝鲜政府得悉起义军攻占古阜郡后，全罗道观察使金文铉急派李庚镐率全州监营 200 名士兵前往镇压。1894 年 5 月月初，起义军在古阜群黄土岘战斗中，大败朝鲜官军，李庚镐被击毙。政府闻报，连忙派洪启薰为招讨使，率京军壮卫营 800 人，奔赴全州进剿；后又派枪炮队 400 人增援。5 月 24 日政府军在长城郡城南月坪洞被起义军打败，洪启薰逃往灵光郡。起义军乘胜攻克重要城市泉州，力量更加发展，各地纷纷响应。起义军由此北上，经泰仁、金沟两县，直逼全罗道首府全州。守城将领林台都闻讯弃城逃跑，民众开城迎接义军。6 月 1 日义军入全州城，开仓库将财富分给穷人。朝鲜南部全罗、忠清、庆商三道地方归起义军所有。

东学党占领全州后，扬言即日进攻公州、宏州，直到王京。朝鲜国王闻奏大惊，立刻召开廷臣会议，讨论向中国借兵问题，廷臣同意借兵，但恐怕日本、俄国介入。闵泳骏说："不必顾虑，袁世凯必有涂抹之策。"于是决定向中国借兵。6 月 1 日，朝鲜外务督办赵秉稷奉命会晤袁世凯，要求清政府派兵并协助镇压起义。6 月 3 日，朝鲜政府递送了求援文书。李鸿章阅后，同意袁世凯的观点，觉得"韩归华保护，其内乱不能自了，求华代勘，自为上国体面，未便固却"。② 便向皇上奏请，即日奉到谕旨。6 月 4 日，"饬丁汝昌派海军济远、扬威两舰赴仁川、汉城护商，并调直隶总督叶志超率同太原镇总兵聂士成，选派淮军劲旅一千五百名先后进发"。③ 同时电告驻日公使汪凤藻，知照日本外务省。

日本政府时刻在注视着中朝两国的政治动态。东学党起义爆发，他们认为有机可乘，派遣一批浪人以"天佑侠"的名义打入朝鲜起义军内部，企图操纵利用。朝鲜政府请求清政府出兵，在日本看来正是一个制造衅端、发动战争的好机会，它不怀好意地竭力怂恿清政府出兵。驻朝日使馆的译员对袁世凯说："匪久扰，大损商务，诸多可虑，韩人必不能了，越久越难办。贵政府何不速代韩堪。"④ 日本驻朝代理公使杉村浚也向袁世凯表示："盼华速代堪乱"。袁世凯在日本的鼓动下力主派兵。清政府在得到了日本政府"必无他意"的口头承诺后，决定派兵赴朝。先派太原镇总兵聂士成率 800 人自塘沽乘船，于 6 月 8 日至牙山，后又续到援兵 1800 人。

清政府仓促派兵赴朝，完全堕入日本的圈套。日本自信在军事上已做好准备，足以打

① 王芸生：《六十年来中国与日本》第二册，第 19 页。
② 邵循正，等：《中日战争》第二册，第 546 页。
③ 邵循正，等：《中日战争》第二册，第 547 页。
④ 邵循正，等：《中日战争》第二册，第 546 页。

败中国,国际形势也对日本有利,正处心积虑要发动大战。清军被引到朝鲜,不但给日本以向朝鲜大批派兵的借口,而且恰好使日本可以在对它最合适的地点挑起事端。因此,在朝鲜向清政府请求出兵的第二天,即6月2日,日本内阁开会,决定立即向朝鲜派兵。"政府向朝鲜出兵的计划既已决定,我立刻命大岛特命全权公使做好随时返任的准备,使该公使塔乘八重山号军舰,在该舰附载若干海军陆战队,并请训令该舰及海军陆战队一律听从该公使指挥。"①日本此时注意观察清军动向,一俟清军出发,立即率兵赴朝,抢先占领战略要地。"政府经过慎重审议后,确定了如下方针:即中日两国既已各自派出军队……如果发生战争,我国当然要倾注全力贯彻最初的目标,但在不破坏和平的情况下,应尽力保全国家荣誉,维持中日两国的势力均衡;其次,我国尽可能地居于被动地位,事事使中国成为主动者;且每当发生此种重大事件,根据外交惯例,在第三者的欧美各国之中必然会有支持一方和反对一方的情形,除非时势万不得已外,必须把事态严格地局限在中日两国之间,应极力避免和第三国发生纠葛。"②

　　6月6日,中国驻日公使王凤藻奉政府之命,按《天津条约》的规定,将中国派兵赴朝的决定通知日本,"派兵援助,乃我朝保护属邦旧例,用是奏奉谕旨,派令直隶总督叶(叶志超),选派劲旅,星驰朝鲜……一俟事竣,仍即撤回,不再留防"。③日本政府故意挑剔中国照会中有"保护属邦"字样,6月7日外务省照复:"查贵国照会中有保护属邦之语,但帝国政府未曾承认朝鲜为中国之属邦。"同日,日本公使小村寿太郎奉日本政府之命,照会清政府:"朝鲜国现有变乱重大事件,我国派兵为要。政府拟派一队兵……"④

　　6月9日,即聂士成的先遣部队到达牙山的第二天,大岛圭介在大批日舰的护送下到达仁川港,立即带领陆战队400人,不顾朝鲜政府的劝阻和抗议,抢先进入汉城。6月12日起,由大岛义昌少将所率首批日本第九混成旅团8000余人陆续到达仁川,第五师团也整装待命。日本国内组成以天皇为首的大本营,进一步征召军队,租用商轮,准备弹药粮秣,日本的战争机器已全速转动起来。

　　6月12日,叶志超派聂士成负责剿办起义军。聂士成没有赴全州与起义军打仗,只是派100士兵,随带翻译,拿了告示到全州去招抚。此时起义军已经退出全州,原来起义军攻下全州后,招讨使洪启薰又返军夺城,但未能夺取全州。朝鲜政府一面处分一批引起事件的责任人(全罗道观察使金文铉流放,古阜郡守赵秉甲监禁),一面派江华枪炮队400人及京城、平壤监营兵2000人增援,并任命严世永为三南(朝鲜南部全罗、忠清、庆尚三道)招讨使,与新任全罗道观察使金鹤镇一起,协助洪启薰对起义军招抚。严世铺、金鹤镇到达全州后,首先宣布朝廷处罚应对此次事件负责的地方官,然后劝告起义军,表示政府有意协商解决。此时起义军首领全琫准获悉中日两国出兵,便害怕被镇压,同意与政府协商,提出严惩贪官、改善贱民待遇、废除苛捐杂税、土地平均分配、广泛录用人才等十二个条件。双方于6月11日签订停战协定《全州和约》。6日12日,起义军退出全州,新任全

　　①　陆奥宗光:《蹇蹇录》,第9页。
　　②　陆奥宗光:《蹇蹇录》,第10页。
　　③　邵循正,等:《中日战争》第二册,第548页。
　　④　王芸生:《六十年来中国与日本》第二册,第28页。

罗道观察使金鹤镇到任办公。

6月13日(五月初十日),朝鲜政府致函袁世凯:"匪闻天兵登岸即逃散,克复全州极感幸。惟倭兵驻京,上下恐惧,在一日即危一日,惟求中国设法,令速去云。意在早请撤兵,以退倭兵。"①

6月5日下午3时,聂士成率兵抵达全州。聂察看了全州战后情况,并将安抚事宜交给金观察使后,率兵返回牙山。11日(初八日)聂士成回牙山后,立即会见叶志超,对他说:"匪乱已平,宜速请傅相(李鸿章)派船来接队内渡,免启衅端。"②7月11日,聂士成再次请叶志超发电给李鸿章,请求班师回朝。这次叶志超同意了,电文如下:"我军本奉命平韩乱,非与倭争雄也。倭乘机以水陆大队压韩,据险寻衅,蓄谋已久。又敌众我寡,地利人和,均落后著,与战正堕彼术中。今匪乱已平,正可乘此接队内渡,免资口实。……旋接傅相电,称和议未定,著暂驻牙山。"③李鸿章认为:"倘倭拟留兵,彼留若干,我亦应留若干,与之抗衡。"④李鸿章决策失误,总想双方同时撤兵,以致丧失时机。

为了继续麻痹清政府,争取向朝鲜抢运军队、弹药和给养,日本政府仍玩弄欺骗手法。在军刀簇拥下强行进入汉城的大岛圭介竟装出一幅爱好和平的姿态对袁世凯说:"日军赴朝仅为保护侨民和使馆,待事毕,即全撤,必不久留","我年逾六十,讵愿生事","我二人即约定,我除八百外尽阻之,尔亦电止华加兵,我二人在此,必可推诚商办"。日本首相伊藤也向中国公使保证:"俟乱定,彼此撤兵。"⑤此时日本积极寻找借口,使日军能赖在朝鲜,同时抓住中国军队不放。"想通过谈判以消除双方隔阂,并从朝鲜撤退军队,这恐怕是不可能的。但目前既无迫切的原因,又无表面上的适当借口,双方还不可能开战。因此,要想使这种内外形势发生变化,除去实施一种外交策略使局势改观以外,实在没有其他办法。"⑥

清政府害怕发生战争,幻想通过各种外交努力,中日军队一起从朝鲜撤退。李鸿章"本拟添派,接袁电即止,并电嘱叶聂暂驻公州牙山,确探全州一带贼情,再审进止"。⑦为了向侵略者表示善意,停止一切军事调动。五月二十日,聂士成"致书袁慰廷观察,欲带洋枪队四百人入汉城保护公署,以四百人扎水原为接应。回电以倭议未定,请勿轻动"。⑧李鸿章打电报给袁世凯、叶志超:"汉城平安无事,而日独调兵,各使当有公论。我宜处以镇静,若各调兵,徒自扰也。"⑨一味委屈退让,不做军事部署。又给军机处致电:"韩君臣求我速撤,冀我撤则日亦撤,但日未必尔也。汉城日兵约二千,仁川四千。……汪、袁皆请添拨重兵,鸿思日兵分驻汉、仁,已占先着,我兵逼处易生事,远扎则兵多少等耳。叶驻牙

---

① 故宫博物院文献馆:《清光绪朝中日交涉史料》卷13,第14页。
② 邵循正,等:《中日战争》第六册,第8页。
③ 邵循正,等:《中日战争》第六册,第8页。
④ 故宫博物院文献馆:《清光绪朝中日交涉史料》卷13,第15页。
⑤ 故宫博物院文献馆:《清光绪朝中日交涉史料》卷13,第16页。
⑥ 陆奥宗光:《蹇蹇录》,第21页。
⑦ 故宫博物院文献馆:《清光绪朝中日交涉史料》卷13,第15页。
⑧ 邵循正,等:《中日战争》第六册,第3页。
⑨ 邵循正,等:《中日战争》第四册,第250页。

山距汉城二百余里,陆续添拨已二千五百,足可自固。"①"我再多调,倭亦必添调,将作何收场耶? 今但备而未发,看形势再定。"② 日本已顺利地按照预谋,把清军诱至牙山,并以优势兵力占领了仁川、汉城,切断了清军与本国的陆路联系,使在朝鲜的清军困守绝地。日本向中国挑战的决心已无可动摇,问题是选择一个什么借口发起攻击,而且在国际上尽量不刺激其他列强,以免引起干涉。

中国出兵朝鲜后,没有和起义军打仗,暂驻牙山,静观日方的行动。日本原想乘机挑起战端,但出于意料之外,京城一派平静,中国军队驻扎牙山一隅,并未向京城移动。在这种情况下,连日本公使大岛圭介也觉得日本政府派大军驻扎京城没有理由了。

6 月 14 日,日本内阁举行会议,总理大臣伊藤博文提出"改革朝鲜政治"的题目,建议由中日两国派出委员,共同调查和改革朝鲜的财政、内政和军事。并决定"不问与中国政府之商议成否成功,在获得结果以前,我国决不撤回目下在朝鲜之军队,若中国政府不赞同成日本提案时,帝国政府当独力使朝鲜政府实现上述之改革。"③

在"护侨"的名义下,日本已出兵占领了朝鲜的战略要地,在军事上居于主动地位。此次则提出"改革朝鲜政治"这一中国不可能同意的新题目,以进一步把中国逼入绝境,促使两国关系破裂,制造战争借口。陆奥宗光说:"所谓朝鲜内政的改革毕竟不过为打开中日两国间僵局而筹划出来的一项政策","如果中国政府拒绝我国提案,不问其理由如何,我国政府皆不能漠视,并由此可断定中日两国的冲突终将不可避免,不得不实行最后之决心"。④

6 月 16 日,陆奥宗光"电告大略三约:一、拟倭军与我军会剿韩贼;一、两国派员整理更新韩政及税务;一、两国派员弁教练韩军"。⑤ 6 月 21 日,清政府予以拒绝,但婉转地答复:日本政府对朝鲜谋"善后办法,用意虽美,止可由朝鲜自行厘革。中国尚不干预其内政,日本素认朝鲜自主,更无干预其内政之权";"乱定撤兵……此时无可更议"。⑥

清政府的答复早在日本政府的意料之中,因此,日本政府立即于 6 月 22 日发出强硬照会,意在促使两国关系迅速破裂,照会中声称:日本竟不能撤兵。其不轻撤兵,"非止遵照天津约款之旨而然,亦到善后预防之计也。本大臣既经披沥意表如是,设若与贵政府所见相违,我政府断不能撤现驻朝鲜之兵也"。陆奥称此照会为"对中国的第一次绝交书"。⑦

日本政府发出这一强硬照会之后,即抛开中国,毫无顾忌地动手宰割朝鲜。6 月 28 日,大岛义昌的第九旅团全部进入朝鲜。当天,大岛公使上书朝鲜国王,责问朝鲜究竟是否独立国家,限于 29 日明确答复。朝鲜政府延至 6 月 30 日下午 3 时答复:"我国内治外交向由自主,亦为中国之素知。"⑧ 这样日本就不怕中国干涉了。

7 月 3 日,大岛圭介觐见朝鲜国王,要求改革朝鲜政府,随后又抛出改革纲领五条。

① 王彦威:《清季外交史料》卷 91,第 14 页。
② 故宫博物院文献馆:《清光绪朝中日交涉史料》卷 13,第 21 页。
③ 陆奥宗光:《蹇蹇录》,第 23 页。
④ 陆奥宗光:《蹇蹇录》,第 29、23 页。
⑤ 故宫博物院文献馆:《清光绪朝中日交涉史料》卷 13,第 17 页。
⑥ 王芸生:《六十年来中国与日本》第二册,第 37 页。
⑦ 故宫博物院文献馆:《清光绪朝中日交涉史料》卷 13,第 22 页。
⑧ 故宫博物院文献馆:《清光绪朝中日交涉史料》卷 14,第 2 页。

"一改制度、二整财政、三整律法、四理兵备、五施学政。"①严词催逼,限期执行。这时日军麇集汉城、仁川。朝鲜政府在日本的军事压力下,不得不虚与委蛇,朝鲜国王下了罪己诏,承认朝鲜政治有改革的必要,又委派了改革委员,以应付日方,拖延时间,暗中密电清政府告急,"速图设法,以解急迫"。7 月 13 日,陆奥向大岛传达其机密训令:"催成中日冲突,实为当前急务,为实行此事,可以采取任何手段,一切责任由我负之,使我公使丝毫不必有内顾之忧。"②7 月 14 日,日本驻北京公使小村寿太郎向清政府声明:"……乃将此意提出清国政府,讵料清国政府定然不依,惟望撤兵,我政府深感诧异。近闻驻京英国大臣顾念睦谊,甚愿日清两国言归于好,出力调定等语。但清国政府仍惟主撤兵之言,其于我政府之意毫无可依之情形。推以上所开,总而言之,清国政府有意滋事也。则非好事而何乎?嗣后因此即有不测之变,我政府不任其责!"③这就是日本政府对中国政府的第二次绝交书,并从此关闭了中日商谈的大门。

7 月 16 日,英国与日本签订《英日通商航海条约》。17 日,第一次大本营御前会议在东京皇宫举行。会议决定开战,并制定了各种作战计划。当天,任命桦山资纪中将为军令部长。19 日"(日本)大本营编成了联合舰队,任命海军中将伊东祐亨为司令长官,并向其发出命令:'贵司令当率领联合舰队,控制朝鲜西岸海面,在丰岛或安眠岛附近的方便地区,占领临时根据地'。"19 日清晨大岛公使到朝鲜外务部,递交一份照会,同时提出四点要求:一、汉城、釜山间架设军用电线;二、为日军建立军营;三、撤退牙山的中国军队;四、废除朝中间的条约。20 日提出最后通牒式照会,逼迫朝鲜驱逐中国军队出境,限定三天内答复。大岛对军令部派来的安原金次少佐说:"终于决定不免一战。"朝鲜政府"作出什么答复也好,超过期限不作答复也罢,都不能与之共事了"。走向开战的行动已经难以中途变更了。当时,海军大臣西乡从道提出质问:过了这个期限,若发现有清国舰队或是增援军队时,"日本舰队立即开战,在外交上有无困难"? 对此,陆奥外相果断地说:"作为外交上的顺序,没有什么问题"。④

23 日早晨 5 时左右,日军第二十一联队抵达景福宫,分作两队冲进宫内,遇到卫兵的的零星抵抗,战斗持续仅一刻钟,日军占领王宫并将太阳旗插在城门上,大岛圭介拘禁了国王李熙,闵氏一族都从王宫后门逃走。

下午,大岛要求解除京城所有朝鲜军队的武装,朝军不同意,又发生战斗,朝军失败。当天两次战斗,朝兵死亡 17 名,受伤 70 余名。

控制住朝鲜王宫后,日方立即推出早已准备好的大院君政府,并以新政府的名义改革内政,宣布今后一切朝日善后问题必须与日本公使协商。7 月 25 日,日军挟持大院君以朝鲜傀儡政府的名义,宣布废除以前同清政府缔结的一切条约,并授权日军驱逐在朝清军。1894 年 7 月 25 日,丰岛海上袭击战打响。

---

① 故宫博物院文献馆:《清光绪朝中日交涉史料》卷 14,第 8 页。
② 陆奥宗光:《蹇蹇录》,第 69 页。
③ 故宫博物院文献馆:《清光绪朝中日交涉史料》卷 14,第 32 页。
④ 藤村道生:《日清战争》,第 79、80 页。

三、不宣而战

截止 1894 年,清朝南北各路海军有军舰 71 艘,鱼雷艇 28 艘,舰艇总吨位约达 7.5 万吨。早在第一次海防筹议时,朝廷上下就基本达成以日本为假想敌的共识。当中国购买定远、镇远两艘铁甲舰后,进一步拉大了与日本海军的距离。日本政府决定加快扩充海军的步伐,从 1886 年开始,通过发行海军公债、全国捐款等方法筹集资金,实施购买与自造相结合的方针,迅速增加了近 10 艘新式巡洋舰,到甲午战争前夕,日本海军已拥有军舰 31 艘,鱼雷艇 24 艘,总吨位约 6.2 万吨。尽管中国海军在数量上占一定优势,但缺乏集中统一指挥,各洋海军分别隶属于各地区的疆吏督抚,这就使清朝海军的数量优势难以在战争中充分发挥出来,这也就是后来在实战中只有北洋舰队与日本联合舰队抗衡的原因所在。就北洋海军的实力,在 1888 年成军时也超过日本海军。然而就在日本海军加速发展时,北洋海军却停滞不前,仅在 1890 年添置了一艘国产巡洋舰。此后,未添一船一炮。最为关键的是,日本已接受了美国海军学院院长马汉关于争夺制海权的先进海军战略,而中国仍抱着《防海新论》中陈旧的海防观点,这一思想上的差距是难以用装备来弥补的。

北洋海军能够迅速成军,得益于它向国外订购舰船。1885 年至 1888 年,清廷在国外订购的 13 艘舰艇先后到华。此前订购的定远、镇远和济远三舰也于 1886 年到华。按北洋先成一军的方针,16 艘舰艇中的 14 艘被编入北洋海军序列。这样,到甲午战争前北洋水师已经成军。"十四年(1888 年),乃定海军经制,以丁汝昌为海军提督,予英国水师兵官琅威理副将衔,为海军总教习……刘步蟾等适出洋学习归,尽予营官。乃编为中军、左右翼、后军四队。中军三营,致远、靖远、经远;左翼三营,镇远、来远、超勇;右翼三营,定远、济远、扬威此战舰九艘;后军则守口蚊子船六艘,合以鱼雷艇六艘,练船三艘,威远、康济、敏捷,运船一艘,共大小二十五艘。凡设提督一、总兵二、副将五、参将四、游击九、都司二十七、守备六十、千总六十九、把总九十九,皆隶北洋大臣。"①北洋海军共有舰船 25 艘,总吨位约为 37000 吨,全舰队官兵 4000 余人。第一任北洋海军提督为丁汝昌,左右翼总兵分别是林泰曾和刘步蟾。

北洋海军的主力阵容包括德制定远、镇远两艘 7000 多吨的铁甲舰和德、英造的靖远、来远、致远、经远、济远、超勇、扬威等快船(巡洋舰)七艘。靖远、来远是德国造的轻甲巡洋舰,排水量 2300 吨,马力 5500 匹,装甲较厚,防护能力强,但航速较慢,时速十五海里。致远、靖远是英国造轻巡洋舰,排水量 2300 吨,马力 5500 匹,全船无厚甲,防护能力较弱,航速较快,时速十八海里。载炮十四门至二十三门,战舰性能达到了一般近代军舰的主要性能要求。此外,有英国造的镇中、镇边、镇东、镇西、镇南、镇北等蚊炮船六艘;威远、康济、敏捷三艘练习船;利运运船一艘;鱼雷艇六艘。基本上具备了近代海军的规模,号称仅次于英美俄德法西意七国的世界第八海军,实力超过当时的日本。"按照当时西方国家的标准,海军舰队应是铁甲舰、巡洋舰、炮舰和鱼雷艇的混合编队。以此标准,北洋海军各种

---

① 邵循正,等:《中日战争》第一册,第 62 页。

战斗舰只基本能够成龙配套,主辅相依,具有独立进行海战的能力"。① 北洋水师"以山东之威海卫为宿海军之所,以奉天之旅顺口为修治战舰之所,威海、旅顺各建提督署。光绪十一年(1885 年)乃经营威海炮台,十三年复经营大连湾炮台,以固旅顺后路,于是威海、旅顺皆为海军重地。"②

光绪十一年(1885 年)九月,慈禧太后颁布懿旨,设立海军总理衙门,任醇亲王奕谮总理海军事务,并派庆郡王奕劻、直隶总督李鸿章为会办,正红旗汉军都统善庆、兵部右侍郎曾纪泽为帮办。

北洋海军建军后,参酌英德海军条列,制定了《北洋海军章程》,内容包括船制、官制、升擢、事故、考校、俸饷、恤赏、工需杂费、仪制、钤制、军规、简阅、武备、水师后路各局等十四款。这是我国第一个海军章程,也是北洋海军建军的重要标志。

从北洋舰队的建立过程看,这支军队同清政府的陆军有所不同。北洋舰队的将领大多是受过西方近代民主思想熏陶和军事技术训练的青壮年军官。军队的组织训练基本上按西法进行。因此,在素质、士气、训练和装备等方面,都同清朝的八旗、绿营及湘、淮练勇是有区别的。北洋舰队基本上属于近代化并具有一定战斗力的舰队。

(一) 丰岛之战

1894 年 7 月 25 日爆发的丰岛海战,是甲午战争的第一战,此战规模不大,但对此后双方军队的士气和战局的影响很大。

李鸿章在幻想英、俄帝国主义调停落空之后,不仅仍不认真备战,反而继续妥协退让。在日本调兵遣将,大举入侵朝鲜的形势下,7 月 1 日(五月二十八日),"鸿章召驻朝诸舰归,自是朝境遂无中国兵轮矣"。③"日清战役,其初两国皆无制海权,两国各以为己国近旁为己之所控,大约以大同江之稍北为两国制海之境界"。④

7 月 17 日,日本大本营召开第一次御前会议,决定对中国发动战争。同日,明治天皇发布特旨,恢复枢密顾问官预备役海军中将桦山资纪的现役,接替中牟田海军中将为海军军令部长。因为原海军军令部长中牟田仓之助,考虑当时中日两国海军力量的对比情况,认为日本海军在战略上发动进攻,不一定有获胜的充分把握,反对对中国海军采取攻势运动,"主张舰队取守势运动"。这种主张不仅遭到日本海军内部好战派的反对,也不符合明治天皇的意图。与此相反,桦山资纪是一个主战论者,是对中国发动武装侵略的倡导者和积极鼓吹者。他坚决主张将日本海军力量全部集中起来,组成一支庞大的舰队,采取攻势方针,对中国海军发动进攻,消灭中国海军有生力量,夺取制海权。这一主张,完全符合明治天皇的意图,因而得到采纳。⑤

日本决意开战,陆续向朝鲜派遣军队达二万余人,日军兵力已占绝对优势,并占据了从仁川到汉城的战略要地,使叶志超部陷入被围的险境。叶志超电请支援,李鸿章也知道

---

① 中国人民革命军事博物馆:《中国战争发展史》,第 643 页。
② 邵循正,等:《中日战争》,第一册,第 63 页。
③ 邵循正,等:《中日战争》第一册,第 64 页。
④ 誉田甚八:《日清战史讲授录》附录,第 7 页。
⑤ 孙克复:《中日甲午海战史》,第 76 页。

叶部仅 2000 余人,确实兵力单薄。原来李鸿章一直寄希望于列强的调停,直到 7 月 12 日,日本提出第二次绝交书后,知道协调必定无望,才匆匆派兵增援牙山。7 月 24 日,一面电令牙山的叶志超部和聂士成部速备战守,一面派出四支援军,开赴朝鲜北部平壤一带集结,记名提督、总兵卫汝贵统带盛军 6000 余人为第一路,从天津小站出发,经由塘沽,于 8 月 4 日到达平壤;由总兵马玉昆统带毅军 2100 人为第二路,由旅顺出发,在鸭绿江口大东沟登陆,再经义州于 8 月 4 日到达平壤;由记名提督、总兵左宝贵统带奉军 3500 人为第三路,从奉天出发,经九连城,于 8 月 6 日到达平壤;由侍卫丰升阿带奉天练军盛字营和吉林练军共 2000 余人为第四路,从奉天出发,于 8 月 9 日到达平壤。为解救牙山之危,李鸿章又从天津抽调吴育仁部任字营一部及天津练军二个营,共 2500 余人,由总兵江自康统带,经海路前往牙山,增援叶志超、聂士成部。清廷调往朝鲜的清军共 17000 余人。李鸿章担心到牙山的海路很危险,因它距离日军重兵驻扎的仁川很近。所以决定租用外国商船,由清政府承担保险,即如果商船至朝鲜海口遇险失事,中国允许赔偿船价,损失的武器装备由中国自行认赔。租赁了爱仁、飞鲸、高升三艘外国商船。由于从海口到牙山登陆还有 35 公里路程,且只能用民船运送,所以决定三船分批出发。爱仁 21 日下午开出,飞鲸 22 日傍晚开出,高升 23 日早晨开出。为了保护海上运兵安全,李鸿章派北洋舰队副将方伯谦率济远、广乙、威远三舰护航。23 日,济远等三舰抵达牙山。24 日,爱仁号和飞鲸号共载清军 1500 人,先后在牙山内岛登陆。

在天津潜伏多年的日本间谍石川五一,通过收买电报局的电报生,侦知清军从海上赴朝的援兵人数、所乘船只、开船时间等机密情报。日本大本营决定在海上袭击清军,破坏清军的增援计划。7 月 20 日,清军尚未出发,日本大本营已接到石川情报,海军军令部长桦山资纪当天就离开横须贺,到佐世保海军基地传达命令:"开赴朝鲜海面,伺机袭击北洋舰队。"日本联合舰队司令伊东祐亨接到命令,全舰队于 23 日午前十一点从佐世保起航,24 日抵达牙山以南的群山湾。伊东命令第一游击舰队司令坪井航三海军少将率吉野、浪速、秋津洲三舰在牙山海面搜索前进,并赋予密令,附近如有清国军舰驻泊,可以进行攻击。此时,日本派赴朝鲜港口和海面的军舰已达二十一艘。日本政府在向朝鲜派遣海陆军,阴谋发动侵略战争的时候,采取了绝对保密的措施。实行全国新闻大检查,严禁报纸上刊登有关军队兵员、军舰及弹药、粮食数额,以及关于军队及军舰调动、船舶征发、军队部署等一切消息。日本联合舰队的出动,更是严格保密,封锁消息。舰队夜间航行,加强警戒,实行严格的灯火管制。因此,清朝政府对于日本海军的战争部署,对于联合舰队的进袭准备,茫然无知,毫无所闻。①

7 月 24 日,清舰威远号奉命到仁川送电报,获知日军袭击汉城、劫持国王的消息,并从英国舰长罗哲士处得知日本军舰要袭击中国军舰的情报。济远号管带方伯谦得知军情后,未能当机立断,立即命令广乙号随同济远号连夜回国,只是考虑到威远号是木质船,不能承受炮火且行驶缓慢,命其当晚离开牙山,于 9 时 15 分返航,而让济远、广乙仍在牙山停泊一夜。25 日凌晨 4 时许,济远和广乙两舰由牙山鱼贯出口。当时晴空万里,波平如镜,能见度良好。"七点二十分,在丰岛海上远远望见清国军舰济远号和广乙号。即时下

---

① 孙克复:《中日甲午海战史》,第 78 页。

战斗命令。"①7 时 30 分,两舰驶抵丰岛海面,在前方突然出现三艘军舰急驶而来,审视之下,乃是日本的吉野、浪速、秋津洲三艘快速巡洋舰。由于丰岛海面南宽北窄,不便于回旋作战,日舰为了把清军的舰只引诱到丰岛南侧海面宽阔处,故意向右十六度,转舵东驶。济远号和广乙号以为日舰转向东去,不致寻隙。遂继续向前航行,当驶至丰岛南侧海面时,日舰突然转向,以十五节的速度,成单纵向济远和广乙二舰迎面扑来。7 时 45 分,日舰吉野号首先开炮攻击济远号,日舰秋津洲和浪速号亦炮击济远,济远发炮还击。一时间,炮声震天,硝烟弥漫。日舰吉野号的排水量为 4200 多吨,15968 马力,载炮 34 门,速力每小时 23 节;秋津洲号排水量 3100 多吨,8400 马力,载炮 32 门,速力每小时 19 节;浪速号排水量 3700 吨,7328 马力,载炮 24 门,速力 18 节。济远号排水量 2300 吨,2800 马力,载炮 18 门,速力每小时 15 节;广乙号排水量 1000 吨,2400 马力,载炮 9 门,速力每小时 15 节。广乙号系福建马尾船厂自己制造,本属南洋水师,因到北方参加巡阅,恰遇战争爆发,临时编入北洋舰队。中日双方比较,不仅日方多一艘军舰,而且在军舰的技术性能和武器装备上,日军也优于清军。日舰最大火炮口径为 26 公分,清军最大火炮口径为 21 公分;日舰有速射炮 22 门,清军无速射炮。

济远号和广乙号两舰的官兵在优势敌人面前,临危不惧,沉着应战,进行了英勇的自卫反击。但日舰"中济远之弹不炸,入船澳剖视,知系无药,与马江之法船一样。"②战斗一开始,日军集中火力,攻击济远号。7 时 56 分,敌炮击中济远号的瞭望台,大副都司沈昌寿、二副守备柯建章阵亡,水手士兵阵亡 13 人,伤 40 余人。

这时,广乙号乘敌舰猛攻济远号之际,开展马力,驶近日舰,正准备用鱼雷实施攻击时,先被秋津洲号一弹击中桅楼,日舰浪速号也向广乙号猛射,又击中舰桥,广乙号的鱼雷发射管被击毁,死伤 20 余人。广乙号只得向右转舵走避,浪速号尾追不舍,广乙号发炮猛轰,击中浪速号的左舷,穿透钢甲,炸断了备用锚,击碎了锚机。司令官坪井航三以为广乙号舰体已毁,不予追击,令吉野号等三舰合击济远号。"济远也中很多炮,惟机器无损,舵被毁,遂逃。吉野尾追甚急。济远管带方伯谦藏身于厚铁甲处,仅大副、二副在天桥上照料,乃树白旗,吉野仍追。"③济远号官兵开动全舰炮火,向敌舰猛烈还击。一面仍继续航行,或左或右,寻找突围机会。

8 时 30 分,广乙号受伤东驶,远离战场,济远号以全速向西驶避。当日舰追击济远号时,高升轮与操江号由西而来,日舰浪速号鸣炮命其停航,操江号调头西返,坪井航三命"秋津洲截高升,以浪速截操江,而以吉野续追济远。"④

战至 11 时许,济远号已离吉野号七海里,吉野号开足马力全速追赶。吉野号追至济远号 2000 米左右时,用右舷炮猛轰济远号。管带方伯谦更加惊骇,在白旗下面又挂起日本旗,要求投降。水手王国成、李时茂激于民族义愤,不听从方伯谦的命令,协力发尾炮攻击敌舰。"有水手王姓者甚怒……问'何人助我运子!'有一水手挺身愿助,乃将十五生特

① 邵循正,等:《中日战争》第六册,第 32 页。
② 盛档:《甲午中日战争》下册,第 128 页。
③ 王芸生:《六十年来中国与日本》第二册,第 72 页。
④ 王芸生:《六十年来中国与日本》第二册,第 72 页。

(公分)尾炮连发四出,第一出中倭船舵楼,第二炮亦中,第三炮走线,第四炮中其要害,船头立即抵俯。盖倭船之追我济远也,意我尾炮已伤,故鱼贯追逐,以是我尾炮挂线毋庸左右横度,故取准易而中炮多。惜是时济远不知转舵,以船头大炮击数出以收奇捷,或可纾高升之急。伯谦既庆生还归烟台,遂称击毙倭海军总统以捷闻。"①清政府竟对方伯谦予以嘉奖:"管驾济远之方伯谦,于牙山接仗时,鏖战甚久,炮伤敌船尚属得力,著李鸿章传旨嘉奖。"②

　　吉野号负伤退出战斗,但方伯谦只顾逃命,不敢乘胜歼敌,竟丢下高升轮和操江号。操江号是艘近千吨的木质大船,是北洋舰队的运输船,此次带着武器、饷银开赴牙山。其航速低,行动迟缓,只有旧式炮9门,无力与日舰抗衡。秋津洲号紧紧追赶,形势危急。管带王永发自度难以脱身,"渠将文书及信件毁灭,未将银钱抛撒。兹闻有银二十万两,均为日本所获,甚属可惜"。"约二点十分,倭船放一舢板前来,内有水师官二员并管轮人等及水手二十四名,俱持枪械。到船后即将操江船上人等拘禁后舱,日兵执械看守。"③日军将操江号俘虏至群山湾。操江号所载之20万两饷银、大炮20门、步枪3000支和大量弹药全部为日军所得。28日管带王永发等83人,被押送到佐世保,投入监狱。"午后二点钟上岸,上岸之时极备凌辱","船近码头即放气钟摇铃、吹号筒,使该处居民尽来观看。其监即在码头相近地方,将所拘之人分作两排并行,使之游行各街,游毕方收入监,以示凌辱"。④

　　1894年7月23日晨,英商印度支那汽船公司的高升号离大沽口,载有中国兵1220人,炮12门及军火等。25日晨,它驶抵牙山湾外大约八点钟时,我们见三艘大船驶来,最前一只船,挂有日本旗,还有一面白旗招展。该船经过我们时,把白旗降落一次,又升上去,以表示敬意。(此即"济远"号,它被3艘日舰追逐到此。)后面的日本船忽悬挂信号:"停在现在你们所停的地方,不然,接受一切后果。"我们看见一只小船向我们开来,"我们船上的中国官带告诉我:他们宁愿死在这里,不愿当俘虏。"日本小船到了,日本军官上船后,即到船长住的房间……"当我把船长和日本人谈话结果译给中国管带们听后,他们和士兵都喧嚷起来,用刀枪威胁船长,致船长不敢起锚。"船长用信号旗请日本船再回来。我这次亲自到跳板上告诉日本军官:"船长已失去自由,不能服从你们的命令。船上的军官和士兵坚持让他们回原出发的海口去"。船长说:"考虑到我们出发尚在和平时期,即使已宣战,这也是个公平合理的要求"。小船抵日本军舰后,他们挂出信号说:"快快离开船"。这只是为船上的欧洲人而发。随后船长高惠悌悬挂信号说:"人们不许我们这样做"。我们看见"日本军舰开动前来,当它离我们大约一百五十公尺时……一个水雷从船的水雷门发出,立刻六门大炮一齐开放。"水雷命中船的中心,很可能击到船的煤库,我们都跳下海去游水。在游水时,我

---

① 邵循正,等:《中日战争》第一册,第65页。
② 故宫博物院文献馆:《清光绪朝中日交涉史料》卷16,第22页。
③ 盛档:《甲午中日战争》下册,第146页。
④ 盛档:《甲午中日战争》下册,第147页。

看见船沉下去,炮继续在放,那些可怜的人知道没有机会游水求生,勇敢地还击。"我看见一只日本小船,满载武装士兵,我以为他们是要来拯救我们的,但悲伤得很,我想错了。他们向垂沉的船上的人开炮。……高升号被鱼雷命中后,半小时内,全身都沉下去。"①

高升轮沉没后,除被法舰利安门号救起42人,德舰伊利达斯号救起112人,英舰播布斯号救起87人,还有二名士兵被日军俘虏,二名士兵游泳至孤岛得以逃生,其余官兵全部壮烈牺牲。②

高升轮有78名工作人员,其中船长、大副等七名高级员工均为英国人,还有少量菲律宾人,其余多为中国人。船沉后,日舰浪速号救起船长高惠梯、大副田泼林及一名舵工;德舰救起水手6人;法舰救起3人,另有一名德籍乘客,游泳获救。总计有12人生还,其余人全部死亡。

"广乙号虽出险,而受伤已重,遂驶撞朝鲜海岸浅滩,凿锅炉,渡残卒(70余人)登岸,遗火火药仓自焚。而管带林国祥以下兵官将渡登英兵轮,复截于倭舰,听命立永不与闻兵事服状,国祥以下连署与倭,乃得纵归。"③

高升号被击沉的消息传出后,英国舆论大哗。李鸿章上奏:"高升系怡和商船租于我用,上挂英旗,倭敢无故击毁,英必不答应。"④李鸿章此时还指望英国对日本施加压力。日方接到英国照会后,陆奥外相连忙装模作样下令调查,并向英国赔礼道歉,同时优待高惠悌和其他英国船员。

8月8日,日本复照英国外交大臣:"我能给予英国政府关于我国政府之忠实希望及保证:一旦证明日本海军军官之行动是违约的,日本政府将尽力给予一切赔偿。"日本方面上下沟通,多方活动,并用"特别活动经费"影响一些著名人物的观点。随着日本在军事上的节节胜利,英国以"不欲多事,得罪强者"的方针,放弃赔款和道歉的要求。最后,英国政府要求中国政府因高升号被击沉,予以赔款。

丰岛海战,清军的广乙号搁浅自毁,操江号被掳,高升号被击沉。一方面固然是由于敌强我弱,力量悬殊。但更重要的原因是李鸿章的妥协退让和消极避战,把希望完全寄托在列强的调停上,未能积极备战。明知日军向朝鲜增兵,战争一触即发时,他却不敢以北洋舰队出黄海,制止日军向朝鲜增兵,后又未能以海军充分兵力掩护牙山清军。由海上增援牙山时,只派济远号和广乙号二艘军舰护航。丁汝昌要求李鸿章准令舰队加强接应,7月24日,舰队"已升火起锚,戒严待发,鸿章电泥之,遂小行。"⑤李的错误决策、直接导致丰岛之战的失败。

在丰岛海战中主要将领方伯谦等人临阵退缩,明知大战在即,24日未能连夜回国,使济远号和广乙号陷入险境,铸成大错。25日海战中,吉野号后来被济远号击中三炮,济远

①　邵循正,等:《中日战争》第六册,第19页。
②　戚其章:《甲午战争史》,第61页。
③　邵循正,等:《中日战争》第一册,第65页。
④　故宫博物院文献馆:《清光绪朝中日交涉史料》卷15,第27页。
⑤　邵循正,等:《中日战争》第一册,第64页。

号本应转舵,以船头大炮继续进行攻击,有可能取得重大战果,或解救高升号之危。而方伯谦只知逃命,失去了击沉吉野号的大好机会。济远号大副穆晋书懦弱特甚,战斗中他唯恐丧命,躲进机舱。当吉野号逼近时,本有可能一雷击中,但他心慌意乱,竟"装气不足,放不出口",使吉野号又一次逃脱了被歼的厄运。

丰岛海战的结果,使日本海军完全控制了朝鲜西海岸水域,日军不仅增兵朝鲜畅通无阻,而且海陆两军得以互相策应。清军则断绝了通往牙山、仁川的海道,使牙山清军陷于孤立无援,腹背受敌的境地。

(二) 成欢之战

1894 年 7 月 24 日大院君李罡应入宫摄政,当天授权大岛圭介公使驱逐在牙山的清军。大岛圭介立即通知混合旅团司令部。7 月 25 日,日本海军在丰岛海战的同一天,日本陆军混成旅团,在旅团长大岛义昌的率领下,率 4000 余人,由汉城龙山出发,进攻驻守牙山的清军。

牙山属忠清道,其东北有二山,状若牙形,故名牙山。牙山三面背山,一面临水。6 月初,叶志超、聂士成率部进驻牙山后,大批日军入朝,蓄意挑起事端,战争已不可避免。聂士成就作战方针向李鸿章建议:将驻牙山清军北移仁川,扼海口,由北洋水师派兵舰阻止日军由海上入朝。另派清军在马山埔登陆,从东路渡汉江,进驻汉城。再派清军从义州、平壤南下,南北两路夹击,驱逐日军出朝鲜。李鸿章不同意聂士成的建议,一再要他们静守勿动。叶志超、聂士成对李鸿章的不战、不和、不走的做法不赞成。7 月 11 日叶志超、聂士成再电李鸿章,对牙山清军的战守提出了上、中、下三策:"倭日益猖獗,韩急望救援,各国调处卒无成议。此时速派水陆大军由北来,超(叶志超)率所部由此前进,择要扼扎,托名护商,若此决裂,免致进兵无路,此上策也。否则,请派商轮三四只来牙,将我军撤回……撤后行文各国公使并倭廷,申前次同撤之约。如彼不依,秋初再图大举,是为中策。若守此不动,徒见韩人受困于倭,绝望于我,且军士既无战事,久役露处,暴雨受病,殊为可虑。"[1]李鸿章认为现在正乞求各国调处,上策不可行;请求朝廷撤回驻朝军队,光绪帝又不允,中策也不可行;军机处电谕:"先择进退两便之地扼要移扎,以期先赴戎机,毋致延误。"[2]实际上要牙山清军按下策办。

7 月 16 日,清廷总理各国事务衙门大臣与军机大臣会议,确定对日本采取一面备战,一面和商的方针,分南北两路派兵增援朝鲜。同日,军机处电谕李鸿章:"现在倭韩情事,已将决裂,如势不可挽,朝廷一意主战。李鸿章身膺重寄,熟谙兵事,断不可意存畏葸,著懔遵前旨,将布置进兵一切事宜,迅筹复奏。若顾虑不前,徒事延宕,驯致贻误事机,定唯该大臣是问! 钦此。"[3]由此,李鸿章开始派兵援朝。北路由卫汝贵、马玉昆、左宝贵、丰升阿四支清军一万余人进驻平壤。南路派任字营、武毅军、天津练军等 2500 余人,由海路支援牙山清军。25 日,高升号在丰岛海面被日舰击沉,船上清军大部死难,到达牙山的清军

① 邵循正,等:《中日战争》第二册,第 602 页。
② 邵循正,等:《中日战争》第二册,第 612 页。
③ 邵循正,等:《中日战争》第二册,第 620 页。

只有江自康所率任字营及武毅军马步 1500 余人,与原驻牙山的部队会合后,清军的总兵力共 4000 余人。即使此时,李鸿章仍未决心抗战。其亲信盛宣怀 7 月 19 日(六月十七日)的电文:"英使正在总署商议和局,并未开衅。即使添兵,不过略留中国面子,以免贻笑各国而已。两国不下旗,断不轻战。"①李鸿章于 7 月 20 日(六月十八日)电叶志超:"我不先与开仗,彼谅不动手。此万国公例,谁先开战即谁理屈。"②

7 月 21 日,叶志超接到驻汉城的总理交涉通商大臣唐昭仪的密信,得知日本已于 20 日向朝鲜政府提出驱逐中国军队出朝鲜的要求。7 月 24 日(六月二十二日),又接到李鸿章来电,告知"和议决裂,速备战守"。③

成欢位于朝鲜忠清道,北距汉城 70 公里,西南距牙山 20 公里,中连纵横二条驿道:一条是汉城到天安、全州的南北大道,一条是稷山通牙山的东西驿道。成欢东西环山,北面五公里处有安城川河,向西流入牙山湾。河上有安城渡桥,南北两岸皆水网沼泽地。桥南有小村庄佳龙里,控安城渡口。成欢地势险要,便于扼守。

聂士成于六月二十四日(7 月 26 日),率副中、老前、练右三营驰往成欢,分扎要隘。"晚,接牙山叶军门飞函,称广乙、高升被倭击沉,边衅已开,预备战事云。二十六日(7 月 28 日),辰刻,叶军门驰至,问战守计。告以'海道已梗,援军断难飞渡,牙山绝地不可守;公州北山面江,天生形胜,宜驰往据之。战而胜,公为后援;不胜,犹可绕道而出。此间战事当率各营竭力防御,相机进止也。'叶军门从之,即率所部前往。……成欢离振武三十里,西南有高山,遥对振武来路。前行十余里,有河桥为必经之道。东有小山,草深林密。东南一山,下有小径通稷山、公州。即令哨长尹德胜带炮队驻扎西南山顶,见敌过轰击之。令帮带冯义和带精锐三百伏河旁林际,敌半渡即出击。令哨官徐照德率百人伏山侧,并在山顶瞭望,何方有警,即悬灯为号。令帮带聂鹏程领兵四哨伏大道西沟畔,营弁魏家训领 500 人为接应。令翼长江自康率仁字营扼敌趋牙山路。令武备学生于光炘、周宪章等带健卒数十人伏振威趋稷山道侧。营弁许兆贵率四百人扎成欢东角为声援。部署毕,慷慨誓师。众感奋,皆愿决一死战。二十七日(29 日),五更时,倭前队果渡河桥,我军骤放排枪,毙敌数十。时夜色苍茫,敌猝遇伏,遽引退,桥小人众,拥挤坠水溺死甚众。我军逐之。敌设旱雷于后防追军,遽退,误触雷机,轰毙无数。我军少,不敢穷追。迨天明,敌后队蜂拥至道口,与我军开枪互击。不虞尹德胜在山巅迭发大炮,歼敌甚多。正在得手,敌复翻山越岭,分道包抄,我军人自为战,莫不以一当十。自寅至辰,枪炮之声不绝,死伤积野,血流成渠,而敌愈聚愈众,布满山谷。我军四面受敌,犹复决命争首,抢占山头,轰击不辍。士成于枪林弹雨中,往来策应,见军火垂尽,不得已率众溃围而出,至天明,与叶军门会。"④叶志超部不战而退出公州,为避开汉城日军,清军绕道沿朝鲜东海岸北撤,渡汉江、大同江,历时一个月,行程二千里,于 8 月 21 日抵达平壤,与大军会合。

7 月 29 日日军攻下成欢后,分兵两路进入牙山。日军到达清军营地后,获得了大量

---

① 盛档:《甲午中日战争》上册,第 7 页。
② 邵循正,等:《中日战争》第四册,第 264 页。
③ 邵循正,等:《中日战争》第六册,第 9 页。
④ 邵循正,等:《中日战争》第六册,第 9 页。

军需品,包括一些增援部队刚刚冒险运来的弹药、粮食、旗帜、大炮等,其中8门崭新的克虏伯大炮还是刚从德国买来的。

8月5日,日军掳掠大批战利品回到汉城,大岛公使在南郊搭凯旋门欢迎,郊迎十五公里。大岛旅团长进入凯旋门时,队前高举一面白旗,上写两行大字,“成欢之战利品”与“清军大败之证”。陆奥宗光说:“牙山战捷的结果,汉城附近已无中国军队的踪影,朝鲜政府完全在我帝国掌握之中等喜讯,立时传遍全国。……故从前那些应否以强硬手段迫使朝鲜改革,以及高谈我军先攻中国军队的得失等议论,已被全国城乡到处飘扬的太阳旗和庆祝帝国胜利的沸腾的欢呼声所淹没,那些人也都抛开了愁绪,不再忧心忡忡了。”①

成欢之战的规模不大,清军伤亡200余人,日军伤亡80余人。但此战的意义很大,日军从此控制了整个朝鲜南部,切断了从中国大陆到朝鲜西海岸的航道,不仅消除了汉城受到的威胁,还解除了来自海上和南部的后顾之忧,得以一心北顾。

7月29日,李鸿章收到其专门雇佣去仁川探听消息的英国船的回报说:27、28日叶志超军连胜两战,歼灭倭兵2000多人,自己仅损失200多人。叶军现在离汉城只有80公里,而汉城的日军主力已调往牙山。李鸿章为自己的嫡系部队的战绩感到兴奋,他立即上奏朝廷,朝廷内外均感欣慰,以为“失之丰岛,收之牙山”。清廷连发谕旨嘉奖,8月2日(七月初二日)上谕:“李鸿章电奏已悉。叶志超二十五、六两日又连获胜仗,毙倭贼二千余人。该提督偏师深入,以少击众,克挫凶锋,深堪嘉悦!”②

8月4日,唐昭仪从朝鲜回国,李鸿章获悉清军牙山失败的部分真相,但这一次他没有上报。8月21日叶志超率牙山败军抵达平壤,矫言沿途屡败日军,李鸿章据以入奏。清廷获悉叶志超抵达平壤的消息后,对漏洞百出的战功也毫不追究,清廷传令嘉奖,“因叶志超一军与倭人接仗获胜,仰荷慈恩,颁赏银二万两”。③ 于8月25日颁发圣旨,授予叶志超为所有在朝鲜清军的统帅:“奉旨:现在驻扎平壤各军,为数较多,亟需派员总统,以一事权。直隶总督叶志超,战功夙著,坚韧耐劳,即着派为总统,督率各军,相机进剿。所有一切事宜,仍随时电商李鸿章妥善办理。钦此。”④ 败将升官、逃兵获奖,令全军皆惊。

(二) 中日宣战

丰岛海战和成欢之战,表明日本政府已经下决心发动战争,清政府只有应战,别无它途。7月30日,清廷撤回驻日使馆和领事署的一切人员,同时委托美国政府代为保护居住于日本的侨民合法利益。31日,总理各国事务衙门照会日本驻华代理公使小村寿太郎,指出“倭先开衅,致废修好之约,此后与彼无可商之事”,⑤ 令其回国。1894年8月1日(光绪二十年七月初一日),光绪帝下诏对日宣战,标志了中日甲午战争正式开始。上谕:“朝鲜为我大清藩属二百余年,岁修职贡,为中外所公知……各国公论,皆以日本师出无名,不合情理,劝令撤兵,和平商办,乃竟悍然不顾……该国不遵条约,不守公法,任意鸱张,专行

① 陆奥宗光:《蹇蹇集》,第70页。
② 邵循正,等:《中日战争》第三册,第18页。
③ 邵循正,等:《中日战争》第三册,第64页。
④ 邵循正,等:《中日战争》第三册,第59页。
⑤ 邵循正,等:《中日战争》第三册,第13页。

诡计,衅开自彼,公论昭然。用特布告天下,俾晓然于朝廷办理此事,实已仁至义尽;而倭人逾盟肇衅,无理已极,势难再予姑容。著李鸿章严饬派出各军,迅速进剿,厚集雄师,陆续进发,以拯韩民于涂炭;并著沿江、沿海各将军督抚及统兵大臣,整饬戎行,遇有倭人轮船驶入各口,即行迎头痛击,悉数歼除,毋得稍有退缩,致干罪戾。将此通谕知之。钦此。"①

同一天,日本明治天皇也下诏对中国宣战,诏云:"朕兹对清国宣战,百僚有司,宜体朕意,海陆对清交战,努力以达国家之目的。苟不违反国际公法,即宜各本权能,尽一切之手段,必期万无遗漏。……清国之计,惟在使朝鲜治安之基无所归。查朝鲜因帝国率先使之与诸独立国为伍而获得之地位,与为此表示之条约,均置诸不顾,以损害帝国之权益,使东洋和平永无保障。就其所为而熟揣之,其计谋所在,实可谓自始即牺牲和平以遂其非望。事既至此,朕虽始终与和平相终始,以宣扬帝国之光荣于中外,亦不得不公然宣战,赖汝有众之忠勇勇武,而期速克平和于永远,以全帝国之光荣。"②

8月3日,清国总理衙门向各国公使馆致送保护各国商民教士的照会。美国政府向清政府提出由其保护中国境内日本侨民安全的照会。随后,欧美各国,除俄国外,都先后声明局外中立。

甲午战争是日本政府蓄谋已久、精心策划的一场侵略中国的战争。在明治天皇和伊藤博文首相的领导下,日本大本营早就制定出侵略中国的"作战大方针"。它的侵略目标是:以主力在山海关附近登陆,于直隶平原和清军主力决战,打败清军,攻占北京。为达到上述目的,关键是加强海军作战,作战计划是:派第五师团进驻朝鲜,钳制并击败在朝清军;海军要击败北洋舰队,夺取黄海和渤海的制海权。根据海战可能的不同结果,制定了三种方案:第一,如果海军主力决战获胜,则将陆军主力输送到渤海湾登陆,实施直隶平原决战。第二,如果海上决战不分胜负,就用陆军主力侵占整个朝鲜。第三,如果海上决战失败,清海军控制了制海权,则尽力援助在朝日军,把日军主力留守日本本土,以防清军反攻。在实际执行中,大本营考虑到与北洋海军主力决战的时间难以预料,在年内能否实现直隶平原决战没有把握,当时日本的海运能力很低,五百吨以上的运输船只有五十只,要运送四个师团在渤海湾登陆,至少七十五天,而渤海湾北岸每年有三四个月的封冻期,即使海面不冻,也会因冬季寒冷,风大浪高,人马有冻毙危险,军队登陆十分困难。于是日本大本营对"作战大方针"作了修改,并于8月14日将第三师团的一部分派到朝鲜,增援原在朝鲜的第五师团,以期先把清军从朝鲜驱逐出去,将原来日军在朝鲜的牵制作战改为主攻作战。大本营确定,出于其他战略上的需要,冬季可分兵一部分占领台湾。

伊藤博文还强调,战争开始后,随时都可能引发列强的武装干涉,所以在军事上应速战速决,抢在列强干预之前,"迅速取得对清国的巨大胜利。为此,伊藤提出了两个方针:其一是速战速决;其二是政治策略和战略一致"。③ 在调兵遣将的同时,日军极其重视间谍的作用,早在上次侵台战争前,日军即派遣了大量间谍来华收集情报,此后从未间断间谍活动。1888年,日本间谍头目荒尾精在汉口开设"乐善堂药店",作为日本在华特务机

①　邵循正,等:《中日战争》第三册,第16页。
②　王芸生:《六十年来的中国与日本》第二册,第84页。
③　藤村道生:《日清战争》,第93页。

关总部,其活动范围覆盖长江中上游各省,甚至远达云南、甘肃、新疆等地。宗方小太郎也是重要的间谍头目,他分管北方地区,在天津李鸿章的鼻子底下建立"分部",并在北京、济南设立"支部"。

1890年荒尾精为扩大其活动范围,在上海成立了"日清贸易研究所"(即东亚同文书院前身),并从东京招收了150名"学生"到上海,宗方小太郎担任这个特务训练所的"学生监督"。1892年日本提前完成了十年扩军计划之后,于1893年由该所训练并派遣了89名特务赴中国内地各处潜伏。1894年6月26日宗方小太郎接到日本海军军令部密令,潜往威海卫、旅顺刺探军情。

日军间谍收集的情报,使日本海军军令部掌握了详尽的清军舰队活动情况,并在丰岛之战与黄海之战中起了重要作用。也正是日本间谍的情报使日军不顾第三军团尚未到齐,赶在大批增援清军抵达之前,冒险提前进攻平壤。

在清军方面,对于这场不可避免的战争实无计划可言,被动应付。宣战前竭力主和,推行"避战自保"政策,对于全国舆论和清军中爱国官兵的抗战主张置之不理。宣战后,为形势所迫,临渴掘井,提出了一个海守陆攻的战略方针。根据这一方针,清军准备先集结部分陆军于朝鲜平壤,再南下驱逐在朝日军;海军则以北洋舰队扼守渤海湾口,掩护陆军进驻朝鲜,策应在朝陆军,并确保京畿门户的安全。

丰岛之战后,李鸿章赶紧亡羊补牢,请求迅速购买军舰,甚至由北洋舰队先垫付30万英镑,合194万两白银。按战前行情,可买四、五艘新式巡洋舰,但西方各国以中日开战,涨价到40万英镑一艘。宣战第二天,光绪帝命令户部筹集军饷,还命令户部和海军衙门各拿100万两银子,用于购买军舰。

中国向智利购买两艘巡洋舰,向英国购买一艘巡洋舰,但智利政府借口中立,不许出售,英国政府也不让那艘已购买的巡洋舰到中国服役。

8月4日至9日,清军派出的四路大军先后到达平壤。8月下旬,从牙山撤回的叶志超、聂士成部也到达平壤,集结在平壤地区的清军人数超过日军人数,达到一万五六千人。光绪帝命这些部队"星夜前进,直抵汉城,勿得稍涉迁延,致滋贻误,是为至要,钦此"。[①]当时日军第五师团的增援很缓慢,而且队伍分散。如果清军按光绪帝谕旨迅速出击,胜面极大。日方也承认,"如果清军了解这种情况并进行各个击破的话,日军就有完全失败的危险"。[②]但李鸿章认为:"现在平壤兵数实不敷分布,又现农人正在收获。再三筹度,必俟兵齐,秋收后始能协力前进。"[③]平壤诸军不仅没有主动出击,甚至没有用心备战。先是叶志超为庆贺自己的战功和朝廷的奖赏,"设筵庆贺,置酒高会,热闹了好几天"。然后,中秋将至,还准备大摆筵席,宴赏良辰。李鸿章的另一亲信卫汝贵,则"私运饷银八万两回籍,以致军心涣散,临阵先逃"。[④]"此次驻军平壤,肆意冶游,士卒亦皆占据民房,奸淫抢掠,无所不至。"[⑤]

①　邵循正,等:《中日战争》第三册,第18页。
②　藤村道生:《日清战争》,第103页。
③　故宫博物院文献馆:《清光绪朝中日交涉史料》卷19,第5页。
④　邵循正,等:《中日战争》第一册,第177页。
⑤　邵循正,等:《中日战争》第三册,第143页。

　　李鸿章要求再派 30000 名清兵赴朝,此时北洋陆军已调走一半,不能再抽,于是朝廷下令,奉、晋、豫、鄂、湘诸军抽调军队入朝,但各省行动缓慢,至 9 月 13 日,除总兵吕本元率马队两营驰抵义州外,其余没有援军渡过鸭绿江。

　　闻日军向平壤进兵的消息,光绪帝多次命令清军南下出击汉城,"闻倭兵有北赴平壤之信,若株守以待,未免坐失事机。乃著饬令各军相机进取,力挫凶锋。"[①]8 月 29 日(七月二十九日)李鸿章奏言:臣前"奏称'海上交锋,恐非胜算',即因快船不敌而言。倘与驰逐大洋,胜负实未可知,万一挫失,即赶紧设法添购,亦不济急。惟不必定与拼击,但令游弋渤海内外,作猛虎在山之势,倭尚畏我铁舰,不敢轻与争锋。"[②]李鸿章和叶志超统帅的清军借故违抗圣旨,不积极地争取制海权,消极屯守平壤,等着日军合围,给日军的增援提供了难得的机会。

　　李鸿章战前主要抓了四件事:

　　1. 催促朝鲜北路援军,迅速向平壤集结,形成一万多人的厚势。

　　2. 国内禁止拍发密电,以防泄露军机。

　　3. 严查间谍,在沿海各省加强防范,并确实破获了几起重大的日本间谍案件。

　　4. 根据丁汝昌建议,在威海口设置挡雷木桩和铁链,以防日本鱼雷偷袭。

　　8 月初,遵照李鸿章的指令,丁汝昌亲自部署固守之计:堵塞威海港东西两口,东口日岛以北设木栏两层,用铁链横贯,布水雷五层;日岛以南设木栏一层,水雷五层;西口设木兰两层,沉雷四层,碰雷三层。

　　此时朝廷内外纷纷谴责北洋海军无能,弹劾丁汝昌,说他这个淮系陆军将领根本不懂海军。朝廷发出谕令,命令丁汝昌不得龟缩在渤海湾内。李鸿章则为丁汝昌多方辩解。8 月 27 日,光绪降旨,"丁汝昌畏葸无能,众人公论,断难胜统带之任,特严谕李鸿章迅即于海军将领中遴选可胜统领之员。"[③]29 日李鸿章再次复奏为丁汝昌和海军辩解:"丁汝昌从前剿办粤捻,曾经大敌,叠著战功;留直后,即令统带水师,屡至西洋,借资阅历;创办海军,特蒙简授提督,情形熟悉,目前海军尚无出其右者。各将领中如总兵刘步蟾、林泰曾等,阶资较崇,唯系学生出身,西法尚能讲求,平日操练是其所长,而未经战阵,难遽胜统帅全军之任。且全队并出,功罪相同,若提督以罪去官,而总兵以无功超擢,亦无以服众心。若另调它省水师人员,于海军机轮理法全未娴习,情形又生,更虑偾事贻误,臣所不敢出也。"[④]这个奏折交上去之后,撤换丁汝昌一事不了了之。

四、中日陆海军大决战

　　日本大本营确定了驱逐清军出朝鲜的作方案后,立即向朝鲜大举增兵。7 月 1 日,大本营训令第五师团长野津道贯中将,率第五师团余部赴朝。8 月 14 日,又命令由第三师

①　邵循正,等:《中日战争》第三册,第 44 页。
②　邵循正,等:《中日战争》第三册,第 72 页。
③　故宫博物院文献馆:《清光绪朝中日交涉史料》卷 18,第 15 页。
④　邵循正,等:《中日战争》第三册,第 73 页。

团一半兵力组成第五混成旅团,进驻朝鲜,协助第五师团作战。9 月 1 日,又下令把混成第五旅团与第五师团组成一个军,共 15000 人,由在军方威望极高的日本陆军之父——陆军司令官山县有朋大将亲自指挥平壤战役。

为了便于指挥,日本政府决定把大本营由东京迁往朝鲜釜山对面的广岛。13 日睦仁天皇亲率大本营出发,15 日到达广岛,亲自指挥战争。大本营设在第五师团司令部,设备极其简陋,睦仁坚持以司令部会议室作为自己的办公室兼起居室,并拒绝进行任何装修。

(一) 平壤之战

9 月 2 日,日军第五师团长野津道贯中将等议决,采取分路合击,分兵四路,进攻平壤。其部署是:由陆军少将大岛义昌率混成第九旅团步骑约五千,携炮 20 门,沿汉城出发,沿大道从东南进攻平壤;由陆军中将野津道贯率第五师团本部步骑约五千,携炮 12 门继后,渡大同江,从西南进攻平壤;由陆军少将立见尚文率第十旅团步骑二千,携炮 6 门,自朔宁渡大同江,从东北进攻平壤;由陆军大佐佐藤正率步兵第 18 联队及骑兵、炮兵、工兵各一部,约步骑三千,携炮十二门(又称元山支队),自朝鲜东北的元山登陆,从北面迂回到平壤。

清军是在中日两国宣战后,陆续增援平壤的。8 月 4 日,卫汝贵和马玉昆部到达平壤。6 日,左宝贵部到。9 日,丰升阿部亦赶到。清军进驻平壤,原计划与驻牙山的叶志超、聂士成部相呼应,南北配合夹击驻汉城一带的大岛混成旅团。7 月 29 日,成欢败后,叶志超部北退,夹击汉城日军的计划已经无法实现。遂按李鸿章"先定守局,再图进取"的方针,暂扎平壤,俟各营到齐,后路布妥,再图前进。8 月 21 日,叶志超率牙山败军抵达平壤。25 日,又命叶志超总统平壤诸军,败将升官,消息传出,全军皆惊,这样的统帅很难服众。连清政府也预见到了,八月初五日(9 月 4 日)上谕:"叶志超与盛、毅诸将平日分属等夷,今身膺总统,同人中或有各存意见,不服调度,则措置一切,必难自如。军情紧迫之时,深虑因此偾事。"[1]李鸿章也认为:"且将各一心,超资望浅薄,未识能否驾驭。"[2]但因叶是淮系亲信,坚持叶为统帅。

9 月 5 日,叶志超与诸将议定,以一部分兵力监视元山方向之敌,以主力南下迎击自黄州北进之日军。部队按计划出发,叶志超得到日军已抵成川的消息,顾虑平壤后路被切断,乃改变决心,急忙将部队调回,防守平壤。日军长途跋涉,劳师远征,清军不仅没有趁其立足未稳之际各个击破,甚至连有限的攻击也很少,而是坐等日军完成对平壤的合围。"八月初三日(9 月 2 日),盛军夜出哨,与毅军遇,互疑为敌,遂相轰击,历一时许,死伤颇众由是坚壁不出者越七日。"[3]此次因误会而引起的对战,使全军士气大受挫伤。

日方对这一时期战争的评价为:清廷"下进攻之上谕,但诸将以兵力未集为理由,待时进攻,李鸿章亦同意。"此时李估计驻韩之日本兵力过大,未顾虑其所在地之四散。"9 月 4 日训令叶志超,谓应乘敌之不意,击退由南方前进之日军。叶依此训令,欲自 7 日起,

① 故宫博物院文献馆:《清光绪朝中日交涉史料》卷 19,第 13 页。
② 故宫博物院文献馆:《清光绪朝中日交涉史料》卷 19,第 21 页。
③ 邵循正,等:《中日战争》第一册,第 20 页。

以八千之兵成三纵队,南进而向黄州,扼止以约三千之兵北进而由元山来之日军。惜叶变更此策,诸队行一二日后,即空归于平壤"。[1]

平壤为朝鲜平安道首府,是朝鲜的旧都。北通义州,南达汉城,东临元山,西南扼大同江口,是朝鲜北部水陆交通的重要枢纽。"平壤乃朝鲜旧京,城垣壮阔,南北绵亘十余里,凡六门:南曰朱雀、西南曰静海、西曰七星、北曰玄武、东曰长庆、东南曰大同。……玄武门跨山为城,附近一山曰牡丹台,是守卫平壤的命脉所在。"[2]

保卫平壤的清军共有五支:盛军(原为合肥周盛波部)卫汝贵部15营,6300人;毅军(原为宿州总兵赐号毅勇巴图鲁宋庆部)马玉昆部6营,3000人;奉军左宝贵部8营,3500人;奉天、吉林练军丰升阿部6营,2500人;芦榆防军叶志超、聂士成余部,约3000人。总计马、步、炮兵约18000余人,野炮4门,山炮28门,速射炮6门,并储存了足够全军食用一年的粮食。光绪帝原拟启用刘铭传统率诸军,刘称病不应召,实则另有隐情。

清军依城划分了各军防区,立即赶修工事,择险分屯。城北牡丹台筑堡垒1处,牡丹台外侧沿丘陵高地自东北向西北修堡垒4处,由左宝贵所部奉军、丰升阿所部奉天练军、盛字营及江自康仁字营防守,由左宝贵指挥;城南外廓筑堡垒及兵营15处,其南端由大同江北岸修筑2000米胸墙一道,墙下布雷,为南面第一道防线,由卫汝贵所部盛军及马玉昆所部毅军之一部防守,由卫汝贵指挥;城东南大同江上搭浮桥一座,在江南岸构筑堡垒5处,由马玉昆所部毅军及卫汝贵所部盛军一部防守,由马玉昆指挥;内城至城西七星门一线,由叶志超所部芦榆防军驻守。

9月12日,日军抵达大同江左岸,正拟由麦田店渡江时,"宝贵所部三营,列阵以拒,枪炮互击。……叶志超以前路急,以羽箭趣三营回平壤,倭兵遂渡,折而西南,向平壤"。[3]13日元山支队占领顺安,切断清军向义州的退路。14日"北面倭兵两支(一自朔宁来,一自元山登岸来)复进据城北山顶数垒,宝贵自出争之不能胜,乃入城,以炮仰攻。倭仍坚伏,诸将始虑后路将绝。是夕,志超将冒围北归。宝贵不从,而自扼玄武门山顶"。[4]日军第五师团本队自黄州西十二浦渡大同江,出江西,进攻平壤西南。各部于9月15日前完成了对平壤的包围。

9月15日(八月十六日)凌晨,日军对平壤发起总攻,激烈的战斗分别在大同江南岸、城北牡丹台和玄武门及城西三个方向同时展开,其中以大同江南岸和城北的战斗最为激烈。

第一路由大岛率第九旅团3600人,负责正面进攻。大岛少将分全旅团为三队,中军由陆军中佐武田秀山率领,左翼由陆军少佐奥山义章率领,右翼由陆军中佐西岛义助率领,大岛义昌少将为之总督,由长冈中佐任参谋长。十五日凌晨三时,"该军渡过水湾桥,直逼船桥里的敌垒。敌人似早有准备,激烈应战,不遗余力,硝烟蔽天,炮声震地。……第二、第四两中队自称艰苦,甚至指挥的士兵悉数战死。但敌人终于抵不住我军,其第一垒在转瞬之间陷落了。我军(指日军)乘势更逼第二垒。时天已明,敌人大放毛瑟七连枪,

① 誉田甚八:《日清战史讲授录》附录,第21页。
② 邵循正,等:《中日战争》第一册,第19页。
③ 邵循正,等:《中日战争》第一册,第22页。
④ 邵循正,等:《中日战争》第一册,第22页。

子弹如雨,我兵因无遮蔽,且敌垒太高,不可面向。……眼看第一军要总奔溃时,大岛少将跃马突进,不顾飞弹,长冈参谋长也下马拔剑指挥,士气于是再振,殊死奋战。"①"倭人冒死进,奋夺我前二垒,复趋我后三垒,玉昆肉搏血战,抵死相撑拒。汝贵渡江援之,枪弹雨发……倭人死伤山积,仍不退,鏖战及四时许,倭人弹丸尽,伏地无策,始败退去。玉昆将追之,忽闻玄武门失守,志超有诸军速撤之令,乃退。"②船桥里之战,清军以2200人对日军3600人,拼死搏斗,取得巨大战果。日军阵亡140名,负伤约290名,大岛义昌少将本人也受伤。由奥山义章指挥的左翼分队取得小胜。该队早晨5时至大同江南岸,先渡至平角岛,后强渡大同江登陆,清军向平壤城外一里的"长城"退去。

第二路由野津道贯率领第五师团5400人,负责攻打平壤城西。15日日出到达山川洞,因渡大同江耽误了时间,比预定时间晚了四小时。野津在山上布阵,向倭松堡垒发炮,后派兵下山,潜入黍园,击败清军骑兵,火烧堡垒后回营。

第三路立见尚文率领的朔宁支队和第四路佐藤正率领的元山支队共7800人,负责攻打平壤城北玄武门,这是日军的主攻方向。此两支队于15日拂晓分东西两路向玄武门外的清军堡垒展开钳形攻势。守卫玄武门的清军也是两支队伍:一是左宝贵率领的奉军1500人,守卫玄武门、牡丹台及城外各堡垒;一是由江自康、谭清远、潘金山率领的1400人。清军共2900人,约为日军的三分之一,日军兵力占绝对优势。清军"玄武门外营垒分两重,内重两垒向属,外以三垒环之"。③

日军元山支队乘第九混成旅在江南激战之际,"15日昧爽,在北汉山顶上安装山炮,攻击敌垒的左面。第十八联队的第一大队攻入敌垒(指清军),夺取了敌左翼的堡寨,继又攻陷了第一第二敌垒,因此第三垒第四垒乃不攻而克,时为午前九点。元山支队于是和朔宁支队会合,一齐逼近牡丹台堡垒"。④清军将领左宝贵见形势危急,激励部下道:"吾辈安食厚禄重饷数十年,今敌失约背盟,恃强侵犯,社稷安危,兆在斯时!进则赏,退则罚。我身当前,你们继之,富贵功名,彼此共之。"⑤部下感奋,无不以一当十,奋勇射击。

牡丹台屹立于平壤城北角,面临大同江,垒壁高五丈,炮座完备,掩蔽极坚固。日军为攻取牡丹台,将"元山、朔宁两支队合为一军,由立见尚文少将统率,命佐藤大佐带第二、第三两大队,高田少佐带一大队,同时袭击城的背面,又命山口少佐带一大队攻击正面,并命两个炮兵队击毁北面城墙"。⑥日军部署既定便发动总攻击。经过一番恶战,上午日军冲上了牡丹台,并将山炮队移到牡丹台,准备对玄武门及全城进行轰击。与此同时,步兵富田大队在炮火掩护下向玄武门发起冲锋,但前后三次冲锋均被清军击退。在牡丹台上的日军炮队见此情况,立即以山炮集中轰击玄武门城墙。下午二时城墙被崩坏,日军乘势越过玄武门胸墙,夺取了城门。"牡丹台据全城形胜,我军以全力持之,而倭人炮队继至,专注我牡丹台垒排轰,其步队乘势蚁附上,遂陷。宝贵知势已瓦解,志必死,乃服黄马褂顶戴

①　邵循正,等:《中日战争》第一册,第236页。
②　邵循正,等:《中日战争》第一册,第21页。
③　邵循正,等:《中日战争》第一册,第22页。
④　邵循正,等:《中日战争》第一册,第237页。
⑤　戚其章:《甲午战争史》,第103页。
⑥　邵循正,等:《中日战争》,第238页。

登城指挥,遂连中炮。"①

日军未料到整个战斗如此激烈,对城北左宝贵部的抵抗力更是严重估计不足,在整个第一天的战斗中,日军伤亡多于清军,攻占牡丹台和玄武门之后几乎弹尽粮绝,已无力继续攻克内城。日军在平壤城外冒雨露宿,处境极度危急。经9月15日战斗,清军在平壤南、西两个战场都抵住了日军的进攻,北战场虽失利,日军仅突破玄武门的外门。日方也有人认为:"……这些表明清兵仍然有继续战斗的可能性,但是,总指挥官的失败主义招致了大溃退,使日军在第二天早晨几乎是在没有流血的情况下就占领了平壤。"②

但在此关键时刻,清军统帅叶志超的胆怯与无能使清军又一次丧失战机,他毫无胆识去考虑和利用有利因素,调集兵力,扭转战场形势,而是一得知左宝贵阵亡和玄武门失守,立即丧失斗志。下午四时,他派了一个朝鲜人,以朝鲜平安道监司的名义给日军送去投降书,乞求停战,并在各城门插上白旗。"志超之插白旗也,有倭官来议,志超乞归路,倭人不允,而兵亦未入城。其城北之兵仍屯牡丹山上,扼我之吭。"③

日军攻取玄武门后,立见尚文少将与旅团副官桂大尉率领一小队下牡丹台,入玄武门至牙城(内城)的小窦门外,要求门内清军打开城门投降。因"语言不通,由副官桂大尉试行笔谈,敌人(清军)称,今正骤雨,且日近暮,请待明旦。(尚少文)少将知其并无降意,但因目下不利战斗,乃姑允其请,退据牡丹台"。④

当晚,叶志超召集各统领商议"轻装持械,趁夜而退"。卫汝贵等将领纷纷表示同意或默许,只有马玉昆提出反对。当夜8时,叶志超传令各军放弃辎重,趁夜冒雨撤退。清兵冒雨从七星门、静海门向北退去。日军第五师团主力部队埋伏在甑山大道上,元山支队埋伏在义州大道上,"倭人要于山隘,枪炮排轰,我溃兵回旋不得出,以避弹故,团集愈紧,死亡愈众,其受伤未殊之卒纵横偃卧,求死不得,哀嚎之声,惨不可闻。加以人马腾藉,相蹂死者至二千余人,掳于倭者亦数百人,而将领死者盖鲜"。⑤

9月16日日军占领平壤。清晨,立见尚文率朔宁支队,佐藤正率元山支队,自玄武门进入平壤。上午7时,野津道贯率第五师团自静海门入平壤。10时,大岛义昌率第九混成旅团从朱雀门入平壤。收获清军丢弃的大量武器、弹药、粮饷和其他军用物资,共计大小炮35尊,快枪550支,其他枪610支,炮弹792发,子弹56万发,行军帐篷1092顶,马匹250匹,军饷和黄金12箱(内有黄金96公斤),金沙14箱,饷银10万两,粮食4700石,其他军需品不计其数。平壤战役中,李鸿章的嫡系、清军装备最精良的北洋陆军一败涂地,使清军斗志大丧,一蹶不振,而日军用了很小的代价轻易地控制了整个朝鲜半岛。平壤战役中清军"完全溃败,伤亡6600人,日本方面的伤亡,据公布是643人"。⑥

日军发动平壤之战,带有很大的冒险性质。连日方也看到,"在当时北洋舰队主力完

① 邵循正,等:《中日战争》,第22页。
② 藤村道生:《日清战争》,第105页。
③ 邵循正,等:《中日战争》第一册,第23页。
④ 邵循正,等:《中日战争》第一册,第238页。
⑤ 邵循正,等:《中日战争》第一册,第23页。
⑥ 马士:《中华帝国对外关系史》第3册,第35页。

整无缺的情况下,这种做法是一种赌注"。① 不论在平壤之战前还是战斗中,日军对清军都有所顾忌,却没料到清军统帅竟如此无能,如此窝囊,于是放胆追击,清军则马不停蹄地逃跑。在逃亡途中,叶志超在安州碰到了从国内往平壤回赶的聂士成。"安州南去平壤百八十里,北依清川江,南则群山环绕,为平壤北第一巨镇,城垣高大,足资守御。且为倭人北犯孔道。过安州西北百六十里至定州,亦称险要。是时,我军尚及万数千众……苟我将领简料军实,为死守计,倭人岂得长驱渡江蹿我边围,乃诸军自平壤北溃,过安州、定州皆弃不守。奔五百余里,八月二十二日先后渡鸭绿江,入边止焉。"②

清军一路退到义州,又轻易放弃,一直退过鸭绿江,退到距平壤五百里的中国境内的九连城。当时,清军增援部队提督刘盛休率铭军 15 营,依克唐阿将军率镇边 9 营已分别从大连、黑龙江开过鸭绿江,风闻义州失陷,也撤到九连城。

平壤攻守战,是甲午战争正式爆发后的首次作战,也是中日两国陆军大兵团的首次交锋。清军此役的失败,造成清军全部退出朝鲜的不利态势,并使中国方面在战局上处于被动状态。此战更大的影响是,清军的完败使日军士气大振,也让日方看清了清军的腐败与无能,使日军在以后的战斗中更敢于进行军事冒险。

(二) 黄海之战

黄海之战前,"两国陆兵于其间逐次增加于朝鲜。北洋水师掩护其向大东沟之输送;日本舰队掩护其向仁川之输送。盖在朝鲜,因陆战之期迫切,以增加兵力为目前急务也。如此,两国舰队未尽力而争夺正要之制海权,反而从事于护卫输送陆兵。此情态于作战上,非能长久继续。……欲进行日本国之作战计划,非获得制海权不可,因是必使舰队索敌舰以求决战。遂于 9 月 17 日向鸭绿江口进行,适与敌舰相遇,演出黄海海战,日本舰队遂取得黄海之制海权"。③

同日本海军积极寻求主力决战,"聚歼清国舰队于黄海",夺取制海权的进攻战略相反,李鸿章千方百计地推行消极避战方针。丰岛海战后,李鸿章非常害怕北洋舰队同日本舰队接触。李鸿章深知他之所以能在清政府中具有举足轻重的政治地位,主要是因他手中握有淮军和北洋海军这两张王牌。为了保住这份家当,他确定的方针是:"海上交锋恐非胜算,今日海军力量,攻人不足,自守有余。应严饬威旅门户,为保船制敌之计,不敢轻于一掷。"④要北洋舰队固守大同江口至威海卫间海岸线,以舰队游弋其间,避免同日本舰队进行海上交锋。日本由海上大举向朝鲜增兵,李鸿章瞠目不见,充耳不闻。8 月 10 日,日本舰队在威海卫、旅顺挑衅以后,李鸿章又把北洋舰队巡弋范围从大同江口缩小至鸭绿江口。严令丁汝昌"无论事件如何,理由如何,北洋舰队勿得再行出航于山东高角(成山角)与鸭绿江口划线以外"。⑤

1894 年 9 月 15 日,平壤之战已经打响,但北京和天津都没有得到消息。海军提督丁

① 藤村道生:《日清战争》,第 103 页。
② 邵循正,等:《中日战争》第一册,第 24 页。
③ 誉田甚八:《日清战史讲授录》附录,第 9 页。
④ 故宫博物院文献馆:《清光绪朝中日交涉史料》卷 19,第 4 页。
⑤ 孙克复:《中日甲午海战史》,第 109 页。

汝昌亲率北洋海军精锐,抵达大连,舰队一面补充煤水,一面等待运兵船搭载陆军和辎重。"朝廷将以铭军(刘铭传属部)十二营济师,自鸭绿江口登岸。十三日(9 月 12 日)鸿章令海军翼之进,凡商轮五艘为运船,海军全队兵轮十二艘……翼商船而渡。十六日夜午,发自大连湾十七日(16 日)午刻抵大东沟,彻夜渡兵登岸。"①丁汝昌"派镇中、镇南两船、鱼雷四艇护送入口,平远、广乙两船在口外下碇,定远、镇远、致远、靖远、经远、来远、济远、广甲、超勇、扬威十船距口外十二海里下碇"。② 虽然这批援军登陆时平壤决战已结束,但北洋舰队已完成了这次护航任务。17 日早晨,舰队返航。旗舰定远号在中央,镇远、来远、靖远、超勇、扬威号在右,经远、致远、广甲、济远号在右,另有平远、广丙两舰稍在后。9 时许,丁汝昌传令进行"巳时操",这是北洋舰队每天都要操练的一种舰队常规舰操,主要是为了训练阵法。

中午 12 时,北洋舰队鸣号开饭,舰长室里提督丁汝昌、总兵刘步蟾、总教练德人汉纳根、顾问英国人泰莱等正在吃饭,一名将校急来报告:"发现敌舰!"四人一齐放下饭碗奔出舰长室,只见船上将士都集中在甲板上,"见西南来黑烟一簇,测望悬美国旗"。③ 但丁汝昌等颇为谨慎,分析形势,估计为日本舰队,当即命令各舰做好战斗准备。他们一面密切注视来舰动向,一面商议对策。丰岛海战之后,北洋舰队广大将士求战情绪十分高涨,旗舰的备战号令一下,水兵们便迅速做好了战斗准备。战斗之前,提督丁汝昌向全编队下达了 3 条作战训令:④(1)舰型同一诸舰,须协同动作,互相援助;(2)始终以舰首对敌,借以保持其位置,而为基本战术;(3)诸舰务于可能范围之内,随同旗舰运动。12 时 20分,来舰逐步接近,已能分辨出对方"凡有船十二艘,已尽易倭旗"。⑤

原来北洋舰队主力出港护航的消息,被在华的美国人迅速转告日本人,日军终于等来了在中国海岸之外聚歼北洋舰队的机会。日本联合舰队护送山县有朋大将在仁川登陆后,即转变方向赴大同江口,从海上策应陆军攻打平壤。平壤失陷的 1894 年 9 月 16 日,日军收到情报,"刻下敌舰队正集中于大孤山港外的大鹿岛附近,从事警戒。于是,联合舰队司令海军中将伊东祐亨乃令第三游击队留守大同江,以第一游击队吉野、高千穗、秋津洲、浪速四舰为先锋,自己搭乘总队的旗舰松岛,率领本队桥立、千代田、严岛、比睿、扶桑、赤城六舰及西京丸,于 9 月 16 日夕刻开向海洋岛。……17 日未明,舰队到达海洋岛附近……乃继续向大鹿岛锚地前进。午前 11 时 25 分,远远看见东北方煤烟冲天,吉野先挂起信号旗,报告发现了敌军舰"。⑥

"时汝昌自坐定远为督船,作犄角鱼贯陈进,遥望倭船作一字竖阵来扑,快船居前,兵船继之。"汝昌"令作犄角雁行阵,我诸舰速率各殊,改阵之余,遂不能整。"⑦结果在实战中,中国军舰以人字形阵迎击敌舰。12 时 50 分,双方相距五六千米,提督丁汝昌乘坐的旗舰定远号发出第一炮。口径三十厘米的炮弹落在离日舰吉野号左舷百米的地方,拉开

————————————

① 邵循正,等:《中日战争》第一册,第 66 页。

② 邵循正,等:《中日战争》第三册,第 134 页。

③ 邵循正,等:《中日战争》第一册,第 66 页。

④ 中国人民革命军事博物馆:《中国战争发展史》,第 683 页。

⑤ 邵循正,等:《中日战争》第一册,第 66 页。

⑥ 邵循正,等:《中日战争》第一册,第 239 页。

⑦ 邵循正,等:《中日战争》第一册,第 67 页。

了黄海海战的帷幕。定远的第一炮实际上也是全队进攻的信号。片刻之后镇远号驶至距日舰5200米的地方,打出第二炮。接着清军各舰纷纷轰击,打得海上烟雾弥漫。然而,日舰沉着气,没有回击。"我先锋队(日舰)大概都进到距敌约三千公尺时才回炮,猛击其右翼而走过敌阵。到距离三千公尺时旗舰松岛才发炮,其它各舰也相继发炮,炮声震天。"①第一游击舰队四舰横越北洋舰队前方,利用航速优势,专门攻击距主力舰较远的右翼超勇号和扬威号。英国为日舰装备的阿姆斯特朗120毫米速射炮威力很大。开战不久,因"超勇、扬威船皆弱小,居右翼末,不足自固。……而敌畏我镇、定两铁甲,故于驶近时,改道飞驶,左行绕攻我军右翼,绕及船后。我扬威、超勇相继中弹起火,超勇未几沉没,军士烬焉"。②扬威号驶出阵外救火,后来,被方伯谦指挥的济远号撞沉。

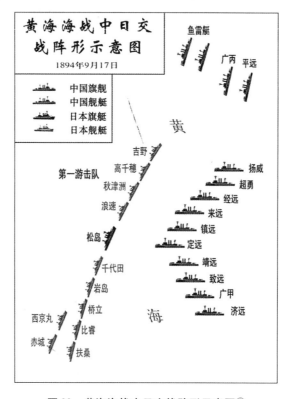

图20　黄海海战中日交战阵形示意图③

"丁军门与西员戴乐尔,同立天桥,指挥督率。忽本船两大炮同时怒震,船身猛簸,二人猝不及防,抛堕舱面,瞑眩垂绝,已而复苏。"④"丁汝昌旋受重伤,总兵刘步蟾代为督战,指挥进退,时刻变换,敌炮不能取准。"⑤丁汝昌虽然受伤,仍在甲板上激励将士,刘步蟾的指挥也相当出色,将士们无不拼死作战。初开仗时,中国旗舰定远号升了旗令,但不久定远舰的信号旗语装置被炮火击毁,北洋舰队因此失去统一的战场指挥,各舰基本上是单独

---

①　邵循正,等:《中日战争》第一册,第240页。

②　邵循正,等:《中日战争》第一册,第67页。

③　中国人民革命军事博物馆:《中国战争史地图集》,第206页。

④　邵循正,等:《中日战争》第一册,第170页。

⑤　王芸生:《六十年来中国与日本》第二册,第116页。

作战。超勇号沉没后,定远等舰猛攻敌舰比睿、赤城号,为超勇报仇。比睿号"闯入北洋舰队阵中……陷入定远、靖远、广甲、济远等舰的包围之中,受到四面猛烈轰击。……又被定远三十公分半巨炮击中右舷。炮弹在后樯中爆炸,破坏下甲板,引起大火,'数十人被击成碎粉而死',士卒三十二人负伤"。① 赤城号中弹甚多,赤诚舰长坂元八郎被击毙,舰上将士被击毙不少。最后这两舰无力再战,只得退出战列。

下午 2 时 30 分左右,日本舰队采取首尾夹攻战术,北洋舰队面临被包围危险。在日本舰队半包围的围攻下,致远舰中了不少炮弹,全身着火,托着浓烟在海上航行,同时不断还击敌人。致远管带邓世昌见敌舰集中火力攻击定远,便下令致远加速驶在定远之前,去迎击日舰。此时正遇吉野迎面开来,但此时致远已负重伤,弹药用尽,邓世昌对大副陈金揆说:"倭舰专恃'吉野',苟沉是船,则我军可以集事。遂鼓快车,向吉野冲突。吉野即驶避,而致远中其鱼雷,机房锅炉迸裂,船遂左倾,顷刻沉没"② 以邓世昌为首的 250 名将士几乎全部殉国。"邓世昌首先冲阵,攻毁敌船,被溺后遇救出水,自以阖船俱没,义不独生,仍复奋掷自沉。"③ 邓世昌誓与舰共存亡。邓世昌在牺牲前振臂高呼:"不要偷生! 不当俘虏!"表现了视死如归的大无畏精神。

北洋舰队左翼的济远和广甲两舰,眼看致远沉没,慌忙离队逃跑。"是日,两阵甫交,方伯谦先挂本船已受重伤之旗,以告水师提督,旋因图遁之故,亦被日船划出圈外。致(远)、经(远)两船,与日船苦战,方伯谦置而不顾,茫茫如丧家之犬,遂误至水浅处。适遇扬威铁甲船,又以为彼能驶避,当揿舵离浅之顷,直向扬威。不知扬威先已搁浅,不能转动,济远撞之,裂一大穴,水渐汩汩而入。……济远既不能救之使脱于沙,反撞之使入乎水,是诚何心哉! 扬威遭此蹂躏,约有一百五十人同问水滨。方伯谦更是惊骇欲绝,如飞遁入旅顺口。"④

济远舰于 9 月 18 日凌晨 2 时许驶抵旅顺。广甲管带吴敬荣在逃跑中离开航线,夜半时在大连湾三山岛外搁浅,次日被日舰击沉。其后,日本第一游击舰队 4 舰专攻经远,管带林永升督率将士开炮还击。在激烈的炮战中,"管带林永升奋勇督战,突中敌弹,脑裂阵亡。……经远因管带既亡,船又失火,亦同退驶"。倭以四船"聚围经远,先以鱼雷,继以丛弹,拒战良久,遂被击沉"。⑤ 全舰将士 200 余人几乎全部牺牲。

下午 2 时 55 分,北洋舰队的福龙鱼雷艇见日舰西京丸已受伤,便驶近攻击。当驶至距西京丸 400 米时,福龙先发一鱼雷,未中。又直对西京丸的左舷发一鱼雷。此时,西京丸已躲避不及,正在此舰的桦山资纪中将,惊呼:"我事毕矣!"其他将校也都相对默然,目视鱼雷袭击。但因操作不当,鱼雷从舰下深水处通过而未能触发。这样,西京丸才侥幸地得以保全,向南驶逃。

下午 3 时,北洋舰队仍在继续和敌舰作战的,只有定远、镇远、靖远、来远 4 舰。而日方有本队的 5 艘军舰与第一游击舰队的 4 艘军舰,共 9 艘军舰,日方在吨数与火力方面占绝对优势。日方的战术是,把清军 4 舰分割开,以第一游击舰队 4 舰攻击靖远、来远 2 舰,

---

① 孙克复:《中日甲午海战史》,第 121 页。
② 邵循正,等:《中日战争》第一册,第 67 页。
③ 邵循正,等:《中日战争》第三册,第 136 页。
④ 邵循正,等:《中日战争》第一册,第 168 页。
⑤ 邵循正,等:《中日战争》第三册,第 134 页。

以本队 5 舰攻击定远、镇远二舰。混战之时,平远、广丙 2 舰和福龙号鱼雷艇从鸭绿江开来参战,这几艘舰的战斗力并不强,但此时此刻有援军远道而来,还是鼓舞了士气,发挥了一定作用。"2 时 34 分,平远发射二十六公分炮弹一发,命中松岛左舷军官室,贯穿鱼雷用具室。打死鱼雷发射员四名。3 时 10 分又中一炮,炮弹打穿左舷中央鱼雷室上部,在大樯下部爆炸。打死左舷鱼雷发射员二名。3 时 15 分,岩岛又被平远击中两炮,但同时平远亦被日舰击中起火,被迫退出战场。"①

　　靖远、来远面临强敌,英勇顽强,相互配合,坚持战斗。来远中弹 200 多颗,靖远中弹 100 多颗。为了修补漏洞和扑灭烈火,并使定远和镇远得以专注对敌,两舰西行,冲出第一游击舰队的包围,驶至大鹿岛附近。靖远、来远两舰占据了有利地形,背靠浅滩,一面用舰首重炮对敌射击,一面紧急灭火修补。吉野等四舰尾追而来,因害怕搁浅,不敢靠近。靖远、来远终于赢得了修补和灭火的时间。此时,定远、镇远继续与日本队的五艘舰作战,两舰保持一定距离,互相配合作战,用巧妙的航行和射击,互相掩护,虽多处负伤,险象环生,仍坚持与日军五舰周旋。战斗中定远管带刘步蟾、镇远管带林泰曾表现突出,指挥沉着果断,使全舰上下一心,勇抗强敌。"镇远管带林泰曾,开炮极为灵捷,标下各弁兵亦皆恪遵号令。"②危急之时,于"三时三十分镇远所发的三十公分半巨弹两颗,命中了我(日方)旗舰松岛下甲板炮台的第四号炮,放在近旁的十二公分炮的装药因此爆发,霹雳一声,船轴倾斜了五度,冒上白烟,四顾黯澹,炮台指挥官海军大尉志摩清直以下,死伤达一百余人,死尸山积,血流满船,而且火灾大作,更加困难"。③松岛已经丧失了指挥和战斗能力,于是松岛号发出了"各舰随意行动"的信号,随即与其他四舰,向东南逃逸。

　　日本舰队向南逃逸后,定远和镇远在后尾追进逼,使其不得不回头再战。双方炮战之猛烈,当为此次海战之最。然而,两舰弹药很快告竭,"定远只有三炮,镇远只有两炮,尚能施放"。④以致无法扩大战果。下午 5 时许,靖远、来远经紧急抢修后,恢复了战斗力,归队参战。因定远桅杆折断,无法升旗,靖远号担任旗舰工作,并升起收队旗,定远、镇远、来远、广丙、平远诸舰及福龙、左一鱼雷艇纷纷向旗舰靠拢。

　　日舰吉野、扶桑也受了重伤,临时旗舰桥立号见中国舰队集合不敢再战,遂向西南来路集合,退出战斗。北洋舰队无力追击,也离开战场驶向旅顺休整。

　　下午 5 时 30 分,黄海海战结束。黄海海战中,中日参战的军舰均为 12 艘,大致实力相当。战斗前后历时近五小时,北洋舰队在危难时刻重伤松岛舰,迫使日舰首先撤出战场,战争结束时集合成战斗队形,维持了北洋舰队的尊严。两艘铁甲巨舰定远、镇远号修复后仍有作战能力。但在黄海海战中北洋舰队的损失远大于日本联合舰队的损失。北洋舰队 5 艘战舰沉没,其余大多受伤。沉没的战舰是:超勇号,管带黄建勋;扬威号,管带林履中;致远号,管带邓世昌;经远号,管带林永升;广甲号,管带吴敬荣。日本舰队无一沉没,但五艘战舰遭重创:比睿、赤诚、西京丸、吉野、松岛,其中旗舰松岛号,虽返航回港,但

①　孙克复:《中日甲午海战史》,第 125 页。
②　邵循正,等:《中日战争》第一册,第 169 页。
③　邵循正,等:《中日战争》第一册,第 241 页。
④　邵循正,等:《中日战争》第三册,第 135 页。

已无法修复,最终被迫退出日本海军战斗序列。在战斗开始不久即失去指挥的不利形势下,北洋舰队绝大多数官兵英勇作战,连外国顾问甚至日军都承认,清军水兵"可称善战"。连日方也认为,"日本舰队没有实际胜利的感觉"。[1] 可惜,清军未能给敌舰以致命打击,许多敌舰连挨数炮后竟未起火。肯宁咸说:"中国人在鸭绿江上(指黄海海战)是可以得胜的,假使他们的炮弹不是实着泥沙。这不是海军提督的过错,而是军需局的坏蛋官吏的罪恶。"[2] 原来外国军火商和清朝军需官狼狈为奸,许多炮弹是内充砂子的假货或练习弹,真正有杀伤力的实弹不多。此战清军死一千多人,其中管带(舰长)四人,伤四百多人,日军伤亡共六百多人,其中舰长仅赤城坂本一人。另外的记载是,黄海之战"日本方面伤亡 239 人,中国方面,包括溺毙者在内,伤亡约六百人"。[3]

从战略意图看,此次日本联合舰队主力倾巢出动,是为了寻求与北洋舰队主力决战,以实现其聚歼清国舰队于黄海,夺取制海权的侵略野心。但海战的结果,日本未达目的,北洋舰队的战斗力仍然强大。至于北洋舰队丧失制海权,不是因为黄海之战的失利,而是因为李鸿章避战保舰的错误的战略方针造成的。李鸿章的战略思想仍停留在冷兵器时代,根本没有认识到,中日两国海军对渤海和黄海制海权的争夺,具有关系战争全局的重要战略意义。黄海海战后,李鸿章严令北洋舰队全部避藏在威海卫港内,不准出海击敌。10 月 18 日,李鸿章命令舰队移驻威海卫,把北洋舰队防区进一步缩小。规定北洋舰队"巡弋所及,西不过登州,东不过成山"。[4] 从而使日本轻易地取得了制海权。清政府以李鸿章为代表的投降主义者,则故意夸大损失,散布失败主义情绪,瓦解斗志,涣散士气,为妥协求和制造舆论。

根据李鸿章的汇报,八月二十四日军机处电谕李鸿章:"济远管带方伯谦首先逃走,致将船伍牵乱,实属临阵退缩,著即军前正法。"[5] 关于方伯谦在黄海海战中的表现及是否该杀? 当前史学界有不同观点。与之对照,据安维峻奏言,在李鸿章疪护下:"叶志超、卫汝贵均以革职拿问之人,藏匿天津,以节署为逋逃薮,人言啧啧,恐非无因。"[6]

黄海海战是世界上第一次蒸汽动力战舰的大规模战役,其规模之大,战斗之激烈,时间之久,在世界海战史上罕见,影响也非常深远。在海战中,日舰的密集炮火击沉了北洋舰队的四艘巡洋舰。定远和镇远舰的水线装甲及炮塔护甲上,也被击出蜂窝般的弹痕,但深度却没有超过四英寸以上者。巨型铁甲舰的这种生存能力,刺激了一场大舰与巨炮的竞赛,从而形成了"大舰巨炮主义"主宰辽阔海洋世界的新时代。

五、日军入侵中国本土

9 月 15 日,平壤激战之时,北京正在隆重庆祝慈禧六十大寿,大肆表彰她的功德。平壤、黄海之战的消息传来后,举国上下莫不主张坚决抵抗,帝党还指控李鸿章与淮军:"日

---

① 藤村道生:《日清战争》,第 107 页。
② 邵循正,等:《中日战争》第六册,第 318 页。
③ 马士:《中华帝国对外关系史》第 3 册,第 36 页。
④ 邵循正,等:《中日战争》第一册,第 69 页。
⑤ 故宫博物院文献馆:《清光绪朝中日交涉史料集》卷 20,第 35 页。
⑥ 朱寿朋:《光绪朝东华录》第三册,第 3515 页。

久无功,殊负委任。"①而后党却散布妥协投降的论调。李鸿章奏言:"倭人于近十年来,一意治兵,专师西法,倾其国帑,制造船械,愈出愈精;中国限于财力,拘于部议,未敢撒手举办,遂觉相形见绌。海军快船、快炮太少,仅足守口,实难从令海战。……致陆路交锋,倭人专用新式快抢,炮精且多。……以北洋一隅之力,搏倭人全国之师,自知不逮。"②李鸿章散布"自知不逮",即强调打不过,实则主张和为贵。当时清政府通过英国向日本提出,在赔偿军费和朝鲜独立的基础上停战求和。但清政府虽有求降之心,日本政府尚无受降之意。平壤攻陷的消息传到日本,日本政界、军界乃至百姓中欣起了进一步扩大战争的狂热。日本政府认为,只有把战火引向中国境内,才能吓倒清朝统治者,在谈判桌上勒索到最大的利益。日军继续扩大战争规模,进军东北,将战火烧到中国本土。

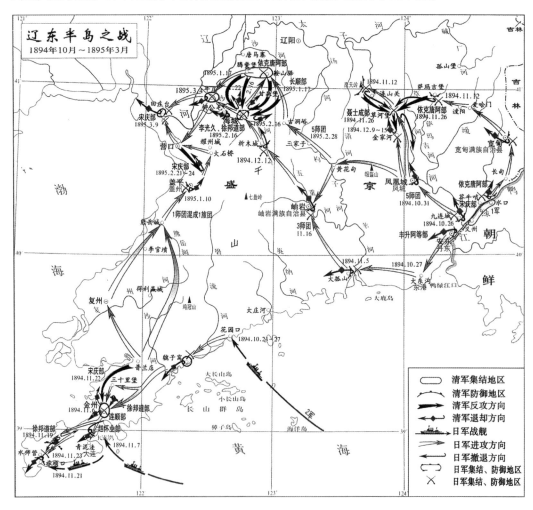

图 21　辽东半岛之战示意图③

---

①　邵循正,等:《中日战争》第三册,第 101 页。
②　邵循正,等:《中日战争》第三册,第 112 页。
③　中国人民革命军事博物馆:《中国战争史地图集》,第 207 页。

"清军统帅部于平壤及黄海战役败后，不知策之所出，于10月10日顷立作战计划，大概如左：一、保全北洋水师，以扼渤海湾口；二、集东三省陆军之大部及河南、山西陆军之一部于清韩国境，增加第一线军力，以掩护奉天；三、增加旅顺半岛守兵，以巩固旅顺口及大连湾之陆正面防御；四、大举各省之兵，集于天津大沽间，山海关、秦皇岛间及通州附近，以掩护北京。"[①] "该计划偏于防守，欲同时掩护奉天及北京，其结果分兵为二，不能不逐次以各个对日军，可谓采战略最大之拙策者矣。"[②]

攻占平壤后，日军即以立见尚文少将的第十旅团为先锋队，9月24日由平壤出发，于10月17日到达义州。大迫尚敏少将的第五旅团，也于10月4日由平壤出发。10月5日，山县有朋大将率第一军司令部，与野津道贯中将、桂太郎中将及参谋长小川又次少将一起由平壤出发。同一天，大岛义昌少将的第九旅团随后出发，为全军后卫。但因气候恶劣，驮牛死亡甚多，辎重运输极为困难，行军十分缓慢，直到10月22日，日本第一军全部到达义州。日本军人终于实现了几百年来"饮马于鸭绿江"的夙愿。

1894年10月23日，陆奥宗光外相照会英国公使，正式拒绝英国的调停。1894年10月24日，日本政府按计划开始了对大清帝国本土的大规模进攻。经过周密策划，日军从南北两路同时进攻：北路进攻鸭绿江防线，南路由大同江口出海，登陆辽东半岛中部的花园口，再由陆路进攻大连、旅顺。

（一）鸭绿江防之战

平壤战争以后，清军的方针是"严防渤海以固京畿之藩篱，力保沈阳以顾东省之根本"。[③] 将大连、旅顺的守军紧急调往鸭绿江下游的九连城附近集结，加上平壤的溃军，到10月份，"驻鸭绿江北者为：黑龙江将军依克唐阿所部的镇边军12营，总统宋庆所部的毅军9营，聂士成所部芦榆防军4营，吕本元、孙显寅所部盛军的18营（原卫汝贵部），刘盛休所部的铭军12营，江自康所部的淮军5营，耿凤鸣所部奉军各营，丰升阿、聂桂林等所部盛军12营，新旧约及70余营，兵力甚厚"。[④] 合计约为30000人。兵力与日军兵力相当，装备也相差无几。10月1日清廷命令，除伊克唐阿一军外，前线所有清军均由宋庆统领。宋庆和伊克唐阿是鸭绿江防线的两位最高将领。宋、伊二将均为著名主战派，骁勇善战。10月14日，叶志超、卫汝贵被革职。但"宋帅受命督师，虽负节制诸军之名，各军实阴不受部勒"。故"诸军毕集，仍散漫无纪律"。[⑤] 诸将平时各驻一地，互不隶属，往往不服调遣，且军心涣散，士气不振。这与晚清形成的地方性雇佣兵体系有关。两位主帅又是第一次共事，互相不够了解。

日军也看到了清军的这个弱点："满洲各地指挥官极不统一，各自独立。即依克唐阿在最东方第一线，任奉天防御，但其近处摩天岭有归宋庆指挥的聂士成，辽阳附近又有长顺所率之兵，奉天有裕禄所率之兵，皆独立。旅顺半岛有别军，无统一之命令系统。……

---

① 誉田甚八：《日清战争讲授录》，第49页。
② 誉田甚八：《日清战争讲授录》，第151页。
③ 邵循正，等：《日中战争》第二册，第113页。
④ 邵循正，等：《日中战争》第一册，第24页。
⑤ 邵循正，等：《日中战争》第一册，第24页。

如此各自独立以对日军,其非得策可谓极矣。"①

10月13日宋庆、依克唐阿会同决议之防御策无大错误。"但接日军向宽甸之情报,在远地之军机处,徒命不适当之区分,使依克唐阿移至长甸、蒲石河各河口,以行防御。……次认日军将在义州东北方渡河,宋庆以一部至嗳河左岸栗子园,已使己之兵力分散;次判断虎山为扼止敌军渡河之地,以牙山军之一部出于虎山,加以当时并分割总计约一师之兵力于大东沟、大孤山及凤凰城。其配置颇背于用兵之原则也。"②

当时清军以九连城为扼要。九连城南依鸭绿江,东枕嗳河;嗳河以东是虎山,为九连城险塞;再东至安平河口,逾安平河而东为苏甸,再东为长甸。其九连城以西为安东县,再西则大东沟,为鸭绿江口。清军的布防是:"宋庆驻中路九连城,以聂士成所部芦榆防军四营守虎山,铭军等部守江岸;东路则依克唐阿所部守安平河口、长甸各隘,西路则丰升阿、聂桂林等分守安东、大东沟、大沽山诸城邑:是为我东边鸭绿江之防。"③清军防线绵长,兵力配置西起海岸,东至鸭绿江上游长甸城附近,散在数十里间。右翼以九连城至安东县为防御重点,但左翼兵力有限,左右两翼相接处也是防御的薄弱环节。布防上的缺点,便利了日军的进攻。

日军向鸭绿江畔开进,"侦察结果,知安东县方面之地形不便于进击,乃于军之前进中,决定由义州方向攻击"。④面对清军阵营,山县有朋数次登上义州城外的统军亭用望远镜观察地势。他认为虎山是江北天险,欲攻九连城,必先攻下其左翼之虎山,并以它为立足之地。而要攻取虎山,必先攻下安平河口。"九月二十二日(10月24日),倭人第一群兵(即第一军)毕集于义州,作欲渡状。我诸军严防中路九连城江面,而倭人乃潜袭上下游,我诸将竟不察。"⑤

10月24日,日本第一军的主力开始进攻。在江南义州城东的高地上布置野炮、臼炮各两门,由黑田少将担任指挥。当晚10时,乘黑夜在鸭绿江上架设浮桥。为迷惑清军,次日上午11时在水口镇的佐藤大佐率领一个支队涉水渡江,佐藤支队到达江心洲姜甸时,防守河口的奇字练军开枪遥击,日方南岸高地上的野炮、臼炮齐发掩护。安平河口的清军炮台发炮还击,东面鼓楼子的清军炮台也发炮支援。佐藤支队冒着炮火在硝烟中向北岸推进。日军进至距岸五六百米时,清军齐字练军已弃炮台逃跑,守将倭恒额退至红石磊子。日军渡过了鸭绿江。"而依(依克唐阿)军误入一山沟,内无出路,复南旋抢出山沟,倭人拦山口截击,死者百余人,依克唐阿乃东北奔宽甸。"日军渡河以后,"乘夜凫水测量,嗳河口有小渚二,倭人遂藉渚跨架浮桥,终夜而成,而我军竟不觉"。⑥宋庆闻报日军登陆,派吕本元的马队前往支援。但因日军大队人马先后到达,马队败退。下午1时30分,日军占领了安平河口的清军两座炮台,并进军梨子园。

几乎在日军占领安平河口的同时,山县有朋开始对虎山发动进攻。桂太郎率第三师

①　誉田甚八:《日清战史讲习录》,第88页。
②　誉田甚八:《日清战史讲习录》,第37页。
③　邵循正,等:《中日战争》第一册,第25页。
④　誉田甚八:《日清战史讲习录》,第20页。
⑤　邵循正,等:《中日战争》第一册,第25页。
⑥　邵循正,等《中日战争》第一册,第25页。

团主力渡鸭绿江进攻虎山正面;大迫尚敏的第五旅团为右翼,渡鸭绿江登虎山以东高山,攻打虎山右面;立见尚文的第十旅团为左翼,绕道攻打虎山西面。此外,炮兵部长黑田久孝负责掩护部队渡江,工兵部长矢吹秀一负责架设浮桥。10 月 25 日凌晨 4 时,浮桥架成,"倭人先列炮队南岸,隔江击我,护其军渡桥。于是倭兵渡者数千人,炮队继进"。[①] 日军第三师团首先渡江,桂太郎率师团主力,在虎山清军阵地正面布阵;大迫尚敏率旅团渡过浮桥,占领了虎山东面高地;立见尚文率第十旅团先占领中江台的税务局,然后渡江至虎山西面。这样,日军三面包围了虎山,用加农炮猛轰。

虎山位于叆河和鸭绿江交汇处,西隔叆河与九连城相望,南隔鸭绿江与统军亭相对。虎山守将马金叙,以勇敢著称,决心与虎山共存亡。25 日黎明,马金叙对 600 名勇士说:"今日之战,关系甚大,虎山存亡,悉赖尔等,须戮力同心,以御敌人。士卒皆大呼:愿效死保守此山。"[②]

25 日晨,因早雾浮江,清军没有发现日军架设浮桥和渡江。及至日军先锋队通过浮桥登陆,始被清军发现,开炮轰击,已是早晨 6 时 15 分。马金叙率部下拼死作战,先后打退了日军三次冲锋。江南的日军炮队见虎山久攻不下,便开炮助战。马金叙身受枪弹十余处,其弟督战阵亡,他仍然坚守阵地。此时在虎山东面高地上的日军右翼部队,用猛烈的炮火向清军俯射。清军统领宋庆见马金叙兵力单薄,便派宋得胜和马玉昆率毅军 3000 人前往救援,日军一时无法得逞。桂太郎向军部求援,山县有朋便命虎山西面的立见尚文率第十旅团增援。马金叙部虽然勇敢,但敌众我寡,最后败退,渡叆河西走。日军穷追,占领虎山,时为上午 11 时 30 分。此次虎山战斗,清军战死 495 名,记名提督谭清远及 14 名士兵被俘;日军死 34 人,伤 115 人。

不久,日军山县有朋带领第一军司令部进至虎山。是夜,山县大将和夜津中将同在虎山上宿营,因"将于明日(10 月 26 日)开始总攻击,乃于是夜决定部署,规定第三师团在通天沟附近击敌侧背;第五师团沿叆河右岸前进,从东北面攻击九连城;军司令部向大迫少将所占领的高地前进。26 日黎明,全军一齐向九连城前进,时因浓雾,咫尺莫辨,彼我都不明情况。忽有探骑来报:'敌军已乘夜撤走'"。[③] 原来宋庆、刘盛休等闻日军来攻九连城,"宋庆恇惧北走,退保凤凰城"。[④] 日军到达九连城下,惟恐中埋伏,便对城炮击,城内毫无反应。山县还不放心,派第九旅团入城侦察。大岛义昌命步兵十一联队攀登城墙入城,见果然是空城一座。上午 10 时,山县有朋进入九连城,把税务局作为第一军的司令部。战后,日军对当时未能估计到清军如此缺乏斗志,颇为遗憾:"当时日军欲攻击九连城,见敌自由退却,未能知其志气如何。若知清军斗志之程度,则当时日军之追击前进,其结果必更佳。"[⑤]

在日军进攻虎山的时候,山县有朋就派第三师团的奥山义章少佐率领第二十一联队第三大队,开赴安东县对面沙洲的麻田浦,以牵制清军的兵力。10 月 25 日,奥山从义州

① 邵循正,等《中日战争》第一册,第 25 页。
② 邵循正,等《中日战争》第六册,第 310 页。
③ 邵循正,等《中日战争》第一册,第 247 页。
④ 邵循正,等《中日战争》第一册,第 26 页。
⑤ 誉田甚八:《日清战史讲授录》,第 71 页。

出发,抵达麻田浦。26 日早晨,奥山以野战炮轰击安东县,不见清军动静,原来驻扎在此的清军 6000 余人于前夜撤走了。丰升阿"不虞倭兵夹江而下,亦弃安东而奔岫岩州,倭人遂入安东。于是东起安平河口,西至安东,沿鸭绿江境皆为倭有"。①

日军占领安东县后,在县里设立民政厅,贴出告示:"我军所敌清国军队而已,至尔农商民无辜,毫不加害,却抚恤如慈母视子……命我所管辖地方吏,勿纳今年租税。"②日军还到处张贴《告十八行省豪杰书》:"满清氏之命运已尽……我日本应天从人,大兵长驱,以问罪于北京朝廷,将陈清主面缚乞降,尽纳我要求,誓永不抗战,而后休矣。"③还号召十八行省草莽豪杰起来,将满清逐出境外。日本把自己打扮成中国人民的救世主,掩盖其侵略行径,利用中国人民对清朝的不满情绪,制造混乱,从中渔利。

安东县设民政厅的消息传到日本,举国狂欢,再次激起了一阵战争狂热。报上称赞道:"在日本版图外设民政厅,是任那设'日本府'(古代日本在朝鲜南部任那地方设立的派出机构)以来的快事,但那时日本府终未发展到朝鲜以外。今我军已占领鸭绿江右岸一带,并在那里实施日本法律,此乃日本开国以来未曾有过的事情。"日本明治天皇闻奏,立即赐书第一军司令山县嘉勉:"卿等忠勇,能排万难而进击,退敌于朝鲜国境外,遂入敌国,占领要冲地,朕深嘉赏之。时方沍寒,卿等各自爱,期将来成功。"④

驻扎在九连城内的第一军司令山县有朋奉到天皇御书大受鼓舞,继续制定作战方案:分两路进攻奉天,东路从凤凰城经辽阳入奉天,这是从鸭绿江到奉天的主道;西路绕道岫岩、海城,出辽阳之西入奉天。日军在 11 月 3 日进攻凤凰城。是日清晨,立见尚文的第十旅团出发,中午到达距凤凰城仅五里的汤山城。"忽有探骑来报:昨夜敌将宋庆撤走,城中没有一兵。于是急行入凤凰城,不劳一兵即予占领。"⑤原来,清军"虽经败溃,而兵力尚厚。乃宋庆以凤凰城不可守,请扼摩天岭以守辽阳州东道入告,遂令聂士成等守摩天岭之石佛寺,吕本元、孙显寅等守连山关、甜水关诸处,十月初一日(11 月 2 日)弃凤凰城走,初二日(11 月 3 日),倭人遂入凤凰城。"⑥至此,号称三万重兵把守的鸭绿江防线全线崩溃。其中九连城、安东县和凤凰城竟是没经过任何战斗就被放弃了,只有聂士成、马金叙等少数将领进行了顽强抵抗。

在鸭绿江江防之战中,清军不仅伤亡严重,而且装备、物资损失严重。据日方公布的数字,日军缴获大炮 74 门、步枪 4401 支、炮弹 30684 颗、枪弹 432 万颗、精米 2590 石、杂谷2000 余石,以及马粮和其他杂物无数。⑦

(二) 慈禧六十大寿

1894 年 11 月 7 日,即光绪二十年十月初十,是慈禧太后的六十大寿。慈禧太后为举

---

①　邵循正,等《中日战争》第一册,第 26 页。
②　戚其章:《甲午战争史》,第 168 页。
③　戚其章:《甲午战争史》,第 169 页。
④　戚其章:《甲午战争史》,第 169 页。
⑤　邵循正,等:《中日战争》第一册,第 247 页。
⑥　邵循正,等:《中日战争》第一册,第 26 页。
⑦　戚其章:《甲午战争史》,第 169 页。

办空前盛大的生日庆典做了多年的准备。中日关系紧张以来,甚至开战以后,慈禧太后和朝廷上下都没有停止筹办万寿庆典,还由清廷拨款一千万两用于景点布置。当时,计划由西苑至颐和园,沿途扎彩亭彩棚,每五步一座,植花奏乐演戏。"平壤、黄海之战以前,当权的人们还对战争漫不经心,继续进行西太后六旬大寿隆重庆典的筹备事宜。"①平壤、黄海战役失利后,前线纷纷要求增募军队、购买军舰枪炮,庆典筹备却毫无改变。在光绪帝、翁同龢示意和部署下,帝党官员纷纷奏请将祝寿的经费移作军费。

1894 年 9 月 25 日(八月二十六日),"皇太后懿旨:以日人启衅,'变乱藩封,寻复毁我舟船,不得已兴师致讨,刻下干戈未戢,征调频繁,两国生灵,均罹锋镝,每一思及,悯悼何穷',所有庆辰典礼,著仍在宫中举行,其颐和园受贺之事即行停办"。② 接着颁"懿旨,发宫中撙节银 300 万两佐军饷"。③

10 月 2 日,光绪帝两个书房的侍读联名上奏,请求停办所有的景点工程。光绪帝把奏折上交慈禧。第二天,传下懿旨:"一切景点俱暂停办,工程已立架油饰者,不再添彩绸;灯盏陈设等均收好,俟来年补足。"④

10 月 9 日,就在户部上奏以七厘年息向赫德举债一千万两的当天,内奏事处口传懿旨:"所有应进皇太后六旬万寿贡物之王大臣以及外省各大臣等,均着于本月二十五日呈进,其蒙古王公等于二十六日呈进。"⑤10 月 26 日,鸭绿江防线吃紧的消息传到北京,慈禧一面召见恭亲王奕䜣了解战况,一面与礼亲王商量庆典进展。

10 月 30 日(十月初二日)诸大臣"寅正二刻至西华门外恭候。是日辰初,皇太后乘金辇出蕉园门……济济焉盛典哉"!⑥ 这是万寿庆典的第一次巡游活动。正当王公大臣们跪迎慈禧金辇的时候,战争前方也有一位将领在下跪,那是旅顺守将徐邦道。在得知南路日军向金州方向进发后,徐邦道亲赴大连,跪地请求赵怀业增援,赵怀业以大连守军不足及李鸿章不愿增援为由予以拒绝。

10 月 31 日,翁同龢与孙家鼎前往东暖阁跪安,他们力陈战局危急,慈禧不置可否。当天,慈禧召见礼亲王和庆亲王。"礼(亲王)一时(辰)许方退,其于今日请设巡防、请借镑款(借英镑购军舰)两层,皆不致一词。想未蒙允准也,但云:'今日所言,皆系庆典,时事如此,令人蹉跎'。"⑦

1894 年 11 月 7 日(十月初十日),已准备了几年的大清帝国慈禧皇太后的 60 生辰终于来到。当天天未亮时,日军"于广岛集其第二群兵(第二军),将以兵轮护至鼻子窝(金州东)登陆,以袭我旅顺"。⑧

天刚亮,在京的王公大臣们纷纷前往紫禁城内东边装饰一新的皇极殿外各门。第一层的皇极门外,朝廷大臣候集;第二层的宁寿门外,王公候集;第三层的慈宁门外,光绪帝

①　马士:《中华帝国对外关系史》第三卷,第 36 页。
②　章开沅:《清通鉴》第四册,第 698 页。
③　邵循正,等:《中日战争》第四册,第 496 页。
④　邵循正,等:《中日战争》第四册,第 501 页。
⑤　邵循正,等:《中日战争》第四册,第 502 页。
⑥　邵循正,等:《中日战争》第四册,第 506 页。
⑦　邵循正,等:《中日战争》第四册,第 507 页。
⑧　邵循正,等:《中日战争》第一册,第 34 页。

与众妃候集。

9 时正,正是日军接近大连港的时刻,慈禧太后的金辇出现在皇极门外,慈禧在内侍的簇拥下由西门步入,从东边的石阶进入皇极殿。待慈禧坐定,内外肃然之后,太监朗声宣读贺表,为慈禧太后歌功颂德。接着,光绪帝高举贺表,进入宁寿宫,把贺表交给内侍后退出,然后率后妃、王宫和满朝文武大臣三跪九叩,众人山呼"万岁,万岁,万万岁"！恭祝慈禧太后万寿无疆,乐队高奏《海宇升平日之章》。礼毕,慈禧宣布:赏赐皇帝和王公大臣听戏三天,一切军国大事一概放下停办,并警告:"今日令吾不欢者,吾亦将令其终身不欢。"子夜,当慈禧和王公大臣们热热闹闹举行万寿庆典后的时候,前线纷纷发来急电。军机处收到急电:"金州已失。"当日又来急电:"凤凰城被贼窜入。"11 月 8 日(十月十一日)又收到急电:"金州昨早八点已失,南关岭营盘已失。各炮台防务,半月可支,惟乏粮。"①军机处诸大臣束手无策,一面致电李鸿章,叫其迅速增援,一面密议让张荫桓去日本求和之事。

11 月 21 日日军攻占旅顺后,滥杀平民两万人,制造了震惊世界的旅顺大屠杀,这两万个冤魂,使万寿庆典的《海宇升平日之章》主题曲异化成旷世悲歌。

（三）金旅之战

辽东半岛自金州斜伸入海,为旅顺后路险要,天然形胜。旅顺口位于辽东半岛的顶端,与山东半岛的威海卫隔海相望,互守京畿,系北洋海军重镇。旅顺北面群山环绕,旅顺港位于黄金山和馒头山之间,旅顺口门宽 300 米,水深 11～13 米,内澳周长约 7 千米,可容铁甲兵轮。澳之东岸建有大船坞,为北洋海军的基地。清政府于 1880 年开始经营旅顺港,耗资巨万,设港建坞,在旅顺"口门两岸建立炮台。口东曰黄金山炮台,口西曰威远炮台,两台夹口而峙,有如锁钥","东西炮台凡九座,始经于光绪庚辰,(1880 年),成于丙戌(光绪十二年,1886 年),丙戌以后,仍岁增炮位"。② 在各炮台间筑有二米高、一米厚的胸墙,将各炮台连接起来,形成一个大堡垒团。在各堡垒团内,设有弹药库和哨所。"及甲午兵事起,复增炮台四,而各旧炮台复各增炮数尊,通增大小炮位数十尊。"③当时,旅顺口共有海岸炮台二十余座,架设各式大炮一百几十门,大多是最新式的克虏伯海岸巨炮。另有"陆路炮台,则自椅子山迤而东,又南折……环旅顺后路作半月形。椅子山有炮台三座,曰椅子山炮台、案子山炮台、曰测望台炮台。此三炮台居高临下,为旅顺口后路全防关键。椅子山之东,曰松树山炮台,再东迤南,则二龙山、大坡山炮台,共炮台九座。""其后路南关岭左侧之大海湾曰大连湾,亦于光绪戊子(十四年,1888 年)建炮台六座,以固旅顺后路,兼防金州。"④

在甲午战争爆发前后,清廷先后从旅大地区抽调宋庆部和刘盛休部增援平壤,致旅大防务空虚。"李鸿章令提督姜桂题募桂字四营,提督程允和募三营,以实旅顺。又令提督

---

① 邵循正,等:《中日战争》第二册,第 191、193、194 页。
② 王芸生:《六十年来的中国与日本》第二册,第 131 页。
③ 邵循正,等:《中日战争》第一册,第 36 页。
④ 王芸生:《六十年来的中国与日本》第二册,第 132 页。

卫汝成募成字六营,并所部马队两营;正定总兵徐邦道募拱卫军三营,并所部马队两营、炮队1营,渡旅顺协守。"①在日军进攻旅大前,旅大地区共有清军30余营。

黄海海战以后日本政府认为,日本海军已控制了黄海制海权,为了来年同清军进行直隶平原大决战,必须攻占旅顺,在渤海湾建立根据地。日本于1894年9月21日组建第二军,任命陆军大将大山岩为司令官。10月8日,大本营训令第二军同联合舰队协力攻占旅顺。10月15至22日,第二军第一师团从广岛运至大同江口渔隐洞集结待命,准备在第一军发起鸭绿江战役时,同时实施对辽东半岛的登陆作战,入侵中国本土。由于清军的腐败无能,李鸿章避战求和的指导思想,使日军越来越敢于冒险。日军登陆后,迅速扩大战果,"宁以不招致第二师之决心","宁以现有兵力,务攻略旅顺口"。②

日军在辽东半岛的登陆地点选择在半岛东侧黄海海岸的小港花园口(今大连市庄河县高阳乡),"由此处登陆时,来自陆海两方面军事威胁比其它地方要小,可谓安全"。③"花园港西距金州约二百八十里,距鼻子窝约一百五十余里。倭人初拟从鼻子窝登岸,以旁岸水浅不利渡登,乃东移花园港。""方倭人之至花园港也,以浮码头运炮马,登岸甚艰阻,凡阅十二日始登毕,我海陆军无过问者。"④10月23日9时,日本第二军第一师团分乘16只运输船,由渔隐洞出发,于次日晨抵达花园口外。时天色未明,在朝雾朦胧之中,日军用几十艘汽船牵引舢板,驶向花园口登陆。次日上午,驻扎在鼻子窝的捷胜营营官荣安,从捕获的日本间谍口中得知,日军官兵一万余人已在花园口登陆。荣安立即报告金州副都统连顺,并将日间谍押送金州。26日,连顺急电李鸿章、水陆营务处候补道龚照玙及奉天将军裕禄,要求火速派兵救援,可是,在此紧急情况下,清政府没有及时采取有效应急措施。27日,裕禄电连顺,告知东路日军已过鸭绿江,军情吃紧,不能派兵支援金旅。29日,李鸿章电令程之伟部大同军2000人,从营口兼程前往金州。程之伟部到复州,距金州仅80千米,按兵不动。连顺七次催促,程之伟仍停步不前。九月底,金州指挥官连顺、赵怀益、徐邦道又电告盛宣怀和李鸿章,请"飞调十数营,星速进攻鼻子窝一路。……大连湾不保,旅顺更危"。盛宣怀复电"无人可调"。⑤就这样,在十多天中,"由该地上陆之人员24049名,马2714匹,其他粮食、兵器、弹药随之"。⑥

早在10月31日,登陆日军占领鼻子窝后不久,"徐邦道谓金州失利则旅顺不可守,请速分兵往逆之,顾旅顺后路。时驻旅顺凡六统领,新旧三十余营,莫之应,邦道自率所部行。……赵怀益部将数人请往御,怀益不许,云:‘我奉中堂令守炮台,不与后路战事;汝辈欲往鼻子窝拒敌,须请令方可。"⑦

金州位于金州湾东侧,辽东半岛蜂腰部,东有大和尚山为屏障。金州城呈长方形,东西长600米,南北宽760米。城垣牢固,高6米,顶宽4米,城外10米处有外壕环绕,系辽

---

① 邵循正,等:《中日战争》第一册,第37页。
② 誉田甚八:《日清战史讲授录》,第313页。
③ 誉田甚八:《日清战史讲授录》第317页。
④ 邵循正,等:《中日战争》第一册,第37页。
⑤ 盛档:《甲午中日战争》下册,第309页。
⑥ 誉田甚八:《日清战史讲授录》,第135页。
⑦ 邵循正承:《中日战争》第一册,第37页。

东半岛重镇。当时驻守金州的清军有：徐邦道拱卫军 3 营、马队 2 营、炮队 1 营,约 2000 人;练顺所部捷胜营部队 1 营、马队 2 哨,约 700 人;周鼎臣怀字营 2 哨,约 300 人,守军合计有 3000 余人。徐邦道部及周鼎臣 2 哨在金州东路防守,紧急修筑工事。连顺率部守城,在城墙上安置大炮十余尊,并在北门外埋设地雷。

"初七日(11 月 4 日),倭以马兵一队潜断我复州电线,我探马队至刘家墩与倭前锋遇,失利。"①5 日,日军第一师团到达大平山,侦察清军阵地,发现防备似乎只严于金州道路,复州道路即毫无警备。因此决定冲清军之背后。日军部署分兵三路进攻金州。第一路由步兵第十五联队长河野通好大佐率本队及先遣队牵制金州东路的清军;第二路由第一旅团长乃木希典少将指挥第一联队进攻清军东路阵地;第三路由第二、第三联队组成师团本队,由师团长山地元治中将的本队向东北迂回,从石拉子附近绕至金州北三十里堡,再沿金复大道南下,从背后进攻金州。5 日 11 时,乃木希典派两个大队,向徐邦道拱卫军阵地发起进攻。清军凭垒据守,进行反击,激战三小时,将日军击退。下午 4 时,日军再次进攻,又被击退。乃木少将率领的一队进退维谷,不得已乃暂停止左侧卫的任务。②

6 日(初九日)佛晓,日军在炮兵掩护下,第三次进攻拱卫军,清军有较大伤亡,但阵地仍在。清军殊死抵抗,用架设在城墙上的克虏伯野炮应战。战场炮声如雷,天地震动。这时,迂回到金州背后的日本师团本队攻破清军左翼防线,抄袭徐邦道后路,拱卫军退回城内,据城固守。"到八点,本队的炮兵和金州道路的炮兵在道路两旁排开炮阵,三十六门野炮成列,猛烈炮击,敌势渐沮。于是各队一齐前进,我(日军)突击队直逼金州城城下。"③因城墙高大,无法攀登。"有倭卒负炸药箱一,冒死舁置北门洞燃之。城门飞裂,守军兵弁骇散,倭兵遂拥入,转趋东门,开城纳倭兵。我兵由西门逃,死伤枕藉,残卒走旅顺,金州陷。"④

日军占领金州的当晚,第一师团长山地元治制订了进攻大连湾的作战计划。由西宽二郎少将率第三联队,向旅顺进击;由乃木希典少将率第一联队进攻和尚岛炮台;由河野通好大佐率步兵第十五联队攻击徐家山及老龙头炮台,其余部队作预备队,在金州集结待命。

"初十日(11 月 7 日)黎明,倭兵分三路攻大连湾,我守台诸营先一日多逃亡;是日,余兵遥放数排枪,怀益遽奔旅顺。……我海疆炮台,大连湾式最新,炮亦最利……经营布置,凡历六载,最称巩固"。方日军将至时,"金州大连湾有海岸行营各种炮凡一百二十余尊,大小炮弹二百四十六万数千颗,而自沪局运至行营快炮封尚未启……枪六百数十杆、枪弹三千三百八十一万数千颗。"⑤清军未战先逃,日军轻取大连湾。由于清军匆忙逃跑,许多机密文件未能处理。日军占领清军水师营后,得到了大连湾水雷敷设图,使日本军舰得以顺利驶入港内。三日之内,清军连失金州、大连两处战略要地,大连湾的失守极大地便利了日军对北洋舰队基地旅顺口的攻击行动,旅顺口后路直接暴露,形势岌岌可危。

---

① 邵循正,等:《中日战争》第一册,第 38 页。
② 邵循正,等:《中日战争》第一册,第 249 页。
③ 邵循正,等:《中日战争》第一册,第 249 页。
④ 邵循正,等:《中日战争》第一册,第 38 页。
⑤ 邵循正,等:《中日战争》第一册,第 38 页。

17 日,日军向旅顺发动进攻:分军为三,一为右翼纵队,由第一师团、混成第十二旅团组成,山地中将为主将;二为左翼纵队,由步兵第十四联队、骑兵一小队、山炮一中队、二中队组成,满益少佐为指挥;三为搜索骑兵,由骑兵一大队组成,秋山少佐为指挥。① 当时,驻守旅顺口的清军共有马、步、炮兵 33 营,12700 余人,其中约 9000 人为新募之兵,未经战阵,仓促成军。

日军驻大连十日,始向旅顺。我旅顺诸将不亟以全力守南关岭扼旅顺咽喉,乃作逃计,而以粮台饷银移烟台,士气大阻。"营务处龚照玛以金州陷,旅顺陆道绝,大惧,逃渡烟台,赴天津;鸿章斥之,复旋旅顺。自照玛之逃,旅顺军民滋惶惑。"② 其中,西岸旱雷营队长张启林为盗窃电箱,竟把总线割断,致使一大片海口雷区失效。旅顺军心涣散,人心惶惶,一片混乱,危在旦夕。

"时旅顺六统领不相系属,共推姜桂题为主。桂题庸才,无能为,诸将互观望,莫利前击敌。金州之陷也,徐邦道率残卒奔回旅顺,至是愤甚。……请于桂题,欲增兵与倭争后路,不许。……邦道率其残卒行,而怂恿卫汝成并进,汝成为所动,从之。二十二日(18日)邦道乃北拒倭兵,遇倭人前锋马兵于土城子以南、水师营北。邦道愤击,截倭人马队为数段。俄有倭步兵来援,邦道亦麾兵包之,倭大窘急。未几,复有其马队来援,邦道分兵往击之,其受围之马步队乘机逸去。邦道蹑之,并运炮四尊于山顶要截,倭兵大挫,斩倭官一,我兵追奔过双台沟,是为旅顺第一转机。乃倭人炮队及至,而邦道兵亦饥疲甚。盖诸将不相顾,倭兵益增,而我无接应……遂弃险要不守,仍退归。"③

得知旅顺危急,丁汝昌亲自到天津面见李鸿章,要求率北洋舰队驰援旅顺,与日军决一死战。李鸿章却严令丁汝昌"汝善在威海,守汝数只船勿失,余非汝事"。

20 日,大山岩在水师营北李家屯召开会议,部署再次进攻旅顺。以右翼纵队之第一师团本队先攻椅子山炮台;混成第 12 旅团攻二龙山炮台;以第 14 步兵联队为左翼纵队攻击鸡冠山一带堡垒;骑兵收索队以一部分担任第一师团右翼警戒,另一部分担任混成第 12 旅团与左翼纵队之间的联络和搜索任务。

"二十五日(21 日)黎明,倭人以兵轮横排一字阵于旅顺海面,包我东西各炮台之外,而距岸甚远,盖以眩我将士耳目,牵我兵力,俾得专注陆路尽力来攻。是日,天甫明,陆路倭兵已分布于后山之防,西北两面之外大小炮约百尊分排轰击,而我西北角椅子山陆路炮台尤为倭人所注意,炮火猛烈,约数十尊,连环轰放,我椅子山以炮还击,东路之松树山陆路炮台开炮助之,而当南面之黄金山、南面之馒头山两海岸炮台皆以炮遥击,相持及一点钟。是时,倭步兵自西包而南及洋沱凹猛攻,我分守西面步兵不能敌。倭兵乘势冲入,蚁附而登,我椅子山炮台遂陷。是台托地最高,可俯瞰各炮台,掩袭后路。是台失,则旅顺口全局入其掌握,于是我案子山、测量台两炮台皆不战溃。"④清军余部在程允和率领下,退守黄金山炮台。日军"攻陷椅子山炮台后,又推进炮队,直逼松树山炮台,炮弹正中其弹药

① 邵循正,等:《中日战争》第一册,第 254 页。
② 邵循正,等:《中日战争》第一册,第 39 页。
③ 邵循正,等:《中日战争》第一册,第 39 页。
④ 邵循正,等:《中日战争》第一册,第 40 页。

库,猛然爆发,松树山炮台亦陷"。① 清军被迫退守二龙山炮台。日军混成第12旅团即向二龙山炮台发起进攻。日军两个中队由山下蚁附而登,遭到姜桂题所部清军的猛烈射击,伤亡颇重,日军军官督队死攻,日军踏尸前进,当进至清军堡垒前,踏响地雷,炸死日军多人。清军坚守二龙山炮台四个多小时,在日军反复攻击下,守台清军伤亡较大,撤离阵地,二龙山炮台被日军占领。

日军左翼纵队于21日9时攻击鸡冠山清军。守卫鸡冠山的是徐邦道的拱卫军。徐邦道英勇沉着,指挥部队顽强奋战。黄金山海岸炮台用24公分重炮猛轰日军侧翼,日军步兵第14联队第一大队长花冈正贞少佐被击毙。11时许,日军一个大队前来增援,进到其背后。11时45分,日军攻击东鸡冠山炮台、大小坡山炮台和蟠桃山炮台,徐邦道腹背受敌,终于不支,率部退入市区。守卫在白玉山北侧的卫汝成临阵脱逃,部队无人指挥,向海岸炮台溃走。至此,旅顺后路炮台,全部被日军攻占。

当天中午大山岩以少数兵力守卫旅顺后路各炮台,主力继续向市区及海岸炮台推进。当时对日军威胁最大的是黄金山炮台。该炮台位于市区东南,居高临下,俯瞰全城,配有大小火炮二十余门,其中有24公分远距离新式克虏伯重炮三门,"这个炮台展望自在,所备的巨炮都能回转三百六十度,可以射击四面八方"。② 日军派出两个步兵联队攻击该台,守将黄仕林弃台逃走,官兵无人指挥,军心涣散,坚持到下午5时许放弃炮台,日军占领黄金山、东人字墙等旅顺东海岸各炮台。这时,守卫在旅顺西海岸炮台的清军仍坚持战斗,顽强抵抗。当夜,守卫旅顺口的各路清军乘黑夜循西南海边向金州退走,与援军宋庆部会合。22日上午,日军又占领了西海岸各炮台。清政府经营16年耗资数百万的大清帝国第一军港旅顺口,落入日军之手。

战后,日军对清军的评价为:"对敌堡垒行攻击能如此迅速成功之一大原因,归于清兵无训练且无军人精神。"③"各地区守兵未坚忍从事该地之防御,案子山守兵尤甚,乃一举而溃走;指挥员之大部先逃,无统一指挥。……至于清军,可证其为劣等中之最劣等者矣。"④

就在日军进占旅顺的当天,宋庆和刘盛休组织7000余人,反击占领金州的日军。11月初,宋庆、刘盛休奉命驰援金州、旅顺,昼夜兼程,20日到达金州以北的四十里堡。当时日军留守金州的是第15联队长河野通好大佐率领的两个步兵大队,约1000人。21日11时,清军分两路包抄日军。午后1时,左翼清军奋勇攀上萧金山北面高地,居高临下,射击日军。河野通好从金州城内派出一个中队赶来支援,用大炮轰击清军。右翼清军也在金州城西北与日军展开激战,但由于清军在鸭绿江战役中屡次败阵,重武器全部遗弃,在进攻作战中,没有炮火支援,仅凭步枪拼死一搏,终难克敌。战至下午3时,金州日军收到旅顺已被攻陷电报,气焰顿时高涨,并向清军叫嚣。宋庆正怀疑是日军的诈兵之计,却看到已经出现旅顺溃军,乃下令退军,金州反击战没有成功,部队27日到达盖平。徐邦道建议

---

① 邵循正,等:《中日战争》第一册,第256页。
② 邵循正,等:《中日战争》第一册,第256页。
③ 誉田甚八:《日清战史讲授录》,第339页。
④ 誉田甚八:《日清战史讲授录》,第344页。

再攻金州,被宋庆拒绝。旅顺失守后,十月二十六日(11月22日)清廷以调度乖方,将李鸿章摘去顶戴,革职留任。

日军进入旅顺,兽性大发,对旅顺居民进行了血腥屠杀,制造了骇人听闻的大惨案。从11月21日到24日,大屠杀连续进行了四天,二万余人死在日军屠刀之下。世界舆论进行了严厉谴责,英国泰谟新闻纸刊(即泰晤士报)有外国文章云:"日本攻取旅顺时,戕戮百姓四日,非理杀伐甚为惨伤,又有中兵数群,被其执缚,先用洋枪击死,然后用刀肢解。"①"11月28日出版的《纽约与世界》报道了一个消息,说旅顺的日军从攻陷旅顺的第二天起,连续四天杀害了约六万名非战斗人员、妇女和儿童。《世界》杂志谴责说:'日本是披着文明的皮而带有野蛮筋骨的怪兽。日本已经摘下文明的假面具,暴露了野蛮的真面目。'"②英国法学家胡兰德一直支持日本发动甲午战争,旅顺大屠杀发生后,不得不在他的《关于中日战争的国际公法》中写道:"当时日本官员的行动,确已越出常规。……(他们)野蛮地屠杀非战斗人员和妇女幼童,令人惨不忍睹。……在这次屠杀中,能够幸免于难的中国人,全市只剩三十六人,而这三十六个中国人,完全是为驱使他们掩埋其同胞的尸体而被留下的,他们的帽子上粘有'勿杀此人'的标记才得免死。"③但日本政府玩弄其欺骗世界舆论的惯技,发表公开声明,指责西方记者的报道大加夸张渲染,耸人听闻。尽管日本政府对日军的大屠杀矢口否认,百般抵赖,但谎言掩盖不住铁的事实。今天,埋葬在旅顺万忠墓中二万多殉难同胞的尸骨,便是历史的见证。

日本间谍向野坚一《从军日记》中也真实地记录了日本当局一手制造的这起惨绝人寰的大屠杀事件。他不仅承认大屠杀是事实,而且明确指出,是日军第一师团长山地元治中将亲自下令制造这次惨案的。再结合英国记者的通讯,可知这次大屠杀是由日本第二军司令官大山岩同意和批准的。旅顺惨案在国际上引起极大反应,使日本政府非常惊慌。但伊藤与陆奥商议后,下达指示:"承认错误危险甚多,而且不是好办法,只有完全置之不理,专采取辩护手段。"④

旅顺战役日军死66人,伤353人,失踪7人。清军无确切统计,"清军死于旅顺口者凡二千五百人,或说约二千人",而日军数据表明,被俘清军为355人。⑤

(四)清政府遣使求和

对于辽东前线危急及皇太后主和,光绪帝又急又恨,又毫无办法。当时,"慈禧主和之意已决,军机处中奕䜣是倾向和议的,孙玉文、徐用仪更力主和议,翁同龢、李鸿藻是主战的"。⑥李鸿章11月13日(十月十六日)函奕䜣:"目下彼方志得气盈,若遽有我特派大员前往,转虑为彼轻视,鸿章与樵野(张荫恒)等再三斟酌,惟有拣洋员之忠实可信者前

---

①　邵循正,等:《中日战争》第三册,第303页。
②　藤村道生:《日清战争》,第118页。
③　陆奥宗光:《蹇蹇录》,第63页。
④　藤村道生:《日清战争》,第119页。
⑤　戚其章:《甲午战争史》,第205页。
⑥　王芸生:《六十年来中国与日本》,第127页。

往,既易得彼中情伪,又无形迹之疑。"①推荐德璀琳为使。后接到慈禧太后的懿旨:"连日据奏,金州、大连湾失守,旅顺口受困,旅湾情形万紧……如此情形,与其坐等待毙,不如与倭议和。着李鸿章遣天津税务司德璀琳赴倭,试探讲和条件,然后从长计议。"李鸿章见此懿旨,求之不得,立即派员将德璀琳请到总督署商议,请德璀琳赴日本试探讲和条件。德璀琳答应第二天赴日,临行前,"德璀琳请以头品顶戴前往,鸿章权宜授予",事后才禀告清政府。②

11月22日,德璀琳从大沽口乘德国商船礼裕号东渡抵神户,当天访问兵库县知事周布,说明自己为媾和而来,并请求面会伊藤首相,呈交李鸿章的手书。周布当即电告在广岛的伊藤博文。

"第二天首相派内阁书记官长伊东已代治到神户,向知事传达训令。28日,周布知事和德璀琳会面,传达伊藤首相的训令,其要旨如下:一、台瑞(指德璀琳)乃非经正当手续任命的使节,因此不能和台瑞会面;二、今两国正在交战,倘有事商议,中国须通过正当手续,派遣具有能充分发挥实效之资格的人前来;三、即使带有李鸿章的书翰,而欲以此举作为派遣正式使节的准备工作,亦必须是中国官吏,且具有权力,能完全代表中国政府的人。由于上述理由,总理大臣不能和台瑞会晤,又所带来的李鸿章的书翰亦不能接受。"③德璀琳如此受辱,羞愧难忍,只好将李鸿章给伊藤博文的信从邮局寄到广岛。11月29日上午6时,德璀琳一行仍乘礼裕号由神户返航,回到天津,向李鸿章复命。

六、辽东鏖战

大山岩率领的第二军攻下金州、大连湾、旅顺后,金州半岛大部分为日军占领。清军此时据复州,使日本第二军不便与第一军取得联系,因而难以进攻营口、海城。因此乃木希典率领步兵第一联队、骑兵第一中队和山炮兵一中队,于12月1日由金州出发,攻打复州。当天到达五十里堡,2日到普兰庄,3日到三官庙,5日到马关子,6日进至复州,探马来报复州城中已无清兵。原来清军探知日军北进,就退到盖平去了。第一联队长隐岐中佐不费一兵,即入城门,接着乃木也入城。至此日军第二军与第一军取得联系。

第一军第十旅团长立见尚文占领凤凰城后,日军计划分两路进攻奉天。"自渡鸭绿江赴我奉天省城分两大道,皆以辽阳州为孔道,一由凤凰城逾摩天岭,达辽阳而至省城,是为正道;一由安东历岫岩,经海城,出辽阳之西境,而至省城,是为西道。"④此后辽东之战便分为东西二个战场,日军的目标是从东西两侧夹击辽阳,然后进攻奉天。

(一)摩天岭保卫战

清廷在鸭绿江防线被突破后,决心组织力量,保卫奉天。令东三省各将军火速率军在

奉天、辽阳间集结,以阻止日军占领奉天。其部署为:奉天将军裕禄,率营口新泰军步队 5 营和铁岭铁字步队 16 营开赴辽阳,景字步队 5 营增援摩天岭,靖边军步队 4 营、马队 1 营在奉天福陵集结。吉林将军长顺率靖边军步队 16 营、马队 2 营 3 哨、炮队 4 哨向奉天进发,吉字步队 8 营、马队 4 营整装待发。黑龙江将军依克唐阿步队 10 营、齐字练军步队 4 营、齐字新军马队 3 营前来助战。由山海关东进奉天的总兵程之伟率大同军马步 8 营开赴营口;总兵蒋尚钧率豫军 5 营开赴旅顺口。另有按察使陈湜率福寿军 10 营、提督陈文炳率威靖军步队 10 营、总兵田在田率靖字军步队 6 营、提督唐仁廉及吴凤柱率凤字军步队 4 营、道台李广久率老湘军步队 2 营,集结于天津待命,总兵力约 70 营余。

"宋庆以凤凰城不可守,请退扼摩天岭(即大高岭)以守辽阳州东道入告,遂令聂士成等守摩天岭之石佛寺,吕本元、孙显寅等守连山关、甜水关等处。十月初一日,弃凤凰城走。初二日,倭人遂入凤凰城。初四日,诏宋庆回援旅顺……而摩天岭之防,遂统于聂士成。"[1]清军欲利用摩天岭之险,阻止日军由东路进攻奉天,并派兵游击于草河口一带,相机袭击凤凰城附近日军;依克唐阿镇边军驻守东起瑷阳,西至赛马集、草河口一线,与聂士成部相为呼应,从侧后牵制凤凰城日军,支援摩天岭、连山关的防御作战。

摩天岭位于奉天东南,是长白山的支脉,为陆路日军由凤凰城进犯奉天的必经之路。连山关只为一小村落,居民四十余户,在摩天岭东侧,地势险峻,是日军进犯奉天的第一关隘。聂士成派吕本元、孙显寅率盛军驻守。自 1894 年 11 月 12 日,日军进犯连山关开始,到次年 1 月底,中日两军为争夺这条重要通道,进行了三个月的激烈战斗。主要作战地区在奉天东南的草河口、连山关、通远堡和赛马集一带。

日军第一军占领大孤山,完成了掩护第二军在花园口登陆的任务,大本营令其在瑷河、大洋河一带冬营。为掩护休整,第五旅团长大迫尚敏率 3000 人,从大孤山进攻岫岩之南;由少佐三原重雄率一个大队和少量骑兵,向西夹击岫岩之北;由立见尚文率第十旅团 4000 人,从凤凰城北攻赛马集和连山关。

岫岩西通盖平,北接海城、辽阳,东连凤凰城,南达大孤山,是奉天南部的要地。驻守岫岩的清军由丰升阿盛字练军 4 营,聂桂林奉军 8 营、马队 4 营、炮队 1 营。"乃分兵北扼黄岭子,以御自凤凰城南来之倭;南扼土门子、洪家堡子,以御自大沽山北来之倭。黄岭子地甚险峻,我军时有马步五营居高临下,敌难仰攻。岫岩北面之防,颇足自固。"[2]

11 月 17 日(十月二十日)11 时,三原重雄部向黄岭子清军发起攻击,"分两道来攻,其前锋数十人,越山奋登,后队继之,竟夺我黄岭子山顶。我军弃险而走,遽退保兴隆沟。"清军从岫岩城内派出援军千余人,与日军战至午后一时,兴隆沟继失。"我分驻岫岩南面之军亦为大沽山倭兵所逼,即退走。……丰升阿等见南北两路倭兵之逼也,遂弃岫岩,宵奔析木城。二十二日(19 日),倭入岫岩。"[3]

　　我东路军亦分两大支:一为聂士成驻摩天岭之军,直凤凰城西北;一为依克
唐阿之军,直凤凰城东北。依克唐阿自弃宽甸北去,由瑷阳边门绕出凤凰城东,

---

① 邵循正,等:《中日战争》第一册,第 26 页。
② 邵循正,等:《中日战争》第一册,第 27 页。
③ 邵循正,等:《中日战争》第一册,第 27 页。

分屯赛马集、草河城。(日军)一支队自凤凰城出西犯,十五日(11月12日)其骑兵已抵连山关。时吕本元、孙显寅率盛军驻守,而倭人骑兵甫至,即夺关口,大队继至。本元、显寅遽退,倭人遂于是日陷连山关,引军直趋摩天岭。聂士成扼隘路,以巨炮当其冲,张旗帜丛林间,鸣鼓角为疑兵,时出截杀,倭不得逞,乃撤回连山关。十七日(14日),有倭兵一小队至赛马集,觇我虚实,据我营西小山坡,放枪震曜形势。我骑兵乘之,倭骇遁,我骑兵追至马鹿甸子,斩其队长,倭始越岭遁。

倭人恐我依军将塞草河口以截其连山关归路也,乃益增兵连山关,二十四日,移向草河口。我依军屯草河城者击之,会日暮罢战。二十七日(24日),倭人乃弃连山关,进兵草河口,以截我西路聂军、东路依军相通之路。二十九日(26日),聂士成乃收复连山关,遂悬军抵分水岭,以捣倭人之背,依军亦分两路西攻。于是倭人前后受敌,几不支。惜草河口孔道隔于倭兵,我东西两军不及要约。会日暮,聂军先退,及夜,大雪,依军亦退。

十一月初九日(1894年12月5日),提督聂士成复夺回分水岭。倭人惧其凤城老巢空虚,且虑士成之议其后也,亦于是日弃草河口旋凤城,我东路依军,西路聂军声势乃联络。十三日(12月9日),依克唐阿并士成部将夏青云等大战于通远堡迤南之金家河。倭与我争左右山冈,午后,倭大队继至,我军奋斗战三时,颇有斩获,我军伤亡亦众。依克唐阿回屯草河口,夏青云等还守分水岭,而倭众仍徘徊金家河、通远堡间不去。十七日(12月13日),我师逾一面山,前锋逼暧河而军。时已逼近凤城,而我前锋不戒备,且罔侦探,倭人乘夜潜渡暧河来袭,从上风纵火,而以枪队环击,我军方酣眠,多死伤。十八日(14日)黎明,我军大战于一面山南,枪炮互射,而倭兵作散队冒死前进。正相持间,复有一大队倭兵自我左腋横出,我后路马队先退,而我炮四尊复为倭兵夺去,于是我左翼兵大溃。乃左翼既溃,倭人萃于我右翼,将截击后路,右翼亦不支。十九日(15日)退至冲岭,我军自一面山之退,归途乱此行,猝中伏,颇有丧失。

十二月初旬,依克唐阿遂拔队赴辽阳州西路,会吉林将军长顺等与海城之倭阻兵相持。而倭人亦以全力争之,东边之倭遂陆续赴海城,以是凤城倭人敛兵分踞薛里站、康家堡一带作守局,伏不动。十五日(1895年1月10日),依克唐阿等合兵攻海城,因电约各路同时大举分倭势。十六日(11日),士成自率马步千余人,过通远堡、大甸子、金家河逼雪里站,以图牵制。倭伏不出。二十一日(16日),凤凰城倭以大队来争关。士成侦知之,因于三更率队越山而东,伏于孔家屯以待。敌队至,疑畏不前,而留屯西不去。二十七日(22日),士成侦敌将至,以兵散伏于陡岭子、长岭子一带。二十九日(24日),倭队果来犯,号声枪声同时并发,倭大骇窜退,自相踩蹦,中枪多死伤,乃遁去。三十日(25日),士成策倭必来扑,令夏青云率队伏土门岭以待。乙未正月元旦(1985年1月26日),天微明,倭果以马步五百余人来袭,夏青云突起奋击,倭返奔向薛里站去自是益坚伏凤城不出矣。

朝廷乃以江苏臬司陈湜率所部湘军二十营代士成守摩天岭,命士成入关卫畿辅。自是摩天岭之防,遂统于陈湜矣。二月二日(2月26日)晌午,林长青一营行至大亮子沟,侦有西来倭兵约三百余人由双山子急行而东,相距约十余里,长青严阵以待。岳元福一营则由小道绕至宽甸城西十八里冈埋伏,遏城中守倭,使不得出。长青知后路有备,乃率三百人直进,遇倭于宽甸西南之一撮毛,子出如雨,倭不支,乃东溃。时我乡团已扼东路,倭复反奔入宽甸南门,乃合城倭,出西门将绕袭我军后路,而岳元福大队已至,迎头奋击,生擒倭首,倭兵死伤甚众,乃大溃。是日,我军复宽甸县城。长甸踞倭闻之,亦弃城遁,初五日(3月1日)遂复长甸。[①]

清军以摩天岭阵地为中坚,与敌对峙三个月,经历大小十余次苦战,使日军未能越岭西进,粉碎了日军由东路进犯奉天的图谋。日军被迫放弃攻势,在东线转而采取守势,只好龟缩在九连城、凤凰城一带。遂转向西线进攻,日军第三师团攻占了海城,辽阳告急。

(二) 海城争夺战

海城东接凤凰城,东南为岫岩,西通营口,西北为牛庄,北控辽阳、奉天,南达盖平、金州,扼辽南之要冲,有重要的战略地位。若占领海城,则拔辽阳、奉天,逼山海关并非难事。因此,海城争夺战异常激烈,它包括一系列大大小小的战斗,主要有:岫岩之战,析木城之战,海城之战,缸瓦寨之战,盖平之战,清军第一次反攻、第二次反攻、第三次反攻、第四次反攻、第五次反攻。

桂太郎决定先取岫岩州、析木城,然后攻打海城。"岫岩为盛京省南方的要地,即所谓四通八达的要冲。敌军(清军)以步兵十营和骑兵一千固守该地。"[②]日军因在摩天岭受阻,决定取道海城,然后进攻辽阳。此时,最适宜的顺序乃令第三师团经海城前进。然而,"至海城的路上,扼住我军(日军)进路的为岫岩。于是乃令陆军少将大迫尚敏率领步兵第三大队、骑兵第一中队及炮兵一大队由大孤山出发,从正面攻击岫岩。令陆军少佐三原重雄率领步兵一大队及搜索骑兵一中队从凤凰城出发,由岫岩北面前进,击其侧面。部署既定,大迫少将乃于11月16(十月十九日)由大孤山出发,翌日到达红家堡子。时有敌兵约一千人,据住高地遥向我军射击","敌人到距我六百米的地点不再前进,时日已西斜,我军该夜即在此露营。18日(十月二十一日)我军整齐队伍前进逼击前面山上的敌人,敌兵退走,再进逼巴家堡子,亦即攻陷。这时,听见岫岩北方炮声大作,这是三原大队在进行侧面攻击。至此,敌军腹背受敌,支持不住。……是日午后八点,我本队进入岫岩城"。[③]

东路日军在摩天岭受阻后,日军加强了西路的进攻。第一军司令山县有朋大将下达命令:"即日起由第三师团攻打海城,第十旅团仍坚守凤凰城,不可出击。切戒!"山县有朋是日本陆军元老,素有武士道精神,一贯独断专行。早在11月3日,山县就向大本营提出《征清三策》[④]:(一)第二军从登陆地点取海上水路至山海关附近再次登陆,占领进攻

① 邵循正,等:《中日战争》第一册,第28-32页。
② 邵循正,等:《中日战争》第一册,第251页。
③ 邵循正,等:《中日战争》第一册,第251页。
④ 藤村道生:《日清战争》,第116页。

北京的根据地;(二)向旅顺半岛突进,将兵站基地移至不冻海岸,以求补给之便利;(三)立刻北进,进攻奉天。山县要求从中决定一个策略。如果考虑到第一和第三个策略,在冬季作战有困难,而具备可能实施条件的就是第二个策略。

伊藤博文看了山县的这个战略方针,便召集大本营诸参谋讨论。"大本营认为:旅顺尚未攻占,北洋舰队尚在威海卫港内,渤海北岸冬季气候不明,向直隶进军必须重新组织军队,第一方案不可行;向旅顺进军,不仅金州以东宿营地不足,造成行军困难,且与大本营作战方针不符,第二方案也不可行;第三方案因运输困难,冒险进攻,无胜利把握,亦不可行。"①大本营最后否决了山县冬季作战的方针,而做出了冬季宿营的决定。因而11月9日大本营致电山县,命令第一军退至九连城附近,在叆河与大洋河之间建立营地。全军冬营待命,为明年开春发动攻势做好准备。

山县有朋对自己的意见被否定感到十分不满。他对一个部下说:"如你所知,皇上知道我历来偏重军事,可以想见,这次的种种评论也出于此。然而,我仍以为,使今日之战斗半途而废的这种公开策略的意见是不对的。"②山县一意孤行,抵制大本营关于冬季宿营的命令,并打电报给大本营,提出自己的冬季作战理由:"一是停止战斗会使士兵的士气低沉;二是敌军在此期间将加强防卫体系;三是从为了断然进行直隶作战来说,确保背后的安全是必要的。"③与此同时,山县竟违反大本营命令,下令进攻海城。

伊藤博文见山县不服从命令,极为恼怒,决定罢免山县第一军司令的职务。由于川上操六和第三师团长桂太郎的乞求,伊藤首相奏请以疗养疾病为名,下命召回山县。11月29日,天皇下达山县回国养病的诏书:朕卿不见久矣。今又闻卿身染疾病,不堪轸念。朕更欲亲闻卿述敌军之全部情况,卿宜迅速归朝奏之。④救使带着明治天皇的诏书从东京出发,由横滨坐船至广岛,然后渡海到前线,但为时已晚,山县已经命令驻安东的第三师团向海城方向进军了。山县接到诏书,立即电告大本营:"第三师团已经作为独立师团向海城进发,临阵易帅,对士气不利。我病已好转,可以指挥进攻海城的作战。请转奏天皇,免予卸职。"伊藤博文不予转奏,12月9日,山县有朋被迫从安东回国。山县有朋离职后,"大本营即以野津中将补第一军司令官,以继大将之后。并升近卫旅团长奥保巩少将为中将,补第五师团长之缺,作为野津中将的后任"。⑤

山县向大本营建议:"盛京首府在奉天,打开奉天的钥匙在辽阳,而海城又是打开辽阳之钥匙。若清军据海城,与西之牛庄,北之辽阳互相死守,则我军不能前进。故早取海城为至要。"山县将攻打海城的任务交给桂太郎的第三师团。

12月8日(十一月十二日),桂太郎抵岫岩前线,部署军务。9日,他把师团分成五部分:一、右翼支队:步兵第二联队、骑兵一中队、野战炮兵一大队、工兵一中队,司令官为大迫少将;二、左翼支队:步兵一大队和骑兵一中队,司令官为佐藤大佐;三、本纵队:它由前卫队和本队两部分组成,前卫队司令官为大岛少将,本队司令官为师团长桂中将;

---

① 孙克复:《甲午中日陆战史》,第 245 页。
② 藤村道生:《日清战争》,第 117 页。
③ 藤村道生:《日清战争》,第 116 页。
④ 藤村道生:《日清战争》,第 117 页。
⑤ 邵循正,等:《中日战争》第一册,第 259 页。

四、辎重第一梯队,司令官为冈田少佐;五、辎重第二梯队,司令官木村少佐。同一天,桂太郎下达进攻析木城的命令:师团向析木城前进,攻击该地清军;大迫支队于 9 日由岫岩出发,经大偏岭及牛心山至析木城,以援助本队的攻击;左翼支队于 9 日由岫岩出发,经石炭窝子及胡二沟至干马河附近,以掩护本队的左侧,并搜索盖平方面清军。

"当时,守卫析木城和海城的清军有:奉军步队八营、马队四营和炮队一营,由总兵聂桂林统率;盛字练军 4 营,由侍卫丰升阿统带;原牙山仁字军步队二营,由总兵马金叙统带;希字军(大同军)步队七营和马队一营,由总兵蒋希夷统领,共计二十七营。"①奉军分驻于析木城南的龙凤岭、嘎大峪、樱树沟等地和山城子西面高地,以及析木城东的东大岭和潘家堡子,此为清军左翼。盛字练军分驻于奉军背后的姑嫂峪、朱家堡子一带,此为清军右翼。仁字军驻守析木城。这样,清军兵力不算弱,部署尚得当,应该能抵挡一阵子。但是四统领不相隶属,没有统一指挥,不能协力作战。特别是聂桂林、丰升阿两军,军纪荡然,闻风即溃。仁字、希字两军士气虽壮,但无坚守的决心,也只有逃跑一途。清军的此种情况,间谍早就送来情报,日方了如指掌。

12 月 10 日上午七时,由大岛久直少将率领的主力前卫从岫岩顺大路向析木城前进;本队则由桂太郎师团长和参谋将校居先,在岫岩大通门集合,上午 8 时 30 分开始出发。次日朔风凛烈,沿途冰雪覆盖,稍差一步即有危险。约行七里,师团司令部和本队各队在三家堡子安营,前卫则在其前一里余的瓦房店安营。

"12 月 11 日(十一月十五日),各队一齐出发。午前十点,大岛前卫司令官从前进的骑兵得一报告说,敌兵在析木城南方二道河子附近的龙凤王,其一部向我射击,我骑兵应而接战。桂师团长时正在后方茶棚休息,得此报告,乃和前卫本队赶紧前进。午后一点,前卫步兵的先头部队到达二道河子附近,隔六七百米与敌对阵。敌兵系二三百名(乃聂桂林、丰升阿的部队),其本队似在前方约一千五百公尺的高地和西面的樱树沟,各拥有五六百名步兵。我前卫大队遂展开全力当敌,至午后 3 时 30 分完全占领了二道河子,敌兵皆走析木城。""12 日(十一月十六日),即师团总攻击的日期。午后三点……派士官斥候侦查析木城方面,斥候回来报告说,析木城中寂无人声……午前十点桂师团长入析木城。"②

原来驻守东大岭和潘家堡子的奉军两营,在 10 日就受到日军右翼队的攻击,抵抗至 11 日下午 2 时 30 分撤出阵地,向西退却。驻守下八岔沟和小井子西面高地的希字军,在蒋希夷的指挥下与日军奋战。至天亮,见其他军队都撤退了,自知孤掌难鸣,也西撤至截子岭、石柱沟一带。驻守析木城的马金叙,见前面各军皆退,也撤退至海城西南之坡厂、八里河子一带。接到清军已夜撤的报告后,桂太郎师团于 12 日午前十点入析木城。当晚桂太郎发布进攻海城的命令。

"13 日午前八点,前卫离开宿营地,9 时 40 分到达海城南方约一里的罗家堡子。时有敌兵五六百人以上占据海城东南方的荞麦山,城内及其南面的晾甲山亦有多数敌兵。敌军在荞麦山的斜面脚部安置三四门大炮,到午前十点,向我发出一炮。于是,大岛前卫司令官立即决定进击的部署。大佐粟饭原常世的一队逼近山下,炮击非常激烈,三好大佐亦

①　戚其章:《甲午战争史》,第 235 页。
②　邵循正,等:《中日战争》第一册,第 264 页。

进兵炮击,山上的敌兵渐沮,大岛少将乘机令其部队前进,山上的敌人渐渐退却而去。……于是海城全下,时为午前十一点。"①日军占领海城后,即将第三师团司令部移入城内,15日在旧县厅设立善后公署,以村木雅美中佐为署长。

"是时海城驻倭以孤军深入重地,兵械粮糗不继,宋庆不能乘其负隅未固,以全力进攻,除心腹患,而以全军二十余营屯缸瓦寨……使海城之倭转得伺机先发。二十三日迟明,倭兵二千余人至盖家屯。时有我军数营分驻马圈子,西与缸瓦寨屯军相为犄角。……宋庆不能乘机夹击,而株守缸瓦寨,坐待其击败我马圈子兵以全力攻缸瓦寨大营,于是大营不能守。"②

海城为辽阳之门户,乃辽东军事要地。日军占海城,"东窥辽阳,西瞰营口、牛庄,关外宁、锦诸城大震"。③ 因此,帮办北洋军务四川提督、辽东清军主帅宋庆获悉海城失陷后,便决定调动辽东北部诸军,合力收复海城。前敌营务处皋司周馥对此表示反对,他致电李鸿章:"宋帅率铭、毅各军北剿海城一股,而留章高元、刘世俊等防盖东兼遏南路,未免分兵力单。指日大战,即胜,而营口以西空虚,恐倭又袭故智,抄宋庆后路。现河冻处处可通,守固无益,剿亦不能速进。"④光绪帝对此事起初有顾虑:"宋庆以孤军处东南两寇之间,关系奉省大局,务当熟筹进止,稳慎图功,毋坠敌人诡计。"⑤李鸿章同意宋庆的收复海城计划,光绪帝后来也同意宋庆收复海城的方案。于是宋庆调蒋希夷率希字军守备位于海城、盖平、营口三角地带中心的大石桥,亲率铭、毅两军,经虎樟屯南的三道岭、缸瓦寨,折赴牛庄。但这个反攻海城的计划未能实现,因为日军主动发起了缸瓦寨之战。

清军欲收复海城的行动早被日本间谍掌握,桂太郎得到报告:⑥

　　　敌将宋庆,企图尽死力收回海城,乃和蒋希夷(相当于我少将)、马瑞庆、李茅、丰升阿(以上相当于我大佐)各将校率领一万以上的大兵,会集于城西南的缸瓦寨、柳公屯河、盖家屯各地,将寻机袭击海城。12月18日(十一月二十二日),桂中将作好进击的准备。19日拂晓,大岛少将从晾甲山北方,大迫少将从晾甲山南方,各率一部队进发;桂中将率另一部队,在两队的中央后方前进,到午前七点,接到敌兵不在柳公屯的报告,乃转变方向开向盖家屯,但此地亦没有敌影,时已过午前十一点。师团在此吃午饭。正在此时,传骑来报告说,敌人大兵现正汇集于缸瓦寨附近,欲与我先锋队交战。桂中将立即发出前进命令,到下加河子时,远远看见缸瓦寨、马圈子、香水泡子各村有敌军人马,看来总数不在二万人以下。于是我炮兵在下加河的西北端摆开炮阵,首先炮击马圈子的敌兵。大迫部队的步兵亦展开邀击缸瓦寨和香水泡子的敌兵。到午后两点,向马圈子前进的少佐石田奋力突击,占领了该地。于是我骑兵和炮阵都尽全力攻击缸瓦寨敌军。大迫部队的步兵也急起猛击突进。两军交战正酣,炮声如雷,天地为之震

①　邵循正,等:《中日战争》第一册,第264页。
②　邵循正,等:《中日战争》第一册,第42页。
③　邵循正,等:《中日战争》第一册,第42页。
④　邵循正,等:《中日战争》第三册,第255页。
⑤　邵循正,等:《中日战争》第三册,第256页。
⑥　邵循正,等:《中日战争》第一册,第264页。

撼。敌兵据缸瓦寨和香水泡子的民房,向我狙击,我军的确站在苦战的地位。例如,以一百二十名袭击香水泡子的一支部队,仅有四十名生还。正在奋战中,大岛少将的部队来到,乃与大迫部队协力,以狮子奋迅之势冲入敌中。敌兵亦不愧为闻名的白发将军宋庆的手下,不轻露屈饶之色。两军在此战斗将及三小时,至日没,敌势才稍沮,我兵看机会已来,急起猛击,于午后五点五十分才占领了缸瓦寨和香水泡子。是役我军死伤达一百七十人。

而另有中方资料为日军伤亡 400 人,清军伤亡约 500 人,其中战死约 200 人,受伤约 300 人。

清军撤出缸瓦寨后,退至田庄台。蒋希夷由大石桥来援,行至中途败报传来,就转向西行,与败退下来的盛军、毅军回合,一同退至田庄台。日军取得缸瓦寨之战的胜利后,使其第三师团困守海城的形势有所改善。

日本第一军第三师团占领海城后,便分兵留守岫岩、析木城等地,在海城的日军不过一个旅团,约 6000 人。而此时,北面的辽阳,南面的盖平,西面的田庄台,共有数万清兵。清军虽在缸瓦寨战败,但兵力未受重大挫败,宋庆正在积极准备规复海城。同时,清政府由关内抽调的援军正在陆续出关。使日本感到海城三面受敌,孤城难守,大本营对此进行了激烈的辩论,大部分人认为,“第一军已经到了攻势的终点。于是研究了放弃海城和析木城撤退,以便调整战线的问题。”但在国内担任监军的山县有朋极力反对,打电报给大本营:“这两个城市乃是牺牲了几万人的生命,排千难冒万险而攻陷的”,所以放弃它们“必然会对前线士兵的士气产生很大的影响”。他要求:与其“在国内招致国民的谗言非议,在外增加敌人的势力”,不如积极作战,“大胆进攻山海关”。[①] 大本营于是给驻金州、旅顺的第二军下达命令:“至少派一个混成旅团速向盖平方向前进,援助第三师团击退该敌。”[②]

第二军司令大山岩接到大本营进攻盖平的命令,立即着手组织一个混成旅团北进,打开金、旅至海城的通道,以便和第一军取得联络。这个混成旅团以驻金州的第一师步兵第一旅团为基础,增加骑兵第一大队、野战炮兵第一联队第二大队及其他部队,由第一旅团长乃木希典少将担任混成旅团长。日军的总兵力为五千五百人,第二军的兵站在柳树屯,距盖平 200 多公里。直到 12 月 30 日,大山岩才向新成立的混成旅团发出进军令,并规定占领盖平后,不得擅进。

1895 年“1 月 1 日(十二月初六日),乃木少将的混成旅团在普兰店会齐,先分旅团为二:一为右翼支队,由隐岐大佐率领,从东路经熊岳进向盖平;一为本队,由少将亲自率领,从西路经复州进向盖平。1 月 3 日,本队、支队一齐出发。9 日(十四日),支队到老爷庙,本队入榆林堡,皆距盖平二、三里。敌将章镇(高)台、徐邦道率兵五千布阵于盖平河两岸。……是夜,乃木少将会各队长部署:一、步兵第十五联队长河里大佐率第二、第三两大队向敌军右翼进行牵制攻击;二、右翼支队隐岐大佐率第一、第二两大队及骑兵小队攻击敌军左翼;三、乃木亲率其余部队从中央前进”“10 日黎明,我军从三面齐进,逼近

①　藤村道生:《日清战争》,第 131 页。
②　孙光复:《甲午中日陆战史》,第 249 页。

敌阵。敌兵向我中央队的先头部队,即第一联队第三大队,集中炮火,发大炮步枪,炮弹如雨,该大队长今村少佐奋力应战。隐岐大佐的右翼支队亦接着击敌的左翼。时有敌军的步骑约二千余据守凤凰山,将要瞰射我军,凤凰山在盖平城东方一千三四百公尺的地方。隐岐下令第一大队长竹中少佐突击占领该山。……竹中少佐终于击破山上敌兵,顺利予以占领。敌军的右翼看该山被占,气势渐沮。时机正好,隐岐大佐即令第二大队长香川少佐从正面渡过盖平河,以冲北岸敌兵,自己率领预备兵两中队进击……敌兵不能支,向西方败走。盖平城陷,时为午前十时。"①

"致海城陷,(宋庆)乃留章高元、徐邦道、张光前守盖平,自率所部四营北援。""十二月初十日(1895年1月5日),宋庆令徐邦道自盖平移军守牛庄;邦道行抵高杆,宋庆以高元告急,令回援盖平,乃折而南行;十一日抵蓝旗厂,宋庆又令归田庄台,复折而北行;十二日行抵营口东十五里之侯家油坊,宋庆仍令援盖平,十三日又折而南行。邦道奔驰于田庄台、营口、盖平间,四日夜不顿舍,军士饥惫。十三日夜,其前锋四营甫抵前敌,未及食,而倭兵已至,扑章高元军。时高元守南门外,扼盖平河列队,光前列队东门外凤凰山上。倭兵亦分两支来犯,其由南进者,与高元相持于盖平河上,高元鏖战甚猛,倭不得逞。其别队绕南而东径渡盖平河,争凤凰山,光前见敌即溃。倭夺凤凰山,遂犯东门,入城、出南门,绕出高元军后,拊背夹攻。时徐邦道大队方自西至,不及成列,入倭围中,与高元同时败溃,盖平陷。"②宋庆身为前敌总指挥,在攻海援盖问题上举棋不定,使徐邦道部疲于奔命,以致应援不及,造成严重后果。他自己也承认:"惟庆一介武夫,素无谋略,敌情诡谲,处处难防,辗转奔驰,均落贼后,呕思血战,皆因兼顾未能合力兜击。"③

盖平失守后,海城日军的压力大大减轻。日军第二军与海军配合,发动了威海卫战役,准备全歼北洋水师。而在海城地区,日军取守势。清军则一再发动对海城的反攻,力争收复海城。

由于淮军屡战屡败,声名狼藉,加之群臣纷纷弹劾,清廷决定启用湘军故将,以湘军代替淮军。湖南巡抚吴大澄自告奋勇率湘军北上;左宗棠旧部藩司魏光焘,曾国荃旧部皋司陈湜,湘军猛将李续宾之子李光久等皆募兵北上开赴前线。1894年12月28日(十二月初二日)"命两江总督刘坤一为钦差大臣,关内外防剿各军均归节制"。④但刘坤一迟迟没有离京,及至1895年1月16日,光绪帝闻盖平失守,急忙下旨,令吴大澄即时拔队出关。

光绪帝催促湘军出关,是想配合黑龙江将军依克唐阿和吉林将军长顺反攻海城。原来,1月9日光绪帝接到依克唐阿、长顺两将军来电,说已经制定了左右两路反攻海城的计划:"倭寇占据海城,调集股匪,思图北窜,前会驰赴辽城西南,踏勘地势。查离辽、海各六十里之鞍山站最为要冲,已各派队接连扼扎。……昨复同往鞍山站迤南,审度形势,商即移驻该处。……依克唐阿、长顺商定,分左右两路步步前往,相机规海,兼可顾辽。一面咨会宋庆,率队夹攻,并催陈湜一军,由西北速来防剿。"⑤"海城者,辽沈之门户,海疆之咽

①　邵循正,等:《中日战争》第一册,第266页。
②　邵循正,等:《中日战争》第一册,第43页。
③　邵循正,等:《中日战争》第三册,第306页。
④　朱寿朋:《光绪朝东华录》,第3515页。
⑤　邵循正,等:《中日战争》第三册,第302页。

喉,此城不复,军事难期得手。"①依克唐阿、长顺两将军看到了海城地理上重要性,所以才制定反攻海城的计划。当初只有依、长两军参加,盖平失陷后,盖平守将章高元、徐邦道、张光前等也加入反攻行列,规模扩大。但主要还是依、长两军,总兵力共 63 营约 20000多人。

1 月 11 日,依、长两军分两路按计划南下。但清军的南下早被日军侦知,第三师团长桂太郎鉴于清军在数量上占压倒优势,制定了"诱敌入瓮"的作战方案,禁止部队出击。而是"以欢喜山为中坚,由藤本少佐率一大队据住山麓,中田少校率炮兵一大队在山上布开炮列。右翼有三好大佐的一队在双龙山,山上有炮兵一大队。左翼由粟饭原大佐率领三大队在叫厂、徐家园子布阵"。②

1 月 16(十二月二十一日)日,清军分东西两路反攻海城。东路长顺军进至双龙山东北的二台子,西路依克唐阿军抵欢喜山西侧的波罗堡子,对海城形成弧形包围线。"二十二日(1 月 17 日)卯刻,(长顺部)直抵双山。山距县城五里,两相对峙为城北门户。贼在山顶施放炸炮,子落奴才(长顺)马前后者三,幸赖威福,均未炸开,我军屡为炮伤,亦未少退。丁春喜等与镇东营自卯至酉,更番仰攻,扑至山腰,雪深崖高,枪炮如雨,未能遽上。时天色昏黑,奴才恐有疏失,因即撤队。计阵亡兵勇二十余名,受伤者四十余名。"③

东路长顺军后撤时,西路依克唐阿军尚在与日军对峙。镇边军统领"荣和等且战且进,抢至距城三里之徐家菜园,贼已先据土岗施炮,伤我兵勇甚多。荣和奋不顾身,亲督炮队,在西猛攻,轰毙贼五六百名,贼阵遂乱。海城已就垂克,忽城上子弹雨注,荣和左腿受伤,军势稍却。……奴才亲督札克丹布等营,驰往更换,与贼再战。至暮……贼忽卷队入城,奴才因恐中计,亦即止队择要扼扎"。④ 下午 5 时左右,日军开始进入波罗堡子。依军退回耿庄子,长军退回柳河子。当时提到的失败原因有:"我军所用器械,大半土枪,不能速发及远;且旗汉兵团心志不一。"⑤

清军决定再次进行反攻。"若不急图攻计,诚恐再一漫溢,则无险可扼之区办理更形棘手。是以再商长顺等于二十七日(1 月 22 日)各出队夹攻。"⑥

1895 年 1 月 22 日(十二月二十七日)上午 8 时,清军仍分东西两路进逼海城。为分散敌人兵力,长、依两军各分两路进攻。长顺命明顺带领一路由正北从双龙山、欢喜山之间进攻,在三里桥以北高地布置炮兵阵地以为掩护;命丰升阿、蒋尚钧、丁春喜等带领一路,经头河堡、二台子、绕过双龙山,抢占海城东北的双山山顶。依克唐阿饬庆德代统荣和等四营,"由西面进攻为前敌,统领德英咀、乌勒兴额等为接应,札克丹布带领寿长、根喜、丰升阿由左进,奴才(依克唐阿)亲率博多罗一营督战"。⑦

上午 10 时 15 分,依军从大富屯小富屯以南,经波罗堡子附近,向徐家园子进逼。日

① 邵循正,等:《中日战争》第三册,第 569 页。
② 邵循正,等:《中日战争》第一册,第 275 页。
③ 邵循正,等:《中日战争》第三册,第 480 页。
④ 邵循正,等:《中日战争》第三册,第 380 页。
⑤ 邵循正,等:《中日战争》第一册,第 45 页。
⑥ 邵循正,等:《中日战争》第三册,第 390 页。
⑦ 邵循正,等:《中日战争》,第三册,第 390 页。

军从望远镜中观察到,便在徐家园子设下埋伏。"将近中午,敌军(清军)的一队从二台子右进,欲冲进八里河子,被我军击走。敌兵的密集部队又进逼徐家园子,我军不应,敌兵乃以破竹之势逼近至二百公尺,我军急起炮击,欢喜山和徐家园后面的炮兵亦用开花炮猛击,瞬时敌尸堆积如山。"①依军中了埋伏,队伍被冲散,"不意该贼另有埋伏,忽然突起,城上城下各炮齐发,我军(清军)已无后继,兵勇纷纷倒地,不忍再有伤亡遂饬且战且退。鏖战至申,徐邦道赶至接应,始得全队撤出。……我军伤亡五百余名。"②长顺奏:"二十七日,依克唐阿由西路带队进攻,奴才(长顺)督饬明顺、左世荣等由正北进攻……丰升阿带队由东北抢占双山山顶,进逼城壕,贼已溃退。适依克唐阿之军为贼酋伏兵所困,专弁求助,奴才拨队驰援,而城东援贼大至,枪子如雨,更于沟内藏炮轰击我军,相持四时之久……而倭贼愈聚愈众,奴才遂令各队稳退驻扎,共计伤亡弁勇一百二十余名。"③

　　清军两次反攻海城失败后,仍不灰心,重新集结雄厚兵力,再作第三次反攻。此时日本第二军已在山东荣成登陆,进入威海卫并围困刘公岛。中国方面,清政府决定向日本乞和,并派出张荫桓、邵友濂两人东渡议和。为使日本早日同意谈判,并挽救北洋舰队全军覆没的命运,清廷对此次反攻海城抱有很大希望。由于朝廷再三催促,长顺、依克唐阿两将军迅速调齐人马,决定2月16日会同徐邦道、李光久两军合力攻打海城。参加第三次反攻的清军有三支部队:第一支为左翼军,共33营由长顺指挥;第二支为中路军,共38营,由依克唐阿指挥;第三支为右翼军,共16营,由徐邦道、李光久指挥。总兵力为三万余人。三军攻打的目标是:左翼军从东北攻打双龙山;中路军从正北佯攻欢喜山;右翼军从四台子东来,合攻唐王山。日军左翼,由第五旅团长大迫尚敏少将守卫唐王山和晾甲山;日军右翼由三好成行大佐守卫双龙山;中路为日军的主阵地。

　　正月二十二日(2月16日)黎明前,依克唐阿所部"出中路,自正北长虎台进验军堡,西折至波罗堡子,布横阵,而于验军、波罗两堡各置快炮两门,以击欢喜山炮垒,步兵直逼大校场。分统寿山等出东北,进二台子,东跨斋藤堡子,以马队控西土城子一带,通中东两路之气,于二台子、斋藤堡子各置快炮二尊,以击双龙山炮垒,凡马步队万二千余人,长顺所部东出玉皇山作声援。徐邦道出西路,从营口大道柳公屯、坡厂至八里河子,前锋千余人,直进距唐王山西里许山坡,逼倭兵而陈,光久助之。是日,我军东西进逼俱紧。倭兵先伏不动,及巳刻,乃自双龙山北犯,约步队四五百人作横阵猛进入斋藤堡子。我东路兵聚攻是堡,马队来助,相持至午,而倭人炮队至,堡内倭兵遂突出作横阵,炮弹横飞,枪弹继之,我东路兵死伤甚众,遂退二台子。中路兵阻于欢喜山炮火亦退。邦道、光久先已西走"。④至下午四时,清军全部退走。第三次反攻海城又告失败。此次战斗,日军伤亡十四人,清军伤亡二百多人。

　　依克唐阿奏:此战,"鏖战终日,虽未即胜,而李光久已扎二台子,徐邦道已扎柳公屯,奴才所部德英阿等已扎安村堡,寿山已扎大费屯,札克丹布、博多罗已扎小王屯、沿河各

---

①　邵循正,等:《中日战争》第一册,第276页。
②　邵循正,等:《中日战争》第三册,第390页。
③　邵循正,等:《中日战争》第三册,第481页。
④　邵循正,等:《中日战争》第一册,第46页。

处,皆距海城十里八里不等"。^① 此战后,加紧了对海城日军的包围。

"第四次反攻海城是清军在辽南战场的一次大规模联合作战。参加作战的除原来奉天、吉林、黑龙江三省兵力和李鸿章淮系军队外,还有新从关内调来的湘系队伍。""当时驻关外奉天省内的辽阳……及关内天津、大沽、北塘、京畿、山海关及奏调尚未到防之师,共计四百余营,二十万人。""至 2 月下旬,集中在奉天境内的清军总兵力已达三百六十二营四哨。其中马队七十营,炮队十二哨,余为步队。"^②

2 月 20 日,光绪帝又下谕旨:"关外诸将亟应联络各营,鼓励士卒,齐心并力,迅图克复海城。"自 1 月中、下旬,江苏按察使陈湜率军抵达大高岭外,吴大澄于中旬率军驻扎于田庄台,清军在海城附近共有 100 多营,60000 余人。钦差大臣刘坤一领率 50 多营驻扎于山海关内外。这是开战以来清军最大一次用兵。总兵力十倍于海城日军。

2 月 21 日清军发动第四次反攻。长顺军为东路,攻栗子洼;依克唐阿部为中路,攻双山子、教军场;吴大澄、徐邦道部为西路,攻唐王山、晾甲山(一作亮甲山)。长、依两军发动第四次反击战时,与宋庆商定,由宋部夺回大平山,以切断盖、海间交通。

2 月 21 日(正月二十七日),长顺军首先进攻栗子洼,"该贼布置甚严,伏藏不出。我以偏师相挑,方进洼,贼伏四起。我(长顺)以全队赴援,贼援厚集。现因兵力单薄,请旨调寿山等营到防,约会老湘军于初二日(2 月 26 日)丑刻进剿海城"。"与长顺联络,定二十七日丑刻各分路进攻。届时,李光久等由西抢占安村堤,前攻亮甲山,徐邦道督副将胡廷相等直攻亮甲山,罗应旒攻龙台堡,戴家堡,披剿伏贼绕出唐王山后。各军奋勇猛攻,贼已至山顶反奔。罗应旒以晾甲山将近得手,正挥队自唐王山后抄袭而下,欲攻入城,讵盖平虏贼三四千,分三路掩至,我军在唐王山者将被包抄。"徐邦道等"转炮向西轰击,毙贼二百余名,复督队过河,列炮以待。罗应旒随即从山压下,两面夹击,毙贼甚多。依克唐阿督军……抢虏伯力堡,向东南进,已至望宝山畔,毙贼三四千名。山上贼炮两位轰我炮三尊伤亡兵十四名。札克丹布等抢占小地山,因兵力不及,复向东南与寿山夹攻双山。寿山、寿长率奋勇队数十已抢上山,我炮又损二尊。……战至日暮,知南路援贼纷至,势难遽下,各嘱收队。"^③此次李、徐各军均属奋勇,伤亡营官弁兵约二百余名。依克唐阿军阵亡哨官、炮教习各一员,伤亡兵勇十余人。

2 月 25 日(二月初一日),清廷谕令:"朕钦奉皇太后懿旨,现在关外大军云集,各营枪械亦齐,声威较壮。海城距贼毗邻处,经依克唐阿等攻剿,凶锋已挫,亟应联络各营,鼓励士卒,齐心并力,迅图克复海城,再行合军南剿,次第肃清……"^④

日军已于 2 月 17 日全歼北洋水师,随即决定第一军、第二军联合作战,派军向辽南增援。清军见日军增兵,决定主动出击。依克唐阿、长顺两军自北路,李光久和记名提督刘树元率湘军出南路,南北合击;宋庆则继续攻打大平山,以相呼应。

2 月 27 日(二月初三日),"徐邦道、吴凤柱、李光久、刘树元之军会攻八里河贼垒,就

①　邵循正,等:《中日战争》第三册,第 569 页。
②　孙克复:《甲午中日陆战史》,第 261 页。
③　邵循正,等:《中日战争》第三册,第 470、471 页。
④　邵循正,等:《中日战争》第一册,第 120 页。

抢唐王山,大澄使晏安澜督之。唐王山在海城西南数里,八里河则自东而西绕山之南。时河冰冻合,人马可行,沿河两岸有村堡数处。贼既据山作坚垒,其附近山下之戴家堡、龙潭堡亦皆有贼伏矣。各军既出,邦道淮军十营分为两大簇向戴家堡、龙潭堡如墙而进,李光久老湘军三营,吴凤柱凤军在其左,刘树元所部饶恭寿之营在其右。甫进数步,枪炮齐施,堡内伏贼百余争向山上奔走,徐军遂入龙潭堡,安澜促刘军在右者越次入之。遥见山上之贼环垒植立二三百人,我军枪炮不绝,而贼迄未还击。比再进,则贼炮已伤我军数人,各军纷纷欲退,邦道立所部炮队之后,喝令燃炮。喝声未绝,贼炮穿邦道之右而过,刘军副将刘云桂中炮阵亡。旋又一炮落邦道炮车之前,邦道乃饬炮队后退,已亦策马退走。一时大队溃若山崩,贼以炮从后轰击。……是日,贼又分股先后扑犯大小费屯、大小河沿、小王屯诸处,为依军侍卫德英额、寿山所击却,寿山夺回眼架山,就山两垒,毙贼甚众,自午至西始收队。"①"初四日丑刻,贼由城突出万余,分路来犯:正西扑大费屯,由德英阿应之;正东扑眼架山,由寿山应之;西北偏右扑团瓢子,由乌勒兴额、贵权应之;西北偏左扑小王屯,由札克丹布应之。战至天明,毙贼不少。贼已败去,乃复添股回犯,力与相持,枪炮互轰,声震天地。……又轰坏炮三尊,伤亡兵勇甚众"。"贼复由柳树河东抄我后路,三面被包,正相攻击,势甚危殆。时长顺在甘泉堡接仗,未能合力,即饬寿山带马队远抄贼后,又西路各军赶来接应兜剿,始得将贼击退。惟时雪仍不止,天气已晚,饬令收队扎营。""至是各营力战两日一夜,兵力疲甚,而裕禄、刘坤一等函电交催,回顾辽阳者已十余次,万不得已……始饬队卷进。"②

长顺、依克唐阿由海城北撤,驰援辽阳。"初六日(3月2日),魏光焘、晏安澜与诸将再议会攻海城。"议妥分四路进攻。"初七日,闻窜辽之贼乘北路空虚,以大股马队乘虚迳扑牛庄,图犯各军后路。时各军粮台辎重尽在牛庄,光焘亟折回。"③第五次反攻又告失败。

(三)清政府第二次遣使求和

前述德国人德璀琳携带清政府照会和李鸿章私函东渡日本求和未成。清廷以慈禧为首的主和派非但没有放弃求和的念头,反而因大连、旅顺失守而变本加厉。1894年11月清政府曾通过美国驻华公使田贝向日本提出,愿意以承认朝鲜独立和赔偿军费为议和条件。11月27日,日本拒绝了中国的条件,但又回复:"中国政府如真诚希望和平,可任命具备正当资格之全权委员,日本政府当于两国全权委员会商时,宣布日本政府之停战条件。"④日方的回答使清政府看到了和谈的希望,并加紧议和部署。1894年11月中旬,总理各国事务大臣侍郎张荫桓带着慈禧的懿旨到天津,与李鸿章在总督署密谈求和事宜。12月12日,清政府经田贝转电日本政府:"中国政府建议以上海为委员会商之地。"12月18日,日本政府转电中国政府:"全权委员会商地点必须是在日本国内。"12月26日,又

---

① 邵循正,等:《中日战争》第一册,第121页。
② 邵循正,等:《中日战争》第二册,第571页。
③ 邵循正,等:《中日战争》第一册,第122页。
④ 陆奥宗光:《蹇蹇录》,第113页。

电："日本政府选定广岛为全权委员之会议地点。"①

　　辽东战事节节败退，析木城、海城先后失陷，清廷急切要求议和，一时间日本要以割地及赔款为议和条件的传言四起。清廷对此传言满不在乎，决定张荫桓、湖南巡抚邵友濂为全权大臣，东渡议和。张荫桓奉命东渡，深知此事艰难，成功与否全无把握，因此聘请美国人科士达为议和法律顾问。当时科士达身在美国，接到被清政府聘为顾问的密电后，便去找国务卿格莱星姆，以私人资格无权代表美国政府发言为条件，取得了本国政府的同意。科士达还访问了日本驻美国公使栗野慎一郎，向他保证不会损害日本利益，明确表示"我同日本的友谊是尽人皆知的"。② 12 月 29 日科士达一行乘火车从华盛顿到温哥华，换乘加拿大邮轮赴日本。1895 年 1 月 21 日抵达横滨，然后赴神户，等待张荫桓到来。

　　1895 年 1 月 5 日（十二月初十日），清廷谕旨："张荫桓、邵友濂已派为全权大臣，前往日本会商事件。所有应议各节，凡日本所请，均著随时电奏，候旨遵行。其与国体有碍，及中国力有未逮之事，该大臣不得擅行允许。懔之！慎之！钦此。"③可见张荫桓的全权被加上了根本性的限制。张荫桓于 1 月 6 日离京，11 日出塘沽，13 日抵上海，与邵友濂会晤。在沪滞留，因清廷对遣使尚未下最后决心，主要是寄希望于战况能有所好转。但前线并无捷报传来，先闻盖平失守，又闻日军欲犯威海。到 1 月 19 日，张、邵始奉到"克日出洋"的电旨。

　　中国议和大臣张荫桓、邵友濂及随员，于 1 月 26 日乘英国轮船王后号离上海，1 月 29 日到达长崎，次日早晨到达神户。1 月 31 日，中国使团抵达广岛后，日本处处加以限制，如住宿分为两处；有事出门须通知巡捕随行，名为保护，实为监视；"自抵广岛日本不准发密电，中国来电亦留难不交。"④

　　2 月 1 日中午 12 时，"日本派相臣伊藤博文、外部陆奥宗光、大藏大臣渡边国武、内阁书记长官伊东已企治四人会议"。张、邵"赍国书往，伊藤云：可不递，只须互换敕书，比较全权凭据"。⑤ 第一项议程是互相审查敕书，日本代表出示敕书如下："朕帝国为与大清国回复和好，使以维持东洋全局，兹以内阁总理大臣从二位勋一等伯爵伊藤博文、外务大臣从二位勋一等子爵陆奥宗光，才能敏达，特简为全权办理大臣，委以各别或共同与大清国钦差大臣襄同商议，便宜行事，缔结媾和预定各条款署名画押之全权。然后议定各条款，朕须亲加查阅，果为妥善，便行批准。"⑥在中国代表宣读国书后，日方宣读事先准备的备忘录："……至贵大臣所执敕书，虽经捧读……究竟敕书中曾否载明中国皇帝陛下付予该钦差全权大臣以缔结和约之全权，希以书面给予肯定答复。"⑦中国代表出示敕书："皇帝敕谕尚书衔总理各国事务大臣张荫桓、著派为全权大臣，与日本派出全权大臣会商事件。尔仍一面电达总理衙门，请旨遵行。随行官员，听尔节制。尔其殚竭精诚，敬谨将事，无负

① 陆奥宗光：《蹇蹇录》，第 113、114 页。
② 邵循正，等：《中日战争》第七册，第 465 页。
③ 邵循正，等：《中日战争》第三册，第 293 页。
④ 故宫博物院文献馆：《清光绪朝中日交涉史料》卷 32，第 34 页。
⑤ 故宫博物院文献馆：《清光绪朝中日交涉史料》卷 29，第 36 页。
⑥ 邵循正，等：《中日战争》第三册，第 427 页。
⑦ 陆奥宗光：《蹇蹇录》，第 123 页。

委任,尔其慎之。特谕。"①日本认为,"中国使臣议事须请示国家,无权议事,即非全权大臣,不肯议事。如中国派便宜行事真全权大臣,毋庸请示国家,则愿会议"。②

2月2日,张、邵两位全权代表回答陆奥:"本大臣系蒙本国大皇帝畀以讲和缔结会商条款署名画押之全权,至所议各条款,以期迅速办理,自应电奏本国,请旨订期画押,再将所议约本赍回中国,恭候大皇帝亲加批阅,果系妥善,批准施行。"③然而日方仍坚持中国使臣全权不足,不是列国议和通例。2日下午会议仍在广岛县厅举行。伊藤博文对中国代表说:"贵使等被委任之职权,仅在听取本大臣等陈述而报告贵国政府而已,事既如此,此后本大臣等绝不能再行继续谈判……中国如真诚求和,对其使臣授予确实全权,并遴选负有重望官爵并足以保证实行缔结条约之人员当此大任,我帝国当不拒绝再开谈判。"④张、邵两代表争辩:"本大臣却有便宜行事之权,若文凭中有未备之处,可电奏改正。"伊藤、陆奥同声说:"不行。"说罢宣布休会。其实日方认为,张、邵两人地位太低,都不够卖国的资格。当天散会后,伊藤让他认识的参赞伍廷芳留下谈话:"乙酉年因朝鲜事,我往中国,即欲晋京,得有中国予李中堂全权字据,方允回津与李中堂会议。此次中国无论派何员,必须执有切实全权便宜行事字据,方允会商。盖我所议各事,必定照办,断不反悔复。"⑤伊藤在会晤时还下了逐客令:"贵使等被委任之职权,仅在听取本大臣等陈述而报告本国政府而已。可既如此,此后本大臣等决不能再行继续谈判。"⑥

2月3日下午,伍廷芳往伊藤寓所面交公文一件。寒暄毕,"伊藤云:你们此次远涉而来,不能办事,非我国之过,中国何不颁发全权敕书? 似只欲打听敝国索款,并非真心议和。答以如系假意,何必派两位大臣,奏带参赞、随员等,跋涉重洋? 此即诚心实据。请勿听外间浮议。伊云:中国既有实心,何以不给切实全权? 答以中国给全权,向不多见。今两钦差带来国书、敕书,在中国观之,系有全权办事。伊云:敕书内并未予以定约画押之权,即此已见全权不足。答以既有商议之权,即能定约画押。如有疑窦,我们大臣可电奏请旨。今贵大臣竟不开议,未免拘泥。伊云:此两国最大之事,不照公法办理,恐为各国所笑。""譬如一人欲买物,必先备银两,方可交易。今全权即银两也,无全权,岂能开议? 答以凡卖物,亦必先以价值告人,以便议价备银。今贵国所欲,秘而不言,不知何意? ……伊云:此系国家秘密要事,俟贵国派大员果有切实全权,方可说出。贵国何不添派恭亲王或李中堂同来议,郑重其事?"⑦张、邵一行于2月12日离开长崎,15日回到上海。日方破坏议和的真正目的是:等待日军占领刘公岛,并全歼北洋舰队。"伊藤留下非全权大臣的伍廷芳单独谈话,是日本方面在广岛会议中的最得意之笔。"⑧向中方传递了信息,迫使清政府后来派李鸿章做代表来日本和谈,从而通过和谈实现了对中国最大程度的掠夺。

---

①　王芸生:《六十年来中国与日本》第二册,第208页。
②　故宫博物院文献馆:《清光绪朝中日交涉史料》卷31,第12页。
③　王芸生:《六十年来中国与日本》第二册,第209页。
④　陆奥宗光:《蹇蹇录》,第124页。
⑤　《清光绪朝中日交涉史料》卷33,第10页。
⑥　陆奥宗光:《蹇蹇录》,第124页。
⑦　《清光绪朝中日交涉史料》卷33,第10页。
⑧　戚其章:《甲午战争》,第388页。

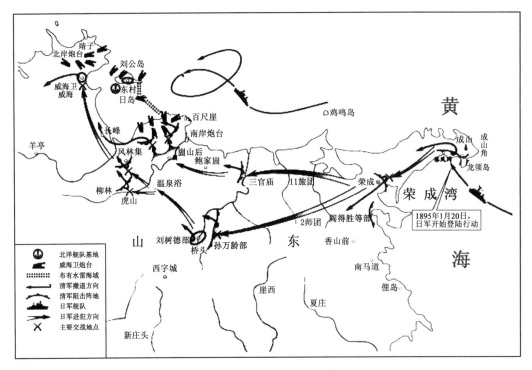

图 22　威海卫之战示意图①

七、威海卫之战

　　威海卫位于山东半岛的东北部,作为北洋舰队的基地和大本营,它隔渤海海峡与辽东半岛最南端的旅顺口军港相遥望,同为拱卫渤海以保京津的战略重镇。

　　1894 年 12 月中旬的一天,在广岛大本营,总理大臣伊藤博文、海军军令部长桦山资纪、第一军司令野津道贯、第二军司令大山岩等人会商,开辟第二战场,消灭北洋舰队。会议决定:攻取威海卫,消灭北洋舰队;并由第二军进军山东,为此须增加第二军兵力;会议认同联合舰队司令伊东祐亨的提议,以荣成湾为登陆地点,并责成他进一步实地调查,由伊东祐亨最后确定登陆地点。

　　12 月 14 日,海军军令部长桦山资纪命令联合舰队司令伊东祐亨,率联合舰队协同第二军攻占威海卫,消灭北洋舰队,并运送第二军在山东半岛登陆。重新组建的联合舰队由本队和 4 支游击队组成,共有 22 艘舰艇;重新组建的第二军由两个师团组成:第二师团,师团长佐久间左马太中将;第六师团,师团长黑木为桢中将。

　　清政府认为海军是根本所在,非水陆依倚不足控驭,于湾之南嘴建炮台三:灶北嘴台、鹿角嘴台、龙庙嘴台,是为南帮炮台。湾之北嘴建炮台三:北山嘴台、黄泥沟台、祭祀泰台,是为北帮炮台。守之者为道员戴宗骞。威海一湾,以刘公岛为屏蔽,于岛设炮台二:西为黄岛炮台、东为东风扫滩炮台。外并零星炮台数所,是为刘公岛炮台。守者记名总兵

　　①　中国人民革命军事博物馆:《中国战争史地图集》,第 208 页。

张文宣。其刘公岛至威海南嘴间为日岛,上建日岛炮台。其南帮后路曰所前岭炮台,又南为杨风岭炮台,是为南帮陆路炮台。其南帮北路,值北山嘴后,为合庆滩炮台,值威海城北为老姆顶炮台,是为北帮陆路炮台。北洋舰队提督衙门(即舰队司令部)所在的刘公岛安卧在威海卫港湾之中,将港湾分为东、西两口,其进出港湾的航道上均敷设有水雷和防材。明代为防止倭寇入侵,在这里设成山卫,清代改置荣成县。长期以来清军未在此设防,及至日军登陆前,山东巡抚李秉衡才派不满两营清军防守,根本无法抵挡日军入侵。当时北洋舰队的定远、镇远舰已修复,舰队共有主力舰九艘、炮艇六艘、鱼雷艇十余艘,整个舰队有相当的战斗力。不论是为保船而突围,还是配合陆军反击日军,都有相当实力。可是战争到此地步,李鸿章严令丁汝昌,此后"兵船赴大同江,遇敌船势将接仗,无论胜负,不必再往鸭绿江口。"① 李鸿章主动放弃了制海权,并明确训令:"如违令出战,虽胜亦罪。"② 李鸿章这个著名的"虽胜亦罪"的投降主义命令使北洋舰队被迫坐视日军登陆荣成,任凭其进攻,直接导致北洋舰队后来的全军覆没。日方的战略是:由陆军取远势登陆,包抄清军炮台后路,占领陆路炮台。再由海军封锁威海军港,形成对北洋水师合围的绝对优势,最后全歼北洋水师。

1895 年 1 月 18 日、19 日,日军由第一游击舰队两次炮击登州,制造声东击西的假象,以牵制山东半岛西部的清军,不使其东来。联合舰队于"20 日未明至 22 日正午,搭载第二、第六师团士兵的各船都到达荣成湾登陆。荣成湾在威海卫东南十余里,湾内水深,足容巨船"。③ "荣成湾可使运输船接近至距岸五六公尺处……且地幅有 1300 公尺之广,为极便之上陆地。……迄 24 日止,上陆人员约 34600 人,马约 3800 匹,材料荷物随之。"④

25 日,日军不费一弹,从东门进入荣成县。"是时荣成团练已逃散,城门大启。驻荣成之阎得胜所部四营,多防河土夫,枪械也缺不任战。是日狙伏城外东南隅堤下,而倭人步队数十名入东门,登城垣绕至东北隅,俯见我兵,遂放排枪,我兵惊溃大奔。"⑤ 然后日军"首先分军为左右两纵队,以第二师团长佐久间中将为左纵队的主将,第六师团长黑木中将为右纵队的主将。1 月 25 日发出行动命令。26 日,两纵队都从荣成出发。从荣成到威海卫有南北两路……两纵队从两路前进"。⑥ 29 日到达孟家庄,日军对南帮炮台的后路形成包围。

威海卫海军基地筑有炮台 25 座,分为南岸炮台、北岸炮台、刘公岛炮台、日岛炮台四大群,置炮达 160 余门,驻有陆军部队 16 个营。但它的设计有一个重大缺陷,"炮台形势,只能顾及海中,不能兼顾后路"。使内陆炮台的后路空虚,没有保障。日军就是抓住这个弱点,别遣一支部队,"西行北转,已据枫岭,断我南帮炮台后路"。⑦ 威海陆军主将是戴宗骞,戴与丁汝昌间有尖锐矛盾。26 日,戴宗骞令刘树德率绥字军 3 个营防守虎口山;刘超

①　邵循正,等:《中日战争》第四册,第 269 页。
②　孙克复:《中日甲午海战史》,第 179 页。
③　邵循正,等:《中日战争》第一册,第 267 页。
④　誉田甚八:《日清战史讲授录》,第 181 页。
⑤　邵循正,等:《中日战争》第一册,第 56 页。
⑥　邵循正,等:《中日战争》第一册,第 269 页。
⑦　邵循正,等:《中日战争》第一册,第 57 页。

佩率巩字军 2 个营防守虎口山南北一带高地，以保护南帮炮台后路的安全。黄海之战后，受伤各舰整修后，均移驻威海卫。但临战前又遭不测：12 月 18 日（十一月二十二日）"时午潮正落，且避水雷浮标，镇远误触礁，自船后伤及机器舱，裂口三丈余，宽五尺。"①从上海请来洋匠，勉强修复，此后镇远舰时速降至七海里。

1 月 30 日午前两点，黑木中将分第六师团为左右翼和预备三队，"右翼队沿海岸前进，佯击正面以牵制敌（清军）势，左翼队则利用骑兵，直接攻克敌军的炮垒。所目指的炮垒为摩天岭。摩天岭乃连山中最高的山，为威海的主脑炮台，敌兵还在其左右设有众多的炮台胸墙。……我军立即进逼垒下，敌发大炮防战，我军亦乱放山炮应战。两军战正酣，山动谷鸣，地轴为倾。敌兵再累下预设地雷，我兵误逾其上，爆燃燃炸，黑烟冲天，我兵势稍沮，阵中中尉乃挺身奋进，跃入敌垒……敌兵力不能支，弃垒而逃，摩天岭炮台于是陷落"。"大寺少将和部下各将校一同登炮垒视察敌情，一颗敌弹飞来洞穿少将的胸部而亡。"②此战，部分清军相当英勇，守卫摩天岭的清军仅一个营，营官周家恩率兵奋勇搏战，最后守垒的清军全营壮烈殉国。

日军攻占摩天岭后，开始向杨风岭炮台进攻。杨风岭炮台的守军英勇抵抗，打退了日军多次冲锋。南岸海岸炮台皆调转炮口轰击日军，北洋水师军舰也驶近南海岸，支援南帮炮台，两军展开了激烈的炮战。中午时分，杨风岭炮台的弹药库被击中，此时清军伤亡逾半，遂撤离炮台。当日军进攻杨风岭之际，另一股日军立即向龙庙嘴、鹿角嘴、皂埠嘴等三座海岸炮台发起进攻。南岸海岸炮台由总兵刘超佩指挥。日军首先进攻龙庙嘴炮台，龙庙嘴炮台孤立突出，防守不宜。刘超佩左腿中弹，随即丢下守台部队，逃往刘公岛。"日兵先犯北岸，戴道（宗骞）力战御之，遂折而南犯，刘超佩仓皇逃命，炮台炮位拱手让敌，使得藉以攻我。威海之失，海军之降，刘实罪魁祸首。"③日军占领龙庙嘴炮台后，利用炮台上的四门大炮猛烈轰击鹿角嘴炮台，鹿角嘴炮台没有近战火器，很快失守。皂埠嘴炮台便处于日军的水陆夹击之险境。

皂埠嘴炮台是威海卫最大的海岸炮台，设有 15 至 28 公分口径的大炮六门，控制着威海卫东口。一旦炮台失守，大炮为敌军所得，刘公岛炮台和港内北洋舰队将受到严重威胁。早在日军进攻南帮炮台前，丁汝昌曾和部下商定，"备急时毁炮"。但戴宗骞坚决反对，李鸿章也为此发电文对丁严加申饬。戴电道："我初战即利，士气倍增，探回报倭众不过三五千人。""丁系戴罪图功之员，乃胆小张皇如是，无能已及！著严行申饬！"④至 1 月 30 日（正月初五日），皂埠嘴炮台危在旦夕，丁汝昌派鱼雷艇载敢死队，将皂埠嘴炮台炸毁，"日兵夺取炮台，乃正在高悬日旗之际，忽有二炮台突时坍塌，台上日兵飞入空中，盖华军已预埋地雷于台下矣。"⑤在争夺南帮炮台历时仅一上午的战斗中，"中日双方伤亡都很大，据日方记载，日军伤亡官兵 228 人，清军伤亡 2000 余人。……日军在南帮各炮台掳获

① 邵循正，等：《中日战争》第一册，第 69 页。
② 邵循正，等：《中日战争》第一册，第 270 页。
③ 邵循正，等：《中日战争》第一册，第 194 页。
④ 邵循正，等：《中日战争》第四册，第 317 页。
⑤ 邵循正，等：《中日战争》第一册，第 189 页。

的战利品,计有大炮六十三门、步枪一百八十一挺、弹药五十四万九千余发、炮弹三千九百发"。①

1月31日,第二师团直趋威海卫的海边大道,被北洋舰队的排炮封锁,难以通过。大山岩改变计划。2月1日,令第二师团第四混成旅团在贞爱亲王指挥下,绕道向威海卫西路的清军发起进攻。驻守威海西路的清军有孙万林、李楹、阎得胜等部十余营,分别驻扎在双岛河附近的孙家滩、港南、港头村一带。孙万林部三个营守卫双岛河南岸大堤,从正面阻击日军;李楹率三个营驻港南村,守卫右翼,预防日军迂回包抄;阎得胜的河防军五营为左翼,扼守港头村一带,阻止敌军过河,并支援正面的孙万林部。自荣成失守和白马河战斗后,威海卫后路战局每况愈下,李秉衡非常焦急。他认为,各营将领不齐,接仗未能得力,致倭人渐向西进,非斩其退缩之尤者,不足以警众。查各军退缩者不止一人,而以阎得胜为最怯。李秉衡于初四日(1月29日)怀遵谕旨,饬令孙万林将阎得胜军前正法。但孙万林并未执行,估计他可能担心阎部会骚动,而不利眼前的战斗。

2月1日午后一时,日军由羊亭集出发,向孙万林部进攻。当时,双岛河面结冰,风雪扑面,日军前进十分困难。清军退入林中,负险力拒,以交叉火力向敌人猛力射击。日军发起多次冲锋,均被击退,日军死伤40余人。日军发现从正面进攻难以奏效,便从南面包抄孙万林部后路,又遭李楹部阻击,亦未得逞。在这样有利形势下,如阎得胜能按计划出击,必定会取得很大的战果。结果,阎得胜竟率部西逃,使孙万林部两面受敌,不得已撤退。第二天,孙万林在隆福寺召集各将领会议,阎得胜按时赴会,刚到会场门口即被逮捕正法。威海卫的通路被打开,日军于2月2日进占威海卫城。

日军占领威海卫城后,立即进攻北帮炮台。北帮炮台位于威海卫城东北一带,由西向东,依次为祭祀泰、黄泥沟、北山嘴3座海岸炮台,还有2座陆路炮台,6座临时炮台,形势险要,只有一条小路可通,由戴宗骞率6个营驻守。戴宗骞贪婪阴险,平时克扣军饷,军纪败坏,军官窝娼聚赌,部队毫无战斗力。在日军进犯威海之前,戴宗骞不仅没有认真防守,反将北帮炮台存银八千两,令其子携回安徽老家。北帮炮台的6个营,在南帮炮台作战时就溃散两营,在虎口山又被戴宗骞遣散两营,南帮炮台失陷的当晚,又溃散一营,炮台上只剩一个营。丁汝昌在战前,派广甲舰管带吴敬荣率200多名水兵前往协守。2月1日夜,最后的一营守军也哗变溃散,吴敬荣所带协守水手亦随其西去。整个北帮炮台只剩下戴宗骞和他的十几个随从。"汝昌乘小轮船至,挈宗骞往刘公岛,麾炮勇等去,以海军大炮毁北帮炮台,尚未遗敌。"②戴宗骞到刘公岛后畏罪吞鸦片自杀。

2月2日,日军不费一枪一弹就占领了北帮炮台,大量军械物资尽落敌手。同日,刘公岛与天津等处的电报线被日军截断,至此,刘公岛已成一个孤岛,日本海军严密封锁港口,日本陆军占领威海卫城及南北岸炮台,完成了对北洋舰队的海陆合围。

当日军在荣成湾登陆的同一天,伊东祐亨通过英国海军舰队司令菲利曼特交给丁汝昌一封劝降信,丁汝昌对敌人的诱降活动置之不理,并把劝降信呈交李鸿章。丁汝昌不肯投降敌人,大节是好的,但是在战术上,他犯了严重错误。1月23日(十二月二十八日),

---

① 孙克复:《甲午中日陆战史》,第309页。
② 邵循正,等:《中日战争》第一册,第59页。

清廷曾电谕李秉衡为不堕入日军水陆夹攻之诡计,北洋舰队应相机出击,"我海舰虽少,而铁甲坚利,则为彼所无,与其坐守待敌,莫若乘机出击,断贼归路。"①李鸿章也于同日电告丁汝昌:"若水师至力不能支时,不如出海拼战,即战不胜,或能留铁舰等退往烟台。"丁汝昌表示,"海军如败,万无退烟台之理,惟有船没人尽而已。旨屡催出口决战,惟出则陆军将士心寒,大局更难设想"。② 他决心株守港内,既不出战,又不转移。1 月 30 日(正月初五日),李鸿章再电丁汝昌,要北洋舰队冲出威海卫,"设法保船,万一刘公岛不保,能挟数舰冲出,或烟台,或吴淞,勿被倭全歼,稍赎重愆。否则,事急时将船凿沉,亦不贻后患"。③正月初八日谕旨:"总之,无论如何危急,必不使我船为彼所得,是为至要。"④ 当时,丁汝昌的处境十分困难,各方面对他的责难纷至沓来,清廷要将他革职问罪。丁汝昌认为,目前战事吃紧,海军不出击,固然有罪;若出击战败,舰丢防失,尤有罪。在这种进退维谷的情况下,丁汝昌选择了固守刘公岛与刘公岛共存亡的错误决策。他率水军,联络陆军,布置威海水陆一切,"总期合防同心,一力固守"。刘公岛保卫战就这样开始了。

2 月 3 日,日军以第一游击队警械西口,防止北洋舰队冲出。以二、三、四游击依次轮番攻击刘公岛、日岛炮台和港内北洋舰队,本队则在威海卫港外策应。日本陆军修复了皂埠嘴炮台上的一门 28 公分口径的大炮,于是南帮三座海岸炮台,配合海军进攻清军,炮战非常激烈。丁汝昌、张文宣率领刘公岛、日岛守军奋勇抵抗,日舰不敢接近港口。"下午一时,刘公岛炮台击中日舰筑紫号,打死、打伤官兵 8 人,打坏舰体。二时三十九分,又一弹命中葛城号。"⑤日舰退走。

2 月 4 日,伊东祐亨命令日舰本队和第一游击队仍在威海卫海面横行,以张声势。傍晚,伊东决定进行鱼雷艇潜夜袭。当夜,派十艘鱼雷艇由阴山口出发,至午夜时分一艘鱼雷艇从阴山口摸进威海卫南口,靠近龙庙嘴山脚,将防口拦坝搞开一个缺口,破坏了防口拦坝。"月落后倭雷艇数只沿南岸偷入,拼死专攻定远,旋进旋退。我因快炮无多,受雷一尾,机舱进水,急将定远驶搁浅沙,冀能补救,作水炮台,后以受伤过重,竟不能用。"⑥定远中弹前,发现有日鱼雷艇驶来,待距定远舰三百米处,定远发炮命中,敌舰爆炸碎裂。

伊东祐亨获悉定远舰中雷,便下令发动第三次进攻。日舰本队及四个游击队的 22 艘战舰,环集于威海卫南北两口之外。猛烈炮击,北洋舰队与刘公岛、日岛各炮台,奋勇还击,将日舰拦阻口外,日舰只得退到远海。

2 月 5 日夜,日本鱼雷艇故伎重演,由第一游击舰队再次偷袭。北洋舰队用探照灯检查海面,未能发现日艇,而日军鱼雷艇却借助灯光确定了北洋舰队各舰的位置。"十一夜,月落后,倭又以雷艇多艘分路拼死来袭,毁沉我来远、威远、宝筏三船。"⑦

6 日,日舰发动了第四次进攻,"水师二十余艘,加以南岸三台之炮,内外夹攻我船,及

① 邵循正,等:《中日战争》第一册,第 344 页。
② 邵循正,等:《中日战争》第四册,第 316 页。
③ 邵循正,等:《中日战争》第四册,第 320 页。
④ 故宫博物院文献馆:《清光绪朝中日交涉史料》卷 30,第 33 页。
⑤ 孙克复:《甲午中日陆战史》第三册,第 312 页。
⑥ 邵循正,等:《中日战争》第三册,第 413 页。
⑦ 邵循正,等:《中日战争》第三册,第 413 页。

岛敌施炮弹如雨,极其凶猛。我军各舰及刘公岛各炮台受敌弹击伤者尚少,被南岸各台击伤者甚众,官弁兵勇且多伤亡。①

　　7 日晨 7 时,日军对刘公岛守军和北洋舰队发起第五次进攻,战斗空前激烈。清军的炮击,"命中极精确,无数炮弹飞来,在我(日军)诸舰前后左右堕落"。开战不久,日舰松岛号被击中前舰桥,打穿烟囱。8 时 5 分,吉野又中弹,击碎速射炮盾。8 时 20 分,日舰桥立、严岛、秋津洲、浪速 4 舰也相继中弹,日军气焰顿挫。不料,此时北洋舰队发生了鱼雷艇队逃跑的严重事件。6 日夜,丁汝昌决定回击敌人,命令一号鱼雷艇管带王平,于 7 日凌晨率大小鱼雷艇 13 艘出口袭击敌舰,谁知王平率"小雷艇十只畏葸,擅由西口逃出西去,倭分队尾追,被其获取九只,余被击沉。……自雷艇逃后,水陆兵心皆形散乱"。② 伊东祐亨开始误认为北洋舰队要同日本军队进行决战,先令鱼雷艇队扰乱日本舰队,以便乘虚进攻,但他很快发现这些鱼雷艇企图逃跑,即令第一游击队从速追击,逃跑的鱼雷艇有的被击沉,有的被俘,唯有王平的左一号逃到烟台。"以全军业已复没,某等幸得保全船只等词朦禀登莱青道刘芗亭观察,其时电线已断,刘道不审虚实,电禀中堂,遂至援师不出。"③

　　鱼雷艇队的被歼,使北洋舰队的处境更加艰难,日军加紧进攻。刘公岛和日岛的守军,奋勇抵抗,毫不退缩。防守日岛炮台的是康济号管带萨镇冰及其部下 30 余人。据日方记载:"此役,敌(清军)炮台颇能战,以八门大炮抗击我舰队二十余舰,运转巧妙,猛射我各舰。"④在激烈的炮战中,清军炮弹击中吉野、松岛、浪速等舰。而日军在皂埠嘴炮台发炮击中日岛炮台的弹药库,弹药爆炸。接着,敌炮又击中一门地陷炮架,地陷炮倾倒。敌炮又把营房炸毁,"兵勇伤亡亦多,无法再守,只得饬令余勇撤回"。⑤

　　2 月 8 日起,日军改变策略:继续围而困之;水陆夹击炮轰;派鱼雷艇袭击,消耗北洋舰队的战斗力;等待北洋舰队内部发生变化。

　　日军为消耗北洋舰队的力量,日夜炮击刘公岛及港内的北洋舰队,8 日,刘公岛上的水师学堂、机器厂、煤厂及民房皆遭毁伤。入夜,日舰偷入南口,炸毁清军的防御设施,破坏了四百余米防坝,南口藩篱尽撤,门户大开。丁汝昌感到单凭刘公岛一孤岛,势难久守,唯一的希望是陆上有援军开来,配合海军作战,刘公岛之围尚可解。他派一名可靠水手,怀密信凫水到威海卫北岸,潜去烟台,向登莱青道刘含芳求援。

　　2 月 8 日(正月十四日),北洋舰队的一部分洋员,在刘公岛的俱乐部里开会,公开策划投降。他们认为北洋舰队图谋恢复已不可能,要定远副驾英国人泰莱和教习德国人瑞乃尔向丁汝昌劝降。泰莱回忆此事说:"瑞乃尔与余以夜二时往见提督,说明现在之境地,并劝其可战则战,若士兵不愿战,则纳降实为适当之步骤。"⑥丁汝昌不为所动,严辞拒绝了他们的劝降,并说:"我知事必出此,然我必先死,断不能坐睹此事! 乃先出示抚众,

---

①　邵循正,等:《中日战争》第三册,第 413 页。
②　邵循正,等:《中日战争》第三册,第 414 页。
③　邵循正,等:《中日战争》第一册,第 195 页。
④　孙克复:《甲午中日陆战史》,第 313 页。
⑤　邵循正,等:《中日战争》第三册,第 413 页。
⑥　邵循正,等:《中日战争》第六册,第 66 页。

略谓援兵将至,固守待命!"当夜,丁汝昌、刘步蟾下令,在定远舰上装炸药,将它炸毁。刘步蟾眼看着艰苦经营的北洋舰只毁于一旦,怀着满腔悲愤,"以手枪自击死"。①

9日(正月十五日),日军发动了第六次进攻。日本舰队大小舰艇40余艘,全部开到威海卫南口外排列,以战舰在前开炮,又令两岸炮台夹击。丁汝昌亲登靖远舰,驶近南口,与敌拼战。日舰两艘被击伤,战至中午,靖远舰中炮搁浅,丁汝昌和管带叶祖珪仅以身免。为避免此舰被敌人捞起利用,10日丁汝昌派鱼雷艇将它彻底炸毁。

10日(十六日)晨,忽降大雪,日本鱼雷艇4艘乘机偷入威海卫北口,被北洋舰队发现,用炮击退。天明后,日军再次水陆夹击,以十余艘战舰猛轰威海南口。北洋舰队和刘公岛炮台用炮火拦截,击伤日舰两艘,伊东下令撤退。此时,威海港内仅存战舰镇远、济远、平原、广丙四艘,炮舰镇东、镇南、镇西、镇北、镇中、镇边六艘,练船康济一艘,而北洋舰队的爱国将士,不顾处境危险,依然奋勇搏斗,击退日军多次进攻。但一些贪生怕死、丧失民族气节的将领,竟同洋员勾结,鼓动士兵水勇,威逼丁汝昌投降。丁汝昌随即召集各管带及洋员议事。"以德员瑞乃尔能作华语,令出抚众,众喧噪不可解。瑞乃尔入舱,密告汝昌曰:'兵心已变,势不可为,不若沉船毁台,徒手降敌较得计'。汝昌沉思良久,乃令诸将候令,同时沉船。诸将不应,盖恐沉船徒降,取怒倭人也。"②

11日(十七日)晚,丁汝昌才知道鱼雷艇队管带王平逃到烟台后,谎报刘公岛失守,李秉衡信以为真,将援救部队全部截回。"汝昌召海军诸将议,鼓力碰敌船突围出,或幸存数艘,得抵烟台,愈于尽覆于敌。诸将不允,散去。旋勇丁、水手露刃慑汝昌,汝昌稍慰之,入舱仰药,张文宣继之。"③牛昶炳召集诸将和洋员议降,公推护理左翼总兵、署镇远管带杨用霖出面接洽降事。杨用霖严辞拒绝,回舱后用手枪自杀。接着,牛昶炳又与几位洋员商议,"好威倡议假丁提督之名作降书,并亲自起草。书成,译作中文,并钤提督印信"。④丁汝昌为此蒙受冤屈十余年,其儿孙辈投亲奔友,流离多年,直至宣统二年(1910年)才得到昭雪。

12日上午8时30分,"广丙管带程璧光乘镇边艇,悬白旗,诣倭军乞降。"⑤13日上午9时,程璧光携假冒的《丁提督书》,至松岛舰,对伊东说:"丁提督昨夜作此书付使者后,服药自杀。"伊东看毕假冒的《丁提督书》,很觉满意,并写一复书。14日,牛昶炳向日军交出威海卫海陆军官、洋员名册及兵勇军属统计表,计陆军2040人,海军3084人。16日,牛昶炳代表清军在降约上签字。《威海降约》共十一条,主要内容是:中西水陆文武官员立誓现时不再与闻战事;刘公岛士兵由日兵护送遣归;交出一切器械、兵舰、炮台;中国中西水陆各官弁,许于15日正午以后,乘康济舰,开返华界;至16日9时,各舰中西官员一律迁出,船上水手、水师从15日开始遣返;康济号不在收降之列,以供北洋海军及陆路各官乘坐去烟台;此约既定,战事即属已毕,唯陆路若欲再战,日舰必仍开炮,此约即作废纸。⑥

①　邵循正,等:《中日战争》第一册,第71页。
②　邵循正,等:《中日战争》第一册,第71页。
③　邵循正,等:《中日战争》第一册,第72页。
④　邵循正,等:《中日战争》第六册,第67页。
⑤　邵循正,等:《中日战争》第一册,第72页。
⑥　邵循正,等:《中日战争》第一册,第199页。

17 日上午 10 时 30 分,日本军队占领威海卫,将港内北洋舰队的镇远、济远、平远、广丙、镇东、镇南、镇西、镇北、镇中、镇边等大小舰只全部虏去。

17 日下午 4 时,练习舰康济号被解除武装后,载着丁汝昌、刘步蟾、杨用霖、张文宣等六位军官的灵柩,陆海将弁、洋员约 1000 人,向烟台驶去。至此,北洋舰队全军覆没。此后的半个世纪,中国再没有能力重建一支与北洋舰队同样规模及地位的海军舰队。

八、辽河平原之战

日军第一军、第二军联合作战后发起的辽河平原战役包括:大平山之战、牛庄之战、营口之战、田庄台之战。

1894 年 12 月 1 日,日军占领海城之后,野津道贯曾建议执行山县计划,以进一步扩大战果,但遭伊藤博文否决。随着时间的推移,春季即将来临,气候趋暖。日本第二军在荣成湾登陆,在山东开辟了第二战场,清军反攻海城失败。因此,在 1895 年 2 月 17 日,即日军全歼北洋水师后,日军大本营立即决定,发起辽河平原战役。

(一) 大平山之战

大平山之战于 1895 年 2 月 21 日开始,宋庆部夺回了大平山,因此可以把 21 日的战斗看成是第四次反攻海城战役的组成部分。2 月 21 日是清军主动进攻,占领太平山。2 月 21 日,日军第一军、第二军举行联席会议,即汤池会议,会议决定日军立即重新占领大平山,由于当晚大雪,战斗延迟。2 月 24 日是日军主动进攻。大平山之战是中日双方都主动进攻的战斗,因此战斗非常激烈。

大平山位于辽河口南面五十公里的平原地区,西北至营口约十五公里,南距盖平约二十公里,扼盖平与营口之要冲。大平山东北约十公里为大石桥,是盖平与海城的联系孔道。故扼大石桥可断绝海、盖间交通,守大平山可巩固营口的门户。

1 月 10 日盖平失陷后,清军放弃了大石桥和大平山,两地均被日军占领。2 月初传说清军要收复盖平,日本第二军第一师团奉命从金州北上,增援盖平。该师团第一旅团长乃木希典派步兵第一联队第二、三大队驻守大石桥,乃木则驻盖平以北的飞云寨,因兵力不足,在大平山仅设前哨。2 月 21 日长顺、依克唐阿两将军发动第四次反攻海城时,与宋庆商定一个夺回大平山的方案,由宋庆率姜桂题、马玉昆、宋得胜、程允和等营进逼大平山,以堵住盖平通营口的大道,切断盖、海间交通。是日中午,马玉昆率部进至大平山附近,与乃木所部的前哨遭遇,击毙两名日兵,其余逃窜,于是清军重占大平山。因大平山及其以南地方无险可守,宋庆驻山北十里的桑墩子,马玉昆在的西七里沟设防。清军驻大平山一带共有 50 余营,计 12000 余人。

1895 年 2 月 21 日,即宋庆进攻大平山之日,也是威海卫陷落的第四天,日军第二军第一师团长山地元治中将和第一军第三师团长桂太郎中将分别从盖平和海城来参加汤池(位于盖平、栎木间)举行的军事会议。与会的人很多,除了两位主帅外还有两军的参谋。会议一直开到深夜,决定由第二军第一师团先攻打大平山;由第一军先攻鞍山站,再攻牛庄;然后两军共同攻打营口。

2月22日,日军汤池会议结束,山地元治、桂太郎各自返回原驻地。当晚9时,山地中将向第一师团全体下达命令,但当日傍晚忽降大雪,至23日下午雪停,地上积雪约有二尺厚。因此第一师团推迟一天出发。24日山地中将下令进攻:以乃木希典的第一旅团为右翼,进攻大平山;以西宽二郎的第二旅团为左翼,进攻南大平山、师部本队为预备队,随右翼之后前进。

"2月24日午前三点半,乃木旅团长率领步兵第十五联队、步兵第一联队的第三大队、炮兵一大队、工兵一中队,从三家堡子出发,开向孙家冈子;隐歧大佐率领步兵第一联队的第一第二大队和骑兵一小队从大石桥子出发,开向聂家堡子。……既而鸡鸣天曙,聂家堡子已在面前,但敌兵(清军)已撤,不挡支兵,因而不劳一兵,占领了聂家堡子。这时晓雾已经全散,左方可以看见大平山,右方小平山。不久,听见大平山起了枪声,这是乃木少将所领的第十五联队从左右逼攻太子窝的枪声。山上的敌兵下山向东七里沟退却,小平山的敌兵亦不知去向了。乃木少将乃命松本炮兵少佐在山上山下装置大炮十二门,射击东七里沟的敌阵。隐歧大佐一听炮响立即前进到小平山西麓,牵制老爷庙的敌军。秋山骑兵少佐带骑兵一大队,从老爷庙东边前进,挑战者再,但敌兵毫无应战迹象。稻垣副官忍不住,带领数十骑突入敌阵,忽有敌骑三百余从村南出现,聚枪向副官等射击,弹飞如雨,副官的马被打中了,乃徒步后退。"①

日军攻克东七里沟后,松本鼎又下令将大炮转变方向,向西七里沟射击。"西七里沟一带,则分统马玉昆驻焉,再东之姜家房,老爷庙,则徐邦道驻焉。我兵一万二千余人,有大炮十门。正月三十日(2月24日)黎明,倭兵自东南两方来,即从太子窝抢登大平山,我山顶勇队力单,当与小桂山顶驻勇同却,两山顶遂为敌据。倭乃昇炮登山,高下排列,向七里沟击马玉昆军。其小桂山炮,则正击徐邦道军。倭兵步骑从东来者,直薄老爷庙。邦道以马队蹂之,马上发枪颇有杀伤,而我东七里沟兵为南来倭所乘,遂溃退。"于是"(倭)兵麇聚于西七里沟,玉昆力战,相持及申,倭人子弹已罄,而抵死不退,伏地避弹,其援兵两队驰至,径上枪刃冲突,冒死进。我兵时饥疲甚,无后继,乃退姜家房、白庙子诸处。倭人遂据大平山,而营口东道门户洞开矣"。② 下午五时三十分战斗结束。此次战斗非常激烈,尤其马玉昆"被困核心,率其亲兵闯出重围,因见我兵尚在围内,重复杀入,冲开一路,护之而出,其亲兵百人两次冲杀,仅剩二十余人,战马三易,均被炮毙"。③ 大平山之战是甲午战争中清军打得最出色的一仗,马玉昆的毅军英勇奋战,艰苦卓绝,连敌人也不得不称赞其骁武绝群,日方记述中说到:"敌军亦不示弱,应战最力。""彼我死尸堆积成山,血流如注"。④

此战,日方战死尉官2名,负伤7名,士卒死27名,负伤277名。伤亡合计313名。此外,大量士兵被冻伤,全军达千人以上。清军方面:弁勇阵亡者亦200余人,受伤者100余人。⑤

---

① 邵循正,等:《中日战争》第一册,第277页。
② 邵循正,等:《中日战争》第一册,第44页。
③ 邵循正,等:《中日战争》第三册,第474页。
④ 邵循正,等:《中日战争》第一册,第278页。
⑤ 孙克复:《甲午中日陆战史》,第271页。

（二）日军第一军攻占鞍山站

由日军奥保巩少将率领的第一军第五师团，入冬以来一直驻守九连城、凤凰城一带。2月23日奥保巩从凤凰城率师团本部到黄花甸，部队在此集结完毕，准备经三家子、吉洞峪向鞍山站进犯。

2月24日上午9时，奥保巩下令以第二十一联队和炮兵第一大队为前卫，向三家子进军。驻守三家子的清军只有4个营，由徐庆璋统领，根本无法抵御敌人大军，只得且战且退，日军轻易占领了三家子。

25日，奥保巩命步兵一个大队从三家子北进作为疑兵，以牵制摩天岭的清军。次日，奥保巩亲率第五师团主力由三家子西进，越人面山，登潘家堡子北山，攻打兴隆沟。驻守兴隆沟的清军不满1000人，虽在山腰狙击，但无法抵御，边打边退，当夜日军占领了兴隆沟。

27日，日军从兴隆沟出发，当天占领了吉洞峪。接着日军从吉洞峪北犯，到达金厂，再从金厂进犯鞍山站。及至3月2日，奥保巩抵鞍山站发现，清军早已逃走，日军未发一枪就占领了鞍山站。

日军第五师团向鞍山站进犯时，驻海城的第三师团也做好了出击的准备。2月24日，第二军司令大山岩派第一师团步兵第三联队1000余人从大石桥赶来，接替第一军第三师团驻守海城。这样，海城日军出击准备就绪，只等出击命令了。

此时清军见日军增兵，决定主动出击，于2月27日第五次反攻海城。依克唐阿、长顺两军自北路，李光久和记名提督刘树元率湘军出南路，南北合击；宋庆则继续攻打大平山，以相呼应。但此时清军锐气已挫，不能有所作为。及至湘军副将刘桂云中炮阵亡后，各军无心恋战，纷纷收队罢兵。

野津司令见清军第五次反攻一触即溃，深知清军已是强弩之末，不可能对海城构成威胁，便按计划出击。是日半夜，野津对第三师团下达命令：28日凌晨出击，步兵第五、第六旅团之大部为师团主力；第五旅团第六联队的第一大队为支队，掩护师团主力前进。大迫尚敏少将率步兵第五旅团之大部从海城西门出发，大岛久直率步兵第六旅团之大部从北门出发，两旅团一齐沿辽阳大道前进，向鞍山站进发。

"鞍山站为牛庄至辽阳州孔道，山势蜿蜒横亘，中有缺口，形如马鞍，双岭夹峙，惟一线大道，最称险塞。我诸将不知屯扼，以固牛庄、辽阳之气。倭人乃为此狡计，思骑其脊而左右顾，示形逼辽阳，实将袭我牛庄。牛庄警，则前敌湘军将不战自溃。我诸将不察，初四日（2月28日）天未亮，倭兵自海城出，分道先犯长虎台、沙河围，截我依克唐阿军左臂，而别队由西路犯大费屯、小费屯诸处。于是邦道、光久各出兵战于城西北，以杀倭势。自寅至巳，战历三时，而中路依军败，诸军亦退。"[①]日军和依克唐阿所部在夜色中混战，到天明时分，日本第三师团主力的山炮队向依军开炮。依军还击，但兵勇伤亡甚众，依克唐阿便下令收队。大迫旅团占领了大富屯，大岛旅团占领了沙河沿、长虎台和东西烟台。此次战斗，日军伤亡95人，清军伤亡600多人。

---

① 邵循正，等：《中日战争》第一册，第48页。

"初五日(3月1日),倭兵逼甘泉铺。我守军以将军既去,望风溃。依克唐阿、长顺亦张皇走,道经鞍山站,弃险不顾,穷日东奔。"①当天,日军7000多人攻打甘泉铺,因各营已力战两天一夜,士兵疲劳不堪,清军长顺所部接仗不久即行北撤。同时刘坤一、徐庆璋(辽宁知州)等迭次来电,催促回顾辽阳。原来日军此次北犯,清廷及清军统帅部都以为日军意图是要进犯辽阳。3月1日军机处电谕长顺:"昨因辽阳危急,特饬长顺就近移扎助守,以保沈阳门户。倘拥兵观望,以致孤城陷失,应唯长顺是问! 该将军接奉此旨,即日统带全军,迅速赴援,毋准片刻延缓,致干重咎,懔之! 钦此。"②依、长两军不得不于3月2日同抵辽阳。他们途经鞍山站,深知该地为牛庄至辽阳之孔道,本欲留兵把守,为执行命令,只得放弃不顾。3月2日鞍山站为日军奥保巩的第五师团占领,接着第三师团也进入鞍山站,两个师团在鞍山站会师。

(三) 牛庄之战

1895年3月3日(光绪二十一年二月初七日),"第一军司令官野津大将令第三师团长桂中将和第五师团长奥中将进击。于是决定,第三师团从汤岗子顺正路开向牛庄城,第五师团取左路进攻。即第三师团攻击牛庄的西北面,而第五师团攻击其东北面。第五师团的前卫由大岛义昌少将率领,本队由奥中将率领"。③

当时清军以为日军要进攻辽阳。不意日军军行甚迅,"盖出我不意以袭牛庄。魏光焘率其部下三营回援,初六日(3月2日)回牛庄,未分兵扼守要隘。初八日(3月4日)李光久部众五营亦至,均入市,择居民舍。而倭人分三道来包,"我军十一营束于市内,逼不得出"。④ 因为牛庄没有城墙,清军便在市街入口处修筑一道厚约一尺的土墙,市内则利用房屋墙壁作为掩护体。

3月4日(二月初八日),日军第五师团长奥中将布阵于紫方屯,命前卫司令"大岛义昌少将攻击正面。激战达两小时,终于夺取了城东端的敌阵第一线(即土墙),再进而杀入市中。然而敌兵据民房死守,从枪眼向我狙击,我军战颇苦,终于突击夺取要冲两三处。"同日,日军第三师团桂中将令大迫少将从北方,令大岛久直少将从西方,分别进击牛庄。大迫少将的先锋队佐藤大佐进兵进击牛庄市的边区,清军据民房的土墙用步枪乱射,子弹比雨还多,大佐膝伤,门司少佐替他指挥联队,击退敌兵,杀入市内。这样,大岛久直少将从西,大迫少将从西北,又第五师团的大岛义昌少将从东北,富冈大佐从东,四路乱冲而入市内,清军据民房竭力防战,但抵不住日工兵的炸药。日暮时分,日军停止炮击,牛庄遂告陷落。日方撰写的战史中,承认日兵"执剑挨户搜查,杀人无算。"⑤

清军利用民房进行死守,从枪眼向敌人射击,弹如雨下。日军利用榴弹炮轰击,墙塌人倒,清军展开肉搏鏖战。"勇与贼几莫能辨,血战竟日,各街口被贼纵火,断我出路,时已

---

① 邵循正,等:《中日战争》第一册,第48页。
② 邵循正,等:《中日战争》第三册,第489页。
③ 邵循正,等:《中日战争》第一册,第278页。
④ 邵循正,等:《中日战争》第一册,第49页。
⑤ 邵循正,等:《中日战争》第一册,第278页。

二鼓,子弹俱尽,不能不率队冲突而出。"①"夜半,巷战犹未息,我军肝脑涂地,惨死万状。是役也,士兵伤亡几二千人,虏于倭者七八百人,军资自配执兵枪外,尚储毛瑟快枪一千五百余支,枪弹一百五十一万余颗,大小炮十九尊,火药一千六百四十八箱,马匹衣粮称是,皆委之去。"②牛庄失守,海城之围,不攻自解。守营口的宋庆部成为孤军,清军在辽南战场的防御,已呈瓦解之势。

（四）营口陷落

日本第一军攻克牛庄后,清军退守营口。老爷庙、白庙子及附近的清军都来营口会合。3月4日第一师团长山地元治中将决定攻打营口,他给英国驻营口代理领事一照会,其中说:"本不愿来通商口岸,因大兵在营口阻其往来,定于两三日内攻营口,通知局外各国。"③

营口位于辽河南岸,1858年中英、中法《天津条约》规定开牛庄为商埠,因牛庄交通不便,开放营口取代牛庄,营口成为中国东北地区的重要通商口岸。营口市街北临辽河,分为东西两区,东区为外国人居住区,西区为商业区,人口有万余。市区西南方有一座大炮台,辽河对岸有两座小炮台。大炮台修筑历时三年,耗银十六万两,非常坚固,设有克虏伯大炮12门,能射击辽河下游及陆上东、南、北三面,而且炮台周围和市街西南面一带遍布地雷。若固守炮台,要攻下营口,并非易事。宋庆所部约50营原驻扎营口,然而日军攻占牛庄后,"初九日(3月5日)早,宋庆因吴大澄迭次告急,即拔队赴田庄台,只留龙殿扬五营扎于营口西面二十里之大房身,此外悉随宋庆前往,于营口未及留队。其时,营口仅有蒋希夷所带步队五营"。④宋庆撤出营口也是无奈,"庆等筹思再四,如不亲救田庄,倘有疏虞,不但粮弹不继,且西犯锦州,更难措办,如舍营口,贼必乘虚而入。事处两难,惟有先其所急,决计回救田庄台"。当时营口只留下步兵八营,马队二营,共4000人,分守炮台、市界及街市外的大水塘等处。清军的调动立即被日军知悉,"营口伏有倭奸内应,见我大队已动,勾结盖平之贼,今早突至营口"。⑤

二月初十(3月6日)早,贼窜至营口东南之韩家学房,"善联以贼众逼近,当令蒋希夷出队迎击,蒋希夷借词迁延不进。善联令哨官齐永升率团勇三百余名出往抵御,而贼已进街,遇贼接仗,齐永升受伤坠马,团勇伤亡五十余人。其时蒋希夷竟率所部各营先已退往田庄台",善联因势不能支,"即奔赴田庄台向宋庆营内乞兵求援。时营官乔干臣在炮台拒守,贼由南圩门外直扑炮台东面,乔干臣等施炮迎击,拒战一日,屡催救兵未至。日暮,贼乘微雨之际,绕至台后,循墙而上,兵勇惊溃,炮台遂致不守。其附近之水雷营同时失陷。所有炮台炮位及水雷营雷具均陷于贼。宋庆得信,即派马玉昆带队往援,而炮台已失,已属不及"。⑥"倭兵十一日(3月7日)入炮台,我营口守口大炮四十五尊及封冻口内

---

①　邵循正,等:《中日战争》第一册,第549页。
②　邵循正,等:《中日战争》第一册,第49页。
③　邵循正,等:《中日战争》第三册,第587页。
④　邵循正,等:《中日战争》第三册,第588页。
⑤　邵循正,等:《中日战争》第三册,第509页。
⑥　邵循正,等:《中日战争》第三册,第588页。

之湄云兵船一只、大小轮船两艘,并军械弹药皆委诸倭。"①

此次战斗,日军只损失两名士兵,还是误触地雷被炸死的。日军轻易占领营口,清军守将不战而逃。清廷对此十分气愤,光绪帝谕旨:"本年二月间,营口告急,记名提督蒋希夷带领各营并未应战,节节缩退,犹复捏报战状,任意欺饰,厥咎甚重。蒋希夷并所部营官副将蒋广隆、参将邓朝俊、都司桑有良、守备曾自来和赵玉龙,均著一并革职,即由王文韶拿交刑部分别治罪。"②

(五) 田庄台之战

1895 年 3 月 5 日,即牛庄失守的第二天,帮办北洋军务四川提督宋庆闻得日军大队人马向田庄台进军,就意识到日军西进是企图进关,西线情况万分吃紧,决定率军回援。宋庆的办法是"丢卒保车",放弃营口,保持田庄台,阻止日军西进。在当时情况下,宋庆的战略方针还是有一定道理的。清军最高统帅、钦差大臣刘坤一,也认为退保西路是唯一可行之策。

清廷对这个方针也表示赞成,军机处电寄宋庆、吴大澄的谕旨说:"宋庆率全军回顾西路,是此时第一要著,著与吴大澄督饬各军,尽力堵遏。锦州之防实惟宋庆、吴大澄专责,务须同心合力,保此一路,懔之!慎之!钦此。"③因此,清军在田庄台结集了大量军队,即马玉昆的毅字右军 9 营,宋得胜的毅字左军 5 营,龙殿扬的新毅军 5 营,李永芳的新毅军 5 营,李家昌的新毅军 5 营,程允和的新毅军 5 营,刘凤清的新毅军 5 营,姜桂题的铭军 11 营,张光前的亲庆军 5 营,刘世俊的嵩武军 8 营,梁永福的凤字军 5 营,共 68 营,20000 余人。日方认为:"清国在辽东之兵有 17 万,而在战斗地集合最多数兵力之田庄台,亦仅有二万。"④

田庄台是辽河下游的重镇,位于营口之北数里,南临辽河,为营口至山海关必由之路。其四面都是平原,无山险可扼。本来田庄台与牛庄、营口相依托,牛庄屏其东,营口障其南,而现在牛庄、营口相继失守,田庄台孤立,处于日本第一、第二军的钳形攻势之下。日军为攻占田庄台,集中了一支庞大的军队,即第一军第三、第五师团和第二军第一师团,计有步兵 20 个大队,骑兵 4 个中队,炮兵 7 个大队,工兵 4 个大队,共约 20000 人,拥有各种炮 109 门。从兵力来看,"平壤的攻击,虽称为大战,然我(日军)兵力仅有一个师团和一支队而已;攻击旅顺口和威海卫时,我兵力虽有军之称,其实并无一个军的全力。动员军以上的大兵,实际上只有田庄台一战而已"。⑤

为弄清清军兵力,日军第三师团于 3 月 7 日(二月十一日)对田庄台进行火力侦察。该师团前卫司令大岛久直率领三好成行联队和炮兵,以辽河东岸对田庄台进行炮击。宋庆"派马玉昆居左、宋得胜居右、庆亲督程允和为中路迎战。左右齐进,枪炮互施,自未至酉,鏖战三时之久"。8 日大岛又率前卫至辽河东岸,以十二门野炮向田庄台轰击。清军

---

①　邵循正,等:《中日战争》第三册,第 590 页。
②　邵循正,等:《中日战争》第三册,第 590 页。
③　邵循正,等:《中日战争》第三册,第 505 页。
④　誉田甚八:《日清战史讲授录》,第 94 页。
⑤　邵循正,等:《中日战争》第一册,第 280 页。

则列队于辽河西岸反击,暴露了全部兵力。第三师团长桂太郎根据大岛侦察的结果,向军司令野津道贯报告:"敌军有火炮约三十门,其兵力约万人,欲以辽河为防线迎击我军。"①

野津根据这个报告制定具体作战方案。3月8日(二月十二日),野津下达进击令:"明天午前七时为期,第三师团带炮五十余门击其正面;第五师团从赏车台截敌的退路;第一师团须从西南逼敌的右侧,从三面合击。须要指明,第三师团乃攻击田庄台的中央队,第五师团乃右侧队,而第二军第一师团乃左侧队。"9日(十三日),"第三师团从正路进至辽河的东岸,柴野炮兵大佐排列了山炮、野炮、臼炮等共九十一门在前村的北端。华军发炮挑战,大佐起初用十数门大炮应战,然后一起开炮猛击。另一方面,第一师团的各队在是日黎明分别从……各宿营地出发。第二旅团和第三师团的山炮并一中队一同从黑英台西方渡过辽河,出田庄台的西南。骑兵大队随第二旅团警戒其左翼;炮兵联队隔着辽河在田庄台南方布阵。同时第五师团则渡过辽河上流,从东北开向田庄台,以扼敌兵之退路。敌兵殊死奋战,我军亦应战极烈,彼我炮声,如百雷齐发,仿佛天柱将裂,地轴已倾。敌军终于支不住我三面的合击,渐形忙乱而退走,我军乘机从三面闯入城中,杀人无算。而第五师团的兵在东北邀击敌兵,敌兵退守民家,我军后来放火烧之,火焰冲天,昼夜不息,田庄台一市全归乌有"。②

清军"仅有重炮二十余尊,尚不及其三分之一,且分两处。寇之炮轻,易于运转,愈逼愈紧,将我炮击损及半,内有六尊已不堪用","当西路败退时,马玉昆等仍与东股(第五师团)鏖战。贼既已入街,宋得胜等接应之队未能冲入,只将西路队伍救出。马玉昆独力难支,当令一并撤退"。此次大战,日军伤亡160人,清军伤亡2000余人。"田庄台之役,共掠得华军炮六尊,来复枪六千支。"③

田庄台失陷后,宋庆率军先退至双台子,后与吴大澄一起退驻石山站。清廷闻田庄台失陷大惊,因为石山站位于锦州之东,为入关大道,若日军由此进犯,不必再取道锦州。军机处急忙致电宋庆、吴大澄,令他们严守:"既已退至此处,必当尽力扼守,毋令贼众越过。倘再有溃退,仍以胜败无定等语掩饰前非,自问当得何罪?"④

田庄台之战后,中日两国政府军之间的战争大体结束。

日军发动辽河平原战役后,侵占了鞍山站、牛庄、营口、田庄台,并于3月20日发兵攻占澎湖列岛,在军事上取得一系列胜利。但日本资源缺乏,兵力不足,其人力、物力、财力已不允许再发动大规模的军事行动。外相陆奥宗光承认:"国内海陆军备不仅几成空虚,而且从去年来经过长期战斗的舰队以及人员、军需等均告疲劳缺乏。"⑤另一方面,考虑到已经取得的军事胜利,足够成为对清政府谈判的资本,而为了避免各列强的猜疑和干涉,也要早日结束战事。

①　邵循正,等:《中日战争》第三册,第511页。
②　邵循正,等:《中日战争》第一册,第280页。
③　邵循正,等:《中日战争》第一册,第216页。
④　邵循正,等:《中日战争》第三册,第524页。
⑤　陆奥宗光:《蹇蹇录》,第158页。

九、中日《马关条约》

　　1895 年 2 月 13 日，清政府任命李鸿章为议和大臣，军机处电谕："此时全权之任，亦更无出该大臣之右者。李鸿章著赏还翎顶，开复革留处分，并赏还黄马褂，作为头等全权大臣，与日本商谈和约。"①2 月 17 日托美使转电日本。日方于同日电美使，"中国应在赔偿军费，确认朝鲜独立外，并由于战争的结果，须割让土地。"19 日电："希望中国政府确言，能否保证按照本月 17 日日本政府电示之条件派遣其全权大臣。"2 月 26 日，美使转达北京致东京电报："李鸿章被任命为头等全权大使，凡日本在本月 17 日来电中所欲商各节，李氏均带有执行此等任务之全权。"②至此，日本同意议和。

　　22 日，李鸿章应召到京，光绪帝五次召见他。"现在李鸿章语及和局，辄以不愿割地之说遍告于众人。"③他趁在京受命期间，散布自己不愿割地赔款，一切听命于皇上。将来定约后，社会舆论不满，民心激愤，都可推在朝廷身上。于是先同军机处商议。翁同龢希望做到不割地，而其余大臣则担心不割地就不能议和。李鸿章又先后"赴各国使馆，意在联络，未得要领，计无所出"。④ 李鸿章请翁同龢同往谈判，被翁拒绝。3 月 2 日，恭亲王奕䜣向李鸿章传达光绪面谕，授予李鸿章商让土地之权。同日，李鸿章上折陈述其对议和的看法，"顷军机大臣恭亲王等传奉皇上面谕，予臣以商让土地之权。……窃以中国壤地，固难轻以与人，至于戎狄窥边，古所恒有"。"但能力图自强之计，原不嫌暂屈以求伸。""所虑者，会议之初，先议停战……设磋磨未定，而停战期已满，彼仍照旧进兵，直犯京畿，又当如何处置？至兵费虽允偿还，多寡悬殊……但能争回一分，即少一分之害。"⑤

　　3 月 14 日（二月十八日），李鸿章率其子参议李经方，参赞马建忠、伍廷芳、罗丰禄、美国顾问科士达（薪酬为 3 个月 3 万美元）等随员一百多人，离天津，前往日本议和。据安维峻奏："李经方乃倭逆之婿。"⑥李鸿章坚称："李经方于光绪十六年出使日本大臣，在该国驻扎两年，熟悉情形，通晓东西语言文字。"⑦ 3 月 19 日李鸿章一行抵达马关（今山口县下关市），日本全权大使伊藤博文、陆奥宗光等官员到码头迎接。"伊藤言，住船不便，请移寓公馆。允明日再移，以便就近议事。"⑧

　　3 月 20 日（二月二十四日）下午 2 时 30 分，李鸿章与日本首相伊藤博文、外相陆奥宗光在马关春帆楼开始谈判，双方交换全权证书，"中堂复令罗道，宣诵拟请停战的英文节略（即备忘录），诵毕，将节略面交伊藤，伊藤略思片刻，答曰：'此事明日作复'。旋问两国敕书，应否彼此存留"。⑨ 后便转换话题，双方转入一般谈话。在此次谈判中，李鸿章有一

① 王芸生：《六十年来中国与日本》第二册，第 218 页。
② 陆奥宗光：《蹇蹇录》，第 130、130 页。
③ 邵循正，等：《中日战争》第三册，第 491 页。
④ 王芸生：《六十年来中国与日本》第二册，第 220 页。
⑤ 王彦威：《清季外交史料》卷 107，第 9 页。
⑥ 朱寿朋：《光绪朝东华录》第三册，第 3416 页。
⑦ 故宫博物院文献馆：《清光清朝中日交涉史料》卷 34，第 24 页。
⑧ 故宫博物院文献馆：《清光清朝中日交涉史料》卷 36，第 15 页。
⑨ 邵循正，等：《中日战争》第五册，第 365 页。

段关于日中关系的议论，他说，中日两国"今虽一时交战，终不可不恢复双方永久之友谊。""他又说此次战争，实获两个良好结果。第一，日本利用欧洲式之海陆军组织，取得显著成功，足以证明黄色人种亦决不逊于白色人种；第二，由于此次战争，中国侥幸得以从长夜之迷茫中觉醒，此实为日本促成中国发奋图强，帮助其将来之进步，可谓得益非常巨大。故中国人虽有多数怨恨日本，但我对日本反多感荷。……日本有不弱于欧洲各国之学术知识，中国有天然不竭之富源，如两国将来能相互合作，则对抗欧洲列强亦非至难之事。总而言之……其目的是想借此引起我国的同情，间用冷嘲热骂以掩饰战败者的屈辱地位，尽管他是狡猾，却也令人可爱，可以说到底不愧为中国当代的一个人物。"①

　　第二天，双方仍在春帆楼举行第二次谈判，商议停战之事，伊藤提交对中国停战备忘录的复文。由罗丰禄将英译本逐句译成汉文，并加以解释。李鸿章等端坐倾听："……停战要款胪列如下：日本国军队应占领大沽、天津、山海关，并所有该处之城池堡垒。驻上列各处之清国军队，须将一切军营、军需交予日本国军队暂管。天津至山海关铁路，当由日本国军务官管理，清政府负担停战期内日军军费……"②罗丰禄译完后，李鸿章大吃一惊，连呼："太苛刻了！太苛刻了！"于是李与伊藤展开了针锋相对的对话。但伊藤寸步不让，李鸿章无计可施，最后李鸿章言："停战条款万难应允，姑且搁置，即请会议和款。"伊言："中堂初见停战条款，云'应先仔细推敲，以后再复'，顷则遽云，'万难应允'，还请中堂再想为是。"李言："迟数日再复。"伊言："几日？"李言："一礼拜后。"伊言："太久……贵大臣究竟几日答复？"李言："四天后答复。"伊言："三天须复，愈速愈妙。"③然后李鸿章率随员离席。当晚，李鸿章将停战条款电告总理衙门。奕䜣、孙毓汶、徐用仪三人见停战条款如此苛刻，大惊失色，一面上奏光绪帝，一面奔走于各国使馆间。各国公使都以为目前最主要的是先索要议和条款。3 月 23 日，由孙毓汶起草回电："阅所开停战各款，要挟过甚。前三条万难允许……均以先得议款为要。"④此电报于 23 日下午 6 时 35 分发到马关电报局，被日方扣至 24 日中午才送到李鸿章手中。

　　3 月 24 日（二月二十八日）李鸿章收到总理衙门的电报，离会谈时间只有三小时了，便赶紧起草对日本所提停战条件的复文，随后译成英文。第三次会议仍在春帆楼举行。"李云：'前次会议停战要款节略，兹已作复。'即诵华文，由中堂将华、英文二分亲送伊藤。伊阅英文，陆阅华文……陆又与伊藤对换华英文详校，复与伊东书记以东语相商良久，似未能遽决之状。于是伊乃云：'停战之议，中堂是否打算搁起不提？'李云：'暂且搁起，我来时专为议和起见'……李云：'请贵大臣即将和款出示。'伊云：'请俟明日交阅。'李云：'明日何时？'伊云：'请中堂择定。李云：'十点钟可否？'伊问陆奥，首肯。李云：'所示和款，若与他国有关涉者，请贵大臣慎酌。'伊云：'何意。'李云：'如所示和款，或有牵涉他国权利者，必多未便。我两国相交有素，故预为提及'。"⑤

　　当天谈判结束后，"中堂自会议处言旋，将至行馆，忽有日人自人丛中走出，距舆前五

———————————

　　① 　陆奥宗光：《蹇蹇录》，第 131 页。
　　② 　王芸生：《六十年来中国与日本》第二册，第 229 页。
　　③ 　邵循正，等：《中日战争》第五册，第 374 页。
　　④ 　邵循正，等：《中日战争》第四册，第 328 页。
　　⑤ 　邵循正，等：《中日战争》第五册，第 375 页。

尺许，以手枪击中堂"。当中堂之被击也，眼镜带稍低，以便瞻望，枪子击破左镜，深入左目下，幸创口与目无之。"中堂晕眩，几不省人事。随即两医官奔至，日本医师亦驰至。……其时，日官来问伤状者络绎不绝。俄尔伊藤、陆奥两大臣躬诣慰问，谢罪甚恭，忧惧之情见于辞色。……众医探取枪子，穷极心力，不得其处"。"翌日，日皇遣医官一人、军医二人来视疾。……乃共议割取枪子，以免日久变生，然恐年迈创遽……终归无益，于是定议，暂缓数日，以观其变。厥后，伤不遽增，日有起色，渐次复元。"①

枪手为日本浪人小山丰太郎，小山是日本自由党方面的打手。当时日本国内主战空气相当浓厚，战争歇斯底里在日本朝野内外发作，尤其军队中不少人主张占领北京后再议和。他们认为目前议和时机未到，不占领北京是日本的耻辱，所以有意破坏议和，以求扩大对华战争，从而获取更大的利益。1895 年 3 月 30 日由山口地方裁判所按谋杀未遂定案，判处小山无期徒刑。

当李鸿章被刺的消息传出，日本国内立即呈现一种狼狈紧张的气象，世界舆论也为之哗然，发出一片谴责日本和同情中国的声音。据陆奥宗光自述："我观察内外人心所向，认为如不乘此时即采取善后措施，即有发生不测之危机，亦难预料。内外形势，已至不需继续交战的时机。若李鸿章以负伤为借口，中途归国，对日本国民的行为痛加非难；巧诱欧美各国，要求他们再度居中周旋，至少不难博得欧洲二、三强国的同情。而在此时，如一度引出欧洲列强的干涉，我国对中国的要求亦将陷入不得不大为让步的地步"。"因此，我当夜访问伊藤全权，仔细商议此事，我提出意见说：……在目前情况下，如果仅在礼遇上或社交情谊上作表示，不另外采取具有实际意义之措施，恐终不能使对方衷心感到满意。故此时由我无条件允许他所一再恳请的休战，较为得计。"②

伊藤同意陆奥方案。25 日一早，陆奥致电在广岛的内阁阁员及大本营重臣，就停战问题进行商议。结果除陆军大臣山县有朋外都反对停战，于是伊藤博文决定赴广岛一行。3 月 25 日夜，伊藤离开马关，次日黎明到达广岛。26 日下午立即召开内阁与大本营联席会议，由伊藤主持。会上伊藤终于说服将领，取得一致意见。当晚，伊藤谒见天皇睦仁，天皇甚为赞同。27 日夜半，伊藤将天皇的裁决通知陆奥，陆奥立即草拟停战协定。

28 日，陆奥亲至中国行馆，就李鸿章病榻，述天皇承诺停战之意，并面致一照会。29 日，陆奥又到引接寺，听取李鸿章提出的三点的修正意见，陆奥"除去请将休战范围扩大到南征军，即台湾诸岛之要求外，其他不重要的条款，完全接受了他的提案"。③ 同日，伊藤自广岛回到马关，中日双方达成协议，于 3 月 30 日，伊藤、陆奥和在病榻前的李鸿章签订了《中日停战协定》。协定共六款，其主要内容为：中日两国所有在奉天、直隶、山东的水陆军，各自驻守现在屯扎地方，停战期内不得互为前进；海上转运兵勇军需，所有战时禁物，仍按战时公例，随时由敌船查捕；两国政府于此约签订之后，限二十一日期内，确照此项停战协定办理，惟两国军队驻扎处所有电线不通之处，各自设法从速知照；此项停战条款，约明于光绪二十一年三月二十六日，即明治二十八年四月二十日，中午十二点钟届满，

①　邵循正，等：《中日战争》第五册，第 380 页。
②　王芸生：《六十年来与日本》第二册，第 241 页。
③　陆奥宗光：《蹇蹇录》，第 139 页。

彼此无须知会。如期内和议决裂,此项停战之约亦即中止。①

4月1日上午10时,双方在春帆楼举行会议。中方代表由李经方领衔。李经方要求日方出示和约底稿。陆奥提出一个条件:和约底稿一经出示,中方必须在三四日内答复。经方允回馆商量后再行答复。下午2时,李鸿章复照陆奥,同意日方的条件。陆奥派人将和约底稿送到引接寺,交李鸿章。和约底稿共十一款,其主要内容是:一、朝鲜独立自主;二、盛京省(辽宁省)南部地方、台湾及澎湖各岛永远让与日本;三、赔兵费库平银三亿两;四、开顺天府、沙市、湘潭、重庆、梧州、苏州、杭州七处为商埠。

当晚,李鸿章将日方和约底稿电告总理衙门,军机处连夜抄录两份,次日上奏光绪帝。光绪帝即召见中枢大臣商议,竟意见纷争,不得结论。李鸿章等了几天,不见朝廷回电,而4月5日期限已到,只得拟一说帖送交日方。除承认朝鲜为独立自主国家以外,逐条请求减让。李鸿章被刺后,清廷害怕和议因而停顿,加任李经方为钦差全权大臣,李鸿章于4月6日照会日方,日方于4月7日照复承认。4月8日伊藤邀李经方到他的行馆谈话,大施威胁:"为免他日之误解,于此特别言明:赔款数额虽可略减,但决不能作大量削减;割地则奉天、台湾皆须割让。同时尚希中国使臣能深切考虑现在两国之间的形势,即日本为战胜者,中国为战败者之事实。前者由于中国请和,日本应允,始有今日之议和,若不幸此次和谈破裂,则我一声令下,将有六七十艘运输船只搭载增派之大军,舳舻相接,陆续开往战地,如此,北京的安危亦有不忍言者。如再进一步言之,谈判一旦破裂,中国全权大臣离开此地,能否再安然出入北京城门,恐亦不能保证。"李经方答以:"回去与父商议后,再行提出答案。"②4月9日,李鸿章提出全盘修正案,允割辽南的安东、宽甸、凤凰、岫岩四地与澎湖列岛,赔款一亿两,新订商约以中国与西方各国现行约章为本。

4月10日,中断十多天的中日和谈再次在春帆楼复会。这是李鸿章与伊藤举行的第四次谈判,日本提出修改稿,将辽东割地由北纬41度以南缩至营口、海城、凤凰城、安平河以南,将赔款由3亿两改为2亿两,商埠由7处改为4处。4月11日,伊藤写信给李鸿章,"查所有昨交和约条款,实为尽头一著,中国或允或否,务须于四日内告明。"③13日又写信给李鸿章,表示:"实已让到极处,无可再议。"④李鸿章急忙请旨应对。清廷回复,"如竟无可商议,即遵前旨,与之定约。钦此"。⑤ 日方得到李鸿章的答复后,仍继续进行恫吓,并运兵至大连湾进行威胁。

4月15日(二十一日)下午2时30分,中日第五次谈判在春帆楼举行。此次谈判中,李鸿章遵奉"争得一分,有一分之益"的谕旨,使出浑身解数,进行讨价还价。但由于日方掌握了中方的密电,大事毫不松动,只在细小问题上作些让步。最后议定4月17日(二十三日)签约,5月8日在烟台换约。李鸿章与伊藤博文议定的《中日马关新约》(即中日《马关条约》),共11款,附有《另约》《议订专条》。三项条约全文如下:⑥

————————

① 王芸生:《六十年来中国与日本》第二册,第246页。

② 王芸生:《六十年来中国与日本》第二册,第272页。

③ 邵循正,等:《中日战争》第四册,第402页。

④ 邵循正,等:《中日战争》第五册,第405页。

⑤ 邵循正,等:《中日战争》第三册,第609页。

⑥ 王芸生:《六十年来中国与日本》第二卷,第305－310页。

马关条约

第一款　中国认明朝鲜国为完全无缺之独立自主国,故凡有亏损其独立自主体制,即如该国向中国所修贡献典礼等,嗣后全行废绝。

第二款　中国将管理下开地方之权,并将该地方所有堡垒军器工厂及一切属公物件,永远让与日本:

一、下开划界以内之奉天省南边地方:从鸭绿江口溯该江以抵安平河口,又从该河口划至凤凰城、海城、及营口而止,划成折线以南地方。所有前开各城市邑,皆包括在划线界内。该线抵营口之辽河后,即顺流至海口止,彼此以河中心为界。辽东湾东岸及黄海北岸,在奉天所属诸岛亦一并在所让界内。

二、台湾全岛及所有附属各岛屿。

三、澎湖列岛,即英国格林尼治东经百十九度起至百二十度止,及北纬三十三度起至二十四度之间诸岛屿。

第三款　前款所载及黏附本约之地图所划疆界,俟本约批准互换之后,两国应各选派官员二名以上,为共同划定疆界委员,就地踏勘,确定划界。若遇本约所定疆界于地形或治理所关有碍难不便等情,各该委员等当妥为参酌更改。各该委员等当从速办理界务,以期奉委之后限一年竣事,但遇各该委员等有所更定划界,两国政府未经认准以前,应据本约所定划界为正。

第四款　中国约将库平银二万万两交于日本,作为赔偿军费。该款分作八次交完:第一次五千万两,应在本约批准互换后六个月内交清;第二次五千万两,应在本约批准互换后十二个月内交清;余款平分六次,递年交纳。其法列下:第一次平分递年之款,于两年内交清;第二次于三年内交清;第三次于四年内交清;第四次于五年内交清;第五次于六年内交清;第六次于七年内交清。其年份均以本约批准互换之后算起。又第一次赔款交清后,未经交完之款,因按年加每百抽五之息,但无论何时应赔之款或全数或几分,先期交清,均听中国之便。如从条约批准互换之日起三年之内能全数还清,除将已付息金或两年半或不及两年半于应付本银扣还外,余乃全数免息。

第五款　本约批准互换之后,限两年之内,日本准中国让与地方人民愿迁居让与地方之外者,任便变卖所有产业,退去界外,但限满之后尚未迁徙者,酌宜视为日本臣民。又台湾一省应于本约批准互换后,两国立即各派大臣至台湾,限于本约批准后两个月内交接清楚。

第六款　中日两国所有约章,因此次失和,自属废绝。中国约俟本约批准之后速派全权大臣与日本所派全权大臣,会同订立通商行船条约,及陆路通商章程。两国新订约章,应以中国与泰西各国现行约章为本。又本国批准互换之日起,新订约章未经实行之前,所有日本官吏臣民及商业工艺、行船船只、陆路通商等,与中国最为优待之国礼护视,一律无异。

中国约将下开让与各款,以两国全权大臣押盖印日起,六个月后方可照办。

第一,现今中国已开通商口岸之外,应准添设下开各处,立为通商口岸以便日本臣民往来侨寓,从事商业工艺制作。所有添设口岸,均照向开通商海口或向开内地镇市章程一体办理,应得优例及利益等,亦当一律享受。(一)湖北省荆州府沙市。(二)四川省重庆府。(三)江苏省苏州府。(四)浙江省杭州府。日本政府得派遣领事官于前开各口驻扎。

第二,日本船只得驶入下开各口,附搭行客,装运货物:(一)从湖北省宜昌溯长江以至四川省重庆府。(二)从上海驶进吴淞口及运河以至苏州府、杭州府。中日两国未经商定行船章程以前,上开各口行船务依外国船只驶入中国内地水路现行章程照办。

第三,日本臣民在中国内地购买工货件,若自生之物,或将进口之物运往内地之物,欲暂行存栈,除勿庸输纳税钞派征一切旅费外,得暂租栈房存货。

第四,日本臣民得在中国通商口岸城邑任便从事各项工艺制造,又得将各项机器任便装运进口,只交所定进口税。日本臣民在中国制造一切货物,其于内地运送税,内地税、钞课、什派,以及中国内地沾及寄存栈房之益即照日臣民运入中国之货物一体办理,至应优例豁除,亦莫不相同。

嗣后如有因以上加让之事应增章程条规,即载入本款所称之行船通商条约内。

第七款　日本军队现驻中国境内者,应于本约批准互换之后三个月内撤回,但须照次款所定办理。

第八款　中国为保证认真实行约内所定各款,听允日本军队暂占守山东省威海卫。又于中国将本约所定第一、第二两次赔款交清,通商行船亦经批准互换之后,中国政府与日本政府确定周全妥善办法,将通商口岸关税作为剩款并息之抵押,日本可允撤回军队。倘中国不即确定抵押办法则未经交清末次赔款之前,日本仍不撤回军队。

第九款　本约批准互换之后,两国应将是时所有俘虏尽数交还。中国约将由日本遣还俘虏,并不加以虐待或置于罪戾。中国约将认为军事间谍或被嫌逮系之日本臣民,即行释放,并约此次交仗之所有关涉日本军队之中国臣民,概予宽恕,并饬有司不得擅为逮系。

第十款　本约批准互换之日起,应按兵息战。

第十一款　自本约奉大清国大皇帝陛下及日本帝国大皇帝陛下批准之后,定于光绪二十一年四月十四日,即日本明治二十八年五月初八日,在烟台互换。为此两国全权大臣署名盖印,以昭信守。

议订专条

大清帝国大皇帝陛下政府及大日本帝国大皇帝陛下政府,为预防本日署名盖印之和约日后互有误会,以生疑义,两国所派全权大臣会同议定下开各款:

第一,彼此约明,本日署名盖印之和约,添备英文,与该约汉正文、日本正文校对无讹。

第二,彼此约明,日后设有两国各执汉正文或日本正文有所辩论,即以上开英文约本为凭,以免舛错,而昭公允。

第三,彼此约明,将该议定专条,与本日署名盖印之和约一起交各国政府,而本日署名盖印之和约请御笔批准,此议定各款无需另请御笔批准,亦认为两国政府所允准,各无异论。为此两帝国全权大臣欲立文凭,各行署名盖印,以昭确实。

另　　约

第一款　遵和约第八款所订暂为驻守威海卫之日本国军队,应不越一旅团之多,所有暂行驻守需费,中国自本约批准互换之日起,每一周年届满,贴交四分之一,库平银五十万两。

第二款　在威海卫应将刘公岛及威海卫口湾沿岸,照日本国里法,五里以内地方,约合中国四十里以内,为日本国军队驻守之区。在距上开划界,照日本国里法,五里以内地方,无论其为何处,中国军队不宜逼近或驻扎,以杜生衅之端。

第三款　日本国军队所驻地方治理之务,仍归中国官员署理。但遇有日本国军队司令官为军队卫养、安宁、军纪及分布、管理等事必须施行之处,一经出示颁行,则于中国官员亦当责守。在日本国军队驻守之地,凡有犯关涉军务之罪,均归日本国军务官审断办理。

此另约所订条款,与载入和约,其效悉为相同。为此两国全权大臣署名盖印,以昭信守。

1895 年 4 月 17 日(三月二十三日)上午 10 时,中日双方在春帆楼签订《马关条约》。中国代表在签约的第二天就乘船回国。李鸿章回到天津,害怕挨骂,以"归舟复遇大风颠簸,困惫难支。伏恳天恩赏假二十日,在津调理"。[①] 在天津闭门不出。军机处诸大臣看到和约文本内容后,都认为条件太苛刻,李鸿章卖国,朝廷内外一片骂声,李鸿章又成众矢之的的。

4 月 22 日,光绪帝看到李鸿章派专人送来的条约文本,鉴于割地一事太苛刻,曾拒绝批准。光绪帝认为:"台割则天下人心皆去,朕何以为天下主。""上为震怒,颇有废约之议。"群臣纷纷联名上奏,反对和约。由广东举人康有为领导,联合 18 省举人,有数百人参加的"公车上书"正在轰轰烈烈地展开,他们在奏折中提出拒和、迁都、变法、练兵的主张。4 月 27 日慈禧太后召见光绪帝和庆亲王奕劻,对他们说:"外界舆论如此,只可废约议战。"光绪帝立即召见中枢大臣,宣布太后懿旨,到商议和战事项之时,群臣大多认为战万无把握,"于是乃定议专恃外议如何为进止"。[②] 4 月 30 日直隶总督王文韶来电,认为:"必可一战"[③],钦差大臣刘坤一来电:"宜战不宜和……诸将一闻和约,义愤填胸,皆欲一决死战。"但两人都对战争的胜负没有把握。[④] 5 月 1 日翁同龢到养心殿见光绪帝,上奏道:"4 月 28、29 日两天,天津大风雨,加之海啸……计 60 余营受害。此时值此奇变,岂非天意?"光绪帝闻奏,顿足流涕,奋笔疾书"钦准"两字,5 月 3 日盖用御玺。第二天,任命伍廷芳、联芳为换约大臣。5 月 8 日,任庭芳、联芳与日本特使伊东美久治在烟台换约,《马

①　邵循正,等:《中日战争》第三册,第 609 页。
②　邵循正,等:《中日战争》第一册,第 126、126 页。
③　王芸生:《六十年来中国与日本》卷二,第 319 页。
④　王芸生:《六十年来中国与日本》卷二,第 319 页。

关条约》开始生效。

日本通过《马关条约》及有关附约获取极大的经济利益。

按《马关条约》的规定,中国应赔偿日本军费库平银二亿两。还订有《另约》三款,其中第一款规定,赔款交清前,日本在威海卫驻军费用,由中国每年支付库平银五十万两。其后,中日又签订了《辽南条约》,其第三款规定中国再向日本支付赎回辽南费库平银三千万两。

按《马关条约》第四款,清政府应在七年内付清赔款,每年付利息5%。为了减少利息的支付,清政府决定三年内交清赔款,这样按条约规定可节省2100多万两利息和200万两的威海驻军费,并让日军早日离开威海卫。

日本外务省后来发现中国的库平银有不同成色,又打起新主意。库平为清政府所规定的国库收支银两的计算标准。规定银两的标准成色,源于康熙时,其成色约为935.374。而日方却以贴足实足色为借口,要求成色为988.89。仅此一项,中国比康熙标准库平银多付给日本1325万两。

条约规定中国要在伦敦用英镑支付赔款,并用1895年6、7、8三个月伦敦市价折中计算,规定一英镑折合库平银6.0788两。而英镑的价格当时处于上升态势,到1898年,伦敦市价为一英镑折合库平银7.14两,这就产生了"镑亏"。仅"镑亏"一项,清政府又多付出了1494.5万两。

以上五项总计为库平银2.597亿两,折合日币为3.895亿日元,是日本实际军费支出的2.6倍,相当日本年度财政收入的4.87倍。

日本在战争中夺得大量的兵船、军械、军需等物品,"折价为数甚巨"。仅大炮一项,在牙山劫得八尊、平壤四十八尊、九连城七十八尊、凤凰城五尊、金州及大连湾一百二十九尊、旅顺口三百三十尊、岫岩五尊、海城四尊、田庄台六尊、澎湖十二尊,共约七百尊。[1] 这笔账很难精确计算,但有日本随军记者曾写过《日清战役战利品概算》等文章,所以将各方面资料综合后,可以得到一个大概的数据。据甲午战争史专家戚其章先生介绍,日本通过甲午战争从中国所获得的舰船、武器、弹药及其他军需物品等,按日金价计算,共值8982.2万日元,折合库平银5988.3万两。

此外,日本从平壤、大连、金州、威海卫等地的政府银库、军队银库中获得了大量的金银货币。从日方发表的历次战报可得出,日本获得的金银货币折合库平银2000万两,折合日币3000万元。

根据戚其章先生的研究,综合上面所述各项,日本从甲午战争中得到的现金及财物,总计折合库平银3.4亿两,折合日币5.1亿元。相当于日本当时全国年度财政收入的6.4倍。总之,通过这次战争,日本当局真正尝到了发动侵略战争的甜头,感觉到了发动侵略战争是一本万利的买卖。"日本百姓,因屡战皆胜,现在无如酒醉。"[2]战争的胜利和获得的巨额赔款使日本国力大增,在日本朝野内外,举国上下,激发起军国主义的狂热。凭借这笔突然而至的巨款,日本政府大搞所谓"战后经营",进一步扩军备战,使整个日本国家

---

[1] 邵循正,等:《中日战争》第一册,第216页。
[2] 《清光绪朝中日交涉史料》卷39,第22页。

战争机器化,成为东亚一霸,也成为此后东亚地区最主要的战争策源地。

甲午战争惨败,宣告了清廷自诩的"同治中兴""光绪新政""洋务运动"的彻底失败。甲午战争的结果,也使远东政治局势发生了重大的变化。列强之间的矛盾复杂化、尖锐化了。战前,主要是英、俄两国争夺在华的侵略权益,明争暗斗,颇为激烈。战后,形成了英、俄、日三方的争夺,此后的五十年,日本逐步成为侵华的主角。

十、三国干涉还辽

当 1895 年 4 月 1 日,日本向李鸿章提出具体的媾和条件之后,清政府和日本都将其主要部分告知各列强。俄、德、法、英等的反应都很强烈。《马关条约》签订后,俄、德一变其"局外中立"的观望态度,采取积极行动,并将法国拉在一起,三国联合干涉日本向中国归还辽南。

在这次联合干涉还辽行动中,德国起了首倡的作用,并积极鼓动俄国对日本强行干涉。在甲午战争的前期,德国并未表示关心,但在 1895 年 3 月以来德国首先在外交上采取行动。德国早就想在远东获得一个海港,认为这是个极好的机会。德国先向英国政府表示,希望同英国站在一起,英国未及时答复。3 月 23 日德国正式向俄国政府提出联合干涉的建议。25 日德国驻俄代办复电德国外交大臣马莎尔,告知俄国已接受建议。这样,俄德两国初步达成了联合干预中日谈判的默契。但最后"掌握三国干涉主导权的,不是德国而是俄国"。①

早在甲午战争开始之时,俄国就对他的对华政策进行了认真的讨论,沙皇亚历山大三世指示外交大臣于 1894 年 8 月 15 日召开第一次特别会议,会议确定了"不干涉"的"中立"政策,此政策维持到年底。

1895 年 1 月,日军攻占旅顺,进入辽宁的腹地作战,并准备发动威海之战。新沙皇尼古拉二世指示,召开第二次特别会议。会议主要讨论是否要对中日战争采取干涉措施,经讨论得到下列结论:(一)增强俄国在太平洋的舰队,以至使俄国在太平洋上的海军力量尽可能较日本为强。(二)令俄国外交部与其他欧洲列强达成协议,如果日本政府和中国缔结和约时,所提出的要求侵犯俄国的重要利益,则对日本施以共同压力。(三)必要时,由于远东所发生的事件,应再开会讨论俄国进一步行动方式的问题。② 第二次特别会议表明,俄国虽然维持不干涉政策,但已经出现了干涉的倾向,尚在等待时机。获悉《马关条约》日方的基本要求后,尼古拉二世于 1895 年 4 月 11 日召开第三次特别会议。会议主要讨论如何对付日本占领中国大陆的问题。与会者大多反对日本占领辽东半岛。外交大臣首先作简短报告。通过俄国"代表征询英、德、法三国对今日中日间和谈的意见,英国政府答称,他没有理由去干涉和谈;德国则恰恰相反,在和谈开始以前,对中日纠纷十分冷淡,近日却宣称准备参加我们认为在东京必须做的任何步骤。……我国驻柏林代办解释德国政府看法的突然转变,是由于德国在远东的商业利益"。"至于法国,他已表示愿意和我

① 藤村道生:《日清战争》,第 154 页。
② 邵循正,等:《中日战争》第七册,第 307 页。

们共同行动。"①经过反复讨论,最后会议决定:"一、在中华帝国北方保持'战前状况',先以友谊方式劝告日本放弃占领满洲南部,因为此种占领破坏我们的利益,并将经常威胁远东的和平;假如日本坚持拒绝我们的劝告,就对日本政府宣布,我们将保留相对行动自由,而我们将依照我们的利益来行动。二、正式通知欧洲列强及中国,我们方面并无任何侵占意图,为保卫我们利益起见,我们认为须坚决主张日本放弃占领满洲南部。"②

4月8日,俄国外交大臣罗拔诺夫通知各国:"因为日本领有旅顺口,妨碍了日中两国的友好关系,并不断对远东和平造成了威胁与阻碍,所以劝告日本,停止这种占有。德国和法国赞成罗拔诺夫的意见。"③4月17日,即《马关条约》签字之日,罗拔诺夫向德、法两国驻俄使节声明:"俄国政府决定,立即以友谊方式,直接向日本政府提出不要永久占领中国本土的请求"。俄国"肯定地希望德、法两国加入这行动"。④ 17日德国外交大臣马沙尔向其驻日公使哥特斯米德发出电训:"现在日本的和平条件是过度的,它们损害欧洲和德国的利益……日本必须让步,因为对三国斗争是没有希望的。"⑤19日法国驻俄公使蒙得培罗将法国参加俄国计划一事正式通知罗拔诺夫。这样,俄、德、法三国联合正式建立。

4月23日下午,俄、德、法三国公使联袂至日本外务省致送备忘录。当天,外务大臣陆奥宗光因病在播州舞子休养,由外务次官林董会见公使。俄国公使的备忘录"劝告日本放弃占领辽东半岛,其理由是:(一)危及中国之首都;(二)使朝鲜之独立成为有名无实;(三)妨碍了远东的持久和平"。⑥ 德、法两国公使的备忘录为同样内容。

4月23日晚,陆奥宗光连接林董几封电报,得知三国联合干涉已正式开始,仍感十分紧张。他连夜回电林董,询问三国公使会面细节。当天午夜,陆奥接伊藤自广岛来电。此时伊藤博文已接林董报告三国干涉一事的电报,故决定4月24日在广岛举行御前会议。伊藤致电陆奥征求意见。陆奥复电曰:"在这种情况下,原则上应维持我国目前的地位,一步不让,待观察出他们的今后举动之后,再作出御前决议为好。"⑦可见,陆奥是主张对三国采取拒绝态度的。陆奥还想争取英美等国的支持,但英美两国均表示不愿介入。

4月24日上午,尚未接到陆奥宗光的复电,广岛御前会议就已举行。伊藤提出了三种方案供与会者选择:"(一)即使不幸增加新的敌对国家,也断然拒绝三国的劝告;(二)召开国际会议,与各国共同处理辽东半岛问题;(三)完全听从三国劝告,以恩惠的方式将辽东半岛交还中国。"⑧经反复讨论,会议认为第一方案是不可能的,树立新的敌国不得策。甲午战争中,"向海外派遣了军队174017人,死亡13488人,其中战死1132人,病死11894人。因重病而被送回国内的达67600人"。⑨ 作战近九个月,师劳兵疲,无力再战,因而不能采用第一方案。第三方案没有讨论的价值,于是,只好决定采纳第二方案。

---

① 邵循正,等:《中日战争》第七册,第313页。
② 邵循正,等:《中日战争》第七册,第318页。
③ 藤村道生:《日清战争》,第148页。
④ 邵循正,等:《中日战争》第七册,第351页。
⑤ 邵循正,等:《中日战争》第七册,第352页。
⑥ 藤村道生:《日清战争》,第155页。
⑦ 藤村道生:《日清战争》,第156页。
⑧ 藤村道生:《日清战争》,第157页。
⑨ 藤村道生:《日清战争》,第164页。

御前会议后,"伊藤总理当夜由广岛出发,翌日清晨到舞子访我(陆奥宗光),出示御前会议之结定,并征求我的意见。此时适逢松方、野村两大臣也由京都来到舞子,于是大家围着我的病榻坐下来,再开始商议"。陆奥仍主张首先拒绝三国的劝告,以观三国将采取何等行动。然而伊藤认为,如果日本方面进行挑动,恰好给他们以适当的口实,这样过于危险。松方、野村也赞成伊藤的意见。"但采纳了陆奥外相的如下说法:'召开国际会议恰好等于日本自己招致欧洲大国新的干涉,因而是不得策的。'最后得出的结论性意见是:'即使终于不能不对三国让步,但对于清国当一步不让。'"①当夜,野村即由舞子赴广岛,将舞子会议的决议奏明睦仁天皇,得到裁可。

舞子会议结束后,陆奥宗光当即发一电训给西德二郎:"中日媾和条件现已经我皇上批准,放弃辽东半岛实难办到。希贵公使请俄国政府对此项劝告重加考虑,如俄国政府不欲损害日俄两国间一向存在的亲密友好关系的话。且望告以日本将来虽然永久占领辽东半岛,亦不致危及俄国之利益。关于朝鲜之独立,日本政府一定满足俄国政府的要求。"②陆奥也知道此举不会有实效,只是想先稳住俄国,再另谋良策。同时他又指示林董,通过德、法两国公使探明两国政府的真实态度,以便从中离间,达到瓦解三国联合的目的。林董在会见法国公使哈尔曼后,认为德国行动特别积极,是出于其策略的需要,即"取悦于俄国,使其矛头转向东方,并将欧洲之灾祸转嫁于日本";法国乃是"尽力不失俄国的欢心,虽非情愿,亦须追随其后"。③俄国是三国联合的核心,关键是俄国态度的转变。

为了对付三国联合干涉,日本政府极力拉拢英、美、意三国,以组成反干涉的联合阵线,对抗三国的干涉。陆奥宗光曾于4月23日致电驻英公使加藤高明,命他摸清英国政府的态度,并促使英国站于反对俄、德、法的立场。4月26日陆奥又向加藤发出了《关于对英政策之训令》。同时,又致电驻美公使栗野慎一郎,向美国政府表达,对美国的友好意向深为感谢,并请美国政府进行友好斡旋。4月27日栗野慎一郎和加藤高明都按本国政府的指示进行了活动,但都未得到很明确的答复。"美国国务卿已经答应,在与局外中立不相矛盾的范围内,可以协助日本。"英国外交大臣对加藤表示:"英国希望和平,故不仅不愿日本同欧洲各国交战,而且也极不希望中日两国再有战争,如果有解决目前纠纷的机会,一定尽力而为。"④英、美两国政府的表态,使日本对反干涉增加了信心。与此同时,日本驻意大利公使高平小五郎根据政府的指令,也在大肆活动。4月27日高平公使来电:"曾与意国外交大臣作长时间之谈话。该大臣密告本使说:德国最初曾希望与意国合作,但被意国谢绝……若得英、美、意三国合同援助日本,则干涉问题亦不至成为重大事件而告终结。但欲行此事,日本首先必须请求英、美、意三国之协力,那时意国必欣然劝诱英、美两国。"⑤

意大利外交大臣布朗克反对干涉的态度十分积极,陆奥宗光得知意大利政府的态度后,欣喜异常,于4月28日致电伊藤博文:"据昨夜高平之电报,欧洲各国之争论似终于

---

①　藤村道生:《日清战争》,第157页。
②　陆奥宗光:《蹇蹇录》,第160页。
③　戚其章:《甲午战争史》,第428页。
④　陆奥宗光:《蹇蹇录》,第162页。
⑤　陆奥宗光:《蹇蹇录》,第182页。

趋于一致。如由此再进一步,德国或将与俄国分手,亦未可知。"并重申自己的观点:"本大臣认为,我们可以坚持到底,待到最后万不得已时,才改变我之外交政策。"随后,他指示高平小五郎:"阁下可会见意大利外交大臣,请求该大臣将德国政府之真实意图告诉英国,促使英国下决心帮助日本。并请其尽力劝告清国迅速批准条约。"高平于 4 月 28 日第三次访问布朗克时,布朗克谈话的语气有了变化,他告知高平:"现在一切事均须看英国的意向如何而定……如果英国决定主动给予援助,意国参加当亦无妨。然意国如作为发起者,恐无任何效果。"①

4 月 29 日英国政府对日本作出了正式答复:"英国政府曩已决定守局外中立,此次亦欲维持同一之意向。英国对日本抱有最诚笃之友情,同时亦不能不考虑本国的利益。因此,不能应日本之提议,而援助日本。"②英国的这个答复,使日本组织反干涉联合阵线的希望归于破灭。

4 月 30 日,陆奥宗光起草了一份答复俄、德、法三国公使的备忘录发给林董:"日本帝国政府业已再三考虑俄国皇帝陛下政府之友谊劝告……故在交换马关条约批准书使日本国之荣誉和尊严得以保证后,同意以附加条约的方式,作如下的修改:第一,日本政府对于辽东半岛之永久占领权,除金州厅外,完全抛弃。但日本与中国商议后,当以相当款项作为放弃领土之报酬。第二,但日本政府在中国完全履行其媾和条约上之义务以前,有占领上述领土作担保之权。"③日本的这一主张,实际上是谋求变相的占领辽东。5 月 3 日,西德二郎公使回电称:"俄国外交大臣通知说,俄国政府对于我国的备忘录不能满意。并说昨日已开内阁会议,在该会议上认为日本占有旅顺口颇有障碍,故阁员一致决议维持最初之劝告,不可动摇。"④日本政府企图瓦解三国联合的计划就此破产。

至此,陆奥宗光明白,日本"如无以武力一决胜负的决心,单凭外交上的折冲是不起什么作用的"。5 月 4 日,日本内阁及大本营重臣在京都举行会议。陆奥宗光提出:"现在完全接受三国劝告,先割断外交上一方面的纠葛;另一方面,毫不犹豫地执行交换批准的手续,此为上策。"⑤会议经过讨论,终于取得了一致意见。此决定并得到天皇睦仁的裁可。5 月 5 日,陆奥宗光即电告驻俄、德、法三国公使,向三国提出如下复文:"日本帝国政府根据俄、德、法三国政府之友谊劝告,约定放弃对辽东半岛之永久占领。"⑥三国接到复文后,即逼迫清政府如期换约。5 月 8 日,中日双方在烟台完成了互换条约手续,《马关条约》正式生效。5 月 9 日,俄、德、法三国驻日公使皆赴外务省,表示对日本的复文极为满意。5 月 10 日,睦仁发表诏书,接纳三国之忠告,放弃辽东之永久占领。至此,以俄国为核心的三国联合干涉,暂时告一段落。

此后,俄、德、法三国又同日本就交还辽东半岛的条件问题,进行了长时期讨价还价的交涉,陆奥宗光与三国公使会面时多次交换了意见。6 月 4 日,日本内阁会议通过决议:

① 戚其章:《甲午战争史》,第 431 页。
② 陆奥宗光:《蹇蹇录》,第 162 页。
③ 陆奥宗光:《蹇蹇录》,第 164 页。
④ 陆奥宗光:《蹇蹇录》,第 165 页。
⑤ 陆奥宗光:《蹇蹇录》,第 166 页。
⑥ 陆奥宗光:《蹇蹇录》,第 166 页。

"作为永久放弃辽东半岛之补偿,对清国要求之赎金,其数量限额为库平银一亿两。"但如果真的索要一亿两,未免过于出格,三国亦难同意。因此,日本政府不得不将退还辽东半岛的赎金减为库平银五千万两。经过一系列商讨,俄、德、法三国政府经过协商后,命令其驻日公使一同于 9 月 11 日至日本外务省递交备忘录:"三国政府相信,日本帝国政府愿意减少已经确定的交还辽东半岛的金额,确信日本所要求的此项赔款应不超过三千万两白银。"并要求日本政府"能在上述三千万两白银交付后立即撤兵"。日本只好适可而止,在三国保证中国一定交出三千万两的赎金后,于 10 月 7 日正式答复三国政府:日本决定"将补偿金额减至三千万两……自中国将上述赔款三千万两全部交付完毕之日起,三个月内实行撤兵"。①

10 月 14 日,清廷派李鸿章为全权大使,与日本新任驻华公使林董谈判还辽事宜。李鸿章表示希望将金额减至一千五百万至二千万两。但日本既已得到俄、德、法三国保证,根本不理睬中国的请求。11 月 8 日下午 4 时中日双方在北京签订了《辽南条约》,共六款。②

中日辽南条约

第一款　日本国将光绪二十一年三月二十三日,即明治二十八年四月十七日订立下之关(马关)条约第二款,中国让与日本国管理之奉天省南边地方,即从鸭绿江口抵安平河口至凤凰城、海城及营口而止以南各城市邑,以及辽东湾东岸,黄海北岸奉天所属诸岛屿,并照本约第三款所定,日本国军队一律撤回之时,该地方内所有堡垒、军器工厂及一切属公物件,永远交还中国;因此下之马关条约第三款,并拟订立陆路通商章程之事作为罢论。

第二款　中国愿为酬报交还奉天省南边地方,将库平银三千万两,迫于光绪二十一年九月三十日,即明治二十八年十一月十六日交予日本国政府。

第三款　中国将本约第二款所定之酬库平银三千万两交予日本国政府,自是日起,三个月以内,日本国军队从该交还地方一律撤回。

第四款　中国约,日本国军队占据之间,所有关涉该国军队之中国臣民概予宽待,并饬有司不得擅为逮击。

第五款　本约缮写汉文、日文及英文各二份,校对无伪,署名盖印。汉文与日本文遇有解译字义不同之处,以英文为凭。

第六款　本约钦奉大清国大皇帝陛下、大日本国大皇帝陛下批准,自署名盖印之日起,二十一日内在北京互换。

11 月 29 日,双方在总理衙门完成了换约手续。根据《辽南条约》,中国于 12 月 25 日前先后收回日军所占之辽南诸城。

在俄国导演的三国还辽事件中,中国始终处于受人摆布、宰割的地位。"事实上,这些返还辽东的步骤和条件本身,是先经日本政府和三国的代表在东京从 5 月 25 日至 7 月 19

---

① 戚其章:《甲午战争史》,第 434 页。
② 邵循正,等:《中日战争》第七册,第 505 页。

日的长期内所举行的会议里协商、谈判出来的。"①事后俄、德、法三国以联合干涉还辽有功,要清政府论功行赏。英、美等列强则按利益均沾、机会均等原则也要求扩大在华利益。从此欣起了列强瓜分中国的狂潮。

十一、台湾军民反对割台武装斗争

清政府于 1895 年 4 月 17 日与日本签订了《马关条约》,将台湾割让给日本。1895 年 5 月 2 日清廷批准《马关条约》。5 月 8 日中日两国代表在烟台互换约文。接着日本晋升军令部长桦山资纪为大将,并任台湾总督,率水陆大军赴台接收。5 月 13 日上午 10 时,日本政府致电美国驻北京公使田杯冰转告清政府,要求派员去台湾办理交割手续。李鸿章深知交割之事十分棘手,而且在目前台湾军民义愤,反对日本割占台湾的情况下,更为难办。李鸿章想了一个脱身之计,建议朝廷派台湾巡抚唐景崧负责台湾交割事宜,但被朝廷否定。军机处指定李经方主持台湾交割,于 5 月 18 日电谕李经方:"著派二品顶戴前出使大臣李经方前往台湾,与日本派出大臣商办事件。钦此。"②

李经方接到此谕旨后,心想此事难办,非但名誉受损,甚至性命难保,决定装病不去,便请父代奏。"查李经方自马关随同回津后,因忧劳成疾,病势沉重,回南就医。顷电传旨饬遵,据复称:……'现正延医调治,牵发旧疾,怔忡日剧,神志不清,断难胜此艰巨。乞代奏'等语。查系实在情形,并无一语捏饰……请旨收回成命,另行简派。"③然而,李鸿章非但代奏无效,还被光绪帝责备。谕旨:"李鸿章身膺重任,当将此事妥筹结局,岂得置身事外,转为李经方饰词卸责?……现倭使将次到台,仍著李经方迅速前往,毋得畏难辞避。倘因迁延贻误,唯李经方是问! 李鸿章也不能辞其咎也! 钦此。"④李鸿章深知严旨不可违抗,便电告李经方:"谕旨如此严厉,似难抗违。"⑤李鸿章为其子的安全计,又想出一个在澎湖交割的办法。伊藤博文收到李鸿章的电报,知道中国大员去台湾有危险,便提出让中国大员先来长崎,然后乘日本船一同去台湾。李鸿章认为此办法虽能确保安全,但会招致议论,父子都要被骂为卖国贼了。最后他想出一个办法——在台湾海口会晤。5 月 23 日李鸿章的办法得到朝廷的批准。

5 月 30 日,李经方与随员登上德国商船公义号,从上海启程。6 月 1 日凌晨,公义号抵达淡水海面,在日本大员乘坐的横滨丸右舷抛锚。6 月 2 日上午 10 时,李经方带随员登上横滨丸。"桦山言:奉命来台,以为和约批准,交接甚易。到淡水后,华兵开炮要挡,故来基隆,又为华兵枪炮轰击"。李经方答:"奉命照约来此,专与贵委员商办,台湾如何交接,望先明告。"桦山言:"诸事棘手,交接甚难。俟我攻取基隆,到台北府后,再徐议交接。"李经方言:"和约批准,伊藤自认中国已将台湾治理事权交于日本。此来照约将堡

① 邵循正,等:《中日战争》第七册,第 424 页。
② 邵循正,等:《中日战争》第四册,第 122 页。
③ 邵循正,等:《中日战争》第四册,第 123 页。
④ 邵循正,等:《中日战争》第四册,第 127 页。
⑤ 邵循正,等:《中日战争》第四册,第 358 页。

垒、军器、工厂及属公物件交与贵委员,台民已变,岂能登岸一一交点。"①两人辩到中午,没有结果,李经方回到公义号。下午2时,桦山资纪到公义号,双方商定交接台湾文据:"中国永远割与日本之台湾全岛,及所有附属各岛屿,并澎湖列岛,即在英国格林局次东经百十九度起,至百二十度止,及北纬二十三度起,至二十四度之间诸岛屿之管理主权,并别册所示各该地方所有堡垒、军器、工厂及一切属公物件,均皆清楚。为此,两帝国全权委员欲立文据,即行署名盖印,以昭确实。……台湾至福建海线应如何办理之处,俟两国政府随后商定。"②当天深夜,将约文誊写中文和日文各两份,桦山资纪和李经方分别在文据上签名盖章。清政府与日本签订交割台湾证书是在6月2日,但日军早已于5月29日由近卫师团从冲绳中城湾出发,向台湾进军。

4月18日,即《马关条约》签字的第二天,唐景崧电奏:"此约断不可从",总理衙门电复:"割台系万不得已之举"。4月21日,唐景崧奏陈:"昨电示传布,台民不服,闭市,绅民涌入署,哭声震天。"《马关条约》批准换约后,清廷谕唐景崧来京陛见,台省大小文武官员内渡。

《马关条约》签字后,台湾沦亡,急如燃眉,台湾绅民决心依靠自己的力量,抗日保台。台湾各界民众誓言"愿人人战死而失台,决不愿拱手而让台"。③5月15日丘逢甲等致电清廷:"台湾属倭,万民不服。迭请唐抚院代奏台民下情,而事难挽回,如赤子之失父母,悲惨曷极!伏查台湾为朝廷弃地,百姓无依,惟有死守,据为岛国,遥戴皇灵,为南洋屏蔽。"④5月25日(五月初二日),台湾民主国成立,"景崧受台湾总统印章,文曰'台湾民主之章'。"⑤丘逢甲为副总统兼大将军,更改官制,制定国旗,改年号为永清,意永远隶属清朝。台湾民主国是台湾人民应变救急的非常措施,是为抵抗日本占领而建立的抗日政权。丘逢甲明确表明"誓不从倭""遥戴皇清"的宗旨,在号召和组织台湾人民抗日斗争中发挥了重大作用。"唐景崧亦无守台意,外借以苟安民心,内实冀有外国保护,频通信两江总督张之洞,谋于法兰西,而法方用兵争马达加斯加岛,无暇他顾。……求各国承认民国,不报。聘俄公使王之春过巴黎,屡说以利,亦不行。总统乃失望。"⑥而台湾民众义愤填膺,进而掀起了一场声势浩大的反割让斗争浪潮。台湾各界人士以罢市、发表檄文、通电、上书等形式表示强烈抗议,表示要誓死守御,与山河共存亡。诸多民众拥到台湾巡抚衙门,抗议示威。台湾人民发出"桑梓之地,义于存亡"的誓言,每天都有数以千百计的群众参加抗日义军。义军是一支编伍在乡,不支饷银的军队,于1895年3月正式成立。义军共有10营,丘逢甲自带5营,其兄丘先甲带3营,进士陈登元带2营,防守台北后路的南崁、后垅一带。

当时台湾正规守军仅刘永福等部30000人,且饷械缺乏。日军桦山资纪统率下有北白川宫能久亲王的精锐部队近卫师团15000人,后又续派乃木希典中将的第二师团10000

①　邵循正,等:《中日战争》第四册,第152页。
②　邵循正,等:《中日战争》第四册,第154页。
③　邵循正,等:《中日战争》第一册,第203页。
④　邵循正,等:《中日战争》第一册,第204页。
⑤　邵循正,等:《中日战争》第一册,第93页。
⑥　邵循正,等:《中日战争》第六册,第334页。

人以及由海军中将有地品之久和少将东乡平八郎率领的 11 艘军舰大举进犯。5 月 29 日（五月初六日），日军进攻基隆。"日兵船知鸡笼（基隆）炮台固，不宜攻，亦旋驶东北至澳底而登。守澳底统领曾喜照有兵六营，不战而退。"初八日至金山，"金山有台勇一营，为台人简溪水统领，闻寇壮甚，进战获胜，敌少止。越日，再战不能敌。唐景崧命粤勇助战，则将弁不协，反溃退。而大墩尖者，天险也，循是而南，左狮球岭，右鸡笼山。狮岭统领胡连胜有兵六营，鸡笼统领张兆连有兵十营，相隔不数里，连营聚兵，未尝应敌。敌兵由金山分道进至大墩尖，见无兵，则大喜。既至狮球岭，骤雨浓雾，对面不见人。胡兵方备战，遇雨则大懈；而敌军著油衣，戴油帽，冒雨乘雾，爬山而进。既近，我兵方知之，仓卒应敌。后路各民兵见势急，群隐身伺敌。而粤勇以为怯，反枪击之。民兵怒哗，以粤勇叛，亦击之，军遂大乱而溃。于是敌兵长驱无所阻，张兆连、胡连胜望风窜。"[1] 6 月 3 日（五月十一日），大雨如注，日军冲入基隆市街，发生激烈巷战。但终因敌众我寡，基隆失守。日军立即冒雨抢占狮球岭，向台北进攻。

台北危急，唐景崧于是四顾彷徨，无所措置。而原驻基隆清军统带李文魁"率溃勇自鸡笼入城，迫总统出战。唐绐慰之，转身入内，从后门奔火车站，有问者，曰，将往鸡笼督战也。既乃匿德国洋行，微行向沪尾，乘德兵轮护参利士洋船西遁"。[2] 由台湾官绅主持的"台湾民主国"遂告落幕。日军乘台北空虚，于 6 月 7 日拂晓进入台北，不战而占领全城，桦山资纪在台北成立总督府，开始了对台湾长达五十年之久的殖民统治。

唐景崧离台后，台湾人民纷纷组织义军，义军成员主要是农民和失散的士兵。共同推举当时驻防台湾的刘永福为首领，领导抗战。刘永福原来驻守台南，立即分兵台北、台中与各地义军一起，坚决抵抗来犯的日军。当是时，日军得台北一府城，二县治。"而刘帅永福抚有两府、八县、一州，台中、台南循海至山，咸愿听命，日军恣睢台北，乡民到处为梗，迤西平顶山民亦时截其饷道。而本国又方有俄罗斯、德意志、法兰西三国逼迫，胁退辽东，兵船不敢出，进退维谷。全台之民，引领而望刘帅克台北。即不然，一偏师，新竹可立复也。乃知府揽权，恃有苗栗义勇，希冀其能集事，不甚请援台北；迨后请援，则事去矣。"[3]

在刘永福的领导下，台湾军民的抗日斗争曾取得多次胜利。

6 月中旬，日军近卫师团由台北南犯，先后在新竹、台中、彰化、云林一带遭到台湾军民的激烈抵抗。当日军分三路进攻新竹时，刘永福派分统杨紫云为新竹守将，吴汤兴、姜绍祖率义军协同防御，与日军相持一个多月，多次打退日军进攻。日军在得到增援后，加强了进攻，而义军饷械俱缺，又未经训练，难以为继。在激战中，杨紫云苦战阵亡，姜绍祖力战不屈，最后壮烈牺牲，6 月 23 日新竹沦陷。新竹失陷后义军云集附近准备反攻，7 月下旬，徐骧和刘永福联合反攻新竹，在城外三里的十八尖山上激战终日。闰五月十七日（丁巳）夜，"我军三路进，付德星自东门，陈澄波自西门，吴汤兴自南门，杨戴云继后策应，徐骧、姜绍祖各从间道先进，而澄波军至隙仔溪，猝遇伏发，避入蔗园，发枪应之，相持至十八日（戊午）傍午，麾军退。戴云出牛埔会汤兴军攻南门不入，合德兴军从东南路进，日军

① 邵循正，等：《中日战争》第六册，第 334 页。
② 邵循正，等：《中日战争》第六册，第 335 页。
③ 邵循正，等：《中日战争》第六册，第 338 页。

先据城东二三里之十八尖山,则下山邀截。汤兴军熟悉山谷路,亟先应战,载云、德兴军左右进。日军凭山发枪,我军先后奋迅争上夺其山,自山上发抬炮弹丸及城中,日军则发大炮。我军伏避炮,十八尖复为日军据。我军或从山后东迳击其腰,日军复退下山。一上一下,如是者数次。……我军卒以无大炮,乏子弹,被驱下山"。徐骧、姜绍祖之军为日军截断,我军乃引退。"徐骧率百人,从北路,将近城,登高四望,闻枪炮声交加,见我军在城东大战,转而南击日军之背;日兵在城头率队亟追之,徐骧见其众,分队散行,避入箐以诱之。敌不敢入,发弹射不能中,徐骧则戒无妄发枪。敌围久,徐骧骤分两队出,一攻其前,一抄其后,日已暮,敌遂退,徐骧从山道全军归。"① 如此大小恶战 20 余次,历时一个多月,终因武器不良,只好退守大甲溪、台中、彰化一带。义军虽未能夺回新竹,但阻滞了日军向南方的进攻。

8 月下旬,北白川宫能久亲王率近卫师团 15000 人悉数南侵,由新竹进犯大甲溪,徐骧和刘永福部将吴彭年同守大甲溪。吴彭年的黑旗军伏兵于大甲溪旁,待日军半渡时突然出击,日军大败,溃退北渡,徐骧的义军又大呼横截,日军纷纷落水,首尾难顾,死亡无数。这是义军和黑旗军并肩作战的一次辉煌胜利。日军又增兵进攻,后日军收买汉奸土匪,袭击义军,才强取大甲溪。

七月初九日(8 月 28 日),日军进攻彰化,"七月丁未(初九日),日将北白川宫知前队已入,遂率全军分三道继之。其由正道者,黑旗军王德标跃出阵御之,势甚猛。黑旗七星队从之,日军多死伤,不能前。别军转由溪上下流涉,七星队则望对岸战而北。……而回顾八卦山火起,炮声如雷,探哨报彰化失矣"。② 双方在彰化东门外八卦山展开激战,日军从山谷僻径上山,受到义军和黑旗军的包围,血战终日,日军战死千人,抛尸满野。后日军收买汉奸,由小路抄袭义军。义军拼死抵抗,"吴汤兴手一枪,束袴草履,麾义民出御,而所带三十人战死"。③ 吴彭年率 300 勇士死守八卦山,全部英勇战死。徐骧率众冲锋肉搏,突出重围,退往台南。台中、彰化失陷后,刘永福急派王德林率军守嘉义城,派杨泗洪率军反攻彰化,高山族人民纷纷起来抗战,派遣七百健儿参加徐骧的义军,义军虽多次反攻彰化,终因补充极度困难,无力克复。刘永福派兵支援嘉义,"统领杨泗洪、朱乃昌并勇敢,而二军不盈五百人。七月十五日(9 月 3 日),至嘉义北打猫庄……二将奋而前,夜至大埔林。大埔林在嘉义城北三十里,敌兵散处民家,二人伏军两旁,引百人呼而入,纵火四处,敌大惊,踉跄奔出,出则被我军截击。敌大乱,走至桥,桥为村户薛玉折,半溺死;而杨、朱二军乘后追击,杀又大半。有日将殿后,泗洪跳而前,欲生擒之,中枪亡。朱亦中枪卧道旁,朱发秃,乡民误为倭,戕之。不及远追"。而半途有中坤庄土豪阿丑"引众追击。敌愈狂奔,追至他里雾,敌入庙门,闭庙门。众围之,敌枪乱发……阿丑跳而入。敌越墙遁,有走散者,死于路,残卒五十人逃回北斗,衣装军械尽失。于是王德标率军进,收复云林县"。④

---

① 邵循正,等:《中日战争》第六册,第 339 页。
② 邵循正,等:《中日战争》第六册,第 342 页。
③ 邵循正,等:《中日战争》第六册,第 343 页。
④ 邵循正,等:《中日战争》第六册,第 344 页。

当时刘永福与义军同日军的战斗处于胶着状态，但台南军饷告匮，无法应付。刘永福派文案吴桐林（质卿）内渡求援。9 月 16 日，"刘公欲余内渡，走沿海一带各处筹饷"。八月初二（9 月 20 日）至厦门。初三初四日，易实甫由台南归来，与陈立唐相商饷银，丝毫不与。如银票不行，则台南人心瓦解矣。初六日（24 日），钱晴江来电，内地若真不接济，则台湾生灵无噍类矣。现探倭匪将欲五路进攻，此次恐难御敌，云云。初七日有轮名海坛者至厦门，余即刻上船，开往福建省城。初八日（26 日）到马尾，再入福建省城。初十日（28 日），登海坛轮，仍行返厦。十二日八点钟到厦。"十三日（10 月 1 日）余与刘公书，备言内地接济无望，公宜早自为计。"①吴桐林先后赴福州谒见闽浙总督边宝泉，赴广州谒见两广总督谭钟麟，赴烟台谒见山东巡抚李秉衡，赴山海关谒见钦差刘坤一，赴天津谒见直隶总督王文韶，直至赴北京拜访翁同龢，赴南京拜访张之洞，遍走南北，竟无一人应援。在南京，吴桐林与张之洞彻夜谈论，张表白："台事奉旨不准过问，济台饷械更叠奉严旨查禁，此时台断难援。"于是电告刘永福："求援无望，全师内渡。"②

9 月中，日本再次增兵，成立"南进司令部"，由台湾副总督高岛丙之助中将任指挥，纠集 4 万大军，倾巢出动海、陆、马、步、炮全力进攻。10 月上旬，由北白川宫能久亲王率领的近卫师团 1.5 万人由彰化经嘉义南下台南，第二师团之第四混成旅 1.5 万人由伏见贞爱少将率领进攻台南之侧面，第二师团第三混成旅 1.2 万人由山口素臣少将率领，在枋寮登陆，绕到台南之背后。海军吉野、秋津洲、济远等战舰游弋海面，发炮助攻。

八月十四日（10 月 2 日），日军水陆望台南并进：水军分两路，一向台南府，一向凤山县；陆军分三路，一自永靖街向斗六为东路，一自北斗街向土库为西路，一自北斗街向他里雾为中路。西路有民团廖三聘扼西螺溪一战，东路有义勇团简成功出斗六街一战，皆不久而退；惟中路义勇团黄阿丑与台南军黄统领守他里雾，颇有军势。初，德标自彰化受伤，至嘉义养伤。"及是，闻前敌急，领新军出，而简成功子简精华自斗六至，林义成、黄荣邦亦率义勇来。越日再战，日军三路齐攻，战士十倍，大炮、机关枪并发，马步齐驱，锐不可当。黄荣邦等多受伤，都司萧三发等战死，火及大埔林。大埔林为前月覆敌地，敌尤恨之。火大起，德标军不支，于是云林再陷，兵及嘉义。是役也，日军山根少将亦罹重伤，旋死。"③

"德标军既退，预料敌将蹑至，沿途各隘路埋下地雷、火炮。既越日，令羸卒散出，向打猫道诱之。八月十九日（10 月 7 日）天未明，日军齐发，败卒呼噪退。敌大队逐之，既诱入地雷道，各处火线并发，出敌不意，轰及千人，死数百人，能久亲王受重伤。义军林义成、民团林昆冈前后袭之，于是，日军大败退。二十日（10 月 8 日）复进，大炮益猛攻。德标军不能敌，退于城南，嘉义陷。"④后来日军用大炮轰塌城墙，窜进城中，义军浴血巷战，逐街逐屋争夺，杀伤日军甚多。日军用了重大代价夺取了嘉义，接着包围台南。王德标军退出嘉义后，与徐骧军共扼守曾文溪，徐骧曰："此地不守，台湾亡矣，吾不愿生还中原也。""曾文溪北距嘉义城六十余里，南距台南城四十里，台南已成孤注矣。"⑤刘永福黑旗军和徐骧

---

① 石明光：《清代边疆史料抄稿本汇编》第 49 册，第 22 页。
② 邵循正，等：《中日战争》第五册，第 148 页。
③ 邵循正，等：《中日战争》第六册，第 345 页。
④ 邵循正，等：《中日战争》第六册，第 346 页。
⑤ 邵循正，等：《中日战争》第六册，第 346 页。

等各路义军在嘉义失陷后仍坚持开展斗争。此时,台南的黑旗军和义军已处于日军三面包围之中,士卒饥疲,刘永福手下能战之军不足 5000 人。

八月二十一日,日本水军护混成第四旅团由布袋嘴登陆,日本陆军至盐水港应之。"二十三日,日军前队略地而南,阻于曾文溪,军战不利。水军一队自枋寮上陆。……二十五日,日军遂水陆大举南进,水军一队由基隆出发攻安平,一队由澎湖出发攻打狗(高雄)。陆军则三路齐发,中路略茅港尾,西路略麻豆,东路略角秀庄。我军扼曾文者,先战溪北,后战溪南,徐骧当先,柏正材、王德标麾军继之。日军炮火大发,马步齐攻……徐骧步战最锐,首中炮死,总兵柏正材阵亡……王德标、简精华不知所终。溃军入台南,一路遂无守御。"①

曾文溪失守,台南告急。刘永福与义子刘成良率军驻守安平炮台,时外援已绝,精锐尽丧。10 月 19 日,日军大举进攻安平炮台,守军奋勇抵御,毙敌数十人,终因众寡悬殊,刘永福等被迫撤退,乘英国轮船回到厦门。日军进而攻台南府城,城中绝食,守军溃退,"九月初四日(10 月 21 日)日军大入台南府城。能久亲王创发,毙。台湾陷。"到九月初六日,获悉"顷闻台南不守,刘内渡抵厦、泉"。②

台湾军民经过五个多月的激烈战斗,抗击了日军三个师团和一支海军舰队,日军的总兵力达七八万人之多,打死日军近卫师团长北白川宫能久亲王以下官兵 4800 名,打伤日军 27000 余名,比日军在甲午战争中伤亡人数多一倍。台湾军民以一隅之地,孤军奋战,力抗强敌,为保卫祖国的神圣领土,写下了悲壮的一页。时人评述:"平壤有若是战焉,高丽盖可不失;鸭绿江有若是战焉,辽东亦可不失,而何有割辽、割台之事也哉!"③

台南失陷一周后,日本首任台湾总督桦山资纪发出布告,宣称"台湾全岛已全部平定"。但实际上在此后日本统治台湾的五十年间,台湾各族人民一直坚持反抗侵略,要求返回祖国的斗争从未停止。

---

①　邵循正,等:《中日战争》第六册,第 346 页。
②　邵循正,等:《中日战争》第五册,第 149 页。
③　邵循正,等:《中日战争》第六册,第 332 页。

第九章

八国联军侵华之战

　　帝国主义的大举入侵，引起中国人民的激烈反抗，在十九世纪末爆发了义和团运动。西方列强先以保卫公使馆的名义入侵北京，继而组成八国联军进攻大沽炮台，1900 年 7 月八国联军占领北京。沙俄乘机出动十几万大军，占领东北地区。1901 年 9 月，李鸿章代表清政府与各国签订《辛丑条约》，《辛丑条约》使中国沦落为列强共管的半殖民地。

一、概　述

十九世纪末期,世界资本主义进入帝国主义时代,新老帝国主义国家都拼命抢夺殖民地,从而使瓜分世界的斗争非常尖锐。甲午战争以后,日中两国朝相反方向发展。日本兴起,向资本主义、帝国主义、军国主义方向发展,成为新兴的军事强国,成为帝国主义行列的新成员,成为东方的一霸。而中国坚持封建专制制度,政治腐败,国力衰弱,国际地位急剧下降,民族危机空前严重。衰老的中华帝国成为列强们瓜分的对象。列强通过铁路借款、铁路的建筑和经营等,在中国掀起划分"势力范围"的狂潮。

（一）甲午战争后列强瓜分中国

十九世纪末,列强不仅看重商品输出,而且日益看重资本输出。"甲午战争以前三十多年间,清政府向外国借过25次外债……总额共为4100多万两白银(约合660万英镑)。这些借款都以海关收入为担保,年息一般是百分之六七,在中日甲午战争前都已还清。"①而《马关条约》规定中国赔款白银20000万两,加上赎辽费3000万两,清朝财政不堪重负。在甲午战争前,清朝每年收入为8890万两,每年支出也相差无几。② 清政府为了在三年内付清对日赔款,只好又向其它帝国主义国家筹借外债,三年之内三次大规模借款。1895年7月6日清府与俄法银行团签了《四厘借款合同》③,合同借款金额为4亿法郎,年息4厘,94.125折,分36年还清,以海关收入作保。合同还规定,该合同签订后6个月内,清政府不得向他国借款。清政府实得俄法借款9000多万两,偿付第一期对日赔款5000万两、赎辽费3000万两后,所剩无几,不得不再度举债。

1896年3月7日,清政府签订了《英德借款合同》④,借款1600万英镑(约1亿两白银),年息5厘,94折,以海关收入作保,分36年还清。合同规定:36年内中国不得变更还款办法或者一次还清借款;又规定:英德借款还清前,"中国总理海关事务应照现今办理之法办理"。

清政府1895年和1896年两次借外债偿付对日赔款后,还欠日本7000多万两白银。1898年5月8日是《马关条约》换约三周年,清政府为赶在这一天前付清赔款,又须筹借一笔外债。对此次借款,俄英又进行了激烈的竞争。1898年3月1日,清政府签订了《英德续借款合同》。⑤ 这次借款合同是在清政府极其困难的情况下达成的,因而条件更加苛刻:借款为83折,借款总额1600万镑,实得仅1300万镑;合同规定,借款除以关税余额作抵外,还以苏州、淞沪、浙东、九江等处货厘和湖北、安徽等处盐厘作保。这意味着,长江中下游商业最发达地区的货厘和盐厘用作外债抵押,外国金融资本进一步控制了中国财政经济命脉;合同规定,借款45年还清,中国不能提前归还,在这45年内,中国海关事务应

---

① 胡绳:《从鸦片战争到五四运动》,第393页。
② 苑书义:《中国近代史新编》中册,第395页。
③ 王铁崖:《中外旧约章汇编》第一册,第626页。
④ 王铁崖:《中外旧约章汇编》第一册,第638页。
⑤ 王铁崖:《中外旧约章汇编》第一册,第732页。

照现今办理之法办理,这便保证了英国对中国海关的长期控制。

这些贷款是世界历史上数额最为巨大且代价高昂的高利贷。每笔贷款都附带苛刻的条件:用关税作抵押,出卖筑路权,承认列强的势力范围,由英国人把持海关总税务司职务,等等。需要强调的是,三次大借款合同上均写明不得提前还清,说明列强通过借款不仅获得了经济利益,还获得了政治特权。列强通过大借款,进一步控制了中国关税,控制了中国的铁路建设,控制了中国的经济命脉。这三笔大借款总计三万万两,加上利息共计六万万两。这三笔大借款是政治性借款,列强通过借款扩张了在华的政治势力,使清朝统治的危机进一步加深。

清政府为了筹偿赔款,采取了一系列办法,主要有捐官(即卖官)、报效(强制富商捐钱)、核扣俸廉(中高级官员降薪)、裁汰绿营七成和勇营三成、加抽土药(鸦片)厘税、各地土产加厘加税等。当时,"各省兵勇尚有八十余万,岁需饷银约共三千余万两"。[①] 清政府为节省军饷大量裁军,从而使社会流民的数量成倍增加,加剧了社会动荡。筹款的结果是各地官僚乘机贪污,加紧榨取,加上"旱潦流行""颗粒无收",以致"哀鸿遍野",人民的反抗斗争日益扩大,各地的秘密会党也乘机起事。

列强输华的洋货中,以棉纱和洋布占首位,价廉物美的洋布洋纱把山东、直隶等地素称发达的手工纺织业置于死地。在外商的直接打击下,山东的手工纺纱业"几乎全部停歇"。"南北运输这时已转移到海运,失业船工、搬运夫和运河附近其它生计受到打击的劳动人民,为义和团提供了骨干分子。"[②]

除了商品输入外,列强还在中国从事新式工业的建立和扩张,就在1895年一年里,上海就有四家外国纱厂出现,即英商怡和、老公茂、美商鸿源和德商瑞记,共约有纺机158000锭。[③] 洋货的倾销造成成千上万的手工业者和小商贩破产失业。广大民众认为,他们的困难都是洋人造成的,洋人在中国造铁路、开矿山,将中国的龙脉挖断了,将地藏的宝气泄漏了,把祖坟、风水破坏了;洋人在中国设教堂,把中国传统的神祇侮辱了。由此,北方广大破产的劳动群众把仇恨集中在铁路、洋货和洋人身上,"灭洋"便成为他们的共同愿望。义和团运动兴起后,他们就奋起为自己的生存权而战斗,成为这场反帝排外运动的骨干力量。

三国干涉还辽以后,清廷立即嘉奖俄、德、法三国驻华公使,但给公使个人的勋章仅仅是一种荣誉性的标志,三国皇帝出面干涉还辽的目的是为了事后在中国获取巨大的政治和经济利益。

列强对中国的瓜分,俄国下手最早,英、俄间的竞争最激烈。1896年《中俄密约》的签订,使俄国在华取得了巨大的利益,同时空前加剧了列强之间的矛盾,也大大激发了列强对清朝的进一步勒索。甲午战争后的几年间,俄、法、德、英、美、日等国,相继要求在中国境内修建铁路、租占海港、设厂开矿、把持税收、资本输出、商品输出,甚至操纵政治,一时形成割地狂潮和明目张胆的瓜分抢劫。

① 朱寿朋:《光绪朝东华录》第四册,第3946页。
② 胡绳:《从鸦片战争到五四运动》,第579页。
③ 金家瑞:《义和团运动》,第19页。

　　山东、直隶和奉天沿海地区是英、俄、德、日等帝国主义激烈争夺的地方,又是甲午战争受害最严重的地区。甲午战争后瓜分中国的狂潮又最早从这里掀起,列强拼命在这里抢夺港湾,争夺铁路和矿山的投资与开采权,遂使这里洋人势力横行,民族矛盾空前尖锐。1900 年之前,我国已经动工或已经通车的铁路几乎全部集中在这一地区。这些铁路的修筑过程中对沿途百姓造成直接侵扰,修通以后又对大运河运输事业造成直接冲击,致使沿岸城镇一蹶不振,大批船工、车夫、贩夫、店铺纷纷破产失业,生计断绝,四处流浪,社会经济处于前所未有的转型时期,社会矛盾更加尖锐。联军统帅瓦德西指出,德皇的"根本思想,当然系在大大扩充我们山东地盘,甚望能将该省大部分均置诸自己势力之下,以作'瓜分中国',我们应得之部"。①

　　列强争夺铁路建筑权的结果:英得 2800 英里(1 英里 = 1. 609 公里)、俄得 1530 英里、德得 720 英里、比得 650 英里、法得 420 英里、美得 300 英里。②"铁路建筑,将使全体职工阶级,谋生之道减少。我们于此,最易联想到昔时欧洲方面,亦曾流行之类似思想。更加以筑路之时漠视坟墓,以致有伤居民信仰情感。"③

　　清政府曾竭力阻止外国人在中国修铁路。1876 年,英国怡和洋行擅自修筑了一条从上海到吴淞的 15 公里长的轻便铁路。一年后,由清政府以 285000 两白银的代价收回,把这条小铁路拆了。1881 年,李鸿章办的开平矿务局为了运煤,修建了从唐山到胥各庄的铁路,1888 年延伸到天津,1894 年延伸到山海关。这是甲午战争前北方唯一的一条铁路,长 320 余公里,当时南方只有基隆到新竹的 77 公里铁路。列强把修筑铁路当作侵略落后国家的战略手段。修筑一条铁路,不仅控制了铁路本身,而且控制了铁路沿线地区,所以路权之争实质上是列强在华的势力范围之争。1898 至 1900 年,列强诱迫清政府签订了多次铁路借款,夺取了 10000 公里的铁路修筑权。到清朝灭亡时,中国已筑成京汉、中东、南满、胶济、滇越、正太、沪宁、京沈、津浦等铁路,总长 9000 公里。其中,由列强直接或间接投资经营的达 8000 余公里,中国自办的仅 850 公里。

　　甲午战争后列强加紧了在华"势力范围"的划分。"势力范围"之说始于第一次鸦片战争:"道光二十六年(1846 年),吾国要求撤舟山、鼓浪屿之兵,英以舟山列岛永不割让于他国为条件,遂订为约。此乃中国境内势力范围之第一先例。"④甲午战争后,清政府与列强签订了大量条约,承认了各国在华的势力范围,如法国之于广东、云南,俄国之于东三省,德国之于山东,日本之于福建沿海,英国之于长江一带,皆为各国势力范围。美国虽无势力范围,但其主张"门户开放",则他国之范围,皆其范围也。

　　列强在中国划分势力范围的过程中,既有争夺,又有勾结,总是牺牲中国的主权,背着清廷私订分赃协议以换取彼此间的妥协。这深刻反映了当时中国所处的国际地位低下和列强肆意瓜分中国的形势险恶。

　　甲午战争中,李鸿章曾极力提倡"恃俄拒日"。俄国干涉还辽后,刘坤一、张之洞等要

---

①　翦伯赞,等:《义和团》第三册,第 52 页。
②　金家瑞,《义和团运动》,第 10 页。
③　翦伯赞,等:《义和团》第三册,第 69 页。
④　邓之诚:《中华二千年史》第四册,第 2131 页。

员也附议联俄。1895 年 7 月 6 日,清廷向俄法银行家组成的"华俄道胜银行"借款 4 亿法郎(合一亿两库平银)。借款合同规定:由俄国"承包税收""经营有关中国国库的各项业务""发行货币""修筑中国境内的铁路及安装电线"等。

光绪二十二年(1896 年)3 月,李鸿章被俄国政府点名作为钦差头等出使大臣,到俄国参加庆祝俄皇尼古拉二世加冕的活动。沙皇担心李鸿章先到英、德等国访问,特派员在苏伊士运河抢先迎接他赴俄。沙皇亲自接见了李鸿章,给予高级礼遇。在有 70 多个国家代表组成的庞大庆贺使团中,李鸿章被特意安排在首位,诸国特使、外交大臣、酋长都步其后尘。

6 月 3 日,李鸿章在莫斯科与俄国钦差全权大臣外长罗巴诺夫秘密签订了针对日本的《中俄密约》(即《御敌互相援助条约》)。[①] 作为甲午战争重要产物的《中俄密约》规定:日本如侵占沙俄远东或中国或朝鲜,中俄两国互相援助;战争期间,中国对俄舰开放所有口岸;中国允许沙俄修筑和经营经过黑龙江、吉林直达海参崴的铁路;俄国享有必要时越境运送军队和军需品的权利,等等。同年 9 月,清廷驻俄德公使许景澄根据《中俄密约》的规定,与道胜银行签订了《东省铁路合同》。[②] 实际上,早在合同签订之前的六七月份,俄国便已经开始擅自在中国境内勘探这条铁路的路线了。

光绪二十三年(1897 年),俄国以德国强占胶州湾为由,于 12 月 14 日将军舰开入旅顺口,迫使清政府于 1898 年 3 月 27 日在北京签订了《旅大租地条约》。清廷允许将旅顺口、大连湾及附近水面租给俄国,租期 25 年,到期后由两国相商展期亦可,并将中东铁路延伸到旅顺、大连。原来向日本赎还的旅、大由此成为俄国的租借地,至此东三省完全沦为沙俄的势力范围。由于俄国所占有的太平洋沿岸各港口都在冬天封冻,所以俄国从十九世纪七十年代起就渴望在远东取得不冻港,目标就是大连和旅顺,至此,俄国实现了这个战略目标。沙俄驻华代办巴甫洛夫通知总理衙门说:"俄国并没有夺取中国领土之意,占领旅大是为了保护中国免受德国的侵略,一俟德国军队撤离,俄军亦即撤离。"但为换取日本的默许,俄国又与日本签约,承认日本在朝鲜的特权。俄国还取得了新疆全省金矿的开采权。

《马关条约》换约后,法国随即向总理衙门提出:法国出力调处,要求重订商约和界约。总理各国事务大臣庆亲王奕劻与法国公使施阿兰签约,作为 1887 年所订《续议界务专条》和《续议商务专条》的附章。条约规定:中国割让云南车里地区的猛乌、乌得两地给法属越南,增开云南河口、思茅为通商口岸,给予法国在云南、广西、广东三省的开矿优先权,并承诺这三省"不割让"给其他列强。随后,法国又取得了四川金矿的开采权。1896 年 6 月 5 日,法国又获准在广西省龙州至边界镇南关修筑铁路与越南谅山铁路连接,首开列强强迫清廷出卖路矿之例。[③] 中法两国签订合同,由中国官局稽查,法国费务林公司经办。1897 年清廷向法国承诺,不将海南岛割让给他国。法国帮助清廷重建了福州船政局,并实际控制了船政局的实权。1898 年俄国租借旅顺、大连后,法国随即照会总理衙

① 王彦威:《清季外交史料》卷 122,第 1 页。
② 王彦威:《清季外交史料》卷 122,第 9 页。
③ 王彦威:《清季外交史料》卷 121,第 6 页。

门,要求将广州湾租给法国 99 年,并要求由法国公司修建自越南通往昆明的铁路,由法国人任中国总邮政司。总理衙门复照,全允照办。法国军舰驶入广州湾。

英法于 1896 年 1 月在伦敦进行协商并达成协议,两国在中国云南省、四川省取得的一切权力等同享受。

《马关条约》订立后,德国即向中国勒索在天津、汉口的永租租界。1896 年,德国驻华公使向总理衙门索取胶州,但由于俄法的暗中反对,清廷没有答应,事情不了了之。1897年德国照会俄国,承认朝鲜及北京、黄海在内的华北全部为俄国的势力范围,并支持俄国在亚洲和其他地方的扩张政策。而沙皇向德皇表示不反对德国侵占山东半岛。1897 年年底,山东曹州巨野县大刀会会众因德国天主教会欺压百姓,愤起杀死德国神父二人。德国以此为借口,出兵在山东胶州湾登陆,抢占炮台,迫使清廷于 1898 年 3 月 6 日(光绪二十四年二月十四日)由李鸿章与其签订《中德胶澳租界条约》,含《铁路矿务等事》。[①] 一、将胶州湾南北两面租与德国,先以 99 年为限;二、德国所租之地,中国不得治理,均归德国管辖;三、允许德国修建自胶州至济南的铁路两条;四、铁路附近之处三十里内允准德商开挖煤井;五、在山东境内如有开办各项事务,如用外国人、外国资本、外国料物,中国应许先问德国商人愿否承办。租借港湾,德国首开先例,俄、法、英等国追随其后,中国的海岸线也被逐步瓜分。

英国在华的侵略势力和获得的利益在列强中一直占有优势。1858 年外籍税务司制度确立,中国的海关管理权开始落入列强之手。1863 年,总理各国事务衙门正式任命英国人赫德为海关总税务司。赫德任总税务司后,即设立总税务司署,建立庞大而完整的海关管理机构。署内设总务、汉文、统计、审计、伦敦、人事 6 局,又设立征税部、海事部、工务部。1869 年,赫德又制定了《中国海关管理章程》80 条。总之,中国海关的管理权都落入赫德及其下属的各海关外籍税务司之手,就连由中国政府委派的作为海关最高负责人的海关监督,也成了有名无实的摆设。英法等列强为总税务司一职一直在激烈地争夺。1896 年 3 月,英国汇丰银行与德国德华银行共同取得了第二次大借款权,在条约有效期 36 年内,海关行政不得改变。

中国与法国重议越南界务后,英国也提出重订中缅边界。光绪二十三年正月初三日(1897 年 2 月 4 日)两国签订《续议滇缅界务商务条约附款》附《专条》,改划边界,将工隆、孟仓等地永租于英属缅甸管辖;增开云南腾越、思茅和广西梧州、广东三水等地为通商口岸;英国在上述地方设领事馆。[②] 次年四月十八日,英国又要求扩展香港英界,胁迫清廷签订专条,允将九龙及大鹏湾、深圳湾,展扩英界,作为新租之地,租期 99 年。[③] 此前月余,清廷交清对日赔款,山东威海的日军撤走。英国军舰随即开进威海,胁迫清廷在 7 月 1 日签订了《订租威海卫专条》,将"刘公岛并在威海卫之群岛及威海全湾沿岸以内之十英里地方",租与英国政府,专归英国管辖[④],从而使英国在华势力向北扩张,并获得了一个

①　王彦威:《清季外交史料》卷 130,第 3 页。
②　王彦威:《清季外交史料》卷 125,第 1 页。
③　王彦威:《清季外交史料》卷 131,第 18 页。
④　王彦威:《清季外交史料》卷 132,第 7 页。

对付俄国的可靠据点。英国又照会要求中国"确实保证,以后决不将扬子江沿岸各省地方以租押、出典以及其他名义让与他国。于是总理衙门在 1898 年 2 月 11 日出具上开字句的保证"。①

1897 年,英国通过一家公司与李鸿章的亲信盛宣怀签订了总额为 1600 万英镑的第三次大借款合同草案。该草案以粤汉、沪宁、宁汉三大铁路路权作为交换条件。由于这三条铁路的路权将对包括大运河流域和长江中下游的漕运、河运、商品贸易等产生重要影响,因此清廷迟迟不敢同意。在交涉过程中,英国见俄国在东北大肆扩张,德国轻易勒索到山东,便进一步提出更恶毒的贷款条件:以中国关税、厘金、盐课、常关等一系列重要税种作为贷款担保;从缅甸修铁路到长江流域的权利;保证英国人永远占有海关税务司职位。在三次大借款中,列强对中国海关的控制权进行了激烈的争夺。光绪二十四年正月二十九日(1898 年 2 月 19 日),两国正式签订借款合同。当时中国借款向指关税作抵,各关税每年约收二千一二百万两,内提出各关经费船钞等项,并提还以前借款本息,所余无多,不敷抵借,拟将苏州、松沪等处货厘,宜昌及鄂岸盐厘札派总税务司代征。此项货厘、盐厘每年约征五百万两。② 海关是清政府主要的财政收入部门。控制海关就基本上控制了中国财政,并保证对中国资本输出的安全。三次大借款都以海关收入作抵押,海关的绝大部分税收都用来偿还借款本息,海关实际上已经成为中国的外国债权人的收款机关。控制海关还可以垄断中国的进出口贸易,保证列强以低税率输入商品和输出原料,从根本上取消了中国实行关税保护制度的可能性。控制海关的国家也得到了一个排斥其他国家垄断集团竞争的手段。

1898 年 2 月 10 日,总理衙门向英国保证:只要其他国家对华贸易不超过英国,总税务司职位仍归英国人。1898 年月 1 日,清廷被迫与汇丰银行、德华银行签订总额为 1600 万英镑的第三次大借款。10 月,英国迫使清廷签订了《关内外铁路借款合同》。英国曾想独揽津镇铁路的修筑权,但德国表示其在山东有独占权,也应参与津镇铁路,否则不允许铁路穿过山东境内。英德经过交涉和妥协,达成协议:天津到山东南部一段由德国修建,山东南部到镇江一段由英国修建,全线竣工后由英德双方共同管理。英德在 1899 年 5 月迫使清廷与其签订了《津镇铁路借款合同》,英国与德国联合取得重要的津镇铁路(即后来的津浦铁路)路权。③

在《马关条约》签订之后,日本又在 1896 年 6 月与清廷签订《日本商约》29 款,日本获得与西方列强同样的片面最惠国待遇和在中国的领事裁判权。④ 9 月中日又签订"公立文凭",日本在新开商埠苏州、抚州、沙市、重庆划定专管租界。此后,日本又陆续在汉口、天津、福州、厦门获得专管租界。日本侵略势力逐渐深入中国内地。清廷并以照会承诺福建地方不让与或租与他国,即默认为日本的势力范围。

1898 年 4 月,美国获得了借款权及经办粤汉铁路(广州至汉口)的权利。1899 年,英

---

① 马士:《中华帝国对外关系史》第三卷,第 129 页。
② 王彦威:《清季外交史料》卷 129,第 22 页。
③ 王彦威:《清季外交史料》卷 138,第 29 页。
④ 王彦威:《清季外交史料》卷 121,第 32 页。

美签订协议,规定允许英国投资粤汉铁路,英国取得筑路权的广九铁路允许美国投资。

甲午战争前后,当欧洲列强在中国大肆划分势力范围时,美国正在进行北美大陆的殖民扩张。在积极支持日本侵华的同时,美国正致力于从西班牙手中争夺古巴和菲律宾而进行 1898 年的美西战争、1898 年的夏威夷战争。当时美国没有足够的能力及时参与瓜分中国的行动。各国在华瓜分完势力范围,大大限制了美国资本的对华扩张,因而美国急于改变这种状。

在事先与英国协调之后,1899 年 9 月 6 日,美国国务卿照会英、俄、德三国,以"反对破坏中国领土完整"为理由,提出了"门户开放"政策。由于"门户开放"政策在一定程度上符合列强打破其他国家势力范围的需求,也符合李鸿章主张的以"利益均沾"方式苟延残喘的"救国良策",加上美国有强大军事力量作后盾,因而各国都先后表示同意。

俄国包揽中东铁路后,法、美、英、德等纷纷要求承揽中国政治经济心脏地带的卢汉铁路(卢沟桥至汉口)。由于谁都不敢得罪,因此负责该铁路工程的张之洞最后于 1897 年 7 月 27 日与比利时银行财团签订了工程合同。

到 1999 年,大清帝国的版图被列强基本瓜分殆尽:英国控制了长江中上游,深入西藏、新疆,租借了威海卫,并扩大了香港的界址;法国控制了云南、广东、广西;德国控制了山东半岛;日本吞并了台湾,登陆福建,加强了在朝鲜的势力;俄国将整个东北攫为势力范围并插手新疆;美国提出"门户开放",与各列强"利益均沾"。

甲午战争后的几年间,资本主义列强通过各种手段攫取了多种特权。外国租界遍布中国各大城市。中国各地的铁路交通为列强所控制。沿海的旅顺、大连、威海卫、胶州湾、广州湾、台湾和澎湖列岛、香港,相继被列强各国强占。外国兵船分驻在中国沿海。贫弱的中国,有如列强刀俎间的鱼肉,任人分割。列强瓜分中国给中国带来了空前的民族灾难和社会危机,中华民族面临着亡国灭种的可能。

(二) 戊戌变法

戊戌变法又称维新变法运动,是甲午战争后中国政局发生的一件大事。戊戌变法中,资产阶级改良派与官僚中的改革派向皇帝提出开设议院等涉及政治、经济、军事、文教各方面改革主张,希望凭借光绪帝的谕旨,实现自上而下的改革。

维新变法运动可以康有为领导的"公车上书"为起点。康有为写了《新学伪经考》《孔子改制考》,创立了变法维新的理论,并进呈《俄罗斯大彼得变政记》《日本明治变政考》等。他"称道日本变法致强之故事,请厘革积弊,修明内政,取法泰西,实行改革"。[1] 他认为西方资本主义国家是进步的,他企图按照西方资产阶级的模型来改变中国的国家制度和社会制度。光绪二十一年四月初八日(1895 年 5 月 2 日),康有为乘入京应试的机会,"草疏万八千余字,集众千三百余人,力言目前战守之方,他日自强之道"。[2] 这就是著名的"公车上书"。"公车上书"在当时是一件国家大事,也是资产阶级改良派正式登上政治历史舞台的第一幕。康有为在"公车上书"中坚决反对《马关条约》,请求拒和、迁都、练

---

① 翦伯赞,等:《戊戌变法》第一册,第 249 页。
② 翦伯赞,等:《戊戌变法》第二册,第 154 页。

兵、变法,提出了他全部的变法维新主张。光绪帝于四月二十五日下诏命康有为为预备召见,二十八日遂召见于颐和园。"召见后,皇上命其在总理衙门章京上行走,并许其专折奏事。"①康有为早在光绪十四年十月初八日(1888 年 12 月 10 日)就上书请求变法,这是资产阶级改良派第一次向清政府正式提出的建议。光绪二十一年五月十一日(1895 年 5 月29 日),康有为呈《上清帝第三书》,提出了变法的步骤和《公车上书》内容的补充说明。闰五月初八日(6 月 30 日),康有为呈《上清帝第四书》,光绪二十四年正月初三(1898 年 1月 24 日),康有为第五次上书光绪帝。正月初八日(1898 年 1 月 29 日)康有为上第六书《应诏统筹全局折》,吁请光绪帝实行变法。《统筹全局折》可说是资产阶级改良派政治改革的全部要求,也是戊戌变法的施政纲领,提出"近泰西政论皆言三权,有议政之官,有行政之官,有司法之官,三权立,然后政体备"。② 四月二十三日(6 月 11 日),光绪帝召集军机全堂"下诏定国事",决定变法。这个以皇帝名义"定国事"的诏书,其目的是"以变法为号令之宗旨,以西学为臣民之讲求,著为国事,以定众向,然后变法之事乃决,人心乃一,趋向乃定,自是天下响风,上自朝廷,下至人士,纷纷言变法……一切维新,基于此诏,新政之行,开于此日"。③ "诏定国事"后,康有为提出了更多的新政建议,由过去说明变法的必要性及"富国""养民""教民"的一般原则,发展为提出变法的具体细则。康有为建议实行君主立宪,即在政治方面希望中国有一部不根本改变封建制度而可以发展资本主义的宪法;在经济方面要求保护工商业,予中国民族资本主义以适当的发展;在军事方面要求重建海陆军,挽救中国被帝国主义瓜分的危机;在文化教育方面提出废科举、办学校、译新书,以培养新的人才。

从 1898 年 6 月 11 日"诏定国事"起到 9 月 21 日(八月初六日)政变止,光绪帝下了不少新政"上谕",涉及政治、经济、军事、文教各方面。但光绪帝缺少推行新政的实际力量,因此在顽固派层层阻扰的情况下,这些新政很少见诸实行。当时,慈禧虽则归政,但仍稳操政权,帝、后之间争夺政权的斗争始终尖锐。9 月 4 日,光绪帝发现后党有政变可能,于是接连发出两次"密诏","赐康有为密诏云:'朕惟事局艰难,非变法不足以救中国。而皇太后不以为然,今朕位几不保,汝康有为等可妥速密筹,设法相救'。"9 月 18 日早,林旭"持密诏来",康有为等"跪诵痛哭激昂,草密折谢恩,并誓死救皇上"。④ 他们看到情况紧迫,觉得应拉拢袁世凯。康有为知道袁世凯与帝党、后党均有联络,但当光绪帝的处境日益危险的时候,康有为认为"拥兵权,可救上者,只此一人"。光绪帝于 9 月 16 日召见了袁世凯,给予超擢,"降旨以侍郎候补,责成他专办练兵事宜,这就使他实际上成为北洋各军的统帅,而总督荣禄将变成徒有虚名了"。⑤ 9 月 20 日凌晨,"他奉旨暂署直隶总督兼北洋大臣,并接奉谕旨——将荣禄立刻在他的衙门里就地正法,夺取政权,迅即统领北洋军队进京,抓住西太后并逮捕保守派的领袖"。袁世凯 9 月 20 日"正午前到达天津,立刻前往荣禄处,并对荣禄说:'皇上派我来杀你了,可是由于我对太后的忠心和对你的情感,却

---

① 翦伯赞,等:《戊戌变法》第一册,第 251 页。
② 翦伯赞,等:《戊戌变法》第二册,第 199 页。
③ 翦伯赞,等:《戊戌变法》第二册,第 19 页。
④ 翦伯赞,等:《戊戌变法》第二册,第 92 页。
⑤ 马士:《中华帝国对外关系史》第三册,第 152 页。

不打算这样办,现在我把他的计划泄露给你听'"。①

　　而袁世凯自述为:9月18日,光绪帝"十分焦灼",发出密诏。康有为当天接到密诏后,决定由谭嗣同"说袁勤王"。谭嗣同深夜往访,袁已探知朝局将变,正赶写奏折,想提前请训回津。称有谭军机大人有要公来见,余知其为新贵近臣,突如夜访,或有应商事件,停笔出迎。谓有密语,请入内室。乃云:"公受此破格特恩,必将有意图报,上方有大难,非公莫能救。"袁世凯看到谭嗣同"色声俱厉,腰间衣襟高起,似有凶器,予知其必不空回。"予谓:"你以我为何如人? 我三世受国恩深重,断不致丧心病狂,贻误大局,但能有益于君国,必当死生以之。"②袁世凯送走谭嗣同后,"反复筹思,如痴如病"。他觉得投靠光绪,自身不保;投靠慈禧,高位易得。20日上午请训后,他立即乘车回天津,向荣禄告密,出卖改良派。当晚,荣禄入京,向慈禧告变。次日,慈禧重新临朝,把光绪皇帝幽于瀛台,慈禧再次训政,103天的"新政"宣告终结。

　　光绪帝虽被幽禁,但他的存在对后党总是个威胁,后党策划谋害光绪帝,并以"皇帝病重"告示天下。慈禧囚禁光绪帝的举动引起外国驻京公使们的普遍关注。"各国公使馆已经变得事事都要管到,他们经常不断地询问皇帝的健康和起居,并且婉转提出各国公使是派给皇帝而不是派给任何篡位继承者的。"③当后党将皇帝病重的消息公布天下后,各国公使纷纷到总理衙门谒见首席大臣,英国公使窦纳乐则警告总理衙门说:"我坚信,假如光绪帝在这政局变化之际死去,将在西洋各国之间产生非常不利于中国的后果。"④十月十六日(11月18日),英国公使窦纳乐建议:"找一位外国医生为光绪看病,并签署一份光绪的健康证明书。"⑤十月十八日(1898年11月20日),慈禧为了消除国内外关于光绪健康的谣言,接受窦纳乐建议,请"法国使馆的德对福大夫诊视了皇帝的病,大夫的诊断报告指出,虽然没有立即的危险,但皇帝是有了微恙"。⑥德对福诊断报告的公开,平息了西方国家对中国政局的怀疑。

　　但列强的干预使后党极为不满,康有为在英使帮助下乘英轮逃往海外,"鸿章以状闻,天后大怒曰:'此仇必报'"。⑦梁启超在日本使馆庇护下逃往日本,经允许成立保皇会,发行报刊,抨击清政府和慈禧本人,更使慈禧恼怒。后党误以为变法维新是由英、日等国唆使的,因此对新政和洋人恨之入骨,这是专制体制下独裁者无论如何也不能容忍的,也是慈禧在戊戌变法后坚决反对西方列强的重要原因。慈禧欲借"民众所趋"及"中国地大人众"为凭据,想依靠"刀枪不入"的义和团提高自己的话语权,逼列强让步。戊戌变法后慈禧太后对列强深恶痛绝,发誓报仇,这就在客观上给义和团的发展带来了机会。

　　1899年"9月4日,(光绪帝)单独以皇帝的名义下诏说明他的健康情况不佳,并向西太后请求准许让位"。1900年1月1日,"光绪帝下了一道很重要的诏书——'现在朕躬

①　马士:《中华帝国对外关系史》第三册,第152页。
②　翦伯赞,等:《戊戌变法》第一册,第550、551页。
③　马士:《中华帝国对外关系史》第三册,第160页。
④　苑书义:《中国近代史新编》中册,第564页。
⑤　翦伯赞,等:《戊戌变法》第三册,第538页。
⑥　翦伯赞,等:《戊戌变法》第三册,第549页。
⑦　翦伯赞,等:《义和团》第一册,第11页。

违和,所有年内及明年正月应行升殿一切筵宴均着停止'"。① 海内外再次怀疑清廷内部又在酝酿废立阴谋。慈禧决定立嘉庆帝曾孙、端王载漪之子溥儁为"大阿哥"(皇位继承人),以取代光绪。光绪二十五年十二月二十四日(1900 年 1 月 24 日)的上谕公布了此决定。"以多罗端郡王戴漪之子溥儁,继承为穆宗毅皇帝之子。钦承懿旨,感幸莫名,谨当仰遵慈训,封戴漪之子溥儁为皇子,以绵统绪。将此通谕知之。""第二道诏书册封溥儁为'先皇同治'的继承人。第三道诏书任命崇绮(同治的岳父)为太傅,徐桐为少傅,随侍大阿哥,或称太子,那时他已十四岁。"②

"鸿章一日至总理衙门,各国使臣来会。各使问:'贵国废立之谣有之乎?'李笑曰:'决无此事';又转诘之曰:'如诚有之,贵使意如何?'各使均对曰:'不赞成'! 李乃因荣禄以达于太后。故溥儁仅为大阿哥。而太后仇外之心实自此始。"③慈禧怨恨列强欺人太甚,又没有力量和公使们正面冲突,且闻外国军舰集结北洋海面,便被迫暂不废弃光绪。但她内心却充满了怨恨和复仇的烈焰,加紧调集军队,布防于京畿地区,并在 1898 年 11 月 5 日谕令直隶、山东、山西、奉天 4 省办理团练,守望相助。这在客观上有利于义和团的活动。康、梁等在海外组织保皇党,公开要求慈禧归政和光绪"复辟",使后党感到危在旦夕,从而不惜借助义和团的力量孤注一掷。"载漪又急欲其子得天位,计非借兵力慑使臣,固难得志也。义和团适起,诡言能避火器,以仇教为名,载漪等遂利用之。"④

对于 1898 年的维新变法运动,朝中大臣和社会士绅也感到其背后有西方人的影子,而西方人之所以支持中国的政治变革,可能是为了瓜分中国。1899 年 4 月 28 日,英俄两国签署协定,划分并互相承认两国在中国的势力范围。法、德、日等其他列强的势力也迅速扩张。"鉴于这种即将到来的瓜分危机,朝中大臣和一般士坤自然感到空前的恐慌。"⑤"近年以来,瓜分中国之事,为世界各国报纸最喜讨论之题目,复使中国上流阶级之自尊情感深受刺激。"⑥举国上下的仇外排外思想,推动了义和团的发展。

(三) 门户开放政策

十九世纪末,美国的对华贸易增长很快,1899 年的出口额比 1895 年增长了将近两倍,美国把幅员辽阔、人口众多的中国看作一个"潜在的市场"。欧洲列强在中国抢占出海口,争夺势力范围,对美国在华利益构成了直接的威胁。美国资产阶级要求政府采取果断措施保护他们的在华利益。1898 年 1 月,华美合兴公司及其他从事对华贸易的大商行成立美国在华利益委员会,促使美国政府重视中国事态的发展。在它的推动下,纽约、费城、旧金山、波士顿等地商会要求政府维护"在现存条约权利下享有的一切特权","促进在华商业利益"。⑦

① 马士:《中华帝国对外关系史》第三册,第 194 页。
② 马士:《中华帝国对外关系史》第三册,第 194 页。
③ 苑书义:《中国近代史新编》中册,第 548 页。
④ 翦伯赞,等:《义和团》第一册,第 47 页。
⑤ 马勇:《中国近代史》第四册,第 369 页。
⑥ 翦伯赞,等:《义和团》第三册,第 70 页。
⑦ 丁名楠:《帝国主义侵华史》第二册,第 91、92 页。

1898 年,美国忙于对西班牙的战争,但对瓜分中国仍态度积极。在美西战争发生以前,美国企图在中国华北沿海夺取一个港口,并把威海卫作为目标。由于主客观条件的限制,美国的企图并没有成为事实。当其他列强夺取港口,划分势力范围时,美西战争占据了其全部力量,美国抽不出身来参与在华争夺租借地和划分势力范围的活动,等到战争结束,已为时太晚难以插足了。

1898 年 9 月,麦金莱的共和党政府任命海约翰为国务卿。海约翰积极保护美国在华的工商业利益。他训令驻英、俄、德、法、意、日等 6 国大使,向各国政府递交一项照会,即所谓的第一次关于中国的门户开放通牒。照会要求 6 国政府承认以下三项原则:(1)对于在中国的所谓利益范围或租借地内的任何条约口岸或任何既得利益,一概不加干涉。(2)中国现行条约税则适用于所有势力范围内一切口岸(自由港除外)所装卸的货物,不论其属何国籍,此种税款由中国政府征收。(3)在各自势力范围内任何口岸,对他国入港船舶所征收的入港费;在各自势力范围内修筑、管理或经营的铁路,对他国臣民运输的货物,应与对本国臣民运输同样货物、经过同等距离所征收的铁路运费相等。①

门户开放政策所要求的,仅仅是势力范围和租借地内实行同等的关税、入港费、铁路运费,也就是让各国在华租借地和势力范围对美国开放,防止列强在各自势力范围内实行排他性的优惠税率。美国 1898 年的照会中,没有把投资包括在内。因为当时各国已经争先恐后地攫取了铁路、矿山特权,如果在照会内包括投资,就可能遭到各大国的一致反对。此后,随着世界形势的变化和本国势力的增强,美国不断对门户开放政策增添新的内容,做出新的解释,为美国势力侵入中国开辟道路。正因为门户开放政策能够适应美国在不同历史条件下向中国扩张势力的需要,因此它在相当长的时期内成为美国对华政策的基石。美国反对瓜分中国,完全是从自身利益出发。如果中国被瓜分了,美国不可能在中国获得己所期望的势力范围。美国当时在远东海洋上还没有海军基地,在中国的军事力量不仅比俄国、英国小得多,连日本也比不上。因此,美国的企图是在将来利用整个广大的中国市场。

貌似公允的门户开放政策使列强们有苦难言,一个个被迫吞下了麦金莱一手炮制的苦果,但各大国对美国照会的态度有明显的差别。只有意大利表示无条件接受,其余各国都做了不同程度的保留,俄国基本上没有接受。②

英国政府认为,对贸易而言,应该是“机会均等”“门户开放”,但对投资而言,应该实行势力范围内的让与权政策。英美间经两个月的磋商,1898 年 11 月 30 日,英国政府复函“拟照贵国政府的要求发表声明”,但将九龙排除在门户开放的范围之外。英国复照还声明,同意“以其他各有关大国发表同样声明为条件”。

法国继英国之后,于 12 月 16 日复照,接受美国照会,但仅仅表示拟在租借地内实行“平等待遇”的原则,对势力范围却绝口不提。日本和德国分别于 12 月 26 日和 1900 年 2 月 19 日复照表示接受,但都声明以有关国家接受这项原则为条件。1900 年 1 月 7 日,意大利政府表示欣然赞成美国的建议,因为意大利在中国没有租借地和势力范围,美国的要

---

① 丁名楠:《帝国主义侵华史》第二册,第 95 页。
② 丁名楠:《帝国主义侵华史》第二册,第 97 页。

求对其有利无损。

美国的照会使俄国处于难堪境地。俄国根据中东铁路合同取得的减税和自定运价的特权是其"巩固在满洲的绝对实力"的重要手段,英国同俄国进行了历时9个月的关于铁路利益范围的谈判,始终未能使俄国放弃这种特权。美国提出门户开放后,外交部和财政部对照会的意见有分歧,最后采用财政大臣维特的意见,对美国照会暂取观望态度。

随着英、法等国相继接受美国照会,俄国的处境越来越困难。美国对俄国迟迟不作答复感到着急,因为各国在表示接受门户开放时,都"以其它各有关大国发布同样声明为条件"。美国政府决定敦促俄国政府表态,坚持要求俄国"立即答复"。在此情况下,俄国于12月30日做出答复:第一,俄国把大连辟为自由港足以证明俄国在租借地内遵循的正是门户开放政策;第二,以后该港与其他地区之间如设置关税,对外国货物,不分国籍,将平等课税;第三,中国政府在俄国租借地之外开辟的商港,由中国政府自行征税,俄国政府不为本国臣民要求优惠。复照对美国照会中关于铁路运费的建议只字不提,实质上拒绝了门户开放政策。美国政府清楚地意识到这一点,但海约翰故意曲解俄国照会的内容。1900年3月20日海约翰向各国宣布,他收到了有关各国的答复,各国对门户开放原则的承诺是"最后的和确定的"。

1900年,列强出兵镇压义和团运动。美国担心各国乘机把势力范围变为各自的殖民地,从而使门户开放政策化为泡影,便于六月一日(7月3日)向各国发出第二次门户开放照会。照会全文如下:"在中国事变危险状态之下,说明合众国对于目前情况之意见,当属适宜。我国坚守1857年我国创始之对华和平,促进合法通商,及依治外法权与国际公法所保证之保护我国侨民生命财产之政策。我国侨民若遭损害,我国决意向首祸之人追问其最大责任。北京之情形,俨成无政府状态,因此实际的权利与责任已转移于地方政府。如彼等并未显然与乱党合谋,且用其权利保护外人之生命财产,吾人即认彼等为中国人民之代表,对彼等寻求及保持和平与友谊也。大总统之目的,仍旧与其他列强作以下之共同行动:第一、打开北京之交通,拯救美国官员、教士及其他在危险中的美国人民;第二、尽可能的保护在中国各地之美国人的生命财产;第三、防卫及保护美国的合法利益;第四、协助防止骚乱蔓延中国其他省份,及此种灾祸之复发。预期最后结果之意图,自属过早,但合众国政府之政策是在寻找一种解决,俾可在中国获得永久之安宁与和平,保持中国领土及行政之完整,保障所有条约及公法对列强保证之权利,并保护全世界在中国各地均等公正通商之原则。"

美国的这项照会并不要求各国答复。第二次门户开放照会增加了新的内容,明确提出了所谓"保持中国领土和行政完整"的原则,这同第一次门户开放照会仅仅要求贸易机会均等是不同的。"门户开放"的核心内容可以概括为三点:第一,清政府对列强实行"门户开放";第二,列强之间"机会均等";第三,"保持中国的领土与行政完整"。门户开放政策的提出标志着美国侵略中国的新阶段。美国在武力吞并菲律宾以后,又在对华关系中提出了这项政策,因为没有一个国家敢于公开反对这项政策,因此美国在国际上捞到了很大的虚誉,扩大了其在华的影响。从此,美国作为一个大国,有了其独立的对华政策,不再追随和附和其他国家充当次要的角色,在列强侵华活动中的地位有了显著的提高。从此,美国更积极、更活跃地加入了帝国主义大国在中国的角逐。

美国提出门户开放政策,明确反对瓜分中国,主张维持慈禧清政府。英国和俄国是争霸亚洲的主角,"都作了瓜分中国的准备。英国曾想策动张之洞在两湖独立……同时又想策动李鸿章在两广独立"。"但另一方面又表示瓜分中国是他们所不赞成的。"西方列强对待中国的态度,都是"一方面准备瓜分,一方面又反对瓜分"。"他们不赞成瓜分,也不是假话,如果真的实行瓜分,他们势必要为应付帝国主义列强间必然发生的激烈争夺而付出很大的力量,他们在中国的既得的巨大权益也不能保证不会遭受损害,以致有丧失的危险。""义和团的经验,使他们不能不看到,如果实行瓜分,会更加激起中国广大人民群众中的反抗情绪,使帝国主义列强直接面对无穷无尽的象义和团这样的斗争。"美国主张的"利益均等"和"保全中国"的原则,在《辛丑和约》的谈判中成为列强们公认的原则。列强们互相约定,这一次谁也不提出割地的要求。①

帝国主义对中国划分势力范围和进行经济掠夺使中国陷入空前的危机,铁路沿线附近大量的船户、贩夫和有关的商业、手工业者纷纷破产。他们为争取自己的生存权而拼死搏斗,可惜没有先进的思想和健全的组织,他们错误地把斗争目标对准所有的洋人、洋教、教民,甚至铁路、电报。为了得到清政府的支持,义和团打出了"扶清灭洋"的旗帜,而清政府则有意利用义和团的排外、仇外心里,挑唆、引导义和团进攻使馆、教堂。

帝国主义列强以保护使馆、保护侨民为借口,组织八国联军的使馆卫队进驻使馆区。此后随着战争的进程,八国联军的规模不断扩大,高峰时达 10 万人。参战各国众口一词,认为"衅开中华",是义和团和慈禧挑起了战争。应该看到,战争更深层次的原因是世界列强企图通过战争获得更多的在华利益,让清政府变得更加驯服。谁想从战争中受益,谁就会发动战争,这是涉外战争的普遍规律。义和团的排外活动让帝国主义找到了一个入侵的借口,当然,没有义和团运动,帝国主义也会以别的借口入侵中国。

八国联军侵华过程中,清政府从未组织过一场像样的战役,只有一些零星的战斗。八国联军侵华之战主要有以下战斗与事件:

廊坊之战:1900 年 6 月 12 日

大沽炮台之战:1900 年 6 月 16 日

清政府宣战:1900 年 6 月 21 日

清军与义和团攻打使馆:1900 年 6 月 21 日开始

东南互保:1900 年 6 月 26 日

天津之战:1900 年 6 月 17 日至 7 月 14 日

北京之战:1900 年 8 月 14 日

联军扩大战争:1900 年 8 月至 1901 年 2 月

东北军民反抗沙俄侵略之战:1900 年 7 月至 9 月

《辛丑条约》的签订:1901 年 9 月 7 日

《中俄东三省交收条约》的签订:1902 年 4 月 8 日

---

① 胡绳:《从鸦片战争到五四运动》,第 634、635 页。

二、义和团运动

（一）基督教与天主教的东渐

公元 1 世纪,基督教诞生于巴勒斯坦地区,其创始人是耶稣基督。16 世纪天主教传教士"在印度马拉巴尔教会的文献中发现了耶稣基督的十二门徒之一圣多默曾经来华传教的记载"。[1] 但此传说未见于中国文献。唐太宗贞观九年(635 年),东罗马帝国基督教的一个分支,即聂斯脱利派,由波斯人传入唐朝,时称景教。景教与袄教(即拜火教)、摩尼教并称为唐代三夷教。唐玄宗崇尚景教,唐武宗下令禁止景教流传。元朝时大量中亚民族内迁,基督教再度传入中国,但随着元朝的覆灭又销声敛迹。十六世纪中叶,伴随着西方殖民主义的扩张,传教士相继东来。1557 年,葡萄牙人获明朝政府批准,在澳门建立传教据点。"1576 年 1 月 23 日,罗马教宗宣布正式成立澳门教区,其管辖范围包括中国、安南、日本及附近岛屿。"[2]1581 年,耶稣会又派遣利玛窦等人到中国传教,并先在澳门学习中文,了解中国的风土人情和历史文化。1583 年利玛窦进入中国,先在肇庆、韶州等地传教;1591 年初到达北京,觐见过万历皇帝;1610 年去世,年 59 岁。他到处结交士大夫和知识分子,先介绍西方的科学文明,再进行传教活动,他的方法被概括为"学术传教"。利玛窦还向欧洲介绍了中国的人文思想、历史文化、社会风貌,以及他在中国的传教经历。[3]

鸦片战争前西方教会在华传教可分三个时期:第一时期为 1580 至 1672 年,传教士以传布西方科学文明为名进行传教活动。著名的传教士有:李玛诺、利玛窦、汤若望、南怀仁等,他们为传布西方的天文、地理、数学、兵工和其他科学知识做出了贡献。第二时期为 1672 至 1723 年,主要是法国天主教在北京及各省发展势力。第三时期为 1723 年至鸦片战争。这一时期由于传教士企图干涉中国内政,侵扰我百姓,蔑视我法律,历遭雍正、乾隆等皇帝严令取缔。据统计,到 1839 年 6 月"天主教在中国本部十三省有活动,欧籍传教士有六十五人,天主教徒约有三十万人"。[4]

基督教(新教)曾在十七世纪初试图传入中国,但没有成功,直到十九世纪初,才在中国立足,在时间上比天主教迟得多,但在中国的活动与影响却比天主教有过之而无不及。鸦片战争后,《南京条约》等一系列不平等条约的签订,为传教活动提供了合法依据。到十九世纪末,在中国的欧美天主教、基督教、东正教外籍传教士共有 3200 余人,建立了 40 个教区、60 多个教会,招引入教者 80 余万人。山东、直隶等地是天主教实力最集中、最猖獗的省份。传教士们扬言:"准备在每个山头上和每个山谷中设立光辉的十字架。"[5]

法国在十九世纪九十年代派遣保罗·杜美出任越南总督,其目的在于准备对云南进行武装侵略。杜美在 1897 年派人到云南,用巨款贿赂云南洋务局总办兴禄和矿务督办唐

---

① 晏可佳:《中国天主教简史》,第 5 页。
② 晏可佳:《中国天主教简史》,第 30 页。
③ 晏可佳:《中国天主教简史》,第 44 页。
④ 苑书义:《中国近代史新编》中册,第 560 页。
⑤ 马士:《中华帝国对外关系史》第二册,第 246 页。

炯,要求给予采矿权和筑路权。1898 年,杜美又派工程师到云南勘测路线,派遣军事人员测量山水险要,绘成云南军用地图。1899 年,杜美计划预先伏兵昆明,实行内外夹攻,武装袭取云南,并秘密地把士兵和军械自河口、蒙自输入。幸而这个阴谋及早为中国人民所揭露,愤怒的中国人民立即行动起来,焚毁了法国在云南的教堂。法国侵略者以教堂被焚为借口,阴谋以武力进攻云南,在 1900 年 6 月发兵进攻龙膊。这时义和团运动爆发,法国急于把军队调到中国北方,被迫在云南撤兵,由清政府赔偿教堂的损失了事。

　　传教士们往往在圣洁面纱的遮掩下充当侵略、奴役中国人民的急先锋:第一,他们为列强收集中国情报,充当间谍和谋士。传教士们在中国,“实阴以诇谍寄之,上察朝廷政令,下图山河形势”①,无孔不入地刺探各种情报。美国国务卿斯汀生说:“我们对中国最普通的消息,都来自这个巨大的传教运动。”美国驻华公使田贝也说:“这些先锋队(传教士)所收集有关中国民族、语言、地理、历史、商业以至一般文化的情报,将其送回国内,对于美国的贡献是很大的。”②第二,霸占民房地产,强夺百姓生计。遍布中国农村的天主堂一般都拥有大量的土地,所以农民形象地称天主堂为“地主堂”。在中国各地的传教士从事各种各样的职业是非常普遍的。瓦德西记载:“所委任之牧师,往往其人德性方面既不相称,职务方面亦未经训练。……凡认为可以赚钱之业务,无不兼营并进。”③第三,传教士包揽讼词,包庇教民,把治外法权延伸到中国教民身上,引起中国官民的普遍愤慨。由于教士教民的欺凌压榨,而地方官又一味崇教抑民,以致受害人民控告无门,伸冤无处,忍无可忍,相继入团。第四,传教士与地主恶霸相勾结,招徕地痞流氓,为害乡里,给百姓带来无穷的灾难。传教士不分良莠,广收徒众,以多为能。“于是抢劫之犯入教者有之,命案之犯入教者有之,负欠避债因而入教者有之,自揣理屈恐人控告因而入教者有之,甚至有父送忤逆子投入教,遂不服传讯者有之。一经入教,遂以教士为护符,凌栎乡党,欺侮平民。”④莠民依仗洋教士的庇护,“作奸犯科,无所不至。或乡愚被其讹诈,或孤弱受其欺凌,或强占人妻,或横侵人产……或因公事而借端推诿,或因小忿而殴毙贫民,种种妄为,几尽难述”。⑤十九世纪末,教会势力猖獗。山东共有大小教堂 1300 余处,教民 8 万多人。曹州、济南等地平均每个乡都有三四个教堂。直隶几乎是法国天主教一统天下,共有天主堂 2290 所。“至于一二牧师,作事毫无忌惮,以及许多牧师,为人不知自爱,此固吾人不必加以否认疑惑者。”⑥凡有教堂之处,与民人多有积怨,因此反洋教成为义和团运动的重要内容。

　　教会势力已成为中国人民普遍憎恶的对象,受到强烈的反对。中国人民在忍无可忍的情况下,自发地进行反对教会的斗争,并得到一些官吏、地主和绅士的同情和支持。尽管在反洋教斗争中掺杂了宗教信仰、社会习俗和盲目排外等消极因素,但由教会侵略而引起反抗的基本事实和性质是无法否认的。

---

① 金家瑞:《义和团运动》,第 22 页。
② 苑书义:《中国近代史新编》中册,第 581 页。
③ 翦伯赞,等:《义和团》第三册,第 71 页。
④ 故宫博物馆:《义和团档案史料》上册,第 13 页。
⑤ 范文澜:《中国近代史》上册,第 350 页。
⑥ 翦伯赞,等:《义和团》第三册,第 70 页。

　　反对教会势力的斗争是近代中国人民反侵略斗争的重要内容之一。但早期反洋教斗争的结局都很悲惨。每一教案发生后，清政府总是屈服于外国侵略者的压力，往往将反教会斗争地区的一些地方官员革职，并惩治参加斗争的群众，还要赔款和修复教堂，从而致使教士、教民更加有恃无恐，恣意欺压群众，反动气焰更为嚣张。

　　1870 年 6 月，天津爆发了火烧望海楼的著名教案。1862 年，法国传教士在天津东门外造仁慈堂。仁慈堂专事收养弃婴或孤儿，并为其傅洗。对于那些把婴儿抱送育婴堂的中国仆役，教会常常支付一些报酬。于是就有奸民为图报酬，将儿童诱拐进育婴堂，而教会却不问来历，照单全收。于是教堂迷拐诱儿、挖眼剖心的传说沸沸扬扬地传开了。1870 年 6 月，天津发生瘟疫，育婴堂病死儿童约有几十名，同时，抓住了一个迷拐儿童的嫌疑犯武兰珍。据他供认，他是受了教堂门丁王三的指使，迄今已经迷拐了小孩 7 人，每个小孩的报酬 5 元。两件事情联系起来，关于教会的流言似乎得到证实。6 月 19 日，天津道台周家勋往见法国领事官丰大业查问王三之事。次日，三口通商大臣崇厚往见丰大业，约定 21 日检查仁慈堂和教堂。21 日，天津道台周勋光、知府张光藻、知县刘杰带犯人武兰珍前往教堂，面见传教士谢福音。下午，围观群众与教堂中人发生口角，抛砖殴打。事件中，群众将丰大业及其秘书西蒙殴毙，弃尸河中。教案中被杀者，包括法国、俄国、比利时、意大利、爱尔兰等国籍中外人士共 20 余人。[①]

　　教案发生后，法国联合英、美、俄、德、比、西 7 国提出"抗议"，向清政府施加压力，同时派军舰到天津和烟台进行军事恫吓。他们强令清政府立即进行镇压，并惩办地方官员。清政府迫于压力，6 月 23 日即派直隶总督曾国藩到天津查办，又派李鸿章、丁日昌协同办理。"经过调查、审讯、取证，曾国藩于 7 月 26 日奏称，'洋人挖眼取心之说，全系谣传，毫无确据，故彼族引以为耻，忿忿不平，'至于教民迷拐人口，实难保其必无。"[②]曾国藩在事件的处理上，抱定"弹压士民，以慰各国之意"的方针[③]，判处 20 人死刑，流放天津地方官 25 人，赔款教堂等物质损失 21 万两、抚恤金 25 万两，并派崇厚到法国道歉。这样，在天津教案中，外国死者和被处死的中国人数大体相当，曾国藩奏称："办理不为不重，不惟对法国，亦堪遍告诸邦。"[④]曾国藩偏袒洋人，引发朝野强烈不满，民教矛盾更加尖锐。

　　天津教案后，教会侵犯和破坏中国主权也更为严重，其主要表现有：第一，传教士更加肆无忌惮地把自己凌驾于地方官之上，直接干预疆吏的任免，操纵地方政权。第二，一些传教士成为瓜分中国的急先锋，美国传教士卜舫济还著文具体阐述瓜分中国的五大好处。第三，教会擅自强行征税。在教会的庇护下，教民逃避赋税和劳役的现象屡见不鲜。第四，教会非法组织武装力量，有的教堂拥有快枪数百杆。

　　山东巡抚李秉衡奏："自西教传入中国，习其教者率皆无业莠民，借洋教为护符，包揽词讼，陵轹乡里……凡遇民教控案到官，教士必为间说，甚至多方恫吓；地方官恐以开衅取戾，每多迁就了结，曲直未能胥得其平，平民饮恨吞声，教民愈志得意满。久之，民气遏抑

---

　　①　晏可佳：《中国天主教简史》，第 174 页。
　　②　晏可佳：《中国天主教简史》，第 176 页。
　　③　李书源：《筹办夷务始末（同治朝）》卷 72，第 31 页。
　　④　李书源：《筹办夷务始末（同治朝）》卷 77，第 18 页。

太甚,积不能忍,以为官府不足恃,惟私斗尚可泄其忿。于是有聚众寻衅,焚拆教堂之事,虽至身罹法网,罪应骈诛而不暇恤。是愚民敢于为乱,不啻教民有以驱之也。"①

1897 年巨野教案后,清政府发布上谕:"从前未结之案即着迅速了结,从此不准再有教案,倘仍防范不力,除将该地方官从严惩办外,该将军督办责无旁贷,亦必执法从事。"② 清政府对教会的妥协政策助涨了教会的嚣张气焰。

在当时的政局下,也有为数不少的官吏、士绅不堪忍受传教士的挟制,痛恨教会横行乡里、鱼肉百姓,从而明里暗里支持人民的反教会斗争。有些官吏还在奏折中仗义执言,痛陈平民备受凌侮和教士、教民横行无忌的事实,要求制止教会的非法活动。这样在对待洋教的态度上,在清统治集团内部从上到下存在严重的分歧。义和团兴起后,这种分歧和对立更加尖锐复杂。

"列强侵略日甚一日引起的社会恐慌,导致那种集体无意识的逐步发酵,加上中国传统文化与西方文化的冲突,终于酿成此伏彼起、连年不断的教案。仅德国侵占胶州湾后的一年半中,山东境内因铁路、矿山及教案引发的外交纠纷就有 1000 余件。排外心理已占据整个中国社会。"③

(二) 义和团的组织

饱受帝国主义侵略和封建压迫桎梏的北方农民,还遭受连年水旱灾荒的严重打击。天灾人祸,必然发生严重的民生问题,而民气不靖,过事生风者在所难免。1898 年 8 月黄河大决口,34 个县受灾,淹死 26 万余人;1899 年,河南、山东、直隶等黄河流域 6 省发生特大旱灾,直到次年春仍未下大雨,不能耕种,人民衣食无着,农村十室九空。山东境内饥荒严重,人们流离失所,社会动荡不安。苦难深重又饱受洋人和洋教欺凌的人们,自然会寻找和思索苦难的根源。处在饥饿、死亡线上的人们又最容易被感化,最容易被煽动。他们没有先进的思想作指导,也没有胆略反抗封建政权,饥民大批附和义和团仇教。他们错误地认为,灾害是由于阴阳风水失调造成的,而洋人、洋教则是水旱灾害及一切苦难的根源,"义和拳谓:铁路、电线皆洋人所借以祸中国,遂焚铁路,毁电杆"④,或者认为"电报、铁路等与洋人声气相通,则亦毁之"。⑤

义和团,原本为民间自立的"私会",称为"义和",因以"练拳勇"为特点,便有义和拳之称。拳民告示说:"患祸之来,实自洋鬼。伊等到处传教,设置电线,修筑铁道,不信神圣之教,而污渎神明。天神之意,以为电线宜割断,铁路宜拆毁,洋鬼宜斩首。……尔等宜万众一心,歼灭洋鬼,以平天怒。此将为尔等有利之举。功成之日,需风需雨,均听尔便。""当时有'杀了洋鬼头,猛雨往下流'之谚。"⑥关于其来源和性质问题说法不一。袁世凯等判定为嘉庆年间谕禁的离卦教"徒子徒孙",欲将义和团打成"邪教",加以取缔。有的

---

① 故宫博物院:《义和团档案史料》上册,第 6 页。
② 王彦威:《清季外交史料》卷 133,第 1 页。
③ 马勇:《中国近代通史》第四册,第 370 页。
④ 罗惇曧:《庚子国变记》,第 3 页。
⑤ 翦伯赞,等:《义和团》第一册,第 305 页。
⑥ 戴玄之:《义和团研究》,第 44 页。

官员,如山东巡抚张茹梅,说义和团成立于咸、同年间,是"保卫身家,防御盗贼"的民间拳会。义和团自己出告示说:"义和团,义者仁也,和者礼也,仁礼和睦乡党,道德为本,务农为业,而遵依佛教。不准公报私仇,以富压贫,依强凌弱,以是为非。"[1]有人认为:"如果简单地认为义和团就是嘉庆年间谕禁的离卦教后裔,未免武断。但从义和拳当时活动的特点和他们遵依佛教的宗旨来看,否认他们不是'邪教'(此处指宗教迷信)也是不可能的。"[2]

义和拳原本是民间自立的团体,快速发展后,朝廷下旨调查。山东巡抚张汝梅奏:"此项拳民所习各种技勇,互有师承,以之捍卫乡闾,缉治盗匪,颇著成效。应请责成地方官,谕饬绅众,化私会为公举,改拳勇为民团,既顺舆情亦易钤束,似于民教两有裨益等各情。"6天后,光绪不置可否,朱批:"知道了,钦此。"表明政府已经默许。[3]

1900年6月21日,清廷对外宣战,对义和团采取招抚政策,从此义和团和清政府联合对外作战。这对义和团的组织制度产生了很大影响。清政府采取一系列措施,极力把义和团控制在自己手中。从中央到各省都派有专职官员"统率"义和团,并颁布所谓"团规",而义和团的首领则要服从统帅他们的各级王大臣的约束。从此,义和团的性质也起了本质性的变化。

自1900年6月21日后,清廷明令"此等义民,所在皆有,各省督抚如能召集成团,藉御外侮,必能得力"。[4]从此义和团取得合法地位,成为清朝辅助军队。义和团虽受清廷调遣,派官统属,但仍保持自己的独立组织系统。

义和团有明显的弱点:成分复杂,组织分散;没有目标,没有计划,没有政策;缺乏政权观念,没有政权组织;封建迷信;盲目排外。

义和团在组织上是分散的,它不是全国性组织,没有全国统一的领导机构,当然也就没有全国性的领导核心和领袖人物。义和团只是笼统地排外,而没有明确的反帝纲领和政策。义和团各个组织一般都以某县或某城镇、村庄为中心,按地域组成,成员基本上都是本地人。只有少数首领能得到许多坛厂的拥戴,名望比较大,如船户出身的张德成为静海县独流镇的义和团,入天津后共有团民5000人,号称天下第一团。各地义和团以村或镇为基础,以坛或厂为基层单位,互有联系,但彼此独立。表面上看,义和团人数众多,轰轰烈烈,实质却缺乏凝聚力,形同一盘散沙。

义和团的成分比较复杂。义和团队伍一般由两部分人组成。第一部分是骨干力量,他们人数少,多由年龄较大、拳术娴熟并熟悉有关坛厂事务的人组成。其中负责传授技艺的人称为教师。团内作统帅指挥的人称为大师兄、二师兄或团长、团首。第二部分是义和团的基本群众,大多是年龄较小的少年儿童,"三十岁以上者甚少"。女的义和团组织则称为红灯照,只限于天津附近有些活动。

关于义和团的性质,史学界有不同的看法,实际上义和团的性质在运动过程中也发生

① 翦伯赞,等:《义和团》第四册,第148页。
② 张玉田:《中国近代军事史》,第396页。
③ 故宫博物院:《义和档案史料》上册,第15、16页。
④ 故宫博物院:《义和档案史料》上册,第163页。

了显著的、乃至本质性的变化。前期的义和团是以失业和破产的交通运输业者、手工业者和裁汰的士兵等为骨干,以青少年农民为主体,群众自发的、松散的反帝排外的农民组织。这是民族矛盾激化的产物,他们为人类最基本的权利——生存权而斗争,理应得到后人的理解和尊重。当义和团迅猛发展,尤其是大量进入北京后,义和团奉旨造反,很多抱着各种目的、不同成分的人大量加入,"上自王公卿相,下至倡优隶卒,几乎无人不团"。① 在载漪、刚毅之流的操纵、怂恿下,义和团的排外性进一步恶性膨胀,达到了见洋人就杀、见教堂就烧、见教民就打、见铁路就拆、见电杆就拔的地步,甚至攻打教堂和使馆。此后,义和团的性质发生了本质性变化。

义和团有真团和"伪团"之分。"所谓'真团',是指乡团组织,以村镇为单位的义和团,其结构成分甚为单纯,多系乡间善良农民。"而载漪、刚毅所组织的奉旨义和团,是清朝王公大臣和投机分子的集团,是伪团。"所谓'伪团',是指变质后的义和团里的复杂分子而言,彼辈各有目的,既不是为保卫身家、防御盗贼,更不是为仇教反外、保卫国民,仅托名团民,以资掩护,乘机为非作歹,达其私欲。……有些抢劫、杀人放火的行为确系土匪、所为,不过假借义和团的名号罢了。"②

义和团"既无具体的战略目标和计划,提不出纲领和政策,又缺乏统一的组织和领导,宗教迷信思想泛滥。它虽崇信武力斗争,但不懂得科学斗争方法,也不重视武器装备和科学的战斗训练,以致它还不是一个完全意义上的军事组织,至多是一个半军事组织。③ 义和团的信仰很不一致,或者说根本没有统一固定的信仰,只有"刀枪不入""神灵附体"等迷信思想基本相同。他们信奉的神灵五花八门,大多是《封神榜》《三国演义》《西游记》《三侠五义》等作品中的人物,在"上法附体"时,想起谁,就说是谁"附体"。所以义和团接受了白莲教的影响,但不具备宗教的特点,更不是秘密宗教组织。义和团不是秘密结社,而是以村、镇为单位的公开组织,他们"明目张胆,不畏人知"。他们不但公开练拳,而且唯恐大家不知,趁商贾墟市之场,约期聚会,在大庭广众之前公开表演,名曰"亮拳"。义和团的非理性色彩很容易引起知识分子的质疑,因而很少获得知识分子的认同。

义和团组织极其松散,发展极不平衡,因此各地义和团的组织制度有很大差别。山东的义和团每团都建立旗帜和簿册制度,并有各种专职的军事人员。一团内,计有"总办、统领、打探、巡营、前敌、催阵及分编哨队各名目"。④

（三）义和团的口号

义和团以扶清灭洋作为其政治口号,这个口号无疑是清代早期"反清复明"政治口号的衍生。⑤

1898 年 10 月,山东冠县义和团打出"扶清灭洋"的旗帜。这个口号的提出,标志着义和团已经由早期单纯的反洋教斗争发展为反对帝国主义的武装斗争。这个口号在义和团

---

① 翦伯赞,等:《义和团》第一册,第 306 页。
② 戴玄之:《义和团研究》,第 59 页。
③ 张玉田:《中国近代军事史》,第 394 页。
④ 张玉田:《中国近代军事史》,第 399 页。
⑤ 马勇:《中国近代通史》第四册,第 384 页。

中迅速流传,在义和团高潮时期,"扶清灭洋"的口号成为各地义和团的共同口号和旗帜。义和团提出这一口号的主要目的在于争取清朝统治者的支持,至少能减少清政府的阻挠和破坏,而能集中力量打击外国侵略势力。这一口号在实际斗争中起了一定的作用。曾经镇压过义和团的山东三任巡抚李秉衡、张汝梅、毓贤,也都是中途改变了主意,转而支持义和团的"杀洋灭教"斗争。此口号广泛地争取了爱国官绅和清军官兵的同情和支持,从而促进了义和团运动的迅速发展。在驻津的清军中,除聂士成部以外,其余清军对义和团的"灭洋"活动"均不过问"。事实上,不论是攻打天津租界,还是攻打北京使馆和教堂,无一不是义和团和清军的联合行动。

"其党以扶中朝灭洋教为词,平民有受教民欺压者,入其教即可抵制,故群相信从……且西人之欺我甚矣,国家不能敌,而民自敌之,为上者阳为不与闻,而阴听其所为,未尝非抵制之一道。"①

"扶清灭洋"口号只是义和团的一厢情愿,清廷不愿让义和团去"扶"。清廷大臣中,除载漪、刚毅等极少数人以外,多不认同义和团的这一口号。包括慈禧本人,看到在攻打使馆时义和团不堪一击,"刀枪不入"纯系骗术,立即转变了对义和团的态度。而"灭洋"这种非理性的手段,使义和团盲目排斥一切外国人及一切外来商品,当然也看不到外国列强近代军队的战斗实力。

这一口号有其消极作用,它在一定程度上模糊了义和团对清朝统治者的认识,但不能因此抹杀其主流和本质。义和团失败的悲剧不在于"扶清灭洋"的口号,而在于义和团自身的分散性、封建性和落后性等致命弱点。

(四) 义和团的发展

义和团运动是从1900年初才引起人们注意的。在此之前的数月间,义和团一直在其发祥地鲁西北地区慢慢地积蓄力量。至1899年冬,义和团以迅雷不及掩耳的速度扩展到华北平原的大部分地区,甚至蔓延到东北及内蒙古。

1898年10月,山东冠县义和拳首举义旗,揭开了义和团运动的序幕。冠县十八村地区是义和拳活跃地区,也是教会势力很活跃的地区。十八村中的梨园屯教会势力最盛。梨园屯教案始于同治八年(1869年),该村教民分得公产玉皇庙地基3亩余,后献于传教士梁司铎,修盖教堂10余间,村民反对,屡经涉讼。光绪十三年(1887年)四月,教士费若瑟、教民王三歪等复将教堂拆修,扩充地基,村民愤怒,拟拆毁教堂,索地修庙,监生刘长安等联名控告,案屡结屡翻。为此造成民教矛盾,前后持续竟达20多年。

至光绪十七年(1891年)十二月,东昌知府洪用舟断令将庙宇让与教民改建教堂,恐民心不服,由冠县知县何式箴捐银二百两、京钱一千串,听民另购地基建盖新庙,俟新庙工竣,再拆毁旧庙,移置神像,取结完案。光绪十八年(1892年)春,教民在庙基兴建教堂,恐村民阻拦,遂以梅花拳队阻工谋叛为词,向冠县投递信函。因此,群情不服,前往教堂理辩。教民见对方人多势众,闭门不纳,并抛掷砖石,开放洋枪,致激众怒,群起相攻,互有受伤。梅拳遂请临清道士魏合意来庙主持,并将昔年办团枪械移存玉皇庙,与天主堂教民相

---

①　翦伯赞,等:《义和团》第四册,第453页。

抗,是为梨园屯教案梅花拳队使用武力之始。教民力不能抗,纷纷逃避,官府派兵弹压村民,强行拆毁玉皇庙,将庙基交给教会,十八魁率众武力抗拒,遭遇失败,遂邀请著名的梅花拳首领赵三多助战。赵三多应阎书勤等人邀请,率部分梅花拳拳民参加梨园屯护庙斗争。1896 年 4 月 2 日,赵三多在梨园屯举行亮拳大会,号召各路拳民前来亮拳比武。约有3000 多拳民参加亮拳活动,震慑了当地教会和地方官员。清廷饬令地方政府镇压,山东巡抚李秉衡鉴于义和拳实力壮大和教会为恶太甚、教民为非作歹,不愿镇压义和拳,便派道、府、州县官员前去冠县调停。他们商定将梨园屯庙基还给村民修玉皇庙,另在村头给教民建教堂。这一措施暂时缓和了这场持续了数十年的民教"庙堂"之争。

1898 年 2 月,新任山东巡抚张汝梅迫于外国传教士的压力,派员拆除梨园屯玉皇庙,再次激起村民、拳众的反抗。赵三多为了避免牵连各地的梅花拳,便改名义和拳。从此,赵三多率领的梅花拳、梨园屯地区的红拳、大刀会和其他拳种,都改称"义和拳",并广招徒众,练拳习武,积极准备反帝武装起义。1898 年 10 月 21 日,赵三多以冠县十八村为骨干,率众在蒋家庄祭旗起义,举起"助清灭洋"的旗帜。赵三多领导的"冠县十八团"武装起义开始攻打教堂和传教士,成为义和团运动的起点。

在冠县十八团起义的同时,朱红灯、心诚和尚率领茌平、高唐、长清等地的义和拳进行反洋教斗争,并于次年发展成为全省规模的武装起义,成为山东义和团中影响最大的一支。朱红灯原名朱逢明,稍有文化,以行医为生,自称为朱元璋的后裔,于 1898 年移居长清县李家庄。此时,鲁西水灾严重,民不聊生,教会却乘机囤积居奇、哄抬粮价,教士教民为恶乡里,民教矛盾进一步恶化。朱红灯为自卫身家之计,拜师习拳,并在李家庄设场聚众练拳。他还利用行医之便,到处揭露洋教为恶的事实,号召群众进行反洋教斗争,被推为长清一带义和拳的首领。心诚和尚,又号本明和尚,山东高唐人,自幼家贫,在禹城丁家寺为僧,精通刀枪拳技,甲午战争后在丁家寺设场练拳,成为当地义和团的首领。1899 年10 月 11 日,平原知县蒋楷闻讯朱红灯率拳民前往冈子李庄助拳,"率勇役数十人往捕,匪众且悍格,勇役寡不支遂退"。[①] 朱红灯的名声由此更响亮,人数扩大至数千人。山东巡抚毓贤立即派兵前往镇压,10 月 18 日,朱红灯的队伍在森罗殿一带受到清军的三路围攻,经数小时激战,义和团取得了森罗殿战斗的胜利。从此山东反洋教斗争的各种力量集中在以朱红灯为首领的旗帜下,各地的队伍普遍改称义和团,明确提出"兴清灭洋"的政治诉求。后任山东巡抚袁世凯对义和团采用高压政策,"得见匪即枪毙之,与诸军约云,如匪至即放炮,必不汝咎;若匪至不痛击,则将领以下概正法"。[②] 山东义和团遭到严重破坏后,部分成员转入直隶。

为了对抗外国教会教堂武装和在教会庇护下的土豪恶霸势力,也为了对抗清朝官军的镇压,相近地方的义和团组织互相联系起来,于是分散的各点就渐渐地形成成片的势力。

直隶南部地区的义和团运动与山东差不多同步发展。1900 年春,直隶遍地皆团。直隶的义和团互相之间关系较为系统和紧密,平时各坛间没有上下级关系,组织上互相独

---

① 翦伯赞,等:《义和团》第一册,第 356 页。
② 翦伯赞,等:《义和团》第一册,第 254 页。

立,但遇到大的战斗需要联合时,往往将几个坛组成一个团。义和团在直隶的发展,主要以卢保铁路和京汉官道沿线,大运河沿岸等处最为迅速。因为这些地区集结着大量破产的农民、手工业者、贩夫、店主、船夫、游勇等失业群众。他们之中有的是"失车船店脚之利而受铁路之害者",有的是痛恶洋教为害的群众,因此他们成为义和团的天然支持者。直隶义和团在各地开展"灭洋灭教"活动,焚教堂、杀逐洋教士及作恶多端的教民。教会方面,一面勾结清政府派兵镇压义和团,一面建立天主堂武装进行抗拒。直隶总督裕禄于1900 年 5 月 22 日派兵驰往涞水镇压义和团。义和团击败清军并乘胜追击,于 5 月 27 日攻占战略要地涿州城。"城厢内外,蜂屯蚁聚,其数达三万人,声言涿州兵备空虚,洋兵将来,愿为代守,由是城墙上万头攒动,刀矛林立。"[1] 涿州四门上下高树旗帜,旗上大书"兴清灭洋"。义和团为阻止清军前来镇压,从 5 月 27 日起,拆毁琉璃河至长辛店间的铁路百余里,毁坏车站、桥梁和电杆。

但应该看到,"义和拳并不是一开始就盲目排外,他们既不是见洋人就杀,也不是见洋物就砸。就以电线为例,在天津失陷前,尽管山东义和团反帝反洋教运动十分高涨,但山东境内的电报线路基本是畅通的。只是在天津失陷后,山东义和拳才开始有大规模的拔杆割线运动"[2]"风闻肃王府最为富足,自国初以来,所有各庄进项岁余数万金,悉存地窖,此次被武卫军暨甘军抢去不少。"[3] 杀死日本使馆书记官杉山彬者是董福祥的兵;杀死德国公使克林德的是荣禄的兵。更有甚者,吉林副都统晋昌竟让其部下化装成义和团破坏铁路,被俄军识破。上述破坏行为在当时都记在义和团名下,义和团的破坏行为是在清政府宣战以后才有了突然的恶性爆发。

天津是列强在华的重要据点,至迟在 1899 年春已开始有义和团组织了。1900 年 2 月,义和团已"流入天津县,每日有人在南门外,瑞和成机器磨坊后宽阔地方练习,河北一带亦有之"。[4] 但义和团进入天津的中途,在落垡曾受到聂士成军的攻击,聂士成"发令开枪,继以大炮,当时轰毙团众六七百名,轰毁乡村五座,死伤居民无数"。[5] 及至 5 月,天津坛口多至数十处。他们广泛散发揭帖,号召人们参加义和团"灭洋灭教"的斗争,并以"刀枪不入""神灵保佑"鼓舞人们的斗志,于是信者日众。在义和团"灭洋"声威的震慑下,"租界戒严,教堂尤汲汲"。外国侵略者则以租界为据点,伺机向义和团反扑。1900 年 6 月,开进天津租界的联军已达 3000 多人,他们还诱逼逃入天津租界的教民构筑工事,并在大沽口外集结 38 艘军舰,准备大举入侵。六月十四日(7 月 9 日)天津义和团将城内的教堂焚毁;六月十六日(7 月 11 日)砸毁海关道署,并乘机进入军械所,拿取洋枪弹药。

(五)清政府剿抚不定的政策

义和团运动兴起后,清政府对义和团的政策一直在"抚"和"剿"之间摇摆不定。光绪二十四年九月二十二日(1898 年 11 月 5 日),谕令"著自直隶、奉天、山东、山西为始,以及

---

① 翦伯赞,等:《义和团》第一册,第 306 页。
② 中国社会科学研究院近代史研究所,中国第一历史档案馆:《筹笔偶存》,第 23 页。
③ 中国社会科学院近代史研究所《近代史资料》编辑部:《义和团史料》上册,第 255 页。
④ 翦伯赞,等:《义和团》第二册,第 8 页。
⑤ 翦伯赞,等:《义和团》第二册,第 165 页。

各省将军督抚,务当晓谕绅民,令将以上各项(指积谷、保甲、团练等事)认真办理"。① 光绪二十五年(1899 年)九月,平原拳民与官军战,被官军击毙数十人,山东巡抚毓贤揣摩慈禧意旨,袒护拳民,将知县蒋楷、统带袁世敦革职。传教士们认为毓贤鼓励排外,群请公使使用压力,清廷不得已以袁世凯署山东巡抚。慈禧一面要应付洋人,一面要笼络拳民。在列强公使不断的抗议下,清廷不得已在很短的时间内接连撤换了三任山东巡抚。

袁世凯在天津小站练兵,他所统率的"新建陆军七千人是一支拥有新式武器的军队,后来他在山东把这支军队扩充到二万人。他就任山东巡抚后立即发布'禁止义和拳匪告示'。他绝对否认义和团的合法性,实行武力镇压"。② 光绪二十五年十一月二十七日(1899 年 12 月 29 日),上谕:"袁世凯电悉。前因屡有人奏陈山东民教不和,亟待持平办理等语。当于二十四日详切寄谕该署抚遵照矣。拳民聚众滋事,自无宽纵酿祸之理。惟目前办法,总以弹压解散为第一要义。如果寻击官兵,始终抗拒,不得已而示以兵威,亦应详察案情,分别办理,不可一意剿击,致令铤而走险,激成大祸。著袁世凯相机设法,慎之又慎;严饬吉灿升、马金叙等随机因应,各了各案,毋轻听谣传,任令营员贪功喜事,稍涉操切。倘办理不善,以致腹地骚动,惟袁世凯是问。将此谕令知之。钦此。"③ 要求袁世凯对拳民"抚"而不准"剿"。

光绪二十五年十二月十一日(1900 年 1 月 11 日)上谕:"近来各省盗风日炽,教案迭出,言者多指为会匪,请严拿惩办……百姓食毛践土,具有天良,何致甘心盗弄,自取罪戾。全在各省督抚慎择贤吏,整饬地方,与民休息,遇有民教词讼,持平办理,不稍偏重……化大为小,化有为无,固根本者在此,联邦交者亦在此。""办理此等案件,抵问其为匪与否,肇衅与否,不论其会不会、教不教也。"④ 此上谕只责备地方官办理不善,不提义和团仇教排外,仍是偏袒拳民。由于慈禧的偏袒和鼓励,义和团在"扶清灭洋"的口号下迅速发展,由保家变为保国。正是清廷中部分人的纵容、默许、利用,才使义和团运动在短期内形成全国性的影响。"利用义和团以排外者,最初为山东前后任巡抚李秉衡、毓贤,其次为直隶总督裕禄及廷雍,复其次为端郡王载漪,大学士刚毅以至于西太后。"⑤

义和团在短期内的迅速发展,还与官方试图将义和团"官方化"有关。山东当局曾希望将这一民间自发的反对西方列强的力量官方化,即采取"改拳为团"的政策。山东巡抚张汝梅建议清廷考虑:"请责成地方官,谕饬绅众,化私会为公举,改拳勇为民团……督饬地方官吏剀切劝谕,严密禁察,将拳民列诸乡团之内,听其自卫身家,守望相助。"⑥

清政府希望通过"改拳会为乡团"的政策,将义和团整合为政府所能凭借的工具。在这一政策的影响下,义和团的发展越来越快,规模越来越大,逐渐超出政府所能控制的范围。这些民间力量一旦成长壮大之后,很容易脱离政府所确定的轨道,成为政府的异己力量。

---

① 朱寿朋:《光绪朝东华录》第四册,第 4246 页。
② 胡绳:《从鸦片战争到五四运动》,第 586 页。
③ 故宫博物馆:《义和团档案史料》上册,第 46 页。
④ 故宫博物院:《义和团档案史料》上册,第 56 页。
⑤ 台湾三军大学:《中国历代战争史》第十七册,第 325 页。
⑥ 故宫博物院:《义和团档案史料》上册,第 15 页。

　　义和团在直隶、京津地区的发展引起了外国列强的恐慌,他们多次逼迫清政府严厉镇压,并以保护使馆为名,要求派兵进驻北京。清政府被迫同意洋兵进京。1900 年 5 月 31 日,第一批洋兵 350 余名开进北京。清政府在外有洋兵压境、内有义和团在京津勃起的困境中,内部的分歧日益扩大,争吵更为激烈。总理衙门大臣、吏部侍郎许景澄、兵部尚书徐用仪,太常寺卿袁昶、军机大臣荣禄等人力主剿灭义和团。端郡王载漪、协办大学士吏部尚书刚毅等人则极力主抚,以便控制、利用义和团。载漪刚毅合疏言:"义民可恃,其术甚神,可以报仇雪耻。"①而慈禧则常常左右摇摆,举棋不定。政策上出现含糊、混乱、出尔反尔、不统一的状况。

　　慈禧痛恨列强干涉她对光绪的处置,更怕列强支持光绪重新执政,一再表示此仇必报。大臣们反复报告义和团"杀灭洋教"很勇敢,且能"上法附体,刀枪不入",她半信半疑,犹豫不决,在政策上左右摇摆。这种情境中发出的指令、上谕,常常使地方官吏手足无措,不知如何是好。各地官员对谕旨的理解不同,对待义和团的办法也不相同。

　　6 月 3 日,慈禧向荣禄、裕禄发出上谕:"现在畿辅一带拳匪蔓延日广,亟应妥速解散,以靖地方。该督务当通饬各州县亲历各乡,谆切劝导,不可操切从事。至带兵员弁,亦当严行申诚,毋得轻伤民命,启衅邀功。"②6 月 4 日晚,慈禧太后密召军机大臣,旋即议决:决计不将义和团剿灭。当时,慈禧并没有在主抚、主剿两个方案中做出最后的决断。慈禧的犹豫不决是义和团运动不断扩大的原因之一;慈禧的犹豫不决又使清政府的权力系统被一分为二,主抚、主剿的双方都可以利用自己的权力发号施令,于是此后清廷的权力系统基本上是在因人而异、各行其是,不断传出相互矛盾的声音,发布相互矛盾的命令。

　　6 月 5 日,英国公使窦纳乐到总理衙门会晤了庆亲王奕劻,在谈到如何镇压义和团问题时,他明确告诉庆亲王,"不镇压义和团正直接导致外国干涉"。③ 庆亲王采用了比平时更为敷衍的态度,同时强调以下事实,即聂士成提督率领 6000 名军队正从天津出动防守铁路线,以阻止更加恶劣事件的发生。庆亲王明白地告诉窦纳乐,义和团运动是深入人心的,对其所提供的这种民意诉求是不能漠然视之的。这个运动首先是由于中国基督教徒及教士们的行动而引起的根深蒂固的仇恨的一种表现。虽然教徒们遭到严重损失,而且政府的财产遭到破坏,但直到目前为止,普通的中国良民绝没有受到骚扰。如果由于义和团表达了人民的普遍情绪而不分青红皂白地予以惩罚,那么中国良民将认为那是最不公平的。庆亲王承认,清政府确实不愿意严厉地惩处义和团运动,因为"这个运动由于它的排外性而深入人心"。而这一点应该是清政府内部在如何处置义和团问题上摇摆不定的真实原因之一。此后几天,各国公使频繁协商,他们认为:"我们通常对中国政府施加压力的方法已失去作用,总理衙门无力说服朝廷采取严厉的镇压措施。外交团在特别觐见时向皇帝和慈禧太后直接提出抗议,看来是使朝廷获得深刻印象的唯一进呈的机会。"④

　　6 月 6 日,公使们获悉,聂士成提督已接到最严厉的命令镇压义和团,而且聂军实际

---

①　翦伯赞,等:《义和团》第一册,第 13 页。
②　故宫博物院:《义和团档案史料》上册,第 116 页。
③　胡滨:《英国兰皮书有关义和团运动资料选译》,第 27 页。
④　胡滨:《英国蓝皮书有关义和团运动资料选译》,第 27 页。

上已经在铁路沿线与义和团发生冲突。总理衙门答应外交团,铁路交通至迟将于6月9日恢复,同时要求各国公使延缓实现集体觐见的想法。6月7日,奉命保护铁路、恢复铁路交通的聂士成在赴丰台途径廊坊的时候,遭到义和团有组织的主动进攻,这在过去还不曾有过。聂军被迫折回落垡,又在那里与正在拆毁铁路的义和团发生极为激烈的战斗,双方各有伤亡。同一天凌晨三时许,聂军邢长春获悉义和团焚毁北河大桥,乃密率马队前往阻止,不料遭上千拳民攻击,官军被迫开枪。

（六）义和团进京

1900年2月开始,义和团运动已经由京津一带转移京师。京师义和团主要来源于山东,这是因为山东新任巡抚袁世凯的强行镇压,迫使义和团向京津地区转移。"有山东义和团匪党,散布京城,潜通南宫、冀州一带,无知之辈,明目张胆,到处勾劝。"①

事实上,清政府对义和团的总政策和基本态度,在不同的阶段有不同的内容和表现。从义和团发生到1900年5月底义和团占领涿州时,朝廷对义和团采取限制政策,指令地方官"遇有民教之案,持平办理"。② 所以在这一段较长时间内,各地义和团能公开活动,并很快发展起来。在5月底6月初,义和团为了阻止各国军队继续进犯北京,又一次大规模破坏了京津铁路。5月27日,"涿州至琉璃河一带猝被拳匪将铁路焚毁"。③ 五月初一日（5月28日）,"津卢铁路卢沟桥车站被拳匪焚毁,旋又纠众窜至丰台,合之本地匪徒不下千余人,纵火先烧制造厂,次及库房、材料厂、车站、机车房、以及客车、机车、厂车,陆续被毁"。④ 30日"五月初三烧定兴站道,初四（31日）早,保定之南方顺桥站房桥道均被拳匪烧毁","驻涞各营接京都电报云:'不准开仗',官兵解体,拳民窜回涿州,益肆行无忌……铁轨已拆毁数十里,并烧涿州高碑店栈房数处"。五月初五日（6月1日）,"高碑店迤北电杆、铁道全毁,涿州拳众占城已竖旗帜"。⑤ 6月2日,"法使称,监工洋人三十余人,途遇拳匪,有四人被杀,四人受伤"。⑥ 6月4日,"初八寅刻,突有匪徒持械到黄村车站放火……计焚毁车站一所,旱桥一座,电杆数十根"。⑦

6月6日,大学士刚毅被派往涿州察看动静,"闻朝廷命刚（毅）中丞、赵（舒翘）大司寇先后赴涿州查办此事。闻该团民见有大员来问,亦颇畏惧,亦思解散。又经刚相一味恭维,奖其忠义,为国除害,将来当欲借其力以灭外洋,问其能否。该团头等奚有不高兴之理,信口开河,大肆欺诳。谓人上法皆可避炮火,并可使其枪炮不燃;又可咒其火药自焚;铁甲船来海口又预埋土龙三条,可以一律搅翻,如此等语,说的天花乱坠"。刚毅等回京向慈禧复命,奏言,"断无轻于用剿之理"。⑧ "刚毅力言拳民忠义可用,舒翘附和之。"⑨ 刚毅

① 故宫博物院:《义和团档案史料》上册,第71页。
② 故宫博物院:《义和团档案史料》上册,第44页。
③ 故宫博物院:《义和团档案史料》上册,第103页。
④ 故宫博物院:《义和团档案史料》上册,第117页。
⑤ 故宫博物院:《义和团档案史料》上册,第113页。
⑥ 故宫博物院:《义和团档案史料》上册,第114页。
⑦ 故宫博物院:《义和团档案史料》上册,第119页。
⑧ 故宫博物院:《义和团档案史料》上册,第138页。
⑨ 罗惇曧:《庚子国变记》,第36页。

的奏折对慈禧影响颇大,促使她下决心招抚义和团。于是慈禧决定"招抚"和笼络义和团,允许他们进入北京。此后,义和团的活动进入高潮期。

6 月中旬即有万名义和团到京。"由是风声所布,相继而来者,日以千计,随处设立拳厂坛场,触目皆是。"义和团的人数急剧增多,"上自王公卿相,下至倡优隶卒,几乎无人不团"。"市中店铺招牌,亦互题新名,曰'义和昌',曰'义和兴',曰'义和泰',皆以媚匪也。"①整个北京为义和团所控制,连北京各城门、皇城各门、王公大臣各府、六部九卿文武大小衙门,均由义和团驻守,盘诘行人,政府机构陷于瘫痪。6 月 12 日,焚外城姚家井一带教民房屋及彰仪门外西人跑马厅;6 月 13 日焚八面槽、双旗杆等处教堂,又烧灯市口及勾栏胡同等处洋房;14 日焚宣武门大街耶稣堂、宣武门内天主堂;16 日焚大栅栏老德记大药房,火势延及正阳门箭楼,烧毁店铺约 4000 余家,"数百年精华尽矣"。在义和团风暴的冲击下,清政府各部院文武大小衙门一切公事概行停止。至 6 月下旬,北京城内已经设坛千余处,义和团"不下十数万,自兵民以至王公府第,处处皆是,同声与洋教为仇,势不两立"。② 义和团对所有的教堂发起攻势,并勒令教民叛教。五月十九日上谕:"昨日夜间,城内各处焚烧如旧,且有奸宄从中煽惑,竟敢明目张胆,沿途喊杀,持械寻仇,致有杀害平民情事。官兵任其猖獗,城门由其出入,人心日夜数惊,居民不得安业。辇毂之下,扰乱至此,若再不严行惩办,为祸不堪设想。"③但实际上,清政府已渐渐失去了控制北京城内局面的能力了。

清政府的"安抚"政策也使天津义和团获得了迅速发展的机会。6 月中下旬,约有二三万义和团先后到达天津。联军攻陷大沽后,张德成于 6 月 28 日进入天津,设坛于北门里小宜门,成为保卫天津的重要力量。天津全城参加义和团的群众达 5 万人之众。6 月 14 日、15 日两天内,义和团接连焚毁教堂 10 余所,捣毁了被帝国主义把持的海关、电报等衙门,并砸开监狱,把在押犯人全部释放。

三、八国联军进犯北京

甲午战争后的几年间,列强忙于瓜分中国,相互划分势力范围,互相之间猜疑、倾轧、联合、斗争。由于清政府的财政、军事、政治都已经被列强所控制,因此列强对清政府并不担心。至于义和团,在西方国家看来,不过是一部分暴民的蠢动,不致产生严重后果。直至义和团迅速发展,并明确打起"扶清灭洋"的大旗后,各国才大吃一惊。

(一) 公使同盟的建立

1899 年 12 月 30 日,英国传教士卜克斯"乘坐手推车旅行,无人护送,穿过暴徒横行的乡村时被捉住"④,第二天即被斩首。清政府于十二月初四日(1 月 4 日)发布上谕,向英

① 翦伯赞,等:《义和团》第一册,第 306 页。
② 故宫博物院:《义和团档案史料》上册,第 187 页。
③ 故宫博物院:《义和团档案史料》上册,第 140 页。
④ 胡滨:《英国蓝皮书有关义和团运动资料选译》,第 4 页。

国政府表示"殊深惋惜",并"著袁世凯迅速将疏防之该管各官先行参处。一面督饬严缉凶犯,务获惩办,以靖地方而敦邻好。"①但仅仅几天以后,因为一些御史指责袁世凯在山东的对义和团的强硬镇压,请求朝廷"请旨饬下署山东巡抚臣袁世凯,慎重兵端,整顿吏治,勿以意气用事,勿以操急图功,遇有教案,持平办理。"②朝廷于1月11日又发布上谕:"地方官遇案不加分别,误听谣言,概目为会匪,株连滥杀,以致良莠不分,民心惶惑,是直添薪止沸,为渊驱鱼",遇事要"化大为小,化有为无。"③这道上谕发布后,山东的义和团运动迅速发展,公使们都认为清政府将借助义和团的力量驱逐洋人。1900年1月23日,法国公使毕盛召集法、美、德、英四国公使会议,讨论义和团事件及其对策。25日,四国公使又在英国公使馆进行会议。27日,四国公使向清政府提出联合照会:"这道上谕的措辞不幸造成了一个普遍的印象,即中国政府对义和团和大刀会这样的结社抱有好感,在这些胡作非为的人所打的旗帜上,写着'灭洋'字样……我必须要求颁布并散发一道上谕,下令指明对义和拳和大刀会进行全面镇压和取缔。"④意大利公使也意识到问题的严重性,也向总理衙门递交了一份类似的照会。或许是因为1月24日宣布立大阿哥引起了国内的混乱,清政府没有及时回答五国公使的照会。2月21日,五国公使再次要求总理衙门答复。3月1日,清廷发布上谕:"此种私立会名(指义和拳),聚众生事,若不严行禁止,恐愚民被其煽惑,蔓延日广,迫酿成巨案,不得不用兵剿办,所伤实多。朝廷不忍不教而诛,着直隶、山东各督抚,剀切出示晓谕,严行禁止。"⑤3月2日,五国公使依然如约联合访问了总理衙门。经过中国方面的解释,公使们承认该上谕所表现的诚意。在会谈结束时,公使们将他们3月1日晚拟就的新照会递交总理衙门,以对清政府进一步施加压力。3月7日,总理衙门以在《京报》上发表取缔结社的上谕与先例不符,对五国公使3月1日的照会要求予以拒绝。

3月10日,五国公使举行会议,决定向各自政府建议,"必须采用在中国北部水域举行联合海军示威的形式"。⑥五国政府没有立即同意公使们的建议,担心联合海军的示威有可能进一步激化事态,不利于问题的解决,反而会影响他们的在华实力和地位。

3月14日,清政府任命毓贤为山西巡抚,引起各国公使强烈不满,认为一个有强烈排外立场的官员派到传教士势力较大的地方,是对各国的挑衅。3月23日,英国公使窦纳乐要求英国政府派遣两艘军舰到大沽口待命。3月29日,英舰"仙女"号和"快捷"号由上海抵达大沽口外海面。4月6日,英、法、德、美四国公使联合发出照会,限令清政府在两月以内,悉数将义和团匪一律剿除,否则将水陆各军驰入山东直隶两省,代为剿平⑦4月7日,美国和意大利两国的军舰开到大沽口。4月12日,俄国、英国、法国、美国等国的军舰在大沽海面组织了一次武装示威,以向清政府进一步施加压力。

① 朱寿朋:《光绪朝东华续录》第四册,第4458页。
② 故宫博物馆:《义和团档案史料》上册,第43页。
③ 朱寿朋:《光绪朝东华续录》第四册,第4426页。
④ 胡滨:《英国蓝皮书有关义和团运动资料选译》第一册,第12页。
⑤ 翦伯赞,等:《义和团》第四册,第11页。
⑥ 胡滨:《英国蓝皮书有关义和团运动资料选译》,第16页。
⑦ 翦伯赞,等:《义和团》第三册,第169页。

担负天主教在中国保教权的法国,是在中国传教势力最大的国家,受到义和团的直接打击也最甚,因此法国对义和团恨之入骨。5 月 17 日,法国驻华公使毕盛向各国公使报告:义和团在保定附近的某处杀死了 61 名天主教徒,企图以此事激起各国武装直接镇压义和团的情绪。"5 月 19 日,作为外交团首席公使的西班牙公使,传阅了法国公使的信及其附件。"[①]西什库教堂的法国主教樊国梁写给毕盛的信中说:"宗教迫害只不过是一个掩饰,其主要目的是要消灭欧洲人,而这个目的已清楚地表示出来,并写在义和拳的旗帜上。""他们将从进攻教堂开始,而最后将攻击各国使馆。"[②]

5 月 20 日,由外交团首席公使、西班牙公使葛络干召集英、美、俄、法、德、意、奥、西、荷、比、日等 11 国公使举行会议,讨论中国所面临的局势,以及他们的应对方案。会上,法国公使毕盛建议各国共同调动军队来北京,以保护使馆和各国教堂。但英国公使窦纳乐和美国公使康格不同意立即调集军队,直接介入镇压义和团的行动。根据各国公使的态度,法国公使毕盛草拟了一份联合通牒,向清政府提出 6 点要求。5 月 21 日清晨,首席公使葛络干将该照会提交给总理衙门。

"在 5 月 24 日、29 日、30 日又继续颁布了三道上谕,措辞严厉,无以复加,它们限令'立即采取行动并将义和团首领与头目力予逮捕而驱散其众',教堂则加以保护云云。"但实际上清政府已控制不了局面,5 月 25 日,义和团"在霸州攻击并毁坏了一个美国教会的教徒的房屋,并且杀害了九名基督徒妇女和小孩"。[③] 5 月 26 日晚,首席公使葛络干再次召集公使团会议,研究局势和讨论出兵问题。法国公使毕盛抢先发言,用十分激烈的言辞攻击总理衙门的答复。他的结论是:"他得到的所有情报使他相信,一次危及在北京的所有欧洲居民生命的严重骚乱即将爆发。""然后,毕盛先生极力主张:如果中国不立即采取行动,各国使节应马上调来卫队。于是,接着进行了一些讨论,讨论后决定……如果今天下午不能得到总理衙门的满意答复,我们决定调来卫队。"[④]

5 月 27 日下午,庆亲王奕劻相继会见了窦纳乐和格尔思。奕劻告诉窦纳乐,作为驻京部队的军事指挥官,他愿意承担对所有外国人的保护。他希望各国不要火上浇油,相信清政府有能力尽快恢复北京的正常秩序。窦纳乐告诉庆亲王,如果他们不能从清政府方面得到他们企图得到的保护,那么,他们自卫的方式将是调集使馆卫队,当天下午或许就要决定是否调集使馆卫队的问题,同时如果调集使馆卫队,他们的人数无疑将比以往多得多。对于这一具有明显威胁性的建议,奕劻表示并不反对。他解释说:清政府已意识到义和团运动的力量和破坏作用,因此对于调来外国军队以增进安全可能抱欢迎态度。[⑤]奕劻坦诚的表态使公使们相信,"中国政府对义和团正在采取有力措施,义和拳运动的进展终于使它感到十分惊慌。外交团今天开会,决定再等 24 小时,以观察局势的继续发展"。5 月 28 日晚上,各国公使再次举行会议。"一致决定调来卫队保护各国使馆。在召

①　胡滨:《英国蓝皮书有关义和团运动资料选译》,第 71 页。
②　胡滨:《英国蓝皮书有关义和团运动资料选译》第一册,第 73 页。
③　马士:《中华帝国对外关系史》第三册,第 209 页。
④　胡滨:《英国蓝皮书有关义和团运动资料选译》,第 20 页。
⑤　马勇:《中国近代通史》第四册,第 420 页。

集会议之前,法国公使已经调集他的卫队。"①

(二)"使馆卫队"进京

列强对义和团的迅速发展一方面感到惊恐不安,同时又十分高兴,认为这是入侵中国的好机会。各国驻华公使一再向清政府施加压力,要其极力镇压义和团。各国军队在大沽口等地集结的时候,公使团曾向清政府提出调动大批军队进京保护各自的使馆。法国驻天津总领事杜士兰代表各国领事致函直隶总督裕禄,要求"于各队伍抵达时,竭力帮助登岸"。②

5月30日,总理衙门在答复各国的照会中拒绝各国军队进京。直隶总督裕禄也下令:"不准美兵舰所派进京保护使馆之水兵,由铁路火车上装载进京。驻京各国公使闻信后,即行会议,向总署责问。"③他们认为:"此时局势极为严重,现在的问题是在这里的欧洲人的生命财产正处在危险中。"④各国公使于5月30日中午举行紧急会议,商讨对策。在会上,各国公使推举英、俄、法、美四国公使立即前往总理衙门进行交涉。四国公使"向总理衙门宣称:鉴于严重局势和中国军队的不可靠,各国使节为保护在北京的欧洲人的生命,必须立即调来卫队。如果他们给予便利,卫队的人数将是很少的,但若拒绝给予便利,则人数必定增加"。⑤四国公使威胁中国官员说:不管清政府的态度如何,外交团调兵进京保护使馆的决心已定。如果清政府拒绝各国派遣使馆卫队进京,那么各国就共同调来特遣部队并使用武力,还可能会增派大量军队强行北上,到时候清政府必须承担为此而付出的巨大代价。总理衙门的大臣们希望用拖延的办法予以缓和。他们借口事关重大,必须同正在颐和园的庆亲王奕劻进行协商后方可答复。而公使代表则"拒绝承认他们提出的不可能与庆亲王迅速联系并作出决定的理由",他们坚持,使馆卫队必须"能够于明天到达这里"。⑥

"5月31日星期四黎明前,总理衙门送来一封信至本使馆,说明总理衙门撤回他们的反对意见,条件是卫队人数应与1898年卫队的人数相同,而且一旦恢复平静之后他们便将撤退。"⑦同日晨,总理衙门奉命致电直隶总督裕禄,准许他派火车协助各国运送军队到北京,同时告知裕禄,此事尚需到颐和园得到最后批准。时至近午,总理衙门再次致电裕禄,同意"洋兵护馆,准由火车运送,但人数不得过多,致碍邦交"。⑧各国公使在收到总理衙门的信后,立即开会讨论,对清政府对他们在调兵人数上的限制根本不予理会,"在当天早上匆匆召集的外交团会议上决定,在天津已经准备就绪的所有特遣部队应立即前来北京"。⑨

①　胡滨:《英国蓝皮书有关义和团运动资料选译》,第20、21页。
②　北京大学历史系中国近代史教研室:《义和团运动史料丛编》第二册,第127页。
③　翦伯赞,等:《义和团》第三册,第170页。
④　胡滨:《英国蓝皮书有关义和团运动资料选译》第一册,第21页。
⑤　胡滨:《英国蓝皮书有关义和团运动资料选译》第一册,第22页。
⑥　胡滨:《英国蓝皮书有关义和团运动资料选译》第一册,第81页。
⑦　胡滨:《英国蓝皮书有关义和团运动资料选译》第一册,第81页。
⑧　北京大学历史系中国近代史教研室:《义和团运动史料丛编》第二册,第133页。
⑨　胡滨:《英国蓝皮书有关义和团运动资料选译》,第81页。

1900 年 5 月 31 日，一列专用火车"在当天下午六点四十五分到达北京——79 名英国兵、79 名俄国兵、75 名法国兵、53 名美国兵、39 名意大利兵、24 名日本兵；此外，51 名德国兵和 32 名奥匈兵在 6 月 3 日到达；在这些人数之上得加上 19 名军官，总计有 451 名武装人员"。[1] 此后，各国不断增兵，至 6 月 8 日，进京的"使馆卫队"已近千人。与此同时，各国军舰开到大沽口外示威。到 6 月 2 日，"泊北直隶渤海湾及大沽口外兵舰，计俄 9 艘，英、德、日各 3 艘，美、法、意各 2 艘，俄舰更载陆兵近万"。[2]

当时英俄在华争夺激烈，矛盾很深。它们各有各的打算，各有各的伙伴，在分割中国的角逐中形成了错综复杂的局面。英国为了乘机独占长江流域和华南地区，极力拉拢日本，企图利用日本剿杀义和团，抵制沙俄势力向南开张。英国为日本出兵提供财政援助。日本积极赞成英国的主张，派出的兵力占八国联军总数的五分之二。

沙俄为了控制清政府，独霸东北和抵制英、日扩张势力，利用与中国接壤之便，"调兵独多"，却又不"公开领导对中国作敌对行动"。德国支持沙俄，并把这次侵华战争看作为德国"扩充"在华的"占有权利"和"发展东亚商业之最大的希望"。[3] 列强调动军队进入北京的目的是为了"帮助"清政府镇压义和团，稳定北京的局势。然而后来的事实证明，正是列强调兵进京迅速激化了各方面的矛盾，激起了义和团更加强烈的反帝排外情绪。

6 月 1 日发生了令人震惊的事件。"卢保铁路洋工司二项等 30 余人自保定雇民船 11 只回津，由省拨队护送，初四午前行至雄县小龙王庄，突遇拳匪多人拦截河岸，施放抬枪，将船头击坏，弁兵众寡不敌，洋人男女均上岸逃避，未知下落。"[4] 当他门于"6 月 2 日狼狈抵达天津的时候，这些欧洲人已有 9 人失踪，稍后证实其中 4 人死亡。这一事件对后来局势的恶化，尤其是列强诸国更大规模地向中国集中兵力，起了相当重要的诱导作用"。[5] 这批欧洲人中大多数是比利时人，他们遇到困难的消息于 6 月 1 日传到北京。比利时公使请求俄国公使派遣军队前往营救，俄国公使派驻防天津的 25 名哥萨克骑兵前往营救。6 月 2 日晨他们从天津出发，"是晚，俄弁带马队行至独流县地方，为村民所围，俄弁以曾受不准妄发枪弹之军令，拔刀格斗，初杀二人，村民仍猛进……更杀其党二三十人，余众始逃"。[6] 俄国骑兵冲出重围，其中一名哥萨克军官从马上跌下来，被义和团民众打死，余众仓皇逃回天津。击退哥萨克骑兵大大鼓励了义和团的士气，甚至使人相信义和团真的具有某些神奇的力量。

1900 年 6 月 8 日晚间，义和团在北京外城中初次举行大示威，人声鼎沸，高呼口号："烧香、磕头、泼凉水、杀洋鬼子。"[7]6 月 8 日前后，各国驻京公使感到已进京的使馆卫队兵力单薄，便电令集结在大沽口外军舰上的将领继续派兵进京。1900 年 6 月 10 日，英、法、德、俄、美、日、意、奥正式组成八国联军，共 2064 人，"内计英兵 915 人、德兵 415 人、俄

---

① 马士：《中华帝国对外关系史》第三册，第 211 页。

② 翦伯赞，等：《义和团》第三册，第 171 页。

③ 翦伯赞，等：《义和团》第三册，第 7 页。

④ 故宫博物院：《义和团档案史料》上册，第 114 页。

⑤ 马勇：《中国近代通史》第四册，第 430 页。

⑥ 翦伯赞，等：《义和团》第三册，第 172 页。

⑦ 翦伯赞，等：《义和团》第二册，第 398 页。

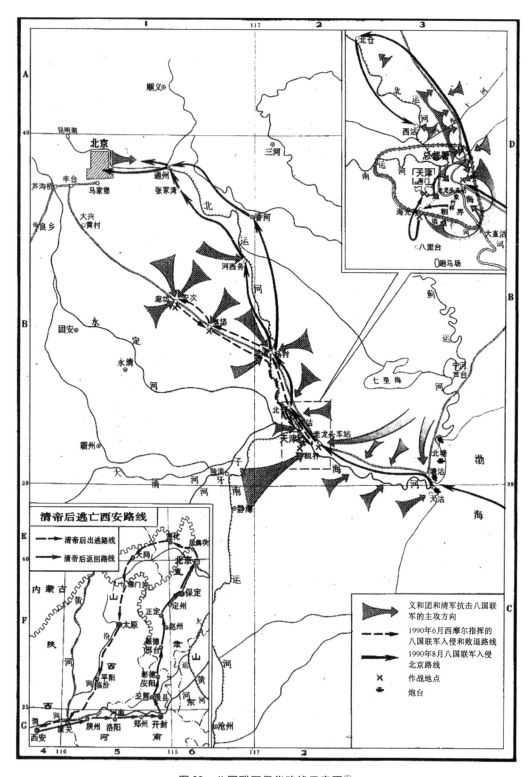

图 23　八国联军侵华路线示意图①

---

① 张海鹏：《中国近代史稿地图集》，第 71 页。

兵 315 人、法兵 158 人、美兵 112 人、日兵 52 人、意兵 40 人、奥兵 25 人"。[①] 联军由英国海军司令西摩尔上将率领,先在大沽登陆,再由天津乘火车向北京进犯。如图 23。

在瓦德西到来之前,八国联军并不是通过各国政府建立起有统一指挥机构的联合军队,只是赴华军事统领的临时军事联合而已。八国联军一般来自本国,或来自所属的殖民地,有的则直接来自中国各港口或"租界"。这些军队分期分批被派到直隶省,时间参差不齐,来去也不定,人数逐步增多。八国联军的组成和发展可分 4 个阶段:第一阶段,从 5 月下旬组成使馆卫队到西摩联军的组成;第二阶段,从 6 月 17 日大沽攻夺到 7 月 14 日天津失守;第三阶段,从天津失守到 8 月 14 日北京失陷;第四阶段,北京失陷以后。[②] 在八国联军侵华之战的同时,沙俄趁火打劫,派大批军队入侵东北,取得了巨大的实际效益,这部分军队不属于八国联军之内,本章有单独一节介绍沙俄在东北的侵略史实。

(三) 廊坊之战

1900 年 6 月 10 日晨 4 时,联军在塘沽登陆,准备乘火车到天津。联军逼裕禄修路备车,裕禄因未奉朝廷许可,拒绝派车。联军进入车库,强占车辆,派外籍司机开车。

10 日 9 点钟,派第一排车,装运兵丁 800 名,随带大炮数尊,使之开路。次日续派两排车开行。[③] 共有 2064 名八国联军先后分三批从天津出发,乘火车进犯北京。联军随身只带两天干粮,没有带辎重,每人只带了 200 余发子弹。由于自 6 月上旬开始,义和团在京津沿线就展开了拆毁铁路的斗争,迫使联军边修路、边行进,因此联军进军缓慢。当晚,联军只行进到距天津 50 公里的落垡车站。联军向北京进发的消息使清军内部首先发生震动,聂士成于 10 日致电荣禄,请求率部回天津芦台,放弃镇压义和团的任务,以反击联军的进攻。董福祥的甘军则迅速控制了北京火车站,准备与进犯的联军战斗。联军向北京进发也引起了清政府的恐慌,慈禧太后意识到,联军大规模进京会极大地动摇她的统治地位,因而坚决反对联军进京。

11 日下午,清政府派袁昶"偕许景澄晤俄、英、法、美四公使"劝说各国公使命令联军停止前进。[④] 各国公使根本不予考虑。但义和团的阻挠确使联军的行进越来越困难。联军抵至距落垡四五千米地方,遇有一股拳匪,聚在铁路之右,立即驱逐。[⑤]

12 日,联军才前进至廊坊,遇到用大刀和长矛武装起来的义和团的英勇抵抗。联军"与义和团经常发生战斗"。[⑥]

13 日,慈禧指示裕禄迅速将聂士成部全数调回天津铁路附近驻扎扼要,以阻止联军强行进京,并令大沽口炮台守将罗荣光加强守备,以防不测。有了清军的介入,联军的行动更加困难。

14 日清晨,"联军第二排车,正在廊坊车站,贮备所需之水,忽有拳匪约 300 人,持刀

---

① 翦伯赞,等:《义和团》第三册,第 281 页。
② 张玉田:《中国近代军事史》,第 403 页。
③ 翦伯赞,等:《义和团》第三册,第 281 页。
④ 翦伯赞,等:《义和团》第四册,第 160 页。
⑤ 翦伯赞,等:《义和团》第三册,第 282 页。
⑥ 马士:《中华帝国对外关系史》第三册,第 227 页。

荷枪,大声疾呼,进向车站攻击。联军立即还击,击死拳匪约 80 人"。"是日晚间,闻悉留在后面保护落垡车站之支队,为华兵数百人向之攻击,遂分一排车,急回救援。"①但由于"铁路被毁过重","无法修复",侵略军不得不停顿下来。联军进退两难,"前行之铁路已被拳匪毁坏,竟不能越雷池一步"。②

16 日,"清晨,西摩与各统兵官会商,拟暂停止由铁路一带前往北京之议"③,决定修复廊坊到天津的铁路,以便沿铁路退回天津。此时联军需要东西两线作战。

17 日,联军与清军侦察马队交火,清军随即撤退。自从联军向天津出动以来,虽说清军不希望联军进京,但从未与联军作战。此次短暂的交火引起了联军指挥官的警惕。

18 日,董福祥武卫后军骑兵、步兵和义和团约 5000 人,在廊坊与联军展开激战。装备有现代步枪的甘军与装备有更先进武器的联军激战 2 小时,互有伤亡。"两造相距不远,彼此抵御,均异常奋勇,至晚 4 点钟,华军力不能支,弃阵而逃。是役也,华军被击死者约 400,联军被击死者约 50。"联军当晚 6 时退回落垡,"西摩立定退兵之议,各统兵官均以为然"。④

19 日凌晨 4 时,联军从杨村向天津总撤退。此时白河桥已被破坏,联军抢夺 9 只民船,把行李、军火、什物和伤员安装在船上,大军准备沿运河东岸陆行。以美、法、意军居于前,英、德、俄、日、奥军居于后,驻扎于平原之地。而清军则把他们乘坐的车辆焚毁,以绝其北进之路。

20 日清晨 6 点钟,联军刚由落垡出发向天津退去,9 点钟就遭到聂士成军与义和团的联合阻击,"炮火之声,络绎不绝,至晚 7 点钟始息"。联军残暴地毁坏沿河一带村庄,使清军失去屏障。

21 日,联军分布在运河两岸以保护船只前进。这时聂士成军大约有 5000 人,在义和团帮助下,"分排河之两岸,步队、马队、炮队,无所不有,当即尽力截击,联军受创不小。乃拟于次日夜间,向前进行,一则可免再遇劲敌,一则可速抵近天津"。⑤

22 日夜二点钟起程,联军退向北仓。由于教民的指引,联军意外地占领了西沽武库。西沽武库为天津驻军"军贮重地","存有丰富的粮食和价值 300 万镑的军火"⑥,使联军得到充分的补给。"于内查出贮有药弹数百万颗,军火数千件,并医伤所用之裹扎带布甚多。"⑦西摩据武库负隅顽抗,坚守待援。守库清军为了夺回武器库,在当天和以后的几天内与联军展开了一系列激战,义和团民也参加战斗,但由于联军获得了大量的武器和充足的粮食补给而未能攻下。联军几次试图突围,都因"能战之兵,不满千人,又为被伤之兵所累","众寡之不敌,强弱之异势,不待智者而后知也。联军计无复之,只得仍在原处驻扎……旋觅得一华兵,密令前往天津,代请救兵"。⑧

────────────────

①　翦伯赞,等:《义和团》第三册,第 282 页。
②　翦伯赞,等:《义和团》第三册,第 282 页。
③　翦伯赞,等:《义和团》第三册,第 282 页。
④　翦伯赞,等:《义和团》第三册,第 284 页。
⑤　翦伯赞,等:《义和团》第三册,第 284 页。
⑥　马士:《中华帝国对外关系史》第三册,第 229 页。
⑦　翦伯赞,等:《义和团》第三册,第 192 页。
⑧　翦伯赞,等:《义和团》第三册,第 285 页。

西摩尔联军"派人前往天津要求援军,援军于 6 月 25 日晨到达。我们撤离了武库,部队于 6 月 26 日到达天津。在撤离武库的时候,放火把它焚毁"①,此役西摩尔联军虽逃回天津,但其进京的目的被粉碎,部队有很大损失。西摩尔联军 2066 人的部队中,"死亡者 62 人,受伤者 312 人"。②

(四) 大沽炮台之战

大沽位于天津东南,海河入海口的南岸,东临渤海,北靠京山铁路,是北京通往海洋的东大门,又是天津的屏障,军事地位极为重要。"大沽湾系泥泞之斜堤,水流最属迂回,若以深浅计之,凡吃水最深,容积稍大之兵舰均当停泊于大沽湾之外,相距十千米或十二千米地方,以免搁浅之患。"③

北洋舰队在甲午战争中全军覆没后,直隶总督裕禄于 1899 年奏请重整北洋海军,向外国新购兵轮,计有海容、海筹、海琛 3 巡洋舰,海龙、海犀、海青、海华 4 鱼雷艇,海天、海圻 2 炮艇,连同旧有残船共 13 艘舰船。当时驻防在大沽口的清军约有 3000 人,天津镇总兵罗荣光为驻守大沽口的最高指挥官。"所用之军器,内有大口径之炮甚多,且皆新式,大略非克虏伯厂所造,即亚姆斯特朗厂所造者⋯⋯且该处又设有新式电光机器,及最可畏之炮队,巩固之营盘。"④

各国在大沽口登岸之士兵,"共计武弁 520 员,兵士 14500 人,炮 53 尊,机器快炮 26 尊"。⑤ 攻打大沽口炮台的战斗中,俄国军队表现得最为积极,充当了这次行动的主谋。俄军凭借其地理优势,指派俄国太平洋舰队司令基利杰勃兰特海军中将立即从旅顺口抽调 1600 名官兵星夜向大沽口转移,以便作为进犯大沽口的联军主力。基氏是当时各国驻大沽口海军将领中级别最高的军官,他充当了进攻大沽炮台的联合舰队司令。

1900 年 6 月 15 日,基氏主持驻大沽各国海军司令会议。会议之后,"300 名日本部队立即被派到塘沽;另有 250 名法国和俄国部队被派到这条铁路线上更远的军粮城"⑥以控制津沽通道。6 月 16 日,各国海军将领又开一次会议,"他们决定,通过获得同意或通过使用武力,暂时占领大沽炮台。他们向联军投降的期限是 6 月 17 日凌晨 2 时"。这份记录送交天津的直隶总督及炮台守将。但各国海军司令在照会中国大沽守将罗荣光之前,即在 16 日下午提前军事行动,"一个由 935 名六个不同国籍士兵所组成的陆战部队登了陆,属于六个国籍的 9 艘浅水炮艇在黄昏以后开进炮台的内侧而停泊下来;巨型的船只泊在沙滩以外,为炮台射程所不及"。⑦ 各国海军司令又同时对岸上守军的防御情况"详察两次"。一切准备工作就绪后,他们才在当天夜间亥刻把最后通牒送给罗荣光。表示"如凌晨两点钟不让出营台,定即开炮轰夺"。他们送最后通牒时间与最后期限相差最多不超

---

① 胡滨:《英国蓝皮书有关义和团运动资料选译》,第 49 页。
② 翦伯赞,等:《义和团》第三册,第 189 页。
③ 翦伯赞,等:《义和团》第三册,第 287 页。
④ 翦伯赞,等:《义和团》第三册,第 288 页。
⑤ 翦伯赞,等:《义和团》第三册,第 190 页。
⑥ 马士:《中华帝国对外关系史》第三册,第 220 页。
⑦ 马士:《中华帝国对外关系史》第三册,第 220 页。

过 4 小时,有意使中国军队无法准备。罗立刻派人向裕禄飞报,并通知北洋海军提督叶祖珪,请他配合作战。

各国海军就连这样一个很短期限都没有遵守,当夜"11 时各国停泊余家埠之兵船十余艘,一起开炮,用电灯照定南北岸各台轰击"。[①] 于是八国联军侵略中国的战争便由各国海军正式揭开。

联军攻占大沽口的意图开始时没有得到美军的支持。美国驻华舰队司令恩布夫于 6 月 14 日通知英国海军上将布鲁斯,他"未被授权向一个与我国保持着和平的国家发动任何战争行为。在 15 日,他拒绝参加对塘沽火车站的占领"。16 日,恩布夫拒绝在"最后通牒"上签字,不参加对大沽炮台的联合进攻。他同时宣布:"莫诺卡西号舰长崴兹已经收到命令,要保护美国利益,所以在被中国政府军队攻击的情况下,他将要认为是宣战,从而采取行动。"[②]这艘兵舰收容了大沽的外侨。说来奇怪,它是首先被清军的炮弹击中的船。由此,恩布夫认为中美之间存在着战争状态,于是他开始与其他国家的海军军官们合作,进攻大沽炮台就由"七国联军"变成了"八国联军"。

关于大沽口之战的经过,据事后罗荣光写给裕禄的禀报说:当 16 日夜 11 点钟敌舰一齐发炮轰击时,罗荣光同韩照琦便率领南岸各台弁勇,奋力开炮,瞄准该兵船电光灯路还击。"当将电灯击毁,该兵船受伤,起轮躲避。该提督亲自挂线,横腰一炮,击中船身,船即偏侧不支。复赶紧针对正面,连击数炮,遂将该炮船击坏。韩照琦亦在海字炮台,督饬勇丁,打沉兵船一只。其余船只,均往里河退避。因被民房遮掩,炮不能击。遂饬左营,就对面攻击。复差人密约鱼雷艇开炮协攻。讵该鱼雷船,始终并不援应。左营与之鏖战时许,击坏敌船两只。随赶调铁帽桥三营留营之官弁兵夫一百人,齐赴万年桥前营,拉炮上墙,帮同夹击,旋据前营报称亦毁敌船一只。四点钟时,细察情形,似可获胜,奋督各营,尽力猛击。敌船也抵死回攻,炮弹如雨,各营弁兵,均有损伤。左营逼近敌船,官弁兵勇,伤已大半。敌见该营墙台人少,以小舟载洋兵登岸,迭次分道扑营。该营放枪迎敌,轰毙洋兵甚多,敌锋大挫,余乃折回兵船,用炮苦击。该营药库火发,管带封得胜血战阵亡。兵勇死伤相继,敌遂越墙破门,将北岸左营炮台占据。而练军副左营势孤,亦相继被夺。敌得北岸两营炮台,即将兵船驶靠左岸,以大炮遍击南岸各营垒。并用左营左哨之炮。直击南滩营炮台。经营官卞长胜用大炮击毙洋官兵十余人。至七点钟时,敌船开花炮弹,落入南岸练军副营子弹库中,火箭子弹,一齐被焚。仍复努力御敌。至八点钟时,练军副右营药库被炮火发。敌见我营火起,即分三船由余家埠驶停燕子窝,逼近中炮台营垒,飞炮立击。奈中炮台大炮,地位过高,难以回攻。幸练军副营营官李忠纯用南营门台炮,击伤该兵船一只,并毁电灯一具。该船不敢追拢,至九点钟时,子弹告匮。韩照琦左额胸前均受重伤。后路又无接应。势孤力单,万年桥前营亦报,敌船攻打药库甚紧,并由海神庙船坞登岸抄袭,腹背受敌,不得不汇集各营余队,打通后路。现已退至新城,收查共约千余人。"[③]

这次战斗从 16 日夜十一时到次晨九时,持续了 10 小时。外方资料为晨五时战斗结

---

①　故宫博物院:《义和团档案史料》上册,第 165 页。
②　马士:《中华帝国对外关系史》第三册,第 221 页。
③　故宫博物院:《义和团档案史料》上册,第 165 页。

束,六时联军占领北炮台,七时大沽各炮台均被联军占领。"联军的损失是 64 名阵亡,89 名受伤。"① 战斗中清军打得很顽强,"各西人论中国兵将未可轻视,此次以七国水师攻一炮台,能持至六余点钟之久,可为难矣"。②

17 日十时以后,法国驻天津领事杜士兰代表列强向直隶总督裕禄提交了照会,照会的日期标为 16 日。此时大沽口炮台之战已经结束。显然,列强有意防止裕禄从天津派兵支援大沽。

驻守在大沽的北洋海军统帅叶祖珪对大沽的失陷也负有直接责任。叶祖珪事前曾得到罗荣光的通报,通报明确要求北洋海军给与必要的协助。然而战斗打响以后,叶祖珪贪生怕死,命令舰队不准开炮还击,并带领舰队仓皇逃命,但仍未能逃脱失败的命运,其本人随海容号一起被俘。联军夺获之中国鱼雷四艘,则分给各军,又有中国巡洋舰海容一艘,停在湾内,不得移动。③

"此次大沽口炮台之占,实为联军备一最坚固之战场,将来若有增兵,抵至该处,亦可任便登岸矣",为其后来进攻京津铺平了道路。④ 大沽失守,使京城大门洞开,实为清军很大的失着。

四、清政府宣战与攻打使馆

（一）清政府四次御前会议

大批义和团进入京津,进一步引起了清朝统治集团的争吵和分裂。慈禧没有想到允许拳民进京后,仅仅几天工夫,北京、天津几乎成了义和团的天下。慈禧形容当时的情况说:"那时他们(义和团)的势头大了,人数也多了,宫内宫外,纷纷扰扰,满眼看去,都是一起儿头上包着红布,进的进,出的出,也认不定谁是匪,谁不是匪","因此,更不敢轻说剿办"。⑤

清朝统治集团陷入"剿抚两难"的困境。清廷决定对外宣战的过程比较复杂,政府内部也有相当激烈的争论。当时,"外间讹传皇太后祖庇义和团不欲剿办该匪,其实亦思剿灭,而苦无能办事之人,为可叹耳"。⑥ 这时,一面是义和团在"京城蔓延已遍,其众不下十数万,自兵民以致王公府第,处处皆是,同声与洋教为仇,势不两立"⑦ ;一面是八国联军大举入侵,慈禧集团惊恐万分,慈禧承认她"方寸已乱",没有主意。她事后回忆说:"当时拳匪初起,议论纷纭,我为是主张不定,特派他们两人(刚毅、赵书翘)前往涿州去看验,后来回京复命……王公大臣们,又都是一起儿敦迫着我,要与洋人拼命的,教我一个人,如何

---

① 　马士:《中华帝国对外关系史》,第 221 页。
② 　翦伯赞,等:《义和团》第三册,第 182 页。
③ 　翦伯赞,等:《义和团》第三册,第 181 页。
④ 　翦伯赞,等:《义和团》第三册,第 290 页。
⑤ 　翦伯赞,等:《义和团》第三册,第 436 页。
⑥ 　翦伯赞,等:《义和团》第一册,第 244 页。
⑦ 　故宫博物院:《义和团档案史料》上册,第 187 页。

拿得定主意呢?"①

五月二十日(6月16日),午刻,忽传旨,召王大臣六部九卿入见于仪鸾殿,约百余人。上首诘责诸臣,不能弹压乱民,色甚厉。翰林院侍读学士刘永亨"奏曰:臣顷见董福祥,欲请上旨令其驱逐乱民。语甫半,端王载漪伸大指厉声呼曰:'好! 此即失人心第一法'。永亨憪"。② 太常寺卿袁昶"乃详言拳实乱民,万不可恃,就令有邪术,自古及今,断无仗此成事者。太后折之曰'法术不足恃,岂人心亦不足恃乎?'……太后又曰:'洋人有调兵之说,将何以处之? 尔等有何见识? 各抒所见,从速奏来'。群臣纷纷奏对,或言宜抚,或言宜速止洋兵,或言宜调兵保护"。③ 会议吵吵嚷嚷,众说纷纭中不欢而散。

五月二十一日(6月17日),第二次御前会议在仪鸾殿召开。会议一开始,仍是光绪帝"先诘问总理事务衙门大臣、尚书徐用仪,用仪奏辨语细不可闻,惟闻上厉声拍案曰:汝如此搪塞,便可了事耶?"④光绪帝十分不耐烦,太常寺卿袁昶"以为不可浪开衅,以一孱国,当八强国,为孤注之一掷,此宗社存亡之机所系,不仅胜负之数,乃危道也"。⑤ 突然,慈禧厉声宣谕曰:"顷得洋人照会四条,一、指明一地,令中国皇帝居住;二、代收各省钱粮;三、代掌天下兵权……今日衅开自彼,国亡在目前,若竟拱手让之,我死无面目见列圣。等亡也,一战而亡,不犹愈乎?"她明明宣布"照会"共四条,却只念了三条。群臣们被这份突如其来的"照会"弄得不知所措,但谁也不敢当面问其所详。他们只见太后一会儿厉声宣读照会,一会儿怆然而泣下,于是大臣们"咸顿首曰:'臣等愿效死力!'有泣下者"。⑥ 事后,问之荣相,才知道第四条的内容就是要慈禧"归政"。而这份所谓的照会,是一份唯恐天下不乱的赝品。

在第二次御前会议上,慈禧装模作样地宣称:"今日之事(指假照会),诸大臣均闻之矣。我为江山社稷不得已而宣战,顾事未可知,有如战之后江山社稷仍不保,诸公今日皆在此,当知我苦心,勿归咎于一人,谓皇太后送祖宗三百年天下。"慈禧言毕,立命徐用仪和户部尚书立山等前往使馆"谕以利害,若必欲开衅者,可即下旗归国"。立山坚辞不肯去。慈禧怒不可遏,厉声道:"汝敢往,固当往,不敢往,亦当往!"⑦会议气氛令人不寒而栗。结果又是不欢而散。慈禧当天的讲话,表明她已决心对列强宣战。

五月二十二日(6月18日),第三次御前会议在仪鸾殿召开。会上"载漪请攻使馆,慈禧许之。内阁学士兼礼部侍郎联元顿首亟言曰:不可,倘使臣不保,洋兵他日入城,鸡犬皆尽矣。"这番话触怒了慈禧,联元差点被当即处死。协办大学士王文韶以中国"财拙兵单,众寡强弱之势,既已不侔,一旦开衅,何以善后,顾太后三思。"慈禧拍案大骂,会议又不欢而散。⑧

五月二十三日(6月19),收到裕禄奏折,称6月17日收到外方照会,"限至明日早两

① 翦伯赞,等:《义和团》第三册,第438页。
② 翦伯赞,等:《义和团》第一册,第47页。
③ 翦伯赞,等:《义和团》第一册,第48页。
④ 翦伯赞,等:《义和团》第一册,第48页。
⑤ 翦伯赞,等:《义和团》第一册,第339页。
⑥ 翦伯赞,等:《义和团》第一册,第48页。
⑦ 翦伯赞,等:《义和团》第一册,第49页。
⑧ 翦伯赞,等:《义和团》第一册,第14页。

点钟时,将大沽口各炮台交给伊等收管"。① 其实裕禄上奏折时,大沽口炮台早已失守。慈禧太后获知外方的通牒后,立即于当天在仪鸾殿召开第四次御前会议。慈禧和大臣们均不知道大沽炮台已失守。慈禧"招抚"义和团和"宣战"的决策得到载漪、载勋、载澜、刚毅、徐桐、启秀、赵舒翘等人的极力赞成,遂"决定宣战,命许景澄等往告各国使臣,限二十四点内出京,派兵护行。上雅不愿轻开衅,搴景澄手曰:'更妥商量。'太后斥曰:'皇帝放手,勿误事'。侍郎联元谏曰:'法兰西为传教国,衅亦启自法,即战,只能仇法,断无结怨十一国之理,果若是,国危矣'"。②

　　但第二天(6 月 20 日)的上谕中却说:近日义和团"蔓延太甚,剿抚两难;洋兵麇集津沽,中外衅端已成,将来如何收拾,殊难逆料"。③ 既已宣战,又不知如何收拾,也未作战争准备和动员,竟拿宣战当儿戏。

　　五月二十五日(6 月 21 日),在慈禧的主持下,清政府向各国宣战,并发表宣战上谕:"讵三十年来……乃益肆嚣张,欺凌我国家,侵占我土地,蹂躏我民人,勒索我财物,朝廷稍加迁就,彼等负其凶横,日甚一日,无所不至,小则欺压平民,大则侮慢神圣。""与其苟且图存,贻羞万古,孰若大张挞伐,一决雌雄";一面赞扬义和团,说"近畿及山东等省义兵,同日不期而集者不下十万人,下至五尺童子,亦能执干戈以安社稷",中国"土地广有二十余省,人民多至四百余兆,何难剪彼凶焰,张我国威,其有同仇敌忾,陷阵冲锋,抑或尚义捐赀,助益饷项,朝廷不惜破格懋赏,奖励忠勋……"④ 所谓的"宣战诏书"极为荒唐,只是一个对内发布的文件,并未宣布对哪国开战,更未送达任何外国政府。六月初二日,盛京将军增祺向朝廷请示:"此次中外开衅,究系何国失和? 传闻未得其详,应恳明示,以便相机应敌。"⑤ 在宣战的当天,清廷给各省督抚的上谕中,要求"各省督抚如能召集成团,借御外侮,必能得力",但拿不出具体的御敌办法,反而向各省督抚提出,"如何办法,迅速复奏"。⑥ 各省督抚意见不一,南方督抚与当权的端、刚集团明显对立,他们不愿为朝廷出谋划策,并引出后文的东南互保。在这种情况下,清廷宣战的结果便可想而知了。

　　当时清军在京津地区的兵力亦有数可稽,派荣禄整顿直隶全省兵队,即归其节制。其时约分为 5 个旅团:第一旅团,谓之前队,由宋统领统带,驻山海关,有一万三四千人;第二旅团,谓之右队,由聂统领统带,驻芦台及开平间。有二十五营步兵,驻芦台左边,派一分统管带。五营马兵前往开平,派一俄文教习管带。共约一万三千七百五十人;第三旅团,谓之左队,号曰袁军,驻德州,共有七千四百人;第四旅团,谓之后队,由董统领统带,驻冀州间,有二十四营兵丁,由各分统管带驻冀州,六营马兵,驻永平府,共计步兵一万二千人,马兵一千五百人;第五旅团,谓之中队,由荣大将军统带,驻于北京南方数千米地方,共有一万人。统计华兵队之总数,约有五万七千余人,马兵不过五千人。另有满洲兵五万,蒙古兵一万,以及绿营各兵队,并常备军,续备军,预备军,拳匪等,数虽无定,大约总在十

　　① 故宫博物院:《义和团档案史料》上册,第 147 页。
　　② 翦伯赞,等:《义和团》第一册,第 49 页。
　　③ 故宫博物院:《义和团档案史料》上册,第 156 页。
　　④ 故宫博物院:《义和团档案史料》上册,第 162 页。
　　⑤ 故宫博物院:《义和团档案史料》上册,第 201 页。
　　⑥ 故宫博物院:《义和团档案史料》上册,第 163 页。

万以外。①

慈禧在宣战的同时,上谕"义和团分集京津一带,未便无所统属,著派庄亲王载勋、协办大学士刚毅统率",并派"左翼总兵英年、右翼总兵载澜会同办理义和团事宜",并且严谕:"所有业经就抚之义和团民,即著戴勋等严加约束,责成认真分别良莠,务将藉端滋事之匪徒,驱逐净尽。"②慈禧还命令各地义和团到庄王府注册登记,必须遵守"团规",服从总团领导,要求义和团"以忠义相勉,同仇敌忾","努力王家",尽力把义和团变为清政府的御用工具。从此,不少义和团对清朝统治者丧失警惕,许多义和团被清政府控制和利用。所以,大批义和团进京既是义和团发展的高潮,同时也是他们上当受骗、由高潮转入低潮、直至失败的转折点。

事实上,慈禧招抚义和团是别有用心的,裕禄对此说得很明确:"值此外患猝来,断难再分兵力剿办拳民,势不得不从权招抚,以为急则治标之计。"③慈禧集团只是想利用义和团对列强施加压力,满足慈禧对列强的报复心态,并提高其在对外谈判中的地位。

6月25日,宣战才四天,慈禧在答复两广总督李鸿章等强烈反对宣战的上谕中说:"此次之变,事机杂出,均非意料所及,朝廷慎重邦交,从不肯轻手开衅。奏称中外强弱情形,亦不待智者而后知。"④

6月26日,慈禧称赞李鸿章等人"度势量力,不欲轻构外衅"的主张,是"老成谋国之道",说明对外宣战是因为义和团声势浩大,"剿之,则即刻祸起肘腋","只可因而用之,徐图挽救"。⑤

6月29日,清廷通知驻外使节继续留在各国,向驻在国政府解释:"朝廷非不欲将此种乱民下令痛剿,而肘腋之间,操之太蹙,深恐各使馆保护不及,激成大祸……且中国即不自量,亦何至于与各国同时开衅,并何至恃乱民以与各国开衅,此意当为各国所深谅……现乃严饬带兵官照前保护使馆,惟力是视。此种乱民,设法相机自行惩办。"⑥上述谕旨内容,充分说明清政府对内招抚、对外宣战完全是一场骗局。所谓"招抚"义和团,只是权宜之计,并在"宣战"的幌子下躲过义和团打击的锋芒,让帝国主义军队和义和团互相厮杀,最后再设法致义和团于死地。至于对外"宣战",则出于慈禧报复外人干涉"废立"之仇。事后,慈禧直言不讳地说:"依我想起来,还算是有主意的,我本来是执定不同洋人破脸的,中间一段时间,因洋人欺负得太狠了,也不免有些动气。但虽是没拦阻他们,始终总没有叫他们十分尽意的胡闹,火气一过,我也就回转头来,处处都留着余地,我若是真正由他们尽意的闹,难道一个使馆有打不下来的道理。"⑦

6月29日,使馆卫队在英国公使窦纳乐的指挥下两次主动出击,均被清军击退。

六月十八(7月14日),清政府与使馆又恢复了联系。7月11日,各国公使委派一

①　翦伯赞,等:《义和团》第三册,第280页。
②　故宫博物院:《义和团档案史料》上册,第207、214页。
③　故宫博物院:《义和团档案史料》上册,第158页。
④　故宫博物院:《义和团档案史料》上册,第186页。
⑤　故宫博物院:《义和团档案史料》上册,第187页。
⑥　故宫博物院:《义和团档案史料》上册,第202页。
⑦　翦伯赞,等:《义和团》第三册,第438页。

名罗马天主教徒金四喜赶往天津向各国领事及海军指挥官报告使馆的处境,然而金四喜在途中被义和团捕获,并被转交官方,后被引至荣禄官邸。7月14日,金四喜被委派充当清政府的信使,将奕劻致各国公使的照会带回公使馆,并要求将公使的回信送回来。金四喜携带总理衙门的照会从水门进入公使馆,将照会当面交给窦纳乐。总理衙门在照会中表示了善意:"津沽一带团民甚多,深恐疏虞。今请贵大臣等先携宝眷率领参赞翻译各员分起出馆,本爵大臣等检派妥实兵弁严密防护,暂寓总署,嗣后再作归计,以全始终睦谊。"①

六月二十日(7月16日),金四喜再次到英国大使馆,递交奕劻致窦纳乐的信。此信是对15日窦纳乐代表各国公使致总理衙门那封信的回复:"各国公使虽相距不远,究系四处分住,中国保护之力,诚恐顾此失彼,是以拟请归并总署,庶可用全力专顾一处。此前日函商之本意也。兹接前因,似归并之说,非各国大臣所愿。中国自应加派队伍,严禁团民不得再向各国使馆放枪攻击。而各国使馆亦不得随时任意放枪,致众怒越难解释。中国仍尽力弹压保护,以符通例。想贵大臣与各国大臣当以为然。再以后通信,即当照来函所云办理。"②从此以后,清军极大限度地减少了对使馆的攻击,在一定意义上说,已从原来的围困转变为保护,整个使馆区实际上开始了休战状态。

"炮火在7月18日前停止了,转达给各国的一道上谕,日期为17日。"③上谕:"此次中外起衅,起于民教之相哄,嗣因大沽炮台被占,以致激成兵端,朝廷谊重邦交,仍不肯轻于决绝,叠经明降谕旨,保护使馆,并谕各省保护教士。……所有此次天津开战后,除因战争外其因乱无故被害之洋人教士等,及损失物产,著顺天府、直隶总督饬属分别查明,听候汇案核办。"④就此,清政府与各国公使达成了休战谅解,而这也注定了义和团未来悲惨的结局。

(二)义和团攻打教堂与使馆

清廷在宣战前后还进一步煽动盲目排外和仇杀的狂热。"戴漪等昌言以兵围攻使馆,尽歼之"。⑤尚书启秀奏称:"使臣不除,必为后患。"⑥庄王载勋竟贴出告示"募能杀洋人者,杀一男夷赏银五十两,女夷四十两,稚夷二十两"。⑦正是在这些煽动、挑唆下,出现了击杀外国使节、围攻外国使馆等行动,把北京地区爱国官兵和义和团正义的反侵略斗争引向歧途,使问题更加复杂化。

6月11日,甘军在永定门外截杀日本使馆书记生杉山彬。

6月19日下午5时许,总理衙门向11国驻华使馆及关税处送去同文照会:"中国与各国向来和好,乃各水师提督遽有占据炮台之说,显系各国有意失和,首先开衅。现在京

---

① 故宫博物院:《义和团档案史料》上册,第325页。
② 故宫博物院:《义和团档案史料》上册,第326页。
③ 马士:《中华帝国对外关系史》第三册,第269页。
④ 翦伯赞,等:《义和团》第四册,第31页。
⑤ 罗惇曧:《庚子国变记》,第5页。
⑥ 罗惇曧:《庚子国变记》,第9页。
⑦ 故宫博物院:《义和团档案史料》上册,第42页。

城拳会纷起,人情浮动,贵使臣及各眷属人等在此使馆情形危险,中国实有保护难周之势,应请于二十四点钟之内,带同护馆兵弁等,妥为约束,速即起行前赴天津,以免疏虞。除派拨队伍沿途护送并知照地方官放行外,相应照会贵大臣查照可也。"①各国公使普遍将此照会理解成宣战书或最后通牒。外交团首席公使立即召开11国公使紧急会议。会议决定:请求庆亲王奕劻于第二天上午接待各国公使;请求宽限前往天津的日期。此内容的照会于当天半夜送到总理衙门。奕劻"复以稍缓日期,尚可通融,现团匪塞满街市,止各使勿来署"。很可惜,复照未及时送出,"上午始照复,德使未及知"。②

6月20日晨9时,各国公使因迟迟未收到清政府的回复,遂再次开会。德国公使克林德提议全体公使集体前往总理衙门,争取与奕劻面谈。各国公使认为在没有的到总理衙门同意的条件下,集体前往总理衙门毫无用处,还有一定风险,但克林德仍执意独自前往总理衙门。"贸然肩舆来,被神机营、虎神营兵火枪击毙。"③德国公使克林德在东单牌楼被击杀,遂使局面更加严重、复杂,此后公使馆关闭了与清政府进行沟通的大门。但"克林德被枪杀的真相究竟如何,迄无定论"。④

当天下午4点以后,慈禧命荣禄指挥武卫军向东交民巷使馆发起总攻,由义和团配合行动。荣禄阳奉阴违,以其亲军妥布使馆四周,而不许义和团帮打,甚至还乘机击杀义和团。他密嘱其部将:"不可力攻,以作将来转圜地步。"所以他只在开始的几天内认真攻打了几回,攻占了比利时、奥地利、荷兰、意大利等四国使馆和华俄道胜银行,而对洋人集中的英、俄、美、法、德等国使馆则围而不攻,表面上炮声隆隆,实则虚张声势,或者只放空炮而无实弹。"使馆皆在东交民巷,南逼城墙,北临长安街,武卫军、甘军环攻之,竟不能克。或云荣相实左右之,隆隆者皆空炮也,且阴致粟米瓜果,为他日议和地也。"⑤就连被围在使馆的英国侵略者也看出:使馆的防线"除两三处外,其余防御之力,皆极单薄,如有勇猛之敌,只十分钟,便可攻破也"。⑥然而,"中国军队所以来攻,不过受政府特别之命令,彼等似但欲围困监视余等,非定有杀戮之意。彼等以砖石建筑防线,环绕于四周,有时以九尊或十尊之炮来攻,但时断时续,未尝接连攻击,虽或有一炮攻击甚猛,而全体不相联络,似无决意攻破之志者。……若有一事使敌人急起决心,但以千人齐力冲来,则扫去余等防线,如扫落叶之易耳"⑦。在荣禄这种"明攻暗保"策略的保护下,被围长达五十六天的英、俄等5国使馆终被保留下来,避免了一场绝不应有的大凶杀和重大的国际纠纷。大体而言,载漪、刚毅志在灭洋,而荣禄志在谋和,慈禧则在模棱之间。

起初,慈禧支持端、刚攻打使馆是出自报复外人干涉其废立之心。但围攻不及十天,她便饬令清驻外使臣向各国解释说:"现仍严饬带兵官照前保护使馆,惟力是视。此种乱民,设法相机自行惩办。"⑧而实际上却不肯撤围。围而不攻的目的,是要以此为向帝国主

---

① 故宫博物院:《义和团档案史料》上册,第152页。
② 翦伯赞,等:《义和团》第一册,第340页。
③ 翦伯赞,等:《义和团》第一册,第340页。
④ 马勇:《中国近代通史》第四册,第478页。
⑤ 翦伯赞,等:《义和团》第一册,第50页。
⑥ 翦伯赞,等:《义和团》第二册,第256页。
⑦ 翦伯赞,等:《义和团》第二册,第286页。
⑧ 故宫博物院:《义和团档案史料》上册,第203页。

义谋求妥协时讨价还价的筹码。慈禧和端、刚等自以为得计,其实恰恰暴露了他们的腐朽、愚蠢和无耻,使清军和义和团做了无畏的牺牲,使中国的国际信誉受到极严重的损害。当慈禧看到义和团根本没有"刀枪不入"的本领,在联军的洋枪洋炮面前没有战斗力可言的时候,便明确站到了主和派一边。

6月15日,即在围攻使馆的前5天,端、刚集团就已鼓动义和团围攻北京西什库天主堂(北堂)。"天主教堂在北京者共分四处,在北者即名北堂。"北堂是北京最大的一座法国天主教教堂,主教樊国梁住堂30多年。义和团在北京"杀洋灭教"开始后,"团匪于6月13日即五月十七日之后三日,将东西南天主教堂三座悉行焚毁"。"在北堂被围者,计法水师兵30人,意水师兵10人,法教士13人,女教士20人,华教民3200人。"①

义和团进攻北堂,但久攻不克。清廷宣战后,端、刚集团调派清军和义和团轮番进攻,同样由于荣禄暗中保护,进攻只是虚张声势,借以威吓。"闻人言,荣禄与法国教士友谊甚好,暗中维持,命军队不必猛攻,实有一种延缓之政策,与其所施与使馆者同。"②因此,听起来炮声震天,但有的竟以圆木充炮弹,毫无杀伤力。所以围攻长达两个月之久,终未攻破。

围攻北堂是义和团主动发起的,这和围攻使馆的情况不同。义和团盲目排外:见洋人就杀,见教堂就烧,见教民就打,见铁路就拆,见电杆就拔。围攻北堂则把他们的盲目排外行动推到了顶点。但是端、刚集团乘机利用,调兵配合,起了推波助澜的作用,大大助长了义和团盲目仇杀的情绪,扩大了事态,恶化了局面,把义和团斗争的方向愈扭愈偏。

五、东南互保

清廷宣战后,朝廷中盲目仇外并企图把义和团引入歧途的端王载漪、协办大学士吏部尚书刚毅等,在慈禧的支持下暂时得势,控制了朝廷。对内主剿、对外主和的光绪帝及吏部左侍郎许景澄、太常寺卿袁昶等人为代表的一派势力,被慈禧压制下去。但他们得到多数地方督抚们的坚决支持。因此,端、刚顽固派集团控制朝廷后,引起了地方与中央的公开对抗。在地方督抚大员中,地处要津、实力雄厚的两江总督刘坤一、湖广总督张之洞是公开反对端、刚顽固集团的声势显赫的地方实力派。当义和团运动在直隶高涨时,张之洞曾于光绪二十六年五月初四日(1900年5月31日)电奏总署:"目前以保全南路为急务",义和团"实系会匪,断非良民"③。刘坤一也在6月8日致电总署:"蔓延日久,收拾益难","应一意主剿,痛剿一二股,则余股自灭"。④ 他们的主张和行动有力地支持了光绪帝和许景澄等一派的主剿意见,也强烈地影响了慈禧的最后决策。慈禧长期举棋不定,不敢明确做出"招抚"的决策,在很大程度上是顾忌这帮强硬的地方实力派的反对。

1900年6月12日,上海《申报》发表社论《拳匪作乱有关上海市景说》。⑤ 该文反映了

---

① 翦伯赞,等:《义和团》第一册,第187页。
② 翦伯赞,等:《义和团》第二册,第293页。
③ 故宫博物院:《义和团档案史料》上册,第112页。
④ 故宫博物院:《义和团档案史料》上册,第121页。
⑤ 翦伯赞,等:《义和团》第三册,第532页。

英方的观点,社论首先提到天津的市场情况:"商贾遂不复敢于放胆营运,六街三市,几绝人踪。然则人皆谓拳匪扰害国家,仆则以为商务亦悉被拳匪所扰害矣……上海市景亦何独不然,上海为华洋交涉总汇之区。"上海受天津影响也开始市场萧条。社论指出:"坐视拳匪之横行无忌,扰及商人,自北而南,市情依次衰败。"最后提出:"其未雨绸缪,亟亟焉改抚为剿。""甲申、甲午两战役,英与法日两国要约,不使战事波及上海。庚子肇衅,由英美领事示意华官,自保东南,勿使战事波及上海。"①6月14日,英国驻上海代总领事华伦致电英国外交部,建议:"我们应当立即与汉口及南京的总督达成一项谅解。"6月15日,英外交部复电:"我们授权你通知南京的总督:如果他采取维持秩序的措施,他将得到女王陛下军舰的支持。"②

当西摩尔率领联军北犯后,刘、张鉴于形势的严重恶化,曾在6月15日会衔致电总署,要求速剿义和团以堵外人口实,"明降谕旨,定计主剿,先剿后抚,兵威既加,胁从乃散,或可转危为安"。③ 6月20日,刘、张联合长江巡阅水师大臣李秉衡、湖北巡抚余荫霖、江苏巡抚鹿传霖、安徽巡抚王之春、江西巡抚松寿、湖南巡抚俞廉三等会衔致电总署和荣禄。电文首先说明义和团该剿的四点理由,接着指出"从古无国内乱民横行惨杀而可以治国者,亦未闻一国无故与六七强国一同开衅而可以自全者",并要求:一、朝廷"速持定见,勿信妄言,明降谕旨,力剿邪匪";二、"速安慰各使馆,力言决无失和之意","饬驻各国使臣,令向(各国)外部道歉";三、"明谕各省保护洋商教士"。这样才能使各国"众怒稍平,庶可徐图挽救"。④ 这两次电奏,实际上是地方督抚联合向端、刚顽固势力的政治示威,也是对慈禧招抚政策的公开反对。可见在宣战之前,不仅南方督抚们,包括山东的袁世凯、河南的裕长、陕西的端方等北方巡抚,已公开和清廷对立了。6月21日,张之洞电李秉衡:"因各国谓我不剿匪,致动众怒,闻日本政府云,若肯剿匪,尚有转机,故沿江钦差督抚八人会衔电奏,请剿匪并安慰各国,请其停战妥议,此釜底抽薪法也。"⑤清廷颁布宣战上谕后,曾饬令各省督抚将义民"召集成团,借御外侮",但除少数督抚外很少有人奉行。刘坤一、张之洞不但抗旨不遵,还谋求与各国驻上海领事,"互相谅解",以维护东南地区现状。

早在1900年6月14日,英国驻上海代总领事华伦就致电英国外交大臣索尔兹伯里侯爵,催促英国政府采取有效措施保护英国在长江流域的利益。他建议"如果有同北京政府终于断交的任何可能性,我们应当立即与汉口和南京的总督达成一项谅解。我完全相信:如果他们可以指望得到女王陛下政府的支持,他们将在所辖地区内尽力维持和平"。第二天,索尔兹伯里立即回电表示同意华伦的建议:"我们正与海军部联系,派遣一艘军舰开到南京,并向驻南京和汉口的总督递交你所建议的函件,保证他们在维持秩序时将获得英国的保护。"6月16日,英国海军部命令上海的海军将领,"'仙女'号应开往南京,并与总督联系……'红雀'号为了同样目的应开往汉口……'无畏'号于今日离开香港驶往

---

① 邓之诚:《中华二千年史》第四册,第2216页。
② 胡滨:《英国蓝皮书有关义和团运动资料选译》,第41、42页。
③ 翦伯赞,等:《义和团》第三册,第327页。
④ 翦伯赞,等:《义和团》第三册,第330页。
⑤ 翦伯赞,等:《义和团》第三册,第331页。

吴淞”①,以加强对长江流域的控制,切实维护英国在长江流域的权益。当时英国大量兵力被牵制在南非对布尔人旷日持久的战争中,在中国兵力单薄,镇压北方义和团已力不从心,更谈不上调集大军对长江流域实行"有效占领"了。勾结地方实力派应付困难局面,实行"东南互保",使长江流域中立化,不介入对外作战,既可以镇压当地群众的反帝斗争,又可在"互保"的名义下排除其他列强趁机侵入长江流域,这对英国来说是最为有利的。

两江总督刘坤一、湖广总督张之洞于6月15日,联名奏请"明降谕旨,定计主剿,先剿后抚",警告慈禧不能听任义和团发展下去,"从来邪术不能御敌,乱民不能保国,外兵深入,横行各省,会匪四起,大局溃烂,悔不可追"。② 如此,必然引起帝国主义的武装干涉,导致清政府的覆灭。他们对英国的支持"表示感谢",但是,刘、张两人对英舰驶入长江问题的看法上一度发生分歧。刘坤一表示"愿意在长江一带维护和平,并且迫切需要英国方面的支持","只要英国方面帮助,什么都肯做"。张之洞也感谢英国政府愿对他提供援助,但他不打算接受海军保护。他认为,目前形势复杂,若英水师入江,转为不妙,因此反对任何军舰驶入长江。③

华伦以为得到刘坤一同意后,英舰即可顺利开进长江,轻易实现独占长江流域的野心。此时看到打算落空,他深感失望,于是放出欧洲国家即将攻占吴淞的空讯,利用刘坤一依靠英国的心理,施加压力,提出中英"共守吴淞炮台"的要求。刘坤一表示,如英国能阻止其他列强的军舰进入长江,他愿意接受这个要求。此消息泄漏后,引起美、法等国不满。美国人对盛宣怀说,各国领事没有占据吴淞炮台的意图,中国"若为英所愚,各国必不服"。盛宣怀向刘坤一转达此意,刘坤一转而认为"英允保护,确系诡计","目前惟有稳住各国,方可保全长江",不再同意中英共守吴淞炮台。④

正当华伦策划中英共守吴淞炮台的时候,八国联军攻占大沽炮台、天津租界开战、西摩尔联军被围等消息陆续传到上海,引起那里的官僚、买办、商人一片恐慌。他们预料上海及长江流域将会发生战争,于是四处奔走,力图使这一地区免遭战火。他们认为应由刘坤一、张之洞共同出面与上海领事团而不是单独与英国订立条约,实行"互保"。他们公推盛宣怀出来进行撮合活动,因为盛宣怀长期主持电报局、招商局,此时又负责督修卢汉铁路。他消息灵通,又与帝国主义、地方督抚都有联系,"地位最宜"。

关于"东南互保"由谁首创,史学界有不同的说法:或由李鸿章首创;或由刘坤一首创;或由张之洞首创;或由张之洞、刘坤一公同首创;或由盛宣怀首创。但一致的观点是,上述4人均为"东南互保"中最关键的核心人物。

恰在此时,长江流域的形势紧张、复杂起来:6月17日,"俄茶船载兵150人到汉",企图登岸以建立插足于长江流域的军事据点,但"为英人所阻,故退出"。英国政府深恐俄国势力打入其"势力范围"长江流域,遂于6月17日再次令其领事同张之洞交涉,"欲派

---

① 胡滨:《英国蓝皮书有关义和团运动资料选译》,第42、43页。
② 翦伯赞,等:《义和团》第三册,第327页。
③ 中国近代史资料丛刊编辑委员会:《中国海关与义和团运动》,第74页。
④ 翦伯赞,等:《义和团》第三册,第329页。

水师入长江,帮助弹压土匪",但被张之洞婉言谢绝。张之洞答称:"鄂已添重兵,出告示饬州县禁谣拿匪,敢有生事,立即正法,所有洋商教士,力任保护……长江以内上下游,有我与刘岘帅两人,当力任保护之责,必可无事。若英水师入江,内恐民间惊扰生事,外恐各国援例效尤,转为不妙。若虑他国占先,吴淞外英舰甚多,英舰不进,他国不敢,似以此镇静密访,最为上策,我与刘岘帅,皆极愿与英联络等语。"①张之洞将这段话函告刘坤一,刘坤一则接受了张之洞的劝告,两人一致"反对(英国)进行任何海军示威,因为可能由此引起普遍的惊慌和猜疑"。英国政府考虑了他们的意见,当天外交部电告海军部:"建议对长江的女王陛下军舰的指挥官发出训令,避免任何示威。"②英舰暂不进入长江。美、日、德、法等帝国主义亦闻风而动,各自为本国的利益也都插手"东南互保"。

五月二十四日(6月20日),各省督抚收到朝廷的一道密旨。"军机大臣字寄各直省督抚,光绪二十六年五月二十四日奉上谕:近日京城内外拳民仇教,与洋人为敌,教堂、教民连日焚杀,蔓延太甚,剿抚两难;洋兵麇集津沽,中外衅端已成,将来如何收拾,殊难逆料。各省督抚均受国厚恩,谊同休戚,事局至此,当无不竭力图报者。应各就本省情形,通盘筹划,于选将、练兵、筹饷三大端,如何保守疆土,不使外人逞志,如何接济京师,不使朝廷坐困,事事均求实际。沿江沿海各省,彼族觊觎已久,尤关重要。若再迟疑观望,坐误时机,必至国势日蹙,大局何堪设想。是在各督抚互相劝勉,联络一气,共挽危局。时势紧迫,企盼之至。"③这份上谕可做多种解释,主战者以为这意味着战争开始,而主和者则以为这是给予各督抚以绝对权力,这就为东南互保提供了政策依据。

当时正在上海的盛宣怀,也发现英人声称保护,实则要出兵加强对长江的控制。因此,他在1900年6月20日致电刘坤一:"各领事并无占吴淞之意。英领事要我请其保护,是其伪术,若为所愚,各国必不服",建议"自吴淞以迄长江内地,公应饬沪道告知各国领事,自认保护,勿任干预"。刘坤一在当天立即复电盛宣怀,表示同意,并说:"就在目前唯有稳住各国,方可保住长江。"④刘、张两总督还一再向英国领事表示,他们有能力镇压人民的反抗,切实维护英国在长江流域的权益,愿意和英国谋求妥协之策。英国也急需得到刘、张的谅解,确保英国的权益。于是,由盛宣怀在帝国主义和东南督抚之间穿针引线,往返交涉,加紧了"东南互保"活动。

6月23日,盛宣怀电告李鸿章、刘坤一、张之洞:"全局瓦解,即在目前,已无挽救之法,逆料萧墙之内,必有变局。初十以后朝政皆为拳匪把持,文告恐有非两宫所自出者……欲全东南以保宗社,东南诸大帅须以权宜应之,以定各国之心",要刘、张尽快与上海各领事订立"互保章程"。24日,盛宣怀再次致电。25日,刘、张复电,接受他的建议,并指定上海道余联沅为代表,同时邀请盛宣怀以帮办名义,协助订约。26日,余联沅出面邀请各国驻沪领事在上海会审公廨开会,协议制定了由盛宣怀草拟的《东南保护约款》,又称《中外互保章程》,共九款。⑤

---

① 翦伯赞,等:《义和团》第三册,第327页。
② 胡滨:《英国蓝皮书有关义和团运动资料选译》,第47页。
③ 故宫博物院:《义和团档案史料》上册,第156页。
④ 翦伯赞,等:《义和团》第三册,第328、329页。
⑤ 王铁崖:《中外旧约章汇编》第一册,第968页。

中外互保章程

一、上海租界归各国共同保护，长江及苏杭内地归各督抚保护，两不相扰，以保全中外商民人命产业为主。

二、上海租界共同保护章程，已另立条款。

三、长江及苏杭内地，各国商民教士产业，均归南洋大臣刘坤一、两湖督宪张允认切实保护。并移知各省督抚，及严饬各该文武官员，一体认真保护。现已出示禁止谣言，严拿匪徒。

四、长江内地中国兵力已足使地方安静，各口岸已有各国兵轮者，仍照常停泊，惟须约束水手人等不可登岸。

五、各国以后如不待中国督抚商允，竟至多派兵轮驶入长江等处，以致百姓怀疑，借端起衅，毁坏洋商教士人命产业，事后中国不认赔偿。

六、吴淞及长江各炮台，各国兵轮切不可近台停泊，及紧对炮台之处，兵轮水手亦不可在炮台附近操练，彼此免致误犯。

七、上海制造局、火药局一带，各国允兵轮勿往游弋驻泊，及派洋兵巡捕前往，以期各不相扰，此局军火专为防剿长江内地土匪，保护中外商民之用，设有督抚提用，各国毋相惊疑。

八、内地如有各国洋教士及游历各洋人，遇偏僻未经设法地方，切勿冒险前往。

九、凡租界内一切设法防护之事，均须安静办理，切勿张皇以摇人心。

《东南保护约款》的核心内容有两点：一、各省督抚承诺，"严拿匪徒"，坚决镇压义和团运动；二、章程的第四、五、六、七、八等条款，确实约束了外国兵轮、水手、教士和商人不得肆意侵扰。可见，《东南保护约款》是在共同镇压义和团的前提下，各国与地方互相妥协的产物。

会议上，各国领事对第五、六、七等条，争执很久。各国领事坚持订约必须事先由政府授权，因此当天没有签字。第二天，领事代表致函余联沅："我们昨天很高兴地收到湖广总督张之洞和两江总督刘坤一通过您和盛宣怀提出的保证：他们答应在他们所辖省区内维持和平并保护人民生命和财产，对暴动或骚乱造成的任何损失均由他们自己负责。请允许我们感谢他们两位总督，并表示我们对他们的善意的崇高评价……只要他们在所辖省份内能够而且确实维护外国人根据同中国政府订立的条约而享有的权利，我们各国政府过去和现在均无意在长江流域单独地或集体地采取任何行动，或派任何部队进行登陆。"[1]余联沅代表刘坤一、张之洞保证维护"秩序"，保证洋人生命财产；古纳代表各国领事宣布不向长江进兵，不在上海登陆。双方都承担了责任，这就是《东南保护约款》。英国发起的其单独与刘、张的"互保"，扩大为列强个个有份的"互保"，这当然不是英国的本意，但英国只好勉强同各国一起参加"互保"。

但是，此项活动刚开始，清廷宣战的上谕发布了。盛宣怀深怕"互保"夭折，便即刻

---

① 胡滨：《英国蓝皮书有关义和团运动资料选译》，第128页。

"飞饬各电局,但密呈督抚勿声张";6月24日分别致电粤督李鸿章和江督刘坤一、鄂督张之洞,建议他们万勿声张,"如欲图补救,须趁未奉旨之先,岘帅、香帅会同电饬地方官上海道与各领事订约,上海租界归各国保护,长江内地均归督抚保护,两不相扰,以保全商民人命财产为主;一面责成文武弹压地方,不准滋事,有犯必惩,以靖人心。北事不久必坏,留东南三大帅以救社稷苍生,似非从权不可,若一拘泥,不仅东南同毁,挽回全局亦难"。①可见,盛宣怀对局势的分析和提出的互保的内容,均与张之洞同英国领事开始交涉的基调完全一致。刘坤一经过一番犹豫后表示同意,张之洞则因与其本意相吻合,便立即复电表示赞同,让盛宣怀与各国领事订立互保条约,并派道员陶森甲为鄂方代表,赴沪参加谈判。李鸿章复电表示支持,并在复电中说:"二十五(日)诏粤断不奉,所谓矫诏也。"②此后,东南各省督抚跟随李鸿章的态度,视以端王为首的北京政府为伪政府,把与自己观点不一致的上谕即斥之为"矫诏"。战争结束后,连清政府也采用"矫诏"说法,将所有对义和团招抚的上谕指为"矫诏",以推脱自己的责任。

6月26日,刘、张会奏:"目下大沽已失,京都危急。拳会仅持邪术,各国非比流寇,虽幸获胜仗,各国断不甘心,势必增调重兵报复……但就目前计,北事已决裂至此,东南各省若再遭蹂躏,无一片干净土,饷源立绝,全局瓦解,不可收拾矣。惟有稳住各国,或可保存疆土。"③

《东南保护约款》草约出笼后,6月26日,刘坤一、张之洞即会奏:"长江商务英国为重,各国觊觎已久,惧英国而不敢先发,英亦虑各国干预而不敢强占以启各国戒心。在我正可就其所忌而羁縻牵制之,此实委曲求全之策。"④"东南互保"的范围,原来只限于两江总督和湖广总督的辖境,即江苏、江西、安徽、湖北、湖南5省。收到《中外互保章程》后,两广总督李鸿章立即复电刘坤一,表示全力支持;山东巡抚袁世凯表示要"仿照"刘、张实行"互保";浙江布政使恽祖翼于六月三日(6月29日)致电盛宣怀:"闻长江苏杭一带,我公及三帅议明,中外互相保护,勿启兵端,各国已经签字,此保全性命产业无数,第一等识力功德。无论北路胜败如何,总应占此稳着也。乞示知大略为盼。杭垣租界已派营保护,并宣布德意,俾可相安,同一办法,安危呼吸,不敢不努力为之。"盛宣怀电闽浙总督许应骙:"闽浙海疆同在东南,如钧处同此办法,即电商三帅联络,共保大局。"⑤许应骙回电表示"与江鄂办法不谋而合",并于六月十日(7月6日)与福州将军善联致函各国领事,邀请商议订约;六月十八日(7月14日)与俄、英、美、日等6国驻福州领事按照《东南保护约款》,订立《福建互保章程》,共八款。规定福建地方当局切实保护外国驻福建官员、商人、教士之生命财产不受侵害。⑥ 接着,四川、陕西、河南等省也宣布支持和赞同"互保"。

刘、张等以为《中外互保章程》很快能完成签字手续,但实际上未能正式签订。英国外交大臣表示:"女王陛下政府将欣然执行这些建议的条款,只要他们觉得便于这样做。

① 翦伯赞,等:《义和团》第三册,第332页。
② 翦伯赞,等:《义和团》第三册,第334页。
③ 翦伯赞,等:《义和团》第三册,第336页。
④ 翦伯赞,等:《义和团》第三册,第336页。
⑤ 翦伯赞,等:《义和团》第三册,第343,344页。
⑥ 胡滨:《英国蓝皮书有关义和团运动资料选译》,第206页。

但是,我们不可能把这些建议当作我们必须执行的一项协定而加以接受。"①英国特别担心订约会影响其在长江流域的地位,使其同其他列强等同起来,对其不利。法国认为:章程所建议的办法在许多方面指出了法国政府愿意遵循的方向,但他们不准备授权他们的总领事在该协议上签字,从而使他们自己受到约束。7月13日,领事团正式拒绝签字。

虽然《中外互保章程》并未正式签订,但有关条款在实际上都得到了执行。刘坤一、张之洞命令兵勇日夜巡逻,严防义和团入境,并广泛张贴"互保"告示,声称:"如有捏造谣言,煽惑人心及聚众扰及租界和教堂者",要"严密查拿""力行痛剿"。

六月初三日(6月29日),军机处发布上谕,电寄出使各国大臣:"盖此时直、东两省之乱党,已融成一片,不可开交矣。朝廷非不欲将此种乱民,下令痛剿,而肘腋之间操之太蹙,深恐各使保护不及,激成大祸。亦恐直、东两省同时举事,将两省将士、教民使无遗类……以上委屈情形,及中国万不得已而作此因应之处,该大臣等各将此旨详细向各外部切实声明,达知中国本意。现仍严饬带兵官照前保护使馆,惟力是视。此种乱民,设法相机自行惩办。"②即在宣战以后,仍令驻外使节留在各自岗位上,并说明各国使馆继续得到中国政府保护。

7月11日、12日,李鸿章、刘坤一、张之洞、许应骙、善联、刘树棠、奎俊、袁世凯、王之春、端方等两次联名会奏。李鸿章领衔十几位封疆大吏、地方实力派联名会奏本身就是个重大政治事件。11日的会奏,以清廷"寄谕,各省认还洋款,著即暂行停解"等上谕为论据,说明:"若沿江沿海沿边各省到处用兵,洋税全失,内地税厘收数亦必十去五六,通盘合计,较之向解洋款,转受亏在二千万两以外。"提议:"可否饬下户部通盘筹计,俯准暂行仍照旧案解还,以保饷源,而维全局,俟数月后,体察大局情形,再行请旨办理,臣等未敢擅便,谨据实核计声明,请旨遵行。"即从财政税收和确保饷源的角度论证了"东南互保"的必要性、合理性。12日的会奏,还是以清廷的上谕为论据:"六月初三日寄出使各国大臣电谕,详示匪乱肇祸,外舰相迫及力保使馆情形,理直辞正,钦服莫名。"向朝廷提出"拟请推行者四事,一请明降谕旨饬各省将军督抚仍照约保护各省洋商教士,以示虽已开战,其不预战事者皆为国家所保护……"③这表明"东南互保"与朝廷对外妥协求和的既定方针完全一致,论证了"东南互保"的合法性。实际上,朝廷始终知道"东南互保"的活动进展,且从未对此提出过反对意见。这里既有慈禧面对地方实力派联合势力的一种无奈,更有慈禧为以后的对外谈判所留的一条后路。慈禧明知李鸿章是"东南互保"的领军人物,仍然调他北上出任北洋大臣、直隶总督,主持对外谈判,表明了她对"东南互保"的容忍。光绪二十六年六月二十八日上谕,明确表态:"朝廷本意,原不欲轻开边衅,故曾致书各国,并电谕各疆臣,及各次明降谕旨,总以保护使臣及各口岸商民为尽其在我之实,与该督等意见正复相同。"④七月二十六日(8月20日)上谕:"……前据刘坤一等奏,沿江沿海各口商路,照常如约保护。今仍应照议施行,以昭大信。"⑤从此,清政府由默认转变为明确支

① 胡滨:《英国蓝皮书有关义和团运动资料选译》,第126页。
② 翦伯赞,等:《义和团》第四册,第27页。
③ 翦伯赞,等:《义和团》第三册,第350页。
④ 故宫博物院:《义和团档案史料》上册,第365页。
⑤ 朱寿朋:《光绪朝东华录》第四册,第4536页。

持"东南互保"。

在"东南互保"事件中,东南各省地方实力派联合起来抗拒中央政府的政策,挑战中央政府的权威,但不能因此说它分裂了清政府。"东南互保"是晚清政治的一个怪胎,反映出太平天国运动后,地方实力派迅速崛起,而中央权威日渐衰落,中央与地方之间有一致又有分歧、有斗争又有妥协的政治格局。"东南互保"使南方诸省未睹烽烟,维持了正常的生产、生活秩序,也使中国幸免于被列强瓜分之祸。战争结束后,慈禧论功行赏,下达懿旨:"宗人府府丞盛宣怀,赞襄和议,保护东南地方,著赏加太子少保衔以示奖励。钦此。"①

六、天津之战

天津为北洋重镇,距大沽口约一百余里,占据天津能更牢固地保住出海口,又可安稳地进攻北京。联军在大沽口登陆前,在天津紫竹林租界就有大批洋兵,"有1700名俄国军队,还有560名不同国家的水兵,还有足够的自愿兵,可使军队总额达2400人"。② 17日后,赴北京西摩尔联军自廊坊撤回后,又陆续进入天津。近日在大沽登陆之联军,计有"武弁520员,兵士14500人,炮53尊,机器快炮26尊"。③

6月17日前,在天津的清军有聂士成武卫前军7000人左右④;另有直隶练军四营,专顾天津城防。宋庆、马玉昆所部武卫左军于6月29日才抵达天津,实际仅有步兵5000人、马兵1500人。⑤ 此外,6月17日前,来自天津附近的义和团民则"不下三万人"。⑥ 6月28日,张德成又率领静海独流镇团民5000人到达天津。天津之战,清朝正规军在人数上明显的处于劣势。

聂士成部"所带军械均系极佳之毛瑟快枪,并有极好炮队"。⑦ 聂士成治军严整,执行命令不折不扣,一有战事,辄赴各营亲授机宜,抚慰将弁,战斗中身先士卒,具有中国传统正直军人的特点。义和团运动中,聂士成奉命镇压义和团不遗余力,被义和团称为"聂鬼子"。

天津之战自6月17日开始,其战斗中心是争夺紫竹林租界。联军想夺取天津,以之为根据地,进而占领北京。而夺取天津的第一步,则是解天津租界之围,使大沽——龙头车站——紫竹林租界连为一气。第二步,继续从海上增兵,夺取整个天津。清军统帅裕禄的战略是:挖出租界敌人,保住天津,然后设法收复大沽海口。他认为:"必须先将紫竹林洋兵击退,然后会合各营,节节进剿,直抵大沽,方可得手。"⑧裕禄在这里犯了一个与1860年咸丰、僧格林沁的所谓"京都为重,海口为轻"思想同样的错误。"先天津后大沽,

① 翦伯赞,等:《义和团》第三册,第539页。
② 马士:《中华帝国对外关系史》第三册,第220页。
③ 翦伯赞,等:《义和团》第三册,第190页。
④ 翦伯赞,等:《义和团》第二册,第298页。
⑤ 翦伯赞,等:《义和团》第二册,第298页。
⑥ 张玉田:《中国近代军事史》,第413页。
⑦ 翦伯赞,等:《义和团》第三册,第191页。
⑧ 故宫博物院:《义和团档案史料》上册,第209页。

必然任敌人在大沽从容登陆,控制住津沽通路,使大批的援军、粮饷、器械得以源源接济天津。相反,如果积极恢复大沽,堵住敌人海上通路,敌人则不敢在天津久踞,紫竹林的敌人可不攻自退。"①但这个战略计划远远超过了裕禄的职权范围,在裕禄看来,他在天津有守土之职,他以保住天津为首务是很自然的。

天津之战可分为三个阶段:第一阶段,6月17日开始,战事集中在紫竹林和老龙头车站的争夺上;第二阶段,6月26日开始,为相持阶段;第三阶段,7月9日聂士成战死至7月14日日联军进入天津城。

(一)第一阶段:攻打紫竹林租界

天津紫竹林租界是帝国主义侵华的重要据点,此地驻有军队,并屡次袭击义和团。6月17日下午2时,联军160人,其中英、德各50人,意军20人,奥军40人,为控制海河两岸,企图强占位于英租界对角的河东武备学堂。一些爱国学生奋起抗击,侵略者兽性大发,把据守房屋的90多名学生全部烧死,毁坏了大炮,引爆了军火库。清军和义和团闻讯,赶来援救,迫使侵略军退回租界。清军和义和团乘胜围攻租界,炮击了紫竹林租界。清军的炮击使各国领事们认识到,一直保护租界的天津驻军已经成为进攻租界的主力了。这是联军攻占大沽炮台的直接后果。各国领事在慌乱中迎战,租界内的俄军迅速架起4门野战炮向围攻租界的清军猛轰。双方的炮声立即招来无数被激怒的义和团民,团民义不容辞地加入了抗击租界内联军的战斗。这是清军与义和团第一次公开地并肩作战,是义和团运动史、八国联军侵华史上的一个重大转折点。

"18日清晨,华兵进攻车站,为俄兵击退,杀去数百人,然俄兵亦丧失百余人。……19日,华军以排炮进攻,联军因未带炮队,不能还击,形势极为险要。"至20日、21日,"华兵炮火轰攻仍相续不断,致法租界半毁于炮弹,半毁于遗火。……必须连请急速之援兵。22日,联军所据之车站,被华兵开炮焚毁"。"23日,华兵复来进攻车站,幸被联军击退,至午后三点钟,司君的兵队,进入领事署,与联军集合,从此联军之情形,为之一变,似已可无危险之虞。"②

清军和义和团奋勇作战,彻底封锁住租界内联军,也彻底切断了他们与西摩尔联军,与北京公使及大沽、塘沽等地联军的一切联系。裕禄不断向朝廷报告所谓的"胜利",使已经准备向列强宣战的慈禧太后更加亢奋,并于6月21日发布宣战上谕,传旨嘉奖在紫竹林助战的义和团,同时命令董福祥、袁世凯派兵前往天津助战。

6月22日、23日,联军的各路援军数千人会合于军粮城,冲破清军和义和团的层层防线扑向天津,援军付出了很大的伤亡代价后,才到达紫竹林。援军的到来使租界内的联军人数高达万人,其中俄军6000人。

(二)第二阶段:相持阶段

6月26日下午,西摩尔联军被营救回紫竹林租界,这样,租界内联军已达1.2万余人。

① 张玉田:《中国近代军事史》,第413页。
② 翦伯赞,等:《义和团》第三册,第293页。

联军连夜组织兵力准备反攻,并决定立即拿下对紫竹林租界威胁最大的、也是清军在华北最大的军火工厂东局子。

"26 日晚间,联军炮队,开炮轰击机器东局,计有俄国野战大炮 8 尊,及向西沽军械局夺获之克鲁伯大炮,并英国西瓜炮无数。"[1]

27 日清晨,2000 余名俄军首先冲出紫竹林租界,从西面向东局子发起进攻,不克。英、美、德、日军近千人前往增援,遂与在此守卫的清军武卫前军营潘金山部交火,双方战斗激烈,联军伤亡惨重。11 时,一弹药库为炮火击中爆炸,联军乘势猛攻。城内义和团数千人前往支援,为左翼联军所阻,俄军乃于下午"1 点钟,已夺据机器东局而有之,华兵立即溃逃,遗 300 尸具于地,且弃其所有之军械"。[2]

随后,联军与清军展开了老龙头车站争夺战。老龙头火车站与紫竹林租界隔河相望,是天津陆路交通的重要枢纽。联军方面全力支持俄军所控制的老龙头车站,同时密谋相继占领整个天津城。战斗持续了数日后,清军和义和团联合发起攻击,7 月 3 日傍晚,一度夺回车站,迫使俄军退回租界。"7 月 1 日,俄兵遇见一大队华兵,开一巨炮轰击,系欲暴袭法租界及车站相连之地,俄军立即持带军器,胁制华兵。待晚间,华兵始退入阵地。2 日 3 日之间,俄军探悉华军增其兵队,立将所备之大炮 8 尊,进而攻之。华军亦将其所有之野战炮还攻。日军乃遣发步兵一队,野战炮兵一队,前往援助。至晚间炮兵未能得手,终行撤退,惟步兵固守其车站及附近一带地方。夜间见敌人数次来攻,均被击退。此次交战,计华军有常备兵 5000 人,大炮 8 尊。4 日,俄兵驻扎车站,万难支持,乃稍后退。因该处仅驻有防备兵 300 人,法、英、日军各 100 人,实不能准保租界平安也。是日清晨,华兵复以炮火向法租界轰击,竟日不断。又有华兵进攻车站之事,较前尤甚,计自午后 3 点钟起至晚间 7 点钟止。华兵越战越酣,后幸日军击破华军之左面,华兵乃退。5 日清晨 4 点50 分,华兵又开始向车站轰击,俄军以英国 12 磅子大炮还击之。6 日,彼此仍以炮火相攻,往来如织。当黎明时,华兵以炮火猛攻车站及租界,几不可挡。联军因急与西摩会议,拟定开炮向攻天津城垣及总督衙门。先于下午 2 点钟,用所备之各炮,齐向华兵开来。华兵亦开炮还攻,至晚始息。所幸者,同日适有美国步兵三队,同其炮兵一中队共 1250 人,次日,又有法兵一大队,共 1500 人,并有英国新炮数尊,共抵此间,声势稍为之壮。8 日清晨 5 点钟,华兵又复开炮,8 点钟,又在机器南局左近,安置新式大炮 2 尊,以期两面夹攻。联军以还攻之炮火,毁坏机器南局多处。同日,华兵在租界之西方,复开炮相击,直与北方之炮火,作十字形,声势最为猛烈,联军各营,被其毁物不少。"[3]

清军和义和团夺回老龙头车站后,天津的战局对清军极为有利。张德成率"天下第一团"和清军中爱国官兵相配合,进攻紫竹林租界持续近一个月,毙伤了部分敌人,打伤意大利司令官等,炮击或摧毁英租界工部局、德军司令部和沙俄领事馆,打得敌人狼狈不堪。在中国军民打击下,联军丧魂落魄,哀叹"联军在天津被围,陆续不绝,或处于枪林弹雨之

①　翦伯赞,等:《义和团》第三册,第 294 页。
②　翦伯赞,等:《义和团》第三册,第 294 页。
③　翦伯赞,等:《义和团》第三册,第 295 页。

中,或处于将寡兵微之中,欲进不能,欲退不得,疲惫已极"。① "伤亡甚重,尤以俄兵受伤更巨。"② 驻天津的联军基本上只能困守在紫竹林租界内。

义和团始终未能攻下租界,除了得不到清军的有力配合外,还与其本身的战术缺点有关,"华兵短处:一、布置未宜;二、发枪时,不专注一人,故多虚发之弹;三、发炮不知伺敌兵积聚时发,而专攻租界中领事府等;四、连夜劫营则在夜间 12 点钟,故西人得以为备"。③ 进攻时"人声聚处,红灯炫耀,不啻示洋炮以攻击之的。倘知衔枚暗进,则车站洋兵,恐立脚不定矣"。④

面对天津的有利军事形势,清政府的决策层受李鸿章和东南督抚的影响,已不思再战,而准备向列强乞和。7 月 3 日,清政府向俄国、日本、英国三国发出求和国书。⑤ 7 月 8 日,清政府任命李鸿章为直隶总督兼北洋大臣,决定由李鸿章负责向列强求和。由此,天津的形势急转直下。

(三)第三阶段:联军反攻,占领天津

7 月 6 日起,天津战事愈益激烈,聂士成以大炮向租界猛轰,而海光寺的联军则向天津城垣开炮。义和团一连三昼夜在紫竹林与联军苦战,各首领都亲临阵前指挥。

原来租界内的战争由各个领事团指挥,鉴于前期战事失利,联军在租界内被清军和义和团层层包围,不断地挨打,租界被三面包围,形势危急,不得不把指挥权交给联军。联军指挥官于 7 月 8 日晚召开紧急军事会议,决定集中兵力向租界四面发起进攻,以改变被动局面。

7 月 9 日凌晨三点钟,以日军为首由大沽路向南进发,英、美、俄各军随之,以日军之居于首者为左翼,以其余两队为右翼。计有步兵 1000 人,马兵 150 人,野战炮两中队,携带大炮 9 尊,预备俄兵 400 人,为之后援。联军扑向距天津 15 公里左右的纪家庄,企图从背后袭击驻守八里台的清军聂士成部,以期由此打开从南路通往天津的通道。5 时 30 分,日军的行动被守卫在那里的义和团发现,双方展开激战,炮火向攻,势均力敌。后因日军继续增兵,义和团不敌,只得撤退。日军迅速占领纪家庄,即分兵直扑八里台。

与此同时,英军 6000 余人也冲出紫竹林租界,向小营门、马场道一带的聂士成部发起进攻。聂军腹背受敌,力不能支,遂退至八里台附近。双方在八里台激战两个多小时,"十三日(7 月 9 日)丑刻,有洋兵大股来袭该军驻八里台之队,该提督闻信,驰往督战,洋兵四面环击,枪炮如雨,该提督两腿均受枪伤,犹督兵不许少退,营官宋占彪劝令退后将息,该提督奋不可遏,仍持刀督战,又被敌枪洞穿左右两腮、项侧、脑门等处,脐下寸许被炮弹炸穿,肠出数寸,登时阵亡"。⑥ 另一说为:"是日清晨 5 点半钟,彼此开仗,炮火向攻,势均力

① 翦伯赞,等:《义和团》第三册,第 299 页。
② 翦伯赞,等:《义和团》第三册,第 194 页。
③ 翦伯赞,等:《义和团》第一册,第 154 页。
④ 翦伯赞,等:《义和团》第一册,第 472 页。
⑤ 故宫博物院:《义和团档案史料》上册,第 227、228 页。
⑥ 故宫博物院:《义和团档案史料》上册,第 277 页。

敌……见右翼之军为日军攻破,乃于 7 点钟,陆续遁逃。聂统领以受伤甚重,旋吞鸦片自尽。"①一说聂士成善战敢战,战斗中其坐骑中弹,他一连换乘 4 匹战马,皆被敌人炮火伤毙。受伤后他拒绝退出战斗,最后"在八里台,身中数炮,腹裂肠出而死,其死状为最惨"。② 聂士成所部武卫前军有马步 30 营,聂士成的阵亡使天津防御力量骤形削弱。此次战斗不仅给天津清军和义和团造成极大伤亡,而且联军夺取了租界西面的炮兵阵地及小营门、跑马台、八里台等重要战略据点,为联军攻占天津创造了条件。

"7 月 11 日清晨 3 点钟,华兵复又进攻车站。在车站被攻之军,共计 300 人,内有法兵100,英兵 100,日兵 100。"联军派兵支援,"迨抵该车站,华兵相距堑壕不过 100 米,乃以排枪击至,华兵溃逃者,已居大半"。华兵"大炮向堑壕轰击,致联军损失不少。迨战至 3 点钟之久,华军亦丧失 300 余人"。③

"7 月 12 日,幸各路增兵均已到来,统计总数,不下 10800 余人。又有大炮 19 尊,足敷联军进攻之用。"沙俄关东司令官阿列克塞夫也到达天津。他自任总理联军军务之职,召集各国侵略军头目会议,制订总攻天津的计划,决定次日联军自海河左右岸分头进犯。一路共有俄兵"2600 人,进攻河之左岸"。另一路"共有 4500 人,内计日军 2400 人,英军 700人……美军 600 人,法军 800 人",由河之右岸进攻。另有 3000 人,以为救援。④

"13 日,俄军于夜间 12 点钟,向河之左岸起身,于黎明时,抵至能见华军阵地之处。至凌晨 7 点钟,法军炮队,以天津城郭外东北方之火药栈为标的,乃放开花炮数响毁之。俄军趁华兵队中惊乱之际,抢夺华兵安设炮位之处,寻获克虏伯新式大炮数尊。至 12 点钟,该地已被占据矣。"联军于是日早晨 3 点钟,开至河之右岸,分为三队向前进行,左队系法军,中队系日军,右队系英美各军。至 5 点半钟,法日两军齐进机器南局。双方街道战攻,彼此斗合,约有二点钟之久。至 8 点钟,乃以法国大队为首,向大路进发,略愈十分钟,已抵至极之处。日军见之,旋亦举兵前进,自此两队协同向前。至 10 点钟,径抵距城垣500 米之地,不能更向前进。陆军大尉礼士菊毛,将所统带之美军,编成至大之左翼,误至一沼泽之地界,受敌人炮火之轰击,丧失甚众。联军情形,至此已属危迫。又值天气炎热,兵丁苦于饥渴,进退两难,实束手无策矣。联军各统兵官,乃复会议,英国统领多尔瓦君,以为处攻战无效之地,在华兵固守之前,日见伤亡,曷有既极,不如撤退之为愈。贝勒高君则以为事既至此,焉有撤退之理,自应守此地位,以待良机。⑤

13 日,城内终日炮弹横飞,奸细四面开枪响应,混乱达于极点。在即将决战的关头,直隶总督裕禄和宋庆逃杨村,马玉昆率军退到北仓,而且他们下令疯狂屠杀义和团。"宋宫保曾派匪首张德成、曹福田等,率领众拳匪防堵某处,而彼等皆遁往他处,以避枪炮。宋宫保大怒,即刻下令军中,痛击拳匪,于是众拳匪皆将头巾腰带刀枪弃置于道,夺路逃走。"⑥而马玉昆在命义和团打先锋的同时,竟无耻地宣布:"此乃上谕,且事由尔等,尔等

---

① 翦伯赞,等:《义和团》第三册,第 297 页。
② 中国社会科学院近代史研究所《近代资料》编辑部:《义和团史料》上册,第 158 页。
③ 翦伯赞,等:《义和团》第三册,第 298 页。
④ 翦伯赞,等:《义和团》第三册,第 299 页。
⑤ 翦伯赞,等:《义和团》第三册,第 300 页。
⑥ 翦伯赞,等:《义和团》第二册,第 39 页。

在前,我兵随后。还有一言明告,如退,我即开炮。"①及战,果退,马军炮轰之,死者无数。

北京耶稣教美以美会派往天津递送情报的汉奸郑殿芳,将天津南面一段城墙曾倒塌重修,当时因经费不足以坏代砖很不坚固的详情密报日军。14 日晨,日军伪装成团民模样,混到城根,炸开那段城墙,联军及武装教民蜂拥而入。不久,俄军亦于东面城厢攻入。此时清军主力已随裕禄撤退,城内仅剩练军、水师营和新招募的芦台团练,总共数千人。义和团在联军与清军的夹击下,溃不成军。"日出时,教民进南门,洋人大队始进入。……洋人率教民登鼓楼,见北门拥挤不得出,连放排枪,每一排必倒毙数十人。又连放开花炮,其弹于人丛中冲出城门外,死者益众,而争逃者益多。有被弹死者,有失足被践死者,有因争道用刀乱砍,被砍而死者,有被砍扑地践踏而死者。前者仆,后者继又仆,又践又死,层层叠叠,继长增高。……积尸数里,高数尺,洋人入城后,清街三日尚未净。"②

此战,联军被击毙击伤者"日军 402 人,法军 118 人,俄军 180 人,美军 150 人,英军 50 人,共计 900 人",③其中包括美军上校团长、法军司令等高级军官数人。天津终于陷入敌手,天津之战清军完败。清军携械溃逃者不下数千名。义和团由于"苦无军火",又受联军与清军的两面夹击,溃不成军,大都撤回原籍。

天津之战,慈禧政府虽对外宣战了,但一直想用妥协结束战争,对天津无任何有力的支持,联军增援部队尚未到达之前尚可应付,一旦"洋兵麇集",就只有后撤了。"大沽失,而津城旦夕可危;津城失,而北京又旦夕可危。"④

7 月 18 日,联军集合于天津者,有俄军 10000 人,日军 9000 人,英军 6000 人,法军 2600 人,美军 2500 人,德军 4000 人,奥军、意军各 150 人,总计 34400 人。⑤ 联军之在天津者,从速预备一切,以便向前行进,不令华兵有可乘之机。联军磨刀霍霍,准备进攻北京,而清政府却在和公使们联络感情。7 月 20 日起,清政府竟每天将西瓜、蔬菜赠使馆。"昨日又有一公文来,奕庆王领衔,余等又有一公文复之,言余等居此甚为舒服,不过稍需蔬菜和水果而已。故今日有四车西瓜及蔬菜送来,并言系奉太后之命。"⑥

七、北京之战

(一) 列强增兵

天津陷后,北京的不守已成定局,只是时间未定而已。8 月 7 日廷谕:"已派李鸿章为全权大臣与各国议结一切事宜,并电知各国外部先行停战。著宋庆即将此旨照会各国前敌统兵大员,先行商议停战。仍一面稳慎扎营。若各国统兵官尚未得各外部训条,仍前猛

---

① 马勇:《中国近代通史》第四册,第 496 页。
② 翦伯赞,等:《义和团》第二册,第 157 页。
③ 翦伯赞,等:《义和团》第三册,第 303 页。
④ 中国社会科学院近代史研究所《近代史料》编辑部:《义和团史料》上册,第 158 页。
⑤ 翦伯赞,等:《义和团》第三册,第 304 页。
⑥ 翦伯赞,等:《义和团》第二册,第 300 页。

烈,自应悉力抵御,以挫其锋,毋稍误会。"①对清政府而言,军事斗争只是想为政治投降争得一点条件而已。在西方外交官如人质一样被围困在使馆区的情况下,八国联军不会放弃对北京的进攻和占领。

天津陷后,裕禄、宋庆、马玉昆退杨村,以运河东西岸的杨村、汉口和黄花甸为重要之区,派兵扼守;又以河西务、落垡两处为赴京必经之地,建议清廷速派兵扼扎。清政府对北京之战也有所准备,加紧调集各地勤王之兵,加紧催办军火、银粮,以作抗战之准备。此时,袁世凯属下登州镇总兵夏辛酉统带所部 6 营援津部队奉命直赴马玉昆营。继之,升允、张春发、陈泽霖三军进驻河西务、落垡等地。交战前夕,清军在京津地区集结的总兵力已超过 10 万人。京津地区的义和团经过清政府的瓦解、改编、镇压,力量已大为削弱,但此时仍有 7 万余人,其中约有 5 万人留在北京城里。

八国联军在天津之战中损失很大,又值炎热季节,军队须整顿休息,等待援军到来,再进犯北京。为了进攻和占领北京,各国必须迅速增兵。但由于各国在华的利益和距离远近的不同,特别是对未来战争的规模、战争延续时间的不确定,使他们在增兵多少、怎样增兵、谁当统帅等问题上明争暗斗。俄国和日本对增兵最积极,他们还想让自己的兵力在联军中占重要地位,从而提高其在联军中的话语权,甚至取得联军的统帅权。西方列强对日本扩张其在华势力有戒心,使日本的野心不敢过分暴露,耐心地等待西方列强向其求助。俄国因其在中国东北及朝鲜与日本的竞争,不希望日本在联军中占重要地位,不希望日本在华利益大幅扩张。英国则由于其与俄国在华的竞争,不希望俄国乘此机会扩大在华的权益与影响。英国政府决定用日本去制衡俄国。日本向英国表示,同意增兵中国。英国于 6 月 25 日、26 日分别征询俄、德、法三国意见,并希望欧洲各国能够给予日本一项关于派遣大量部队前往中国的正式授权。

俄国政府对英国政府的这一建议提出异议:"我们认为,这种提出问题的方法,在一定程度上可能侵犯那些已被大多数国家所接受作为他们关于中国事件的政策基础的基本原则,即维护列强之间的团结;维持中国现存的政治制度;排除任何可能引起瓜分中国的事情;最后,通过共同努力重新建立一个合法的中央政权,他本身能够保证国家的秩序和安全。"②通过英国的游说,法、德、俄等列强先后都不反对日本大规模增兵。

7 月 13 日,英国政府通知日本政府:"如果日本政府为援救驻北京的各国使馆,除派遣您在本月 6 日电报中所说的那些部队之外,立即动员并迅速派出另一支两万人的部队,那么,女王陛下政府愿意对日本政府提供的支援可达一百万英镑。"③

得到西方诸国的支持后,日本迅速向中国增兵,至 7 月底,日军在华人数达 1.3 万人,跃居联军之首,山口素臣中将任司令官。俄国也迅速就近调兵,至 7 月底,集结在天津、塘沽地区的俄军有 6627 人,另在南满还有 4850 人,以西伯利亚军团指挥官利涅维奇中将为俄军司令官。至 7 月底,英军有 2700 人登陆天津,由盖斯里少将为司令官。法国从安南殖民地调集了 1500 人,由福利少将任司令官。德国为了给克林德公使"复仇",派遣了

① 故宫博物院:《义和团档案史料》上册,第 468 页。
② 胡滨:《英国蓝皮书有关义和团运动资料选译》,第 127 页。
③ 胡滨:《英国蓝皮书有关义和团运动资料选译》,第 129 页。

7000 人的远征军,于 7 月 27 日才从不莱梅港出发,他们在联军攻占北京两个月后才到达北京。

(二) 联军司令之争

围绕联军司令职位之争,有关国家进行了反复的磋商和竞争。最有竞争力的不外乎俄国、英国和日本三个国家。日本人心有余而力不足,不敢冒险强争统帅权。加之,俄国人态度十分坚决,反对日本人任联军统帅。"以日本或美国担任总司令一职之事,自始即认为万不可能。奥意两国则以其所负军事责任之少,在华利益之微,不复提出此项要求。只有俄英两国自信具有斯职之资格,但彼此均不愿相让,而且当时亦无人希望英国担任总司令一职。""(俄国大臣)库洛巴特金本人虽欲谋得斯职,但英国方面决不承认。""法国方面实未尝提出此项要求。"①当初联军进兵天津时,英国海军提督西摩尔任统帅,但廊坊一战,败于义和团手下,遂使英人失去竞争联军司令之资格。英、俄、日三国的互相斗争,为德国人提供了机会。最后商定由德国陆军元帅瓦德西伯爵担任联军统帅。在各国对联军统帅任命问题进行交涉的同时,驻天津联军已经准备向北京进军。

(三) 北仓之战与杨村之战

7 月 27 日,各国军事代表出席第一次军事会议,研究下一步军事行动。8 月 3 日,各国军事统领第三次联席会议上,对联军进攻北京的时间、路线和各国参加的人数等问题做了最后的具体安排。会议决定 8 月 4 日出发向北京大举进犯。4 日下午 3 时,联军从天津出发,当时各国参加的野战兵力共有 18300 人,大炮 70 尊,内计日军 9000 人,大炮 24 尊;俄军 3500 人,大炮 16 尊;英军 2500 人,大炮 12 尊;美军 2000 人,大炮 6 尊;法军 1000 人,大炮 12 尊,德军 200 人,奥军及意军各 100 人。②

七月十一日(8 月 5 日)凌晨,以日军为主的联军先向北仓发起进攻。北仓坐落在北河,距天津 15 公里之遥。马玉昆率部从天津撤退后,就驻扎在北仓,还有聂士成残部也驻扎在此。

"是夜阴雨黑暗,敌人从河西绕越苇塘高粱地,抄我后路,顷刻间西南北三面枪弹如雨。练军不能支持,首先败退;吕本元马队亦相机撤队……我军孤立无援,不得不退至杨村。"③马玉昆督军与联军血战,兵败,北仓失守。战斗相持 6 小时之久,毙伤敌军 400 余人。外人的记录为:"联军之攻北仓者,计英国 3000 人,美国 2500 人,日本 10000 人,直至占据之后,俄、法两国之兵始至,据称因河之右岸,为水淹没,是以迟至。"又记录:"8 月 4 日晚,日兵先向西北进发,愈二点钟,英美兵士始随后而进。"8 月 5 日"三点钟时,日兵往袭华兵营寨,当夺得大炮五尊。华军作正角形,颇不易拔,且炮子枪子势如雨下,联军为之稍退。至五点半钟时,华军炮声已停,而枪声尚不止,且其势甚烈,日军奋力向前,与华军相距极近,联军固亦不敢竟放大炮矣。华军所扎之部位,已为日军所冲,日军死者颇多,华

---

① 翦伯赞,等:《义和团》第三册,第 3、4 页。
② 翦伯赞,等:《义和团》第三册,第 304 页。
③ 故宫博物院:《义和团档案史料》上册,第 453 页。

军亦为之却,后由英军以炮队攻之,华军始由北仓浮桥东遁,所守处遂为联军据守。是役所有华军约6000人之谱,死者约200人。此役并无义和团助战"。"英、俄、日本向北京进发之兵,与华兵在北仓交战甚久,华兵败退,计日本兵死伤400余人,英兵死伤120人,俄兵死伤600余人。"[1]担任联军情报官的英国天津卫理公会教士宝复礼供认,由于他网罗了一批汉奸充当密探,替联军搜集关于北仓清军人数、炮位、壕堑、埋雷地点等情报,极大地便利了侵略军攻占北仓。[2]

七月十二日(8月6日)晨,"各国洋兵万余名从东、西、南三路分道猛扑(杨村),隔河施放枪炮,意图上窜。""相持半日之久……十一、十二两日,士卒伤亡共约3000余名,势孤援绝,难以支持,退上蔡村"。裕禄到蔡村,见各队纷纷撤退,知"事不可为,口呼智穷力竭,辜负国恩,遂以手枪自击,登时气尽"。[3]

外人的记述为:8月6日清晨,联军又复前进,"闻前途有华兵一团,约4000人,占据杨村,即在该处构成阵地,排列甚佳。……至九点钟,有轻骑探兵一队,在杨村之前,为华兵排枪轰击。九点半钟,有俄法两军,沿河前进,攻其左面,英军则攻其中部,美军则攻其右面,日军则在右岸援应,印度马队则在极右之地。华兵见联军分三路而进,虽经抵拒,并未延久,盖华兵炮队早被联军炮队击退。……华兵立即向北退去,非若前次抵拒之力矣"[4]。"联军进据杨村。华军前此所决河水,近日业已退尽,凡有所过之处皆宜行走,各国兵已占据杨村,美国兵为先锋,约死伤70余人。"[5]美军的伤亡主要是由英军炮火误击造成的。

正当联军向杨村进犯时,李秉衡被一些顽固派大臣推荐出来,授为帮办武卫军军务,位置仅次于荣禄。李秉衡奏言:"外国多,不可灭,异日必趋于和,然必能战而后能和,臣请赴前敌决一战。"[6]李秉衡提出一个单纯防御的战略方针。他认为"敌势方张,兵力单薄,未可轻战,第须分扎要路,合力堵御"。[7]

8月7日,清政府任命李鸿章为议和大臣,命他电商各国,先行停战。但联军根本无意停止进军,誓要攻占北京。英国公使窦纳乐获悉李鸿章被任命为议和大臣的消息后,甚至电告英国政府:"无论进行任何谈判,部队都不应延缓对北京的进军。"[8]

8月8日早晨六点钟启程,"则见日军为首,俄军随之,英美两军为后军。军之前面有马兵一大队,为之开路。内计有日本骑兵二中队,俄国轻骑兵一中队半,孟加拉枪骑兵三中队,皆由日本一位陆军大尉统带。是日在途行走,并未遇有阻拦"。8月9日"清晨仍循途而进,至河西务日兵与华兵小战一次,华兵旋即退去,让占河西务,并无极力抗拒情事。8月10,日军仍追击华军,追抵马渡,并未交战"。[9]

---

① 翦伯赞,等:《义和团》第三册,第203页。
② 丁名楠:《帝国主义侵华史》第二册,第121页。
③ 故宫博物院:《义和团档案史料》上册,第453页。
④ 翦伯赞,等:《义和团》第三册,第306页。
⑤ 翦伯赞,等:《义和团》第三册,第204页。
⑥ 翦伯赞,等:《义和团》第一册,第52页。
⑦ 故宫博物院:《义和团档案史料》上册,第454页。
⑧ 胡滨:《英国蓝皮书有关义和团运动资料选译》第三册,第174页。
⑨ 翦伯赞,等:《义和团》第三册,第307页。

8月7日,李秉衡到码头刚做军事布置,但各军已不听指挥。8月9日,清军一触即溃。李秉衡败走马头,再退至张家湾。他悔恨交集,深感"上负朝廷,下负斯民,无可逃罪",于8月11日服毒自杀。临死前,他上奏朝廷:"就连日目击情形,军队数万充塞道途,闻敌辄溃,实未一战。所过村镇则焚掠一空,以致臣军采买无物,人马饥困。臣自至老屡经兵火,实所未见。兵将如此,岂旦夕之故哉。为今之计,非严申纪律截杀逃兵溃将,无以为立足之地。而臣事权不一,力有未逮。""臣出都之前一日北仓、杨村皆失,河西务未立营寨即被冲破,各军纷纷逃溃,势不可止。"①

联军在杨村修整后,于11日早晨,以日军为前导,长驱直入,沿途几乎未遇抵抗,仅有清兵与俄国轻骑兵各举枪小战一次。11点钟联军进入张家湾,立即遣发一大队探兵,行至城南,遇见清兵驻扎该处一阵地,当即向清军开炮轰击,清兵不支,有向北京退去者,有向通州退去者。

"12日清晨,日军抵至南门,即知华兵早已让出,遂入城据之""华兵向北京退去者,经日军追至北京城下,受创极巨"。日军先占通州,立即全城搜刮,"遂派人寻获军械粮饷甚多,所得米谷尤不计其数"。② 联军就地休整一天,13日联军在通州召开军事会议,决定于14日向北京发起总攻。

(四) 北京之战

联军兵力如下:"日军有步队6600人,马队220人,工队450人,大炮53尊;俄军有步队1830人,马队180人,大炮22尊;英军有步队1600人,水师150人,马队75人,大炮6尊;法军有步队4000人,大炮18尊。"③

当时北京除了义和团外,有清军10万余人,"屡诏征求外援外兵,至者张春武武卫先锋左翼10营;陈泽霖武卫先锋右翼10营;总兵陈凤楼淮南军7营;巡抚鹿传霖江南军6营;总兵夏辛酉崇武军6营;布政使升允河南陕西军8营;布政使岑春煊甘肃军6营;总兵蒋尚钧河南军5营。其原驻津京者,京城则荣禄武卫中军20营,董福祥武卫后军20营,余虎恩新募虎军10营,火器、健锐共22营,虎神营20000人,神机营18000人。天津则聂士成武卫前军25营,宋庆武卫左军25军,马玉昆新左军20营,李安堂直隶练军左翼5营,董履高直隶练军右翼5营,何永盛保定练军5营,总200余营。……自是畿辅内外各军,过10万人矣"。④

清廷的最高指挥部已经乱了章法。名义上,荣禄是城防总负责人,慈禧令他与徐桐、崇绮、奕劻、载漪等军机大臣共商重大事宜。实际上,大臣们各怀私心,根本形不成令行禁止的决策中心。慈禧对军事指挥还有干预,曾对战斗力较强的董福祥部,下了两道相互矛盾的谕旨。8月13日,急令董福祥率部出城迎敌。董福祥率25营几千名官兵浩浩荡荡奔出城外,尚未与联军接火。第二天,又接到快马送来的圣旨,令他'无论行抵何处',都要

① 故宫博物院:《义和团档案史料》上册,第469页。
② 翦伯赞,等:《义和团》第三册,第307、308页。
③ 翦伯赞,等:《义和团》第三册,第310页。
④ 翦伯赞,等:《义和团》第二册,第507页。

将大队人马火速带回北京,"保守城池"。董福祥只得立马带兵返城,部队经过二天急行军,疲惫不堪。①

13 日夜间,俄军为抢攻陷北京的首功而背约,骤然"与华兵开战,俄兵前队直抵东便门,并未遇有阻拒,以为与在通州无异,讵料在此血战,华兵守护极严,急切未能得手。……日军见俄军起身,早经准备,在齐化门前宣战。……当于早晨 8 点钟,在齐化门前进攻。寻得一处为炮队最佳之阵地,该阵地距城约 1500 米,日军遂令其炮队,向城门而进,立意毁此城门……因不能临近城门,虽经日军一再还攻,且又猛恶,其如不及毁坏甚物何。统领来此,见其战功之无效,乃饬令暂停"。② 由于大批清军从其他驻防地赶来支援,以致日俄军攻势被阻,无法临近城门。

"英美两军在河之南,见俄日等军业已与华兵交战,乃急向外城进发,以期速抵广渠门。……至 14 日 11 点钟,抵至广渠门,适实华兵见该处未有敌人,已将防守之兵调至内城,与日俄各军血战。因此英军但略进攻,至午后 2 点钟,安入此门。如赛雷统领,立即遣其兵队,往占天坛。"由于事先得到了英使窦纳乐的密码信,英军沿途未遇任何抵抗,通过崇文门西边城墙下面的御河水门进入内城,该门在使署附近之处,有西兵守护,英军"一小队由淤泥之上,越过河道,进入内城,并未丧失一人。(英军)首先抵至使署,相见甚欢,时约午后 3 点钟也。美军则于 5 点钟始到,俄日两军则于晚 9 点钟,由东便门而来"。③

"15 日,华兵因联军已解使署之围,乃坚守皇城及内城大半之处,并在各街道,与联军迎战。联军在内城与华兵交战一日,彼此均不甘休。嗣日俄英各军,渐渐驱逐华兵,退至西北两方。16 日,日军占据皇宫,其他各军,专以扫除各段之华兵为事。至晚间,各段均被占据。"16 日晚,清军全部退走。在北京保卫战中,"华兵在内城东墙防守之际,坚忍异常,幸得日军以勇猛之行为,始得告捷,然伤亡者已不下 200 余人,俄军因之伤亡者,亦有 120 余人……美军伤亡 40 余人,法军伤亡 9 人,英军伤亡 6 人,总计共有 400 余人"。从 6 月 20 日至 8 月 14 日,即使馆被围困期间,使馆方面阵亡的外国人为 65 人,"其中文员毙者 11 人,伤者 19 人,兵丁毙者 54 人。伤者 112 人"。清军在京城与联军开仗者,"约有 30000 余人,伤亡之数约以 4000 计"。④

8 月 14 日,慈禧太后连续 5 次召集军机大臣议事,决定"銮驾西行""巡狩"。15 日凌晨,慈禧闻讯联军进城后,更换民服,偕光绪帝仓皇而逃,同行的有皇后、李莲英、大阿哥等。他们从西华门至德胜门,转经西直门、居庸关出逃。随从有载漪、载澜、奕劻、载勋、刚毅、赵舒翘、英年等少数王公大臣,由马玉昆部及神机、虎神、八旗兵弁数千人护送。临行前,慈禧命太监将珍妃"推堕井死"。他们经怀来、宣化、大同、奔太原,后逃往西安。

"联军占领北京之后,曾特许军队公开抢劫三日,系自 8 月 16 日至 8 月 18 日为止。……其后更继以私人抢劫。北京居民所受之物质损失甚大。……现在各国互以抢劫之事相推诿。但当时各国无不曾经彻底共同抢劫之事实,却始终存在。"⑤ 士兵们杀人、抢

①　孙其海:《铁血百年祭——八国联军侵华战争纪实》,第 253 页。
②　翦伯赞,等:《义和团》第三册,第 308 页。
③　翦伯赞,等:《义和团》第三册,第 309 页。
④　翦伯赞,等:《义和团》第三册,第 310 页。
⑤　翦伯赞,等:《义和团》第三册,第 32 页。

劫、奸淫妇女,使千年古都遭受空前浩劫。"所有中国此次所受毁损及抢劫之损失,其详数将永远不能查出,但为数必极重大无疑。"①联军疯狂残忍屠杀义和团,并将设过拳坛的庄王府、端王府等付之一炬。联军在占领北京之初,各自为政,互不统领,纷纷抢占自己的地盘,甚至不时发生火拼现象。为制止这种混乱,各国将领于 8 月 15 日、16 日连续开会,讨论怎样对北京实行军事占领。最后决定将北京皇城、内城和外城划分为 5 个区,由英、法、日、俄、美各军根据自己所占据的地段"划分而治"。几天以后,德国、意大利的部队到达北京,联军当局对分区又进行了调整,形成了七国分治的局面。前门外大街以东归英国占管,以西归美国占管;前门内的中华门以东至东单牌楼归英国占管,以西至西单牌楼归美国占管;崇文门以东归法国占管;宣武门以西归英国占管;东单牌楼至东四牌楼归俄国占管;东华门外归意大利占管;西华门外归法国占管;西单牌楼至西四牌楼归意大利占管;西四牌楼以北归日本占管。外城大部分归美国占管,一部分归德国占管。联军还在北京成立"北京管理委员会"进行殖民统治。北京又一次遭到帝国主义侵略军的大洗劫,抗击八国联军之战彻底失败。

八、联军扩大战争

西方列强为了扩大侵略,纷纷增兵于京津等地。1900 年 7 月,德皇威廉二世下令组织一支 7000 人的"海外远征军",以瓦德西伯爵为统帅,扩大对华侵略。7 月 27 日,这支侵略军的先遣队从不来梅港起航。8 月 18 日晚间,联军占领北京的消息传到德国,使德皇大失所望。当时西方人以为,在北京的各国公使及使馆人员早已被杀,希望全体联军在瓦德西指挥下直向北京开行,瓦德西将因此获得占领北京之荣誉。"皇上对于此次远征之役,怀有一种发展我们东亚商业值最大希望。皇上并令余谨记在心,要求中国赔款,务到最高限度,且必彻底贯彻主张。因为皇上急需此款,以制造战舰故也。"②

8 月 19 日,瓦德西离开柏林,9 月 18 日抵香港,9 月 21 日抵达上海,9 月 25 日抵大沽口,9 月 27 日到达天津。随后,他召集各国舰队司令官会议。本来联军占领北京后,清政府已经派李鸿章与联军进行接触,双方准备谈判,就没有必要继续进行战争了。但瓦德西为了在与清政府的谈判中更加主动,也为了进一步树立他个人的军事权威,显示联军统帅的威风,坚持认为有必要扩大对华战争的范围。

10 月 17 日上午 11 时瓦德西抵北京。除德国以外,其他国家也迅速增加了侵华军队,麇集京津的八国联军合计约为 106000 人。其中法军 15600 人,德军 22500 人,英军 20000人,俄军 17000 余人,日军 22000 人,美军 5800 人,意军 2000 人,奥军 400 余人。③ 在沙俄的支持下,由德皇威廉二世建议,经各国磋商同意,由德国元帅瓦德西任联军总司令。为了显示联军统帅的权威和表示对清政府的蔑视,瓦德西在慈禧居住的仪鸾殿设立了联军司令部。

---

　①　翦伯赞,等:《义和团》第三册,第 34 页。
　②　翦伯赞,等:《义和团》第三册,第 7 页。
　③　翦伯赞,等:《义和团》第三册,第 275 - 280 页。

　　八国联军在瓦德西指使下,以扫除义和团残余势力、报复当年对洋人的屠杀及营救尚被困在当地的传教士等理由为借口,从 1900 年 9 月到 1901 年 4 月,共组织了 6 支军队四处烧杀骚扰。于 9 月 8 日,夺据独流,并据良乡。11 日夺据北塘炮台。20 日夺据芦台炮台。22 日夺据山海关及各炮台。30 日进攻保定府。

　　11 月李鸿章与瓦德西会见时曾提出,希望联军停止向周边地区进军,瓦德西则回答:"余因要求李氏,设法速将彼之余部撤出直隶而去。因直隶为余占领区域故也。如此,则余将停止一切敌视行动。至于占领区之范围:余系以北方则自长城山海关以至于张家口西面之山西省边境;西方则自山西边境以至于黑松关;南方则自黑松关起,东向以至于海。"① 直到 1901 年 5 月,联军的军事行动才结束。

(一)占领山海关和秦皇岛

　　山海关在距海湾一里半之地,人口约 30 万之数,为北方巨镇。

　　9 月 27 日,德俄两国合兵攻取芦台,准备夺取山海关。当时李鸿章已经到天津,与俄军达成协议,密令山海关守军撤出,让俄军进驻。9 月 29 日,瓦德西派英国驻朝鲜总领事禧在明为专使,前往山海关和秦皇岛向该处清军劝降。当晚,禧在明乘"矮人"号军舰出发。30 日中午,禧在明在山海关登岸,找到该处清军指挥官郑才盛。郑才盛告诉禧在明,在滦州的俄国人发来电报说,他们打算至迟于 10 月 2 日占领山海关。清军已接到命令,将于当天下午撤离。在禧在明的威胁和引诱下,清军将炮台和铁路全部交给联军。清军撤离后,"矮人"号上的 18 名士兵占领了 5 座炮台及火车站。"英国派遣水兵登陆,竟将早为俄国备好之胜利,忽然夺去。因而英俄间之龃龉情形,又复继长增高。"②

　　10 月 1 日晨,"矮人"号返回,将劝降成功占领山海关的情况向西摩尔做了汇报。西摩尔为了防止俄国人强行夺取山海关炮台,一面采取停火车、止电报等办法封锁消息,一面决定各国舰队于当天动身前往山海关增援,并派一支联合舰队驶往秦皇岛登陆。

　　10 月 2 日,法国和意大利的军队顺利地占领了秦皇岛。10 月 3 日,英国的 1200 名后援部队在芮德准将的率领下自威海卫基地乘运输船抵达,以代替英国军舰"矮人"号上登陆的部队,然后由这支后援部队分别驻守山海关和秦皇岛。瓦德西元帅指令芮德准将负责指挥这两个地方的全部联军。陆军各将领已议定将第一座炮台升挂八国旗帜,每国各派兵守护;其第二座炮台归德、意两国及新金山之兵分守;第三座则归法人;第四座归英、日两国;第五座归俄国;俄守东门,日本、意大利守西门,法守北门,德守南门。③

　　"联军将以山海关、秦皇岛为冬季转运之区,是以各国派兵驻扎。由北京至杨村之路,拟归英、日、德三国管理,而山海关一段,则归俄国管理。山海关、秦皇岛船澳以及转运粮饷装入火车,一切拟归英人管理。"④ 与英俄两国军队占据山海关的同时,德国海军也赶往秦皇岛登陆,将该地占领。10 月 19 日,德军赴北塘向清军索取炮台,守军不肯退让,即于

　　① 翦伯赞,等:《义和团》第三册,第 48 页。
　　② 翦伯赞,等:《义和团》第三册,第 27 页。
　　③ 翦伯赞,等:《义和团》第三册,第 236 页。
　　④ 翦伯赞,等:《义和团》第三册,第 239 页。

当晚 12 点钟开战,到 20 日中午,守军不支,炮台遂被德军占领。

(二) 南侵保定

保定距天津 180 公里,距北京 160 公里,为京师之南大门,战略地位十分重要。保定是"直隶省会之要区,亦拳匪屯集之总所,且卢汉铁路正在兴工,实以此处为端末"。保定是各国传教士工作的重点地区,但"保定的传教士与山西不同,他们多有一定的政治企图,导致这个地区的民教冲突素来比较严重"。① 1900 年上半年,保定地区传染病流行,造成空前的社会恐慌,从而加速了义和团的发展。当时的直隶布政使廷杰和清军副将邢长春主张武力镇压义和团,多少遏制了义和团的发展。由于清政府对义和团的政策和剿不定,廷杰与邢长春均调离保定,以按察使廷雍为直隶布政使。廷雍主张招抚、利用义和团。

在廷雍的支持、鼓励下,原本一度消沉的保定义和团运动迅速发展起来,不数日增至十余团。6 月 2 日,义和团开始在保定城内抓洋人、教民。6 月 4 日、5 日,义和团纵火焚毁保定南关基督教公理会、内地会和北关长老会教堂。北关长老会美人死亡 8 人,南关公理会和内地会英、美籍传教士及家属死亡 9 人,中国教徒死亡 100 余人。6 月 30 日、7 月 1 日,在保定南城外凤凰台,由地方政府下令,进行了有组织的大屠杀。在保定的新教传教士全部被杀;在保定的英国内地会传教士,特别是传教士那些年幼的子女,大约有 20 多人被杀死;中国教徒被杀 100 多人。廷雍一手制造的凤凰台惨案,为联军入侵保定提供了借口。

联军以彻底铲除义和团及营救尚在该地的传教士为借口,向保定进军。瓦德西说:"余以为对于华人必须表示余之权威,以及应用此项权威之决心。此外余更觉保定府实有占领之必要。该城人口众多,为北直隶之首府。据可靠消息,北京逃出大臣,多在该地。"② 俄、美、日三国未参加此次行动:俄国公使表示,俄军已接到命令,不得在北京近郊以外地区采取行动;美国希望尽快议和,通过"门户开放"政策实现其利益,并已经开始陆续撤兵;日本对攻打保定不感兴趣,其在华的战略目标在其他地方。这样,进犯保定的联军由德、法、英、意四国军队组成。进攻保定未能早日实施,"直至 10 月 12 日方才动手者,其原因专系德国军队未曾准备齐全之故。盖当时尚甚缺乏可用之马匹及运具故也"。③

10 月 12 日,联军分三路西行,一路由陆军中佐特吕德统带,进夺霸州,未遇抵抗。另两路进犯保定。巴佑统领所带之军,计有法军 1500,德意两军 1000,英军 1500 人,间有维多利亚之奥军 150,共计五千数百人。加赛雷统领所带之军,计有英军 1500,德军 2000,法军 1600,意军 400 共计亦有五千数百人。④ 两支部队合计万人左右。

当天下午清政府即获悉联军将进犯保定,李鸿章与窦纳乐举行会晤,请求免予进军保定,被拒。"李中堂 12 日天津再次手谕,令各军勿得迎敌,并将军械收藏,运出库款 40 万。""如有官军抗拒,即痛加剿洗,鸡犬不留,如不迎敌,可派弁目执白旗相迎。务祈

---

① 马勇:《1900 年中国的尴尬》,第 156 页。
② 翦伯赞,等:《义和团》第三册,第 24 页。
③ 翦伯赞,等:《义和团》,第三册,第 52 页。
④ 翦伯赞,等:《义和团》第三册,第 312 页。

严谕将士,勿轻用挑衅,致启不测之祸。"并令提督吕本元"尽可令赴河间一带,统带所部,剿办拳匪。"①由特吕德统率的联军部队,于 10 月 9 日由霸州起身,13 日到达保定,此时已有法军先期到达。由北京出发之部队由加赛雷统领,于 19 日到达保定。"由天津起身之分队,又分为左右两队。"左队归康白统领统带,"右队归巴佑统领统带,系法、德、意各军集合而成者。巴佑兵队于起身时,前队系德军,法、意两军则在中部"。法军"急雇苦工 800 人,帮同搬运四日,遂令辎重队觉得甚轻,竟超越德军之前,而为各兵队之首"。②

10 月 13 日法军先头部队到达保定,直隶布政使廷雍遵照李鸿章指示派员礼迎法军入境,保定城头"将法国之旗与中国之旗并插"。③但廷雍的软弱既没能保证保定的安全,也没能保住自己的性命。

10 月 20 日,联军后续部队到达以后,迅速占领保定总督署,控制藩署司库,掠夺库藏银 16 万两。英法等国为争夺对保定的统治权产生分歧,最后由瓦德西做主,由四国军队分区管理:英军据城西北,把守北门;法军据城西南,把守西门;德军据城东北,把守东门;意军据城东南,把守南门。接着,联军对先前迫害和虐待外国传教士的行为进行疯狂报复。10 月 23 日,联军将布政使廷雍、城守尉奎恒、参将王占奎、按察使沈家本和候补道谭文焕 5 人逮捕。11 月 6 日,"洋人忽将廷藩司、城守尉奎恒、王占奎等围赴城东南隅杀害。王占奎被敲死"。④10 月底,"留下法德等国之卫戍兵一队,而将余队(英军、意军)带回京津"。一队于 11 月 6 日回到北京,一队于 11 月 7 日回到天津。"留在保定卫戍之兵队,内计法军 2500,德军 3000。"⑤

(三)西犯山西

山西素为欧美传教士重要的活动区域之一。至清末,太原地区已有 60 多座教堂。张之洞任山西巡抚期间,专门成立教安局,负责处理教会有关事务,所以山西地区的民教关系素来比较融洽。即使山东等地的义和团运动如火如荼,山西境内也没有受到太大的影响。

1900 年 3 月,毓贤赴太原任山西巡抚。他公开声称杀洋灭教,招募大量义和团民众成团,勉励他们练习拳脚,多杀洋人。在毓贤的支持下,义和团运动在三晋大地迅猛爆发,很快绵延至全省。太原东夹巷教堂、大北门教堂及一些教会医院、教会学校先后被焚烧。更恶劣的是,毓贤以保护安全为借口,假意邀请在太原的新教及天主教传教士前往巡抚衙门避难,进而造成严重的流血惨案。

当这些传教士及其眷属抵达巡抚衙门时,衙门武装人员突然将他们囚禁起来。6 月 28 日,毓贤发布诛杀洋人的告示。第二天又发布命令,要求所有传教士和中国教徒叛教,恣意羞辱传教士特别是那些教女。7 月 9 日,毓贤看到虽极尽措施,但并不能使传教士屈

---

① 故宫博物院:《义和团档案史料》下册,第 702 页。
② 翦伯赞,等:《义和团》第三册,第 312 页。
③ 故宫博物院:《义和团档案史料》下册,第 731 页。
④ 故宫博物院:《义和团档案史料》上册,第 764 页。
⑤ 翦伯赞,等:《义和团》第三册,第 313 页。

服,于是将他们集中到巡抚衙门西辕门前。在百姓围观中,毓贤强烈谴责传教士过去在中国所犯下的罪行。毓贤的讲话遭到传教士的反对,恼羞成怒的毓贤亲手杀死天主教山西北区主教艾士杰。之后,毓贤下令大开杀戒,所有的妇女、儿童都被杀死。毓贤的残忍在山西开了危险的先例,山西全省弥漫着空前的恐怖气氛,前后共杀死传教士 191 名,杀死中国教民及其家属子女 1 万多人。山西是 1900 年义和团事件中死亡人数最多的一个省。另外,毓资焚毁教堂、医院 225 所,民房 2 万余间。事后,山西为此付出的抚恤费和丧葬费等赔款计 400 余万两白银,山西人士参加科举考试的资格被停止若干年。

毓贤的行为激起了列强的强烈抗议。瓦德西就任联军统帅后,立即开始了对毓贤的追究。1901 年 2 月 16 日,瓦德西"已决定,下令各国军队,从速准备一切。余拟直向山西侵入,该省虽为山岳所环绕,但余相信一切难关,当可打破"。①

当时大同总兵刘光才和湖北勤王兵将领方友升,统兵万人驻守井陉。这一带形势非常险要,尤其是"东天门为获鹿入井陉正道,距获鹿 30 里,地势险窄,古来兵家所争,遂驻军于此"。②

10 月 19 日,南侵保定的四国联军攻打紫金关,直接威胁山西。11 月 20 日,法军先头部队进入晋门户获鹿,山西震动,迫使清军加强了山西另一重要门户井陉一带的防卫。"攻取获鹿一事,现正全力进行。李鸿章、庆亲王二人竭力请余下令停止。盖因刘将军前此虽不奉行北京方面之命令,但现在已由西安方面令彼立即退后。余乃令人答复李氏,假如刘氏自愿后退,则彼当然不会遭遇意外之事。但联军方面却无论如何,必须进至城墙之下。"③十月十九日(12 月 10 日),"乘我(清)军在东天门修卡筑壕,开放数十大炮,未伤人。我军还击三炮,毙敌兵三,乃退走。时和议已开,彼族有恃无恐日率队百数人窥视各卡,我军昼夜严防,不为所乘"。④ 联军在谈判中提出,要求清政府撤退东天门守军。

十二月初九日"(1901 年 1 月 26 日),法兵头带队百余,曳大炮四尊,来据距马村三里之虎头山,意在以炮轰卡,清军先据山头,彼开枪毙我一人,因而回击,毙敌兵数名,伤十余名,法兵蛇伏以遁"。"正月初六日(2 月 24 日),全权遂严饬刘公退兵晋境,不准一人一骑东出。"⑤于是刘光才军十五营退驻固关,方友升军五营退驻娘子关,于三月初二日一律抵关。

4 月中旬,德法两军六七千人自天津方向开到山西,李鸿章致电山西巡抚,谓联军有小队来长城一带,守军不准还击。"刘公乃宴然自处,大炮十尊及各项军装子药饷糈,概存关上,不以敌人为意。至三月初五日(4 月 23 日),德法两国分兵四进,德军数千由平山进攻娘子关,方公退走,军士伤亡百余。娘子关距固关十五里,刘公全无准备,午刻敌兵大至,法人也由固关之核桃园甘桃驿两处进兵,我军相望鼠窜。兵士及固关后路各营,相继溃奔,枪炮军装尽失,营哨官弁焕然四散。""刘公色厉内荏,将士不堪威慑,溃退后益无忌

---

①　翦伯赞,等:《义和团》第三册,第 91 页。
②　翦伯赞,等:《义和团》第三册,第 317 页。
③　翦伯赞,等:《义和团》第三册,第 124 页。
④　翦伯赞,等:《义和团》第三册,第 318 页。
⑤　翦伯赞,等:《义和团》第三册,第 318 页。

惮,一路劫掠不少避。"遇洋兵战败后,刘光才率部拼命溃逃,以致"洋人去数日,我军独走百里,传为笑柄"。①

由于德法进攻山西侵犯了英国的势力范围,遭英国反对,所以在攻占固关后即自动撤退了。对于撤军,瓦德西在日记中认为:"此次之役,除了一点精神上的胜利以外,实无何等重要意义,余对此可谓无能为力。"②

(四) 东逼山东

南侵联军占领保定后,不断派兵向保定东南方向包括运河沿岸在内的广大地区进行活动,侵略锋芒直逼山东边境,引起山东境内及东南各督抚的极大震动。1900年10月8日,南侵保定的法军出兵直捣献县,摧毁献县那些曾经参加屠杀基督教徒的中国人居住的村庄。10月20日及翌年2月19日,德军两次入侵青县,大肆抢掠,并将县城付之一炬。在此前后,德军还对运河沿岸的重镇沧州进行多次扫荡,驱赶清军,并由此继续南下,直逼南皮、盐山、庆云、吴桥等县及东光、泊头等镇,直接威胁山东的安全。

瓦德西在1900年11月24日给德皇的报告中分析了进军山东问题:"余自接任东亚司令事宜以来,常将占领烟台之事,放在眼中。……迨余熟察中国现状以后,乃得一结论,即攻取该埠之事,实不困难;关于军事方面的难题,只是继续占领该埠,以及防守陆地两事而已。德国远征队所负之繁复责任,将因俄军不久撤退之举而益增,实无再行分兵占据烟台之余力。""彼时一般意见,均谓联军只与直隶开战,所有山东省、扬子江等处,皆系中立地带。……因此之故,海军提督谨慎从事,未尝实行占领,因曾顾及军事与政治两面故也。""袁世凯对待我们颇有好意,同时并尽力剿除拳党。假若彼现在因胶州之故必须起而抵抗我们,则胶州势将濒于十分危殆之境,因为我们从此又惹起一场山东战争,以代替直隶战争故也。""第一步,英日美法各国军舰,甚或意国军舰,均将立刻开到烟台登陆,略似上海方面情形。将使我们此后对于烟台之一切行动,皆一一受其阻碍。日本方面一定提出抗议,因该国在烟台之商务甚盛,不欲受损故也。或者英美两国已将提出严重抗议,因英美两国只欲战争限于直隶一隅。……俄国方面似乎劝励我们力向山东扩张势力,彼之真确希望,却在促使我们与英国日本发生龃龉。法国方面当然对于凡与我们发生不利之事均甚暗喜,或者法国因俄国之怂恿,曾经故意劝励我们,扩张势力于山东,以引我们与美英日三国发生冲突。……倘若发生激烈冲突,则我们势将自取大辱而终。盖只需日本一国之力,已足令我们退出亚洲。假定我们果真将山东大部分据为己有,试问所得效益何在? 占领该省所需之兵额,即以全体远征队为之,仍嫌不足。更加以长期占领,所需经费甚多,颇难获得国会方面通过。而且我们仅因一点未定利益之故,而占领一种最易被人攻击毁损,最为战时敌人注目之地,无论如何,实系一种危险。最后还有一层,倘若中国秩序恢复以后,亟谋山东方面脱离我们羁绊,试问我们力量果足以对华宣战否。换言之,其结果亦无非是自取其辱而已。""此外余亦深知,皇上并不欲用冒险方法以为之。盖在二月

---

① 翦伯赞,等:《义和团》第三册,第318页。
② 翦伯赞,等:《义和团》第三册,第124页。

初间,余即奉到勿攻烟台,另候朝旨之命。"①鉴于上述原因,瓦德西取消了进军山东的计划。

(五) 北犯张家口

瓦德西下令进兵张家口,但英军表示反对,"该(英国)公使对于进兵张家口一事,亦复不赞成。其结果盖斯里将军乃向余言,倘再有其它进兵计划,彼将不复获得英使准其参加之允许矣"。②

联军为了驱逐由北京逃往张家口的清军,以清除清军对在京联军的潜在威胁,同时也为了对这一地区反对教会的行为进行报复。1900 年 11 月 12 日,德、意、奥三国联军出兵 2500 人,由德国约克伯爵率领,北犯张家口。"行抵怀来县境,该处道台率领人民出迎,并以城垣交与联军,该处所有华兵早向张家口退去。约克伯爵随即向宣化县进发。怀来县传称宣化县各官,亦将献城不复抗拒。据联军探事人所报……宣化县城尚有华兵万人,步炮等队均有,由何金鳌军门管带,华兵所占地步,甚为坚固。约克伯爵自知兵力未足,已传书北京请兵矣。"③联军勒索了 25000 两白银后答应保全宣化和张家口两城。

"约克伯爵所带联军已据宣化,华兵归马、何两军门督带者,并未抵抗,已于 11 月 16 日(九月二十五日)向西南退走。"④17 日,联军入宣化城。18 日,联军抵张家口,清军未做抵抗,"当我们进兵张家口之时,曾有中国军队八千至一万人,飞向山西境内奔逃"。⑤ 联军所到之处,凡有义和团活动过的村庄,无不被焚毁;烧杀奸淫,气势汹汹。联军在张家口驻扎了 6 天,至 23 日,满载勒索及抢劫来的财物撤离张家口,返回北京。

以慈禧太后为首的清政府,在闰八月初八日从太原迁到了西安,一心一意等待李鸿章与外国人议和,同时竭力制止清军在任何地方对侵略者实行抵抗。清廷给山西官员的上谕:"现在将与各国开议和局,万不可决裂。如洋兵前进,即著先行派员劝阻,固不可鲁莽从事,亦断难听其长驱直入。"⑥李鸿章致电河南巡抚,说得更明白:"如洋兵到豫,丰备牛羊诸品,礼貌相迎。"⑦

九、东北军民抗击沙俄

(一)"黄俄罗斯计划"

义和团运动爆发后,沙俄政府一面派遣数万名俄军参加八国联军,大举进攻天津、北京等地;一面乘机侵占东北三省。沙俄企图永远霸占我国东北地区,他们借口要消除"黄

---

① 翦伯赞,等:《义和团》第三册,第 50－54 页。
② 翦伯赞,等:《义和团》第三册,第 68 页。
③ 翦伯赞,等:《义和团》第三册,第 254 页。
④ 翦伯赞,等:《义和团》第三册,第 260 页。
⑤ 翦伯赞,等:《义和团》第三册,第 57 页。
⑥ 故宫博物院:《义和团档案史料》下册,第 747 页。
⑦ 故宫博物院:《义和团档案史料》下册,第 763 页。

色西伯利亚"的忧虑,实质是要把满洲变成"黄俄罗斯"。横贯西伯利亚的铁路是 1891 年开始建造的,这条 9288 千米、世界上最长的铁路原准备沿着黑龙江筑至伯力,然后往南修至海参崴。但这一地带很难施工,路线迂回,因此通过满洲就成了一条捷径。1896 年,俄国从中国获得了筑路特权,铁路从满洲里经海拉尔、齐齐哈尔、哈尔滨、牡丹江、绥芬河直达海参崴,称为中东铁路。翌年,俄国又取得了在南满的旅顺和大连租借地,并开始修筑一条从旅顺到哈尔滨的支线,这条支线称为南满铁路。预计至 1900 年铁路建成。俄军进攻东北的战略目标是:控制中东铁路和南满铁路全线,并获得黑龙江自由航行权。

　　1900 年 6 月 17 日,八国联军攻陷大沽后,沙俄政府于 6 月下旬派遣驻远东的俄军侵入中国珲春地区。7 月 6 日,沙皇尼古拉二世自任侵略军总司令,陆军大臣库罗巴特金任参谋长,动员了沙俄所有的远东部队和从欧洲调来的军队共 177000 多人,大举入侵中国东北。

　　长顺奏:"今俄情若是,战事即在目前,自应遵旨,厚集兵团并分练义和民团,以资战守,独是吉林于义和拳风气未开……想系艺精之人尚在直隶、山东两省,无暇来此。""以东三省兵力而论:奉天于练军三十营外,复练仁、育两军二十营,兴京练军二营;黑龙江于镇边军十八营外,复新练防军十八营。独吉林于原有靖边防军十八营三哨,分布三边外,其余原有练军三千余人,专为捕盗而设,近甫添新军五营,专为保护铁路而设,四处散扎,并无一整齐可谓之大枝劲旅。"① 清军不仅兵力单薄,而且饷银匮乏。"现在部库支绌,需用浩繁,断无余款可以拨给外省。"② 清政府的指导思想是:"朝廷亦不欲大开边衅,如果敌兵闯入边界,自当迎头截击,力遏寇氛,不可萎缩示弱。但不必先为戎首。勿谓天津业已开战,便当先发制人也。"③ "至此次衅端,本由拳民而起。拳民首先拆毁铁路,我仍可作弹压不及之势,以明衅不自我开。各该省如有战事,仍应令拳民作为前驱,我则不必明张旗帜,方于后来筹办机宜可无窒碍。"④

　　1900 年 7 月 9 日,沙俄以"保护"中东铁路为借口,组成 5 个军,分兵 6 路大规模入侵我国东北地区:第一军,由沃尔诺夫少将率领,从伊尔库茨克和外贝加尔湖地区出发,进攻海拉尔、呼伦贝尔,越大兴安岭,至齐齐哈尔与第二军会合;第二军,由宁尼堪波夫少将率领,从海兰泡出发,攻瑷珲、墨尔根(嫩江)、齐齐哈尔等地,与一、三军会合后,南下进攻伯都讷(扶余)、长春;第三军,由沙哈诺夫少将率领,从伯力出发,沿松花江而下,进攻三姓(依兰)、哈尔滨、呼兰;另有第三军支队,由契耶莫夫少将率领,从双城子(乌苏里斯克)进攻绥芬河、牡丹江,抵哈尔滨;第四军,由库列夏洛斯基少将率领,然后改由艾古斯托夫少将率领,从海参崴及波谢特湾出发,进攻珲春、宁古塔(宁安)等地,然后会同一、二、三军攻占吉林;第五军,由斯保拉齐中将率领,从欧洲经海道至旅顺登陆,进攻盖平、营口、辽阳、奉天等地,至铁岭与一、二、三、四军会合。与此同时,参加八国联军的俄军在林涅维奇中将率领下,由天津出发,经山海关,进攻锦州,10 月 31 日占领锦州。

————————————

　　① 故宫博物院:《义和团档案史料》上册,第 250 页。
　　② 故宫博物院:《义和团档案史料》上册,第 301 页。
　　③ 故宫博物院:《义和团档案史料》上册,第 347 页。
　　④ 故宫博物院:《义和团档案史料》上册,第 360 页。

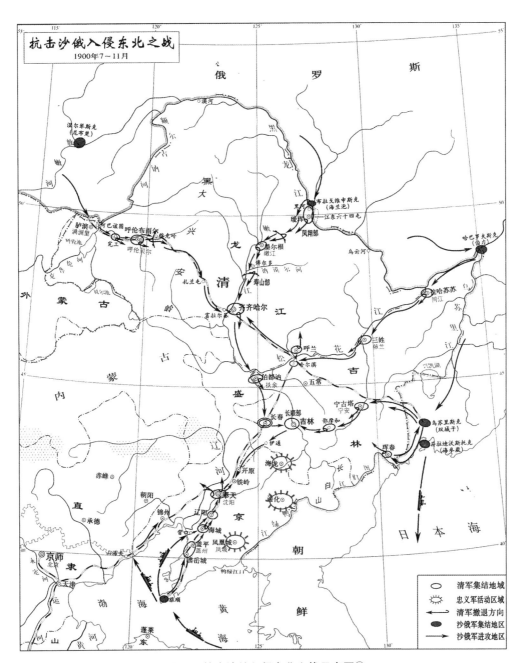

图 24　抗击沙俄入侵东北之战示意图①

　　俄方第一路军于 7 月 29 日攻占完工,8 月 3 日攻占海拉尔,8 月 14 日占领牙克石;二路军 7 月中旬制造了海兰泡惨案,8 月 1 日攻占黑河屯,8 月 4 日占领瑷珲,8 月 17 日占领墨尔根(嫩江),与一路军配合,于 8 月 29 日占领齐齐哈尔;三路军于 7 月 17 日占领拉哈苏苏(同江),7 月 30 日占领三姓(依兰),8 月 3 日占领哈尔滨,9 月 1 日占领伯都讷(扶余),9 月 12 日呼兰城投降;四路军 7 月 30 日占领珲春,8 月 29 日占领宁古塔(宁安),

　　① 中国人民革命军事博物馆:《中国战争史地图集》,第 212 页。

9月22日占领吉林;五路军于7月24日占领熊岳,8月1日占领盖平,8月3日占领营口,8月12日占领海城,9月24日占领牛庄,9月28日占领辽阳,与北路俄军会合,10月1日占领奉天(沈阳),10月6日占领铁岭,10月9日占领宽城子(长春),12月15日占领安东。至此,东北主要交通线和主要城市均被俄国侵略军占据。俄军以铁岭为界,划分南满、北满两区实行军事占领,铁岭以北为北满,归伯力总督格罗德科夫中将统治;铁岭以南为南满,归关东(旅大租借地)总督阿列克谢耶夫海军中将统治。

八月三十日(9月23日),伦敦电云:"俄国黑龙江提督格立比士克刊发章程一本,内言所有满洲地方为俄兵暂据者,以后将全归俄军管理。其章程如下:一、满洲及黑龙江右岸归俄兵占据者,将归俄国;二、华民不许归支江左右,其地将归俄为属地;三、所有爱甘(译音)、沙哈林(译音)邻近各处,刻下暂归俄国兵管理,所有闲人一概不准入居;四、爱甘及沙哈林两处华式房屋,刻下不必焚毁,以为住兵堆物之用;五、俄兵所居之地,应行政令,应归俄国边界钦差大臣管理,该大臣将暂驻爱甘地方。"①

在俄军进兵东北的过程中,清军没有组织起任何战役,只有一些零星的战斗。"中国人被击溃了,但并非由于他们胆怯。他们战斗得很勇敢,武器也良好。他们战败,部分是由于兵士缺乏应有的射击训练,但最重要的是由于军官缺乏有效率的组织能力和对于现代军事科学的无知。"②

俄国占领我国东北以后,企图实行永久霸占,遭到清政府和中国人民的抵制,英、日等其他帝国主义也不愿看到沙俄独占东北,经过艰苦的谈判,于二十八年三月初一日(1902年4月8日)签订了《中俄东三省交收条约》。

(二) 沙俄出兵东北

1. 熊岳之战、盖平之战

"六月二十九日(7月24日),华兵与俄兵在熊岳城交战,该城旋为俄兵所陷。七月初一日,俄兵200无故从牛家屯往攻营口南门外之华兵,互有死伤,俄兵乃退扎牛家屯。初三日华兵8000,又攻俄兵4000于大石桥,酣战终日,胜负尚未定。闻英、日、俄诸领事,均责俄兵之冒险轻进。"③又云:"前礼拜六之役,华兵团匪死者约1500人,伤者不计其数,俄军则无甚死伤。"又云:"闻华兵竟与团匪在天庄台(田庄台)接战,盖华兵以团匪为祸首,故愤极击之。"④

六月二十九日(7月24日),熊岳失守。"初三日(7月28日)育字军分统承顺等带队攻大石桥车站,受伤阵亡,所部各队败退海城。……至初七日(8月1日)盖平亦复失守。""初十日(8月4日)营口因拳民300余人赴庙烧香,俄即先行开枪,致与官兵接仗。正相持间,敌以轮船大炮来击,官兵不支,营口遂为敌占。"⑤

---

① 翦伯赞,等:《义和团》第三册,第248页。
② 伦森:《俄中战争》,第135页。
③ 翦伯赞,等:《义和团》第三册,第201页。
④ 翦伯赞,等:《义和团》第三册,第205页。
⑤ 故宫博物院:《义和团档案史料》上册,第510页。

俄方的记述：①

　　7月2日,当库沙可夫从熊岳出发,驰援北方各站时,改由巴西列维奇上校带领卫队负责火车站保卫工作。巴西列维奇有勇无谋,他搜查邻近村庄,将所有查出的武器概行没收。他砍毁中国电线杆,增长了公众的愤慨。他的部队逼近熊岳城,发现里面门已上锁,就下令攻门。中国人开枪,打死打伤俄兵各一人。7月13日和19日,俄国援军从旅顺口乘火车到达。7月24日,从大石桥发来电报说,中国人在炮轰大石桥俄军阵地。7月25日中午午饭之前,中国人发动突然袭击了,俄国兵急忙拿起武器准备战斗。这时大群摇旗呐喊的义和团众冲上来,第一团第六连齐放排枪打翻了许多拳民,但其余的人继续扑向第五连,刺刀则刺穿了他们刀枪不入的身体。中国兵在看到义和团众成群地被屠杀,便躲进深沟或山里去了。熊岳几乎成了空城,下午4点钟,经过一阵炮轰后,俄军在城墙外架了云梯,一会儿便翻身入城,到处实行毁灭破坏。中国兵和拳民逃亡盖平。盖平守军人数约1200至1500人,其中包括许多几乎没有武器的民兵,没有大炮。但柯伦真可夫不了解盖平守军的弱点。

　　7月27日,柯伦真可夫派俄军乘火车前往盖平,次日晚上俄军在盖平城外扎营。他但见山上成千上万的中国人,就向大石桥的顿布罗夫斯基和营口的弗莱舍尔将军分别求援。8月1日,柯伦真可夫知援军逼近,就下令发动攻势。他的进攻兵力包括5个步兵连、8门大炮和几十名哥萨克骑兵,共约1000人,另外2个连留守熊岳城,1个连守卫行李车厢。当俄国大炮开始轰击城堡和山上炮位时,中国大炮也针锋相对,照样办理。散开了的小支中国军队从四面八方袭击俄国炮兵。俄国人派出一支袭击与侦查队,通过那座破烂的铁路桥。在半途,他们接到弗莱舍尔将军的命令,叫他们不要进行大规模战斗,等待他的援军到达。但到了这时已是欲罢不能,他们决计继续前进,敌人炮火很猛烈,俄军没有适当的掩护,但伊凡诺夫和他的第二连仍然攀登了一座石山。他出乎意料地发现,自己就在中国人主阵地的右翼,离开他们的露天战壕只有五百步。伊凡诺夫率部出其不意地向着中国人俯冲,夺取了全部防御工事的关键地点。这时弗莱舍尔的前头部队在地平线上出现,中国守军全线后退了。伊凡诺夫下令攻城,从他在高地上看清楚的一处缺口冲进城。敌人又一次从俄国人手里滑走了,俄国人夺得的只是一座空城。另一方面,中国人经过打败仗之后,军心十分动摇。

2. 海兰泡（哈喇泊）惨案

海兰泡原名哈喇泊,在精奇里河和黑龙江的交汇处。沙俄侵占该地后,建立军事村屯,并于咸丰八年(1858年)改名为布拉戈维申斯克。到1900年,海兰泡人口约38000人,在这个地区的居民中,中国侨民有5000余人,经营的小商号有500多家,其余大多是木工、瓦工等手工业工人。在海兰泡沿黑龙江的对面,是黑河屯,因在十九世纪80年代发现了金矿,到十九世纪末,人口达5万。在海兰泡沿精奇里江的对面是江东六十四屯。这

---

① 伦森：《俄中战争》,第26－33页。

样,在精奇里江和黑龙江交汇处,黑河屯、江东六十四屯、海兰泡三者鼎足并峙,前两处属中国,后一处属俄国。黑河屯在黑龙江南边,另外两处在黑龙江的北边。

1900 年 7 月 16 日,中国人在附近的乡村被搜查出来了,哥萨克骑兵挥着鞭子抽打他们,强迫他们去警察署。凡是抗拒的人就被刺杀。就这样,几十个疲惫的骑兵,赶着 1500人,像关进兽栏一样赶进警察署。新的人群使得被拘捕的中国人的数目增至数千。第二天,17 日,第一批中国人,大约三千至五千人,像羊群一样被赶至海兰泡火车站,等待着被驱逐到对岸。①

在阿穆尔地区军政首脑的亲自指使下,沙俄警察当局以将这批中国居民遣送回国为名,出动了约一百名持枪和持斧的士兵押送,将他们赶往黑龙江边。在长达 20 里的路上,他们被迫快速前进,有的中国人,特别是老人赶不上队伍,便落在后头或倒在路旁,警官命令把所有掉队的人活活砍死。② 当中国居民到达江边时,江中没有一艘渡船,沙俄军警用鞭抽、刀刺、斧劈、枪击等残暴手段,将他们赶进流急浪大的黑龙江里去。"这里江身的宽度在 700 英尺以上,而水深在 14 英尺以上。江流急湍,狂风呼啸。中国人干脆被赶进水里,被命令泅水过江。前头有些人跳进水中,开始泅渡,很快地沉溺了。后面的人不敢下水,于是哥萨克兵使用粗皮鞭抽打他们,而所有带枪的人则一齐开枪。射击进行了大约半小时之后,岸上中国人的死尸便堆积如山。"

第一批渡江的中国人绝大部分死亡:有的淹死,有的被杀死。一个官方文件写道:"将渡江见证人的证词综合起来,使人相信这并不是渡江,而是把中国人灭绝和淹死。"③后来第二批中国人 84 人,第三批 170 人,第四批 66 人情况均如此。例如第三批"一百七十人中,最多不过二十人成功地泅过黑龙江幸存下来"。

瑷珲县志记载:当时无辜的中国居民,"伤重者毙岸,轻伤者死江,未受伤者投水溺之。骸骨漂溢,蔽满江津"④,只有 80 余名中国人奋力游过江来。沙俄侵略者驱逐和屠杀海兰泡的全部中国居民后,立即强占了他们留在海兰泡的全部财产。

"初五日,黑龙江将军寿山、盛京副都统晋昌罢。时山已前死(八月初三日寿山自杀),山初得诏书,计未决,求援于晋昌,昌力持战议,许济师。山亦以气自负,思立功,且恃昌无恐。而海兰泡俄兵数千人,议假道齐齐哈尔城,护哈尔滨铁道,山不许,而俄兵遽至,山军突起,掩击之,斩获数十人,又击败俄船。俄大怒,华人之在江北者,颇杀略之。"⑤

初四日,陷宁古塔。"而朝廷方以国书致俄,及英、法、德、美、日,皆借口乱民,非国家之意,欲以甘言缓夷兵,又阳以诏书戒寿山无生衅,而实阴嗾之。奉天将军增祺,自度军单,欲毋战,召五部侍郎清锐、崇宽、萨廉、溥颐、钟灵及讷钦,晋昌入计事。晋昌后至,厉声曰:'敢违旨者罪之。'遂下令,纵拳民大掠,杀俄护道兵,俄兵退海城、东昌,连报大捷,已而俄兵大至。"⑥以上记述表明,海兰泡大屠杀是俄军无视中国主权,入侵中国并遭到清军

---

① 伦森:《俄中战争》,第 64 页。
② 伦森:《俄中战争》,第 65 页。
③ 伦森:《俄中战争》,第 66 页。
④ 复旦大学《沙俄侵华史》编写组:《沙俄侵华史》,第 351 页。
⑤ 翦伯赞,等:《义和团》第一册,第 28 页。
⑥ 翦伯赞,等:《义和团》第一册,第 29 页。

打击后,进行的疯狂的、惨无人道的报复。晋昌之流的官员纵容和操纵义和团杀俄护道兵,则为俄军送上了一个出兵的借口。

3. 俄军血洗六十四屯

江东六十四屯南北 70 余公里,东西 40 余公里,占地 6600 余平方公里,属瑷珲县管辖,当时有中国居民 20000 多人,中国官兵数百人。《瑷珲条约》割去我国黑龙江左岸约 60 万平方公里的土地,并对六十四屯作如下规定:"原住之满洲人等,照旧准其各在所住屯中永远居住,仍著满洲国大臣管理,俄罗斯人等和好,不得侵犯。"但沙俄一直很想霸占这块土地。1880 年,中俄双方曾经设立封堆,互换字据,明确了江东六十四屯的边界。由于俄方不断越过封堆,侵占土地,1883 年中俄双方再次丈量。1889 年,双方又一次商同划界,用耕犁开沟一道,然后深挖沟壑,绘图为凭,称为"犁界"或"犁记"。①

海兰泡惨案后,六十四屯人民纷纷避往江南。7 月 18 日至 20 日,驻瑷珲士兵用船 30 余只昼夜接渡难民。20 日晚,一支沙俄哥萨克骑兵赶到渡口,残暴地对和平居民用排枪齐射。哥萨克骑兵还几次闯进六十四屯,不分男女老少,见人就砍。留在各屯和未及渡江的几千名中国居民,尽遭残杀。沙俄侵略者将六十四屯财物抢劫一空,然后放火烧掉全部村舍,侵占了这片中国领土。在这场大洗劫中,"各屯旗户悉被俄人驱逐入江,残其生命七千余人,据其财产三百余万,一切所有权利均被俄人侵占"。②

4. 瑷珲之战

"寿山奏:六月二十一日(7 月 16 日)夜,派定队伍,五更偷渡。二十二日晨刻,王良臣等齐集精奇里河口之博尔多屯,俄人拼死抵御,枪炮如雨,我军初犹挖沟叠进,期避子弹,时弁兵有中枪伤亡者,各将士奋不顾身,大呼直前,俄势不支,败退河北。王良臣以水阻不便深入,且兵单地旷,该处亦难据守,仅焚其药库一座,申刻全师而归。是役,夺获快抢一尊,并连珠枪子无算。俄兵尸横遍地,难查确数。我军共受伤十余名,阵亡十余名。此瑷珲二十一日渡江众生之情形也。自是以后,俄人日于沿江挖壕筑台,以大炮向我爱城等处轰击。并将海兰泡佣工华民数千人驱投诸江,二十四日(7 月 19 日),复以马队 200 焚我江左旗屯,老弱妇女半遭杀戮……并催吉林剋日会攻哈尔滨。"③

长顺奏:"奴才遂催调攻哈各队,一面密饬驻扎哈尔滨之新军前营营官王忠泰,将其所部半营作为内应。布置未定,各队尚未调齐,初不料寿山已属副都统庆祺所部四营于七月初一日(7 月 26 日)渡江攻剿,而哈俄遂将王忠泰围住。幸该营官先有准备,乘间破围而出。……其时,江省统领定禄一军失利,阵亡营官一员,将队撤回江北。初二日早,(清军统领)各带所部,将哈尔滨西南两路围堵,相机攻取。……俄军四面深沟高垒,每于扼要处架炮十余尊,一时难以力取。"④

吉林将军长顺因吉林兵力单薄,不同意黑龙江将军寿山主动进攻哈尔滨的策略:"无如寿山一闻奉省开仗,即以急攻哈尔滨为先发制人之计,屡约进兵。……是以复电从缓,

---

① 复旦大学《沙俄侵华史》编写组:《沙俄侵华史》,第 351 页。
② 王彦威:《清季外交史料》宣统朝卷 5,第 36 页。
③ 故宫博物院:《义和团档案史料》上册,第 381 页。
④ 故宫博物院:《义和团档案史料》上册,第 425 页。

而寿山终不以为然。迭次电催,甚至屡来明电,并令驻扎呼兰之队虚张声势,以示镇慑……该省未及定期,亦不候吉队调集,遽而派队过江,遂致吉林内应之兵被俄先围,外攻之兵措手不及。"奏折中评价寿山:"进锐而退速,始轻而终怠。于是吉林受害深矣。"[1]清政府对此表态:"长顺不肯会攻哈尔滨,自是老成持重之见。"[2]

俄国人在8月1日临晨1时开始在海兰泡渡过黑龙江,攻打黑河屯。伦森关于瑷珲之战的记述为:[3]

> 同时派出一批轮船,在黑龙江上来回穿驶,以吸引清军炮火,转移敌人对我进攻的注意。战斗开始后,中国人对这几只轮船轰击,中国人估计俄国人要在海兰泡和一号哨所之间的对岸登陆。因此,当俄国人在海兰泡的对岸登陆时,仅有少数步兵守卫着江边的战壕,俄国人几乎没有遇到什么抵抗。等到中国人发现情况,自黑河屯开来部队对付俄国人的时候,俄国人已大规模登陆并占据了战略阵地。俄国人从两翼攻击沿岸战壕工事,逼迫中国人放弃战壕。大约早晨7点30分,得到大力增援的俄国人向着正在前进的中国守军进攻,逼迫守军后退。同时俄国增援部队的登陆持续到上午11点钟。中国军队起初有秩序地撤退,并不断进行还击,但到了中午,他们开始溃退,越过山岭退向通往瑷珲的道路。

> 下午1点钟,中国人还在继续轰击海兰泡前面的几艘轮船。当中国人了解真实情况后,他们不战而退,撤出了黑河屯。前来袭击的哥萨克兵把仅有的几座完好的建筑物付之一炬。等到自海兰泡渡江的俄国军队在下午6点钟到达黑河屯时,这座满洲城市已不复存在。

> 向瑷珲撤退的中国军队在山上掘壕据守,他们的阵地十分牢靠。8月3日早晨,当俄军开始进攻时,敌方炮火十分猛烈,俄军一度被迫后退。但是,当中国人企图追击的时候,俄国人两翼的炮火迫使他们退回到战壕里。俄国骑兵的迅猛冲锋和刺刀的攻击把中国兵吓倒了。到了下午,俄军冲进中国阵地。散开的部队实行顽强不屈的抵抗,阻击了俄军的追截。在山上,中国兵阵亡200多名。

> 俄国人在8月4日下午2点钟再度攻打瑷珲。在山岭和瑷珲之间的许多战壕工事,需要一个一个地攻打。俄国人冒着敌人的炮火继续前进,达5小时之久。中国人有一次认真地企图由大批援军冲上山头的一个阵地实行死守抗击,但是俄国的榴霰弹粉碎了他们的计划。到下午7点钟,俄军阵线推进到瑷珲城下。

> 经过佛登高尔的大炮轰击,瑷珲全城一片大火。在城郊,三、四百名中国步兵英勇不屈地战死,个别幸存者也宁愿自尽而不投降。总攻被推迟到次日天亮。佛登高尔遇到了比预期的更要强烈的抵抗,他的渡江被推迟了。俄军未能拦截从瑷珲通往齐齐哈尔的道路,这样撤退的闸门还开着,中国军队在夜里放弃了瑷珲。

---

① 故宫博物院:《义和团档案史料》上册,第427页。
② 故宫博物院:《义和团档案史料》上册,第434页。
③ 伦森:《俄中战争》,第80-87页。

8 月 5 日俄国兵进入城中。夜里,任宁坎夫的哥萨克骑兵冲出去追击撤离瑷珲的中国军队。8 月 7、8、9 三天,任宁坎夫同中国后卫部队做短促的接战,估计中国部队有步兵八百人、骑兵三百人、炮十门。8 月 10 日,在兴安岭东面山坡上,任宁坎夫遇到了顽强的抵抗。中国人得到了增援部队,估计他们使用步兵三四千、骑兵四五千、炮十二门。任宁坎夫决计不等待援兵,下令进攻。在一瞬间,勇往直前变成了悲惨的生存挣扎,军马无能为力地陷在泥沼中,中国人则瞄着哥萨克兵任意射击,就像在靶场里射击固定的目标一样。二名俄国军官和十名士兵被打死,更多的军人被打伤。其余俄国部队从毁灭中被拯救出来,这是由于另一个哥萨克骑兵中队从侧面实行进攻,以及毁灭性的炮轰把中国人打退了。

这时中国人已撤退到兴安岭隘口。俄军从瑷珲调来了一个骑兵中队、六个营和二十门炮。8 月 16 日,俄军向隘口阵地进攻,经过了激烈的流血战斗,才把中国人赶出去。8 月 17 日,他的一部分骑兵经过短时间的战斗攻占了墨尔根(嫩江)。任宁坎夫继续向着黑龙江省会齐齐哈尔前进。8 月 21 日,在距离墨尔根 35 英里的地方,遇到黑龙江将军寿山派来的打着休战旗的人,要求停止军事行动。任宁坎夫拒绝这一要求,继续前进。8 月 28 日,俄军占领齐齐哈尔,中国人进行了微弱的抵抗,寿山将军服毒自杀。

瑷珲守军曾激烈抵抗,"瑷珲副都统凤翔,渡江急击俄兵,敌军来鹤,惧深入无后援,麾军退,大败。七月初九日,俄兵为华装,自五道河潜渡,翔误谓漠河矿屯也,不备。陷瑷珲。翔退守内兴安岭,士失亡已多,力战败俄兵,翔亦呕血死"。①

萨保奏:"程德全(行营营务处经理)于二十一日(8 月 15 日)出省,二十二日(8 月 16 日)岭防败退,俄兵三面抄袭,我军已退科罗尔站一带。俄以马队大炮尾追,居高施放,我军平地受敌,死伤无数,余兵全行溃散,不能收拾。"二十四日(8 月 18 日),程德全行抵博尔多,只得据南岸为营。寿山以如此情形万难抵御,是以飞饬程德全赶紧设法停战。"俄人大队于二十八日(8 月 22 日)直抵博尔多河北岸。程德全单骑赴敌,面与辩论……俄始允停兵三日,彼此再议。三十日(8 月 24 日)晚,程德全又赴敌营,始而哀求,继而且哭且詈,拔刀自刺,欲以身殉……俄乃允缓行赴省,暂扎城北候信。""初四日(8 月 28 日)卯刻,由塔哈尔督队自省面东城绕向南行,俄全队排列城西船套安营。""不意次日炮声震天,城中大乱,纷纷抢劫逃散,奴才正在弹压,寿山竟行自戕。"初六日(8 月 30 日)"俄官已带领车马兵丁入城,先将将军府什物掳掠一空,复将练饷、兵饷及各杂款银钱,并军械、军装、火药库、军器库及一切官物,或用车拉运,或派兵看守,并勒索铁路所失马匹及米面草料等件。"②

5. 海拉尔之战 (完工—海拉尔—牙克石之战)

海拉尔只是个小县城,但对俄国人来说有其重要性,它是中东铁路进入中国后的第一个城镇,曾经是中东铁路西段行政机构所在地。为了进攻海拉尔,俄军新组织了海拉尔分遣队,起初人马不多,后来发展到 5000 多人,分遣队由原哥萨克步兵旅旅长奥尔洛夫少将

---

① 罗惇曧:《庚子国变记》,第 29 页。
② 故宫博物院:《义和团档案史料》上册,第 544 页。

充任指挥官。伦森关于海拉尔之战的记述为：①

7月25日，俄军越过国境。第一日前进了30英里左右，侵入札赉诺尔车站，7月27日再前进二十英里，到下一车站赫尔洪德。未遇抵抗，并找到了面粉，人员得到了休息。7月28日，奥尔洛夫得知在下一个车站完工，驻有中国守军4个骑兵中队。立即派出骑兵向中国人发动攻势，到29日清晨5时，中国人撤退了。

7月29日早晨，中国人虽然在哥萨克的面前退却了，但决计在第二天实行反攻。7月30日清晨4点钟，俄国哨兵报告，人数相当多的敌军在前进。在远处，包括有蒙古人在内的中国骑兵摆开两条单列的整齐战线，右翼伸展到海拉尔河的平地。步兵跟在后面，招展的旗帜和奔驰的通讯兵历历在目。蒙古兵在前进中从很远的距离开枪射击，他们保持着整齐的队伍。俄国人开枪还击，但蒙古兵继续前进，敏捷地以沙丘为阵地，挖掘许多掩体。双方交相射击，持续了好几个钟头。上午11点40分，俄军援兵到达战场，使奥尔洛夫的兵力增加到拥有步兵2000人、骑兵1000人、大炮6门。中国大炮向前推移到离俄军约5000英尺的地方，步兵也前进到800步至1200步之间。下午1点50分，右翼的上乌丁斯克哥萨克团乘马出发，他们在高地上出现就是总攻击的信号。下午2点10分，俄国大炮开始轰击，命中率很高，使中国炮迅速撤出阵地。下午2点25分，奥尔洛夫命令海拉尔分遣队全军出动，只留下两个半骑兵中队作为后备队，另外半个骑兵中队看守营地。当天缴获一门克房伯钢制后膛炮，第二天又缴获了一门。奥尔洛夫跟踪追击退却的中国人至十英里以外，然后率军归还。俄军被打死八人，受伤十七人，中国人尸体约计八九百具。中国指挥官带着六十名精选骑兵，得以生还。

8月1日夜晚，奥尔洛夫命令哥萨克骑兵团和哥萨克炮兵中队驰赴海拉尔。8月3日凌晨3点半左右，他率领其他部队出动，大约11点钟到达海拉尔城外，当天下午占领海拉尔。

这时，中国一位很出色的指挥官鲍将军认识到海拉尔失陷的严重性，他率领7000士兵从大兴安岭前来。于是奥尔洛夫率军出发迎敌，8月13日到达扎罗木得。8月14日到达海拉尔以东二十三英里的牙克石。下午2点钟战斗开始，双方激战数小时。突然雷声隆隆，滂沱大雨夹着冰雹下的天昏地黑，百步以外漆黑一团。奥尔洛夫乘此黑夜降临，指挥后备营冲出去袭击中国军队的右翼，然后发动总攻势。鲍将军在战斗中阵亡，他的部队被打败逃跑了。牙克石一个胜仗使俄国人取得了大兴安岭以西的全部西满洲地方。

6. 海城—辽阳之战（沙河之战）

晋昌奏："奴才于十五日（8月9日）抵海城，正筹备御间，十六日（8月10日）突有俄兵大股扑攻虎獐屯，分统富魁死力接战，敌不稍却，继以各炮分向我军轰击，力不能支，退守于距海南25里之邓家台。""十七日（8月11日）俄益添队来攻，炮声震地，邓家台无险

---

① 伦森：《俄中战争》，第111–120页。

可守……自早至午后伤亡相继,我军力难相持,且战且退,至唐王、亮甲等山,与守山之军会合捍御。……维时敌炮已及唐王山,我军当亦开炮相向,对击两时之久,敌炮愈密,将我大炮一尊、快炮二尊同时击坏,俄兵趁势抢上山前,我军无炮,愈难抵御。""奴才亲带炮位驰赴城东北隅双山,置炮其上,防其扑犯城北。诇十八日(8月12日)天未明时,俄兵复用炮直击双山,经我军以炮相抵,坏其快炮一尊,伤敌兵数十人,凶威稍挫。而彼复分股由我炮不及之处绕出包抄。其唐王山敌炮弥施轰击,子弹炸落双山,纷纷不止,势极危迫。本知唐王山一失,余山均难扼守。……及至双山退出,海城遂以不守。"①

"查奉天烧毁辽阳铁路,据坐探委员密电,谓系副都统晋昌密派育字军假充义和拳前往行事,当时已为俄人识破,佯云兵变,其意仍不欲启衅。无如晋昌狃于先发制人之说,必欲与之构兵,纵令拳匪恣意欺侮,卒至一败涂地,不可收拾。"②"俄提督沙哈罗夫于八月十九日(9月12日)巳刻,突率大兵抵呼兰河口,函致奴才倭克金泰退兵百里外,将枪炮弹药全行追缴,方可议和。是日未正(14时),我军全退后,俄兵始整队进街。"③

伦森关于海城—辽阳之战的记述为:④

南满的俄军由东西伯利亚第一步兵旅旅长佛莱舍尔少将任总指挥。在占领营口后,佛莱舍尔派出三路俄军向海城进攻。8月10日早晨,俄军从大石桥火车站出发,天气很热。他们汗流浃背,紧追正在退却的中国人,后者时常作短促抵抗而后再退却。中国军队决定在虎樟屯再行抵抗。中国炮火很猛,打死了拉大炮的几匹马。但中国人没有意料到哥萨克第一炮兵中队行军的惊人速度及其作战的灵活敏捷。炮兵中队冲散了所有集中兵力的中国军队。炮兵轻骑奔驰,几乎独自把敌军打退。然而俄国人还来不及实行包围,中国人就已经逃脱了。

8月11日早晨,俄军再次出动,分两路向海城进发。寿将军(副都统寿长)计划退却,不同俄国人作大规模战斗,而把敌人诱向牛庄。但他的部下拒绝不战而放弃海城。姓云的民团指挥官不断进扰米希宸哥较弱的左路,当两路俄军相隔三英里时,云在高粱地里设伏等待米希宸哥。但前来诱敌的中国炮兵队被俄军击溃,藏在高粱地坑壕里向俄军射击的中国兵也被俄军用开花炮弹消灭。一群义和团来自海城,企图夺回中国军的大炮。他们跟着号角声冲上山头、摇旗、念咒、袒胸露臂、身涂油彩,准备进行短兵相接的战斗,勇敢地扑向俄国军队。他们的队伍包括老人、男童和女童。身经百战的哥萨克兵从两侧向着义和团俯冲下来,挥着锐利的军刀把他们迅速地解决了。

8月12日临晨二点钟,俄国人再度前进。中国兵力据估计约有正规军4000人、炮8门、义和团众1000余人。他们退守在海城外围的半英里远的一个筑有堡垒的高地上。俄国人试图利用黑夜作掩护,偷偷爬上这一高地。拂晓他们爬进敌人阵地,听到山后车辆行动和马匹踏步的声音,意识到中国人在撤退。俄国

① 故宫博物院:《义和团档案史料》上册,第487页。
② 故宫博物院:《义和团档案史料》上册,第580页。
③ 故宫博物院:《义和团档案史料》上册,第595页。
④ 伦森:《俄中战争》,第136—141页。

人几乎没有遇到抵抗就进入了海城。

海城陷落后米希宸哥的部队整休了四十三天,以等待欧洲增援部队的到来。关东地区司令官苏鲍蒂奇中将接任指挥官,在营口、海城一带,归他指挥的兵力共约9000人和大炮28门。估计在辽阳和盛京之间有武装良好的中国军队5万人,最新式的克虏伯、马克沁和诺登菲尔德大炮60门。

苏鲍蒂奇计划分三路进军:由中路军对鞍山阵地采取正面进攻;左路军向牛庄的西面敌军进逼并将其击败,然后开始包围鞍山东面敌军的右翼;右路军,一支轻便机动的军队,包围敌人的左翼。

9月23日,由佛莱舍尔将军率领的左路军开赴牛庄。这一地区的中国军队约有6000人。中国人决计不死守城市本身,在9月24日让佛莱舍尔的部队进入牛庄。寿将军预计俄军会在城里停留一段时间,于是中国人就在离城四英里远的地点过夜,9月25日继续撤退。中国人计划往东退入千山山区,让俄军通过并向沙河中国主力推进,然后奇袭俄军的后尾。但佛莱舍尔将军只留下一小队兵防守牛庄,其他部队驰往包围鞍山阵地的右翼,那里驻扎有中国军14000人。一会儿,佛莱舍尔的左路就赶上了寿将军的队伍,使原来的有秩序退却变成溃散。中国人的计划被粉碎了,以致中国兵抵达沙河时只有2000人。

9月26日清早5点半钟,俄军从海城分两路向鞍山站进发。右路由米希宸哥指挥的俄军,未遇抵抗,迅速进逼到鞍山高地的后面。此时得知敌人已在夜间撤退,不知何往了。军官们正在议论着中国军队不可思议的消失,突然东面山头枪炮雷鸣,满山黑压压尽是中国兵,旌旗在高处迎风招展,骑兵队伍在山坡上驰骋往来。俄国兵立即集合,两个哥萨克骑兵中队朝清军强大阵地中央挺近,米希宸哥毫不犹豫地命令全部俄军后续跟进。这回,俄国人遇到不屈不挠的抵抗。哥萨克的拼命冲锋,使佛莱舍尔按计划完成了对鞍山阵地的包围。

中国人无法抵挡俄军,他们往北朝沙河撤退,企图把俄军诱入一个大蹄形地区,这蹄形的顶端是沙河堡村,蹄形地区长约8公里。盛京后备军和牛庄守军的残余部队准备同俄军进行一场决战,这个阵地有53000士兵把守。但寿将军的部队有3000人未能到达,鞍山军队14000人又姗姗来迟,赶不上战斗。然而,中国军主力仍有30000人。寿将军等到战役行将揭幕才抵达阵地,他企图把过长的阵地加以收缩,但遭到了反对,许多指挥官拒绝接受他的命令。

9月27日清晨6点钟,米希宸哥带领他的2个连队、2个中队和4门炮出发,迅速占领了一个山头,并架上大炮,与山上的中国大炮展开一场炮轰战。突然铁路守卫军发现自己被大群中国人团团围住,中国步兵从四面八方向他们爬过来,中国骑兵朝他们的两翼疾驰。原来他们闯入了敌人阵地的正中心,400个俄国兵陷入了30000敌兵的包围之中。在这千钧一发的时刻,阿尔塔莫诺夫带领前锋部队到达山头。到上午11点钟,12门炮齐向中国人猛烈开火,中国人则勇猛地继续同俄军交火。阿尔塔莫夫、米希宸哥等率领部队向敌人正中间拼命冲去,在持续不断的大炮和机关枪火力的支持之下,把中国人赶出沙河堡。到下午三四点钟,把敌人从一切阵地驱逐出去,敌人朝辽阳全面退却。

俄国巡逻队已查明中国军队集结在位于沙河堡和辽阳之间的高地上。9月28日早晨六点半钟,佛莱舍尔将军率左路军出动,以包围中国右翼兵攻打辽阳炮台的西面;米希宸哥上校的右路军早晨8点20分出发,攻打炮台的东面;阿尔塔莫诺夫上校的中路军8点半出发,从西面去攻打南面的高地。佛莱舍尔于下午2点钟左右向辽阳城进军,辽阳炮台守军只发了几炮就快速地撤退。与此同时,俄军攻打高地上的中国阵地,把守军赶入一个村庄。中国人发现自己腹背受敌,便实行逃跑,遗弃很多新式武器。

"八月三十日(9月23日),晋昌由辽带队回省。是晚,俄队200余名袭牛庄,放枪挑战。我军以现值停战未即还枪。次日黎明(闰八月初一,9月24日),俄大队五六千人复来攻扑,"我军奋力血战一日之久。"敌随以快炮连环排击,我军抵挡不住,退大望台。初二三日连日来攻,杀伤相当,我军退刘二堡。初四(9月27日)即在沙河南八卦沟我军会集,复决死战,无如敌人炮多力猛,伤亡过多,退首山铺一带扼守。(闰八月)初五日(9月28日)敌复来犯,各军遂大溃。是日早,辽阳城插白旗。"①自海城营口相继失守,省城(奉天)人心不稳,及牛庄、辽阳已失,山海关又为所据,大局已经不支。闰八月初八日(10月1日)俄马步队先后进城,分抄各路。

(三)中俄东三省交收条约

俄国占领东北后,企图与清政府订立条约,使其占领合法化、永久化。但当时清政府已逃离北京,沙俄决定强迫东北地方当局订立临时性协定,然后再逼迫清政府承认。10月11日,南满俄军总司令阿列克谢耶夫提出建议:盛京将军仍负责行政事务,拥有一定数量的警察,迅速恢复奉天省的秩序,同时俄军对盛京将军实行严密控制,派军事和外交代表领导和监督盛京将军的行动。这样,形式上保持了清朝的地方政府,实际上是俄国军事占领,然后实行逐步并吞东北的方针。沙俄政府采纳了他的建议。阿列克谢耶夫随即以《允许将俄军所占奉省各地方仍由大清国将军以及各员回署重立从前美善政法》为诱饵,使盛京将军增祺派遣已革道员周冕等到旅顺,于11月8日强迫周冕草签《奉天交地暂且章程》九款:②

一、增将军回任后应任保卫地方安静,务使兴修铁路毫无拦阻损坏。

二、奉天省城等处现留俄军驻防,一为保护铁路,二为安堵地方,将军及地方官等应与俄官以礼相待,并随时尽力帮同,譬如住宿处所及采办粮料等事。

三、奉省军队联络叛逆,拆毁铁路,应由奉天将军将所有军队一律撤散,收缴军械,如不抗缴,前罪免究。至俄队未得之军械库所存各军装、枪炮,统行转交俄武官经理。

四、奉天各处俄军未经驻扎炮台、营垒由华员偕俄官前往当面一并拆毁,若俄员不用火药库,亦照前法办理。

---

① 故宫博物院:《义和团档案史料》下册,第705页。

② 王彦威:《清季外交史料》卷144,第17页。

五、营口等处俄官暂为经理,俟俄廷查得奉省确实太平再许调换华员。

六、奉天通省城镇,应听将军设立巡捕马步各队保护商民。其余屯堡亦一律照搬,统归将军主政,人数多寡,携带枪械,另行酌定。

七、沈阳应设俄总管一员以便办理奉天将军、辽东总理大臣往来交涉事件,凡将军所办要件该总管应当明晰。

八、将来将军设立奉天各处巡捕马步各队,倘遇地方有事,不足于用,无论水陆边界、腹地,可由将军就近知会俄总管转请俄带兵官,尽力都同办理。

九、前八条遇有评论以俄文为准。

这个章程剥夺了中国在奉天的主权。奉天将军增祺曾提出:"事关地方职管,本军督部堂并无全权大臣字样,亦未奉到此次和约条章,碍难擅主,须俟奏明本国大皇帝饬议,再行画押。"阿列克谢耶夫声称"此系暂且章程,以后能以改换"。[①] 诱骗、胁迫增祺于11月30日批准此约。"九月二十二日,周冕电告李鸿章已签订《奉天交地暂且章程》之事,但未告内容、原文。李鸿章当时正与各国紧张商议《议和大纲》而无暇顾及此事。"[②]

该条约签订后,沙俄政府积极诱骗清政府进行所谓撤军交地谈判,其目的是与清政府签订正式条约,进而逐步实现其侵占东北的野心。俄方顾虑在北京商议易受其他列强干预,要求清政府任命驻俄公使杨儒为全权代表,在彼得堡进行谈判。清政府当时并不不知道增祺与阿列克谢耶夫已签订了《奉天交地暂且章程》,遂同意俄国的要求,于1901年1月2日任命杨儒为全权代表,并对俄国允许交还东三省表示感谢。

十一月二十五日,杨儒将打听到的增祺擅订《奉天交地暂且章程》一事电告李鸿章转清廷:"密询维特,确有其事……但恐所谓交还,是吏治而非兵权,有空名而无实惠。"[③] 1月3日,伦敦《泰晤士报》刊出《奉天交地暂且章程》全文,引起各方面的强烈反应。杨儒报告清政府说:此事"流弊无穷……东省不失而失。"清政府宣布增祺与俄国订约,不予承认。朝廷严斥"增祺并未奏闻……增祺擅派委员,妄加全权字样,实属荒谬,着交部严议"。[④] 命令杨儒"废暂约,立正约"。日本、英国因沙俄独占东北,于己不利,纷纷向清政府提出警告,并向俄国政府提出质问。俄国外交大臣拉姆斯道夫当面撒谎,否认同中国订立过《奉天交地暂且章程》,并表示俄国没有占领中国东北的意图,同中国解决边界问题后,就从中国东北撤兵。沙俄因《奉天交地暂且章程》的泄露,遭到列强的责难,狼狈不堪。为了摆脱困境,同时为了尽快诱订正式条约,经杨儒多次争辩后,拉姆斯道夫于十二月初五日(1月24日)表示"暂款批准,既遵贵政府之意作罢,异日商谈正约,贵大臣务勿阻难"。[⑤]

2月16日,拉姆斯道夫正式提出书面约稿十二款。这个约稿暴露了沙俄的侵略野心,俄国不但要独占东三省,攫取东北的"兵权、利权、派官之权",而且企图囊括蒙古、新

① 王彦威:《清季外交史料》卷144,第19页。
② 谢世诚:《李鸿章评传》,第661页。
③ 朱寿朋:《光绪朝东华录》第四册,第4598页。
④ 王彦威:《清季外交史料》卷145,第16页。
⑤ 王芸生:《六十年来中国与日本》第四册,第75页。

疆等地筑路、开矿和其他权利，甚至连中国自己在蒙古、新疆建造铁路也不允许。第六款"中国北境水陆师不用他国人训练"，实际上把直隶、山西、陕西、青海、甘肃都视为它的势力范围。清政府很快答复，对约稿提出异议："由杨儒递到东三省约章十二条，逐细寻译，似中国主权尚未能保全无碍。大皇帝书云：不欲稍碍主权，一切悉照俄兵未据以前办理。"①杨儒指出：俄国"留兵名为保路，实注意末四款"。②按照维特预设的圈套，中俄订立政府间的条约后，根据规定中国必须与铁路公司签订合同，以"各项利益相抵，赔偿义和团运动时期铁路公司的损失"。沙俄为了迫令清政府迅速签字，一面恐吓清政府，"俄使以此事与各国无涉，中国当置之不理。若竟将俄约延宕不办，则三省必不愿交还"③，一面企图再次以重金向李鸿章行贿。④

沙俄约稿内容透露以后，日本公使约见奕劻和李鸿章，表示"我日本所注意者莫过于东三省之事，盖俄国若有利益，则英法必据利益均沾之说，向中国要求，各国亦必起而效尤，故关系甚大。俄得志于东三省，我日本亦大有不利将来，似可将此意明告俄国"。⑤"财政及各种权利亦然。设有一国要挟太重，中国似可答以此次事变关系各国，宜归入各国公约并议。"⑥各国驻使先后向中国声明，"为中国计，一切条约必须与各国共同商办，才能保住中国。与别国另立壤土之约，甚为可危及此项条约（指辛丑和约）"。⑦美、德、意、奥、匈等国也向清政府做了相同的表示。李鸿章认为新约危害不大，希望各国不要干扰签约。"现俄已与杨使另议约款，尚无夺我壤地、财政之意，催速核准，否则暂据将成久据。各国睦谊素敦，未便倚众阻挠，致中俄决裂，亦非各国之利也。"⑧

中国国内舆论坚决反对与俄单独签约。3月15日，上海爱国士绅集会抗议，他们给李鸿章的电报说："俄约若成，中国即亡，市民公愤，伏乞据理严拒，以报危局。"⑨港澳同胞及海外侨胞一再电请拒签俄约。澳门150人联名来电："中俄约成，中外震骇，请严拒以救危亡。"⑩刘坤一、张之洞为代表的多数督抚也反对签约。他们认为"各国所以咸告中国者，盖中能从拒，逆料俄断不敢遽犯众怒，俄所以迫中速允者，亦以允后可箝各国之口。各国既均言明，允必效尤，则分裂之祸，即在目前"。⑪

沙俄胁迫清政府签约没有得逞，变改变手法，将原来的12款改为11款，删去"中国北境水陆师不用他国人训练"，对其他条款，也做了一些删削。于3月13日作为最后约稿抛出，限15天内签字，不准更易一字。"逾期则交收东三省作罢"。拉姆斯道夫威逼杨儒："此系末次删改，不能再有更动。如贵国不允，以后再不提此事。"⑫李鸿章坚持先签俄约，

---

① 王彦威：《清季外交史料》卷146，第4页。
② 王芸生：《六十年来中国与日本》第四册，第87页。
③ 李鸿章：《李文忠公全集》电稿，卷32，第23页。
④ 丁名楠：《帝国主义侵华史》第二册，第140页。
⑤ 王彦威：《清季外交史料》卷145，第9页。
⑥ 李鸿章：《李文忠公合集》电稿，卷31，第46页。
⑦ 李鸿章：《李文忠公合集》电稿，卷32，第19页。
⑧ 李鸿章：《李文忠公合集》电稿，卷32，第23页。
⑨ 李鸿章：《李文忠公合集》电稿，卷33，第22页。
⑩ 李鸿章：《李文忠公合集》电稿，卷34，第32页。
⑪ 李鸿章：《李文忠公合集》电稿，卷32，第30页。
⑫ 王芸生：《六十年来中国与日本》第四册，第110页。

于正月初九日电西安行在："如中国照俄所拟条款办理,则俄用兵力所得之满洲仍可为中国土地。似此情形,延缓实恐误事。各国私议,全系日本唆弄。"清政府左右为难,担心若不签约,俄对东三省由"暂据将成久据"①;若签约,各国起而效尤,中国立遭瓜分;又无毅然拒俄之勇气。正月初八日上谕"电奕劻、李鸿章,据刘坤一、张之洞电称,各国之意,均以东三省之约为不然。此事关系重大,非杨儒所能了结。……著奕劻、李鸿章统筹全局,婉商英、日、美、德各使,统筹一妥善办法,或面商俄使,别图补救。总之,既不可激俄怒,亦不可动各国之愤,钦此"。②

　　清政府命令杨儒请俄展限。杨儒的请求遭到俄方拒绝。李鸿章则认为"刺目处均删除,照允后无患",要清政府电令杨儒签字。③ 清政府电告杨儒："请全权定计,朝廷实不能遥断。"④李据此电杨儒："内意已松,当立断。第十款蒙古、新疆字均删,与原稿相衡,危害较轻。势处万难,不能不允,一面即酌量画押。庆、李。"⑤杨儒坚持"未奉画押之旨,不敢擅专",坚决拒绝签字。⑥ 维特很快获悉李鸿章已电杨儒"酌量画押",满限前两天,又约见杨儒,催促他签约,被杨儒拒绝。第二天,拉姆斯道夫再次约杨儒签字,又被杨儒拒绝。清政府在国内外反对签约的强大压力下,转变态度,明确电令杨儒通知俄政府,"非展限改妥,无碍公约,不敢遽行画押,请格外见谅"。⑦ 李鸿章也只得奉令照会各国公使,先议公约。至此,交收东三省的谈判暂定,俄国逼迫清政府订约的阴谋失败。李鸿章卖国心切,竟然在沙俄宣布暂停谈判后,向维特的亲信乌赫托姆斯基作出承诺,"俟公约定后再行画押,永敦睦谊"。⑧ 在收交东三省的谈判过程中,"李鸿章之畏葸不决,中外交责,即其门下太常寺少卿盛宣怀亦对李鸿章致其忠告,其致鸿章电,有'列邦以恶名加俄,中外复以庇俄之名加中堂,后世谁能曲谅乎?'之语"。⑨《辛丑条约》订立前后,俄国代表与李鸿章接触频繁。由于沙俄坚持侵占东北的立场,直到 11 月 7 日李鸿章病死,中俄关于东三省交收交涉都没有取得任何进展。

　　"俄约既经拒签,鸿章犹复拖泥带水,谓候公约定后再行画押,致俄使格尔斯乃有词向其催逼。……俄人原以不签俄约则公约不成威胁鸿章,乃拒签俄约之后,俄人既无非常动作,辛丑和约亦顺利完成。鸿章以七十八龄之高年,既惭主签约之非,复愤俄人之欺,忧郁焦老,肝疾增剧,时有盛怒,或如病狂。加以俄使恫吓催促,于邑难堪,拊心呕血,于以不起,光绪二十七年(1901 年)九月二十七日逝于京师之贤良寺。闻逝世之前一点钟,俄使尚来催促画押,惨矣!"⑩

　　光绪二十七年二月初六日,俄外交大臣约见杨儒,杨儒仍力疾前往。条约画押与否,

---

① 王芸生:《六十年来中国与日本》第四册,第 95 页。
② 李鸿章:《李文忠公全集》电稿,卷 32,第 21 页。
③ 李鸿章:《李文忠公全集》电稿,卷 33,第 20 页。
④ 李鸿章:《李文忠公全集》电稿,卷 34,第 6 页。
⑤ 李鸿章:《李文忠公全集》电稿,卷 34,第 4 页。
⑥ 王芸生:《六十年来中国与日本》第四册,第 115 页。
⑦ 李鸿章:《李文忠公全集》电稿,卷 34,第 16 页。
⑧ 谢世诚:《李鸿章评传》,第 668 页。
⑨ 王芸生:《六十年来中国与日本》第四册,第 108 页。
⑩ 王芸生:《六十年来中国与日本》第四册,第 134 页。

限定翌晨九时前作答,以示决绝。是日适天寒雨雪,杨儒离俄外交部,回至使馆,下马车时不慎滑跌倒地,不省人事,从此一病不起。"杨儒自俄外部归途跌伤,即神志不清,口不能言,拒签俄约后,乃一病不起,二十八年正月初十日死于俄京任所。其子觐宸闻耗奔丧,至俄后忽然自缢而死,怀中有亲笔纸条,只称不孝罪深,难胜此大负,以后事托付使馆云……杨儒非有外交特识之人,颇惧与俄决裂,然就此幕交涉之结果论,杨儒实大有功于国家。"盖签约期限已迫,清廷已命其"全权定计,朝廷不为遥制",奕劻、李鸿章亦令其签字,而彼坚持非奉确旨不画压。威特诱使签字,复正色折之。杨儒在各方煎迫之下,矛盾攻袭之中,犹始终固执,至以身殉,虽庸亦纯矣。因其固执之一念,未有中国自画卖身契,为东三省留下一线生机,日俄战后,日本仍不得不将东三省交还中国者,实杨儒固执之功也。[①]

俄国对东三省的武装占领激化了俄日两国在东北的矛盾,也激化了其与英美的矛盾,因为英美也在觊觎东北地区。俄英又是列强在华最主要的争霸者,英国从其侵华全局出发,不能容忍俄国独占东北。日俄矛盾涉及重大的实际利害关系。甲午战争后,俄、德、法三国干涉还辽,日本被迫退出辽东半岛。仅仅三年后,俄国即攫取旅、大,建立了旅顺海军基地,使日本充满忌恨。日本以俄国为假想敌的扩军计划从 1896 年即已开始。此后几年间,日俄为控制朝鲜进行了反复的斗争。虽然俄国在攫取旅、大时在朝鲜对日本让了步,但日本并不满足。俄军占了我国东北,对日本实现其侵略野心造成严重障碍,从此双方争夺朝鲜和我国东北的斗争更加激烈。

《辛丑条约》启动后,帝国主义侵华的共同阵线不复存在,列强间互相直接对立和争夺的形式突出了。此后,英、日、美等国唆使清政府顶住俄国压力。英国表示"若中国能坚持力争东三省应有权利,且于中国政事真心变法,则英国国家以及人民自必乐于劝助也。英国政府明言、俄专辽东之利,则各国将与中国为难"。[②] 日本则表示希望清政府"收复东三省,建更始维新之基"。[③] 美国外交部照会:"东三省约中国若许俄独占利权,有碍美国商务利益,大损中国主权。美廷前主中国开门通商之议,俄愿照允,如独专利,实与初意向左,愿中俄政府设法裁夺。"[④]

1901 年 10 月 10 日,即《辛丑条约》签订后不到一个半月,由于日本的主动,英日双方为缔结同盟而在伦敦开始谈判。1902 年 1 月 30 日,英日两国正式缔结英日同盟,即日签字生效。英日同盟带有明显的军事性质,它的缔结是二十世纪初帝国主义列强间开始进行重新组合以来发生的第一个重大事件。英国在国际上的"光荣孤立"由此寿终正寝,日本因获得英国的条约支持,国际地位空前提高。

清政府得知英日同盟的消息后,对于这两个缔约国随时可能借此干预中国内部事务有所疑惧,同时认为这个同盟有利于促进对俄谈判。中俄间关于东三省问题的谈判在 1901 年 3 月破裂后,一度陷于停顿。《辛丑条约》签字前夕,俄国又向清政府提出关于从东三省撤兵的新草案,接着又由华俄道胜银行提出一个银行协定草案。撤兵草约把俄军

① 王芸生:《六十年来中国与日本》第四册,第 127 页。
② 王彦威:《清季外交史料》卷 149,第 18 页。
③ 王彦威:《清季外交史料》卷 150,第 11 页。
④ 王彦威:《清季外交史料》卷 152,第 1 页。

撤退的条件放宽了些,银行协定草案则是要华俄道胜银行垄断东三省各种利权。中俄这次谈判断断续续进行,当英日同盟公开发表时,正值清政府断然拒绝银行协定草案,并就撤兵草案提出自己的对案。沙俄迫于英日同盟所造成的巨大国际压力,为了尽快摆脱不利处境,被迫做出了一点退让。光绪二十八年三月初一(1902 年 4 月 8 日)中俄签订《交收东三省条约》。

交收东三省条约①

第一条　大俄国大皇帝愿彰明与大清国大皇帝和睦及交谊之新证据,而不顾东三省与俄国交界各处开仗攻打俄国安分乡民各情,允在东三省各地归复中国权势。并将该地方一如俄军未经占据之前,仍归中国版图及中国官治理。

第二条　大清国国家今自接收东三省自行治理之际,申明与华俄银行于华历光绪二十八年八月初二日,即俄历一千八百九十六年八月二十七日,所立合同年限及各条款,实力遵守,并按照该合同第五款,承认极力保护铁路暨在该铁路职事个人,并分应保护在东三省所有俄国所属各人及该人各事业。大俄国国家因有大清国国家所认以上各情,允认如果再无变乱,并他国之举动亦无牵制,即将东三省俄国所驻各军陆续撤退,其如何撤退,开列于后:

由签字画押后,限六个月,撤退盛京省西南段至辽河所驻俄国各官军,并将各铁路交还中国。

再六个月,撤退盛京其余各段之官军暨吉林省内官军。

再六个月,撤退其余之黑龙江省所驻俄国各官军。

第三条　大清国国家暨大俄国国家,为免华历光绪二十六年,即俄历一千九百年,变乱后来再行复职,且此变乱皆属驻扎于俄国交界各省之官兵所为,今令各将军与俄国兵官公同筹定,俄兵未退之际,驻扎东三省中国兵队之数目及驻扎处所;中国允认除将军与俄国兵官筹定必须敷剿办贼匪弹压地方之用兵数,中国不另添练兵。惟在俄国各军全行撤退后,仍由中国酌核东三省所驻兵数,应添应减,随时知照俄国国家;盖因中国如在该省多养兵队,俄国在交界各处亦自不免加添兵队,以致两国无益而加增养兵各费也。至于东三省安设巡捕及绥靖地方等事,除指给中国东省铁路公司各地段外,各省将军教练,专用中国马步捕队,以充巡捕之职。

第四条　大俄国国家允准将自俄历一千九百年九月底,即华历光绪二十六年闰八月起,被俄兵所占据并保护之山海关、营口、新民厅铁路,交还本主。大清国国家允许:

一、设有应行保护该铁路情节,则专责成中国保护,毋庸请他国保护、修养,并不可准他国占据俄国所退各地段;

二、修完并护养各该铁路各节,必确照俄国与英国一千八百九十九年四月十六日,即华历光绪二十五年三月十九日,所定和约,及按照一千八百九十八年

---

① 王铁崖:《中外旧约章汇编》第二册,第 39 页。

九月二十八日,即华历光绪二十四年八月二十五日,与公司所立修该铁路借款合同办理,且该公司应遵照所出各结,不得占据,或借端经理山海关、营口、新民厅铁路;

三、至日后在东三省南段续修铁路,或修支路,并或在营口建造桥梁、迁移铁路尽头等事,应彼此商办;

四、应将大俄国国家交还山海关、营口、新民厅各铁路所有重修及养路各费,由中国国家与俄国国家商酌赔偿,俄国因此项未入大赔款内。

两国从前所定条约未经此约更改之款,应仍旧照行。此约自两国全权大臣彼此签押盖印之日起施行,并御笔批准之本限三个月内在圣彼得堡互换。兹两国全权大臣将此约备汉、俄、法三国文字各二份,画押盖印,以昭信守。三国文字校对相符,惟辩解之时,依法文为本。订于北京,缮就二分。

十、辛丑条约

(一) 议和大纲

1900 年 7 月初,八国联军进攻天津时,清政府向俄、日、英致书乞和,乞求三国出面"排难解纷",使联军停止进攻。但联军对此不予理睬,坚持要攻占天津、北京。7 月 8 日,联军大举进攻天津,形势十分危急,清政府急忙任命李鸿章为直隶总督兼北洋大臣,要他立即北上,准备同帝国主义妥协乞和。李鸿章却坚持要清政府"先清内匪,再退洋兵",并以"道路梗阻""广东绅民又因人心惊惶,纷禀暂留镇抚""各国领事来函,亦以臣在任则中外相安,臣去粤当自筹保卫为请"[1] 等理由,迟迟不肯北上,同时提出"先定内乱,后弥外侮"的方针,即主张先剿义和团,再与洋人议和,并"前后五次向朝廷电奏,皆未得回应"。[2]李鸿章继续观望,拒绝北上。8 月 4 日,联军从天津出发,大举进犯北京,清政府任命李鸿章为全权大臣,令其即日电商各国外交部"先行停战"。两日后,李鸿章在上海致电各国,接洽议和谈判事宜,请求各国政府速派全权代表或酌派驻京公使举行会谈。李鸿章还提出,交涉应无条件地在北京举行,但遭日、美、德等国的奚落和拒绝。七月三十日(8 月 24日),慈禧在西逃途中发布上谕,授予李鸿章更大权力,准李鸿章"便宜行事,将应办事宜,迅速办理,朝廷不为遥制"。[3] 9 月 17 日,慈禧在山西原平县发布镇压义和团的上谕:"此案初起,义和团实为肇祸之由……非痛加剿除不可。"通令清朝官兵对义和团要"严行查办,务净根株",公然要用屠杀义和团作为向帝国主义投降的晋见礼,并指示清军配合侵略军屠杀义和团。[4]

8 个帝国主义国家为了共同的侵略目标曾暂时联合起来,但在攻陷北京后却各自为了不同的目标自行其事了。于是他们在议和谈判中,处处勾心斗角,激烈争吵,曾几度使

---

① 故宫博物院:《义和团档案史料》上册,第 317 页。
② 谢世诚:《李鸿章评传》,第 625 页。
③ 王芸生:《六十年来中国与日本》第四册,第 22 页。
④ 翦伯赞,等:《义和团》第一册,第 28 页。

分赃问题的商谈濒于破裂,就连在是否承认李鸿章为清政府的议和全权代表问题上也发生了严重分歧。各国驻大沽舰队司令官会议甚至表示,一旦李鸿章胆敢从上海抵达大沽,他们就将李鸿章加以逮捕,扣为人质。俄国不同意此举,他们认为李鸿章是亲俄派,立即承认了他的代表资格,企图以此博得清政府的好感,以换取俄国独占东北的"自由行动权"。美国在"致各国书中有云:'美国极愿以李中堂为全权议和大臣"①,但英、日、德等国害怕俄国通过李鸿章与清政府作秘密交易而与己不利,则极力反对李鸿章作为清政府的全权代表,使帝国主义列强间的商谈陷入僵局。8 月 31 日,清政府从李鸿章之请,加派奕劻和亲日英的刘坤一、张之洞"皆为全权议款",以缓和列强对议和代表的争议;并再次令李鸿章迅速到京议和。② 英日也向俄法做了妥协,承认"皇太后为合例",并接受李鸿章为议和大臣,交换条件是清政府接受各国提出的全部条件。

　　9 月 5 日,德国政府提出议和 7 点条件,希望与各国政府进行协商,协调立场。9 月 6 日,俄国政府也提出了自己的 4 点条件。9 月 14 日,法国政府对俄国政府的提议做出回应,同意俄国政府的四点建议,并作了补充。10 月 4 日,法国政府向有关各国提议,提出 5 点意见,作为与中国政府谈判的基础。法国政府的建议引起了各国政府的重视。③

　　9 月 20 日,李鸿章抵达大沽口。10 月 1 日,李鸿章在天津接任直隶总督兼北洋大臣。他在天津曾两次要求会见瓦德西,瓦德西则说:"吾统兵主战,君主和,职事不同,谢不见。"④10 月 10 日,李鸿章以俄兵百人作护卫,到达北京,与庆亲王奕劻会合。10 月 16 日,他向各国代表提出议和草案,但遭各国拒绝。8 月底,俄国为了吞并中国的东北故意耍了个"和平"花招,提议联军撤离北京,但实际上已出动了 17 万大军占领了东北。俄国的阴谋为其他帝国主义列强所识破,立即遭到除法国外其他列强的反对。11 月 17 日,瓦德西与奕劻、李鸿章见面,"庆王、李相即许直隶一省,虽有联军未至之区,所有华兵将即刻退去,且请各国政府从速将议和条款交与中国政府"。⑤

　　海关总税务司赫德"力劝各国从速议和,否则中国商务必致一败涂地,不可收拾,而与各国亦大有关碍"。⑥ 英德两国首先接受了赫德的提议。同文馆总教习美国牧师丁韪良的计划是:保存清王朝的封建统治,但让它受到列强的公共控制。他提议:"为中国而言,完全的独立既不可能,也不可取。如果不采用这一计划,另外一种可能就是推翻清朝,由各国正式瓜分清帝国——这一过程将促进长期而激烈的冲突。根据以上拟出的计划,列强将有时间使它的政策逐渐成熟,这样会远比公开或暴力地吞并得到更多的好处。用中国人来统治中国是容易的,用其他的方法是不可能的。"⑦列强曾考虑过瓜分中国,但连瓦德西也认为,"无论欧、美、日各国,皆无此脑力与兵力可以统治此天下生灵之四分之一","故瓜分一事,实为下策"。⑧ 各国遂达成共识:维持清王朝表面的完整,推行"以华

①　翦伯赞,等:《义和团》第三册,第 217 页。
②　翦伯赞,等:《义和团》第一册,第 31 页。
③　马勇:《中国近代通史》第四册,第 555 页。
④　翦伯赞,等:《义和团》第一册,第 30 页。
⑤　翦伯赞,等:《义和团》第一册,第 215 页。
⑥　翦伯赞,等:《义和团》第一册,第 198 页。
⑦　金家瑞:《义和团运动》,第 156 页。
⑧　范文澜:《中国近代史》上册,第 421 页。

治华"政策,使清政府成为列强的驯服工具。

10 月 19 日,在各国驻京公使磋商的基础上,法国提出关于议和的 6 项条件。一、惩办由各国驻京公使指定的主要罪犯;二、根据各国之间所决定的那些条件,继续禁止军火入口;三、对各个国家、团体和个人做出公正的赔偿;四、各国为了保护其驻北京的使馆而建立一支永久性的卫队;五、拆除大沽炮台;六、由于各国使馆希望前往沿海或各国部队想要从沿海前往首都,为了保持道路的始终畅通起见,各国对某些地方进行军事占领,那些地方由各国之间协商后决定。①

法国的建议为其他帝国主义所接受。日本又提出了补充意见:凡对中国政府提出可以作为议和基础的一切要求,在开议之前预先提交在北京的各国代表审查。各国一致同意日本提出的补充意见。从 10 月下旬开始,各国驻京公使以法国建议的基本内容和日本建议的讨论方式,正式开始研究他们将要提出的和谈主要条件。他们经过磋商与争吵,又增添了一些内容,如:一、处斩指使围攻使馆和杀戮教士的罪魁。二、将发生排外纠纷的地区的地方官员,立即革职。三、建议建立使馆区,区内不准中国人居住,等等。最后归纳为《议和大纲》十二条,于 1900 年 12 月 24 日,由美、英、法、俄、日、德、意、奥、西、比、荷 11 国联合照会清政府。慈禧收到大纲,见大纲没有把她列为罪魁祸首,仍保持她的地位,"喜过望,诏报奕劻、鸿章尽如约"。② 三天后,她又在上谕中表示:"览所奏各条,曷胜感慨! 敬念宗庙社稷关系至重,不得不委曲求全,所有十二条大纲,立即照允。惟其中利害轻重,详细节目,著照昨日荣禄等电信各节,设法宛转磋磨,向冀稍资补救。"③ 于是,清政府一字不改地将议和大纲全部接受下来。议和大纲十二条,基本上包括了后来签订的《辛丑条约》的主要内容。

《议和大纲》确定后,各帝国主义代表间就如何勒索中国人民,如何分赃、惩办"肇祸诸王大臣"等问题进行了长达 8 个月之久的争吵,期间在北京的各国公使举行了七十多次会议。

惩治犯罪大臣成了议和谈判的一个焦点。清政府一边等待正式条约签字画押,一边秉承帝国主义的意旨,惩办那些公开支持过义和团的王公大臣。1900 年 9 月 25 日,清廷发布上谕,第一次惩处肇祸诸王大臣,将庄亲王载勋、怡亲王溥静、贝勒载濂、载滢、端亲王载漪、辅国公载澜、都察院左都御史英年、协办大学士吏部尚书刚毅、刑部尚书赵舒翘等人,分别给予革去爵职等轻重不同的处分。但帝国主义借口处理太轻、受处分的王公大臣太少而百般要挟,提出对这些人都要处以死刑。清政府被迫于 11 月 13 日第二次惩处"肇祸王公大臣"。帝国主义仍不满意,坚持加重加多惩处,连死者也要严惩。

1901 年 2 月 5 日上午,各国公使与中国全权大臣在英国大使馆举行会议。各国公使要求清政府将端王载漪、辅国公载澜、董福祥、庄亲王载勋、毓贤等 12 名大臣处以死刑。奕劻说明载漪、载澜是皇室近亲,如果对他们实行斩首,将使皇室蒙羞。他提出的办法是:庄亲王载勋赐令自尽;端王载漪流放新疆,永远监禁。各国公使对于皇室成员是否处死意

---

① 胡滨:《英国蓝皮书有关义和团运动资料选译》,第 354 页。
② 翦伯赞,等:《义和团》第一册,第 34 页。
③ 故宫博物院:《义和团档案史料》下册,第 853 页。

见分歧,经再次磋商后,相互妥协,达成一致。2 月 6 日,各国公使通知清政府议和大臣,关于犯罪大臣的处理意见。"各国使节还决定坚持要求发布一道上谕,为总理衙门的四位成员及户部尚书(立山)恢复名誉。"①

2 月 13 日清政府被迫连发三道上谕。其一宣布:"已革庄亲王载勋,纵容拳匪,围攻教堂……著赐令自尽"。"已革端群王载漪……降调辅国公载澜,咎有应得,著革去爵职。惟念俱属懿亲,特予加恩,均著发往新疆,永远监禁"。"已革巡抚毓贤,罪魁祸首……前已遣发新疆,计行抵甘肃,著传旨即行正法"。"前协办大学士、吏部尚书刚毅……本应置之重典,惟现已病故,著加夺原官,即行革职。革职留任甘肃提督董福祥……本应重惩,故念在甘肃素著劳绩,回汉悦服,格外从宽,著即行革职。降调都察院左都御史英年……著加恩革职,定为斩监候罪名。革职留任刑部尚书赵舒翘……著加恩革职,定为斩监候罪名"。"大学士徐桐、降调前四川总督李秉衡,均以殉难身故,均著革职,并将恤典撤销。"其二宣布:"兵部尚书徐用仪、户部尚书立山、吏部左侍郎许景澄、内阁学士联元、太常寺卿袁昶均著开复原官。"其三宣布:"礼部尚书启秀,前刑部左侍郎徐承煜,均著先行革职,著奕劻、李鸿章查明所犯确据,即行奏明,从严惩办。"②

列强仍不满足清廷对"罪臣"的惩罚力度,继续施压。清政府只能再次屈服,于 2 月 21 日进行第四次惩办"肇祸诸王大臣","英年、赵舒翘昨已定为斩监候,著即赐令自尽。启秀、徐承煜昨已革职,著奕劻、李鸿章照会各国交回,即行正法"。③ 列强还逼迫清政府于 4 月 29 日、6 月 3 日、8 月 19 日,前后三次发布上谕,惩处了一百多名地方军政官员,打击了各级官吏中的仇洋情绪,满足了列强的"惩凶"要求。

列强之间争执最激烈的另一问题是赔款数目和赔款偿还方式等,个个都想借此机会敲诈清政府,捞取巨额赔款。因为德国急需获得大量赔款去扩充海军舰队,以便争霸世界。德皇威廉指令瓦德西:"要求中国赔款,务达最高限度。"④ 德国希望获得一次性的巨额赔款,同时,也不希望中国因为战争赔款而衰落下去,从而影响中国的对外贸易,所以德国政府强烈赞成中国大幅度提高海关关税。俄国则急需获得大量赔款以加速西伯利亚大铁路的修建,进而加紧侵略中国和朝鲜,并用赔款弥补其国库空虚。俄国主张由清政府向国际金融资本大借外债,一次性付清赔款。法国倾向于俄德的态度,要求巨额赔款。美国的态度是不要涸泽而渔,以短视的数额约束了中国未来的发展,主张各国在向中国索取赔款方面适可而止,反对过度勒索。英国在对华贸易中占绝对优势,也不希望因赔款而彻底破坏中国的经济基础,因而在赔款问题上与美国立场接近,不主张过度勒索导致中国经济瘫痪,以免损害其更长远的贸易利益。日本的态度与美英的立场较接近,同时反对清政府大借外债的办法。因为如果列强联合担保国际贷款,必然走向国际共管中国财政的结局,这将影响英国对中国海关的控制权。英国也反对增税的办法,"英国拒绝此事之原因,当然系增税结果,外国商人至少必须担负一半,而各国对华商业又实以英国为最大"。⑤

　① 胡滨:《英国蓝皮书有关义和团运动资料选译》,第 461 页。
　② 故宫博物院:《义和团档案史料》下册,第 939、940 页。
　③ 故宫博物院:《义和团档案史料》下册,第 967 页。
　④ 翦伯赞,等:《义和团》第三册,第 7 页。
　⑤ 翦伯赞,等:《义和团》第三册,第 115 页。

鉴于列强在赔款标准、赔款范围及向中国提出赔款要求的方式等方面仍然存在着相当大的分歧，公使团于 1901 年 2 月 23 日委托美、德、荷、比四国公使组成赔款委员会，负责制定赔款原则；3 月 22 日，又委托英、德、法、日四国公使组成赔款偿付委员会，负责研究赔款支付方式及调查清政府可以用来赔款的财政收入情况。①

由英、德、日、法四国公使组成的赔款偿付委员会向各国公使提出书面报告，认定中国能够负担的赔款总额不超过 4.5 亿两。各国分别估算了各自的损失和索赔数额，俄、德、法等国乘机索要过多，其中俄国索要 1.3 亿两，德国索要 4 亿马克，折合白银 2 亿两。美国建议，如果各国自行确定的数额远远超出赔付委员会确定的总数，那么应该按比例在各国间进行压缩。美国的提议使英国等国家进一步提高了赔款份额要求。至三月十九日（5 月 7 日），各自提出了自己索取赔款的数目，各国总计为 6750 万英镑，折合白银 4.5 亿两。这个数字刚好与赔款偿付委员会调查的中国财政支付能力相吻合。5 月 9 日，公使团将赔款数字照会清政府。

5 月 9 日，奕劻与李鸿章即刻将列强的照会转至西安行在，清政府为了尽早结束联军对北京、直隶的军事占领，为了尽快回銮，几乎未作任何抗争就接受了列强的索赔要求。5 月 11 日，奕劻和李鸿章照会各国公使，表示原则接受 4.5 亿两赔款总额，并提议赔款总额可否予以减少；赔款分 30 年还请，不计利息。这些要求全部被列强拒绝。5 月 20 日，清廷电谕奕劻和李鸿章："各国赔款共 450 兆，四厘息。著即照准，以便迅速撤兵。"②

如此巨额的赔款，清政府难以偿还，当时清政府年收入总数不过 8800 多万两。俄国索款心切，提出让清政府向国际金融资本家大借款，实现一次付清赔款的方案。英美两国害怕由此引起国际共管中国财政的局面而不利于他们在华的经济利益，因而坚持反对俄国的提案。英国在美国的支持下，提出了由清政府发行债券、分 39 年清还、年息 4 厘的赔款方案。经过 3 个月争吵，列强在赔款偿还方式上取得了一致，俄国则被迫放弃了自己的提案。

除上述的庚子赔款外，还有各省、府、州、县分别与当地外国教会签订承担地方教案的赔款。"诸教堂赔款，及存恤教民之费，京师 200 万两，直隶 200 余万，山西 220 余万，山东 80 万，四川 80 万，江西 70 万，湖南 36 万，浙江 20 余万，湖北最少，犹 2 万金，大半皆赋于民，而房税、亩税，及其他苛敛之政始行矣。而蒙古鄂托克札萨克 12 旗，教堂偿款 98000 两，乌审旗 45000 两，皆以牲畜及土地偿抵焉。"③

还有一个问题是提高海关税率，列强在此问题上又争吵了很久。中国的海关税率是据 1860 年的条约规定制定的，值百抽五，已经 40 年未变。然而因银价变动等复杂原因，至十九世纪末，海关税率实际上都达不到值百抽五的标准。1900 年 12 月，德国提议将中国的海关税率提高到 10%，以使中国有足够的财源，据此为担保，举借一笔付息按年还本的外债。光绪二十七年（1901 年）三月初一日，"总署徐寿朋、那桐、周馥同至德馆晤法使毕君、德使穆君、英使萨君、日本使小村君……徐曰：'中国近年库帑入不敷出，各位谅已

① 马勇：《中国近代通史》第四册，第 572 页。
② 故宫博物院：《义和团档案史料》下册，第 1148 页。
③ 翦伯赞，等：《义和团》第一册，第 40 页。

尽知,我想海关进口货税核计原定税则时,而现在镑价增订,商人仍可将多出之数加入货价之内,于洋商无所亏损,而中国办理赔款大有裨益。'"毕言:"我等亦曾议及,似属可行,计中国每年约可多得银一千万两以上。中国常关税每年共得银若干?"徐言:"如交税务司征收,每年约可得银四五百万两。"毕言:"果能交给税务司否?"徐言:"常关多归海关道管,与海关相连,可交税务司代征。"①双方还讨论了盐税、人丁税、房捐、土药(鸦片)税、印花税等问题。最后谈判的结果是,海关税率切实做到值百抽五,并将海关周围 50 里内的常关并入海关抽税。这样,清政府每年约可增加 1400 万两税收。加税不是列强对清政府的恩赐,因为"于洋商无所亏损",买单的是中国广大的消费者。

(二)辛丑条约

光绪二十七年七月二十五日(1901 年 9 月 7 日),奕劻和李鸿章代表清政府,同英、俄、美、法、日、德、意、奥、西、比、荷 11 国代表在北京签订了《辛丑条约》。《辛丑条约》共12 款,另有 19 个附件。正约 12 款的次序与《议和大纲》大致相同。因 1901 年是农历辛丑年,故又称《辛丑各国合约》。

辛丑各国和约②

第一款

一、大德国钦差男爵克大臣被戕害一事,前于西历本年六月初九日,即中历四月二十三日,奉谕旨(附件二)钦派醇亲王载沣为头等专使大臣赴大德国大皇帝前,代表大清国大皇帝暨国家惋惜之意。醇亲王已遵旨于西历本年七月十二日,即中历五月二十七日,自北京启程。

二、大清国国家业已声明,在遇害处所,竖立铭志之碑,与克大臣品位相配,列述大清国大皇帝惋惜凶事之旨,书以拉丁、德、汉各文。前于西历本年七月二十二日,即中历六月初七日,经大清国钦差全权大臣文致大德国钦差全权大臣(附件三),现于遇害处所,建立牌坊一座,足满街衢,已于西历本年六月二十五日,即中历五月初十日兴工。

第二款

一、惩办伤害诸国国家及人民之首祸诸臣,将于西历本年二月十三、二十一等日,即中历上年十二月二十五日、本年正月初三等日,先后降旨,锁定罪名,开列于后(附件四、五、六):端郡王载漪、辅国公载澜,均定斩监候罪名,又约定如皇上以为应加恩贷其一死,即发往新疆,永远监禁,永不减免;庄亲王载勋、都察院左都御史英年、刑部尚书赵舒翘,均定为赐令自尽;山西巡抚毓贤、礼部尚书启秀、刑部左侍郎徐承煜,均定为即行正法;协办大学士吏部尚书刚毅、大学士徐桐、前四川总督李秉衡,均已身死,追夺原官,即行革职。又兵部尚书徐用仪、户部尚书立山、吏部左侍郎许景澄、内阁学士兼礼部侍郎衔联元、太常寺卿袁昶,因上年力驳殊悖诸国义法极恶之罪被害,于西历本年二月十三日,即中历上年十二

---

① 王彦威:《清季外交史料》卷 146,第 7 页。

② 王铁崖:《中外旧约章汇编》第一册,第 1002 页。

月二十五日,奉上谕开复原官,以示昭雪(附件七)。庄亲王载勋已于西历本年二月二十一日,即中历正月初三日,英年、赵舒翘已于二十四日,即初六日,均自尽;毓贤已于二十二日,即初四日,启秀、徐承煜已于二十六日,即初八日,均正法。又西历本年二月十三日,即中历上年十二月二十五日上谕,将甘肃提督董福祥革职,俟应得罪名定谳惩办。西历本年四月二十九、六月初三、八月十九等日,即中历三月十一、四月十七、七月初六等日,先后降旨,将上年夏间凶惨案所有承认获咎之各外省官员,分别惩办。

二、西历本年八月十九日,即中历二十七年七月初六日上谕:将诸国人民遇害被虐之城镇,停止文武各等考试五年(附件八)。

第三款

因大日本国使馆书记杉山彬被害,大清国大皇帝从优荣之典,已于西历本年六月十八日,即中历五月初三日,降旨简派户部侍郎那桐为专使大臣赴大日本国大皇帝前,代表大清国大皇帝及国家惋惜之意(附件九)。

第四款

大清国国家允定,在于诸国被污渎及挖掘各坟茔,建立涤垢雪侮之碑,已与诸国全权大臣会同商定,其碑由各该国使馆督建,并由中国国家付给估算各费银两,京师一带,每处一万两,外省,每处五千两。此项银两,业已付清。兹将建碑之坟茔,开列清单附后(附件十)。

第五款

大清国国家允定,不准将军火暨专为制造军火各种器料运入中国境内,已于西历本年八月二十五日,即中历二十七年七月十二日,降旨禁止进口二年。嗣后如诸国以为有仍应续禁之处,亦可降旨将二年之限续展(附件十一)。

第六款

按照西历本年五月二十九日,即中历四月十二日上谕,大清国大皇帝允定付诸国偿款,海关银四百五十兆两。此款系西历一千九百年十二月二十二日,即中历光绪二十六年十一月初一日条款内第二款所载之各国、各会、各人及中国人民之赔偿综述(附件十二)。

甲、此四百五十兆系照海关银两市价易为金款,此市价按诸国各金钱之价易金如左:海关银一两,即德国三马克零五五;即奥国三克勒尼五九五;即美国元零七四二;即法国三法郎克七五;即英国三先令;即日本一元四零七;即荷兰国一弗乐林七九六;即俄国一卢布四一二。此四百五十兆按年息四厘,正本由中国分三十九年,按后附之表各章还清(附件十三)。本息用金付给,或按应还日期之市价易金付给。还本于一千九百零二年正月初一起,一千九百四十年终止。还本各款,应按每届一年付还,初次定于一千九百零三年正月初一日付还。利息由一千九百零一年七月初一起算,惟中国国家亦可将所欠首六个月至一千九百零一年十二月三十一日之息,展在自一千九百零二年正月初一日起,于三年内付还,但所展息款之利,亦应按年四厘付清。又利息每届六个月付给,初次定于一千九百零二年七月一日付给。

乙、此欠款一切事宜,均在上海办理如后:诸国各派银行董事一名,会同将所有由该管之中国官员付给之本利总数收存,分给有干涉者,该银行出付回执。

丙、由中国国家将全数保票一纸交付驻京诸国钦差领衔大臣手内,此保票以后分作零票,每票上各由中国特派之官员画押。此节以及发票一切事宜,应由以上所述之银行董事各遵本国饬令而行。

丁、付还保票财源各进款,应每月给银行董事收存。

戊、所定承担保票之财源,开列于后:

一、新关各进款,俟前已作为担保之借款各本利付给之后余剩者,又进口货税增至切实值百抽五,将所增之数加之,所有向例进口免税各货,除外国进来之米及各杂色粮面并金银以及金银各钱外,均应列入切实值百抽五货内。

二、所有常关各进款,在各通商口岸之常关,均归新关管理。

三、所有盐政各进项,除归还前泰西各国借款一宗外,余剩一并归入。至进口货税增至切实值百抽五,诸国现允可行,惟须二端:一、将现在照估价抽收进口各税,凡能改者,皆当急速改为按件抽税几何。定办该税一层如后:为估算货价之基,应以一千八百九十七、八、九三年卸货时各货牵算价值,乃开除进口税及杂货总数之市价。其未改以前,各该税仍照估价征收。二、北河、黄浦两水路,均应改善,中国国家即应拨款相助。增税一层,俟此条款画押日两个月后,即行开办,除在此画押日期后至迟十日已在途间之货外,概不得免抽。

第七款

大清国国家允定,各使馆境界,以为专与住用之处,并独有使馆管理,中国民人,概不准在界内居住,亦可自行防守。使馆界线,与附件之图上标明如后(附件十四):东面之线系崇文门大街,图上十、十一、十二等字;北面图上系五、六、七、八、九、十等字之线;西面图上系一、二、三、四、五等字之线;南面图上系十二、一等字之线,此线循城墙南址随墙垛而画。按照西历一千九百零一年正月十六日,即中历上年十一月二十六日文内后附之条款,中国国家应允,诸国分应自主,常留兵队,分保使馆。

第八款

大清国国家应允大沽炮台及有碍京师至海通道之各炮台,一律削平,现已设法照办。

第九款

按照西历一千九百零一年正月十六日,即中历上年十一月二十六日文内后附之条款,中国国家应允,由诸国分应主办,会同酌定数处,留兵驻守,以保京师至海通道无断绝之虞。今诸国驻守之处系:黄村、廊坊、杨村、天津、军粮城、塘沽、芦台、唐山、滦州、昌黎、秦皇岛、山海关。

第十款

大清国国家允定两年之久,在各府、厅、州、县,将以后所述之上谕颁行布告:

一、西历本年二月初一日,即中历十二月十三日上谕,以永禁或设或入与诸国仇敌之会,违者皆斩(附件十五)。

二、西历本年二月十三、二十一、四月二十九、八月十九等日,即中历上年十二月二十五、本年正月初三、三月十一、七月初六等日上谕一道,犯罪之人如何惩办之处,均一一载明。

三、西历本年八月十九日,即中历七月初六日上谕,以诸国人民遇害被虐各城镇,停止文、武各等考试。

四、西历本年二月初一日,即中历上年十二月十三日上谕,以各省督抚、文武大吏暨有司各官,于所属境内,均有保平安之责,如复滋伤害诸国人民之事,或再有违约之行,必须立即弹压惩办,否则该管之员,即行革职,永不述用,亦不得开脱、别给奖述(附件十六)。

以上谕旨,现于中国全境渐次张贴。

第十一款

大清国国家允定,将通商行船各条约内,诸国视为应行商改之处,及有关通商各他事宜,均行议商,以期妥善简易。现按照第六款赔偿事宜,约定中国国家应允,襄办改善北河、黄浦两水路,其襄办各节如左:

一、北河改善河道,在一千八百九十八年,会同中国国家所兴各工,近由诸国派员重修,一俟治理天津事务交还之后,即可由中国国家派员与诸国所派之员会办,中国国家应付海关银每年六万两,以养其工。

二、现设立黄浦河道局,经营管理改善水道各工。所派该局各员,均代中国暨诸国保守在沪所有通商之利益。预计后二十年,该局各工及经管各费,应每年支用海关银四十六万两。此数平分,半由中国国家付给,半由外国各干涉者出资。该局员差并权责及进款之详细各节,皆于后附文件内列明(附件十七)。

第十二款西历本年七月二十四日,即中历六月初九日,降旨将办理各国事务衙门,按照诸国酌定改为外务部,班列六部之前。此上谕内已简派外务部各王大臣矣(附件十八)。且变通诸国钦差大臣觐见礼节,均已商定,由中国全权大臣屡次照会在案,此照会在后附之节略内述明(附件十九)。

兹特为议明,以上所述各语及后附诸国全权大臣所发之文牍,均系以法文为凭。

大清国国家既如此,按以上所述西历一千九百年十二月二十二日,即中历光绪二十六年十一月初一日文内各款,足适诸国之意妥办,则中国愿将一千九百年夏季变乱所生之局势完结,诸国亦照允随行。是以诸国全权大臣现奉各本国政府之命,代为声明,除第七款所述之防守使馆之兵队外,诸国兵队于西历一千九百零一年九月十七日,即中历光绪二十七年八月初五日,全由京城撤退,并除第九款所述各除外,亦于西历一千九百零一年九月二十二日,即中历光绪二十七年八月初十日,由直隶省撤退。今将以上条款缮定同文十二分,均由诸国、中国全权大臣画押,诸国全权大臣各存一分,中国全权大臣收存一分。

《辛丑条约》的签订标志着中国完全沦为半殖民地半封建社会。

《辛丑条约》是帝国主义列强强加给中国人民的一副沉重的枷锁。帝国主义通过这个条约从政治、经济、军事等方面对中国进行严酷的控制和勒索,使中国的主权丧失殆尽。这个条约也标志着清朝统治者完全投降了帝国主义,彻底沦为帝国主义统治中国的驯服工具。四亿五千万两赔款,按当时中国人口计算,平均每人摊一两白银。如再加上利息,共达九亿八千万两。其中俄国得最大份额,达一亿三千万两。这是中国历史上最大的一笔赔款。从此,中国的海关税、常关税和盐税全部被帝国主义所控制。清政府除了田赋以外,几乎别无财政收入。清政府为了偿付赔款,加紧对人民的压榨,使广大百姓陷入苦难的深渊,社会经济陷于崩溃的边缘。

大沽等炮台的拆除,北京至山海关铁路沿线驻扎外国军队,使清政府完全处于帝国主义军事控制之下。

慈禧太后于"八月二十四日(1901 年 10 月 6 日),自西安启跸,仪卫甚盛,发卒数万人,各省所贡献太后私财六七百万,尽辇之而东"①;途中在开封停留一月,12 月 14 日离开开封;1902 年 1 月 7 日晨,御驾乘火车到达北京。

---

① 翦伯赞,等:《义和团》第一册,第 42 页。

第十章 中英藏地之战

英国侵占印度后，一直觊觎西藏。1888 年英军进犯西藏，中英进行了隆吐山之战与捻都纳之战，1890 年 3 月，双方签订《中英会议印藏条约》。此后，英印政府还想进一步扩大在藏势力，企图把西藏从中国分裂出去，于 1903 年 12 月再次入侵西藏，1904 年 5 月进行了江孜之战，1904 年 8 月英军占领拉萨，1906 年 4 月签订《中英续订藏印条约》。

一、概　述

十八世纪,后来居上的英国东印度公司已远远超过了葡萄牙、荷兰、法国而在印度取得了统治地位。1764 年征服了孟加拉后,该公司开始注意到山区的尼泊尔、不丹和我国西藏地方,积极准备向北扩张。英国采取先控制西藏邻邦然后侵略西藏的方针,即先从廓尔喀(尼泊尔)、哲孟雄(锡金)、布鲁克巴(不丹)三国下手。英国一直企图以通商为手段来打开中国西藏的门户。那时西藏的经济基本上是自给自足的自然经济,与内地交往的贸易主要是越过青海和四川,以土特产换取茶叶等生活必需品。"对外往来主要通过两条路线,一是由尼泊尔到印度,这是历史上的古道,若干年来西藏人去印度学佛及印度佛教徒来藏,多半是走的这条道路。另一条是在帕里,由不丹人作中介,和孟加拉通商,但大半是零星的小额贸易。"①

1773 年,不丹辖下的一个土邦库赤·贝哈尔发生动乱,不丹将自立为王的大仁扎带回不丹,大仁扎一派的臣子向东印度公司求援,英人乃乘机吞并了属于不丹的库赤·贝哈尔,并侵入不丹境内,占领了大吉岭、奇恰可塔、布华等地方。当时不丹、锡金为中国的属国,归属达赖喇嘛直接领导。第二年,驻在日喀则扎什伦布寺的六世班禅应不丹德布王的请求,致书告诫印度总督赫斯定:"德布乃统治此地区达赖喇嘛之属下(现达赖年幼由我摄政),若您坚持对不丹进一步侵扰,则将引起达赖及其臣民之反对。"②赫斯定希图借此机会与六世班禅取得联系,立即派熟悉西藏情况的东印度公司秘书博格尔经由不丹首府布拉卡,再经亚东进入西藏,住进日喀则扎什伦布寺。博格尔与拉萨派来的官员进行了接触,提出同西藏订立商约的要求:"六世班禅曾写信给赫斯定和博格尔拒绝英人来藏。信上说西藏是中国属地,中国大皇帝禁止外国人来藏……要博格尔等返回加尔各答。"③六世班禅会印地语,博格尔直接与六世班禅单独会谈,要求前往拉萨,但被拒绝;又要求与班禅订立商约,也被拒绝。在西藏活动的 5 个月期间,博格尔详细调查了西藏的物产、税收、风俗及从孟加拉通往拉萨的道路,于次年 4 月返回印度。"博格尔的任务在通商上虽未成功,但在了解西藏情况上却是英国的最早的一个人。他住在日喀则时,身着藏服,自由地出入贵族、商人家活动。他作的有关西藏商情及其他报告非常详尽,东印度公司认为是很有价值的。"④

1783 年 9 月,赫斯定又以庆贺班禅灵童为名,派遣英军上尉武涅前往扎什伦布寺,再次向班禅的摄政仲巴呼图克图提出通商问题,仲巴呼图克图表示曾多次写信请示达赖,达赖不同意,特别是清朝大皇帝不同意与英国通商。武涅又提出由东印度公司在扎什伦布开一商店,由英国人来主持。这一要求仍被仲巴呼图克图拒绝,仅同意由印度人来扎什伦布经商。武涅在扎什伦布停留了 3 个月,虽没有达到预期目的,但同样搜集到有关西藏的

---

① 佘素:《清季英国侵略西藏史》,第 9 页。
② 佘素:《清季英国侵略西藏史》,第 12 页。
③ 佘素:《清季英国侵略西藏史》,第 15 页。
④ 佘素:《清季英国侵略西藏史》,第 16 页。

大量情报,并进行了交通路线的测绘。他也不得不承认清朝中央政府对西藏的主权,意识到不可能避开清朝中央政府而与西藏地方政权单独订立商约,因而在向英印政府提出的报告中,建议今后采取拉拢班禅反对达赖及挑拨清朝中央与西藏地方之间关系的策略,以达到与西藏订立商约的目的。后来,英国政府都是按这一思路来处理西藏问题的。

进入十九世纪后,英国控制了与西藏毗邻的尼泊尔、哲孟雄(锡金)和不丹,并以此为基地加紧了对西藏的渗透。1817 年 2 月,拉特尔上尉代表东印度公司同哲孟雄签订《梯塔尼亚条约》,同意将尼泊尔所侵占的泰莱和莫兰溪区归还哲孟雄,哲孟雄的对外关系事务由英国管理,允许英商通过哲孟雄至西藏边境贸易。1835 年,东印度公司强租哲孟雄境内的大吉岭作为避暑地。“初以微利饵人,既而盘剥入骨,更复设立洋官,戍兵建垒,俨然英国辖境。”[1]在进一步控制哲孟雄的基础上,英国把大吉岭逐渐变成侵略西藏地区的前哨阵地。

英国人不断以“游历”为名潜入西藏活动。东印度公司职员曼宁是第一个进入拉萨的英国人,此人在剑桥大学读书时就迷上了中国语言和文化,1806 年在东印度公司驻广州的一个机构里任职。1811 年 9 月,曼宁从加尔各达出发,经不丹进入拉萨,拜见驻藏大臣和达赖喇嘛,结交西藏僧俗上层。不久,驻藏大臣识破了他的真实身份,认为他“假借朝佛之名,希图暗中传教”,将他驱逐出境。

与此同时,英国的一些所谓的“探险家”以考察为名,不时进入西藏地区收集情报。1812 年,英印政府文官摩克罗夫特装扮成朝圣的商人,从印度的阿尔摩拉翻越尼堤山口潜入西藏阿里,到达玛法木错湖,测绘了康仁波清山。此后,又有英属印度军官亨利·斯特拉彻和李查德·斯特拉彻兄弟继续勘测玛法木错湖、玛法木错湖水系及康仁波清山。“1847 年,印度总督加尔丁指派一个‘藏边划界委员会’。该委员会人……遍游西藏全境”,并依此获得的资料“制成一幅包括西藏大部分地区的地图。”[2]

1814—1816 年,英国对尼泊尔发动武装侵略,战争初期,英军大败。后英军换帅,打败尼军,于 1815 年签订《塞哥里条约》,但尼政府拒绝批准。1816 年战争再起,尼泊尔再次战败,被迫求和。“1816 年 3 月被迫签订《塞哥里条约》,将南部约一万平方公里的领土割让给英属印度,并规定今后尼泊尔如与哲孟雄或其他国家发生纠纷,应由英国裁决。尼泊尔实际上沦为英国的保护国。”[3]英尼战争时,尼泊尔曾来西藏要求中国皇帝援助。嘉庆二十年(1815 年)二月谕旨:“廓尔喀王与披楞互相争斗,自取败衄,天朝岂得过问,乃屡次渎求赏助金银,并向达赖喇嘛、班禅额尔德尼等求为帮助口粮,殊为贪诈。喜明(驻藏大臣)等遵照谕旨,严行驳斥,所办甚是。天朝抚驭外藩从无赏给饷银,令与邻国构兵之理。”[4]嘉庆二十一年(1816 年)正月谕旨:“此次廓尔喀来禀内,有现在于天朝进贡,若投降披楞,即不能容我与天朝进贡等语……天朝于边外部落相争,从无发兵偏助一国之理。尔国与披楞或和或战,即或竟投诚披楞,天朝总置不问。”[5]这样,清庭不但不救援尼泊尔,

① 吴丰培:《清季筹藏奏牍》文硕奏牍,卷 3,第 23 页。
② 列昂节夫:《外国在西藏的扩张》,第 15 页。
③ 高鸿志:《近代中英关系史》,第 205 页。
④ 王先谦:《嘉庆朝东华续录》卷 13,第 2 页。
⑤ 王先谦:《嘉庆朝东华续录》卷 13,第 16 页。

反而斥责尼泊尔狡诈,从而放弃了对尼泊尔的援助,使得英国侵略者能放心地来对尼施行控制。该条约中,英人第一次将哲孟雄称为锡金。进入十九世纪三十年代,尼王室内部发生争斗,钟·巴哈都尔在英人帮助下取得了尼首相地位,并在1846年带兵入王宫,把尼王、王后及其二子一起放逐到贝勒拿斯,废除尼王拉真德拉,立其长子苏伦德拉·比克拉姆·莎赫为尼王。钟·巴哈都尔成为世袭的首相。钟·巴哈都尔当权后,为了感谢英国对他的帮助,积极施行亲英政策。1860年签订了英尼条约,该条约使钟·巴哈都尔在尼的地位得到了巩固,而英国对尼的控制也得到了加强和巩固。英国势力除了在政治、经济等领域大规模地打入尼泊尔外,还以尼泊尔为基地伸入到喜马拉雅山区各地。除在1856年支持尼侵略西藏外,更重要的是在英军中建立廓尔喀兵营,招募尼泊尔的青壮年,迫使其为英国侵略者卖命。后来英国在侵犯不丹、哲孟雄、西藏时,廓尔喀兵多次被英国侵略者用来充当炮灰。

钟·巴哈都尔访问英国回尼后,藏尼边境发生了纠纷。藏尼边境济咙、聂拉木一带,双方居民通商来往虽在乾隆时有所规定,但后来因藏官收税过多、尼方又在出售的粮食中掺沙石,双方发生冲突。当时正值太平天国运动兴起,清庭无力顾及西藏边防,钟·巴哈都尔乘此机会侵占西藏土地,发动了咸丰四年(1855年)的侵藏战争。

早在道光二十二年(1842年),钟·巴哈都尔未专政前,尼泊尔在英国侵略者威逼之下,就曾派人来西藏,一方面"要求银两发兵堵御",同时要求"易换藏属地方",就是要占西藏的地方来补偿它被英国占去的土地。道光二十四年(1844年)尼国王居然向驻藏大臣孟保要求"聂拉木、济咙(吉隆)地方十年归西藏管理,三年归该国(尼国)管理",就是要共管上述两地方。① 但经孟保"正词晓谕",未达目的。钟·巴哈都尔统治尼泊尔后,咸丰四年(1854年),太平天国已定都南京,尼国"呈请派兵随同剿贼",就是要派兵到中国来帮助清政府打太平天国。在尼国固然是一种借口,好吞并西藏土地,但其中可能有英国的主使或煽动。当时驻藏大臣谳龄"檄谕该国王,恪遵定制,毋庸派兵",并指出"内地小丑跳梁,从无借兵外夷之理"。② 但尼国并未"恪遵定制",原来尼国一面派人来呈请,一面实际已派兵侵入藏境内。次年,尼泊尔提出要西藏认"出兵帮使费",并自行派官到济咙,传集村民欲接管营官事务,派兵数千占据济咙,夺去聂拉木地方,随后又进占补仁、绒辖、宗喀等地。清政府发出谕旨:"廓尔喀国前欲唐古忒认出兵帮使费,已属有意寻衅,现复到济咙传集村民,欲接管营官事务,该夷居心叵测,一切举动甚属谬妄。惟先后呈递该大臣禀内并无违悖之词,亦是尚知名分。此时办理机宜,总当不动声色,严密设防。"③ 清政府派驻藏大臣赫特贺到边地处理谈判事务,"赫特贺现借巡阅为名,赴后藏边界查看情形,著即照所请办理,倘该国实有屈仰,即令派噶箕(尼官名)前来妥速剖断,使与唐古忒之人共释嫌怨"。④ 但此次双方在宗喀的谈判未能达成协议。六月二十三日谕旨:"尼国遣噶箕兴哈毕等三名前来,赫特贺驰抵噶尔后,将多收税米,阻挡商民及杀伤抢劫各案,从公断定唐

① 王先谦:《道光朝东华续录》卷10,第33页。
② 潘颐福:《咸丰朝东华续录》卷27,第1页。
③ 潘颐福:《咸丰朝东华续录》卷31,第6页。
④ 潘颐福:《咸丰朝东华续录》卷32,第5页。

古忒赔缴银一万五千两。该噶箕即称所断极公,何以不肯出具遵断图记? ……如遵照所断办理,并将济咙、宗噶、聂拉木、补仁、绒辖五处廓兵迅速撤回,退出地方,自可无烦兵力,倘仍肆意要求,自不能不慑以兵威。"①

九月,清政府命藏兵反攻,双方争夺聂拉木,藏兵一度占领该地,后来尼方增兵,藏军失败。十二月,赫特贺调各地士兵,清廷又命满庆调汉藏兵 2000 余名增援。适达赖十一世圆寂,西藏无暇用兵,清廷亦不愿事态扩大。尼国见清朝已有准备,乃于咸丰六年(1856年)3 月 24 日在赫贺特主持下,由西藏地方代表和尼国代表签订了《藏尼条约》。②《藏尼条约》共十条,其中主要的有:(1)西藏每年馈偿尼 1 万卢比,折银 2000 两。(2)有他国对西藏发动战争,廓尔喀将尽力护助。(3)对廓尔喀商民,西藏不收商税、路税及他项税捐。(4)双方交换俘虏,廓尔喀从占领地撤兵。(5)尼派高官一员驻拉萨。(6)廓尔喀准在拉萨开店,自由经商。(7)尼人间如有争执,不容藏官审讯。藏尼民人如有争执,双方官员会同审讯。通过条约,西藏收复了济咙、聂拉木等地,但藏尼条约中所规定的尼泊尔在西藏享受的各种特权,不但丧失了我国的主权,使西藏人民遭受无穷的损失,也埋伏下后来的纠纷。

"1860—1861 年,英国发动侵略哲孟雄的战争,哲孟雄战败,被迫签订条约,允许英人在哲孟雄全境自由贸易,修筑通向西藏边境的道路,将哲孟雄置于英国控制之下"。英军于"1864 年派军入侵不丹,不丹战败,1865 年 11 月在辛楚拉签订和约,英国通过《辛楚拉和约》,掠夺了噶伦堡等大片不丹领土,视不丹为自己的附庸国。"③

"十九世纪 60 年代,印度三角测量局,在英印政府的授意下,专门对我国青藏高原进行有组织、有系统的勘测和调查。该局总监蒙哥马利创办了一所培训学校,培训印度的当地人充当勘测员,代替一眼就能被人看出的欧洲人,以便能更顺利地潜入西藏。"④在这所学校接受过训练的南·辛格于 1865 年化装成商人由尼泊尔潜入西藏,到达日喀则、江孜、拉萨等地,秘密进行活动,历时半年多。一路上,他用装有测绘仪器及其数据的特制手转经轮和特制的念珠,秘密进行地理、气象和交通等方面的测量活动。1872 年和 1878 年,一位代号为辛格·米兰瓦尔的英人两次进入西藏,探测西藏至青海的路线。1880 年,另一位代号为 K.P 的哲孟雄土人金杜布受训后潜入西藏,试图探测证实雅鲁藏布江是否是布拉马普特河的上游,以解决当时地理界关注的这一悬念。他在雅鲁藏布江飘下多根刻有自己名字的木头,结果因联系失误,测量局未能及时在布拉马普特河口观察打捞,使这一探测未能取得预期的结果。

英印政府经过长期的勘测,将打通印藏的突破口确定在大吉岭——春丕峡谷,并加快了道路的修筑。大吉岭一带是产茶地区及避暑胜地,英印政府的军政要员在夏季常云集此地,印度茶商可以通过他们敦促英印政府早日推动印茶销藏。1879 年,一条可以通行大车的公路修筑至春丕谷地南端的日纳岭;1881 年,一条以东孟加拉铁路干线上的西里

① 潘颐福:《咸丰朝东华续录》卷 33,第 7 页。
② 佘素:《清季英国侵略西藏史》,第 44 页。
③ 高鸿志:《近代中英关系史》,第 206、207 页。
④ 虞和平:《中国近代通史》第三册,第 282 页。

古里为起点,通至大吉岭的窄轨铁路竣工,该路全长约 51 英里。这两条道路缩短了藏印边境至印度政治中心加尔各答的距离,为英国进一步向西藏渗透和扩张提供了必要的条件。

光绪二年七月二十六日(1876 年 9 月 4 日),《中英烟台条约》的订立使英国人进入西藏合法化,条约议定:"现因英国酌议,约在明年派员由中国京师启行,前往遍历甘肃、青海一带地方,或由内地四川等处入藏,以抵印度为探路之意。所有应发护照并知会各处地方大吏暨驻藏大臣公文,届时当由总理衙门察酌情形,妥为办给。倘若所派之员不由此路行走,另由印度与西藏交界地方派员前往。俟中国接准英国大臣知会后,即行文驻藏大臣,查度情形,派员妥为照料,并由总理衙门交给护照,以免阻碍。"①但西藏地方政权和广大僧俗群众却坚决抵制英国人入藏"游历",特别担忧天主教的传入将破坏西藏的宗教统一,危及西藏政教合一的地方政权。因此,西藏各地阻止英人进藏的事件和冲突屡有发生。

1882 年后,英国经济进入长期萧条时期,英国资本家迫切需要开辟新的市场。《泰晤士报》曾发表社论呼吁:"我们到处听到商人诉说贸易停滞。如果我们坚决要求进入西藏,那儿有一个广大的市场等待我们。"②1884 年 10 月,英印政府任命孟加拉省财政秘书马科蕾筹办进藏商业考察团事宜。马科蕾返回英国,向政府陈述:开通印藏贸易不仅因印茶销藏而给英国带来可观的经济利益,还会使"我们在亚洲的政治势力就将得到巨大的扩展"。这促使英国政府批准了他的出使计划。

清政府内部对是否接纳英国商务考察团也产生了意见分歧,曾纪泽、李鸿章主张同意英国的入藏通商的要求。1885 年 8 月,曾纪泽致函李鸿章说"西藏系天朝属地",马科蕾要求与总理衙门谈判西藏通商事宜,表明英人"明认中国之主权","兹幸英人不萌侵突之年,但以通商为请,在我似宜慨然允之,且欣然助之经营商务。商务真旺,则军务难兴,此天下之通理也。我之主权既著,边界益明,关权日饶,屏篱永固,兴利也,而除害之道在焉"③。光绪十一年(1885 年)十一月初八日,四川总督丁宝桢上长篇奏折表示坚决反对,他针对曾纪泽所论,强调:"如英人之欲与西藏通商,说者谓彼志在通商,是尚与我以自主之权,不敢遽言侵夺,在我正宜因势利导,不拂其所请,则可遏其侵夺之谋,而可以获通商之益。其所言固是,然臣谓英人之于西藏通商,是乃多年固智,而用心阴鸷,即露端倪,我不可谓彼之不言侵突,第专意通商。"英人不过是"佯借通商之美名,实阴以肆侵夺之秘计,设使事机不顺,彼先得中国之利权,继欲占中国之土地,势不至以通商为侵夺不止。彼时我之虚实彼尽知之,我之人情彼尽悉之"。而且西藏僧俗皆反对与英人通商,如将通商之说强加于西藏地方,将导致中央政府与西藏地方关系恶化。"兵端已先肇于西藏",则反为英人所利用,"洋人且转移其祸于我,是我先为西藏受害",并且指出,"至于洋人通商西藏,臣谓其用意殆别有所在,盖英人之印度密迩西藏,瞬息可通。如果欲通商,则道光年间重庆所立之约尚在,何不可以遵行"。奏折强调,更为严重的是,英人并非仅注意西藏,而是要进一步通过西藏进入四川,"臣谓此举,该洋人决非注意于西藏,迨暗借此以通四川大道耳。设藏路一开,则四川全境俱失;川中一失,则四通八达,天下之藩篱尽坏"。① 最后,总理衙门在英国公使欧格纳和马科蕾做出保证不与西藏地方政府私行缔约,不得以任何形式帮助天主教势力渗透西藏后,发给护照,知照驻藏大臣妥为保护,同时要求马科蕾必须取得西藏地方政权的同意,始得入藏。

马科蕾返回印度后,很快组织了一个"商业"考察团,包括测量、绘图、医务、翻译等人员,还有3000名印度士兵组成的卫队。1886年年初,考察团在大吉岭集中,"随带训象十只、各色礼物百余驮。拟于三月中旬起程来藏,如藏番仍前阻拦,彼即带兵三千自行保护前进"。② 西藏当局知道此消息后,"为了阻击这种进犯,西藏地方当局开始巩固防线,并调派兵力不过百人的小部队驻守由哲孟雄至西藏必经之道的龙头山"。③

驻藏大臣色楞在获悉马科蕾一行的行动后,既不敢严正拒绝马科蕾的武装威胁,也无法强迫西藏僧俗官员同意英人的要求,便奏报清廷,一面要求"总理衙门请照会英使,万勿贸然遽行入藏",同时痛陈英人入藏,尤其是印茶销藏的危害,"必使川省之茶无处行销。彼得独专厚利,我乃坐失重资"。④ 奏报引起了清廷的重视,总理衙门与英国公使欧格纳反复交涉,要求考察团暂缓入藏。当时,中英间关于缅甸问题的谈判几成僵局,英国为了诱使中国承认其吞并缅甸,决定在入藏问题上稍作让步。而清政府则认为:"缅甸全境为英所占,缅人既不能自图恢复,中国又不值涉远穷兵,轻启边衅。且英人方谋入藏,恐致别起事端,为患尤重。因就其来议缅事,先堵其入藏之请。两相抵制,反复辩论,英使乃允停止入藏,只求在藏印边界通商。"⑤

1886年7月24日,中英双方以中国承认英国占领缅甸、英国取消入藏考察为交换条件,在北京正式签订中英《缅甸条款》,其第四款规定:"烟台条约另议专条派员入藏一事,现因中国察看情形,诸多窒碍,英即允停止。至英国欲在藏印边界议办通商,应有中国体察情形,设法劝导。振兴商务如果可行,再行妥议章程,倘多窒碍难行,英国亦不催问。"⑥条约表明,英国虽然暂时取消了马科蕾的入藏考察,但仍在觊觎西藏,随时可能策划边境纠纷。

十九世纪七十年代,沙俄的势力渗入中亚,与西藏日益接近,于是便步英国之后尘,以游历、探险、学术研究为幌子,派人潜入西藏进行阴谋活动。英俄两国在西藏进行激烈的角逐。清驻藏大臣鹿传霖曾指出:"英俄交窥西藏,实皆注意印度……俄之垂涎印度已久,以西藏据印度之巅顶,故思得藏以图印,以取建瓴之势。"⑦

十九世纪末,俄国势力已开始向西藏渗透,俄国把侵占中国的西藏作为它实施"黄俄罗斯计划"的一个重要步骤。沙俄政府陆军大臣库罗巴特金宣称:"我们皇上的头脑中有宏大的计划,为俄国夺取满洲,把朝鲜并入我国,还想把西藏并入我国。"中国的西藏,成为

① 王彦威:《清季外交史料》卷62,第17页。
② 王彦威:《清季外交史料》卷67,第16页。
③ 王彦威:《清季外交史料》卷67,第20页。
④ 王彦威:《清季外交史料》卷67,第18页。
⑤ 王彦威:《清季外交史料》卷67,第26页。
⑥ 王铁崖:《中外旧约章汇编》第一册,第485页。
⑦ 吴丰培:《清季筹藏奏牍》鹿传霖奏牍,卷3,第3页。

英俄两国谋求亚洲霸权的必争之地。"早在光绪十五年商谈《藏印条约》时，西藏曾表示，若英帝刁难，则'我等与其同有仇之英国议和，莫若与无仇之俄人通好，俄人前次来藏，我等备礼劝阻，俄人立即退去颇讲情理'。""且恃俄国为外援，公然恣肆。"[1]

东印度公司在我国西藏沿边界的尼泊尔、哲孟雄和不丹的横行霸道、妄肆侵略，不能不引起清廷的忧虑。光绪三年(1877年)十月，四川总督丁宝桢《曾有英人用意狡谲，请修好布鲁克巴》的奏折，其中有："英既占东、南、中三印度之半，窥伺后藏久矣。从前为布鲁克巴、廓尔喀之中界哲孟雄大山所阻，山极险峻，中通一线。道光年间，哲孟雄属于英，此山已为英所据。前二十余年，海道未甚通，印洋烟入川，即由此路。彼若此时将山开凿，即可长驱入藏，幸尚有布鲁克巴、廓尔喀界连前后藏，足为我藩篱。查布鲁克巴全境不丽印度，廓尔喀兵力颇强，前此英人并吞印度，未能侵其寸土，至今惮之。现在英人通藏，必由此道，此二国足与为难。若将该两国极力羁縻，绝英人近交之计，则两藏不失要隘我得自固其藩篱。且查英人从前于北印度取加治弥尔(克什米尔)，即有欲赴藏通市之意，是其蓄谋已久。今若不将布、廓两国极力笼络，英人必设法相与连合，则西藏一无屏蔽，而川省门户遂失……今廓尔喀本遵例入贡，臣服惟虔。惟布鲁克巴久未贡献……密饬驻藏大臣设法，修好布鲁克巴，阴为外助，则自可伐英人入藏之谋，此必然之势。"[2]但清政府和驻藏大臣们对于英人侵我藩属的对策是极其错误的，他们并无任何积极帮助外藩的措施。清廷对于受人侵略多年的藩属，不是为了"修好""自固藩篱"，而是拒人千里之外，拱手让人，"自撤藩篱"，将西藏的大门完全暴露在英人面前。因宗教信仰不同，为了保护宗教，藏人坚决反对和英人通商交往。在游历和通商这两个问题上，西藏地方政府和广大藏族民众对清政府的做法有这样的评语："内地官员无一不贪货贿，举凡措置是非，左袒洋人……且有英人不见汉官断无进藏之事，英人一见汉官，藏事将无不坏之理。"[3]当时，噶厦及三大寺等反对和英人交往，以及反对清朝的投降政策都很坚决。

光绪十四年(1888年)3月20日，印度总督命令英军对西藏发动军事进攻。英军进攻西藏的理由是藏军在龙头山构筑堡垒，而英国政府认为，龙头山和整个哲孟雄都属于英属印度。"英军司令部决计利用西藏设防龙头山，抵抗英军侵略一事作为进犯西藏的借口。"[4]中英双方于1888年3月进行了龙头山(隆吐山)之战，八月(9月)进行了捻都纳之战。

二、英国第一次侵藏战争

(一) 隆吐山(龙头山)设卡之争

1886年年初，马科蕾将率兵从大吉岭入藏的消息传来后，西藏地方政权为了阻止英人的入侵，便在西藏境内的隆吐山(龙头山)口建卡设防，派兵驻守。隆吐山位于西藏与哲孟雄、不丹交界处的热纳(即日纳)，是从喜马拉雅山南麓进入春丕谷地的第一道险要

---

① 吴丰培：《清季筹藏奏牍》鹿传霖奏牍，卷1，第5页。
② 吴丰培：《清季筹藏奏牍》丁宝桢奏牍，第3页。
③ 吴丰培：《清季筹藏奏牍》文硕奏牍，卷1，第6页。
④ 列昂节夫：《外国在西藏的扩张》，第22页。

关口,原属西藏地方的热纳宗营管辖。自热纳以外,西南是哲孟雄地方,东南系布鲁克巴地方。热纳在噶偷堡东北约 20 英里处,距藏、哲、布三地交界之雷诺克 3 英里,离英占大吉岭约 70 多英里。隆吐山又在日纳内东北约 20 英里。

"嘉庆初年,第八辈达赖喇嘛,因彼时哲孟雄部长人亟恭顺,尊重黄教,赏准将热纳宗草场一段,拨给该部民通融住牧,并令该部长代办热纳宗营官事。该部长领有商上印照为执。地虽赏准通融住牧,仍是藏中之地,而隆吐山更在此地以北,是为藏地确切不移凭据。"[1]因此,西藏地方政权在中国的领土上建卡设防,阻止外来入侵,完全是正当的行为。西藏地方噶厦在隆吐山设卡的理由是:"查大吉岭实系哲孟雄所辖地境,不但均被英人侵占,复敢越界屡次开设市面,新建铺房,修路造桥,种种恃强恶霸,横肆异常。去岁又复多方寻衅(指英人修隆吐山路及在郭布修驿站事),以致大众志切同心,议定永远力阻,遂于险要关口,新建防堵人等住歇房屋,安设官兵,责成各该处大小营官头目百姓等经营……"[2]"英人拟定限期进藏礼佛,务准通行,毋得阻拦,如能照办,即无庸议,不然定即带兵进藏等语。节次禀末,甚为紧急,唯查相距大吉岭二百余里藏属之热纳地方,从前系商上赏归哲孟雄经营。……此处平地山谷,英人早于期间屡修道路,复于去年四月间,距热纳百余里果普地方,英人又派令匠艺人等,来此建修房屋"。"英人屡欲侵占藏属地面,蓄志已久,可想而知。今小的藏番即在藏属热纳地方以内之隆吐山岩上,新建防堵人等居住房屋以及围墙,并稍设官兵,就近防堵,以期各保疆土。不但非印度所属地境,且距大吉岭甚远。"[3]

1886 年 12 月,英国驻华公使华尔身向总理衙门提出交涉,认为藏人在"边界外距大吉岭相近百里地方,建立炮台,意在阻止通商。在英国不难将其炮台毁去,但本国亦不愿多事,请行知驻藏大臣,转饬藏番,不可妄为"。[4] 次年 6 月底,华尔身再度向总理衙门交涉时态度强硬,竟称"实不相瞒,若西藏兵丁仍在界外据守地方,则五印度节度大臣势不得已,唯有自行设法,迫令退出。藏兵踞守西金(锡金)地方,中国朝廷似有漠然之势,惟有刻即调兵驱逐出境",并说"若贵王大臣未经确以西藏兵丁决不准滞留界外踞守之地等语,明以相示,则本大臣亦未便擅行再请其延缓也"。[5] 英帝竟提出藏兵占领西金(锡金)地方,并要总理衙门明白承认藏兵是越界踞守且为清朝所不许,如此才可以缓期派兵"驱逐"。英公使提出西金名词,而清朝只知哲孟雄,不知西金为何地,到处查问西金是什么地方。因此,清朝向英国表示"西金是否为西藏属地,必须查明确实方足为应否驻兵之据。若五印度使节遽行调兵前往,实于睦谊有碍"。[6] 此后,华尔身又再三进行威胁,中英,以及清朝和噶厦间关于隆吐山是否藏地之争拖延了一年多。当时,清朝中央政府在这次争论中惧怕英帝用武,惧怕藏边发生战争,只图息事宁人,一再压迫藏族撤卡撤兵。

光绪十三年(1887 年),英驻北京公使向总理各国事务衙门又提出新的借口和强硬的

①　吴丰培:《清季筹藏奏牍》文硕奏牍,卷 4,第 26 页。
②　吴丰培:《清季筹藏奏牍》文硕奏牍,卷 2,第 7 页。
③　吴丰培:《清季筹藏奏牍》文硕奏牍,卷 2,第 8 页。
④　吴丰培:《清季筹藏奏牍》文硕奏牍,卷 2,第 1 页。
⑤　吴丰培:《清季筹藏奏牍》文硕奏牍,卷 3,第 5 页。
⑥　吴丰培:《清季筹藏奏牍》文硕奏牍,卷 3,第 5 页。

恫吓手段:"英使云,日纳岭为西藏边界,向有藏兵驻守,英人决不犯此界。其自日纳以至隆吐山,相距数十里,英人修有大路,今藏番横建兵房于此,若不退回旧界,定即驱逐,不能久待。"而清政府竟言"藏兵越界驻兵,本属另生枝节,授人以柄"。① 英使此处所说的日纳,不是上文所说的日纳,而是指捻纳。英帝以捻纳为日纳,并自定捻纳是西藏边界,把英国在光绪十二年(1886年)偷偷地在西藏境内修筑的公路(由隆吐山到捻纳),说成在西藏境外的公路,霸占为其所有,并威胁要用兵驱逐藏人。当时,清朝在英帝威胁之下,竟以"英人考究地界甚精,必不妄称日纳以内为外"为理由,"著刘秉璋飞咨文硕、升泰,饬令速将卡兵撤回,慎毋再有迟延,自贻罪悔。现在事机紧迫;隆吐山之卡无论在藏界之外,抑在藏界之内,既为哲孟雄属境,即可借此撤回,不得任听仍前梗阻,致开兵衅,自取祸殃"。②

　　面对英国的威胁,清政府采取了退让的政策,一面令中国驻英公使与英外交部交涉要求延期,一面令川督刘秉璋飞咨西藏地方撤回隆吐守军。"印督初意不许藏兵在隆吐过冬,本署婉商英外部,允展至明年正月底止,希飞咨藏中,如期撤兵,缓必生事。"③

　　清政府对英退让的政策,遭到西藏地方僧俗官员的抵制,他们多次向驻藏大臣文硕呈递"公禀",揭露英国侵吞南亚、觊觎西藏的野心,请求总理衙门正告英国公使,要求英人从其侵占的哲孟雄、不丹的土地上"一概退出,撤毁铁索桥,以正疆界,方为正办",坚决表示:"纵有男绝女尽之忧,惟有实力禁阻,复仇抵御。"④文硕也多次向总理衙门陈述意见,支持西藏僧俗官员守疆自卫的立场。十一月初八日,川督刘秉璋致电总署,指出隆吐山在日纳之内,并非印界。"查热字即日字,译音之异,日纳在藏属哲孟雄界内,钧电内开英使之日纳岭为西藏边境,是藏番设卡当在界内。不知英使何所据,而谓隆吐在藏界外矣。"⑤十一月二十二日,文硕也致电总署:"据商上复称,客春建置卡房,留官稽查隘口,是恐边民私出交易,致贻口实,地在藏属隆吐山,距哲孟雄北界尚隔一草场,更何论于英境耶,不可信彼砌词耸听。"⑥但总理衙门不顾西藏僧俗官员的反对,三番五次电令四川总督刘秉璋飞咨文硕,严令撤卡。十二月二十八日致电刘秉璋:"昨向英使辩论,据云藏中向驻兵于热勒巴拉山岭,不准英人过界,印度续修大路,自隆吐至此岭而止,往来已久。今藏兵出守隆吐,阻其来路,不难驱逐,因顾睦谊,故展至正月底止。本署告以道远信迟,恐难如期,希再飞咨藏中,无论是否,藏境速将隆吐兵房撤退,仍守旧处,如再固执肇衅,咎将谁执!"⑦然而,西藏僧俗官员态度坚决,表示"自守疆域,并未越界滋事,英人何得阻挠","就使目下即有莫大祸患,我等藏众决不甘心以地让人"。⑧ 光绪十三年(1887年)正月十七日,驻藏大臣文硕长篇奏折,说明"藏番并未越界戍守,英使请饬藏番抽撤卡伦实属无理"。"英使言藏界日纳岭一节,即是藏南帕克里外东南边境与所属之哲孟雄、布鲁克巴东西北三面互相接界之热纳地方。缘热日两音相近,汉人有说本音热纳者,亦有说转音日

① 吴丰培:《清季筹藏奏牍》文硕奏牍,卷3,第32页。
② 吴丰培:《清季筹藏奏牍》文硕奏牍,卷4,第21页。
③ 王彦威:《清秀外交史料》卷74,第17页。
④ 吴丰培:《清季筹藏奏牍》文硕奏牍,卷4,第6页。
⑤ 王彦威:《清秀外交史料》卷74,第17页。
⑥ 王彦威:《清秀外交史料》卷74,第19页。
⑦ 王彦威:《清秀外交史料》卷74,第27页。
⑧ 王彦威:《清秀外交史料》卷75,第8页。

纳者,由来已久,汉番人所共知。英国既已明知藏治疆界是此热纳地方,且言决不犯此藏界。然则,我唐古特在治界以北之隆土山隘口设卡自守,与彼何干。""至于所称自日纳至隆吐山,彼曾修路数十里一节,是捻纳山亦非日纳岭,捻纳山更在隆吐山北缘。前数年英国曾招用游民作为向导,私逾隆吐山隘口,潜来窥探路径形势。其时东路隘口一带地方,居民较少,空旷地多,是以初未另设专官兵役。洋人探路是由该处本地村目人等觉悟其奸,查照向规,报明兼管之帕克里营官,由该营官层次转报噶厦商上,于是始知其事。赶紧派人前往婉言劝阻,该洋人经劝之后,亦即退出境外,并无口角争竞。惟自该处村目查报至噶厦派人劝阻,往返之间为时不少,以是该洋人有暇,得将隆吐山至捻纳山一段道路崎岖险仄平垫开宽,此其所谓修路也。""去年春夏之交,麻克雷(马科蕾)有带兵强自进藏之说,我唐古特是以拨兵设防。而英国又有欲往郭布盖房之意,我唐古特是以添建东路巡卡。皆因英国叵测居心,以致不得不为多方设备,然亦只图自守疆界,谨饬将来而已。""英国自占印度地方,即已垂涎藏境,以便东窥四川、云南,北窃西宁、青海,水陆交冲,蚕食我大清边境。""英使请饬藏番抽撤卡伦之事,较之边外通商尤为紧要。商上绘图呈验,盖为证明疆界,俾以答复英人。奴才详查所绘界址,证以往昔书籍所谓未曾越界之说,殊觉可信。况西藏之与印度中隔哲孟雄、布鲁克巴两部落,初非土壤相接,而该两部落向为西藏附庸,同一风俗文字。今核唐古特建卡隆吐山,更在该两部落以内,是为藏境东路门户,而英使数数阻扰建卡,殊属无理。""兹既查明界址,绘图贴说,考据详明,藏番既无越界戍守,且其地专是藏中门户,并与印度廓尔喀往来道路无涉。藏番自固疆域,理难勒令撤卡。"[1]

文硕还在奏章中直接点名李鸿章在此次交涉中应负重要责任:"西藏交涉洋务十余年来,节节棘手,固由英人狡诈,藏众固执,而平心推论,初不尽然……如隆吐山本在藏界热纳宗以内,只因色楞额在川省闲谈,一时记忆舛误,谓地是哲孟雄境。于是辗转讹传,致英人谓我藏官承认有据,而李鸿章不复深考,遂谓英人考据界址精当无疑。总理衙门初欲详细考核,以凭定断,后亦信此一言,遂允速为办妥。以致藏番心不输服,迭次申辩。"[2]

清廷一味向英人妥协,于光绪十四年正月二十六日(1888年2月18日)发布上谕,严责西藏地方"不量己力,越疆置卡,肇衅生端,因有新约通商,反欲断绝商路。文硕受事以后,不能体朝廷保全该番之意,剀切劝谕,近复畏难取巧,反欲借拒英护藏为名,谓地为藏地,撤无可撤,连章累牍,晓辩不休。推其执谬之见,虽兴兵构怨,有所不恤。而于藏界尺寸之争,不应扰动天下;番众自挑之衅,不能败坏全局;徒手寡弱之众,万难捍御强敌"。[3]光绪十四年(1888年)二月十六日,光绪帝严责藏兵与英兵冲突,谕曰:"英使来信,印督饬约其兵,但使藏兵不越界出斗,彼兵不过隆吐山,以后一切照旧等语,藏番昏愚已极,违旨背约,此次辱由自取,朝廷早在意中,现在卡房既毁,若藏兵不再出,英兵亦必撤回,仍可相安如旧,著升泰迅谕藏官,勿再执迷不悟,为出界复仇之举,或俟英兵退后,又复前往设卡,以致引敌深入,求如现在情形而不可得。"[4]清廷一厢情愿地认为,只要退兵撤卡,便可

---

① 王彦威:《清季外交史料》卷75,第2-7页。
② 王彦威:《清季外交史料》卷75,第7页。
③ 王彦威:《清季外交史料》卷75,第9页。
④ 王彦威:《清季外交史料》卷75,第23页。

避免战端。然而,这种退让政策既打击了西藏地方抵御外侮的士气,也助长了英印政府进犯西藏的野心。

英帝运用的却是另外一套手法。英国一面向总理各国事务衙门交涉,企图以恫吓威胁清庭迫使藏兵撤退,以达到其争取与清庭共同压制藏族的反英运动、孤立藏族的目的;一面又给达赖喇嘛写信,要求直接交涉,企图撇开清朝;同时积极修路,建兵站、运军火、增调军队,准备武力侵略。英方以通商为借口,要求进入西藏,又努力离间清朝中央政府和西藏地方的关系,考验中国在西藏的主权,力图直接与西藏地方政府达成协议。

(二)隆吐山之战

1888 年年初,西藏地方政权获悉英印军队准备进攻的消息后,积极准备抵御英军进攻,立即从各地增派援军前往隆吐山,在山间路口构筑石墙,截断防堵。3 月 19 日,英军正式挑起侵略战争。英军"进攻西藏所使用的兵力计有:皇家炮兵营、第 32 步兵团、捷尔比希尔团第二营、孟加拉步兵第 13 团,共计 1600 人,统率全军的是格雷姆上校"。[①] "二月初七日午刻,由隆吐山下扎鲁隘口突来攻寨。枪炮互施,相持之际,枪毙黄衣英人一名,其兵随即退下。"初八日英军又来攻,藏兵"誓死抵御,鏖战许久,伤毙英兵约有一百余名,收队查点,有甲璘一员,兵民二十余名,身无下落"。[②] 这是英藏军队第一次交战的情形。

十日,英兵由格雷姆率领大举进攻,并用炮兵轰击。"炮兵藏人视为最大劲敌,故英军炮弹坠裂藏军中央,全队立乱,溃走不遑,退至一高地,暂期堵御,复为英人所破。"[③]藏兵在英军大炮攻击之下伤亡过多,隆吐山被英军侵占。藏军被迫从隆吐山撤退至纳汤以北,在山头连夜构筑起长四五里、高与胸齐的石墙,数千藏兵,鏖集其内,凭险据守。英印军队再度发起进攻,以密集炮火将石墙夷平,占领纳汤,藏军败退至捻纳以内春丕谷地。

隆吐山、纳汤等地的失守并没有动摇西藏军民抵御外侮的决心,西藏地方政府积极组织反攻,从前后藏及西康等地征调藏军增援前线,总计前后派往前线的藏军约有万人,分别集中于亚东附近各地。三大寺各扎仓的负责喇嘛一同前往。为加强帕里前线的藏军布置和指挥,达赖还下令三大寺积极组织僧兵,准备一旦必要时开赴前线。

在英印军挑起战争的当天,清廷严厉申斥文硕:"文硕自抵藏后,不遵谕旨切实妥办,识见乖谬,不顾大局。殊属胆大妄为,此风断不可长,文硕著即行革职。"[④]四月初五日,再次电旨训斥:"文硕办理此事,始终不明机括,于撤卡一节,不但不极力开导,反代为哓辩力争。"[⑤]

四月十九日"黎明时,藏番约三千人,来攻英印兵纽束营卡,战至十点钟藏兵败退,两边互有伤亡"。[⑥] 此后,藏军虽然曾多次组织反攻,试图收复隆吐山,但都被英印军击退。

1888 年 7 月新任驻藏大臣升泰抵藏后,奉行清廷的退让政策,迎合英人关于藏南界

① 列昂节夫:《外国在西藏的扩张》,第 23 页。
② 吴丰培:《清季筹藏奏牍》文硕奏牍,卷 6,第 26 页。
③ 佘素:《清季英国侵略西藏史》,第 82 页。
④ 吴丰培:《清季筹藏奏牍》文硕奏牍,卷 7,第 25 页。
⑤ 王彦威:《清季外交史料》卷 76,第 1 页。
⑥ 王彦威:《清季外交史料》卷 76,第 4 页。

址的说法，称西藏接近哲孟雄的边界在雅拉山，该山位于隆吐山之北，所以隆吐山不在藏境，以证明英国指责藏军"越界戍守"事出有因，命令藏军先行撤入帕克利。

英军于六月十二、十五两日用大炮7门进攻藏兵阵地。七月八日、九日，又继续前来藏军阵地挑战。"藏番本拟七月初十、十五等日出兵复仇。"① 在清政府和升泰的干预下，战斗被迫取消。英军又乘机将全部哲孟雄占领，并在布置就绪后，于八月初发起捻都纳之战。

（三）捻都纳之战

英军决心扩大战争规模，增添兵力。1888年8月"奉命集结远征的军队达2300人，并配有大炮9门"。② 英印军多次进犯藏军营地，藏军本欲出营反击，均被升泰刻意阻止。

"印兵于八月八日出队二百余人，前赴捻都等山，放炮挑战。""八月十七日印兵出队，将哲孟雄地土全行收取。十八日藏番以捻都纳印兵时来山顶，施放枪炮，实距番营太近。即于夜间分队赴捻都纳两山扎营，连夜修筑战墙，为防守计。十九日天明，洋兵见藏番扼扎两山，亦不便于己，遂出队直冲，藏兵力不能支，败回姑布冻曲原营，洋人跟踪来扑，两营不守，狂追逐北，藏番连夜奔逃，以致咱利、亚东、朗热等隘口同日失去。印兵复分股包抄，所有藏营番兵一万数千，全行败溃，枪刀器械锅帐什物，弃置满道。印兵追逐，统带噶布伦公爵伊喜洛布汪曲于二十日败回仁进岗。适遇奴才委弁署江孜守备花翎都司尽先守备萧占先奉饬阻战到彼，正遇该噶布伦狼狈奔逃，伊喜洛布汪曲仓皇面告萧占先云，'洋兵火炮甚利，万难抵敌，赶紧迅速同走逃命为是。'言语之间，枪声不断，旋踵而至。萧占先回告云，'我奉驻藏大臣札饬，阻战而来，不料尔等又复多事，以致败北。如果英人力追，势必全军俱没，帕隘不保。我系汉官，究与汝等有间，惟有在此力阻。如洋人顾念和约，或可旋师，倘不能听，亦尽人事'。伊喜洛布汪曲见洋兵已近，飞窜逃出。萧占先即竖江孜汛营旗一杆，上书有汉字，印兵远处望见，旋即止枪。萧占先派人往告奉委前来阻战之故，印洋统带兵官当云既有汉官，应即停战，即约相见。萧占先告以原委，并阻其追杀，英官允诺，始未穷追，而静侯办理……于二十二日撤退，印兵仍扎对邦原营。"③

八月十九、二十两日，英印军凭借炮火优势，向驻守在捻都纳山的藏军发起捻都纳之战。藏军武器落后，力战不支，伤亡惨重，被迫退至仁进岗一带。英印军占领则利拉、亚东、朗热等地以后亦不敢进一步向前深入，退回纳汤附近的对邦。西藏地方政府仍然组织力量加紧备战，截至11月，集结在仁进岗一带的藏军总数又达万余人，但终因升泰的阻拦而未能与英军战斗。

其间，布鲁克巴（不丹）曾出兵相助清军，但被升泰拒绝。"此番奴才到边，该（布鲁克巴）部长派兵千七百人来营效力。奴才正饬番兵遣撤，岂可留此多人，致贻藏洋口实，是以重给赏需，勉以大义，饬其速回。"④ 升泰拒绝了不丹的内附。不久后，不丹即被英印当局

---

① 王彦威：《清季外交史料》卷77，第19页。
② 列昂节夫：《外国在西藏的扩张》，第24页。
③ 吴丰培：《清季筹藏奏牍》升泰奏牍，卷1，第9页。
④ 吴丰培：《清季筹藏奏牍》升泰奏牍，卷1，第26页。

控制。

升泰不断催促藏兵后撤，"奴才日唯催促藏兵速撤，并遣人探查，知藏兵虽分四起撤营，然均在灵马汤以上数十里之树林内分扎。帕隘本地亦有数千，询其是何用意？据称驻藏大臣传大皇帝谕旨，饬令撤兵，我等不敢不撤。唯洋人全军未动，如突来藏界，朝发夕至，我等不敢不防；兹蒙诘问，亦不敢不以实相告等语。奴才窃查藏番屡称遵旨撤兵，而拔营不远，分扎深山，实有暗防洋人之意。固已早窥其心，前折亦经陈明。但藏兵若密伏深山，难保日久英人不知，转使有所借口，是以迭饬委员催令速撤"。①

（四）中英藏印条约谈判

1888 年 12 月，升泰亲率部队到达仁进岗，令集结此地的藏军后撤至灵马汤，将藏军与英印军隔离。接着，升泰亲赴纳汤会晤英印军政治官员保尔商谈议和，英印政府外交秘书杜兰作为英方首席代表与升泰进行谈判。英军第一次侵藏战争遂告停止。英军这次不得不把军队撤回哲孟雄，除了西藏人民坚强的抵抗外，还因为英国当局深恐其他国家，首先是俄国插手干涉。

中英谈判的主要问题是：哲孟雄问题、分界和通商。谈判开始，英方提出 7 项草约，主要内容是：划定西藏与哲孟雄边界；中国承认英国在哲孟雄境内之完全统治权，永不侵扰哲孟雄国境或干预其内政；英国臣民得自由进出西藏贸易，与西藏人民同等待遇，英国货物进入西藏所付关税，应按另议税则缴纳等，并坚持"必须先将要说七事议妥，始行允议及撤退"。② 7 条草约较之中英《缅甸条款》更为苛刻。双方在哲孟雄和通商问题上展开激烈争论。升泰提议，哲孟雄对"西藏商上，向有年节礼物，及驻藏大臣贺禀而已。其向来是何礼节，均当照旧，则英国向来如何保护，亦可仍旧。该英官等以此语系在八月未战之先，既战之后，又当别论"。③ 升泰这个顾面子的"照旧"办法，被英方拒绝。因为英国企图完全割断哲孟雄与中国的宗藩关系，对升泰提出的"照旧"建议提出修正，"即：1. 哲孟雄部长只向西藏宗教领袖达赖去函致敬。2. 哲孟雄部长可终生用中国顶戴，此人死后，此种着装应即废止。3. 哲孟雄部长可向中国驻藏大臣送交纯属问候性信件"。④ 升泰拒绝此议。在通商问题上，升泰坚持战前边界通商，关市最远只能设在对邦或亚东，不同意英国提出的在西藏境内自由贸易。双方争执不下，1889 年 1 月 10 日，英方宣布谈判中断。

"此时，清政府接受总税务司赫德的推荐，任命其弟赫政为升泰的译员和代表。1889 年 2 月，赫政经印度抵大吉岭。赫德则在北京遥控指挥，电告赫政设法向升泰解释：'英国愿意加强中国在西藏的地位，如中国反对，英国必抛开中国而直接与西藏交涉，难免又因其军事行动，对西藏固不利，对中国也很难堪'，希图以此迫使升泰作出让步；同时指示赫政'试作中间人，将事权掌握在自己手中'。"⑤ 4 月，赫政代表升泰与英方重开谈判。

1889 年 7 月，赫政根据赫德的指示，与升泰改拟了草约 5 条上报朝廷：一、藏哲分界

① 王彦威：《清季外交史料》卷 80，第 6 页。
② 王彦威：《清季外交史料》卷 79，第 7 页。
③ 吴丰培：《清季筹藏奏牍》升泰奏牍，卷 1，第 22 页。
④ 高鸿志：《近代中英关系史》，第 212 页。
⑤ 虞和平：《中国近代通史》第三册，第 288 页。

咱利山顶,惟锡金应作两国都属;一、锡金应送西藏禀礼照旧;一、锡金归英保护,藏中向给锡金每岁大麦千二百石,又春丕等处庄房,藏番应行收回,大麦、食盐停给;一、英国保印兵不过日纳;一、通商宁设关亚东,他口不得往来窥探。① 总理衙门回电升泰,同意按上述5条,"即与妥筹商定,从速了结"。然而,英方代表拒绝了中方代表提出的这一草约,并提出以英方所认定的"以流入梯斯塔河各水,和流入莫竹江及藏境河流各水之间之最高分水岭为界";在哲孟雄境内,"英国政府有唯一最高统治权,中国人和西藏人对哲孟雄内政均不得在任何方面予以干预。英国政府应允在上述谅解下,英国军队将不逾越藏哲边界"。英方的无理要求使中国难以接受,谈判陷入僵局。英印政府再次扬言要抛开清政府直接与西藏交涉,甚至不惜再度发动战争。清政府再次做出让步,"赫政来电,六月二十九日带去五条,印不合意,以彼此罢议为了结。总署公商此事,若非明定条约,印藏均无信守,必贻后患。现拟以夏端四条,与之定立一约。一、以分水流咱利山顶为界,界外仍照旧游牧;一、哲孟雄归英保护,藏不过问;一、中英两国之兵互不犯界;一、通商一事随后另议"。② 升泰则向总理衙门指出:现查明俄国正向西藏渗透,藏中僧众已经表示"我等与其同有仇之英国议和,莫若与无仇之俄人通好",可将此情况透露给英国驻华公使,催促英方尽快缔约,并强调划界要标明沿界山名。赫政则提出先行缔约,待勘界时再"彼此书名绘图"。总理衙门亦回电称"不必书旧界山名"。光绪十六年(1890年)正月,升泰向达赖和噶厦提出"撤兵""定界""通商"三条,要西藏方面讨论答复。三月初,西藏地方官员联名向升泰递上公禀,一方面表示:"迭谕迅办撤兵、定界、通商三事,我藏番等不敢违旨。"同时表明,坚决反对通商:"万不得已,遵谕通商,唯咱利以内断不可来。"③

光绪十六年二月二十七日(1890年3月17日),驻藏帮办大臣升泰与英国特派印度执政大臣兰士丹在孟加腊城(加尔各答)会议,《中英藏印条约》八款成。此约规定:哲孟雄由英国保护,重定藏哲边界。五月十三日该条约被批准,七月十二日在伦敦互换。"泰晤士报写道:'藏印条约的结果是确认英国视哲孟雄为附属国的要求'。西藏的藩属,亦即中国领土的一部分的哲孟雄,就是这样成为英国的领土。"④

中英藏印条约⑤

第一款　藏、哲之界,以自布坦交界之莫挚山起,至廓尔喀边界止,分哲属梯斯塔及近山南流诸小河,藏属莫竹及近山北流诸小河,分水流之一带山顶为界。

第二款　哲孟雄由英国一国保护督理,即为依认其内政外交均应由英国一国经办;该部长暨官员等,除由英国经理准行之事外,概不得与无论何国交涉往来。

第三款　中、英两国互允以第一款所定之疆界为准,由两国遵守,并使两边各无犯越之事。

---

① 王彦威:《清季外交史料》卷81,第12页。
② 吴丰培:《清季筹藏奏牍》升泰奏牍,卷2,第15页。
③ 牙含章:《达剌喇嘛传》,第149页。
④ 列昂节夫:《外国在西藏的扩张》,第27页。
⑤ 王铁崖:《中外旧约章汇编》第一册,第551页。

第四款　藏、哲通商,应如何增益便利一事,容后再议,务期彼此均受其益。

第五款　哲孟雄界内游牧一事,彼此言明,俟查明情形后,再为议定。

第六款　印、藏官员因公交涉,如何文移往来,一切彼此言明,俟后再商另订。

第七款　自此条款批准互换之日为始,限以六个月,由中国驻藏大臣、英国印度执政大臣各派委员一人,将第四、第五、第六三款言明随后议订各节,兼同会商,以期妥协。

第八款　以上条款既定后,应送呈两国批准,随将条款原本在伦敦互换,彼此各执,以昭信守。

《中英藏印条约》的第四、第五、第六款都是保留条款的性质,即需要进一步确定其细则。1891 年年底,升泰与保尔在仁进岗重开谈判,以解决《中英藏印条约》的遗留问题,通商成为谈判的主要议题,而其中的商埠和印茶销藏则为双方争论的焦点。关于商埠,升泰坚持应设在亚东,保尔则提出设在帕克里,后来又提出设在江孜。英方之所以要在帕克里设埠,是因为一旦进入此地,就登上了西藏高原,便可长驱直入。"赫德担心清廷借口藏民反对英人进藏通商,关上谈判大门,急忙指示赫政劝说英国代表'最好还是就此答应下来,如一拒绝,则只好结束谈判,西藏之门将仍是紧闭的。印度总督兰斯顿赞同赫德的意见,派保尔亲往亚东考察,同意开放亚东为商埠。"①

关于反对印茶销藏的主要原因:1. 四川茶叶每年运销西藏的数量达 1400 余万斤,能征收税银十数万两,是四川省重要财政收入来源之一,印茶入藏将影响四川财政收入。2. 川茶运销入藏带动了川边贸易繁荣,给川边居民提供了就业机会。3. 四川省的茶农、茶叶商贩、运输茶叶的运输工人,总数达数十万人,一旦印茶入藏,川茶滞销,必将严重影响他们的生计。4. 驻藏大臣每年的费用一向由四川调拨,其程序是驻藏大臣向西藏地方政府借银,给予银票,往打箭炉凭票领茶,以抵消四川应向西藏调拨的藏饷,如川茶滞销,驻藏大臣的经费会受到影响。② 谈判中"赫政曾拟两法,一、五年印茶不入藏,期满再定税运茶;一、加重税,则现即准运"。③ 印茶入藏将直接影响川、藏的国计民生,危及清朝中央政府在西藏的统治及与西藏地方政权的关系,故中方坚持不同意印茶销藏。次年 9 月升泰病逝,清廷任命参将和长荣与英方继续谈判,经相互妥协始达成协议,最后条约中采用第一方案。

光绪十九年十月二十八日(1893 年 12 月 5 日),双方在大吉岭签订了《中英会议藏英续约》九款。其中规定:亚东于光绪二十年三月二十六日(1894 年 5 月 2 日)开关通商,印藏贸易经过藏哲边界,5 年内免纳进出口税。"至印茶一项,现议开办时不即运藏,俟五年限满方可入藏销售,应纳之税不得过华茶入英纳税之数。"④《中英藏印条约》及《中英会议藏印续约》纯属不平等条约,是英国发动侵藏战争和清政府对外妥协投降的结果。通过这两个条约,英国终于打开了中国西藏的大门,既侵占了西藏的一部分领土,又攫取了

---

①　高鸿志:《近代中英关系史》,第 217 页。
②　高鸿志:《近代中英关系史》,第 218 页。
③　王彦威:《清秀外交史料》卷 87,第 19 页。
④　王彦威:《清秀外交史料》卷 87,第 8 页。

在中国西藏通商等特权。

中英会议藏印续约①

通　商

第一款　藏内亚东订于光绪二十年三月二十六日开关通商,任听英国诸色商民前往贸易,由印度国家随意派员驻寓亚东,查看此处英商贸易事宜。

第二款　英商在亚东贸易,自交界至亚东而止听凭随意往来,不须阻拦,并可在亚东地方租赁住房、栈所。中国应允许所建住房、栈所均属合用,此外另设公所一处,以备如第一款内所开印度国家随意派员驻寓。其英国商民赴亚东通商,无论与何人交易,或卖其货,或购藏货,或以钱易货,或以货换货,以及雇用各项役马、夫脚,皆准循照该处常规,公平交易,不得格外习难。所有该商民等之身家货物,皆须保护无害。自交界至亚东,其间朗热、打均等处,已由商上建造房舍,凭商人赁作尖宿之所,按日收租。

第三款　各项军火、器械暨盐、酒、各项麻醉药,或禁止进出,或特定专章,两国各随其便。

第四款　除第三款所开应禁货物外,其余各货,由印度进藏,或由藏进印度,经过藏哲边界者,无论何处出产,自开关之日起,皆准以五年为期,概行免纳进出口税;俟五年期满,查看情形,或可由两国国家酌定税则,照章纳进出口税。至茶叶一项,现议开办时,不即运藏贸易,俟百货免税五年期满,方可入藏销售,应纳之税不得过华茶入英纳税之数。

第五款　各项货物到亚东关时,无论印度货物、藏内货物,立当赴关呈报请查,开单注明何项货物、多少及分量若干、置价若干。

第六款　凡英国商民在藏界内与中藏商民有争辩之事,应由中国边界官与哲孟雄办事大臣面商酌办。其面商酌办者固为查明两造情形,彼此秉公办理;如两边官员有意见不合处,须照被告所供,按伊本国律例办理。

交　涉

第七款　印度文件递送西藏办事大臣处,应由印度驻扎哲孟雄之员交付中国边务委员,由驿站火速呈递。西藏文件递送印度,亦由中国边务委员交付印度驻哲孟雄之员,照章火速呈递。

第八款　中、印两官所有往来文移,自应谨慎呈递,及来往送信之人亦应令两边官员照料。

游　牧

第九款　从亚东开关之日起一年后,凡藏人仍在哲孟雄游牧者,应照英国在哲孟雄随时立定游牧章程办理。凡该章程内一切,须先晓谕通知。

（注：另有续款三款,略而不录。）

---

①　王铁崖:《中外旧约章汇编》第一册,第566页。

　　《中英藏印条约》和《中英会议藏印续约》的签订是英国政府的极大胜利。1893 年的《中英会议藏印续约》使西藏成了英国的"半殖民地"①，英国以这种不平等条约为基础，一面扩张势力，一面离间藏汉关系，并由此打开了通向西藏的市场。

　　从一方面看，"由 1889 年到 1995 年，经亚东成交的贸易额已增加三倍以上"②，但另一方面，它只占同期"英国对外贸易总额的 0.016% 左右"。③ 既然西藏市场的容量是如此微不足道，那末，英国为何如此重视西藏呢？毫无疑问，除了西藏市场本身以外，英人所垂涎的还有在中国内陆、新疆、蒙古等处的市场。英国不仅需要将西藏作为英国商品的销售市场，作为英国工业原料和各种矿产品的来源地，而且需要将它作为入侵中国的一个前进基地。但条约中遗留下的通商、游牧等问题，尤其是划界问题，后来又成了英帝侵略西藏的新借口。

　　1898 年 10 月，英印当局把一封由新任总督寇仁签署的公函送往伦敦。"函中寇仁主张停止和中国谈判西藏问题，力陈可以不必理睬中国对西藏的主权。……1899 年 6 月 2 日，印度事务大臣通知寇仁说，在当前的情况下，首相索尔斯柏里认为必须打开与西藏直接交涉的途径，必须取得他们的同意，让英国商人自由出入帕克里。与此同时，英国驻防甘托克和大吉岭的卫戍部队竟大修战备，并将通往哲孟雄北沿甲岗的一条军用公路翻修为现代化军用公路"。④ "为了与拉萨当局建立联系，利用一个已取得英国国籍的不丹间谍乌真·卡集，让他把一封绝密函件送交达赖喇嘛。他们在这封信里申述，英国政府可以缔结一项优惠的条约，保证西藏不受中国方面的侵略。""达赖喇嘛对于这封信也和对英国当局的其他信件一样，干脆没有作答。"⑤ "由于顾虑藏汉人民反对帝国主义的情绪，达赖喇嘛把英国当局写给他的信都一一原封退回。"⑥ 英国政府直接向西藏地方政府提议举行谈判，说明英国已决计不承认西藏是中国领土的一部分。为了把西藏完全变为英国的势力范围，英国政府在二十世纪初，即准备再次对西藏武装入侵。

三、英国第二次侵藏战争

（一）达赖联俄

　　1890 年《中英藏印条约》签订后，英国势力进一步侵入西藏，俄英在西藏的明争暗斗更加激烈。当时西藏各阶层对英人恨之入骨，并对清政府胁迫西藏地方当局屈从英国要求极为不满，西藏地方的统治者遂产生亲俄倾向。俄国早就觊觎西藏，派人秘密在西藏官员中进行煽动，还派遣一些布里亚特蒙古族喇嘛，披着宗教外衣从事阴谋活动。俄国派遣来西藏学经的布里亚特蒙古族喇嘛多时达 200 人。其中最突出的是蒙古族喇嘛德尔智，他原名德尔捷耶夫，藏名洛桑姑马，出生于贝加尔湖以西的上乌丁斯克省，懂俄语和藏语，

---

① 吕振羽：《中国民族简史》，第 134 页。
② 列昂节夫：《外国在西藏的扩张》，第 34 页。
③ 列昂节夫：《外国在西藏的扩张》，第 36 页。
④ 列昂节夫：《外国在西藏的扩张》，第 45 页。
⑤ 列昂节夫：《外国在西藏的扩张》，第 45 页。
⑥ 列昂节夫：《外国在西藏的扩张》，第 53 页。

十九世纪七十年代即到西藏活动。他从沙皇政府中领取了巨额秘密经费,借"学经"为名,到西藏各大寺活动。以布施名义大肆贿赂,获得了部分僧侣贵族的信任,当上了十三世达赖喇嘛的侍讲。他利用与达赖讨论经典的机会,灌输亲俄思想,诱使达赖"脱清国之束缚,依俄国之援助,以防英人之北侵,谋自国之独立",即煽动达赖叛国,要将西藏从中国分裂出去。①

十三世达赖喇嘛于光绪二十一年(1896年)八月亲政。十三世达赖亲政后,西藏的形势发生了两点变化:一、驻藏大臣虽然仍保有旧日的地位,但对英关系方面,由于英帝的破坏和离间,西藏地方已不甚理睬清廷的指示了;二、达赖因看到清廷不足恃,有依俄反英的倾向,因而沙俄在西藏的影响大增。

光绪二十五年(1899年)三月二十六日,达赖向光绪帝上奏:"……以上情形驻藏大臣置若罔闻,嗣后若遇紧要事件,准由达赖喇嘛经报理藩院代奏,请旨另赏给印信。又分界时驻藏大臣并不秉公,如有查办,请指派京员来藏会商。"这一历史文献证明,西藏各阶层当时不仅没有承认藏印条约,而且不承认哲孟雄属于英国,还提出了巩固西藏与尼泊尔、不丹之间的友谊,巩固西藏的藩篱,并要求清政府帮助解决西藏的军火与财政困难,以便准备抵抗英国的侵略等一系列建议。当时清政府对达赖的这些要求,不但没有接受,反给以逐条'驳斥'。经此以后,"十三世达赖感到对清政府的依赖完全落空。达赖在英军压境的情况下,开始向外寻找支持,遂有积极联俄的行动。"②达赖错误地认为,俄国可以帮助西藏反抗英国。

光绪二十六年(1900年),达赖秘密派遣大卓尼同德尔智率领一个所谓"西藏代表团",由尼泊尔经印度乘船到敖德萨会见沙皇。1901年6月至8月,德尔智以所谓"西藏特使"身份再次到俄国活动。当时有传言,沙皇政府同德尔智订有秘密条约,甚至讨论了西藏在彼得堡设立常驻使馆的问题。清政府对俄国人的活动有所察觉,总理衙门电令驻俄公使胡惟德对俄声明:"如与藏人订约,中国决不承认。"英国政府向沙俄发出照会,宣称英国政府对于一切倾向于变更或扰乱西藏现状的行为,都不能漠视。驻藏大臣升泰曾奏请预防俄人勾结藏番私相馈赠:"奴才巡查后藏即闻游历之人赠送番官礼物不少,旋藏以后即饬委员详细访查,复查游历法人之内亦有俄人,屡向藏番云,我等此来非欲不利于西藏,实为尔等保护疆土而来。缘我国与英世仇,我们久思攻取印度,未得其便。今印度无故欺负尔国,我等闻之甚为不平,是以不辞数万里远来,实欲为唐古特出力复仇。不料反被阻拦,实属辜负我国好意。闻藏番答以,藏印之案现蒙大皇帝特派驻藏大臣为我等解和,现已无事。该游历人云,英国人最无信义不久定有反复。我等去后,你们尽可与之决裂,我留信在此,如你们再行打仗,即将此信送至阿郎同庆地方,我门即有兵来相助。你们缺乏军火,我必能接济。……该游历之人又送藏番商上并派去番官洋枪、钟表、像片等物,又留有信二件及洋人所用信纸信封等物。云:如若藏印有事,即用此信纸信封写信与我国,即当发兵相助等语。于是藏番及游历之人深相欢悦。"升泰训令藏官:"以后凡遇游历人等,必须禀明而行,不可私有结交,免启番人意外之疑。……此次俄人夹入游历法人之

---

① 范书义:《中国近代史新编》下册,第40页。
② 牙含章:《达赖喇嘛传》,第171、172页。

内,巧词挑逗,设藏番受彼愚弄,一旦坠其术中,所关非小。况俄人曾云:'我们不久即发兵取印度阿郎地方,英人如问我,因何兴兵? 我当云,尔英国既无故取西藏之锡金,我何不可以取尔之土耳其'。"升泰在奏折中还指出俄国通过新疆和田、叶尔羌入侵西藏的可能性:"查藏之西北直抵和阗(田)、叶尔羌,皆平原、戈壁荒漠无人,而和阗(田)以外之疆域,近日皆为俄有。俄人如相与藏番往来,驻藏大臣难于查悉。即使查知,而驻藏官兵寥寥,亦难设法钳制。"[①]

(二) 英军侵占甲岗

1903 年,英国乘日俄关系紧张,战争一触即发之际,派兵进犯西藏。正如清政府代表张荫棠指出:"英人经营西藏,已非一日……前年乘日俄开战,知俄势力不能东西相顾,又趁我国多事,于是有侵藏之举。"[②]1895 年,中国对日作战大败,英俄两国乘机私分我国的帕米尔以后,西藏成为他们进行角逐的重要目标。1899 年 1 月,野心勃勃、狂热的帝国主义分子寇松(G. N. Curzon)就任英属印度总督,在他的策划下,把西藏纳入英国势力范围的活动空前活跃,终于在几年后爆发了第二次侵藏战争。

英国在设法与西藏地方当局交往方面大大落后于俄国。寇松接任印度总督后,认为必须把西藏拉到英国方面来,拟采用劝说和武力威逼双管齐下的政策。他认为通过清政府同西藏打交道的老方法是"令人羞辱的"。寇松为了实现同西藏地方当局建立直接联系的目的,1899 年到 1901 年,再三通过各种渠道与达赖联系,但都遭到失败。他不甘心听任事态这样发展下去,决定利用藏锡边界纠纷,强制实行英国的划界主张,把在这条线以南甲岗等地居住的西藏人用武力赶走;如果英国的暴力行动遭到反抗,就派兵占领春丕和帕里,借以达到派遣一个使团前往拉萨谈判的目的。1901 年 6 月,他报告印度事务大臣汉密尔顿:"西藏一定要成为印度与帝俄之间的'缓冲国'。"印度事务部从英帝国整体利益考虑,不同意寇松占领春丕、帕里并派武装使团去拉萨的计划,担心进兵西藏会重蹈入侵阿富汗招致失败的覆辙,而派一个武装使团去拉萨有可能把西藏进一步推入俄国的怀抱。1902 年 2 月,寇松重申前议,英国外交部仍表示反对,认为占领春丕河谷在军事上虽然完全可行,但占领春丕即侵占中国的领土,将会把问题推到国际外交斗争的舞台。"至于派兵把甲岗等地的西藏人赶走,竖立界桩,只要寇松认为恰当,随时可办。"[③]

为了在帝国主义列强的争斗中处于更有利的地位,英国不得不放弃其举世闻名的"光荣孤立"政策,于 1902 年年初结成英日同盟。英日同盟的矛头首先指向俄国,同时也是为侵略中国。当时日俄在中国东北的争夺日趋激化,使沙俄对西藏的侵略活动受到一定牵制,于是英国人认为时机已经成熟,决心武装入侵西藏。1902 年 6 月,寇松派出英印武装人员百余人,由惠德率领,到藏锡边境,强占干坝宗所属甲岗等地方。英方借口,"时有两锡金国人,素常往来日喀则,此番前去被捕。惟藏人经我方请求,仍拒不引渡,为报复计,

① 王彦威:《清季外交史料》卷 83,第 30 页。
② 丁名楠:《帝国主义侵华史》第二册,第 211 页。
③ 丁名楠:《帝国主义侵华史》第二册,第 213 页。

吾人亦惟尽攫藏人之畜群,并尽逐嘉冈(甲岗)之藏人"。① 英军命令当地西藏官员、士兵和居民全部限于 24 小时内撤出这个地区,西藏人在英军的武力威胁下,不得不屈从此项命令。英军还拆毁纳金等处隘卡,按照自己的分界主张插旗立界。"英军从惠德方面获得极详细的报告,其中包括紧接哲孟雄境的西藏地区的各种情况……从军事运输便利着眼的山道记载和大宗照片。英国当局采纳了惠德作出的结论:一经占据甲岗,从这个地区无论向哪个方向进军都没有困难,所有山顶和通向西藏的山道都很平坦,而其北坡均向西藏平原倾斜,其间尚有一条由帕里通向江孜的道路。英国当局从这次进军中,为此后的武装侵略获得一个适宜的出发地点和各种性质的军事战略方面的情报。由此可见,这次进军乃是 1903－1904 年大举侵略中国西藏地方的一种准备措施。"②

"1902 年 7 月 18 日,《中国时报》披露了一个条约全文,俨然是中俄两国关于西藏问题的密约。这个约文经许多报纸辗转刊载,好象中国政府愿将在西藏所享一切权益转让于俄国。"对英国政府关于曾否缔结此项条约的质询,中国政府声明:绝无此事,"像这样的条约从未成为中俄两国政府之间的讨论对象"。③ 关于密约的各种消息纷纷出笼,有的说得活龙活现,显然多半出于英方的精心炮制。英国宣传机器对这些谣言又加以渲染,英国在防俄、保印的烟幕下,为武装入侵西藏制造舆论。自 1902 年起,英印政府在中哲边界问题上大做文章。因为在《中英藏印条约》中对中国与锡金边界做了含糊的规定,所以从 1894 年起,英国政府曾多次照会驻藏大臣提出勘察边界问题,妄图浑水摸鱼,侵占中国领土。但是经过几年交涉,并无任何结果。

关于藏哲边界问题,虽然驻藏大臣和西藏地方政府的意见是一致的,即以原鄂博为界,但他们在对外交涉上却是极为矛盾的。驻藏大臣和英帝交涉时,将不派人会勘界务的责任推给西藏地方政府,而西藏噶厦官员却对英方表示不知道,1890 年的《中英藏印条约》不能遵守等。这样,清朝中央和西藏地方的矛盾进一步加深,不能一致对外。这也给英帝以借口,要求同西藏直接交涉。英方几次找达赖联系,均被拒绝。英帝在直接找达赖交涉失败后,乃于光绪二十九年(1903 年)提出在藏哲边界举行会议,商谈界务、通商问题。

(三) 干坝宗谈判

清政府驻藏大臣裕纲得到英军占领甲岗的报告后,派三品知府、边务委员何光燮前去交涉,但西藏地方政府不肯派噶伦随同前往。由于西藏地方政府命帕里营官扣留支差夫马,使何光燮无法前往。1903 年 1 月,寇松向印度事务部提出激进的侵藏计划,主张派遣商务代表团前往拉萨举行会谈,谈判内容"不应仅涉及锡金边界的小问题,而应包括我们将来和西藏在商务上及其他方面关系的问题",其"定点应是英国派领事或外交代表常驻拉萨"。他将中国在西藏的主权叫作"宗主权"。"他们以为迫使西藏屈服的最有效而又

---

① 荣赫鹏:《英国侵略西藏史》,第 95 页。
② 列昂节夫:《外国西藏的扩张》,第 61 页。
③ 列昂节夫:《外国西藏的扩张》,第 62 页。

最简单的方法是占领西藏的春丕。"①此计划送到伦敦后,英国政府从侵华战略的全局并从"国际的角度"考虑,认为在西藏实行上述步骤的"时机尚未成熟"。②当时正值俄国违背《中俄交收东三省条约》,停止从东北继续撤军,由此引起中国和国际上对俄国的不满;日俄矛盾日益尖锐,日俄战争为期不远,俄国无力也不可能在中国西藏地方使自己与英国关系进一步恶化。俄大使至1903年4月8日,始告兰斯顿伯爵,谓"本人今可正式保证,无论与中国、西藏或其他国家,皆无关于西藏之协约,俄政府在彼邦既无任何委员,亦无意遣派委员或使节前往彼邦。然俄政府虽毫无意于西藏,亦未能坐视彼邦现状之变动。此种变动将使彼等不得不起而保护其在亚洲之利益;顾即至于此,亦不欲干涉藏事,盖彼等所抱政策原系'不以西藏为目标',惟彼等或须在他处有所动作耳。彼等认定西藏为构成中国之一部份,而对于中国领土之完整,彼等原极关切云"。③

同时英印当局直接与西藏当局交往,"印族将珍禽怪兽使人来送达赖,借此进关。受以理论,不受以兵要,非要开关不可"。"闻英人欲进藏通商,英坚锐,藏顽梗,衅端屡见,甚为可虑。"④1903年3月21日,汉密尔顿爵士通知英印当局:派遣武装使节占领拉萨;如有必要,可诉诸武力;届时在拉萨设立英国代表机构。4月29日,英国政府授权印度当局与中国方面在西藏干坝宗(今西藏岗巴县)举行谈判。寇松选派荣赫鹏为代表团团长。英军经过仔细侦察哲藏边境地形之后,在1903年6月间派遣一支号称"和平使者"的强大部队,由荣赫鹏少校率领,闯入西藏境内,直趋干坝宗。"扈军三百及辎重军三百,由布兰德尔大佐(Brander)统率,悉于7月1日集合。"⑤英军于7月7日到达干坝宗,在该地布置防务。干坝宗会谈于7月份开始,清政府驻藏大臣指派的代表和西藏地方官员都指责英方卫队人数过多,并要求谈判南移到边界上进行。英方拒不接受这些要求,反而挑剔中国谈判代表知府何光燮等官职不高,"以何守巴税司官职与荣、惠二员品秩不称,不肯开议",要求派一位"能主裁西藏政事,言而无改者方妥"。当驻藏大臣裕纲和英印总督寇松交换会谈意见时,裕纲曾提出:(1)何委员系三品大员,与荣赫鹏"品级相等";(2)不同意在干坝宗会谈,应在"附近草场之界口地方";(3)英方代表"减带仆从"。⑥英方对此三点竟不置理。为了迫使中方就范,荣赫鹏提出加强武力威慑:"直接之行动,实属必不可少。余知工兵第二队已下令遣赴则拉普列(界岭)修整道路。余请同时添拨援军百名以充实余之扈卫。"⑦西藏代表态度坚决:"拉萨方面人物则习顽如故。拉萨代表自初次正式晤见以迄今日,拒与余有任何公务上或社交上之往还。被逮之两锡金人迄尚监禁,藏军满布于吾人营地与江孜或日喀则间一带高原之上。"⑧

由于荣赫鹏等坚持无理要求,以致会议正题即通商与边界问题并没有真正讨论。8月中旬起,俄国与日本就中国东三省和朝鲜问题举行谈判,达成协议的前景渺茫,日俄战

---

① 列昂节夫:《外国西藏的扩张》,第55页。
② 丁名楠:《帝国主义侵华史》第二册,第215页。
③ 荣赫鹏:《英国侵略西藏史》,第61页。
④ 王彦威:《清季外交史料》卷171,第1页。
⑤ 荣赫鹏:《英国侵略西藏史》,第83页。
⑥ 佘素:《清季英国侵略西藏史》,第109页。
⑦ 荣赫鹏:《英国侵略西藏史》,第100页。
⑧ 荣赫鹏:《英国侵略西藏史》,第105页。

争一触即发。英国政府认为其所期待的"时机"渐次成熟,决意把寇松的计划一步一步地付诸实现。日本则成为英帝在远东和中国的帮凶。当时英国已于 1885 年并吞上缅甸,并征服了全印度。这样,英属印度的边界就直接和西藏接壤,英方已无后顾之忧,可以印度大陆为基地入侵西藏。

1903 年 10 月初,寇仁向英国政府提出一个攻占江孜、拉萨的作战计划。"其中只需包括三个步兵营,两个工兵和爆破兵连,携带大炮四门和机枪二挺,即可在四个月之内使西藏唯英帝国主义之命是听,把西藏变为英国的殖民地。远征的总代价预定为 183000 英镑。"[1]"于 10 月 1 日汉米尔救爵士电告印度政府云,当局今再衡量现势,如果谈判决裂已证明不可避免,则不但批准占领春丕之议,即使节直趋江孜计划,只要能安全进行,当局亦准备予以裁可。"[2]

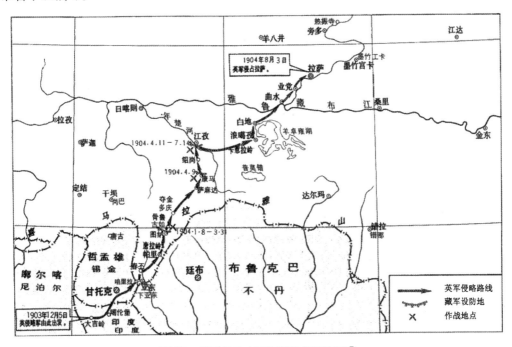

图 25　英国侵略中国西藏路线示意图[3]

英国政府批准了远征西藏的计划后,英印当局立即大力进行战备,集结了约 1 万兵力,其中步兵、骑兵 2000 多人,工兵、民夫 7000 多人,配备了大量步枪、机关枪和火炮,由麦克唐纳少将为总指挥。麦克唐纳于出征前获得少将军衔,荣赫鹏也很快晋升为上校。英军计划分两路实施进攻。麦克唐纳统率以印度锡克族步兵为主的主力部队,从锡金越过则利拉山口入藏,占领春丕,然后北上向江孜进击。另一路英军进入干坝,以牵制藏军,然后再向春丕方向运动,在春丕与江孜间与主力部队会合。"其所以如此,是他们预料在旧方向上要遭到抵抗,当时西藏仅有的一点兵力都奉命集中于干塘一线。"[4]11 月 6 日,英

① 列昂节夫:《外国在西藏的扩张》,第 67 页。
② 荣赫鹏:《英国侵略西藏史》,第 106 页。
③ 张海鹏:《中国近代史稿地图集》,第 86 页。
④ 列昂节夫:《外国在西藏的扩张》,第 68 页。

国政府批准英印武装使团通过春丕河谷前往江孜，"但荣赫鹏真正的阴谋是不止侵略江孜而已，他早已向英印总督提出，'不至拉萨不能真正解决问题'"。[1]

西藏的地方部队，包括绿营兵和藏兵，总兵力约 4000 人，主要集中在拉萨、日喀则、江孜等地。绿营兵配备有步枪、火炮等火器，藏兵则以土枪和冷兵器为主。由于平时缺乏训练，西藏的部队战斗力较弱。尽管如此，面对英军压境，他们还是做了防御的准备，集中主要兵力于干坝宗一线。驻藏大臣裕纲致外交部电文中反映了藏军的决心："查藏番用兵御敌之志牢不可破，虽经百般开导，该番等谓，从前隆吐之役，藏虽败绩犹可恢复。因升大臣力阻战争，以致失地。此次如再阻用兵，是藏臣又将误事等语。……且番属四处严密征调，并不知会藏臣，情殊叵测。"[2]"于 11 月 28 日，由服务华方之巴尔大佐会同中国代表告余，谓藏方切盼英政府于进兵彼邦以前，正式宣布其意欲。如欲以兵戎相见，须有正式宣战之文告云。余答称除总督致驻藏大臣书中传达之意见外，更无所谓正式之宣告。如使节之进展遭遇阻碍，麦唐纳将军即须运用武力，为使节清道前驱。"[3]

（四）曲眉仙角之战

麦克唐纳率英军于 1903 年 12 月 10 日全部集中在纳汤，12 日即偷越则利拉，开始了英国第二次侵藏战争。当时驻扎在仁进冈的清朝官员和西藏春丕的头人都感到出乎意料，急忙赶到则利拉，要求荣赫鹏退出。荣赫鹏不听，当夜即宿于山边不远的朗热。13 日英军进驻仁进冈。帕里宗本吉甫赶来，要求英军在亚东暂驻几周，拉萨方面即有代表前来商谈，荣赫鹏仍蛮横不听，14 日占领了未及设防的通向江孜的要地春丕。

噶厦经过动员准备后派去干坝宗边界约 700 人，目的在警戒边防，防止英军挑衅和进一步向后藏深入。谁知英军狡猾，偷越则利拉，藏军毫无准备，及至英军占领春丕后，藏军才发觉，急忙调兵并动员各宗藏兵赶往帕里一带阻拦英军前进，但已迟晚，英军于光绪二十九年十一月（1903 年 12 月 21 日）夺取了帕里地方政府的火药库和武器库，占领帕里。在英人入侵帕里后的几天内，"清廷和西藏地方政府的几位官员赶来帕里，向英军司令部了解英军入侵的原由和目的。来员之中有地位很高的大员，如拉萨市长、西藏地方军司令员和一位班禅喇嘛的亲信，还有代表哲蚌、色拉、噶丹三大寺的三位大喇嘛。但英军司令部拒绝和他们谈话。"[4]由于气候严寒，英军难以继续前进，遂留少数部队驻屯帕里，主力折回春丕，补充装备给养，待机而行。藏军囿于驻藏大臣裕纲不准追击的命令，未予拦击。裕纲的处置再一次加深了清藏间矛盾，清政府委任新任驻藏大臣有泰迅速去藏，赶到边界和英方会谈；又命在有泰未抵藏前，先由裕纲前去边地与荣赫鹏会谈。因藏族抗英坚决，反对汉官去边界议和，裕纲本人畏难怕事，不愿去也不敢去谈判，由此也可看出驻藏大臣已无左右藏事的能力与权力。

1904 年 1 月初，英军又从春丕出发，经帕里，于 1 月 4 日占领堆拉。但不少人冻伤，患

---

① 佘素：《清季英国侵略西藏史》，第 114 页。
② 王彦威：《清季外交史料》卷 180，第 16 页。
③ 荣赫鹏：《英国侵略西藏史》，第 117 页。
④ 列昂节夫：《外国在西藏的扩张》，第 69 页。

病者亦不少,英军企图在与西藏地方政府派来的代表进行谈判之际进行整修。这时,3000多名藏军在总指挥降巴丹增率领下,已先后赶到堆拉以北的曲眉仙角、古鲁一带,构筑石墙,组织防御,截断大路,阻止英军前进。1月12日,藏军莱丁色代本、郎色林代本、吉甫代本和三大寺代表曾和荣赫鹏会谈,提出英军须退回亚东再开谈判,荣赫鹏拒绝此要求。英方则提出至江孜谈判,和谈终于破裂。3月底,英军经休整补充后继续北犯,麦克唐纳率领1300余名英军,从堆拉分路北进,当进至曲眉仙角藏军阵地附近时,藏军正副指挥莱丁色和郎色林代本仍又出阵地和英军谈判。荣赫鹏竟无耻地欺骗他们说,既然要商谈,双方必须停火,藏军老实地将土枪的火绳灭熄,这在英军的来复枪下等于解除了武装。这时,英军一方面以荣赫鹏为首伴作谈判,把藏军的正副指挥拖住;一面即布置阴谋诡计,麦克唐纳派军将山上的藏军赶到围墙里来,英军将机枪架好。这时,上千的藏军都被挤在围墙里,被英军三面包围后,"余两人同往当地视察,发现垣后之藏人挤作一团有似羊群。一方我步兵已在山旁据有阵势去藏军仅二十码,另一方我之麦格沁机枪与大炮已向彼等瞄准,相距不过二百码。我骑兵已在平原严阵以待,相去不过四分之一哩。我印兵实际上逼近城下,其枪尖直指藏兵,相距仅数尺"。[1] "麦克唐纳下令英军迫近要藏军缴械,于是锡克兵、廓尔喀兵即跃入藏军中擒夺藏军武器,双方争夺起来。……英帝军官即下令开火,一时机枪密集扫射藏军,险毒的大屠杀开始,藏军伤亡七百余人,大败。英帝侵略军乘势进攻戛吾,藏军英勇血战又伤亡约七百余人后撤走。英军占领戛吾。"[2]

此战,藏军共伤亡1400余人,接近前线兵力之半,可见战斗之残酷,但无一人向英军投降。西藏军队为捍卫乡土而殊死搏斗,充分显示了中国各族人民与侵略者血战到底的大无畏精神。荣赫鹏同麦克唐纳在战争中所施用的无耻欺骗手段,完全暴露了帝国主义者兽性本质。英军在堆拉之战得手后,得寸进尺,积极进行侵犯江孜的准备。英方对江孜极为重视,"吾人既要求设商埠于江孜,欲达此目的,除立向该处挺进外,别无良策"。[3] 西藏驻军并没有因初战失利而气馁,做了继续抗击侵略者的准备。

1904年1月英军攻陷堆拉后,遭到集结在古鲁一带的2000名西藏地方军的阻拦,双方形成对峙局面。1904年4月5日,英军从古鲁出发,北犯江孜。藏军据险扼守古鲁至江孜间的康玛一带山谷,并不断袭扰英军。当地藏族同胞为捍卫家园,也纷纷拿起武器,加入了反侵略作战的行列。当英军进至康玛以南的雪那寺附近时,守卫该寺的200名藏军以高墙坚屋为凭借,予英军重大杀伤,但由于兵力不足,在英军步、骑兵的包围下,被迫转移。尔后,康玛遂为英军所占。4月9日,英军从康玛继续北犯,当进至藏姆章一带峻岭时,遭到千余名藏军的阻击。藏军在康马河左岸山上设有土炮阵地,河右岸布有散兵阵地。藏军依托山地工事,一次又一次打退了英军的进攻。英军又采用正面进攻与侧翼迂回相结合的战法,包围了藏军阵地。藏军在腹背受敌的不利态势下,奋不顾身,英勇搏击,被迫向北突围。

兰斯敦勋爵于11月7日通告俄大使声称,英当局因鉴于藏方不法之行动,决定将使

---

①　荣赫鹏:《外国在西藏的扩张》,第136页。
②　佘素:《清季英国侵略西藏史》,第122页。
③　荣赫鹏:《英国侵略西藏史》,第106页。

节向前推动,进入藏境,唯此一行动并非"有意并吞甚或永久占领西藏领土之表示,盼勿误会云"。"本坚多尔夫伯爵于11月17日访问兰斯敦伯爵,以最诚挚之态度,申述俄国因我方宣布入藏而发生之影响,渠奉命提醒兰斯敦勋爵,关于俄政府应付西藏问题所抱态度……由英军侵入西藏领土之举加以推测,势将演成中亚局势严重之变动。"①俄国从1903年11月起,一再向英国指出,英军侵藏势将严重扰乱中东局势,引起俄国疑惑,为此不断向英国责难,但因俄军主力被日俄战场所吸引,因而提不出任何对策。而英国当局一直拖延到确信日俄战争业已迫在眉睫时,才进军拉萨。到5月10日,俄军渐显败相,英国政府则在侵藏问题上又升一级,直截了当地告知俄国,已授权英印当局进兵拉萨,表明英国断然漠视俄国对英国侵略的干预。

(五) 江孜之战

　　江孜相当于内地县一级政府的所在地,西通日喀则,东通拉萨,是西藏的军事要地。由于江孜驻军大部已调往各地,又缺乏预备队,因而与英军相比,兵力更显薄弱。江孜守军未敢接战而后撤,英军竟不费一枪一弹就占据了江孜城。随后,荣赫鹏"除了留五百支来复枪、两挺马克沁机枪、两门七磅大炮和三星期的供给食品外,其余护送麦克唐纳返春丕,筹划进攻拉萨的准备工作。荣赫鹏留在江孜,派兵四出大肆抢劫"。②

　　4月11日英军侵占江孜后,西藏地方政府一面请求清政府"调汉兵,资助军饷";一面在西藏各地抽调军队,决心夺回江孜。1904年2月,新任驻藏大臣有泰到达拉萨,他遵照清政府"切实开导藏番,听候开议,毋梗顽生事,致酿巨衅"的指示,千方百计地阻止噶厦调兵抵抗,并向清政府奏报:"今欲折服其心,非任其战任其败终不能了局。""好在英人深知底蕴,不致有碍邦交,不过将来多费唇舌。倘番众果再大败,则此事即有转机,譬之釜底抽薪,不能不从吾号令也。"③有泰的方针是,对西藏地方的抵抗不予援助,俟其战败之后再设法妥协。有泰采取的一系列妥协的措施,进一步助长了英国侵略者的气焰,但西藏地方政府决心收复江孜。

　　藏军撤出江孜城后,西藏地方政府于5月初迅速组织民众武装近万人,其中江孜2500人、绒谷1500人、朗格子2500人、热龙1000人、日喀则1500人。藏军则分别集结于江孜附近和日喀则一带,并在位于江孜、拉萨、康玛之间的卡罗拉山谷地段筑墙设卡,由2000藏军守卫。英军担心前进受阻,决定乘藏军立足未稳之际发起进攻。5月3日,英军步、骑兵及工兵一部由江孜出发,向卡罗拉进犯。5月7日,英军从正面分路向藏军阵地进攻。藏军和民团依山凭险,奋力抗击,经4小时激战,击毙英军官兵18人,迫使英军蜷缩在峡谷中。下午,英军投入预备队参战,以求摆脱困境。在炮火支援下,英军突破了卡罗拉守军右翼的一段防御工事。500名藏军闻讯前往增援,但遭英军拦阻而未能实施机动。藏军为改变不利态势,改从左翼发起攻击,接连三次都因遭英军机枪封锁而未果。而突破藏军的右翼之敌却进入侧后高地,顿成前后夹击藏军之势,藏军为保存实力,被迫东撤,向

---

①　荣赫鹏:《英国侵略西藏史》,第110页。
②　佘素:《清季英国侵略西藏史》,第123页。
③　吴丰培:《清季筹藏奏牍》有泰奏牍,卷1,第10页。

浪卡子方向转移。

英国为了侵略西藏,在对华策略上玩弄手法,企图挑拨清朝中央与西藏地方政府的关系。英国在西藏当地力图撇开驻藏大臣而直接与西藏地方当局往来,在北京却又通过驻华使馆逼迫清政府施压西藏地方当局向英国让步。十三世达赖自1895年亲政后,一直拒绝与英政府直接交往,西藏地方当局面对英军的侵略一意主张抵抗,他们不许驻藏大臣再事阻扰。与此相反,清政府的政策是尽快通过和平谈判与英妥协,一再催促驻藏大臣裕纲亲赴边境与英印政府代表开议,并要他极力开导西藏地方当局对英和解。裕纲对此政策贯彻不力,受到"交部议处"的处分,1904年2月有泰出任驻藏大臣。有泰到任后,西藏地方当局要求有泰"请大皇帝谕调汉兵,资助军饷",有泰公然对此表示"发指"。有泰甚至明目张胆地向清政府表示应欢迎英国侵略军由江孜北进,说什么英国"笃念邦交,即令前来,不过多费唇舌,而借以收回事权,亦觉有益",有泰的恶劣表现激起西藏人民的强烈不满,并由此加深了西藏地方与清朝中央之间的鸿沟。

西藏地方从上层到下层都痛恨英国侵略者,他们冲破驻藏大臣的压制,开展了英勇的反抗斗争。特别是1904年5月到7月反击英军、保卫江孜的战斗,沉重地打击了敌人的嚣张气焰。

正当英军向卡罗拉山谷运动之时,集结在日喀则一带的西藏民团获悉江孜守敌不足200人的重要情报后,当机立断,决定乘虚袭击江孜。5月5日夜,民团1000余人从日喀则方向直奔江孜,突然向英军营地发起进攻,迅速占领了地方政府及其附近药店、寺庙,控制了整个城区,并包围了荣赫鹏所在的江孜英军的巢穴江洛林卡。英军从酣睡中惊醒,惊惶异常,西藏地方军民趁其惊魂未定,与之展开白刃战,几乎全歼这里的敌人,荣赫鹏也差点被击毙。荣赫鹏承认:"攻击开始于四时半,直至六时半始停止。"[1]5月9日,侵占卡罗拉之敌闻江孜营地被袭,遂返军回救,但仍未改变被围的局面。西藏民军逐步缩小包围圈,先后攻取了英军附近的村落,并痛击出击的英军。"5月24日强有力之援军竟抵江孜,增加吾人实力不少,布兰德尔因是能采取更活跃之态度。援军包括伊士特尔(Eastern)所率领之十磅大炮二尊,又本地工兵及矿工共一连……锡金兵五十名、马队二十名。"[2]26日,英军出动炮兵、工兵,配合步兵进攻藏人村落。该村墙高壁厚,在英军炮火袭击和炸药爆破下屹立未动,西藏军民依托高屋固守,先后毙伤英军数十人,但经一整天的逐屋战斗,民军弹药已尽,不得已后撤至地方政府所在地。"藏军率于5月30日清晨一时半,进攻巴拉暨我廓尔喀兵之前哨。是时江孜堡中不断以炮火攻击我军,而堡下民房中亦向巴拉村猛施攻击,战况殊为恶劣",然藏军未能取得战果。[3] 英军由于兵力不足、补给困难,已无力进攻江孜地方政府所在地,仍未摆脱被困局面。6月5日,荣赫鹏率一队骑兵冲出重围,回春丕求援。"遂于次晨四时,天犹未明,即策马就道,携马兵四十名为扈卫。……吾人绕道而行,以期远避严尼寺,并安全到达四十哩外之干马,此为吾人第一兵

---

[1]　荣赫鹏:《英国侵略西藏史》,第144页。
[2]　荣赫鹏:《英国侵略西藏史》,第148页。
[3]　荣赫鹏:《英国侵略西藏史》,第150页。

站,工兵二十三队之柏尔森大佐率百人驻此。"①

6 月 13 日,由麦克唐纳率领的援军从春丕出发。这支英军,"官兵总数计为 4600 名,此外尚有 3800 名搬运夫和同等数量的运输人员"。② 另外还有近 7500 头运输牲畜、1000 多辆运输车的庞大后勤保障队伍。"吾人于 6 月 26 日到达江孜以前,在聂奈(Niani)山村与寺院中,遭遇猛烈之反抗,该处有藏兵八百名占领。是役自晨十时延至午后二时,布兰德尔大佐自江孜来援,占领村后之山岭。"③28 日,据守日喀则与江孜之间翟金寺的 1000 余民军,凭借简陋的武器据险固守。当寺院的围墙被大炮轰塌,英军蜂拥而入时,西藏民军冒着枪林弹雨,同敌人展开肉搏。民军与侵略者鏖战一整天后撤出战斗,英军以伤亡 200 余人的代价才占领了寺院。随后,英军分兵占领了江孜西面和北面的 12 个村庄,从而切断了日喀则与江孜的联系,并切断了江孜城的饮水来源。为了报复,英军将该寺抢劫一空,并放火烧毁了大经堂。事后,藏族僧民把英军抢走的物品一一做了登记,这个登记簿一直保存在噶尔桑丁寺内。

6 月 30 日,"约在午后三时,大喇嘛到达江孜……余遣人告以欲在即日午后会晤之意。渠复称拟于次日拜会汤塞县长,稍迟再来谒余。余再遣人声言。彼倘不能于次日午前九时前来谒余,又将开始军事行动云。大喇嘛虽经此番威胁,毫不为动,翌晨九时后前往会晤汤塞县长,惟须经过我军营前,余遂遣鄂康诺大佐遮道语之云,余坚持大喇嘛先来谒候,否则认为无交涉诚意。渠尽与汤塞县长磋商之自由,但须立来余处表示敬意,以证实藏政府进行交涉之诚意云。余于十一时接见大喇嘛及汤塞县长,同来者尚有中译庆莫暨三大寺代表共六人"。会谈中荣赫鹏称:"吾人已准备翌日进诣拉萨,然彼等倘确有谋和之诚意与权力,余固愿立即与之谈判。倘彼等未经赋以交涉之全权,则吾人惟有进诣拉萨耳。余问彼等究有适当之证明文件否? 大中译代表大喇嘛答复云,吾人实以武力侵入此邦,并已占领春丕及斐利,且鸠侣之藏兵虽奉严令不许开枪,吾人首先向之射击并杀死其高级军官,至 5 月 5 日攻击我营之事,系不知余在此间,然今者彼等实已奉命前来谈判。彼等虽无特殊之证明文件,然达赖喇嘛与汤塞县长书中即已言明彼等系前来谈判者,以大喇嘛地位之隆重而能亲来此间,此一事实即是证明彼等之旨趣云。""第余所最关切者,实为未来之事。彼等与余倘能于此时缔结一条约,异日其将切实遵行耶。抑仍将加以否认,一如前此之条约耶? 彼等最初答言,此当视条约性质如何,又云彼等自须呈报达赖,奉命而行,然一旦达赖签名盖章于条约之上,则此项条约,自当切实遵行也。""今须要求江孜炮台之撤退也。麦唐纳(麦克唐纳)将军准限至 7 月 5 日之正午(即将近两日之期限)俾藏方实行撤退,倘过期仍占据炮台,渠将开始军事行动矣。顾即至实行用兵,倘彼等愿进行妥协,余仍接受谈判,以免吾人进趋拉萨云。大喇嘛答言,藏军倘撤退炮台,亦望我军撤退,否则藏人不能无疑。余谓藏人已攻击使节,尚毫无悔过意,余更不欲讨论此事。彼等必须于 5 日正午以前和平退出炮台,否则以武力驱逐之。""翌晨藏代表与汤塞县长又作长时晤谈,要求予以宽限,俾得请示拉萨。余遣使告之云,余向大喇嘛要求撤退炮台,已

①　荣赫鹏:《英国侵略西藏史》,第 151 页。
②　列昂节夫:《外国在西藏的扩张》,第 82 页。
③　荣赫鹏:《英国侵略西藏史》,第 161 页。

将一来复矣。我方予以安全撤退之机会,已属天高地厚,不容再予以宽限也。"①

江孜宗政府是位于江孜平原靠西一个突出的山上,宗的建筑同西藏其他有名的宗一样,碉堡非常坚固,但离河太远,吃水困难。7月5日下午二时,英军分三路向江孜城和宗政府所在地宗山发起总攻。一路攻进江孜街上,江孜街就在宗政府的后面。守卫江孜城的藏军,凭屋据险,奋勇抗击,激战到晚七时英军始才全部占领江孜街。英军两路进攻宗政府。宗政府是民团指挥部所在地,内有藏军5000余人,他们利用峭壁悬崖,修筑了多道防御围墙。藏军抵抗极为英勇,英军5日一天未攻下。守卫宗山的西藏军民在弹尽粮绝,甚至连水也断绝的困境下坚守阵地三天,打退了敌人的多次进攻,并消灭了许多敌人。7月7日,英军在炮火支援下发起冲击,经过几小时激战,抵达民团前沿阵地,并以炮火轰开围墙缺口,英团蜂拥而上,由廓尔喀兵领先冲锋,与藏军展开白刃血战。民团弹尽,乃扔石块打击攀登围墙的英军,砸死砸伤英军数十人。最后,在英军优势枪炮打击下,民团被迫向拉萨突围,江孜又沦于敌手。江孜之战是英国侵略西藏以来最激烈的一战。

"英政府曾于6月25日来电意谓中国驻藏大臣及适当藏代表等倘能于最短期内到达,则拉萨之行,不妨延缓。当局以为只要藏代表之资格与藏政府之诚意无可疑议,则进趋拉萨之议不应实行。且麦将军亦须有数日稽延俾得从容完成其部署,搜集充分之粮秣并在江孜建立第二根据地。""余于七月九日奉印度政府来电云,彼等虽认定进趋拉萨之事期在必行,然倘能诱致藏代表前来谈判,则余仍须设法诱致之,晤时并告以英政府所要求之条件,倘彼等再事顽抗,则异日缔结之条约,将更不利于西藏云。"②

(六)英军侵占拉萨

英军决定进军拉萨,迫使中方签订城下之盟。"余力言倘到拉萨,吾人之权威将可望登峰造极,尼泊尔、不丹皆当归附吾人,民众不反抗吾人,藏军不愿战争,各喇嘛亦在昏闷状态中。惟坚决之推进,始能获永久之解决。"③

7月14日,英军在麦克唐纳少将率领下,携大炮8门,步、马兵2000人和2000随从供应人,俱由江孜动身向拉萨进军。17日越过噶惹拉,19日侵占朗格子。"吾人于19日到达纳喀则(朗格子)时,遇一代表团自拉萨来此。此时似有最后进行谈判之征象。余声言愿于本日午后三时接见全体代表,惟须占领该炮台并进趋拉萨,同时亦不妨沿途举行谈判。代表团于指定时间以前来余营次,计有许协擺(噶伦)、大喇嘛、大中译暨僧侣数人。"④中方代表要求英军停止前进,退回江孜举行谈判,荣赫鹏拒绝中方要求,英军继续前进。25日抵雅鲁藏布江边,藏军竟未将渡船毁坏,使敌人乘渡方便,英军于8月1日全部渡完。"余于27日与拉萨新代表团作三小时之晤谈,计有达赖喇嘛之总堪布……彼等携有达赖喇嘛之书信,并重申勿赴拉萨之请求。"⑤荣赫鹏仍置之不理。8月2日英军占业当,达赖第三次派代表,"8月2日,吾人抵一营地,距拉萨仅十二哩,拉萨全景今已历历在

---

① 荣赫鹏:《英国侵略西藏史》,第163-166页。
② 荣赫鹏:《英国侵略西藏史》,第170页。
③ 荣赫鹏:《英国侵略西藏史》,第142页。
④ 荣赫鹏:《英国侵略西藏史》,第174页。
⑤ 荣赫鹏:《英国侵略西藏史》,第183页。

望矣。此时余又接见藏方最后之代表团,向吾人作最后呼吁,计有年老之大喇嘛、余与怀特在甘坝晤见之将军(其人今已晋级为协摆)、驻藏大臣派遣之华员、随侍达赖起居之堪布、噶厦之中译及代表三大寺之堪布等。彼等重申勿往拉萨之请求,余亦重述必往拉萨之旨趣"。①

英军并未经过严重战斗,即于光绪三十年六月二十二日即 1904 年 8 月 3 日侵入拉萨,占驻布达拉宫后拉鲁宅内。英军第二次侵藏战争,军事行为至此告一段落。英军进入拉萨后四处抢掠,将大批历史文物及经卷抢走。据麦克唐纳自述:"1905 年 1 月,我因有特别职务,被派到加尔各答担任分类编订图书及珍贵物品目录工作。这些东西就是我同威德尔大佐在西藏搜集的(实为抢劫的),件数之多,须有四百多骡子才能驮运。里边包含有许多珍贵而稀罕的喇嘛书籍、神象、宗教作品、盔甲、武器、图画、瓷皿等物。"②英军进入拉萨后,"荣赫鹏抵藏,奴才(有泰)当即往拜,并以牛、羊、米面犒其士兵,及以礼物应办事诸员,该英员等深念邦交,与奴才颇称浃洽"。③ 有泰不仅去劳军,还积极推动西藏地方当局向英国屈服,充当了可耻的角色。

此时俄国又出面干涉,"兰勋爵遂于 6 月 2 日以书面通告俄大使,声言英政府于批准使节进趋江孜时,曾向印度政府声明,'此一步骤当不使演成占领西藏或永久干涉藏事之局面,英政府之此种见解至为明确。并称此番前进之唯一目的在于获得赔偿,得到赔偿后当立即实行退兵。又称英政府不欲在藏设立永久之使节,关于在藏贸易便利之施行,悉当依照此种决议办理云。'兰勋爵于是续称:'余今有可以奉告阁下者,即英政府迄尚深持上述之政策,第其行动则显须以藏人本身之行动为转移,英政府殊不能断言其永不改变现行之政策。惟有可郑重声明者,只要其他列强不图干与藏事,则英政府对于西藏,亦决不企图吞并或实行保护,或以任何方式控制其内政也'"。④

(七) 达赖出走

光绪三十年(1904 年)六月十五日半夜,当英国侵略军逼近拉萨时,德尔智率 70 名武装的布里雅特蒙古人,裹胁十三世达赖等秘密离开拉萨北上,企图乘机将达赖带去见沙皇。他们离开西藏后,经青海、甘肃、内蒙,于十月二十日抵达库伦(乌兰巴托)。清政府获悉达赖逃到库伦的情报后,立即派钦差大臣来库伦看望达赖,并带来光绪帝和慈禧太后的很多礼物。清政府对俄国裹胁达赖的行径提出了交涉:"达赖世受国家恩命,俾持佛教。此次行程,沿途皆我辖境,已经中国派员妥为护送,毋庸他国人干涉,俄派佛教人随行一节断难允许。"⑤当时正值日俄战争时期,俄国国内又发生了革命,因而俄国自顾不暇,无力经营西藏,因此达赖赴俄目的未能达到。光绪三十一年年初,噶厦和三大寺僧俗联名向驻藏大臣有泰上禀,要求恢复达赖的名号。光绪三十二年(1906 年)四月,达赖由库伦启程,离开外蒙。九月十二日,达赖到达西宁,受到隆重的欢迎。当时英方听到达赖返藏

① 荣赫鹏:《英国侵略西藏史》,第 191 页。
② 佘素:《清季英国侵略西藏史》,第 129 页。
③ 牙含章:《达赖喇嘛传》,第 193 页。
④ 荣赫鹏:《英国侵略西藏史》,第 155 页。
⑤ 王彦威:《清季外交史料》卷 196,第 21 页。

的消息后,表示坚决反对。张荫棠致外务部报告:"现值埠事未妥,春丕兵未撤之时,可否缓接回藏,以免牵动全局。"清廷据此谕旨:"奉旨款留,暂不回藏。"达赖在塔尔寺滞留了一年多时间。

光绪三十三年(1907年)清政府批准达赖入京陛见,十一月二十九日,达赖从塔尔寺启程入京,光绪三十四年(1908年)正月十八日到达五台山。七月二十七日离开五台山,八月初三日到达北京。八月二十日,达赖陛见了慈禧太后和光绪帝。达赖留京期间的外交活动是很值得注意的。达赖曾于十二月二十日会晤英国驻华公使朱尔典,当时达赖对英态度已有改变,即由坚决反对转变为对英讨好。"达赖对清政府早就感到失望,原先达赖对帝俄寄予很大希望,但自1905年日俄战争后,帝俄被日本打败,国威大减,达赖的依俄反英思想也有动摇,因而逐步丧失了反英胜利的信心。再加上当时达赖急欲回藏,而英人反对达赖回藏,于是达赖只有走向对英乞怜讨好,向英人保证'回藏以后,对于壤土连接之印度政府,诚意修好','深望今后藏印两方永保和平友好之精神'。……当时英帝国主义也费心思拉拢收买达赖"。[1] 达赖和英人最后取得协议,达赖保证不反英,英人也不阻达赖回藏。

慈禧太后和光绪帝于1908年突然去世,达赖随即向清政府提出返藏要求,清政府予以批准。十一月二十八日,达赖离开北京起程返藏,十二月二十九日抵达西宁塔尔寺。1909年四月十五日,达赖自西宁塔尔寺起程返藏,十月三十日抵达拉萨郊外,十一月初九日举行了隆重的回宫仪式。经过英军两次侵藏之战,达赖喇嘛竟由坚决抗英转化为投靠英帝。从此,达赖与中央政府之间渐行渐远,而与英人之间关系密切。英人"帮助西藏独立"的既定政策,迷惑了西藏上层。达赖的转变,除了由他本身代表的阶级利益所决定外,还与英帝积极拉拢有关,更与清政府的积贫积弱、腐败无能及其严重错误的治藏政策有关。

四、《拉萨条约》与《中英续订藏印条约》

(一)《拉萨条约》

谈判开始前,荣赫鹏提出了英方条件:"在拉萨设置代表,如办不到,即改设江孜,而予以往来拉萨之权;对于英国特殊政治势力之正式承认;赔款之要求;占领春丕谷以作为担保;开江孜,亚东,日喀则及噶大克为商埠,规定藏锡界线并订定关税及通商章程等。……英政府认为上项要求过于苛刻,国务大臣与印度政府几经电商后,卒于7月26日将我方准备提出之条件电告印当局,印当局旋将此项条件制成草案,汇寄余处。"[2]

"余于8月10日拜访驻藏大臣,向之剀切详言,谓劝导藏人完成协约之责任,应由中政府切实负担之。渠谓本人实极欲与余合作,并已遣使追回达赖云。……藏人对我方条件之答复,次日由驻藏大臣之秘书转交威尔敦君,各款皆有否认之点,并谓赔款之要求,毋宁应由藏方而不应由英方提出。关于商埠事,藏方所可让与者惟有林成冈(Rinchengong)一处,其地距亚东不及二哩。余遂将来文退还驻藏大臣,声言不能正式接受此种荒谬之答

① 牙含章:《达赖喇嘛传》,第234页。
② 荣赫鹏:《英国侵略西藏史》,第199页。

复。翌日,驻藏大臣来谒,声言渠接得藏方对我所提条件之答复,业经退还藏人,责其愚昧,命其重作妥当之答复。渠已晓谕藏人,谓长此延迁不决,实属不智,且欲与吾人抗争,亦无异以卵投石也。"[①]

1904 年 8 月 12 日,荣赫鹏要求西藏哲蚌、色拉、噶尔丹三大寺寺长罗生噶尔等人,在英方事先制定好的《拉萨条约》上非法签字画押。"藏制:达赖不在时,例由噶尔丹寺座主摄政,称'贾曹'。"[②]但时任座主的罗生噶尔拒不用印。"8 月 19 日,驻藏大臣诣余,交到藏政府对我方最近提出媾和条件之二次答复。"[③]文中表示,如果与哲孟雄交界的边境线通过甲岗,即可同意偿付小额赔款,开帕里为商埠,并承认英国能在西藏扩大影响。谈判期间荣赫鹏"因欲藏方保障各僧侣不再有非法行为,要求藏政府及三大寺各送喇嘛一人为质,该四名喇嘛于 24 日送交余处。……同日,藏政府布告拉萨居民不得以任何手段干涉外籍人士,兼以前日殴辱我军官之僧侣亦经绞杀"。[④] 8 月 28 日,"摄政偕两协摆及汤塞县长同来谒余。彼等声称系奉国会指派前来与余直接交涉,盖恐经过驻藏大臣转达,徒然延误时机也。余谓余深知彼等旨趣,除赔款外,一切条件皆可接受。我方一切条件皆愿接受,惟赔款无力偿付"。"彼等表示对于余之答复深感失望,盖彼等初意以为其他条件既经全部接受,赔款一项当可获得余之让步而予以豁免,不意余竟予以此种冷酷无情之答复,殊使彼等难向国会复命也。"[⑤]英国政府考虑冬季将临,大雪封山,交通困难,为了防止孤军深入,给养困难,严令荣赫鹏须于 9 月中旬撤离拉萨。荣赫鹏以为既然占领了拉萨,必须取得条约文据,不能空手撤出拉萨。在荣赫鹏陷入窘境时,有泰一再向西藏地方官员施压。在有泰等人的竭力撮合下,达赖的摄政噶丹池巴林及噶厦的代表,终于在 8 月底同荣赫鹏开始谈判。谈判期间,有泰对英军极为友好,"驻藏大臣备有食品奖劳我军,并徇余请求,已为我军搜集两日之给养"。[⑥]

"余遂通告中国驻藏大臣,云将于 9 月 1 日前来拜会,盼能代约藏方诸协摆及国会中人届时共谋晤谈。余意盖欲于驻藏大臣之前,亲告藏方僧俗政教诸领袖,促其签定条约,否则以战祸恫之。届期余率同全部扈从人员,全副戎装,经拉萨市以至中国驻藏大臣衙门。驻藏大臣照例以礼貌迎余,寒暄毕,余声言即将商议正事。渠遂召集诸协摆,入室相互寒暄后,环坐室中,国会中人亦大部到席,皆挤坐室隅。

余遂起立以最后修正之草约(其内容与政府所颁布者恰相符合)交与驻藏大臣,中英藏三种文字,皆有译本。驻藏大臣即将藏文书交与诸协摆,此时诸人各已就坐,余请驻藏大臣许余与藏人略谈条约事,驻藏大臣首肯后,余速起而发言,余今与西藏国会代表首次晤谈,余愿乘机略进数言:……吾人今所要求之赔款,系自江孜受攻之日起至条约签定后一个月止,每日以五万卢比计算,如果明日可以签定条约,则总数为 750 万卢比,如果延至 9 月 3 日签约,则为 755 万卢比,如再延至 9 月 4 日,则为 760 万卢比,以下例推。此最后

① 荣赫鹏:《英国侵略西藏史》,第 207 页。
② 蔡美彪:《中国通史》第 12 册,第 178 页。
③ 荣赫鹏:《英国侵略西藏史》,第 213 页。
④ 荣赫鹏:《英国侵略西藏史》,第 216 页。
⑤ 荣赫鹏:《英国侵略西藏史》,第 216、218 页。
⑥ 荣赫鹏:《英国侵略西藏史》,第 203 页。

之草约,彼等如有疑问,余愿予以解释,然更不愿加以讨论。此系英政府命令之所寄托,故藏人必须接受之,余将再与藏人以一星期之犹豫时间,俾得从事考虑并请求解释,然不能再与以更长之时间。"①

"9月5日,驻藏大臣暨藏方当局同来拜访,商议签订条约之形式与最后之手续。首须决定者,即条约应由何人负责鉴定也,余请摄政代表达赖喇嘛签字盖章,摄政许之,并谓噶布伦、三大寺及国会代表亦应签字盖章。各代表表示许可。其次须决定签字之地点与时间。余意签字地点须在布达拉宫……藏人建议,以驻藏大臣衙门内为签约地点,余谓非布达拉宫,不能使余惬意。……藏人尚欲有所抗议.驻藏大臣乃声言,此事今已决定,更无讨论之余地矣。"②

光绪三十年七月二十八日(1904年9月7日)在布达拉宫晤谈。"举行仪式时一切军事上之部署,悉由麦唐纳(麦克唐纳)将军一手主持,其小心谨慎,实非余人所可企及也。一切布置详尽周密,既堪自卫,复可耀威。自使馆至布达拉宫沿途皆密布军队,不仅陈兵壮声威,同时又足资防备万一;另有步队,或用以鸣枪致敬礼,或于必要时轰击布达拉宫,皆于最适当之地位,妥为配备。"③荣赫鹏命人用藏语宣读约稿。主要内容有:在江孜、噶大克、亚东开埠通商,英国派员监管;江孜、拉萨通道上的炮台和山寨一律削平;向英国赔付兵费750万卢比,分75年偿清,英国在春丕驻兵至赔款交清为止;西藏土地不得让卖租典与他国;西藏一切事宜无论何国皆不得干涉;无论何国皆不得派员或代理人进入藏境;铁路、道路、电线、矿产等项利权均不许外国享受;西藏进款、货物、钱币等不给予外国抵押拨兑。这个条约严重损害了中国主权,遭到全国各族人民首先是藏族人民的反对。有泰奏报朝廷,外务部复电,《拉萨条约》有损主权,并称"此事应由中国督同藏番与英立约,不应径由英与藏番立约",嘱勿画押。驻藏大臣有泰未敢画押。电文还指出"第九条尤为窒碍",令有泰立即与荣赫鹏"坚决磋商"。

"占领军还迫令藏人签署以下的补充声明,附入英藏条约(即《拉萨条约》):西藏政府允许英国派驻江孜的官员监督英国商务,与有必要时,可迳往拉萨,与中国和西藏高级官员商谈在江孜与西藏官员用公文或面洽所不能解决的重要商务事宜。"④9月12日,荣赫鹏与有泰互换照会,荣赫鹏声明条约上所谓"无论何外国字样"不包括中国在内,因为英国政府不准备在拉萨达设立常驻代表,以免其他列强援例进驻。所以荣赫鹏没有将此列入《拉萨条约》,但通过与有泰换文的形式取得了在拉萨派驻代表的权利。荣赫鹏诱逼有泰补行签字手续没有成功,于9月23日率军撤离拉萨,留一个支队驻江孜,有几个营的兵力对春丕河谷实行军事占领,另有罗林队长率军驻守噶大克。

"荣赫鹏在拉萨迫签的条约,未得清廷代表或驻藏大臣画押用印,自属无效。经印度总督报送英国政府,英政府也不予批准,提出异议。"⑤这是因为条约以赔款为由长期占领春丕,不仅违背了1893年中英藏印条约的规定,也违反了英国对俄国及其他列强所做的

---

① 荣赫鹏:《英国侵略西藏史》,第223页。
② 荣赫鹏:《英国侵略西藏史》,第230页。
③ 荣赫鹏:《英国侵略西藏史》,第232页。
④ 列昂节夫:《外国在西藏的扩张》,第87页。
⑤ 蔡美彪:《中国通史》,第12册,第179页。

不占领土的许诺,势将引起列强的干预。依据清廷与列强所订立的"利益均沾""最惠国待遇"等条款,各国也可据以提出对西藏的领土要求,而这将对英国极为不利。1904 年 12 月 2 日,英国印度事务大臣波罗德里克致函印度总督,重申英国的政策目标是"排除其他列强","西藏应保持孤立的状态"。信中提到条约中的赔款规定,"等于我们好像至少存心占领春丕谷至少 75 年","这一规定与英国政府历次所作的使团不应陷入领土占领以及一旦赔款得到保证就应从西藏撤军的宣言是矛盾的"。他命令印度总督"应就英王政府的训令对条约加以修正"。① 波罗德里克得到上下两院的支持,提出将赔款削减为 250 万卢比;占领春丕的时间缩短为 3 年;拒绝批准荣赫鹏与有泰关于江孜商务委员去拉萨的换文。印度总督据此指示,在《拉萨条约》加入修改附款,将赔款减为 250 万卢比。英国政府向清廷提出就此事进行谈判。"英国政府迫不得已,竟将'西藏冒险事业'的责任推在寇仁爵士身上,把他从印度召回英国。1905 年 2 月 14 日,议会辩论时……兰斯顿侯爵竭力为保守党的政府解脱。他说荣赫鹏在西藏的一切行为只是从狭隘的英印观点,而不是从广义的英国观点出发的。"② 英国政府懂得,如果在西藏问题上寸步不让,会影响英俄关系。当时英德矛盾日益尖锐,英国一直在力求和俄国接近。因此,英国政府决定暂时放松进攻中国的西藏,并在西藏问题上对中国政府作一些让步。中国政府坚决拒绝批准《拉萨条约》,当时西藏当局已改建和扩建江孜炮台,拒不削平江孜与拉萨间沿途的炮台山寨,断绝一切经干坝与印度进行的贸易等。为了缓和各方面对《拉萨条约》的不满,同时也为了巩固武装侵略的成果,英国政府开始与中国再一次举行西藏问题的谈判。

1905 年年初,清政府派外务部右侍郎唐绍仪为"议约全权大臣",率参赞张荫棠、梁士诒等赴印度加尔各答谈判。英国代表为英印政府外事秘书费礼夏。这次会谈双方的目的完全不同。中国要废除《拉萨条约》,"改订切实可行之约";英国要清政府在略为修改后的《拉萨条约》上签字。唐绍仪指出,所谓《拉萨条约》的签订是非法的,根本无效,应由中英两国政府重新议约。英国代表不得不接受以重新议约作为谈判的先决条件。在谈判中,英方代表提出所谓的"宗主权"问题,企图否认中国对西藏地方的领土主权,受到唐昭仪等的严词驳斥。唐绍仪"于三十一年(1905 年)正月驰抵印度,与该外部专使费礼夏迭次会议,该使须我认印藏新约方允改订约款。旋商议约稿六条,当经电达臣部,酌核电复,逐层辩论。其第一款谓,'英国国家允认中国为西藏之上国'尤关紧要,迭经力争,上国二字彼此不肯稍让。诚恐空与磋磨,于事无济。臣绍仪于九月间奉命回京,仍留参赞张荫棠在印接议。"此轮谈判双方接触十多次,均无结果。"十月十八日,费礼夏约往会晤,并不开议,遽请画押,否则罢论,该参赞坚持未许。"11 月,会谈中止。③

(二)《中英续订藏印条约》

1904 年年底,英国保守党下台,由自由党组阁,新内阁积极准备对德战争和镇压国内工人运动,清朝乘此机会,和英国重开谈判。1906 年 4 月,中英关于西藏问题的谈判在北京重

① 蔡美彪:《中国通史》,第 12 册,第 179 页。
② 列昂节夫:《外国在西藏的扩张》,第 99 页。
③ 王彦威:《清季外交史料》卷 196,第 8 页。

新进行。当时英俄两国为争夺西藏而进行的角逐日趋激化,英国为防止沙俄利用中英纠纷而进一步插足西藏,便同意重开谈判。清政府再派唐绍仪等为代表,英方代表为英国驻华全权公使萨道义。谈判中,唐绍仪坚持清政府不予批准《拉萨条约》的立场,而且态度比较坚决。英国为了维护《拉萨条约》的主要部分,最后只得稍作让步,同意将原拟约稿第一款删除。4 月 27 日,签订了《中英续订藏印条约》六款,将《拉萨条约》十款作为附约。英国虽然攫取了许多特权,但也不得不宣布"不占并藏境及不干涉西藏一切政治"。唐绍仪在印度力争的中国在西藏的主权字句,未被列入,但清政府对《拉萨条约》却全部承认。然而,英国终于在事实上确认了中国对西藏的领土主权。谈判中,唐绍义坚持赔款不能由西藏地方支付,而由清朝政府承担,也维护了清政府在西藏的主权,英国被迫同意。

《中英续订藏印条约》承认了英国在西藏的许多侵略利益及特权,是一个不平等条约,但它在实际上肯定了中国在西藏的主权,并在一定程度上争回了一些权利。第一,约文中虽未明确声叙中国对西藏拥有主权,但把《拉萨条约》改作附件的事实本身说明中国在西藏拥有主权。西藏地方政府不经清朝中央政府的允许,无权与外国签订条约,即使签订"条约",没有中央政府的批准,也是非法的、无效的,《中英续订藏印条约》为此树立了先例。第二,英国承认不占并藏境,不干涉西藏一切争执,除商埠通印度的电报外,不享受铁路、电线、矿产或其他利权。《拉萨条约》第九条原来对"任何外国"做了很多规定,并使中国在西藏的主权受到种种限制,现在这些规定不再是对中国主权的限制,而是反过来束缚英国的手脚,把它也列入"任何外国"之中。第三,英国同意赔款由清政府支付,等于承认中国政府在西藏的主权地位,并且在相当程度上消除了西藏各阶层对清政府的不满情绪。最后谈判中,英方还想坚持由中方每年支付 10 万卢比,这样英军可在春丕驻军 25年,中方则提出将在三年内付清赔款。英方对此做出让步,以换取中方接受《拉萨条约》,将它作为《中英续订藏印条约》的附件。

(三)英俄《西藏协定》

俄英两国在西藏问题上,既有争夺,又谋求妥协。《拉萨条约》在俄国统治集团中激起的反应最为强烈。"俄国政府向英国内阁声明,这个强迫西藏签订的条约破坏现状,破坏"门户开放"原则,可能'对远东的一般局势产生极不利的影响'。声明中一再表示,俄国政府'对于这一改变西藏现状,造成干涉中国内政各种新借口的英藏条约只能持否定态度'。"[①]德国自 20 世纪初以来在欧洲崛起,英俄两国在欧洲及国际上都受到了德国的挑战,英俄两国为了集中力量对付德国的威胁,尤其是俄国,因在日俄战争中败北而需要争取时间恢复元气,因此英俄两国从 1905 年起开始接触。1906 年 6 月,双方代表在彼得堡正式谈判,就分割伊朗、阿富汗、中国西藏问题进行可耻的交易。1907 年 8 月 31 日英俄两国分别签订了关于伊朗、阿富汗和中国西藏的协定。英俄《西藏协定》共 5 条:第一条,两缔约国各须尊重西藏领土之完整,并相约无论如何不干涉其内政。第二条,大不列颠及俄罗斯为贯彻其对于承认中国在西藏之主权原则起见,相约彼此如不得中国政府为之中介,不得与西藏缔结任何条约,惟一九〇四年之英藏条约第五款所规定之英国之监管商务官

---

①   列昂节夫:《外国在西藏的扩张》,第 99 页。

员,与藏员之直接关系,经一九〇六年四月二十七日中英新订藏印条约所确认者,不受本条之限制,即一九〇六年中英新订藏印条约之第一款,亦不因此而有所变更。关于英俄两国臣民之奉佛教者,如有纯属宗教上之事务,可与达赖喇嘛及西藏其他佛教代表发生直接关系一事,彼此明切了解。英俄两国政府相约务必使此等事体不妨害本议定书之规定。第三条,英俄两国政府并相约彼此不派代表驻扎拉萨。第四条,两缔约国相约,无论属两国政府或两国臣民,不得要求西藏让与铁路、电报、矿山及其他权利。第五条,两国政府同意决定,西藏之岁入无论为现金或货物,俱不得以之抵押或让与英俄两国及其臣民。①

英俄《西藏协定》是英俄两国从争夺走向勾结的产物,是背着中国政府签订的。从表面看来,其中一些条款似乎规定两国都不侵略西藏,其实这一协定既肯定了英国在西藏的既得利益,又不反对沙俄为控制达赖而进行的阴谋活动。协定的核心是妄图否定中国在西藏的完全主权,为英俄进一步侵略西藏制造舆论准备,是英俄共同渗入侵略西藏的严重步骤。②

1908 年 1 月,清政府偿付了条约规定的 250 万卢比赔款,当即根据原约,要求英国终止占领春丕,撤走英国占领军。英国驻华公使却坚持,只有签订使英国政府满意的通商章程之后,英国始能从春丕撤军。1908 年 4 月 22 日,中国全权代表张荫棠和英方代表韦尔敦在加尔各答签订了《中英修订藏印通商章程》十五款。西藏地方政府的代表汪曲结布也在这个章程上签了字。英国占领军不得不从春丕谷撤退,但仍驻有所谓的商务卫队。

中英续订藏印条约③

第一款　光绪三十年七月二十八日英藏所立之约暨其英文、汉文约本,附入现立之约,作为附约,彼此允认切实遵守,并将更订批准之文据亦附入此约,如遇有应行设法之时,彼此随时设法,将该约内各节切实办理。

第二款　英国国家允不占并藏境及不干涉西藏一切政治。中国国家亦应允不准他外国干涉藏境及其一切内治。

第三款　光绪三十七年七月二十八日英藏所立之约第九款内第四节所声明各项权利,除中国独能享受外,不许他国国家及他国人民享受。惟经与中国商定,在该约第二款指明之各商阜,英国应得设电线通报印度境内之利益。

第四款　所有光绪十六、十九年中中国与英国所订两次藏英条约,其所载各款如与本约及附约无违背者,概应切实施行。

第五款　此约分缮英文、中文,业已细校相符,唯辩解之时,仍以英文为准。

第六款　此约须由两国大皇帝批准画押,自两国全权大臣画押之日起,限三个月在伦敦互换。

此约中文、英文各缮四份,共八份,两国全权大臣画押盖印为凭。

附约(《拉萨条约》)

第一款　西藏应允遵照光绪十六年中英所立之约而行,亦允认该约第一款

---

① 荣赫鹏:《英国侵略西藏史》,第 342 页。
② 苑书义:《中国近代史新编》下册,第 62 页。
③ 王铁崖:《中外旧约章汇编》第二册,第 345 页。

所定哲孟雄与西藏之边界,并允按此款建立界石。

第二款　西藏允定于江孜、噶大克及亚东即行开作通商之埠,以便英藏商民任便往来贸易。所有光绪十九年中国与英国订立条约内,凡关涉亚东各款,亦应在江孜、噶大克一律实行,唯嗣后如英藏彼此允改,则该三处应从改定章程办理。除在该处设立商埠外,西藏应允所有现行通道之贸易一概不准有所阻滞,将来如商务兴旺,并允酌情另设通商之埠,亦按以上所述之章一律办理。

第三款　光绪十九年中英条约所有更改之处,应另行酌办,西藏允派掌权之员与英国政府之员会议详细酌改。

第四款　西藏允定,除将来立定税则内之课税外,无论何项征收,概不得抽取。

第五款　西藏应允,所有自印度边境至江孜、噶大克各通道不得稍有阻碍,且应随时修理,以应贸易之用,并于亚东、江孜、噶大克及日后续设之商埠各派藏员居住,英国亦派员监管各该处英国商务,如欲赍送公文、信函于藏官或驻藏地各华官,均责成商埠居住之各该藏员接受转送。复文、回信亦一律责成此员妥送。

第六款　因藏违约,英国派兵前往拉萨责问,又因英国边务大臣暨其随员、护兵等被侮、被攻,是以西藏允兑给英国政府英金五十万磅,合卢比银七百五十万元,以赔偿兵费及无理侮攻各情。此赔款应在英国政府随时所定之处,或于藏境内,或于英境大吉岭、扎拉白古里等地面内清缴,每年西历正月初一日兑银十万卢比,七十五年交清,应于何处收兑,英国政府预先知照,第一期应在西历一千九百〇六年正月初一日照数兑交。

第七款　俟以上所述之赔款照数缴清后,并第二、三、四、五等款内所称商埠切实开办三年后,英政府于未办之先,仍于春丕驻兵,暂守作质,至赔款缴清或商埠妥立三年后最晚之日为止。

第八款　西藏允将所有自印度边界至江孜、拉萨之炮台、山寨等一律削平,并将所有阻碍通道之武装全行撤去。

第九款　西藏允定,以下五端非英国政府先行照允,不得举办:一、西藏土地,无论何外国皆不准有让卖、租典或别样出脱情事;二、西藏一切事宜,无论何外国皆不准干涉;三、无论何外国皆不许派员或派代理人进入藏境;四、无论何项铁路、道路、电线、矿产或别项利权,均不许各外国或隶各外国籍之民人享受,若允此项利权,则应将相抵之利权或相同之利权一律给于英国政府享受;五、西藏各进款,或货物、或金银钱币等类,皆不许给与各外国或籍隶各外国之民抵押拨兑。

第十款　此约共缮五份,由商定之员在拉萨,于光绪甲辰年七月二十八日,即西历一千九百〇四年九月初七日,画押盖印为凭。

附约中还有一段印度总督单方面签押的文字:"惠允饬将该约第六款西藏应赔补英国人兵费,由原定七百五十万卢比,减为二百五十万卢比……"

参考书目

（一）专著

［1］《清实录》，中华书局影印本，1986。

［2］赵尔巽，等：《清史稿》，中华书局，1977。

［3］清方略馆原著，吴丰培整理：《钦定安南记略》，书目文献出版社，1986。

［4］清方略馆原著，西藏社科院编辑：《钦定廓尔喀记略》，1992。

［5］清方略馆原著，季垣垣点校：《钦定巴勒布纪略》，中国藏学出版社，2006。

［6］曹振镛，等：《平定回疆剿擒逆裔方略》，文海出版社，1966。

［7］奕䜣，等：《平定新疆陕甘回匪方略》，文海出版社，1976。

［8］佚名：《平定罗刹方略》，上海古籍出版社，2001。

［9］芍唐居士：《防海纪略》，上海书店出版社，1987。

［10］《西藏研究》编辑部：《西藏志·卫藏通志》，西藏人民出版社，1982。

［11］《西藏研究》编辑部：《西藏图考·西招图略》，西藏人民出版社，1982。

［12］昭梿：《啸亭杂录》，中华书局，1980。

［13］魏源：《圣武记》，中华书局，1984。

［14］魏源：《魏源集》上册，中华书局，1976。

［15］左宗棠：《左文襄公全集》，文海出版社，2006。

［16］蒋良骐：《东华录》，中华书局，1980。

［17］王先谦：《乾隆朝东华续录》，文海出版社，2006。

［18］王先谦：《嘉庆朝东华续录》，文海出版社，2006。

［19］王先谦：《道光朝东华续录》，文海出版社，2006。

［20］潘颐福：《咸丰朝东华续录》，文海出版社，2006。

［21］王先谦：《同治朝东华续录》，文海出版社，2006。

［22］朱寿朋：《光绪朝东华录》，中华书局，1958。

［23］故宫博物院文献馆：《清光绪朝中日交涉史料》，文海出版社，1963。

［24］故宫博物院文献馆：《清光绪朝中法交涉史料》，文海出版社，1963。

［25］许同莘，等：《康熙雍正乾隆条约》，文海出版社，2006。

［26］吴丰培：《清季筹藏奏牍》，商务印书馆，1938。

［27］李鸿章著，吴汝纶编：《李文忠公全集》，上海商务印书馆，1921。

［28］曹廷杰：《东北边防辑要》，线装书局，2003。

［29］中国第一历史档案馆：《清代中俄关系档案史料选编》，第一编，中华书局，1981。

［30］中国第一历史档案馆：《清代中俄关系档案史料选编》，第三编，中华书局，1979。

［31］中国第一历史档案馆：《鸦片战争档案史料》，天津古籍出版社，1992。

［32］齐思和，等：《中国近代史资料丛刊·鸦片战争》，上海人民出版社，1957。

［33］齐思和，等：《中国近代史资料丛刊·第二次鸦片战争》，上海人民出版社，1978。

［34］邵循正，等：《中国近代史资料丛刊·中法战争》，上海人民出版社，1957。

［35］邵循正，等：《中国近代史资料丛刊·中日战争》，上海人民出版社，2000。

［36］翦伯赞，等：《中国近代史资料丛刊·义和团》，上海人民出版社，1957。

［37］翦伯赞，等：《中国近代史资料丛刊·戊戌变法》，上海人民出版社，1957。

［38］齐思和：《筹办夷务始末（道光朝）》，中华书局，1964。

［39］贾桢，等：《筹办夷务始末（咸丰朝）》，中华书局，1979。

［40］李书源：《筹办夷务始末（同治朝）》，中华书局，2008。

［41］蒋廷黻：《筹办夷务始末补遗（道光朝、咸丰朝、同治朝）》，北京大学出版社，1988。

［42］王彦威：《清季外交史料》，书目文献出版社，1987。

［43］陈旭丽，等：《甲午中日战争·盛宣怀档案资料选辑》，上海人民出版社，1980。

［44］王元樨：《甲戌公牍钞存》，（台）大通书局。

［45］邓之诚：《中华二千年史》，中国社会科学出版社，2011。

［46］白寿彝：《中国通史》，上海人民出版社，1999。

［47］蔡美彪：《中国通史》，人民出版社，2007。

［48］林增平，林言椒：《中国近代史研究入门》，河南人民出版社，1990。

［49］姚薇元：《鸦片战争史实考》，人民出版社，1984。

［50］姚贤镐：《中国近代对外贸易史资料》，中华书局，1962。

［51］谭其骧：《中国历史地图集》，北京地图出版社，1987。

［52］张海鹏：《中国近代史稿地图集》，地图出版社，1984。

［53］中国军事博物馆：《中国战争史地图集》，星球地图出版社，2007。

［54］范文澜：《中国近代史》，上编，人民出版社，1953。

［55］胡绳：《从鸦片战争到五四运动》，人民出版社，1981。

［56］戴逸：《中国近代史稿》，第一册，人民出版社，1958。

［57］戴逸：《中国近代史稿》，第二册，中国人民大学出版社，2008。

［58］姜涛，卞修跃：《中国近代通史》，第二册，江苏人民出版社，2007。

［59］虞和平，谢放：《中国近代通史》，第三册，江苏人民出版社，2009。

［60］马勇：《中国近代通史》，第四册，江苏人民出版社，2009。

［61］陈恭禄：《中国近代史》，中国工人出版社，2012。

［62］苑书义，等：《中国近代史新编》，人民出版社，1981。

［63］徐中约:《中国近代史》,计秋枫等译,世界图书出版公司,2000。

［64］蒋廷黻:《中国近代史大纲》,江苏教育出版社,2006。

［65］李治亭:《清史》,上海人民出版社,2002。

［66］王铁崖:《中外旧约章汇编》,北京三联书店,1957。

［67］萧一山:《清代通史》,中华书局,1985。

［68］孟森:《清史讲义》,中华书局,2007。

［69］章开沅:《清通鉴》,岳麓书院,2000。

［70］李治亭:《清康乾盛世》,江苏教育出版社,2005。

［71］中国军事史编写组:《中国历代战争年表》,解放军出版社,2003。

［72］台湾三军大学编:《中国历代战争史》,军事译文出版社,1983。

［73］罗惇曧:《庚子国变记》,上海书店出版社,1982。

［74］丁名楠,等:《帝国主义侵华史》,一卷,科学出版社,1958。

［75］丁名楠,等:《帝国主义侵华史》,二卷,人民出版社,1986。

［76］复旦大学《沙俄侵华史》编写组:《沙俄侵华史》,上海人民出版社,1975。

［77］中国社科院近代史研究所:《沙俄侵华史》,人民出版社,1978～1981。

［78］郭绳武,等:《沙俄侵略中国西北边疆史》,人民出版社,1979。

［79］刘大年:《美国侵华史》,人民出版社,1954。

［80］高鸿志:《近代中英关系史》,四川人民出版社,2001。

［81］佘素:《清季英国侵略西藏史》,世界知识出版社,1959。

［82］军事科学院:《中国近代战争史》,军事科学出版社,1985。

［83］中国人民革命军事博物馆:《中国战争发展史》,人民出版社,2001。

［84］张玉田:《中国近代军事史》,辽宁人民出版社,1984。

［85］雷远高:《中国近代反侵略战争史》,解放军出版社,1988。

［86］谢世诚:《李鸿章评传》,南京大学出版社,2001。

［87］孙占元:《左宗棠评传》,南京大学出版社,2001。

［88］马克·斯坦伯格(美)著,杨烨卿,文辉译:《俄罗斯史》,上海人民出版社,2007。

［89］白建才:《俄罗斯帝国》,三秦出版社,2000。

［90］北京师范大学清史研究小组:《一六八九年的中俄尼布楚条约》,人民出版社,1977。

［91］王奇:《中俄国界东段学术史研究》,中央编译出版社,2008。

［92］马汝珩:《清代西部历史论衡》,山西人民出版社,2002。

［93］袁大化,等:《新疆图志》,文海出版社,1965。

［94］赵志忠:《清王朝与西藏》,华文出版社,2000。

［95］牙含章:《达赖喇嘛传》,华文出版社,2000。

［96］庄吉发:《清高宗十全武功研究》,中华书局,1987。

［97］王治来:《中亚通史近代卷》,新疆人民出版社,2010。

［98］《马克思恩格斯选集》,人民出版社,1972。

［99］马士:《中华帝国对外关系史》,商务印书馆,1963。

［100］牟安世：《鸦片战争》，上海人民出版社，1982。

［101］郑彭年：《国门烽烟——第一次鸦片战争》，中国社会科学出版社，2000。

［102］夏衣，高鸿志：《中西纪事》，岳麓书社，1988。

［103］广东省文史研究馆：《三元里人民抗英斗争史料》，中华书局，1959。

［104］茅海建：《天朝的崩溃——鸦片战争再研究》，三联书店，1995。

［105］夏笠：《第二次鸦片战争史》，上海书店出版社，2007。

［106］蒋孟引：《第二次鸦片战争》，三联书店，1965。

［107］魏建猷：《第二次鸦片战争》，上海人民出版社，1955。

［108］广东省文史研究馆：《鸦片战争史料选译》，中华书局，1983。

［109］中国近代史丛书编写组：《第二次鸦片战争》，上海人民出版社，1972。

［110］王芸生：《六十年来中国与日本》，三联书店，1979。

［111］牟安世：《中法战争》，上海人民出版社，1982。

［112］中国近代史丛书编写组：《中法战争》，上海人民出版社，1972。

［113］周志初：《不败而败——中法战争》，江苏人民出版社，1998。

［114］黄振南：《中法战争诸役考》，广西师范大学出版社，1998。

［115］黄振南：《中法战争史热点问题聚焦》，广西人民出版社，1994。

［116］廖宗麟：《中法战争史》，天津古籍出版社，2002。

［117］中国近代史资料丛刊编辑委员会：《中国海关与中法战争》，中华书局，1983。

［118］连横：《台湾通史》，北京商务印书馆，2010。

［119］戚嘉林：《台湾史》，海南出版社，2011。

［120］陈碧笙：《台湾地方史》，中国社会科学出版社，1982。

［121］贾逸君：《甲午中日战争》，上海新知识出版社，1955。

［122］郑昌淦：《中日甲午战争》，中国青年出版社，1957。

［123］戚其章：《甲午战争史》，上海人民出版社，2005。

［124］戚其章：《甲午战争新讲》，中华书局，2009。

［125］戚其章：《走进甲午》，天津古籍出版社，2006。

［126］孙克复，等：《甲午中日海战史》，黑龙江人民出版社，1981。

［127］孙克复，等：《甲午中日陆战史》，黑龙江人民出版社，1984。

［128］季平子：《甲午中日战争》，上海人民出版社，1980。

［129］弘治，等：《盛世之毁——甲午战争110年祭》，华文出版社，2004。

［130］孙其海：《铁血百年祭》，黄河出版社，2000。

［131］中国近代史资料丛刊编辑委员会：《中国海关与义和团运动》，中国书局，1983。

［132］金家瑞：《义和团运动》，上海人民出版社，1962。

［133］中国社会科学研究院近代史研究所，中国第一历史档案馆：《筹笔偶存》，中国社会出版社，1983。

［134］故宫博物院：《义和团档案史料》，中华书局，1959。

［135］中国社会科学院近代史研究所《近代史资料》编辑部：《义和团史料》，中国社

会科学出版社,1982。

　　[136] 戴玄之:《义和团研究》,北京大学出版社,2010。

　　[137] 马勇:《1900 年中国尴尬》,中华书局,2010。

　　[138] 相兰欣:《义和团战争的起源》,上海华师大出版社,2003。

　　[139] 晏可佳:《中国天主教简史》,宗教文化出版社,2001。

　　[140] 刘祚昌:《世界史(近代史)》,人民出版社,1984。

　　[141] 萧致治,《鸦片战争史》,福建人民出版社,1996。

　　[142] 石明光,《清代边疆史料抄稿本汇编》,线装书局,2003。

　　[143] 胡滨:《英国蓝皮书有关义和团运动资料选译》,中华书局,1980。

　　[144] 胡滨:《英国档案有关鸦片战争资料选译》,中华书局,1993。

　　[145] 费正清:《剑桥中国晚清史》,中国社会科学出版社,1985。

　　[146] 陈辉燎(越南):《越南人民抗法八十年时》,三联书店,1960。

　　[147] 稻叶君山(日)著,但焘译:《清朝全史》,中国社会科学出版社,2006。

　　[148] 霍尔(英):《东南亚史》,商务印书馆,1982。

　　[149] 荣赫鹏(英)著:孙熙初译,《英国侵略西藏史》,西藏社科院情报所,1983。

　　[150] 伦森(美)著,陈芳芝译:《俄中战争》,商务印书馆,1982。

　　[151] 基尔希纳(俄):《攻克瑷珲》,商务印书馆,1984。

　　[152] 库罗帕特金(俄):《喀什噶尔》,商务印书馆,1982。

　　[153] 罗曼诺夫(俄):《俄国在满洲》,商务印书馆,1980。

　　[154] 科罗斯托维茨(俄):《俄国在远东》,商务印书馆,1975。

　　[155] 阿瓦林(苏):《帝国主义在满洲》,北京外贸学院译,商务印书馆,1980。

　　[156] 列昂节夫(俄):《外国在西藏的扩张》,民族出版社,1959。

　　[157] 哈威(英):《缅甸史》,商务印书馆,1973。

　　[158] 黑尼斯三世(美),等著,周辉荣译:《鸦片战争》,生活·读书·新知三联书店,
2005。

　　[159] 麦克莱恩(美)著,王翔,等译:《日本史》,海南出版社,2000。

　　[160] 陆奥宗光(日):《蹇蹇录》,商务印书馆,1963。

　　[161] 藤村道生(日):《日清战争》,上海译文出版社,1981。

　　[162] 誉田甚八(日):《日清战史讲授录》,文海出版社,2006。

　　[163] 广西壮族自治区通志馆:《中法战争调查资料实录》,广西人民出版社,1982。

　　[164] 吕一燃:《中国近代边界史》,四川人民出版社,2007 年。

(二) 论文集与论文

　　[1]《义和团运动史论文选》,中华书局,1984。

　　[2] 列岛:《鸦片战争史论文专集》,人民出版社,1990。

　　[3] 张振琨:《关于中国在台湾主权的一场严重斗争——1874 年日本侵犯台湾之役
的再探讨》,近代史研究,1993(6)。

　　[4] 李理:《李仙得与日本第一次侵台》,近代史研究,2007(3)。

［5］王庆成：《英国起草的"中日北京专约"及与正式本的比较》，近代史研究，1996（4）。

［6］米庆余：《琉球漂民事件与日军入侵台湾 1871—1874 年》，历史研究，1999（1）。

［7］包尔汉：《论阿古柏政权，历史研究》，1958（3）。

［8］老米，吕忠信：《兴凯湖断裂的北国明珠》，中国国家地理，2012（9）。